录中国快递业的时光机

中国快递年鉴

(2022年卷)

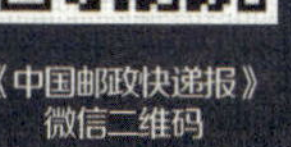

《中国邮政快递报》微信二维码

《中国邮政快递报》微博二维码

《快递》杂志微信二维码

《快递》杂志微博二维码

地址：北京市朝阳区朝阳门外大街19号华普国际大厦

电话：010-65801105

传真：010-65801102

中国快递年鉴
（2023 年卷）

《中国快递年鉴》编辑部　编

人民交通出版社
北　京

内 容 提 要

本年鉴客观记载、全面反映了2023年我国快递业的发展情况以及各地区的进展和主要成就。全书共11部分,分别为:特载、发展概览、发展环境、发展数据、人才建设、市场主体、各地纵览、协会活动、人物志、行业展望和附录。

本书为我国快递领域综合性、资料性、史册性工具书,是读者全面了解我国2023年快递领域发展情况的翔实史料,可供快递行业相关人员及其他社会各界人士阅读参考。

图书在版编目(CIP)数据

中国快递年鉴. 2023年卷 / 《中国快递年鉴》编辑部编. — 北京 : 人民交通出版社股份有限公司, 2024. 10. — ISBN 978-7-114-19812-0

Ⅰ. F618.1-54

中国国家版本馆CIP数据核字第2024A3T491号

Zhongguo Kuaidi Nianjian(2023 Nian Juan)

书　　名:中国快递年鉴(2023年卷)
著 作 者:《中国快递年鉴》编辑部
责任编辑:李　佳　绳晓露
责任校对:赵媛媛　刘　璇
责任印制:刘高彤
出版发行:人民交通出版社
地　　址:(100011)北京市朝阳区安定门外外馆斜街3号
网　　址:http://www.ccpcl.com.cn
销售电话:(010)85285857
总 经 销:人民交通出版社发行部
经　　销:各地新华书店
印　　刷:北京市密东印刷有限公司
开　　本:880×1230　1/16
印　　张:41.5
插　　页:6
字　　数:1014千
版　　次:2024年10月　第1版
印　　次:2024年10月　第1次印刷
书　　号:ISBN 978-7-114-19812-0
定　　价:396.00元
(有印刷、装订质量问题的图书,由本社负责调换)

《中国快递年鉴》
编 委 会

庄　骁　河北省邮政管理局局长

秦红保　山西省邮政管理局局长

王　鹰　内蒙古自治区邮政管理局局长

王跃刚　辽宁省邮政管理局局长

孙　猛　吉林省邮政管理局局长

张　量　黑龙江省邮政管理局局长

冯力虎　上海市邮政管理局局长

蒋　波　江苏省邮政管理局局长

魏遵红　浙江省邮政管理局局长

伍洲文　安徽省邮政管理局局长

王文胜　福建省邮政管理局局长

周慧锋　江西省邮政管理局局长

王德奔　山东省邮政管理局局长

陈　敬　河南省邮政管理局局长

周召华　湖北省邮政管理局局长

韦　慧　湖南省邮政管理局局长

黄　燊　广东省邮政管理局局长

胡　凯　广西壮族自治区邮政管理局局长

丰圣少　海南省邮政管理局局长

周向东　重庆市邮政管理局局长

覃建伟　四川省邮政管理局局长

卢方毅　贵州省邮政管理局局长

袁聿东　云南省邮政管理局局长

王惠文　西藏自治区邮政管理局局长

孙海伟　陕西省邮政管理局局长

袁海东　甘肃省邮政管理局局长

赵群静　青海省邮政管理局局长

胡荣满　宁夏回族自治区邮政管理局局长

邓　淼　新疆维吾尔自治区邮政管理局局长

特邀编委：王　跃　国家邮政局普遍服务司(机要通信司)原负责人

张水芳　江苏省邮政管理局原局长

唐顺益　湖北省邮政管理局原局长

周国繁　广东省邮政管理局原局长

徐文葛　四川省邮政管理局原局长

陈向东　贵州省邮政管理局原局长

魏水旺　云南省邮政管理局原局长

特邀委员：马小群　中国邮政集团有限公司寄递事业部党委书记、总经理

王　卫　顺丰控股股份有限公司董事长兼总经理

陈德军　申通快递股份有限公司董事长

喻渭蛟　圆通速递有限公司董事长

聂腾云　韵达控股股份有限公司董事长兼总裁

赖梅松　中通快递集团董事长兼首席执行官

《中国快递年鉴》
编　辑　部

中国邮政快递报社　社　长：李隽琼

中国邮政快递报社　副社长：阴志华　王　毅

成　　员：（按姓氏笔画排序）

马　赛　马　博　于继锋　王晓芳　王学斌　王洪磊
王　韬　王鸿蒙　付　嘉　任国平　权琪人　杨　飞
余芳芳　苏先武　李炜蕾　沈晓燕　张　慧　杨军栋
屈　凯　武文静　苗　琳　赵砚秋　胡建宇　赵立涛
耿　艳　钱卫华　娇　捷　蒋　辰　曹　丹　谢　俊
戴元元

编 辑 说 明

《中国快递年鉴》是我国快递领域最具权威的综合性、资料性、史册性工具书，旨在客观记载、全面反映我国快递领域发展情况以及各地区每年度取得的最新进展和主要成就，可为读者全面了解我国快递领域的发展提供翔实的史料。

《中国快递年鉴(2023 年卷)》着重反映 2023 年期间我国快递领域的发展情况。全书共 11 部分，具体内容如下。

1. 特载：包括交通运输部和国家邮政局有关领导的重要讲话及专文专访。

2. 发展概览：包括 2023 年快递服务发展综述，快递领域十大事件，中国快递发展大事记，各省(区、市)快递发展大事记。

3. 发展环境：包括 2023 年市(地)邮政管理工作综述，2023 年施行的快递法律规章及规范性文件，快递标准，快递政策及重要解读，同时还辑录了部分省(区、市)、市(地)关于快递服务的政策法规。

4. 发展数据：包括 2023 年邮政行业运行情况及发展统计公报，2023 年快递服务公众满意度调查结果及邮政业消费者申诉情况通告。

5. 人才建设：包括 2023 年快递人才队伍建设概述，以及各骨干企业人才培养特色举措。

6. 市场主体：介绍了 2023 年快递市场主体发展情况以及我国快递市场 6 家重点企业发展情况。

7. 各地纵览：介绍了全国各省(区、市)快递市场发展及管理情况。

8. 协会活动：介绍了中国快递协会 2023 年工作情况。

9. 人物志：介绍了第五届“中国梦 · 邮政情寻找最美快递员”评选出的“最美快递员”中的 10 位基层快递员和 3 支团队代表，以及发生在他们身上的感人事迹。

10. 行业展望：介绍了我国快递领域未来的发展趋势。

11. 附录：包括与快递领域有关的重要文件。

《中国快递年鉴(2023年卷)》的出版,得到了国家邮政局各有关部门,各省(区、市)邮政管理部门、中国快递协会及各省(区、市)快递协会、有关快递企业的大力支持。在此,我们向所有为本年鉴编辑出版作出贡献的单位和个人表示衷心感谢!

本年鉴资料内容未包括香港特别行政区、澳门特别行政区和台湾省资料。

《中国快递年鉴》编辑部

2024年6月

2024年3月5日
星期二

第1659期
今日4版

国内统一连续出版物号
CN 11-0041
邮发代号1-46

中国邮政快递报

China Post and Express News

本报官方微博

本报官方微信

快递头条APP

报社官方抖音

国家邮政局主管 北京国邮创展文化传播有限公司主办 《中国邮政快递报》社有限公司出版

全国政协十四届二次会议在京开幕

习近平李强赵乐际蔡奇丁薛祥李希韩正到会祝贺

王沪宁作政协常委会工作报告 石泰峰主持 高云龙作提案工作情况报告

新华社北京3月4日电 凝心聚力共担复兴重任，奋楫扬帆建功崭新征程。中国人民政治协商会议第十四届全国委员会第二次会议4日下午在人民大会堂开幕。2000多名全国政协委员将紧紧围绕中共中央决策部署，牢记政治责任，积极建言资政，广泛凝聚共识，共同谱写中国式现代化的壮美华章。

三月的北京，春回大地。人民大会堂大礼堂灯光璀璨，气氛隆重热烈。中国人民政治协商会议会徽悬挂在主席台正中，十面鲜艳的红旗分列两侧。

全国政协十四届二次会议应出席委员2162人，实到2093人，符合规定人数。

全国政协主席王沪宁，全国政协副主席石泰峰、胡春华、沈跃跃、王勇、周强、帕巴拉·格列朗杰、何厚铧、梁振英、巴特尔、苏辉、邵鸿、高云龙、陈武、穆虹、咸辉、王东峰、姜信治、蒋作君、何报翔、王光谦、秦博勇、朱永新、杨震在主席台前排就座。

党和国家领导人习近平、李强、赵乐际、蔡奇、丁薛祥、李希、韩正等在主席台就座，祝贺大会召开。

3月4日下午，中国人民政治协商会议第十四届全国委员会第二次会议在北京人民大会堂开幕。这是习近平、李强、赵乐际、蔡奇、丁薛祥、李希、韩正在主席台就座。 新华社记者 鞠鹏 摄

3月4日，中国人民政治协商会议第十四届全国委员会第二次会议在北京人民大会堂开幕。这是全国政协主席王沪宁代表政协第十四届全国委员会常务委员会作工作报告。 新华社记者 饶爱民 摄

下午3时，石泰峰宣布大会开幕，全体起立，高唱中华人民共和国国歌。

大会首先审议通过了政协第十四届全国委员会第二次会议议程。

王沪宁代表政协第十四届全国委员会常务委员会，向大会报告工作。

王沪宁表示，2023年是全面贯彻落实中共二十大精神的开局之年。以习近平同志为核心的中共中央团结带领全党全国各族人民，坚持稳中求进工作总基调，接续奋斗、砥砺前行，坚决克服内外困难，全面深化改革开放，新冠疫情防控平稳转段，高质量发展扎实推进，科技创新实现新突破，安全发展基础巩固夯实，民生保障有力有效，经济社会发展主要预期目标圆满完成，社会大局保持稳定，全面建设社会主义现代化国家迈出坚实步伐，极大增强了全国各族人民信心和底气。

王沪宁总结了过去一年来人民政协工作。他说，在以习近平同志为核心的中共中央坚强领导下，政协全国委员会及其常务委员会坚持以习近平新时代中国特色社会主义思想为指导，全面贯彻中共二十大和二十届二中全会精神，深刻领悟“两个确立”的决定性意义，增强“四个意识”、坚定“四个自信”、做到“两个维护”，坚持团结和民主两大主题，坚持人民政协性质定位，坚持在党和国家工作大局中谋划推进政协工作。坚持中国共产党对人民政协工作的全面领导、把牢履职正确政治方向，强化政治培训、提高政治能力和履职本领，完善工作制度体系、夯实履职制度基础，贯彻中共中央大兴调查研究要求、提高调研议政质量，围绕中共二十大重大部署协商议政、服务党和国家中心任务，践行以人民为中心的发展思想、助推保障和改善民生，守正创新、团结奋进，在历届全国政协打下的良好基础上，各项工作取得新成效，服务党和国家事业发展作出新贡献。

王沪宁表示，2024年是中华人民共和国成立75周年，是实现“十四五”规划目标任务的关键一年，也是人民政协成立75周年。人民政协要坚持以习近平新时代中国特色社会主义思想为指导，全面贯彻中共二十大和二十届二中全会精神，坚持党的领导、统一战线、协商民主有机结合，紧紧围绕推进中国式现代化履职尽责，推进思想政治引领，积极建言资政，广泛凝聚共识，加强自身建设，为实现全年经济社会发展目标任务汇聚智慧和力量。

王沪宁表示，要坚持中国共产党对人民政协工作的全面领导，坚持不懈加强党的创新理论武装，发挥人民政协专门协商机构作用，聚焦中国式现代化目标任务献计出力，致力于画好最大同心圆，同心同德、群策群力，不断开创新时代人民政协工作新局面，为全面建设社会主义现代化国家、全面推进中华民族伟大复兴而不懈奋斗。

全国政协副主席高云龙代表政协第十四届全国委员会常务委员会，向大会报告政协十四届一次会议以来的提案工作情况。全国政协十四届一次会议以来，共提出提案5621件，经审查立案4791件。截至2024年2月底，99.9%的提案已经办复。各承办单位认真办理提案，许多意见建议被采纳，并体现到党和国家相关政策、发展规划和部门工作中，为统筹推进“五位一体”总体布局、协调推进“四个全面”战略布局发挥了积极作用。

在主席台就座的领导同志还有：马兴瑞、王毅、尹力、刘国中、李干杰、李书磊、李鸿忠、何卫东、何立峰、张又侠、张国清、陈文清、陈吉宁、陈敏尔、袁家军、黄坤明、刘金国、王小洪、王东明、肖捷、郑建邦、丁仲礼、郝明金、蔡达峰、何维、武维华、铁凝、彭清华、张庆伟、洛桑江村、雪克来提·扎克尔、吴政隆、谌贻琴、张军、应勇等。

中共中央、全国人大常委会、国务院有关部门负责同志应邀列席开幕会。外国驻华使节、海外华侨等应邀参加开幕会。

2023年3月5日，第十四届全国人民代表大会第一次会议在人民大会堂开幕。政府工作报告提出，“完善农村快递物流配送体系”。这是自2014年以来，政府工作报告连续第10年将“快递”纳入其中，再次为行业发展指明了方向。2023年，国家邮政局推动全行业扎实推进农村寄递物流体系建设，巩固“快递进村”三年行动成果，加强县级寄递公共配送中心和村级寄递物流综合服务站建设，推广交邮合作、邮快合作等共同配送模式，深化农村“客货邮”融合发展。（报道刊发于《中国邮政快递报》2023年第1659期一版）

2023年10月24日至25日，国家邮政局党组书记、局长赵冲久带队赴海南省海口市，督导第二批主题教育，调研行业服务海南自贸港建设及行业防控治理离岛免税“套代购”等情况，看望慰问一线干部职工，强调要贯彻落实好习近平总书记重要指示精神，扎实推进第二批主题教育，做好封关涉邮工作，更好服务海南自贸港建设，为海南地方经济社会发展贡献行业力量。

2023年6月，国家邮政局党组成员、副局长戴应军一行赴安徽省六安市考察调研农村寄递物流体系建设工作。调研组一行首先考察了金寨县寄递公共配送中心，听取了公共配送中心运营方县邮政分公司的专题汇报。随后，调研组一行在金寨县、霍山县随机抽取了4个乡镇邮政局所、1个乡镇交通运输综合服务站、8个镇村快递服务站点、3个村委会及村民组，就乡镇以下邮政普遍服务和“快递进村”工作进行现场督导。调研组一行对金寨公共配送中心智慧运营项目和全市“县乡村”三级寄递物流体系融合发展模式给予了充分肯定，戴应军对下一步工作提出了要求。

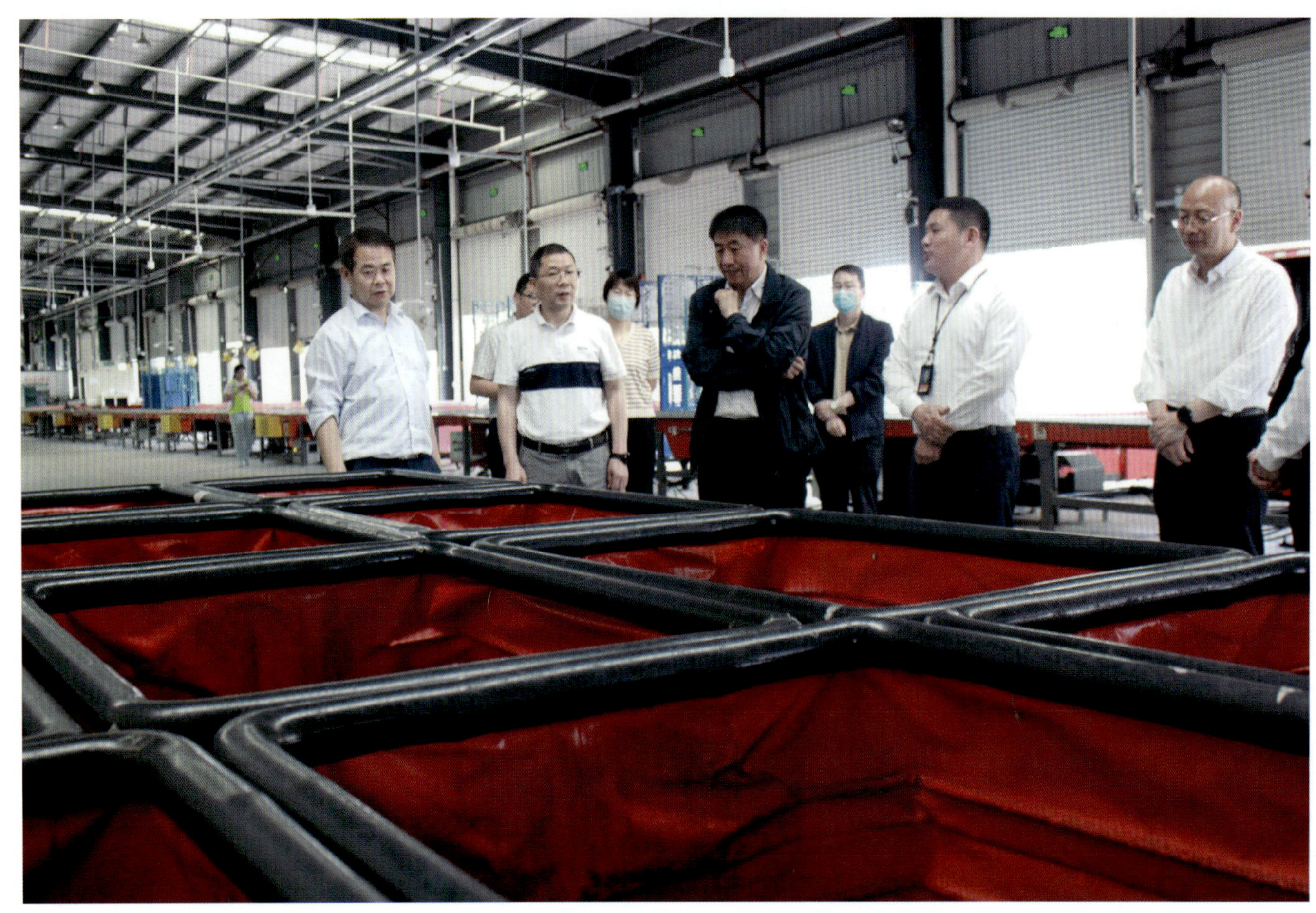

2023年5月24日至26日，国家邮政局党组成员、副局长刘君率调研组赴赣就邮政管理系统干部队伍建设工作进行调研。在萍乡调研期间，刘君先后来到安源区金陵邮政支局和萍乡顺丰中转场，实地察看基层网点运行情况，并与企业负责人和现场工作人员亲切交谈，详细了解邮政管理部门在推进行业安全生产、“快递进村”、绿色发展和快递员权益保护等方面的工作措施及成效。在萍乡局，刘君与邮政快递企业代表、一线快递员代表、社会监督员代表以及萍乡市局部分党员干部进行座谈交流。刘君强调，要提升定位，因地制宜、因需施策，全力以赴服务地方经济社会发展，强化行业法治建设，以管理部门依法行政和企业依法经营合力推动邮政快递业健康发展。

2023年9月21日，香港邮政湾区交流学习代表团来粤参观学习，国家邮政局副局长赵民在广州出席欢迎仪式，会见来访的香港邮政署助理署长陈向黎一行，并组织座谈交流。赵民对代表团一行赴粤交流表示欢迎，对香港邮政构建畅通高效寄递网络，推动粤港两地邮政加强航空邮件进出口运输和处理优势互补，推进大湾区邮政业高质量发展表示衷心感谢。他指出，粤港两地文化相融、民心相通，邮政承载着举旗帜、通商贸、聚民心、兴文化、育新人的职责，要充分把握大湾区建设发展过程中的机遇，有效应对各种挑战，加强两地邮政在生产、发展、管理等领域的经验交流互鉴，更好地满足两地人民的用邮需求，共同谱写交通强国邮政新篇章。

2023年4月24日至26日，国家邮政局党组成员、副局长廖进荣带队到陕西调研邮政快递业安全工作。廖进荣指出，行业安全是行业发展的前提，同时也涉及群众切身利益，要清醒认识当前寄递安全面临的严峻复杂形势，着眼国家重大发展战略，把抓好行业安全工作与深入开展学习贯彻习近平新时代中国特色社会主义思想主题教育相结合，主动回应群众期盼，主动服务群众需求。要坚持问题导向，着力解决好行业安全“三项制度”落实、企业主体责任落实和安全生产意识淡薄等监管难题。要高度重视网络数据安全和信息安全，积极采取技术手段保护用户个人信息，持续督导寄递企业推广快递隐私面单的应用，确保用户信息安全。要重点关注末端网点安全稳定工作，扎实开展各类安全隐患排查整治，切实维护和保障一线快递员合法权益。要持续推动“平安员”建设工作，结合行业特点，发挥行业优势，加大培训力度，建立一支行之有效的专、兼职平安员队伍。

2023年10月13日，国家邮政局党组成员、副局长陈凯带队赴苏州调研快递服务阳澄湖大闸蟹项目。陈凯一行先后赴相城区阳澄湖镇蟹农家、顺丰速运大闸蟹收寄点、大闸蟹中转场，听取了阳澄湖大闸蟹产业发展情况、大闸蟹寄递保障举措和业务情况汇报，并向阳澄湖镇政府主要负责人和蟹农询问了寄递服务需求。陈凯对近年来大闸蟹寄递业务的快速发展和突出成绩给予了充分肯定。他指出，要继续提升快递服务能力，提高服务效率，保障服务质量，助力优质农产品上行。同时，要发挥金牌项目的引领带动作用，引导快递企业与电商平台、农户、农业产业化企业等上游产业更加紧密合作，充分发挥邮政快递业在乡村振兴战略中的支撑作用。调研组还参观了快递无人车应用情况。

2023年9月23日至10月8日，杭州第19届亚运会成功举办，圆通速递作为独家官方物流服务赞助商，出色完成了相关服务保障工作。6座办赛城市、6座亚运村和亚运分村、56个竞赛场馆，赛事共迎来1.2万余名运动员、4700余名技术官员和1万余名媒体人员，圆通承运亚运物资20余万件。在各级邮政管理部门的指导和帮助下，圆通抽调业务精英，组成一支分散在11个地级市的保障小组，夜以继日奔走在一线分公司、网点和驿站，以最高标准、最严要求、最实举措，实现了亚运会期间在寄递渠道和安全生产方面零事故。

2023年12月4日18时26分，一件从云南昆明寄往四川成都的快递包裹，成为2023年第1200亿件快件。自2021年以来，我国快递年业务量连续3年突破1000亿件，直至此次创纪录地首次突破1200亿件大关，凸显出我国快递市场繁荣活跃、发展质效不断提升，展示出中国消费市场持续向好的良好态势，为稳中向好的中国经济写下生动注脚。2023年第1200亿件快件是四川成都一位消费者订购的鲜花，由顺丰速运承运，搭乘成昆高铁快运专列，于12月5日下午送达。

2023年9月5日凌晨3时5分，一架来自深圳宝安国际机场的顺丰全货机顺利降落并驶入停机位，此时鄂州花湖机场转运中心周围已经停靠了43架全货机，这标志着鄂州花湖机场货运航线转场工作已经完成。鄂州花湖机场货运转场工作从6月30日起，历时两个多月，分六个阶段将43架全货机航线转场至鄂州运行，新通达包括天津、长春、杭州、义乌、昆明、呼和浩特、乌鲁木齐在内的全国36个货运航点，加密往来深圳、北京、上海、杭州的货运航线。一张以鄂州花湖机场为中心，以深圳、北京、杭州、成都等地机场为区域枢纽，覆盖华北、华东、华南大部分地区的“轴辐式”货运航空网络已基本形成。

2023年5月19日，第五届寻找最美快递员活动举行揭晓发布会，哈弄夺机、张裕等10人获得“最美快递员”称号，鼓浪屿“好小哥”团队、北京顺丰党员抗疫突击队、京东物流冬季国际顶级赛事服务团队成为“最美快递员”团队。“最美快递员”是行业千千万万从业人员的优秀代表，为全行业树立了学习的榜样，生动诠释了社会主义核心价值观和“诚信、服务、规范、共享”的邮政快递业价值理念，是行业发展的宝贵精神财富和强大精神力量。自2014年以来，寻找“最美快递员”活动已经成功举办四届，选出了一批爱岗敬业、勇于创新、诚实守信、见义勇为的先进典型，成为邮政快递业精神文明建设的重要品牌。

2023年11月22日，由国家邮政局指导，浙江省人民政府、中国快递协会主办，杭州市人民政府承办的第五届中国（杭州）国际快递业大会在桐庐召开。来自人力资源和社会保障部、交通运输部、农业农村部、商务部、海关总署、市场监督管理总局等有关部门和浙江省、海南省、杭州市等地方政府领导，以及国内外知名快递企业、关联产业企业代表等汇聚一堂，围绕“递联全球、智创未来”主题，共同探讨新形势下快递业的机遇与挑战。国家邮政局局长赵冲久、浙江省人民政府副省长柯吉欣、中国快递协会会长高宏峰出席大会并致辞，全国政协常委马军胜出席会议，国家邮政局副局长廖进荣出席会议并致闭幕词，万国邮联咨询委员会主席沃尔特·特雷泽克出席会议并发表主旨演讲。

2023年9月25日下午，2023全球可持续交通高峰论坛“互联互通：促进数字时代互联互通”主题会议在国家会议中心召开。会议邀请全球各方围绕新时代如何推进全球互联互通，推动跨境运输便利化，推动全球经济更具活力发展进行探讨。国家邮政局局长赵冲久出席会议并致开幕词，强调要把握数字时代发展浪潮，促进互联互通全球合作。

目 录

第一篇 特载

第二篇　发展概览

第三篇　发展环境

第四篇　发展数据

第五篇 人才建设

第六篇 市场主体

第七篇 各地纵览

第十篇 行业展望

附录 相关文件(索引) …… 630

第一篇　特　载

奋力书写加快建设交通强国邮政新篇章

——交通运输部部长李小鹏在2023年全国邮政管理工作会议上的讲话

2023年1月17日

同志们：

很高兴出席2023年全国邮政管理工作会议。刚才，会议传达了刘鹤副总理的重要批示，我们要认真学习领会，抓好贯彻落实。一会儿，冲久同志将作工作报告。这里，我讲三点意见。

一、充分肯定新时代邮政快递业取得的成就

党的十八大以来，在党中央、国务院的坚强领导下，我国交通运输事业取得了历史性成就、发生了历史性变革，迎来了由交通大国向交通强国迈进的历史性跨越。10年来，国家邮政局深入学习贯彻习近平新时代中国特色社会主义思想，认真贯彻落实党中央、国务院决策部署，推动邮政快递业实现了由小到大的跨越，迈上了交通强国邮政篇建设的新征程。**一是发展基础不断夯实。**建成了覆盖全国、深入乡村、通达世界的邮政快递网络，高铁快递、航空快递运能不断增强，无人仓、无人车、无人机等智能设施、装备应用加快。**二是公共服务不断优化。**邮政普遍服务均等化水平持续提升，实现“乡乡设所、村村通邮”，95%建制村实现快递服务覆盖。快递业务量连续9年位居世界第一，年人均快件量接近80件。邮政快递服务的用户满意度保持在较高水平。**三是治理能力持续提升。**加快构建与高质量发展相适应的邮政快递业法规、规划、政策、标准体系，“放管服”改革持续深化，营商环境不断优化，安全监管机构队伍建设得到加强。**四是对外开放合作不断加强。**坚持与世界相交、与时代相通，积极推进“快递出海”工程，持续加大跨境网络建设力度，深度参与全球邮政治理，中国在邮政领域的国际话语权和影响力明显提升。

刚刚过去的2022年，是党和国家历史上极为重要的一年，也是邮政快递业发展十分重要的一年。邮政快递业坚持以习近平新时代中国特色社会主义思想为指导，深入贯彻落实习近平总书记重要指示批示精神和党中央、国务院决策部署，落实“疫情要防住、经济要稳住、发展要安全”要求，努力克服疫情影响，全力推动行业高质量发展，为经济社会发展作出了积极贡献。一是圆满完成党的二十大、北京冬奥会和冬残奥会等重大活动安全保障工作。二是高效统筹疫情防控和行业高质量发展，全力做好物流保通保畅，有效保障医疗物资、民生物资和生产物资等的运输。三是持续深化产业协同，加快贯通县乡村电子商务体系和快递物流配送体系，深入推进“快递进村”，有力服务乡村振兴。四是强化科技创新驱动，持续推进快递绿色包装治理，深化监督管理能力建设，深入抓好快递员合法权益保障。五是全面加强党对邮政快递工作的领导，全力配合完成中央巡视工作，党

建基层基础进一步夯实，全面从严治党向纵深推进。

这些成绩的取得，靠的是习近平新时代中国特色社会主义思想指引方向、凝聚力量，靠的是党中央、国务院坚强领导、科学指导，靠的是历届党组特别是以冲久同志为班长的党组带领下邮政系统全体同志上下一心、拼搏奉献，靠的是各地区各部门、广大人民群众和社会各界鼎力支持、共同奋斗。在此，我代表交通运输部，通过大家向邮政系统的全体同志们表示崇高的敬意和诚挚的问候！

二、认真学习、深刻领会党的二十大和中央经济工作会议以及中纪委二次全会精神，坚定不移把党中央决策部署落到实处

党的二十大是在全党全国各族人民迈上全面建设社会主义现代化国家新征程、向第二个百年奋斗目标进军的关键时刻召开的一次十分重要的大会。习近平总书记的报告，深刻阐释了新时代坚持和发展中国特色社会主义的一系列重大理论和实践问题，描绘了全面建设社会主义现代化国家、全面推进中华民族伟大复兴的宏伟蓝图，为新时代新征程党和国家事业发展、实现第二个百年奋斗目标指明了前进方向、确立了行动指南。习近平总书记在党的二十大报告中对加快建设交通强国作出战略部署，并强调要着力提升产业链供应链韧性和安全水平、建设高效顺畅的流通体系、降低物流成本、构建现代化基础设施体系、统筹乡村基础设施和公共服务布局、加强城市基础设施建设、加快推动交通运输结构调整优化、推进交通等领域清洁低碳转型等。我们要深入学习、深刻领会、坚决贯彻、扎实落实，深刻把握中国式现代化的中国特色和本质要求，准确把握全面建设社会主义现代化国家的部署安排，紧紧围绕加快建设交通强国、努力当好中国现代化开路先锋的使命任务，加快推进交通运输现代化，加快推动邮政快递业高质量发展，在更高水平上发挥邮政服务保障作用，奋力谱写加快建设交通强国邮政新篇章。

中央经济工作会议是党的二十大后党中央召开的一次十分重要的会议。习近平总书记发表了重要讲话，全面分析了当前国内国际经济形势，深刻总结了新时代 10 年的伟大变革，明确提出了 2023 年经济工作的总体要求、主要目标、政策取向、重点任务，并就一些重大理论和实践问题进行了深刻阐释，通篇贯穿马克思主义的立场观点方法，深化了对在严峻挑战下做好经济工作的规律性认识，为做好 2023 年经济工作指明了前进方向、提供了根本遵循。我们必须认真学习、深刻领会会议精神，不折不扣抓好贯彻落实。要深刻认识到，过去五年的历史性成就和新时代 10 年的伟大变革，根本在于习近平总书记作为党中央的核心、全党的核心掌舵领航，在于习近平新时代中国特色社会主义思想的科学指引。要进一步深刻领悟“两个确立”的决定性意义，增强“四个意识”、坚定“四个自信”、做到“两个维护”，始终在思想上政治上行动上同以习近平同志为核心的党中央保持高度一致。要深刻认识到，在百年变局和世纪疫情相互叠加的复杂局面下，面对超预期因素的冲击，面临这么多的甚至是空前的困难，我们能够取得这样的成绩，殊为不易，值得倍加珍惜。要进一步深化理解做好新时代经济工作六条规律性认识，坚决把思想和行动统一到党中央对经济形势的重大判断和对做好经济工作的决策部署和工作要求上来，准确把握 2023 年经济工作的总体要求和政策取向，深刻认识做好经济工作必须坚持系统观念、守正创新，全面落实“六个统筹”的重要方法论，深刻认识做好 2023 年经济工作的五个重大问题，深刻把握加强党对经济工作的领导的重要要求，坚定不移把党中央各项决策部署落到实处。

前不久中央纪委二次全会在北京召开，习近平总书记发表重要讲话。他强调，要站在事关党长期执政、国家长治久安、人民幸福安康的高度，把全面从严治党作为党的长期战略、永恒课题，始终坚持问题导向，保持战略定力，发扬彻底的自我

革命精神，永远吹冲锋号，把严的基调、严的措施、严的氛围长期坚持下去，把党的伟大自我革命进行到底。要坚持严管和厚爱结合、激励和约束并重，坚持“三个区分开来”，更好激发广大党员、干部的积极性、主动性、创造性，形成奋进新征程、建功新时代的浓厚氛围和生动局面。习近平总书记发表的重要讲话深刻分析大党独有难题的形成原因、主要表现和破解之道，深刻阐述健全全面从严治党体系的目标任务、实践要求，对坚定不移深入推进全面从严治党作出战略部署，是深入推进全面从严治党的根本遵循，是新时代新征程纪检监察工作高质量发展的根本指引。我们一定要认真学习、深刻领会、坚决贯彻、扎实落实。

三、全力以赴做好2023年工作，为全面建设社会主义现代化国家开好局起好步作出新的更大的贡献

2023年是贯彻党的二十大精神的开局之年，是实施“十四五”规划承前启后的关键一年，是为全面建设社会主义现代化国家奠定基础的重要一年。我们要坚持以习近平新时代中国特色社会主义思想为指导，全面贯彻党的二十大和中央经济工作会议精神，深入学习贯彻二十届中央纪委二次全会精神，坚持稳字当头、稳中求进，更好统筹疫情防控和经济社会发展，更好统筹发展和安全，坚定不移推动邮政快递业高质量发展，为全面建设社会主义现代化国家开好局起好步作出新的更大的贡献。

一是扎实做好新阶段疫情防控各项工作。要深刻认识到，疫情暴发以来，我们党坚持人民至上、生命至上，坚持外防输入、内防反弹，坚持动态清零，最大程度守护了人民生命安全和身体健康，最大程度减少了疫情对经济社会发展的影响，三年的疫情防控成效必须充分肯定。随着疫情的变化，疫情防控进入新阶段，因时因势优化疫情防控措施，更加科学精准高效做好疫情防控，变化的是防控举措，不变的是人民至上、生命至上的理念。要严格落实新阶段“乙类乙管”防控各项要求，因时因势优化疫情防控措施，加强统筹衔接，有序组织实施，确保疫情防控各项工作平稳转段、有序运行。要全力做好医疗药品等防疫重点物资的寄递配送等工作。要加大纾困帮扶力度，充分用活用好国家各项政策，激发企业发展活力。要关心关爱干部职工和邮递员、快递员等广大从业人员，帮助他们克服困难。

二是坚决守牢安全发展底线。要坚决贯彻落实习近平总书记关于安全生产工作的重要指示批示精神，统筹发展和安全，贯彻总体国家安全观，完善行业安全责任制，维护国家安全、公共安全、生产安全和寄递渠道稳定运行。要牢固树立人民至上、生命至上的理念，要坚持安全第一、预防为主的方针，落实各级安全生产责任制。要加强安全体系建设，坚持依法治理、源头治理、综合治理，提升安全生产标准化规范化水平，强化安全隐患排查治理和风险监测预警防控，大力推进科技兴安。要强化行业安全管理，切实抓好“三项制度”落实，进一步加强邮件快件寄递安全监管，加强数据安全和个人信息安全保护，全力做好重大活动、重要时段以及生产旺季寄递服务安全保障各项工作。

三是强化物流保通保畅工作。要坚决贯彻党中央决策部署，强化交通物流保通保畅工作，确保“大动脉”和“微循环”的畅通。要切实把保通保畅作为一项战略性工作抓实抓好，内提质效、外保安畅，加快形成内外联通、安全高效的物流网络，着力提升物流供应链韧性和安全水平，服务加快构建新发展格局。要科学精准做好邮政快递保通保畅工作，健全长效机制，加强跟踪调度，保障邮件快件揽收投递顺畅，切实畅通邮政快递末端“微循环”。要巩固完善安全可靠的国际寄递网络，持续推动“快递出海”，引导企业继续完善境外枢纽和地面网络布局，增强国际网络的连通性和稳定性。

四是进一步深化邮政快递业供给侧结构性改

革。要深入落实党的二十大关于加快建设交通强国的部署要求，认真谋划未来五年行动计划，加快推进交通强国建设试点邮政专项工作。要持续提高邮政快递服务水平，进一步建强主干网络，持续加强农村寄递物流体系建设，深化交邮合作、邮快合作、客货邮融合发展，加快推进“快递进厂”。开展快递服务质量提升攻坚行动，促进邮政普遍服务高质量发展。要强化科技创新驱动，加强行业科技研发体系建设，加大自动化分拣、无人仓、无人机等设施设备建设和投入力度，提高生产自动化、智能化水平。要深入推进绿色发展，推进邮件快件包装绿色转型，全面提升包装减量化、标准化、循环化水平，继续开展绿色网点、绿色分拨中心建设，推广新能源和清洁能源车辆。

五是加快完善现代化治理体系。要深化法治政府部门建设，加快推动完善行业法规制度，持续提高政府管理水平，深化改革扩大开放，营造更加开放包容、公平有序的市场环境。要加强治理能力建设，加快完善企业自律、政府监管、社会监督三位一体的监管体系。优化行业监管流程，加强事前事中事后监管，加大监管信息化建设和应用力度，持续加强信用监管。要积极参与邮政全球治理，持续开展国际和港澳台邮政交流合作，加强“一带一路”建设框架下邮政双多边交流合作。

六是加强党的全面领导。要持续强化理论武装，坚持不懈用习近平新时代中国特色社会主义思想凝心铸魂，深入学习贯彻党的二十大精神，在全面学习、全面把握、全面落实上下功夫，深刻领悟“两个确立”的决定性意义，不断增强做到“两个维护”的思想自觉政治自觉行动自觉。要坚定不移全面从严治党，坚决维护党中央权威和集中统一领导，完善党中央重大决策部署落实机制，锲而不舍落实中央八项规定及其实施细则精神，推进作风建设常态化长效化，把纠治形式主义、官僚主义摆在更加突出位置，一体推进不敢腐、不能腐、不想腐，三者同时发力、同向发力、综合发力，营造风清气正的良好环境。要持续推进行业党建工作，建强快递行业党委，强化企业党组织战斗堡垒作用。关心关爱快递员，切实加强快递员群体合法权益保障。要加强文化建设和精神文明建设，大力弘扬邮政快递“小蜜蜂”精神，讲好行业故事，传播行业声音，为行业改革发展凝聚奋进力量、营造良好氛围。

当前，交通运输行业正在全力以赴做好春运工作。我们要认真贯彻落实刘鹤副总理检查春运工作时的重要讲话精神，加强分析研判，做好应急预案，千方百计做好春节期间和整个春运期间寄递服务保障各项工作，确保春节期间行业平稳运行。

同志们！奋斗创造奇迹，力量源于团结。让我们更加紧密地团结在以习近平同志为核心的党中央周围，自信自强、守正创新，踔厉奋发、勇毅前行，以一往无前的奋斗姿态、永不懈怠的精神状态履职尽责，奋力书写加快建设交通强国邮政新篇章，努力当好中国现代化的开路先锋，为全面建设社会主义现代化国家开好局起好步而努力奋斗。

新春佳节就要到了。借此机会，我代表交通运输部，向在座的各位同志，并通过大家向邮政系统广大干部职工、离退休老同志和职工家属致以新春问候！祝大家身体健康、家庭幸福、工作顺利！

谢谢大家！

以新气象新作为推动行业高质量发展和邮政强国建设取得新成效

——国家邮政局局长赵冲久在2023年全国邮政管理工作会议上的讲话

2023年1月17日

同志们：

这次会议的主要任务是：以习近平新时代中国特色社会主义思想为指导，全面学习宣传贯彻党的二十大精神，坚决贯彻中央经济工作会议精神，深入贯彻落实习近平总书记关于邮政快递业重要指示批示精神，总结回顾2022年工作和新时代十年行业发展成就，分析形势，部署2023年重点工作。下面，我讲三个方面的意见。

一、2022年工作总结和新时代十年行业发展成就回顾

2022年是邮政管理系统和邮政快递业历史上极不平凡的一年，全系统全行业坚持以习近平新时代中国特色社会主义思想为指导，认真学习贯彻党的二十大精神，深入贯彻落实习近平总书记重要指示批示精神和党中央、国务院决策部署，按照"疫情要防住、经济要稳住、发展要安全"要求，努力克服疫情影响，团结奋进、不畏艰辛、勇毅坚守，全力推进行业保通保畅，全面落实中央巡视整改任务，奋力推动行业高质量发展，稳住了行业发展的基本盘，在当好中国现代化的开路先锋新征程中勇挑重担，为经济社会发展作出了积极贡献。2022年邮政行业寄递业务量完成1391亿件，同比增长2.7%；行业业务收入完成1.35万亿元，同比增长6.9%。其中，快递业务量完成1105.8亿件，同比增长2.1%；业务收入完成1.06万亿元，同比增长2.3%。

（一）带头走好践行"两个维护"的第一方阵。**一是强化政治机关建设。**持续加强理论武装，深入学习把握习近平新时代中国特色社会主义思想的世界观和方法论，坚持好、运用好贯穿其中的立场观点方法，深刻领悟"两个确立"的决定性意义，增强"四个意识"、坚定"四个自信"、做到"两个维护"。严守政治纪律和政治规矩，国家局党组带头落实《关于维护党中央集中统一领导的规定》，带头做到"两个维护"，切实担负起"最初一公里"的政治责任，始终把贯彻落实习近平总书记关于邮政快递业重要指示批示精神作为重要政治责任，滚动更新台账加强督办，定期督导检查落实进度，年底组织"回头看"，做到跟进学习与常态落实相结合，把党对邮政快递业的领导贯穿到工作全过程各方面。牢固树立政治机关意识，推动党建与业务深度融合，国家邮政局首先是政治机关，政治性是第一属性，讲政治是第一要求，注重从党和国家大局思考、谋划、推动邮政快递业各项工作，自觉同党的基本理论、基本路线、基本方略和党中央决策部署对标对表，在党的二十大寄递渠道安全服务保障、邮政快递业保通保畅、快递员群体合法权益保障、农村寄递物流体系建设等重点工作中强化政治责任和政治担当，着力锻造忠诚干净担当的邮政管理干部队伍，不断提高政治判断力、政治领悟力、政治执行力。认真执行民主集中制原则，自觉做好重大事项请示报告工作，召开中央巡视反馈问题专题民主生活会并持续抓好问题整改。落实意识形态工作责任制，制定国家局党组加强和改进思想政治工作的实施意见。坚持大抓基层的鲜明导向，强化模范机关建设，把基层党组织建设成为有效实现党的领导的坚强战斗堡垒。制定国家局党组推动党史学习教育常态化长效化实施意见，《加强权益保障 关爱快递小哥》入选中

央党史学习教育案例选编。**二是坚持以习近平新时代中国特色社会主义思想凝心铸魂。**落实党组会议第一议题制度，及时跟进学习贯彻习近平总书记最新重要讲话和重要指示批示精神。坚持把学习宣传贯彻党的二十大精神作为首要政治任务，制定国家局党组学习宣传贯彻党的二十大精神工作方案，组织收听收看党的二十大开幕会盛况，第一时间召开党组扩大会议进行传达学习，党组会议原文学习报告。编写宣讲提纲印发全系统各级党组织，党组成员带头进行宣讲。举办学习贯彻党的二十大精神专题研讨班，结合贯彻落实中央经济工作会议精神，推动各项战略部署细化实化为政策举措、思路行动。认真开展“学查改”专项工作，着眼于行业高质量发展，深入领会、全面贯彻习近平经济思想，党组成员围绕重大理论和实践问题开展集中学习研讨，发挥领学促学作用。**三是严肃认真抓好中央巡视反馈意见整改落实。**自觉将支持服从中央巡视作为重要政治纪律和政治规矩，全面配合做好巡视组列席党组会、警示教育会、文件材料调阅、下沉调研谈话等相关工作。中央第十二巡视组反馈意见后，局党组书记认真履行巡视反馈意见整改第一责任人责任，先后11次召开党组会议审定整改方案、听取进展汇报、研究解决问题、建立长效机制、实行挂图作战，推动全系统上下联动抓好巡视整改，逐字逐句审定国家局党组向党中央上报的巡视反馈意见整改报告，对整改不认真、销号不达标的严肃批评、退回整改，切实把践行“两个维护”体现到巡视整改各方面全过程。国家局党组制定的188项整改事项中，已有110项完成整改或取得阶段性成效。

（二）重大活动安全服务保障任务圆满完成。**一是突出做好党的二十大等重大活动服务保障和寄递渠道安全工作。**坚持最高标准、最严要求，统筹兼顾安全生产、疫情防控和服务保障，累计对4.06亿件邮件快件实行“二次安检”，有效服务保障党的二十大、北京冬（残）奥会胜利召开。**二是认真做好党的二十大纪念邮票等重大题材邮票发行监督管理工作。**高度重视、周密部署、精心谋划，加强与中央有关部门汇报沟通，全力组织做好党的二十大纪念邮票发行方案制定和图稿设计审查等工作。做好第24届冬奥会开幕纪念邮票发行监督管理。**三是持续增强防范化解重大风险能力。**完善联合监管机制，会同11部门出台进一步加强邮件快件寄递安全管理工作指导意见。深入推进安全生产专项整治三年行动，压实企业主体责任，狠抓安全生产大检查和“十五条硬措施”落实，强化“四不”问题整治。作业场地亡人事故同比下降71.4%，未发生较大以上安全生产责任事故。会同公安、网信部门联合开展邮政快递领域个人信息安全治理专项行动，统筹做好寄递渠道涉枪涉爆、涉毒涉危及打击侵权假冒、野生动植物保护等工作，不断净化寄递安全环境。加强突发事件监测预警和防范应对，有序组织“双11”旺季服务保障，行业总体运行平稳。

（三）行业疫情防控和保通保畅工作有力有序。**一是毫不放松抓好行业疫情防控。**适时修订行业疫情防控规范，强化薄弱环节管理，加强日常监督检查。持续抓好疫苗接种工作。妥善处置行业突发疫情，有效阻断疫情通过寄递渠道扩散。“新十条”出台后，及时优化调整疫情防控措施，取消从业人员定期核酸检测、邮件快件消毒等要求，稳妥做好过渡期的工作，切实维护行业稳定运行。**二是全力以赴做好保通保畅工作。**建立行业保通保畅工作机制，依托国务院工作机制出台多个专项政策。坚持分级分类分区推进，指挥调度全网资源，强化央地协同、部际协作，有效解决因疫情造成的不通不畅问题。“新十条”出台后，坚决落实党中央、国务院决策部署，坚持“保供应、保畅通、保稳定、保安全”，针对医疗物资寄递需求上升和行业用工受疫情影响严重的新情况，按日开展工作调度，对外通报全国主要品牌快递企业运行监测情况，稳定社会预期，努力推动分拨中心和营业网点应开尽开、积压邮件快件快速疏解、行业业务量快速回升。按照中央应对疫情工作领导小组的安排,组织力量驰援北京,迅速改善邮件快件积压状况,首都地区寄递服务快速恢复正常。会同商务部召开医疗物资保供专题会议,联合印发医疗物资供应配送保障的通知,有效满足人民群众对医疗物资和民生物资的寄递需求。**三是千方百计支持市场主体稳定。**细化国务院扎实稳住经济一揽子政策措施涉邮任务,宣传解读助企纾困、减税降费相关政策文件,行业企业全年享受税费减免超过100亿元。依法规范和引导邮政快递业资本健康发展,协同加强业内企业上市活动管理。**四是持续深入做好快递员群体合法权益保障工作。**实现省级落实政策全覆盖。推广快递企业末端派费核算指引,开展快递员劳动定额试点,提高末端派费和降低服务类罚款要求得到有效落实。推动制定优先参加工伤保险政策,新增参保57.5万人。联合人力资源社会保障部出台职业技能提升工程实施方案,开展技能培训57.7万人次,新增5244人取得快递工程专业职称。颁布邮件快件安检员国家职业技能标准,新增快递站点管理师等3个新职业。持续开展关爱快递员“暖蜂行动”,新建爱心驿站3万余家,协调解决保障房3500余套。

(四)协同发展和服务能力持续增强。**一是加强与综合交通运输体系融合。**组织国家“十四五”规划纲要邮政寄递工程建设,加强行业规划宣贯。落实交通强国战略,印发邮政强国建设行动纲要重点任务分工方案,开展邮政强国建设评价指标体系研究,与交通运输部联合印发加快建设国家综合立体交通网主骨架意见,配合做好综合货运枢纽强链补链和交通强国试点工作。落实中央财经委部署,加强邮政快递基础设施建设。印发成渝地区双城经济圈邮政业发展规划。顺丰鄂州花湖机场、京东航空投入运营。**二是强化政策科技标准赋能。**贯彻落实中央推进共同富裕、新时代西部大开发战略,出台支持有关地方邮政快递业高质量发展意见。推进“三智一码”研发应用,加强智慧邮政建设,促进北斗系统推广。完成通用寄递地址编码规则等17项标准制修订,探索开展国际标准化工作。**三是加快农村寄递物流体系建设。**落实加快农村寄递物流体系建设意见,联合商务部等8部门出台加快贯通县乡村电子商务体系和快递物流配送体系有关工作通知。深入推进“快递进村”工程,累计建成990个县级寄递公共配送中心、27.8万个村级快递服务站点,全国95%的建制村实现快递服务覆盖。推进“客货邮”融合发展,加快农村邮路汽车化,新增农村投递汽车近2万辆,累计开通交邮联运邮路1888条。推进抵边自然村邮政服务,94.8%已实现通邮。**四是推进产业协同发展。**累计培育快递服务现代农业年业务量超千万件金牌项目117个、邮政农特产品出村“一市一品”项目822个,有力服务乡村振兴。联合工业和信息化部印发快递服务先进制造业“5312”工程实施方案。会同海关总署批准设立石家庄国际邮件互换局(交换站)。主要寄递企业累计设立海外仓249个。持续推动中欧班列常态化运输邮件和跨境电商商品,全年发运超过4500个集装箱。**五是支持企业服务创新。**加强邮政综合服务平台建设,政邮合作实现全国县级以上政务平台(大厅)全对接。开展司法专递面单电子化改革。指导邮政集团高质量完成高校录取通知书寄递服务。与文化和旅游部、林草局联合推进主题邮局建设。推广末端集约化服务方式,开展末端收投服务试点,累计布放智能快件(信包)箱36.2万组,建设快递营业网点和末端服务站34.3万个。指导企业升级保价服务。支持企业持续提升为军服务能力。

(五)行业治理效能有效提升。**一是增强政府管理能力。**中央编委批准国家邮政局权责清单,国办审核通过邮政行政许可实施规范。印发深入推进邮政管理部门法治政府建设的实施意见。省级安全中心实现全覆盖,新增33个市级安全中心、19个县级机构,其中11个省份实现了市级安全中心全覆盖。做好党报党刊发行监督,巩固县级党政机关《人民日报》当日见报率。印发推进新时代邮政普遍服务高质量发展意见。加强农村邮政普遍服务监督，西部地区建制村周投递频次三次及以上的比例超过99%。完善准入管理，开展许可证电子证照签发试点，稳妥推动并购重组企业许可整合，加强经营场所许可审核管理。深入实施“双随机、一公开”监管，认真履职，加大监管力度，强化落实监管责任。重点整治未按址投递、末端服务违规收费等突出问题，深入整治以“价格战”为主要表现形式的恶性竞争行为。**二是推进行业绿色转型发展。**完善生态环境保护与碳达峰碳中和工作机制。开展快递绿色包装治理“9917”工程，稳妥推进可循环快递包装规模化应用试点，持续开展塑料污染、过度包装和随意包装治理。**三是深化国际和港澳台交流合作。**深入参与万国邮联开放改革等重大议题磋商。妥善处置国际邮政领域重大敏感问题。与亚太邮联共同举办RCEP背景下亚太区域邮政发展合作会议。推进内地与港澳邮政交流合作。巩固两岸通邮成效。

（六）全面从严治党向纵深推进。**一是压紧压实管党治党责任。**推动落实从严管党治党主体责任和“一岗双责”要求。聚焦贯彻落实习近平总书记重要指示批示精神强化政治监督，加强对快递员群体合法权益保障、农村寄递物流体系建设、寄递安全监管等党中央重大决策部署落实情况监督检查。扩大快递物流业党建工作试点成果，印发实施快递行业党委组建规划，推进成立了21个省级行业党委、218个市（地）级行业党委，不断扩大行业党的组织和工作有效覆盖。**二是贯彻落实新时代党的组织路线。**坚持从严管理干部，加强对“一把手”和领导班子的监督。坚持问题导向，加强选人用人统筹谋划，抓好年轻干部选拔培养，推动省级以下公务员编配率接近95%、市（地）局班子配齐率提高至77%。新疆局玉素甫·艾力获全国“人民满意的公务员”称号。全系统全行业9人光荣当选党的二十大代表，1453人当选地方党代会代表、人大代表和政协委员。**三是以严的基调强化正风肃纪。**及时修订国家局党组贯彻落实中央八项规定精神实施细则，持续纠治“四风”特别是整治形式主义、官僚主义，紧盯重要节日严防“四风”变异反弹，组织开展借培训等名义搞公款旅游问题、参与“影子公司”“影子股东”谋利问题专项整治。严肃规范执纪问责，召开全系统警示教育大会，一体推进不敢腐、不能腐、不想腐。**四是抓好行业精神文明建设。**组织开展“喜迎二十大、永远跟党走、奋进新征程”主题教育实践等活动。全行业10个人（集体）获得全国“两红两优”荣誉，3人获得“中国青年五四奖章”，3个单位获五一劳动奖状，14人获得全国五一劳动奖章，11个集体荣获全国工人先锋号。

同志们！党的十八大以来，在党中央、国务院的坚强领导下，邮政快递业走过了极不寻常的发展历程，行业取得了历史性成就，发生了历史性变革，攻克了许多长期没有解决的难题，办成了许多事关长远的大事要事，行业在服务国家重大战略、建设现代化经济体系、服务构建新发展格局等国家发展大局中的战略支撑作用进一步发挥。

十年来，我们始终坚持党的全面领导，确保邮政事业沿着正确的方向前进。把政治建设摆在首位，坚持不懈用习近平新时代中国特色社会主义思想凝心铸魂，坚定不移全面从严治党，把党的领导贯穿于行业改革发展和管理工作的全过程和各方面，在政治立场、政治方向、政治原则、政治道路上同以习近平同志为核心的党中央保持高度一致。全系统全行业干部职工牢记习近平总书记对邮政快递业的殷殷嘱托，深刻领悟“两个确立”的决定性意义，坚决做到“两个维护”，以团结奋进、接续奋斗的姿态，推动行业规模、创新活力、服务能力、综合实力跃上新台阶，开启了新时代邮政强国建设的新征程。

十年来，我们加快建设邮政强国取得阶段性成效，让行业改革发展成果更好惠及广大人民群众。建成覆盖全国、深入乡村、通达全球的世界规模最大的邮政快递网络，快递业务量超千亿件、业务收入超万亿元，中国成为世界上最具活力的寄递市场，邮政快递已成为一张靓丽的中国名片。企业实力显著增强，5家品牌企业实现年业务收入超千亿元，7家快递企业完成上市。科技持续赋能，网络加速下沉，绿色转型加快，市场扩大开放，服务显著提升，安全稳步发展，邮政快递在服务国家重大战略、抗疫保供、服务民生等方面发挥着重要作用，全行业正在高质量发展道路上奋力谱写交通强国邮政新篇章。

十年来，我们统筹推进邮政快递网络建设，人民满意、保障有力、世界前列有了更加坚实的物质基础。深度对接国家相关规划和综合立体交通运输体系，高铁快递正在积极探索，航空快递运能不断增强，一批枢纽型邮件快件分拨中心投入运营，建成各类分拨中心近3000个，持续建设全球性国际邮政快递枢纽集群。全行业拥有各类营业网点43万处，实现“乡乡设所、村村通邮”，快递网点实现乡镇全覆盖，“快递进村”稳步推进，有力保障了党和国家政令畅通和人民群众用邮需求，为加快构建以国内大循环为主体、国内国际双循环相互促进的新发展格局提供了有力支撑。

十年来，我们持续提升邮政快递服务能力，在当好中国现代化的开路先锋新征程中勇挑重担。巩固提升邮政普遍服务均等化水平，投递频次深度、全程时限持续改善，邮政综合服务平台建设成效明显。快递服务能力显著提升，快递业务量连续9年位居世界第一，最高日处理能力超过7亿件，年人均快件量接近80件。邮政快递连接千城百业、联系千家万户、连通线上线下，实现了生产和消费的高效衔接，为减少流通环节、提高物流效率、降低物流成本作出了巨大贡献。疫情防控期间，毫不放松做好行业疫情防控，果断处置涉疫事件，阻断疫情通过寄递渠道传播，及时疏解积压邮件快件，推广使用无接触投递设施，全力保障党报党刊发行、机要通信安全稳定运行和快递服务网络、末端微循环畅通，有力有效服务了产业链供应链稳定，服务了疫情防控和民生保障。

十年来，我们充分发挥邮政快递业基础性、战略性、先导性作用，国家实力的跃升有了更加坚强的邮政快递保障。十年间，邮政行业业务收入年均增长21%，年快递业务量增长18倍，行业吸纳就业400余万人，在做好“六稳”“六保”中贡献行业力量。大力推动与农村电商融合发展，助力打赢脱贫攻坚战，服务乡村振兴。依托京津冀、粤港澳大湾区、长三角等区域交通连片成网优势，打造邮政快递促进区域协调发展新增长极。圆满完成建党百年、新中国成立70周年、改革开放40周年等重大题材邮票发行监督管理任务，成功举办中国2016亚洲国际集邮展览和2019世界集邮展览，在方寸间展示党和国家事业举世瞩目的重大成就，向世界讲好中国故事。邮政快递无处不在，已逐渐成为农特产品的直通车、制造业的流动仓库、商品流通的加速器和跨境电商的桥头堡，人民群众用邮获得感、幸福感、安全感明显增强。

十年来，我们完整、准确、全面贯彻新发展理念，服务国家高质量发展作用更加突显。科技创新驱动行业实现跨越式发展，“三智一码”加快推广，标准体系建设力度持续加大，无人仓、无人车、无人机等设施装备迅速应用，生产自动化、服务智能化、管理信息化水平不断提升。快递员群体关心关爱和权益保障更加有力，行业从业人员素质能力显著提升，快递工程专业技术高级职称取得突破，“快递小哥”亮相国庆70周年群众游行方阵。邮政快递包装绿色转型深入推进，逐步建立与绿色理念相适应的法律标准政策体系，压茬推进塑料污染和过度包装治理，稳步提升快递包装减量化、标准化、循环化水平。邮政快递安全形势总体稳定，落实收寄验视、实名收寄、过机安检“三项制度”，完成寄递渠道安全监管“绿盾”工程(一期)建设，有力保障党和国家重大活动期间寄递安全，十年来未发生较大以上安全生产责任事故。

十年来，我们纵深推进行业改革，中国特色社会主义制度优势更加彰显。深入推进邮政体制改革，与综合交通运输管理体制融合更加紧密，完善省级以下邮政监管体制，积极推进省级、市级安全中心和县级机构组建工作。推动邮政法2次修正、《快递暂行条例》颁布、《国务院关于促进快递业发展的若干意见》等重要政策相继出台，行业法规、规划、标准、政策体系不断完善。“放管服”改革不断深化，取消、下放4项邮政行政许可事项，持续优化快递业务经营许可、仿印邮票图案审批、集邮市场监管、经营进出境邮政通信业务审批，包容审慎推进智能快件箱、快递公共服务站等新业态监管，6项政务服务事项实现全程全网“跨省通办”。全面开放国内包裹快递市场，推动快递企业建立现代企业制度，统一开放的邮政快递市场正在不断完善。

十年来，我们坚持与世界相交、与时代相通，在国际邮政舞台展现了中国担当。成功举办万国邮政联盟电子商务时代跨境合作全球大会，发布《厦门倡议》。“一带一路”国际寄递网络加快形成，国际邮件互换局（交换站）已达72个，中欧班列运邮通达欧洲37个国家，快递企业服务网络覆盖80多个国家（地区）。积极参与全球邮政治理，与俄罗斯、巴基斯坦等21个国家和万国邮政联盟、泛非邮政联盟等国际邮政组织签署合作文件，成功连任万国邮政联盟行政理事会和邮政经营理事会理事国，我国候选人首次当选并成功连任亚洲－太平洋邮政联盟秘书长，中国在邮政领域的国际话语权和影响力明显提升，助力中国方案、中国力量在构建人类命运共同体中发挥重要作用。

同志们！十年的实践表明，“两个确立”是推动行业取得历史性成就、发生历史性变革的决定性因素。十年成绩的取得，是党中央、国务院坚强领导和亲切关怀的结果，是交通运输部正确领导的结果，是中央各部门、地方各级党委政府和社会各界大力支持的结果，是全系统全行业干部职工勠力同心、踔厉奋进的结果。在此，我谨代表国家邮政局，向长期以来关心支持行业发展的各级领导和同志们，向全系统全行业干部职工和离退休老同志致以崇高的敬意和衷心的感谢！

二、在学习贯彻党的二十大精神中汲取前进伟力，奋力谱写加快交通强国建设邮政新篇章

党的二十大报告阐述了开辟马克思主义中国化时代化新境界、中国式现代化的中国特色和本质要求等重大问题，对全面建设社会主义现代化国家、全面推进中华民族伟大复兴进行了战略谋划，对统筹推进“五位一体”总体布局、协调推进“四个全面”战略布局作出了全面部署。当前我国经济恢复的基础尚不牢固，需求收缩、供给冲击、预期转弱三重压力仍然较大，外部环境动荡不安，给我国经济带来的影响加深。行业发展面临诸多困难挑战，发展不平衡不充分的问题仍比较突出，安全稳定形势依然严峻复杂，在推进行业高质量发展、提升治理体系能力现代化等方面还存在不少差距。越是形势严峻，越是挑战艰巨，越要坚持中国共产党领导这个最大优势。为此，全系统全行业要把学习宣传贯彻党的二十大精神作为首要政治任务和头等大事，把党的二十大作出的战略部署转化为全系统全行业改革发展的工作举措和具体行动，找准行业发展的历史坐标，将行业改革发展放在“两个大局”、国家发展战略中去思考、谋划和落实，以永不懈怠的精神状态和一往无前的奋斗姿态，谱写加快交通强国建设邮政新篇章。

（一）坚持以马克思主义中国化时代化最新成果指引行业发展

马克思主义是我们立党立国、兴党兴国的根本指导思想。实践告诉我们，中国共产党为什么能，中国特色社会主义为什么好，归根到底是马克思主义行，是中国化时代化的马克思主义行。拥有马克思主义科学理论指导是我们党坚定信仰信念、把握历史主动的根本所在。前进的道路上，我们必须认真学习好和运用好习近平新时代中国特色社会主义思想的世界观和方法论，知其言更知其义，知其然更知其所以然，切实做到坚持人民至

上、坚持自信自立、坚持守正创新、坚持问题导向、坚持系统观念、坚持胸怀天下。

全系统全行业必须深刻理解马克思主义中国化时代化的道理学理哲理，要贯彻以人民为中心的发展思想，突出邮政普遍服务的公共服务属性和快递的市场化、多元化、泛在化服务属性，坚持办好行业更贴近民生实事，更好解决人民群众用邮的“急难愁盼”问题，更好满足人民群众美好用邮需要。要走好中国特色邮政快递业发展道路，用中国化时代化的马克思主义创造性地应对和解决行业高质量发展中遇到的新情况和新问题，完善行业发展的理论体系，用好社会主义市场经济的制度优势，坚持科技是第一生产力、人才是第一资源、创新是第一动力，不断增强行业综合发展实力和文化软实力。要始终胸怀“国之大者”，准确把握行业在国民经济中的战略定位，加强前瞻性思考、战略性布局、整体性推进，系统协调推进邮政强国建设，在畅通经济循环、促进现代流通中发挥先行先导作用，更好服从服务政治安全和社会大局稳定，更好服务构建新发展格局。要增强风险意识，发扬斗争精神，把握国内国际两个大局，把握行业发展规律，着力破解行业改革发展遇到的深层次问题和全球布局中的重大问题，提高推动发展、驾驭风险、化危为机的能力。

（二）坚持用中国式现代化的中国特色和本质要求引领行业发展

中国式现代化是党基于马克思主义理论，立足中国国情与历史使命，在长期探索和实践中开创的独特发展道路。党的二十大报告首次系统阐述了中国式现代化的中国特色和本质要求。这些重要论述深刻揭示了中国式现代化与西方现代化的根本区别，开辟了现代化的新境界新格局新高度，为全面推进中华民族伟大复兴提供了根本遵循，也为人类实现现代化提供了新的道路选择。站在新的历史起点上，我们必须锚定新时代新征程党的中心任务，牢牢把握中国式现代化的本质要求和鲜明特色，踔厉奋发、勇毅前行，为全面推进中华民族伟大复兴汇聚磅礴伟力，在建设社会主义现代化国家的道路上再创新辉煌。

新时代新征程，全系统全行业必须始终坚持和加强党的全面领导，按照党的二十大擘画的以中国式现代化全面推进中华民族伟大复兴的宏伟蓝图，走好中国特色邮政快递业发展道路。要坚持稳中求进工作总基调，推动行业发展实现质的有效提升和量的合理增长，加快行业发展质量变革、效率变革和动力变革，提高全要素生产率。要采取更多惠民生、暖民心的举措，稳就业、助创业，积极回应人民群众期盼，高水平保障人民用邮权益，让行业发展成果更多更公平惠及 14 亿多人民。要立足国情，把实施扩大内需战略同深化行业供给侧结构性改革有机结合，以多元供给支撑创造多样需求，充分发挥消费基础作用，提振市场信心。要切实落实“两个毫不动摇”，做强做优做大行业国有企业，鼓励支持指导行业民营企业发展，增强行业动力和活力。要下大力气推动绿色转型，协同推进降碳、减污、扩绿、增长，大力提升行业转型升级和高质高效发展能力，为建设美丽中国作出更大贡献。要践行社会主义核心价值观，大力弘扬中国共产党人的精神谱系，大力弘扬勤劳为基、创造为荣、守护为责的邮政快递“小蜜蜂精神”，大力弘扬企业家精神，着力发展行业先进文化，推进精神文明建设。要推进邮政快递服务“一带一路”建设，服务我国全方位、多层次、立体化的外交布局，努力构建自主安全可控的国际寄递物流体系，打造更广泛的国际邮政快递合作“朋友圈”。

（三）奋力谱写交通强国建设邮政新篇章

党的二十大报告提出要“加快建设交通强国”。邮政强国是交通强国的重要组成部分，为更好发挥对交通强国的关键支撑作用，邮政快递业必须对标对表抓推进，担当作为求实效，真抓实干谱新篇。

一是坚持以新时代新征程的宏大视角谋划行业发展使命任务。党的二十大强调，全面建成社会主义现代化强国，总的战略安排是分两步走，从

2020年到2035年基本实现社会主义现代化，从2035年到本世纪中叶把我国建成富强民主文明和谐美丽的社会主义现代化强国。这是一项伟大而艰巨的事业，前途光明，任重道远，需要全党全国各族人民团结奋斗的号角更加响亮、行动更加坚决、步调更加一致、意志更加顽强，汇聚起成就伟业的磅礴力量。新征程呼唤新担当，邮政快递业是国家重要的社会公用事业，邮政快递基础设施是国家重要的战略资源，必须更好发挥行业巩固执政基础、保护通信自由和服务生产消费、畅通经济循环的基础性、战略性、先导性作用，在当好中国现代化的开路先锋新征程中勇挑重担，为实现中华民族伟大复兴作出新的更大贡献。为此，从现在起到2035年，全系统全行业要紧紧围绕基本实现社会主义现代化的要求，主动识变应变求变，主动防范化解风险，加快建设现代化邮政快递业供给体系、生态体系和治理体系，实现由大到强的跨越式发展，基本建成邮政强国，成为交通强国重要标志。到本世纪中叶，全面建成邮政强国，全面实现行业治理体系和治理能力现代化。邮政快递业成为社会主义现代化强国的一个代表性行业，在国民经济和社会发展中作用更加突显，在全球邮政业发展中位居前列。

二是完整、准确、全面贯彻新发展理念，服务构建新发展格局。开局关乎全局，起步决定后程。未来五年是全面建设社会主义现代化国家开局起步的关键时期，贯彻新发展理念是新时代我国发展壮大的必由之路。全系统全行业必须完整、准确、全面贯彻新发展理念，将新发展理念贯彻到行业改革发展全过程各领域，以新发展理念引领新格局新创造。要实施创新发展，把创新摆在行业发展全局的核心位置，以国家战略需求为导向，以行业高质量发展高效能治理为目标，完善科技政策标准体系，发挥骨干企业引领支撑作用，增强政府的组织引导作用，加快创新人才团队建设，集聚力量进行原创性引领性科技攻关，推动创新链产业链资金链人才链深度融合。要实施协调发展，以区域城乡均衡为方向，优化重大基础设施布局，补齐中西部地区、农村地区的服务短板，努力提高邮政快递服务质量和水平。要实施绿色发展，坚持生态优先、节约集约、绿色低碳发展，推进行业各类资源节约集约利用，统筹推进快递包装绿色治理与包装物循环利用体系建设，加快推进运输结构和生产组织作业方式调整优化，加大节能降碳新技术、新模式、新产品推广应用力度，形成绿色低碳的生产方式和用邮方式，助力美丽中国建设。要实施开放发展，以开放纾发展之困、汇合作之力，加强行业国际化发展制度设计，营造市场化、法治化、国际化一流营商环境，加大国际市场开拓力度，提升海外本地化服务能力，强化国际高能级枢纽建设，增强国际网络自主可控性，助力上下游产业深度参与全球产业分工和合作。要实施共享发展，坚持以人民为中心的发展思想，践行人民邮政为人民的初心使命，着力解决好人民群众最关心最直接最现实的用邮问题，增强邮政快递服务的均衡性和可及性，研究完善快递员群体合法权益保障的务实有效举措，让全体人民共享行业改革发展成果。

三是深化行业供给侧结构性改革，增强高质量发展动能。发展是党执政兴国的第一要务，高质量发展是全面建设社会主义现代化国家的首要任务，也是中国式现代化的本质要求。要建设高质量服务供给体系。深化交邮融合，构建综合立体、通达全球、智能高效、安全便捷的服务网络体系。满足多元需求，发展差异化精准化服务，加快培育新动能。加强产业链条整合，提升面向电子商务、现代农业和先进制造业的综合服务能力。做大市场，做强主业，加快培育具有全球竞争力的快递物流企业，深度参与全球产业分工和合作。要打造高水平产业生态体系。以创新驱动为引领，推动组织作业方式变革，加快数字产业化，提高流通效率和现代化水平。引导资本、技术、人才等要素的协同，激发创新创业热情，激活存量资源价值，提高全要素生产率。优化产业空间布局，拓展产业服务新空间,实现与综合交通枢纽、关联产业协同布局集聚发展,探索快递经济新形态。以深度融合为纽带,落实区域协调发展战略、区域重大战略、主体功能区战略、新型城镇化战略,增强均衡性和可及性,助力推进共同富裕。要完善现代化行业治理体系。加强规范制度建设,推动行业各项制度更加成熟更加定型。加强监管能力建设,提升智能监管、协同监管能力,增强“互联网+监管”效能。打造良好的营商环境,有效维护公平竞争的市场秩序。积极参与万国邮联和区域邮政组织事务,开展多双边邮政快递合作,扩大我国邮政快递业发展理念和标准的对外影响。

四是统筹发展和安全,发扬斗争精神,全力战胜前进道路上的困难挑战。安全是发展的前提,发展是安全的保障。新征程上特别强调安全,这是党基于我国所面临的严峻复杂的国际国内环境所作出的战略判断。党的二十大报告鲜明指出要以新安全格局保障新发展格局,这要求我们树立大局观、全局观、整体观,强化系统思维、辩证思维,实现各方面安全统筹治理、良性互动、共同巩固。要时刻牢记“安全为基”,突出预防为主,从事后处置向主动管理转变,压实“三个责任”,调动各方资源,形成政府监管、企业负责、用户自律、社会支持的行业安全管理工作格局。要特别重视科技力量,抓实“绿盾”工程在行业监管中的应用,完善并发挥好监管平台和安检设施的作用,推动寄递安全工作和先进技术高度融合。要提升监管刚性,坚持依法行政,理直气壮履职,动真碰硬执法,严守底线红线,对影响行业安全发展的问题零容忍,坚决杜绝宽、松、软问题,决不允许劣币驱逐良币的情况发生。要以严的要求、硬的举措、实的作风,保障行业安全发展的良好局面。

五是将全面从严治党要求落到实处,切实加强全系统和全行业的队伍建设。打铁必须自身硬,我们要按照党的二十大要求,始终坚持以党的政治建设为统领,进一步强化作风建设,着力建设一支政治过硬、适应新时代要求、具备领导现代化建设能力的干部队伍。国家局党组同志要严于律己、严负其责、严管所辖。全系统各级领导干部必须增强自身本领和专业素质,特别是推动高质量发展本领、服务群众本领、防范化解风险本领。要持续深入加强基层党组织建设,充分发挥基层党组织战斗堡垒作用和党员先锋模范作用。要推动民营快递企业的基层党组织建设,进一步强化新就业群体党组织的政治功能和组织功能。我们要始终坚持党要管党、全面从严治党,深入推进党风廉政建设和反腐败斗争,构建巡视巡察上下联动的监督网,为推进各项工作提供坚强的政治保证。

三、2023 年工作安排

2023 年是贯彻党的二十大精神的开局之年,是实施“十四五”规划承前启后的关键一年,是为全面建设社会主义现代化国家奠定基础的重要一年。邮政管理工作的总体要求是:以习近平新时代中国特色社会主义思想为指导,全面学习宣传贯彻党的二十大精神,坚决贯彻中央经济工作会议精神,深入贯彻落实习近平总书记关于邮政快递业重要指示批示精神,大力弘扬伟大建党精神,扎实推进中国式现代化,坚持稳中求进工作总基调,完整、准确、全面贯彻新发展理念,服务加快构建新发展格局,着力推动高质量发展,更好统筹疫情防控和行业发展,更好统筹发展和安全,全面深化改革开放,大力提振市场信心,把实施扩大内需战略同深化供给侧结构性改革有机结合起来,突出稳增长、强监管、优服务、保畅通,有效防范化解重大风险,建设邮政强国,奋力谱写加快交通强国建设邮政新篇章,努力当好中国现代化的开路先锋,为全面建设社会主义现代化国家开好局起好步作出新的更大贡献。

预计 2023 年,邮政行业寄递业务量持续增长,满足人民群众更好用邮需求的能力持续增强;行业业务收入完成 1.43 万亿元,同比增长 6% 左右;其中,快递业务收入完成 1.13 万亿元,同比增长 7% 左右。邮政、快递服务满意度稳步提高。重点抓好以下五个方面工作。

（一）以党的二十大精神为引领，加强党对邮政快递业的全面领导。坚持和加强党的全面领导，是我们战胜一切困难风险的制胜法宝，要将贯彻落实党的二十大决策部署作为践行“两个维护”的具体行动。**一是深入学习宣传贯彻党的二十大精神**。进一步增强坚定不移全面从严治党的政治定力，全面学习、全面把握、全面落实党的二十大精神，紧密结合中央即将在全党开展的主题教育，切实把党中央重大决策部署落到实处。加强基层党组织建设，以自我革命的精神和高质量党建推进行业高质量发展。**二是坚持党管干部原则**。树牢新时代选人用人导向，坚持把政治标准放在首位，做深做实干部政治素质考察，锻造可堪重任的邮政管理干部队伍。加强干部队伍统筹谋划，选优配强领导班子和领导干部，畅通干部交流渠道，健全优秀年轻干部培养选拔的常态化工作机制，持续提高市（地）局班子配齐率。组织开展援藏援疆援青干部选派工作。持续优化考核机制，注重奖励向基层和工作一线倾斜。加强干部日常管理监督。用心用情做好老干部工作。**三是持续推进和加强行业党建工作**。认真落实加强新业态新就业群体党的建设工作意见，稳步推进快递行业党的建设，深化央地协同，完善考核措施，建强快递行业党委。强化企业党组织战斗堡垒作用，引导快递员积极参与基层治理。加强群团工作落实。**四是坚定不移推进全面从严治党**。强化政治监督，加强对“一把手”、领导班子、年轻干部监督。深化巩固落实中央八项规定及其实施细则精神成果，持续整治“四风”问题，重点纠治形式主义、官僚主义。加强教育引导，打牢党员干部廉洁从政思想根基。严肃查处违规违纪案件，做实以案促改、以案促治，推动“三不腐”同向发力。制定实施巡视工作五年规划，深入推进中央巡视整改工作和邮政管理系统巡视巡察工作高质量发展。

（二）坚持稳中求进工作总基调，扎实推进行业高质量发展。坚持发展是党执政兴国的第一要务，坚持高质量发展是全面建设社会主义现代化国家的首要任务，全面落实“三新一高”的战略部署，推动行业实现质的有效提升和量的合理增长。**一是强化制度供给**。深入落实交通强国战略，推进交通强国建设试点邮政专项工作，开展“十四五”规划中期评估，加快实施邮政寄递等“十四五”重大工程，落实国家区域重大战略。推进邮政法、邮政服务条例、快递暂行条例、快递市场管理办法、邮票发行监督管理办法、标准化管理办法等制修订工作。制定邮政行政处罚裁量基准，完善行政处罚简易程序相关规则。出台行业贯彻落实加快建设全国统一大市场意见实施方案，继续推进海南自贸港封关运作前期准备工作。扎实推进中国快递示范城市创建。**二是强化科技创新引领**。举办行业科技创新工作会议。持续推广“三智一码”等先进适用科技。组织认定第三批行业技术研发中心。推进与综合交通运输科技融合，加强行业科技研发体系建设。围绕绿色、安全、服务等重点领域增强标准研制。**三是强化快递员群体合法权益保障**。继续推广快递企业末端派费核算指引，督促企业落实派费调整承诺，保障快递员合理收入。督促企业完善机制，建立快递员投诉申辩受理、心理疏导专线。深入推进邮政快递业职业技能提升工程。组织行业职业技能竞赛、“双创”大赛。开展行业人才推先推优，深化校企合作产教融合。持续开展关爱快递员“暖蜂行动”，加大行业典型选树引领，继续开展寻找“最美快递员”活动。

（三）坚持服务扩大内需战略，坚定不移深化行业供给侧结构性改革。坚持以推动高质量发展为主题，把实施扩大内需战略同深化供给侧结构性改革有机结合起来，激发各类市场主体活力，提振市场信心，助力国家经济运行整体好转。**一是扎实推进农村寄递物流体系建设**。巩固“快递进村”三年行动成果，加强县级寄递公共配送中心和村级寄递物流综合服务站建设，推广交邮合作、邮快合作等共同配送模式，深化农村“客货邮”融合发展,深入调查研究,加强引导,防止末端合作变成末端垄断。继续推进农村邮路汽车化。开展农村电商快递协同示范创建。推进抵边自然村邮政服务和边境地区邮政快递为军服务工作。做好定点帮扶工作。**二是加快推进“快递进厂”工程。**落实“5312”工程实施方案,年内推出一批快递服务先进制造业深度融合典型项目和试点先行区。引导快递企业积极发展供应链管理、快运等业务,推动快递功能进园区、入厂区,形成更加匹配制造业企业快递物流需求的服务能力。**三是着力打造现代化国际化快递物流企业。**推动设立连云港、兰州、苏州国际邮件互换局(交换站),持续推动中欧班列常态化运输邮件和跨境电商商品,制定快递企业参与中欧班列运输指南,提升跨境寄递服务能力。探索建立快递企业国际合作保障工作机制,加强政策、投资指导。开展“快递出海”品牌创建活动,引导企业继续完善境外枢纽和地面网络布局,增强国际网络的连通性和稳定性。**四是持续开展绿色包装治理。**出台行业绿色低碳转型发展实施意见。深入推进行业塑料污染和过度包装治理,实施绿色发展“9218”工程。继续开展绿色网点、绿色分拨中心试点,稳步提升可循环快递包装应用比例。继续推广新能源和清洁能源车辆。加大宣传力度,形成社会广泛共识,凝聚全社会力量推进行业绿色发展。

(四)坚持高效统筹,切实增强防范化解重大风险能力。要增强风险意识,坚持系统观念,更好统筹发展和安全,提升安全治理水平,筑牢安全发展基石。**一是精准做好行业保通保畅工作。**妥善应对疫情影响,适时调整措施。做好疫情期间市场主体运行和从业人员上岗保障工作。切实畅通邮政快递末端“微循环”。**二是坚守行业安全底线不动摇。**制定行业企业安全管理体系建设指南、邮件快件收寄验视和安全检查规定。开展“四不”整治和“传送带堵缝、人车分流”整治回头看,坚决遏制重特大事故发生。对照“7 号检察建议”,深入开展“三项制度”专项整治,进一步加强邮件快件寄递安全监管。加强平安员队伍建设。**三是切实维护网络和信息安全。**建立健全邮政管理、公安、网信部门常态化协作机制,巩固深化邮政快递领域个人信息安全治理专项行动成果,加强用户个人信息相关规范标准和信息安全知识宣传,推动落实企业主体责任。持续加强“绿盾”工程(一期)应用和二期前期工作。**四是持续加强应急管理体系建设。**强化应急管理制度建设。坚持抓早、抓小,将矛盾风险化解在萌芽、化解在基层,做好行业运行监测预警,完善信息报告制度。妥善应对突发事件,坚决维护行业稳定。持续推进应急预案建设,加强应急演练。深化应急管理宣传教育,提升企业和从业人员防范意识和能力。

(五)坚持依法监管,有效服务行业持续健康发展。要扎实推进依法行政,转变政府职能,转变工作作风,坚持真抓实干,创造性贯彻落实党中央决策部署。**一是加强邮政普遍服务监督。**研究修订《邮政普遍服务》标准,巩固农村邮政服务,提升城市邮政服务能力。强化机要通信监督管理,建立用户评价机制。认真做好邮政普遍服务、党报党刊发行、邮票发行监督管理、社会监督等工作,促进邮政普遍服务高质量发展。加大监督检查力度,严格依法查处违法违规行为。**二是强化邮政市场监管。**全面实施市场准入监管措施,在许可审批中强化安全审核,进一步加强许可实地核查,推广电子证照签发应用。坚持事后惩戒与事中规范并重,健全行政指导与行政处罚衔接机制,加强满意度调查、时限测试、用户申诉处理,加大信用监管力度,强化落实企业守法经营主体责任和总部企业统一管理责任。深入推进快递市场秩序整顿,开展快递服务质量提升专项攻坚行动,重点治理未按约定方式投递、农村快递服务违规收费等突出问题,切实维护市场公平竞争环境。适应疫情防控政策优化调整的新要求,今年上半年要重点针对用户申诉、社会舆情、群众举报等渠道反映的突出问题,及时核查处置,加大力度查处违法违规行为,切实保障用户合法权益。**三是提高政府**

管理水平。组织指导省级邮政管理部门编制本级权责清单。落实“数字政府”建设要求，梳理优化行业监管流程，提高行政效率和公信力。加强预算绩效管理。规范人员经费管理和津补贴发放，保障基层薪酬待遇。进一步规范所属事业单位管理。推动落实中央与地方财政事权和支出责任划分改革，要在邮政管理部门办公用房、融入各级交通运输部门、争取地方资金支持、纳入地方考核、市级安全中心和县级机构建设等方面取得进步。建立完善邮政国防动员机制。贯彻修订后的行业统计调查制度，健全完善数据质量控制机制。做好行业新闻宣传和舆情监测引导。开展行业重点课题研究，做好政策储备。加强“一带一路”建设框架下国际和港澳台邮政领域交流合作，做好万国邮联等国际组织工作，妥善处理重大敏感问题。

同志们！一刻不停推进全面从严治党，作风建设永远在路上。我们要践行“三个务必”，聚焦中央巡视指出的作风问题，扎实开展专项整治，对全系统进行思想大扫除。锲而不舍落实中央八项规定及其实施细则精神，推进作风建设常态化长效化，始终保持同人民群众的血肉联系。要持续纠“四风”树新风，重点纠治形式主义、官僚主义，坚决反对工作不严不实、推诿扯皮、懈怠敷衍、在人民群众利益上不维护不作为等问题。各级领导干部特别是主要领导干部要进一步树牢以人民为中心的发展思想，提高政治敏锐性，践行正确政绩观，尊重客观实际和群众需求，强化系统思维和科学谋划，切实解决好邮政快递安全和服务质量等方面人民群众最关心最直接最现实的利益问题。要以钉钉子精神狠抓贯彻落实。将作风建设与行业深化改革、推动发展、严监管善治理更好贯通起来，增强“时时放心不下”的责任感和“事事落实到位”的执行力。要敢担当、善作为、察实情、说实话，大兴调查研究之风，对行业发展趋势、安全形势、运行规律要有清醒认识和科学判断，发扬斗争精神，增强斗争本领，坚韧不拔抓部署、抓落实、抓督查，不断通过化解难题开创工作新局面。科学评价干部政绩，为担当者担当，营造风清气正的干事创业的良好环境。各级领导干部要带头转变作风，身体力行，以上率下，形成“头雁效应”。全系统全行业要守土有责守土负责守土尽责，让人民邮政为人民的初心使命在内心深处真正扎根，把忠诚于党和人民落实到行动上，真抓实干、求真务实、团结奋斗、赤诚奉献，全力推动各项重点工作落地落实，以新气象、新作为推动行业高质量发展和邮政强国建设取得新成效。

同志们！团结就是力量，奋斗开创未来。2023年工作任务艰巨，责任重大，使命光荣。我们要更加紧密地团结在以习近平同志为核心的党中央周围，坚持以习近平新时代中国特色社会主义思想为指导，全面学习宣传贯彻党的二十大精神，深刻领悟“两个确立”的决定性意义，增强“四个意识”、坚定“四个自信”、做到“两个维护”，坚定信心、勠力同心、勇毅前行、真抓实干，以实际行动把党中央决策部署落实到位，努力完成全年目标任务，奋力开启加快建设邮政强国新篇章，努力当好中国现代化的开路先锋，为全面建设社会主义现代化国家、全面推进中华民族伟大复兴作出邮政快递业的新贡献。

深入学习贯彻党的二十大和二十届中央纪委二次全会精神 以自我革命精神推动邮政管理系统全面从严治党向纵深发展

——国家邮政局局长赵冲久在2023年全国邮政管理系统党风廉政建设工作会议上的工作报告

2023年1月18日

同志们:

这次会议的主要任务是:以习近平新时代中国特色社会主义思想为指导,深入学习贯彻党的二十大精神,全面落实二十届中央纪委二次全会部署要求,认真总结回顾2022年党风廉政建设和反腐败工作,研究部署2023年工作任务。下面,我代表局党组作工作报告。

一、2022年全系统党风廉政建设和反腐败工作深入推进,为邮政快递业高质量发展提供了坚强政治保障

2022年是党和国家历史上具有里程碑意义的一年。一年来,全系统各级党组织在以习近平同志为核心的党中央坚强领导下,坚持以习近平新时代中国特色社会主义思想为指导,认真学习贯彻党的十九大、十九届历次全会和党的二十大精神,深入贯彻落实十九届中央纪委六次全会精神,深刻领悟"两个确立"的决定性意义,增强"四个意识"、坚定"四个自信"、做到"两个维护",以党的政治建设为统领,坚持严的基调,驰而不息正风肃纪反腐,推动全面从严治党向纵深发展、向基层延伸,巩固发展了风清气正的政治生态,有力引领保障了邮政快递业高质量发展。

(一)深入学习贯彻党的二十大精神,旗帜鲜明坚持和加强党的全面领导,政治建设不断强化

一是用马克思主义中国化时代化最新成果武装头脑。坚持把学懂弄通做实习近平新时代中国特色社会主义思想作为首要政治任务,落实党组会第一议题制度,及时传达学习、贯彻落实习近平总书记最新指示批示精神。充分发挥党组理论学习中心组示范引领作用,围绕"新阶段邮政业承担的职能使命"等专题深入学习研讨,着力把学习成效转化为推动行业高质量发展的强大动力。带动全系统跟进学习,巩固党史学习教育成果,用党的创新理论指导实践的成效更加明显。

二是以高度政治自觉学习宣传贯彻党的二十大精神。召开迎接党的二十大动员部署会,组织全系统收听收看党的二十大开幕会直播。局党组在党组会上学二十大报告原文,组织党组理论学习中心组集中学习、举办专题研讨班。印发《贯彻落实〈中共中央关于认真学习宣传贯彻党的二十大精神的决定〉的实施意见》,编印宣讲提纲,党组书记和党组成员带头宣讲。组织处级以上干部参加中网院网上专题班,深化学习贯彻党的二十大精神。各级邮政管理部门和广大党员干部把学习宣传贯彻党的二十大精神作为首要政治任务,在全面学习、全面把握、全面落实上下功夫,河北局开展青年群体"喜迎二十大"教育实践活动,江苏局开展党的二十大精神"学说做"活动,山东、海南等局邀请宣讲团成员作辅导报告,持续推动学习宣传贯彻党的二十大精神掀起热潮、走深走实。

三是聚焦"国之大者"强化政治监督,确保习近平总书记重要指示批示和党中央重大决策部署落实到位。把坚决贯彻落实习近平总书记关于

邮政快递业重要指示批示精神作为最重要的政治任务和最根本的政治纪律，作为各级“一把手”和领导班子的第一责任，定期研究推动贯彻落实。全系统坚持党的全面领导，严格执行民主集中制，严格贯彻关于维护党中央集中统一领导的规定，严格落实重大事项请示报告制度，自觉对标对表党中央决策部署，践行“两个维护”坚定自觉。各级内设纪检机构通过专项检查、主动约谈、列席会议等方式，围绕贯彻落实习近平总书记重要指示批示精神跟进监督，推动疫情防控、保通保畅、巡视整改、北京冬奥会冬残奥会、党的二十大期间寄递安保和服务保障等重大任务得到有效落实，天津局采取“四不两直”方式开展政治监督，辽宁局从严从实加强行业疫情防控监督，江西局制定计划常态化开展政治监督，有力有效服务保障党和国家工作大局。

四是压紧压实全面从严治党政治责任。局党组带头落实管党治党责任，党组会每半年专题研究分析履行主体责任和监督责任情况。明确党组成员负责分管领域党的建设、党风廉政建设工作，增加联系省局职责，推动落实全面从严治党责任到人到事。各级党组织严格执行党内政治生活基本制度，认真落实“三会一课”、主题党日、民主生活会、党员领导干部参加双重组织生活等制度，在严肃党内政治生活中强化全面从严治党。各省局采取多种措施细化实化管党治党政治责任，山西局制发党组落实全面从严治党主体责任实施细则，浙江局做好常态化政治生态研判，海南局获省直机关党建工作“优秀”等次。

（二）坚持问题导向，以钉钉子精神纠“四风”树新风，作风建设持续深化

一是持之以恒加固中央八项规定精神堤坝。对标中央精神，修订《关于贯彻落实中央八项规定精神的实施细则》，局党组同志带头弘扬党的光荣传统和优良作风，严格落实公务接待、调查研究、新闻报道和生活待遇等各项规定，坚决同特权思想和特权现象作斗争。紧紧盯住享乐主义、奢靡之风新特点新表现，对照中央巡视反馈意见，对违规收送礼品礼金、违规吃喝等顽瘴痼疾深化专项整治，河北局开展纠正“四风”和作风纪律专项整治，河南局规范执行工作生活待遇规定，福建局开展违反中央八项规定精神暨作风突出问题专项整治，湖南局开展公车使用专项检查，释放驰而不息纠“四风”树新风的强烈信号。全系统认真落实中央“过紧日子”要求，严格经费管控，取得明显成效。

二是深化整治形式主义、官僚主义顽瘴痼疾。常态化开展文件、会议动态监测和预警提醒，定期通报执行情况。注重防治“红头变白头”、同一内容会议层层套开等隐形变异问题，涉及全系统的会议基本以电视电话会议形式召开，多数直接开到地市一级。国家局本级发文、办会保持了逐年压减的态势。严格规范政务App和微信工作群使用，坚决整治“指尖上的形式主义”。建立基层联系工作机制，动态督查机关和基层存在的形式主义、官僚主义问题。

三是紧盯作风建设突出问题加强纠治。严肃纠治“不吃公款吃老板”、收受管理服务对象财物、私设“小金库”、行政执法中吃拿卡要等突出问题，坚决斩断由风及腐的链条。深入开展借培训之名搞公款旅游、参与“影子公司”“影子股东”谋利等问题专项整治，湖南局联合省纪委、省委宣传部开展违规征订报刊加重基层负担问题专项整治，四川、宁夏等局开展党建工作外包专项整治，并对往年专项整治开展“回头看”，坚决维护制度的严肃性和权威性。各级认真落实关于加强新时代廉洁文化建设的意见，江苏局连续15年召开作风建设大会持续深化作风建设，江西局制发加强新时代廉洁文化建设的若干措施，云南局开展省直机关作风评议，陕西局开展作风建设专项行动，湖北、广西等局多措并举推进清廉机关建设。

（三）深化标本兼治，一体推进不敢腐、不能腐、不想腐，政治生态进一步优化

一是把纪律建设摆在更加突出位置。加强党

章党规党纪和宪法法律法规经常性学习教育,制定实施《邮政管理系统开展廉政教育提醒工作办法》,紧盯元旦春节、“五一”端午、中秋国庆等重要节点和重点岗位加强廉政教育,为年轻干部配发教材开展廉洁教育。召开全系统警示教育会议、疫情防控工作警示教育会议,通报违规违纪违法典型案例,用身边事教育身边人,督促党员干部知敬畏、存戒惧、守底线。各级党组织采取多种形式深化纪律廉洁教育,广东局开展纪律教育学习月,青海局编印廉政教育口袋书,宁夏局做好常态化警示教育。

二是做实做细日常监督。综合运用廉政谈话、约谈提醒、检查抽查、列席会议、督促巡视整改等形式,提高监督主动性实效性。严把干部选拔任用、公务员职级晋升等党风廉政意见回复关,防止“带病提拔”“带病上岗”。北京局开展全覆盖式政治家访,上海局制定廉政档案管理暂行办法,重庆局形成“一常四早”日常监督机制,西藏局制定党员干部“八小时以外”活动监督管理办法,全系统通过开展廉政谈话等方式,全面掌握干部思想、工作、作风等有关情况。

三是严肃查处违规违纪问题。坚持“严”字当头,有案必查、违纪必究,始终保持惩治腐败高压态势。各级内设纪检机构认真处置问题线索,对举报受理、驻部纪检监察组交办、巡视巡察移交等问题线索认真分析研判、依规依纪处置。2022 年,通过综合运用“四种形态”,实施诫勉谈话、批评教育、谈话提醒等,最大限度实现政治效果、纪法效果、社会效果有机统一。

(四)树牢正确选人用人导向,强化教育管理监督,干部队伍建设得到加强

一是坚持事业为上,持续建强邮政管理系统领导班子和干部队伍。坚持全国“一盘棋”,加强统筹谋划,强化系统观念,注重精准选任,加大交流力度,选优配强领导班子。2022 年共调整补充 18 个领导班子,提任正职 4 名、副职 7 名,平职交流 8 名。持续健全培养选拔年轻干部常态化工作机制,从国家局机关和直属事业单位提任 3 名具有专业特长的年轻干部为省局正副职,选派 13 名干部参与援藏援疆援青、定点帮扶、博士服务团、信访和重点专项工作。完善制度机制,修订提任领导职务资格条件、试用期满考核办法等制度,进一步提高选人用人规范化制度化水平。

二是狠抓“关键少数”,从严教育管理监督干部。制定实施《关于加强对“一把手”和领导班子监督的若干措施》,将对“一把手”和领导班子的监督纳入年度考核。局党组书记与局属单位“一把手”开展集体谈话,局党组成员听取分管单位情况汇报。健全完善任职谈话制度,持续探索做好对“一把手”的日常监督管理。规范开展领导干部个人有关事项报告工作,及时发现和纠正局管干部漏报、少报、错报以及不规范等问题。

三是激励担当作为,树牢干事创业鲜明导向。制定印发《关于深入推进公务员职务与职级并行工作的通知》,指导督促省局系统合理使用职级职数,积极、有序、全面推进政策落地。制定《国家邮政局所属事业单位及时奖励办法(试行)》,统筹冬奥会冬残奥会行业服务保障及时奖励事宜。推荐新疆局玉素甫·艾力获全国“人民满意的公务员”称号。

(五)主动接受配合中央巡视,全力推进整改任务落实,促进邮政行业健康发展

一是以上率下扛起主体责任。局党组深入学习习近平总书记关于巡视工作重要论述和邮政快递业重要指示批示精神,聚焦中央巡视反馈问题,深化整改落实工作。局党组书记认真履行巡视整改第一责任人责任,主持制定整改方案,研究整改具体工作;坚持挂图作战,逐条验收整改任务,逐项作出工作批示;主持召开党组会、局长办公会、巡视工作领导小组会、周例会,跟进解决重大问题、推动重要环节、督办重要事项。党组成员严格落实“一岗双责”,主动认领分管领域整改任务,靠前调度把关,落实整改责任。党组班子认真开好巡视整改专题民主生活会,不断深化巡视整改的

内在自觉。

二是上下联动推进整改落实。局党组制定集中整改阶段工作方案，成立了巡视整改工作领导小组，组建巡视整改办公室、选人用人专项检查整改工作组、巡视工作专项检查整改工作组，统一领导，统筹推进落实。集中整改期间通过周例会定期听取进展情况，加强局内司室协调联动；印发通知对上下联动抓好整改工作提出明确要求，压实省（区、市）局党组整改政治责任。

三是针对突出问题全面整改。对照习近平总书记在听取中央第九轮巡视汇报时指出的问题、巡视反馈共性问题、中央巡视反馈问题、专题民主生活会查摆问题，制定整改方案、工作台账，统筹“当下改”治标和“长久立”治本，聚焦“三新一高”履职尽责、落实全面从严治党责任、领导班子自身建设和干部队伍建设，坚持“四个融入”，把整改成效体现到疫情防控、保通保畅、安全监管、抗震救灾、全面从严治党等重点工作上。中央组织部通过现场督导调研的方式对集中整改工作进行了指导，并给予了充分肯定。

（六）锻造过硬队伍，增强斗争精神，纪检工作质效不断提升

一是加强内设纪检机构力量配备。印发《关于规范邮政管理系统纪检机构设置有关事项的建议》，将省局“纪检监察室”统一更名为“纪检办公室”，加强国家局所属单位纪检工作。高度重视纪检组组长选配，逐步提高专（兼）职纪检干部能力水平。加强对国家局机关纪检工作的领导，局党组会研究审议纪检工作相关议题，制定实施《关于加强机关纪委建设的实施意见》，将机关纪委纳入部门细化“三定”规定，设立纪委办公室，健全机关纪委日常办事机构。

二是狠抓纪检队伍业务素质淬炼。持续深化“学抓改强”活动，研究制定中央巡视反馈的机关纪委突出问题整改方案，深化任务整改。举办机关和直属单位专兼职纪检干部培训班，深入开展纪检干部集中学习和全员培训。注重在工作实践中培养锤炼干部，充分利用执纪联动机制“以干代训”。黑龙江局制定监督责任清单督促各级纪检机构照单履职，安徽、贵州、甘肃、新疆等局举办纪检干部培训班，着力打造政治素质高、忠诚干净担当、专业化能力强、敢于善于斗争的纪律检查铁军。

三是持续完善全面从严治党制度机制。严格执行监督执纪工作规则，按照党章赋予的权限、规则、程序开展工作，局党组修订完善《关于贯彻落实中央八项规定精神的实施细则》，研究制定《关于加强对“一把手”和领导班子监督的若干措施》等制度，持续健全纪检内控机制。各级结合实际健全完善制度机制，内蒙古局建立纪检组定期会议制度，吉林局制发纪检组工作规则，青海局编印纪检组制度汇编，重庆局针对纪检工作修订印发五个责任清单，持续推动党风廉政建设和反腐败工作制度化、规范化。

一年来，国家局党组自觉接受、积极配合十九届中央第九轮巡视监督，主动接受驻交通运输部纪检监察组的监督指导，积极支持驻部纪检监察组开展工作、履行职责。督促各级党组织坚决落实主体责任，深入贯彻落实党中央重大决策部署，紧密结合自身工作实际，坚定不移加强党风廉政和反腐败工作，深化不敢腐、不能腐、不想腐一体推进，巩固发展了风清气正的良好政治生态，为推进邮政快递业高质量发展提供了有效保障。各级内设纪检机构牢固树立政治机关意识，忠诚履行党章赋予的职责，坚定捍卫“两个确立”，坚决做到“两个维护”，在强化政治监督、加强正风肃纪、推动巡视巡察、开展执纪审查、促进问题整治等方面担当作为、履职尽责，充分发挥了监督保障执行、促进完善发展作用。

这些成绩的取得，根本原因在于以习近平同志为核心的党中央的坚强领导，在于驻部纪检监察组的有力监督指导，在于各级党组织和内设纪检机构贯通协同、齐抓共管，在于全系统党员干部拼搏进取、辛勤工作，在于专兼职党务干部特别是

纪检干部忠诚履职、担当尽责。在此,我代表国家局党组,向同志们表示诚挚的问候和衷心的感谢!

二、深刻认识党风廉政建设新形势新任务,时刻保持永远在路上的坚韧和执着,进一步增强全面从严治党的政治定力

在1月9日召开的二十届中央纪委第二次全会上,习近平总书记站在党和国家事业发展全局的高度,深刻分析大党独有难题的形成原因、主要表现和破解之道,深刻阐述健全全面从严治党体系的目标任务、实践要求,对坚定不移深入推进全面从严治党作出战略部署,具有很强的政治性、指导性、针对性,是深入推进全面从严治党的根本遵循,是新时代新征程党风廉政建设和反腐败工作高质量发展的根本指引。各级党组织和党员干部要深刻学习领悟习近平总书记重要讲话精神和党的二十大、中央纪委二次全会精神,以昂扬的精神状态、务实的工作作风把全面从严治党战略部署落到实处。

(一)深刻理解中央对反腐败形势的新判断

在二十届中央纪委二次全会上,习近平总书记指出:反腐败斗争取得压倒性胜利并全面巩固,但还远未到大功告成的时候,反腐败斗争形势依然严峻复杂,遏制增量、清除存量的任务依然艰巨。这是党中央在深刻总结分析的基础上得出的科学判断。关于党风廉政建设和反腐败斗争形势,可以从以下三个方面理解和把握。**一是深刻理解“全面从严治党十年磨一剑”取得的历史性、开创性成就。**习近平同志参加党的二十大广西代表团讨论时深刻总结,“党的十八大以来,党中央以‘十年磨一剑’的定力推进全面从严治党,以‘得罪千百人,不负十四亿’的使命担当推进史无前例的反腐败斗争”,彰显出百年大党勇于自我革命的执着和坚定。十年正风肃纪,以钉钉子精神纠治“四风”,刹住了一些长期没有刹住的歪风,纠治了一些多年未除的顽瘴痼疾,党心民心为之一振,党风政风为之一新;十年祛疴治乱,不敢腐、不能腐、不想腐一体推进,有案必查、有腐必惩,“打虎”“拍蝇”“猎狐”多管齐下,空前的反腐败力度,历程波澜壮阔、成就举世瞩目,书写了人类反腐败斗争历史新篇章。**二是深刻理解自我革命是实现“反腐败斗争取得压倒性胜利并全面巩固”的成功路径。**习近平总书记在党的二十大报告中指出:“经过不懈努力,党找到了自我革命这一跳出治乱兴衰历史周期率的第二个答案”,概括了反腐败斗争取得压倒性胜利并全面巩固的重要原因和重要经验。党的十八大以来,反腐败斗争形势从腐败和反腐败“呈胶着状态”到“压倒性态势正在形成”、从“压倒性态势已经形成”到“压倒性态势已经形成并巩固发展”,再到“取得压倒性胜利”,进而“取得压倒性胜利并全面巩固”。这一系列重大成就的取得,在于我们党经过百年奋斗,探索出依靠党的自我革命跳出历史周期率的成功路径,找到了跳出治乱兴衰历史周期率的第二个答案。**三是深刻理解“还远未到大功告成的时候”新形势下反腐败斗争的严峻性和复杂性。**习近平总书记在党的二十大报告中深刻指出党面临的“四大考验”“四种危险”将长期存在,“党风廉政建设和反腐败斗争面临不少顽固性、多发性问题”“只要存在腐败问题产生的土壤和条件,反腐败斗争就一刻不能停,必须永远吹冲锋号”。事实充分表明,腐蚀和反腐蚀斗争长期存在,党风廉政建设和反腐败斗争是一场攻坚战持久战,稍有松懈就可能前功尽弃,决不能滋生已经严到位的厌倦情绪。必须清醒地看到,腐败和反腐败较量还在激烈进行,并呈现出一些新的阶段性特征,防范形形色色的利益集团成伙作势、“围猎”腐蚀还任重道远,有效应对腐败手段隐形变异、翻新升级还任重道远,彻底铲除腐败滋生土壤、实现海晏河清还任重道远,清理系统性腐败、化解风险隐患还任重道远。

(二)清醒认识邮政管理系统党风廉政建设面临的新形势

站在已经建成与小康社会相适应的现代邮政业,开启新时代邮政强国建设新征程的关键关口,必须清醒认识党风廉政建设面临的新形势新任务新挑战。**一是全系统坚定不移正风肃纪反腐，党风政风持续向上向好。**近年来，局党组切实履行全面从严治党主体责任，深入推进系统党风廉政建设工作，实现三级党建工作领导小组全覆盖，政治巡视巡察全覆盖；锲而不舍落实中央八项规定精神，持续纠“四风”树新风，坚持每个节点印发通知严明纪律，连续6年召开全系统警示教育大会，以案促改、以案促治，新风正气不断充盈；坚持系统施治、标本兼治，每年组织召开全系统党风廉政建设工作会议，对年度党风廉政建设工作做出全面部署并有序抓好落实，加强对权力运行的制约和监督，严肃查处违规违纪问题，一体推进“三不”腐；坚持人民至上、执纪为民，聚焦难点痛点堵点和群众反映强烈的问题，连续开展专项整治，深入开展“我为群众办实事”实践活动，群众获得感、幸福感、安全感持续提升。**二是重要岗位、关键领域和重点环节违规违纪问题仍时有发生。**越是形势好、发展快的时候，越要做到居安思危，保持警觉警醒。必须清醒看到，全系统违规违纪问题存量仍未清底，一些重点领域和关键环节的增量仍有发生，距离全面从严、一严到底的要求还有较大差距。权力集中的岗位、资金密集的领域、与行业管理相关的环节廉政风险相对较高，形势依然严峻复杂，消减存量、遏制增量的任务依然紧迫而繁重。**三是基层党风廉政建设基础还较为薄弱，监督质效亟待提升。**结合历年监督执纪情况，基层党员领导干部受处分的比例比较高，在层层压实管党治党责任、推动全面从严治党向基层延伸上还有差距。个别基层党组织落实全面从严治党主体责任自觉性主动性还不强，缺乏有效的抓手和路径；一些基层领导班子成员和领导干部对履行“一岗双责”意识不够强，对分管部门、分管领域党风廉政建设和党员干部教育管理监督抓得不够用力，党风廉政建设与业务工作“两张皮”问题仍然存在。由于人员编制、职数限制等因素，基层纪检干部队伍建设比较薄弱，有的存在畏难情绪，“好人主义”，责任担当不足，斗争精神不强。对这些问题，必须高度重视，切实加以解决。

（三）准确把握推进全面从严治党向纵深发展的新部署

党的二十大着眼新时代新征程中国共产党的使命任务，对坚定不移全面从严治党、深入开展反腐败斗争作出战略部署，强调只要存在腐败问题产生的土壤和条件，反腐败斗争就一刻不能停，必须永远吹冲锋号，深刻阐明了新时代反腐败斗争的基本原则、方针方略、关键领域、重点任务，为全面打赢反腐败斗争攻坚战持久战、以党的自我革命引领社会革命提供了根本遵循。二十届中央纪委二次全会着眼党和国家事业发展的战略全局，着眼新时代新征程党的中心任务，着眼开辟百年大党自我革命新境界，深刻阐述了我们党面临的大党独有难题，系统提出了完善全面从严治党体系的原则要求，全面部署了在新征程上把全面从严治党不断引向深入的重大任务。全系统各级党组织和广大党员干部要牢牢把握全面贯彻落实党的二十大精神这条主线，准确把握二十届中央纪委二次全会关于推进全面从严治党向纵深发展的新部署，牢记全面从严治党永远在路上、党的自我革命永远在路上，在新起点上谋划好、推进好全面从严治党各项工作。

一是要坚持强化政治监督不动摇，在具体化、精准化、常态化上下功夫。紧扣习近平总书记重要指示批示和党中央决策部署落实，持续推动各级党组织和党员干部落实党的二十大关于全面贯彻新发展理念、着力推动高质量发展、主动构建新发展格局等战略部署，不折不扣贯彻党中央提出的重点任务、重点举措、重要政策、重要要求，不折不扣坚守人民邮政为人民的红色本色，担当邮政管理部门的职责，确保“国之大者”在邮政系统不折不扣落地生根、见到成效。**二是要坚持纠治“四风”顽疾不松劲，在靶向整治、动真碰硬、化风成俗上下功夫。**把中央八项规定精神作为铁规矩、硬杠杠，持续深化纠治“四风”，把握作风建设特点，抓住普遍发生、反复出现的问题深化整治,推进作风建设常态化长效化。**三是要坚持严明纪律规矩不懈怠,在加强教育、强化警示、严格监督上下功夫。**引导党员干部牢固树立党章意识,自觉学习党章、遵守党章、贯彻党章、维护党章。把严的基调贯彻到制度制定、党纪教育、执纪监督全过程,深化用好“四种形态”抓早抓小、防微杜渐,让铁纪“长牙”发威,让干部警醒知止。**四是要坚持深化反腐惩恶不手软,在标本兼治、系统治理、一体推进“三不腐”上下功夫。**坚持同时发力、同向发力、综合发力,一体推进不敢腐、不能腐、不想腐,做到惩治震慑、制度约束、提高觉悟综合发力,坚决打赢反腐败斗争攻坚战持久战。**五是要坚持完善监督体系不停步,在健全制度、建强队伍、规范工作上下功夫。**以党内监督为主导,促进各类监督力量整合、程序契合、工作融合。发挥政治巡视利剑作用,把制度优势更好转化为治理效能,巩固拓展风清气正的良好政治生态。全面从严治党,关键在责任落实。各级党组织要认真履行管党治党主体责任,各级领导干部要始终把全面从严治党作为最根本的政治担当,严于律己、严负其责、严管所辖,以上率下推动全面从严治党走深走实。各级纪检机构要切实履行监督专责和协助职责,增强斗争精神,从严监督执纪,坚持打铁必须自身硬,在攻坚战持久战中始终冲锋在最前面,为邮政快递业高质量发展提供坚强政治保证。

三、坚持严的基调严的措施,一体推进“三不腐”,高标准高质量做好2023年党风廉政建设和反腐败工作

2023年是全面贯彻党的二十大精神的开局之年,高标准高质量推进全系统党风廉政建设和反腐败工作意义重大。今年工作的总体要求是:以习近平新时代中国特色社会主义思想为指导,深入贯彻党的二十大和二十届中央纪委二次全会精神,深刻领悟“两个确立”的决定性意义,增强“四个意识”、坚定“四个自信”、做到“两个维护”,自觉把握和运用党的百年奋斗历史经验,弘扬伟大建党精神,永葆自我革命精神,坚持和加强党的全面领导,贯彻落实全面从严治党战略方针,坚定不移加强党风廉政建设和反腐败工作,持续深化不敢腐、不能腐、不想腐一体推进,不断巩固发展风清气正的良好政治生态,为奋力开启加快建设交通强国邮政新篇章提供坚强政治保障。

(一)坚持不懈用党的创新理论凝心铸魂,保障党中央战略部署落实见效

一是深入学习贯彻习近平新时代中国特色社会主义思想和党的二十大精神,用党的创新理论指导新的实践。要深化落实党组会议第一议题、党组(党委)理论学习中心组、“三会一课”和青年理论学习小组学习等制度,把习近平新时代中国特色社会主义思想转化为坚定理想、锤炼党性和指导实践、推动工作的强大力量。牢牢把握全面学习宣传贯彻党的二十大精神这条主线,结合即将在全党开展的主题教育把纯洁思想、纯洁组织作为突出问题来抓,加强研讨交流,进行集中教育、学习培训、宣讲宣传和理论阐释等活动,确保学思用贯通、知信行合一。

二是不折不扣贯彻落实习近平总书记重要指示批示精神和党的二十大以及中央纪委二次全会决策部署。自觉将贯彻落实习近平总书记重要指示批示精神,作为忠诚践行“两个维护”的具体行动,作为做好邮政工作的根本遵循,进一步增强贯彻落实的政治自觉、思想自觉和行动自觉。切实把党的二十大和中央纪委二次全会决策部署,贯彻落实到邮政管理和行业发展工作各方面全过程,在结合转化、指导实践上取得新突破,引领行业高质量发展、高效能治理。

三是强化政治监督,坚决维护政治纪律和政治规矩。坚持把学习贯彻习近平总书记关于邮政快递业重要指示批示精神和党中央决策部署作为第一位的政治任务,以有力政治监督保障党的二十大决策部署落实见效。坚决维护党中央权威和集中统一领导;全面贯彻民主集中制,认真落实

重大事项请示报告制度。严格执行新形势下党内政治生活若干准则，切实增强党内政治生活的政治性、时代性、原则性、战斗性，不断提高各级党组织和党员干部政治判断力、政治领悟力、政治执行力。恪守“五个必须”，严防“七个有之”，在政治立场、政治方向、政治原则、政治道路上始终同以习近平同志为核心的党中央保持高度一致。

（二）牢记“三个务必”，以彻底的自我革命精神推进作风建设

一是深化落实中央八项规定及其实施细则精神。全面落实局党组《关于贯彻落实中央八项规定精神的实施细则》，常抓不懈、久久为功，化风成俗。密切关注“四风”苗头性、倾向性、隐蔽性问题，对虚假公函、“一函多餐”、快递送礼、在隐蔽场所吃喝、借培训考察名义公款旅游等隐形变异问题坚持早发现早纠治。对享乐主义、奢靡之风露头就打，对顶风违纪行为从严查处，坚决防反弹回潮、防隐形变异、防疲劳厌战，对风腐一体问题深挖细查，着力发现和查处享乐奢靡背后的利益交换等问题。

二是把纠治形式主义、官僚主义摆在更加突出位置。坚持问题导向，紧盯影响党中央决策部署落实、影响行业安全发展、加重基层负担的形式主义、官僚主义，坚决纠治工作中层层加码、麻痹松懈、不担当不作为等问题。持续为基层减负，靶向纠治文件多、会议多、督查检查考核过多过频、“指尖上的形式主义”等问题，着力解决照搬照抄、上下一般粗、会议层层套开、要材料过多过急等问题，让基层干部轻装上阵，切实把时间和精力用于抓落实、促发展。

三是开展突出问题专项整治。坚持“有什么问题就解决什么问题，什么问题突出就集中整治什么问题”，聚焦中央有关重大决策部署，聚焦群众反映强烈的突出问题，深入推进整治群众身边不正之风和腐败问题工作。把握行业性、系统性、地区性特点，结合中央巡视反馈意见整改落实，抓住普遍发生、反复出现的问题，深化专项整治。不断加强作风建设，纠树并举、破立并进，推动形成清清爽爽的同志关系、规规矩矩的上下级关系、亲清统一的新型政商关系，涵养求真务实、清正廉洁的新风正气。

（三）强化监督执纪问责，一体推进不敢腐、不能腐、不想腐

一是加强经常性纪律教育。要把纪律作为管党治党的“戒尺”，把严的要求贯彻到规章制定、党纪教育、执纪监督全过程，既让铁纪“长牙”、发威，又让干部警醒、知止。要深化党性教育、纪法教育、警示教育，严格家教家风，引导党员、干部正心修身、固本培元、严守底线、不逾红线。深入开展教育回访、澄清正名、容错纠错等工作，激励干部更好担当作为，努力实现政治效果、纪法效果和社会效果相统一。

二是不断提升监督质效。各级党组要做实做强全面监督，加强对纪检、巡视、审计、财会等各类监督主体的领导和统筹，形成同题共答、常态长效的监督合力。加强对权力运行的制约和监督，增强对“一把手”和领导班子监督实效，强化对年轻干部教育管理监督。推进政治监督具体化、精准化、常态化，把握中心工作阶段性特征，做实做细日常监督，因时因势调整监督策略和重点，促进党中央大政方针落地见效，确保落实有力、成效显著。

三是严肃执纪问责工作。要坚持全面从严、一严到底，坚决惩治不收敛不收手、胆大妄为者。要精准把握政策策略，综合运用“四种形态”，坚持抓早抓小、防微杜渐，发现干部身上出现苗头性倾向性问题及时咬耳扯袖、提醒帮助。坚决防止领导干部和资本利益集团不当交往，坚决防止政商勾连、资本向监管机构渗透等破坏政治生态和经济发展环境的问题。要做深做实查办案件“后半篇文章”，深化以案为鉴、以案促改、以案促治，把查办案件、加强教育、完善制度、促进治理贯通起来，不断铲除腐败滋生土壤。

(四)坚持党管干部原则,着力建设政治过硬、适应新时代要求、具备领导现代化建设能力的干部队伍

一是着力建设忠诚干净担当的高素质干部队伍。持续抓好中央选人用人专项检查反馈意见整改落实,健全整改工作长效机制。坚持党管干部原则,树立选人用人正确导向,做深做实干部政治素质考察。选优配强领导班子,积极推动干部交流,推动在各级领导班子配备中年轻干部达到一定比例。坚持严管厚爱,进一步发挥职务职级并行制度激励作用,注重奖励向基层和工作一线倾斜。

二是着力加强干部监督管理。强化领导干部个人有关事项报告制度的贯彻执行,完善查核全覆盖工作机制,依规依纪开展认定处理。严格执行国家局党组规范领导配偶、子女及其配偶经商办企业禁业范围相关规定,严把领导干部提任关、申报关和监督关。研究制定选人用人工作监督管理办法,结合系统内部巡视开展选人用人工作专项检查,加强对整改情况的跟踪督促。加强领导班子民主生活会督导,做好领导干部兼职、出国境审批管理。

三是着力加强行业监管支撑保障能力。持续加强管理,推动省级邮政管理部门职能优化,扩大市级安全中心覆盖,促进县级机构提升履职能力。持续做好基层薪酬待遇保障工作,规范人员经费管理和津补贴发放。推动做好市(地)局纳入定员定额管理后续工作。

(五)持续深化中央巡视整改,充分发挥党内监督利剑作用

一是持续抓好中央巡视反馈意见整改落实。坚决落实巡视整改主体责任,接续抓好巡视整改工作,对重点问题加强跟踪落实。贯彻落实“四个融入”要求,对集中整改阶段存在的差距和不足,深入研究、全面整改,对长期整改任务,紧盯不放、一抓到底,确保改到位、改到底。深化以巡促改、以巡促建、以巡促治,抓好巡视整改成果运用。加大整改日常督促检查力度,对责任不落实、整改不力、敷衍整改的严肃通报问责。

二是认真谋划系统内部巡视工作五年规划。严格规范规划制定工作流程,认真开展规划制定工作。做好两个方面结合,中央明确的规定性动作和系统特色的工作机制、制度、举措实现贯通融合,确保系统巡视工作规划既能体现政治要求、责任要求、任务要求、格局要求,又能具有很强的指导性、操作性、实践性。督导指导省(区、市)局党组研究起草本单位巡察工作规划。

三是不断提高内部巡视巡察监督质效。深入贯彻巡视工作方针,注重查找系统各级党组织、党员干部与新时代新形势新要求不相适应的短板弱项,与建设邮政强国新征程相违背的不会为、不善为、不作为等突出问题,更好地履行职责使命。充分发挥巡视综合监督平台作用和联系群众纽带功能,探索建立巡视与其他监督协调协作机制。深入贯彻落实加强巡视巡察上下联动的意见和局党组相关措施,强化监督内容的联动、强化问题整改的联动、强化成果运用的联动。持续抓好内部巡视工作专项检查整改工作。启动新一轮系统内部巡视巡察工作。

(六)严格落实管党治党政治责任,全力推动全面从严治党

一是强化“两个责任”落实。要把履行全面从严治党政治责任作为抓党建、建队伍、管权力、促业务、保落实的关键,推进“两个责任”坚守定位、高效联动。各级党组织要认真履行主体责任,各级领导干部要始终把全面从严治党作为最根本的政治担当,严于律己、严负其责、严管所辖,以上率下推动全面从严治党走深走实。各级内设纪检机构要全面履行监督责任,强化斗争精神,勇于担责尽责,提升监督执纪问责实效。

二是推动制度体系健全完善执行。要坚持制度治党、依规治党,严格执行党内法规制度和国家法律法规,持续健全完善落实全面从严治党政治责任的制度机制。针对中央巡视、审计、督查、监督执纪中发现的问题,建立健全内控机制,从根本

上查漏补缺，堵塞漏洞，构建明责履责、担责追责的严密机制。以法治思维和法治方式推进监督、防治腐败，增强法治意识、程序意识、证据意识，依规依纪依法开展监督执纪问责工作，不断提高纪检工作规范化、法治化、正规化水平。

三是锻造过硬纪检干部队伍。各级党组要选优配强纪检干部队伍，不断加强思想淬炼、政治历练、实践锻炼、专业训练，练就敢于斗争善于斗争的硬脊梁、铁肩膀、真本事。加强分级分类全员培训，强化监督执纪执法实务培训，注重一线练兵、实战锻炼，推动纪检干部在服务保障大局中履职担当。纪检机关是全面从严治党的重要力量，必须忠诚于党、勇挑重担、敢打硬仗，在攻坚战持久战中始终冲锋在最前面。要自觉接受监督，坚决防止“灯下黑”。要加强思想教育，严明法纪，以铁的纪律打造忠诚干净担当的铁军。

同志们，全面从严治党永远在路上。让我们更加紧密地团结在以习近平同志为核心的党中央周围，坚持以习近平新时代中国特色社会主义思想为指导，自信自强、守正创新，踔厉奋发、勇毅前行，坚持不懈推进邮政管理系统全面从严治党、党风廉政建设和反腐败工作向纵深发展，为奋力开启加快建设交通强国邮政新篇章提供坚强政治保障。

邮传万里畅互联 政通人和创未来

——国家邮政局局长赵冲久第54届世界邮政日致辞

2023年10月9日

2023年10月9日是第54届世界邮政日。今年世界邮政日的主题是“共筑信任 携手共创安全互联的未来”,充分凸显了邮政在世界百年未有之大变局下的战略选择和使命担当。借此机会,我谨代表国家邮政局,向一直以来关心、支持我国邮政业发展的社会各界,表示崇高的敬意和衷心的感谢！向我国邮政业的广大从业人员和全世界邮政业的同行们,致以节日的问候和良好的祝愿！

邮政业是国家重要的社会公用事业,是现代流通体系的重要组成部分,在保障普遍服务、传递幸福美好,畅通经济循环、促进要素流通中发挥着重要作用。中国邮政业勇于面对世界之变、时代之变、历史之变,更好统筹发展和安全,充分发挥全球邮政服务网络独特作用,谋求高质量发展和高水平安全良性互动,为世界经济发展、人类共同进步作出行业贡献。我们坚持邮通天下,持续深化邮政领域对外交流合作,建成了覆盖全国、遍布城乡、通达世界的邮政快递网络,国内建制村全部直接通邮,95%的建制村实现快递服务覆盖,邮政网络覆盖220多个国家和地区,邮政业已经成为现代物流领域综合运输方式应用最好、信息智能水平最高、生产效率提升最快的代表性行业。我们助力货畅神州,积极融入先进制造业、现代农业,深度介入产业链供应链,邮政业已成为产业变革的重要助力,为社会经济发展注入澎湃活力。今年前9个月,我国邮政行业寄递业务量已突破千亿件,其中快递业务量突破900亿件,充分彰显了中国经济的活力和韧性。我们守护美好生活,邮政快递不仅是经济循环的通道、更是情感传递的纽带,过去家书抵万金,而今快递暖人心,快递购物已经成为人们重要的消费方式,快递员被誉为美好生活的创造者守护者,特别是随着“快递进村”深入推进,涌现出檀世旺等一人守护一村人、架起两代人爱的桥梁的先进典型。我们建设平安邮政,将安全作为行业高质量发展的“压舱石”,构建寄递渠道联合监管工作机制,联合开展平安寄递、个人信息保护专项行动和安全生产大检查、涉枪涉爆整治等,圆满完成了中国—中亚峰会、成都大运会等一系列重大活动期间安全和服务保障任务,全行业隐私运单日均使用量超过2.5亿单,多年未发生重大及以上安全事故。

在肯定成绩的同时,我们也必须清醒认识到,当前农村寄递物流体系、国际寄递物流体系还不够完善,寄递安全监管能力建设滞后于行业快速发展,网络和数据安全面临严峻复杂的形势。我们必须深入贯彻落实习近平总书记关于邮政业重要指示批示精神,坚持高质量发展的首要任务,完整、准确、全面贯彻新发展理念,更好满足人民日益增长的美好生活用邮需要,奋力谱写加快建设交通强国邮政篇章,努力当好中国式现代化的开路先锋。

一是聚焦畅通循环,更好服务构建新发展格局。要强化内外联通,深入落实党的二十大关于加快建设交通强国的战略部署,加快融入现代化高质量国家综合立体交通网建设,扎实开展交通强国邮政专项试点,构建内外联通、安全高效的寄递物流通道。要注重补链强链,主动融入服务现代化产业体系,推动行业更深层次融入生产、分配、流通、消费的循环体系,更大范围深化与商贸交通、先进制造、现代农业和金融通信等协同,更高水平嵌入产业链、创新链之中，更深层次、更宽领域推动降低全社会物流成本。要促进协调发展，落实区域发展战略，促进城乡区域、国际国内协调发展，大力加强行业基础设施建设，统筹乡村基础设施和公共服务布局，有效服务扩大内需战略，促进共同富裕，让邮政业发展成果更多更公平惠及全体人民。

二是强化数智引领，培树提升发展新动能新优势。坚持创新驱动发展战略，推动建立以企业为主体、市场为导向、产学研深度融合的技术创新体系，加强关键共性、前沿引领、物流装备技术的协同创新，加快形成以创新为主要引领和支撑的产业体系和发展模式，持续提升邮政产业全链条数字化水平，为高质量发展增添新动能、激发新活力。注重加快数字化转型，将数字技术作为推动行业变革的关键驱动力，以数字化转型构建自身核心竞争体系，在生产场景、系统要素、产业结构、监管方法上迭代更新，实现产业链上下游资源共享、业务互联、优势互补，提升寄递物流整体运作效率。持续提高智慧寄递水平，推动大数据、互联网、人工智能、区块链等新技术与行业深度融合，加快推动无人机、无人车、无人仓的应用，依靠科技提高行业服务稳定性、安全性、便捷性和绿色化水平，更好实现物畅其流。

三是坚持人民至上，践行人民邮政为人民的初心。要提高邮政普遍服务均等化水平，与时俱进丰富邮政普遍服务内涵，持续加强邮政普遍服务能力建设，加快推动邮政普遍服务业务与竞争性业务分业经营，持续巩固抵边自然村通邮成果，更好发挥邮政普遍服务网络在中西部边远地区的基础支撑作用。要解决人民群众急难愁盼问题，用心用情办好邮政业更贴近民生实事，持续提升群众信访和申诉处理工作水平，解决好未按名址投递、农村地区快递服务违规收费等问题，更好满足人民群众美好生活用邮需要。要维护从业群体合法权益，自觉从更高站位认识快递员群体合法权益保障的问题，把组织关爱与思想引导、维护权益与凝聚服务、解决实际问题和解决思想问题结合起来，切实保障快递员合理劳动报酬，完善职业发展保障体系，让从业人员跑得更安心、工作更舒心、生活更暖心。要深化行业绿色治理，坚持生态优先、节约集约、绿色低碳发展，坚持系统治理、综合施策，落实标准化、循环化、减量化、无害化基本思路，构建齐抓共管治理格局，不断完善行业绿色发展的法律标准政策体系，加快推进快递包装绿色转型。

四是守牢安全底线，坚决防范化解重大风险隐患。要牢固树立安全发展理念，坚决贯彻总体国家安全观，一体统筹行业领域传统安全和非传统安全，持续做好行业监测预警、突发事件应急处置和信息报告、重大活动寄递安保、维护行业稳定等工作，强化对垄断和不公平竞争行为规制，加强对快递数据收集、管理、使用监管工作，稳固夯实行业发展的安全底盘。要抓好安全生产和平安寄递，以"时时放心不下"的责任感抓好安全生产各项工作落实落地，全面落实实名收寄、收寄验视和过机安检"三项制度"，上下联动做好平安寄递专项行动，集中整治寄递渠道安全隐患，严厉打击违法寄递行为。要抓好网络数据和信息安全，加强数据安全和个人信息安全保护，强化寄递企业与寄递信息汇聚平台交互数据管理，健全完善邮政管理、公安、网信部门常态化协作机制，发挥全链条监管的优势堵源头、斩链条、打终端，切实对网络和信息犯罪形成高压震慑。

勇立潮头逐浪高，奋楫扬帆正当时。新时代新征程，让我们更加紧密地团结在以习近平同志为核心的党中央周围，胸怀"两个大局"，牢记"国之大者"，踔厉奋发、勇毅前行，以新气象、新作为推动行业高质量发展和交通强国邮政篇建设取得新成效，努力当好中国式现代化的开路先锋！

坚持创新驱动　强化战略支撑
更好推动邮政业高质量发展高效能治理

——国家邮政局副局长戴应军在邮政业科技创新工作会议上的讲话

2023 年 5 月 30 日

各位同志、各位专家、各位企业家朋友：

大家上午好！

这次会议的主题是：深入学习贯彻习近平新时代中国特色社会主义思想，认真学习领会习近平总书记关于科技创新的重要论述和重要指示批示精神，认真贯彻落实党的二十大精神，总结 2019 年深圳会议以来邮政业科技发展情况，分析面临的新形势新机遇，部署下一阶段行业科技创新工作，加快推进行业的自动化迭代、信息化革新、数智化升级，全面提升邮政业科技创新能力和水平，为邮政业高质量发展和高效能治理提供更有力的战略支撑。下面，受国家邮政局党组和冲久同志委托，我讲三点意见：

一、2019 年以来行业科技创新情况

近四年来，全行业以“科技强邮、智创未来”为导向，着力构建科技创新体系，着力推进强强联合集智攻关，着力破解科技创新重点难点问题，加快人工智能与邮政业深度融合，各方面取得新成效。

（一）科技顶层设计全面加强。印发《“十四五”邮政业发展规划》，从科技研发体系、技术标准体系、技术产品体系、科技测评体系四个维度强化科技创新总体部署。出台《“十四五”邮政业应用技术研发指南》《“十四五”邮政业标准体系建设指南》，引导全行业有序有效开展技术研发和标准研制工作。将智慧邮政纳入《智能交通发展规划纲要》《“十四五”交通领域科技创新规划》《交通运输领域新型基础设施建设行动方案》等重要政策文件，与国家和交通运输行业科技创新的整合衔接更加畅通有力。组织开展数字邮政课题研究，明确行业数字化发展的基本思路、主要任务和方法路径，部署推进海南数字邮政综合试点。各级邮政管理部门将科技创新纳入属地行业发展规划，加强与地方协调联动，纳入地方相关政策文件。北京、上海、江苏、浙江、安徽、广东等积极争取地方政策资金支持，促进科技成果转化应用。

（二）科技攻关成果丰硕。以行业重大需求为牵引，持续推进邮政业智能安检、智能视频监控、智能语音申投诉处理和通用寄递地址编码（“三智一码”）技术攻关，解决了多项技术难题，取得一批拥有自主知识产权的先进成果。邮政业智能安检系统由啄云、砺剑防卫、山东青源、海康威视、同方威视、顺丰、圆通、国家邮政局邮政业安全中心等联合攻关，集“无人值守、快速检测、智能识别、自动判图、自动报警、自动剔除”等功能于一体，安检效率较传统安检设备大幅提升。配套研发了新型高速毒品爆炸物检测仪、六面扫码设备，有效解决传统安检设备依靠人工操作多、成像效果差、检出率低、运行速度慢等突出问题。邮政业智能视频监控系统由华为、海康威视、大华、锐承等单位集中攻研，完成暴力分拣检测、违规跨越分拣带等 34 个场景 26 类算法的验证，政府侧、企业侧试点工作取得积极成效，可实现安全事件主动发现、安全隐患及时预警。邮政业智能语音申投诉处理系统由科大讯飞研发，率先在安徽省邮政管理局试点应用，该系统具备智能语音导航、智能坐席工作台、智能外呼三大核心功能，在安徽上线运行以来，申诉热线总体接通率从 30% 上升到 60%，人

工处理量从100%下降到30%，实现了处理效率明显提升、人力投入大幅降低。通用寄递地址编码国家标准正式发布，邮政集团、顺丰、京东和圆通成功完成寄递地址编码试点验证。行业主要品牌企业高度重视科技创新，取得一批重要科研成果。顺丰利用海量多元数据构建高精度地图，建设数字孪生平台服务车辆运营、自动驾驶、末端投递，快递全生命周期变得“有迹可循”；京东推出基于区块链技术的“京源链”产品，实现了农产品的全程信息可视化追溯；立镖“小黄人”推出3D分拣系统，成功将分拣模式由平面向立体转化，大幅提高了单位空间的分拣能力。

（三）科技赋能成效明显。科技赋能邮政业向高附加值转变。企业积极发挥创新主体作用，主动适应新业态新模式需求，加速先进技术在医药冷链、农村电商、仓配一体等新兴业态的应用。顺丰依托智能冷链系统和智能温控技术，提供完整的疫苗运输解决方案和一站式保障体系，累计递送各类疫苗超9.6亿剂。京东加大算法投入，通过智能合单、智能调度、智能线路规划等，实现人货车场的资源精准匹配。科技赋能邮政业向绿色发展转变。企业主动适应“双碳”新要求，加强循环袋、循环箱、新能源和清洁能源车辆的使用，推广应用一联电子运单，推进封装胶带、填充物等物料减量应用。公开征集邮政业生态环保产品、技术和模式，99个项目入库。顺丰推出蜂窝板单一材质可循环包装箱，更易回收且内件保护功能更强。德邦自主研发的循环周转袋，可重复使用450次。菜鸟网络研发的智能装箱算法，可选最优箱型匹配消费者订单，大幅减少填充物的使用。科技赋能邮政业向集约型转变。企业主动适应智慧化发展新趋势，京东在全国运营仓库超过1500个，深度延伸至二三线及以下城市。京东、顺丰、中通、韵达等持续加大无人车、无人机应用推广力度，在北京、上海、常熟、芜湖、深圳、西安等城市开展常态化运营。圆通打造全球集运平台，接入物流运输企业超千家，整合运输车辆超百万辆、司机超百万人，更好满足集约化高效化服务需求。

（四）科技服务民生贡献突出。服务疫情防控和保通保畅。2022年战“疫”期间，京东、圆通等10余家企业快速调度近1300辆无人车，投入社区、园区、商超、校园、方舱医院、隔离酒店等抗疫一线开展应急支援，累计服务超173万次，总行驶里程超13万公里，为保障民生物资“最后一公里”畅通发挥了重要作用。助力脱贫攻坚和乡村振兴。顺丰利用无人机助力四川甘孜州贫困地区松茸走出深山，中通云仓发挥“上仓下配”优势优化农产品供应链物流网络，菜鸟发挥数智化优势为109个农产品货源地的760多种农产品提供加工、仓储、包装、运输等服务支持，京东建设仓配一体的智能冷链网络，对接农特产品产地及产业带，通过数字化手段实施全流程温湿度可视、可控。支撑经济平稳增长和供应链安全。顺丰、圆通、菜鸟、京东、邮政集团等拓展国际货运航线，有效稳定全国主要城市发往美国、欧洲、日本、俄罗斯等地邮件快件的时限品质。申通加快升级改造成都转运中心等项目，数智化技术助推产能提升两成以上。韵达开通多条冷链专线，补充冷链服务能力短板，为保持经济平稳增长贡献应有力量。

（五）科技推动监管质效有力提升。紧紧依靠科技创新提升监管质效，推动行业由被动监管向主动监管转变、由治标向治本转变、由事后治理向事前防范转变。“绿盾”工程一期采用数据大集中模式，建设完善运行监测、安全预警、应急指挥、决策支持等信息系统，强化了行业监管信息化底盘。会同公安、国家安全等部门，联合开展“寄递渠道禁毒百日攻坚行动”，加强数据衔接与分析研判，对违法犯罪活动的预防、发现、追溯能力明显增强。开展邮政快递领域个人信息安全治理专项行动，推行隐私面单、虚拟号码等个人信息保护技术措施，严厉打击非法泄露、买卖寄递服务信息等行为。推行视频联网、安检机联网，为履行行业监管职能提供远程支撑。地方管理局积极主动作为。北京局应用“战疫速递”小程序，全面摸查、动态掌握从业人员底数。天津局、南京局建设安全监管信息平台,实时掌握企业运营、行政许可和疫情防控等情况。浙江局上线“浙里快递防疫在线”小程序,推动进口邮件快件人物同防监管。湖州局建设数字邮管平台,打造进村电子地图,探索行业数字监管经验。嘉兴局争取地方财政补贴600万元,率先推广应用49台智能安检机,高质量完成了建党100周年庆祝活动等安保任务。广西局建设应急指挥和智能监测平台,实现安全事件督办、企业现场调度等功能。云南局推动邮政业大数据中心与国家禁毒大数据云南中心数据打通,有效提升行业安全监管效能。海南局积极开展数字邮政综合试点,在智能安检、智能视频监控、无人车、无人仓等方面成效明显。

(六)科技创新体系不断完善。科研体系初具规模。邮政业已批准认定42家行业技术研发中心,华为、京东、中科微至等优势企业积极开展5G应用、AI识别、智能分拣等前沿涉邮科技创新。邮政集团、京东、顺丰等成立包装研发实验室,加强绿色包装科技研发。全国快递科技创新试验南陵基地科研实力明显提升,邮政业科技创新战略联盟协同创新有效推进,企业创新主体地位正在增强,高校院所支撑作用日益凸显,实现了各类科技创新资源和要素的深度融合集聚。标准体系更加健全。积极探索标准管理体制机制创新,借助外部力量“揭榜挂帅”。加大标准制修订力度,先后发布10项国标和27项行标,无人机寄递服务等标准填补数智化多个领域空白。全国邮政业标准化技术委员会从500多家标委会中脱颖而出,2020年被国家标准委评为“一级技术委员会”。测评认证体系良好开局。联合市场监管总局遴选首批18家邮政业用品用具检验检测机构,培育检验检测服务供给。建立实施快递包装绿色产品认证制度,我国成为全球首个对快递包装产品实施绿色认证的国家,截至去年底,全国102家企业125个产品获得快递包装绿色产品认证证书。组建邮政快递业技术产品认证测评中心,稳妥有序开展智能信包箱、自动分拣机、快递无人车、快递信息系统等测评认证工作。

近四年来,全行业深入贯彻落实习近平总书记关于科技创新的重要论述和重要指示批示精神,坚定走创新驱动发展之路,以“三智一码”“无人三项”(无人仓、无人机和无人车)为代表的一系列科技创新取得重大突破,行业创新机制逐步完善,初步构建了行业科技与标准工作的生态圈,为推进行业高质量发展和高效能治理发挥了重要作用。这些成绩的取得,离不开党中央国务院的坚强领导,离不开政产学研用的协同配合,离不开各类创新主体的主动作为,更离不开广大科技工作人员的拼搏奉献。同志们默默奉献、埋头苦干,付出了辛劳,凝聚了智慧,结出了硕果。在此,我谨代表国家邮政局,向关心支持邮政业科技创新发展的各位同志、各位专家和朋友们,向投身于邮政业科技创新发展的全体工作人员,致以崇高的敬意和衷心的感谢!

二、准确把握邮政业科技创新的新形势新要求

习近平总书记指出,“科技立则民族立,科技强则民族强”。党的二十大报告强调,“必须坚持科技是第一生产力、人才是第一资源、创新是第一动力”。当前,全球科技创新进入空前密集活跃的时期,新一轮科技革命和产业变革正在重构全球创新版图、重塑全球经济结构,给行业发展带来了前所未有的机遇与挑战。我们必须在危机中育新机,于变局中开新局,在邮政业高质量发展、高效能治理的砥砺前行中切实履行好科技创新的使命担当。

(一)行业科技创新必须坚决贯彻党中央决策部署。习近平总书记指出,“完善科技创新体系,坚持创新在我国现代化建设全局中的核心位置”。要集聚力量进行原创性引领性科技攻关,坚决打赢关键核心技术攻坚战。要健全社会主义市场经济条件下新型举国体制,把政府、市场、社会等各方面力量拧成一股绳。国家出台《国民经济和社

会发展第十四个五年规划和二〇三五年远景目标纲要》《国家中长期科学和技术发展规划(2021－2035)》《“十四五”国家科技创新规划》《科技体制改革三年攻坚方案(2021－2023年)》等一系列重要文件，在基础研究、科技攻关、创新链产业链融合、强化战略科技力量、推进科技体制改革、构建开放创新生态、激发人才创新活力等方面作出了系统部署。这些重大战略部署为邮政业科技创新工作指明了发展方向。

(二)行业科技创新必须聚焦人民用邮需求。习近平总书记指出，“人民的需要和呼唤，是科技进步和创新的时代声音”。党的二十大报告强调，“必须坚持在发展中保障和改善民生，不断实现人民对美好生活的向往”。邮政业要实现高质量发展，归根结底是为了满足人民群众更加美好的用邮需求。当前，寄递服务在服务便捷性、稳定性、安全性和绿色化等方面，还不能适应人民群众用邮的新需要、新期盼。在便捷性上，有的服务时限、服务价格不够透明；有的投递方式无法选择，不够灵活；有的改址投递、改时投递操作不便；有的地区智能快件箱不够用，传统信报箱破损老旧不能用。在稳定性上，农村寄递物流末端配送体系仍然不稳，有的地区农产品寄递时限慢、损耗多，末端服务质量不高且服务不规范。在安全性上，寄递安全、生产安全、信息安全隐患突出；“三项制度”的落实还不到位，缺乏寄递渠道安全风险预警和防控手段；个人信息采集、存储、传输、使用等不够规范。在绿色化上，包装材料回收利用和循环化水平较低，低碳运输的方式尚未广泛应用，现有的生产作业方式与双碳要求尚有距离，绿色发展的基础仍然薄弱。全行业必须牢记“人民邮政为人民”的服务宗旨，把满足人民对美好生活的向往作为行业科技创新的出发点和落脚点，依靠科技创新实现行业高质量发展，切实增强人民群众获得感、幸福感和安全感。

(三)行业科技创新必须着眼行业治理需要。习近平总书记指出，“要加快转变政府职能，提高政府监管效能，推动有效市场和有为政府更好结合，依法保护企业合法权益和人民群众生命财产安全”。党的二十大报告强调，“加快实施创新驱动发展战略，提升科技投入效能”。邮政业快速发展，新模式新业态不断涌现，治理体系和治理能力建设不适应、跟不上的问题日益突出。全行业共有经营快递业务的企业2万多家，每天的快件量超过3亿件，依靠人力监管，心有余而力不足、不可持续。目前，全国有15.8万路摄像头接入“绿盾”工程，如果都需要依靠人眼去看，这得需要多少人才能看得过来？我们的安检设备，靠人盯着，屏幕监管，难度也是极大的，必须依靠科技创新，实现远程、智能监管，提高安全生产和安全监管水平，有效减少生产事故特别是亡人事故的发生。

(四)行业科技创新必须有效应对国际挑战。习近平总书记指出，“科学技术是世界性的、时代性的，发展科学技术必须具有全球视野”。党的二十大报告强调，“扩大国际科技交流合作，形成具有全球竞争力的开放创新生态”。放眼当今世界，科技创新十分活跃，正在有力推动邮政业发展质量、效率、动力变革，以全球视野谋划和推动行业科技创新成为必然要求。面对浪潮涌动的世界新一轮科技革命，我们必须增强机遇意识和忧患意识，主动参与、提前谋划，绝不能被动等待、踌躇观望，必须不断增强邮政行业科技实力、创新能力和竞争力。

(五)行业科技创新必须立足于自立自强。习近平总书记指出，“我们正面对着推进科技创新的重要历史机遇，机不可失，时不再来，必须紧紧抓住”。党的二十大报告强调，“加快实施创新驱动发展战略，加快实现高水平科技自立自强，增强自主创新能力”。经过多年努力，邮政业科技环境不断改善，比历史上任何时期都更有能力、有信心抓住新时代科技创新主流机遇。行业科研队伍不断壮大。42家行业技术研发中心凝聚了一批较高水平的科研力量。4所现代邮政学院全部实现实体化运作,持续为行业培养专业人才。邮政集团推进“千人引进”工程,京东培养科技人员近4000名,顺丰集团研发团队超5600人。行业科研底蕴不断厚植。近年来行业科技创新活力竞相迸发,在“三智一码”、自动分拣、智能末端、绿色包装等领域,形成了一批具有自主知识产权和核心竞争力的科技成果和领军企业,42家行业技术研发中心申请专利超5000件。人工智能、区块链等技术与行业场景应用加速融合落地,推动产业快速迭代和颠覆性重构。企业创新主体作用更加凸显。顺丰科技在7个领域设立近30个研发部门,近三年每年研发经费大幅增长;京东近三年累计投入研发经费近70亿元,加强核心技术研发,全面向科技型企业转型;圆通致力打造信息科技公司、科技生产力中心等研发团队;邮政集团扩大科研团队资源调度权、经费支配权。

同时,我们必须清醒认识到,面对世界新一轮科技革命和产业变革同我国转变发展方式的历史性交汇期,对标邮政业高质量发展高效能治理的要求,行业科技创新仍然存在不少短板和不足。突出表现在:第一,对科技创新重视程度还有待加强。面对发展中出现的各种问题,有的地区和单位还不能自觉地、主动地向科技创新要对策、要动力、要红利,以寻找解决问题的最佳途径,没有把科技创新真正落到实处,人财物保障不够到位。第二,行业科技创新体系还有待完善。管理体制机制尚不健全,科技创新的政策扶持力度有限,对企业的引导和带动不足;一些企业尚未形成长期稳定的科技投入机制;部分技术研发中心与行业实际结合不够紧密,科技创新作用发挥不够。第三,研发成果转化应用不够。有的企业不了解已有的研发成果,有的部门、机构不愿意采用已有的研发成果,低水平同质化研发的问题依然突出;成果转化服务机构短缺,成果评价和检验检测工作尚未有效展开。要坚持问题导向,正视这些短板不足,切实增强紧迫感、责任感、使命感,采取有力措施推动解决。

三、强化“十四五”科技创新,着力推进自动化信息化数智化进程,为邮政业高质量发展、高效能治理提供有力保障

当前和今后一个时期,邮政业科技创新工作的总体要求是:坚持以习近平新时代中国特色社会主义思想为指导,深入贯彻党的二十大精神,立足新发展阶段,完整、准确、全面贯彻新发展理念,服务加快构建新发展格局,以支撑引领邮政业高质量发展和高效能治理为主线,以“自动化迭代、信息化革新、数智化升级”为主攻方向,以深化行业科技体制机制改革为根本动力,强化重大科技研发应用,强化科研体系建设,强化科技人才培养,全面提升邮政业科技创新能力和水平,推动邮政业发展由依靠传统要素驱动加快向更加依靠科技创新驱动转变,为建成邮政强国奠定坚实基础。

(一)加强科技创新,更好服务人民

人民邮政为人民。全行业要始终坚持以人民为中心的发展思想,加强科技创新,想人民之所想、急人民之所急,更好解决群众用邮中的“急难愁盼”问题,更好满足人民日益增长的美好用邮需要。

第一,要依靠科技提高服务稳定性。服务的稳定性与用户体验密不可分,好的持续稳定的服务能够大大提升用户体验感。一是农村服务要稳。农村寄递服务关系乡村振兴,关系农村群众生产生活,做好农村寄递服务意义重大。目前农村快件约占全国快递业务总量的三分之一,要紧紧依靠科技创新提升农村寄递服务的稳定性,确保农村寄递服务质量和服务时限。要加大冷链技术装备投入,形成寄递冷链仓储、运输、配送和信息追溯等全链条服务监控管理体系,降低农产品寄递损耗。二是国际服务要稳。2020年以来,受新冠疫情等因素影响,国际快递业务出现较大波动,部分国际快递服务时限得不到保证,离快递大国的地位和要求存在差距。要加快国际寄递网络布局,在通道网络、货物组织、航空运力等方面共

建共享，整合资源、抱团出海。三是末端服务要稳。投递到家、到站，还是到箱？要遵守与用户的服务约定。因客观因素无法按用户选择的方式投递的，要与用户协商解决。各地还要加快智能信包箱、智能快件箱和末端综合服务站的建设，就近进行布局，给用户选择的空间。

第二，要依靠科技提高服务安全性。对于寄递渠道安全，人民群众最关心的就是寄递物品安全、个人信息安全和快递员安全。一要推广应用智能安检设备。对于安检设备的配置，国家邮政局已经下发文件，提出了明确要求，各地方、各企业要切实贯彻落实，足量配备安检设备。企业在新建改建分拨中心和增配、更新安检设备时，要推广使用符合《邮件快件智能 X 射线安全检查设备技术要求》等行业标准要求，并经检验合格的智能安检设备。二要落地实施新的《快递电子运单》国家标准。快递企业要认真落实新的标准要求，避免在电子运单上显示完整的收寄件人的个人信息。收件人姓名和寄件人姓名应隐藏 1 个汉字以上，联系电话应隐藏 6 位以上，地址应隐藏单元户室号。新标准实施后，电子运单将推广使用“隐私面单”，希望大家遵照执行。三要加强快递员安全管理。快递企业应优化快递员配送路径，积极采用卫星定位、电子围栏等信息化科技手段，加强对人员、车辆轨迹的监控；加强对快递员从业背景、诚信状况等的审查，督促快递员切实落实安全责任，提高安全服务水平。

第三，要依靠科技提高绿色化水平。近年来，各级邮政管理部门通过深入实施快递包装“2582”“9917”“9218”等工程，取得较好成效，但绿色发展的任务仍然艰巨。一要持续推进绿色发展标准体系建设。在已经发布实施 20 项包装标准的基础上，加大强制性标准的研制力度，及时出台《快递包装重金属与特定物质限量》《限制快递过度包装要求》强制性国家标准，设定快递包装的底线和红线。加快邮件包装箱、包装袋标准的修订，统筹考虑与快递包装的一致性，一并推进绿色发展。二要加强绿色低碳技术装备研发与应用。支持产学研用协同创新，加强循环包装产品、生物降解包装材料等的研发，大力推广循环包装箱和冷链保温箱，减少一次性、不可降解包装材料的使用。深入推进多式联运，大力发展共同配送，提高运输效率，减少碳排放。继续提高北斗导航、新能源车辆占比。统筹优化网络布局，推进绿色基础设施建设，促进基础设施节能降耗。三要加强行业碳管理研究。建立健全碳排放监测与统计核算体系，积极稳妥推进碳达峰碳中和。

第四，要依靠科技提高服务便捷性。近年来，邮政快递企业在提升服务的便捷性上下了很大功夫，取得了比较显著的成绩。但服务质量的提升是永无止境的，要不断依靠科技进步提升服务水平。一要下单能选。电商平台或者邮政快递企业要明确告知用户服务产品、服务范围等内容，以及与之相对应的服务时限、服务价格，址递、箱递、站递等不同的投递方式，让用户一开始就知晓，并根据自己的情况进行选择，做到明明白白消费，不能让电商平台“一包了之”。二要随时能查。对于快件查询，要下大力气解决运输环节、国际快件报关环节以及国外寄送环节的查询问题。运输环节要提供运输轨迹，国际快件要提供清关、报关状态，国外寄送要及时提供在途和投递信息。对于邮件，要尽快实现全程跟踪查询，向快件查询服务靠齐。三要必要时能改。中国人生活节奏快、办事效率高，对于寄递服务会有改址投递或者改时投递这样的需求，并且这种需求还将持续增长。企业要顺势而上、及时响应，积极提供灵活服务。

（二）加强科技创新，更好促进发展

全行业要始终坚持企业创新主体地位，不断提升寄递物流供应链现代化水平，加快关键核心技术攻关，打造未来发展新优势。

第一，推进自动化迭代。解决自动化问题是一个长期课题，目前行业自动化水平有了明显提升，但全环节全流程还没解决好，有的还在大量采用人工方式，有的自动化设备还需要升级换代。

一要提高全流程全环节自动化装备水平。继续鼓励企业加快智能运输、分拣、安检、收投、客服等关键技术研发和自动化装备投入，全面提升劳动生产率。二要特别加大末端先进技术设备应用力度，实现“分拣到人”“直送到端”。研发应用智能终端收投设备和智能取件系统，实现“一键找货、立等可取”。支持研发应用智能穿戴设备，提供更好从业体验。三要推动自动化设备数智化升级。加大智能分拣设备研发力度，推广智能供包、六面扫码、柔性装卸、自动打包等设备，提高自动化设备的智能化和网络化水平。

第二，加快信息化革新。全行业信息化起步比较早，2013 年收派等关键环节的数据均已实现上网，但目前仍然存在信息化不全面、各信息系统不衔接等突出问题。“十四五”时期，信息化进入加快数字化发展新阶段，全行业要重视和加快信息化建设，为数字化发展奠定坚实基础。一要实现信息系统全覆盖。从业务与管理多个维度推动全流程、全场景环节信息系统的全面覆盖。二要提升信息化应用效能。推动信息系统软硬件平台的全云化改造，实现核心信息化应用全面上云，整合各信息系统数据资源，打造企业数据底盘，提升信息化应用整体效能。三要打通信息孤岛。加强产业链上下游信息交换标准制定与实施，推进信息资源共享和整合，实现跨企业信息互联互通，推动邮快合作、快快合作。

第三，实现数字化改造。当前，全球数字经济发展速度之快、辐射范围之广、影响程度之深前所未有，推动生产方式、生活方式和治理方式深刻变革。全行业必须抢抓新机遇，大力推进数字化变革，在发展中赢得先机。一要推进产业数字化。推动 5G 规模化应用，提高物联网覆盖水平，加快将寄递物品、运输车辆、服务人员、处理场所、设施设备、信息网络等物理元素转化为数字元素，构建万物互联、可感知可视化能监控的数字化寄递网络，奠定数字化发展的坚实基础。加快推进线上寄递服务，优化服务模式，提高服务品质。打造一体化数字平台和数据中台，推进大数据分析，为生产服务和管理运营提供智能决策支持。二要推动数字产业化。发挥数据要素作用，加强数据价值开发。拓展与共享经济、平台经济等数字经济新业态的融合空间，推动形成数据驱动发展的新形态，降低交易成本，增强规模协同效应。在海南自由贸易港、深圳建设中国特色社会主义先行示范区等具备条件的地区进行试点，打造邮政业数字经济示范区。

第四，深化智能化应用。四年来，国家局、各省局和企业开展了一批智能化项目研发应用工作，取得了很好成效。但总的来说，智能化应用规模还不大，应用成效有待进一步凸显，需要加快推进。一要大力推进“三智一码”应用。各地要为企业购置智能安检设备争取财政补贴。同时，推广应用智能视频监控系统和智能语音申投诉处理系统，实现对违规行为的及时精准监控和用户申投诉的高效处理。推广应用通用寄递地址编码，尽早改变“万码奔腾”“码码不通”的状况。二要推进“无人三项”应用。积极引导寄递企业依托智能高铁、智能道路等新一代智能交通基础设施，建立“无人三项”数字化能力体系，推动无人车在干线运输、末端投递的应用。充分发挥无人机点对点、空中飞行等独特优势，提高城市、农村、海岛的寄递服务能力。大力推进云仓、无人仓建设，及时响应用户需求，提升整体服务效率。三要在区块链应用上实现突破。目前，企业利用区块链技术，在农产品溯源、邮票防伪、防疫布控等方面有些应用，但规模都很小，希望大家继续努力，寻找好的业务切入点，加强关键技术研发，实现更大突破。

（三）加强科技创新，更好完善治理

全行业要始终坚持服务型政府建设目标，主动运用科技手段，破解监管难题，提升监管效率，推进治理能力现代化，适应人民日益增长的美好用邮需要。

第一，应用科技手段弥补治理力量不足。一要以新型监管技术提升行业监管能力。大力推进智能监管、远程监管等新型监管技术应用，充分运用非现场、物联感知、掌上移动等新型监管手段，弥补监管能力不足短板，提升监管效能。二要以一体化在线监管推进协同监管。大力推进“互联网+监管”，构建全国一体化在线监管平台，推动监管数据和行政执法信息归集共享和有效利用，推动跨地区、跨层级、跨部门协同监管。

第二，应用科技手段提升治理能力。一要运用大数据和AI技术强化行业运行监测预警。推动行政许可、行政执法、安全监管、信用管理、公共服务等系统整合瘦身和数据汇聚，构建政务数据资源池。运用行业丰富的大数据资源，强化行业运行监测、趋势研判和预测预警。二要以数字化手段提升监管精准化水平。加强监管事项清单数字化管理，运用多源数据为市场主体精准“画像”，强化风险研判与预测预警。加强“双随机、一公开”监管工作平台建设，根据企业信用水平实施差异化监管。加强与交通、治安、应急等部门数据整合、汇聚、治理和应用，提升政策精准性和协调性。三要切实提升信息安全和网络安全保护能力。加强行业重要数据保护，制定实施重要数据分类分级管理规范。组织邮政业关键信息基础设施运营者落实相关安全保护措施。加强个人信息保护。

第三，应用科技手段改进服务方式。一要打造泛在可及的服务体系。构建全时在线、渠道多元、全国通办的一体化政务服务体系，推进线上线下标准统一、全面融合、服务同质。二要提升智慧便捷的服务能力。以数字技术助推“证照分离”改革，实现利企便民服务事项“一网通办”，简化审批程序，推进涉企审批减环节、减材料、减时限。三要推进数字机关建设。加快一体化协同办公体系建设，推动行政许可等事项全流程数字化运行、管理和监督，促进行政权力规范高效运行。

（四）加强组织保障，更好推动科技创新

第一，更加注重科研工作的组织领导。坚持和加强党对科技创新工作的全面领导，各级党组要把思想和行动统一到国家邮政局党组对行业科技创新的部署上来，切实抓好工作落实。各级邮政管理部门要加快转变政府科技管理职能，突出统筹协调和管理服务功能，把更多精力用到定战略、定方针、定政策和创造环境、搞好服务上来。研究建设国家邮政局科技标准信息化管理平台，构建高质量科技情报支撑体系，加强科技创新合作，全力构建我国在全球邮政业科技创新格局中的优势地位。

第二，更加注重政策供给的质量效率。认真贯彻国家深化科技体制机制改革系列政策措施，深入调研和协调解决政策落实中的问题，推动政策措施落地见效。支持省局结合实际争取地方政策支持，支持企业发展的财政资金逐步向研发创新领域倾斜，撬动全社会持续加大研发投入。支持省局落实财政事权，争取地方对行业科技特别是应用的支持和投入。发挥我国社会主义制度能够集中力量办大事的优势，优化配置优势资源，推动全要素生产率大幅提高。完善科技研发平台认定、科技成果评审机制，建立吸收企业家参与科技创新、标准制定和立项评估工作机制，激发企业家创新推动作用。加强和创新监管，严格遵守反垄断法律法规，防止资本无序扩张，维护市场公平竞争，保证信息安全。

第三，更加注重科研成果的转化应用。处理好政府和市场的关系，推动有效市场和有为政府更好结合。强化企业技术创新主体作用，推动创新要素向企业集聚，促进政产学研用紧密结合，打通从科技强到产业强的通道。坚持科技创新和标准创新“双轮驱动”，适应新时代科技和标准化工作发展需要，深入研究科技成果标准化的路径模式，健全技术创新、专利保护与标准化互动支撑机制，以科技创新提升标准水平，以标准促进科技成果转化，推动技术标准与科技创新、产业升级协同发展。

第四，更加注重“大交通”的协同聚力。依托交通运输科技创新联席会议和部标准化管理委员会等机制，促进行业科技一体化融合发展。深入推进北斗卫星导航系统在邮政行业应用,加大北斗应用力度,实现干线运输车辆北斗全覆盖。加强邮政快递与铁路、民航等领域大数据衔接融合,完善双向共享交换机制,提升共享效率。推动在重要交通枢纽实现邮件快件集中安检、集中上机(车),发展航空、铁路、水运快递专用运载设施设备。发展航空快递、高铁快递,推动邮件快件多式联运,实现跨领域、跨区域和跨运输方式顺畅衔接。推进乡村邮政快递网点、综合服务站、汽车站等设施资源整合共享。

第五,更加注重科技人才的培养激励。突出“高精尖缺”导向,打造一支政治过硬、敢于担当、甘于奉献的科研管理者队伍,培养一支勇挑重担、敢于攻关、善于创新的科研工作者队伍,造就一批具有国际水平的战略科技人才、科技领军人才和创新团队。尊重人才成长规律和科研活动自身规律,加大科研单位改革力度,完善行业科学技术奖评选制度,持续推进专业技术职称评审,坚决破除“唯论文、唯职称、唯学历、唯奖项”,加快建立以大众评价、综合能力、实际贡献为导向的人才评价综合指标,让广大科技工作者不受论文、学历等条件制约,轻装上阵、心无旁骛工作。

同志们,交通强国邮政篇建设新征程已经开启,邮政业正站在新的历史起点上。要实现邮政业高质量发展、高效能治理,根本出路在于创新,关键要靠科技发展。让我们更加紧密地团结在以习近平同志为核心的党中央周围,坚持以习近平新时代中国特色社会主义思想为指导,深入学习贯彻党的二十大精神,勠力同心、锐意进取,砥砺前行、奋发有为,全面增强科技创新能力,全面提升科技创新效能,为建设邮政强国作出新的更大的贡献!

以数智化发展驱动邮政快递业高质量发展取得新成果

——国家邮政局副局长刘君在第五届“强邮论坛”暨邮政快递业数智化与高质量发展峰会的致辞

2023 年 4 月 22 日

各位代表，老师们、同学们：

大家好！在这春意盎然、繁花似锦的美好时节，我们再次相聚在北京邮电大学，围绕“邮政快递业数智化与高质量发展”主题举办第五届“强邮论坛”，目的是以习近平新时代中国特色社会主义思想为指导，深入学习贯彻党的二十大精神，在新起点上以数智化发展驱动邮政快递业高质量发展取得新成果。我谨代表国家邮政局对论坛的开幕表示热烈祝贺！对关心支持邮政快递业改革发展的各界朋友们表示衷心感谢！

邮政快递业是国家重要的社会公用事业，是服务生产、促进消费、畅通循环的现代化先导性产业。党的十八大以来，在党中央、国务院坚强领导下，邮政快递业走过了极不寻常的发展历程，取得了历史性成就，发生了历史性变革，我们建成了覆盖全国、深入乡村、通达全球的世界规模最大的邮政快递网络。大动脉上，快递专业类物流园区超 400 个、各类分拨中心近 3000 个、快递服务网络总长度（单程）超过 4000 万公里；微循环上，41.3 万处邮政快递营业网点基本实现乡镇全覆盖，全国 95% 的建制村实现快递服务覆盖。十年间，邮政行业业务收入年均增长 21%，快递业务量增长 18 倍，中国成为世界上最具活力的寄递市场，邮政快递已成为一张靓丽的名片。2022 年，我们坚持以习近平新时代中国特色社会主义思想为指导，认真学习贯彻党的二十大精神，深入贯彻落实习近平总书记重要指示批示精神，努力克服疫情影响，团结奋进、不畏艰辛、勇毅坚守，全力推进行业保通保畅，奋力推动行业高质量发展，邮政行业业务收入完成 1.35 万亿元，同比增长 6.9%；寄递业务量完成 1391 亿件，同比增长 2.7%。其中，快递业务收入完成 1.06 万亿元，同比增长 2.3%；业务量达到 1105.8 亿件，同比增长 2.1%，连续 9 年稳居世界第一，在当好中国式现代化的开路先锋新征程中勇挑重担，为经济社会发展作出了积极贡献。

教育、科技、人才是全面建设社会主义现代化国家的基础性、战略性支撑。党的二十大把教育、科技、人才作为一个整体来谋划，具有重要的现实意义和深远的战略考量。在党的二十大报告中，习近平总书记强调：“要坚持教育优先发展、科技自立自强、人才引领驱动，加快建设教育强国、科技强国、人才强国，坚持为党育人、为国育才，全面提高人才自主培养质量，着力造就拔尖创新人才，聚天下英才而用之。”我们要全面学习、全面把握、全面落实习近平总书记重要指示批示精神和党的二十大精神，深入实施科教兴国战略、人才强国战略、创新驱动发展战略，不断开辟发展新领域新赛道，不断塑造发展新动能新优势，扎实推进邮政快递业高质量发展，奋力谱写加快交通强国建设邮政新篇章，努力当好中国式现代化的开路先锋。

一是围绕关键任务，全面提高人才培养质量。现代化的事业呼唤高质量的人才。当前，邮政快递业正紧紧围绕到 2035 年基本实现社会主义现代化的要求，加快建设现代化邮政快递业供给体系、生态体系和治理体系，迫切需要一大批高质量的人才引领和支撑。要围绕需求端，搭建人才圈，聚焦推动邮政快递业高质量发展关键领域关键任务，推动教育改革与产业变革、科技革命深度结合，盯住“短板”精进“内功”，强化创新型复合型人才培养，加快培养造就一大批专业化高水平邮政快递人才，汇聚起支撑行业高质量发展的磅礴力量。

二是聚焦自立自强，着力推动创新驱动发展。加快实现高水平科技自立自强是推动高质量发展的必由之路。要牢牢把握加快构建新发展格局这个推动高质量发展的战略基点，大力实施创新驱动发展战略，推动科技创新转化为现实生产力，促进邮政快递业产业链供应链优化升级，实现质的有效提升和量的合理增长。要大力弘扬企业家精神，将“出人才”与“出成果”并重，推动建立以企业为主体、市场为导向、产学研深度融合的技术创新体系，推动邮政、快递企业当好科技创新项目的决策者和组织主体，支持和引导创新要素向企业集聚，不断增强企业创新动力、创新活力、创新实力，为行业高质量发展提供源源不断的新动能。

三是凝聚多方合力，打响产学研联动融合品牌。“强邮论坛”是政产学研协同、产教融合协作的重要平台，汇聚着一大批关心支持邮政快递改革发展的高水平专家学者和企业家。6 年来，“强邮论坛”围绕促进人才强邮、科教兴邮主题，加强创新链产业链人才链深度融合引领，在提高人才培养质量、激发创新创造活力、推动邮政快递业高质量发展等方面取得丰硕合作成果。要继续本着“务实、高效、互惠、共赢”的原则，完善平台，打造品牌，凝聚共识，汇聚力量，坚定不移地走产学研结合的道路，促进人才链与产业链、供应链、创新链有机衔接，推动形成“教育—科技—人才”循环互促、融合发展的格局，助力行业沿着高质量发展之路阔步前行。

各位代表，前程壮阔，使命催征。高质量发展是全面建设社会主义现代化国家的首要任务，邮政快递业有责任、有能力在推动高质量发展中发挥更大作用。让我们以本届“强邮论坛”的举办为契机，进一步在全面学习、全面把握、全面落实党的二十大精神上下功夫，更好地统筹谋划落实教育、科技、人才工作，为推动邮政快递业高质量发展、奋力谱写加快交通强国建设邮政新篇章作出新的更大贡献！

最后，预祝第五届“强邮论坛”圆满成功！

谢谢大家！

为加快实现全球邮政可持续发展目标贡献力量

——国家邮政局副局长赵民在2023全球可持续交通高峰论坛“可持续邮政：携手合作助力全球邮政发展”边会上的致辞

2023年9月25日

尊敬的亚太邮联秘书长维纳亚·普拉卡什·辛格先生，
尊敬的万国邮联邮政经营理事会主席、法国邮政国际总裁让·保罗·福塞维尔先生，
尊敬的柬埔寨邮政萨姆维索斯总局长，
各位同事，
女士们，先生们，朋友们：

大家下午好！

在这个秋高气爽的美好时节，我们以线下和线上相结合的方式，相聚在北京国家会议中心，共商邮政可持续发展大计、共谋邮政可持续发展未来。在此，我谨代表中国国家邮政局，对远道而来的朋友、对与会的嘉宾表示热烈的欢迎和衷心的敬意！

可持续发展是“社会生产力发展和科技进步的必然产物”，是“破解当前全球性问题的‘金钥匙’”。2021年，第二届联合国全球可持续交通大会在北京召开，会议通过了《北京宣言》，描绘了全球可持续交通发展的未来愿景，提出了加强包括邮政快递在内的交通合作行动倡议，为联合国2030年可持续发展议程落实提供了框架。万国邮政联盟高度重视邮政可持续发展，倡导和带领各国邮政通过开展国际合作、能力建设和知识交流，推进技术发展和创新，积极践行可持续发展理念，推动全球邮政在消除人口贫困、服务民生均等、推动低碳减排、促进经济发展等方面发挥了重要作用。

中国邮政业作为现代综合交通运输体系的重要组成部分，近年来，我们坚持将可持续发展理念作为行业发展重要原则之一，积极落实万国邮联、亚太邮联关于可持续发展的相关倡议，站在人与自然和谐共生的高度谋划推进邮政业绿色低碳发展，健全法规标准政策体系，注重科技创新赋能，在服务社会、发展经济、保护环境等方面积极贡献力量，体现了邮政行业的责任和担当。

可持续发展是一场涉及多个领域的综合性挑战，需要政府、企业和社会各界的共同参与。今天我们在这里举办邮政可持续论坛，共有10多位来自国际组织、各国政府部门和企业界的代表，将围绕“数字化创新赋予全球邮政业普惠发展新动力”和“绿色低碳发展成为全球邮政业可持续发展新方向”两个议题，分享经验做法、探讨发展路径、畅想美好未来。希望通过各位代表的发言交流，能够为促进全球邮政业可持续发展凝聚各方智慧、作出有益探索。

女士们，先生们，朋友们，邮政可持续发展是一个长期而复杂的过程，需要集思广益、共同努力。作为论坛的参与者，我们有责任携起手来，推动各国政府和邮政快递企业加快行动，为更好落实联合国2030年可持续发展议程、加快实现全球邮政可持续发展目标贡献力量。

最后，我想再次感谢各位来宾、各位同仁。预祝本次论坛圆满成功！

谢谢大家！

推动邮政快递业安全生产形势持续稳定向好
为谱写加快建设交通强国邮政新篇章提供坚实安全保障

——国家邮政局副局长廖进荣在邮政快递业安全生产规范化管理现场会上的讲话

2023 年 9 月 7 日

同志们:

国家邮政局高度重视行业安全工作,今年年度工作计划中专门安排了全行业安全生产规范化管理现场会。今天,各省局、各主要寄递企业总部负责同志齐聚上海,召开全行业安全生产规范化管理现场会,深入学习贯彻习近平总书记关于安全生产重要指示批示精神,落实党中央、国务院决策部署,总结回顾近年来行业安全生产工作,分析面临的新形势新任务,对当前和今后一个时期安全生产工作进行研究部署。今天上午,31 个省(区、市)局就安全监管典型做法作了书面经验交流,13 家主要企业总部就安全生产亮点工作进行了视频交流,与会代表现场观摩了圆通、中通、极兔分拨中心。刚才,上海应用技术大学教授围绕安全生产管理规范化建设开展了培训授课,浙江省局就做好亚运会寄递安保工作作了部署发言。这次现场会时间紧凑、内容丰富,与会同志在互学互鉴中拓宽工作思路,在取长补短中提升安全意识,收到很好成效。下面,我再讲四点意见。

一、近年来行业安全生产工作滚石上坡、成效斐然

近年来特别是新冠疫情防控三年多以来,是邮政管理系统和邮政快递业负重前行、极不平凡的历史时期。全行业全系统坚持以习近平新时代中国特色社会主义思想为指导,深入贯彻落实习近平总书记重要指示批示精神和党中央、国务院决策部署,统筹发展和安全两件大事,努力克服疫情影响,坚决扛起防范化解重大安全风险责任,扎实推进风险隐患常态化排查整治,有力维护寄递渠道安全畅通,全行业生产安全、寄递安全和应急维稳等各项工作取得显著成效,圆满完成建党百年、北京冬奥会、党的二十大、成都大运会等重大活动寄递安保任务,行业安全生产亡人事故数、事故亡人数均实现大幅下降,有效杜绝较大以上生产安全亡人事故和影响恶劣寄递安全事件,确保了寄递渠道安全畅通和行业安全稳定,为服务国家经济社会发展、维护国家安全和社会大局稳定作出了积极贡献。

一是安全发展理念进一步树牢。全行业全系统坚持将习近平总书记关于安全生产重要论述和重要指示批示精神作为邮政快递业安全生产工作的根本遵循,纳入各级邮政管理部门党组会、中心组学习会、企业安全生产委员会学习的重要内容,常学常议,深学深悟。分级分批组织观看《生命重于泰山——习近平总书记关于安全生产重要论述》电视专题片,通过领导干部带头讲、专家学者深入讲、一线工作者互动讲,推动学习贯彻习近平总书记关于安全生产重要论述走深走实。国家局和一些企业拍摄制作安全生产事故警示教育片,深入剖析典型案例,用鲜活事例启发思考。精心组织“安全生产月”宣传活动,结合行业实际,充分利用新闻媒体和微博、微信、网络等平台和载体开展宣传贯彻工作,形成了重视安全的浓厚氛围。坚持强监管严执法,以零容忍态度保持对可防性事故高压震慑,推动“人民至上、生命至上”“安全是红线,是底线,是不可触碰的高压线”“决不要带血的件量、决不要含泪的营收”等安全管理理念成

为全行业全系统普遍共识和共同价值取向。

二是安全责任体系进一步完善。坚持以责任落实为抓手，按照“三个必须”要求，持续完善“党政同责、一岗双责、齐抓共管、失职追责”和“领导责任、监管责任、属地责任、主体责任”的责任体系。国家、省、市三级均成立由主要领导担任组长的安全领导小组，各企业均成立由主要负责人担任主任的安全生产委员会，一把手负总责，分管领导具体抓，职能部门合力抓，一级抓一级，层层抓落实。各企业总部持续强化安全保障统一管理责任和主要负责人第一责任，严格落实“谁的资质谁负责、谁的品牌谁负责”要求。贯彻落实国务院安全生产十五条硬措施，出台《关于进一步强化安全生产责任落实坚决防范遏制重特大事故的若干措施》，将隐患排查整治、寄递渠道安全、重大活动安保等纳入寄递渠道平安建设和省局领导班子考核内容，对发生亡人事故的品牌企业总部，实施警示告诫、行政约谈、立案查处“三位一体”督查督办措施。强化“双随机、一公开”监管、信用监管、“互联网+”监管、跨部门协同监管、委托执法监管以及明查暗访等措施，严肃查处各类违法违规行为，强化安全生产领域失职追责。

三是安全风险防控能力持续增强。坚持底线思维，把防范化解各类安全风险作为重要抓手，在下先手棋、打主动仗上下功夫。部署开展安全生产专项整治三年行动，建立问题隐患和制度措施“两个清单”，开展安全生产专家指导服务，落实和完善治理措施。始终把人民生命安全放在首位，深入总结剖析作业场地亡人事故教训，以点带面开展“四不”突出问题整治，精准部署“传送带堵缝、人车分流”两项任务，出台《安全管理规范化二十条细则》。各地各企业加大整治力度，完成省市两级处理场所“四不”问题整治和“两项任务”，对照二十条细则对6532个处理场所、13万余个营业场所开展逐一排查，整治各类隐患2.6万余处。出台《快递企业总部重大经营管理事项风险评估和报告制度（试行）》，部署开展重大事故隐患专项排查整治2023行动，有效管控储油用油、消防用电、公共道路交通、房屋建筑、危险物品寄递等行业重点领域风险，未发生较大事故。

四是平安寄递建设水平稳步提升。严格落实寄递安全主责主业，始终站在服务国家安全、公共安全和社会稳定大局高度，勇于担责，主动作为。把“三项制度”作为寄递安全刚性要求，持续部署开展实名信息异常和快递“刷单”问题等专项整治，结合重大活动安保等任务推进拍照验视，强化过机安检，出台《邮件快件智能X射线安全检查设备技术要求》等行业标准，大力推动智能安检设备应用。积极会同最高检全面抓好“七号检察建议”落实，12部门联合出台加强邮件快件寄递安全管理工作的指导意见，会同公安、网信等部门开展禁毒百日攻坚、个人信息安全治理等专项行动，不断增强人民群众用邮获得感、幸福感和安全感。今年17个部门联合开展平安寄递专项行动，中央主题教育领导小组对此予以充分肯定。

五是应急管理机制不断健全。立足大安全、大应急，持续推进行业应急管理体系建设，积极融入国家应急管理体系，不断增强行业应急处突能力。充分发挥寄递渠道安全管理领导小组、邮政业安全和应急工作领导小组、邮政业安全生产政企协调领导小组等机制作用，推动建立“部门协作、政企协同、上下联动、全员参与”的应急管理体系。落实《国家邮政业突发事件应急预案》《邮政业人员密集场所事故灾难应急预案》，建设应急救援队伍，组织开展应急演练，全面提升监测预警、风险研判、信息报告、应对处置等能力。及时排查化解行业矛盾纠纷，落实行业维稳应急处置“四个一”要求，做好相关企业重大经营调整及基层网点经营异常事件涉稳风险防范工作。开展寄递信息汇聚平台风险排查，督促平台企业对问题隐患立行立改，对违法违规平台予以关闭。

六是本质安全基础更加夯实。印发企业安全生产管理体系建设指南，建立健全自我监督、自我审核、自我完善的长效机制。实施寄递渠道安全监管“绿盾”工程(一期),建成云计算平台、大数据管理平台和大数据中心,开展视频联网、安检机联网“两联”建设和“三智一码”科技项目攻关,实现对传送带跨越行走、安检机无人值守等 9 类异常事件的智能发现。深入推进平安员队伍建设,举办企业高层管理人员、安检员、外包人员等系列培训,组织全国邮政行业青年安全生产示范岗创建、全国邮政行业职业教育快递技能大赛等活动,全面提升各级各类人员安全素养。出台《快递电子运单》国家标准,修订印发《寄递服务用户个人信息安全管理规定》,发布《寄递服务用户个人信息保护要求》行业标准,大力推进隐私运单等技术应用,夯实信息安全管理基础。推动健全三级安全监管支撑体系,31 个省(区、市)、215 个地市成立邮政业安全中心,12 个省实现市地级安全中心全覆盖。

同志们,行业安全的上述成就是在行业步入高质量发展新阶段,面临行业快速发展以及经济形势变化等考验的大背景下取得的,来之不易。这是党中央、国务院坚强领导和亲切关怀的结果,是国家局党组正确领导的结果,是各有关部门和社会各界大力支持的结果,是全行业全系统勠力同心、踔厉奋进的结果。实践证明,做好行业安全生产工作,必须坚持把习近平总书记关于安全生产重要论述和重要指示批示精神作为根本遵循,贯彻总体国家安全观,统筹发展和安全,牢牢把握正确方向;必须坚持人民至上、生命至上,始终把人民生命财产安全放在第一位,以“时时放心不下”的责任感,殚精竭虑、慎终如始抓好安全生产责任措施落实;必须坚持安全第一、预防为主,强化预测预警、风险研判,见微知著、未雨绸缪,牢牢把握防范化解重大风险主动权;必须坚持齐抓共管、综合治理,充分调动各方面积极因素,加强部门协作联动,强化政企协同配合,营造“人人讲安全、个个会应急”氛围,形成整体合力;必须坚持依法治理、严格规范,用法治思维和法治手段解决安全生产问题,严格安全生产监管执法,强化基层监管力量,着力提高安全生产法治化规范化水平;必须坚持源头治理,强基固本,完善安全生产法规制度,加强科技创新和成果应用,推进安全生产由企业被动接受监管向主动加强管理转变、安全风险管控由政府推动为主向企业自主开展转变。

二、清醒认识行业安全生产面临的新形势和新挑战,时刻绷紧安全之弦

在充分肯定成绩的同时,我们也应清醒认识到,随着行业发展规模不断扩大,社会影响、地位作用和人民群众期待日益提升;受多重因素影响,行业面临传统安全和非传统安全威胁交织叠加,风险挑战之多前所未有,对保障行业安全发展提出更加严峻考验。

一是重大安全风险防控任务依然艰巨。邮政快递业作业场所人员密集,全天候运行,建筑设施、车辆交通、机械用电、末端充电以及消防安全等问题触点多,特别是火灾事故易发多发。一些企业分拨中心撬装加油装置安全风险高,一旦疏于管理发生燃爆,将造成重大损失。分拨中心普遍使用多层、高层钢结构建筑,部分末端网点使用年久失修、存在隐患的自建房,建筑风险不容忽视。邮政快递道路交通事故多发。快递的件量不断增加,从业人员的劳动量随之上升,带来安全风险的增加。

二是企业安全生产规范化建设任重道远。行业安全生产不规范问题尚未得到根本解决,安全生产标准化水平较低,企业内控机制仍不完善。一些基层企业重眼前利益轻安全建设,心存侥幸,安全投入严重不足,责任措施没有真正落实到一线岗位、基层员工。国家局三令五申督促整治作业场地“四不”突出问题,部分企业置若罔闻,机械伤害事故重复发生。

三是寄递安全管控压力不断加大。寄递渠道人货分离、经济便捷,已成为境内外不法分子利用从事危害国家安全、涉恐涉暴、涉毒涉私、涉黄涉非等违法犯罪活动的重要途径。一些企业实名收寄、收寄验视、过机安检“三项制度”执行不到位，收寄验视走过场、虚假实名、安检流于形式，发现和拦截禁寄物品能力弱，给不法人员以可乘之机。

四是信息安全风险隐患日益突出。当前，邮政快递领域已产生积累了大量数据信息，行业网络与信息安全工作普遍起步晚、底子薄，网络安全基础和信息安防能力相对薄弱，信息安全管理制度不健全，在信息采集、使用、管理、存储等方面存在较大隐患。

五是行业应急管理能力亟待增强。快递员群体存在用工不规范、权益保障不足、获得感幸福感偏低等问题。企业在并购、上市等资本活动中易衍生债务、融资纠纷，也容易给基层末端网点造成经营困难，形成社会热点。此外，近年来强台风、强降雨等极端天气频发，地震等自然灾害不断发生，对行业应急管理能力提出更高要求。

三、坚决贯彻落实习近平总书记关于安全生产重要论述和重要指示批示精神，全力推动实现更为安全的发展

行业安全已成为国家安全的重要组成部分，责任十分重大。邮政快递领域与国家政权安全紧密关联，历次重大活动安保，均将寄递安全作为重要内容，纳入社会面治安防控体系；2021 年最高检制发了“七号检察建议”，推动从更高层面解决寄递安全的问题。同时，寄递服务已成为广大人民群众不可或缺的生活支撑，服务党政机关、联系千城百业、深入千家万户，关系政令畅通、民生福祉、民心民意。全行业全系统必须把思想和行动统一到习近平总书记关于安全生产系列重要指示批示精神上来，更好统筹发展和安全，将安全工作与行业发展同步谋划、协调推进，全面提升安全生产管理水平，促进行业安全生产形势持续稳定向好，以高水平安全保障行业高质量发展。

一是坚持“两个至上”，着力践行习近平总书记重要指示批示精神。习近平总书记高度重视安全生产工作，站在党和国家发展全局的战略高度，对安全生产发表了一系列重要讲话，作出了一系列重要指示批示，深刻回答了如何认识安全生产、如何抓好安全生产等重大理论和实践问题。各级邮政管理部门、各企业要切实把思想和行动统一到习近平总书记关于安全生产系列重要指示批示精神上来，深刻领悟“两个确立”的决定性意义，增强“四个意识”、坚定“四个自信”、做到“两个维护”，以对党和人民高度负责的态度，真正把党中央、国务院关于安全生产的部署要求落地落实。要牢固树立安全发展理念，坚持人民至上、生命至上，始终把人民群众生命安全放在第一位，始终心怀安全生产这个“国之大者”，坚决扛牢重于泰山的重大责任。要将习近平总书记关于安全生产重要指示批示精神，融入到企业发展和监管工作的各种机制、各个环节，转变为人人重视安全、共同促进安全的实际行动。

二是坚持严字当头，着力压实安全生产责任。坚持最严格的安全生产制度，首先是落实责任。各企业必须认真履行安全生产主体责任，做到安全责任到位、安全投入到位、安全培训到位、基础管理到位、应急救援到位，确保安全生产。要进一步强化安全生产责任意识，主要负责人必须亲力亲为，亲自动手抓，层层落实责任，生产经营延伸到哪里，责任体系就要覆盖到哪里，真正做到横向到边、纵向到底，不留盲区、不留死角。企业总部要严格落实全网安全保障统一管理责任，坚决杜绝将安全责任转移和弱化。国家法律法规中有关安全生产的禁止规定，以及国家邮政局关于生产安全、寄递安全、信息安全的相关规定，是做好行业安全生产工作的基本要求，是不能踩、不准碰的“红线”，各企业必须遵守、不许逾越，决不能打折扣、搞变通。各级邮政管理部门要按照“管行业必须管安全、管业务必须管安全、管生产经营必须管安全”和“谁主管谁负责”的原则，严格落实安全监管职责。省局要加大对地市局安全监管工作指导，将安全生产工作纳入地市局班子考核重要内容。要充分发挥各地安委会、寄递渠道安全联合

监管等机制作用，推动地方在监管支撑机构、人员力量、财政资金等方面给予支持，压实属地安全生产管理责任。责任是不是落实，要突出结果导向，转变为不断发现问题、解决问题的思路和办法。

三是坚持问题导向，着力破解“三项制度”落实不到位顽瘴痼疾。长期以来，制度执行不到位一直是寄递企业安全生产的软肋，必须要有过硬的措施和强有力的手段，建立“违章必惩、违法必究”机制，确保标准执行不走样、制度落实不变形。当前，寄递安全最突出的问题就是实名收寄、收寄验视、过机安检“三项制度”执行不到位，企业制度执行标准尺度的不平衡带来了市场竞争的不公平，违法成本低，致使劣币驱逐良币，大大增加寄递安全管控风险。下一步，国家局将会同有关部门进一步加大寄递安全监管力度，强化“三项制度”落实刚性要求，在全行业形成“三项制度”落实不到位必查处、收寄危险违禁物品必严惩的鲜明导向。各企业一定要消除侥幸心理和畏难情绪，下大力气、花大功夫、用实举措，破解“三项制度”落实难题。实名收寄方面，要不断优化实名收寄系统，强化寄递实名认证，切实堵塞实名收寄漏洞隐患。收寄验视方面，要严格落实禁止寄递物品管理规定，提升制度执行刚性约束。过机安检方面，加快应用邮政业智能安检系统、安检机联网系统等技术成果，依托科技手段提升过机安检质效；要加强邮件快件安检员队伍建设，强化背景审查和技术培训，邮件快件安检员必须通过相应考评后方可上岗作业。协议用户方面，协议用户必须为法人或者其他组织，推进寄递协议用户经办人实名信息登记，各地邮政管理部门要加强对协议用户安全有关工作的监管。

四是坚持源头管控，着力防范化解重大风险。当前，行业已开展了一段时期的重大风险隐患排查整治，但安全隐患也是动态性的，这项工作要持续深化。要对照《安全管理规范化二十条细则》，全面梳理化解重大现实安全风险，特别是对各级分拨中心安全风险防控，一定要过筛子，对有现实重大风险的要立即停业整顿。各级邮政管理部门、企业总部对这一排查任务必须逐一把关，真正落实责任。要加强外包人员管理，严禁以包代管、以罚代管和违法分包、转包，外包人员不熟知作业场地安全管理规定不得上岗作业。要严把快递业务经营许可安全准入关，积极发挥安全生产专家作用，持续开展新增许可企业处理场地专项指导检查，有效提升安全管理规范化水平。要研究制定行业重大事故隐患判定标准，准确认定、及时消除行业生产安全重大事故隐患。要加强个人信息安全治理，实施信息安全等级保护制度，建立多层次网络与信息安全技术防护体系，积极推进虚拟安全号码、隐私运单等应用，防止数据被非法采集、泄露、窃取、倒卖，严防内部从业人员监守自盗。

五是坚持防患未然，着力强化应急管理能力建设。要坚持底线思维，把行业稳定放到社会安全稳定大局中考量，切实维护快递员群体合法权益，提高行业运行风险预警能力，防范和化解可能存在的涉稳风险。各级邮政管理部门要持续加强监测预警和风险防范，及时掌握辖区行业运行情况，落实属地维稳管控责任，做到守土有责、守土尽责，遇到重大情况及时向地方党委政府和上级邮政管理部门报告。各企业总部要落实维稳主体责任，加强对各地加盟企业及其分支机构情况的掌握，严格重大决策事前风险评估，坚持“谁的事谁兜住”，积极化解行业内部经济纠纷，及时妥善处理各类异常事件，防止小事拖大，造成社会稳定问题。各级邮政管理部门、各企业要立足复杂困难局面，参照《邮政快递业突发事件应急处置与救援指南（第一版）》，扎实推进应急救援队伍建设，提升应急处置能力，制定应急预案，配备救援装备，做好事前防范和应急准备，积极应对处置地震、台风、洪水、强降雨强降雪等各类自然灾害。企业总部要在全网范围内建立突发事件应对处置与救援保障机制，提高突发事件应对处置和信息报告效能，对于因自然灾害、安全事故受到损失或者影响的企业，提供必要的政策和资金帮扶，救助、补偿、抚慰、抚恤、安置从业人员，帮助相关企业渡过难关、恢复生产。

六是坚持夯实基础，着力提升本质安全水平。 要在“制度”上下功夫，有“法”的保障。目前国家局正在推进出台收寄验视、过机安检、寄递服务用户个人信息安全管理等行业安全部门规章，下一步还要对禁限寄物品管理进行优化调整，各企业要加强相关工作前瞻性研究和制度适配，强化安全合规管理。在“科技”上下功夫，有“质”的突破。持续推进信息化建设，强化大数据应用，为风险“精准画像”，加强对各类安全风险的监测、预警、处置，严防形成现实危害。抓好“绿盾”工程（一期）系统应用，推进“绿盾”工程（二期）立项，立足支撑监管工作实际需要，注重建设项目的实用性、便利性，让每一个系统都实现“用得好、管得住、落得实”。要在“机制”上下功夫，有“量”的递增。扎实推进平安员队伍建设，努力打造平安寄递中坚力量；多维发力破解监管力量不足问题，持续推进地市级安全中心和县级机构建设，注重发挥三级寄递安全联合监管机制作用，深化寄递安全综合治理，进一步健全行业安全监管体系。要在“执法”上下功夫，有“严”的基调。着力解决安全监管执法“宽松软”问题，对安全违法行为敢于“亮剑”。今后，凡发生可防性亡人事故和重大安全隐患漏管问题，要依据《邮政法》《安全生产法》等法律法规，严肃追究事发单位和直接责任人责任以及品牌企业总部统一管理责任，并以适当方式向社会公开曝光。

四、全力以赴抓好下阶段安全生产重点工作，确保行业安全稳定运行

距离年底还剩3个多月时间，杭州亚运会、第三届“一带一路”国际合作高峰论坛等重大活动以及国庆中秋假期、“双十一”快递业务旺季、年终岁尾等重点时段安全保障任务艰巨繁重。各级邮政管理部门、各企业要按照国家局安全生产部署安排，对标对表全年目标任务，抓实抓细行业安全生产重点工作。

一是全力做好杭州亚运会寄递安保工作。 第19届亚洲运动会和第4届亚洲残疾人运动会（以下统称“亚运会”）分别于9月23日至10月8日、10月22日至10月28日在浙江省杭州市、宁波市、温州市、湖州市、绍兴市、金华市举办。8月22日，国家局已下发通知作出全面部署。近年来，我们圆满完成了一系列重大活动寄递安保任务，形成了相对成熟的工作路径和方法，但要坚决避免骄傲情绪、松懈心态。特别是这次亚运会涉及地区多，时间跨度大，任务难度高。各级邮政管理部门、各企业要切实增强做好亚运会寄递安保工作的责任感、使命感、紧迫感，以最高标准、最严要求、最实举措落实好各项任务，全力保障亚运会赛事举办地寄递安全。各企业要深入宣传动员，细化工作措施，将寄递安保各项任务及时传达到基层一线、落实到每名员工。要按照“突出重点、以面保点”思路和“精益求精、万无一失”标准，切实加强寄递渠道安全管理，严格落实“三项制度”，强化收寄端邮件快件安全检查，从严判断寄递物品安全属性；抓好投递前“二次安检”并施加“二次安检”标识，配合公安、国家安全等部门对进入安保核心区域邮件快件实行投递前再次安检。各级邮政管理部门要联合公安、国家安全等部门强化亚运会寄递安保执法检查，依法从严从快办理行政处罚案件。浙江局要对“二次安检”发现问题件情况进行梳理登记，报国家局督办处理。各省局对通报的“二次安检”问题件情况，要视同涉嫌违法行为线索，逐件安排调查处理并反馈工作进展情况。

二是进一步扩大平安寄递专项行动战果。 此次专项行动，各级邮政管理部门、各企业强化协同、主动作为，有力打击了涉寄递渠道违法犯罪。当前，平安寄递专项行动处于集中攻坚阶段，各地各企业要持之以恒抓好专项行动工作落实，进一步拓宽违法寄递线索收集渠道，强化本地区本网络高危邮件快件的筛查。国家局邮政业安全中心

要充分发挥数据资源优势，主动梳理寄递渠道违法犯罪规律特点，强化重点人员、重点地区、可疑行为分析研判，力争打得主动、打得精准。各级邮政管理部门要用足用好法律武器，聚焦“三项制度”落实、违禁物品管控等重点严格执法，加强部门横向沟通，开展信息共享、取证协作，完善联合执法、行刑衔接、案件会商、资源共享等工作机制，切实形成整体合力。要深度宣传报道一批违法寄递典型案件，充分发挥以案释法警示作用，通过简报、月报、专报等途径，多角度、全方位、立体化展现专项行动工作成效。今年，平安寄递专项行动将作为平安建设寄递安全考核的重点内容，各地要进一步加强组织领导，充分发挥牵头作用，主动与其他部门进行沟通、研判，在战果上进一步发力，并对行动中暴露出的问题及薄弱环节制定整改措施，以强烈的担当精神，采取强有力措施，全力推动专项行动向纵深发展。

三是毫不放松抓好重大事故隐患专项排查整治2023行动。各级邮政管理部门要对专项行动开展情况进行再督促、再跟进。各企业要对前期排查整治情况开展“回头看”，深刻吸取行业内外发生的典型事故教训，建立重大事故隐患台账清单，落实闭环管理。要严格分拨中心撬装加油装置以及备用发电机组、食堂等储油储气设施设备等安全管理，明确重大危险源安全包保责任人、责任制和双重预防机制，不得与无资质、不合规的第三方石化公司合作建设撬装加油装置，严禁建设、使用未经相关部门审批、不符合安全条件、具有事故隐患的撬装加油装置，严禁违规使用流动加油车。要严格执行交通运输、公安交管等部门规定要求，制定安全合理的干线运输车辆运递时效考核标准，出台保障驾驶员合法权益的制度措施，严防发生重大交通安全事故。要深入排查各类建筑设施，特别是钢结构风险隐患，存在垮塌风险的严禁使用经营。要持续深化“四不”问题整治，巩固传送带堵缝、人车分流整治成效，坚决防范场内机械伤害、车辆碾轧等事故发生。要组织开展事故应急救援演练活动，全体从业人员要熟知安全逃生出口或避灾路线，切实提高从业人员应急避险意识。

四是高标准完成网络和信息安全风险排查整治。按照国家局统一部署，扎实做好网络和信息安全风险隐患大排查工作，逐一对照网络和信息安全法律法规落实、内部规章制度建立、安全风险管控等方面，全面细致进行“体检”，做到网络、信息系统以及终端设备设施排查全覆盖，堵塞漏洞、补齐短板。要强化技术防范，及时安装木马杀毒软件，实施信息安全等级保护制度，建立多层次网络与信息安全技术防护体系，加强寄递数据全环节管控。要细化完善企业内部个人信息保护、数据跨境等制度规范，借鉴参考华为等国内大型科技公司成功做法，加强根技术应用，强化入侵防护和运维管理，提供自主可控能力。要规范与电商平台、寄递信息汇聚平台、末端服务商等上下游企业的数据交互合作，落实法定责任，切实维护数据安全。要强化监测预警，提高对各类平台监测能力，发现问题及时报告。要加强对各类人员特别是能够接触到批量信息人员、外包人员管理；加快推进攻防等专业人才队伍建设，积极组织和参加各类演练活动。

同志们，安全生产责任重于泰山。让我们共同努力，切实把思想和行动统一到习近平总书记关于安全生产重要论述和重要指示批示精神上来，主动担当、狠抓落实，坚决抓好安全生产各项工作，切实防范遏制重特大安全生产事故，推动邮政快递业安全生产形势持续稳定向好，为谱写加快建设交通强国邮政新篇章提供坚实安全保障。

聚智聚力　共识共为　坚决打赢打好旺季服务攻坚战

——国家邮政局副局长陈凯在2023年快递业务旺季服务保障动员部署电视电话会议上的讲话

2023年10月24日

同志们：

今天，我们召开电视电话会议，对2023年快递业务旺季服务保障工作进行全面动员和部署。刚才，市场司已经对旺季服务保障方案进行了解读。下面，我代表国家局讲三点意见：

一、充分认识做好旺季服务保障工作的重要意义

每年的快递业务旺季是行业发展动能进一步释放的关键时期，也是企业产能提升的重要窗口期，更是社会各界聚焦在快递业的重点时期。2023年快递业务旺季即将到来，做好今年的旺季服务保障工作，意义十分重大。

（一）做好今年的旺季服务保障工作，是落实党中央、国务院部署的重要体现

党中央、国务院高度重视邮政快递业发展。习近平总书记多次作出重要指示批示，不久前，总书记在向全球可持续交通高峰论坛的贺信中强调，"实现'物畅其流'的美好愿景"，对邮政快递业安全、便捷、高效、绿色、经济、包容、韧性发展寄予了殷切希望。今年8月，中央财办等九部门联合出台了《关于推动农村流通高质量发展的指导意见》，中央电视台、人民日报等央媒密集报道，新闻联播、焦点访谈多次进行政策解读和专题报道，充分肯定行业的蓬勃发展态势和对经济社会做出的突出贡献。今年的业务旺季服务保障工作，又是行业在聚光灯下接受的一次考验和检阅。我们有责任、有义务在这次年度大考中交上合格的答卷，回应人民群众的期待，不辜负党中央、国务院的关心关怀。

（二）做好今年的旺季服务保障工作，是助力实施扩大内需战略的重要手段

物流畅，消费旺。当前，消费已成为我国经济增长的重要引擎。超大规模市场释放的巨大消费潜力，为我国经济高质量发展提供了有力支撑。随着电子商务的发展，快递业在服务生产生活、促进消费升级、畅通经济循环中发挥着重要基础性、先导性作用。最新发布数据显示，前三季度国内生产总值同比增长5.2%，消费复苏成为了最大的亮点，商品零售和服务零售表现良好，社会消费品零售总额同比增长6.8%，为中国经济前景带来正向信号。全国的市场人气、商气、烟火气加速回归，人们的消费意愿与能力已经逐步恢复。消费市场向好，无疑振奋人心。面对业务量激增的旺季，一头连着生产供给、一头连着消费需求的快递业，必须要保证稳定、高效、可持续的服务，这是我们行业必须肩负起的政治责任。全行业要增强机遇意识，提高驾驭能力，充分发挥邮政快递业在畅通循环、促进消费、产业联动、城市建设、乡村振兴中的重要作用，让一个个包裹成为推动经济增长的重要力量。

（三）做好今年旺季服务保障工作，是延续全行业良好发展态势的重要基础

当前我国经济正稳步恢复，快递业也随着经济的企稳回升而放量增长。前三季度，行业底盘稳固。行业增速稳中有升，自三月起，单月业务量均达百亿件，业务收入超900亿元。1～9月快递业务量累计完成931.2亿件，同比增长16.4%。

到昨天为止,快递业务量达到1000亿件,中央主要媒体进行了宣传报道。市场结构持续优化,中西部地区加快发展,异地和国际、港澳台业务发展较快,行业在促进跨境流动中的作用明显增强。电商协同蓬勃发展,中秋等促销活动使线上消费进一步升温。城乡差距逐步缩小,农村寄递物流体系建设不断深化,“快递进村”向纵深发展。行业结构优化调整,企业积极推动产品分类、服务分层,创新业务模式,提供个性化、一体化服务,不断向产业链上下游延伸,向综合物流供应商转型。近几年,快递发展态势体现为:平台期阶段再上台阶。旺季是全年发展目标实现的关键阶段,是明年行业良好发展的坚实基础,也是行业跨周期调控、稳健运行的重要保障。行业上下要集中精力、全力以赴,不断夯实行业基础,巩固良好发展态势。

二、充分认识做好今年旺季服务保障工作的特殊性

与往年不同的是,今年是疫情结束全面恢复消费的第一年,可以说,这科“考试”虽然已经答过十三遍,一直坚持政企同心、汇聚力量、攻坚克难,一次比一次“答得好”,确保了业务旺季的平稳度过。但是,今年是全新的“卷子”,疫情过后的第一个“双11”行业表现到底如何,“卷子”到底答得怎样,还需要各地区、各部门、各企业的不断努力,共同做好这次快递业务旺季服务保障,给广大消费者带来更安心、更快捷的寄递体验。前期,市场司对主要电商平台和快递企业都进行了调度,综合了解到的情况,我们认为当前行业的风险隐患仍然不少,传统风险和新型风险叠加共存,对于今年旺季形势还需要多加关注。

一是两个高峰的总体态势不变。综合各主要电商平台促销策略来看,自11月1日进入快递业务旺季,预计在明年春节前结束。11月1日至3日为第一阶段,“双11”期间(11月11日至16日)为第二阶段,12月12日前后为第三阶段,元旦、春节为第四阶段,节日购物需求将带动快递业务量出现一定幅度增长,与近年的旺季高峰时段相比未产生明显变化。

二是末端揽派依旧任务艰巨。旺季期间,末端投递压力突出,网点场地、人力资源都需要做好充分准备,服务站、智能快件箱也面临极大压力。同时,一些地区电动三轮车通行和城市管理政策优化调整、过渡转换等因素,都会对旺季运力保障产生影响,可能出现揽投人员和末端车辆不足导致的快件积压情况。

三是安全形势仍然不容松懈。旺季期间,在生产压力较大的情况下,生产安全、寄递安全、信息安全面临的风险更加突出。同时,还要防范部分企业亚运会安保专项工作结束后产生松劲、麻痹、侥幸的心态,落实寄递安全监管“三项制度”不够严格,可能出现违禁物品流入寄递渠道等问题。

四是基层网点稳定必须重视。基层网点稳定是整个网络稳定的根基,想要保证“最后一公里”的投递质量,必须要保证基层网点稳定。各地、各企业必须高度重视基层网点稳定工作,切实维护好他们的合法权益。

五是从业人员权益需要关注。旺季期间,快递员是最辛苦的,要突出抓好快递员关心关爱工作。进入十一月后,气温越来越低,雨雪、大雾等天气不仅影响运输人员行车安全,还会给快递员户外作业带来难度和挑战。各企业一定要做好快递员保暖御寒工作,关注好临时用工的合法性,保障快递员基本劳动权益和身心健康。

六是“快递进村”质量不能滑坡。今年以来,“快递进村”深入推进,在乡村振兴中发挥了积极作用。到了业务旺季,农村业务量陡增,农村投递人手紧张。因此,要统筹城乡发展,企业总部要强化政策支持,加强农村网络监测,适当增配力量,建立合理的利益分配机制,支持农村快递发展。各地管理部门也要重点关注农村末端网点运行,保障农村快递服务质量,确保既能进得去,也要稳

得住、可持续。

三、采取有效措施做好今年旺季服务保障工作

经过13次旺季服务保障工作的历练，我们积累了很多宝贵的经验。过去这些年，我们之所以能够连续取得旺季服务保障工作的胜利，关键还是思想足够重视，在此基础上进行了比较精准的分析研判，采取了科学有效的应对措施。但越是在这样的时刻，越要防止麻痹大意的思想，避免犯经验主义的错误。今年是疫情后的第一个“双11”，大家绝不能认为都是老运动员了，出现疏忽大意、过于自信、掉以轻心等情况。各地、各企业要把问题考虑更充分一些，把困难估计更足一些，统筹发展和安全，统筹城市与农村服务需求，统筹国内和国际寄递市场，统筹前端与后端平衡，实现好保畅通、保安全、保平稳这一根本目标。

（一）严守安全底线，提前研判化解风险

旺季来临，安全生产漏洞更容易出现。由于件量激增，快递员们长时间作业处于疲劳状态；企业临时性从业人员大量增加，安全培训容易置之脑后，作业场地管理可能存在不足；车辆装载负荷较重，再加上连夜作战，司机容易出现疲劳驾驶等问题，都是可能出现的安全漏洞。发展不能以牺牲人的生命为代价，要坚决遏制重特大安全生产事故发生，切实履行好企业的主体责任。

一是要担负起安全生产管理责任。各企业要时刻绷紧安全生产这根弦，严格加强安全生产管理，针对旺季可能存在的各类安全风险，全面开展安全隐患集中整治，采取针对性的防范措施。一要全面排查作业场地，深入排查智能分拣设备隐患，提升作业场地规范化管理水平，对分拨流水线、运输车辆和人员、投递人员等，要反复排查、重点检查，做好“传送带堵缝、人车分流”；二要全面执行“三项制度”，从源头上提升实名数据质量，把好收寄验视关，坚决将涉枪涉爆、涉黄涉非、涉毒涉危等各类禁寄物品堵截在寄递渠道之外；三要全面加强车辆管理，对进入校园、社区等人员密集场所作业的快递机动车辆一律配备倒车影像、安全报警装置，严格规范末端投递电动车辆充电用电行为；四要全面防范极端天气，严控重大安全风险，全力做好“双11”业务旺季和秋冬季极端天气安全防范，严防出现重大安全事故；五要全面做好临时用工培训，为满足收派件需要，很多企业会在旺季期间大量招聘临时用工，对这部分人的岗前培训和安全教育，各企业一定不能马虎，对于无法完成培训和考核的人员，坚决禁止上岗作业。六是全面保护数据安全。传统安全风险不容忽视，新型安全风险更要注意。要加强信息安全风险管控，巩固隐私运单应用工作成果，打好邮政快递领域个人信息保护攻坚战。

二是要聚焦于末端稳定突发问题。各企业要做好应急预案，加强应急管理和维稳工作，落实好“四个一”维稳防控要求，保障稳定运行。要做到问题及时排查、情况全面掌握、诉求重点关注、争议尽快处理，及时做好群体性事件防范和处置工作，绝不能出现小苗头变成大隐患甚至大事故、恶性事故。

三是要履行好安全监管责任。各级邮政管理部门在旺季期间要加强对安全生产的督导检查，对有苗头性、倾向性的企业要及时责令整改，对拒不落实和发生安全事故的企业，要坚决予以查处。同时，要督导企业严格落实寄递渠道实名收寄、收寄验视、过机安检“三项制度”，严防不法分子通过寄递渠道从事违法违规行为。旺季期间，各地邮政管理部门要加强应急值守和信息报送工作，要严格落实值班制度，旺季高峰期实行24小时值班和领导带班。遇有突发事件，要及时妥善进行应急处置，并按相关规定上报信息。

11月5日至10日，第六届中国国际进口博览会将在上海举办。全行业要在做好旺季服务保障工作的同时，全力做好重大活动期间寄递安保工作。要深入总结历次重大活动寄递安保经验，要严格落实寄递服务各项标准，妥善应对突发应急

事件,保证在重大活动期间提供安全高效优质的寄递服务。上海要守好主场,紧紧把好入口关,各地要严格按要求对进沪的邮快件实施全面管控。

(二)多方协同发力,保障旺季运行畅通

一是坚持保障机制。“错峰发货、均衡推进”是旺季期间快递服务保障最核心的机制。大家回想,电商搞“双11”促销的初期,爆仓、积压的乱象带给行业巨大的运行压力,2010年开始,国家局开始开展旺季保障工作,2012年,确立了“错峰发货、均衡推进”机制。十几年来,电商与邮政、快递企业通力合作,“双11”快递服务显著改善。所以,今年的快递业务旺季服务保障工作,我们要继续发挥这个核心机制的作用。电商合理安排发货节奏,适度放量。快递以全网稳定为前提,量力接收。上下游齐心协力,打造整体有序的“双11”。业务量较大地区的邮政管理部门要加强监督检查,切实指导快递企业根据自身实际服务能力,科学承接上游放量,避免出现网络不畅和服务水平下降的情况。

二是及时报告情况。各快递企业要按照国家局有关要求,提前报告各项工作准备情况,及时说明有关运力安排、备战计划、风险隐患。要将有关要求传达至基层企业,建立全国总部、省、市三级企业联动和管理部门、协会、企业三维互动的工作格局。如果出现突发应急状况,要在第一时间进行报告,并全力配合邮政管理部门开展工作,防止问题扩大。对于隐瞒不报导致出现严重后果或者引起较大舆论负面影响的企业,各地邮政管理部门要依法严肃处理。各省(区、市)局要提前将旺季服务保障工作安排向地方党委政府报告,研判行业形势,报告可能存在的风险问题,争取当地有关部门支持。旺季结束后,也要及时将旺季服务保障工作的情况报告属地党委政府,并将报告抄报给国家局。

三是加强协调配合。旺季服务保障工作涉及消费上下游的每一个环节,各主体协调配合、各环节信息共享、各方面沟通衔接都至关重要。电商平台要及时向快递企业共享信息并及时推送,确保上下协同,形成合力。各快递企业要运用好企业间的合作经验,整合资源、降低成本、提高效率。特别是在“进村”工作上,要做好邮快合作、快快合作的信息系统对接和技术支持,在数据传输、轨迹回传等方面加强合作。旺季期间,要做好应急互助,共同防范各类隐患,在出现异常情况时相互支持,共同应对。对出现困难的网点,各地邮政管理部门要及时给予帮助协调。

四是畅通申诉渠道。各省局、企业总部要加强投申诉处理人员队伍建设,增配工作人员,充实队伍力量,强化投申诉处理能力,提升投申诉处理水平。要建立投申诉处理应急响应机制,确保投申诉渠道畅通,及时妥善解决消费者反映的问题,维护好消费者合法权益。对旺季期间投申诉件要加强预测研判,及时发布消费提示,合理引导消费者预期。

五是注重行业宣传。旺季期间,要充分利用媒体资源,聚焦行业基层一线辛勤工作、推动消费升级、绿色发展和科技应用成果等方面,开展好宣传工作。时刻关注旺季期间媒体动态,及时进行舆情处置,主动引导媒体宣传方向,在全社会营造良好氛围。

(三)传递关心关爱,依法保障合法权益

近年来,快递员群体规模不断扩大,为行业乃至经济社会发展都作出了积极贡献。起早贪黑、风雨无阻,越是旺季越忙碌,这是快递员的工作常态。每一次平凡正常的抵达,背后都是山迢路远、风霜雨雪的艰辛。让小哥心安,快递才能安心。旺季服务保障期间,全系统、全行业更要积极贯彻落实习近平总书记关于关心关爱快递小哥重要指示精神,围绕快递员权益保障开展好工作。

一是要关心快递员“冷暖”。切实加强对严寒天气作业快递员的关心爱护,落实防寒保暖相关保护措施,加强健康检查,保障快递员身体健康和安全。

二是要保障快递员收入。加大末端投入,科学合理制定末端派费标准，优化利益分配机制，切实保障基层网点权益；畅通快递员合理诉求反映渠道，加强恶意申投诉甄别，坚决制止经营者“以罚代管”等严重损害快递员合法权益的行为。

三是要维护快递员权益。旺季期间，各企业要增强依法用工法治意识，履行主体责任，加强对企业现有全日制用工的基本劳动权益保障，全面落实优先参加工伤保险制度，依法与旺季期间临时用工签订协议。运用多种传播媒介，强化快递从业人员依法维权观念，切实提高劳动权益保障意识。

四是要缓解快递员压力。末端服务站需要充分发挥作用，合理提高投递上门比例，均衡快递员工作负荷。智能快件箱运营企业、快递服务站开办企业在旺季期间要采取合理调节措施，引导用户缩短取件时间，提高智能快件箱、快递服务站使用效率，减轻投递人员工作负担。企业总部要建立面向一线从业者的投诉申辩受理、心理疏导等专线及平台，拓宽投诉救济渠道，为一线人员排解负面情绪、缓解工作压力，让快递员、邮递员苦有所诉、难有所助、忧有所解。

（四）强化包装治理，推进“9218”工程

固废法实施以来，快递包装治理不断取得新成效。业务旺季包裹量的上升，对落实快递包装绿色转型行动方案要求也是考验。各电商平台和快递企业要加强管控，坚持标准化、循环化、减量化、无害化，使用符合标准的快递包装，鼓励电商快件原装直发，推动全面完成“9218”工程各项目标。各企业要落实收寄、分拣、运输和投递环节的规范化操作，减少前端过度包装。在高等院校、小区楼宇等重点区域，做好瓦楞纸箱的回收复用。持续推进甩挂运输，加大新能源或清洁能源车辆在行业的推广应用力度。

（五）履行服务承诺，保障人民群众用邮权益

各企业要强化对拒绝收寄、限制收寄部分区域快件行为的考核，加大排查力度，对核实确有此类情形的经营者，明确责任承担方式，加大责任追究力度，层层压实工作责任。推动电商企业积极采取鼓励措施，在尊重商家意愿的前提下，引导商家减少歧视性行为，使人民群众平等享受电子商务带来的消费便利。各地邮政管理部门要持续加强督导，通过实地协议检查、跨地区合作协查等方式继续开展好检查排查工作，督促企业落实服务质量保障主体责任，切实履行服务承诺义务。对企业违法行为要责令其立即整改，情节严重的要依法立案查处，并将调查处理情况报国家局。

同志们，快递业务旺季即将到来，全社会关注的目光将在行业聚焦。往年的旺季中，邮政快递业发扬斗争精神，展示了强大的精神意志和打硬仗能力。相信在邮政管理部门、各级行业协会、快递企业及上下游企业，特别是我们几百万快递从业人员的聚智聚力、共识共为、共同努力下，我们完全有信心、有决心、有基础、有条件，更有能力做好旺季服务保障工作，坚决打赢、打好旺季服务攻坚战这场硬仗！

谢谢大家！

第二篇 发展概览

第一章 2023 年快递服务发展综述

2023 年，全系统全行业扎实开展学习贯彻习近平新时代中国特色社会主义思想主题教育，有力有效服务党和国家大局，不断提升助力畅通循环能力，加速释放行业发展动能，持续深化行业治理效能，着力提高行业安全和应急保障水平，切实加强党对行业的全面领导，加快建设交通强国邮政篇章迈出坚实步伐，为全面建设社会主义现代化国家开好局起好步作出了积极贡献。

一、宏观环境持续优化，行业地位显著增强

快递业是现代服务业的重要组成部分，是推动流通方式转型、促进消费升级的现代化先导性产业。近年来，快递业在降低社会流通成本、支撑电子商务、服务生产生活、扩大就业渠道等方面发挥了不可忽视的积极作用。

“快递”连续 10 年被写入政府工作报告。2023 年政府工作报告提出：“加强水电路气信邮等基础设施建设”“完善农村快递物流配送体系”。

邮政快递业连续 12 年被纳入中央一号文件。《中共中央　国务院关于做好 2023 年全面推进乡村振兴重点工作的意见》提出：“加快完善县乡村电子商务和快递物流配送体系，建设县域集采集配中心，推动农村客货邮融合发展，大力发展共同配送、即时零售等新模式，推动冷链物流服务网络向乡村下沉”。

2023 年，行业发展受到媒体持续关注。全年中央媒体和行业媒体共刊(播)发国家邮政局新闻信息 1596 条(篇)，其中《人民日报》121 篇，新华社 76 篇，中央电视台 262 条(其中新闻联播 76 条)。2023 年，行业媒体深入开展全系统全行业学习宣传贯彻党的二十大精神宣传报道工作，强化学习贯彻习近平新时代中国特色社会主义思想主题教育宣传保障，策划组织“跟着快递看中国 · 最美探源”主题宣传活动，注重整体宣传，突出重点报道，着力呈现新举措新进展新成效，凸显典型经验和亮点做法。通过参加国务院新闻办公室新闻发布会、国务院联防联控机制新闻发布会、组织媒体集体采访、开设专题专栏等多种形式，统筹做好行业保通保畅、加快农村寄递物流体系建设、保障快递员群体合法权益、快递业务旺季服务保障和年快递量达到 1000 亿件、突破 1200 亿件等重点工作和重大事件的宣传报道，顺利举办第九届快递“最后一公里”大会，做好涉邮舆情监测和舆论引导，为邮政管理工作和行业高质量发展营造良好的舆论氛围。成功举行第五届“寻找最美快递员”活动揭晓发布会，持续做好关爱快递员“暖蜂行动”宣传报道，对快递员基层保障话题展开深度调查和报道，做好行业精神文明建设宣传。加快行业全媒体传播体系建设步伐，配合推进邮政管理融媒体平台建设，夯实行业媒体融合发展的基础；不断提升办报办刊办网水平，行业媒体“双微”粉丝量超 170 万，“快递头条”移动应用程序注册会

员数332.8万，其中手机注册会员数35.4万；国邮视频矩阵建设加快推进，国家邮政局和中国邮政快递报社抖音号全年制播短视频999部，总播放量超1.2亿次，粉丝超42万；在抖音开通的"#中国快递千亿时代""#跟着快递找好物""#奔跑的快递""#把幸福快递回家"等话题活动累计播放量47亿次。

二、市场规模持续扩张，行业发展稳中求进

（一）年业务量突破1300亿件，业务规模连续10年稳居世界第一

业务规模全球领先。2023年，全国快递业务量完成1320.7亿件，同比增长19.4%。快递业务量创历史新高，日均快件处理量超过3.6亿件，超过其他主要快递市场之和，连续10年稳居世界第一，成为全球快递市场发展的稳定器和动力源。

业务收入持续提升。2023年，全国快递业务收入1.21万亿元，同比增长14.3%。快递服务对国民经济增长发挥重要保障作用。

（二）旺季服务保障能力继续稳步提升

国家邮政局监测数据显示，2023年11月1日至11日，全国邮政快递企业共揽收快递包裹52.64亿件，同比增长23.22%，日均业务量是平日业务量的1.4倍。11月11日共揽收快递包裹6.39亿件，是平日业务量的1.87倍，同比增长15.76%。"双11"期间快递业务量再次刷新纪录，有效助力消费市场恢复扩大，充分彰显中国经济发展的韧性和活力。

2023年快递业务旺季主要呈现出两个高峰更加平稳，支撑消费复苏、经济向好作用更加明显，用户体验更加便捷三大特点。快递业务旺季继续在11月1日和11月11日形成两波高峰，分摊了行业在单个高峰的压力，运行更加平稳。邮政快递与电子商务、现代农业、先进制造业等深度融合，"双11"期间全网揽收量再创历史新高，折射出我国消费市场的蓬勃活力，是经济恢复向好的生动写照。邮政快递深度融入电商产业链，寄递服务更加快速准确。

2023年是邮政快递业自2010年以来第14次迎战快递业务旺季。快递业务旺季从2023年11月1日开始，到2024年春节前夕结束，时长102天。为做好旺季服务保障工作，国家邮政局在与各主要电商平台及寄递企业进行充分形势研判和服务能力评估的基础上，制定保障方案，全面部署落实，协调电商平台与寄递企业继续发挥"错峰发货、均衡推进"的核心机制作用。同时，深入开展安全隐患排查整治，全方位保障生产安全、寄递安全、信息安全，防范行业伤亡事故发生；坚持快递包装标准化、循环化、减量化、无害化，鼓励电商快件原装直发，减少前端过度包装。此外，在业务旺季和低温雨雪天气条件下，一线快递员作业时间长、负荷重、压力大，为此，邮政管理部门持续加强基层从业人员队伍关心关爱工作，维护快递员群体合法权益，并发布消费提示，吁请广大用户给予快递员群体更多包容和理解。

（三）市场结构呈现三大特征

一是主体结构方面，市场集中度维持高位。2023年，快递市场集中度仍然维持在较高水平。2023年，快递与包裹服务品牌集中度指数CR8为84.0。

二是产品结构方面，畅通国内国际双循环作用不断增强，异地快递保持强劲发展态势。异地业务量累计完成1153.6亿件，同比增长20.5%，比行业增速高1.1个百分点。业务量占比达87.4%，连续5年超过80%，成为推动快递市场规模扩大的主要驱动力量，促进产品技术要素跨区流动、畅通国内市场循环的能力稳步提升。

三是区域结构方面，区域均衡趋势强化。2023年东中西部快递业务量占比分别为75.2%、16.7%和8.1%，与上年相比，东部地区下降1.6个百分点，中部和西部地区分别提高1.0和0.6个百分点。东部地区广东、浙江和江苏三省快递业务量合计占全国的53.6%。中部地区山西、吉林、黑龙江、河南、湖南快递业务量增速均超30%。西部地区12个省份中，8个省份增速超过30%，

其中西藏和新疆同比分别增长79.8%和88.1%。

(四)行业发展呈现四大亮点

一是基础设施建设持续推进。“亚洲一号”广州花都智能产业园、北京首都机场全自动快递分拣中心投产启用,淮安智慧电商物流产业园签约建设,廊坊智慧供应链枢纽开工建设,河北沧县智能物流园区达成战略合作,一系列智能化基础设施加速布局,为干线网络提能增效提供有力支撑。新疆乌鲁木齐市与鄂西南(沙市)智能科技电商快递产业园加速建设,南宁国际铁路港分拨中心、鄂州花湖机场转运中心、嘉兴全球航空物流枢纽、深圳航空货运中心等稳步推进,快递枢纽体系不断健全。陆续在上海、广州、北京、临沂、廊坊、淮安等地建设、启用智能分拣中心,推动山西、湖北、新疆等地投产电商快递产业园区,行业中转分拨能力不断增强,网络效能整体提升。进一步提升现有枢纽能级、加快打造新枢纽,持续推进分拣处理场地与园区建设。华南航空枢纽中心投产运营,温州机场飞机改装拆解基地和浙南区域航空分拨中心揭牌,郑州机场国际快件中心启用,西藏首个农产品前置智能仓落地林芝,嘉兴航空物流枢纽的重要配套项目“东方天地港”开工建设,广东(汕头)智创园项目正式签约。豫东区域总部暨智慧供应链科创园和济南智创园签约落地,长沙智慧物流产业园加快建设,苏中(南通)快递电商园投产启用。启动运营石家庄跨境电商中心,投产建设安徽现代智慧物流综合产业园、贵州黔北转运中心、南昌转运中心、黑河分拣中心、兰州和天津智能产业园等设施,在多地推动分拣中心自动化改造,中转分拨能力不断加强。兰州“亚洲一号”投产运营,海南总部及航空物流枢纽基地、长沙智慧物流产业园加快建设,行业分拨集散效能进一步提升。临沂产业园全面启用,为商家提供直播、云仓与仓配一体等综合服务,有效提升作业效能。广西北流智能物流港正式开园,园内全面应用智能物流与绿色物流技术,打造多温度仓库体系,为当地生鲜冷链产品外销、助力县域经济高质量发展提供有力支撑。

各地为推动农产品寄递高效发展,加快建设农村寄递物流体系。河南夏邑县豫东智能物流基地全面打造,北京首个农村寄递物流共配中心在昌平区开工建设,广西博白县冷链网点建成营业。县级基础设施的建设,将为行业完善农村寄递物流体系建设提供重要支撑,为助力乡村振兴发挥积极作用。

二是国际服务能力持续增强。加快跨境运能建设,推动海外服务多样、高效发展。开通“宁波—曼谷(泰国)”“宁波—河内(越南)”国际航线,实现跨境“端到端”直达,东南亚市场服务时效与辐射范围有所提升。海运拼箱业务扩增至非洲科特迪瓦,洲际服务能力进一步增强。新增“西安—普吉岛(泰国)”“西安—乌兰巴托(蒙古)”国际航线,“一带一路”共建国家和RCEP地区的自主航空运能进一步提升。大连机场转运中心运行,航空快递分拣、转运能力有所增强。成功开行“中国—老挝—泰国”国际冷链班列,助力云南农产品跨境出海。整合海陆空铁多种运力资源,定制至墨西哥国际电商专递路线,端到端跨境服务能力有所增强。在美国洛杉矶启用自营仓,多仓协同推动北美供应链服务效能提升。航空基础设施建设提速,鄂州花湖机场国际货站正式启用,嘉兴航空货运枢纽工程全面启动,航空寄递保障能力有效提升。开通“鄂州—列日(比利时)”国际航线,远程航空运力有所增强,跨境航空网络进一步拓展。加快开拓欧美寄递服务市场,开通香港至英国的转运服务,在美国加州建立自营仓库和配送中心,协同智能跨境物流平台开设欧美跨境专线,跨境保障能力进一步增强。新开通“长沙—特拉维夫(以色列)”“青岛—列日(比利时)”“鄂州—德里(印度)”“武汉—阿布扎比(阿联酋)”等国际航线,增加至欧洲直飞航线,国际航空寄递干线运输能力得到提升。综合运用海、陆、空等多种运输方式,开展柬埔寨、新加坡快件跨境寄递,开通菲律宾航空与泰国陆运专线,RCEP区域服务网络更加完善。新开通“杭州—达卡（孟加拉国）”“成都—孟买（印度）”“南宁—拉合尔（巴基斯坦）”“鄂州—洛杉矶（美国）”等国际航线，南亚、北美航空服务能力提升。推出“高铁急送”服务，开通“重庆—河内（越南）”国际班列，跨城市群、跨境服务能力稳步增强。新开通“鄂州—安克雷奇（加拿大）—纽约（美国）”等国际航线，洲际航空寄递网络进一步完善，跨境航空货运能力有所增强。与物流企业合作开行“苏州太仓港—林查班港（泰国）”国际航运航线，出海方式不断丰富。与境外企业深化合作，完善境外“自营仓＋落地配”服务模式，提升一体化供应链物流服务能力，在欧洲多国推动开展本地包裹最快当日达的高效寄递服务。启用印度尼西亚雅加达智慧物流枢纽，运行美国达拉斯和芝加哥分拨中心，国际中转分拨网络持续完善，海外处理时效有所提升，对东南亚、北美地区的辐射能力进一步增强。开通“鄂州—阿布扎比（阿联酋）”“深圳—莫尔兹比港（巴布亚新几内亚）”等国际航线。搭乘中老铁路冷链专列，定制“泰国—老挝—昆明”公铁联运专线，有效提升榴莲等产品跨境寄递时效。与深圳地铁合作，创新空铁轨联运模式，缩短分拨与航空干线的接驳时间，运输场景实现新突破。通过优化路网资源，缩短柬埔寨本土配送时间。提升英国专线服务能力，推出“快线”和“标准”结合跨境解决方案，为跨境卖家提供国内1件起揽、全链路跟踪、7×24小时客服等多种服务。采用国内直发模式，通过国内中心仓与国外辅助仓协同配合，提升一体化供应链服务能力，助力国内外企业降本增效。开通“深圳—胡志明（越南）”国际航线，增开“宁波—仁川（韩国）”国际航线，提升对东北亚、东南亚地区的辐射能力。通过整合欧美澳等地航空运力资源与“卡航网络”，进一步完善跨境寄递服务体系。新开“鄂州—新加坡（新加坡）”“鄂州—吉隆坡（马来西亚）”“鄂州—大阪（日本）”“南京—达卡（孟加拉国）”等国际航线，亚洲航空寄递网络布局进一步优化。新开“石家庄—东京（日本）”“昆明—仰光（缅甸）”国际航线，高效支撑河北、云南等地企业出海，东亚、东南亚航空服务能力有所增强。利用“怀化—万象”中老铁路国际班列，助力当地农产品贸易加速发展。开通“温州—首尔（韩国）”“温州—马尼拉（菲律宾）”“杭州—迪拜（阿联酋）”“长沙—布达佩斯（匈牙利）”等国际航线，有力畅通亚欧航空寄递渠道。

积极打造智能履约系统，加强跨境包裹同仓、跨仓汇集，有效解决跨境卖家库存难题。在中国港澳台地区、新加坡和马来西亚等地推出包邮、包退等服务，为消费者提供全链路跨境电商物流服务。持续发力海外市场，满足海外消费者“黑色星期五”与“网络星期一”多样化寄递需求，推动跨境寄递快速增长。增加国际包机，加大跨境仓备货处理能力，上线税费代缴、重货急件等服务，优化落地配服务方案，提升数字清关效率，进一步增强跨境寄递的确定性和时效性。持续加快境外自营配送设施布局，加大自营仓、协同仓建设力度，海外寄递网络不断完善，本地配送履约能力进一步提升。积极整合陆空运力资源，制定综合解决方案，有效保障放射性核电设备跨境运输，特种货物出海服务能力明显增强。

三是寄递服务能力和供应链服务能力持续拓展。增强与电子商务协同能力。应用仓配一体运行、加工包装配送一体服务、信息系统智能决策、快件全链路监控、智能传感精准控温等方式，提高履约效率，保障生鲜、花卉、酒水等商品顺利寄递。根据花木特点，入驻货源地减少转运环节，通过实时温控、精细分区等方式，降低寄递货损，系统整合专线运输资源，打造“航空＋高铁＋冷链”模式，提升运输质效。针对制造业服务需求，推动包装智能化、专业化与运输精细化、可视化，提升与制造企业数字信息融合力度，不断升级仓配一体服务水平，帮助客户全国智能分仓，实现库存优化、高效履约，为酒水饮料、快消品、互联网医疗等行业发展提供助力。持续优化进厂服务，推动设施设备资源共用，在优化定制包装、仓配一体、数据共享等服务基础上，通过精准预测、精准补货，提升制造企业履约能力。入厂服务更加多元。通过仓拣一体仓配一体，实现货品出单、运输无缝衔接，助力制造企业打通产业链上下游。针对不同订单寄递需求，运用集货、“零担+快递”联运等多种模式，以更加柔性的解决方案增强供应链服务保障能力，助力制造企业降本增效。聚焦大件服务，扩大大件货物上门服务覆盖范围，推动家电寄递“即送即装”，通过航空运输提升工业大件寄递时效。开通智能快递车揽收服务，实现揽派效率双提升；加大末端站点调配及开放力度，运用智能分单，满足消费者多样化派送需求。注重提升重点经济圈寄递时效，为长三角和珠三角的主要城市提供承诺性的次日达服务。在部分业务量较大的小区或商圈，探索“智能快递车+快递员揽派接驳”新模式，确保揽派时效，提升上门服务质量。在北京试点“地铁+快递”寄递新模式，利用城市轨道交通非高峰时段富余运力开展快递运输，在减缓交通拥堵的同时，促进节能减排。在无锡试点“空铁轨联运”模式，通过地铁运快递，促进航空货运场站与城市集散中心间高效转运，提升既有城市轨道交通资源利用效率，缓解路面交通压力。不断完善服务体系，积极打造“旅游+快递”服务产品，便利游客假期轻松出行。聚焦消费者关注的服务领域，推出“1小时未取件必赔”“全程超时必赔”“派送不上门必赔”等服务承诺，积极增强消费者寄递安全感。创新“仓配+仓播”一体化营销服务方式，构建多仓协同、逆向全托管、送装一体等多元服务体系，为品牌提供端到端智慧供应链解决方案。设立前置验货标准、新增大件商品退货解决方案、升级晨间和夜间揽收时间等个性化服务，系统优化逆向服务，解决网购退货难题。快递“次晨达”服务覆盖更多城市，“深港半日达”服务上线，航空基地服务延伸至三沙市。开设“西安—乌鲁木齐”集拼中转专线，提高新疆寄递服务质量。

针对荔枝、樱桃、枇杷、葡萄、鲜花等时令产品寄递需求，加大冷链设备设施投入，推动包装更规范、运输陆空结合，开通绿色通道，优先派送、保鲜送达，提供延伸至产销两端的一站式综合服务解决方案。深度服务预制菜、运动服装等产业，将服务延伸至上下游，提供干线运输仓储配送一体化供应链解决方案，将运输、仓储、配送各个环节紧密结合，进一步满足直播带货以及即时零售等新消费业态的需求。有效调度多种运力资源，定制荔枝、杨梅、小龙虾等运输专线，健全“采摘—送达”全链路控温追踪信息溯源，通过移动冷笼车、保温箱、冷餐冰袋等保鲜方式，较好满足生鲜食品等寄递需求，提高农特产品寄递服务质量。持续优化派件选项，提供多元化投递服务，保障客户按需收取快件。推动即时配送与快递末端运力有机融合，减少中转环节，提升转运时效，助力同城包裹加速抵达。冷链寄递方案不断成熟。布设冷链仓储设施，优化仓配一体链路，通过多温域精准控温、多方式定制包装、添加专属标识和末端优先配送等方式，确保生鲜时令、预制产品安全高效寄递。寄递服务针对性有效提高。通过智能派送前电联、超时未取件短信提醒、货损理赔等方式，提升水果寄递服务质量。上线专业工具，通过系统互联互通，有效解决因公寄件多账号管理困难、对账效率低等难题，助力企业用户提升管理效能。

四是科技创新水平持续提升。在商场楼宇投用配送机器人，实现自动驾驶、云呼通知、实时精准定位，为用户提供更简单快捷的寄递服务。应用无人机开展跨琼州海峡寄递服务，促进琼州海峡两岸资源共享，提升周边居民生活品质。不断丰富无人设备应用场景，综合运用冷藏无人车、接驳无人车、楼宇配送机器人等无人收投设备，以科技助力寄递两端提速降本增效。在杭州、西安等地投入运营无人配送车，配送线路由校园、楼宇向公共道路拓展，有效补充网点到末端支线运能。在西藏开展无人机运投试飞，为偏远乡村群众提供快件、生活物资等运投服务。推动数智化技术与仓配一体服务深度融合，有序聚合预售商品与前置网仓，实现"驿站 + 智能快件箱 + 无人车配送"有机组合，有效化解高峰服务压力，持续提升服务时效，实现众多快件分钟级送达。

三、市场监管持续强化，治理效能加速释放

（一）提升行业治理能力

一是完善制度保障。国家邮政局完成修订《快递市场管理办法》《邮政业寄递安全监督管理办法》，制定《寄递服务用户个人信息安全管理规定》，废止《快递业务经营许可注销管理规定》《经营快递业务的企业分支机构备案管理规定》《邮政管理部门随机抽查工作细则（试行）》。邮政地方立法工作持续推进，《辽宁省邮政条例》《重庆市邮政条例》修改发布，《吉林省邮政条例》修订草案提交审查。

二是强化规划引领。国家邮政局印发《加快建设交通强国邮政篇实施方案（2023－2027年）》，研究拟定交通强国邮政行业评价指标体系；与交通运输部联合印发《加快建设交通强国五年行动计划（2023－2027年）》，共同开展交通强国邮政专项试点工作。完成"十四五"邮政业发展规划中期评估。

三是增强标准供给。国家邮政局推动发布《快递包装分类与代码》《快件高铁运输信息交换规范》《快递循环包装箱》《快递包装重金属与特定物质限量》《快递服务》等7项国家标准，出台《寄递服务用户个人信息保护要求》《邮政业交叉带自动分拣系统技术规范》《邮件快件农村客运车辆搭载作业要求》等3项行业标准，制定《邮政业标准化管理办法》。

四是丰富政策支持。中央一号文件提出加快完善县乡村电子商务和快递物流配送体系。国务院办公厅印发《关于加快内外贸一体化发展的若干措施》，提出支持在重点城市建设全球性和区域性国际邮政快递枢纽。中央财办、国家发展改革委、商务部、交通运输部等多个部门围绕快递业与关联产业协同发展、农村寄递物流体系建设、快递员合法权益保障、行业生态环保等方面出台支持政策。

五是推动科技创新。国家邮政局组织召开邮政业科技创新工作会议，加快推进行业自动化迭代、信息化革新、数智化升级；推进"三智一码"研发应用，召开"华山论检"会议，推广应用智能视频监控技术和智能语音申投诉处理技术，发布"三智一码"成果；推进太赫兹设备研制和多传感违禁品检测设备研发。积极推进"无人三项"应用，组织召开寄递无人车标准实施情况和新标准需求研讨会。完成《邮政行业科学技术奖奖励暂行办法》修订，完成第三届行业科技成果评选，评选出"绿盾"（一期）工程、高速智能安检、应急决策系统等14项优秀项目。邮政快递干线运输车辆北斗终端覆盖率达95.73%，邮政干线车辆实现单北斗系统设备安装全覆盖。

六是加强国际交流。积极参与国家主场外交活动。国家邮政局组织行业高层参加第三届"一带一路"国际合作高峰论坛互联互通高级别论坛；参加2023年全球可持续交通高峰论坛，举办"可持续邮政：携手合作助力全球邮政发展"边会。进一步推动国际交流合作。国家邮政局领导赴多国访问，与万国邮联、泛非邮联、亚太邮联等组织，以及越南等国家邮政管理部门开展交流对话。

七是推进人才建设。国家邮政局联合人力资源社会保障部制定加快推进邮政快递业职业技能等级认定的实施意见，新增邮政市场业务员等3项国家职业标准，组织开展职业技能培训46万人次。联合相关部门举办第四届全国邮政行业职业技能竞赛，举办第八届全国"互联网 + "快递业创新创业大赛，组织开展第一批和第三批全国邮政行业人才培养基地评估，推动共建学院和行业职业教育发展。

八是加强党建引领。各地邮政管理部门努力抓实快递业和快递员群体党建工作。截至2023年底，全国共成立省级行业党委30个、市（地）级行业党委304个。

（二）实施“两进一出”工程

一是推进“快递进村”。国家邮政局办公室、财政部办公厅、交通运输部办公厅等7部门办公厅（室）印发《农村寄递物流体系建设三年行动方案（2023－2025年）》，多部门联合出台加快推进脱贫地区快递进村、推动农村流通高质量发展、加快推进农村客货邮融合发展等意见。国家邮政局会同相关部门开展农村电商与快递协同发展示范创建工作。

二是推进“快递进厂”。国家邮政局会同工业和信息化部深入实施“5312”工程，评出第一批10个快递业与制造业融合发展试点先行区和22个典型项目，带动多地建立联合工作机制、出台激励政策、设立专项资金，促进快递业与制造业紧密协作、融合发展。

三是推进“快递出海”。引导快递企业积极推进境外服务网络、海外基础设施、自主运输通道、产业协同能力等建设。

（三）保障快递员群体合法权益

一是加强制度设计。国家邮政局联合人力资源社会保障部印发《快递行业推进劳动合同制度专项行动方案》，配套制发《快递从业人员劳动合同（示范文本）》。

二是关爱快递员。国家邮政局持续开展关爱快递员“暖蜂行动”，与团中央联合组织开展2023年度“快递从业青年服务月”活动，配合全国总工会开展“快递员温暖服务季”等活动。积极指导工会和企业开展集体工资协商，支持地方工会稳妥推进“会站家”一体化试点建设。会同中国国防邮电工会、中国快递协会合力抓好快递员群体关心关爱和典型选树，第五届“寻找最美快递员”活动圆满完成。

（四）推动综合协调发展

一是推动“快递＋综合交通”发展。国家邮政局制定出台《加快建设交通强国邮政篇实施方案（2023－2027年）》，聚焦《交通强国建设纲要》《国家综合立体交通网规划纲要》《加快建设交通强国五年行动计划（2023－2027年）》等相关部署，组织申报第一批交通强国邮政专项试点。

二是推动“快递＋区域协调”发展。在京津冀一体化方面，北京结合《北京物流专项规划》落地，推动与天津、河北两地分拨中心实现设施匹配和功能衔接。河北石家庄、廊坊、保定等市承接进出京快件的中转任务，雄安新区外围快递物流园区、快递共配驿站加快建设。在粤港澳大湾区，广东结合深圳先行示范区和横琴、前海、南沙三大自贸区建设，适应粤港澳大湾区产业集聚和消费升级的趋势，推动行业基础设施不断完善，依托机场枢纽、特大型铁路枢纽站场和高速公路货运站场推进分拨中心建设。在长三角一体化方面，区域城市间优势互补，资源配置日益优化。上海举办“数字赋能乘势而上”长三角快递物流产业更高质量一体化发展论坛，深入推进快递服务长三角一体化发展工作协调机制。在成渝双城经济圈，重庆、四川建立“122”工作机制（一机制、两制度、两清单），落实《成渝地区双城经济圈邮政业发展规划》。

（五）深化行业监督管理

一是强化快递许可管理信息化能力。提升许可审批政务服务水平，稳妥推进快递许可改革创新，营造更加优质的营商环境。

二是维护市场公平竞争秩序。国家邮政局印发《总部型快递企业落实所属快递服务网络统一管理责任监督规程（试行）》，打造快递市场“品牌化”监管模式，进一步压实企业总部全网管理责任，对5家快递企业总部开展集中行政指导。

三是注重服务质量问题治理。国家邮政局实施快递服务质量提升工程，对4家企业总部实施行政约谈，对5家企业总部进行监管警示。

四是推进信用监管体系建设。国家邮政局组织开展“诚信快递、你我同行”“3·15”主题宣传，持续开展快递市场法人主体信用评定工作，推动将快递市场信用监管重点事项纳入《全国公共信用信息基础目录（2023版）》和《全国失信惩戒措施基础清单(2023版)》。

（六）强化行业安全监管

一是完善安全监管机制。国家邮政局出台《进一步做好新形势下防范化解邮政快递业重大风险工作的意见》,制定安全生产管理体系建设指南,完善安全生产顶层设计。国家邮政局安全生产专家库初步建立。

二是强化寄递安全建设。各级邮政管理部门积极拓展行业安全教育培训内容,稳步推进邮件快件安检员培训工作。

三是开展专项整治行动。国家邮政局组织开展重大事故隐患专项排查整治2023行动,开展平安寄递专项行动,开展个人信息安全治理专项行动。

四是保障重大活动安全。各地邮政管理部门圆满完成第三届“一带一路”高峰论坛、杭州亚运会、成都大运会、消博会、中国—中亚高峰论坛等重大活动期间寄递安保工作。

五是发挥“绿盾”工程作用。国家邮政局深入推进“绿盾”工程视频联网、安检机联网应用。

（七）做好应急保障工作

一是健全应急体系。国家邮政局持续深化邮政业应急管理体系和能力建设,加强舆情监测通报反馈工作。

二是应对疫情转段。国家邮政局和各地邮政管理部门发挥保通保畅工作机制作用,主动应对疫情防控转段带来的挑战,及时优化调整行业疫情防控措施,全力畅通邮政快递末端“微循环”。

三是处置突发事件。各级邮政管理部门扎实做好突发的快递企业基层网点经营异常事件处置工作,稳妥应对台风、地震、冰冻雨雪等自然灾害对行业运行的影响。

（八）开展行业绿色治理

一是健全标准政策体系。国家邮政局推动出台首部快递包装强制性国家标准,联合7部门印发绿色转型行动方案。邮政业环境污染属地责任不断落实。

二是深化包装绿色治理。各地邮政管理部门聚焦标准化、循环化、减量化、无害化实施“9218”工程,开展塑料污染和过度包装治理。

三是稳妥推进“双碳”工作。国家邮政局研究制定邮政业碳排放测算规范。各地邮政管理部门深入推进多式联运,持续推进寄递运输、基础设施绿色低碳建设。

四、服务质量评价体系继续完善

2023年,以服务满意度、时限准时率等为主要指标的快递服务质量评价体系持续完善。为加强快递服务质量监测,客观反映企业服务水平,促进快递业发展质效提升,国家邮政局组织第三方机构对2023年快递服务满意度进行了调查,对全国重点地区快递服务时限妥投率进行了测试。

（一）快递服务总体满意度上升

2023年,快递服务满意度调查监测对象包括9家快递服务品牌,具体为:邮政速递、顺丰速运、中通快递、圆通速递、韵达速递、申通快递、京东快递、德邦快递和极兔速递。

调查范围覆盖50个城市,包括各直辖市、省会城市和19个快递业务量较大的城市。

满意度调查采用在线调查等方式,由2023年使用快递服务的用户对受理、揽收、投递、售后和信息5个方面进行满意度评价,共获得有效样本17.5万个。时限测试采用系统数据抽样方式,业务范围为国内异地快件,共获得有效样本782万个。

调查显示,2023年快递服务公众满意度得分为84.3分,较2022年上升0.9分。涉及评价的5项二级指标满意度较2022年均有上升。其中,受理、揽收、投递、售后、信息环节满意度得分分别为89.5分、88.7分、85.3分、76.3分、84.5分,同比分别上升0.4分、0.4分、0.9分、1.8分、0.8分。在三级指标中,19项得分都有上升,仅6项得分有小幅波动。其中,得分同比上升幅度较大的指标主要有:派件员服务上升3.3分、统一客服热线下单上升 3.8 分、投诉处理上升 4.0 分、损失赔偿上升 4.2 分。

在 9 家品牌中，快递服务公众满意度得分排名前两位的为：顺丰速运、京东快递。

在 50 个城市中，快递服务公众满意度得分排名前 15 位的为：北京、青岛、沈阳、济南、天津、漯河、郑州、鄂州、太原、东莞、苏州、温州、石家庄、厦门、银川。

从服务区域看，2023 年东、中、西部地区满意度同比均有较大幅度提升。其中，东部地区服务表现最好，中部地区提升最多。

（二）快递服务时限水平提高

2023 年，全国重点地区快递服务全程时限为 56.42 小时，同比缩短 2.40 小时。72 小时妥投率为 80.97%，同比提升 3.15 个百分点。

从分环节来看，寄出地处理环节平均时限为 7.60 小时，同比延长 0.04 小时；运输环节平均时限为 35.51 小时，同比缩短 1.32 小时；寄达地处理环节平均时限为 10.08 小时，同比缩短 0.68 小时；投递环节平均时限为 3.24 小时，同比缩短 0.43小时。

从快递企业 72 小时妥投率来看，顺丰速运、中通快递、韵达速递、极兔速递在 80% ~90%。

五、国际和港澳台合作交流深入推进

深入参与万国邮联和亚太邮联相关重大议题磋商。妥善处置国际邮政领域重大敏感问题。推进内地与港澳邮政交流合作。巩固两岸通邮成效。

六、企业积极履行社会责任

2023 年，邮政企业和各快递企业在努力提升快递服务质量和水平的同时，积极履行社会责任，参与各种公益活动，回报社会，传递爱心和行业正能量。

（一）中国邮政

中国邮政积极持续推进组织开展各类公益活动。

2 月，“佛墨青少年手拉手”关爱墨脱青少年之爱心包裹公益活动寄送发车仪式在广东省佛山市南海区海八路邮件处理中心举行，为西藏自治区墨脱县的孩子们送去 3000 份爱心包裹。此次寄送的爱心包裹经过半个多月的筹措募集，圆满完成了计划，将为墨脱县的 41 所中学、小学及学前教育机构的学龄前、学龄期少年儿童送出爱心图书、文具、定制书包和定制明信片等物资，助力孩子们好好学习，温暖墨脱孩子们的心。

7 月，辽宁省铁岭市邮政分公司携手天使童行基金会、铁岭市中心医院，共同走进昌图县八面城镇实验小学，看望留守儿童。实验小学约有 200 名留守儿童，大多数学生的父母都在外务工，虽然现在是暑假，却无法陪伴在孩子身边。此次活动共向该小学捐赠中华名著、儿童文学、自然科学等类图书 200 余册。

按照全国总工会对户外劳动者服务站点的建设标准和工作要求，中国邮政自 2019 年以来依托遍布县乡、覆盖全国的邮政和邮储银行网点资源，在全国打造了一批“工驿站”“暖心驿站”“邮爱驿站”等户外劳动者服务站点品牌。6 月底，中国邮政宣布与全国总工会共建 1 万个户外劳动者服务站点。中国邮政以“六有”标准构筑“避风港”，让暖心服务没有“温差”。按照“有统一的标识名称、有合适的场地标准、有基本的服务设施、有完善的服务功能、有规范的管理制度、有查询的地图标引”的“六有”标准，各地邮政工会积极推动建设户外劳动者服务站点，提升在广大户外劳动者群体中的知名度和影响力。

（二）顺丰

顺丰积极履行企业社会责任，支持公益慈善，在医疗、教育等多领域持续开展志愿公益活动。

2023 年，顺丰公益基金会全年总支出约 1.06 亿元。21 个志愿者协会共计开展公益活动 155 场次，累计 8861 人次参与，志愿服务总时长 34948 小时。顺丰控股入榜“2023 中国企业志愿服务品牌榜 TOP10”。顺丰 26 个业务区/组织在全国 37 城发起 59 场“顺丰公益献血日”活动，2904 人次参与，共计 2236 人次成功献全血 777430 毫升、血小板 25 个治疗量。

顺丰莲花助学项目启动于 2012 年，通过集中申请、家庭走访、持续资助及陪伴等方式，助力困境学生顺利完成学业，成长为具有优秀品格及丰富内心世界、能够适应社会发展并愿意回馈社会和反哺家乡的美好青年。2023 年，顺丰莲花助学项目在资助学生 13718 人，共计发放奖助学金 3119 万元。截至 12 月底，项目累计发放奖助学金 2.28 亿元，累计资助困境学生 38067 人。

顺丰暖心儿童医疗救助项目致力于为 0 至 18 岁患有相关疾病困境患儿提供支持，让患儿早发现、早治疗、早康复，在医疗救助和人文关怀两方面助力患儿身心健康成长，同时助推“大病不出省”和儿童医疗行业发展。截至 2023 年底，项目累计投入约 4.33 亿元，救助困境大病患儿及孤儿 21379 人，并为 35803 人次的患儿、家人以及医护人员提供人文关怀服务。2023 年新增救助困境大病患儿及孤儿共计 3424 人。项目自运营的 15 家定点救治医院，2023 年共新增救助先心病、血液病和恶性肿瘤患儿 2134 人，同比 2022 年增长 13%。2023 年，顺丰暖心儿童医疗救助项目荣获第十二届“中华慈善奖”。

2023 年，顺丰积极援助云南保山地震救灾、河北京津冀防汛救灾以及甘肃积石山地震救灾行动，依托运力资源优势紧急将救灾物资公益运往灾区，为灾区重建捐献物资及资金。同时，持续关注灾情态势，动态调度救援力量，为灾后重建提供帮扶和支持。

（三）中通

中通始终坚持“用我们的产品造就更多人的幸福”，并用爱回馈社会，以实际行动传递温暖和爱心。

2023 年，中通联合员工、合作伙伴一起开展多项公益活动。围绕提供优质教育、支持社区发展等方面，打造“圆梦 1 + 1”、科普进校园、寻亲胶带等公益项目，累计捐助 820 多万元。

2023 年，中通快递内部支持公益行动的地域范围不断扩大，号召山西、天津、新疆、浙江、贵州、湖北、湖南、辽宁、上海等 9 个管理中心，推动中心与当地网点联合开展“圆梦 1 + 1”爱心助学公益活动，募集爱心物资，汇聚更多爱心力量，帮助更多偏远山区的孩子筑造希望。活动启动一个月以来，中通快递联手华新镇相关部门以及社会爱心力量累计捐献生活用品、学习用品、清凉用品、体育用品等爱心物资超 160 箱，预估价值超 13 万元。同时，今年还通过职工公益运动会以及中通网络互助基金，筹集了 5 万元的公益资金，通过云南省青少年发展基金会指定捐助给云南省云龙县民建乡中通希望学校，用于改善学校的用水设备，解决师生的用水困难。

12 月，中通在全国多地举办“有你的冬天不太冷”2023 年冬季送温暖活动，活动覆盖黑龙江、吉林、辽宁、内蒙古、宁夏、新疆、河北、山东、甘肃、陕西、天津、上海等多个地区，为快递员、外卖员、环卫工人、建筑工人、交警等一线户外工作者免费提供围脖、帽子、手套、护膝、暖贴、护手霜等保暖物资。

中通为帮助更多失踪儿童回家，将公安部网站上失踪儿童的照片和寻亲联系方式印在胶带上，用来打包快递。尽管一卷印有失踪儿童信息的胶带比普通胶带成本多出一倍，但可以随快递包裹将希望带向天南海北，为失踪儿童早日回家贡献自己的绵薄之力。

（四）圆通

圆通凭借覆盖全国的物流网络优势，用安全快捷的服务助力社会公益事业，主动作为、回报社会，彰显“服务社会、强企为国”的责任担当。同时，长期通过资金及物资捐赠，在抗震救灾、捐资助学、助残共富等方面践行“德善圆通”理念。

2023 年，圆通在助残、助困、助学等方面共实施 50 多个公益项目，对外捐赠支出超 1000 万元。

为贯彻落实国家“十四五”城乡社区服务体系建设规划，推动桐庐县现代社区建设工作，捐资200万元成立桐庐县圆通速递社区发展基金会，发挥聚集社区资源、解决社区问题、创新社会治理等作用。同时，再次向上海长三角商创科技基金会捐赠300万元，助力优秀科研项目和科技人才的孵化与培育，推动长三角科技创新事业的发展。

圆通于2021年5月和中国残联签署合作协议，启动帮助残疾人实现高质量就业创业的“圆梦行动”公益助残项目。成立“圆梦行动”专项小组，建立并实施包括残疾人招聘、培训、考核及员工关怀等在内的制度体系，开放100余个适合残疾人就业的岗位，涵盖全网圆梦家园驿站、客服、业务类、操作类、办公后勤类等5大工种，拓宽残疾人就业渠道。截至2023年底，“圆梦行动”取得阶段性进展，与25个省市级残联签署圆梦助残行动战略合作协议，建设圆梦家园驿站近8000家，并在北京和杭州建成了两个百人规模助残基地，累计帮助了12000余名残疾人及其家属就业创业。

5月，圆通与同济大学共同签署《同济大学圆通教育奖励金捐赠协议》，通过基金会捐赠36万元并设立同济大学圆通教育奖励基金，以奖励品学兼优、创新进取、具有高度社会责任感的优秀人才，表彰和激励为人才培养和学科发展作出突出贡献的优秀教师和辅导员。同时，双方签署合作备忘录，正式开启合作新篇章。双方将在产教融合、人才培养、成果转化等方面携手并进，共同推动智慧物流发展，大力构建现代物流体系。

10月，上海青浦区企业向青海玉树、四川甘孜、吉林舒兰、新疆伊宁等地捐赠价值近百万元的爱心物资，该批物资总数近200箱、超2万件，主要包括冬季御寒的手套、帽子、围巾等。圆通在得知该项善举后，主动提出免费承担该批爱心物资的运输任务，并安排上海市区、上海转运中心以及属地网点指派专人、专车，同时提供打包、装车、运输等一条龙服务，确保爱心物资安全、及时抵达。

12月，甘肃临夏州积石山县发生6.2级地震，积极响应抗震救灾工作，向积石山县红十字会捐赠现金200万元，用于支援灾区抢险救援、物资采购、受灾群众生活安置及灾后重建等工作，多批次采购并运送防寒衣物、照明用品、食品等救灾物资，积极传递温暖力量。

（五）韵达

韵达积极践行社会责任，深耕社会公益事业，多年来参与社区支持、抗震救灾、公益助学等活动，助力维护稳定、和谐的社会秩序。

夏季，受台风“杜苏芮”影响，全国多地出现持续性强降雨。面对强降雨带来的汛情，韵达总部高度重视，第一时间启动应急预案，指导网点开展抗洪防汛工作，全力保障客户服务质量。同时，韵达当地省公司和网点也纷纷加入抗洪救灾工作中，用实际行动诠释社会责任和担当。8月2日，韵达汉沽港网点负责人了解到河北涿州人民急需生活物资，紧急购买了方便面和矿泉水，连夜送往涿州。8月3日凌晨1点，满载爱心物资的货车准时到达涿州，顺利交接至当地物资接收点。8月3日，韵达北京门头沟网点组织20名快递员来到大峪南路协助环卫工人清理街道淤泥。8月6日，韵达北京分公司为门头沟区捐赠了一批衣物、日化等生活物资，同时抽调5辆货车和19名员工前往门头沟区协助开展救灾物资的运输、库存盘点、装卸等工作。8月6日，韵达黑龙江哈尔滨转运中心积极响应当地号召，组织22名员工连续多日参与当地的抗洪救灾工作，活跃在人员疏散、值班巡逻等一线岗位。

12月18日，甘肃积石山发生6.2级地震，面对突如其来的地震灾情，韵达总部、甘宁青省公司第一时间询问灾区网点人员安全及运营情况，紧急支援积石山抗震救灾，保安全、保畅通、助救灾。一方有难，八方支援，韵达甘宁青省公司迅速启动应急预案，紧急采购大衣、棉服、方便面、纯净水等灾区急需物资，发往灾区。同时，韵达甘肃积石山网点积极抽调人员，组建志愿队伍参与当地的抗震救灾工作。

（六）申通

申通积极承担企业社会责任，始终秉持回馈社会的初心。在不断创造企业价值的同时，长期投身于公益事业，将公益精神融入企业文化，倡导员工积极参与公益志愿活动，以实际行动践行企业社会责任。

2023年，申通在医疗、教育、扶贫领域的社区贡献时间为172小时，总计贡献金额104.83万元。

4月，申通开展捐赠行动。此次捐赠物资价值10余万元，全部来自上海、广东、福建等地区，包括衣物、鞋子、书籍、洗衣液以及床上用品等生活必需品。这些物资跨越了2300公里的距离，最终送到四川凉山彝族自治州昭觉县的孩子和村民们手中。

4月，申通嘉兴分公司党支部志愿者积极开展公益活动，为爱心书籍打包装车。这些书籍是由浙江师范大学附属秀洲实验学校的小学生们共同捐献的，展现了孩子们关爱同龄人的精神风貌。申通承担全程运输任务，将这些书籍送往江西省横峰县方志敏希望小学的爱心书屋。

7月，受台风“杜苏芮”影响，京津冀地区持续强降雨。由于极端强降雨天气和上游河道泄洪等因素，河北省涿州市内涝风险加剧，防汛形势十分严峻。申通第一时间组织人力物力投入到抢险救灾工作中。总部跳跳公益团队立刻统筹资源，安排满载救援物资的货车由专人专车送达有6000余人聚集的涿州第三中学安置点，为灾区群众生命安全上了一道保险。申通涿州分公司组建由11名党员和入党积极分子组成的爱心救援队，根据自身专长，奔赴不同的受灾区域，参与转移村民、疏通交通、帮助受困市民脱困等工作。

（七）德邦

德邦切实发挥企业责任担当，积极响应社会诉求，利用自身运力资源，全力支援自然灾害的救灾工作和救灾物资运输工作，为社会尽责。

夏季，为应对台风“杜苏芮”影响，德邦开通涿州救灾物资运输绿色通道，优先为有组织的救援物资提供免费公益运输服务。8月4日，德邦首批运输物资送达一线灾区，累计8吨货物、700多箱物资。8月5日，德邦安排专车从江西南昌青山湖区万方圆公司出发，全程1500公里为救援物资提供免费运输服务。随后，德邦保定转运中心协助将捐赠赈灾物品分别配送至涿州、易县、徐水疾控中心等多个受灾严重的地区，保障灾区人民生活安全。此外，德邦积极配合房山区救援物资下发工作，派出5台货车紧急前往受灾区域运输救灾物资。

12月，为助力甘肃积石山县抗震救灾，及时保障灾区群众的生活需要，德邦运用自身运力资源，开通救灾物资运输绿色通道，优先为公益机构、医疗机构、企事业单位等有组织的救援提供免费运输服务。

德邦积极弘扬中华传统美德，传递社会正能量，通过制定《德邦快递见义勇为人员奖励和保障规定》，设立“见义勇为”专项经费，正向激励员工在做好本职工作的同时谨记社会责任，形成了“企业激励员工，员工做好服务，共同回馈社会”的文化氛围。2023年，德邦为25起见义勇为事件中的43名员工颁发“见义勇为”奖。

（八）极兔

极兔充分发挥主营业务优势，将寄递的网络延展至乡村，帮助乡村农产品销往全国，并开展乡村教育、灾后援助等多项公益项目，助力当地社区发展和乡村振兴，为美好社会贡献力量。

截至2023年12月，极兔特产专线覆盖全国超过200个区县，涉及超过200类农特产品，包括陕西延安苹果、江西赣南脐橙、福建平和蜜柚等。

9月，极兔与沃尔沃卡车共同发起“守护童行，安心成长”活动，通过校园修缮、设备更新和物资补足等一系列公益举措，为贵州省雨冲小学的师生们带来全面的支持和关怀。极兔全程提供运力支持物资运输，并联合沃尔沃卡车共同捐赠了多媒体教学设备，改善学习环境，让学生体验到多媒体互动和网络化教学带来的生动快乐教学体验。

12月，极兔走进南宁市第四十七中学，向学校师生捐赠了一批爱心羽毛球拍，并邀请到中国羽毛球教练李永波，为大家传授羽毛球技巧，激发学生们对羽毛球的兴趣。

（注：本文相关内容均来自国家邮政局、上海证券交易所和深圳证券交易所网站公开信息。）

2023年全国部分省（市）、市邮政立法情况

省（市）、市	日期	事件
重庆	2023年5月31日	《重庆市人民代表大会常务委员会关于修改〈重庆市邮政条例〉的决定（草案）》经重庆市六届人大常委会第二次会议表决通过，自2023年7月1日起施行
辽宁	2023年7月27日	辽宁省第十四届人民代表大会常务委员会第四次会议通过《关于修改〈辽宁省节约能源条例〉等七部地方性法规的决定》，对《辽宁省邮政条例》作出修改
广州	2023年5月31日	广州市第十六届人民代表大会常务委员会第十二次会议于2023年3月31日表决通过《广州市快递条例》，经广东省第十四届人民代表大会常务委员会第三次会议于2023年5月31日批准，自2023年7月1日起施行
阜阳	2023年12月31日	安徽省阜阳市政府2023年第47次常务会议审议通过《阜阳市快递业促进办法》，2023年12月31日阜阳市人民政府令第5号公布，自2024年3月1日起施行
潍坊	2023年1月10日	2023年1月10日，《潍坊市快递条例》经山东省第十三届人民代表大会常务委员会第四十一次会议批准并予以公布，自2023年3月15日起施行

2023年国家相关部门支持快递发展的部分政策文件

发布机构	政策文件名称
国务院办公厅	关于加快内外贸一体化发展的若干措施（国办发〔2023〕42号）
中央财办等部门	关于推动农村流通高质量发展的指导意见（中财办发〔2023〕7号）
国家邮政局办公室等7部门办公厅（室）	农村寄递物流体系建设三年行动方案（2023－2025年）（国邮办发〔2023〕29号）
国家邮政局办公室 人力资源社会保障部办公厅	关于加快推进邮政快递业职业技能等级认定的实施意见（国邮发〔2023〕20号）
商务部等13部门办公厅（室）	全面推进城市一刻钟便民生活圈建设三年行动计划（2023－2025）（商办流通函〔2023〕401号）
交通运输部　商务部　海关总署　国家金融监督管理总局　国家铁路局　中国民用航空局　国家邮政局　中国国家铁路集团有限公司	关于加快推进多式联运“一单制”“一箱制”发展的意见（交运发〔2023〕116号）

2023 年全国部分省(区、市)支持快递发展政策

省(区、市)	支持政策文件名称
北京	北京通州区农村客货邮融合发展实施方案(通交综治办发〔2023〕22 号)
	关于印发《北京地区平安寄递专项行动方案》的通知(京邮管〔2023〕32 号)
	关于印发《北京市关于进一步加强邮件快件寄递安全管理工作的实施方案》的通知(京邮管〔2023〕33 号)
天津	天津市交通运输委 市邮政管理局关于开展 2023 年客货邮一体化综合服务站建设专项行动工作的通知
	天津市人民政府办公厅关于推动生活性服务领域平台经济健康发展的实施意见(津政办发〔2023〕13 号)
	天津市商务局 市财政局 市乡村振兴局 市邮政管理局关于支持实施 2023 年度县域商业建设行动的通知(津商市场〔2023〕13 号)
河北	河北省现代服务业发展领导小组办公室关于印发《河北省邮政快递业发展专项行动方案》的通知(冀服务业办〔2023〕3 号)
	河北省邮政管理局办公室关于印发《关于推动邮政快递业绿色低碳转型发展的落实措施》的通知(冀邮管办〔2023〕7 号)
	河北省邮政管理局关于印发《河北省邮政快递业高质量发展实施方案》的通知(冀邮管〔2023〕11 号)
	关于印发《河北省邮政快递业高质量推进革命老区、民族地区、脱贫地区“快递进村”工作方案》的通知(冀邮管办〔2023〕15 号)
	关于印发《中国式现代化河北邮政快递业场景行动方案(2023－2027 年)》的通知(冀邮管〔2023〕16 号)
	河北省邮政管理局关于印发《贯彻落实习近平总书记重要讲话精神高标准高质量推进雄安新区邮政业发展工作措施》的通知(冀邮管〔2023〕40 号)
	河北省邮政管理局关于落实《加快建设交通强国邮政篇实施方案(2023－2027 年)》的通知(冀邮管〔2023〕45 号)
	河北省邮政管理局关于推进全省邮政快递业科技创新成果应用的指导意见(2023－2026 年)(试行)(冀邮管〔2023〕47 号)
	关于印发《2023 年“冀邮好物”快递电商助农直播带货网购节活动方案》的通知(冀邮管〔2023〕50 号)
	关于促进国际寄递和航空快递高质量发展的通知(冀邮管〔2023〕55 号)
	河北省邮政管理局 河北省农业农村厅关于印发《河北省加快推进脱贫地区快递进村工作方案》的通知(冀邮管〔2023〕58 号)
	关于高质量推进快递进村实施“一村一站”工程的通知(冀邮管办〔2023〕19 号)
	关于印发《中国式现代化河北邮政快递业场景行动方案(2023－2027 年)》的通知(冀邮管〔2023〕16 号)
	河北省人民政府办公厅关于印发河北省支持机器人产业发展若干措施的通知(冀政办字〔2023〕31 号)
	河北省人民政府办公厅关于印发河北省加快建设物流强省行动方案(2023－2027 年)的通知(冀政办字〔2023〕33 号)
	河北省人民政府办公厅关于印发《河北省交通产业及路衍经济发展三年行动方案(2023－2025 年)》的通知(冀政办字〔2023〕66 号)
	河北省人民政府办公厅印发《关于推进现代商贸物流业高质量发展的实施意见》《河北省支持跨境电子商务发展十条政策》《河北省加快现代物流发展十五条政策措施》的通知(冀政办字〔2023〕81 号)
	河北省人民政府办公厅印发《关于支持新能源汽车产业高质量发展若干措施》的通知(冀政办字〔2023〕90 号)
	关于印发《河北省“四好农村路”示范创建管理办法》的通知(冀交公〔2023〕198 号)
山西	关于印发《山西省综合立体交通网规划纲要》的通知
	山西省人民政府关于印发《美丽山西建设规划纲要(2023－2035 年)》的通知(晋政发〔2023〕5 号)
	山西省人民政府办公厅关于印发《加强汾河谷地污染治理若干措施》的通知
	山西省人民政府办公厅印发《山西省关于加快电子商务体系和快递物流配送体系贯通发展行动计划》的通知(晋政办发〔2023〕10 号)

续上表

省(区、市)	支持政策文件名称
山西	山西省人民政府办公厅关于印发《山西省进一步加强商品过度包装治理若干措施》的通知(晋政办发〔2023〕12 号)
	关于印发《2023 年农村寄递物流服务全覆盖提质工程实施方案》的通知(晋发改经贸发〔2023〕60 号)
	关于印发《2023 年农村寄递物流服务全覆盖提质工程建设任务指标和建设标准》的通知(晋邮管〔2023〕42 号)
	关于印发《山西省邮政快递业塑料污染治理三年行动实施方案(2023－2025)》的通知(晋邮管〔2023〕56 号)
	关于推动落实县级邮政管理责任的通知(晋邮管〔2023〕132 号)
内蒙古	内蒙古自治区人民政府关于印发《自治区 2023 年坚持稳中快进稳中优进推动产业高质量发展政策清单》的通知(内政发〔2023〕3 号)
	内蒙古自治区人民政府办公厅关于印发《自治区新污染物治理工作方案》的通知(内政办发〔2023〕20 号)
	内蒙古自治区人民政府办公厅关于邮政快递业有关政策落实情况的通报(内政办字〔2023〕27 号)
	关于印发《内蒙古自治区商贸领域绿色低碳发展实施方案》的通知(内商贸字〔2023〕92 号)
	内蒙古自治区交通运输厅 邮政管理局 中国邮政集团有限公司内蒙古自治区分公司 关于进一步推进农村客货邮融合发展的通知(内交发〔2023〕401 号)
	内蒙古自治区交通运输厅 邮政管理局关于进一步推动落实县级邮政管理责任的通知(内交发〔2023〕984 号)
	关于印发《内蒙古自治区乡村振兴暨和美乡村“十县百乡千村”创建行动方案》的通知(内党农牧组发〔2023〕13 号)
	内蒙古自治区邮政管理局 内蒙古自治区人力资源和社会保障厅关于印发《内蒙古自治区快递业职业技能提升工程实施方案》的通知(内邮管联〔2023〕3 号)
	关于印发《全区设立村级寄递物流综合服务公益性岗位助力乡村产业发展实施方案》的通知(内邮管联〔2023〕6 号)
辽宁	关于印发《辽宁省促进外贸一体化发展若干措施》的通知(辽商批发〔2023〕31 号)
	关于加强商品过度包装治理的实施意见(辽市监联〔2023〕2 号)
	关于印发《辽宁省互联网销售危险化学品专项治理行动实施方案》的通知(辽市监联〔2023〕9 号)
	关于印发《辽宁省快递业与制造业融合发展工作方案》的通知(辽邮管〔2023〕14 号)
	辽宁省关于进一步加强寄递安全管理工作的意见(辽邮管〔2023〕23 号)
	关于印发《辽宁省平安寄递专项行动方案》的通知(辽邮管〔2023〕25 号)
吉林	关于印发《中国(延吉)跨境电子商务综合试验区实施方案》的通知(吉政发〔2023〕8 号)
	关于印发《吉林省乡村畅通工程实施方案》的通知(吉政办发〔2023〕11 号)
	关于印发《汽车客运站高质量转型发展实施方案》的通知(吉政办发〔2023〕36 号)
	关于印发《关于深入实施扩大内需战略全面促进农村消费的意见》的通知(吉商运〔2023〕37 号)
	关于印发《关于加快推进汽车客运站综合开发利用促进汽车客运站可持续发展的实施意见》的通知(吉交联发〔2023〕6 号)
	关于印发《加快推进冷链物流运输高质量发展实施意见》的通知(吉交联发〔2023〕10 号)
	关于印发《关于促进旅客联程运输高质量发展 进一步提升旅客联程服务水平的实施意见》的通知(吉交联发〔2023〕12 号)
	关于健全完善村级综合服务功能的若干措施(吉民发〔2023〕20 号)
	关于推进智慧社区建设的实施意见(吉民发〔2023〕27 号)
	关于印发《吉林省县域商业三年行动计划(2023－2025 年)》的通知(吉商建〔2023〕23 号)
	关于印发《关于加快推进农村客货邮融合发展工作的实施意见》的通知(吉邮管〔2023〕86 号)
黑龙江	关于印发《黑龙江省乡村振兴责任制实施细则》的通知(厅字〔2023〕1 号)
	关于促进全省经济运行整体好转若干政策措施的通知(黑政办规〔2023〕1 号)

续上表

省(区、市)	支持政策文件名称
黑龙江	关于印发黑龙江省贯彻落实《交通强国建设纲要》和《国家综合立体交通网规划纲要》实施方案的通知(黑政办发〔2023〕20号)
	关于印发《黑龙江省深入推进快递包装绿色转型的实施方案》的通知(黑发改环资函〔2024〕22号)
	关于印发《黑龙江省物流降本提质增效发展智慧物流奖励资金管理办法》等2个文件的通知(黑交规〔2023〕5号)
	关于印发《黑龙江省物流降本提质增效货运枢纽(物流园区)建设省级补助资金管理办法》的通知(黑交规〔2023〕7号)
	关于印发《关于加快推进2023年度农村客运公交化改造工作实施方案》和《关于加快推进2023年度农村客货邮融合发展工作实施方案》的通知(黑交发〔2023〕303号)
上海	关于印发《上海市提信心扩需求稳增长促发展行动方案》的通知(沪府规〔2023〕1号)
	关于印发《上海市加强集成创新持续优化营商环境行动方案》的通知(沪府办规〔2023〕1号)
	关于印发《上海市促进外贸稳规模提质量的若干政策措施》的通知(沪府办规〔2023〕9号)
	关于印发《上海市加大吸引和利用外资若干措施》的通知(沪府办规〔2023〕11号)
	上海市关于提升综合服务能力 助力企业高水平“走出去”的若干措施的通知(沪府办规〔2023〕15号)
	关于印发《提升上海航运服务业能级 助力国际航运中心建设行动方案》的通知(沪府办发〔2023〕11号)
	关于促进本市生产性互联网服务平台高质量发展的若干意见(沪府办发〔2023〕12号)
	关于公布上海市行政许可事项清单(2023年版)的通知(沪府办发〔2023〕15号)
江苏	关于推动经济运行率先整体好转若干政策措施(苏政规〔2023〕1号)
	关于加快邮政快递业发展进一步促进消费扩大内需的实施意见(苏政办发〔2023〕41号)
	江苏省贯彻落实扩大内需战略实施方案
	关于促进经济持续回升向好的若干政策措施
	江苏省道路交通安全条例
浙江	关于坚持和深化新时代“千万工程”全面打造乡村振兴浙江样板的实施意见(浙委发〔2023〕13号)
	关于印发《浙江省物流降本增效2023年工作安排》的通知(浙发改服务函〔2023〕153号)
	关于印发《浙江省基本公共服务标准(2023年版)》的通知(浙发改社会〔2024〕1号)
	关于印发《浙江省全面推进城市一刻钟便民生活服务圈建设三年行动计划(2023－2025)》的通知(浙商务联发〔2023〕123号)
	关于加快推进电子商务高质量发展的若干意见的通知(浙电商办〔2023〕1号)
	关于印发《浙江邮政助力共同富裕和政务服务实施意见》的通知 (浙交强省办〔2023〕2号)
安徽	关于做好2023年全面推进乡村振兴重点工作加快建设农业强省的实施意见(皖发〔2023〕1号)
	关于支持芜湖市加快建设省域副中心城市的若干意见(皖政办秘〔2023〕9号)
	关于印发《中国(蚌埠)跨境电子商务综合试验区建设实施方案》的通知(皖政办秘〔2023〕14号)
	安徽省加快供应链创新应用行动计划(2023－2025年)和安徽省加快供应链创新应用若干政策举措(皖政办秘〔2023〕35号)
	关于开展新一轮“四好农村路”建设实施方案(2023－2027年)的通知(皖政办秘〔2023〕62号)
福建	关于印发《福建省内外贸一体化试点工作方案》的通知(闽商务〔2023〕97号)
	关于印发《福建省全面推进城市一刻钟便民生活圈建设三年行动工作方案(2023－2025)》的通知(闽商务〔2023〕207号)
	关于做好2023年塑料污染治理工作的函(闽发改环资函〔2023〕194号)
	关于印发《2023年福建省推进乡村建设行动工作要点》的通知(闽委农办〔2023〕6号)
	关于印发《福建省进一步提高产品、工程和服务质量行动方案(2023－2025年)》的通知(闽质强省办〔2023〕4号)

续上表

省(区、市)	支持政策文件名称
福建	关于印发《福建省现代物流业高质量发展实施方案(2023－2025年)》的通知(闽工信联服务〔2023〕10号)
	关于印发《福建省进一步提高产品、工程和服务质量行动方案(2023－2025年)》的通知(闽质强省办〔2023〕4号)
	关于建立推进农村客货邮融合发展工作机制的通知(闽交运〔2023〕11号)
江西	关于全力做好2023年全面推进乡村振兴重点工作的实施意见(赣发〔2023〕1号)
	关于印发《江西省综合立体交通网规划》的通知(赣发〔2023〕3号)
	关于印发《中国(萍乡)跨境电子商务综合试验区等4个综合试验区实施方案》的通知(赣府字〔2023〕43号)
	关于印发《赣州革命老区高质量发展示范区发展规划》的通知(赣府厅发〔2023〕2号)
	关于印发《2023年江西省数字乡村工作要点》的通知(赣网办字〔2023〕7号)
	关于印发《关于进一步赋能新时代文明实践中心(所、站)的若干措施》的通知(赣宣字〔2023〕41号)
	关于印发《2023年全省推动"四好农村路"高质量发展工作要点》的通知(赣交公路字〔2023〕5号)
	转发关于进一步做好交通物流领域金融支持与服务的通知(南银发〔2023〕26号)
	关于印发《推进交通强省建设2023年工作要点》的通知
	关于印发《"政银"携手助力快递行业三年行动计划方案》的通知(赣邮管〔2023〕14号)
山东	关于促进实体经济高质量发展的实施意见暨2023年"稳中向好、进中提质"政策清单(第三批)(鲁政发〔2023〕4号)
	山东省加快推进邮政快递业高质量发展三年行动方案(鲁政办字〔2023〕143号)
	中共山东省委 山东省人民政府关于做好2023年全面推进乡村振兴重点工作的实施意见
	中共山东省委 山东省人民政府关于加快服务业高质量发展的意见
	山东省委办公厅 省政府办公厅印发《关于进一步加快县域经济高质量发展的意见》
河南	河南省人民政府关于印发《中国(河南)自由贸易试验区2.0版建设实施方案》的通知(豫政〔2023〕12号)
	河南省人民政府办公厅关于印发《推动2024年第一季度经济"开门红"若干政策措施》的通知(豫政办明电〔2023〕33号)
	河南省人民政府办公厅关于印发《河南省加快实施物流拉动打造枢纽经济优势三年行动计划(2023－2025年)》的通知(豫政办〔2023〕73号)
	河南省商务厅等13部门关于印发《河南省全面推进城市一刻钟便民生活圈建设三年行动实施方案(2023－2025)》的通知(豫商建〔2023〕27号)
	河南省口岸工作部门联席会议办公室关于印发《2023年河南更大力度发展口岸经济工作要点》的通知(豫口办文〔2023〕4号)
湖北	关于印发《湖北省流域综合治理和统筹发展规划纲要》的通知(鄂发〔2023〕3号)
	湖北省关于加快推进强县工程的实施方案(2023－2025年)(鄂发〔2023〕8号)
	省人民政府办公厅关于印发《2023年全省"稳预期、扩内需、促消费"工作方案》的通知(鄂政办函〔2023〕1号)
	湖北省人民政府办公厅关于印发《进一步推动农村寄递物流村级服务网点全覆盖工作方案》的通知(鄂政办函〔2023〕14号)
	湖北省发改委印发《关于推动生活性服务业补短板上水平提高人民生活品质的实施意见》的通知(鄂发改社会〔2023〕35号)
	省优化营商环境领导小组办公室关于开展优化营商环境先行区创建试点工作的通知(鄂营商办发〔2023〕4号)
湖南	湖南省恢复和扩大消费的若干政策措施(湘政办发〔2023〕35号)
	2023年湖南省促进现代物流业发展工作要点(湘发改经贸〔2023〕359号)
	关于印发《关于进一步加强邮件快件寄递安全管理工作的实施意见》的通知(湘邮管联〔2023〕9号)
	关于印发《湖南省邮政行业塑料污染治理工作三年实施方案》的通知(湘邮管〔2023〕16号)

续上表

省(区、市)	支持政策文件名称
湖南	关于印发《湖南省邮政快递业加快建设交通强国邮政篇实施方案(2023－2027年)》的通知(湘邮管〔2023〕25号)
	关于印发《湖南省邮政快递业落实“三高四新”战略实施方案》的通知(湘邮管〔2023〕31号)
广东	关于做好2023年全面推进乡村振兴重点工作的实施意见(粤发〔2023〕4号)
	关于印发《广东省国土空间规划(2021－2035年)》的通知(粤府〔2023〕105号)
	关于全面推进“百县千镇万村高质量发展工程”促进城乡区域协调发展的实施意见(粤办发〔2023〕5号)
	关于推进以县城为重要载体的城镇化建设的若干措施(粤办发〔2023〕10号)
	关于印发《广东省扩大内需战略实施方案》的通知(粤府办〔2023〕14号)
	关于印发《广东省培育扶持个体工商户若干措施》的通知(粤办函〔2023〕12号)
	关于印发《广东省进一步提振和扩大消费若干措施》的通知(粤办函〔2023〕305号)
	关于印发《广东省推进碳达峰碳中和2023年工作要点》的通知
	关于印发《加快发展农村电商助力实施“百千万工程”若干政策措施》的通知(粤商务厅字〔2023〕28号)
	关于印发《广东省全面推行清洁生产实施方案(2023－2025年)》的通知(粤发改资环函〔2023〕545号)
	关于印发《广东省2023年乡村建设及农村人居环境整治提升工作要点》的函(粤农农函〔2023〕871号)
	关于印发《广东省职业技能培训补贴管理办法》的通知(粤人社规〔2023〕13号)
	关于贯彻落实“百县千镇万村高质量发展工程”推进城乡区域交通运输协调发展的实施意见(粤交规〔2023〕248号)
	广东省新型城镇化和城乡融合发展2023年工作要点(粤办改规划函〔2023〕690号)
	关于印发《2023年广东省恢复和提振消费工作八项要点》的通知(粤办改贸易函〔2023〕185号)
	关于印发《广东省开展“产品、工程和服务质量提升年(2023)”行动方案》的通知(粤市监〔2023〕31号)
	关于印发《广东省圩镇人居环境品质提升行动方案》的通知(粤建村〔2023〕63号)
	关于安排2023年省级邮政快递业发展专项资金的通知(粤财工〔2023〕12号)
	关于印发《广东省完善农村物流网络体系2023年工作要点》的通知(粤商务建字〔2023〕6号)
	落实《国务院办公厅关于进一步加强商品过度包装治理的通知》工作实施方案(粤邮管〔2023〕12号)
	关于印发《邮政快递业职业技能提升工程实施方案》的通知(粤邮管〔2023〕26号)
	关于印发《2023年广东省邮政行业生态环境保护工作实施方案》的通知(粤邮管〔2023〕35号)
	关于印发《推进落实交通强国邮政篇广东任务实施方案(2023－2027年)》的通知(粤邮管〔2023〕37号)
	关于修订印发《广东省快递企业省内总部统一管理责任制实施办法》的通知(粤邮管〔2023〕58号)
广西	关于印发《广西进一步加强商品过度包装治理工作方案》的通知(桂政办发〔2023〕7号)
	关于促进电子商务高质量发展若干政策措施的通知(桂政办发〔2023〕24号)
	关于进一步做好2023－2025年塑料污染治理重点工作的通知(桂发改环资〔2023〕425号)
	关于印发《深化广西交通运输与邮政快递业立体融合发展指导意见》的通知(桂交运管发〔2023〕134号)
	关于开展“一邮三品进景区”促消费活动的通知(桂文旅发〔2023〕42号)
	关于联合推进全区农村物流高质量发展的通知(桂供销发〔2023〕6号)
	关于开展2023年度广西寄递物流服务农业金银铜牌项目创建活动的通知
	关于印发《村级寄递物流综合服务站设置参考》的通知
	关于印发《促进广西快递业与制造业融合发展实施方案》的通知(桂邮管〔2023〕10号)
	关于推进2023年旅游景区主题邮局建设工作的通知(桂邮管〔2023〕30号)
	关于开展2023年自治区农村电商快递协同发展示范区申报的通知(桂邮管〔2023〕51号)

续上表

省(区、市)	支持政策文件名称
海南	关于做好2023年全面推进乡村振兴重点工作的实施意见(琼发〔2023〕1号)
	关于印发《海南省全面加强资源节约工作实施方案》的通知(琼办发〔2023〕28号)
	关于印发《海南省2023－2025年鼓励新能源汽车推广应用若干措施》的通知(琼工信汽车〔2023〕208号)
	关于开展2023年度海南省现代物流业发展奖补资金(邮政快递业方向)申报工作的通知
	关于印发《海南省交通运输领域绿色低碳发展实施方案》的通知(琼交科信〔2023〕443号)
	关于印发《打造海口美兰国际机场面向两洋航空区域门户枢纽行动方案(2023－2025年)》的通知(琼交民航〔2023〕324号)
重庆	关于印发《重庆市推进跨境电商高质量发展若干措施》的通知(渝府办发〔2023〕92号)
	重庆市推进以区县城为重要载体的城镇化建设实施方案
	2023年重庆市新型城镇化和城乡融合发展重点任务
	长江经济带污染治理和生态保护攻坚战行动方案(2023－2027年)
	关于做好2023年市级重点项目实施有关工作的通知
	关于印发《重庆市支持食品及农产品加工企业高质量发展十条政策》的通知
	关于印发进一步加强商品过度包装治理的通知(渝发改资环〔2023〕127号)
	重庆市商务发展专项资金支持商贸服务业发展实施细则的通知(渝商务发〔2023〕8号)
	关于确定2023年农村物流三级服务体系融合发展示范创建区县的通知(渝道运发〔2023〕136号)
	重庆市商务委员会关于下达县域商业建设行动2023年市级跨区域项目及资金安排的通知(渝商务〔2023〕323号)
	关于深化全市交通运输与邮政快递融合推进农村物流高质量发展的通知
	关于印发《重庆市邮政快递业职业技能提升工程实施方案》的通知(渝邮管〔2023〕6号)
	关于印发《进一步加强邮件快件寄递安全管理工作的实施方案》和《重庆市邮件快件寄递安全管理工作领导小组工作措施清单》的通知(渝邮管〔2023〕7号)
	关于印发《重庆市平安寄递专项行动方案》的通知(渝邮管〔2023〕11号)
	关于进一步加强寄递物流治安管理工作的通知(渝公发〔2023〕88号)
	关于印发《重庆市平安寄递创建示范活动管理办法》的通知
	关于深化全市交通运输与邮政快递融合推进农村物流高质量发展的通知
	关于印发进一步加强商品过度包装治理的通知
	关于开展第八届重庆市"五小"创新晒活动的通知
	关于印发《重庆市邮政快递业职业技能提升工程实施方案》的通知
	关于印发《进一步加强邮件快件寄递安全管理工作的实施方案》和《重庆市邮件快件寄递安全管理工作领导小组工作措施清单》的通知
	关于印发《重庆市互联网销售危险化学品专项治理行动实施方案》的通知
	关于成立贯彻落实成渝地区双城经济圈邮政业发展规划工作领导小组的通知
	重庆市美丽农村路建设指南

续上表

省(区、市)	支持政策文件名称
重庆	推动邮政快递业服务乡村振兴战略合作协议
重庆	关于印发《重庆市平安寄递专项行动方案》的通知
重庆	关于印发《成渝地区双城经济圈邮政业发展 2023 年度工作要点》的通知
重庆	关于印发《重庆市 2023 网络市场监管促发展保安全专项行动方案》的通知
重庆	关于转发《关于加大对农村残疾人就业帮扶力度的通知》的通知
重庆	关于印发《重庆市推进应急物流体系建设三年行动计划(2023－2025 年)》的通知
重庆	关于印发《寄递渠道打假维权协作机制》的通知
重庆	关于全面推进城市一刻钟便民生活圈建设的实施意见
重庆	关于印发《重庆市西部陆海新通道建设气象保障行动方案(2023－2027)》的通知
重庆	关于印发《重庆市县域商业三年行动计划(2023－2025 年)》的通知
重庆	关于进一步加强寄递物流治安管理工作的通知
重庆	关于印发《重庆市推动农村流通高质量发展实施方案》的通知
四川	关于印发《聚焦高质量发展推动 经济运行整体好转的若干政策措施》的通知(川府发〔2023〕5 号)
四川	四川省推动“四好农村路”和乡村 运输“金通工程”高质量发展支撑乡村振兴行动方案(川交函〔2023〕190 号)
四川	关于开展“交商邮供 ”融合发展试点工作的通知(川交函〔2023〕393 号)
四川	关于加快推进“交商邮供”融合发展的指导意见(川交发〔2023〕11 号)
四川	关于印发《四川省县域商业建设三年行动实施方案(2023－2025 年)》的通知(川商市建〔2023〕39 号)
四川	关于印发《进一步规范县以下快递末端投递服务工作方案(试行)》的通知(川邮管〔2023〕1 号)
四川	关于开展农村商业和快递服务协同发展三年行动(2023－2025 年)的通知(川邮管〔2023〕6 号)
四川	关于高质量推进“川货寄递”工程的通知(川邮管〔2023〕11 号)
贵州	关于推动县域经济高质量发展若干政策措施的实施意见(黔府发〔2023〕16 号)
贵州	关于印发《贵州省农村客货邮融合发展试点工作实施方案》的通知(黔交运〔2023〕15 号)
贵州	关于进一步面向快递员群体提供工会驿站服务的通知(黔邮管〔2023〕31 号)
云南	云南省推动农村流通高质量发展实施方案的通知(云政办发〔2023〕2 号)
西藏	西藏自治区人民政府印发《中国(拉萨)跨境电子商务综合试验区实施方案》
西藏	西藏自治区邮政管理局、区党委政法委、区党委网信办、区检察院等 12 部门联合印发《关于进一步加强邮件快件寄递安全管理工作的实施意见》
西藏	西藏自治区邮政管理局、区党委政法委、区党委网信办、区检察院等 17 部门联合印发《西藏自治区平安寄递专项行动实施方案》
西藏	西藏自治区财政厅、交通运输厅联合印发《西藏自治区农村客运补贴资金、城市交通发展奖励资金管理暂行办法》
陕西	关于着力抓好全省重点民生实施落实　推动学习贯彻习近平新时代中国特色社会主义思想主题教育走深走实的工作方案(陕办字〔2023〕38 号)
陕西	关于支持乡村振兴重点帮扶镇和重点帮扶村加快发展的若干措施(陕办发〔2023〕3 号)
陕西	关于印发《进一步加强商品过度包装治理若干措施》的通知(陕政办发〔2023〕5 号)

续上表

省(区、市)	支持政策文件名称
陕西	关于印发《陕西省常态化推进巩固推展脱贫攻坚成果同乡村振兴有效衔接工作机制》的通知(陕巩衔组发〔2023〕1 号)
	关于印发《支持返乡创业推动乡村振兴党的若干措施》的通知(陕巩衔组发〔2023〕2 号)
	关于印发《2023 －2025 年农村客货邮融合发展样板县创建工作实施方案》的通知(陕交发〔2023〕24 号)
	关于印发《陕西省车辆优化工程专项行动工作方案(2023 －2027)年》的通知(陕交发〔2023〕27 号)
	关于印发《陕西省公共领域车辆全面电动化专项工作方案(2023 －2027 年)》的通知(陕工信发〔2023〕100 号)
	关于印发《贯彻落实〈国家发展改革委等 19 部门关于推动大型易地扶贫搬迁安置区融入新型城镇化实现高质量发展指导意见〉任务分工》的通知(陕发改县域〔2023〕1041 号)
	关于扎实做好全省城镇老旧小区改造暨 2024 年改造计划申报工作的通知(陕建发〔2023〕111 号)
	关于进一步加快推进我省农村寄递物流体系建设工作的通知(陕寄递物流发〔2023〕1 号)
	关于推进全省邮政快递和供销融合发展有关事项的通知(陕邮管〔2023〕36 号)
甘肃	甘肃省人民政府办公厅转发省发展改革委《关于恢复和扩大消费的若干措施》(甘政办发〔2023〕87 号)
	关于设立公益性岗位助推农村寄递物流体系建设助力乡村产业发展的通知(甘乡振局发〔2023〕71 号)
	甘肃省推动农村流通高质量发展实施方案(甘财办发〔2023〕5 号)
	关于印发《甘肃省推进城市一刻钟便民生活圈建设三年行动工作方案》的通知(甘商务流通发〔2023〕232 号)
	关于印发《甘肃省支持城市一刻钟便民生活圈建设若干政策措施》的通知(甘商务流通发〔2023〕321 号)
	关于印发《甘肃省县域商业三年行动实施方案》的通知(甘商务流通发〔2023〕328 号)
	关于印发《甘肃省 2023 网络市场监管促发展保安全专项行动实施方案》的通知(甘市监发〔2023〕176 号)
	关于印发《发挥政企优势拓展就业创业服务更好助力全省乡村振兴实施方案》的通知(甘人社通管发〔2023〕224 号)
	关于公布 2023 年拟创建农村客货邮融合发展示范县、站点、线路的通知(甘交运〔2023〕14 号)
	关于印发《关于进一步加强邮件快件寄递安全管理工作的实施方案》的通知(甘邮管发〔2023〕37 号)
	关于印发《甘肃省农村电商与快递协同发展示范创建工作方案》的通知(甘邮管发〔2023〕96 号)
青海	关于印发《青海省综合立体交通网规划纲要》的通知(青发〔2023〕9 号)
	青海省“十四五”新型基础设施建设规划(青政〔2023〕18 号)
	青海省促进消费持续恢复升级若干措施(青政办〔2023〕14 号)
	青海省村集体经济“强村”工程 2023 年度行动计划任务清单(青组字〔2023〕39 号)
	关于印发《青海省“四好农村路”示范县、市创建管理办法》的通知(青交〔2023〕166 号)
	关于印发《全力推动全省客货邮融合 支撑促进农村流通高质量发展工作措施》的通知(青交〔2023〕169 号)
	关于印发《进一步加强青海省邮件快件寄递安全管理工作的实施方案》的通知
	关于印发《在全省脱贫村设立村级寄递物流综合服务站公益性岗位实施方案》的通知(青乡振局〔2023〕73 号)
	关于印发《2023 年全省职业技能提升行动工作方案》的通知(青人社厅发〔2023〕43 号)
	关于开展 2023 年“快递从业青年服务月”活动的通知(青邮管〔2023〕9 号)
	关于深化邮政快递与供销网点合作进一步推动“快递进村”工作的实施方案的通知(青邮管〔2023〕32 号)

续上表

省(区、市)	支持政策文件名称
青海	关于加强邮政快递企业劳务用工工作的通知(青邮管〔2023〕45 号)
宁夏	关于印发《宁夏回族自治区推进城市一刻钟便民生活圈建设三年行动工作方案》的通知(宁商发〔2023〕74 号)
	关于印发《县域商业提升行动实施方案》的通知(宁商发〔2023〕82 号)
	关于开展全区快递行业集体协商工作的实施意见(宁人社发〔2023〕182 号)
	关于为环卫工人、快递小哥、外卖骑手等户外劳动者提供暖心服务的指导意见(宁建(督)发〔2023〕15 号)
	关于认真推进第一批公共领域车辆全面电动化先行区试点工作的通知(宁工信装备发〔2023〕118 号)
新疆	“十四五”新疆扩大内需实施方案
	关于推进城市一刻钟便民生活圈建设的实施方案(2023－2025 年)
	关于加快推进汽车客运站转型发展的实施方案
	自治区 2023 年数字乡村发展工作实施方案
	关于推进自治区邮政快递业服务农特产品上行高质量发展的实施意见
	关于印发《自治区推进农村“客货邮”深度融合发展工作实施方案》的通知

第二章 2023 年快递领域十大事件

农村快递发展获重磅政策支持

2023 年 2 月 13 日,《中共中央 国务院关于做好 2023 年全面推进乡村振兴重点工作的意见》正式发布,提出要加快完善县乡村电子商务和快递物流配送体系,建设县域集采集配中心,推动农村客货邮融合发展,大力发展共同配送、即时零售等新模式,推动冷链物流服务网络向乡村下沉。2023 年 3 月 5 日,第十四届全国人民代表大会第一次会议开幕,政府工作报告提出,“完善农村快递物流配送体系”。2023 年 8 月 3 日,《中央财办等部门关于推动农村流通高质量发展的指导意见》印发,旨在加快建设高效顺畅的农村现代流通体系,推进农村流通设施和业态全面融入现代流通体系,促进农村流通高质量发展。

多项利好政策推动农村快递市场新发展。2023 年,国家邮政局推动全行业扎实推进农村寄递物流体系建设,巩固“快递进村”成果。农村邮政体系、末端共同配送体系、协同发展体系、冷链寄递体系逐步完善,共同构筑高效便捷的农村寄递物流体系,全力打通农村消费升级和农产品上行的末梢循环。

监管部门进一步规范快递业发展

2023 年 5 月 11 日,国家邮政局、中央政法委、中央网信办、最高人民检察院等 17 部门联合召开电视电话会议,开展为期 6 个月的平安寄递专项行动,集中整治寄递渠道安全隐患,严厉打击违法寄递行为。2023 年 10 月 11 日,国家邮政局在江苏南京召开会议,就规范快递市场秩序、强化突出问题治理,对中通、圆通、韵达、申通、极兔等 5 家快递企业总部开展集中行政指导。2023 年 10 月,国家邮政局市场监管司就快递企业处理场所发生安全生产事故事件对极兔速递有限公司、顺丰速运有限公司进行行政约谈。2023 年 12 月,国家邮政局市场监管司与应急管理部、公安部相关司局对涉嫌违规寄递烟花爆竹的圆通速递有限公司、上海韵达货运有限公司、北京京邦达贸易有限公司三家快递企业进行联合约谈。

2023 年,监管部门持续提升行业治理效能,规范了快递市场秩序,提升了寄递服务质量,推动了行业安全和应急保障水平显著提高,进一步规范了快递行业的健康发展。

中国民营快递迎来创业 30 周年

2023 年,中国民营快递迎来创业 30 周年,顺丰、申通等企业开展了一系列纪念活动。30 年前,中国的第一批民营快递企业在北京、桐庐、顺德等地开始萌芽。此后 30 年,摸爬滚打,一路向前,打造了全球网络,形成了规模效应,聚社会责任、经营理念、民生福祉于一身。为纪念民营快递企业创业 30 周年,中国邮政快递报社组织历届“最美快递员”代表开展了“跟着快递看中国 · 最美探源”活动,赴浙江桐庐、上海青浦、广东深圳等地,探寻创业者足迹,领略民营快递一路走来的筚路蓝缕。

快递年业务量首次突破 1300 亿件

2024 年 1 月 9 日,全国邮政管理工作会议透露,2023 年快递业务量和业务收入分别完成 1320 亿件和 1.2 万亿元,同比分别增长 19.5% 和 14.5%。自 2021 年以来,我国快递年业务量连续 3 年突破 1000 亿件,凸显出我国快递市场繁荣活跃、发展质效不断提升,展示出中国消费市场持续向好的良好态势,为稳中向好的中国经济写下生动注脚。

第五届全国最美快递员揭晓

2023 年 5 月 19 日，第五届寻找最美快递员活动举行揭晓发布会，哈弄夺机、张裕等 10 人获得“最美快递员”称号，鼓浪屿好小哥团队、北京顺丰党员抗疫突击队、京东物流冬季国际顶级赛事服务团队成为“最美快递员”团队。“最美快递员”是行业千千万万从业人员的优秀代表，为全行业树立了学习的榜样，生动诠释了社会主义核心价值观和“诚信、服务、规范、共享”的邮政快递业价值理念，是行业发展的宝贵精神财富和强大精神力量。自 2014 年以来，寻找“最美快递员”活动已经成功举办四届，选出了一批爱岗敬业、勇于创新、诚实守信、见义勇为的先进典型，已经成为邮政快递业精神文明建设的重要品牌。

邮政快递业驰援京津冀防汛救灾

2023 年 7 月底 8 月初，受台风“杜苏芮”影响，京津冀地区遭遇极端强降水，多地发生严重洪涝灾害，邮政、快递企业积极行动起来，参与到防汛救灾当中。其中，顺丰和圆通相继宣布捐赠 1000 万元，用于支援防汛救灾及灾后重建，并发挥快递网络和供应链优势，为现场救援、应急保障和灾后复工复产全力提供支持。针对受灾基层网点，快递企业总部也推出了多项帮扶政策。中通总部统计了网点损失情况，通过中通网络互助基金和小哥关爱基金会，积极给予救助和帮扶。圆通总部通过网络风险基金专项帮扶、考核减免等方式，帮助受灾网点共渡难关。韵达总部启动应急预案，协调北京公司、河北公司快速了解网点情况，及时调整运营策略，助力网点复工复产。

快递企业服务质量持续提升

2023 年以来，快递企业纷纷以提速时效为重点，聚焦服务升级展开新一轮竞争。顺丰升级“顺丰特快”产品，在实现绝大部分城市主城区“次日达”基础上，扩大了“次晨达”的服务覆盖范围。申通在 9 月推出了多样化派送的升级服务产品“申咚咚”，在末端派送环节承诺 100% 按需派送，在售后保障方面，申通全程智能检测履约情况，配套专属客服团队秒级响应，并承诺爽约 100% 退赔。极兔速递推出中高端产品“兔优达”，提供专属面单、派前电联、优转优派、独立仲裁四大专属服务，现又开启绿色通道和按需派送专享服务。京东物流推出“云仓达”，将电商配送时效进一步缩短到“半日达”，甚至能够最快 2 小时送达。中通快递升级旗下标快产品服务，在北上广深等全国 66 个大中型城市正式推出“标快送货上门，承诺不上必赔”。

“9218”工程实现目标

2023 年以来，在国家邮政局的推动下，全系统全行业深入贯彻习近平生态文明思想，认真贯彻落实党的二十大精神和习近平总书记关于快递包装绿色治理的重要指示精神，结合开展主题教育，加快推进快递包装标准化、循环化、减量化、无害化，加强绿色发展顶层设计，全面实施“9218”工程，推动科技创新赋能，加强部门协同共治，强化行业监督管理，统筹推进行业绿色低碳发展。2023 年，全国电商快件不再二次包装比例超过 95%，使用可循环包装的邮件快件超 10 亿件，回收复用质量完好的瓦楞纸箱超 8.2 亿个。

行业服务亚运会等大型体育赛事顺利完成

2023 年 9 月 23 日至 10 月 8 日，杭州第 19 届亚运会成功举办，圆通速递作为独家官方物流服务赞助商，出色完成了相关服务保障工作。6 座办赛城市、6 座亚运村和亚运分村、56 个竞赛场馆，赛事共迎来 1.2 万余名运动员、4700 余名技术官员和 1 万余名媒体人员，圆通承运亚运物资 20 余万件。在各级邮政管理部门的指导和帮助下，圆通抽调业务精英，组成一支分散在 11 个地级市的保障小组，夜以继日奔走在一线分公司、网点和驿站，以最高标准、最严要求、最实举措，实现了亚运会期间在寄递渠道和安全生产方面零事故。

快递企业布局航空枢纽获重大进展

2023 年 9 月 5 日凌晨 3 时 5 分，一架来自深圳宝安国际机场的顺丰全货机顺利降落，43 架全货机整齐停靠在鄂州花湖机场转运中心周围，标志着鄂州花湖机场货运航线转场工作已经完成。鄂州花湖机场货运转场工作从 6 月 30 日起，历时 2 个多月，分六个阶段将 43 架全货机航线转场至鄂州运行，新通达包括天津、长春、杭州、义乌、昆明、呼和浩特、乌鲁木齐在内的全国 36 个货运航点，加密往来深圳、北京、上海、杭州的货运航线。一张以鄂州花湖机场为中心，以深圳、北京、杭州、成都等地机场为区域枢纽，覆盖华北、华东、华南大部分地区的“轴辐式”货运航空网络已基本形成。

在参与航空枢纽建设方面，圆通在嘉兴、京东物流在南通、中通在长沙都于 2023 年取得了关键进展。2023 年 1 月，南通市交通运输局颁布《南通机场航空货运发展行动方案》，进一步推动南通机场在物流方面的布局建设。2023 年 8 月圆通嘉兴全球航空物流枢纽重要配套项目“东方天地港”正式开工。2023 年 12 月，中通货运航空公司及相关产业项目在长沙签约，为湖南首家拟落地的货运航空公司。

第三章　2023 年中国快递发展大事记

元旦假期邮政快递业保持恢复性增长

国家邮政局监测数据显示,元旦假期(2022年12月31日至2023年1月2日),全国邮政快递业共揽投快递包裹超过21.3亿件。其中,揽收快递包裹10.6亿件,同比去年元旦假期增长15.2%;投递快递包裹10.7亿件,同比去年元旦假期增长11.5%,在安全平稳运行的同时实现了恢复性增长。为统筹做好元旦期间各项工作,服务保障人民群众欢乐祥和过节,国家邮政局要求积极稳妥做好疫情防控措施优化调整阶段各项工作,确保行业疫情防控平稳转段、有序运行。同时要求全力以赴做好行业保通保畅工作,着力保障各类医疗物资、民生物资有序运输递送。

国务院常务会议:关心关爱快递等人员,保障春节期间邮政快递稳定运行

1月3日,时任国务院总理李克强主持召开国务院常务会议,部署进一步做好重要民生商品和能源保供稳价等工作,保障群众生活和企业生产需求,要求抓实抓细重点民生工作,确保群众过好春节。会议指出,一要压实"米袋子"省长负责制、"菜篮子"市长负责制,及时做好市场调配,抓好其他重要民生商品供销对接。二要千方百计提高医疗、防疫物资供给能力,支持重点企业满负荷生产。三要进一步抓好能源保供。四要持续保障交通物流大动脉、微循环畅通,支持物流企业合理调配运力,关心关爱快递等人员,保障春节期间邮政快递稳定运行。五要加强市场和价格监管,依法查处囤积居奇、哄抬价格等行为。

国家邮政局党组会议强调坚决贯彻落实党中央决策部署

1月4日,国家邮政局党组召开会议,传达学习贯彻习近平总书记重要讲话、重要指示精神,原文学习党的二十大报告,强调全系统全行业要坚决贯彻落实党中央决策部署,脚踏实地、埋头苦干,确保新年度工作开好局起好步。国家邮政局党组书记、局长赵冲久主持会议,局党组成员、副局长戴应军、刘君、赵民、廖进荣、陈凯出席会议。会议指出,全系统全行业要认真贯彻落实习近平总书记对爱国卫生运动作出的重要指示精神,坚持以人民健康为中心,坚持预防为主,立足疫情防控新形势新任务,引导快递员践行文明健康的生活方式、做好自身健康防护,优先保障药品和防疫物资寄递,用千千万万个文明健康小环境筑牢疫情防控社会大防线,切实保障人民群众生命安全和身体健康。

国家邮政局局长办公会议强调全力以赴做好寄递服务保障工作

1月4日,国家邮政局召开局长办公会议,审议并原则通过2023年春节期间寄递服务保障工作方案,强调全系统全行业要全力以赴做好寄递服务保障工作,确保春节期间行业安全平稳运行。国家邮政局局长赵冲久主持会议,副局长戴应军、刘君、赵民、陈凯出席会议。会议强调,全系统全行业要着力抓好保障基本生活物资、医疗物资寄递和"年货节"寄递服务、疏解积压邮件快件等重点任务,特别要做好农村地区各类物资投递工作。要督促引导寄递企业主动承担社会责任,合理调配资源、优化生产组织,全力做好春节期间寄递服务保障工作。要广泛开展关心关爱快递

员活动,保证休息时间、工资待遇,切实维护快递员群体合法权益。要强化值班值守、应急处置和宣传引导。

国家邮政局全力做好春节期间寄递服务保障工作

1月6日,国务院新闻办公室举行新闻发布会,春运工作专班副组长、交通运输部副部长徐成光,国家邮政局副局长陈凯,中国民用航空局总飞行师万向东,国铁集团客运部主任黄欣,春运工作专班办公室副主任、交通运输部运输服务司司长蔡团结介绍全力做好春运服务保障有关情况,并答记者问。陈凯表示,国家邮政局高度重视,全力应对,特别是对加快打通邮政快递业的堵点、卡点全力以赴,集中精力坚持每日调度,坚持周密部署,畅通末端循环,努力保证邮政快递网络的有效运转。国家邮政局对春节期间行业运行进行专项部署,主要做好以下四个方面工作:维护正常的邮政快递服务秩序,做好"年货节"寄递服务保障,保障药品等医疗物资寄递需要,切实维护快递员的合法权益。

国家邮政局做好医疗物资邮件快件寄递服务保障

1月11日,国务院联防联控机制召开新闻发布会,民政部、商务部、国家邮政局相关司局负责同志及中国疾控中心专家出席发布会,介绍重点机构和重点场所疫情防控有关情况,并回答媒体提问。国家邮政局市场监管司副司长边作栋表示,为做好这些重要的医疗物资邮件快件的寄递服务保障主要做了以下工作:一是凝聚部门合力,二是坚持优先处理,三是坚持问题导向。此外,根据当前我国疫情防控形势任务的变化,国家邮政局已经印发通知,就落实新冠病毒感染"乙类乙管"总体方案、做好邮政快递业疫情防控和服务保障作出了具体部署,明确了工作要求,提出了优化完善措施。

国家邮政局党组会议强调坚决贯彻落实党的二十大重大战略部署

1月11日,国家邮政局党组召开会议,传达学习贯彻习近平总书记在中共中央政治局民主生活会和二十届中央纪委二次全会上的重要讲话精神,强调全系统各级党组织要坚决贯彻落实党的二十大重大战略部署,团结奋斗,开拓创新,坚定不移加快交通强国邮政篇建设步伐。国家邮政局党组书记、局长赵冲久主持会议,局党组成员、副局长戴应军、刘君、赵民、廖进荣、陈凯作重点研讨交流。会议指出,全系统各级党组织和广大党员干部切实把学习成果转化为旗帜鲜明讲政治的高度自觉,转化为加强党性修养和党性锻炼的实际行动,转化为推进改革发展稳定各项工作的强大动力。

赵冲久局长在京调研春节寄递服务保障工作

1月12日,在春节即将来临之际,国家邮政局党组书记、局长赵冲久在京调研春节寄递服务保障工作,并看望慰问奋战在基层一线的从业人员,感谢他们辛苦付出,送来暖心礼包,送上新春祝福,强调要落实好党中央各项决策部署、保障春节期间寄递渠道平稳运行、关心关爱一线员工,为人民群众度过欢乐祥和的春节作出行业贡献。每到一处,赵冲久都与一线员工拉家常、问冷暖,向他们为保障寄递渠道安全平稳运行而付出的努力道一声"辛苦",为他们将坚守岗位满足人民群众春节期间寄递需求道一声"感谢",给他们送上国家邮政局暖心礼包、防疫礼包等,并送上美好的新春祝愿。

国家邮政局要求加强易燃易爆物品寄递管控工作

1月13日,针对违法寄递烟花爆竹等易燃易爆物品风险隐患问题,国家邮政局发出通知,要求各地邮政管理部门、各企业进一步加强烟花爆竹等易燃易爆物品寄递管控工作。通知指出,随着春节临近,尤其是一些地区烟花爆竹燃放管控政策调整,烟花爆竹生产运输销售需求集中。各地邮政管理部门、各企业要充分认识加强烟花爆竹等易燃易爆物品寄递管控的重要性和紧迫性,结合岁末年初安全生产工作要求,迅即传达部署,逐级落实责任,层层传导压力,严防不法分子利用寄递渠道实施违法犯罪行为,严防禁寄物品流入寄递渠道导致重大寄递安全事件。

2023 年“快递从业青年服务月”活动开启

为深入学习宣传贯彻党的二十大精神,贯彻落实习近平总书记关于新业态新就业群体有关工作的重要指示批示精神,切实持续深入推动关爱快递员“暖蜂行动”,国家邮政局、共青团中央联合发出通知,决定 1 月上旬至 2 月中旬继续联合开展 2023 年“快递从业青年服务月”活动。通知指出,各地邮政管理部门、共青团要以慰问为契机,会同当地党委政府、工会等部门通过走访、座谈交流等形式加强对快递员的关心关爱,深入快递从业青年群体围绕党的二十大精神开展宣传宣讲,动员从业青年在以习近平同志为核心的党中央坚强领导下,踔厉奋发、勇毅前行,奋力推动邮政快递业高质量发展。

国家邮政局调研督导岁末年初邮政快递业安全生产工作

1 月 13 日,按照国家邮政局党组统一部署,国家邮政局党组成员、副局长廖进荣赴河北廊坊圆通、京东、申通转运中心和广阳邮政支局、第三大街顺丰速运网点,实地调研督导岁末年初安全生产工作,并代表国家邮政局党组看望慰问基层一线从业人员。检查过程中,廖进荣听取了企业安全发展、疫情防控、春节期间寄递服务保障等情况介绍,仔细检查“传送带堵缝”“人车分流”作业场地管理、寄递安全“三项制度”执行等,现场观看京东消防救援车辆装备展示,察看企业智能安检、矩阵分拣等。廖进荣每到一处,与一线员工亲切交谈,详细了解工作生活情况,致以节日问候。

戴应军副局长拜会第十一届全国政协副主席黄孟复

1 月 16 日上午,国家邮政局副局长、中华全国集邮联合会会长戴应军一行拜会了第十一届全国政协副主席黄孟复。戴应军汇报了中华全国集邮联合会 2022 年开展的主要工作,以及 2023 年的重点工作。黄孟复副主席对全国集邮联一年来取得的工作成效给予了充分肯定。黄孟复指出,集邮文化活动在我国具有广泛的群众基础,要站在坚定文化自信的高度,加强集邮文化建设,为社会主义文化强国建设作出贡献。要创新活动方式,办好国家级邮展等品牌集邮文化活动。要开展适合青少年特点的集邮文化活动,吸引更多青少年爱好者参与。黄孟复请全国集邮联转达对全国集邮爱好者的新春问候。

2023 年全国邮政管理工作会议在京召开

1 月 17 日,2023 年全国邮政管理工作会议在北京召开。会议传达学习国务院副总理刘鹤批示精神,总结回顾 2022 年工作和新时代十年行业发展成就,分析形势,明确提出 2023 年邮政管理工作的总体要求和重点任务。交通运输部部长李小鹏出席会议并讲话,国家邮政局党组书记、局长赵冲久作工作报告,局党组成员、副局长戴应军主持会议,局党组成员、副局长赵民、廖进荣、陈凯出席会议。赵冲久在工作报告中指出,2022 年邮政行业寄递业务量完成 1391 亿件,同比增长 2.7%;行业业务收入完成 1.35 万亿元,同比增长 6.9%。其中,快递业务量完成 1105.8 亿件,同比增长2.1%;业务收入完成 1.06 万亿元,同比增长 2.3%。

2023 年邮政管理五大重点工作明确

1 月 17 日,全国邮政管理工作会议召开,会议指出,2023 年,国家邮政局将重点抓好以下五方面工作:加强党对邮政快递业的全面领导,扎实推进行业高质量发展，坚定不移深化行业供给侧结构性改革，切实增强防范化解重大风险能力，有效服务行业持续健康发展。以实际行动把党中央决策部署落实到位，努力完成全年目标任务，奋力开启加快建设邮政强国新篇章，努力当好中国现代化的开路先锋，为全面建设社会主义现代化国家、全面推进中华民族伟大复兴作出邮政快递业的新贡献。

国家邮政局向全系统全行业发出号召：奋力谱写加快交通强国建设邮政新篇章

1月17日，2023年全国邮政管理工作会议召开，国家邮政局党组书记、局长赵冲久代表局党组向全系统全行业发出号召：在学习贯彻党的二十大精神中汲取前进伟力，奋力谱写加快交通强国建设邮政新篇章。赵冲久强调，全系统全行业要把学习宣传贯彻党的二十大精神作为首要政治任务和头等大事，把党的二十大作出的战略部署转化为全系统全行业改革发展的工作举措和具体行动，找准行业发展的历史坐标，将行业改革发展放在“两个大局”、国家发展战略中去思考、谋划和落实，以永不懈怠的精神状态和一往无前的奋斗姿态，谱写加快交通强国建设邮政新篇章。

李小鹏部长出席2023年全国邮政管理工作会议

1月17日，2023年全国邮政管理工作会议在京召开。交通运输部部长李小鹏出席会议时强调，要更加紧密地团结在以习近平同志为核心的党中央周围，自信自强、守正创新，踔厉奋发、勇毅前行，奋力书写加快建设交通强国邮政新篇章，努力当好中国现代化的开路先锋，为全面建设社会主义现代化国家开好局起好步而努力奋斗。李小鹏强调，2023年要坚持以习近平新时代中国特色社会主义思想为指导，全面贯彻党的二十大和中央经济工作会议精神，深入学习贯彻二十届中央纪委二次全会精神，坚持稳字当头、稳中求进，更好统筹疫情防控和经济社会发展，更好统筹发展和安全，坚定不移推动邮政快递业高质量发展。

国家邮政局党组会议强调贯彻落实好党的二十大重大决策部署

1月17日，国家邮政局党组召开会议，传达学习贯彻习近平总书记重要讲话精神和国务院有关会议精神，审议并原则通过《中共国家邮政局党组关于2022年履行全面从严治党主体责任情况报告》，听取2022年邮政快递业安全生产工作情况和2023年重点工作安排汇报，强调全系统全行业要贯彻落实好党的二十大重大决策部署，主动担当作为，认真履职尽责，奋力开创邮政快递业改革发展新局面。中央纪委国家监委驻交通运输部纪检监察组结合此次党组会议，与国家邮政局党组开展2023年年初专题会商，驻部纪检监察组组长邹天敬出席会议并讲话。国家邮政局党组书记、局长赵冲久主持会议并讲话。局党组成员、副局长戴应军、刘君、赵民、廖进荣、陈凯，中央纪委国家监委驻交通运输部纪检监察组副组长丹向东出席会议。

中国快递示范城市总体规模扩大至41个

据国家邮政局新闻发言人、市场监管司副司长（主持工作）林虎在国家邮政局2023年一季度例行新闻发布会上介绍，国家邮政局已经原则同意廊坊等16个城市开展第三批“中国快递示范城市”创建工作，中国快递示范城市总体规模扩大至41个。创建工作开展以来，既有效调动了城市人民政府的积极性，形成了一批快递业高质量发展的有效做法，更为快递业发展提供了更加有利的条件，实现了发展质效的提升，起到了较好的示范引领作用。林虎表示，自2016年以来，中国快递示范城市创建工作已组织开展三批，分别在2016年、2019年和2022年启动。

2023 年全国邮政管理系统党风廉政建设工作电视电话会议召开

1 月 18 日，国家邮政局召开 2023 年全国邮政管理系统党风廉政建设工作电视电话会议。会议以习近平新时代中国特色社会主义思想为指导，深入学习贯彻党的二十大精神，全面落实二十届中央纪委二次全会部署要求，总结回顾 2022 年党风廉政建设和反腐败工作，研究部署 2023 年工作任务。中央纪委国家监委驻交通运输部纪检监察组组长、交通运输部党组成员邹天敬讲话。国家邮政局党组书记、局长赵冲久作党风廉政建设工作报告。局党组成员、副局长戴应军、刘君、廖进荣、陈凯，中央纪委国家监委驻交通运输部纪检监察组副组长丹向东出席会议，局党组成员、副局长赵民主持会议并传达二十届中央纪委二次全会精神。

国家邮政局召开 2023 年春节期间寄递服务保障工作专题调度会议

1 月 18 日，根据党组工作部署，国家邮政局召开 2023 年春节期间寄递服务保障工作专题会议，对春节期间寄递服务保障工作进行再动员、再部署、再强调，要求深入贯彻中央经济工作会议精神、国务院常务会议精神，认真落实党中央、国务院决策部署，进一步统一思想，凝聚共识，周密部署、有序行动，全力以赴做好春节期间寄递服务保障工作，为人民群众度过幸福安康欢乐祥和的春节作出行业贡献。国家邮政局党组成员、副局长陈凯出席会议并讲话。会议指出，全系统全行业要进一步提高政治站位，强化思想认识，加强组织领导，履行监管职责，全力保障医疗物资有序寄递、保障行业安全稳定运行、保障春节期间寄递服务畅通有序。

快递绿色发展被写入《新时代的中国绿色发展》白皮书

1 月 19 日，国务院新闻办公室发布《新时代的中国绿色发展》白皮书，全面介绍新时代中国绿色发展理念、实践与成效，分享中国绿色发展经验，快递业绿色包装等相关内容也被写入其中。在提升服务业绿色化水平中，白皮书写到，升级完善快递绿色包装标准体系，推进快递包装减量化标准化循环化，引导生产商、消费者使用可循环快递包装和可降解包装，推进电子商务企业绿色发展。此外，在推进交通运输工具绿色转型中，白皮书还提到，在城市公交、出租、环卫、物流配送、民航、机场以及党政机关大力推广新能源汽车，截至 2021 年底，中国新能源汽车保有量达到 784 万辆，占全球保有量的一半左右。

国家邮政局召开 2022 年度党组织书记抓基层党建工作述职评议会议

1 月 19 日，国家邮政局党组书记、局长赵冲久主持召开党组（扩大）会议暨 2022 年度党组织书记抓基层党建工作述职评议会议，传达学习习近平总书记在北京通过视频连线看望慰问基层干部群众时的重要讲话精神，深入贯彻习近平总书记关于机关基层党建工作的重要论述和党的二十大关于党的建设有关部署，听取局机关和直属单位党组织书记述职并讲话，强调各级党组织必须带头全面学习、全面把握、全面落实党的二十大精神，深入贯彻党的建设新部署新要求，全面提高机关党的建设质量，为落实好党中央赋予的各项工作职责提供坚强保证。国家邮政局党组成员、副局长戴应军、刘君、赵民出席会议。

春节假期全国揽投快递包裹量超 7 亿件

国家邮政局监测数据显示，2023 年春节长假期间（1 月 21 日至 27 日），全国邮政快递业运行情况总体安全平稳，揽收快递包裹约 4.1 亿件，与去年春节假期相比增长 5.1%，较 2019 年同期增长 192.9%；投递快递包裹 3.3 亿件，与去年春节假期相比增长 10.0%，较 2019 年同期增长 254.8%。业务量的稳中有升，进一步凸显了快递传递亲情温暖人心的作用。2023年春节期间,特色产品和节庆寄递需求旺盛,农产品继续保持增长态势,医疗物资寄递需及时投递。邮政管理部门始终坚持“保供应、保畅通、保稳定、保安全”,全力保障春节期间医疗物资寄递、行业安全稳定运行和寄递服务畅通有序,为人民群众度过幸福安康欢乐祥和的春节提供了良好的寄递服务保障。

国家邮政局召开党组会议

1月28日,国家邮政局党组召开会议,传达学习习近平总书记近期重要讲话和重要指示精神,传达学习全国组织部长会议精神,听取贯彻落实《中共中央　国务院关于新时代加强和改进思想政治工作的意见》情况的汇报,向全系统全行业致以新春问候,强调全系统全行业要坚决贯彻落实党中央决策部署,落实好党的二十大精神,团结奋斗、实干为要,为新年度工作开好局起好步。国家邮政局党组书记、局长赵冲久主持会议,局党组成员、副局长戴应军、刘君、赵民、廖进荣、陈凯出席会议。中央纪委国家监委驻交通运输部纪检监察组有关同志列席会议。

国家邮政局党组召开会议

2月6日,国家邮政局党组召开会议,传达学习习近平总书记在中共中央政治局第二次集体学习时的重要讲话精神,强调要深入学习贯彻习近平总书记重要讲话精神,强化政治担当、履行职责使命,为加快构建新发展格局作出行业贡献。国家邮政局党组书记、局长赵冲久主持会议,局党组成员、副局长戴应军、刘君、赵民、廖进荣、陈凯出席会议。会议强调,在体系上,依托“一带一路”建设和交通基础设施,构建“通道+枢纽+网络”运行体系,努力构建自主可控、联通内外的现代寄递物流体系。

国家邮政局召开局长办公会

2月6日,国家邮政局召开局长办公会,审议并原则通过国家邮政局2023年重点工作和2023年邮政快递业更贴近民生七件实事(送审稿)、《寄递服务用户个人信息安全管理规定(送审稿)》等,强调全系统全行业要以习近平新时代中国特色社会主义思想为指导,坚决落实好党中央、国务院决策部署,服务加快构建新发展格局,扎实做好2023年各项工作,为全面建设社会主义现代化国家开好局起好步作出新的更大贡献。国家邮政局局长赵冲久主持会议,副局长戴应军、刘君、赵民、廖进荣、陈凯出席会议。

仅用39天,2023年快递业务量突破100亿件

国家邮政局监测数据显示,截至2月8日,2023年我国快递业务量已超过100亿件,比2019年达到100亿件提前了40天,比去年提前了2天。快递业连接千城百业、联系千家万户、连通线上线下、畅通供需两端,既贯通生产、分配、流通、消费各环节,又关联一二三各产业,在服务经济社会发展和便利群众生活方面发挥着积极作用。2023年业务量仅用39天就达到100亿件,充分彰显了我国快递业的蓬勃活力、发展韧性和增长潜力,从一个侧面折射出当前我国居民消费信心正在增强,消费市场活力正在恢复,经济稳步回升步伐正在加快。

国家邮政局定点帮扶河北省平泉市工作座谈会召开

2月9日,国家邮政局定点帮扶河北省平泉市工作座谈会在京召开。国家邮政局党组书记、局长赵冲久,局党组成员、副局长赵民与河北省平泉市委书记王贺民一行,就深入贯彻落实习近平总书记重要讲话精神和党中央决策部署,围绕实现巩固拓展脱贫攻坚成果同乡村振兴有效衔接,共叙帮扶之谊、共谋发展之策,深化央地合作共进,在新的征程上书写定点帮扶新篇章。近年来,国家邮政局先后选派3名干部挂职副市长、4名干部

任驻村第一书记，累计直接投入帮扶资金1580万余元，引进各类帮扶资金13443.7万元，帮助销售农产品9050万元，培训基层干部、专业技术人员等3600余人，持续推动平泉市实现全面小康、走向全面乡村振兴的新征程。

国家邮政局党组召开会议

2月14日，国家邮政局党组召开会议，传达学习习近平总书记近期重要讲话精神，强调要以当好中国式现代化开路先锋为使命担当，不断开创行业高质量发展新局面，奋力书写加快建设交通强国邮政新篇章。国家邮政局党组书记、局长赵冲久主持会议，局党组成员、副局长戴应军、刘君、赵民、廖进荣、陈凯出席会议。会议强调，全系统要认真学习领会习近平总书记在中央政治局第二次集体学习时的重要讲话精神，按照建设全国统一大市场部署要求，对标对表找准行业在加快构建新发展格局中的着力点和关键点，聚焦服务实体经济，抓好重点工作落实，强化要素支撑保障，持续优化营商环境，加快推动行业高质量发展。

国家邮政局召开局长办公会

2月15日，国家邮政局召开局长办公会议，听取2023年全国邮政普遍服务监管工作会议、全国邮政市场监管工作会议有关情况的汇报，审议并原则通过《关于推动邮政快递业绿色低碳发展实施意见（送审稿）》等，强调全系统全行业要全面学习宣传贯彻党的二十大精神，坚决贯彻中央经济工作会议精神，认真落实全国邮政管理工作会议精神，以昂扬的斗志扎实推进2023年各项工作。国家邮政局局长赵冲久主持会议，副局长戴应军、刘君、赵民、廖进荣、陈凯出席会议。会议指出，2023年全国邮政普遍服务监管工作会议和全国邮政市场监管工作会议要认真贯彻落实全国邮政管理工作会议精神，认真把2023年各项工作任务安排部署好。

国家邮政局党组召开理论学习中心组（扩大）学习会

2月16日，国家邮政局党组召开理论学习中心组（扩大）学习会，重点围绕深刻学习领悟党的二十大关于全面从严治党的战略部署，深入学习贯彻习近平总书记重要讲话精神，全面贯彻落实二十届中央纪委二次全会关于全面从严治党的重大部署，进行学习研讨交流。国家邮政局党组书记赵冲久主持学习，局党组成员戴应军、刘君、赵民、廖进荣、陈凯参加学习。刘君、赵民作交流发言。会议强调，要切实把思想和行动统一到习近平总书记重要讲话和全会精神上来。要聚焦重点任务，坚定不移推进全面从严治党战略部署落到实处。坚持把“好”干部选出来更要“管”出来，坚持党管干部原则，树立选人用人正确导向，坚持抓早抓小、防微杜渐，防止小问题变成大问题。

国家邮政局发布2023年邮政快递业更贴近民生七件实事

在2月22日举行的专题新闻发布会上，国家邮政局新闻发言人、办公室主任侯延波表示，2023年，国家邮政局将以更好满足人民群众日益增长的美好生活用邮需要为根本目的，突出问题导向，顺应群众期盼，推进深化农村寄递物流体系建设等七件实事，着力提高邮政快递服务质量，不断增强人民群众在寄递领域的获得感、幸福感、安全感。2023年邮政快递业更贴近民生七件实事具体为：深化农村寄递物流体系建设，巩固提升农村地区邮政服务水平，持续做好邮政快递业保通保畅工作，强化快递员群体合法权益保障，深入开展寄递安全“三项制度”专项整治，实施绿色发展“9218”工程，着力提高从业人员素质。

2023年全国邮政市场监管工作会议召开

2月21日至22日，国家邮政局在湖南长沙召开2023年全国邮政市场监管工作会议。会议以习近平新时代中国特色社会主义思想为指导，全面学习宣传贯彻党的二十大精神，贯彻落实全国邮政管理工作会议精神，总结2022年邮政市场监管工作，分析形势，部署2023年重点工作。局党组成员、副局长陈凯作工作报告。会议要求，2023年邮政市场监管要重点抓好8个方面工作：一是提升发展质量，服务扩大内需战略。二是坚持服务与监管并重，维护公平竞争秩序。三是不断夯实安全基础，大力提升安全保障水平。四是深化农村寄递物流体系建设，有效服务乡村振兴。五是加强国际寄递服务网络建设，促进产业链供应链稳定。六是切实保障合法权益，增强快递员群体获得感。七是妥善应对形势变化，保障行业态势稳定。八是巩固快递包装治理成效，推进行业绿色低碳发展。

陈凯副局长赴湖南调研

2月22日至24日，国家邮政局党组成员、副局长陈凯一行赴湖南郴州、湘潭、长沙等地调研农村寄递物流体系建设、快递进厂和客货邮融合发展等情况。在郴州，调研组一行赴汝城县沙洲村主题邮局、二都村、良田村寄递物流综合服务站，苏仙区栖凤渡客货邮公交枢纽站、瓦灶村客货邮综合服务点，实地了解客货邮融合发展和邮快合作等情况，并召开座谈会，与市政府及相关部门负责同志进行交流。陈凯指出，乡村振兴的关键是产业振兴，农村寄递物流体系建设对扩大农产品销售规模、提升农产品附加值具有重要作用。国家邮政局市场监管司负责同志，湖南省局主要负责同志陪同调研，郴州市委、市政府主要负责同志，湘潭市政府主要负责同志等分别参加相关活动。

国家邮政局党组召开会议

2月27日，国家邮政局党组召开会议，传达学习习近平总书记近期重要讲话精神，听取2023年以来行业安全生产工作情况的汇报，强调要强化责任意识和底线思维，扎实做好行业安全生产工作。国家邮政局党组书记、局长赵冲久主持会议，局党组成员、副局长戴应军、刘君、赵民、廖进荣、陈凯出席会议。中央纪委国家监委驻交通运输部纪检监察组有关同志列席会议。会议传达学习习近平总书记对内蒙古阿拉善左旗一露天煤矿坍塌事故作出的重要指示和李克强总理批示，听取了2023年以来行业安全生产工作情况的汇报和2023年的工作安排。会议要求，要深刻认识防范化解重大安全风险的极端重要性和现实紧迫性，做到举一反三、警钟长鸣。

国家邮政局发出通知

第十四届全国人大一次会议和全国政协第十四届一次会议（以下称全国两会）将分别于2023年3月5日和3月4日在北京召开。国家邮政局发出通知，要求各级邮政管理部门、各邮政快递企业以习近平新时代中国特色社会主义思想为指导，认真贯彻总体国家安全观和以人民为中心的发展思想，切实增强做好全国两会期间寄递渠道安全服务保障工作的使命感、责任感、紧迫感，坚决维护邮政快递业安全稳定运行和寄递渠道安全畅通，以实际行动保障全国两会顺利召开。通知强调，各级邮政管理部门要强化底线思维和风险意识，严防违规收寄禁寄物品发生重大寄递安全事件。各企业要对进京邮件快件严格落实实名收寄、收寄验视、过机安检“三项制度”。

全国邮政管理系统信访工作电视电话会议召开

2月28日，全国邮政管理系统信访工作电视电话会议召开。国家邮政局党组成员、副局长刘君出席会议并讲话，强调要全面学习贯彻党的二十大精神，深入贯彻落实习近平总书记关于加强和改进人民信访工作的重要思想，认真贯彻落实《信访工作条例》和国家信访局要求，切实增强做好行业信访工作的责任感使命感，不断完善行业信访工作体制机制，奋力开创新时代新征程行业信访工作新局面。国家局机关各司室、直属各单位负责同志和相关工作人员在主会场，各省（区、市）邮政管理局分管负责同志和相关工作人员在分会场参加会议。

赵冲久局长调研河北省廊坊市邮政业发展情况

2月28日，国家邮政局党组书记、局长赵冲久赴河北省廊坊市调研邮政业发展情况，检查全国两会期间寄递安全服务保障工作，强调要全面贯彻落实党的二十大精神，深入落实习近平总书记关于邮政业的重要指示精神，统筹安全和发展，坚决维护邮政业安全稳定运行和寄递渠道安全畅通，以实际行动保障全国两会顺利召开；要不断推动快递服务深度融入产业链供应链，不断提升服务水平和服务能力，推动行业实现高质量发展。河北省政府副省长胡启生，国家邮政局党组成员、副局长陈凯一同调研。赵冲久一行深入分拨中心、末端快递网点、邮政网点，每到一处都检查全国两会寄递渠道安全服务保障工作，强调要以实际行动保障全国两会顺利召开。

赵冲久局长出席中国快递协会第三届第四次理事会

2月28日，中国快递协会在河北廊坊召开第三届第四次理事会，听取2022年度协会工作报告，向新入会企业颁发会员证书，发布首批团体标准并举行颁奖仪式。国家邮政局党组书记、局长赵冲久，中国快递协会会长高宏峰出席会议并讲话，局党组成员、副局长陈凯出席会议。2023年是贯彻党的二十大精神的开局之年，赵冲久要求，要全力以赴做好2023年工作，更好发挥行业协会组织的作用，当好政府参谋的“助手”、行业发展的“推手”、企业成长的“帮手”。要积极探索有效路径，在服务构建新发展格局中发挥更大作用。要精准了解把握会员单位需求，有的放矢做好服务。要以提升现代化建设能力为目标，加强协会自身建设。

国家邮政局党组召开理论学习中心组（扩大）学习会

3月2日，国家邮政局党组召开理论学习中心组（扩大）学习会，传达学习党的二十届二中全会精神，认真学习习近平总书记在学习贯彻党的二十大精神研讨班开班式上的重要讲话，围绕深入学习贯彻党的二十大关于推进中国式现代化的重大决策部署进行研讨交流。局党组书记赵冲久主持学习，局党组成员戴应军、刘君、赵民、廖进荣、陈凯参加学习。戴应军、廖进荣、陈凯作交流发言。会议指出，党的二十届二中全会是在全面贯彻党的二十大精神开局之年召开的一次十分重要的会议。要深入学习宣传贯彻党的二十大精神，推动学习宣传贯彻往深里走、往实里走。要按照“三个更好统筹”的要求，认真做好当前各项工作。

国家邮政局对全国两会期间寄递渠道安全服务保障工作进行再部署

3月2日，国家邮政局召开全国两会期间寄递渠道安全服务保障工作部署视频会议，深入贯彻党的二十大精神，就做好相关工作进行再部署，为保障全国两会顺利召开营造安全稳定的寄递服务环境。国家邮政局党组成员、副局长廖进荣出席会议并讲话，强调要将做好全国两会期间寄递渠道安全服务保障工作作为当前首要任务来抓，以最佳状态、最实举措，坚决维护行业安全稳定和寄递渠道畅通，保障全国两会顺利举办。会议要求，全系统全行业要突出工作重点，从严从紧从细抓好任务落实，确保行业安全稳定和寄递渠道畅通。保障寄递安全，严格生产安全，维护行业稳定，抓好疫情防控，保障寄递服务，落实信息安全。

国家邮政局、公安部、国家安全部联合督导检查北京地区全国两会寄递渠道安全服务保障工作

3月3日上午，国家邮政局党组成员、副局长廖进荣带队，国家邮政局、公安部、国家安全部组成联合检查组，督导检查北京地区全国两会寄递

渠道安全服务保障工作。检查组一行深入基层一线,在北京邮政17支局投递部、韵达快递西站服务部、北京邮件综合处理中心等邮政快递企业生产作业场所进行实地检查。廖进荣强调,做好全国两会寄递安保工作使命光荣、责任重大,全系统全行业要牢固树立“一盘棋”思想,认真贯彻落实党中央决策部署,严格认真、扎实细致抓好重点工作落实,确保行业安全稳定和寄递渠道畅通。一是提高思想认识,二是保障寄递安全,三是严格监管执法。

政府工作报告连续10年提及“快递”

3月5日上午,第十四届全国人民代表大会第一次会议在人民大会堂开幕。政府工作报告提出,“完善农村快递物流配送体系”。这是自2014年以来,政府工作报告连续第10年将“快递”纳入其中,再次为行业发展指明了方向。目前,每天有1亿多件快递包裹在农村进出。农村邮政体系、末端共同配送体系、优化协同发展体系、冷链寄递体系逐步完善,共同构筑高效便捷的农村寄递物流体系,全力打通农村消费升级和农产品上行的末梢循环。此外,政府工作报告还提及“加强水电路气信邮等基础设施建设”“完善现代物流体系”“保障交通物流畅通”“支持建设一批海外仓”等与行业紧密相关的内容。

国家邮政局党组召开会议

3月6日,国家邮政局党组召开会议,传达学习习近平总书记重要讲话精神,强调聚焦牢牢把握高质量发展这个首要任务,紧扣党的二十大报告作出的重大战略部署,完整、准确、全面贯彻新发展理念,更好统筹邮政业质的有效提升和量的合理增长,奋力书写交通强国建设邮政新篇章,以一域之光为全局添彩。局党组书记、局长赵冲久主持会议,局党组成员、副局长戴应军、刘君、赵民、廖进荣、陈凯出席会议。中央纪委国家监委驻交通运输部纪检监察组有关同志列席会议。国家邮政局机关相关司室负责同志参加会议。

国家邮政局召开局长办公会

3月6日,国家邮政局局长赵冲久主持召开局长办公会,审议并原则通过《邮政业交叉带式自动分拣系统技术规范(报批稿)》行业标准。副局长戴应军、刘君、赵民、廖进荣、陈凯出席会议。会议强调,要进一步发挥标准工作对行业高质量发展的促进和支撑作用,提升行业标准化水平。要进一步强化各类标准特别是产业联动类标准的有效供给。要切实抓好已出台标准的落地实施工作。注重发挥政企合力,各级邮政管理部门要更加注重标准的实施和监督,将标准执行情况作为市场检查的常规内容,加大国内国际标准衔接转化力度。通过全行业的共同努力,形成学标准、懂标准、用标准、严格执行标准的良好氛围。

仅用67天,全国快递业务量突破200亿件

67天,破200亿件!国家邮政局监测数据显示,截至3月8日,2023年我国快递业务量已达到200.9亿件,比2019年达到200亿件提前了72天,比2022年提前了6天。2023年年初以来,全国各地区各部门把恢复和扩大消费摆在优先位置,消费市场呈现出加速恢复态势,经济稳步回升的步伐持续加快。2023年全国快递业务量第一个100亿件用时39天,第二个100亿件用时28天,缩短了10天,不仅展现出快递业的蓬勃活力和强劲动力,也生动说明我国消费市场韧性强、潜力足的特点没有改变,消费发展长期向好的基本面没有改变。为助力消费市场恢复增长,快递业加快提质增效步伐,不断完善提升服务能力和水平。

国家邮政局 共青团中央在京慰问邮政快递从业青年

3月10日,为深入学习宣传贯彻党的二十大精神,贯彻落实习近平总书记关于新业态新就业青年群体有关工作的重要指示批示精神,持续深

入推动关爱快递员“暖蜂行动”，国家邮政局、共青团中央在北京联合开展邮政快递从业青年慰问活动，为他们送上暖蜂礼盒、防疫包、健康卡，让广大邮政快递从业青年真切感受到来自党和政府的关怀。慰问组先后深入北京机要通信局和顺丰、申通、极兔等末端营业网点，详细了解企业生产运营、党的建设和群团工作等开展情况，对员工劳动强度、收入水平、福利待遇等作详细了解，希望广大邮政快递业从业青年用心用情干好本职工作，以行业的高质量发展进一步满足人民群众的用邮需求。

国家邮政局党组召开理论学习中心组(扩大)会

3 月 13 日下午，国家邮政局党组召开理论学习中心组(扩大)会，传达学习全国两会精神，对邮政业深入学习贯彻落实全国两会精神进行部署。国家邮政局党组书记、局长赵冲久主持学习。局党组成员、副局长戴应军、刘君、赵民、廖进荣、陈凯参加学习。全国政协委员、国家邮政局普遍服务司司长马旭林传达全国两会精神。围绕认真学习宣传贯彻全国两会精神，加快建设交通强国邮政新篇章，会议提出了五点要求：认真学习、充分认识牢牢把握高质量发展这个首要任务的重大意义。对标对表，准确把握全国两会对邮政业的最新要求。坚定信心，全力推动邮政业高质量发展。真抓实干，确保全国两会重要决策部署落地见效。高度重视、高质量做好建议提案办理工作。

国家邮政局党组召开会议

3 月 13 日，国家邮政局党组召开会议，传达学习习近平总书记在全国两会和在党的二十届二中全会上的重要讲话精神，传达《关于在全党大兴调查研究的工作方案》，审议并原则同意《国家邮政局党建工作领导小组 2023 年党的建设工作要点》。局党组书记、局长赵冲久主持会议，局党组成员、副局长戴应军、刘君、赵民、廖进荣、陈凯出席会议。中央纪委国家监委驻交通运输部纪检监察组有关同志列席会议。会议强调，要深刻学习领悟习近平总书记我将无我、不负人民的领袖情怀，自觉在以习近平同志为核心的党中央坚强领导下，在习近平新时代中国特色社会主义思想科学指引下，不断为强国建设、民族复兴伟业添砖加瓦、增光添彩。

赵冲久局长会见香港邮政署署长戴淑娆

3 月 14 日，国家邮政局局长赵冲久在北京会见了香港邮政署署长戴淑娆一行。双方就内地与香港邮政业改革发展情况以及深化合作等内容深入交换了意见。国家邮政局副局长赵民出席会见。赵冲久对戴淑娆一行来访表示欢迎，并介绍了内地邮政业发展情况。他指出，党的十八大以来，国家邮政局推动行业改革发展取得了历史性成就，市场规模、创新活力、服务能力、综合实力跃上了新台阶，行业高质量发展基础不断夯实。他表示，国家邮政局全力支持香港发挥独特优势，更好融入国家发展大局，与香港邮政署一起共同贯彻落实好粤港澳大湾区发展战略，深化在跨境电商、冷链物流、集邮文化等领域的合作，促进内地与港澳邮政业高质量发展。

国家邮政局召开 2023 年全国邮政行业人才工作领导小组会议

3 月 15 日，国家邮政局召开 2023 年全国邮政行业人才工作领导小组会议，深入学习习近平总书记关于人才工作的重要论述，认真贯彻党的二十大精神，总结 2022 年行业人才工作，谋划 2023 年重点工作，强调要围绕中心服务大局，同频共振同向发力，高质量完成好年度人才工作任务，努力筑牢建设交通强国邮政新篇章的人才基础。国家邮政局党组书记、局长赵冲久出席会议并讲话，局党组成员、副局长刘君出席会议。会议指出，要坚持用习近平新时代中国特色社会主义思想武装头脑、指导实践、推动工作，要确保人才工作始终保持正确政治方向。要围绕中心服务大局，切实筑牢建设交通强国邮政新篇章的人才基础。要同频共振同向发力，高质量完成好年度人才工作任务。

国家邮政局召开邮政快递业碳达峰碳中和工作领导小组第二次全体会议

3月16日，国家邮政局召开邮政快递业碳达峰碳中和工作领导小组第二次全体会议，专题学习习近平生态文明思想中"双碳"工作的重点篇目和习近平总书记重要讲话精神，听取行业生态环保2023年工作要点编制情况汇报并进行讨论，统筹推进邮政快递业碳达峰碳中和工作，推动行业绿色低碳发展。国家邮政局局长、领导小组组长赵冲久主持会议并讲话。国家邮政局副局长、领导小组副组长陈凯出席会议。会议强调，要结合行业发展实际，精准定位"双碳"工作。加快形成绿色生产方式，推进快递包装和分拣、仓储、运输等各环节减碳协同治理。倡导"绿色消费，低碳生活"，有效避免浪费和污染环境。

第七届全国"互联网+"快递业创新创业大赛全国总决赛顺利落幕

3月17日，"菜鸟网络杯"第七届全国"互联网+"快递业创新创业大赛在北京和合肥两个赛点完成全国总决赛现场决赛的激烈竞逐后顺利落幕。现场决赛采取专家线下评审，参赛队伍云端竞赛的方式进行，从总决赛网络初赛脱颖而出的27个优秀团队参加。大赛最终产生金奖、银奖、铜奖、优胜奖、最受关注奖以及优秀组织奖和特别贡献奖等奖项。总决赛评审工作得到了全国重点邮政快递企业、高等院校等单位专家教授们的大力支持，评委们对参赛项目的项目创新点、技术优势、发展前景等进行了细致专业的评审并提出了优化建议。后续大赛组委会办公室将积极为优秀作品的提升完善和培育发展提供服务，推动大赛成果应用转化。

国家邮政局举办处级以上领导干部学习贯彻党的二十大精神集中轮训暨处级领导干部任职培训班

3月20日，国家邮政局举办处级以上领导干部学习贯彻党的二十大精神集中轮训暨处级领导干部任职培训班开班仪式，动员邮政管理系统广大干部在全面学习、全面把握、全面落实党的二十大精神上下功夫，以昂扬的精神状态、务实的工作作风贯彻落实党的二十大精神，奋力谱写交通强国建设邮政新篇章。国家邮政局党组成员、副局长刘君出席开班仪式并作动员讲话。会议指出，在全面学习上下功夫，切实增强学习贯彻党的二十大精神的政治自觉。在全面把握上下功夫，努力当好中国式现代化开路先锋。在全面落实上下功夫，以实际行动谱写交通强国邮政新篇章。

国家邮政局召开政务公开领导小组会议

3月22日上午，国家邮政局召开政务公开领导小组会议，深入学习贯彻习近平总书记关于政务公开的重要指示批示精神，总结国家邮政局2022年政务公开工作，研究部署2023年政务公开重点任务。国家邮政局副局长、政务公开领导小组组长刘君出席会议并讲话。会议要求，各单位各部门要不断提高政务公开工作能力，聚焦短板弱项，提升公开工作质效。要加强主动公开，增强主动公开的自觉性、全面性和及时性，做到"应公开、尽公开"。要加强政策解读，通过政策解读推动政策落实，积极回应社会关切和群众期盼。要守好底线，做好质量审查。要加强组织领导，强化系统思维，规范工作流程，不断提升工作水平。

国家邮政局举行全国邮政管理系统学习宣传贯彻党的二十大精神辅导报告会

3月23日，国家邮政局举行全国邮政管理系统学习宣传贯彻党的二十大精神辅导报告会。党的二十大精神中央宣讲团成员、中央政策研究室原副主任施芝鸿作辅导报告。国家邮政局党组书记、局长赵冲久主持报告会，局党组成员、副局长刘君、赵民、廖进荣出席报告会。赵冲久强调，深入学习宣传贯彻党的二十大精神，是邮政管理系统当前和今后一个时期的首要政治任务。要坚决落实习近平总书记关于深入学习宣传贯彻党的二十大精神的一系列重要指示要求，牢记“国之大者”，更加自觉用党的二十大精神统一思想、统一意志、统一行动。

国家邮政局与中国邮政集团有限公司座谈研究邮政普遍服务工作

3月24日，国家邮政局和中国邮政集团有限公司进行工作会商，就提升邮政普遍服务质量、丰富邮政普遍服务内涵等内容深入交换了意见。国家邮政局党组书记、局长赵冲久，中国邮政集团有限公司党组书记、董事长刘爱力出席会议并讲话。中国邮政集团有限公司副总经理温少祺参加会议。赵冲久对邮政集团公司近年来的快速发展和取得的成绩给予肯定。他指出，邮政集团公司要坚决落实中央部署的分业经营改革任务，注意把握好时间进度和节奏，积极稳妥推进工作；要与时俱进丰富邮政普遍服务内涵，研究建立与中国式现代化相适应的邮政普遍服务供给机制；要积极拓展国际业务，在国际寄递物流体系建设中发挥国家队主力军作用。

国家邮政局、中国国防邮电工会、中国快递协会召开联席会议

3月27日，国家邮政局、中国国防邮电工会、中国快递协会召开2023年联席会议，深入学习贯彻党的二十大精神、全国两会精神，总结2022年三方联合开展工作情况，讨论通过2023年联合工作安排及三方联席会议工作制度，部署下一步工作。全国总工会副主席、书记处书记杨宇栋，国家邮政局党组成员、副局长赵民，中国快递协会副会长兼秘书长韩瑞林出席会议并讲话。中国国防邮电工会主席秦少相主持会议。赵民指出，开好三方联席会议，对做好快递员群体有关工作意义重大。下一步，国家邮政局将加强与中国国防邮电工会、中国快递协会的沟通联系，全力推动解决快递员群体面临的工作环境、权益维护、职业发展等急难愁盼问题。

国家邮政局党组召开会议

3月28日，国家邮政局党组召开会议，传达学习习近平总书记近期重要讲话精神，强调要认真贯彻落实党的二十大精神，深化对中国式现代化内涵和本质的认识，把党的领导贯彻到推进现代化建设全过程各方面，努力当好中国式现代化的开路先锋，奋力书写加快建设交通强国邮政新篇章。国家邮政局党组书记、局长赵冲久主持会议并讲话，党组成员、副局长戴应军、赵民、廖进荣、陈凯出席会议。中央纪委国家监委驻交通运输部纪检监察组有关同志列席会议。

国家邮政局召开“十四五”邮政业规划实施中期评估工作动员部署电视电话会

3月30日，国家邮政局召开“十四五”邮政业规划实施中期评估工作动员部署电视电话会，强调要以习近平新时代中国特色社会主义思想为指导，全面贯彻落实党的二十大精神，坚决贯彻执行党中央、国务院的决策部署，扎扎实实做好各项工作，为全面完成“十四五”邮政业规划各项目标任务打下坚实基础。国家邮政局党组成员、副局长戴应军出席会议并讲话。会议强调，规划实施中期评估是一项全局性、系统性工作，各单位、各部门要准确把握评估的基本原则、范围重点和方式方法，扎实做好各项工作。

国家邮政局处级以上领导干部学习贯彻党的二十大精神集中轮训暨处级领导干部任职培训班圆满结束

3月31日，分两期举办、每期5天的国家邮政局处级以上领导干部学习贯彻党的二十大精神集

中轮训暨处级领导干部任职培训班圆满结束。培训班以习近平新时代中国特色社会主义思想为指导,围绕深入学习党的二十大报告、党章等内容邀请有关专家学者作辅导解读,不仅安排了理论教育、党性教育、警示教育和领导力提升等课程,还通过报告宣讲、观看视频等形式加强理论学习和能力培养。培训期间,全体学员发扬严实学风,真正坐下来、沉下去,高标准、严要求,认真读原著、学原文、悟原理,密切联系实际,进一步增强了履职尽责、做好工作、把党的二十大提出的目标任务落到实处的责任感和使命感。

邮政业19个集体获评2022年度全国青年安全生产示范岗集体

3月,共青团中央、应急管理部联合下发通知,认定北京市轨道交通运营管理有限公司供电机电部机电维修室等500个集体为2022年度全国青年安全生产示范岗,并启动2023年度创建活动。邮政业浙江省湖州市邮政业监控中心、京东快递合肥恒泰营业部、北京市航空邮件处理中心国内总包转运作业班组等19个集体获评2022年度全国青年安全生产示范岗集体。全国青年安全生产示范岗创建活动是共青团中央、应急管理部联合组织开展的以保障安全生产为目的的群众性实践活动,自2001年以来,已累计认定全国级青年安全生产示范岗3850个。

国家邮政局党组召开会议

4月4日,国家邮政局党组召开会议,传达学习习近平总书记在中央政治局会议、中央政治局第四次集体学习和学习贯彻习近平新时代中国特色社会主义思想主题教育工作会议上的重要讲话精神,以及近期出席重要活动时的重要讲话精神,学习《中共中央关于在全党深入开展学习贯彻习近平新时代中国特色社会主义思想主题教育的意见》,听取进一步抓好新阶段行业疫情防控工作情况的汇报。局党组书记、局长赵冲久主持会议,局党组成员、副局长戴应军、刘君、赵民、廖进荣出席会议。会议指出,全系统各级党组织要坚决把思想和行动统一到习近平总书记、党中央决策部署上来,以对党、对人民、对事业高度负责的精神认真抓好主题教育。

仅用96天,全国快递业务量突破300亿件!

39天破100亿件!67天破200亿件!96天破300亿件!国家邮政局监测数据显示,截至4月6日上午8时,2023年我国快递业务量达300亿件,比2019年达到300亿件提前了99天,比2022年提前了18天。数据显示,当前快递业日均揽收和投递包裹量均超3亿件,在方便消费、服务民生和拉动经济等方面的作用日益凸显。快递业也加快高质量发展步伐,全力推进“两进一出”工程,推进产业融合升级,不断提升行业服务产业链供应链能力。2023年以来,快递进村换挡升级,让越来越多的农特产品销往全国,让时尚新颖的消费品走进农民家中。随着国内经济复苏,制造业产能得到快速释放,快递企业抓住机遇,积极打造入厂物流、仓配一体化等进厂模式。

两项国家标准实施推动邮政业高质量发展

为贯彻落实中央关于快递绿色包装标准化工作的重要决策部署,推动我国邮政业高质量发展,国家市场监督管理总局(国家标准委)批准发布的《快递电子运单》(GB/T 41833—2022)和《通用寄递地址编码规则》(GB/T 41832—2022)两项国家标准正式实施。4月7日,国家市场监督管理总局召开专题新闻发布会,介绍两项国家标准的相关情况。国家邮政局政策法规司、发展研究中心相关负责同志参加发布会。此次发布的两项国家标准,充分总结了近年来邮政业标准化实践经验,融入了新技术新材料等最新科研成果,对于推动邮政业高质量发展、更好满足人民群众美好生活用邮需求具有重要作用。

国家邮政局组织党员干部观看廉政题材话剧《于成龙》

4月9日，为深入开展学习贯彻习近平新时代中国特色社会主义思想主题教育，全面落实《关于加强新时代廉洁文化建设的意见》精神，加快推进国家邮政局机关和直属单位廉洁文化建设步伐，国家邮政局组织机关各司室、直属各单位纪检干部和部分党员集体观看廉政题材话剧《于成龙》活动。大家纷纷表示，将积极认真开展学习贯彻习近平新时代中国特色社会主义思想主题教育，争做一名勤政廉政、勇于担当、乐于奉献的新时代邮政管理干部，以实际行动守护廉洁文化根脉，为奋力谱写交通强国建设邮政新篇章贡献力量。

国家邮政局召开学习贯彻习近平新时代中国特色社会主义思想主题教育动员部署会

4月11日，国家邮政局召开学习贯彻习近平新时代中国特色社会主义思想主题教育动员部署会，深入学习贯彻习近平总书记在中央主题教育工作会议上的重要讲话精神，强调要坚定拥护“两个确立”、坚决做到“两个维护”，坚持把“学思想、强党性、重实践、建新功”的总要求贯穿主题教育全过程，高标准贯彻落实中央部署要求，确保各项目标任务取得实实在在成效。中央主题教育领导小组第三十二指导组组长李微微出席并讲话。国家邮政局党组书记、局主题教育领导小组组长赵冲久主持会议并作动员讲话。中央第三十二指导组副组长周树春和指导组全体成员出席会议。国家邮政局党组成员戴应军、刘君、赵民、廖进荣、陈凯出席会议。

国家邮政局召开学习贯彻习近平新时代中国特色社会主义思想主题教育巡回指导组培训会议

4月12日，国家邮政局召开学习贯彻习近平新时代中国特色社会主义思想主题教育巡回指导组培训会议，传达学习贯彻习近平新时代中国特色社会主义思想主题教育工作会议精神，研究部署系统主题教育巡回指导工作。国家邮政局党组成员、局主题教育领导小组副组长赵民出席会议。会议强调，要突出重点关键，加强督促指导。要督促指导强化理论学习这一主线，原原本本读原著、扎扎实实学原文、认认真真悟原理。要督促指导推动行业高质量发展，深入调查研究，着力破解发展中的难题，解决好群众急难愁盼问题。要督促指导抓好检视整改，坚持严督实导、以导带督，把各项工作做深入、做扎实、做到位。

廖进荣副局长在京调研邮政快递业平安员队伍建设工作

4月12日，国家邮政局党组成员、副局长廖进荣带队在京调研邮政快递业平安员队伍建设工作。他强调，要精心谋划部署，加快推进平安员队伍建设，使之成为行业平安建设的新生力量。在北京市邮政管理局，廖进荣主持召开了座谈会。他指出，加强行业平安员队伍建设是推进寄递安全共建共治共享的具体举措，对统筹发展和安全、提升行业安全治理水平意义重大。要清醒认识当前寄递安全面临的严峻复杂形势，坚持目标引导和问题导向相结合，以此为契机提升行业安全基础水平。要巩固拓展北京邮政快递业平安员建设试点经验成果，加快研究制定配套制度，升级平安员管理系统，推动加大平安员举报违法犯罪奖励力度，在权益保障、经费补助、评优评先等方面予以支持。

国家邮政局党组召开会议

4月17日，国家邮政局党组召开会议，传达学习习近平总书记在广东考察时的重要讲话精神，认真学习中央重要文件精神，研究部署持续深化中央巡视整改相关工作，强调要扛牢政治责任，以巡促改、以巡促建、以巡促治，持续做好整改“后半篇”文章，奋力书写加快建设交通强国邮政新篇章。局党组书记、局长赵冲久主持会议，局党组成员、副局长戴应军、刘君、赵民、廖进荣、陈凯出席会议。会议强调，要持续提升畅通循环能力，加快建设现代寄递物流体系，有效维护产业链供应链稳定；要深入实施创新驱动发展战略，不断提升行业数字化、网络化、智能化水平；要坚定不移深化改革扩大开放，促进国际贸易合作；要有效服务乡村振兴，促进共同富裕。

国家邮政局召开局长办公会

4 月 17 日，国家邮政局召开局长办公会，审议并原则通过《国家邮政局 2023 年快递员群体合法权益保障工作要点（送审稿）》和《2022 年度快递市场监管报告（送审稿）》，强调要切实保障好快递员群体合法权益，持续推动邮政快递业高质量发展。国家邮政局局长赵冲久主持会议并讲话，副局长戴应军、刘君、赵民、廖进荣、陈凯出席会议。会议指出，全系统要坚持共同富裕方向，坚持问题导向、标本兼治，督促落实企业主责，强化政府责任，凝聚各方合力，推动企业与职工签订劳动合同，为职工缴纳社会保险，切实维护好快递员群体的合法权益，为行业高质量发展夯实基础。

赵冲久局长会见香港商务及经济发展局局长丘应桦

4 月 19 日，国家邮政局局长赵冲久在北京会见香港商务及经济发展局局长丘应桦一行。双方就内地与香港邮政业改革发展情况以及深化合作等内容深入交换了意见。国家邮政局副局长赵民、香港邮政署署长戴淑娆出席会见。赵冲久对丘应桦一行来访表示欢迎，并介绍了内地邮政业发展情况。他表示，国家邮政局将认真学习贯彻习近平总书记在广东考察时的重要讲话精神，全力支持香港发挥地缘优势，共同服务国家整体发展战略，持续加强交流互鉴，推动内地与香港邮政业在服务制造业、冷链物流、跨境电商、寄递安全、信息安全、绿色发展等方面取得新成效，助力实现粤港澳大湾区的宏伟蓝图。

国家邮政局党组学习贯彻习近平新时代中国特色社会主义思想主题教育读书班开班

4 月 19 日，国家邮政局党组学习贯彻习近平新时代中国特色社会主义思想主题教育读书班开班，要求牢牢把握“学思想、强党性、重实践、建新功”的总要求，局领导班子成员及各部门各单位负责同志先学一步、深学一层，发挥引领和示范作用，推动主题教育高标准开局、高质量开展，真正做到以学铸魂、以学增智、以学正风、以学促干，切实把学习成果转化为推动邮政强国建设的生动实践，不断开创邮政业高质量发展新局面。局党组书记、局主题教育领导小组组长赵冲久主持开班式并讲话，局党组成员戴应军、刘君、赵民、廖进荣、陈凯出席开班式。

全国“两红两优”名单揭晓 邮政业 2 个集体 7 个人受表彰

“五四”青年节到来之际，共青团中央作出决定，授予 296 个团组织“全国五四红旗团委”称号，授予 389 个团组织“全国五四红旗团支部”称号，授予 481 名同志（含追授 1 名）“全国优秀共青团员”称号，授予 342 名同志“全国优秀共青团干部”称号。邮政业共有 2 个集体 7 个人受到表彰。其中，甘肃省定西市邮政行业团工委获评全国五四红旗团委，中国邮政储蓄银行赫章县支行团支部获评全国五四红旗团支部，尹奕霁等 5 人获评全国优秀共青团员，汤思源等 2 人获评全国优秀共青团干部。入选本次表彰的邮政业青年从业者，他们来自各地行业一线岗位，他们努力拼搏、奋勇争先，为全行业树立了标杆榜样。

国家邮政局召开行业安全生产视频调度会议

4 月 21 日，国家邮政局召开邮政快递业安全生产视频调度会议，就做好行业安全生产工作进行动员部署，要求深刻吸取北京丰台长峰医院火灾事故教训，着力防范和遏制重大安全生产事故，坚决维护行业持续健康发展和安全稳定局面。局党组成员、副局长廖进荣出席会议并讲话。会议指出，各级邮政管理部门、各寄递企业要进一步提高政治站位，充分认识当前行业安全生产面临的严峻形势，把安全生产各项工作抓紧抓实抓到位，全力维护人民群众生命财产安全和社会大局稳定。要针对“五一”节日期间的特点，进一步强化风险意识和忧患意识，严密防范用电消防等安全事故以及影响恶劣的寄递安全和信息安全事件发生。

国家邮政局党组开展主题教育理论学习读书班专题研讨

4 月 21 日，国家邮政局党组围绕“学习贯彻习近平新时代中国特色社会主义思想，深刻领悟‘两个确立’的决定性意义”开展主题教育理论学习读书班专题研讨。局党组书记、局主题教育领导小组组长赵冲久主持并讲话，局党组成员戴应军、廖进荣、陈凯出席会议，局党组成员刘君、赵民出席会议并作交流发言。会议强调，要牢牢把握习近平新时代中国特色社会主义思想的世界观和方法论，深入掌握和运用贯穿其中的立场观点和方法，不断提高分析解决实际问题的能力。要客观清醒认识发展中遇到的困难和挑战，善于化危为机，勇于开拓新局，特别是要牢固树立以人民为中心的发展思想，优化行业发展环境，积极推动邮政快递业高质量发展。

第五届“强邮论坛”暨邮政快递业数智化与高质量发展峰会在京举办

4 月 22 日，第五届“强邮论坛”暨邮政快递业数智化与高质量发展峰会在京举办，聚焦加快推进以新一代信息技术赋能邮政快递业数智化转型，推动邮政快递业高质量发展。国家邮政局副局长刘君、北京邮电大学党委书记续梅出席论坛开幕式并致辞。刘君强调，要围绕关键任务，全面提高人才培养质量，聚焦推动邮政快递业高质量发展关键领域关键任务，强化创新型复合型人才培养。要聚焦自立自强，着力推动创新驱动发展，牢牢把握加快构建新发展格局这个推动高质量发展的战略基点，大力弘扬企业家精神，为行业高质量发展提供源源不断的新动能。要凝聚多方合力，打响产学研联动融合品牌，坚定不移地走产学研结合的道路。

国家邮政局召开“中国快递示范城市”创建工作会议

4 月 24 日，国家邮政局在广东佛山召开“中国快递示范城市”创建工作会议，明确工作任务，交流经验做法，并对第三批 16 个“中国快递示范城市”进行授牌。会议要求，示范城市创建工作务必以习近平新时代中国特色社会主义思想为指导，通过发挥示范创建活动的引领带动作用，切实推动快递业高质量发展，更好服务地方经济社会发展。国家邮政局党组成员、副局长陈凯出席会议并讲话。陈凯强调，开展示范城市创建工作，要重点抓好 5 个方面工作：坚持以人民为中心的发展思想，坚持创新驱动发展，坚持质和量相统一，坚持安全发展，坚持绿色发展。

国家邮政局党组召开学习贯彻习近平新时代中国特色社会主义思想主题教育理论学习读书班总结交流会

4 月 25 日，国家邮政局党组召开主题教育理论学习读书班总结交流会，强调要全面深入学习贯彻习近平新时代中国特色社会主义思想，更加紧密地团结在以习近平同志为核心的党中央周围，以高度政治责任感和扎实工作作风，把全系统主题教育组织好开展好，奋力谱写交通强国建设邮政新篇章。国家邮政局党组书记、局主题教育领导小组组长赵冲久主持会议并作总结讲话。中央第三十二指导组副组长周树春及有关同志出席会议。国家邮政局党组成员刘君、赵民出席会议并作交流发言。会议要求，主题教育是事关全局的大事，要巩固扩大读书班的阶段性成果，推动主题教育走向纵深、落实落细。

国家邮政局党组发出通知

“五一”、端午将至，国家邮政局党组发出通知，要求全系统各级党组织锲而不舍落实中央八项规定精神，驰而不息纠治“四风”，防止“四风”问题反弹回潮、隐形变异，着力营造风清气正的政治生态。通知指出，要提高政治站位推进作风建设。各级党组织要坚决扛起全面从严治党主体责任，将严明节日纪律、巩固作风建设成果、推进全面从严治党作为深刻领悟“两个确立”决定性意义和增强“四个意识”、坚定“四个自信”、做到“两个维护”的具体实践。各级党组织书记既要严格自律做好表率，又要认真履行第一责任人职责。各级党员领导干部要自觉履行“一岗双责”，引导党员干部始终牢记“三个务必”，确保清廉过节。

邮政业智能安检系统成果交流会在西安举办

4 月 25 日，“华山论检”——邮政业智能安检系统成果交流会在西安举办。陕西省人大常委会副主任、党组成员李晓英，国家邮政局党组成员、副局长廖进荣出席会议并致辞。廖进荣强调，统筹发展和安全是邮政业健康稳定发展的必由之路。面对人民群众对于安全寄递服务的期盼，全行业必须坚持科技兴安，坚定不移推进智能安检应用，着力提升安检能力和水平，着力防控重大安全风险，为推进行业安全发展，保障国家安全和公共安全作出新贡献。“华山论检”有利于推动高水平科技成果脱颖而出，推动智能安检技术设备普及应用。下一步，各级邮政管理部门和行业协会要积极提供支持和帮助，推动科技成果转化应用，促进行业安全发展。

国家邮政局通报一季度邮政行业经济运行情况

4 月 26 日，国家邮政局举行 2023 年第二季度例行新闻发布会，通报一季度邮政行业经济运行情况。国家邮政局新闻发言人、政策法规司司长曾军山表示，一季度，邮政行业增速逐月提速向好，为全年邮政行业发展奠定基础，为推动国民经济整体好转提供有力支撑。一季度邮政行业运行主要呈现行业实现较快增长、快递业务结构呈现新变化、服务质效进一步提升、区域结构不断优化、市场活力持续增强等特点。一季度，邮政行业寄递业务量和行业业务收入分别完成 341.7 亿件和3562.1 亿元，同比分别增长 8.5% 和 9.0%。一季度，快递服务公众满意度和 72 小时准时率分别为 81.6 分和 75.4%，同比提高 1.6 分和 3.4 个百分点。

国家邮政局在京调研行业生态环保和国际寄递体系建设情况

4 月 26 日，国家邮政局主要领导率调研组在北京调研邮政快递业发展情况，强调要坚持以习近平新时代中国特色社会主义思想为指导，通过调查研究推动主题教育走深走实，不断提升行业生态环保治理水平和国际寄递服务能力，持续推动行业高质量发展，奋力书写加快建设交通强国邮政新篇章。调研组十分关心快递包装的减量化、标准化、循环化、无害化的实际应用情况，每到一处，仔细察看各类快递封装用品情况。调研组通过问询企业负责人和调阅相关材料等方式，深入了解了商务件和电商件的比例、不同商品的包装方法等，并要求制定科学合理的统计和治理方法，规范生产操作流程。

国家邮政局启动 2023 年度行业青年安全生产示范岗创建活动

4 月，国家邮政局印发通知，决定面向邮政、快递企业的一线操作分拨中心、班组、网点等基层安全生产集体，开展 2023 年度全国邮政快递业青年安全生产示范岗创建活动。通知要求，各省级邮政管理部门要高度重视，切实贯彻落实国务院安委会工作部署，广泛参与创建活动；要统筹指导区域内邮政快递企业开展创建活动，结合实际细化创建标准，完善创建内容，规范创建过程，严格开展创建考核工作，着力构建长效机制，不断提高邮政快递业安全生产管理水平。市(地)级邮政管理部门要做好创建集体的推荐和相关核查工作。国家邮政局将加强创建工作的统筹指导,采取抽查、复评等方式,对创建情况进行监督检查,确保青年安全生产示范岗的先进性和代表性。

廖进荣副局长赴陕西调研邮政快递业安全工作

4 月 24 日至 26 日,国家邮政局党组成员、副局长廖进荣带队到陕西调研邮政快递业安全工作。他强调,要聚焦群众期盼,高站位谋划行业安全工作,着力破解制约行业安全发展的各种难题,以高水平安全保障高质量发展。廖进荣指出,要坚持问题导向,着力解决好行业安全“三项制度”落实、企业主体责任落实和安全生产意识淡薄等监管难题。要高度重视网络数据安全和信息安全,积极采取技术手段保护用户个人信息,确保用户信息安全。要重点关注末端网点安全稳定工作,扎实开展各类安全隐患排查整治,切实维护和保障一线快递员合法权益。要持续推动“平安员”建设工作,建立一支行之有效的专、兼职平安员队伍。

国家邮政局召开一季度行业运行调度会暨系统主题教育推进会

4 月 27 日,国家邮政局召开 2023 年一季度行业运行调度会暨系统主题教育推进会,梳理总结一季度行业运行情况,分析研判当前行业面临形势,部署下阶段重点工作。局党组书记、局长赵冲久主持会议并讲话,局党组成员、副局长刘君、赵民、廖进荣出席会议并对各地邮政管理局汇报作点评发言。会议强调,当前全国经济恢复处于关键时期,做好邮政业改革发展工作至关重要。全系统要以习近平新时代中国特色社会主义思想为指导,深刻领悟邮政管理部门责任担当,深刻领悟对新时代邮政业改革发展的方向指引,更好发挥大邮政作用,进一步深化改革、创新驱动、完善治理,努力当好中国式现代化的开路先锋。

国家邮政局发出通知

“五一”假期临近,国家邮政局发出通知,要求全系统全行业要认真学习贯彻习近平总书记关于安全生产重要指示精神,始终坚持人民至上、生命至上,始终绷紧行业安全生产之弦,切实做好“五一”假期期间邮政快递业安全生产和服务保障工作,为人民群众营造节日期间良好寄递服务环境。通知要求,各企业要着力提升寄递服务水平,切实维护市场秩序,统筹做好节日期间寄递服务,严格履行服务承诺义务,着力提高客服响应率和时效性,维护消费者合法权益。严格落实快递业务经营许可、备案等合规经营义务,不得超地域范围、业务范围经营快递业务。

戴应军副局长在云南调研农村寄递物流体系建设等工作

为深入开展学习贯彻习近平新时代中国特色社会主义思想主题教育,落实党中央关于在全党大兴调查研究的部署要求,按照国家邮政局党组安排,2023 年 4 月 23 日至 27 日,局党组成员、副局长戴应军带队赴云南调研农村寄递物流体系建设、抵边自然村通邮等工作情况。调研组采取“四不两直”方式,深入云南蒙自市等 6 个县市 26 个农村邮政快递服务网点实地调研,重点察看县乡村三级物流体系建设情况。戴应军强调,邮政管理部门、邮政快递企业要围绕以学铸魂、以学增智、以学正风、以学促干,推动主题教育走深走实。要坚持问题导向,不断畅通县乡村寄递渠道,为巩固脱贫攻坚成果、助力乡村振兴贡献行业力量。

国家邮政局赴广东调研快递出海情况

4 月 25 日至 28 日,国家邮政局党组成员、副局长陈凯率调研组赴广东广州、深圳等地专题调研快递出海情况,推动加快建设高水平国际寄递物流体系,促进行业高质量发展,奋力谱写加快建设交通强国邮政新篇章。在广州,调研组赴广州嘉诚国际物流、广州希音和中外运敦豪广州分公司实地了解快递出海情况，并召开座谈会，与有关企业代表进行交流。在深圳，调研组先后赴深圳云途物流总部、顺丰总部、深圳邮政国际互换局和深圳机场国际快件监管中心调研，并召开座谈会，与有关单位、企业代表进行交流。调研期间，陈凯还前往广东省、广州市和深圳市邮政管理局看望慰问干部职工，并听取省、市两级邮政管理部门工作汇报。

国家邮政局召开青年干部主题教育座谈会

5月4日，国家邮政局召开青年干部主题教育座谈会，传达学习习近平总书记给中国农业大学科技小院的学生回信精神，深入学习贯彻习近平新时代中国特色社会主义思想，交流学习感悟，互鉴学习方法，推动局机关和直属单位主题教育不断走深走实。局党组成员、局主题教育领导小组副组长赵民出席会议并讲话。座谈会上，党的二十大代表、京东物流快递员宋学文宣讲了党的二十大精神，局直属机关6位青年代表结合主题教育理论学习和工作实际作了交流发言。国家邮政局人事司、机关党委、机关纪委主要负责同志，局机关团委委员、各团支部书记，以及局机关和直属单位党组织青年代表参加座谈会。

全国快递业务量突破400亿件

国家邮政局监测数据显示，截至5月4日，2023年我国快递业务量达400亿件，比2019年达到400亿件提前了128天，比2022年提前了24天。2023年以来，快递业整体呈现企稳回升态势，业务量增速逐月提速向好，仅用4个多月就完成400亿件。刚刚结束的五一假期，人潮在涌动，商品在流通，勾勒出一幅烟火气满溢的繁荣景象，展现了中国经济的韧性和活力。火爆的假日经济也进一步推动了快递业务量的增长。数据显示，2023年五一假期(4月29日~5月3日)，全国共揽收快递包裹14.96亿件，日均揽收量比2019年五一放假期间增长119.6%，比去年五一放假期间增长11.64%；投递快递包裹15.99亿件，日均投递量比2019年五一放假期间增长144.59%，比去年五一放假期间增长8.78%。

国家邮政局党组召开会议

5月5日，国家邮政局党组召开会议，深入学习习近平总书记在4月28日中共中央政治局会议和二十届中央全面深化改革委员会第一次会议上的重要讲话精神，传达学习中央有关会议精神，强调要紧紧抓住发展这个第一要务，推动行业实现质的有效提升和量的合理增长。局党组书记、局长赵冲久主持会议，局党组成员、副局长戴应军、刘君、赵民、廖进荣、陈凯出席会议。会议指出，习近平总书记在中共中央政治局会议上的重要讲话，为我们做好当前经济工作指明了方向、提供了根本遵循。2023年一季度行业实现良好开局，“五一”假期期间保持平稳有序运行，整体呈现企稳回升态势，但行业发展动能还需加强，持续好转态势仍需巩固。

国家邮政局党组召开会议

5月8日，国家邮政局党组召开会议，传达学习习近平总书记在二十届中央财经委员会第一次会议上的重要讲话精神，研究审议国家邮政局主题教育问题清单，强调要发挥优势、乘势而上，为加快建设以实体经济为支撑的现代化产业体系作出行业贡献。局党组书记、局长赵冲久主持会议，局党组成员、副局长戴应军、刘君、赵民、陈凯出席会议。中央纪委国家监委驻交通运输部纪检监察组有关同志列席会议。会议强调，要坚决贯彻加强和改善党对经济工作集中统一领导的重要要求。要主动融入服务加快建设以实体经济为支撑的现代化产业体系，有效发挥邮政快递业在畅通循环、促进流通中的作用。要认识、适应、引领人口发展新常态，以高质量人才支撑行业高质量发展。

国家邮政局党组召开理论学习中心组(扩大)学习会

5月10日,根据主题教育理论学习计划安排,国家邮政局党组召开理论学习中心组(扩大)学习会,深入学习领会习近平总书记关于全面从严治党、推进党的自我革命的重要论述,学习贯彻党规党纪,贯彻落实党中央关于加强政治机关建设、干部队伍建设的部署要求,强调要着力锻造政治上绝对可靠、对党绝对忠诚的邮政管理系统干部队伍,为奋力书写加快建设交通强国邮政新篇章提供坚强政治保证。国家邮政局党组书记、局主题教育领导小组组长赵冲久主持学习并讲话。局党组成员戴应军、刘君、陈凯参加学习并作交流发言。局机关各司室、直属各单位负责同志参加学习会。

17部门联合部署平安寄递专项行动

5月11日,国家邮政局等17部门联合召开平安寄递专项行动动员部署电视电话会议。会议以习近平新时代中国特色社会主义思想为指导,全面学习贯彻党的二十大精神,分析寄递渠道安全面临的形势,对平安寄递专项行动进行动员部署。国家邮政局党组书记、局长赵冲久出席会议并讲话,最高人民检察院、公安部、国家烟草专卖局、国家林草局等4部门相关司局负责人结合各自职责作工作部署。国家邮政局党组成员、副局长陈凯主持会议。会议强调,这次专项行动要把握好4个工作重点:一是风险防控能力要强,提高寄递安全“三项制度”执行实效。二是查处违法行为要严,切实形成高压震慑。三是企业安全责任要实,强化风险隐患自查自纠自改。四是联合管控力度要大,加强全链条安全管理。

国家邮政局与河南省人民政府签署战略合作协议

5月,国家邮政局与河南省人民政府签署《加快河南省邮政快递业高质量发展战略合作协议》,深入学习贯彻党的二十大精神,认真贯彻落实习近平总书记关于邮政快递业重要指示批示精神和考察河南重要讲话精神,认真落实党中央、国务院关于邮政快递业发展的决策部署,推动河南邮政快递业高质量发展,进一步提升邮政快递业在服务河南实现“两个确保”目标中的支撑作用。国家邮政局党组成员、副局长戴应军,河南省委常委、常务副省长孙守刚分别代表双方签署了战略合作协议。

国家邮政局党组部署2023年系统内部巡视工作

5月18日,全国邮政管理系统巡视工作动员部署会在京召开,对2023年系统内部巡视工作进行动员和部署安排,决定成立4个巡视组,对系统内8家单位开展常规巡视。国家邮政局党组书记、巡视工作领导小组组长赵冲久出席会议并讲话,强调要深入学习贯彻习近平总书记关于巡视工作的重要论述,贯彻落实全国巡视工作会议暨二十届中央第一轮巡视动员部署会议精神,高质量完成年度巡视任务,为邮政快递业改革发展提供坚强的政治保证。局党组成员、巡视工作领导小组副组长赵民主持会议并宣布巡视组组长、副组长及成员授权名单。

第五届寻找最美快递员活动揭晓发布

5月19日下午,由国家邮政局和中华全国总工会指导的“奋进新征程 建功新时代”第五届“中国梦·邮政情 寻找最美快递员”活动在京举行揭晓发布会,哈弄夺机、张裕等10名“最美快递员”和鼓浪屿好小哥团队、北京顺丰党员抗疫突击队、京东物流冬季国际顶级赛事服务团队等3个“最美快递员”团队受到表彰。国家邮政局党组书记、局长赵冲久,中华全国总工会副主席、书记处书记杨宇栋出席揭晓发布会并致辞,中华全国妇女联合会书记处书记、党组成员杜芮,国家邮政局党组成员、副局长赵民,中国国防邮电工会主席、分党组书记秦少相等出席会议。

国家邮政局召开行业精神文明建设工作座谈会

5月20日，国家邮政局召开行业精神文明建设工作座谈会，学习“最美快递员”先进事迹，听取基层快递员及快递企业代表和部分地区邮政管理部门对开展行业精神文明建设工作意见建议，强调要结合开展学习贯彻习近平新时代中国特色社会主义思想主题教育，深刻认识和把握行业精神文明建设工作的重大意义，坚定信心、勠力同心、勇毅前行、真抓实干，以实际行动做好行业精神文明建设工作，推动邮政快递业高质量发展，为奋力书写交通强国建设邮政新篇章注入更加强大的精神力量。国家邮政局党组成员、精神文明建设指导委员会副主任赵民出席会议并讲话。

戴应军副局长会见澳门邮电局局长刘惠明

5月23日，受国家邮政局局长赵冲久委托，国家邮政局副局长戴应军在北京会见了澳门邮电局局长刘惠明一行，双方就内地与澳门邮政业改革发展情况以及深化交流合作等交换了意见。戴应军对刘惠明一行来访表示欢迎，并介绍了内地邮政业发展情况。他指出，内地与澳门邮政通力合作，坚持以习近平新时代中国特色社会主义思想为指导，全面落实国家战略部署，深入推进粤港澳大湾区邮政业发展，取得了丰硕成果。他表示，国家邮政局将一如既往支持澳门邮政发展，发挥内地与港澳邮政峰会机制作用，深化在跨境邮件快件运输、邮品邮票等领域的合作，充分发挥澳门区位优势，服务构建新发展格局，共同贯彻落实好粤港澳大湾区发展战略。

国家邮政局发出通知

为深入贯彻落实党的二十大精神，服务建设更高水平的平安中国，国家邮政局、中央政法委、中央网信办等17部门决定于2023年5月10日至11月10日，在全国范围内开展平安寄递专项行动，集中整治寄递渠道安全隐患，严厉打击违法寄递行为。国家邮政局发出通知，对扎实开展平安寄递专项行动进行周密部署。通知要求，进一步提高思想认识。各邮政、快递企业要进一步提高思想认识，切实增强开展平安寄递专项行动的责任感和紧迫感，集中整治寄递渠道安全隐患，加大各类违禁物品查堵力度，确保高质量完成专项行动各项任务，为建设更高水平的平安中国和维护社会大局稳定提供坚实寄递安全保障。

国家邮政局在陕西调研农村寄递物流体系建设情况

为深入开展学习贯彻习近平新时代中国特色社会主义思想主题教育，根据国家邮政局农村寄递物流体系建设专项调研总体安排，5月24日至25日，局党组成员、副局长戴应军带队赴陕西省宝鸡市调研农村寄递物流体系建设情况。戴应军主持召开座谈会，听取邮政、顺丰、京东、韵达、申通、圆通、中通等企业代表发言。他强调，农村寄递物流是农产品出村、消费品下乡的重要渠道，对满足农村群众生产生活需求、释放农村消费潜力、促进乡村振兴具有重要意义。要以加强农村寄递物流体系建设为着力点，更好服务全面推进乡村振兴、助力农民农村共同富裕、满足人民群众用邮需要。

李小鹏部长到国家邮政局开展调研并主持座谈

5月26日，交通运输部党组书记、部长李小鹏到国家邮政局，就认真开展好主题教育、加快建设交通强国等开展调研并主持座谈。他强调，要更加紧密地团结在以习近平同志为核心的党中央周围，深入贯彻落实党的二十大精神，埋头苦干、担当奉献、再接再厉，奋力谱写加快建设交通强国邮政新篇章，为奋力加快建设交通强国、努力当好中国式现代化的开路先锋再立新功。李小鹏指出，一是坚决守牢安全发展底线，加强安全体系建设，强化行业安全管理，全力确保行业安全形势持续稳定。二是持续强化交通物流保通保畅工作，加快建设内外联通、安全高效的物流网络，科学精准做好邮政快递保通保畅工作，巩固完善安全可靠的国际寄递网络。三是扎实推进邮政行业高质量发展，持续提高服务水平，着力深化改革，进一步扩大开放，强化科技创新驱动，深入推进绿色发展。交通运输部党组成员、国家邮政局局长赵冲久出席座谈会并作工作汇报。

国家邮政局在北京、湖南、江西调研邮政管理系统干部队伍建设情况

为深入开展学习贯彻习近平新时代中国特色社会主义思想主题教育，按照国家邮政局党组工作安排，5 月 18 日至 26 日，国家邮政局党组成员、副局长刘君率调研组先后赴北京、湖南、江西专题调研邮政管理系统干部队伍建设情况。调研组每到一地，实地查看部分基层网点运行情况，还与属地邮政、快递企业负责人、一线快递员代表、社会监督员代表进行座谈交流，采取个别访谈、调查问卷等方式，了解“快递小哥”权益保护落实情况、邮政管理部门干部依法履职、服务企业以及能力作风等有关情况，听取对邮政管理部门工作和干部队伍建设方面的意见建议。国家邮政局人事司、相关省(市)邮政管理局负责同志陪同调研。

国家邮政局召开局长办公会

5 月 30 日，国家邮政局召开局长办公会，传达学习习近平总书记在雄安新区和河北考察并主持召开座谈会、在听取陕西省委和省政府工作汇报时的重要讲话精神，强调要深入扎实开展主题教育，自觉从党的科学理论中悟规律、明方向、学方法、增智慧，提升政治能力、思维能力、实践能力，确保主题教育不断走深走实。国家邮政局局长赵冲久主持会议并讲话，副局长刘君、廖进荣出席会议。会议指出，要大力支持雄安新区建设，努力把雄安新区建设成为行业贯彻落实新发展理念的示范区、高质量发展的样板区、改革创新的引领区。要深入贯彻落实京津冀协同发展国家战略，为打造世界级先进制造业集群作出行业贡献。

邮政业科技创新工作会议在合肥召开

5 月 29 日至 30 日，邮政业科技创新工作会议在安徽合肥召开。会议深入学习贯彻习近平新时代中国特色社会主义思想，认真贯彻落实党的二十大精神，学习领会习近平总书记关于科技创新的重要论述和重要指示批示精神，总结 2019 年邮政业科技创新工作会议以来行业科技发展情况，分析面临的新形势新机遇，部署下一阶段科技创新工作，为邮政业高质量发展和高效能治理提供更有力的战略支撑。国家邮政局党组成员、副局长戴应军出席会议并代表局党组作报告，安徽省人民政府副秘书长罗光勇出席会议并致辞。

国家邮政局赴河北雄安新区调研

5 月 31 日，国家邮政局党组书记、局长赵冲久带队赴河北雄安新区，就邮政业改革发展和行业服务新区建设开展调研。调研组深入雄安新区邮政局所、末端共配快递驿站、快递处理场地，与基层一线从业人员、快递用户面对面交流，听真话、察实情、谋实招，强调要扎实开展主题教育，认真进行调查研究，不断优化深化细化邮政业发展规划，为高标准高质量推进雄安新区建设贡献力量。调研组十分关心快递末端配送情况。雄安新区按照“共同配送、投运分离”原则，集约布局物流场站设施和物流通道。农村寄递物流体系建设也是此次调研的重点。此外，调研组还调研了新区整体规划和建设情况，并与雄安新区党工委负责同志就邮政业服务新区建设交换了意见。

2023 年全国快递业务量已达 500 亿件

国家邮政局监测数据显示，截至 5 月 31 日，2023 年我国快递业务量已达 500 亿件，比 2019 年达到 500 亿件提前了 155 天，比 2022 年提前了 27 天。破 500 亿件仅用 5 个月，不仅展现邮政快递业的强劲增长和发展韧性，更体现了 2023 年以来我国消费市场需求加快释放、经济发展充满活力的态势。从 39 天破 100 亿件，到 5 个月破 500 亿

件，快递业务量月均“百亿级”增长的背后，是中国经济活力的缩影与写照。2023 年以来，受扩大内需战略等利好政策的影响，邮政快递业在打通产销通道、贯通供需两端、连通线上线下、畅通内外循环等方面较好地发挥了保通保畅作用，逐步成为拉动国民经济增长、服务国家战略部署、保障经济社会稳定运行和满足人民美好生活向往的重要力量。

2023 年邮政业科技创新战略联盟大会在安徽南陵召开

5 月 31 日，2023 年邮政业科技创新战略联盟大会在安徽省南陵县召开。国家邮政局党组成员、副局长戴应军出席会议并讲话。芜湖市委副书记、市长宁波出席会议并致辞。本次会议以“数智化赋能邮政快递业高质量发展”为主题，分为邮政业科技创新战略联盟会议、长三角快递物流智能装备产业联盟大会、技术交流、现场参观 4 个环节。会上，国家邮政局政策法规司、哈工大(合肥)机器人国家创新院、南京邮电大学、中科微至、同日智能、行深智能等单位 12 名专家分别就“十四五”科技政策及趋势、数字化管理等内容作交流发言。在南陵快递物流装备产业园区内，与会代表考察了近年来邮政业科技创新的发展成果和南陵全国快递科技创新试验基地的建设成效。

国家邮政局举办邮政快递企业平安寄递高级研修班

为认真贯彻落实党的二十大精神，进一步加强寄递渠道安全管理工作，深化平安寄递建设，推动建设更高水平的平安中国，5 月 30 日至 6 月 2 日，国家邮政局在浙江绍兴举办邮政快递企业平安寄递高级研修班。国家邮政局党组成员、副局长廖进荣出席平安寄递高级研修班座谈会并讲话。研修班结合国家邮政局等 17 部门联合部署开展平安寄递专项行动，对行业安全政策、《邮政快递企业安全生产管理体系建设指南》进行了解读，并邀请公安禁毒、网安、应急管理和国家林草等部门专家就寄递安全“三项制度”专项整治、寄递渠道禁毒工作、邮政快递领域网络信息安全工作、突发应急事件公关应对策略等内容进行授课。

国家邮政局在安徽组织召开农村寄递物流体系建设专题调研座谈会并开展实地调研

为深入开展学习贯彻习近平新时代中国特色社会主义思想主题教育，根据国家邮政局农村寄递物流体系建设专题调研总体安排，5 月，局党组成员、副局长戴应军带队赴安徽省，组织召开部分省局座谈会，并实地调研农村寄递物流体系建设情况。在合肥市，戴应军主持召开安徽、湖北、湖南、四川、陕西、新疆 6 省(区)局座谈会，听取农村寄递物流体系建设情况汇报，就县乡村三级寄递物流体系建设等问题进行研讨。在六安市，调研组实地走访了金寨县寄递公共配送中心，随机调研了邮政局所、快递服务网点和交邮快便民综合服务中心等地，与寄递公共配送中心负责人、基层投递人员、村民代表亲切交谈，详细了解农村寄递共同配送、快递进村和行业发展情况。

国家邮政局赴浙江调研督导平安寄递专项行动

6 月 1 日至 2 日，国家邮政局党组成员、副局长廖进荣带队赴浙江调研督导平安寄递专项行动，主持召开平安寄递专项行动座谈会，强调要扎实推进平安寄递专项行动，集中整治寄递渠道安全隐患。6 月 1 日，廖进荣在浙江省邮政管理局主持召开平安寄递专项行动座谈会。浙江省邮政管理局等部门介绍了平安寄递专项行动开展情况及下一步工作计划。6 月 2 日，廖进荣在绍兴主持企业参加平安寄递专项行动座谈会，听取主要寄递企业总部工作情况汇报，对平安寄递专项行动进行再动员再部署。调研期间，廖进荣一行在杭州还前往菜鸟总部园区、顺丰凤起路营业部、中通快递环城东路营业部，对信息安全、寄递安全等情况进行了实地调研督导。

中央第三十二指导组召开国家邮政局退休干部主题教育座谈会

6月6日，中央主题教育领导小组第三十二指导组召开国家邮政局退休干部主题教育座谈会，了解退休干部党员学习教育推进情况、听取相关意见建议。中央第三十二指导组组长李微微主持会议并讲话。与会7名退休干部代表结合参加主题教育，深入学习贯彻习近平新时代中国特色社会主义思想谈体会、讲感悟，围绕推动行业高质量发展、改进党支部工作等方面提出意见建议。在听取退休干部代表发言后，李微微表示，国家邮政局对退休干部主题教育高度重视，同部署同推进，做到了全覆盖，利用“三个课堂”抓实理论学习，贴近老同志的实际需求，并注重发挥老同志的政治优势、经验优势，为他们再建新功搭建平台。

中央第三十二指导组召开国家邮政局主题教育巡回指导组座谈会

6月6日，中央主题教育领导小组第三十二指导组召开国家邮政局主题教育巡回指导组座谈会，强调要牢牢把握“学思想、强党性、重实践、建新功”的总要求，继续坚持高标准、严要求，继续坚持线上指导和现场指导相结合，做到到位不越位、指导不包办，督促指导各单位把为民办实事作为主题教育的重要内容，聚焦推动行业高质量发展重点目标任务，以主题教育成果保障党中央决策部署落地见效。会议指出，国家邮政局党组高度重视主题教育巡回指导工作，结合邮政管理系统实际，坚持提早部署、建强队伍、抓实培训、迅速行动，着力推动第一批46个垂管单位主题教育走深走实，实现学习形式多样化、调查研究特色化、为民服务务实化。

国家邮政局党组召开会议

6月7日，国家邮政局党组召开会议，深入学习习近平总书记重要讲话、重要指示精神，传达学习中央有关文件精神，研究部署持续深化中央巡视整改相关工作。局党组书记、局长赵冲久主持会议并讲话，局党组成员、副局长戴应军、刘君、赵民、廖进荣出席会议。中央纪委国家监委驻交通运输部纪检监察组有关同志列席会议。会议要求，深入学习贯彻习近平总书记在二十届中央审计委员会第一次会议上的重要讲话精神，坚决贯彻党中央部署要求，持续加强党对审计工作的全面领导，准确把握审计的政治属性和政治功能，持续推动审计工作高质量发展。

国家邮政局召开局长办公会

6月7日，国家邮政局召开局长办公会，审议并原则通过《交通强国邮政专项试点工作方案（送审稿）》，强调要认真开展好交通强国邮政专项试点工作（以下简称“专项试点工作”），为奋力加快建设交通强国、努力当好中国式现代化的开路先锋再立新功。国家邮政局局长赵冲久主持会议，副局长戴应军、刘君、赵民、廖进荣出席会议。会议强调，全系统全行业要进一步提高思想认识和政治站位，以制定出台专项试点工作方案为契机，切实增强推进专项试点工作的积极性、主动性和创造性。要加大宣传力度营造良好氛围。充分发挥行业媒体作用，在全系统全行业营造奋力谱写加快建设交通强国邮政新篇章的良好氛围。

国家邮政局召开第四届机关党委第十三次全体（扩大）会议

6月7日，国家邮政局召开第四届机关党委第十三次全体（扩大）会议，深入学习贯彻习近平总书记关于主题教育的系列重要讲话精神，听取各单位主题教育开展情况汇报，强调要持续抓好理论学习、调查研究、检视整改各项工作，确保主题教育取得实实在在成效，不断推动行业高质量发展。局党组成员、机关党委书记赵民主持会议并讲话。会议指出，要持之以恒抓好理论学习，坚持把加强党的创新理论武装作为首要任务，自觉做坚定信仰者、忠实实践者。要做深做实调查研究，进一步优化完善调研方案和具体安排，真正查找和解决实际问题。要集中精力抓好检视整改，发扬彻底的自我革命精神，坚持边学习、边对照、边检视、边整改。

国家邮政局组织召开农村寄递物流体系建设专题调研企业座谈会

6月8日，为深入开展学习贯彻习近平新时代中国特色社会主义思想主题教育，落实党中央关于在全党大兴调查研究的工作部署，国家邮政局组织召开农村寄递物流体系建设专题调研企业座谈会，深入了解建设情况，广泛听取意见，认真分析问题，共同寻找对策，更好推进农村寄递物流体系建设。中央第三十二指导组副组长周树春出席会议并讲话，国家邮政局党组成员、副局长戴应军主持会议并讲话。近年来，农村寄递物流体系建设取得了积极成效。但在推进中仍然存在一定问题。国家邮政局调研组近期赴多地专题调研发现，农村寄递物流基础设施建设亟待加强，相关制度体系需要进一步完善，监管治理能力有待提升。

快递站点管理师、国际快递业务师国家职业技能标准编制工作启动会在京召开

6月8日，国家邮政局职业技能鉴定指导中心在京组织召开了快递站点管理师、国际快递业务师国家职业技能标准编制工作启动会，研究部署2个新职业技能标准编制工作。会议要求，标准编制要把握原则、注重实用性和指导性，坚持科学方法，加强协调配合，以科学严谨的态度和务实的作风，按期高质量完成标准编制工作。人社部中国就业培训技术指导中心相关负责同志详细介绍了《国家职业技能标准编制技术规程》，对标准编制原则、结构内容和体例格式进行了细致解读。编写组汇报了2个职业标准编制工作思路、基本框架、方向等内容。与会专家围绕基本框架结构进行了讨论，对编制工作提出了意见和建议。

国家邮政局召开主题教育调研成果交流会

6月13日，国家邮政局召开学习贯彻习近平新时代中国特色社会主义思想主题教育调研成果交流会，梳理总结交流前一阶段调研工作成果，进一步深化理论学习，聚焦解决问题，抓好检视整改，推动邮政快递业高质量发展。局党组书记、局主题教育领导小组组长赵冲久主持会议并讲话，局党组成员戴应军、赵民、廖进荣出席会议并作交流发言，局党组成员刘君、陈凯作书面交流。会议指出，主题教育开展以来，国家邮政局党组制定大兴调查研究的实施方案，对标对表抓好落实，以深化调查研究推动解决发展难题。胸怀“国之大者”，提高站位科学谋划调查研究。坚持问题导向，扎实开展“解剖式”调查研究。注重成果转化，探求破题之策深化调查研究。

国家邮政局赴河北平泉调研

6月14日，国家邮政局党组书记、局长赵冲久带队赴河北省平泉市，围绕农村寄递物流体系建设和定点帮扶工作展开调研。调研组深入快件分拣场地、电商运营中心、快递末端配送服务站，与一线从业者面对面交流；走进国家邮政局定点帮扶的哈叭气村，察看帮扶产业，慰问脱贫群众，强调要深入推进主题教育，不断夯实农村寄递物流体系，为全面推进乡村振兴贡献行业力量。农村寄递物流体系建设是国家邮政局开展主题教育确定的专题调研课题之一。平泉市引导邮政快递企业打造“快快合作”共配进村和“邮商合作”专配进村的双链条并行进村模式，建立了“市区有分拣、乡镇有中心、村村有服务”的县乡村三级寄递物流配送体系。

国家邮政局组织开展青年干部“当一天分拣员”志愿支援活动

6月14日，国家邮政局直属机关团委、直属机关工会联合组织机关和直属单位部分青年干部前往京东物流北京亚洲一号仓（以下简称“京东亚一

仓”），开展“当一天分拣员”志愿支援活动，落实国家邮政局主题教育实施方案部署，深入推进机关年轻干部下基层接地气，走进基层一线，厚植群众感情，增强工作本领。目前，行业正值“618”业务旺季，京东亚一仓内一片忙碌景象。参加活动的青年干部参观了京东亚一仓内各个分拣环节，听取了京东物流相关负责人对企业发展、“618”大促保障情况的介绍，学习了入仓拣货环节工作要求和注意事项，并在仓内工作人员的指导下前往日用百货仓（美妆区）进行实操体验。

国家邮政局调研督导湖北寄递渠道安全管理工作

6月15日，国家邮政局党组成员、副局长廖进荣赴湖北调研督导寄递渠道安全管理工作，强调要扎实高效推进平安寄递专项行动，大力提升安全风险防范化解能力，全力维护国家安全和社会大局稳定。在湖北省邮政管理局，廖进荣主持召开了平安寄递专项行动座谈会，查看了湖北省寄递企业末端网点视频监控联网系统运行情况。调研期间，廖进荣赴武汉邮区中心、顺丰丰泰产业园、美联德玛假日菜鸟驿站，实地调研平安寄递专项行动推进情况。他强调，要深入推进安全生产标准化建设，全力确保生产安全。要强化个人信息保护，采用制度、技术等手段，构筑信息安全屏障。要推进行业平安员队伍建设，提升企业基层安全管理水平。

国家邮政局党组召开理论学习中心组（扩大）学习会

6月16日，根据主题教育理论学习计划安排，国家邮政局党组召开理论学习中心组（扩大）学习会，深入学习领会习近平总书记关于树立和践行正确政绩观的重要论述，强调要进一步增强树立和践行正确权力观、政绩观、事业观的思想自觉、政治自觉、行动自觉，切实做到以学铸魂、以学增智、以学正风、以学促干，不断提高推动高质量发展本领、服务群众本领、防范化解风险本领。国家邮政局党组书记、局主题教育领导小组组长赵冲久主持学习并讲话。中央主题教育领导小组第三十二指导组有关同志出席会议。局党组成员戴应军、廖进荣出席会议并作交流发言，局党组成员赵民出席会议。

刘君副局长率团访问泰国、韩国

应泰国数字经济与社会部、韩国邮政邀请，国家邮政局副局长刘君率团于6月11日至17日赴泰国和韩国进行工作访问。6月12日，刘君与泰国数字经济与社会部常务秘书长维希特·维希特索拉阿特举行会谈，双方就两国邮政合作发展、市场监管及邮政领域国际合作等议题进行了交流，并就继续实施邮政官员交流互访、加强政策沟通等合作事项达成共识。6月16日，刘君与韩国邮政邮政业务局总局长金弘載举行会谈，双方肯定了两国邮政官员交流互访项目在加强政策沟通、促进交流互鉴、提升能力建设等方面发挥的积极作用，并就两国邮政业发展进行了交流。

邮政快递业多名代表出席团十九大

6月19日，中国共产主义青年团第十九次全国代表大会（以下简称“团十九大”）在人民大会堂开幕，近1500名来自全国各地的团十九大代表出席大会。邮政快递业多位代表出席团十九大，中国邮政集团有限公司浙江省绍兴市分公司皋埠特快揽投部揽投员阮海良、中国邮政集团有限公司重庆市涪陵片区分公司揽投员陈信松、中国邮政速递物流股份有限公司福建省三明市分公司明溪营业部快递员吴鸿炜等。宏伟蓝图催人奋进，青春使命无上光荣。代表们纷纷表示，要坚定理想信念，在学习贯彻习近平新时代中国特色社会主义思想中把牢青春航向，以实际行动书写新时代中国青年运动和青年工作、推动行业高质量发展的壮丽篇章。

国家邮政局部署开展局机关和直属单位“学思想、强党性、重实践、建新功”大讨论

6月，为深入开展学习贯彻习近平新时代中国特色社会主义思想主题教育，贯彻落实好主题教育的总要求，根据局党组主题教育实施方案部署，中共国家邮政局机关委员会部署开展局机关和直属单位“学思想、强党性、重实践、建新功”大讨论活动。要求全面、系统、深入学习习近平新时代中国特色社会主义思想，坚持学思用贯通、知信行统一，引导广大党员、干部“学用新思想、奋进新征程”，不断树牢政治机关意识，认真贯彻建设“讲政治、守纪律、负责任、有效率”的模范机关要求，奋力谱写建设交通强国邮政新篇章，走好践行“两个维护”的第一方阵。

国家邮政局党组召开会议

6月21日，国家邮政局党组召开会议，深入学习习近平总书记重要讲话精神，传达学习中央和国家机关干部队伍教育整顿工作会精神，并听取邮政管理系统干部队伍教育整顿工作进展情况汇报。局党组书记、局长赵冲久主持会议并讲话，局党组成员、副局长戴应军、刘君、赵民、廖进荣出席会议。中央纪委国家监委驻交通运输部纪检监察组有关同志列席会议。会议指出，全系统要准确把握行业在服务加快构建新发展格局中的定位优势，紧紧围绕党中央对内蒙古的战略定位，着眼共建“一带一路”和中蒙俄经济走廊建设，优化快递枢纽建设，推进对外互联互通。

国家邮政局召开局长办公会

6月21日，国家邮政局召开局长办公会，审议并原则通过《快递循环包装箱（报批稿）》推荐性国家标准和《快递包装重金属与特定物质限量（报批稿）》强制性国家标准，强调要牢固树立绿色理念，坚持问题导向和目标导向，加快行业绿色发展步伐。国家邮政局局长赵冲久主持会议，副局长戴应军、刘君、赵民、廖进荣出席会议。会议强调，全系统全行业要进一步提高政治站位，牢固树立绿色理念，切实增强紧迫感、责任感和使命感，坚持问题导向和目标导向，站在人与自然和谐共生的高度去坚持、谋划和稳妥推进邮政快递业绿色发展。

2023年全国快递业务量已达600亿件

国家邮政局监测数据显示，截至6月24日，2023年我国快递业务量已达600亿件，比2019年达到600亿件提前了172天，比2022年提前了34天。6月以来，全国多个电商平台陆续启动年中促销活动，带动了快递业务量的新一轮增长。有数据显示，6月1日至18日电商大促期间，快递日均业务量突破4亿件，市场规模进一步扩增。一条条流动的分拣线，一辆辆疾驰的快递车……一派忙碌景象，不仅展现了快递业的发展强大韧性，更彰显出我国消费市场持续恢复的基础没有改变，消费规模扩大、结构升级的态势仍在延续。

国家邮政局召开局长办公会

6月27日，国家邮政局召开局长办公会议，学习习近平总书记最新重要讲话和重要指示精神，审议并原则通过《国家邮政局工作规则（修订稿）》《加快建设交通强国邮政篇实施方案（2023—2027）（送审稿）》，强调要进一步做好行业青年工作，抓好安全生产责任落实，加强机关规范化建设，加快建设交通强国邮政篇，努力当好中国式现代化的开路先锋。国家邮政局局长赵冲久主持会议，副局长戴应军、刘君、廖进荣出席会议。会议指出，全系统各级党组织要认真学习贯彻习近平总书记同团中央新一届领导班子成员集体谈话时的重要讲话精神，继续抓好青年文明号创建，继续引导行业广大青年立足本职岗位，在行业改革发展中争当排头兵、生力军。

赵冲久局长讲授学习贯彻习近平新时代中国特色社会主义思想主题教育专题党课

6月27日，国家邮政局党组书记、局主题教育领导小组组长赵冲久为邮政管理系统党员干部讲

授专题党课，强调要牢牢把握核心要求，紧紧扭住首要任务，注重用理论学习成果更好指导实践和工作，积极推动行业高质量发展，奋力谱写交通强国邮政篇章。中央第三十二指导组副组长周树春，国家邮政局党组成员戴应军、刘君、赵民、廖进荣出席。赵冲久强调，要紧紧扭住首要任务，在新的起点上推进邮政快递业高质量发展。要完整、准确、全面贯彻新发展理念，着眼质的有效提升和量的合理增长，紧盯党和国家战略部署找定位、找优势、找方向、找思路。要深入了解行业发展形势，增强信心定力。要正视成绩、坚定信念，增强干事创业的积极性和战斗力。要清晰明确实践路径，抓好重点工作。

国家邮政局办公室发出紧急通知

6月27日，国家邮政局办公室发出紧急通知，要求深入贯彻落实习近平对宁夏银川市兴庆区富洋烧烤店燃气爆炸事故重要指示精神，深刻汲取事故教训，举一反三做好邮政快递业安全生产工作。通知强调，各级邮政管理部门、各邮政快递企业要切实提高政治站位，清醒认识当前安全生产面临复杂严峻的形势，坚决克服麻痹思想、侥幸心理，以"时时放心不下"的责任感，坚决压紧压实安全生产责任，抓实抓细抓牢全行业安全生产各项工作，盯紧苗头隐患，全面摸清安全隐患和薄弱环节，有效管控重大风险，强化治理重大隐患，严厉打击违法违规行为，杜绝重特大安全事故和影响恶劣寄递安全事件，确保行业安全生产形势总体稳定。

国家邮政局开展机关和直属单位"两优一先"表彰

6月，国家邮政局机关党委印发《关于表彰2023年国家邮政局机关优秀共产党员、优秀党务工作者和先进基层党组织的通报》。在庆祝中国共产党成立102周年、全党深入开展学习贯彻习近平新时代中国特色社会主义思想主题教育之际，为充分发挥先进典型表率示范作用，激励机关和直属单位各级党组织、广大党员以学铸魂、以学增智、以学正风、以学促干，经国家邮政局机关党委审核，局党组审定，决定对彭美华等32名优秀共产党员、高洪涛等10名优秀党务工作者、政策法规司党支部等5个先进基层党组织予以表彰。

赵冲久局长会见重庆市副市长郑向东

6月30日，国家邮政局局长赵冲久在北京会见重庆市副市长郑向东，双方就推动重庆市邮政快递业改革发展、更好服务经济社会发展和进一步深化合作等内容深入交换了意见。赵冲久对郑向东一行来访表示欢迎，并对重庆市政府长期以来对邮政快递业改革发展的大力支持表示了感谢。他指出，邮政管理工作和邮政快递业改革发展，离不开地方党委政府的大力支持。重庆市地处中国西南部是西部大开发重要战略支点、"一带一路"和长江经济带重要联结点及内陆开放高地。国家邮政局将和重庆市政府进一步加强合作，共同推动成渝地区双城经济圈建设、建设西部陆海新通道等国家重大战略落地，以邮政快递业高质量发展服务当地经济社会发展大局。

国家邮政局组织党员干部赴李大钊烈士陵园开展主题党日活动

6月30日，为推进学习贯彻习近平新时代中国特色社会主义思想主题教育持续走向深入，国家邮政局机关党委组织机关和直属单位党员干部赴李大钊烈士陵园瞻仰学习，开展"牢记初心使命、永葆政治忠诚"主题党日活动。国家邮政局党组成员、副局长、机关党委书记赵民参加活动。在李大钊同志墓前，同志们列队肃立，重温入党誓词，并向李大钊同志汉白玉雕像敬献花篮和鲜花。在李大钊事迹展览馆，同志们认真参观学习了他的光辉事迹。参加活动的党员干部被李大钊同志的事迹所深深震撼和感染，大家表示，要时刻用李大钊等先烈的革命精神鼓舞和激励广大党员干部，坚定理想信念，牢记初心使命，永葆政治忠诚。

国家邮政局召开学习贯彻习近平新时代中国特色社会主义思想主题教育推进会暨2023年全国邮政管理系统半年工作会议

7月6日，国家邮政局召开学习贯彻习近平新时代中国特色社会主义思想主题教育推进会暨2023年全国邮政管理系统半年工作会议，深入学习贯彻落实习近平总书记重要讲话和重要指示批示精神，落实党中央、国务院决策部署，推进全系统学习贯彻习近平新时代中国特色社会主义思想主题教育走深走实。中央第三十二指导组副组长周树春及有关同志、中央纪委国家监委驻交通运输部纪检监察组有关同志出席会议，国家邮政局党组书记、局主题教育领导小组组长赵冲久出席会议并讲话，局党组成员戴应军主持会议、赵民传达中央主题教育领导小组有关会议精神，局党组成员刘君、廖进荣出席会议。

国家邮政局党组召开会议

7月10日，国家邮政局党组召开会议，深入学习习近平总书记重要讲话、重要指示精神，强调要坚持学思用贯通、知信行统一，以实干行动推动行业改革发展各项工作不断取得新成效。局党组书记、局长赵冲久主持会议并讲话，局党组成员、副局长戴应军、刘君、赵民、廖进荣出席会议。会议要求，要深刻理解把握支持高标准高质量建设雄安新区的重要意义，全面把握高标准高质量建设雄安新区的工作要求，对标对表贯彻落实中央《关于支持高标准高质量建设雄安新区若干政策措施的意见》，立足雄安所需，做好行业所能，找准切入点和着力点积极支持雄安新区建设，更好服务重大国家战略。

国家邮政局召开农村寄递物流体系建设座谈会

7月10日，国家邮政局召开农村寄递物流体系建设座谈会。国家邮政局党组书记、局长赵冲久，湖南省政协党组副书记黄兰香出席会议并讲话。中央第三十二指导组副组长周树春到会指导。国家邮政局党组成员、副局长戴应军主持会议。会议就农村快递发展的情况、存在的问题、工作建议进行了深入讨论。会议指出，近年来，国家邮政局进一步完善顶层设计、优化农村邮政体系、分类推进快递进村、健全末端共同配送体系，助力更好畅通城乡经济循环，有效巩固脱贫攻坚成果，服务乡村振兴，让人民群众共享行业改革发展成果。全系统全行业要继续整合资源、创新模式、强化监管，不断解决发展中的问题，促进农村地区真正融入全国统一大市场。

国家邮政局印发通知要求

第三十一届世界大学生夏季运动会（以下简称“大运会”）将于2023年7月28日至8月8日在四川省成都市举办。为做好大运会期间寄递渠道安全服务保障工作，国家邮政局印发《关于做好第31届世界大学生夏季运动会期间寄递渠道安全服务保障工作的通知》（以下简称《通知》），统筹部署大运会期间寄递渠道安全服务保障工作。《通知》指出，全系统全行业要切实提高政治站位，强化责任担当，加强组织领导，深入动员部署，细化实施方案，严格落实责任，突出寄递安全和行业稳定两个重点，统筹做好安全和服务两项保障工作，坚决维护邮政快递业安全稳定运行和寄递渠道安全畅通，以实际行动保障大运会安全顺利举办。

国家邮政局、公安部联合召开平安寄递专项行动暨邮政快递业安全生产视频调度会

7月13日，国家邮政局、公安部联合召开平安寄递专项行动暨邮政快递业安全生产视频调度会，深入贯彻落实习近平总书记重要指示精神，总结前期平安寄递专项行动进展情况，分析面临的形势，就深入推进平安寄递专项行动、做好重大活

动寄递安保和行业安全生产工作进行动员部署，强调要切实把思想和行动统一到习近平总书记重要指示精神上来，深入开展平安寄递专项行动，扎实开展安全生产风险整治，加强行业安全监管，坚决遏制重特大事故发生，切实保障人民群众生命财产安全。国家邮政局党组成员、副局长廖进荣，公安部治安管理局副局长张晓鹏出席会议并讲话。

国家邮政局召开快递行业党建工作座谈会

7 月 14 日，国家邮政局召开快递行业党建工作座谈会，深入贯彻落实习近平总书记对党的建设和组织工作作出的重要指示精神，按照全国组织工作会议部署，进一步落实和深化快递行业党建工作，推动主题教育走深走实，督导纪检干部队伍教育整顿工作。国家邮政局党组成员、副局长赵民主持会议并讲话。会议指出，要认真学习贯彻落实习近平总书记重要指示和全国组织工作会议精神，在邮政管理系统和邮政快递业不断织密建强党的组织体系，不断增强党组织政治功能和组织功能，充分发挥快递行业党委作用，确保邮政快递业改革发展始终沿着正确方向前进。

国家邮政局在山西、河南调研农村寄递物流体系建设工作

7 月 12 日至 14 日，为深入开展学习贯彻习近平新时代中国特色社会主义思想主题教育，切实做好调查研究工作，国家邮政局党组成员、副局长戴应军带队赴山西、河南开展农村寄递物流体系建设情况调研。调研组采用“四不两直”方式，深入山西运城平陆县、河南三门峡市、洛阳市及济源示范区 8 个县（市、区）10 个乡镇 15 个村（社区）开展实地调研。调研组与基层政府部门工作人员、企业负责人、快递员和用户深入交流，详细了解县域邮快合作等情况，具体了解县级分拨处理方式、末端网点日均件量、服务范围、投递方式、派送时效、派费结算等，仔细询问快递进村推进情况，认真倾听群众对邮政快递服务的意见建议。

国家邮政局党组召开会议

7 月 18 日，国家邮政局党组召开会议，传达学习习近平总书记在中央全面深化改革委员会第二次会议上的重要讲话精神、对网络安全和信息化工作作出的重要指示精神，强调要切实扛起改革责任，认真落实中央部署的各项任务，更好服务经济社会发展大局，努力当好中国式现代化的开路先锋。国家邮政局党组书记、局长赵冲久主持会议并讲话，党组成员、副局长戴应军、刘君、赵民、陈凯出席会议。中央纪委国家监委驻交通运输部纪检监察组有关同志列席会议。会议指出，全系统各级党组织要认真落实“建设更高水平开放型经济新体制”的战略举措，要认真落实“深化农村改革”的战略部署，要认真落实“把绿色低碳和节能减排摆在突出位置”的战略要求。

国家邮政局党组召开理论学习中心组（扩大）学习会

7 月 19 日，国家邮政局党组召开理论学习中心组（扩大）学习会，学习习近平总书记在文化传承发展座谈会上的重要讲话精神，强调要自觉坚持和运用“两个结合”，把坚定文化自信、建设邮政文化摆在突出位置，践行人民邮政为人民的初心使命，做先进文化的积极引领者和践行者，切实增强全行业全系统的精神力量，努力当好中国式现代化的开路先锋。国家邮政局党组书记、局主题教育领导小组组长赵冲久主持学习并讲话。局党组成员戴应军、陈凯参加学习，刘君、赵民领学《习近平新时代中国特色社会主义思想专题摘编》相关内容。会议指出，全系统要深刻把握中华文明的突出特性，凝聚起在新时代新征程上团结奋斗的强大精神力量。

国家邮政局、公安部、国家安全部发布通告 加强大运会期间寄递物品安全管理

第 31 届世界大学生夏季运动会（以下简称“大运会”）将于 7 月 28 日至 8 月 8 日在四川省成

都市举办。为保障大运会顺利举办，国家邮政局、公安部、国家安全部发布通告，要求切实加强大运会期间寄递物品安全管理。通告指出，邮政快递企业应当加强大运会期间寄递物品安全检查，依法落实安全管理主体责任，严格遵守禁止寄递物品管理规定，严格执行寄递安全“三项制度”等安全管理制度。除信件和已签订安全协议用户交寄的邮件快件外，邮政快递企业一律对寄件人身份进行查验登记，确认人证相符后方可收寄。对于禁止寄递的物品、不能确认安全性的物品、寄件人拒绝验视的物品，以及与登记信息不一致的物品，一律不予收寄。

国家邮政局、公安部、国家安全部联合调研督导大运会、亚运会寄递安保工作

7月17日至21日，国家邮政局党组成员、副局长廖进荣带队，国家邮政局、公安部、国家安全部相关负责同志组成调研督导组，先后赴四川、浙江调研督导成都第31届世界大学生夏季运动会（以下简称“大运会”）、杭州第19届亚运会和第4届亚残运会（以下简称“亚运会”）期间寄递安保工作。在四川成都，廖进荣一行深入邮政公司、中通快递、申通快递、顺丰速运、京东物流分拨中心和营业网点及大运村仓配点，详细了解邮政快递企业开展大运会寄递安保和寄递安全“三项制度”落实情况。在浙江，廖进荣主持召开座谈会，听取省邮政管理局、省公安厅、省国家安全厅关于平安护航亚运寄递安保工作情况汇报，并先后赴杭州、宁波、金华、温州等地主要快递企业分拨中心以及多个亚运场馆开展实地调研。

国家邮政局召开局长办公会

7月24日，国家邮政局召开局长办公会，深入学习习近平总书记重要讲话精神，传达学习中央主题教育整改整治工作推进会精神，审议并原则通过《国家邮政局关于贯彻落实习近平总书记重要讲话精神 高标准高质量推进雄安新区邮政业发展的实施意见》，强调要再接再厉持续开展好主题教育各项工作，要高标准高质量推进雄安新区邮政业发展。国家邮政局党组书记、局长赵冲久主持会议并讲话，局党组成员、副局长戴应军、刘君、廖进荣、陈凯出席会议。会议强调，要深入学习贯彻习近平总书记关于主题教育系列重要讲话和重要指示批示精神，准确把握中央主题教育整改整治工作推进会要求，再接再厉，持续开展好主题教育各项工作。

国家邮政局组织开展2024年度部门预算编制培训

7月27日至28日，国家邮政局举办2024年度部门预算编制工作布置会暨培训班，部署2024年国家邮政局预算编制工作，明确下一阶段部门预算管理改革重点任务。国家邮政局党组成员、副局长刘君出席会议并讲话。各省（区、市）邮政管理局、国家邮政局直属各单位财务负责人、预算编制人员参加培训。刘君强调，党的二十大提出要健全现代预算制度，为做好新时代预算工作指明了方向，提供了遵循。下半年要继续做好预算执行，强化财会监督工作，切实加强非中央财政拨款资金管理，持续做好人员经费管理。全系统财务人员要提高政治站位，补齐体制机制短板，强化纪律意识，科学搭建内控机制，全面加强财务基础工作和风险管控能力。

邮政快递业全力驰援防汛救灾

受台风“杜苏芮”影响，京津冀地区遭遇极端强降水，多地发生严重洪涝灾害。邮政快递业积极行动起来，参与到防汛救灾当中。8月1日，门头沟区邮政分公司寄递部得知有5吨捐赠饮用水需要运往灾情严重的陈家庄、妙峰山地区，立即协调运管部组织邮政运输车辆，克服重重困难，终于在当日20时5分，将饮用水送抵到妙峰山镇抗洪指挥部，解决了部分居民饮用水问题。8月3日，顺丰公益基金会宣布捐赠1000万元，联合相关公

益机构，充分发挥顺丰在北京、河北、天津等地的运营网络和供应链优势，向受灾区域提供紧急救援。8月3日下午，顺丰公司紧急调拨20辆救援车，装载60余吨矿泉水和食品等急需物资，已在18时左右抵达河北省涿州市。

国家邮政局组织召开第四届全国邮政行业职业技能竞赛部署推进会

8月3日，第四届全国邮政行业职业技能竞赛部署推进会在京召开，国家邮政局党组成员、副局长刘君出席会议并讲话，竞赛组委会各成员单位相关负责同志参加会议。会议听取了国家邮政局职鉴中心、重庆城市管理职业学院、重庆市邮政管理局、中国邮政快递报社、中国快递协会等单位对组织方案、决赛安排、赛务保障以及相关工作准备情况的汇报，对下一步工作进行了部署。刘君强调，要公平公正办赛，持续提高竞赛的公信力。要平平安安办会，制定应急预案，健全风险防控体系，做到“防患于未然”，确保比赛安全顺利进行。要注重赛事品牌化、制度化建设，以赛促建、以赛促训、以赛促学，不断提升快递从业人员的荣誉感、获得感。

国家邮政局党组召开会议学习习近平总书记重要讲话精神

8月8日，国家邮政局党组召开会议，深入学习习近平总书记重要讲话、重要指示精神，传达学习全国安全生产电视电话会议精神，研究主题教育有关重点工作，并听取上半年履行全面从严治党主体责任情况汇报。国家邮政局党组书记、局长赵冲久主持会议并讲话，局党组成员、副局长刘君、赵民、廖进荣、陈凯出席会议。中央纪委国家监委驻交通运输部纪检监察组有关同志列席会议。会议指出，全系统要认真学习贯彻，按照党中央决策部署抓好下半年工作任务落实。要聚焦高质量发展首要任务，推动行业实现质的有效提升和量的合理增长；要积极服务扩大内需战略，为服务生产消费作出更大贡献；要持续深化改革开放，坚持“两个毫不动摇”，充分激发市场活力；要坚持底线思维，统筹好发展和安全，坚决守住不发生系统性风险的底线。

国家邮政局召开邮政快递业安全生产电视电话会议

8月9日，国家邮政局召开邮政快递业安全生产电视电话会议，学习贯彻习近平总书记关于安全生产重要指示批示精神，落实全国安全生产电视电话会议要求，分析当前安全生产面临的形势，部署下阶段安全生产工作，强调要坚决抓好安全生产各项工作落实落地，切实防范遏制重特大事故发生，推动邮政快递业安全生产形势持续稳定向好，为谱写加快建设交通强国邮政新篇章提供坚实安全保障。国家邮政局党组书记、局长赵冲久出席会议并讲话，党组成员、副局长廖进荣主持会议。会议强调，要对标对表全年目标任务，以“时时放心不下”的责任感，切实抓实抓细行业安全生产各项工作。

国家邮政局召开“学思想、强党性、重实践、建新功”大讨论活动座谈交流会

8月10日，国家邮政局召开“学思想、强党性、重实践、建新功”大讨论活动座谈交流会。会议强调，要牢牢把握主题教育总要求，坚持学思用贯通、知信行统一，奋力书写加快建设交通强国邮政新篇章，坚决走好践行“两个维护”的第一方阵。局党组成员、副局长赵民主持会议并讲话。会议指出，这次大讨论活动主题鲜明、方式灵活、内容丰富，体现了贯通结合、学用转化。在主题教育总要求指引下，党员干部全面、系统、深入学习习近平新时代中国特色社会主义思想，把准奋斗方向、增强党性意识、提升理论素养、强化实践能力，不断将学习、工作热情转化为立足岗位作贡献、实干担当促发展的强大动力。

国家邮政局党组学习贯彻习近平总书记关于主题教育的重要论述

8月15日，国家邮政局党组召开会议，学习贯彻习近平总书记关于主题教育的重要论述，研究部署持续深化中央巡视整改相关工作，强调要深刻领悟以学铸魂、以学增智、以学正风、以学促干的丰富内涵，切实做到常学常新、善思善用、走深走实。国家邮政局党组书记、局长赵冲久主持会议并讲话，局党组成员、副局长戴应军、刘君、赵民、陈凯出席会议。会议强调，全系统要扎实践行以学铸魂，坚定理想信念，铸牢对党忠诚，站稳人民立场，在对党忠诚、永葆本色上当好表率；要扎实践行以学增智，在政治过硬、本领高强上当好表率；要扎实践行以学正风，在树立新风、为民造福上当好表率；要扎实践行以学促干，在担当有为、开创新局上当好表率。

国家邮政局召开局长办公会

8月15日，国家邮政局召开局长办公会议，审议并原则通过《邮件快件农村客运车辆搭载作业要求（报批稿）》行业标准等文件。国家邮政局局长赵冲久主持会议，副局长戴应军、刘君、赵民、陈凯出席会议。会议指出，制定《邮件快件农村客运车辆搭载作业要求》行业标准是贯彻落实关于鼓励邮政、快递、交通、供销等物流平台加快推广农村寄递物流共同配送模式，鼓励各地区合理配置城乡交通资源，完善农村客运班车代运邮件快件合作机制的又一务实举措，可有效保障作业安全和人员安全，确保“交邮合作”“交快合作”更加顺畅高效，对于促进交通运输、邮政快递深度合作融合，提升寄递服务品质具有重要意义。

国家邮政局党组理论学习中心组（扩大）学习会

8月17日，国家邮政局党组召开理论学习中心组（扩大）学习会，重点围绕习近平总书记关于党的建设的重要思想、习近平法治思想等内容进行专题学习，传达学习国务院第二次全体会议精神，强调要深入学习贯彻习近平法治思想，不断强化党内法规和国家法律的应知应会学习，努力在学深悟透、融会贯通、知行合一上下功夫，做遵规学规守规用规、尊法学法守法用法的模范。国家邮政局党组书记、局长赵冲久主持学习，局党组成员、副局长戴应军、刘君、赵民、陈凯参加学习。会议指出，要深入把握习近平总书记关于党的建设的重要思想的丰富内涵，努力掌握好这一管党有方、治党有效的锐利思想武器，切实把这一重要思想贯彻落实到党的建设各领域全过程。

中共国家邮政局党组召开主题教育专题民主生活会

8月24日，中共国家邮政局党组召开学习贯彻习近平新时代中国特色社会主义思想主题教育专题民主生活会。局党组聚焦学思想、强党性、重实践、建新功总要求，对照凝心铸魂筑牢根本、锤炼品格强化忠诚、实干担当促进发展、践行宗旨为民造福、廉洁奉公树立新风具体目标，对照理论学习、政治素质、能力本领、担当作为、工作作风、廉洁自律等6个方面突出问题，对照习近平总书记关于以学铸魂、以学增智、以学正风、以学促干的12条具体要求，联系思想和工作实际，认真进行党性分析，深刻剖析问题根源，严肃开展批评和自我批评，检视问题，明确方向，推动工作。中央第三十二指导组组长李微微出席会议并作点评讲话，指导组副组长周树春和有关成员到会指导。国家邮政局党组书记、局长赵冲久主持会议，局党组成员戴应军、刘君、赵民、廖进荣、陈凯出席会议。中央纪委国家监委驻交通运输部纪检监察组有关同志列席会议。

国家邮政局党组传达学习中共中央政治局常务委员会会议精神

8月25日，国家邮政局党组召开会议，传达学习中共中央政治局常务委员会会议精神，认真学习习近平总书记重要讲话、重要指示精神，通报局党组主题教育专题民主生活会情况。局党组书记、局长赵冲久主持会议并讲话，局党组成员、副局长戴应军、刘君、赵民、廖进荣、陈凯出席会议。中央纪委国家监委驻交通运输部纪检监察组有关同志列席会议。会议强调，全系统全行业要认真学习贯彻8月17日中共中央政治局常务委员会会议和习近平总书记对防汛抗洪救灾工作的重要指示精神，严格落实党中央决策部署，始终绷紧防汛救灾这根弦，始终把人民生命财产安全放在第一位，以“时时放心不下”的责任感，慎终如始做好防汛抗洪救灾各项工作。

国家邮政局召开局长办公会议

8月25日，国家邮政局召开局长办公会议，审议并原则通过《国家邮政局关于推进新时代快递业高质量发展的意见(送审稿)》《邮件快件包装抽查工作规则(试行)(送审稿)》。国家邮政局局长赵冲久主持会议，副局长戴应军、刘君、赵民、廖进荣、陈凯出席会议。会议强调，推进新时代快递业高质量发展，建设与中国式现代化相适应的快递服务体系，是服务加快构建新发展格局，更好满足人民群众美好生活需要的必然要求。会议指出，全系统全行业要进一步提高治理能力，建立快递包装定期抽查机制，严格规范统一抽查内容、抽查口径、抽查范围、抽查方式方法，做到全国快递包装绿色治理水平“一把尺子”衡量，为行业决策提供科学参考。

国家邮政局党组第一轮巡视完成反馈

8月，国家邮政局党组第一轮巡视反馈工作已全部完成，分别是广西壮族自治区邮政管理局、云南省邮政管理局、湖北省邮政管理局、湖南省邮政管理局、河北省邮政管理局、黑龙江省邮政管理局、福建省邮政管理局、浙江省邮政管理局8家被巡视党组。巡视组把“两个维护”作为根本任务，重点监督检查落实党的理论和路线方针政策以及党中央重大决策部署、全面从严治党战略部署、新时代党的组织路线、巡视整改等情况。国家邮政局党组巡视工作领导小组、国家邮政局党组先后召开会议听取了巡视工作情况汇报，对巡视反馈和整改工作进行了部署，提出了具体要求。巡视组向被巡视党组反馈了巡视情况，通报了巡视发现的主要问题。

国家邮政局党组传达学习习近平总书记重要讲话精神

8月30日，国家邮政局党组召开会议，传达学习习近平总书记在听取新疆维吾尔自治区党委和政府、新疆生产建设兵团工作汇报时的重要讲话精神，审议并原则通过《关于全面加强新时代邮政快递业精神文明建设的指导意见》。国家邮政局党组书记、局长赵冲久主持会议并讲话，局党组成员、副局长戴应军、刘君、赵民、廖进荣、陈凯出席会议。会议强调，全系统全行业要牢牢把握新疆在国家全局中的战略定位，胸怀“两个大局”、牢记“国之大者”，认真落实《关于贯彻落实新时代党的治疆方略进一步做好新疆邮政快递工作的实施方案》，进一步做好新疆邮政快递工作。

赵冲久局长会见浙江省副省长柯吉欣

8月30日，国家邮政局局长赵冲久在北京会见浙江省副省长柯吉欣，双方就推动浙江省邮政快递业改革发展、更好服务经济社会发展和进一步深化合作等内容深入交换了意见。国家邮政局副局长陈凯一同会见。赵冲久对柯吉欣一行来访表示欢迎，并对浙江省政府大力支持邮政管理工作和邮政快递业发展表示感谢。他表示，近年来，在浙江省政府的大力支持下，浙江邮政快递基础资源要素不断集聚，市场结构持续优化，创新动能不断增强。国家邮政局将和浙江省政府进一步加强合作，共同深化双方合作协议、深化落实行业助力建设共同富裕示范区，支持杭州办好亚运会等重要活动，继续支持浙江邮政快递业更好融入地方经济社会发展大局。

2023 年中国邮政“919 电商节”在京启动

9 月 1 日,2023 年中国邮政“919 电商节”在京启动。中国邮政集团有限公司党组书记、董事长刘爱力出席并致辞。国家邮政局党组成员、副局长戴应军出席启动仪式。作为“中国农民丰收节金秋消费季”系列活动之一,2023 年的中国邮政“919 电商节”围绕“邮政 919,丰收欢乐购”主题,继续组织系列强农惠农和促销让利活动,通过消费补贴、邮政直播等方式,活跃城乡消费市场,为乡村振兴增添新活力。中国邮政集团有限公司已成功举办 6 届“919 电商节”,打造出受政府肯定、商家信任、农民期待、客户喜爱的央企农村电商品牌。2023 年的“919 电商节”突出“四个聚焦”——聚焦十大主题,聚焦大单品,聚焦渠道优势,聚焦板块协同。

廖进荣副局长赴河北涿州调研邮政快递业运营情况和防汛救灾应急处置工作

9 月 1 日,国家邮政局党组成员、副局长廖进荣在河北涿州调研邮政快递业运营情况和防汛救灾应急处置工作,强调要认真贯彻习近平总书记重要指示精神,以邮政快递业快速恢复生产运营更好服务地方灾后重建,加强应急管理体系建设,进一步提升防汛救灾能力。廖进荣一行先后到中通京南转运中心、京东、顺丰、申通网点,向企业负责人和一线员工详细了解企业生产运营和防汛应急处置情况。廖进荣强调,要高效统筹发展和安全,以高水平安全保障高质量发展。要坚持底线思维、极限思维,在预防上多下功夫,进一步加强行业应急管理体系和能力建设。以系统观念加强基础设施建设,强化应急演练,强化从业人员安全意识,强化应急组织和物资储备,强化监测预警。

赵冲久局长参观服贸会中国快递展区

9 月 4 日,在 2023 年中国国际服务贸易交易会(以下简称“服贸会”)供应链及商务服务板块,各邮政快递企业通过展板、演示、实物、互动等各种方式展示最新发展成果。国家邮政局局长赵冲久参观中国快递展区,在展台前驻足,听取情况介绍、肯定发展成效,强调要坚持以新发展理念为引领,以融入新发展格局为支点,以满足人民用邮需要为根本,为全球服务贸易发展作出行业新贡献。赵冲久强调,要加快推进行业数字化转型,不断引领产业链深度融合和高端跃升,更好服务经济社会发展。要服务好国家开放大局,持续加强国际寄递物流体系建设。要坚持绿色发展不动摇,以科技应用推动行业节能减排,凝聚全社会力量推进行业绿色发展。

《国家邮政局关于全面加强新时代邮政快递业精神文明建设的指导意见》印发

9 月,《国家邮政局关于全面加强新时代邮政快递业精神文明建设的指导意见》(以下简称《意见》)正式印发。《意见》指出,社会主义精神文明是中国特色社会主义的重要特征,是全面建成社会主义现代化强国、实现第二个百年奋斗目标,以中国式现代化全面推进中华民族伟大复兴的重要内容和重要保证。邮政快递业必须坚持物质文明和精神文明“两手抓、两手都要硬”,把精神文明建设贯穿行业改革发展和管理服务全过程、各方面。《意见》坚持以习近平新时代中国特色社会主义思想为指导,传承和弘扬“人民邮政为人民”的初心使命,为行业高质量发展提供坚强思想保证、强大精神动力、丰润道德滋养和良好文化条件。

陈凯副局长参观服贸会中国快递展区

9 月 5 日,国家邮政局副局长陈凯参观 2023 年中国国际服务贸易交易会(以下简称“服贸会”)供应链及商务服务板块中国快递展区,详细了解各邮政快递企业近期发展的新成果,鼓励企业不断探索新的业务场景,继续加大科技创新力度,加力服务千城百业,加快国际快递物流体系建设,更好推动行业实现高质量发展。陈凯详细了解了企业近期科技发展成效并给予充分肯定。他强调,创新驱动是高质量发展的一个显著特征,要充分发挥创新在企业发展中的引领作用。要推动科技创新，大力推进“互联网＋”“智能＋”，提升网络运行效率和服务质量。要推动产业协同创新，不断提升服务质量，创新服务模式，提供多元化选择，拓展服务领域，开辟增量市场。

国家邮政局召开邮政快递业安全生产规范化管理现场会

9月7日，国家邮政局在上海召开邮政快递业安全生产规范化管理现场会，全面总结回顾近年来安全生产工作，分析面临的新形势新任务，研究今后一个时期行业安全生产举措，部署下阶段重点工作，强调要切实把思想和行动统一到习近平总书记关于安全生产重要论述和重要指示批示精神上来，统筹好发展和安全，坚决抓好安全生产各项工作，推动邮政快递业安全生产形势持续稳定向好，为谱写加快建设交通强国邮政新篇章提供坚实安全保障。会前，国家邮政局党组书记、局长赵冲久作出批示，就做好行业安全生产工作提出明确要求。国家邮政局党组成员、副局长廖进荣出席会议并讲话。

三部门印发通告 加强杭州亚运会亚残运会期间寄递物品安全管理

9月，国家邮政局、公安部、国家安全部联合印发《关于加强第19届亚洲运动会和第4届亚洲残疾人运动会期间寄递物品安全管理的通告》（以下简称《通告》）。《通告》提出，邮政快递企业应当依法落实安全管理主体责任，严格遵守禁止寄递物品管理规定，严格执行实名收寄、收寄验视、过机安检等安全管理制度。作为亚运会举办地，浙江省相关邮政快递企业对寄达赛事举办地邮件快件逐一实行投递前“二次安检”并施加“二次安检”标识，配合相关部门对进入安保核心区域邮件快件实行投递前再次安检。实行寄递物品临时管控，在前述时间和地域范围内严禁收寄和投递无人机、穿越机等“低慢小”航空器和空飘气球等物品。

国家邮政局、中央网信办、公安部联合召开邮政快递领域隐私运单应用工作推进会

9月8日，国家邮政局、中央网信办、公安部三部门联合召开邮政快递领域隐私运单应用工作推进会，回顾总结工作成效，深入分析问题困难，进一步统一思想、提高认识、形成工作推进合力，持续深入推广应用隐私运单，全力保障邮政快递领域信息安全。国家邮政局党组成员、副局长廖进荣出席会议并讲话。会议强调，各部门各企业要提高政治站位，持续抓好推广应用隐私运单工作，完善制度体系，打通堵点盲区。要增强风险意识，不断升级技术手段，提升从业人员保护用户信息的能力。要坚持问题导向，有效解决影响末端投递时效、用户体验度打折扣等问题。同时，上下游企业要通力合作，探索实现寄递数据的互联互通，更好满足寄递用户个人信息保护需求。

国家邮政局党组召开会议

9月11日，国家邮政局党组召开会议，传达学习中共中央政治局会议精神，习近平总书记近期重要讲话、重要指示精神，学习贯彻习近平新时代中国特色社会主义思想主题教育第一批总结暨第二批部署会议精神，研究部署第二批主题教育开展有关事项，强调要把深入学习贯彻习近平新时代中国特色社会主义思想作为主题主线，认真贯彻落实党中央工作部署，积极发挥行业畅通循环、促进流通的作用，更好服务经济社会发展大局，加快建设交通强国邮政篇，努力当好中国式现代化的开路先锋。国家邮政局党组书记、局长赵冲久主持会议并讲话，局党组成员、副局长戴应军、刘君、廖进荣、陈凯出席会议。

全国邮政管理系统学习贯彻习近平新时代中国特色社会主义思想主题教育第一批总结暨第二批部署会议召开

9月12日，国家邮政局召开全国邮政管理系统学习贯彻习近平新时代中国特色社会主义思想

主题教育第一批总结暨第二批部署会议，深入学习贯彻习近平总书记重要讲话和指示批示精神，认真落实中央主题教育第一批总结暨第二批部署会议要求，全面总结全系统第一批主题教育开展情况，巩固深化主题教育成果，对全系统第二批主题教育进行部署。中央第十七巡回指导组组长陈求发出席会议并讲话，有关成员出席会议。国家邮政局党组书记、局主题教育领导小组组长赵冲久主持会议并讲话，局党组成员戴应军、刘君、廖进荣、陈凯出席会议。中央纪委国家监委驻交通运输部纪检监察组有关同志列席会议。

国家邮政局召开第二批学习贯彻习近平新时代中国特色社会主义思想主题教育巡回督导组培训会

9月12日，国家邮政局召开第二批主题教育巡回督导组培训会，传达中央学习贯彻习近平新时代中国特色社会主义思想主题教育第一批总结暨第二批部署会议精神，解读国家邮政局第二批主题教育工作方案，宣布第二批主题教育巡回督导组组成，交流第一批主题教育巡回指导工作经验。会议强调，要把思想和行动统一到党中央决策部署、中央巡回指导组要求和国家邮政局党组工作安排上来，把牢正确方向，强化责任意识，抓住关键重点，加强自身建设，坚持同题共答，以高度的政治责任感和求真务实作风，不折不扣完成好各项任务，推动邮政管理系统第二批主题教育取得实实在在的效果。

国家邮政局在贵州调研农村寄递物流体系建设情况

9月12日至14日，国家邮政局党组成员、副局长陈凯在贵州调研农村寄递物流体系建设情况，强调要加强基础设施建设，推进快递服务现代农业，促进行业高质量发展，加快建设交通强国邮政篇。在黔南州，调研组先后走访了罗甸县贵兴惠民连锁商超安邦华城店、董当村店、大小井火龙果基地和都匀市电子商务公共服务中心。在贵州快递物流集聚区，调研组详细了解党群服务中心非公党建、群团等工作开展情况。随后，在贵州快递物流集聚区管理委员会召开座谈会，听取中通、圆通、韵达、申通、极兔等企业贵州省区负责人的汇报。调研组勉励各企业坚定发展信心，树牢契约精神，拓展农村网络覆盖，持续抓好从业人员合法权益保障。

国家邮政局党组传达学习习近平总书记重要指示精神

9月18日，国家邮政局党组召开会议，传达学习习近平总书记对新时代办公厅工作作出的重要指示精神，研究关于成立国家邮政局标准化管理委员会有关事项，强调要锤炼忠诚品格，强化大局意识，建设让党放心、让人民满意的模范机关。国家邮政局党组书记、局长赵冲久主持会议并讲话，局党组成员、副局长戴应军、刘君、赵民、廖进荣、陈凯出席会议。会议强调，全国邮政管理系统各级办公室要认真学习习近平总书记对新时代办公厅工作作出的重要指示精神，全面落实全国党委和政府秘书长会议部署要求。要旗帜鲜明讲政治，不断提高政治站位，以实际行动坚定拥护“两个确立”、坚决做到“两个维护”。

赵冲久局长会见越南邮政管理委员会执行委员阮长江

9月19日，国家邮政局局长赵冲久在北京会见了来访的越南邮政管理委员会执行委员阮长江一行，双方就深化中越邮政领域的合作与发展交换了意见。国家邮政局副局长赵民参加会见，并主持了中越邮政政策对话。越南信息和通信部邮政司司长吕黄忠在线参加了对话。赵冲久对越南代表团一行表示欢迎。他指出，希望双方在两国签署合作备忘录的框架下，进一步加强在邮政法律法规、监管和规划等方面的政策沟通，进一步加强在跨境寄递业务方面的合作，进一步加强在万国邮联和亚太邮联重大国际邮政事务方面的合作,为两国邮政业的共同发展和深度参与全球邮政治理作出新的贡献。

2023 全球可持续交通高峰论坛“可持续邮政:携手合作助力全球邮政发展”边会召开

9 月 25 日下午,2023 全球可持续交通高峰论坛“可持续邮政:携手合作助力全球邮政发展”边会在国家会议中心召开。国家邮政局副局长赵民出席会议并致开幕辞,亚太邮联秘书长维纳亚·普拉卡什·辛格,万国邮联邮政经营理事会主席、法国邮政国际总裁让·保罗·福塞维尔等来自国际组织、各国政府部门和企业界的代表,围绕“数字化创新赋予全球邮政业普惠发展新动力”和“绿色低碳发展成为全球邮政业可持续发展新方向”两个议题,分享经验做法、探讨发展路径、畅想美好未来。赵民指出,希望大家携起手来,推动各国政府和邮政快递企业加快行动,为更好落实联合国 2030 年可持续发展议程、加快实现全球邮政可持续发展目标贡献力量。

赵冲久局长出席 2023 全球可持续交通高峰论坛“互联互通:促进数字时代互联互通”主题会议并致开幕辞

9 月 25 日下午,2023 全球可持续交通高峰论坛“互联互通:促进数字时代互联互通”主题会议在国家会议中心召开。会议邀请全球各方围绕新时代如何推进全球互联互通,推动跨境运输便利化,推动全球经济更具活力发展进行探讨。国家邮政局局长赵冲久出席会议并致开幕辞,强调要把握数字时代发展浪潮,促进互联互通全球合作。赵冲久强调,“一带一路”倡议提出十年来,基础设施“硬联通”和标准规则信息“软联通”扎实推进,共建国家信息共享和运输水平不断提升。赵冲久表示,中国愿同各国一道,把握新一轮科技革命和产业变革新机遇,应对共同风险和挑战,为促进全球经济循环、助力世界经济增长、增进各国人民福祉作出贡献。

第九届快递“最后一公里”大会在京举行

9 月 26 日,以“大道致远 容融共生”为主题的第九届快递“最后一公里”大会在京举行。来自农业农村部(国家乡村振兴局)、国家邮政局、国务院发展研究中心、国家发展和改革委员会等有关部门,邮政、快递、电商、末端企业负责人以及研究机构的专家代表等齐聚一堂,解读政策红利,分享实践经验,探讨破解之策,为更好地推动快递末端服务高质量发展建言献策。大会还发布了研究报告《变化点、变革点》。国家邮政局党组成员、副局长陈凯出席会议并致辞。陈凯强调,面对机遇与挑战,全行业必须深入落实习近平总书记对邮政快递业的重要指示批示精神,以新气象新作为推动行业末端服务高质量发展取得新成效。

中共国家邮政局党组发出通知要求紧盯中秋国庆节点持之以恒纠治“四风”

中秋、国庆将至,中共国家邮政局党组发出通知,要求全系统深入贯彻落实党的二十大精神和二十届中央纪委二次全会精神,锲而不舍落实中央八项规定及其实施细则精神,持之以恒纠“四风”树新风,确保节日风清气正。通知指出,当前,正处于巩固拓展第一批主题教育成果、深入推进第二批主题教育的“关键期”。各级党组织要压实主体责任,增强政治自觉,落实全面从严治党主体责任,把纠治“四风”情况作为检验主题教育成效的重要标尺,密切关注“四风”问题新动向、新表现,加强教育提醒,压紧压实责任,层层传导压力,凝聚工作合力。

赵冲久局长会见亚太邮联秘书长维纳亚·普拉卡什·辛格

9 月 26 日,国家邮政局局长赵冲久在北京会见了来访的亚洲-太平洋邮政联盟(以下称亚太邮联)秘书长维纳亚·普拉卡什·辛格。双方就加强亚太地区邮政领域合作与发展、积极参与全球邮政治理等事宜交换了意见。赵冲久祝贺辛格当选新一届亚太邮联秘书长。他指出,中国作为邮政大家庭的一员,历来重视与各国的友好关系,深度参与邮联改革、实物业务与电子商务等核心工作,担任这些工作组的主席国,发挥了主导作用。中国也积极参与为发展中国家和不发达国家提供技术援助活动。赵冲久表示,中国将积极落实国家邮政局同亚太邮联签署关于加强邮政领域合作的谅解备忘录有关内容,推进与亚太邮联的交流与合作,促进亚太地区邮政业共同发展。

国家邮政局党组传达学习习近平总书记重要讲话和重要贺信精神

9 月 27 日,国家邮政局党组召开会议,传达学习习近平总书记在浙江考察时的重要讲话精神,深刻学习领会习近平主席向全球可持续交通高峰论坛致贺信精神,强调要牢牢把握加快建设交通强国的重要使命,为行业高质量发展增添新动能激发新活力,奋力谱写加快建设交通强国邮政新篇章。国家邮政局党组书记、局长赵冲久主持会议并讲话,局党组成员、副局长戴应军、刘君、赵民、廖进荣、陈凯出席会议,中央纪委国家监委驻交通运输部纪检监察组有关同志列席会议。会议要求,全系统全行业要牢牢把握加快建设交通强国的重要使命,认真落实国家综合立体交通网规划纲要,扎实做好交通强国邮政专项试点,奋力谱写加快建设交通强国邮政新篇章。

国家邮政局党组理论学习中心组(扩大)到北京华为会展中心调研学习

9 月 27 日,为深入贯彻落实党的二十大精神,深化巩固学习贯彻习近平新时代中国特色社会主义思想主题教育成果,国家邮政局党组理论学习中心组(扩大)到北京华为会展中心调研学习。局党组书记、局长赵冲久带队,局党组成员、副局长戴应军、刘君、赵民、廖进荣一同调研学习。赵冲久指出,加快实现高水平科技自立自强是高质量发展的必由之路。邮政快递业具有超大规模的市场优势、广阔的科技创新应用场景、日益完备的科研体系、不断壮大的科研人才队伍,华为公司与邮政快递业有着良好的合作前景。希望双方能充分发挥市场机制作用,促进 5G、人工智能、云计算、信息安全等技术在行业深入应用,为行业高质量发展、高效能治理注入生机和活力。

陈凯副局长会见新加坡国家环境局局长黄康杰

9 月 27 日,国家邮政局副局长陈凯在北京会见了来访的新加坡国家环境局局长黄康杰一行,双方就绿色发展议题进行了深入交流。陈凯对黄康杰一行的来访表示热烈欢迎。他指出,近年来,中国邮政快递业已建成覆盖全国、遍布城乡、通达世界的网络,年业务量超千亿件、业务收入超万亿元,快递业已成为一张靓丽的中国名片。国家邮政局贯彻落实中国政府碳达峰碳中和决策部署,坚定不移走生态优先、绿色发展道路,坚持整体谋划、统筹推进、突出重点、协同共治、科技推动,促进中国快递物流与电子商务协同发展,推进邮政快递业绿色低碳持续发展。他表示,国家邮政局将广泛开展绿色低碳发展国际交流合作,共同持续推进邮政快递业绿色高质量发展。

万国邮联第四次特别大会在利雅得召开 国家邮政局副局长赵民出席战略峰会

当地时间 10 月 1 日至 5 日,万国邮联第四次特别大会在沙特阿拉伯首都利雅得召开,重点审议万国邮联向更广泛邮政行业参与者开放、万国邮联气候行动、万国邮联财务及邮政金融等议题。本次特别大会共有 120 余个成员国参加。国家邮政局副局长赵民率中国代表团出席会议。中国代表团由外交部、国家邮政局、中国邮政集团有限公司、香港邮政署、澳门邮电局组成。赵民出席了战略峰会、闭幕式等重大活动,并代表中国政府签署了修订后的万国邮联法规。中国驻沙特使馆公使衔参赞殷立军一同出席了战略峰会。10 月 4 日下午至 5 日上午，特别大会组织召开了题为“人类、目标、进步——邮政业未来篇章”的 2023 战略峰会。赵民在致辞中表示，中国作为万国邮联大家庭成员，将一如既往支持和参与万国邮联工作，努力推动万国邮联朝着更加开放、包容、普惠、共赢的方向发展。

中秋国庆假期全国揽投快递包裹超 51.47 亿件

国家邮政局监测数据显示，2023 年中秋国庆放假期间（9 月 29 日至 10 月 6 日），全国邮政行业揽收快递与包裹 25.75 亿件（不包含邮政集团包裹业务），日均揽收量与 2019 年国庆长假相比增长 122.6%，与 2022 年国庆长假相比增长 8.6%；投递快递与包裹 25.72 亿件（不包含邮政集团包裹业务），日均投递量与 2019 年国庆长假相比增长 133.9%，与 2022 年国庆长假相比增长 18.7%。为做好假期的寄递服务，各级邮政管理部门始终把维护行业安全稳定摆在重要位置，把寄递渠道安全管理“三项制度”落细落实落到位。同时持续加强快递员群体合法权益保障，督导邮政快递企业严格落实国家法律法规关于法定节假日薪酬待遇有关规定。

国家邮政局开展寄递渠道安全服务保障工作督导检查

为做好第 19 届亚洲运动会、第 4 届亚洲残疾人运动会和中秋国庆节日期间寄递安全和服务保障工作，国家邮政局于 9 月 25 日至 10 月 6 日派出多个工作组采取“四不两直”等方式，分赴宁夏、河南、吉林、辽宁、天津、云南等地开展督导检查，重点督导企业实名收寄、收寄验视、过机安检寄递安全“三项制度”落实情况，督促企业强化安全责任和措施落实，确保邮政快递业安全稳定运行和寄递渠道安全畅通。工作组综合运用公开督查、实寄测试等手段，针对寄递企业中秋国庆节日安全工作部署情况、寄递安全“三项制度”落实情况、亚运会寄递渠道安保工作部署要求掌握情况等方面进行重点督导。

万国邮政联盟国际局总局长目时正彦发表世界邮政日致辞

10 月 9 日，万国邮政联盟国际局总局长目时正彦以“共筑信任 携手共创安全互联的未来”为题，发表“世界邮政日”致辞。目时正彦指出，邮政业像纽带一样联通千家万户，促进社会团结包容，具有重要的基础性作用。几百年来，邮政业之所以取得成功，就在于赢得了世界各地人们的信任。正是基于这种信任，全球邮政业在第四次工业革命浪潮的关键时期，着力推进大规模的数字化转型，将庞大的实体邮政网络连接到数字领域，努力弥合规模巨大的人口所面临的数字鸿沟。为了让全世界所有的个人和企业都能享受到数字经济带来的福祉，万国邮政联盟发布了“互联邮政”（connect. post）倡议，希望通过不懈努力，到 2030 年让每个网点都能够充分并且安全地接入互联网，不断增强数字融合能力。

赵冲久局长发表第 54 届世界邮政日致辞

2023 年 10 月 9 日是第 54 届世界邮政日。2023 年世界邮政日的主题是“共筑信任 携手共创安全互联的未来”。国家邮政局局长赵冲久在致辞中指出，中国邮政业勇于面对世界之变、时代之变、历史之变，更好统筹发展和安全，充分发挥全球邮政服务网络独特作用，谋求高质量发展和高水平安全良性互动，为世界经济发展、人类共同进步作出行业贡献。当前农村寄递物流体系、国际寄递物流体系还不够完善，寄递安全监管能力建设滞后于行业快速发展，网络和数据安全面临严峻复杂的形势。我们必须深入贯彻落实习近平总书记关于邮政业重要指示批示精神，更好满足人民日益增长的美好生活用邮需要，奋力谱写加快建设交通强国邮政篇章，努力当好中国式现代化的开路先锋。

国家邮政局公布2023年度邮政行业科技英才、技术能手推进计划入选名单

10月，国家邮政局公布2023年度邮政行业科技英才、技术能手推进计划入选名单。其中，47人入选2023年度邮政行业科技英才推进计划，46人入选2023年度邮政行业技术能手推进计划。根据《邮政行业科技英才推进计划管理办法》《邮政行业技术能手推进计划管理办法》和年度工作安排，国家邮政局组织开展了2023年度邮政行业科技英才、技术能手推进计划人选推荐工作。经申报推荐、专家评审和公示，国家邮政局确定北京京邦达贸易有限公司庄晓天等47人入选2023年度邮政行业科技英才推进计划，长沙康通速递服务有限公司马石光等46人入选2023年度邮政行业技术能手推进计划。

赵民副局长率团访问阿联酋

10月7日至9日，国家邮政局副局长赵民应邀率代表团赴阿联酋进行了工作访问。9日，赵民与阿联酋邮政集团（阿联酋国家邮政监管机构和指定经营者）首席执行官阿卜杜拉·穆罕默德·阿拉什拉姆举行会谈，就推动双方签署合作文件，加强邮政领域对话等事宜交换了意见，赵民指出，很高兴在世界邮政日这个具有特殊纪念意义的日子率中国国家邮政局代表团与阿联酋邮政进行双边会谈。希望通过此次访问推动双方建立关于加强邮政领域合作的合作机制，进一步促进中阿两国在邮政领域的友好关系，深化交流与合作，尤其是加强在政策层面的沟通对话，在能力建设、国际邮政组织重大事务等方面开展合作。

国家邮政局党组传达学习中共中央政治局会议精神和习近平总书记重要讲话重要指示精神

10月10日，国家邮政局党组召开会议，传达学习中共中央政治局会议精神和习近平总书记重要讲话重要指示精神，强调要抓好巡视整改和成果运用，推动全面从严治党向纵深发展。国家邮政局党组书记、局长赵冲久主持会议并讲话，局党组成员、副局长戴应军、刘君、廖进荣、陈凯出席会议，中央纪委国家监委驻交通运输部纪检监察组有关同志列席会议。会议指出，全系统各级党组织要切实担起政治责任，自觉将巡视巡察作为发现和推动解决问题的有效方式，持续发力、纵深推进。会议强调，全系统要把邮政快递业的开放合作放到国家全局和服务国家战略中去思考和推动，主动适应高标准国际经贸规则，积极服务构筑对外贸易新优势。

国家邮政局召开第三季度行业运行调度会暨第二批主题教育推进会

10月10日，国家邮政局召开2023年第三季度行业运行调度会暨第二批主题教育推进会，梳理总结三季度行业运行情况，分析研判当前行业面临形势，部署下阶段重点工作。局党组书记、局长赵冲久主持会议并讲话，局党组成员、副局长戴应军、刘君、廖进荣、陈凯出席会议。会议指出，2023年以来，邮政行业呈现高位运行态势，主要指标保持两位数增速，快递业务量单月破百亿件已成为常态，为全面建设社会主义现代化国家开好局起好步作出了行业应有的积极贡献。会议要求，要扎实开展邮政管理系统第二批主题教育，扎实推动党中央决策部署和各项重点工作在行业落地见效，奋力谱写加快建设交通强国邮政新篇章。

国家邮政局就规范快递市场秩序对五家企业开展集中行政指导

10月11日，国家邮政局在江苏南京召开会议，就规范快递市场秩序，强化突出问题治理，对中通、圆通、韵达、申通、极兔等5家快递企业总部开展集中行政指导。国家邮政局党组成员、副局长陈凯出席会议并讲话。会议指出，2023年以来，快递业继续保持良好发展态势，在促进消费、服务民生、畅通经济循环等方面发挥了积极作用。但同时在部分地方，快递服务质量问题和违规经营

行为时有发生，经营管理存在短板，与推动快递业高质量发展的任务要求还有差距，必须加强监督指导，规范企业经营。会议通报了2023年以来快递市场行政执法及邮政业用户申诉等情况，就开展农村快递服务违规收费问题专项整治提出要求。5家企业总部代表在会上作了表态发言。

三家主题邮局入选第一批交通运输与旅游融合发展典型案例

10月12日，文化和旅游部、交通运输部、国家铁路局、中国民航局、国家邮政局、国铁集团共同遴选出第一批交通运输与旅游融合发展十佳案例10个、典型案例36个。其中，四川邮政熊猫邮局入选十佳案例，桂林象山景区主题邮局及天上西藏主题邮局布达拉宫店入选典型案例名单。此外，由上海市文化和旅游局、浙江省文化和旅游厅、交通运输厅、邮政管理局推荐的红色水路旅游产品（"党的诞生地"红色主题游船、新时代"重走一大路"航线）也入选了典型案例名单，案例将南湖·初心邮局等元素全方位融入现场教学活动中。

2023年度中国邮政快递报社通联工作会议召开

10月12日，2023年度中国邮政快递报社通联工作会议在江苏南京召开。会议学习贯彻习近平新时代中国特色社会主义思想，深入学习领会习近平总书记对宣传思想文化工作作出的重要指示，贯彻落实全国宣传思想文化工作会议精神，总结2023年行业新闻宣传工作，部署今后一个时期重点任务，为奋力谱写交通强国建设邮政新篇章提供坚强思想保证和强大精神力量。国家邮政局党组书记、局长赵冲久会前专门作出批示。国家邮政局党组成员、副局长陈凯出席会议并讲话。赵冲久批示指出，下一步要不断巩固行业新闻宣传"主阵地"和"主根系"，营造行业同心同德团结奋进的浓厚氛围，为以中国式现代化全面推进中华民族伟大复兴凝聚邮政快递业奋进力量。

超50名邮政快递业代表亮相中国工会十八大

10月12日下午，中国工会第十八次全国代表大会在人民大会堂闭幕。近2000名来自全国各行各业的中国工会十八大代表和50余名特邀代表，肩负着亿万职工的重托出席大会。其中，有超50名来自邮政快递业的代表，他们肩负着行业劳动者群体的期望，认真履职，不负重托。他们来自大江南北、来自不同的岗位。他们当中有奋斗在一线的快递员，有为行业发展保驾护航的邮政管理者，也有行业工会的带头人。他们有五一劳动奖章获得者，也有劳动模范、先进工作者……他们倍感振奋、斗志满怀——党中央的致词情真意切，催人奋进。行业代表们表示，要以习近平新时代中国特色社会主义思想为指导，踔厉奋发、砥砺前行，为奋力建设交通强国邮政篇贡献力量。

国家邮政局举行2023年第四季度例行新闻发布会

10月13日，国家邮政局举行2023年第四季度例行新闻发布会，介绍邮政快递业绿色发展"9218"工程进展情况。截至9月底，全国电商快件不再二次包装比例超过90%，使用可循环包装的邮件快件超8亿件，回收复用质量完好的瓦楞纸箱超6亿个，快递包装绿色治理工作取得初步成效。国家邮政局市场监管司副司长（主持工作）林虎表示，2023年以来，国家邮政局深入贯彻习近平生态文明思想，全面实施"9218"工程，推动科技创新赋能，加强部门协同共治，强化行业监督管理，统筹推进行业绿色低碳发展。下一步，国家邮政局将围绕国家碳达峰碳中和目标，健全完善法律标准政策，坚持系统治理、综合施策，围绕"9218"工程不放松，确保年底前圆满完成既定目标。

国家邮政局召开全国邮政快递业安全生产电视电话会议

10月13日，国家邮政局召开全国邮政快递业安全生产电视电话会议，通报近期安全生产事故，对行业安全生产工作进行再部署再推动再落实，强调要牢固树立安全发展理念，坚决筑牢安全生产防线，着力防范化解重大安全风险，坚决维护行业安全稳定运行。国家邮政局党组成员、副局长廖进荣出席会议并讲话。会议指出，2023 年年初以来，全行业全系统扎实开展重大事故隐患专项排查整治 2023 行动和平安寄递专项行动，切实保障杭州亚运会等重大活动期间安全稳定，大力推进行业安全管理规范化建设，行业运行总体安全平稳。各级邮政管理部门、各企业要坚决贯彻落实习近平总书记关于安全生产重要论述和重要指示批示精神，以高度的政治责任感抓好安全生产工作。

赵冲久局长在中国邮政邮票博物馆调研

10 月 16 日，国家邮政局党组书记、局长赵冲久率队到中国邮政邮票博物馆调研，听取邮政及邮票发展历史介绍，强调要深入学习领会习近平总书记对宣传思想文化工作作出的重要指示精神，坚决落实党的二十大部署，切实提高政治站位，站稳人民立场，充分结合邮票在弘扬中华文明、传播中华文化、增强民族凝聚力和创造力等方面的文化载体特性，用邮票讲好中国故事，传播中国声音，为坚定文化自信、展示大国形象贡献邮政力量。国家邮政局党组成员、副局长戴应军，中国邮政集团有限公司党组副书记、总经理郑国雨一同调研。

习近平主席在第三届“一带一路”国际合作高峰论坛开幕式上的主旨演讲在邮政快递业引发热烈反响

10 月 18 日，国家主席习近平在第三届“一带一路”国际合作高峰论坛开幕式上发表题为《建设开放包容、互联互通、共同发展的世界》主旨演讲，并宣布中国支持高质量共建“一带一路”的八项行动。习近平主席的主旨演讲，在邮政快递业引发热烈反响。大家纷纷表示，邮政快递业作为现代综合交通运输体系的重要组成部分，要牢记“丝路传邮、畅达天下”的使命，坚持与世界相交、与时代相通，在当好中国式现代化开路先锋新征程中勇挑重担，稳步推进快递“出海”工程，持续建设全球性国际邮政快递枢纽集群，加快形成“一带一路”国际寄递网络，奋力谱写加快建设交通强国邮政新篇章。

陈凯副局长赴宁夏调研督导第二批主题教育

10 月 16 日至 18 日，国家邮政局党组成员、副局长陈凯率督导组赴宁夏调研督导邮政管理系统第二批主题教育，强调要学深悟透习近平新时代中国特色社会主义思想，持续推动农村寄递物流体系建设，着力提升寄递服务保障能力，更好服务地方经济社会发展，为加快建设交通强国邮政篇作出新贡献。督导组对银川市邮政快递业深化标准化规范化管理、主动争取地方政策支持表示赞许，强调邮政快递企业要坚定发展信心，进一步深化农村寄递网络服务设施建设，强化绿色环保包装推广应用。要坚持党建引领，多措并举保障快递员群体合法权益，确保基层末端网点稳定运行。在吴忠，督导组实地察看了青铜峡市邵岗镇甘城子村客货邮融合发展服务站运行情况。

廖进荣副局长赴云南调研督导寄递渠道安全管理工作

10 月 14 日至 19 日，国家邮政局党组成员、副局长廖进荣赴云南调研督导寄递渠道安全管理工作，强调要提高站位，强化担当，深入开展平安寄递建设，进一步加强寄递渠道禁毒工作，全力维护国家安全和社会大局稳定。廖进荣一行先后到昆明、临沧等地区邮政快递分拨中心、营业场所、末端网点，实地察看企业生产作业现场，深入了解企业禁毒、寄递安全“三项制度”落实等情况。调研期间，廖进荣还前往云南省邮政管理局、云南邮政业安全中心和西双版纳州、临沧市邮政管理局看望慰问机关干部职工，听取省、市（州）两级邮政管理部门工作汇报，现场观看云南邮政业大数据中心功能展示。

邮政管理系统政策法规工作座谈会召开

10 月 20 日至 21 日，邮政管理系统政策法规工作座谈会在广西南宁召开。会议以习近平新时代中国特色社会主义思想为指导，深入贯彻落实习近平总书记关于邮政快递业重要指示批示精神，深化主题教育和大兴调查研究成果，总结近年来政策法规工作，部署今后一个时期重点任务，为推动行业高质量发展高效能治理，奋力谱写交通强国建设邮政新篇章贡献政策法规力量。国家邮政局党组成员、副局长廖进荣出席会议并讲话。会议强调，从事政策法规工作的同志要深入学习贯彻党的二十大精神，准确把握行业高质量发展面临的新形势新机遇新挑战，研究新情况新问题新方法，做好规划、政策、法规、统计、科技、标准等工作储备，更好服务支撑各级党组决策。

2023 年我国快递业务量比去年提前 39 天超千亿件

国家邮政局快递大数据平台实时监测数据显示，10 月 23 日 7 时 39 分，2023 年我国第 1000 亿件快件产生，比 2022 年达到千亿件提前了 39 天，展现出邮政快递业强大的韧性与活力，也彰显了我国经济持续向好、加速循环的强劲动力。2023 年以来，我国邮政快递业持续快速发展，自 3 月起，单月快递量超百亿件，月均业务收入超 900 亿元，创历史新高。国家邮政局市场监管司快递管理处处长杨飞指出，这些发展成绩的取得，离不开供需两方面的共同发力。随着全行业基础设施布局日趋完善，以及数字化、自动化、无人技术不断推广应用，中西部地区快递业务量持续增长，占比逐年增长，其中中部增长尤其明显。在时效方面也较以前有了明显提升，三天内的妥投率提高比较明显。

国家邮政局党组传达学习习近平总书记重要讲话精神

10 月 23 日，国家邮政局党组召开会议，传达学习习近平总书记重要讲话精神，审议《农村寄递物流体系建设三年行动方案（2023 －2025 年）（送审稿）》等文件，强调要立足行业定位找准结合点，更好融入党和国家事业发展大局。国家邮政局党组书记、局长赵冲久主持会议并讲话，局党组成员、副局长戴应军、赵民、廖进荣、陈凯出席会议，中央纪委国家监委驻交通运输部纪检监察组有关同志列席会议。会议强调，全系统各级党组织要认真学习领会、深入贯彻落实习近平总书记在进一步推动长江经济带高质量发展座谈会上的重要讲话和在江西考察时的重要讲话精神，立足行业定位找准结合点，更好服务党和国家大局。

国家邮政局召开局长办公会议

10 月 23 日，国家邮政局召开局长办公会议，审议并原则通过《国家邮政局 2023 年快递业务旺季服务保障工作方案（送审稿）》，强调要持续提高统筹谋划和协调推进能力，努力打造畅通旺季、安全旺季、暖心旺季。国家邮政局局长赵冲久主持会议，副局长赵民、廖进荣、陈凯出席会议。会议指出，做好快递业务旺季服务保障工作是贯彻落实党的二十大精神的具体举措，是发挥行业服务经济社会发展作用的重要体现，也是推动行业实现高质量发展的应有之义。全系统全行业要认真梳理总结历年好的经验和做法，持续提高统筹谋划和协调推进能力，坚持安全运行与保障质量并重，坚持末端稳定与维护权益并重，努力打造畅通旺季、安全旺季、暖心旺季。

国家邮政局召开 2023 年快递业务旺季服务保障工作动员部署电视电话会议

10 月 24 日，国家邮政局召开 2023 年快递业务旺季服务保障工作动员部署电视电话会议，强调全系统全行业要继续发挥“错峰发货、均衡推进”核心机制作用，坚持城乡协调、全国联动，坚持安全运行与保障质量并重、末端稳定与维护权益并重，努力打造畅通旺季、安全旺季、暖心旺季。国家邮政局党组成员、副局长陈凯出席会议并作动员部署讲话。会议指出，做好2023年的旺季服务保障工作，是贯彻落实党中央、国务院决策部署的重要体现，是助力实施扩大内需战略的重要手段，是延续全行业良好发展态势的重要任务。全系统全行业要增强责任意识和机遇意识，让一件件包裹成为推动消费增长的重要力量。

赵冲久局长赴海南督导第二批主题教育并调研邮政快递业发展情况

10月24日至25日，国家邮政局党组书记、局长赵冲久带队赴海南省海口市，督导第二批主题教育，调研行业服务海南自贸港建设及行业防控治理离岛免税“套代购”等情况，看望慰问一线干部职工，强调要贯彻落实好习近平总书记重要指示精神，扎实推进第二批主题教育，做好封关涉邮工作，更好服务海南自贸港建设，为海南地方经济社会发展贡献行业力量。调研期间，海南省委书记冯飞，海南省委副书记、省长刘小明会见了赵冲久一行，双方围绕邮政快递业更好支撑海南自贸港建设进行深入交流。海南省政府副省长倪强、副秘书长国章成一同调研。

国家邮政局市场监管司对极兔速递、顺丰速运进行安全生产行政约谈

10月，国家邮政局市场监管司就快递企业处理场所发生安全生产事故事件对极兔速递有限公司、顺丰速运有限公司（以下简称“极兔速递”“顺丰速运”）进行行政约谈。约谈指出，2023年以来，各级邮政管理部门、各寄递企业扎实开展重大事故隐患专项排查整治2023行动和平安寄递专项行动，大力推进行业安全管理规范化建设，切实保障杭州亚运会等重大活动期间安全稳定，未发生较大以上安全生产事故，行业运行总体安全平稳。但是，最新极兔速递、顺丰速运处理场所先后发生机械操作、装卸操作事故事件，充分暴露出企业安全发展理念树得不牢，安全生产主体责任和总部安全保障统一管理责任落实不到位，有规不依、冒险作业等依然突出，教训深刻。

国家邮政局党组召开理论学习中心组（扩大）学习会

10月27日，国家邮政局党组召开理论学习中心组（扩大）学习会，深入学习领会习近平总书记向全球可持续交通高峰论坛致贺信精神、在第三届“一带一路”国际合作高峰论坛开幕式上的主旨演讲精神，强调要深入学习习近平外交思想，深入推进可持续邮政发展，更好实现“物畅其流”的美好愿景，更好服务构建新发展格局、推进高质量发展，奋力谱写加快建设交通强国邮政新篇章，努力当好中国式现代化的开路先锋。国家邮政局党组书记、局长赵冲久主持学习并讲话。局党组成员、副局长戴应军、廖进荣参加学习，赵民、陈凯作主题发言。

数字邮政发展与治理现代化培训班举办

10月24日至27日，由国家邮政局主办、西安邮电大学承办的“数字邮政发展与治理现代化培训班”在西邮现代邮政学院成功举办。这是中国政府最近5年来第3次针对亚洲国家和地区的邮政官员举办培训，意在加强亚洲区域合作，推动“一带一路”建设，促进互联互通。国家邮政局副局长赵民发表视频致辞、西安邮电大学校长卢光跃出席开幕式并致辞。赵民指出，全球邮政业正在加速数字化转型，进一步加强对数字化发展和治理现代化模式的认识和理解，才能更好地应对这些新变化、新挑战，推动邮政业健康可持续发展，满足人民的用邮需求。国家邮政局将在共建“一带一路”框架下，加强与亚洲国家在邮政领域的沟通与合作，继续为亚洲各国邮政的共同发展作出贡献。

第四届全国邮政行业职业技能竞赛总决赛在重庆举行

10月28日至29日，2023年全国行业职业技能竞赛——第四届全国邮政行业职业技能竞赛总决赛在重庆城市管理职业学院举行。国家邮政局党组成员、副局长刘君，人力资源社会保障部职业能力建设司副司长刘新昌、中国国防邮电工会主席秦少相、重庆市人民政府副秘书长游贤勇出席竞赛闭幕式并为获奖者颁奖。经过激烈角逐，齐硕、潘云云、周泽成、李金浩、陈飞龙、李彩红获得一等奖，石全、杨景等12名选手获得二等奖，张智超、何俊辉等30名选手获得三等奖。此外，邱云等10名工作人员获得“优秀工作者”，白晓梅等3名裁判获得“优秀裁判员”，杨艳华等10名技术指导获得“优秀技术指导奖”，北京代表队等10个团体获得“团体优胜奖”，广东代表队等10个团体获得“优秀组织奖”，重庆城市管理职业学院、重庆市邮政管理局获得“突出贡献奖”。

全国邮政管理系统学习贯彻习近平新时代中国特色社会主义思想主题教育调度推进电视电话会议召开

10月30日，国家邮政局召开全国邮政管理系统学习贯彻习近平新时代中国特色社会主义思想主题教育调度推进电视电话会议，传达学习中央主题教育推进会精神，盘点梳理第二批主题教育前期阶段性工作进展，对深入推进主题教育进行再动员再部署。中央第十七巡回指导组组长陈求发出席会议并讲话，有关成员出席会议。国家邮政局党组书记、局主题教育领导小组组长赵冲久讲话，局党组成员戴应军、陈凯出席会议，局党组成员赵民主持会议。会议要求，全系统各级党组织必须以强烈的政治责任感、工作使命感、时间紧迫感全力抓好主题教育各项工作。

全国邮政业标准化技术委员会换届大会（SAC/TC462）暨第三届委员会第一次全体会议举行

10月31日，全国邮政业标准化技术委员会（SAC/TC462）换届大会暨第三届委员会第一次全体会议在北京举行，审议并原则通过第三届全国邮政业标准化技术委员会（以下简称“第三届邮标委”）工作规划、技术委员会章程和秘书处工作细则，强调要以习近平新时代中国特色社会主义思想为指导，全面学习贯彻党的二十大精神，深入贯彻落实习近平总书记关于标准化工作和邮政快递业重要指示批示精神，提升邮政业标准化工作水平，为推动行业高质量发展提供重要支撑和保障。国家邮政局副局长、第三届邮标委主任委员戴应军出席会议并讲话。国家市场监督管理总局标准技术管理司负责同志出席会议。

国家邮政局召开局长办公会议

11月1日，国家邮政局召开局长办公会议，传达学习习近平总书记最新重要讲话、重要指示精神，审议并原则通过《国家邮政局办公室关于2023年工作总结和2024年工作思路的报告（送审稿）》《邮件快件循环包装使用指南（报批稿）》，强调要深入学习贯彻习近平总书记近期重要讲话重要指示精神，做好2023年工作总结，厘清2024年工作思路，全力推动邮政快递业高质量发展。国家邮政局局长赵冲久主持会议并讲话，副局长戴应军、刘君、赵民、陈凯出席会议。会议指出，全系统全行业要紧扣铸牢中华民族共同体意识的民族工作主线，发挥邮政快递传达政令、传播政声、传递温暖的作用，当好促进各族群众交往交流交融的幸福使者。

邮政快递职业技能等级认定试考工作在广东顺利开展

11月，国邮创展（北京）人力资源服务有限公司在广东省组织开展了职业技能等级认定试考。这是国邮创展（北京）人力资源服务有限公司获得邮政快递业全国性培训评价组织备案后,组织分支机构开展的第一次考试。本次试考由国家邮政局职业技能鉴定指导中心和省级评价管理中心广东省快递行业协会指导,评价分支机构广东邮电职业技术学院具体组织实施。考核职业为快递员(初级),考试分为理论知识考核和操作技能考核两部分,共有 111 名考生报名参加考试。考试合格人员将获得人社部门认可的职业技能等级认定证书,可申请享受地方培训评价补贴。

2023 年快递旺季拉开帷幕,前四天揽收超 20 亿件

2023 年是邮政快递业自 2010 年以来第 14 次迎战快递业务旺季。国家邮政局监测数据显示,11 月 1 日至 11 月 4 日,全网累计揽收量 20.27 亿件,同比增长 16.1%,环比增长 31.0%,再创历史新高,折射出我国消费市场的蓬勃活力,是经济恢复向好的生动写照。据了解,2023 年快递业务旺季从 11 月 1 日开始,到 2024 年春节前夕结束,时长 102 天。国家邮政局召开 2023 年快递业务旺季服务保障工作动员部署电视电话会议,要求全系统全行业要继续发挥"错峰发货、均衡推进"核心机制作用,坚持城乡协调、全国联动,坚持安全运行与保障质量并重、末端稳定与维护权益并重,努力打造畅通旺季、安全旺季、暖心旺季。

国家邮政局代表团访问德国西班牙

10 月 29 日至 11 月 4 日,国家邮政局副局长廖进荣率代表团应邀赴德国和西班牙进行工作访问。访德期间,廖进荣率团与德国联邦网络局、德国邮政敦豪集团进行了政策对话。他表示,中德是全方位战略伙伴,中方重视同德方在邮政领域的合作。多年来,双方在万国邮联框架下就重大国际邮政事务保持密切沟通协作,积极推动中欧班列运邮项目,为加强两国之间的互联互通,促进两国跨境贸易发展作出了积极贡献。希望双方持续深化双多边合作,加强沟通对话,共同应对挑战,为推动构建中德间互联互通网络和促进中欧贸易往来作出努力。访西期间,廖进荣率团与西班牙运输、出行和城市议程部进行了会谈。

国家邮政局党组传达学习习近平总书记在中央全面深化改革委员会第三次会议上的重要讲话精神

11 月 9 日,国家邮政局党组召开会议,传达学习习近平总书记在中央全面深化改革委员会第三次会议上的重要讲话精神,审议并原则通过《全国邮政管理系统第一批主题教育整改整治工作"回头看"方案(送审稿)》,强调要不断提升邮政快递业绿色治理能力,为全面推进美丽中国建设作出行业贡献。国家邮政局党组书记、局长赵冲久主持会议并讲话,局党组成员、副局长戴应军、刘君、赵民、廖进荣出席会议,中央纪委国家监委驻交通运输部纪检监察组有关同志列席会议。会议强调,全系统要坚决贯彻落实习近平总书记关于邮政快递业的重要指示批示精神,不断提升行业绿色治理能力,为持续深入推进污染防治攻坚、加快发展方式绿色转型、全面推进美丽中国建设作出行业贡献。

陈凯副局长赴广东督导主题教育和旺季服务保障

11 月 6 日至 9 日,国家邮政局党组成员、副局长陈凯率督导组赴广东督导邮政管理系统第二批主题教育和旺季服务保障,强调要深入学习贯彻习近平新时代中国特色社会主义思想,不折不扣落实中央和国家邮政局党组决策部署,推动第二批主题教育走深走实,有力有效应对行业旺季高峰。在粤期间,督导组听取了广东省邮政管理局及中山、江门、珠海、东莞等市邮政管理局工作情况汇报。陈凯强调,广东是邮政快递业市场规模第一大省,广东邮政管理系统要主动发挥行业支撑保障作用,在第二批主题教育中紧扣目标任务

融合推进年度重点工作，以严实作风完成好主题教育各项任务要求。要坚决克服麻痹思想、松懈心态，重点关注解决旺季期间服务质量问题。

国家邮政局召开专家座谈会

11 月 10 日，国家邮政局召开专家座谈会，就新时代邮政快递业高质量发展听取专家学者的意见建议。国家邮政局党组书记、局长赵冲久主持座谈会。局党组成员、副局长戴应军、廖进荣、陈凯出席座谈。会上，来自国家有关部委、研究机构、高校及新闻单位的 8 位专家，结合各自研究领域，围绕在推进中国式现代化进程中邮政快递业的定位、提升行业发展水平、完善行业治理能力、提升产业链供应链现代化水平等议题，进行了深入地阐述，并提出了意见建议。赵冲久强调，要群策群力，充分调动专家学者的积极性和主动性，认真听取他们的意见建议，激励他们为邮政管理部门科学决策、推动行业高质量发展、奋力谱写加快建设交通强国邮政新篇章建言献策。

国家邮政局召开主题教育办公室第 7 次会议暨巡回督导座谈会

11 月 10 日，国家邮政局主题教育领导小组办公室召开第 7 次会议暨巡回督导座谈会，学习中央主题教育领导小组和中央主题教育领导小组办公室有关文件精神，分析前期工作开展情况及存在问题，提出工作建议，明确下阶段重点工作，并就进一步加强巡回督导工作作出部署强调。国家邮政局党组成员、局主题教育领导小组副组长兼办公室主任赵民主持会议并讲话。会议指出，第二批主题教育启动部署以来，全系统各单位严格落实中央巡回指导组和国家局党组工作要求，第二批主题教育有力有序、进展良好。要按照习近平总书记第二批主题教育聚焦“五个更加注重”“推动四下基层”“三个实实在在”等重要要求，真抓实干、严督实导，扎实推动主题教育走深走实。

国家邮政局督导组督导快递业务旺季服务保障工作

11 月 11 日，国家邮政局党组书记、局长赵冲久带队赴邮政业安全中心现场督导“双 11”快递业务旺季服务保障工作。局党组成员、副局长陈凯一同督导。在邮政业安全中心，督导组通过中国快递大数据平台查看全国快件实时监测数据、全国主要电商平台分企业订单、全国快件量历史同期对比分析数据等，并查看视频巡查监管系统、安检机联网系统运行情况和主要邮政快递企业分拨中心实时监测情况，听取了市场监管司、邮政业安全中心关于寄递服务保障工作情况的汇报。督导组还视频连线广东东莞顺丰供应链仓储中心、吉林省吉林大学菜鸟驿站，听取广东省和吉林省邮政管理局工作汇报，对其积极应对寄递业务高峰和冰雪天气，做好旺季服务保障工作给予充分肯定。

“双 11”当天全国快递业务量达 6.39 亿件

国家邮政局监测数据显示，2023 年 11 月 1 日至 11 日，全国邮政快递企业共揽收快递包裹 52.64亿件，同比增长 23.22%，日均业务量是平日业务量的 1.4 倍。其中 11 月 11 日当天，共揽收快递包裹 6.39 亿件，是平日业务量的 1.87 倍，同比增长 15.76%。“双 11”期间快递业务量再次刷新纪录，有效助力消费市场恢复扩大，充分彰显中国经济发展的韧性和活力。2023 年的快递业务旺季主要呈现出两个高峰更加平稳，支撑消费复苏、经济向好作用更加明显，用户体验更加便捷三大特点。2023 年的快递业务旺季继续在 11 月 1 日和 11 月 11 日形成两波高峰，分摊了行业在单个高峰的压力，运行更加平稳。

国家邮政局召开寄递企业、快递协会座谈会

11 月 14 日，国家邮政局召开寄递企业、快递协会座谈会，就邮政快递业发展现状、未来趋势进行深入研讨交流。国家邮政局党组书记、局长赵

冲久主持座谈会。局党组成员、副局长戴应军、陈凯出席座谈会。会上，来自中国快递协会和邮政集团、顺丰、中通、圆通、韵达、申通、极兔、京东、菜鸟的负责人分别结合工作实际，汇报自身发展成效，剖析行业发展现状，展望未来发展路径，提出意见建议，为行业发展建言献策、贡献智慧。赵冲久认真听取大家发言、进行互动交流后指出，要提高站位、鼓足干劲、紧抓机遇、应对挑战，服务好国内国际双循环，走好高质量发展之路，为构建新发展格局作出更大贡献。

“双11”期间全国快递业务量达77.67亿件

国家邮政局监测数据显示，2023年“双11”期间(11月1日至16日)，全国邮政、快递企业累计揽收快递包裹约77.67亿件，同比增长25.7%；累计投递快递包裹约75.09亿件，同比增长30.9%。受电商平台促销模式和节奏变化影响，2023年的“双11”业务旺季呈现出两个高峰的特点，分别出现在11月1日和11月11日，有效化解了以往单个高峰的压力，使得行业运行更加平稳。面对促销周期延长、战线提前并拉长的考验，邮政快递业不断加强与电商平台信息对接，继续发挥“错峰发货、均衡推进”机制作用，同时在场地、车辆、分拣设备、信息系统等方面进行了扩容和升级，并对人员进行了储备和培训，大幅提升行业的承载能力和运行效率，努力打造畅通旺季、安全旺季、暖心旺季。

寄递宝产品发布会圆满召开

11月16日，寄递宝产品发布会在安徽省芜湖市南陵县召开。发布会上，国家邮政局发展研究中心负责人、南陵县委常委致辞并和与会嘉宾共同启动产品发布仪式。国邮地址信息科技(北京)有限公司介绍了寄递宝产品及试点应用情况，顺丰速运集团、南陵县民政局、长沙行深智能科技有限公司作交流发言。寄递宝是国家邮政局主导下，由国邮地址信息科技(北京)有限公司出品，一款高效的“寄递服务”互联网产品，它遵循通用寄递地址编码国家标准而研发，以微信小程序的形式更便捷地向公众用户提供寄递服务。寄递宝轻松实现一键寄快递、查快递、查网点等综合寄递服务，实现跨平台地址管理和地址隐私保护等。

国家邮政局召开局长办公会议

11月17日，国家邮政局召开局长办公会议，传达学习习近平总书记重要讲话、重要指示精神，听取关于快递高质量发展指标体系研究成果的汇报，审议并原则通过《邮政快递业标准化工作五年行动计划(2023－2027年)(送审稿)》。国家邮政局局长赵冲久主持会议，副局长戴应军、刘君、廖进荣出席会议。会议要求，全系统全行业要以“时时放心不下”的责任感，压紧压实安全生产责任，举一反三全面排查整治各类风险隐患，坚决防范和遏制重大事故发生，全力维护人民群众生命财产安全和社会大局稳定。要强化安全生产督导检查和监管执法，坚决查处安全生产方面的违法违规行为，保持安全监管高压态势，确保全年安全生产稳定运行态势。

国家邮政局发出通知

11月17日，国家邮政局发出通知，要求全系统全行业认真贯彻落实习近平总书记重要指示精神，吸取山西吕梁市永聚煤矿一办公楼发生火灾教训，进一步做好行业年末岁尾安全生产工作。通知指出，全系统全行业要切实把思想和行动统一到习近平总书记关于安全生产工作的重要指示精神上来，确保邮政快递业安全生产态势持续稳定向好。全系统全行业要举一反三，突出消防安全重点，聚焦暴露出的突出问题，切实从源头上消除盲区、堵塞漏洞。各级邮政管理部门要督促辖区企业严格落实安全主体责任。各寄递企业总部要切实履行安全统一管理责任，组织开展自查、巡查，及时发现、主动堵塞消防安全漏洞。

国家邮政局党组召开会议

11月20日，国家邮政局党组召开会议，深入学习习近平总书记重要讲话精神，审议关于基层治理不良现象专项整治销号事宜，强调要以基层治理不良现象专项整治为牵引，推动第二批主题教育走深走实。国家邮政局党组书记、局长赵冲久主持会议，局党组成员、副局长戴应军、刘君、赵民、廖进荣出席会议。会议指出，要坚持创新驱动，把握好数字化、智能化、网络化发展方向，推动全要素数字化转型。要坚持开放导向，更好服务国际产业链供应链。要坚持绿色发展，实现快递包装标准化、循环化、减量化、无害化。要坚持普惠共享，更好发挥全球一张网作用，更好保障人民群众基本用邮权益，促进民心相通。

第五届中国（杭州）国际快递业大会召开

11月22日，由国家邮政局指导，浙江省人民政府、中国快递协会主办，杭州市人民政府承办的第五届中国（杭州）国际快递业大会在桐庐召开。来自人力资源和社会保障部、交通运输部、农业农村部、商务部、海关总署、市场监督管理总局等有关部门和浙江省、海南省、杭州市等地方政府领导，以及国内外知名快递企业、关联产业企业代表等汇聚一堂，围绕"递联全球、智创未来"主题，共同探讨新形势下快递业的机遇与挑战。国家邮政局局长赵冲久、浙江省人民政府副省长柯吉欣、中国快递协会会长高宏峰出席大会并致辞，全国政协常委马军胜出席会议，国家邮政局副局长廖进荣出席会议并致闭幕词，万国邮联咨询委员会主席沃尔特·特雷泽克出席会议并发表主旨演讲。

赵冲久局长赴浙江督导第二批主题教育并调研邮政快递业发展情况

11月21日至22日，国家邮政局党组书记、局长赵冲久带队赴浙江省杭州市、绍兴市督导第二批主题教育，看望慰问一线干部职工，调研邮政快递业发展情况。赵冲久强调，要精心组织开展第一批主题教育整改落实"回头看"，聚焦推进第二批主题教育开展工作，深入准确理解，认真贯彻落实，踏实抓好主题教育各项工作，把实的要求贯穿主题教育全过程，确保主题教育取得实实在在的成效。调研期间，赵冲久会见了浙江省副省长柯吉欣，双方就推进邮政快递业更好服务浙江经济社会发展深入交换了意见。赵冲久强调，要提高政治站位，加强学习，学习好运用好贯穿其中的立场观点方法，用党的创新理论统一思想、统一意志、统一行动。

国家邮政局代表团访问印度尼西亚、马来西亚

11月15日至11月22日，国家邮政局副局长陈凯率代表团应邀赴印度尼西亚和马来西亚进行工作访问。访印尼期间，陈凯与印尼通信与信息技术部邮政局长古纳万·胡塔嘎龙（音）进行了会谈。他表示，中方重视同印尼在邮政领域的友好合作，多年来两国邮政部门高层交往不断，在万国邮联和亚太邮联重大国际邮政事务等方面保持着很好的沟通协作。中方愿同印尼推动建立双方在邮政领域的合作机制，加强政策沟通，交流分享双方邮政业发展经验，在互利共赢的基础上推动双方在RCEP区域内加强跨境寄递业务合作，更好满足跨境电子商务发展需求，更好满足两国人民寄递需求，为助力构建两国立体互联互通寄递网络和服务构建中国印尼命运共同体作出更大贡献。

国家邮政局举办2023年全国邮政业安全监管和应急管理培训班

11月20日至24日，国家邮政局市场监管司在福建泉州举办全国邮政业安全监管和应急管理培训班，深入贯彻习近平总书记关于安全生产重要指示批示精神，落实党中央、国务院决策部署，进一步提升邮政管理系统安全监管和应急管理工作水平。培训班邀请了来自公安部、应急管理部、国家安全、海关、邮政业安全中心的专家，分别围

绕邮路国家安全形势及防范对策、进出境邮件快件安全风险防范应对、突发事件处置与舆论引导、新形势下寄递渠道禁毒工作面临的风险挑战及对策、规范安全生产领域行政执法、行业安全生产事故调查解析和重大安全风险防范化解策略等方面进行培训。

李小鹏部长在国家铁路局、中国民用航空局、国家邮政局主持召开座谈会

11 月 20 日至 24 日，交通运输部党组书记、部长李小鹏在国家铁路局、中国民用航空局、国家邮政局主持召开座谈会，听取相关意见建议，共同谋划做好 2024 年交通运输工作。李小鹏指出，2023 年以来，交通运输系统干部职工认真贯彻党中央、国务院决策部署，深入落实部党组部署要求，在服务高质量共建“一带一路”等方面做了大量卓有成效的工作，各项工作取得积极进展。现在距离年底只剩下 1 个多月时间，希望大家鼓足干劲，再接再厉，全力冲刺加快推进各项工作，确保全面完成年度目标任务。李小鹏强调，谋划做好 2024 年工作，必须深入研判交通运输发展形势，聚焦问题、突出重点，坚定信心、保持定力，扎实做好加快建设交通强国铁路篇、民航篇、邮政篇具体工作。

国家邮政局召开局长办公会议

11 月 27 日，国家邮政局召开局长办公会议，传达学习习近平总书记重要讲话精神，研究审议《邮政行业统计指标设置方案(送审稿)》等文件。国家邮政局局长赵冲久主持会议，副局长戴应军、刘君、赵民、廖进荣、陈凯出席会议。会议强调，全系统全行业要深刻领会习近平外交思想，优化寄递枢纽布局和建设，深度融入高质量共建“一带一路”，更好服务和融入新发展格局。要着力提升行业跨境服务能力，提高互联互通水平，努力打造安全、便捷、高效、绿色、经济、包容、韧性的国际寄递网络。要着力提升畅通循环能力，加快推动“快递出海”工程，为构建陆海内外联动、东西双向互济的开放格局作出行业应有的积极贡献。

国家邮政局举办邮政快递业生态环保电视电话培训班

为深入贯彻习近平生态文明思想，贯彻落实党的二十大和习近平总书记关于快递包装绿色治理重要指示批示精神，落实国家碳达峰碳中和战略部署，提升全系统生态环保工作能力，根据 2023 年度培训计划，11 月 29 日，国家邮政局举办邮政快递业生态环保工作电视电话培训。此次培训，聚焦邮政快递业绿色低碳发展，更好服务加快构建新发展格局，从坚守人民性、强化先导性、突出可持续性和规范性出发，重点对“9218”工程实施、绿色低碳发展政策解读、法规标准政策梳理等六个专题进行授课，组织北京等三个省(市)局进行案例分享，汲取经验，取长补短。

国家邮政局召开第二批主题教育联络督导情况通报会

11 月 30 日，国家邮政局召开第二批主题教育联络督导情况通报会，集体学习习近平总书记关于第二批主题教育最新重要指示批示和中央主题教育办及中央第十七巡回指导组相关文件精神，通报前期主题教育下沉督导中发现的主要问题，对做好下一步各项工作进行再督导、再强调。国家邮政局党组成员、局主题教育领导小组副组长兼办公室主任赵民主持会议并讲话。会议强调，邮政管理系统各单位下一步要重点做好五个方面工作：进一步加强理论学习，完善常态长效机制。进一步做实调查研究，加强成果转化应用。进一步加强检视整改，聚焦强思想惠民生。进一步加强严督实导，努力形成工作合力。进一步强化组织领导，保持正确工作方向。

赵冲久局长会见越南通信传媒部部长阮孟雄

11 月 30 日，国家邮政局局长赵冲久在北京会见了来访的越南通信传媒部部长阮孟雄一行，双方就进一步加强中越邮政领域合作深入交换了意见。赵冲久对越南代表团一行表示欢迎。他指出，中国和越南是山水相连的好邻居、好朋友，是志同道合、命运与共的好同志、好伙伴。中越两国的高层交往为两国深化各领域交流合作指明了方向，也为两国加强邮政领域合作注入了新的动力。他希望双方在合作备忘录的框架下，持续加强双方在邮政法律法规、监管和规划等多方面的政策沟通，深化跨境寄递合作，加强交流互鉴，共同促进两国邮政业的高水平发展。

国家邮政局召开局长办公会议

12月4日，国家邮政局召开局长办公会议，传达学习11月27日中共中央政治局会议精神和习近平总书记在中共中央政治局第十次集体学习时的重要讲话精神，深入学习贯彻习近平总书记在深入推进长三角一体化发展座谈会上的重要讲话和在上海考察时的重要讲话精神。国家邮政局局长赵冲久主持会议，副局长戴应军、刘君、赵民、廖进荣、陈凯出席会议。会议指出，全系统要结合邮政行业实际，守住管住生态红线，协同推进降碳、减污、扩绿、增长；加快行业科技创新和转型升级，大力推动产业链供应链现代化，助力提升国内大循环内生动力和可靠性，增强对国际循环的吸引力、推动力，着力推动长江经济带高质量发展不断取得新进展。

我国快递年业务量首次突破1200亿件

国家邮政局快递大数据平台实时监测数据显示，12月4日18时26分，一件从云南昆明寄往四川成都的快递包裹，成为2023年第1200亿件快件。自2021年以来，我国快递年业务量连续三年突破1000亿件，直至此次创纪录地首次突破1200亿件大关，凸显出我国快递市场繁荣活跃、发展质效不断提升，展示出中国消费市场持续向好的良好态势，为稳中向好的中国经济写下生动注脚。近年来，快递业坚持改革创新，持续畅通互联，保持稳健增长势头，业务量实现了从“年均百亿”到“月均百亿”的巨大跨越，国际化水平快速提升，快递服务网络通达全球，行业已经成为现代物流领域覆盖面最广、综合运输方式应用最好、信息化智能化水平最高、生产效率提升最快的代表性行业。

赵冲久局长在京调研快递进村情况

12月6日，国家邮政局党组书记、局长赵冲久带队赴北京市密云区调研快递进村情况，强调要因地制宜、分类施策，扎实推进快递进村工作，满足农村老百姓的寄递需求，持续提升农村群众的用邮体验感和获得感。调研组采用“四不两直”的方式，直奔基层、直奔现场，在密云区密集开展调研。针对下一步快递进村工作的开展，赵冲久强调，要加强快递进村政策研究，持续提升农村群众的用邮体验感和获得感。要抓住快递进村的主要矛盾，逐步完善快递进村工作，不断提升快递进村质效。要深化农村寄递物流体系建设，盘活末端村邮站、综合服务站等资源，扎实推进快递进村。

国务院安全生产考核巡查组第十二组进驻国家邮政局开展考核巡查

12月4日至6日，按照国务院安委会统一部署，国务院安全生产考核巡查组第十二组进驻国家邮政局，开展2023年度邮政快递业安全生产工作考核巡查。12月5日，国家邮政局召开2023年邮政快递业安全生产工作考核汇报会。国务院安全生产考核巡查组第十二组组长，国家矿山安监局党组书记、局长黄锦生讲话，国家邮政局党组书记、局长赵冲久主持汇报会，局党组成员、副局长廖进荣汇报2023年度邮政快递业安全生产工作情况。赵冲久表示，习近平总书记高度重视安全生产工作，多次作出重要指示批示，作出一系列关于安全生产的重要论述。国家邮政局将以此次考核为契机，全面改进和强化行业安全生产工作。

第八届全国"互联网+"快递业创新创业大赛全国总决赛圆满落幕

12月9日,第八届全国"互联网+"快递业创新创业大赛全国总决赛在浙江杭州落下帷幕。在现场决赛中,23支参赛队经过作品展示、现场答辩、专家评审等多个环节的激烈角逐,"溶宝——水溶性绿色包装胶带先行者"等9个参赛作品获得金奖,"'E速取'——智能取递机"等14个参赛作品获得银奖,重庆邮电大学等10家单位获得优秀组织奖,浙江交通职业技术学院获得特别贡献奖。本届大赛以"融智新时代,创响新征程"为主题,来自全国26个省(区、市)的99个单位和企业的579个团队报名参赛,参赛人数3000余人。经初赛、专家网评和公示,评选出110件获奖作品,其中23个团队现场角逐金银奖。

国家邮政局、人力资源社会保障部制定出台《关于加快推进邮政快递业职业技能等级认定的实施意见》

12月,为加快推进邮政快递业职业技能等级认定工作,根据《中共中央办公厅 国务院办公厅关于加强新时代高技能人才队伍建设的意见》《人力资源社会保障部关于健全完善新时代技能人才职业技能等级制度的意见(试行)》等有关文件精神和要求,国家邮政局、人力资源社会保障部制定出台《关于加快推进邮政快递业职业技能等级认定的实施意见》(以下简称《实施意见》)。《实施意见》提出,把职业技能等级认定作为邮政快递业高质量发展的重要支撑,健全邮政快递业技能人才评价制度,拓展技能人才职业发展通道,优化技能人才结构,提升技能人才素质,壮大高技能人才规模,切实保障快递员群体合法权益,为推动交通强国邮政篇建设提供有力人才支撑。

第五届内地与港澳邮政高峰会议成功举行

12月14日,第五届内地与港澳邮政高峰会议在澳门举行,围绕邮政发展整体情况及展望、邮政业务创新发展实践和跨境业务合作的挑战与机遇等议题进行深入探讨和交流。国家邮政局局长赵冲久、中国邮政集团有限公司董事长刘爱力、香港邮政署署长戴淑娆出席会议并致辞,澳门特别行政区运输工务司司长罗立文出席会议,澳门邮电局局长刘惠明出席会议并致欢迎辞。赵冲久希望,三地邮政放眼未来、深度合作,共促发展。要深入学习贯彻习近平总书记关于粤港澳大湾区建设的重要论述,充分发挥内地与港澳邮政各自优势和特点,为三地邮政融合发展提供新动能,奋力开创三地邮政合作新局面,为以中国式现代化全面推进强国建设、民族复兴伟业作出新贡献。

邮政快递业72家服务站点荣膺"最美驿站"

12月,全国总工会发布2023年"最美工会户外劳动者服务站点"(以下简称"最美驿站")名单,北京市东城区朝阳门街道党群服务中心户外劳动者暖心驿站等2000个工会驿站被确认为2023年"最美驿站"。其中,邮政快递业72家服务站点榜上有名。全国已建成工会驿站近16万个,覆盖服务职工群众超1亿人,日服务户外劳动者300多万人次。此次上榜的邮政快递业72家服务站点,服务设施完善,保障设备齐全,可为快递员提供热水、热餐、充电、应急药品、阅读等针对性公益服务。江苏省扬州市江都区"都好达"快递员爱心驿站等服务站点还在此基础上开设社情民意征集,提供法律咨询、司法援助等暖心服务。

国家邮政局党组传达学习中央经济工作会议精神

12月15日,国家邮政局党组召开会议,传达学习中央经济工作会议精神和习近平总书记重要讲话精神,强调要把学习贯彻中央经济工作会议精神同行业重点工作有机结合,全面完成2023年各项任务收好官,精心谋划明年工作开好局。国家邮政局党组书记、局长赵冲久主持会议,局党组成员、副局长戴应军、刘君、赵民、陈凯出席会议。中央纪委国家监委驻交通运输部纪检监察组有关同志列席会议。会议指出，全系统全行业要坚决落实党中央对明年经济工作的总体要求和各项重点任务。要持续深化交通强国邮政篇建设，积极服务现代化产业体系，统筹高质量发展和高水平安全，坚决守牢行业高质量发展的底线。

国家邮政局部署做好低温雨雪冰冻灾害防范应对工作

12月，我国北方地区多地出现低温雨雪寒潮天气。12月15日，习近平总书记对低温雨雪冰冻灾害防范应对工作作出重要指示。国家邮政局第一时间学习部署，全系统认真学习领会，坚决贯彻落实。督促行业企业进一步压实责任，细化防范措施，完善应急预案，深入排查风险隐患，全力做好突发险情应对处置，保障邮政快递寄递渠道安全畅通，同时要关心关爱奋斗在生产一线的快递员。国家邮政局及时发通知部署相关工作，并于16日召开重点省份邮政管理部门和寄递企业总部视频调度会议。

国家邮政局召开快递业与制造业融合发展现场会

12月19日，国家邮政局在山东青岛召开快递业与制造业融合发展现场会，全面总结回顾快递业与制造业融合发展取得的成效，交流典型项目及试点先行区工作经验，统筹部署下一阶段重点工作和措施。会议要求进一步统一思想认识、强化工作联动、凝聚发展合力，推动快递业与制造业融合发展工作迈入新阶段、取得新突破。国家邮政局党组成员、副局长陈凯出席会议并讲话。会议指出，要充分认识快递业与制造业融合发展的重要意义，准确把握我国快递业与制造业融合发展取得的成绩和存在的问题，重点抓好四个方面工作：优化发展环境，打造有为政府。提升发展能力，筑牢发展根基。突出工作重点，实现优势互补。加大工作力度，注重全面培育。

国家邮政局召开全国邮政管理系统警示教育大会

12月22日，国家邮政局以电视电话会议形式召开全国邮政管理系统警示教育大会，深入学习贯彻党的二十大精神、二十届中央纪委二次全会精神，深入贯彻落实习近平总书记关于加强领导干部教育管理监督的重要论述精神，巩固深化主题教育成果，以案为鉴、以案促改，教育引导全系统各级党组织和党员干部受警醒、知敬畏、存戒惧、守底线，始终保持忠诚干净担当的政治本色。国家邮政局党组书记、局长赵冲久出席会议讲话，局党组成员、副局长刘君、廖进荣、陈凯出席会议，赵民主持会议并通报全系统违规违纪典型案例。中央纪委国家监委驻交通运输部纪检监察组二级巡视员李晓军提出工作要求。

国家邮政局党组传达学习习近平总书记重要讲话精神

12月25日，国家邮政局党组召开会议，传达学习习近平总书记在中共中央政治局学习贯彻习近平新时代中国特色社会主义思想主题教育专题民主生活会上的重要讲话精神，深入学习习近平总书记对“三农”工作的重要指示精神和中央农村工作会议精神。国家邮政局党组书记、局长赵冲久主持会议并讲话，局党组成员、副局长戴应军、刘君、赵民、廖进荣、陈凯出席会议，中央纪委国家监委驻交通运输部纪检监察组有关同志列席会议。会议指出，全系统各级党组织要强化创新理论武装，铸牢政治统一、行动统一的基础。要坚持民主集中制原则，提高科学决策、民主决策、依法决策水平。要增强政治敏锐性，不断提高政治判断力、政治领悟力、政治执行力。

国家邮政局召开局长办公会议

12月26日，国家邮政局召开局长办公会议，审议并原则通过《邮政行政处罚程序规定(修订草案)》。国家邮政局局长赵冲久主持会议,副局长戴应军、刘君、赵民、廖进荣、陈凯出席会议。会议要求,各级邮政管理部门要坚持严格规范公正文明执法,做到事实清楚、证据确凿、定性准确、适用法律正确、程序合法、裁量适当、文书规范。国家邮政局政策法规司要将《邮政行政处罚程序规定》纳入邮政行政执法人员培训内容,深入宣传解读《邮政行政处罚程序规定》的新精神、新要求,保障各级邮政管理部门正确理解和执行规定。要将贯彻执行《邮政行政处罚程序规定》和提升邮政行政执法质量三年行动结合起来,为邮政业高质量发展提供有力法治保障。

国家邮政局党组召开理论学习中心组(扩大)学习会

12月28日,国家邮政局党组召开理论学习中心组(扩大)学习会,围绕扎实推进共同富裕和做好意识形态工作两个主题开展集中学习。国家邮政局党组书记、局长赵冲久,局党组成员、副局长刘君、陈凯分别领学《习近平关于中国式现代化论述摘编》《习近平新时代中国特色社会主义思想专题摘编》《习近平新时代中国特色社会主义思想学习纲要》相关篇章,局党组成员、副局长戴应军、廖进荣参加学习。会议要求,要坚持以人民为中心的发展思想,在推动共同富裕中贡献行业力量。要善于发现问题,解决好人民群众美好用邮需要中的"急难愁盼",着力解决人民群众最关心最直接最现实的利益问题,不断增强人民群众的获得感、幸福感和安全感。

国家邮政局发出通知

元旦、春节将至,国家邮政局发出通知,要求认真落实《中共中央办公厅 国务院办公厅关于做好2024年元旦春节期间有关工作的通知》要求,统筹做好元旦春节期间邮政管理各项工作,服务保障人民群众欢乐祥和过节。通知强调,全力做好低温雨雪冰冻灾害防范应对和抗震救灾等工作。要持续做好行业保通保畅工作。充分发挥邮政快递业保通保畅工作机制作用,指导企业健全完善春节假期期间应急运输保障预案,强化春运期间寄递企业人力和运力统筹配置,保障寄递网络平稳运转。加强行业运行监测,科学研判行业运行态势,为节后快速返工储备资源能力。

第四章　2023年各省(区、市)快递发展大事记

北京市快递发展大事记

市领导检查调度疫情防控和城市运行保障等工作

元旦假期首日，北京市委书记尹力通过视频系统检查调度疫情防控和城市运行保障等工作，并看望慰问坚守岗位的一线干部职工，为大家送去新年祝福。他强调，当前，全市仍处于疫情防控的关键阶段，我们要以“时时放心不下”的责任感，坚持干部在岗、群众过节，认真做好节日期间各项工作，确保城市运行平稳有序，让市民群众过一个平安祥和的节日。市委副书记、代市长殷勇一同检查调度。

北京局荣获市多项工作考核优秀等次

3月，北京市政府办公厅、市委平安北京建设领导小组、市安全生产委员会、市防火安全委员会分别印发通知，通报2022年工作考核情况，北京市邮政管理局在年度绩效、平安北京建设、安全生产和消防工作等四项考核中均荣获优秀等次。

北京邮政快递业2023年绿色低碳发展工作要点出炉

4月，北京市邮政管理局印发《北京邮政快递业2023年绿色低碳发展工作要点》。要点明确，在本市实施“9228”工程，即实现电商快件不再二次包装比例稳定在90%以上，深入推进过度包装和塑料污染两项治理，推动可循环快递包装规模化应用和快递包装集中回收两项试点取得成效，推动新增和更新的快递轻型物流配送车辆为纯电动车或氢燃料电池车比例达到80%。提出开展过度包装和塑料污染专项执法行动、抓好可循环快递包装规模化应用试点、开展快递包装集中回收试点、加强电商快件包装治理、提高包装操作规范化水平、健全完善绿色采购制度、积极推广绿色运输、推进基础设施绿色运营、开展常态化执法监督、抓好正面宣传教育引导等十方面重点任务。

北京市2名邮政快递从业人员荣获“首都劳动奖章”

5月，北京市总工会公布2023年“首都劳动奖章”评选结果，北京市邮件处理中心邮件转运员由智斌和北京顺丰速运有限公司收派员赵世杰获此殊荣。

市快递行业女职工获赠女性专属医疗保险

5月16日，在北京广播大厦举行的2023年“爱她保”女性专属保险上线启动仪式，仪式上，保险企业向快递行业女性赠送了1千份女性专属商业补充医疗保险。此项工作在市快递行业党委、市快递行业妇工委指导下，由市快递协会组织落实。顺丰、京东、中通、圆通、申通、韵达、极兔、德邦8家快递企业千名“驿姐”获赠为期一年的“爱她保”商业补充医疗保险。“爱她保”包含100万元恶性肿瘤自费医疗保障、100万元恶性肿瘤特定药品费用保障以及特定原发性恶性肿瘤关爱金1万元等保障。中国妇幼保健协会、首都精神文明建设委员会办公室、北京市妇联有关领导出席仪式，共同见证了关爱行业女性身心健康的积极行动。

北京快递行业战高温保民生

“618”旺季开始以来,北京市快递揽投量持续高位运行。各快递企业迎战业务高峰之际,市气象部门连续发布高温红色预警,对快递员户外作业形成双重考验。针对高温天气,市快递行业党委组织全市品牌快递企业党组织因地制宜开展关心关爱快递员活动,支持全行业战高温保民生。

北京局举办邮政快递企业安检员业务能力培训

7月20日,北京市邮政业安全运行监测中心组织举办两期邮政快递企业安检员业务能力培训。邮政、顺丰等全市14家企业共计110名安全生产负责人和一线安检员参加培训。此次培训邀请了安检方面的专家授课,重点围绕X光机安检原理、常见禁寄物品的图例分析、数字化安检管理、邮件快件处理场所智能安检案例等内容进行讲解。通过现场授课和交流,丰富了安检员理论知识,强化了岗位责任意识,提升了通过X光机识别甄别禁寄物品的能力。

第二届北京“最美快递员”评选活动揭晓

8月28日下午,由北京市邮政管理局和首都文明办联合主办、北京市快递协会承办的第二届北京“最美快递员”评选表彰会隆重举行。冯玉滨等10位快递员荣获第二届北京“最美快递员”荣誉称号。

北京市第三届邮政行业职业技能竞赛成功举办

9月2日至3日,北京市邮政管理局联合北京市总工会、北京市人力资源和社会保障局举办北京市职工职业技能大赛暨北京市第三届邮政行业职业技能竞赛。国家邮政局党组成员、副局长赵民出席开幕式,市邮政管理局、市总工会、市人社局、国家邮政局职鉴中心及中国邮政快递报社相关领导观摩指导比赛。经过激烈的角逐,决出了6个“团体优胜奖”、6个“优秀指导教练奖”、8个“优秀组织奖”、2个“特殊贡献奖”和12名个人奖项。市邮政EMS齐硕、李雷分别获得快递员、快件处理员个人一等奖。对获奖选手核发相应职业技能等级证书,符合条件的还颁发“北京市职工高级职业技术能手”证书,并纳入北京市职工技术协会技能人才库。

北京局组织开展2023年度邮政快递业应急演练

9月14日,北京市邮政管理局在顺丰快递北京转运中心举行2023年度邮政快递业应急演练,市公安局、市国家安全局、市应急管理局、市消防救援总队等部门相关负责同志观摩演练并做现场指导。北京局相关处室、各派出机构、安全中心负责同志,全市20家寄递企业负责人观摩演练。

北京市快递行业2个党建品牌、1个党组织喜获市级荣誉

9月,北京市委两新工委公布2023年全市两新组织100个“党建强发展强”党建品牌和市级非公企业党组织奖励经费支持获奖名单,由北京市邮政管理局推荐的北京市顺丰速运有限公司第一党支部“三严三品三新”党建品牌、京东物流华北党委第二党支部“京新守护”党建品牌入选全市两新组织“党建品牌”一百强。北京中瑞物流有限公司党支部获得市级非公企业党组织奖励经费。

北京局在第四届全国邮政行业职业技能竞赛总决赛中取得佳绩

10月28日至29日,2023年全国行业职业技能竞赛——第四届全国邮政行业职业技能竞赛总决赛在重庆圆满落幕。北京市邮政管理局选派出由北京邮政齐硕、北京邮政陈飞龙、北京京东周泽成和北京顺丰李彩红4名同志组成的代表队参加全国总决赛。经过激烈角逐,4名同志全部获得大赛一等奖的优异成绩,占据了一等奖6个名额中的4席。同时,北京代表队还获得“团体优胜奖”和“优秀技术指导奖”荣誉称号。

快递行业党委开展企业“手拉手”安全生产交流互促活动

11月，北京市快递行业党委组织开展企业“手拉手”安全生产交流互促活动，市快递行业党委副书记黄立群同志带队，部分行业党委委员、邮政快递企业安全生产负责人、分拣中心主管人员30余名党员参加。活动中顺丰华北分拣中心、圆通北京分拨中心负责人介绍了本企业落实安全生产工作情况，并针对分拣场地“人车分流”、安全规范作业等组织现场观摩和交流分享，推动党建工作与生产经营深度融合，不断夯实快递行业安全生产工作基础。

北京市2名邮政快递从业人员荣获“首都最美巾帼奋斗者”称号

12月，2023年度“首都最美巾帼奋斗者”评选结果揭晓，北京顺丰速运有限公司牛街综合营业网点收派员朱婷婷、北京中盛瑞通物流科技有限责任公司高井网点派送员赫立云获此殊荣。

天津市快递发展大事记

天津市领导肯定市邮政快递业疫情防控和保通保畅工作

1月11日，天津市委常委、市教育工委书记王旭在市疫情防控指挥部日调度会上，听取了天津市邮政管理局关于当前邮政快递业运行现状及做好春节期间保通保畅工作有关举措的情况汇报，对邮政快递业在疫情期间保障防疫物资和群众基本生活物资寄递、积极履行社会责任等方面给予肯定，并对快递员的付出表示感谢。

天津市领导批示肯定市邮政管理局2022年工作

1月18日，天津市副市长谢元在市邮政管理局呈报的《关于报送全国邮政管理工作会议精神和2022年全市邮政管理工作总结及2023年工作思路的报告》上作出批示，充分肯定市邮政管理局2022年工作，对下一步工作提出要求。

天津局王东局长会见韵达董事长聂腾云一行

2月3日下午，天津市邮政管理局局长王东会见上海韵达货运有限公司董事长聂腾云一行，双方就谋划韵达加大在津投资发展等事宜开展深度座谈。

天津局召开高铁货运动车组开行专题对接会

2月8日，天津市邮政管理局召开高铁货运动车组开行专题对接会。天津市邮政管理局局长王东，中铁快运股份有限公司、中铁快运北京分公司负责人出席。市交通运输委、市发展改革委、市邮政分公司相关部门负责人参会。会上，与会人员就发展高铁快运、高铁物流基地建设及现代综合运输体系建设等问题进行了充分交流。

天津市快递企业组团开展“送岗下乡　冀农入津”专场招聘会

2月16日，在天津市邮政管理局指导下，市快递协会组织5家快递企业赴河北省邯郸市涉县开展“送岗下乡　冀农入津”专场招聘会。此次专场招聘会得到当地人社部门的大力支持和社会各界的高度关注。仅半天时间，共有500余人参加，超300人向快递企业表达了求职意愿，专场招聘活动取得圆满成功。此外，市快递协会还组织快递企业与当地人力资源市场签署了合作意向书，参加了邯郸市直播带岗活动。

北辰十项暖心行动关爱外卖快递员

3月，天津市北辰区率先在北仓镇璟悦府社区启动10项暖心行动，赋能新业态，服务外卖员、快递员等灵活就业群体，通过开设暖蜂食堂、暖蜂学习吧、暖蜂医疗馆、暖蜂运动馆、暖蜂放映厅、暖蜂联谊社、暖蜂托幼点等场所，“线上＋线下”织密服务网，实现从“单项服务”向“组合服务”转变。

天津市快递行业党委召开2023年第一次会议

3月20日，天津市快递行业党委召开2023年第一次会议。会议传达学习了习近平总书记在十四届全国人大一次会议闭幕会上的重要讲话、中共二十届二中全会和全市基层党建工作重点任务推进会议精神，宣读了《关于同意王东等同志任职的批复》。会议审议通过了《中共天津市快递行业委员会工作制度》和《天津市快递行业党委2023年工作要点》。党委委员围绕行业党委全年重点任务展开讨论、建言献策、凝聚共识。

天津局发布2023年市邮政快递业更贴近民生七件实事

为落实国家邮政局2023年邮政快递业更贴近民生七件实事，更好满足人民群众日益增长的美好生活用邮需要，结合天津实际，3月30日，天津市邮政管理局印发《2023年天津市邮政快递业更贴近民生七件实事》。

天津局紧急部署市邮政快递业消防安全工作

4月17日晚，天津市邮政管理局印发《关于深刻汲取事故教训扎实做好邮政快递业消防安全工作的通知》，对全市邮政快递业消防安全工作进行部署安排。通知要求，各寄递企业应严格落实消防安全主体责任，迅速对本企业各类邮件快件处理场所、营业场所、办公场所、员工宿舍等人员密集场所开展消防隐患排查整治，严格寄递安全“三项制度”落实，特别是对入场相关方加强安全检查，尤其是动火作业要严格履行审批手续，制定突发事件应急预案。

天津快递企业亮相第七届世界智能大会

5月18日，第七届世界智能大会在津举行，世界500强、国内智能科技领军企业及高等学校在内的492家企业和机构参展。其中极兔速递携最新智慧物流成果参展，京东快递启用专揽站为智能大会提供专属快递服务。这是天津市邮政管理局第四次组织快递企业参展。

天津局大力推动邮政快递业生态环保工作

5月24日，天津市邮政管理局接连印发《天津市邮政快递业2023年生态环保工作要点》以及《天津市邮政快递业塑料污染治理三年行动实施方案（2023－2025）》，积极推动邮政快递业生态环保工作。

天津市首个乡镇客货邮融合服务站开通运营

为贯彻落实主题教育要求，在天津市邮政管理局和市交通运输委的持续推动下，市邮政分公司和武清区道路运输局紧密联动，5月26日，天津市首个乡镇客货邮融合服务站——河西务服务站正式投入使用，有效提高了邮政企业配送效率，实现了邮政快递、交通运输服务资源的有效聚合和统筹利用。

天津市多部门联合推动客货邮融合发展在蓟落地

6月2日，天津市邮政管理局会同市道路运输管理局、市邮政分公司在蓟州区开展城乡交通运输一体化示范创建指标落实情况核查工作，联合推动客货邮融合发展在蓟落地。根据蓟州区邮政分公司与蓟州客运公司签订的交邮合作协议，双方将在上仓服务站建设交邮合作配送中心，开通上仓片区客货邮服务公交专线，直接将快件运送至13个党群服务中心或商超配送点。

京东物流无人配送车在天津市中心城区正式上路运营

5月13日，京东物流无人配送车在天津市河北区正式启动运营。针对智能快递车，河北区开放了首期19.8公里的无人配送道路，除了主要通行道路，还包括隧道、铁路周边等。除此之外，意风区1.6公里旅游线及从天津站到天津之眼摩天轮的7.3公里“商旅文”接驳线也将陆续启动开放测试。

天津市客货邮融合发展一专线一驿站同日运行

6月20日，天津市首条客货邮服务专线在蓟州上仓公交服务站开通运营，宝坻区首个交邮驿站在林亭口交通综合站投入使用。蓟州区客货邮服务专线以上仓公交服务站为始发站，利用农村公交网络，在客流低峰时段搭载车辆后备箱闲置空间，代运代投河西、白庙等四个村的邮件快件，解决村民快递服务“最后一公里”问题，服务周边近2000名村民。该服务站还设立了直播场地、仓储空间，为当地电商企业提供服务支撑。运行首日，当地一家企业通过电商直播销售酒水200余箱，通过寄递渠道发往全国。宝坻区林亭口交邮驿站服务周边13个村、近6000名村民，运行首日邮件快件处理量超1100件。

天津局开展2023年度寄递行业突发事件应急演练

6月20日，天津市邮政管理局在天津市邮区中心组织开展天津市2023年度寄递行业突发事件应急演练。市邮政管理局、东丽区委政法委，以及区公安、消防救援、应急管理、交通运输等部门负责同志、各邮政监管派出机构负责同志参加。全市规模以上邮政快递企业代表共计100余人现场进行观摩。

邮政企业亮相天津夏季达沃斯论坛

6月27日，天津夏季达沃斯论坛在天津梅江会展中心开幕，来自90多个国家和地区约1500名各界代表参会。作为进驻服务商之一，天津市邮政分公司以饱满的热情和全新的姿态，亮相天津夏季达沃斯论坛。

天津局部署推进全市平安寄递专项行动

7月7日上午，天津市邮政管理局联合该市16部门召开全市平安寄递专项行动部署推进会。会议对《天津市平安寄递专项行动工作方案》进行了解读，与会部门围绕工作职责介绍了前期工作开展情况，并就加强部门联合监管、提升综合管控力度等方面进行了交流研讨。

天津局召开寄递企业安全生产评估总结报告会

7月7日下午，天津市邮政管理局组织召开2023年寄递企业安全生产评估总结报告会，通报对寄递企业开展安全生产评估总体情况，部署做好评估结果运用，深化问题整改。

天津市快递行业争做“先锋快递员”活动启动

7月11日，天津市快递行业党委会同快递协会联合举办“党建聚合力 先锋强示范”——天津市快递行业争做“先锋快递员”活动启动仪式，邮政、顺丰、中通等12家品牌快递企业60余人参加活动。

天津至加拿大路向海运直航邮路成功首发

7月11日上午，运载加拿大路向海运邮件的集装箱货车缓缓驶离位于空港大通关基地的天津国际邮件互换局（兼交换站）前往天津港，标志着天津至加拿大海运直航邮路正式开通。原北方地区需陆运至广州或上海发运的加拿大海运邮件，目前可直接在天津发运，国内运输时间缩短2～4天，有效降低国内运输成本，提升跨境寄递服务时限。

天津市申通快递公司成立妇女联合会

7月13日，天津市得泽物流有限公司（申通快递公司）妇联成立大会在静海区召开。市快递行业党委副书记、快递协会秘书长李慧良，市妇联组织部部长王冬梅，静海区妇联主席李洪芬，市邮政管理局，圆通、中通、韵达等快递公司及有关区妇联同志参加大会。申通公司按照相关工作要求，民主选举产生了第一届妇联领导班子，并召开妇联成立大会。新当选的申通公司第一届妇联主席邵丽华在会上表示，将努力把公司妇联建设得更有吸引力和凝聚力，当好党开展妇女工作的得力助手，为女职工提供展现自身价值的平台。

天津市领导批示肯定市邮政管理局 2023 年上半年工作

7 月 14 日，天津市副市长谢元在市邮政管理局呈报的《关于报送 2023 年上半年工作总结及下半年安排的报告》上作出批示，充分肯定天津市邮政管理局上半年工作，对下一步工作提出要求。批示指出：今年上半年，市邮政局积极服务全市高质量发展大局，主动助力“十项行动”，行业保持快速增长，改革发展取得新的成效，向同志们表示感谢！望继续发扬成绩，抓好抓实重点工作，为我市“四高”建设作出更大贡献。

天津市快递行业“两个覆盖”加快推进

7 月 20 日，天津市妇联、市快递行业党委、市快递协会联合印发《关于加快推进快递行业“两个覆盖”的通知》。通知明确，在推进妇联组织覆盖方面，可通过单独创建、联合组建、区域联建、建立妇女小组或者设妇女工作联络员、建立“妇女之家”等方式实现组织覆盖。在推进妇女工作覆盖方面，各区妇联要深入快递企业宣传宣讲，用好“我为群众办实事 娘家送温情”载体，做好特殊困难群体关爱帮扶工作，注重选树行业中的优秀女性典型代表等方式，推动工作覆盖。

四部门联合加快推动县域商业建设行动

7 月 31 日，为更好发挥财政资金作用，加快推进县域商业体系建设，促进农村消费、农民增收，助力全面推进乡村振兴，市邮政管理局联合市商务局、市财政局、市乡村振兴局印发《关于支持实施 2023 年度县域商业建设行动的通知》。通知明确，到 2025 年，我市新建或改造提升县城综合商贸服务中心 6 个、物流配送中心 5 个、乡镇商贸中心 24 个、村级便利店 120 个、乡镇集贸市场 40 个。“快递进村”覆盖率达到 100%。推动 4 家龙头流通企业转型升级。

天津市邮政快递业驰援静海防汛抗洪一线

受台风“杜苏芮”影响，华北地区出现极端降雨过程，引发洪涝和地质灾害。京津冀地区海河流域发生流域性较大洪水，给人民群众生命财产安全带来重大损失。8 月 11 日下午，12 辆满载价值 36 万元生活物资的车辆奔赴静海防汛抗洪一线。天津市各寄递企业积极响应市快递行业党委和快递协会号召，以实际行动践行社会责任，展现大爱无疆，向奋战在防汛抗洪一线的勇士们奉献爱心。

天津局推进邮快合作助力乡村振兴

8 月 22 日，天津市邮政管理局组织召开专题会议，推进邮快合作。天津局党组书记、局长王东出席会议并讲话，局党组成员、副局长周军出席并主持会议。邮政、中通、圆通、申通、韵达、极兔 6 家企业主要负责人参会。会上，与会企业主要负责人就开展邮快合作进展情况、存在问题和下一步设想进行了充分交流，一致认为通过邮快合作实现快递进村，是邮政、快递企业的双赢模式。下一步将按照市邮政管理局的工作要求，结合重点区域实际问题，逐一攻坚、逐个推动，以点带面加快邮快合作试点建设。

静海区委区政府向市快递行业党委赠送锦旗

9 月 15 日，静海区副区长赵春兴代表区委、区政府向市快递行业党委、市邮政管理局第三分局和市快递协会分别赠送印有“抗洪抢险伸援手 鼎力相助见真情”的锦旗，对邮政管理部门和寄递企业为静海区抗洪救灾工作作出的贡献表示感谢。市快递行业党委副书记、市快递协会秘书长李慧良，市邮政管理局第三分局局长孙学恭接受锦旗。

2023 年度天津市邮政行业职业技能竞赛成功举办

9 月 28 日，2023 年“海河工匠杯”技能大赛——2023 年度天津市邮政行业职业技能竞赛暨第四届全国邮政行业职业技能竞赛选拔赛在天津海运职业学院成功举办。经过激烈比拼，本次邮政行业职业技能竞赛结果出炉。来自邮政的尹贵昌荣获职工组一等奖，来自圆通的平江林、邮政的李昊远荣获二等奖，来自中通的王伟厚、顺丰的张国庆、圆通的韦东涛荣获三等奖。来自天津海运职业学院的张新瑨等 6 名选手荣获学生组一等奖，来自天津电子信息职业技术学院杨振宁等 10 名选手荣获二等奖，来自天津轻工职业技术学院的黄文军等 17 名选手荣获三等奖。

天津局积极推进客货邮一体化试点建设

10 月 13 日，天津市邮政管理局组织召开农村客货邮一体化综合服务站建设阶段性工作推动会。天津局相关部门及派出机构负责人、市邮政分公司有关部门及滨海新区、宝坻区、静海区、武清区、蓟州区、宁河区邮政分公司负责人参会。会议强调，要进一步协同相关部门持续推进试点建设，探索推动农村快递、电商、农业等产业进一步叠加融合，构建“一点多能、一网多用、功能集约、便利高效”的农村客货邮融合发展新模式，努力形成叫得响、立得住、推得开的试点经验。

首届“津门最美快递员”表彰发布会成功举办

10 月 24 日下午，由天津市邮政管理局、市总工会、团市委、市快递协会、市快递行业党委联合主办的首届“津门最美快递员”表彰发布会成功举办，万海波、平江林等 10 名“最美快递员”和天津京东梅江营业部、天津顺丰大寺速运营业点 2 个“最美快递员”团队受表彰。

天津市邮政行业寄递业务量、快递业务量提前 1 个月实现全年目标

2023 年前 11 个月，天津市邮政行业寄递业务量累计完成 15.08 亿件，同比增长 17.37%；快递业务量累计完成 13.05 亿件，同比增长 18.46%，提前 1 个月实现全年目标。

河北省快递发展大事记

河北局 3 个集体入选 2022 年度全国邮政快递业青年安全生产示范岗

1 月，国家邮政局发出通知，公布入选 2022 年度全国邮政快递业青年安全生产示范岗名单。其中，涿州市宇坤申通快递有限公司寄递组、廊坊顺丰花园道经营分部、中国邮政集团有限公司秦皇岛市分公司北部营业部被认定为 2022 年度全国邮政行业青年安全生产示范岗。

河北局与青龙县委县政府共同研究推动邮政快递业助力县域经济发展

2 月 6 日，河北省邮政管理局领导班子与秦皇岛市青龙满族自治县委、县政府开展座谈交流，共同研究推动邮政快递业助力县域经济发展。会议强调，青龙满族自治县地方特色产品丰富，是京东板栗之乡、中国苹果之乡、中国粘豆包之乡、河北杂粮之乡。要立足青龙资源禀赋，大力发展邮政快递＋电子商务，加快农村寄递物流体系建设，持续推进"快递进村"工程和邮政快递业服务乡村振兴"百千万"工程，为县域特色产品销往全国插上翅膀，积极服务建设全国统一大市场和乡村振兴战略。

河北局联合省工信厅开展邮政快递业新能源汽车推广应用等工作调研

2月9日，河北省邮政管理局主要负责人带队，联合省工信厅率领省快递行业协会和省邮政、顺丰、圆通等企业负责人，赴新能源汽车装备制造企业调研，促进双方产品和服务供需对接，通过政府搭台、企业唱戏，共同推动邮政快递业新能源汽车推广应用和"快递进厂"工作。

河北省加快建设物流强省行动方案利好邮政快递业

3月，河北省人民政府办公厅印发《河北省加快建设物流强省行动方案(2023－2027年)》，进一步推动全国现代商贸物流重要基地的功能定位扎实有效实施，巩固强化现代物流业的基础性、战略性、先导性地位。邮政快递业高质量发展获政策支持。

河北局与菜鸟总部研讨提升快递末端服务质量

3月30日，河北省邮政管理局主要负责人主持召开专题座谈会，与菜鸟总部有关负责人以及菜鸟北部大区、河北区主要负责人共同分析快递末端服务面临的机遇挑战，共同研讨提升快递末端服务质量的路径举措。

河北局部署推动全省邮政快递业高质量发展

4月7日，河北省邮政管理局印发《河北省邮政快递业高质量发展实施方案》，深入贯彻落实党的二十大精神，完整、准确、全面贯彻新发展理念，推动全省邮政快递业高质量发展。

河北局开展全省邮政快递业国家安全教育培训

为深入贯彻落实总体国家安全观，提升全系统全行业维护国家安全的意识和能力，4月，河北省邮政管理局联合省国家安全厅、省快递行业协会开展了邮政快递业国家安全教育培训。全省邮政管理部门、快递协会和邮政、快递企业相关负责人共400余人参加培训，省国家安全厅专家做了专题讲座。

河北局大力推动建设中国式现代化邮政快递业场景

4月，河北省邮政管理局制定印发《中国式现代化河北邮政快递业场景行动方案(2023－2027)》，谋定行业五年发展方向路径和重点任务，明确各时间节点的完成目标。行动方案强调，要紧紧围绕全国现代商贸物流重要基地建设，按照"聚集－提升－国际化"的发展方向，在形成集聚效应的基础上，提升行业服务能力和高质量发展水平，吸引先进制造业和现代服务业落户河北，更好促进全产业链发展，着力发展国际快递业务，服务跨境电商，不断提升国际化水平。

河北省出台专项方案加快推动邮政快递业发展

4月，河北省现代服务业发展领导小组办公室印发《河北省邮政快递业发展专项行动方案》，强化各项保障，着力构建网络发达、供给充足、高效便捷、绿色普惠的现代化河北邮政快递业美好场景。行动方案依照2023年、2025年、2027年三个时间节点，明确了行动目标，重点开展五大专项行动。

多部门开展安全隐患大排查大整治活动

4月，河北省邮政管理局联合省公安厅、省国家安全厅、省委网信办、省消防救援总队印发《河北省寄递渠道开展联合监管组织安全隐患大排查大整治的工作方案》，进一步提升行业监管质效，严厉打击利用寄递渠道违规运输禁限寄物品，强化行业消防安全、个人信息保护，有效防范化解重大安全风险，保障全省寄递渠道安全平稳运行，坚决当好首都政治“护城河”。

河北省委书记慰问一线快递员

4 月 28 日，在“五一”国际劳动节即将到来之际，河北省委书记、省人大常委会主任倪岳峰在石家庄市走访慰问一线劳动者，代表省委、省人民政府向全省广大劳动者表示节日问候，致以崇高敬意。省委副书记、省长王正谱参加走访慰问。

河北局印发落实措施推动邮政快递业绿色低碳转型发展

5 月，河北省邮政管理局印发《关于推动邮政快递业绿色低碳转型发展的落实措施》，深入贯彻党中央、国务院关于碳达峰碳中和重大决策部署，全面落实国家邮政局《关于推动邮政快递业绿色低碳转型发展的实施意见》，持续推进提升全省邮政快递业绿色发展水平。落实措施明确了五个方面 19 项工作措施。

河北省 14 部门印发进一步加强全省邮政快递安全管理工作的实施意见

5 月，河北省邮政管理局联合省委政法委等 13 部门印发《关于进一步加强全省邮件快件寄递安全管理工作的实施意见》。实施意见提出了总体要求和工作目标，确定了严格实名收寄、严格收寄验视、严格过机安检、严打寄递安全违法犯罪活动、切实维护行业发展秩序、深入推进安全生产标准化建设、落实安全保障统一管理责任、夯实网络和信息安全基础、加强寄递领域个人信息安全治理、加强应急管理能力建设等 10 项主要任务，并逐项明确了责任单位和时间进度。

河北局专题部署调度邮政快递业服务保障雄安新区建设和京津冀协同发展重点工作

5 月 24 日，河北邮政管理局主要负责人主持召开专题会议，听取各邮政快递企业服务保障雄安新区建设和京津冀协同发展重点工作情况汇报，并对下一步工作作出安排部署。会议强调，全省邮政快递业要积极服务保障高标准高质量推进雄安新区建设和深入推进京津冀协同发展重点工作。

河北局等 17 部门联合部署开展全省平安寄递专项行动

5 月 30 日，河北省邮政管理局等 17 部门联合召开全省平安寄递专项行动动员部署电视电话会议，贯彻落实全国平安寄递专项行动动员部署会议精神，分析全省寄递渠道安全形势，对平安寄递专项行动进行动员部署。

河北局联合省委组织部成功举办物流强省建设专题示范班

6 月，河北省邮政管理局与省委组织部在浙江省委党校联合举办了“我为中国式现代化河北篇章作贡献”专题中的物流强省建设专题示范班(第一期)，全省优秀乡镇党委书记、村党组织书记和邮政管理系统骨干共 99 人参加培训。

河北省政府集中出台措施支持现代商贸物流发展

7 月，河北省政府集中发布《关于推进现代商贸物流业高质量发展的实施意见》《河北省支持跨境电子商务发展十条政策》《河北省加快现代物流发展十五条政策措施》等系列文件，深入落实京津冀协同发展战略，扎实推动全国现代商贸物流重要基地建设。邮政快递业在基础设施建设、服务能力提升、绿色化智能化发展、国际寄递业务发展等诸多方面获政策利好。

2023 年河北省最美快递员选树宣传活动启动

8 月，河北省邮政管理局联合省金融和服务业工会、省发展和改革委员会、省人力资源和社会保障厅、省市场监督管理局、省快递行业协会开展 2023 年河北省最美快递员选树宣传活动。

河北省2023年邮政行业职业技能竞赛圆满结束

8月29日至30日，河北省邮政管理局联合省总工会、省快递行业协会举办了2023年河北省邮政行业职业技能竞赛，来自全省各地11支代表队共44名选手参赛。经过激烈角逐，快递员和快件处理员两个工种最终分别决出一等奖1人，二等奖2人，三等奖3人，共12人获奖，张家口市、唐山市、廊坊市代表队分获优秀组织奖，沧州市邮政管理局、河北中通吉仓储物流有限公司荣获特别贡献奖，竞赛总分个人第1名（快递员职业、快件处理员职业）选手按程序优先推荐参评“河北五一劳动奖章”，获奖选手将优先选派参加2023年全国行业职业技能竞赛——第四届全国邮政行业职业技能竞赛。

河北局与张家口市政府举行座谈

8月29日，河北省邮政管理局领导班子在石家庄与张家口市市长、常务副市长一行座谈，共同研究推动以邮政快递业高质量发展助推地方经济社会高质量发展。双方表示，将共同做好三个方面工作。一是加快推进快递进村和县级共配中心建设，加快建成县乡村三级寄递物流体系，助力乡村振兴和县域经济发展。二是推进邮政快递业与电子商务和地方特色产业协同发展，深入实施“百千万”工程，通过快递＋电商，让张家口特色产品迅速进入全国统一大市场，乃至全球。三是加快城市末端配送体系建设，打造一刻钟便民生活圈，让市民享受更加优质的寄递服务；加快推进邮政快递业基础设施建设，夯实行业发展根基，助推张家口经济社会高质量发展。

河北省领导高度肯定“双11”快递业务旺季服务保障工作

11月21日，河北省副省长胡启生在河北局报送的《关于2023年“双11”快递业务旺季服务保障工作情况的报告》上作出批示：“业绩喜人！望再接再厉，为河北经济强省建设作出邮政物流快递行业的更大贡献！”“双11”期间（11月1日～16日），河北全省快递业务量4.3亿件（居全国第5位），同比增长65.3%；投递量3.6亿件（居全国第6位），同比增长115.8%；收投比为1:0.84，充分反映出河北经济发展的强大韧性和活力。

河北局完成2023年快递工程技术人员职称评审工作

12月，河北省邮政管理局完成了2023年快递工程技术人员职称评审工作，共有231名快递工程技术人员获得任职资格。

山西省快递发展大事记

农村寄递物流服务全覆盖提质工程被列为2023年山西省政府民生实事之首

1月12日，山西省两会传来重大利好，明确将农村寄递物流服务全覆盖提质工程列为2023年省政府12件民生实事之首，并着力推进电子商务体系和快递物流体系贯通发展，这是继2022年山西省政府首次将农村寄递物流服务全覆盖列入民生实事以来，再次“加码”支持农村寄递物流体系建设。

山西省加快电子商务体系和快递物流配送体系贯通发展行动计划获审议通过

1月31日，山西省省长金湘军主持召开省政府第3次常务会议，研究审议通过加快电子商务体系和快递物流配送体系贯通发展行动计划。会议指出，加快电子商务体系和快递物流配送体系贯通发展，对于促进城乡生产和消费有效衔接、全面推进乡村振兴意义重大。要充分发挥市场主体作用和政府引导作用，完善快递物流枢纽和末端服务网络，优化基础设施布局，创新网点协同共用、仓配一体等模式，提升快递物流数智化水平和配送服务能力，大力发展乡村e镇，加快跨境电商综试区建设，培育电商快递市场主体，推动电子商务与快递物流深度融合，畅通农产品进城和工业品下乡双向渠道，更好融入全国统一大市场。

太原老陈醋入选2022年全国快递服务现代农业金牌项目

2月，国家邮政局公布“2022年快递服务现代农业金牌项目”名单，山西太原老陈醋榜上有名。太原凭借得天独厚的酿醋生产条件，全年通过寄递企业销售太原老陈醋约1063.39万件，带动农业总产值约4亿元，推动太原老陈醋产业发展取得了良好效益，积极助力农民增收和乡村振兴发展。

山西省加快完善县乡村电子商务和快递物流配送体系

2月14日，山西省委农村工作会议在太原召开，全面贯彻党的二十大和中央农村工作会议精神，总结2022年“三农”工作，部署2023年“三农”重点任务。山西省委书记蓝佛安出席会议并讲话，指出要加快完善县乡村电子商务和快递物流配送体系。

山西省省长调研太原国际邮件互换局

2月15日，山西省委副书记、省长金湘军深入太原国际邮件互换局，调研内陆地区对外开放新高地建设。他强调，要深入学习贯彻党的二十大精神和习近平总书记考察调研山西重要讲话重要指示精神，认真落实省委经济工作会议和省两会部署，坚定扛牢打造内陆地区对外开放新高地重大使命，加快提升开放型经济水平，更好服务和融入新发展格局，为转型发展拓展空间、增添动能。省领导吴俊清、汤志平参加。省邮政管理局负责同志陪同调研。

山西省印发方案推动全省邮政快递业职业技能提升工程实施

2月，山西省邮政管理局、山西省人力资源和社会保障厅联合印发《山西省快递从业人员职业技能提升工程实施方案》，方案明确了“十四五”时期全省邮政快递业开展政府补贴性职业技能提升培训行业技能等级认定目标。提出要从加强行业职业体系建设、持续开展职业技能培训、落实职业培训补贴政策、坚持德技双修全面培育、推动健全人才评价体系、推进拓宽人才发展通道、积极开展职业技能竞赛、推动完善激励保障机制等八方面举措推动工作开展。

山西省印发电子商务体系和快递物流配送体系贯通发展行动计划

2月20日，山西省人民政府办公厅印发《关于加快电子商务体系和快递物流配送体系贯通发展行动计划》，出台支持邮政快递业发展一揽子政策，发展环境持续优化。计划明确，到2023年底，电子商务与快递物流服务体系更加健全，全省快递实现市域城市“半日达”、县域城市“次日达”。到2024年底，电子商务与快递物流服务体系深度融合，农产品进城、工业品下乡双向流通渠道更加畅通。到2025年底，电子商务与快递物流服务体系有效贯通，建立起普惠城乡、通达国际、产业协同、便捷高效的服务体系。

山西局部署开展“发展质效提升年”活动

2月24日，山西省邮政管理局印发《2023年全省邮政管理系统“发展质效提升年”活动实施方案》，安排部署年度重点任务，持续推动行业高质量发展。

山西省快递协会荣获"先进省级快递协会"荣誉称号

2月28日，在中国快递协会三届四次理事会议上，山西省快递协会荣获"先进省级快递协会"的荣誉称号，这是该会自2021以来，第二次获此殊荣。

山西省明确支持快递包装绿色治理

3月，山西省人民政府办公厅印发《山西省进一步加强商品过度包装治理若干措施》，强化商品过度包装全链条治理，快递包装绿色治理被纳入其中。

山西省副省长调研邮政快递业发展

3月，山西省副省长刘旸在中国邮政集团太原邮区中心调研，详细了解全省邮政快递行业经济运行和寄递渠道安全服务保障情况，并与中国邮政、顺丰、中通、申通、韵达等省级邮政快递品牌企业负责人座谈交流。省政府办公厅副主任李天照，省邮政管理局党组书记、局长秦红保陪同。

山西省发布《2023年农村寄递物流服务全覆盖提质工程实施方案》

3月，山西省邮政管理局联合省发展改革委、财政厅、商务厅印发《2023年农村寄递物流服务全覆盖提质工程实施方案》，加快推动农村寄递物流体系建设，进一步补齐农村物流短板，积极促进乡村振兴。方案强调，在巩固2022年农村寄递物流服务全覆盖"一特色三标准"目标的基础上，按照县级统仓共配一体化、乡镇服务标准化、村级管理规范化的"三化"要求，建立健全"省级协调、市级负责、县级落实"的工作机制，全面推进农村寄递物流服务全覆盖提质工程，畅通"农产品进城、消费品下乡"双向流通渠道，更好服务经济社会高质量发展。

山西省委一号文件赋能邮政快递业高质量发展

3月14日，中共山西省委、山西省人民政府印发《关于做好2023年全面推进乡村振兴重点工作的实施意见》，对全省2023年全面推进乡村振兴重点工作进行安排部署，邮政快递业两项重点工作被纳入其中，行业高质量发展获重大利好。

山西省印发美丽山西建设规划纲要支持绿色快递发展

3月，山西省人民政府印发《美丽山西建设规划纲要(2023－2035年)》，绿色快递作为重要内容被纳入其中，多项政策惠及行业发展。纲要明确，支持物流企业构建数字化运营平台，发展智慧仓储、智慧运输。要推进过度包装治理，加快快递包装绿色转型。要引导公众自觉遵守公民生态环境行为规范，自觉履行环境保护责任，从绿色快递等多个方面践行适度简约、绿色低碳、文明健康的生活理念和生活方式。纲要要求，要推广绿色快递包装，加快城乡物流配送体系和快递公共末端设施建设，完善农村配送网络，创新绿色低碳、集约高效的配送模式，大力发展集中配送、共同配送、夜间配送。

山西局部署开展全省系统"党建强基"提升工程

3月，山西省邮政管理局印发《全省邮政管理系统"党建强基"提升工程实施方案》，进一步筑牢基石、打牢基础、抓实基层，推动全省邮政管理系统基层党组织建设全面提升、全面进步。

山西省印发综合立体交通网规划纲要利好邮政快递业

4月，中共山西省委、山西省人民政府印发《山西省综合立体交通网规划纲要》，邮政快递业发展获多项政策支持。纲要指出，要形成以铁路为主干、公路为基础以及民航、水运、邮政快递比较优势充分发挥的山西省综合立体交通网，到2035年，建设邮政快递枢纽11个，由太原、大同全国性邮政快递枢纽，长治、临汾区域性邮政快递枢纽，以及其他7个地区性邮政快递枢纽组成，依托综合立体交通网，布局航空邮路、铁路邮路、公路邮路。

山西局组织开展“传承志愿精神　情暖快递小哥”志愿服务活动

4月，山西省邮政管理局组织党员干部职工赴快递企业开展“传承志愿精神，情暖快递小哥”主题志愿服务活动。此次志愿服务活动是山西局社会主义核心价值观主题实践教育的重要内容，通过亲身体验一线快递员的辛劳、倾听他们的声音，切实增强了社会主义核心价值观在广大党员干部中的感召力，进一步引导党员干部坚定理想信念，提振干事创业精气神。

山西局出台全省邮政快递业塑料污染治理三年行动方案

4月，山西省邮政管理局印发《山西省邮政快递业塑料污染治理三年行动实施方案(2023－2025)》，进一步细化目标任务，持续推进行业绿色发展。通知明确，到2023年底，全省邮政快递网点不可降解的塑料包装袋、一次性塑料编织袋使用率不高于20%。全省邮政快递网点全部使用45毫米以下“瘦身胶带”封装。到2024年底，全省邮政快递网点不可降解的塑料包装袋、一次性塑料编织袋使用率不高于10%。全省邮政快递网点继续保持全部使用45毫米以下“瘦身胶带”封装。到2025年底，全省邮政快递网点禁止使用不可降解的塑料包装袋、塑料胶带、一次性塑料编织袋等。邮政快递业绿色化、可循环包装使用比例明显提升，废弃物回收利用效率显著提高，普通塑料包装废弃物污染得到有效控制。

山西局印发《山西省快递业务经营许可办事指南》

5月，山西省邮政管理局编制印发《山西省快递业务经营许可办事指南》。办事指南结合快递业务经营许可法定要求和申请人需求，全面梳理申请、延续、变更等许可事项办理流程和要求，聚焦“全程网办”，详细说明各环节资料填报要点和注意事项，重点解决企业申请材料补正较为集中的问题，着力提升政务服务能力。

山西省邮政快递业新增153名“持证上岗”安检员

5月，山西省邮政业安全中心分三批次开展安检机作业人员培训。经考核合格，153人取得“持证上岗”资格。

《山西省寄递渠道加强邮件快件寄递安全管理工作实施方案》出台

5月，山西省邮政管理局联合省委政法委、省委网信办、省公安厅等十一部门印发《山西省寄递渠道加强邮件快件寄递安全管理工作实施方案》。方案明确，以习近平新时代中国特色社会主义思想为指导，认真贯彻落实党的二十大精神，坚持总体国家安全观，统筹发展和安全，坚持人民至上、依法治理、科技兴安和共建共治，通过强化三项制度落实、深入推进安全生产标准化建设、夯实网络和信息安全基础、加强应急管理能力建设和严厉打击涉寄递渠道各类违法犯罪活动等措施，进一步压实快递企业省级管理机构主体责任，推动全省平安寄递建设达到更高水平，寄递安全环境得到有效净化。

山西省邮政快递业多个集体和个人获全国、省、市级表彰

5月，全国、省、市“五一”劳动表彰和青年“五四”表彰结果相继揭晓。山西行业内先后有2个集体和12名个人获得国家、省、市级表彰。其中，晋城市快递行业工会联合会主席杨芳荣获全国“五一劳动奖章”；朔州山阴韵达快递员兰海明、阳泉顺丰快递员邵瑞强、盂县中通客服赵俊芳等3人荣获山西省“五一劳动奖章”；大同左云县邮政分公司乡邮投递员皇甫永军、阳泉中通快递员

任丽军荣获山西省“新时代最美劳动者”；大同左云京东快递员徐珍、大同云冈区邮政分公司和泰营业所支局长马艳林、长治顺丰快递员李鹏飞、黎城县圆通快递员任红勋、晋中中通快递员张爱芹、灵石县圆通快递员王强等6人荣获市级“五一劳动奖章”。中国邮政集团有限公司大同市分公司荣获市级“五一劳动奖状”，临汾市尧都区中通快速递服务有限公司客服部荣获市级青年“五四”奖章。

山西局等17部门联合召开全省平安寄递专项行动安排部署会议

5月16日，山西省邮政管理局等17部门联合召开全省平安寄递专项行动安排部署会议，学习传达国家邮政局等17部门平安寄递专项行动动员部署电视电话会议精神，对全省平安寄递专项行动进行再动员再部署。

山西省第二届“三晋最美快递员”表彰大会举行

6月12日上午，山西省第二届“三晋最美快递员”表彰大会在太原隆重举行。来自全省邮政快递业第一线的刁林、王建军、白杰、史素君、邢帅帅、杨宁宁、李伟光、陈杰、郜蜜蜜、靳自光10名快递员荣获第二届“三晋最美快递员”，马小玲、王相春、池慧、邵瑞强、张宇、曹德6名快递员荣获“三晋最美快递员”提名奖，并颁发了奖杯、荣誉证书和奖金。

山西局获评“促进山西经济社会发展突出贡献单位”

6月，山西省年度目标责任考核领导小组办公室通报2022年度目标责任考核等次评定结果，山西省邮政管理局获评“促进山西经济社会发展突出贡献单位”，其中促进山西经济社会发展任务考核获“优秀”等次。

山西局组织开展2023年全省邮政快递业综合应急演练

7月14日，山西省邮政管理局组织开展了2023年邮政快递业综合应急演练。本次综合应急演练在顺丰速运太原小店中转场举办，详细演练了危化品泄漏处置流程和火灾疏散逃生、消防器材使用、人员紧急自救、创伤应急处理等方式方法。

山西省“绿盾”工程安检机联网项目实现主要品牌快递企业省级公司全覆盖

截至7月初，主要省级邮政快递企业的出港安检机全部接入“绿盾”系统，实现了主要品牌快递企业省级公司全覆盖。省邮政业安全中心组成工作专班赴邮政、申通、京东、极兔、韵达、圆通、中通7个省级快递企业分拨中心，实地查看企业安检机运行情况，进行物联机安装调试，并针对物联机设备属性、线路链接、故障排查等知识为企业相关工作人员现场开展培训，指导主要品牌快递企业调整优化了30台物联机，切实提高安检机联网覆盖率。

山西局一人获得全国2023年综合运输春运成绩突出个人

8月，交通运输部、中华全国总工会、国家铁路局、中国民用航空局、国家邮政局印发了《关于表扬2023年综合运输春运成绩突出集体和个人的通报》，对在2023年综合运输春运工作中表现突出的157个集体和199名个人（全国邮政管理系统共入选5人）通报表扬。山西省邮政管理局市场监管处的1名同志被通报表扬。

山西局印发《省级及以下邮政业安全中心业务工作指导办法（试行）》

8月，山西省邮政管理局印发《省级及以下邮政业安全中心业务工作指导办法（试行）》，从安全监管保障、应急能力建设、信息化建设运维与安全管理、安全教育培训、用户申诉处理等方面指导省、市级邮政业安全中心业务工作全面展开、扎实推进。

山西局出台《安全应急专家库管理办法（试行）》

9月，山西省邮政管理局印发《安全应急专家库管理办法（试行）》，全面启动行业安全应急专家库建设和管理工作。办法明确，建立健全邮政快递行业安全应急专家库，是推动行业高质量发展、高效能治理的现实需求、重要保障。安全应急专家需熟悉安全生产法律法规及行业标准、具备较高专业理论水平和丰富的安全生产、应急管理实践经验，能够切实为行业生产安全事故应急救援、调查整改提供必要的技术支持、决策支撑。

山西省邮政行业第二届职业技能竞赛圆满闭幕

9月22日，山西省邮政行业第二届职业技能竞赛完成所有竞赛项目圆满闭幕。本次大赛是全省邮政快递业规模大、规格高、影响广的一次职业技能大赛，由山西省邮政管理局联合省人力资源和社会保障厅、省总工会、共青团山西省委共同主办，山西省快递协会、山西工程职业学院具体承办，中国邮政集团有限公司山西省分公司协办。经过激烈角逐，最终太原局、临汾局、运城局获优秀组织奖，常泽坤、李磊、郭宇涛荣获快递员专业组前三名，石晋灯、张利香、曹晶晶荣获快件处理员专业组前三名。

山西省邮政快递企业平安员安全生产首期培训班正式开班

10月31日下午，山西省邮政快递企业平安员安全生产首期培训班正式开班，此次培训由山西省邮政管理局主办，山西省邮政业安全中心负责承办。此次平安员安全生产培训安排为期三天，以“筑牢安全生产底线思维，提升平安员履职能力”为主题，邀请国家局邮政业安全中心、公安部门专家及专业院校讲师授课，立足当前寄递安全形势及工作实际，解读行业安全法律法规、平安员工作职责，对安全生产、应急案例、禁寄物品识别等方面知识进行全方位、多角度的集中培训与考核。

山西省副省长调研邮政快递工作

11月10日，山西省副省长刘旸调研邮政快递工作，实地察看省邮政业安全中心、京东快递太原运转中心、EMS太原彩虹街揽投部运行情况，并就做好邮政快递业务旺季服务保障等与省邮政管理局、交通运输厅、供销社、交控集团和部分快递企业负责人座谈。

山西省省长在晋中调研指导农村寄递物流服务全覆盖工作

12月5日，山西省委副书记、省长金湘军深入晋中市和顺县调研指导农村寄递物流服务全覆盖工作。金湘军考察了云仓科技有限公司（和顺县农村寄递物流运营企业），了解和顺县农村寄递物流服务体系、运行模式，强调农村寄递物流服务全覆盖是省政府民生实事之一。要加强政策支持，强化部门协同，创新合作机制和服务模式，不断提升服务能级，让农产品更加便捷地进入市场，让广大农民更好享受“互联网+”红利。

绿色快递被纳入山西省加强汾河谷地污染治理若干措施

12月，山西省人民政府办公厅印发《加强汾河谷地污染治理的若干措施》，加快汾河谷地生态环境质量提高，绿色快递纳入其中。措施要求，各部门明确职责，协调推进，合力推进公共领域车辆电动化，于2025年底前邮政快递领域车辆基本实现使用新能源及清洁能源车辆，推进减少碳排放，加快提升机动车清洁化水平。

内蒙古自治区快递发展大事记

自治区实现盟市两级快递行业党委全覆盖

1月，内蒙古自治区党委组织部下发《关于同意成立中共内蒙古自治区快递行业委员会的批复》，同意成立自治区快递行业党委，明确自治区快递行业党委的组织关系隶属于自治区非公有制经济组织和社会组织党工委，同时接受内蒙古自治区邮政管理局党组领导和管理。自治区及12个盟市行业党委均已成立，实现了自治区、盟市快递行业党委全覆盖。

自治区2023年国民经济和社会发展计划明确邮政快递业发展任务

1月，内蒙古自治区第十四届人民代表大会第一次会议胜利闭幕，多项邮政快递业发展任务被写入自治区政府工作报告，并被纳入国民经济和社会发展计划和民生实事项目。会议审议通过的《2023年内蒙古自治区国民经济和社会发展计划》提出，“加快农村牧区‘客货邮’融合发展，优化农村牧区物流基础设施网络，提高‘快递进村’质效，加快贯通县乡村三级寄递物流体系，新增嘎查村寄递物流点3500个，基本实现农村牧区寄递物流综合服务全覆盖。”同时《自治区政府工作报告》紧盯群众所需所盼、围绕群众“关键小事”推出4大类43件民生实事项目民生实事清单，实行项目化管理，其中“新增嘎查村寄递物流点3500个，基本实现农村牧区寄递物流综合服务全覆盖”被列为改善群众居住环境类第42件民生实事项目。

自治区邮政业安全中心官方网站正式上线运行

1月31日，内蒙古自治区邮政业安全中心官方网站正式上线运行，网站的建设运营将进一步壮大行业新闻宣传“主阵地”，为行业高质量发展营造良好的舆论环境。

自治区政府副主席批示肯定全区邮政管理工作成效

1月31日，内蒙古自治区政府副主席白清元专题听取内蒙古邮政管理局主要负责人的工作汇报，肯定全区邮政管理工作成效。2月2日，白清元副主席在内蒙古邮政管理局报送的《2022年重点工作完成情况和2023年工作计划的报告》上作出重要批示，指出“过去一年，全区邮政管理系统贯彻落实自治区党委、政府部署要求，做了大量富有成效的工作，希望再接再厉，加快推进交邮融合发展，打通‘大动脉’、畅通‘微循环’，为建设新时代‘模范自治区’贡献力量！”

自治区出台政策清单支持邮政快递业高质量发展

2月，内蒙古自治区人民政府印发《内蒙古自治区2023年坚持稳中快进稳中优进推动产业高质量发展政策清单》，其中邮政快递业再获四条利好发展政策。

自治区加快快递包装绿色转型

2月，内蒙古自治区人民政府办公厅印发《内蒙古自治区人民政府办公厅关于进一步加强商品过度包装治理若干措施的通知》，通知出台为加快推进全区快递包装绿色转型提供新动力。通知从商品过度包装全链条治理、监管执法、支撑保障等三个方面对邮政管理部门提出要求，明确措施。

快递包装绿色转型被纳入自治区商贸领域绿色低碳发展实施方案

2月，经内蒙古自治区人民政府同意，自治区商务厅印发《内蒙古自治区商贸领域绿色低碳发展实施方案》，方案纳入快递包装绿色转型内容，明确邮政管理部门在促进商贸领域绿色流通发展的任务分工。方案提出要大力发展商贸领域绿色流通，加强商贸领域塑料污染治理，支持绿色配送、绿色仓储和快递包装绿色转型。

内蒙古局参与自治区生活领域碳达峰行动

3月，为贯彻落实习近平总书记关于碳达峰碳中和重要讲话重要指示精神，根据党中央国务院、自治区党委政府决策部署，自治区市场监督管理局、发展和改革委员会联合印发《内蒙古自治区生活领域碳达峰碳中和实施方案》，明确邮政快递行业分工目标。方案以生态优先、绿色发展的高质量发展新路子为导向，提出要强化政府引导和全民参与，指出全区邮政快递行业参与生活领域碳达峰行动的具体措施。

自治区邮政业过度包装治理力度再升级

3月，内蒙古自治区发展和改革委员会、市场监督管理局联合印发《关于印发内蒙古自治区商品过度包装治理工作会商机制的通知》，建立自治区商品过度包装治理工作会商机制。内蒙古邮政管理局作为会商单位之一，将坚决贯彻落实国家、自治区关于加强商品过度包装治理的决策部署，统筹推进邮政业过度包装治理，定期总结工作情况，研究部署邮政业过度包装治理重点工作，及时督促调度各项政策落实情况和目标任务完成情况，对邮政业重大问题、重大情况进行反馈。同时，配合各部门研究解决商品过度包装治理工作中的问题、情况，为自治区商品过度包装治理贡献邮政管理力量。

自治区快递员、快件处理员职工职业技能比赛开赛

3月28日下午，由内蒙古自治区总工会、人力资源和社会保障厅主办，自治区国防邮电工会、自治区邮政管理局、内蒙古快递协会承办，自治区邮政职业技能鉴定中心、呼和浩特职业学院协办的“建功‘十四五’奋进新征程”自治区快递员、快件处理员职工职业技能比赛暨第四届全国邮政行业职业技能竞赛内蒙古选拔赛在呼和浩特职业学院拉开帷幕。

自治区两部门就深入推进客货邮融合发展开展座谈

4月4日，为深入推进全区农村客运与邮政快递融合发展，统筹交通运输、邮政快递资源整合，促进自治区农村牧区寄递物流体系建设，内蒙古自治区交通运输厅、自治区邮政管理局、中国邮政集团有限公司内蒙古分公司召开座谈会，进一步理清思路，达成共识，推进合作。通过座谈，内蒙古局与自治区交通运输厅进一步达成共识。自治区交通运输厅表示，将全力以赴支持客货邮融合发展，充分发挥双方优势，实现资源集约、综合利用、共建共享。同时要进一步完善沟通协作机制，加快交通、邮政、快递协同融合发展，更好地服务落实自治区“五大任务”。

中国共产党内蒙古自治区快递行业委员会正式挂牌成立

4月12日，中国共产党内蒙古自治区快递行业委员会正式挂牌成立。挂牌仪式中，自治区党委组织部领导宣读了《关于同意成立中国共产党内蒙古自治区快递行业委员会的批复》。

内蒙古局构建“二体系二工程”高质量发展主线

4月，内蒙古自治区邮政管理局紧紧围绕习近平总书记交给内蒙古的“五大任务”，紧扣内蒙古“两个屏障”“两个基地”“一个桥头堡”的战略定位，加强顶层设计，进一步优化行业发展环境，推动降本增效，出台了《关于加快推进全区现代快递物流服务网络体系建设的实施意见》，实施意见是对自治区邮政业发展“十四五”规划的细化落实，是推进全区行业“二体系二工程”建设的具体措施。

自治区快递行业党委召开第一次委员会会议

4月，内蒙古自治区快递行业党委召开第一次委员会会议。自治区快递行业党委办公室向会议提交审议《中国共产党内蒙古自治区快递行业委员会工作规则》《内蒙古自治区快递行业党建2023年工作要点》《2023年内蒙古自治区快递行业10件实事》《内蒙古自治区快递行业党委2023年40项重点工作任务清单》《内蒙古自治区快递行业党委办公室关于开展2023年重点工作督查的通知》，并对审议材料的制定背景、主要内容、意见征求及采纳情况等向会议做了说明。全体委员全票通过上述审议事项。

内蒙古局印发《2023年全区邮政管理系统政策法规工作要点》

4月，为做好全区邮政管理系统政策法规工作，强化全区行业规划政策标准等工作落实，内蒙古自治区邮政管理局制定了《内蒙古自治区邮政管理系统2023年政策法规工作要点》。要点中明确：一是持续推进规划实施。二是切实抓好政策工作。三是强化法治邮政建设。四是做好科技标准工作。

自治区推动快递包装绿色治理全民参与

4月，内蒙古自治区发展改革委正式上线自治区电商、快递、外卖等行业商品过度包装和塑料污染治理“你来拍 我来办”平台，该平台补齐了内蒙古邮政快递业包装治理群众监督举报渠道少的短板，为形成全民参与、全民监督的快递包装绿色治理格局增效助力。“你来拍 我来办”平台由自治区发展改革委牵头组建，自治区市场监督管理局、邮政管理局、商务厅、生态环境厅等部门参与。

自治区一快递员被授予“全国优秀共青团员”称号

4月，共青团中央作出表彰决定，授予296个团组织全国五四红旗团委称号；授予389个团组织全国五四红旗团支部称号；授予481名同志（含追授1名）全国优秀共青团员称号；授予342名同志全国优秀共青团干部称号。自治区内蒙古顺丰速运有限公司快递员王鑫被授予“全国优秀共青团员”称号。

内蒙古局印发邮政快递业2023年度生态环境保护工作要点

4月，内蒙古自治区邮政管理局印发《内蒙古自治区邮政快递业2023年度生态环境保护工作要点》，推动行业绿色低碳发展。工作要点提出2023年度内蒙古邮政快递业生态环境保护工作的总体思路是：坚持降碳、减污、扩绿、增长协同推进，以邮件快件包装减量化、标准化、循环化、无害化作为行业绿色低碳发展的切入点和突破口，加快推进快递包装绿色转型，扎实做好行业碳达峰碳中和。工作要点明确了本年度行业生态环保工作六个方面16项工作任务。

自治区7名快递员被授予“自治区五一劳动奖章”

4月27日，内蒙古自治区总工会召开大会对获得内蒙古五一劳动奖状、奖章和工人先锋号进行表彰。会上，授予王志宏（内蒙古顺丰速运有限公司第二十五营业部分拣员）、刘松岳（内蒙古顺丰速运有限公司包头分公司昆都仑区昆河东路网点负责人）、刘登科（呼伦贝尔市艳吉韵达速递服务有限公司快递员）、秦学峰（中国邮政速递物流股份有限公司赤峰市分公司玉龙营业部揽收员）、田佳兴（内蒙古顺丰速运有限公司锡林浩特市第一营业部快递员）、刘帅（通辽市申通供应链管理有限公司快递员）、梁志凤（中国邮政集团有限公司内蒙古自治区凉城县分公司邮政投递员）内蒙古自治区“五一劳动奖章”。

自治区快递员付梦迪荣获“全国五一劳动奖章”

4月27日，2023年庆祝“五一”国际劳动节暨全国五一劳动奖和全国工人先锋号表彰大会在北京人民大会堂隆重举行，自治区顺丰速运有限公司通辽市分公司付梦迪荣获“全国五一劳动奖章”。

内蒙古局制定落实习近平总书记交给内蒙古“五大任务”工作方案

为落实习近平总书记对邮政快递业的重要指示批示精神，完成好习近平总书记交给内蒙古的“五大任务”，5月，内蒙古自治区邮政管理局印发《中共内蒙古自治区邮政管理局党组落实“五大任务”工作方案》，将“五大任务”与内蒙古局推动行业绿色转型、构建“二体系二工程”发展主线、落实“一办法三体系”高效能治理重点工作紧密衔接，推进全区邮政快递业完整准确全面贯彻新发展理念、服务和融入新发展格局。

内蒙古局印发《关于深入贯彻落实习近平总书记对邮政快递业重要指示批示精神的工作方案》

5月，内蒙古自治区邮政管理局印发《关于深入贯彻落实习近平总书记对邮政快递业重要指示批示精神的工作方案》，进一步推动全区系统全行业深入贯彻落实习近平总书记对邮政快递业重要指示批示精神。方案聚焦习近平总书记对邮政快递业作出的系列指示批示，从深化平安寄递建设、保障快递员合法权益、加快农村牧区寄递物流体系建设、狠抓快递包装治理、全面构建“二体系二工程”的高质量发展工作主线、深入推进党建与业务工作深度融合6个方面，提出25项具体举措，并明确了每项任务牵头责任部门。

自治区副主席专题听取内蒙古邮政管理局工作汇报

5月6日，内蒙古自治区人民政府副主席白清元专题听取内蒙古邮政管理局工作汇报，并就推动下一步工作作出指示。白清元充分肯定内蒙古局前期工作成效，同时要求内蒙古局要把握好国家政策导向，积极争取发展支持。要充分发挥农村寄递物流发展协调联动机制作用，加快推进“客货邮”融合发展和旗县寄递物流集散共配中心建设，进一步降低物流成本。要建立强有力的调度机制，会同相关部门运用通报、实地督导等方式，进一步加强工作督办落实。

《关于加强全区邮政快递企业平安员管理体系建设的指导意见》出台

5月，为充分发挥从业人员在行业安全运行中的重要作用，进一步明确企业安全生产管理人员权责和工作范围，发挥安全生产管理人员参与企业内部安全管理、履行内部安全生产监督、加强与有关部门工作联系和报告等作用，切实保障寄递渠道安全稳定。按照国家邮政局关于平安员建设的工作要求，内蒙古自治区邮政管理局结合地区实际，制定印发《关于加强全区邮政快递企业平安员管理体系建设的指导意见》。

自治区冷链物流、农村寄递物流体系建设获支持

5月8日，内蒙古自治区党委、政府印发《关于做好2023年全面推进乡村振兴重点工作的实施意见》，邮政快递业发展获多项政策支持。实施意见要求，推动冷链物流向农村牧区延伸，完善农畜产品产地冷链物流设施服务网络和支撑体系。推动巴彦淖尔、呼和浩特国家骨干冷链物流基地建设运营，支持包头、通辽、鄂尔多斯等建设国家骨干冷链物流基地。大力发展牛羊肉等冷鲜产品和果蔬物流配送，引导生鲜电商、邮政、快递企业建设前置仓和分拨仓，配备冷藏和低温配送设备。统筹规划农村牧区物流基础设施网络，改造提升产销地、集散地批发市场。

内蒙古局出台区内网络型快递企业区域总部管理办法

5月，内蒙古自治区邮政管理局印发《内蒙古

自治区网络型快递企业区域总部管理办法(试行)》,并正式施行。旨在强化企业主体责任特别是区域总部全区全网统一管理主体责任的落实,确保及时准确贯彻落实法律法规、政策规定和工作要求,形成“抓总部、总部抓”的工作格局。

内蒙古局印发塑料污染治理三年行动方案

5月,为进一步落实国家邮政局、自治区党委、政府关于邮政快递业塑料污染治理的工作部署,内蒙古自治区邮政管理局印发了《内蒙古自治区邮政快递业塑料污染治理三年行动方案(2023—2025)》。行动方案提出,到2025年底,全区邮政快递网点禁止使用不可降解塑料包装袋、塑料胶带、一次性塑料编织袋,实现电商快件不再二次包装,杜绝使用重金属和特定物质超标包装袋,符合《快递封装用品》系列标准的包装材料使用比例达到100%,可循环复用快递包装应用初具规模,可循环快递包装试点企业、盟市塑料包装减量明显。

自治区2023年邮政快递业生态环境保护工作目标分解安排出炉

5月,内蒙古自治区邮政管理局印发《关于印发2023年内蒙古自治区邮政快递业生态环境保护工作目标分解安排的通知》,以目标引领行业绿色低碳发展。通知要求,各盟市邮政管理局一是要提高政治站位,充分认识行业生态环境保护工作的重要性,以工作目标分解为抓手,大力实施行业生态环保“9218”工程,开展快递包装绿色治理。二是要坚持目标导向,从辖区行业发展实际出发,传导责任压力,定期总结分析,督导寄递企业整改问题,落实主体责任,推动生态环保各项要求在寄递企业落实落地。

内蒙古局加强邮政快递业过度包装和塑料污染治理

5月,内蒙古自治区发展和改革委员会、市场监督管理局、邮政管理局等三部门联合印发《内蒙古自治区关于进一步加强对电商、快递、外卖等企业商品过度包装和塑料污染治理的八项具体措施》,为邮政快递领域过度包装和塑料污染治理凝聚部门合力。同时,措施还对行业监管部门提出具体要求。

内蒙古局推动各盟市邮政业安全中心运行制度化规范化

5月,为贯彻落实国家邮政局相关工作部署,进一步加强各盟市邮政业安全中心规范运行,内蒙古自治区邮政管理局结合实际制定印发了《关于加强盟市邮政业安全中心规范运行的通知》。通知主要从理顺各种工作关系、发挥服务支撑保障作用、进一步强化基础管理三个方面,对理顺各盟市邮政管理局与邮政业安全中心及区市两级邮政业安全中心之间关系进行了明确;对各盟市邮政业安全中心结合当地实际情况,围绕“安全”主责主业,压实安全监管保障责任、加强应急管理能力建设、提升信息化运用水平、加强申诉处理工作,切实履行支撑服务保障职能进行了部署;对各盟市邮政业安全中心完善考核机制、规范财务管理、加强队伍建设、优化信息报送机制、全面提升邮政业安全中心运行质量等工作进行了要求。

自治区两所院校获全国“互联网+”快递业创新创业大赛优胜奖

6月,“菜鸟网络杯”第七届全国“互联网+”快递业创新创业大赛总决赛圆满落幕,内蒙古自治区商贸职业学院参赛作品“易动城乡综合服务平台”,内蒙古自治区交通职业技术学院参赛作品“自卸式可移动配送装置”均荣获大赛优胜奖。

自治区打通三个“最后一公里”

6月7日,内蒙古自治区交通运输厅、邮政管理局、邮政分公司三家单位联合印发了《关于进一步推进农村客货邮融合发展的通知》,推进农村客运、货运、邮政快递融合发展，统筹解决农牧民群众出行、物流配送、寄递服务三个“最后一公里”问题。通知明确，各盟市交通运输局、邮政管理局、邮政分公司要以资源共享、客货兼顾、运邮结合、融合发展为原则，依托城乡交通运输一体化示范县，充分发挥交通运输客车和邮政、快递网点健全的优势，全力推动交通、邮政、快递网络节点共建共享，运力资源互用互补，加快构建“一点多能、一网多用、功能集约、便利高效、深度融合”的农村客货邮融合发展新模式。

内蒙古邮政快递业职业技能提升工程实施方案发布

6月，内蒙古自治区邮政管理局、自治区人力资源和社会保障厅联合印发《内蒙古自治区邮政快递业职业技能提升工程实施方案》。实施方案明确，全行业要聚焦人才强区、人才强邮战略目标，努力造就一支适应邮政快递业转型升级和高质量发展的技能人才队伍。在“十四五”期间全区累计培训邮政快递从业人员不少于2万人次；新增取得职业资格证书或职业技能等级证书技能人才不少于3000人的目标。

自治区开展邮政快递业过度包装和塑料污染治理专项行动

6月，为贯彻落实国家邮政局、自治区党委、政府关于加强邮政快递业过度包装和塑料污染治理重要决策部署，内蒙古自治区邮政管理局印发《内蒙古自治区邮政快递业过度包装和塑料污染专项治理行动方案》，在自治区商品过度包装和塑料污染治理专项整治宣传月期间专项整治行业过度包装和塑料污染问题。

内蒙古局与内蒙古商贸职业学院签署战略合作框架协议

7月7日上午，内蒙古自治区邮政管理局和内蒙古商贸职业学院联合举行政校战略合作框架协议签约仪式暨自治区邮政行业人才培养基地揭牌仪式，同时组织8家快递企业与学院签订校企合作协议，开展“政行企校”合作座谈。按照合作协议，下一步内蒙古局将与内蒙古商贸职业学院共同探索高等教育与行业协同发展的新型合作模式，实现适应行业发展需求的人才培养、培训、职业技能鉴定、技术服务、专业课题研究及科研成果转化等全方位一体化链接，不断拓展合作空间，挖掘合作资源，共同开展职业技能等级、职业技能竞赛等培训工作，引导和推动校企合作开展邮政（快递）类人才的培养，加强校企人员交流互派，合作开展岗位练兵、岗位技能大赛，合作开展邮政行业相关的技术服务、技术开发、技术咨询，开展行业企业合作讲座等文化交流活动，促进校企文化对接，为双方协同发展搭建更为有效的人才培养平台。

内蒙古局联合11部门开展平安寄递专项行动督导检查

7月，内蒙古自治区邮政管理局印发《关于开展平安寄递专项行动联合督导检查工作的通知》，组织自治区检察院、公安厅、国家安全厅、交通运输厅、应急管理厅、烟草专卖局、林业和草原局、消防救援总队，呼和浩特海关、满洲里海关、中国人民银行呼和浩特中心支行11个平安寄递专项行动协调小组成员单位组成5个联合督导检查组，对全区12个盟市平安寄递专项行动开展情况进行检查和指导。

内蒙古局细化落实《加快建设交通强国邮政篇实施方案（2023－2027年）》

8月，内蒙古自治区邮政管理局制定印发《内蒙古自治区加快建设交通强国邮政篇实施方案（2023－2027年）》，进一步加强顶层设计，理清工作思路，明确工作目标，强化重点战略规划引领，聚焦落实好习近平总书记对邮政快递业的重要指示批示和习近平总书记交给内蒙古的“五大任务”，深入推动落实，奋力谱写加快交通强国建设内蒙古邮政新篇章。

自治区邮政快递企业平安员信息管理平台试运行正式启动

为加快推进全区邮政快递业“平安员”体系建设，通过信息化平台监督企业各级“平安员”落实企业内部安全管理责任。9月20日，内蒙古自治区邮政管理局委托国家邮政局安全中心开发建设的平安员信息管理平台在呼和浩特市和巴彦淖尔市开展试点工作，标志着平台试运行正式启动。

首次自治区快递工程中初级职称评审会召开

9月22日，内蒙古自治区邮政管理局召开自治区2023年度快递工程中初级职称评审会。此次评审会是自2019年自治区快递工程职称评审工作开展以来，首次通过评委会专家评审的方式开展工作。

第二届“寻找草原最美快递员”评选活动启动

9月，内蒙古自治区邮政管理局印发了《第二届“寻找草原最美快递员”评选活动方案》的通知，在全区邮政快递行业范围内开展“寻找草原最美快递员”活动。

自治区邮政行业人才培养基地成立

10月8日，内蒙古自治区邮政行业人才培养基地成立，揭牌仪式在内蒙古交通职业技术学院举行。

自治区综合立体交通网规划助力邮政业转型升级

10月，内蒙古自治区人民政府印发《自治区综合立体交通网规划》，邮政快递业作为重要组成部分列入其中，行业发展再添新动力。规划提出，到2025年，邮政快递基础设施更加完善，实现“区域有核心、盟市有园区、旗县(市)有集散、乡镇有节点、村村通快递”。到2035年，多式联运快速发展，高效快递物流服务网络体系基本形成，国际货运保障能力显著增强，高效的快货物流圈基本形成。

自治区代表队在第四届全国邮政行业职业技能竞赛总决赛中获佳绩

10月28日，2023年全国行业职业技能竞赛——第四届全国邮政行业职业技能竞赛总决赛在重庆举行，来自31个省(区、市)13家品牌快递企业124名参赛选手参加总决赛，内蒙古自治区代表队获多项荣誉。经过激烈角逐，内蒙古顺丰速运有限公司赤峰分公司崔晓东获得快递员三等奖，内蒙古顺丰速运有限公司包头中转场陈永飞、中国邮政集体公司赤峰分公司 卢磊荣获快件处理员三等奖。内蒙古代表队荣获团体优胜奖、优秀组织奖，内蒙古邮政行业职业技能鉴定中心郭靖获优秀技术指导奖，白晓梅获优秀裁判员奖。

内蒙古局开展2023年塑料污染治理联合专项行动

12月，为认真贯彻党中央、国务院关于加强塑料污染治理的决策部署，落实《关于进一步做好塑料污染治理2023－2025年重点工作的通知》，系统推进塑料污染全链条综合治理，确保内蒙古自治区塑料污染治理目标任务落细落地，近日，内蒙古自治区邮政管理局联合自治区发展和改革委员会、生态环境厅、工业和信息化厅、交通运输厅等13部门开展塑料污染治理专项行动。

快递员王鑫被授予2023年度内蒙古自治区“最美职工”称号

12月19日，内蒙古自治区党委宣传部、内蒙古自治区总工会联合举办的全区“最美职工”发布暨颁奖典礼在呼和浩特举行。来自教科文卫体、建筑建材交通机冶、国防邮电等系统的200多名职工代表，以及党委宣传部、自治区总工会的干部职工参加发布仪式。2023 年度内蒙古自治区“最美职工”评选活动经严格严密评审，最终从全区 400 多万职工中选出 10 名“最美职工”。王鑫，内蒙古顺丰速运有限公司阿拉善第三营业部快递员被授予 2023 年度内蒙古自治区“最美职工”称号。

自治区“1＋12”农村寄递物流体系建设政策体系构建完成

12 月 21 日，内蒙古自治区呼伦贝尔市人民政府办公室印发了《呼伦贝尔市农村牧区寄递物流体系建设工作方案》，至此，内蒙古自治区“1＋12”农村寄递物流体系建设政策体系构建完成，实现区市两级全覆盖。

自治区五部门联合印发设立村级寄递物流综合服务公益性岗位

为贯彻落实《中共中央 国务院关于做好 2023 年全面推进乡村振兴重点工作的意见》《国家邮政局 农业农村部关于加快推进脱贫地区快递进村的指导意见》以及国家邮政局、财政部等 7 部门联合印发的《农村寄递物流体系建设三年行动方案（2023－2025 年）》，根据国家邮政局对设立村级寄递物流综合服务公益性岗位的部署安排，12 月 20 日，内蒙古邮政管理局、乡村振兴局、人力资源和社会保障厅、交通运输厅，中国邮政集团有限公司内蒙古分公司联合印发《关于设立全区村级寄递物流综合服务公益性岗位助力乡村产业发展实施方案》，进一步深化拓展全区农村寄递物流体系建设，扎实推动巩固拓展脱贫攻坚成果同乡村振兴有效衔接，助力乡村振兴。

自治区农村寄递物流体系建设再获利好政策

12 月，内蒙古自治区党委农村牧区工作领导小组印发《内蒙古自治区乡村振兴暨和美乡村“十县百乡千村”创建行动方案》，设置村级寄递物流综合服务点纳入千村和美创建任务中，农村寄递物流体系建设再获利好政策。行动方案在创建任务中提出千村和美主要任务是，学习运用“千万工程”经验，建设一批村容村貌整洁、生态环境优美、便民服务齐全、特色产业彰显、户户文明和谐、人人共建共享的农牧民幸福家园。村级寄递物流综合服务点作为创建示范嘎查村便民服务齐全的基本要素纳入其中。

辽宁省快递发展大事记

辽宁省人大常委会副主任、省总工会主席慰问一线快递员

1 月，辽宁省人大常委会副主任、省总工会主席杨忠林带队深入沈阳快递企业营业网点，向一线快递员发放慰问金共计 2.5 万元。

辽宁省领导批示肯定全省邮政快递服务畅通工作

1 月，辽宁省省长李乐成、副省长姜有为在省邮政管理局关于省邮政快递业相关运营情况的报告上分别作出批示，肯定全省邮政快递服务畅通工作，要求加强调度，做好预案，更好满足人民群众医疗物资寄递需求。

辽宁省塑料污染治理专项行动启动

为落实省生态环境厅等 12 部门塑料污染治理联合专项行动要求，1 月，辽宁省邮政管理局、省生态环境厅、发展改革委、住房和城乡建设厅等 5 部门联合，组成 3 个检查组，深入沈阳、大连等 14 个市，开展塑料污染治理专项行动。

“绿色快递”获辽宁省“十四五”时期“无废城市”建设推进方案支持

1月，辽宁省生态环境厅、省发展改革委、省邮政管理局等22个部门联合印发《辽宁省“十四五”时期“无废城市”建设推进方案》。方案提出，要以节约型机关、绿色快递网点为抓手，大力倡导“无废”理念，推动形成简约适度、绿色低碳、文明健康的生活方式和消费模式。要推进塑料污染全链条治理，组织开展塑料污染治理联合专项行动，减少一次性塑料制品使用，推动可降解替代产品应用，加强废弃塑料制品回收利用。加快快递包装绿色转型，推广可循环绿色包装应用。辽宁局被纳入省“无废城市”建设协调推进工作机制成员单位，统筹协调推进全省“无废城市”建设。

“新民大米快递+”项目被授予“2022年快递服务现代农业金牌项目”

2022年，沈阳市邮政管理局积极推动快递与农业产业化融合，与新民市政府联合下发文件推进“快递进村”工作，大力培育“快递+”金牌项目，加大乡村电商与快递物流业的对接和融合发展，通过创新兴农、快商合作等模式推进“村村通快递”，实现电商综合服务全覆盖。其中，沈阳市“新民大米快递+”示范项目通过沈阳局指导沟通快递企业，形成无缝连接，优质、快速地完成快递服务。全年业务量实现约1556.7万件，业务收入达到约7783.5万元，拉动产值超2亿元，被国家邮政局授予“2022年快递服务现代农业金牌项目”。

辽宁省发布《关于加强商品过度包装治理的实施意见》

2月，为了贯彻落实《国务院办公厅关于进一步加强商品过度包装治理的通知》，辽宁省邮政管理局会同省市场监管局、省委宣传部、省发展改革委等十三个部门联合印发《关于加强商品过度包装治理的实施意见》。为了更好地推动意见落实，辽宁局制定了《辽宁省邮政管理局关于进一步加强商品过度包装治理工作方案》，明确了规范体系建设类、企业责任落实类、监督检查执法类共三类12项具体工作任务。

“大连海鲜”获评“2022年快递服务现代农业金牌项目”

2月，国家邮政局公布2022年快递服务现代农业金牌项目，“大连海鲜”榜上有名。2022年，“大连海鲜”项目实现寄递业务量1396.4万件，业务收入2.67亿元，带动农产品销售额30.72亿元，已连续4年成功入选国家邮政局“快递服务现代农业金牌”项目。

顺丰大连机场转运中心正式启用

2月，顺丰公司大连机场转运中心正式启用。该项目启用后，大连机场可实现顺丰快件的直集和直散，单日最大快件处理能力达15万件，缩短分拨时长约6小时。

辽宁省推动冷链物流高质量发展

2月，辽宁省人民政府办公厅印发《辽宁省冷链物流高质量发展实施方案》，邮政快递业获利好。方案提出，到2025年，初步形成产销衔接顺畅、城乡全面覆盖、内外双向联通的冷链物流网络，基本建成符合省情和产业结构特点，适应经济社会发展的冷链物流体系，调节农产品跨季节供需、支撑冷链产品跨区域流通的能力和效率显著提高，对国民经济和社会发展的支撑保障作用显著增强。

辽宁局制定加强应急救援、处置相关政策

3月，辽宁省邮政管理局制定《关于加强邮政快递业应急救援队伍建设的指导意见》和《邮政快递业突发事件应急处置与救援指南》。意见指出，要健全行业应急救援队伍体系，加强行业应急救援队伍建设、提升行业应急救援专业水平、加强行

业应急救援队伍技能培训。指南针对极端天气、地震、从业人员伤亡、企业经营异常、重大传染病涉疫事件等各类突发事件明确了应急处置与救援的要点。要求各企业组建专兼结合、专常兼备的应急救援队伍，发挥行业寄递运输能力优势，服务地方重大突发事件应急保障工作等。

辽宁局部署邮政快递业服务质量提升专项行动

3月，辽宁省邮政管理局制定并印发《辽宁省邮政快递业服务质量提升专项行动实施方案》。实施方案指出，要以提高邮政快递业质量和核心竞争力为中心，以服务第一、质量引领、市场主导、创新监管为原则，创新服务质量治理模式，推动邮政快递服务向精细化和高品质服务转变，实现邮政快递业服务质量整体提升，更好支撑全省全面振兴新突破三年行动顺利实施，更好增进民生福祉、提高人民生活品质。

辽宁局加强与省交通运输厅工作融合协同提升快递业服务保障水平

3月，辽宁省交通运输厅印发《辽宁省交通运输厅2023年工作要点》。工作要点强调，着力提升邮政快递业服务保障水平。大力推进县乡村三级寄递物流体系建设，沈阳、大连各建3个县级农村物流中心（县级供配中心），其余市各建2个。每个市至少建成2个乡镇运输服务站。持续抓好农村寄递物流体系“一村一站”工程，推动全省50%以上的建制村设置农村寄递物流综合服务站。实施农村电商快递协同发展示范创建工程，高起点规划、高标准建设3个示范区和14个示范项目。推进邮快合作快递进村，各市建制村邮快合作覆盖率不低于80%。集中整治群众反响强烈的服务质量问题，不断提升邮政快递运行服务质量。

辽宁省出台推进快递业与制造业融合发展方案

3月，辽宁省邮政管理局与省工信厅联合印发《快递业与制造业融合发展工作方案》，共同推进快递业与制造业融合发展。方案明确，到2025年，重点围绕机床、汽车、3C电子、医药、服装、轻工等6个领域，覆盖产前、产中、产后3个环节，培育22个省级快递业与制造业深度融合发展典型项目，建设16个省级快递业与制造业深度融合发展试点先行区。

《邮政快递业助推辽宁全面振兴新突破三年行动实施方案》出炉

3月30日，辽宁省邮政管理局印发《邮政快递业助推辽宁全面振兴新突破三年行动实施方案》。方案明确要实现六个方面的工作突破。一是行业服务能力取得新突破。二是服务实体经济取得新突破。三是行业服务质量取得新突破。四是行业绿色发展取得新突破。五是行业治理水平取得新突破。六是行业安全能力实现新突破。

《辽宁省“2023清风行动”实施方案》发布

4月，辽宁省邮政管理局会同省林业和草原局、省农业农村厅、省委政法委等共12个部门联合印发《辽宁省“2023清风行动”实施方案》。实施方案决定于2023年3月15日至2023年6月14日，在全省范围内组织开展代号为“2023清风行动”的打击野生动植物非法贸易联合行动。实施方案明确，邮政管理部门要督促寄递企业加强邮件快件检查，配合林业和草原、农业农村、海关、市场监管部门或者公安机关查处非法寄递野生动植物及其制品行为。

沈阳市快递行业集体合同劳资协商机制获中华全国总工会权益保障部肯定

4月，中华全国总工会权益保障部来沈就新就业形态劳资协商机制开展工作调研。调研组一行首先肯定《沈阳市快递行业集体合同》在职工权益和劳资关系上对全行业的积极作用。按照七部委《关于做好快递员群体合法权益保障工作的指导意见》，沈阳局引导工会组织、快递协会建立行业工资集体协商机制，保障快递员合法劳动报酬，并于2021年、2022年连续组织顺丰、中通、圆通、京东等15家主要品牌快递企业签订《沈阳市快递行业集体合同》以及《二次协商沈阳市快递行业集体合同》，进一步深化集体合同签订，确保快递员合法权益。

沈阳市、大连市获评“中国快递示范城市”

4月，《国家邮政局关于第三批“中国快递示范城市”评选结果的批复》正式印发。经城市申请、省级推荐、专家评审、社会公示等程序，沈阳市、大连市通过复评“中国快递示范城市”，创建期为2023年至2025年。

辽宁局印发2023年省邮政业服务乡村振兴工作要点

4月，为全面贯彻落实国家邮政局《2023年邮政业服务乡村振兴工作要点》部署任务，结合2023年全省邮政管理工作会议有关要求，辽宁省邮政管理局制定印发《2023年辽宁省邮政业服务乡村振兴工作要点》，推动辽宁省邮政业更好服务全面推进乡村振兴。

《辽宁省互联网销售危险化学品专项治理行动实施方案》出台

为切实保障人民群众生命财产安全和社会和谐稳定，坚决打击互联网销售危险化学品及危险化学品进入寄递渠道等违法违规行为，4月，辽宁省邮政管理局会同省市场监管局、省委网信办等七部门联合印发《辽宁省互联网销售危险化学品专项治理行动实施方案》。方案明确了压实平台主体责任、强化重点环节治理、清理违规营销信息、严禁违规寄递行为、打击违法违规行为、加大宣传培训力度等工作任务。

辽宁局出台三级寄递物流体系建设行动方案

4月，辽宁省邮政管理局印发《辽宁省邮政管理局关于推进县乡村三级寄递物流体系建设2023年工作方案》。方案提出坚持资源共享和需求导向，支持邮政快递企业采取自建、共建、合作使用等方式完善网络设施，重点支持和推进邮政、快递、交通运输企业开展多方合作。以县“场”、乡“点”、村“站”等设施和县、乡、村邮政快递服务基本覆盖为目标，加强农村邮政快递网络建设，完善邮政快递服务基础设施布局，提供直投到村和收寄在村服务。2023年全省要建设或改造升级30个县级寄递公共配送中心，每个市要打造至少1个三级物流体系重点示范县，村级寄递物流综合服务站覆盖率达到50%。加快农村邮路汽车化，2023年新增农村投递汽车600辆以上。

辽宁省邮政快递业5个集体和个人获辽宁五一劳动表彰

5月，2023年辽宁省五一劳动奖表彰大会在沈阳召开。会议表彰了2023年辽宁五一劳动奖、工人先锋号获奖单位和个人共709个。邮政快递业共有5个集体和个人获辽宁五一劳动表彰：中国邮政集团有限公司大连市分公司沙河口区五四广场邮政支局支局长尹晶、中外运—敦豪国际航空快件有限公司辽宁分公司行政经理房光泽、京邦达快递快递员代琪、大连市忠通货物运输有限公司快递员赵立美获辽宁五一劳动奖章，中国外运东北有限公司沈阳分公司获辽宁五一劳动奖状。

辽宁局印发邮政快递业塑料污染治理工作三年实施方案

5月，辽宁省邮政管理局印发《辽宁省邮政快递业塑料污染治理工作三年实施方案》。方案分别明确了三年分阶段塑料污染治理的工作目标。提出了强化塑料包装源头治理等五项工作任务和强化责任落实、严格监管执法等五项保障措施，内容全面具体，具有很强的指导性和操作性。

辽宁省出台内外贸一体化发展措施利好邮政快递业

5月，辽宁省邮政管理局会同省商务厅、省发展和改革委等共21个部门联合印发《辽宁省促进内外贸一体化发展若干措施》，邮政快递业获得多项政策利好。措施提出，完善内外联通物流网络。鼓励邮政、快递、物流、商贸流通等企业开展市场化合作，建设改造县级物流配送中心，发展县乡村物流共同配送和农产品冷链物流。支持企业优化境内外商贸流通节点布局，提升交通运输物流仓储现代化水平，应用跨境电商、数字贸易等新业态新模式参与构建高效畅通的国际化物流网络。措施提出，培育内外贸一体化市场主体，创新内外贸融合发展新业态新模式。鼓励有条件的大型商贸、物流企业“走出去”，优化国际营销体系，完善全球服务网络。支持传统外贸企业、跨境电商和物流企业等积极参与海外仓建设，开辟海外销售渠道，畅通产业链运转。

辽宁局会同14部门出台文件加强邮件快件寄递安全管理

5月，辽宁省邮政管理局会同省委政法委、省委网信办、省检察院等14个部门联合印发《辽宁省关于进一步加强邮件快件寄递安全管理工作的指导意见》。意见强调，强化落实实名收寄、收寄验视、过机安检制度，深入推进安全生产标准化建设，夯实网络和信息安全基础、加强应急管理能力建设，严厉打击利用寄递渠道实施的各类违法犯罪活动。意见明确，成立辽宁省邮件快件寄递安全管理工作领导小组，辽宁局主要负责同志任组长，其他部门分管负责同志任副组长，14个部门负责具体工作的处级干部为联络员，依法落实各部门责任。

《辽宁省平安寄递专项行动方案》出台

5月，辽宁省邮政管理局会同省委政法委、省委网信办、省检察院、省公安厅等共18个部门联合印发《辽宁省平安寄递专项行动方案》。方案提出，省邮政管理局等18个部门于2023年5月10日至11月10日，在全省范围内开展平安寄递专项行动。方案明确了筑牢寄递安全屏障、查处违法寄递案件、压实企业安全责任、完善工作机制四项工作目标，并部署了10项主要任务。

辽宁省检察院检察长批示肯定邮政快递业服务质量提升工作

6月，辽宁省检察院党组书记、检察长高鑫在省邮政管理局关于邮政快递业服务质量提升专项行动的工作报告上作出批示，肯定省邮政快递业服务质量提升工作成效。

辽宁局印发2023年快递员群体合法权益保障工作要点

为了持续做好快递员群体合法权益保障工作，不断巩固提升前期工作成效，6月，辽宁局印发《2023年快递员群体合法权益保障工作要点》。要点明确了三大项17小项的工作任务，细化了各市局、省局各处室、省快递协会的工作任务。

辽宁省两部门联合发文加强邮件快件隐私面单应用

为更好地推进《辽宁省关于进一步加强邮件快件寄递安全管理工作的指导意见》落实，持续深化邮政快递领域个人信息安全治理，全面提升行业信息安全技防水平，6月，辽宁省邮政管理局与省公安厅联合印发《关于全面推进辽宁省邮件快件隐私面单应用工作的通知》。

辽宁省快递业务量破10亿件

辽宁省邮政管理局监测数据显示，截至6月16日，辽宁省快递业务量突破10亿件，达到10.06亿件，仅用时167天，比2022年提前39天。

辽宁省2023网络市场监管促发展保安全专项行动实施方案发布

7月,辽宁省邮政管理局会同省市场监管局、省委网信办、省通信管理局、省公安厅等全省共13个部门联合印发《辽宁省2023网络市场监管促发展保安全专项行动实施方案》。方案提出,要集中整治快递服务末端的违规收费行为。加大对危险化学品、迷药、涉枪涉爆物品、电子烟、非法交易野生动植物和禁止使用的猎捕工具、跨境电商非法售卖"异宠"等外来物种、非法集邮票品等的监测频次,严厉打击违法经营和不当宣传行为。

沈阳一交邮合作项目入选全国第四批农村物流服务品牌名单

10月,交通运输部办公厅、国家邮政局办公室联合发布公告,公布第四批农村物流服务品牌名单。在全国入选的50个项目中,沈阳市法库县"交邮携手同网 助力'鱼梁'通达"成为辽宁省唯一入选的品牌项目,沈阳市邮政管理局指导企业落实交邮合作要求取得新成果。

辽宁省多式联运发展研究中心正式挂牌成立

11月,辽宁省多式联运发展专业技术委员会第一次会议在沈阳召开,会上辽宁省多式联运发展研究中心正式揭牌成立。辽宁省邮政管理局作为多式联运发展专业技术委员会成员参加会议。会议研讨了近期东北三省一区多式联运发展联盟组建的工作重点,以及东北三省一区多式联运发展联盟章程,明确了加快推进三省一区多式联运发展联盟组建的有关工作重点,邀请交通运输部专家对《关于加快推进多式联运"一单制""一箱制"发展的意见》进行解读。

辽宁省快递员权益保障工作再添"合"动力

11月,辽宁省总工会印发《关于推动新就业形态劳动者权益协商协调机制工作的通知》《关于在全省开展万名工会干部"走进职工群众家里 走进职工群众群里 走进职工群众心里"维护职工合法权益 竭诚服务职工群众专项行动方案》,深入推进快递员权益保障工作,不断提升快递员群体的获得感、幸福感、安全感。

辽宁局联合省人社厅、省总工会合力推进快递业集体合同签订

11月,辽宁省邮政管理局联合省人社厅、省总工会共同召开快递员权益保障推进工作联席会议,合力推动快递业集体合同签订,顺丰、京东两家试点单位代表参加会议。会议要求,集体合同签订工作要与第二批主题教育保持同频共振,要充分考虑各企业不同经营模式,创新思维,实施一企一策。各企业要对人社部门提供的集体合同范本进行充分论证,经职代会讨论通过后正式签订。

辽宁省发布《全省推进城市一刻钟便民生活圈建设三年行动国内工作方案(2023－2025)》

11月,辽宁省邮政管理局会同省商务厅、省发展改革委等13个部门联合印发《全省推进城市一刻钟便民生活圈建设三年行动工作方案(2023－2025)》。方案提出,实施社区商业业态清单化管理,优先将购物、餐饮、家政、快递等基本保障类纳入清单。推动多业态融合发展,实现养老托育圈、文化休闲圈、快递服务圈等圈圈相融、圈圈相扣。打造智慧治理场景。推动电商企业进驻社区,对便民生活圈进行数字化赋能,重点配置无人机值守便利店、智能快递柜等智能化设施。

国家邮政局与辽宁省政府签署战略合作协议

11月,国家邮政局与辽宁省人民政府签署《关于加快辽宁邮政业高质量发展战略合作协议》。协议提出,到2025年,有效衔接综合交通运

输体系，在辽宁建成一批具有全国影响力的快递物流集聚区，培育一批邮政快递服务现代农业辽宁品牌项目、快递业与制造业融合发展典型项目，不断增强产业辐射和带动效应，跨境寄递通道更加顺畅，行业在规模实力、基础网络、创新能力、服务水平、治理效能等方面实现新跃升，在辽宁经济社会高质量发展中的基础性、战略性作用显著增强，在全国邮政业发展格局中的地位与贡献更加凸显。

辽宁省9部门联合开展“网盾行动”

12月，辽宁省林业和草原局、省委政法委、省委网信办、省邮政管理局等共9个部门联合组织开展“网盾行动”，重点打击整治网络非法野生动植物交易行为。行动的主要任务为严厉打击线上非法出售、购买、发布相关虚假广告活动以及线下非法捕猎（采集）、出售、购买、寄递、食用、利用、进出口野生动植物及其制品行动，坚决遏制破坏野生动植物资源违法犯罪行为，维护生物安全、生态安全和公共卫生安全。

辽宁局联合省气象局共同做好邮政业气象灾害预警服务工作

12月，辽宁省邮政管理局联合省气象局印发《关于切实做好快递小哥气象灾害预警服务的通知》，共同做好邮政业气象灾害防御服务保障工作。通知强调，各级气象、邮政管理部门要提高思想认识，建立常态化联系机制，加强部门间沟通，畅通面向邮政业的气象灾害预警信息服务渠道，确保各类气象灾害预警信息高效传递，有效保障寄递渠道的安全畅通和快递员的生命财产安全。

辽宁省两部门联合开展寄递渠道涉烟违法治理攻坚行动

12月，为进一步提升对寄递渠道涉烟违法行为的打击力度，不断压实寄递企业“三项制度”落实的主体责任，切实规范邮政快递企业经营行为，辽宁省邮政管理局印发《关于做好打击涉烟寄递违法犯罪工作的通知》，联合烟草专卖部门共同开展寄递渠道涉烟违法治理攻坚行动。

吉林省快递发展大事记

吉林地市级邮政业安全中心全部获得成立批复

1月，随着长春市邮政业安全中心正式获得成立批复，吉林省已批复成立9个市（州）邮政业安全中心，均为市（州）邮政管理局直接管理的公益一类事业单位，实现全省地市级邮政业安全中心全覆盖，掀开了邮政业安全监管支撑体系建设的新的篇章。

吉林省“快递进村”工程连续三年被纳入省政府重点工作目标责任制清单

2月，吉林省政府印发《2023年省政府重点工作目标责任制》，“快递进村”相关内容纳入其中，至此，“快递进村”工程已连续三年纳入省政府目标责任制清单。

吉林省副省长充分肯定2022年全省邮政快递业工作

2月，吉林省邮政管理局就2023年全国邮政管理工作会议和2022年全省邮政快递业发展情况向省委、省政府进行专题汇报，吉林省副省长刘凯作出批示，充分肯定全省邮政系统2022年在保通保畅、服务民生、疫情防控和助力地方经济发展等方面作出的突出贡献，并对2023年工作提出殷切希望。

吉林省省长就数字经济进行智慧物流调研

2月14日，吉林省委副书记、省长韩俊就数字经济到京东亚洲一号物流园调研。他强调，要深入贯彻习近平总书记重要讲话重要指示精神，按照省委省政府决策部署，抢抓数字革命新机遇，强化顶层设计，丰富应用场景，激发数字经济活力，加快推进数字产业化、产业数字化，促进数字经济和实体经济深度融合，赋能高质量发展，推动吉林全面振兴率先实现新突破。

中国共产党吉林省快递行业委员会正式挂牌成立

2月17日，中国共产党吉林省快递行业委员会在长春正式挂牌成立。挂牌仪式中，吉林省委组织部有关领导宣读了《关于同意成立中国共产党吉林省快递行业委员会的批复》，有关领导共同为快递行业党委揭牌。

吉林省"快递进村"项目入选"基层建设年"优秀创新实践案例

2月，中共吉林省委组织部公布了2022年全省"基层建设年"创新实践案例，吉林省邮政管理局选送的《服务民生实事 助力乡村振兴》"快递进村"工程入选优秀创新实践案例。2022年，吉林局以"五个推进"措施深入实施"快递进村"工程，快递服务农业业务量超5000万件，服务产值30亿元，取得了良好的工作效果和社会效益、经济效益。

吉林省推动快递行业党建制度化规范化程序化

2月，为进一步推动快递行业党委工作制度化规范化程序化，吉林省快递行业党委结合实际制定印发《中国共产党吉林省快递行业委员会工作规则(试行)》。工作规则经省快递行业党委第一次委员会会议审议通过，印发实施。工作规则共规定了18项具体内容，确定了快递行业党委工作职责、议事决策、责任追究等，确保省快递行业党委健康发展。

吉林省快递行业党委"清单式"推动党建提质增效

3月，为全面推进行业党建年度工作要点和10件实事有效落实，推动全省快递行业党建工作开好头起好步，圆满完成全年目标任务，吉林省快递行业党委印发通知，实施党建工作"清单式"台账化管理，将任务清单化、清单具体化，从严从实推进全省快递行业党建工作提质增效。

吉林省快递行业党委公布年度"十件实事"

3月，为深入贯彻落实习近平总书记关于加强新业态新就业群体党建工作的重要指示精神以及习近平总书记关于邮政快递业重要指示批示精神，更好地满足人民群众日益增长的美好生活用邮需要，吉林省快递行业党委印发《中共吉林省快递行业委员会关于印发2023年10件实事的通知》，启动年度行业党建实事工作。

吉林省快递行业党委启动"火种计划"

3月，吉林省快递行业党委启动快递从业人员党员培养和发展"火种计划"，着力壮大快递行业党员队伍，改善优化从业人员队伍结构，努力锻造快递行业过硬先锋队。

吉林省快递行业党委建立常态化督查工作机制

为进一步促进全省快递行业党建目标任务落地落实，巩固提升快递行业党组织规范化、标准化建设水平，3月6日，吉林省快递行业党委办公室印发《关于开展2023年重点工作督查的通知》，倒逼市(州)快递行业党委和快递企业党组织严格落实党建责任，提升党建工作质量。

快递物流体系建设被纳入吉林省乡村建设"百村提升"工作方案

3月，为进一步提升"千村示范"创建质量和成效，建设具有吉林特色的宜居宜业和美乡村示范村，吉林省人民政府办公厅印发《吉林省乡村建设"百村提升"工作方案》，在"千村示范"创建村中开展"百村提升"行动，将完善快递物流配送体系作为提升乡村产业发展水平的重点任务，明确将建有村级寄递物流综合服务场所，作为完备乡村基础设施建设的标准。

吉林省实现省市两级快递行业党委全覆盖

3 月，在吉林省、市邮政管理部门的共同努力下，省市两级 10 个快递行业党委全部成立，真正实现全面覆盖、一贯到底，“1 个省级快递行业党委 +9 个市（州）快递行业党委 + N 个快递企业党组织”的多层级、立体型行业党建组织模式基本形成。

吉林局联合多部门出台“客货邮”实施意见

4 月，吉林省交通运输厅、省发展和改革委员会、省文化和旅游厅、省农业农村厅、省财政厅、省商务厅、省能源局、省邮政管理局联合制定《关于加快推进汽车客运站综合开发利用　促进汽车客运站可持续发展的实施意见》，统筹推进道路运输高质量发展，加快推动客货邮融合发展。意见对推进农村寄递物流体系建设共享运输网络和站场资源给予政策支持。

吉林局出台职业技能工程实施方案

4 月，为健全吉林省邮政行业技能人才培养，积极营造有利于行业技能人才成长成才的良好环境，吉林省邮政管理局联合省人力资源和社会保障厅印发《吉林省邮政快递业职业技能提升工程实施方案》，明确全省快递从业人员职业技能提升工程任务目标和具体举措，推进行业人才高质量发展。

吉林省多部门联合启动第五届“最美快递员”评选活动

4 月，吉林省邮政管理局精神文明办公室、吉林省快递行业党委、吉林省快递行业协会联合印发通知，启动全省第五届“最美快递员”评选活动。本次评选活动旨在深入贯彻落实习近平总书记关于关心关爱“快递小哥”重要指示精神，推进行业精神文明建设，选树从业人员先进典型，激发从业人员立足岗位、服务社会精气神，为行业高质量发展提供保障。

吉林省农村寄递物流体系建设获政策支持

4 月，吉林省人民政府办公厅印发《吉林省乡村畅通工程实施方案》，农村寄递物流体系建设获政策支持。方案明确，积极推动交通、农业、商务、邮政、供销等农村物流资源高效整合，实现多站合一、资源共享，培育名称、标识、外观、功能、服务“五统一”的乡镇运输服务站品牌，到 2025 年实现县乡村物流服务网点全覆盖，构建布局完善的农村物流体系。

吉林局联合 12 部门出台实施意见强化寄递安全管理工作

4 月，为认真贯彻落实党的二十大精神，加强全省邮件快件寄递安全管理工作，吉林省邮政管理局联合省委政法委、省委网信办、省检察院、省公安厅、省国家安全厅、省交通运输厅、省应急管理厅、省消防救援总队、长春海关、省市场监管厅、沈阳铁路监管局、民航吉林监管局等 12 部门联合印发《关于进一步加强全省邮件快件寄递安全管理工作的实施意见》，进一步明确了工作任务和工作责任，为构建寄递安全工作新格局奠定了基础。

吉林省首批快递从业人员通过中级职业技能等级认定

5 月，为进一步加强行业技能人才工作，按照《吉林省邮政快递业职业技能提升工程实施方案》文件要求，吉林省邮政管理局积极与省人力资源技师学院沟通，组织开展了职业技能等级认定考试，吉林省长春市共 56 名快递员、快件处理员获得职业技能等级（中级工）证书，成为全省首批拥有职业技能等级证书的从业人员。

吉林局邮政行业运行情况报告获省长肯定

5月，由吉林省邮政管理局向省政府提交的《2023年1—4月吉林省邮政行业运行情况的报告》，获吉林省委副书记、省长肯定。

吉林省出台邮政快递业塑料污染治理工作三年实施方案（2023－2025）

5月，吉林省邮政管理局为进一步加强塑料污染治理，促进邮政快递业绿色低碳转型发展，结合吉林省邮政快递业发展实际，出台了《吉林省邮政快递业塑料污染治理工作三年实施方案（2023－2025）》。方案明确，到2023年底，全省邮政快递网点使用45毫米以下"瘦身胶带"封装比例达到全覆盖；不可降解塑料包装袋、胶带使用率低于40%。到2024年底，全省邮政快递网点不可降解塑料包装袋、胶带使用率低于20%；一次性编织袋基本不再使用。到2025年底，全省邮政快递网点禁止使用不可降解塑料包装袋、胶带、一次性编织袋。废弃物回收利用效率显著提高，普通塑料包装废弃物污染得到有效控制。

吉林省出台跨境电子商务实施方案

5月，吉林省政府出台《中国（延吉）跨境电子商务综合试验区实施方案》，"快递出海"获政策支持。方案明确，推动延吉机场增开更多国际航线，重点发展对韩货运包机业务。充分利用现有的对俄、韩邮路，促进跨境邮路常态化运行。依托跨境电商产业园区、物流园区，加快建设和完善冷链物流体系。在延吉机场建设国际货站和延吉空港国际快件监管中心，统筹推进空陆联运建设，积极打造便利化的跨境电商贸易通道。

吉林局联合16部门部署开展平安寄递专项行动

6月，吉林省邮政管理局联合省委政法委、省委网信办、省检察院、省公安厅、省国家安全厅等16部门共同制定出台了实施方案，成立了专项行动领导小组，在全省范围内部署开展了吉林省平安寄递专项行动。

吉林省构建"1＋9"快递行业党建工作体系

6月，吉林省快递行业党委充分发挥职能作用，建立"周调度、月统计、月通报"督查机制，全面加强党对快递行业的领导，增强快递行业党委的政治功能和组织力，快速形成"1＋9"行业党建领导体系和运行机制，红色堡垒从"有形覆盖"迈向"有效覆盖"。

吉林省实现市（州）快递行业集体合同签订全覆盖

6月，吉林市快递行业集体合同协商会议暨签约仪式顺利举行，至此吉林省9个市（州）实现快递行业集体合同签订全覆盖，快递员群体合法权益保障的相关机制更加健全。

吉林省第五届"最美快递员"评选结果揭晓

6月27日，吉林省邮政管理局精神文明办公室、吉林省快递行业党委、吉林省快递行业协会联合召开第五届"最美快递员"表彰大会，现场揭晓评选结果，宁吉超等10名快递员荣获全省"最美快递员"称号。

吉林省第四届邮政行业职业技能竞赛成功举办

2023年7月16日至17日，吉林省邮政管理局联合省人社厅、省总工会、团省委等部门在吉林交通职业技术学院举办了2023年第四届吉林省邮政行业职业技能竞赛，来自全省9个市（州）邮政行业的36名优秀选手齐聚长春参加了此次比赛。经过一天半的激烈角逐，最终产生个人奖6名、团体奖6名、优秀技术指导奖3名，两个职业第一名获奖选手将分别获得省人社厅授予的"吉林省技术能手"称号，同时优先推荐申报"吉林省五一劳动奖章"和"吉林省青年岗位能手"。

吉林省印发数字乡村发展工作要点利好邮政业发展

7月，由吉林省委网信办、省发改委等相关部门共同研究制定出台了《2023年吉林省数字乡村发展工作要点》，邮政业发展获政策支持。要点提出，一是要推进农产品仓储保鲜冷链物流设施建设，支持发展产地冷藏保鲜，打造高效衔接农产品产销的冷链物流通道网络。二是分类推进“快递进村”工程，完善农村寄递物流体系，重点建设村级寄递物流综合服务站。深入实施县域商业建设行动，引导商贸、快递、物流、互联网企业下沉。三是积极配合开展《县乡村寄递网络建设指南》《村级寄递物流综合服务站服务规范》制定。

吉林省印发农民增收工作方案利好邮政业

7月，吉林省促进农民增收工作联席会议办公室研究制定了《2023年促进农民增收工作方案》，邮政业获政策支持。方案提出，培育农村电商，深入实施“数商兴农”和“互联网+”农产品出村进城工程，鼓励发展农产品电商直采、定制生产等模式，优化县乡村商业网络和物流配送体系，拓展工业品下乡和农产品进城渠道，推动农民收入和农产品消费“双提升”。

吉林省副省长调研邮政快递行业发展情况

7月28日，吉林省副省长刘凯率队调研全省邮政快递业发展情况，肯定今年以来全省邮政快递业良好的发展态势，希望乘势而上，进一步加快行业基础设施建设，提高科技应用水平，落实绿色发展要求，统筹发展与安全，推进交通强国吉林邮政篇章建设。

吉林省8名行业代表出席省总工会第十五次代表大会

8月，吉林省总工会第十五次代表大会胜利召开，全省快递行业工会联合会和寄递企业共8人当选代表并出席此次会议。这8名代表分别来自长春、吉林、辽源、白城4个代表团，其中，市级快递行业工会联合会主席2名，由快递行业工会联合会推荐的企业代表6名。

吉林省副省长批示肯定吉林局工作成效

8月，吉林省副省长刘凯在吉林省邮政管理局提交的关于贯彻落实2023年全国邮政管理系统半年工作会议精神的情况报告上作出批示，肯定省邮政管理局上半年工作成绩进步明显，希望吉林局认真学习领会全国邮政管理系统半年工作会议精神，结合吉林实际抓好贯彻落实。

吉林省出台深入实施扩大内需战略全面促进农村消费的意见

8月，吉林省邮政管理局联合省商务厅、省发展改革委等13部门联合制定印发《关于深入实施扩大内需战略全面促进农村消费的意见》，进一步巩固“快递进村”工作成果，促进乡村发展建设。意见提出，在具备条件的县市建成以县城为中心、以乡镇为重点、以村为基础，分工合理、布局完善的县域商业体系，实现县县有物流配送中心、乡镇有商贸中心、村村通快递。丰富村级店快递收发、农产品经济等服务，满足农民便利消费、就近消费需求。意见明确，支持城郊建设冷链专业市场与冷链物流基地，鼓励供销、快递、电商企业等共建共用。布局县乡村三级冷链物流设施，打造消费品双向冷链物流新通道。

吉林省顺丰被纳入省委两新工委直联名单

8月，吉林省委两新工委出台直接联系非公企业和社会组织党组织工作机制，培育一批党建强发展强的非公企业和社会组织，在吉林生邮政管理局和省快递行业党委的积极协调下，吉林省顺丰速递有限公司党委被纳入20个非公企业党组织直联名单。

吉林省副省长强调全力支持邮政业高质量发展

9月，吉林省政府副省长刘凯专题听取吉林省邮政管理局关于吉林省"十四五"邮政业发展规划中期评估情况，对全省邮政业"十四五"规划推进实施工作给予肯定，并强调要深入学习贯彻习近平总书记在新时代推动东北全面振兴座谈会上的重要讲话精神，全力推进高质量发展、可持续振兴，进一步实施好吉林省"十四五"邮政业发展规划，为服务吉林全面振兴全方位振兴作出邮政行业新贡献。省邮政管理局局长孙猛，省邮政管理局相关部门负责同志参加会议。

吉林省副省长调研农村寄递物流体系建设情况

10月23日，吉林省副省长刘凯率队前往梨树县调研农村寄递物流体系建设工作，强调全省邮政管理系统要深入学习贯彻习近平总书记在新时代推动东北全面振兴座谈会上的重要讲话精神，落实省委、省政府工作部署，引导企业持续做好农村寄递物流体系建设工作，全力推进高质量发展、促进乡村振兴。省邮政管理局局长孙猛、省邮政公司总经理赵勇等陪同调研。

吉林局加快推进农村客货邮融合发展实施意见

11月，吉林省邮政管理局会同省交通运输厅、省商务厅、省农业农村厅等4部门印发《关于加快推进农村客货邮融合发展工作的实施意见》。意见明确，到"十四五"末，吉林省农村客货运、快递、电商等行业实现末端资源整合，实现"一网多用、一站多能、多点合一、深度融合"，农产品进城"最初一公里"和工业品下乡"最后一公里"彻底打通，达到乡乡有网点、村村有服务，便民惠民寄递服务基本覆盖。

吉林省副省长调研快递业务旺季服务保障和极端天气应对工作

11月7日，吉林省副省长刘凯赴省内部分邮政快递企业，调研指导快递业务旺季服务保障和极端天气应对工作，实地查看邮件快件分拨处理情况，强调要深入贯彻落实省委省政府决策部署，做好当前快递旺季服务保障各项工作，确保寄递安全和时效性，保持行业持续稳定发展，为实现全省经济"全年红"作出贡献。

吉林省副省长充分肯定吉林局快递业务旺季服务保障工作

12月，吉林省邮政管理局向省政府专题汇报了2023年全省快递业务旺季服务保障工作开展情况，副省长刘凯作出批示，对吉林局工作给予充分肯定，指出吉林局工作部署到位，全员共同努力，成效明显。

黑龙江省快递发展大事记

黑龙江省常务副省长肯定全省邮政管理工作成效

2月1日，黑龙江省邮政管理局主要负责同志赴省政府就2022年重点工作完成情况，2023年全国、全省邮政管理工作会议召开情况向黑龙江省委常委、常务副省长王一新同志进行专题汇报。王一新肯定全省邮政管理工作成效，并对下一步工作提出要求。

黑龙江局联合团省委开展"快递从业青年服务月"系列活动

2月，为深入学习宣传贯彻党的二十大精神，贯彻落实习近平总书记关于新业态新就业群体有关工作的重要指示批示精神，切实推动关爱快递员"暖蜂行动”持续深入开展，近日，黑龙江局联合团省委印发《2023 年“快递从业青年服务月”活动方案》，联合开展 2023 年“快递从业青年服务月”系列活动。

黑龙江省快递进村工作成效获省政府工作报告肯定

2 月，黑龙江省政府省长梁惠玲在黑龙江省第十四届人民代表大会上作了工作报告，报告在总结 2022 年省政府工作时，对“快递进村基本实现全覆盖”予以肯定。

黑龙江局获省政府办公厅感谢

2 月，黑龙江省邮政管理局收到省政府办公厅发来的感谢信，省政府办公厅对黑龙江局 2022 年度全力支持省政府工作给予肯定，向全体干部职工致以衷心感谢！

黑龙江省副省长肯定全省邮政管理工作成效

2 月，黑龙江省副省长王刚同志专题听取了黑龙江省邮政管理局关于邮政管理系统建设和行业发展情况、全国邮政管理工作会议召开情况，2022 年全省邮政管理工作及 2023 年工作思路的汇报，肯定全省邮政管理工作成效，并提出工作要求。

哈尔滨职业技术学院被确定为全国第四批邮政行业人才培养基地

2 月，按照国家邮政局《关于全国邮政行业人才培养基地遴选和管理办法》的有关要求和工作安排，为进一步加强龙江邮政行业人才培养体系建设，推动校企合作，产教融合，黑龙江局积极组织开展省内职业技术院校参与全国邮政行业人才培养基地申报推荐工作。经所在院校自主申报，黑龙江局审核推荐，国家局综合评审，哈尔滨职业技术学院被确定为第四批全国邮政行业人才培养基地。

黑龙江局推动举行“交邮供”战略合作签约仪式

3 月 27 日，黑龙江省“交邮供”战略合作签约仪式在省供销社会议室隆重举行。黑龙江省交通运输厅、省邮政管理局、省供销合作社和省邮政公司的主要负责同志出席仪式并致辞，各合作方主管领导代表各方签署战略合作协议。

黑龙江省三部门协同推进农村快递物流服务体系建设

4 月，黑龙江省邮政管理局联合省交通运输厅、供销合作社印发《关于协同推进农村快递物流服务体系建设的通知》，明确提出，交通运输、邮政、供销三大系统要发挥各自资源优势融合发展，协同推进农村快递物流配送服务体系建设。

黑龙江局印发关于推动邮政快递业绿色低碳发展的实施意见

4 月，黑龙江省邮政管理局印发《黑龙江省邮政管理局关于推动邮政快递业绿色低碳发展的实施意见》。意见指出，加快邮政快递业绿色低碳发展，是行业全面贯彻落实碳达峰碳中和决策部署的重要任务和根本路径，对于促进行业高质量发展、加快邮政强国建设具有十分重要的意义。全省邮政快递全行业要按照党中央、国务院决策部署，积极稳妥推进行业碳达峰碳中和，切实推动形成绿色生产方式和生活方式，推进行业高质量发展。

黑龙江局推动邮政服务助力全省文化旅游发展

4 月，为更好地发挥“以邮彰文、以邮促旅、以邮惠民”的作用，黑龙江省邮政管理局、黑龙江省文化和旅游厅联合印发《关于进一步推动邮政服务助力黑龙江省文化旅游发展的通知》，为黑龙江乡村旅游提供便捷寄递服务，推进乡村旅游经济发展。

黑龙江省出台全面推进乡村振兴实施意见

4 月，黑龙江省委、省政府印发《关于做好 2023 年全面推进乡村振兴重点工作的实施意见》，邮政业发展多项内容被纳入其中统筹安排。实施意见要求，要加快完善县乡村电子商务和快递物流配送体系，支持建设县域集采集配中心，推动“客货邮”融合发展，大力发展共同配送，即时零售新模式，推动乡镇冷链物流服务网络建设。

《黑龙江省邮政行业精神文明建设工作实施方案》出炉

4月，为深入推进全省邮政快递行业精神文明建设工作，黑龙江省邮政管理局出台《黑龙江省邮政行业精神文明建设工作实施方案》，以精神文明建设促进行业高质量发展和高效能治理。

黑龙江省副省长调研快递企业

4月，黑龙江省副省长王刚到黑龙江省圆通速递有限公司、黑龙江省顺丰速递有限公司进行调研，黑龙江局主要领导陪同调研。调研组强调邮政快递业在服务龙江经济、贴近保障民生方面发挥着重要作用，行业发展与龙江振兴息息相关，全系统要结合主题教育，认真落实习近平总书记重要指示推动邮政业高质量发展的指示要求，贯彻新发展理念和融入新发展格局，深入查找分析推动行业高质量发展的问题短板及其根源，紧紧围绕事关行业发展的全局性、战略性、前瞻性问题和基层群众最关心的急难愁盼问题，逐一梳理形成问题清单，逐一列出解决措施，进一步促进全省邮政快递业高质量发展。

黑龙江省邮政快递业塑料污染治理工作三年实施方案（2023－2025）发布

4月，黑龙江省邮政管理局出台《黑龙江省邮政快递业塑料污染治理工作三年实施方案（2023－2025）》，对全省行业塑料污染治理提出明确要求并细化工作措施。方案明确，到2023年底，全省邮政快递网点使用45毫米以下“瘦身胶带”封装比例达到100%；不可降解塑料包装袋、胶带使用率低于40%。到2024年底，全省邮政快递网点不可降解塑料包装袋、胶带使用率低于20%；一次性编织袋基本不再使用。到2025年底，全省邮政快递网点禁止使用不可降解塑料包装袋、胶带、一次性编织袋；废弃物回收利用效率显著提高，普通塑料包装废弃物污染得到有效控制。

黑龙江局印发邮政快递业2023年度生态环境保护工作要点

5月，黑龙江省邮政管理局印发《黑龙江省邮政快递业生态环保2023年工作要点》，推进行业绿色低碳发展。要点要求，深入贯彻习近平生态文明思想，全面学习贯彻落实党的二十大和习近平总书记关于快递包装绿色治理的重要指示精神，认真落实国家邮政局工作部署，大力实施“9218”工程，稳妥推进行业绿色低碳发展各方面工作。做好政策法规供给、包装绿色治理、行业低碳发展、加大监督管理力度、推进协同共治、强化组织保障和宣传引导等重点工作任务。

黑龙江省快递行业党委获30万元党建经费补贴

为支持快递行业党组织建设和行业发展，切实提升党建工作质量，强化党建经费保障，5月31日，省委组织部下拨党建经费30万元，用于支持省快递行业党委相关工作。

黑龙江局联合15部门部署全省平安寄递专项行动

6月，黑龙江省邮政管理局联合省委政法委、省委网信办、省检察院、公安厅、国家安全厅、交通运输厅、应急管理厅等15部门，召开全省平安寄递专项行动部署电视电话会议，传达学习国家邮政局等17部门平安寄递专项行动动员部署电视电话会议精神。会议要求，各地各部门要提高政治站位，加大协同配合力度，提高寄递渠道综合监管效能。聚焦重点任务目标，着力抓好寄递安全“三项制度”执行、严格监管执法、督促寄递企业落实安全生产主体责任等工作，建立全省寄递安全监管长效机制。要贯彻落实《黑龙江省邮政条例》有关规定，将行动落实情况纳入2023年全省平安建设考核内容。

黑龙江省委领导重视推进农村寄递物流体系建设工作

6月，黑龙江省召开现代物流产业专班专题办公会议，省委常委、组织部部长杨博听取工作汇报中，对邮政行业积极推进农村寄递物流体系建设工作情况非常重视。杨博详细询问了政策执行情况和问题堵点，明确表示农村寄递物流体系建设是畅通农村地区经济循环的重要途径，是实现乡村振兴的基础条件，各地各有关部门必须高度重视，当即责成专班办公室督促各地政府按照政策文件规定抓紧落实到位。

黑龙江省加快市（地）邮政管理系统关工组织建设推进关爱“快递小哥”工作

6月，为深入贯彻落实习近平总书记对加强新业态、新就业群体党建工作及关爱“快递小哥”的重要指示批示精神，做好邮政快递企业关心下一代工作，黑龙江局联合省关心下一代工作委员会印发《关于加快市（地）邮政管理系统关工组织建设推进关爱“快递小哥”工作的通知》，共同推进关爱“快递小哥”工作落实。

黑龙江省商品过度包装治理分工方案印发

6月，黑龙江省发展改革委、市场监督管理局联合下发关于印发《黑龙江省落实〈国家发展改革委办公厅 市场监管总局办公厅关于印发进一步加强商品过度包装治理2023年工作要点的通知〉分工方案》的通知，邮政业生态环保内容被纳入其中。通知要求，要按照国家相关要求，指导辖区寄递企业执行好相关操作规范和包装要求，通过规范作业减少前端收寄环节的过度包装。鼓励辖区寄递企业使用低克重、高强度的纸箱，通过优化包装结构减少填充物使用量。积极开展邮政快递业“绿色双十一”活动，将包装减量化作为重要内容。指导市（地）邮政管理局通过“双随机、一公开”等方式对寄递企业进行过度包装执法检查，组织快递过度包装专项抽查，强化快递包装质量监督。

共青团黑龙江省邮政快递行业工作委员会成立

7月5日，黑龙江省邮政管理局联合共青团黑龙江省委举行共青团黑龙江省邮政快递行业工作委员会成立仪式，并正式授牌。

黑龙江局部署开展全省快递服务质量提升工程

7月，为贯彻落实党的二十大精神，扎实开展深入学习贯彻习近平新时代中国特色社会主义思想主题教育，按照国家邮政局工作部署要求，黑龙江省邮政管理局印发《黑龙江省邮政管理局关于进一步做好全省快递服务质量提升工程实施工作的通知》，强化突出问题治理，提升快递服务供给能力和质量。

黑龙江省委常委、政法委书记肯定全省邮政管理系统平安黑龙江建设成效

9月，黑龙江省委常委、政法委书记刘惠专题听取省邮政管理局关于平安黑龙江寄递安全工作情况的汇报，对全省邮政管理系统平安寄递工作成效给予充分肯定。

黑龙江省制定《黑龙江省电商快件绿色包装通用要求》地方标准

9月，黑龙江省邮政管理局、省商务厅共同提出并归口制定《黑龙江省电商快件绿色包装通用要求》地方标准。该标准经多次修改完善，由相关领域专家评审组评审通过，明确了电商快件绿色包装的术语和定义、基本要求、包装物选用、运营管理和宣传教育等。该标准适用于黑龙江省电商企业及涉及电商的寄递企业在寄递过程中对电商快件绿色包装物的选用及操作。《黑龙江省电商

快件绿色包装通用要求》是全国首部电商快件绿色包装地方标准，填补了电商快件绿色包装地方标准的空白，对推动全省快递包装绿色转型具有重要意义。

全国行业职业技能竞赛黑龙江选手获三等奖

10月，黑龙江省邮政管理局来自中国邮政集团有限公司牡丹江市公司的选手赵梓安，在第四届全国邮政行业职业技能竞赛总决赛上，荣获快递员职业个人三等奖，同时，按照有关要求，还将获得“全国技术能手”称号。

黑龙江局召开 2023 年快递业务旺季媒体通气会

10月31日，黑龙江省邮政管理局组织召开2023年快递业务旺季媒体通气会暨黑龙江邮政快递业“快递小哥带你看龙江”主题宣传和“奋进新征程 建功新时代 寻找最美快递员”活动启动仪式。

黑龙江局建成全省建制村通邮台账

11月，黑龙江省邮政管理局在开展建制村通邮情况核查工作的基础上，准确掌握了全省农村地区邮政服务网络基础设施数据，建立了全省9026个建制村的通邮台账。

黑龙江省开展“快递小哥带你看龙江”主题宣传活动

11月，黑龙江省邮政管理局联合省总工会、团省委、黑龙江日报报业集团印发《黑龙江省邮政快递业“快递小哥带你看龙江”主题宣传活动方案》，以龙江邮政业为窗口，以“快递小哥”工作视角为媒介，讲述龙江故事，传播龙江声音，以实际行动坚定拥护“两个确立”、坚决做到“两个维护”。

《黑龙江省邮件快件包装抽查工作实施细则(试行)》出台

12月，黑龙江省邮政管理局制定出台《黑龙江省邮件快件包装抽查工作实施细则(试行)》。细则要求，包装抽查要坚持实事求是、科学规范、严谨细致、准确高效的原则，参照“双随机”工作要求依法依规组织实施，确保抽查数据客观、真实、准确、及时。抽查内容应当反映“四化”治理情况，包括邮件快件包装来源、包装品类、规范化操作、塑料污染治理、过度包装等内容。

上海市快递发展大事记

上海市持续优化营商环境利好邮政快递业高质量发展

新年伊始，上海市政府相继推出《上海市加强集成创新持续优化营商环境行动方案》《上海市提信心扩需求稳增长促发展行动方案》等新一轮稳增长政策措施，邮政快递业高质量发展再获利好政策支持。

上海局开展全市邮政快递领域个人信息安全治理工作

2月，上海市邮政管理局深入全市寄递企业开展专项督导检查。检查组先后前往申通、韵达、圆通、中通等四家寄递企业总部，通过实地查看、座谈交流、查阅资料等方式对各寄递企业个人信息保护制度建设和执行、安全风险管控、网络和数据安全防护等工作落实情况进行详细检查。检查组指出，各寄递企业要严格落实信息安全主体责任，加强网络和数据安全防范意识，健全企业信息安全责任体系，完善信息安全管理机制。

上海局发布市邮政快递业更贴近民生七件实事

3月，上海市邮政管理局坚持突出问题导向，顺应群众期盼，发布2023年上海市邮政快递业更贴近民生七件实事。一是深化农村寄递物流体系建设；二是巩固提升农村地区邮政服务水平；三是持续做好邮政快递业保通保畅工作；四是强化快递员群体合法权益保障；五是深入开展寄递安全“三项制度”专项整治；六是实施绿色发展“9254”工程；七是提升快递员职业能力和素质。

上海局联合多部门召开寄递渠道电动自行车安全管理工作会议

3月，上海市邮政管理局联合市应急、公安、商务、消防、市场监管等部门召开寄递渠道电动自行车安全管理工作会议。会议间，上海局介绍了本市邮政快递业相关情况以及行业电动自行车安全管理工作情况，各部门结合工作职责就电动自行车交通出行、安全管理、充换电、政策法规宣贯等重点工作进行交流。各部门对上海局的工作予以肯定，同时强调要健全完善电动自行车全链条安全管理工作机制，加强部门间协作配合，抓实全链条安全监管责任，切实提高本市电动自行车管理安全水平，为城市安全管理和有序运行作出更大贡献。

上海市邮政快递业三个项目入选“文明实践百项重点项目”

3月，为引导上海市邮政快递业广大员工群众全面准确学习领会党的二十大精神，上海市邮政管理局积极组织各邮政快递企业志愿服务团队申报品牌项目，其中三个项目入选上海市“奋进新征程 投身新实践 建功新时代”学习宣传贯彻党的二十大精神文明实践主题活动一百个重点项目。一是中国邮政集团有限公司上海市分公司在各邮政营业网点开设窗口便民阅读服务；二是中国邮政集团有限公司上海市分公司设立“从主题邮局出发，探寻文化之旅”展览展示；三是申通快递有限公司在全市各快递网点开展“奋进新时代，申通展先锋”志愿宣讲项目。

上海局持续推动本市行业包装物减量治理

3月10日，《上海市2023年生活垃圾分类工作实施方案》出台，方案明确要推动包装物减量治理，深化快递包装绿色治理，提升替代塑料包装材料应用比例，循环中转袋使用率达到100%，持续推进可循环快递包装应用试点工作。上海局结合方案积极开展专项联合检查，配合市人大开展《上海市生活垃圾管理条例》执法检查，并组织本市寄递企业开展自查，部署迎检工作要求，进一步增强行业垃圾分类法治意识。

上海市召开快递绿色服务认证试点工作会

3月23日下午，上海市邮政管理局会同市市场监管局在青浦区华新镇召开上海市快递绿色服务认证试点工作会。会议达成共识，研究制定推动试点工作的具体方案，明确各方职责和任务；对试点区域快递总部企业开展调研并征求意见，为标准的制定出台奠定坚实基础。

上海局调研两业融合典型项目

3月24日上午，上海市邮政管理局党组成员、纪检组长、副局长余洪伟带队深入上海翔运国际货运有限公司，调研“助力国产大飞机翱翔蓝天——翔运国际与航空制造业融合实践”项目推进情况。上海飞机制造有限公司党委委员、总会计师尹建海，上海翔运国际货运有限公司党总支书记、董事长庞建哲陪同调研。双方就加快邮政快递业与航空制造业融合协同发展充分交换意见。

上海局推动圆通、中通等5家总部在沪的快递总部企业建立全网协商协调机制

3月30日，上海市总工会、市邮政管理局指导圆通速递有限公司试点建立民主协商制度，圆通速递有限公司召开全国快递行业首个（全网）职代会，诞生首份全网集体合同，覆盖圆通一线快递员超过45万人。5月至7月，上海局指导中通、韵达、极兔、申通快递总部企业先后召开全网民主协

商会议、全网职代会。审议通过企业全网集体合同，覆盖全网超过220万名劳动者。

上海局注重凝心铸魂，深入开展主题教育

4月起，上海市邮政管理局党组按照“学思想、强党性、重实践、建新功”总要求，深入开展学习贯彻习近平新时代中国特色社会主义思想主题教育，切实推进主题教育走深走实。一是加强组织领导。二是强化理论学习。三是深入调查研究。四是全面检视整改。五是严抓干部教育整顿。

上海市邮政快递业“两进一出”工程再获发展新机遇

4月，上海市人民政府印发《上海市促进外贸稳规模提质量的若干政策措施》，主要围绕促进外贸规模稳定增长、促进外贸创新发展、支持开拓多元市场、优化跨境贸易营商环境4个方面提出21条措施，邮政快递业“两进一出”工程获政策利好。

上海市快递行业两个案例入选“党建工作优秀案例”

4月13日，党建领航·加强新业态、新就业群体党建工作优秀案例发布会在上海市举行，上海市邮政管理局联合有关部门推进的快递行业党建工作两个案例光荣入选，浦东邮政管理局牵头率先成立了全市首家区级快递行业党委——浦东新区快递行业综合党委；申通快递党委“四化四融”党建工作法成为唯一入选的企业优秀案例，并在发布会上进行了分享。

上海市邮政快递企业9个先进获评2023年全国、上海市五一劳动奖

4月27日，全国和上海市召开五一劳动奖表彰大会，上海市邮政快递业9个先进获评全国和上海市“五一劳动奖章”“工人先锋号”等荣誉称号。上海韵达货运有限公司机动派送员陈登龙获评全国“五一劳动奖章”；中国邮政集团有限公司上海市黄浦区分公司中国共产党诞生地主题邮局（龙门路邮政支局）、上海迅赞供应链科技有限公司（京东物流）上海保供专班获评全国“工人先锋号”；中通快递股份有限公司、中国邮政集团有限公司上海市松江区分公司获评上海市“五一劳动奖状”；圆通速递有限公司业务员王江北、中国邮政集团有限公司上海市闵行区分公司七宝邮政支局副局长（副经理）王丽华获评上海市“五一劳动奖章”；中国邮政集团有限公司上海市普陀区分公司曹杨新村邮政支局曹杨新村营业所、中国邮政集团有限公司上海市金山区分公司金卫邮政支局获评上海市“工人先锋号”。

上海市顺丰速运集团团委和上港集团团委开展交流活动

5月，在上海市邮政快递行业团委的牵头协调下，上海顺丰速运集团团委和上港集团团委共同开展了“水滴创新论坛”交流活动。活动以“以共建促团建，以团建促业务，以业务强团建”为主题，通过现场参观顺丰速运华南转运中心，团员青年们了解了快件的基本运转流程，感受到了“小快递”里的“大民生”。活动还邀请了顺丰速运国际、供应链和科技板块的大咖以各自领域的高质量发展为主题，分享深刻的见解，为团青年今后如何将港口物流业务和快递业务相结合指明了方向。

上海局印发邮政快递业人才建设工作实施方案

5月，上海市邮政管理局印发《上海市邮政快递业人才建设工作实施方案》，明确“十四五”时期行业人才建设工作目标及重点任务，加快邮政快递业人才队伍建设。方案明确，到“十四五”末，全行业争取累计开展职业技能培训达到8万人次，新增取得职业技能等级证书不少于3000人次，新增评聘快递工程技术专业职称不少于800人次，行业企业人才培养和使用机制构建更加合理，行业人才市场实现充分竞争。

上海局组织快递总部企业“民主协商、和谐文化”座谈参观活动

5月19日，上海市邮政管理局联合市总工会组织有关快递总部企业工会、行政负责人召开交流座谈会，推动快递总部企业建立全网民主协商机制、构建和谐劳动关系。会后，组织参观了中通快递公司企业文化展示厅，了解企业发展情况、高新技术的实际运用以及企业文化的魅力。与会人员表示，要贯彻党的二十大精神，以行业党建促工会工作，通过推进全网民主协商机制，厚植“企业关心职工、职工爱岗爱企”的和谐文化底蕴。

上海局积极推动全市邮政快递业四员、两队”队伍建设

5月22日，上海市邮政管理局印发了《关于进一步加强全市邮政快递业“四员、两队”队伍建设工作实施方案》，定期前往圆通、中通、顺丰和极兔等各大快递企业网点督导调研“四员，两队”以及电动自行车专业号牌落实情况，进一步加强“四员、两队”（安全员、区域巡查员、网格化监督员、网络安全员、志愿者队伍和应急保障队伍）队伍建设工作，压紧压实各方安全责任，夯实行业安全基础，着力防控重大安全风险，推动安全生产治理模式向事前预防转型。

上海市政策加码助力“两业”深度融合

5月，上海市人民政府办公厅印发《上海市推动制造业高质量发展三年行动计划（2023－2025年）》，主要围绕强链升级行动、强基筑底行动、数字蝶变行动、绿色领跑行动、企业成长行动、空间扩展行动6个方面提出22条重点任务，为上海“两业”深度融合融出新未来，为邮政业高质量发展增添新动能。

上海市七部门联合整治互联网销售危险化学品行为

5月，上海市邮政管理局联合市市场监管局、市委网信办、市教委、市通信管理局、市公安局、市应急管理局七部门共同印发《上海市互联网销售危险化学品专项治理行动实施方案》，该方案根据《危险化学品安全管理条例》《关于全面加强危险化学品安全生产工作的意见》《互联网危险物品信息发布管理规定》《关于加强互联网销售危险化学品安全管理的通知》等相关规定，对违法违规发布信息和销售危险化学品等行为进行重点治理，并决定在本市开展专项治理行动。

上海市邮政快递末端服务体系建设再提速

6月，上海市城市管理精细化工作推进领导小组办公室印发《2023年各区城市管理精细化工作考核办法》，明确了考核对象、考核组织、考核内容及评价方法，进一步加强2023年度各区城市管理精细化工作监督考核，邮政快递末端服务体系建设被纳入其中，行业末端工程建设再提速。

上海市加强全市邮件快件寄递安全管理

6月，上海市邮政管理局联合市委政法委、市委网信办、市检察院、市公安局、市国安局等14部门印发《关于进一步加强邮件快件寄递安全管理工作的实施意见》，进一步完善寄递渠道联合监管机制，提升全市寄递安全管理水平。实施意见要求，要以提升寄递安全治理现代化水平为主线，以增强寄递安全风险防控能力为关键，以净化寄递安全环境为重点，以落实企业安全生产主体责任为抓手，注重源头防范，深化部门协作，强化安全监管，大力提升寄递安全整体水平。

“三通一达”快递总部企业参加全国新就业形态劳动者工会工作推进会

6月13日，全国总工会以电视电话会议形式召开全国新就业形态劳动者工会工作推进会，启动深入推进新就业形态劳动者工会工作“三年行动”。总部位于上海的圆通速递有限公司、申通快

递有限公司、中通快递股份有限公司、上海韵达货运有限公司参加会议，并与其他头部平台企业工会联合发出倡议，呼吁维护新就业形态劳动者合法权益，促进企业高质量发展。

上海市快递员进社区实力"带货"助老

6月，圆通速递长宁福泉快递网点在长宁区程家桥街道社区党群服务中心和程桥二村党总支的协调组织下，在程桥二村居民区"开心会馆"举办圆通员"爱心集市"。"爱心集市"切实解决社区困难，体现了快递员"新"群体成为社区治理"新"力量。

上海市"传统文化直通车"驶进圆通速递

6月21日，由上海市总工会和上海市邮政管理局共同指导，上海市工人文化宫和青浦区总工会联合主办的"传统文化直通车"——"浓情端午 · 文化直通"我们的节日主题活动，驶进圆通速递有限公司，通过市区联动、整合资源、凝聚合力，让文化惠民发挥出1+1>2的效应。此次活动，现场设有戏曲演艺、互动游戏、非遗展示等六大区域。职工们可以在这里挑战冰壶、灯谜、套圈等文体项目，也可以跟着非遗达人的步伐，近距离感受糖画、陶艺、彩绘、书法等传统文化的魅力。

顺丰快递员灭火事迹入选上海市"人民城市 温暖瞬间"案例

7月，上海市委宣传部、市文明办组织开展的2023年度第一期"人民城市 温暖瞬间"征集展示活动中，上海市邮政管理局和上海市建设交通工作党委推荐的顺丰速运马桥业务部负责人慎亚东和快递员丁贺喜路遇大货车严重自燃，飞奔到现场奋力灭火、持续守护的事迹光荣入选，相关事迹在"新闻坊""申音嘹亮"微信公众号上刊登。

上海局参加2023年全国低碳日 · 上海主题宣传活动

7月12日，2023年全国低碳日 · 上海主题宣传活动在本市外滩中央广场举办。上海市邮政管理局副局长余洪伟出席仪式活动，现场投递十周年寄语明信片并为第二批低碳试验区授牌。

快递员被纳入上海市"新时代城市建设者管理者之家"服务群体

7月，上海市举办"新时代城市建设者管理者之家"首批项目集中揭牌仪式，上海市邮政管理局党组书记、局长冯力虎出席。来自邮政、圆通、顺丰的快递员们领到了新时代城市建设者管理者之家首批项目的钥匙。"新时代城市建设者管理者之家"首批共8个项目，分布在黄浦、长宁、松江等8个行政区，推动快递员群体制度性纳入"新时代城市建设者管理者之家"服务对象，获得首批项目床位439张，新增公租房床位211张。

上海市空港型国家物流枢纽获批

7月28日，国家发展改革委发布2023年国家物流枢纽建设名单，上海空港型国家物流枢纽获批。上海空港型国家物流枢纽分为浦东、虹桥两大片区进行建设，邮政快递企业航空快递业务发展获支持。

上海市中通快递员不顾个人安危勇救落水老人

7月23日，在上海市松江区叶榭镇堰泾村，一名老人落水。千钧一发之际，中通快递上海松江南部网点快递员王文泽毫不犹豫跳入水中，救起了落水老人。

上海市邮政快递业"供应链管理服务与制造业深度融合发展"八大典型案例发布

8月11日，为进一步巩固2022年典型案例(场景)融合发展示范引领的成果，由上海市邮政管理局、上海市经济和信息化委员会主办，上海市物流协会、上海市快递行业协会、长三角产业互联网促进中心、上海生产性服务业促进会、上海信息投资咨询有限公司协同开展的"供应链管理服务

（快递、物流、数字化供应链平台）与制造业深度融合发展”典型案例于2023第四届中国（上海）工业品在线交易节闭幕式成功发布。上海邮政快递业8个案例入选，涵盖邮政、韵达、中通、申通、圆通、联邦快递、递易、万色多个品牌。此次典型案例（场景）聚焦构建现代化产业体系，服务电子信息、生命健康、汽车、高端设备、先进材料、时尚消费品等重点产业以及产业数字化、绿色化转型，服务升级、多元拓展、同频共进，不断加速供应链管理服务与制造业深度融合步伐。

上海市开展“沪水骑手”巡河护河公益行动

8月，上海市邮政管理局联合市河长办、市水务局、市商务委、共青团上海市委等部门共同发起“沪水骑手”巡河护河公益行动。本市快递外卖企业平台圆通速递、顺丰速运、美团、饿了么、达达集团等5家企业约15万余名从业人员共同参与此次活动。

申通快递驾驶员关立平当选中国工会第十八次全国代表大会上海代表

8月21日，上海市工会代表会议召开，选举产生了80名将赴京参加中国工会第十八次全国代表大会的上海代表，申通快递有限公司上海分公司车队驾驶员关立平光荣当选。

上海局持续推动本市邮政快递业安全生产群防群治能力

9月21日，上海市邮政管理局印发了《上海市邮政快递业安全生产举报奖励工作的实施细则》，鼓励社会公众积极举报本市邮政快递业安全生产领域违法行为，为及时发现、控制和消除邮政快递行业安全生产隐患，严厉打击邮政快递业领域安全生产违法违规行为奠定制度基础，切实提高了本市邮政快递业安全生产群防群治能力。

上海市邮政快递业跨境电商业务发展迎新机遇

10月，国务院印发《关于在上海市创建“丝路电商”合作先行区方案的批复》（国函〔2023〕115号），同意《关于在上海市创建“丝路电商”合作先行区的方案》，支持在上海市创建“丝路电商”合作先行区，以发挥上海在改革开放中的突破攻坚作用，推动电子商务领域的对外开放。上海获批创建“丝路电商”合作先行区，有利于探索开展“丝路电商”智库交流和数字应用推广，推动数据共享和跨境流动，构建“丝路电商”国际寄递服务体系，为扩大电子商务、数字经济治理领域对外开放，为邮政快递企业“出海”和跨境电商业务的发展提供新的发展机遇。

上海市代表队斩获全国邮政行业职业技能竞赛总决赛二、三等奖

10月28日至29日，2023年全国行业职业技能竞赛——第四届全国邮政行业职业技能竞赛总决赛在重庆城市管理职业学院举行。上海代表队本次共派出4名优秀选手，参加了全部两个职业的总决赛。经过激烈角逐，杨辉获得快递员职业二等奖，张先庆获得快件处理员职业三等奖，展现了上海市快递行业高技能人才的风采。

上海市推动上海国际航空货运枢纽高质量发展行动方案（2023－2025）印发

10月17日，上海市推进上海国际航空中心建设领导小组正式印发《推动上海国际航空货运枢纽高质量发展行动方案（2023－2025）》，拓展航空货运细分领域、提升口岸通关便利化水平、提升航空货运智慧化水平、推动航空货运绿色低碳发展方面的邮政快递业多项内容被纳入其中，邮政快递企业航空快递业务发展有了新方向。

上海局扎实推动全市部分品牌党群服务阵地建设工作

11月，上海市邮政管理局探索在快递网点建设行业党群服务阵地“暖蜂爱心之家”，举行首个顺丰“聚蜂驿”红色加油站启用仪式，召开推进会

向全市顺丰和其他品牌推广。推进圆通镇宁路网点建设党群服务阵地示范点，加强与“新时代城市建设者管理者之家”晨建公寓、社区党群服务中心的联动，精心打造从政治生活、文化生活、日常生活各方面、多角度、立体式服务引导快递员群体的示范区。

上海市召开快递物流行业司法治理报告发布会

11月24日，上海市邮政管理局联合上海高院、青浦区法院等部门召开快递物流行业司法治理报告发布会。会议展示了快递物流行业司法治理的调研成果，充分体现出行业主管部门、行政监管部门齐心协力，共同强化前端治理，助力行业规范经营，推动产业健康发展，认真落实党中央、国务院关于实施扩大内需战略的决策部署。会议强调，上海市邮政管理局作为本市快递行业的主管部门，将结合报告中提到的关于优化劳动用工、完善快递服务业务、完善特许经营加盟、完善合规经营等方面内容，开展相应工作。

上海市7名人才入选2023年度邮政行业科技英才、技术能手推进计划

11月，经申报推荐、专家评审和公示，以及上海市第五届快递行业职业技能竞赛选拔，中通快递股份有限公司魏婷、圆通速递有限公司韩方方、申通快递有限公司董凡、上海圆擎信息科技有限公司孔亦涵等4人入选2023年度邮政行业科技英才推进计划，中国邮政集团有限公司上海市分公司杨辉、上海韵达货运有限公司周猛猛和刘少炫等3人入选2023年度邮政行业技术能手推进计划。

上海局印发《“十四五”上海市邮政业发展规划实施中期评估报告》

11月17日，上海市邮政管理局印发《“十四五”上海市邮政业发展规划实施中期评估报告》。根据《国家邮政局办公室关于开展“十四五”邮政业规划实施中期评估工作的通知》总体要求，结合上海局工作实际，组织开展《“十四五”上海市邮政业发展规划》实施中期评估工作。

上海市推动建制村邮件直投到户100%

截至11月底，上海农村地区建制村邮件直投到户实现全覆盖。上海局强化政企联动，重点围绕浦东和闵行两个邮政区分公司，开展专项推进农村地区建制村邮件直投到户工作。明确建制村直投到户总体工作思路、制定工作方案、推进措施及时间节点要求，引导两家单位积极争取地方政府资源，借势融合农村寄递物流体系建设、村级邮政综合便民服务站建设、邮快合作点、邮乐购站点建设等各专业管理资源，挖掘基层和建制村自身潜力，制定“一村一策”，加快推进落地。

“无废快递网点”建设被列入上海市“无废细胞”建设重要内容

12月，上海市生态文明建设领导小组办公室印发了《上海市“无废细胞”建设评估管理规程（试行）》《上海市“无废细胞”建设评估细则（2023版）》，“无废快递网点”建设作为全市五个“无废细胞”之一被列入其中。“无废快递网点”建设评估细则包含7项一级指标和15项二级指标。

上海局全力推进上海地铁试点开展快递运输工作

12月，邮政上海分公司、顺丰快递与上海申通地铁公司进行合作试点，从报刊配送、同城快递着手，打造“上海模式”的轨道物流网络体系。12月15日下午，顺丰快递根据事先拟订方案，在做好一线快递员培训的基础上，自二号线静安寺站进站，经停陆家嘴站，并于世纪公园站出站，通过实战演练的方式进行现场试行，盯住重点部位和关键环节，结合实际进一步完善相应方案。

上海局出席长三角快递物流产业更高质量一体化发展论坛

12月15日，“数字赋能 乘势而上”长三角快递物流产业更高质量一体化发展论坛在上海成功举办。新华社上海分社社长王永前、青浦区副区长金俊峰、福卡智库首席经济学家王德培和知名企业代表等共聚一堂，围绕“数字赋能 乘势而上”主题，一起总结长三角一体化发展五年来的实践与成果、成效与经验，共同研究探讨长三角快递物流产业在奋进中国式现代化进程中的新征途、新使命与新使命。上海市邮政管理局副局长余洪伟出席论坛并发表主旨讲话。

上海局推动市委民心工程落实

学习贯彻习近平新时代中国特色社会主义思想主题教育开展以来，上海市邮政管理局深入企业调研，将邮政网点新增无障碍通道列入上海市委新一轮民心工程项目，切实推动2023年50处邮政网点无障碍设施的建设和改造，100%圆满完成既定目标任务，得到了市民的称赞和上海《文汇报》等新闻媒体的高度肯定。

江苏省快递发展大事记

江苏局在全省邮政市场行政执法中实施信用承诺

1月，为探索实施包容审慎监管，不断优化营商环境，根据《江苏省社会信用条例》《江苏省快递业信用管理暂行办法》，江苏省邮政管理局印发《关于在全省邮政市场行政执法中实施信用承诺的通知》。通知详细规定了信用承诺的对象、内容、方式及应用场景。信用承诺纳入市场主体信用记录，作为信用监管、政策扶持及考核评定的参考依据。

江苏省2家快递园区上榜省级示范物流园区10强

1月，江苏省物流与供应链研究院和江苏省物流产业促进会发布2022年度省级示范物流园区10强，苏南快递产业园、南京空港江宁快递产业园位列其中。这是江苏首次正式对省级示范物流园区竞争力进行评价并公开发布。

江苏省8家邮政业企业入选“互联网+”帮促助农活动典型案例

1月，江苏省邮政管理局与省农业农村厅、网信办、商务厅联合公布全省“互联网+”帮促助农活动典型案例，中国邮政集团有限公司无锡市分公司等8家邮政业企业入选全省“互联网+”帮促助农活动典型企业。

江苏省政府发放900万元防疫物资支持邮政快递行业保通保畅

根据江苏省政府支持邮政快递业保通保畅工作要求，1月13日，江苏省邮政管理局在南京市江宁区省医药公司仓库组织向13家邮政快递企业省公司发放了总价值900万元的省级邮政快递业保通保畅防疫物资。

江苏省政府一号文为邮政业高质量发展注入动力

1月，江苏省政府印发了《关于推动经济运行率先整体好转若干政策措施》，包含12个方面、42条举措，通过财税、金融等一揽子稳企纾困和扩内需稳外需政策，推动全省经济运行率先整体好转。其中，多条政策利好邮政快递业。

江苏省政府工作报告要求加快贯通三级物流配送体系

1月15日，江苏省省长许昆林在第十四届人民代表大会第一次会议上作政府工作报告，指出

2023年是全面贯彻落实党的二十大精神的开局之年,要重点做好十个方面工作。邮政快递业在积极扩大有效需求、扎实推进农业农村现代化等方面的工作被多次提及,并被列入民生实事项目。报告要求,完善县域商业体系,加快贯通县、乡、村电子商务体系和物流配送体系,促进线上线下消费融合,推动消费新业态向农村延伸。积极完善覆盖农产品主产区的冷链物流设施网络。同时,报告以附件形式发布了今年省政府的13类55件民生实事,涵盖医疗、住房、交通、环境等方方面面,"实现在农村社区党群服务中心(综合服务中心)建设寄递物流综合服务站531个"被列入其中。

农村寄递物流综合服务站建设项目被列入2023年江苏省政府民生实事

1月,江苏省政府工作报告以附件形式发布了2023年省政府的13类55件民生实事,涵盖医疗、住房、交通、环境等方方面面,"实现在农村社区党群服务中心(综合服务中心)建设寄递物流综合服务站531个"被列入其中。这是寄递物流体系建设项目连续第2年入选省民生实事。

江苏局全面完成2022年行业生态环保"9917"工程

2022年,江苏省邮政管理局认真贯彻落实国家邮政局工作部署,深入推进邮政行业生态环保工作,圆满完成"9917"工程。采购使用符合标准的快递包装材料应用比例达到96.5%,按照规范封装操作比例达到98.4%,可循环快递箱(盒)使用量达到175.94万个,回收复用瓦楞纸箱达7360.17万个,全面完成全年任务指标。

江苏省连云港、宿迁两市获批"中国快递示范城市"

2月,国家邮政局举行2023年一季度例行发布会,宣布中国快递示范城市总体规模扩大至41个,江苏省连云港、宿迁市获批开展第三批中国快递示范城市创建工作,加上前两批的苏州、无锡,省内示范城市数量达到4家。

江苏省副省长批示肯定邮政管理工作

2月28日,江苏省政府副省长夏心旻在江苏省邮政管理局呈报的2022年工作情况和2023年工作安排的报告上批示:2022年,全省邮政管理系统认真贯彻省委省政府工作部署,全面落实"疫情要防住、经济要稳住、发展要安全"重大要求,做了大量卓有成效的工作,有力促进了全省经济社会高质量发展。2023年,希望全省邮政管理系统再接再厉,为全面推进中国式现代化江苏新实践作出更大贡献。

邮政行业职业技能竞赛被列为江苏省职工职业技能一级竞赛项目

3月,江苏省劳动竞赛委员会印发了《关于组织开展2023年全省"建功'十四五'、奋进新征程"引领性劳动和技能竞赛的通知》。其中,邮政行业职业技能竞赛被列为一级竞赛项目,这也是江苏举办的第五届邮政行业职业技能竞赛。根据通知精神,邮政行业职业技能竞赛产生的优秀选手,将按照《江苏省职工职业技能竞赛管理办法》进行表彰和奖励,获得第一名的选手,将按程序优先推荐申报"江苏省五一劳动奖章";获得前六名的选手,省总工会将授予"江苏省五一创新能手"称号,并给予0.2万~2万元的现金奖励。

江苏省副省长专题听取邮政管理工作汇报

3月20日上午,江苏省副省长夏心旻专题听取全省邮政管理工作汇报,对行业发展贡献和邮政管理工作成效给予充分肯定,要求行业进一步发挥保民生、促发展的重要作用,勇于担当、善于作为,为谱写"强富美高"新江苏现代化建设新篇章实现良好开局作出新的更大贡献。

江苏省副省长会见中通快递集团董事长

4月7日下午,江苏省副省长夏心旻会见中通快递集团董事长兼首席执行官赖梅松,就推进江苏快递物流产业高质量发展、服务构建新发展格局，进一步加强双方合作进行了深入商谈。省政府副秘书长王思源参加会见。

江苏省邮政业2个集体1名个人荣获省五四表彰

5月，共青团江苏省委印发《关于表彰江苏省五四红旗团委（团支部）、江苏省优秀共青团员、江苏省优秀共青团干部的决定》，并联合江苏省青年联合会共同发布《关于颁授第18届“江苏青年五四奖章”的决定》。无锡市顺丰速运有限公司收派员吴学明荣获第18届“江苏青年五四奖章”提名奖，新沂市快递行业团工委荣获“江苏省五四红旗团委（团工委）”称号，扬州邮畅物流有限公司团支部荣获江苏省五四红旗团支部（团总支）称号。

江苏省邮政业10个集体6名个人分别荣获国家、省级“五一”劳动表彰

5月，江苏省邮政业1个集体、1名个人分别荣获国家级“五一”劳动表彰，9个集体、5名个人分别荣获省级“五一”劳动表彰。中国邮政集团有限公司江苏省分公司金融业务部荣获全国“工人先锋号”称号，中国邮政集团有限公司镇江市分公司投递员张祥伟荣获全国“五一劳动奖章”。中国邮政集团有限公司镇江市分公司投递员许丽、中国邮政集团有限公司盐城市寄递事业部速递部戴庄路揽投部职工陈国勇等5人荣获江苏省“五一劳动奖章”，徐州申通为群快运有限公司客服部、淮安顺丰速运有限公司清河片区等9个集体荣获江苏省“工人先锋号”。常州市快递行业工会联合会、淮安顺丰速运有限公司工会委员会等4个基层工会荣获“江苏省模范职工之家”称号，扬州顺丰有限公司高邮综合业务部工会和镇江顺丰速运迎江业务部工会小组荣获“江苏省模范职工小家”称号。

江苏省邮政行业获县域商业体系建设专项资金1331万元

5月，江苏省商务厅拨付县域商业体系建设专项资金1331万元，支持邮政行业建成县乡村三级物流体系建设项目60个，实现省内县域全覆盖，标志着邮政业服务县域商业体系建设取得阶段性成果。

江苏省扩大内需实施方案要求全面建成现代流通体系

5月29日，《江苏省贯彻落实扩大内需战略实施方案》正式发布。其中，提出到2035年全面建成现代流通体系，对邮政快递业高质量发展提供全方位的政策支持。

江苏省13部门联合加强邮件快件寄递安全管理

5月，江苏省邮政管理局、省委政法委、省委网信办、省检察院等13部门联合印发《关于进一步加强全省邮件快件寄递安全管理工作实施方案》，深化部门协作，强化安全监管，切实保障寄递渠道安全稳定运行。方案要求，以提升寄递安全治理现代化水平为主线，以增强寄递安全风险防控能力为关键，构建寄递安全责任体系，深化部门协作，有效净化寄递安全环境。

江苏局开展“清风·快递市场秩序整顿”专项行动

6月，江苏省邮政管理局印发《2023年全省快递市场秩序整顿专项行动工作方案》，启动为期半年的“清风·快递市场秩序整顿”专项行动。此次专项行动着力整治违反快递市场准入管理制度、行业安全生产管理制度、快递服务标准以及快递无序竞争、快递服务作业不规范等突出问题。要求各市局结合本地实际，聚焦重点问题，集中开展攻坚。

江苏省启动实施百名快递工程师培养工程

6月11日，江苏省百名快递工程师培养工程启动仪式在镇江举行，这是加快高水平快递工程师队伍建设、推动快递业高质量发展的一项具体举措。江苏省百名快递工程师培养工程，由江苏

省邮政管理局指导，省快递发展研究中心、全国邮政行业人才培养基地（省交通技师学院）、省邮政业安全中心负责具体实施。培养工程以3年为一个培养周期，每次选拔培养100名快递工程专业技术人员。遴选、动态管理培养导师团队，聘请省快递工程专业高评委主任委员担任团队顾问，按照结对方式对培养对象进行重点培养。主要培养措施包括免费发放学习资料、组织线上线下培训、邀请专家开设讲座、联合开展课题研究等。

江苏局实施全省快递服务质量提升工程

6月，江苏省邮政管理局印发《关于进一步做好全省快递服务质量提升工程实施工作的通知》。通知要求，全省邮政管理部门要加强快递服务质量满意度调查、服务时限测试等服务质量测评结果信息及申诉、举报等问题的综合分析，及时开展动态监测，健全完善监管信息；要加大执法力度，全面清查影响快递服务质量、损害用户合法权益等违法违规行为；要加强宣传引导，及时曝光典型案例，营造良好的行业发展氛围。

江苏局等17部门联合开展平安寄递专项行动

6月，江苏省邮政管理局联合省委政法委、省委网信办、省检察院、省公安厅等17部门印发了《江苏省平安寄递专项行动方案》，在全省范围内开展以寄递渠道安全隐患排查治理为重点的平安寄递专项行动。此次专项行动从筑牢寄递安全屏障、查处违法违规寄递案件、压实企业安全责任、完善工作机制等4方面提出9项主要任务。

江苏局组织开展"新时代新征程新伟业"主题采访活动

6月25日至28日，江苏省邮政管理局分两个批次组织开展"新时代新征程新伟业"主题采访活动，走进基层、走到现场，捕捉各地亮点，挖掘新闻素材。全省各设区市邮政管理局及部分县级机构宣传工作人员参加活动。

江苏省首批"交邮社"农村寄递物流典型项目发布

7月，江苏省加快推广"交通运输＋邮政快递＋农村社区"农村寄递物流服务模式专项工作组印发文件，发布第一批全省"交邮社"农村寄递物流典型项目。南京溧水区等15个县（市、区）农村寄递物流项目入选。

江苏省邮政快递车辆规范通行获保障

7月27日，《江苏省道路交通安全条例》经江苏省第十四届人民代表大会常务委员会第四次会议修订正式颁布。其中，对邮政快递车辆通行作出许多制度安排，规定了地方各级人民政府应当保障邮政、快递专用电动三轮摩托车道路通行便利。

江苏局发布邮政快递企业安全生产管理责任清单

8月，江苏省邮政管理局编制发布了《邮政快递企业安全生产管理责任清单》，要求全省邮政快递企业按照责任清单健全责任体系，提升企业本质安全水平。责任清单主要依据相关行业法律法规和国家邮政局最新工作要求，将安全生产责任主体分为区域总部、许可企业和分支机构、处理场所、营业网点等4个层级，分别制定了职责内容和具体要求，明确提出在组织机构、制度保障、寄递安全、场所安全、信息安全、消防安全、培训教育、应急救援、绿色环保等方面的安全管理措施和操作规范，对各企业落实主体责任、防范安全事故具有较强的指导性和针对性。

江苏省邮政管理系统四人两集体获评全省交通运输行业"两优一先"

8月7日，江苏省交通运输厅通报表扬了2023年全省交通运输行业"两优一先"。江苏省邮政管理局陶仁才、溧阳邮政管理局胥国平2名同志获评"优秀共产党员"称号，江苏省邮政管理局杨月新、阜宁邮政管理局顾海2名同志获评“优秀党务工作者”称号，江苏省邮政管理局机关第二党支部、高邮邮政管理局党支部2个组织获评“先进基层党组织”称号。

江苏局探索信用修复提醒工作机制

8月，为积极引导快递市场主体及时纠正失信行为，更好释放市场主体发展活力，江苏省邮政管理局印发《关于建立快递行业行政处罚信息信用修复机制的通知》，探索建立行政处罚信息信用修复主动告知提醒制度。

江苏局部署开展电商快件寄递服务专项整治工作

8月，为贯彻落实全国统一大市场建设要求，根据国家邮政局统一部署，江苏省邮政管理局印发《关于开展全省电商快件寄递服务专项整治工作的通知》，并召开工作动员视频会议进行部署，全面组织开展全省电商快件寄递服务专项整治工作。会议对通知进行了详细解读，明确了专项行动的重点内容和时间节点，要求全省邮政管理部门要提高思想认识，明确监管思路，以担当有为的责任心和使命感做好此次专项工作，为促进经济社会发展作出行业贡献。

江苏省将农村寄递物流体系建设列入促进经济持续回升向好的若干政策措施

9月3日，江苏省委省政府印发《关于促进经济持续回升向好的若干政策措施》，农村寄递物流体系建设作为提升城乡消费服务水平的重要措施被列入其中。文件提出了到2025年江苏县乡村三级农村寄递物流体系建设的具体目标，明确要加快建设高效顺畅的农村现代流通体系，到2025年实现县(市)和涉农市辖区寄递公共配送中心或快递产业园区全覆盖，50%以上的乡镇建有寄递公共配送中心，70%以上的建制村建有寄递物流综合服务站。开通集客货邮于一体的交邮合作邮路，全面提升农村邮政快递服务水平。

江苏局联合五部门在快递员等新就业群体开展“双进”宣讲

9月，江苏省邮政管理局联合省总工会、省人社厅、省交通运输厅、省思想政治工作研究会共同印发《关于强化新就业形态劳动者思想政治引领 深入推进“劳模工匠进校园 思政教师进企业”工作的通知》，让“双进”宣讲走近快递员等新就业形态劳动者。

江苏省第五届邮政行业职业技能竞赛成功举办

9月8日至9日，由江苏省人力资源社会保障厅指导，省邮政管理局和省总工会共同主办的江苏省第五届邮政行业职业技能竞赛在镇江成功举办。本届竞赛赛项层次高，综合竞争性强，本届大赛为全省职工职业技能一级竞赛，对获得前六名的选手，省总工会将授予“江苏省五一创新能手”称号，并给予0.2万~2万元的现金奖励。个人第一名将按程序优先申报“江苏省五一劳动奖章”。经过近两天的紧张激烈角逐，省邮政公司代表队顾强获个人第一名，省邮政公司、苏宁、极兔代表队分获团体前三名，另有10名教练被授予“优秀教练”。

江苏省三部门联合推进农产品电子商务高质量发展

10月，江苏省邮政管理局联合省农业农村厅、商务厅印发了《加快推进农产品电子商务高质量发展的实施意见》，要求积极发挥邮政快递业支撑保障作用，共同促进农产品产销顺畅衔接、农业提质增效、农民增收致富。

江苏局大力推广行政处罚简易程序

10月，江苏省邮政管理局印发《关于进一步规范简易程序行政处罚案件办理程序及文书适用的通知》，持续规范全省邮政管理部门使用简易程序开展行政处罚案件办理流程，不断提高行政处罚案件办理质量和效率。

江苏局与省烟草专卖局进一步深化部门联合监管机制

10月，江苏省邮政管理局与省烟草专卖局联合印发了《关于进一步做好联合打击寄递渠道涉烟违法活动相关工作的通知》，全面深入推进平安寄递专项行动，进一步深化邮政管理、烟草专卖部门联合监管机制，着力在行政执法、宣传教育、情报研判、规范市场等方面开展更深层次的协作配合，严厉打击寄递环节涉烟违法行为。

江苏省进一步推动农村寄递物流体系建设

10月，江苏省商务厅、省发展改革委、省邮政管理局等9部门联合印发了《江苏省县域商业领跑行动三年计划(2023－2025年)》，要求健全县乡村物流配送体系，进一步畅通工业品下乡、农产品进城双向流通渠道。

江苏省5个交邮融合项目入选全国第四批农村物流服务品牌

10月，交通运输部办公厅与国家邮政局办公室联合发布了全国第四批农村物流服务品牌。其中，江苏省南京市溧水区“交邮快融合，助力城乡发展一体化”、东海县“福如东海、驿往情深”、金湖县“交邮快融合 创富饶乡家”、扬中市“交邮融合＋共同配送”等5个邮政快递企业深度参与的服务品牌入选。

江苏局组织快递企业公开快递进村服务承诺

为进一步加快全省农村寄递物流体系建设，持续推动“快递进村”，在“双11”旺季保障期间，江苏省邮政管理局组织主要品牌邮政快递企业向社会公开农村快递服务范围，开展农村快递服务承诺工作。主要品牌快递企业全面梳理在全省农村地区快递服务情况，公示快递服务不通达建制村清单，承诺除清单外的建制村均能通过直投、设置站点、共配、委托代投、智能快件箱等方式实现快件妥投。

江苏省副省长调研行业旺季保障工作

11月8日下午，江苏省副省长夏心旻一行赴南京邮区(江宁)处理中心、江苏顺丰苍穹分拨中心开展调研，了解邮政快递行业旺季服务保障情况，要求进一步提升邮政快递服务水平，更好发挥畅通经济循环、降低物流成本的作用，为巩固和扩大经济回升向好态势提供有力支撑。省政府副秘书长崔巍参加调研，省邮政管理局党组书记、局长蒋波陪同调研。

江苏省出台《关于加快邮政快递业发展进一步促进消费扩大内需的实施意见》

11月，江苏省政府办公厅印发《关于加快邮政快递业发展进一步促进消费扩大内需的实施意见》。实施意见提出，进一步优化邮政快递基础设施规划布局，提升干线枢纽节点能级。推动南京、无锡打造全球性、区域性国际邮政快递枢纽，加快形成以南京、苏州、无锡为省级主中心，南通、泰州、淮安、徐州为省级次中心，其他设区市和县城为节点的“三主四次N节点”枢纽布局。到2025年，打造日处理能力超1亿件、远期可扩容至3亿件的省域骨干网络。

江苏局联合省公安厅规范邮政快递专用电动三轮摩托车管理

11月，江苏省邮政管理局与省公安厅联合印发了《关于规范邮政、快递专用电动三轮摩托车管理的通知》，为依法保障快递服务车辆通行，促进全省邮政快递业高质量发展提供了政策依据。通知在六个方面对规范邮政、快递专用电动三轮摩托车工作提出了明确要求。

江苏省举办第三届“最美快递员”颁奖典礼

11月25日，江苏省邮政管理局联合省总工会、新华报业传媒集团举办了全省第三届“最美快递员”评选颁奖典礼。江苏省邮政管理局党组书记、局长蒋波，新华日报社党委副书记、总编辑顾雷鸣和省总工会副厅职干部井良强出席活动并致辞。活动现场,三家单位共同向刘国权、刘永等 11 名“最美快递员”和连云港市海州“红韵 · 小哥”志愿者服务队 1 个“最美快递员团队”颁发了获奖证书和奖品,省总工会还向家庭困难快递员代表发放了慰问金。宿迁沭阳沭圆快递有限公司快递员李琦作为获奖代表上台发言。

江苏省综合交通运输学会快递分会成立

12 月 8 日,江苏省综合交通运输学会快递分会在南京正式成立。江苏省综合交通运输学会理事长史和平,省综合交通运输学会副理事长陆永泉,省综合交通运输学会快递分会会长张水芳,江苏省邮政管理局党组书记、局长蒋波出席成立会议。

江苏局全面加强快递总部企业统一管理责任监管

12 月,江苏省邮政管理局印发了《关于加强快递总部企业落实在苏统一管理责任监督管理工作的通知》,建立上下联动工作机制,切实加强对快递总部企业在江苏落实统一管理责任的监管工作。江苏局对《快递企业江苏区域总部管理办法》进行了细化,制定了《快递总部企业在苏统一管理责任清单(试行)》,为全省加强总部型企业监管提供裁量依据。

江苏局全面加强农村快递末端服务问题治理

12 月,江苏省邮政管理局印发《关于开展全省农村快递服务质量专项监督检查工作的通知》,部署开展为期半年的农村快递末端服务问题专项治理。通知要求,结合举报、申诉、信访、媒体报道等线索,通过双随机检查、实地抽查、走访用户等方式,重点检查快递企业是否存在未按农村快递服务承诺提供投递服务、未按约定按址投递、末端违规收费等违反《快递服务》标准的行为,综合运用责令改正、约谈告诫、行政处罚等方式,大力整治农村末端快递服务违法违规问题。

浙江省快递发展大事记

浙江省六县入选首批全省农村客货邮融合发展星级样板县

根据《省交通运输厅等 11 个部门关于印发〈促进农村客货邮融合　推进农村物流高质量发展　助力共同服务示范区建设专项行动〉的通知》,浙江省交通运输厅牵头会同省邮政管理局联合实施开展高质量发展建设共同富裕示范区最佳实践项目《推进农村客货邮融合发展打通农村物流末端节点》首批星级样板县评审,经县级申报、市级审核、专家评审、实地考察、线上汇报与答辩、线上视频随机核查等形式,最终由省交通运输厅、省邮政管理局联合发文公布宁海县为 2021 年度农村客货邮融合发展五星级样板县;松阳县、武义县为四星级样板县;嵊州市、永嘉县、嘉善县为三星级样板县;根据评定的星级情况,相关县(市)获得了 1000 万元补助。

浙江省快递行业党委组织召开省快递行业党委联络员会议

1 月 11 日,为深入学习贯彻党的二十大精神,进一步深化快递行业党建直接联系指导制度,提升快递行业党建整体工作水平,浙江省快递行业党委组织召开浙江省快递行业党委联络员会议暨快递企业省级总部年度党建工作述职会议。省快递行业党委委员单位联络人、党建指导员(助企服务员)、各快递企业省级总部党组织负责人共计 30 余人参加会议,省快递行业党委副书记吕为民出席会议并讲话。

浙江省出台《浙江邮政助力共同富裕和政务服务实施意见》

1月，为深入落实《浙江高质量发展建设共同富裕示范区实施方案（2021－2025年）》，贯彻执行省委、省政府关于加快建设高水平交通强省、推进快递业“两进一出”工程等系列文件精神，推动打造交通强省的邮政省域范例，浙江省交通强省建设领导小组办公室印发了《浙江邮政助力共同富裕和政务服务实施意见》，围绕浙江邮政企业如何落实乡村振兴战略，助力浙江共同富裕示范区建设，推动政务服务均等化、数字化等提出了具体意见。

浙江省快递行业23户家庭获2022年第4季度浙江“最美家庭”称号

2月，为大力弘扬中华民族传统美德，大力培育新时代家风文化，着力营造家庭文明建设浓厚氛围，推动形成爱国爱家、相亲相爱、向上向善、共建共享的社会主义家庭文明新风尚，经基层推选、组织评定，中共浙江省委宣传部、省妇联共同发布2022年第4季度浙江“最美家庭”光荣榜，快递行业共23户家庭光荣登榜。

浙江省14个项目入选2022年全省快递服务现代农业银牌项目

2022年，浙江省各地深入实施“快递进村”工程，在服务网络不断向农村地区下沉的基础上，精准对接现代农业，推动农产品出村、进城，涌现出一批年业务量超百万的快递服务现代农业项目。为进一步发挥示范引领作用，充分体现地方政府和寄递企业工作成果，助力浙江省高质量发展建设共同富裕示范区，2月，浙江省邮政管理局印发了《关于授予“2022年浙江省快递服务现代农业银牌项目”的通知》，授予杭州临安小番薯、绍兴诸暨珍珠、衢州江山猕猴桃等14个项目“2022年浙江省快递服务现代农业银牌项目”。

浙江省接待重庆市人大《浙江省快递业促进条例》立法和实施调研座谈会

2月，重庆市人大常委会副主任、市总工会主席陈元春，重庆市邮政管理局党组书记、局长周向东等一行13人来浙调研《浙江省快递业促进条例》立法和实施情况。浙江省人大常委会党组副书记、副主任高兴夫主持了调研座谈会。高兴夫对重庆人大来浙开展专题调研表示欢迎。他指出，浙江省作为“民营快递萌发地，电商快递起航地，快递创新策源地”，快递行业的迅猛发展有力地促进了全省电子商务、网络消费、跨境电商、农村淘宝等新兴业态的发展。与此同时，浙江省邮政业大而不强、快而不优的矛盾仍较为突出，离人民日益增长的美好用邮需求还有一定差距，因此，浙江牢固树立问题导向、需求导向、目标导向，从实际出发推动《浙江省快递业促进条例》的立法工作。

浙江省副省长赴浙江局调研指导

3月3日下午，浙江省副省长张家胜赴省邮政管理局调研指导并召开座谈会。张家胜看望慰问了局机关干部职工，查看了邮政业监管智能平台运行情况，听取了浙江省邮政管理局局长魏遵红关于全省邮政业基本情况和重点工作汇报。省局领导班子参加调研活动。张家胜对全省邮政管理系统取得的成绩表示肯定，对浙江邮政快递业改革创新、做大做强的精神表示赞赏，对行业作出的社会贡献表示感谢。对于下一步工作，张家胜在三个方面予以强调。

浙江省直机关工委副书记陈伟锋赴浙江局开展工作调研

3月16日上午，浙江省直机关工委副书记陈伟锋带队到浙江省邮政管理局开展工作调研，浙江局领导班子及机关党委委员参加了调研座谈。陈伟锋对浙江局长期以来围绕中心、服务大局以及管行业、抓党建、促发展所取得的成绩，以“小机关、大格局”“小行业、大党建”“站位高、讲政治”“抓融合、成效好”予以概括肯定。他指出，浙江局党建工作思路清晰、氛围浓厚，政治站位高、工作落实好，党建业务互融共促，在畅通经济循环、服务改善民生方面取得了积极成效，为全省经济社会发展作出了积极的贡献。根据省直机关工委工作部署，陈伟锋对下一步党建工作提出要抓好四个方面。

浙江省快递行业党委推行基层党组织“第一议题”制度

为深入学习贯彻习近平新时代中国特色社会主义思想，坚决维护以习近平同志为核心的党中央权威和集中统一领导，不断增强“四个意识”、坚定“四个自信”、做到“两个维护”，确保习近平新时代中国特色社会主义思想在全行业全系统落地生根、开花结果，3 月，浙江省快递行业党委印发《进一步规范落实快递行业基层党组织“第一议题”制度实施办法》，强化对行业基层党组织政治理论学习的工作指导。

浙江局研究出台数据资源共享管理工作规定

3 月，为加强浙江省邮政快递业数据资源管理，深化数字浙江建设，推进邮政快递业省域治理体系和治理能力现代化，浙江省邮政管理局积极探索行业数据资源规范化、制度化管理，近期安委会印发了《浙江省邮政管理局数据资源共享管理工作规定(试行)》，围绕数据资源目录管理、合作共享、安全使用、评估审核等方面提出了具体实施要求。工作规定指出，数据资源管理应遵循“安全可控使用为前提，满足业务需求为目标”的原则，合理合规使用和共享数据资源。工作规定明确了数据资源共享的五项重要实施要求。

浙江局发布 2023 年全省邮政快递业更贴近民生“7 + X”件实事

3 月，浙江省邮政管理局正式发布 2023 年全省邮政快递业更贴近民生“7 + X”件实事，提出要以更好满足人民群众日益增长的美好生活用邮需要为根本目的，突出问题导向，顺应群众期盼，着力提高邮政快递服务质量，不断增强人民群众在寄递领域的获得感、幸福感、安全感。全省邮政快递业更贴近民生实事依然在国家邮政局 7 项“规定动作”基础上，按照浙江局党组关于勇立潮头、示范争先的工作要求，增加了 3 项“自选动作”，重点聚焦全国首部省级行业立法《浙江省快递业促进条例》贯彻落实、行业数字化改革便民服务成效、行业党组织建设提质增效等具有浙江特色的行业贴近民生实事内容，提出了一系列求真务实的工作目标任务。

浙江省政协主席赴平湖圆通调研

4 月，浙江省政协主席黄莉新率队赴平湖圆通速递有限公司等地，围绕“加强灵活就业和新就业形态劳动者权益保障”开展专题调研。嘉兴市委书记陈伟，嘉兴市政协主席陈利众，嘉兴市委副书记、政法委书记帅燮琅等陪同调研。黄莉新强调，要深入学习贯彻习近平总书记关于就业和社会保障工作的重要论述精神，支持和规范发展新就业形态，用心用情、多措并举，积极推进灵活就业和新就业形态劳动者服务保障体系建设。

中华全国总工会赴浙江省嘉善调研快递行业工会联合会

4 月，中华全国总工会中国财贸轻纺烟草工会副主席、分党组成员王宏伟带队赴嘉兴嘉善局专题调研嘉善快递行业工会联合会工作。王宏伟充分肯定了嘉善快递行业工会联合会工作，并指出，近年来，全国总工会高度重视快递行业等新就业形态劳动者工会工作，涉及新就业形态劳动者的政策文件不断陆续出台，有关制度机制也在不断完善，新就业形态劳动者组织化程度持续提高，权益保障取得了明显进展。王宏伟强调，随着大数据、互联网的迅猛发展，快递行业等新就业形态劳动者已成为提升群众生活品质、助力城市建设发展的重要力量。嘉善快递行业工会联合会要立足现有良好的工作基础，持续在新业态群体权益维护、关心关爱、精准服务上不断探索创新、不断引导发力，加快提升快递员群体对自己职业的认同感和自豪感，为打造具有当地特色的快递行业工会工作示范样板贡献力量。

浙江省两名快递行业青年被授予“全国优秀共青团员”称号

4月7日，共青团中央作出表彰决定，授予296个团组织全国五四红旗团委称号，授予389个团组织全国五四红旗团支部称号，授予482人全国优秀共青团员称号，授予342人全国优秀共青团干部称号。其中由浙江省快递物流行业团工委推报的永康申通韦明昆、绍兴圆彤尹奕霁等两名快递行业青年被授予全国优秀共青团员称号。

浙江省制定出台扩大消费若干举措利好邮政快递业

4月，浙江省人民政府办公厅印发《关于进一步扩大消费促进高质量发展若干举措的通知》，明确要突出“消费走在全国前列”目标定位，以新模式、新业态引领新型消费加快发展，通过助力企业拓市场增订单提升浙江产品在国内市场占有率，全面实施“浙里来消费·2023消费提振年”行动，邮政快递业获利好发展机遇。

浙江省邮政业2名快递员和1个先进集体分别荣获“全国五一劳动奖章”和“全国工人先锋号”

5月，中华全国总工会发布《关于表彰2023年全国五一劳动奖和全国工人先锋号的决定》，通报表扬了一批先进个人和集体。其中嘉兴顺丰运输有限公司海宁分公司快递员胡敏，中国邮政集团有限公司杭州市分公司揽投部经理沈涛荣获“全国五一劳动奖章”，申通快递有限公司客服管理中心客服管理部荣获“全国工人先锋号”。

邮政业被纳入浙江省创新深化改革攻坚开放提升重点任务清单

5月，浙江省深入实施“八八战略”强力推进创新深化改革攻坚开放提升领导小组办公室印发《关于创新深化改革攻坚开放提升主要指标、重点任务清单及有关年度工作要点的通知》，对相关主要指标、重点任务清单及年度工作要点进行了明确细化。邮政业作为其中一项重点工作，明确予以推进助力“一号改革工程”落地见效。

浙江省邮政业2个集体3名个人获省“五一”劳动表彰

5月，浙江省总工会公布了《关于表彰2023年浙江省五一劳动奖状、奖章和工人先锋号的决定》，通报表扬了一批先进个人和集体，其中浙江顺丰速运有限公司荣获“浙江省五一劳动奖状”，中国邮政集团有限公司浙江省永嘉县分公司碧莲揽投部快递员叶会标，中国邮政集团有限公司湖州市分公司快递包裹部经理邹康乐，嘉兴顺丰运输有限公司海宁分公司快递员胡敏荣获“浙江省五一劳动奖章”，平阳申丰快递服务有限公司英雄操作组荣获“浙江省工人先锋号”。

浙江局联合7部门开展互联网销售危险化学品专项治理行动

5月，浙江省邮政管理局联合省市场监督管理局、省委网信办、省公安厅等7部门印发《浙江省互联网销售危险化学品专项治理行动实施方案》，正式开展为期6个月的专项治理行动。

浙江局深入推进客货邮融合发展样板县培育工作

5月，浙江省交通运输厅联合省邮政管理局印发《关于做好农村客货邮融合发展样板县相关工作的通知》，正式启动了2022年度农村客货邮融合发展样板县申报工作。通知指出，本次申报工作重点突出农村物流经营主体企业基本情况、做法经验和取得成效，主要围绕主营企业在县、乡、村三级物流服务网络布局、物流资源整合、运营模式创新、农村物流信息化应用和标准化物流装备投入、物流市场拓展、服务品质提升等方面的经验做法，以及县级共同配送中心、“多站合一”乡镇客货邮融合综合服务站、“一点多能”农村物流服务点数量、客货邮融合班线、特色农产品和冷链等专线提升改造等情况。

浙江省“浙里快递 · 督导检查”应用正式上线

5月16日，浙江省邮政管理局召开全省邮政业“浙里快递 · 督导检查”应用培训，标志着“浙里快递 · 督导检查”应用正式上线。根据要求，各级邮政管理部门将依托“浙里快递 · 督导检查”应用在7月31日前实现全省法人企业、分支机构、处理场所全覆盖检查，应用情况将纳入2023年度全省邮政管理系统平安建设考核。

浙江省快递行业党委启动“学思践悟强本领 邮我服务迎亚运”主题活动

5月，根据《中共中央关于在全党深入开展学习贯彻习近平新时代中国特色社会主义思想主题教育的意见》《中共国家邮政局党组关于深入开展学习贯彻习近平新时代中国特色社会主义思想主题教育的实施方案》，围绕浙江省委、省政府关于办好杭州亚运会的总体部署要求，浙江省快递行业党委研究决定，在全省行业开展“学思践悟强本领 邮我服务迎亚运”主题活动。

浙江局加强数字化应用信息技术服务外包管理工作

5月，浙江省邮政管理局印发《关于加强数字化应用信息技术服务外包管理工作的通知》，在全省系统开展相关自查自改工作。通知指出，随着办公系统数字化应用的日益普及和深度运用，网络安全和数据安全风险等级不断上升。为切实防范化解信息技术服务外包管理缺失导致的网络安全风险，有力保障全省邮政业数字化应用安全稳定运行，计划开展三个方面的工作。一是摸清数字化应用信息技术服务外包底数。二是落实数字化应用信息技术服务外包监管责任。三是完善数字化应用信息技术服务外包长效措施。

交通运输部调研组在浙江省调研客货邮融合发展情况

5月，交通运输部运输服务司道路客运管理处调研组赴宁波宁海县调研农村客货邮融合发展情况，深入了解客货邮站点功能拓展、合作线路及信息化建设等实践做法。调研组一行先后考察了宁海集士驿站总店、东站客货邮综合服务站、越溪乡南庄村集士驿站等各处，体验了线上商城、客货邮公交，并仔细询问数字化场景应用、物流链路、经营模式、驿站可持续发展等情况。在座谈中，调研组对宁海县客货邮融合发展表示高度肯定，表示宁海模式体现了“三个盘活”，盘活了农村客运资源，助力解决了农村通硬化路、通邮、通客车之后，城乡客运可持续发展难题；盘活了农村产业资源，有效发挥交通物流链接作用，驱动产业高效循环；盘活了各方资源，实现多元化经营。调研组希望宁海持续优化提升集士驿站项目，汇聚合力推动农村客货邮高质量发展。

浙江局签发第一张省内快递业务经营许可证电子证照

为贯彻落实《国务院关于加强数字政府建设的指导意见》关于“持续完善电子证照共享服务体系，推动电子证照扩大应用领域和全国互通互认”的有关要求，国家邮政局于6月开通了浙江省快递业务经营许可证电子证照申领功能。浙江省邮政管理局在借鉴外省试点工作情况的基础上，结合全省行业实际，对相关工作进行了流程和服务优化，并组织相关邮政管理部门和快递企业进行培训，于6月14日向杭州桐庐一家快递企业签发了第一张省内快递业务经营许可证电子证照。

浙江省邮政业青年阮海良当选共青团第十九次全国代表大会代表

6月19日至22日，共青团第十九次全国代表大会在北京召开。由浙江省快递物流行业团工委推选的中国邮政集团有限公司绍兴市分公司皋埠特快揽投部揽投员阮海良同志，作为浙江省49名代表之一光荣参会。

浙江省副省长、省公安厅厅长督导检查杭州市寄递渠道安保工作

6月，浙江省副省长、省公安厅厅长杨青玖带队督导检查杭州市寄递渠道亚运安保工作，省公安厅副厅长魏明、杭州市副市长罗杰等参加，杭州局主要负责人陪同检查。杨青玖对相关快递企业提出四点要求：一是要提高政治站位，把安全工作放在第一位，切实履行好安全生产主体责任；二是要开展安全风险隐患排查治理，确保行业安全生产；三是要加强对员工的培训教育，切实履行好各项安全制度要求；四是要加强对快递员的关心关爱，切实做好从业人员权益保障等工作。

浙江省邮政业青年阮海良当选共青团第十九届中央常务委员会委员

6月22日，中国共产主义青年团第十九届中央委员会第一次全体会议在北京举行，选举产生了新一届团中央领导机构，阮海良等27人当选为团十九届中央常务委员会委员。

浙江省印发《关于促进平台经济高质量发展的实施意见》

6月，浙江省委办公厅、省政府办公厅印发《关于促进平台经济高质量发展的实施意见》的通知。实施意见涵盖了创新体系、生态体系、服务体系、规则体系、监管体系五大方面的25条具体举措，邮政快递业获利好。实施意见明确，到2027年，全面构建更具活力的创新体系、多元融合的生态体系、精准高效的服务体系、公平透明的规则体系和高效协同的监管体系，平台经济创新活力竞相迸发，发展生态全面优化，网络经营主体数量和平台网络交易额持续稳定增长，平台经济在优化资源配置、推动产业升级、拓展消费市场等方面的作用充分发挥。在平台企业竞争力提升和一体推进公平竞争、监管创新方面走在全国前列，全力打造平台经济现代化治理先行省。

浙江省发布实施全国首个“农村客货邮融合”团体标准

7月，在浙江省交通运输厅和浙江省邮政管理局的共同推动下，浙江省物流协会正式发布了《农村客货邮融合服务规范》团体标准。标准聚焦客货邮融合服务的重点难点，总结提炼了浙江农村客货邮融合发展实践经验，涵盖建设、运营、服务管理全过程，充分体现了浙江特色，是全国首个“农村客货邮融合”服务规范方面的标准。

三部门联合赴浙开展寄递渠道亚运安保工作督导调研

7月19日至21日，国家邮政局党组成员、副局长廖进荣带队，由国家邮政局、公安部、国家安全部三部门组成的督导组赴浙江，先后对杭州、宁波、温州、金华等地主要快递品牌分拨中心以及多个亚运场馆开展实地督导调研。浙江省邮政管理局主要负责同志，杭州、宁波、温州、金华等地市委市政府负责同志以及当地邮管、公安、国安部门负责同志参加督导调研。

浙江局两名干部获评2022年度浙江省稳外贸和浙江自贸试验区建设工作业绩突出个人

7月，浙江省人民政府办公厅和中国（浙江）自由贸易试验区工作领导小组办公室先后印发文件，对一批在浙江省稳外贸及招商引资工作和在浙江自由贸易试验区建设中成绩突出集体和个人予以通报表扬。浙江省邮政管理局两名干部分获江省稳外贸和浙江自贸试验区建设工作业绩突出个人荣誉。

浙江省总工会主席赴杭慰问一线快递员

8月2日，浙江省人大常委会副主任、省总工会主席刘忻一行赴杭州顺丰速运古墩点部开展“清凉夏日”慰问活动，为60名职工送上清凉礼包。省总工会副主席胡柯等领导陪同慰问。

浙江省副省长赴浙江局调研指导

8月15日上午，浙江省副省长柯吉欣赴省邮政管理局调研指导并召开座谈会。柯吉欣看望慰问了局机关干部职工，查看了邮政业监管智能平台运行情况，听取了浙江省邮政管理局局长魏遵红关于全省邮政业基本情况和重点工作汇报。柯吉欣表示，省邮政管理局在国家邮政局党组和省委省政府的坚强领导下，深入推进实施“两进一出”工程，邮政快递业在深化“千万工程”助力乡村振兴促进共同富裕方面发挥了重要作用，在助力保通保畅、支撑经济社会平稳运行方面取得了积极成效，为全省经济社会发展作出了积极贡献。柯吉欣对全省邮政管理系统取得的成绩表示肯定，对行业蕴含的“小包裹传递大民生服务大产业”的精神表示赞赏，对浙江邮政快递业作出的贡献表示感谢。

2023年浙江省邮政行业职业技能竞赛举办

9月5日至6日浙江省邮政管理局联合省总工会、团省委在浙江邮电职业技术学院举行2023年浙江省邮政行业职业技能竞赛暨第四届全国邮政行业职业技能竞赛省级预选赛。开幕式后，78名选手投入紧张激烈的理论知识和快件实操竞赛比拼，经过评委会严格公正的评判，产生了2023年浙江省邮政行业职业技能竞赛团体奖6个、个人奖23个。获得各工种前三名的选手授予“浙江省快递技术能手”称号，理论实操双合格的，经浙江省总工会核准后授予“浙江金蓝领”称号。

浙江省16名邮政快递业从业人员传递亚运火炬

9月8日至20日，杭州亚运会火炬传递在杭州启动后，在浙江省11个地市依次传递，其间浙江省共有16名邮政快递业从业人员光荣成为杭州亚运会火炬手，他们以良好的精神风貌和拼搏的进取精神，圆满地完成了“薪火”的传递任务，充分展现了新时代邮政快递人的职业风采。

浙江省邮政业3集体荣获“第21届全国青年文明号”称号

9月，23家全国创建青年文明号活动组委会成员单位联合印发《关于命名第21届全国青年文明号并进行星级认定的决定》，由浙江省快递物流行业团工委推报的湖州申通物流有限公司织里业务收派组、宁波顺丰速运有限公司海曙灵桥经营部、杭州秋圆快递有限公司客服团队等3个集体荣获“第21届全国青年文明号”称号。

浙江省《关于加强全省快递行业流动党员管理的实施意见》出台

9月，为进一步加强党对快递行业的领导，健全快递行业流动党员管理制度，保持共产党员先进性，浙江省快递行业党委研究制定并印发《关于加强全省快递行业流动党员管理的实施意见》。实施意见对进一步加强全省快递行业流动党员管理工作提出了具体的意见和管用的措施，对促进党员合理流动、强化党组织工作力度、引导流动党员发挥作用等方面有很好的推进作用。全文共分3个章节，12条。

浙江省邮政快递业5名代表参加中国工会十八大并分享参会感言

10月9日至12日，中国工会第十八次全国代表大会在北京召开。浙江省邮政快递业共有5名行业代表参加本次盛会。会议期间，代表们深入研讨、建言献策，积极为邮政快递行业发声。会后，代表们第一时间传达大会精神、分享参会感言，为全省邮政快递行业工会工作打开新局面。

浙江省12人入选国家邮政局2023年度邮政行业科技英才、技术能手推进计划名单

10月,国家邮政局印发《关于公布2023年度邮政行业科技英才、技术能手推进计划名单的通知》。浙江省共有12名邮政行业从业人员入选推进计划名单,其中王子豪等7人入选科技英才名单,李庆恒等5人入选技术能手名单。

浙江局推动破解边疆地区发货难题

为贯彻落实国家邮政局部署的关于对销往新疆、西藏、内蒙古等偏远地区网购商品不发货问题的治理工作要求,浙江省邮政管理局党组高度重视,一方面严格加强执法检查,督促电商快递企业落实主体责任;另一方面积极研究破解方案,支持和推动杭州市邮政分公司与淘天集团开展西北集拼合作项目,选取新疆作为治理电商快件不发货的试点目标,更好满足边疆人民群众网购需要。该项目将淘天平台(即淘宝、天猫平台,下同)从华东、华南、华中、华北等国内大部分地区发往新疆地区的所有电商快件(包括通达、极兔等主要快递品牌),统一打单发往目杭州邮政集运仓,再改贴EMS面单后分拣打包,装车发往乌鲁木齐。同时,为让边疆消费者能够享受和江浙沪消费者一样的"包邮"服务,该合作项目涵盖的电商件从发货地到杭州仓的快递费用由电商出资;而从杭州仓至派送目的地的EMS快递费,属于淘天平台一二类客户的电商件由淘天平台出资,消费者无须额外支付。该项目自10月7日启动以来,初显成效,不仅电商及消费者需承担的运费大幅下降,整体时效也比之前大大增强,深受新疆网购用户的好评。

浙江省邮政快递业一名骨干接连参会中国工会十八大　中国妇女十三大

10月23日至26日,中国妇女第十三次全国代表全国大会在北京人民大会堂举行,浙江省邮政快递业骨干申通快递张越朵作为中国妇女十三大代表参加会议。这是张越朵一个月内第二次走进人民大会堂建言献策,此前她刚参加了中国工会第十八次全国代表大会。

浙江省代表队在全国邮政行业职业技能竞赛总决赛中再创佳绩

经过前期省市两级竞赛选拔后,10月28日至29日,浙江代表队4名选手参加第四届全国邮政行业职业技能竞赛总决赛,其中绍兴邮政李金浩、嘉兴极兔潘云云荣获一等奖,台州申通何哲、杭州富阳邮政胡邵荣获二等奖,同时浙江代表队还获得团体优胜奖、优秀组织奖、优秀技术指导奖等荣誉。

浙江省副省长批示肯定杭州亚运会全省寄递渠道安全服务保障工作

11月17日,浙江省副省长柯吉欣在浙江省邮政管理局报送的《关于第19届亚运会和第4届亚残运会寄递渠道安全服务保障工作的总结报告》上批示:"工作体系、做法经验值得充分肯定!望总结经验,再立新功。"

第五届中国(杭州)国际快递业大会在桐庐召开

11月22日,第五届中国(杭州)国际快递业大会在桐庐召开,浙江省邮政管理局党组书记、局长魏遵红出席会议并发表了题为《勇当先行者 谱写新篇章 为全国快递业高质量发展贡献浙江智慧、打造浙江样板》的主旨演讲。

国家邮政局局长批示肯定杭州局亚(残)运会寄递安保与服务工作

11月,国家邮政局局长赵冲久在杭州市邮政管理局报送的《关于杭州第19届亚运会和杭州第4届亚残运会寄递渠道安全保障与服务工作的情况报告》上作出批示:"杭州市邮政管理局在亚(残)运会期间,以高度的政治责任感,创新监管模式,主动作为,勇于担当,实现了精准高效服务,圆满完成了亚(残)运会邮政寄递服务,其工作值得肯定。”

浙江局联合三部门深化烟草打假打私联合工作机制

12月,浙江省邮政管理局联合省公安、省烟草专卖局、省交通运输局联合印发《关于进一步深化烟草打假打私联合工作机制的通知》,并召开全省打击涉烟违法犯罪工作会议。通知要求,要强化对新形势下打击制售假烟网络犯罪工作的组织领导,积极推进相关执法部门协同参与打击涉烟违法犯罪工作。建立联席会议制度、联络员会议制度,强化综合指导、协调、研判、分析,明确涉烟案件管辖,规范执法办案,推动形成部门工作合力。

安徽省快递发展大事记

安徽省副省长批示肯定全省邮政管理系统工作成效

1月,安徽省副省长何树山在安徽省邮政管理局报送的2022年全省邮政管理工作情况专报上批示,充分肯定全省邮政管理系统工作成效。批示指出:“2022年,全省邮政管理系统坚持以习近平新时代中国特色社会主义思想为指导,认真贯彻落实省委、省政府决策部署,积极应对疫情冲击等影响,邮政快递业保通保畅成效显著,行业寄递业务量、快递业务量增速位居全国前列,行政村快递服务实现全覆盖,为全省经济社会发展作出了重要贡献。谨向同志们表示慰问和感谢！新的一年,希望全省邮政管理系统深入学习贯彻党的二十大精神,围绕服务安徽高质量发展和广大人民群众生产生活需要,加快推进现代寄递物流体系建设,加强行业监督管理,守牢安全生产底线,维护从业人员合法权益,为现代化美好安徽建设作出新的贡献。”

邮政快递业被纳入安徽省政府工作报告

1月,安徽省十四届人大一次会议召开,省委副书记、省长王清宪作政府工作报告。邮政快递业多项内容被纳入政府工作报告。报告在工作回顾中指出,2022年全省快递业务量快速增长,增幅达12%。报告明确,2023年加快贯通县乡村电子商务体系和快递物流体系,用足用好安徽独特区位交通优势,加快构建现代物流快递产业体系,更好服务和融入新发展格局。支持国家物流枢纽承载城市建设,大力发展供应链物流。积极发展物联网,建设一批智慧物流产业园。

安徽省居民生活绿色低碳工作要点促进邮政快递业绿色发展

1月,安徽省碳达峰碳中和工作领导小组印发《安徽省2023年居民生活绿色低碳行动工作要点》,进一步规范邮政快递业绿色包装。文件提出,要推广使用国家统一规格尺寸、物理和安全环保性能的快递封套、纸箱、包装袋等,推动快递包装产品标准化、系列化和模组化,提高与寄递物的匹配度,防止大箱小用,减少随意包装。积极推动绿色快递“进园区、进企业、进社区、进校园、进机关”。

安徽省委一号文件再次支持邮政快递业发展

1月,中共安徽省委、安徽省人民政府印发《关于做好2023年全面推进乡村振兴重点工作 加快建设农业强省的实施意见》。多项行业内容纳入其中,这是连续第5年省委一号文件明确支持邮政快递业发展。文件明确支持农村寄递物流体系建设,要求“深化农村客货邮融合发展,推动县域内交通、邮政、快递网络节点共建共享,巩固快递进村基本全覆盖成果,稳定运营5000个以上村级寄递物流综合服务站”。同时,文件还对农产品流通骨干网络、冷链物流服务网络等行业相关内容进行了具体安排。

中国(安徽)自由贸易试验区建设工作领导小组致信感谢安徽局

2月,安徽省邮政管理局收到中国(安徽)自由贸易试验区建设工作领导小组送来的感谢信。信中指出:“安徽局在自贸试验区建设过程中主动作为、协同推进、务实创新,为自贸试验区建设作出突出贡献,表示感谢。”

安徽局召开数字安徽部门项目启动会

为贯彻落实省委省政府关于数字安徽建设决策部署,深入推进邮政快递业智慧监管体系建设,着力提升全省邮政快递业监管数字化能力,加速推动全省邮政快递业高质量发展。2月17日,安徽省邮政管理局召开数字安徽部门项目启动会,全面部署邮政快递业监管数字化整体设计工作。会议传达贯彻了省委省政府关于数字安徽建设的总体要求,邀请专家详细解读了《部门数字化整体设计工作指引》《部门数字化整体设计报告模板》,对梳理填报“十清单”、绘制“三张图”等进行了培训指导。会上,各参会人员还围绕数字安徽项目进行了深入交流研讨,进一步厘清了工作思路,确定了职责分工,形成了《安徽省邮政管理局数字化整体设计工作方案》。

安徽省快递行业党委揭牌成立

2月27日,安徽省快递行业党委成立大会在安徽省邮政管理局召开。安徽省委组织部副部长、省委非公经济和社会组织工委书记季星,安徽省邮政管理局党组书记、局长伍洲文出席会议并讲话。会议宣读了《关于同意成立中国共产党安徽省快递行业委员会的批复》。与会领导共同为行业党委揭牌,快递企业基层党组织代表和一线党员代表作了表态发言。

共青团安徽省邮政快递行业工作委员会正式揭牌

2月28日上午,共青团安徽省邮政快递行业工作委员会揭牌活动在合肥举行,团省委书记陈明生、省邮政管理局党组书记、局长伍洲文参加相关活动并为团工委揭牌。活动中,团省委相关部门负责同志宣读了《关于成立共青团安徽省邮政快递行业工作委员会的复函》,省邮政快递行业团工委负责同志作了表态发言。

《关于支持芜湖市加快建设省域副中心城市的若干意见》利好邮政快递业

3月,安徽省政府办公厅出台《关于支持芜湖市加快建设省域副中心城市的若干意见》。意见明确要求:支持建设邮政行业快递物流智能装备等行业标识解析二级节点,打造行业“产业大脑”。推进芜湖专业航空货运枢纽港建设,实施超级转运中心、跨境电商物流分拨中心、全球供应链管理中心、多式联运中心、货航运营基地等重点工程。支持发展快运物流、通用航空、电子商务、高端精密制造等临空特色产业。积极发展专业物流,依托皖南快递物流产业园等,支持创建“中国快递示范城市”,推动建设全国性邮政快递枢纽城市。推动设立皖南国际邮件互换局,配套建设海关监管场地。

“优服务 保安全”党建品牌获评安徽省党建工作典型案例

3月,中共安徽省直属机关工作委员会安徽省直属机关党的建设研究会联合表彰全省百个“一支部一品牌”党建工作典型案例,安徽省邮政业安全中心党支部“优服务 保安全”党建品牌位列其中。

邮政快递业多项工作被纳入安徽省政府重点工作责任清单

3月,安徽省人民政府印发《2023年重点工作及责任分解的通知》,邮政快递业多项工作被纳入年度重点工作责任清单。通知指出，加快贯通县乡村快递物流体系，大力发展供应链物流，制定支持供应链物流专项政策，争创国家骨干冷链物流基地，培育省级骨干冷链物流基地3个，产销冷链集配中心15个，新增产地冷链仓储库容50万立方米，加大物流快递企业引进培育力度，发展一批大型物流快递企业。积极发展物联网，建设一批智慧物流产业园。以上工作均由副省长牵头，安徽局作为牵头责任单位或协同责任单位，负责推动相关工作落实。

安徽局生态环保工作获国家发展改革委肯定

3月，国家发展改革委网站以“安徽省重实效抓落实邮政快递业生态环保工作取得新突破”为题报道安徽省邮政管理局生态环保工作经验。

安徽局安全生产工作获省安委会等部门肯定

3月，安徽省安委会、省防汛抗旱指挥部等部门致信省邮政管理局，对过去一年省邮政管理局不断强化全省邮政行业安全生产监督管理，强化业务旺季安全保障工作表示感谢，并充分肯定邮政管理部门为全省经济社会发展和安全稳定作出的突出贡献。

邮政快递业绿色发展获安徽省加强商品过度包装治理工作方案支持

3月，安徽省发展改革委印发《安徽省进一步加强商品过度包装治理工作方案》，邮政快递业绿色发展被纳入其中，并获政策支持。

安徽省出台《物流提质增效降本三年专项行动2023年工作要点》

3月，为贯彻落实二十大关于建设高效舒畅的现代流通体系的总体要求，认真落实安徽省委、省政府关于物流降成本工作部署，安徽省发展改革委发布《关于印发安徽省物流提质增效降本三年专项行动2023年工作要点的通知》，对邮政快递业发展给予支持。

安徽局大力推动快递分拨中心光伏建设

3月，为贯彻落实习近平总书记关于邮政快递业生态环保的重要指示批示精神，扎实推进行业绿色发展，安徽省邮政管理局根据国家邮政局工作部署，认真落实相关工作要求，积极谋划行业绿色发展，推动邮政快递业分拨中心光伏建设。安徽局引导企业利用好政府支持政策，主动服务，做好企业与发改、环保、住房建设、供电等部门对接协调工作。截至2023年2月底，全省累计完成合肥顺丰、宣城长三角快递物流园、芜湖中通、蚌埠中通、阜阳中通等5个光伏发电项目建设，已铺设3.7万平方米光伏面板，全部并网发电后，每年发电量将达到300万度。

安徽省印发《中国(蚌埠)跨境电子商务综合试验区建设实施方案》

4月，安徽省政府办公厅印发《中国(蚌埠)跨境电子商务综合试验区建设实施方案》，邮政快递业多项内容被纳入其中。实施方案明确，一是建立线上综合服务平台，推动商务、市场监管、海关、邮政等有关单位数据互联互通，推动政府部门、金融机构、跨境电子商务企业、物流企业之间信息共享，打通信息交流渠道。二是建立智能物流体系，引进一批大型物流企业，培育一批本地物流企业，搭建物流公共信息平台，构建物流智能信息系统、仓储网络系统、运营服务系统。三是加大招商引资力度，引进国际国内知名跨境电子商务平台、物流服务、外贸综合服务企业和跨境电子商务卖家。

安徽省邮政快递业1个集体2个人获评“两红两优”

“五四”青年节到来之际，为表彰先进、树立典型，激励全省广大团组织和团员、团干部踔厉奋发、创先争优，共青团安徽省委作出表彰决定，顺丰池州团支部获评2022年度“安徽省五四红旗团

(总)支部”、池州局1人获评“安徽省优秀共青团员”、阜阳局1人获评“安徽省优秀共青团干部”。

安徽省副省长赴全国快递科技创新试验基地调研指导

5月5日上午,安徽省副省长张红文赴芜湖市南陵县全国快递科技创新试验基地进行调研,并主持召开了智能快递物流发展座谈会。安徽省邮政管理局局长伍洲文及省科技厅党组书记吴劲松、省数据资源局局长朱诚、芜湖市副市长蔡毅等陪同调研。张红文对南陵县推进快递物流智能装备产业发展取得的成效给予充分肯定,认为快递物流智能装备产业符合科技产业发展趋势,前景广阔,值得大力推进、重点推进。他指出,智能物流支撑着未来城市构建,芜湖市及南陵县要充分发挥国家邮政局、省邮政管理局大力支持的优势,在现有基础上大力推进智能物流创新发展,积极打造智慧物流示范应用场景,让生产更高效、生活更便利。

安徽省省长调研全国(南陵)快递科技创新试验基地

5月,安徽省省长王清宪赴全国(南陵)快递科技创新试验基地进行调研。安徽省邮政管理局局长伍洲文,芜湖市市长宁波等陪同调研。王清宪高度肯定国家邮政局、省邮政管理局对南陵县基地建设的关心、支持。王清宪对全国(南陵)快递科技创新试验基地建设成果给予了高度肯定。他强调,要认真贯彻落实党的二十大关于实施科教兴国战略、人才强国战略、创新驱动发展战略部署,进一步推动高质量发展。做大做强快递物流智能装备产业集群,推动创新链产业链资金链人才链深度融合。

2023年安徽省邮政行业职业技能大赛入选省级竞赛计划

5月,安徽省人社厅公开2023年全省行业职业技能竞赛计划,省邮政行业职业技能大赛以省级一类竞赛入围。

安徽省政协副主席赴南陵县调研全国快递科技创新试验基地建设情况

5月,安徽省政协副主席郑宏一行赴南陵县调研全国快递科技创新试验基地建设情况,安徽省邮政管理局党组书记、局长伍洲文,芜湖市政协主席张峰陪同调研。郑宏强调,南陵要进一步擦亮“全国快递科技创新试验基地”金字招牌,强化“双招双引”,进一步壮大邮政快递业智能装备制造、环保包装产业,形成规模较大、链条完善的快递物流智能装备制造和环保包装产业集群,助推行业高水平发展,在聚力建设快递物流装备百亿级产业集群,奋力打造“中国·邮谷”世界级快递物流产业地标的道路上迈出更加矫健的步伐。

安徽省邮政快递业青年代表参加共青团安徽省第十五次代表大会

5月,共青团安徽省第十五次代表大会在合肥开幕。安徽省邮政快递行业共有5名青年团员代表参加团代会,1名同志当选共青团安徽省第十五届委员会委员。

安徽省平安寄递专项行动动员部署电视电话会议召开

5月,安徽省邮政管理局联合省委政法委、省人民检察院、省公安厅等16部门召开全省平安寄递专项行动动员部署电视电话会议,传达学习全国平安寄递专项行动动员部署电视电话会议精神,对全省平安寄递专项行动进行再动员再部署。会上,安徽省检察院、省公安厅、省烟草专卖局、省林业局作部署发言,安徽省邮政管理局负责同志作动员讲话。

安徽省邮政快递业生态环保工作获政策支持

6月,安徽省发展改革委出台《安徽省塑料污染物治理2023－2025年重点工作安排和安徽省塑料污染物治理2023年工作要点的通知》，邮政快递业生态环保工作获政策支持。

邮政快递业生态环保工作被纳入安徽省全面加强资源节约工作实施方案

6月，中共安徽省委办公厅、安徽省人民政府办公厅印发《安徽省全面加强资源节约工作实施方案》。邮政快递业生态环保工作被纳入其中，安徽省邮政管理局列为责任单位或配合单位。

安徽局印发省级以下邮政业安全中心业务工作指导办法(试行)

7月，为提高省级以下邮政业安全中心业务工作科学化、制度化、规范化水平，安徽省邮政管理局印发《省级以下邮政业安全中心业务工作指导办法(试行)》。办法明确省邮政业安全中心贯彻落实省邮政管理局有关决策部署，接受国家邮政局邮政业安全中心业务指导。办法要求邮政业安全中心聚焦主责主业，应用“绿盾”工程等信息化系统，高效开展安全监管保障、应急能力建设、信息化建设与应用、安全教育培训等工作，受邮政管理部门委托可以承担申诉处理相关工作。办法规定，省级以下邮政业安全中心要加强工作部署和日常联系，实现政令畅通、高效协同、快速响应。

安徽省邮政快递业2个集体荣获“2022年度安徽省青年文明号”

7月，安徽省创建青年文明号活动组委会公布2022年度安徽省青年文明号集体名单，安徽顺丰速运人力资源部、淮南中通阳光国际城营业部两个邮政快递业集体获命名。

安徽省三部门建立寄递安全监管协作配合工作机制

7月，安徽省邮政管理局、省检察院、省公安厅联合印发《关于建立寄递安全监管协作配合工作机制的意见》，进一步强化寄递渠道常态化安全监管，共同打击寄递违禁品违法犯罪活动，促进寄递业持续健康发展。

“快递进村”被纳入安徽省50项民生实事

7月，安徽省民生工作领导小组办公室发布了《关于2023年实施50项民生实事的通知》，“快递进村”被纳入其中。通知强调，推动“快递进村”，稳定运营5000个村级寄递物流综合服务站。近年来，安徽局以“快递进村”工程为抓手，持续加快农村寄递物流体系建设，在全国率先实现省、市两级支持政策全覆盖，率先实现县级寄递物流共配中心全覆盖，率先实现标准化村级示范站点县级全覆盖。

安徽省30名快递从业人员被命名表彰为首批全省新就业群体“最美快递员”

8月，由安徽省委组织部、省委非公工委组织牵头，省邮政管理局、省网信办等多部门联合开展的首批安徽新就业群体“最美”系列评选活动结果揭晓，王敏、史志厂、许康、张进步等30名个人获得首批安徽“最美快递员”荣誉表彰，谷明洲等5人荣获首批安徽“最美快递员”提名奖。

安徽省副省长单向前赴金寨调研指导农村寄递物流体系建设工作

8月，安徽省副省长单向前赴金寨县调研指导农村寄递物流体系建设工作。单向前对无人车揽投邮件快件试点工作予以充分肯定，并现场观摩了寄递公共配送中心统仓共线分拣流程。

安徽省全部快递经营场所实现“亮证经营”

为规范全省快递市场经营秩序，打击非法经营、无证经营，安徽省邮政管理局根据邮政法、《快递暂行条例》等法律法规，对快递企业提出“亮证经营”要求。要求省内所有经营快递业务的企业、分支机构以及快递末端网点在经营场所醒目位置以悬挂等方式向用户公开依法取得的快递业务经营资质相关证件、回执。省内快递企业积极响应，截至8月31日，安徽省531个许可企业，1119个分支机构，22566个末端网点全部做到“亮证经营”。“亮证经营”活动营造了行业守法经营、合规经营、诚信经营的良好风尚，受到用邮群众的普遍赞誉。

安徽省交通运输厅主要负责同志赴芜湖调研指导无人机应用工作

9月，安徽省交通运输厅厅长聂爱国一行赴全国（南陵）快递科技创新试验基地调研指导无人配送场景应用工作。聂爱国一行通过听取介绍、现场参观等方式，详细了解南陵县无人机发展应用基本情况，以及全市无人机发展现状和规划等。聂爱国对南陵县在无人机发展应用方面取得的成果表示认可。他指出，无人机的发展应用有利于拓展市场、丰富供给、扩大内需，各有关部门要积极推动无人机产业良性发展，加快建立完善的无人机空域审批制度，简化审批程序、优化审批标准，促进无人机的高效运营。

安徽局规范全省邮件快件包装废弃物回收

9月，安徽省邮政管理局、安徽省住房和城乡建设厅联合印发《关于在全省邮政快递业营业场所规范配备邮件快件包装废弃物回收箱的通知》。要求全省寄递企业在2023年10月31日前完成所有经营性场所邮件快件包装废弃物回收箱配备，充分发挥物资回收企业作用，推进废弃物回收和可利用包装再次利用；要求全省邮政管理部门要督促指导邮政快递企业做好邮件快件包装废弃物回收箱配备，城市管理行政执法部门要结合城市生活垃圾分类工作对邮件快件包装废弃物回收箱配备工作给予支持。

安徽“绿盾”工程建设与应用工作纳入各市局领导班子年度考核

9月，安徽省邮政管理局印发《2023年度考核指标、考核要点及评价标准》，将“绿盾”工程建设与应用工作纳入各市邮政管理局领导班子考核指标。考核重点是“绿盾”工程建设与应用工作统筹部署、应用培训、系统使用以及执法案件线上办理率等“四率”指标，旨在推动“绿盾”工程项目建设落到实处，激发系统应用创新动力，进一步发挥系统对行业监管的支撑和保障作用。

安徽局深入推进“绿盾”工程信息化应用

9月，安徽省邮政管理局印发《关于加强绿盾工程（一期）应用的通知》《绿盾工程信息系统权限管理办法（试行）》。通知要求，全省邮政管理部门要切实提高思想认识，从行业治理的角度加强“绿盾”建设和应用，聚焦组织管理、技术培训、应用创新、应用考核、疑难问题解决等方面，规范登录和使用各类信息系统，努力将“绿盾”系统建设成为提高行业治理能力的抓手。办法主要规定了“绿盾”工程信息系统权限的开通、使用、管理等工作，将取消连续两个月未登录使用系统人员权限。通知和办法的印发，将推动“绿盾”工程信息化应用更加走深走实、取得实效。

邮政快递企业在世界制造业大会展风采

9月20日上午，2023世界制造业大会开幕式暨主旨论坛在合肥举行。2023世界制造业大会由工业和信息化部、科技部、商务部、国务院国资委、中国工程院、全国工商联、全国对外友协、中国中小企业协会、全球中小企业联盟和安徽省人民政府共同主办。大会围绕“智造世界·创造美好”主题，举办开幕式暨主旨论坛、展览展示、大会发布、项目对接、专业化论坛等系列活动。安徽省邮政管理局积极对接，协助中国邮政集团有限公司、顺丰速运等邮政、快递企业在大会设立专区，展示邮政快递业新产品、新服务。中国邮政新一代无人投递车和智能投递机器人等新产品在本次大会首次亮相。顺丰速运展示其新一代无人车，并在展会现场提供寄递服务。

安徽省出台加快供应链创新应用行动计划

9月，安徽省人民政府办公厅印发《安徽省加快供应链创新应用行动计划（2023－2025年）和安徽省加快供应链创新应用若干政策举措的通知》，邮政快递业再获支持。通知明确，布局建设一批省级冷链物流基地、冷链集配中心，推动产销两端冷链物流设施提质升级，加快构建三级冷链物流设施网络。鼓励企业在境外布设公共海外仓和仓储物流中心，积极布局境外产业园区和售后服务中心。积极创新"枢纽＋电商＋快递"模式，建设跨境电商产业园。加快高铁快运物流中心建设，积极发展公铁联运、海铁联运。培育发展网络货运、共享物流、无人配送等新业态。整合分散的运输、仓储、配送能力，探索发展共享云仓、共同配送、统仓统配等组织形式。围绕现代物流快递分拨中心配套等重点领域，建立并动态调整重大项目库，积极做好财政资金向上争取工作，加大财政支持力度。

2023年安徽省邮政行业职业技能大赛圆满落幕

10月，安徽省职业技能竞赛——2023年全省邮政行业职业技能大赛在合肥成功举办，来自全省各市及高校的38支代表队130名选手经过激烈角逐，池州市队、合肥市队的选手分别斩获快递员、快件处理员第一名，安徽财贸职业学院、安徽交通职业技术学院和池州职业技术学院的代表队分获学生组前三名。

安徽省代表队在第四届全国邮政行业职业技能竞赛中斩获佳绩

2023年全国行业职业技能竞赛——第四届全国邮政行业职业技能竞赛总决赛在重庆举行，共有来自31个省（区、市）13家品牌快递企业的124名选手参赛。经过两天的激烈角逐，安徽省代表队袁庆龙荣获快件处理员职业二等奖，刘冬和羊杰荣获快递员职业三等奖，并获得团体优胜奖，牛国鹏获得优秀技术指导奖。

邮政业2名优秀技能人才荣获安徽省技能大奖

11月，中共安徽省委组织部、安徽省人社厅发布关于表彰第七届安徽省技能大奖获得者的决定，安徽省邮政管理局2名推荐人选获评"安徽省技能大奖"称号。本届安徽省技能大奖2名推荐人选，池州俊华速递物流有限公司羊杰、安徽顺丰速运有限公司阜阳分公司程元伟，均为从全省邮政行业职业技能竞赛活动中脱颖而出的优秀技能人才，并在行业示范、带徒传技、企业可持续发展等方面起到了良好的促进作用。

安徽省鼓励加快推进邮政快递业新能源汽车应用工作

11月，安徽省13个部门联合发文，提出加快推进邮政快递领域新能源汽车应用。文件要求，要加快公共领域汽车新能源化，强化党政机关、事业单位、国有企业新能源汽车配备刚性约束，加快公交、出租、邮政、物流、市政、环卫、园林、驾考等公共领域车辆新能源化，引导邮政、快递、物流行业配送车辆逐步更新为新能源汽车，全省邮政、快递企业更新机动车辆新能源汽车占比不低于80%，支持氢燃料电池城市配送车辆推广应用。加快政府机关、企事业单位、公交、出租、邮政、物流、市政、环卫、园林、驾考等公共领域充换电基础设施和停放场所设施建设，构建"站随车布"充换电服务体系。支持市场主体组建新能源客货运租赁公司，积极探索城市配送车辆、渣土车、短驳重卡等融资租赁、以租代售多种销售模式，丰富公共领域新能源汽车市场供给。鼓励相关单位采购具备自动驾驶功能的快递、环卫、公交、巡检、售卖等专用作业车辆，提升运营管理效率。鼓励各市对充换电基础设施场地租金实行阶段性减免，针对公共领域一定规模以上运营企业，依据其新购置、新租赁新能源汽车年度实际碳减排情况、行驶里程给予减排奖励、运营补贴、通行路权等资金、政策支持。

安徽局全力推动多式联运示范项目建设

12月,安徽省邮政管理局按照国家邮政局《关于加快推进多式联运"一单制""一箱制"发展的意见》要求,扎实推进多式联运示范项目建设。项目共已开通2条空陆联运示范线路和47条公铁联运示范线路,2条空陆联运示范线路分别为"合肥—深圳"货运航线及"合肥—鄂州"货运航线,同时顺丰利用客机闲置货舱资源进行航空快件发运;公铁联运方面,安徽顺丰以合肥为中心,开通了覆盖华东、华南、华北等多个流向的47条高铁货运线路,为客户提供时效更具保障的"高铁极速达"产品。示范工程项目创建期间,公铁联运和空陆联运共完成联运业务量4300余万票,总运载量约6.3万吨。安徽顺丰多式联运示范项目将获得国家补助资金600万元。

安徽局加快推进快递业与制造业融合发展

12月,国家邮政局发布首批快递业与制造业融合发展5312工程典型项目和试点先行区,安徽省芜湖邮政速递物流分公司为马瑞利汽车零配件生产企业提供供应链服务、滁州德邦分公司为滁州韩上电器有限公司提供入场物流和仓配一体化服务入选典型项目(全国快递业与制造业融合发展典型项目共22个),芜湖鸠江区入选首批试点先行区(全国快递业与制造业融合发展首批试点先行区共10个),鸠江区政府在全国快递业与制造业融合发展现场会上作经验交流。2022年安徽局共组织推荐快递业与制造业融合发展入库项目59个,项目快递业务量8979万件,项目业务收入3.7亿元,支撑制造业总产值262.7亿元。

福建省快递发展大事记

福建省省长看望慰问一线邮政快递员

1月20日,福建省省长赵龙带队深入福州市邮政网点看望和慰问一线邮政快递员,对他们的辛勤工作表示感谢并发放慰问金,向坚守岗位的工作人员致以新春祝福。

福建省副省长批示肯定全省邮政管理工作成效

2月,福建省副省长林文斌对《2022年全省邮政管理工作报告》作出批示,充分肯定2022年全省邮政管理工作成效。

中国邮政福州、泉州两个智慧物流园项目正式签约

2月6日下午,福建省邮政公司与福州现代物流城项目指挥部就中国邮政福州智慧物流园项目正式签约。此前,1月28日中国邮政泉州智慧物流园项目已成功签约。两个项目纳入省交通运输厅重点项目跟踪服务管理。中国邮政福州、泉州智慧物流园项目投资均为10亿元,用地面积分别为265亩、270亩,将建设集邮件处理、仓储、海关保税、跨境电商、国际互换等功能于一体的邮政服务综合体,预计一期工程2026年投产使用,项目建成后可有力提升我省邮政物流服务水平。

福建省三家邮政快递企业获评全国邮政快递业青年安全生产示范岗

2月,国家邮政局印发了《关于公布2022年度全国邮政快递业青年安全生产示范岗名单的通知》。全国邮政快递业共有70个单位上榜,其中福建省的中国邮政集团有限公司漳州市分公司网路运营中心、莆田市连成圆通速递有限公司出港部、中国邮政速递物流股份有限公司莆田市分公司涵江营业部获得2022年度全国邮政快递业青年安全生产示范岗荣誉称号。

2022 年福建省级物流园区将一次性获得 100 万元奖励

2 月，福建省工信厅公布了 2022 年省级示范物流园区名单，共有 6 家企业上榜，福建省将从省级工业企业技改专项转移支付资金中给予每个园区一次性奖励 100 万元。入围 2022 年省级示范物流园区的分别是：八方物流福州口岸物流园区、厦门盛辉物流园（夏商淘化大同二期项目）、厦门前场铁路大型货场（一期）、中通快递集团泉州综合物流园、龙岩公路港物流园和安吉物流上汽宁德基地配套物流园区。

《福建省邮政条例行政处罚裁量基准》出台

3 月，福建省邮政管理局出台了《福建省邮政条例行政处罚裁量基准》，于 2023 年 4 月 1 日起施行。《福建省邮政条例行政处罚裁量基准》由违法行为、法律依据、法定裁量因素、裁量阶次、酌定裁量因素、裁量基准、相关法律条文等内容组成。其中，酌定裁量因素主要包括用户服务申诉次数、违法行为涉及邮快件件数、违法行为发生次数、违法所得金额、造成用户经济损失金额、违法行为持续时间、危害后果等。执法人员在完成调查取证、认定违法事实后，应当对照酌定裁量因素，选择对应的裁量基准，作出处罚决定。

福建局参加首届省新就业形态劳动者技能大赛启动仪式

3 月 19 日，首届福建省新就业形态劳动者技能大赛启动仪式在福州举行，此次技能大赛由福建省总工会主办，福州市总工会、省邮政职业技能鉴定中心、省邮政工会、省交通运输厅工会、省物流协会共同承办。福建省总工会主席周联清出席活动并宣布大赛启动，福建省邮政管理局主要负责人应邀出席启动仪式。

福建省出台现代物流业高质量发展实施方案

4 月，福建省工信厅、发改委、交通运输厅、农业农村厅、商务厅、邮政管理局联合印发《福建省现代物流业高质量发展实施方案（2023 － 2025 年）》，部署 2023 年至 2025 年福建现代物流业高质量发展工作。其中提出，将加快建设福厦泉国家物流枢纽。方案提出，要推进形成“一通道三枢纽三片区”的物流空间格局，着力打造国际贸易物流新通道、福厦泉国家物流枢纽、北部中部南部山海陆海物流协同发展区。

福建省邮政业 10 人分别荣获全国、省级表彰

“五一”国际劳动节到来之际，福建省邮政业 10 人分别荣获全国“五一劳动奖章”“福建省劳动模范”“福建省先进工作者”称号。其中，厦门市邮政分公司湖滨南营业部经理王天生和福州顺丰速运有限公司收派员廖发根获得全国“五一劳动奖章”。福州市邮政分公司城北区寄递事业部快递员陈海清、泉州市永春县中通快递员潘建平、南平市松溪县邮政分公司乡邮投递员叶文青、南平市蚂蚁帮快递有限公司业务主管刘秀棋、龙岩市上杭县邮政分公司金融部项目管理员周小燕、三明市大田县邮政分公司寄递事业部经理章瑞任、莆田市涵江邮政分公司市场营销部经理林金花等 7 人分别获得“福建省劳动模范”称号。宁德市邮政管理局陈进兴同志荣获“福建省先进工作者”称号。

福建省邮政业安全中心获评省直机关五一先锋号集体荣誉称号

五一劳动节前夕，福建省邮政业安全中心喜获殊荣，获评 2023 年福建省直机关五一先锋号集体荣誉称号，为全省邮政快递行业精神文明建设再添光彩。

福建省邮政业 10 名从业人员获评市“劳动模范”“五一劳动奖章”称号

5 月，福建省邮政业 10 名从业人员分别获评 2023 年市“劳动模范”“五一劳动奖章”称号。他们分别来自泉州、漳州、南平的各邮政快递企业，具体为：京东快递鲤城营业部快递员王晓南、福建中通快递总经理何世海获评泉州市“劳动模范”称号；中国邮政南靖县分公司曾礼智、华安县分公司邹增辉、平和县分公司卢锦盛荣获漳州市“劳动模范”称号；中国邮政集团有限公司南平市分公司党委书记、总经理吴志斌，南平市众配物流有限公司董事长连小恋，中国邮政集团有限公司武夷山市分公司揽投员辛鹏飞，中国邮政集团有限公司顺昌县分公司投递员张志荣，南平市顺丰速运有限公司收派员梁剑涛等人荣获南平市“五一劳动奖章”。

福建省交通运输厅调研邮政快递重点项目

5月31日至6月1日，福建省交通运输厅党组书记、厅长李兴湖先后到福州市闽侯、连江调研圆通、邮政、京东处理中心建设运营情况。调研组指出，福州市邮政快递是交通运输行业的重要组成部分，必须坚持“3820”战略工程思想精髓，以高质量发展为主题，充分发挥“七区叠加”“国家级都市圈”政策优势，考虑省内地市、相邻城市群的交通联系以及对台融合发展，构建海陆空高水平高质量综合立体服务网络，全方位朝着国际性综合快递枢纽城市迈进，全面支撑强省会战略和国际化大城市建设。

福建省印发实施方案加强全省邮件快件寄递安全管理工作

6月，福建省邮政管理局联合省委政法委、省委网信办、省检察院等15部门印发《关于进一步加强邮件快件寄递安全管理工作的实施方案》，推动全省寄递安全治理现代化，增强寄递安全风险防控能力，深化部门合作，强化安全监管，全面提升全省寄递安全整体水平。

福建省第四届邮政行业职业技能竞赛圆满举办

9月，由福建省邮政管理局、省人社厅、省总工会联合主办，省邮政职业技能鉴定中心、省快递行业党委、省快递行业协会等单位承办的福建省第四届邮政行业职业技能竞赛在福州举行。本届竞赛以“竞技展‘蜂’采 建功新福建”为主题，全省各地市9支优秀代表队共54人参赛。竞赛分为快递员和快件处理员两个种类，采用理论知识考试和现场操作技能比赛相结合的方式，对选手进行综合考量。经过激烈角逐，两个项目各产生个人一等奖1名、二等奖1名、三等奖1名，优胜奖3名，其中漳州、三明、莆田代表队分别获得团体一、二、三等奖。据悉，获得个人一等奖的选手将按程序向省总工会申报“福建省五一劳动奖章”称号，获得个人优胜奖以上的选手将按程序申报“金牌工匠”称号，获得快递员赛项第一名的选手将向省人社厅推荐申报“福建省技术能手”称号。

江西省快递发展大事记

5个乡村寄递物流体系建设案例获评2022年江西省数字乡村优秀创新案例

1月，江西省委网信办、省委宣传部、省科技厅、省农业农村厅、省邮政管理局等九部门联合发文通报2022年全省数字乡村优秀创新案例。鹰潭市贵溪市、新余市分宜县、萍乡市上栗县、赣州市全南县和上饶市横峰县等5个县(市)三级寄递物流体系建设案例获评全省数字乡村优秀创新案例。

江西省副省长调研省邮政业发展情况

2月，江西省政府副省长夏文勇带队，调研省邮政业发展情况，强调要进一步统一思想、凝聚共识，推动行业高质量跨越式发展。省政府副秘书长、省邮政管理局局长参加调研。夏文勇充分肯定行业高质量发展取得的成效。

江西省三项农业项目获评“金牌项目”

2月，国家邮政局公布“2022年快递服务现代农业金牌项目"名单，江西赣州脐橙、萍乡豆制品、宜春竹木产品连续两年上榜。

江西省政府工作报告强调推进县域物流配送体系建设试点

2月，江西省邮政管理局召开专题会议，传达学习省政府工作报告，并结合工作实际进行研讨，明确贯彻落实意见。会议重点学习了省政府工作报告中涉及邮政快递业内容。省政府工作报告明确要促进经济循环畅通，推进城乡冷链物流骨干网建设和县域物流配送体系建设试点，深化"互联网+第四方物流"供销集配体系标准化规范化品牌化建设，确保县级有集配中心、乡镇有集配站点、村级集配网点覆盖率60%以上。

江西省印发综合立体交通网规划利好邮政快递网络建设

2月，江西省委、省政府印发《江西省综合立体交通网规划》，明确了邮政快递服务网络建设、邮政快递与交通运输深度融合发展等方面的具体目标和工作措施。

邮政快递业发展获江西省委一号文件支持

2月，中共江西省委、江西省人民政府印发了《关于全力做好2023年全面推进乡村振兴重点工作的实施意见》，邮政快递业发展获支持。实施意见明确，一是加快城乡冷链物流骨干网和"互联网+第四方物流"供销集配体系建设，推进农产品产地仓储冷藏保鲜冷链物流设施建设，新建或改扩建农产品产地冷藏保鲜设施400个以上。二是实施县域商业建设行动，完善农村商业设施，健全县乡村物流配送体系，加强农产品物流骨干网络建设，培育农村物流服务品牌，推广"农产品+大同城"寄递服务，推进农村客货邮融合发展。三是建立健全城乡公共资源均衡配置机制，推动城乡设施和服务互联互通、公共服务普惠均衡，推动县域供电、供气、电信、邮政等普遍服务类设施城乡统筹建设和管护。

江西局联合多部门加强邮件快件寄递安全管理

2月，江西省邮政管理局与省委政法委、公安厅、市场监督管理局等12部门联合印发《关于进一步加强邮件快件寄递安全管理工作的实施意见》，进一步提升全省寄递安全管理水平。实施意见强调，要以提升寄递安全治理现代化水平为主线，以增强寄递安全风险防控能力为关键，以净化寄递安全环境为重点，以落实企业安全主体责任为抓手，注重源头防范，深化部门协作，强化安全监管，大力提升寄递安全整体水平。

江西局联合多部门做好交通物流领域金融支持与服务

2月，江西省邮政管理局与中国人民银行南昌中心、江西省交通运输厅、江西银保监局、江西省商务厅等5部门联合转发《中国人民银行 交通运输部 中国银行保险监督管理委员会关于进一步做好交通物流领域金融支持与服务的通知》，就进一步做好全省邮政快递行业的金融支持与服务提出明确要求、细化措施。

江西省邮政业一人入选第八批全国岗位学雷锋标兵

3月，中宣部命名第八批全国学雷锋活动示范点和岗位学雷锋标兵，中国邮政集团有限公司江西省宜丰县分公司双峰邮政所邮递员吴文清入选第八批全国岗位学雷锋标兵。

江西局发布2023年度十大重点任务和邮政快递业更贴近民生七件实事

3月，江西省邮政管理局发布2023年十大重点任务和邮政快递业更贴近民生七件实事，为行业高质量发展明确指引。

江西局开展政银携手助力快递行业发展三年行动

4月，江西省邮政管理局与中国邮政储蓄银行股份有限公司江西省分行联合印发《政银携手 助力快递行业发展三年行动方案》，持续深化政银合作，推动行业高质量发展。行动方案提出，各级邮政管理部门与同级邮储银行建立有效政银合作工作机制，进一步提升快递行业金融服务质效。行动方案明确，2023年至2025年，江西省邮储银行将向全省快递行业（含产业园、法人企业、个体经营户等）提供不低于5亿元的融资支持，并持续跟踪服务1000家快递行业市场主体，切实保障快递市场稳定，全面提升金融服务专业化水平。

江西局与多部门联合建立省交通物流领域融资对接工作机制

4月，江西省邮政管理局与省交通运输厅、省银保监局、省商务厅、人民银行南昌中心支行联合建立省交通物流领域融资对接工作机制，搭建融资对接平台，推动信息互通共享，实现政银企互促互动，加大交通物流领域金融支持力度，促进交通物流与经济社会协调可持续发展。

江西局联合多部门强化复方地芬诺酯片等药品管理

4月，江西省邮政管理局与省公安厅、省药监局联合印发《关于进一步强化复方地芬诺酯片等药品管理的通知》。通知明确，三部门要从严格控制药品生产量、加强药品生产环节监管、加强药品经营环节监管、严厉打击违法违规行为、加强寄递渠道查验五个方面强化管理。

江西局开展推进赣州革命老区"快递进村"三年行动

4月，江西省邮政管理局印发《推进赣州革命老区"快递进村"三年行动工作方案》，扎实推进"快递进村"工程，助力赣州建设革命老区高质量发展示范区。工作方案明确，到2025年，力争在赣州市范围打造5个以上快递服务现代农业精品银牌项目，巩固发展"快递＋赣南脐橙"金牌项目；力争实现赣州市范围"快递进村"（3个以上邮政快递主要品牌）全覆盖目标，打造赣州革命老区"快递进村"样板。

江西省邮政业5名个人2个集体荣获全国、全省"五一"劳动表彰

5月，中华全国总工会和江西省总工会分别表彰2023年全国及全省五一劳动奖状、奖章和工人先锋号，江西省邮政业5名个人2个集体荣获全国、全省"五一"劳动表彰。其中，江西赣东北圆通速递有限公司操作员汪俊、江西顺丰速运有限公司抚州分公司收派员王其明荣获全国五一劳动奖章，南昌义慧誉通物流有限公司服务质量经理杨小民、江西顺丰速运有限公司北沥三和业务部收派员熊伟、江西京邦达供应链管理有限公司抚州市分公司快递员何军荣获全省五一劳动奖章，南昌市邮政管理局荣获全省五一劳动奖状，中国邮政集团有限公司江西省安福县分公司寄递事业部县城揽投组荣获全省工人先锋号。

《2023年江西省邮政业服务乡村振兴工作要点》出台

5月，为深入贯彻落实党的二十大精神和中央经济工作会议、中央农村工作会议精神，江西省邮政管理局印发《2023年江西省邮政业服务乡村振兴工作要点》，更好服务全面推进乡村振兴，为加快建设农业强国贡献邮政快递力量。

农村寄递物流体系建设被纳入2023年江西省数字乡村工作要点

5月，江西省委网信办、省农业农村厅、省发改委、省工信厅、省林业局、省乡村振兴局等六部门联合印发《2023年江西省数字乡村工作要点》，农村寄递物流体系建设被纳入其中。工作要点提

出，要加快农村基础设施数字化改造升级，进一步完善全省“快递进村”基础信息表和台账，高质量推动农村寄递物流体系建设。要深化农产品电商发展，加快推广“农产品+大同城”寄递服务模式，培育“电商+快递”助农项目，加大“一市一品”项目培育力度。

江西局扎实推进全省革命老区“快递进村”高质量发展

6月，江西省邮政管理局印发《关于扎实推进全省革命老区“快递进村”高质量发展的通知》，持续推进农村寄递物流体系建设高质量发展。

《江西省“四好农村路”示范县创建管理办法》发布

7月，江西省邮政管理局联合省交通运输厅、省财政厅、省农业农村厅和省乡村振兴局印发《江西省“四好农村路”示范县创建管理办法》。管理办法明确了“四好农村路”示范县创建条件、标准、程序、动态复核管理和奖惩等工作要求，在创建条件和标准部分，提出县级人民政府符合“城乡交通运输一体化服务水平较高，将农村客运高质量发展纳入当地政府绩效考核体系和全面推进乡村振兴任务清单，基本建成县乡村三级物流体系，建制村通客车率达到100%”可申请创建示范县。同时在江西省“四好农村路”示范县动态考核评定标准中新增农村客货邮融合发展、推进县级物流中心“同仓共配”和农村物流节点体系建设等考核内容，共计15分，占考核总分的15%。

《2023年江西省快递员群体合法权益保障工作要点》出炉

7月，江西省邮政管理局印发《2023年江西省快递员群体合法权益保障工作要点》，进一步做好快递员群体合法权益保障工作，推动行业高质量发展。要点从5个方面提出20项任务，一要保障快递员基本劳动权益，二要保障快递员合理劳动报酬，三要督促企业落实主体责任，四要推动发挥工会作用，五要推动快递员技能提升和民生保障。

江西局着力加强行业党建规范化建设

8月，为进一步加强快递行业党委工作规范化制度化建设，加强党对快递行业的绝对领导，江西省邮政管理局指导省快递行业党委结合实际制定印发《中国共产党江西省快递行业委员会工作规则（试行）》。

江西省副省长批示要求开展全省农村寄递物流体系建设专题调研

8月，江西省副省长孙洪山在江西省邮政管理局呈送的《我省农村寄递物流体系建设情况汇报》专报上作出批示，指示就农村寄递物流体系建设问题进行专题调研。批示指示，省交通运输厅、省邮政管理局牵头于近期就农村寄递物流体系建设问题进行一次专题调研，提出工作方案。

江西省开展全省农村寄递物流体系建设优秀案例评选

8月，为贯彻落实《数字乡村发展行动计划（2022－2025年）》《2023年江西省数字乡村工作要点》精神，加快推进全省数字乡村建设发展，助力我省发展和改革双“一号工程”，江西省邮政管理局联合省委网信办印发《关于组织开展江西省农村寄递物流体系建设优秀案例评选的通知》，在全省范围内开展农村寄递物流体系建设优秀案例评选工作。

江西省副省长调研农村寄递物流体系建设情况

8月，江西省副省长孙洪山带队，深入九江市修水县调研农村寄递物流体系建设情况。孙洪山强调，要以方便群众为目的，积极盘活农村闲置资源，实现农村寄递物流服务全覆盖。要压实主体责任，强化要素保障，深入开展农村寄递物流体系建设。要打造标准化、自动化物流服务体系，拓宽农产品销售渠道，促进农户增收。要充分调动各方积极性,加快畅通城乡循环,加快推进农村寄递物流体系建设,助力乡村振兴。

2023年江西省邮政行业职业技能竞赛圆满落幕

8月28日至29日,江西省邮政管理局、省人力资源和社会保障厅、省直机关工会工委主办的2023年江西省"振兴杯"邮政行业职业技能竞赛在南昌圆满落幕,来自各设区市的11支代表队共计48名选手参加。

江西省一名快递员被授予"江西省能工巧匠"称号

9月,江西省人民政府印发《关于表彰第七届江西省优秀高级技能人才的决定》,中国邮政集团有限公司抚州市分公司快递员许海华被授予"江西省能工巧匠"称号。

江西省两名快递员入选2023年度邮政行业技术能手推进计划

10月,为充分发挥先进典型的示范表率作用,国家邮政局公布了2023年度邮政行业科技英才、技术能手推进计划入选名单,江西中通李小明、江西顺丰刘云兵两名快递员入选2023年度邮政行业技术能手推进计划。

江西省3个项目入选第四批农村物流服务品牌

10月,交通运输部公布第四批农村物流服务品牌名单,确定50个项目为第四批农村物流服务品牌,其中江西省资溪县"创新交邮共享,助力乡村振兴"、芦溪县"农村电商+快递共配+县城商贸"和永修县"客货邮融合+统仓共配+电商物流"3个项目成功入选。

江西省邮政快递业在第四届全国邮政行业职业技能竞赛全国总决赛中斩获佳绩

10月28日至29日,2023年全国行业职业技能竞赛——第四届全国邮政行业职业技能竞赛总决赛在重庆举行,江西省邮政快递业取得佳绩。经过激烈的角逐,江西代表队荣获优秀组织奖,两名队员分获快递员职业三等奖和快件处理员职业三等奖。根据竞赛奖励办法,竞赛相应名次获奖选手按相关规定晋升高级工职业技能等级,最高可晋升高级技师职业技能等级。

江西省邮政行业职业技能鉴定中心成功申报省邮政快递职业技能等级认定评价管理中心

11月,根据《邮政快递职业技能等级认定实施办法(试行)》,经推荐审核遴选,江西省邮政行业职业技能鉴定中心成功申报江西省邮政快递职业技能等级认定评价管理中心,负责参与指导和监督行政区域内的邮政快递职业技能等级认定工作。

江西省邮政快递业8个集体获评省级青年文明号

11月,共青团江西省委公布《2021－2022年度江西省青年文明号名单》,中国邮政集团有限公司吉安市鹭洲东路支局、中国邮政集团有限公司南昌市新溪桥营业所、中国邮政集团有限公司丰城市分公司新城营业所、中国邮政集团有限公司新余市分公司仙来东邮政支局、中通快递集团江西省管理中心服务质量部、江西省圆通速递有限公司客服部、江西顺丰速运有限公司鹰潭分公司夏埠营业部、吉水县通达汇电子商务供应链服务有限公司客服部等8个邮政快递业集体荣获"江西省青年文明号"殊荣。

江西省第五届"寻找最美快递员"结果揭晓

11月,由江西省邮政管理局精神文明建设指导委员会主办、省快递行业协会承办的江西省第五届寻找"最美快递员"活动结果揭晓,陈跃进等十三名同志荣获第五届"最美快递员"称号。

《江西区域总部企业落实所属服务网络统一管理责任监督规程(试行)》出台

12月,为加强快递市场监督管理,强化江西区域总部企业对所属快递服务网络的统一管理责任，江西省邮政管理局出台《江西区域总部企业落实所属服务网络统一管理责任监督规程（试行）》，进一步压实企业快递服务网络统一管理责任。

江西省3个邮政快递行业工会驿站获评2023年“最美工会户外劳动者服务站点”

12月，全国总工会发布2023年“最美工会户外劳动者服务站点”名单，江西省南昌市青云谱区快递行业联合工会小哥“工寓”爱心驿站、景德镇市乐平市快递小哥驿站、中国邮政集团有限公司弋阳县分公司城南支局邮爱驿站等3个邮政快递行业工会驿站被确认为2023年最美服务站点。

江西省邮政快递业被列入省2024年经济发展重点工作内容

12月，江西省委经济工作会议召开，总结2023年全省经济工作，分析当前经济形势，部署2024年经济工作。江西省邮政快递业被列入2024年经济发展重点工作内容。会议提出，要完善农村商业网络，健全农村电子商务和快递物流配送体系。要充分发挥跨境电商综试区等政策优势和功能作用，积极培育发展仓储物流。要完善城乡配送网络，大力实施“快递进村”工程，更好推动工业品下乡、农产品进城，持续释放农村消费需求。

山东省快递发展大事记

山东省政府主要领导批示肯定快递服务现代农业工作成效

1月，山东省人民政府省长周乃翔、副省长凌文分别就省局快递服务现代农业工作的报告作出批示，充分肯定全系统全心全意为全省人民服务的突出业绩。周乃翔对山东省邮政管理局围绕省委、省政府打造乡村振兴齐鲁样板战略，大力实施农产品寄递销售“创牌工程”，通过“快递＋农特产品”服务支撑农产品上行寄递量达9.9亿件，带动农产品销售超400亿元，全面助力农业全产业链发展工作成效给予充分肯定。凌文对此项工作批示，“省邮政管理局全心全意为山东人民服务，工作业绩突出。感谢同志们。希望再接再厉，争取更大成绩。”

山东省副省长批示充分肯定全省邮政管理工作

1月，山东省副省长凌文对山东省邮政管理工作作出专题批示，充分肯定全省邮政快递业走在前、开新局的成效，勉励全省系统再接再厉、奋力书写交通强国山东示范区建设邮政新篇章。

两项邮政快递业重点工程入选2023年山东省重大项目名单

1月，《山东省人民政府关于下达2023年省重大项目名单的通知》印发，临沂邮件处理中心、德州“交邮快”智慧物流示范园区两个项目入选。

山东省第三批客货邮融合发展样板县建设工作启动

1月，山东省邮政管理局联合省交通运输厅、财政厅印发《关于开展农村客货邮融合发展样板县建设的通知》，部署推进第三批客货邮融合发展示范项目建设并安排500万元以奖代补财政资金支持。通知提出，在全省新打造10个农村客货邮融合发展样板县，推进城乡客运、邮政快递等既有网络、运力资源共享，提升城乡快递物流服务均等化水平。

山东省促进内外贸一体化发展支持快递“扬帆出海”

3月，山东省出台《关于促进内外贸一体化发展持续打造对外开放新高地的若干措施》，“快递出海”获支持。措施要求，要构建内外联通现代物流网络，打造多式联运“山东模式”，推行铁路“快速通关”模式，积极发展“班列＋电商”“班列＋邮件”等新业务，发展国际寄递物流。建设机场快递分拨中心、区域集散中心。支持邮政、快递企业货机在全省机场起降，支持省外跨境邮件快件在山东中转寄递。鼓励企业建设和租用“海外仓”，服务省内产品跨境寄递。

升级邮政快递服务热线被纳入山东省2023年重点民生实事

4月，山东省政府办公厅印发《山东省20项重点民生实事2023年度工作方案》，升级邮政快递服务热线作为提升消费服务质量举措被纳入其中。

山东局印发2023年全省邮政快递业生态环保工作要点

4月，山东省邮政管理局印发了《2023年邮政快递业生态环保工作要点》。要点明确，大力实施“9218”工程，坚持推进“三化”建设，推广使用新能源汽车，鼓励集约高效组织模式和基础设施共享，稳妥推进行业绿色低碳发展。2023年底前，全省实现电商快件不再二次包装比例达到90%，持续开展过度包装和塑料污染两项治理，全省使用可循环快递包装的邮件快件达到6000万件，回收复用质量完好的瓦楞纸箱5000万个。要点从强化政策供给、加快推进快递包装绿色转型、稳步推进行业绿色低碳发展、加强组织保障四个方面，安排了14项任务措施。

《山东省邮政快递业塑料污染治理三年实施方案》发布

4月，为深入推进邮政快递业塑料污染治理工作，山东省邮政管理局印发《山东省邮政快递业塑料污染治理三年实施方案》，进一步细化目标任务，持续推进行业绿色发展。方案明确，到2023年底，全省邮政快递网点不可降解的塑料包装袋、塑料胶带、一次性塑料编织袋使用比例降低至70%，电商快件不再二次包装比例达到90%，可循环快递包装应用规模达到100万个。到2025年底，全省范围邮政快递网点禁止使用不可降解的塑料包装袋、塑料胶带、一次性塑料编织袋等。

山东省人大专题调研全省邮政快递业高质量发展情况

5月，山东省人大常委会原副主任王华带队赴潍坊、烟台调研全省邮政快递业高质量发展情况。省人大城环委主任委员石光亮、副主任委员李力、省邮政管理局党组书记、局长杜继涛等参加调研。调研组对省邮政快递业发展成效和服务经济社会发展贡献给予了高度评价，对全省邮政管理部门以及潍坊市、烟台市的工作给予了充分肯定。

山东省支持加快建设高效快递物流体系

5月，山东省政府出台《关于促进实体经济高质量发展的实施意见暨2023年“稳中向好、进中提质”政策清单（第三批）》，鼓励加快建设高效快递物流体系。实施意见提出：支持物流、快递企业与生产制造、商贸企业深度协作，深化智慧物流、智慧仓储建设，搭建物流信息和供应链服务平台，发展共享仓储、共同配送、统仓统配等组织模式，推动上下游、产供销、内外贸一体衔接。积极发展多式联运，推进“一单制”，丰富“门到门”一体化联运服务产品。完善现代商贸流通体系，推进国家物流枢纽和骨干冷链物流基地建设，培育一批现代流通强县，促进交通、邮政、快递、商贸、供销等物流资源融合和集约利用。

山东省邮政快递业重大事故隐患专项排查整治行动专题部署会召开

6月，山东省邮政管理局召开全省安全生产隐患大排查大整治工作专题部署会，强调按照国家邮政局方案部署，扎实开展隐患排查整治，提升监督执法效能，确保全省行业安全生产形势持续稳定向好。

山东省召开“平安寄递”专项行动省级部门联席推进会

7月，山东省“平安寄递”专项行动省级部门联席会召开，通过了《“平安寄递”专项行动协调小组工作机制》，通报了平安寄递专项行动前期战果，并对下一阶段工作重点进行部署，省直16部门有关负责同志参加会议。会议制定通过了《“平安寄递”专项行动协调小组工作机制》，进一步明确了行动协调小组的主要职责、人员配备，细化了任务分工。根据工作机制安排，山东省各成员单位将组成联合督导检查组，对16地市开展寄递安全联合督导。

山东局联合省公安厅开展寄递渠道禁毒工作专项督导

7月，山东省邮政管理局联合省公安厅禁毒总队，由党组成员、副局长刘长春带队，赴临沂市临沭县医药化工及快递企业，实地督导检查企业落实易制毒物品管控制度和寄递渠道防范措施等情况。

山东省出台跨境电商跃升发展计划支持跨境快递发展

7月，山东省人民政府印发《山东省跨境电商跃升发展行动计划（2023－2025年）》，提出构建专业高效跨境快递物流体系，为快递“出海”提供有力支持。

山东省领导批示进一步强化农村寄递物流体系建设

8月，山东省委常委刘强、省政府副省长陈平先后对山东省邮政管理局联合省委政研室等部门提报的《农村寄递物流体系建设调研报告》作出批示，要求进一步强化工作落实、推动农村寄递物流体系建设不断完善提升。

山东省副省长批示加快推动邮政快递业高质量发展

8月，山东省政府副省长范波对省人大办公厅印发的《关于全省邮政快递业发展情况的调研报告》作出批示，指出“报告质量很高、针对性很强、所提建议很有价值”，要求交通运输厅、邮政管理局等部门组织专题研究，进一步做好相关工作。

山东省第五届邮政行业职业技能竞赛举行

8月，山东省邮政管理局联合省人社厅举办山东省第五届邮政行业职业技能竞赛，来自全省各市和各邮政快递企业25支代表队、112名快递选手参加本次大赛。经过激烈角逐，最终山东邮政EMS代表队马儒发获得快递员职业一等奖、李玉梅获得快件处理员职业一等奖。本次竞赛获得第一名的选手，将由山东省人力资源社会保障厅推荐申报“山东省技术能手”称号；获得前三名的选手，经组织专家审核评议，择优推荐参加2023年第四届全国邮政行业技能竞赛决赛。

山东省加快邮政快递业高质量发展三年行动方案印发

9月，山东省政府出台《山东加快邮政快递业高质量发展三年行动方案（2023－2025年）》，从提升基础设施能级、培育壮大市场主体、深化产业融合创新、提升行业治理能力等4方面提出16项具体措施，赋能邮政快递业高质量发展。

山东局联合公安部门部署开展寄递渠道危爆物品专项整治行动

10月，山东省邮政管理局会同省公安厅联合印发《山东省寄递渠道危爆物品专项整治行动方案》，决定自即日起至12月底在全省范围内开展为期三个月的寄递渠道危爆物品专项整治行动。此次专项行动，突出“四个强化”，确保取得实效。

山东省支持打造客货邮综合服务站点

10月，山东省交通运输厅联合山东省邮政管理局等10部门印发《关于加快推进汽车客运站转型发展的实施意见》，鼓励客运站拓展物流快递功能，打造客货邮综合服务站点。意见提出，支持客运站拓展物流快递功能，改造建设物流配送设施，拓展货物和邮件快件托运、仓储、分拣、配送等功能。优先利用县乡汽车客运站打造仓储、分拣中心和“多站合一”的客货邮综合服务站点，鼓励客运站经营者与邮政快递企业建立优势互补的长期合作关系，提供客运乘车、邮件快件寄递、货运物流、公路养护等服务，依托城乡公交“村村通”全域覆盖优势，搭建“客货邮”共配体系，形成以汽车客运站为核心、多个驿站为节点的县乡村三级服务网络布局。

山东省政府印发综合立体交通网规划纲要利好邮政快递业

11月，《山东省人民政府关于印发山东省综合立体交通网规划纲要（2023－2035年）的通知》正式发布，邮政快递业发展获多项支持。规划纲要明确，优化邮政业网络布局，构建海陆空铁邮综合寄递物流通道，打造层次明晰、各具特色、功能互补、差异发展的寄递物流枢纽体系，形成“双通道、三区域、多节点”的邮政业空间发展总体布局。推动在铁路、机场、城市轨道等交通场站建设邮政快递专用处理场所、运输通道、装卸设施，加快乡村邮政快递网点、综合服务站、汽车站等设施资源整合共享。以寄递物流网络建设，带动周边地区协同发展，将山东打造成为中国北方邮政业国际开放重要门户、东北亚邮政业协同发展先行区、国际区域性邮政快递物流中心。

山东省副省长批示肯定快递旺季服务保障工作

11月，山东省副省长范波在《山东省邮政管理局关于2023年“双11”快递旺季工作情况的报告》上作出批示：“省邮政管理局积极打造畅通、安全、暖心‘三个旺季’，成效明显，值得肯定。请继续创新举措，为全省扩大消费多做贡献。”

山东省快递行业党委列支60万专项资金支持快递行业党建

12月，山东省快递行业党委从省委“两新”工委划拨的省管党费中列支60万元专项资金，用以补助快递行业党建示范点及党建阵地建设，支持各地快递行业党建工作。

山东省支持寄递公共配送中心全覆盖

12月，山东省委办公厅、省政府办公厅印发《关于进一步加快县域经济高质量发展的意见》，鼓励支持农村流通体系建设，提出到2025年实现县（市）寄递公共配送中心或快递产业园区全覆盖。

山东省2项补贴政策助力省邮政快递业发展

12月，山东省人民政府印发《2024年“促进经济巩固向好、加快绿色低碳高质量发展”政策清单（第一批）》，规定国际航空快递航线、客货邮线路2项补贴，进一步助力邮政快递业发展。

河南省快递发展大事记

河南省保障民生物资高效配送工作成效明显

1月，河南省政府办公厅印发《河南省人民政府办公厅关于畅通邮政快递物流服务保障民生物资高效配送的通知》，从“进一步提高政治站位”“抓紧解决人力短缺问题”“提高末端配送效率”等十个方面对畅通邮政快递物流服务保障民生物资高效配送进行全面部署。为确保政策落地，最大程度方便企业享受政策红利，河南省邮政管理局多措并举，印发《关于畅通邮政快递服务保障民生物资高效配送职责分工的通知》，召开专题会议，成立工作专班，细化各项措施，取得明显成效。

“农村寄递物流基础设施建设”被纳入2023年河南省重点民生实事

1月，河南省政府常务会议、省委常委会会议研究同意，将“农村寄递物流基础设施建设”纳入2023年全省重点民生实事。这是河南省连续第2年将农村寄递物流体系建设纳入全省重点民生实事。

圆通速递有限公司向河南局赠送锦旗和感谢信

1月18日，河南省圆通公司总经理张亚南一行向河南省邮政管理局送上了“严格把关促发展 真诚服务保畅通”的锦旗和感谢信。

河南省委常委、常务副省长批示肯定全省邮政管理工作

1月，河南省邮政管理局向河南省政府呈报《河南省邮政管理局关于全省邮政管理工作情况的报告》，汇报全国邮政管理工作会议主要精神暨全省邮政管理工作情况、全省邮政快递业发展情况，省委常委、常务副省长孙守刚对报告作出批示，高度肯定了全省邮政管理系统在助力河南经济社会发展、重大战略实施方面取得的良好成绩，并对河南省邮政管理局做好下一阶段工作提出殷切期望。

河南省开展“交邮齐护航　温暖归乡路”公益行动

1月，为贯彻落实党的二十大精神，积极服务乡村振兴战略，满足春运期间群众多样化出行需求，河南省交通运输厅以推进城乡交通运输一体化契机，与邮政企业联合组织开展“交邮齐护航 温暖归乡路”服务行动，高效整合人力、物力资源，全方位保障春运期间返乡安全畅通，“护航”务工人员回乡探亲路。

河南省政府工作报告明确等多项涉邮内容

1月，河南省十四届人大一次会议召开，省长王凯作省政府工作报告，“开工建设郑州航空邮件处理中心、争取中国邮政航空第二基地落地”被明确为2023年全省重点工作之一，多项利好邮政快递业发展内容被纳入省政府工作报告。

河南局出台意见支持许昌市高质量建设城乡融合共同富裕先行试验区

3月，河南省邮政管理局出台《关于支持许昌市邮政快递业高质量发展助力建设城乡融合共同富裕先行试验区的意见》，从六个方面支持许昌邮政快递业高质量发展，为许昌市高质量建设城乡融合共同富裕先行试验区蓄势赋能。

河南局强化措施落实新版《邮政行业统计调查制度》

3月，河南省邮政管理局印发《关于做好2023年度邮政行业统计调查制度实施工作的通知》，强化措施全面落实国家邮政局新修订的《邮政行业统计调查制度》。新版《邮政行业统计调查制度》有四个特点：一是对统计对象和范围进行了调整；二是新增了“重点企业全网用工人员分省情况表”等三个报表；三是对部分报表及指标进行了修改；四是对部分指标解释进行了调整。

邮政快递业多项内容被纳入河南省委一号文件

3月，河南省委、省政府以省委一号文件印发《关于做好2023年全面推进乡村振兴重点工作的实施意见》，对全省2023年乡村振兴重点工作作出了全面部署，邮政快递业多项内容被纳入其中。

河南省委常委、常务副省长肯定全省邮政管理工作和行业发展成效

4月，河南省委常委、常务副省长孙守刚专题听取省邮政管理局主要负责同志关于邮政管理工作和行业发展情况汇报，高度肯定了全省邮政管

理工作成效和邮政快递业发展成绩，并对下一步工作提出殷切期望和要求。

河南省乡村产业振兴五年行动计划出台支持邮政快递业

4 月，中共河南省委农村工作领导小组印发《河南省乡村产业振兴五年行动计划》，邮政快递业多项内容被纳入其中。计划明确，一是加强县乡村冷链设施供给，建立覆盖农产品加工、运输、储存、销售等环节的全程冷链物流体系，积极引导邮政快递和大型商贸物流龙头企业充分利用河南资源禀赋、交通区位等优势，加速在豫布局具有较强供应链整合能力的农产品流通企业，到 2025 年实现农产品骨干冷链物流基地建设全覆盖。二是发展乡村物流等服务，完善农村公共服务体系，支持农村集体经济组织和邮政快递等服务一体化发展，构建公益性和经营性相结合的新型农业农村综合服务体系，到 2025 年实现快递服务行政村通达率 100%。三是大力推广“户繁—企育—龙头带动”产业发展模式，培育打造更多具有河南特色的快递 +“豫农优品”寄递项目，推广“原料基地 + 中央厨房 + 物流配送”等新型业态，构建链条完善、循环畅通、运转高效的发展格局。四是开展数字乡村建设，壮大现代乡村服务业，深入实施“互联网 +”农产品出村进城工程，持续推进电子商务进农村综合示范，打造一批县域冷链、快递、电商物流示范园区。

2023 年河南省服务业发展工作要点出台赋能邮政业高质量发展

5 月，河南省服务业工作领导小组印发《2023 年河南省服务业发展工作要点》，邮政业发展获多项政策支持。要点明确，要强化物流拉动作用，制定枢纽经济发展年度工作方案，加快郑州国际陆港航空港片区等重大物流枢纽设施建设，培育一批省级跨境电商示范园区。制定推动冷链物流高质量发展政策，布局建设省级骨干冷链物流基地。做强航空、班列、保税等国际物流品牌，推动郑州航空邮件处理中心加快建设和中邮航空第二基地尽快落地，保持中欧班列开行规模在全国第一方阵。

河南省邮政快递业 43 名个人 13 个集体荣获表彰

5 月，河南省邮政快递业 3 名个人荣获国家级“五一”劳动表彰，1 个集体、4 名个人荣获省级“五一”劳动表彰，3 个集体、1 名个人荣获省级“五四”表彰，2 名个人荣获省级“优秀共青团员”。河南省邮政快递业共计 43 名个人和 13 个集体荣获多项表彰。

国家邮政局与河南省人民政府签署战略合作协议

5 月，国家邮政局与河南省人民政府签署了《加快河南省邮政快递业高质量发展战略合作协议》，深入学习贯彻党的二十大精神，认真贯彻落实习近平总书记关于邮政快递业重要指示批示精神和考察河南重要讲话精神，认真落实党中央、国务院关于邮政快递业发展的决策部署，推动河南邮政快递业高质量发展，进一步提升邮政快递业在服务河南实现“两个确保”目标的支撑作用。国家邮政局党组成员、副局长戴应军，河南省委常委、常务副省长孙守刚分别代表双方签署了战略合作协议。

菜鸟网络科技有限公司向河南局赠送锦旗

5 月，菜鸟网络科技有限公司河南分公司给河南省邮政管理局送来了一面印有“靠前服务办实事，便捷高效助发展”的锦旗，对河南局在办理快递业务经营许可证的过程中主动靠前的服务、耐心细致的指导表示衷心感谢。

《中共河南省邮政管理局党组工作规则》获审议通过

5 月，河南省邮政管理局党组书记、局长陈敬主持召开党组会议，审议并原则通过《中共河南省邮政管理局党组工作规则》。工作规则是在中共河南省邮政管理局党组2018工作规则(试行)和2020年制订的省局党组讨论和决定的重大事项清单的基础上,结合河南局党组工作实际,依据修订的《中共国家邮政局党组工作规则》进行起草。

河南省农村寄递物流体系建设获支持

6月,河南省政府《河南省乡村建设行动重点任务专项行动专班2023年工作要点》《河南省乡村建设行动2023年工作台账》《2023年河南省乡村建设行动任务清单》印发。县乡村三级寄递物流配送体系建设被纳入河南省乡村建设行动2023年重点任务工作要点,由河南省发展改革委、农业农村厅、商务厅、交通运输厅、邮政管理局、供销社等多部门分工负责。

河南局深入实施全省快递服务质量提升工程

7月,河南省邮政管理局印发《全省快递服务质量提升工程实施方案》,深入实施快递服务质量提升工程,规范快递企业服务行为,强化突出问题治理,营造公平有序竞争环境,促进提升快递服务供给能力和供给质量。

第2届河南邮政快递绿色包装、设备展览会在郑州举办

7月,为期三天的2023第10届郑州物流展暨第2届河南邮政快递绿色装、设备展览会在郑州国际会展中心举办。本届展会由河南省邮政管理局作为指导单位,河南省快递协会、河南省物流与采购联合会联合主办,现场设快递物流与供应链展区、智能自动化展区、新能源物流车展区、绿色包装展区,吸引了260余家行业品牌企业参展。展会同步举办了“邮政快递业碳达峰碳中和实践与探索”论坛。

河南省寄递渠道排查整治专项行动工作方案发布

7月,为深化开展平安寄递专项行动,进一步加强寄递渠道安全管理,结合北戴河暑期安保、成都大运会、杭州亚运会安保等重点工作,河南省邮件快件寄递安全管理领导小组印发《全省寄递渠道排查整治专项行动工作方案》,要求以“四排查、四强化”为重点,坚持问题导向、底线思维,坚持全面排查、重点整治,全力排查整治寄递渠道安全隐患。

第四届全国邮政行业技能竞赛河南省选拔赛举行

9月6日至7日,“中诺思杯”第四届全国邮政行业技能竞赛河南省选拔赛在河南交通技师学院顺利举行。河南省10家品牌快递企业的共计60名选手参加本次竞赛。大赛设快递员和快件处理员两个职业(工种),均为单人赛项。省邮政管理局将对本次大赛前三名选手,分别按照程序向河南省人力资源和社会保障厅申报“河南省技术能手”荣誉称号。

《河南省农村道路畅通工程更好服务乡村振兴战略实施方案(2023—2025年)》印发

11月,河南省邮政管理局、省交通运输厅、省发展改革委等12部门联合印发《河南省农村道路畅通工程更好服务乡村振兴战略实施方案(2023—2025年)》,农村寄递物流体系建设等被纳入实施方案支持范围,邮政快递业发展获利好。实施方案提出,完善农村快递物流体系。加快完善农村物流网络基础设施建设,积极推进集客运、货运、邮政、快递于一体的乡镇运输服务站建设;积极探索推动农村物流与邮政、快递村级寄递物流点的融合,畅通农村物流配送“最后一公里”,全面提升货运物流服务保障能力。鼓励对既有乡镇客运站、公路养护站等场所设施进行升级改造,增设农村物流和邮政快递作业区,实现多站合一、资源共享。到2025年,农村物流服务覆盖乡镇、建制村比例达到100%;建制村直接通邮率保持100%;主要网络型快递品牌服务进村覆盖率达到100%。

《河南省全面推进城市一刻钟便民生活圈建设三年行动实施方案(2023－2025年)》出台

11月,河南省邮政管理局会同省商务厅、省发展改革委等13部门联合印发《河南省全面推进城市一刻钟便民生活圈建设三年行动实施方案(2023－2025年)》,邮政快递业发展获政策利好支持。方案明确,一是完善基础设施条件。优先配齐购物、餐饮、家政、快递、理发、维修等基本保障类业态,推动智能快件箱、移动售卖机、自动取水机等智能零售终端进社区、进小区,让消费更便捷。二是加大奖补力度。将智能快件箱、快递末端综合服务场所等纳入公共服务基础设施,有条件的地方可对微利、公益性业态给予房租减免、资金补贴等支持。

湖北省快递发展大事记

湖北省邮政快递领域轻微违法行为免予处罚清单出台

1月,湖北省邮政管理局印发了全省第一批邮政快递领域轻微违法行为免予处罚清单(试行)。免罚清单明确了15项轻微违法不予处罚事项,涉及企业备案、服务质量、绿色环保等方面,在坚持依法行政的前提下,进一步突出了行政处罚宽严相济、过罚相当、惩罚教育相结合的原则,体现了邮政执法的“温度”,为市场主体增添了暖意,有利于形成执法部门与行政相对人之间的良性互动,激发市场活力,促进行业高质量发展。

湖北省快递企业开展教育帮扶

1月9日,湖北顺丰、中通两家快递企业到十堰市关垭子村开展教育帮扶活动。活动现场,两家企业向关垭子村委会捐赠帮扶资金8万元,资金进入关垭子教育帮扶基金,对村内大学生、高中生提供扶持。同时,两家企业分别向该村2022年秋季入学的51名在校大学生、高中生发放教育补助金。

“快递进村”等工作纳入湖北省政府2023年工作报告

1月13日,湖北省十四届人大一次会议开幕,省长王忠林代表省人民政府向大会作政府工作报告,快递进村、快递员权益保障等工作被纳入其中。报告指出,2022年全省建制村快递服务覆盖率超过95%,助力乡村振兴全面推进。在对2023年的工作建议中,报告要求加强劳动者技能培训,强化快递员等灵活就业群体权益保障,让劳动者技有所长、业有所就、劳有所得;加强港澳、参事、文史、档案、气象、地震、测绘、地质、邮政等各项工作,持续推进农村寄递物流体系建设,更好服务民生,持续改善人民生活。

湖北省副省长批示肯定全省邮政管理工作

1月,湖北省邮政管理局向省人民政府专题报告了2022年全省邮政快递业发展与管理工作情况及2023年工作思路,湖北省副省长赵海山作出批示,充分肯定湖北局工作成效、提出工作要求,向全省邮政管理系统职工致以新春慰问。

2023年湖北省人大常委会工作报告肯定全省快递员权益保障工作

1月14日,在湖北省十四届人大一次会议上,省人大常委会副主任王玲向大会作2023年人大常委会工作报告。报告在过去五年的工作回顾中,指出省人大常委会高质量做好议案建议工作,快递员权益保障等建议办理产生良好社会反响,受到群众点赞。

湖北省人大常委会副主任、总工会主席赴湖北顺丰慰问快递员

1月，湖北省总工会主席刘雪荣率省总工会党组成员、副主席胡甲文，党组成员汪胜全，权益保障部长付家斌一行赴湖北顺丰慰问快递员代表。武汉市总工会、市邮政管理局主要负责人参加慰问。刘雪荣表示，希望广大快递员继续弘扬劳动者的劳模精神、劳动精神、工匠精神，希望顺丰公司工会再上新台阶，维护职工合法权益，引导职工建功立业，让职工感受到党和政府的温暖，激发工作的热情与活力，为社会创造更多的价值。

湖北省邮政快递业基础设施建设获利好

2月，湖北省发展改革委印发《关于推动生活性服务业补短板上水平提高人民生活品质的实施意见》，农村寄递物流体系、城市快递末端能力等邮政快递业基础设施建设获利好。实施意见提出，健全县乡生活服务网络，推进基层寄递物流体系建设，加快贯通县乡村三级电子商务体系和快递物流配送体系，推进电商、快递进农村。要求扩大社区便民服务供给，推动便民服务设施辐射所有城乡社区，构建社区“一刻钟”生活服务圈。

农村寄递物流体系建设被纳入湖北省流域综合治理和统筹发展规划纲要

2月，湖北省委印发《湖北省流域综合治理和统筹发展规划纲要》，将“行政村寄递物流服务网点覆盖率”指标作为农业农村现代化指标中县域服务能力的重要组成部分，明确提出到2025年要实现行政村寄递物流服务网点全覆盖的发展目标，由省乡村振兴局、省邮政管理局共同负责推动落实。规划纲要是湖北省实施党中央决策部署和湖北省第十二次党代会精神的发展纲领性文件，是湖北建设全国构建新发展格局先行区的行动纲领，以流域综合治理为基础，统筹水安全、水环境安全、粮食安全和生态安全，大力推进新型工业化、信息化、城镇化、农业现代化四化同步发展，探索推进中国式现代化的有效路径，促进湖北加快建设全国构建新发展格局先行区。

湖北省“稳预期、扩内需、促消费”工作方案出台利好邮政快递业

2月，湖北省人民政府办公厅印发《2023年全省“稳预期、扩内需、促消费”工作方案》，邮政快递业在行业用工、税费优惠、快递进村、快递出海等方面获利好。工作方案提出，加强援企稳岗、租金减免、融资担保、贷款贴息、应急转贷纾困等支持；持续推进快递进村，力争全年寄递物流综合服务点建制村覆盖率提高到90%以上，打通农产品进城的“最初一公里”和工业品下乡的“最后一公里”；推动顺丰公司在花湖机场实现42条货运航线转场；力争全年跨境电商等外贸新业态进口增速20%以上。

湖北局联合省教育厅推动做好全省高校快递服务工作

3月，湖北省邮政管理局联合省教育厅印发《关于进一步做好我省高校快递服务工作的通知》，推动做好全省高校快递服务工作。通知针对当前部分高校存在快递“摆地摊”“进校难”、师生取件难等问题，要求各地坚持公益共享、规范高效、协同共治的原则，采取措施强化高校快递服务管理责任，合理规划高校快递服务设施建设，强化校园快递基础设施建设和布局，打造规范的高校快递综合服务平台（企业），严格落实快递服务标准，切实提高快递服务质量。

2023年湖北省委一号文件支持农村寄递物流体系建设

3月，湖北省委、省政府印发《贯彻〈中共中央、国务院关于做好2023年全面推进乡村振兴重点工作的意见〉的实施意见》，对做好2023年全省“三农”工作、全面推进乡村振兴、加快建设农业强省进行全面部署，农村寄递物流体系建设再获政

策支持。意见明确，加快发展现代乡村服务业，大力发展连锁经营、共同配送、即时零售和农村电商，打造农村消费新场景新模式；支持邮政、快递、物流电商等企业共建共享基础设施和配送渠道，力争行政村快递服务网点覆盖率达到90%以上。意见对农产品出村进城工程、构建县乡村三级服务体系等工作一并进行了安排部署。

湖北省七部门推动打通全省农村寄递物流“最后一公里”和“最初一公里”

3月，湖北省邮政管理局联合省乡村振兴局、发改委、财政厅、交通厅、农业农村厅、商务厅、供销社等七部门印发《湖北省打通农村寄递物流“最后一公里”和“最初一公里”工作方案》，对2023年全省农村寄递物流体系建设工作进行安排部署。方案要求，要坚持以习近平新时代中国特色社会主义思想为指导，全面贯彻党的二十大精神，坚定贯彻习近平总书记关于湖北工作的重要讲话和指示批示精神，认真落实省第十二次党代会部署，加快构建开放惠民、集约共享、安全高效、双向畅通的县乡村三级农村寄递物流服务体系，到2023年年底前实现村级网点全覆盖。

鄂州花湖机场首条国际货运航线正式开通

4月1日上午10时58分，一架顺丰航空波音747-400全货机从鄂州花湖机场飞向比利时列日机场，标志着花湖机场首条国际货运航线正式开通。湖北省委副书记、省长王忠林出席活动并宣布航线开通。顺丰集团总裁王卫致辞。湖北省委常委、常务副省长董卫民主持活动。

湖北局集中约谈加盟制快递企业省公司

4月，湖北省邮政管理局副局长徐兵主持集中约谈中通、圆通、韵达、申通、极兔等加盟制快递企业湖北公司主要负责人，加快推进全省农村寄递物流体系建设，提升农村快递末端服务质量。约谈会传达学习了全省农村寄递物流体系建设培训会精神，通报了近期全省排查发现的农村快递末端服务违规收费、过度考核罚款、未按名址投递等问题，要求各企业省公司高度重视、迅速整改、举一反三，保障农村快递末端服务质量。

《湖北省农村寄递物流体系建设指引（试行）》出台

4月，《湖北省农村寄递物流体系建设指引（试行）》由湖北省邮政管理局、省乡村振兴局、省发展改革委、省财政厅、省交通运输厅、省农业农村厅、省商务厅、省供销合作社等七部门联合印发，旨在进一步推动全省农村寄递物流体系建设规范化、标准化。

农村寄递物流体系建设被纳入2023年度湖北省乡村建设任务清单

4月，湖北省委农办、省乡村振兴局、省农业农村厅联合印发《2023年度湖北省乡村建设任务清单》，农村寄递物流体系建设被列为32项任务清单之一。任务清单提出，农村寄递物流体系建设由省委农办、省乡村振兴局、省邮政管理局共同牵头，2023年重点围绕实现村级网点全覆盖、建设乡镇综合服务站、打造县级共配中心、推动资源统筹整合、优化末端配送渠道、加强规范化建设、助力农产品出村进城等建设内容，力争实现村级网点全覆盖，进一步畅通消费品下乡进村、农产品出村进城的双向流通渠道，做到农村群众快递收件、寄件不出村。

湖北局获评“全国交通运输行业文明单位”

4月，全国交通运输行业精神文明建设先进集体评选结果公布，湖北省邮政管理局获评“2020－2021年度全国交通运输行业文明单位”荣誉称号。

湖北局在2022年度乡村振兴定点帮扶考核中获佳绩

4月，中共湖北省委农村工作领导小组通报了2022年度省直单位定点帮扶和省内区域协作考评结果，湖北省邮政管理局在乡村振兴定点帮扶综合评价中荣获“好”等级（为最佳等级）。

湖北省实现省、市两级快递行业党委全覆盖

4月，中共孝感市快递行业委员会、中共随州市快递行业委员会正式获批成立，标志着湖北省实现省市两级快递行业党委全覆盖。

湖北局印发全省快递业务经营许可办事指南

5月，为进一步优化审批服务，方便企业和群众办事，提升快递业务经营许可工作服务能力，湖北省邮政管理局以申请人需求为导向，对快递业务经营许可申请事项进行了梳理整合，出台了《湖北省快递业务经营许可办事指南》。

湖北省委副书记专题研究农村寄递物流体系建设工作

5月17日，湖北省委副书记诸葛宇杰主持召开会议，专题研究农村寄递物流体系建设工作，省委办公厅、政研室、乡村振兴、邮政管理、交通运输、农业农村、商务、供销社等部门负责人参会。会议听取了省乡村振兴局、省邮政管理局关于农村寄递物流体系建设有关工作情况的汇报，其他参会单位作了交流发言，研究部署了下步重点工作安排。

湖北局进一步推动寄递企业省公司统一管理责任落实

5月，湖北省邮政管理局印发《关于进一步压实寄递企业省公司统一管理责任的通知》。要求各寄递企业湖北省公司提高站位，充分认识落实统一管理责任的重要意义，认真落实对品牌下属企业的统一管理责任。各省公司主要负责人是落实统一管理责任的第一责任人，必须重要工作亲自部署、重要问题亲自过问、重大事件亲自处置。明确各寄递企业湖北省公司要督促指导品牌下属企业落实行业主管部门监管要求和企业生产经营规范，履行在党建引领、规划发展、服务质量、安全生产、生态环保、统计监督、快递员合法权益保障等方面工作任务。

湖北局印发邮政快递业塑料污染治理工作三年实施方案

6月，湖北省邮政管理局制定印发《湖北省邮政快递业塑料污染治理工作三年实施方案（2023—2025）》。实施方案明确了塑料污染治理的三年工作任务：到2025年底，全省邮政快递网点禁止使用一次性塑料制品；邮件快件处理场地全面使用可循环中转袋；邮政快递业绿色化、可循环、无害化包装普遍使用，废弃物回收利用效率显著提升，普通塑料包装废弃物污染基本得到有效控制。要求一是加强塑料包装源头管控，推进邮件快件封装规范化，推广使用“瘦身胶带”等绿色包装产品，推动电商快递减少二次包装；二是按照“能替尽替”的原则，在行业内推广使用功能指标与环保要求兼备的纸质等可降解替代包装材料，提升替代产品应用比例；三是减少向省内邮政、快递企业销售不可降解的快递包装袋等塑料产品，推动增加绿色包装产品供给；四是推广使用可循环包装，扩大可循环、可折叠包装和可循环中转袋等快件集装容器的使用范围；五是鼓励邮政、快递企业与环卫部门、回收企业以及第三方机构等开展多方合作，规范塑料废弃物回收利用和处置。

湖北省农村寄递物流体系建设又获政策支持

6月，湖北省委、省人民政府印发《关于推进强县工程的实施方案》，农村寄递物流体系建设被纳入其中。方案明确，发展区域性综合物流园区和县级物流配送中心，实施农村寄递物流“一村一站”工程，推动县域物流体系建设，支持交通、邮政、快递等企业推进客货邮融合发展。

圆通湖北总部暨智慧供应链科创园项目在鄂州顺利签约

6月8日，圆通湖北总部暨智慧供应链科创园

项目签约仪式在鄂州市举行，鄂州市委副书记、市长王玺玮致辞并见证签约，市委常委、常务副市长余珂主持签约仪式，市邮政管理局等责任单位代表参加。湖北总部暨智慧供应链科创园项目拟占地230亩，投资15亿元，规划建设华中管理区总部及结算中心、智慧物流与仓储、商贸管理中心、电商孵化中心等主体工程及公共服务设施、停车场等配套辅助工程。项目建成后将成为圆通在华中地区规模最大、辐射最广、功能最全的智创园项目。鄂州作为圆通速递在湖北的重点区域枢纽中心面向全国，项目计划2023年10月开工，2025年投入运营，投产后预计年亩均税收超过30万元人民币，解决就业2400人。

湖北省明确“打通农村寄递物流最后一公里”为优化营商环境先行区创建试点改革事项

6月，湖北省优化营商环境领导小组办公室印发《关于开展优化营商环境先行区创建试点工作的通知》，明确了一批创建试点改革事项。其中要求按照“突出首创性、聚焦小切口”原则，将开展“邮快合作、快递进村”、打通农村寄递物流最后一公里纳入深入优化便民服务改革事项，并确定宜城市、当阳市、竹溪县、京山市、麻城市、咸安区、宣恩县、巴东县共8个县(市、区)为试点地区。

湖北省政府常务会专题研究农村寄递物流体系建设工作

6月19日上午，湖北省人民政府常务会专题研究农村寄递物流体系建设工作，审议通过了《关于进一步推动农村寄递物流村级服务网点全覆盖的工作方案(送审稿)》，要求加强组织领导、加大支持力度、强化督导监管、严格考核评价，打通快递进村难点堵点，切实解决群众急难愁盼的实际问题。会议明确了2023年要实现“快递进村、全域覆盖、年底完成”的总体目标，即年底前实现全省所有行政村村级服务网点全覆盖并持续稳定运行，做到农村群众快递收件、寄件不出村。要求加大支持力度，对市场化方式无法设置村级服务网点的，由邮政公司或村级党员群众服务中心兜底设点，由省级财政给予一定补贴，同时用好乡村公益性岗位，做好特殊困难群体的快递服务。

鄂州花湖机场国际货运航班突破100架次

6月7日11时，一架顺丰航空O37615次航班从湖北鄂州飞往印度德里，这是鄂州花湖机场今年4月1日开通首班国际货运航班首航以来的第100架航班。

湖北省1名行业代表出席共青团第十九次全国代表大会

中国共产主义青年团第十九届中央委员会第一次全体会议于6月22日下午在北京举行，鄂州市快递行业团工委书记、市邮政分公司团委副书记张瑶作为全国代表参加会议。

鄂州花湖机场顺丰航空货运航线转场正式启动

7月1日凌晨，一架来自昆明的顺丰航空B737-300全货机降落在鄂州花湖机场，机场以民航界最高礼遇“过水门”迎接该航班，这标志着鄂州花湖机场顺丰航空货运航线转场工作正式启动。鄂州花湖机场货运功能进一步实现，机场建设运营进入新的发展阶段。

湖北省加快推动农村寄递物流村级服务网点全覆盖

6月30日，湖北省人民政府办公厅印发《关于进一步推动农村寄递物流村级服务网点全覆盖工作方案》，要求将农村寄递物流村级服务网点全覆盖作为深入学习贯彻习近平新时代中国特色社会主义思想主题教育为民办实事的重要内容，贯彻落实《国务院办公厅关于加快农村寄递物流体系建设的意见》和省政府有关文件精神，打通快递进村难点堵点，切实解决群众急难愁盼的实际问题。工作方案明确，要按照省委、省政府提出的“快递进村、全域覆盖、年底完成”总体要求，进一步健全县、乡、村三级寄递物流服务体系，开展尚未设置村级服务网点的3647个村建点攻坚行动，确保2023年底前实现全省所有行政村村级服务网点全覆盖并持续稳定运行，打通农村寄递物流“最后一公里”和“最初一公里”，做到快递收件、寄件不出村，让农村群众有看得见、摸得着的获得感和幸福感。

湖北省开展“绿色分拨”“绿色网点”创建试点

7月，湖北省邮政管理局联合省快递行业协会印发《关于开展2023年湖北省邮政快递业“绿色分拨”“绿色网点”创建试点的通知》。通知明确，2023年底前，全省建设不少于100个绿色网点、不少于30个市级绿色分拨中心、不少于10个省级绿色分拨中心，通过建设一批标准化的绿色分拨中心和绿色网点，发挥其在快递包装绿色治理、行业节能减排和绿色发展方面的示范带动作用。要求围绕推进包装封装操作规范化，推进包装减量化、无害化，促进包装标准化、可循环，推动新能源车辆应用，加强生态环保宣传和培训等五个方面重点工作任务；积极推进减量化、标准化、循环化、无害化“四化”建设，加快推进行业绿色低碳发展。

湖北省快递职业技能竞赛举行

8月25日，由湖北省邮政管理局主办，省邮政行业职业技能鉴定中心、省职业技能鉴定指导中心协办，武汉商学院承办的2023年“湖北工匠杯”技能大赛——全省快递职业技能竞赛在武汉商学院顺利举行，全省13支市州代表队近60名选手参赛。经过紧张激烈的比拼，最终武汉市代表队获团体一等奖，襄阳市、黄冈市代表队获团体二等奖，宜昌市、黄石市、十堰市代表队获团体三等奖，其中，湖北顺丰公司、湖北京邦达黄冈分公司、中国邮政武汉分公司分别获快递员个人赛项一、二、三等奖，湖北圆通公司、中国邮政武汉邮区中心、黄石日日通公司分别获快件处理员个人赛项一、二、三等奖。

鄂州花湖机场成为顺丰全国最大货运中转枢纽

9月4日起顺丰航空的分拣中心完全转场至鄂州花湖机场，这意味着鄂州花湖机场成为顺丰航空全国最大的中转分拣中心，全国绝大部分地区的物流将先抵达鄂州中转分拣后再运输至各地。

湖北省省长到孝感市调研农村寄递物流体系建设

10月10日，湖北省委副书记、省长王忠林到孝感市调研农村寄递物流体系建设工作强调，要深入贯彻习近平总书记关于“三农”工作的重要论述，落实省委、省政府工作部署，坚定践行以人民为中心的发展思想，加快补齐农村寄递物流基础设施短板，更好满足农村生产生活和消费升级需求，为全面推进乡村振兴、促进农业农村现代化作贡献。

湖北省省长强调持续用力抓好农村寄递物流体系建设工作等民生项目

11月2日，湖北省人民政府召开全省2023年十大民生项目推进会，听取工作进展、分析存在不足、强化攻坚措施，确保如期完成任务。省委副书记、省长王忠林出席会议并讲话，省委常委、常务副省长邵新宇主持会议，副省长盛阅春、吴海涛、陈平参加会议。王忠林指出，全省农村寄递物流体系建设推进力度大、落实进度快、工作质效好、亮点举措多，取得明显成效，走在全国前列。他强调，“小寄递”关乎“大民生”，省乡村振兴局、省邮政管理局等部门要紧盯任务单、时间表，加快解决难点堵点问题，确保按期交账、确保办理质量、确保项目效益，切实把实事办好、好事办实。要牢固树立以人民为中心的发展思想，坚定站稳群众立场，扛牢担实工作责任，主动靠前服务保障，从严从实考核结账，全力打好今年民生项目收官战，结合群众需求提早研究谋划明年民生项目，切实把民生项目办成群众满意的民心工程，为湖北先行区建设和高质量发展凝聚强大合力。

湖北省寄递物流村级服务网点实现全覆盖

截至2023年11月底，全省共建成105个县级共配中心，基本实现共配中心全覆盖；建设乡镇邮政快递站点3475个，其中多品牌共用综合服务站点1683个，乡镇服务网络进一步优化；建设村级服务网点20744个，实现村级网点全覆盖，基本实现农村群众快递寄件、收件不出村。

湖北省副省长批示肯定省邮政快递业旺季服务保障工作

12月，湖北省邮政管理局向省人民政府专题报告了2023年全省邮政快递业旺季服务保障工作情况，湖北省副省长盛阅春予以批示肯定。他指出，省邮政管理局围绕中心、服务大局，着力提升服务保障水平，全省快递业务量直攀新高，农村寄递物流体系建设全面领先，统筹安全与发展，对上述工作予以充分肯定。

湖北局完成2023年度全省快递工程专业技术人员职称资格认定工作

12月，湖北省邮政管理局精心组织、严格把关，圆满完成了2023年度全省快递工程专业技术人员职称资格认定工作，此次评审全省共有110名快递工程专业技术人员获得任职资格。

湖南省快递发展大事记

湖南省省长批示“快递进村”和保通保畅工作

1月，湖南省委副书记、省长毛伟明在《湖南省情要报》呈送的《“快递进村难”问题的思考与破解建议》上作出重要批示，要求着力打通“最后一公里”，切实破解“快递进村难”，解决好药品、防疫物资进村问题，满足好广大农村地区用药就医的需求。

湖南省邮政快递业人才建设累结硕果

1月，湖南邮政快递业人才建设工作捷报频传。湖南现代物流职业技术学院获评第四批全国邮政行业人才培养基地，成为湖南省第二家全国邮政行业人才培养基地。在第三届全国邮政行业职业教育快递技能大赛决赛上，湖南现代物流职业技术学院周雨芬团队获得全国一等奖第一名，曾恋之、秦颖获优秀指导教师奖。

湖南局与省交通运输厅共商推进农村寄递物流体系建设

1月，湖南省邮政管理局与省交通运输厅座谈，就进一步推进农村寄递物流体系建设等工作交换意见建议。湖南省交通运输厅厅长马捷、省邮政管理局局长韦慧参加会议。

湖南局着力推动农村寄递物流体系建设

1月12日，在湖南省邮政管理局积极引导下，新晃县政府与湖南省邮政业安全中心、湖南送悦科技有限公司签订新晃县农村寄递物流体系建设工作战略合作框架协议，全力打造农村寄递物流服务品牌。此次战略合作坚持市场主导、政府引导的原则，通过节点网络共享、末端服务共配、运力资源共用，融合技术、产业、资本，着力健全新晃县末端共同配送体系、优化协同发展体系、构建冷链寄递体系，夯实新晃县农村寄递物流发展基础，丰富服务场景，实现乡乡有网点、村村有服务，农产品运得出、消费品进得去，农村寄递物流供给能力和服务质量显著提高，便民惠民寄递服务基本覆盖，基本形成“开放惠民、集约共享、安全高效、双向畅通”的农村寄递物流体系。同时，推动北斗卫星导航系统在新晃县农村寄递物流体系建设中的应用，并以此为基础推广至新晃县智慧城市等多领域应用，丰富北斗应用场景，发展新晃县北斗产业。

湖南省副省长调研全省邮政快递业发展情况

1月31日，湖南省政府副省长李建中率队调研全省邮政快递业发展情况，强调要不断增强人民群众用邮的获得感、幸福感和安全感。省政府副秘书长黎咸兴，省交通运输厅厅长马捷，省邮政管理局局长韦慧等陪同调研走访。

湖南省政府工作报告肯定客货邮融合发展成效

2月，湖南省第十四届人民代表大会第一次会议召开，省长毛伟明作省政府工作报告，肯定农村客货邮融合发展试点工作成效。

湖南省“稳增长二十条”要求扩大农村客货邮融合发展试点范围

2月，湖南省出台《关于打好经济增长主动仗实现经济运行整体好转的若干政策措施》，聚焦促进消费恢复升级、保持投资稳定增长、推动外贸扩容提质、培育壮大产业动能、全力帮扶实体经济5个方面，扎实推动经济运行整体好转。在“加强用能和物流保障”方面，“稳增长二十条”明确要求推进物流优化提升和降本增效，支持国内航空货运、网络货运、多式联运发展，加强物流枢纽、冷链物流基地等基础设施建设，扩大农村客货邮融合发展试点范围，持续降低企业物流成本。

湖南省副省长批示要求加快推进“快递进村”和农村寄递物流体系建设

2月，湖南省副省长李建中在省交通运输厅和省邮政管理局报送的加快推进“快递进村”和提升农村寄递物流体系建设保障能力的报告上作出批示，要求省交通运输厅、省邮政管理局共同研究提出具体方案。李建中强调，方案要注意三点：一是体制短板要研究采用机制性办法去补上；二是试点要形成一批可复制可推广的经验；三是农村快递物流业要充分发展还是要激发市场的活力动力。

湖南省委一号文件要求贯通县乡村快递物流配送体系推动客货邮融合发展

2月28日，湖南省委一号文件《中共湖南省委 湖南省人民政府关于锚定建设农业强省目标扎实做好2023年全面推进乡村振兴重点工作的意见》全文发布。在建设现代化乡村产业体系，推动农业优势特色产业全链条升级方面，意见要求，要加快贯通县乡村电子商务体系和快递物流配送体系，建设县域集采集配中心，推动农村客货邮融合发展。在深入实施乡村建设行动，建设宜居宜业和美乡村方面，意见提出，要推进县域城乡融合发展，推动县域供电、供气、电信、邮政等普遍服务类设施城乡统筹建设和管护。

湖南局联合团省委开展“学雷锋 树新风”志愿服务活动

2月27日，湖南省邮政管理局联合团省委组织党员干部走进菜鸟网络科技有限公司开展“学雷锋 树新风”志愿服务活动，以实际行动践行雷锋精神，关心关爱快递员。湖南局党组书记、局长韦慧同志以普通党员身份参加志愿服务活动。

湖南省人大副主任调研郴州市邮政快递业工会建设工作

3月9日，湖南省人大常委会副主任、省总工会主席周农到郴州市湘龙快递物流产业园，调研郴州市邮政快递业工会建设工作。省总工会党组书记、副主席何俊峰参加调研。周农深入郴州市湘龙物流产业园，调研了司机之家、职工书屋、职工食堂、户外劳动者服务站建设情况，详细了解快递员建会入会和维权服务工作。他叮嘱道，要围绕深入学习贯彻党的二十大精神，进一步加强职工服务阵地建设，完善服务设施，拓展服务内容，精准对接职工群众需求，做深做实普惠服务、维权服务、帮扶服务。

湖南省出台措施支持湘品“快递出海”

3月，湖南省人民政府办公厅出台《关于促进跨境电商高质量发展的若干措施》，“快递出海”获支持。若干措施从加强产业发展、促进集聚发展、完善要素保障、便利跨境贸易等四个方面提出了十三项政策措施，明确要求推动建立跨境电商综试区并给予资金支持，建立“湘品出海”从省内到海外的全链路跨境电商物流体系，优化跨境通关服务，积极推动“区港、区区联动”物流监管改革试点。

湖南省政协主席在湘西调研邮政快递业发展情况

3月，湖南省政协主席毛万春在湘西调研邮政快递业发展情况，湘西州政协主席李平、政协副主席宋清宏等领导陪同。调研中，毛万春对湘西州邮政业近年取得的成绩给予充分肯定。毛万春强调，邮政企业作为行业“国家队”，要坚持围绕中心服务大局，坚持把服务乡村振兴战略、服务民生、助力地方经济社会发展作为工作的着力点和落脚点，为推动全省经济社会高质量发展贡献邮政智慧和邮政力量。

快递员被纳入湖南省技能岗位紧缺职业(工种)目录

4月，湖南省发布2023－2024年湖南省技能岗位紧缺职业(工种)目录，快递员被纳入其中。纳入后快递员失业保险技能提升补贴等标准可上浮10%。

湖南省省长肯定“邮快跨”制度创新成果

4月，湖南省召开中国(湖南)自由贸易试验区工作领导小组第三次全体会议，省委副书记、省长、领导小组组长毛伟明出席会议并讲话，充分肯定“邮快垮”制度创新成果。毛伟明指出，三年来，湖南自贸试验区形成了一批制度创新成果，探索推出湖南特色成果47项，其中“邮快跨”同场集约监管等23项成果，属于全国首创。这些创新成果，提升了自贸试验区和全省贸易、投资、跨境金融便利化水平，促进了市场化、法治化、国际化一流营商环境建设。毛伟明强调，要深入贯彻习近平总书记关于加快建设自由贸易试验区的重要指示精神，落实党的二十大关于实施自由贸易试验区提升战略部署，全面推进自贸试验区高质量发展，着力打造内陆地区改革开放高地，为全省高质量发展增势赋能。

湖南省政协党组副书记专题调研农村寄递物流体系建设情况

6月2日，湖南省政协党组副书记黄兰香率队在湖南省邮政管理局调研农村寄递物流体系建设情况，围绕“加快解决快递进村难”课题进行座谈交流。黄兰香要求，邮政管理部门要结合湖南实际，明确快递进村牵头部门，尽快制定工作方案，整合快递公司资源，引导企业积极承担社会责任，加快建立行业统一标准，健全县、乡、村三级寄递服务体系。要选好“小切口”，开展调查研究，总结快递进村的特色亮点，形成一批可复制可推广的有效模式，为湖南快递进村工作提供示范经验。要充分发挥政协委员主体作用，积极围绕快递进村建言献策，做好建言成果转化落实，在助推快递进村工作中展现政协作为。

湖南省数字乡村发展行动方案印发利好邮政快递业

6月，湖南省委网信办、省发展改革委等六部门联合印发《湖南省数字乡村发展行动方案(2023—2025年)》，邮政快递业多项内容被纳入其中。行动方案要求，加快乡村信息基础设施建设，有序推进农业农村、商务、民政、邮政快递、供销等部门农村信息服务站点的整合共享，推广“多站合一、一站多用”。推动传统基础设施数字化升级，推动网络货运、城乡配送、农村客货邮、县乡村三级物流平台和多式联运信息服务建设,持续推进冷链物流发展。深化农产品电商发展,推进"快递进村"工程,推动有条件的地区建设村级寄递物流综合服务站,发展县乡村共同配送,实现统一仓储、分拣、运输、揽件,力争到2025年县域共配率超过25%。

湘粤港海关"跨境一锁"快速通关在长沙国际邮件互换局正式启动

6月13日,一车出口邮件经长沙海关监管放行,从长沙国际邮件互换局出发发往香港,这标志着湘粤港海关"跨境一锁"快速通关启动。该批邮件在深圳湾口岸由口岸海关快速验核,将一车到底直接运抵香港国际机场,并发往世界各地。湖南省委常委,常务副省长李殿勋出席启动仪式。湖南省是继广东省后第二个推行"跨境一锁"改革的省份,"跨境一锁"快速通关改革是内地"跨境快速通关"改革与香港"多模式联运转运货物便利计划"的对接。在该模式下,长沙、深圳、香港三地海关深度协作,通过执法互助、信息互享,结合卫星定位互联网、卡口直连等技术,实现货物在口岸自动快速验放,有效降低企业通关物流成本,促进跨境贸易便利化。"跨境一锁"将为我省邮政快递业创造更加快速、便捷的出海通道,为"湘品出海"打造新的绿色通道,让湖南产品走向国际。

湖南省2023年乡村建设行动工作要点支持农村寄递物流体系建设等发展

6月,湖南省乡村振兴局、省农业农村厅联合印发《湖南省2023年乡村建设行动工作要点》,农村寄递物流体系建设等多项内容获支持。工作要点提出,要提高农村运输服务质量,宣传推广农村物流服务品牌,提高农村物流服务品质,提升城乡交通运输均等化服务水平。加强农村寄递物流体系建设,完善农村寄递物流基础设施,推广县域寄递物流末端共同配送和村级寄递物流综合服务站,全面推进快快合作、邮快合作、快供合作,持续提升农村居民使用寄递服务的便利性。推进农村客货邮融合发展,完善农村三级物流体系建设,推进农村客运、货运、邮政快递基础设施、运力、信息资源融合,提升农村寄递物流服务水平。优化农村邮政普遍服务,继续加强农村邮政普遍服务监督,利用信息化等手段开展农村投递服务监督,持续巩固建制村投递服务水平。

邮政快递业多项工作被纳入2023年湖南省促进现代物流业发展工作要点

6月,湖南省发展改革委、省交通运输厅、省商务厅、省邮政管理局联合印发《2023年湖南省促进现代物流业发展工作要点》,邮政快递业多项工作被纳入其中。工作要点重点部署了五个方面30项工作。在完善物流网络方面,要求推动农村电商快递协同发展示范区、快递服务现代农业示范项目建设。研发建设全省一体化寄递信息系统平台,加强推进"数字快递进农村行动"。继续开展农村客货邮融合发展工作,适时推广农村客货邮融合发展经验。做好能源、民生物资、医疗防控物资、产业链供应链原材料、外贸产品等重点物资运输保障。推动适时货物包装和物流器具绿色化、减量化,推广使用绿色包材,循环包装,减少过度包装和二次包装。在打造物流平台方面,要求推广"跨境快速通关"业务模式。

湖南局联合四部门优化调整邮政快递企业就业措施

6月,湖南省邮政管理局联合省人社厅等四部门印发《关于支持鼓励全省邮政快递企业招聘用工的通知》,出台一系列支持鼓励全省快递企业招聘用工的政策举措,促进邮政快递业高质量充分就业。

湖南省新型城镇化工作要点印发助力邮政快递业发展

8月,湖南省推进新型城镇化工作暨推进保障性安居工程建设协调小组办公室印发《2023 年湖南省新型城镇化工作要点》，邮政快递业发展获政策支持。工作要点提出，加强塑料污染全链条治理，推进可循环快递包装规范化应用。推进县域商业体系建设行动，完善县乡村商业网点和物流配送网络。依托县城、重点镇布局建设一批产地冷链集配中心。深化邮政、供销、交通等既有设施资源整合，加强农村寄递物流体系建设。

湖南省出台恢复和扩大消费若干政策措施利好邮政快递业

8 月 31 日，湖南省人民政府办公厅印发《湖南省恢复和扩大消费的若干政策措施》，邮政快递业多项内容获政策支持。若干措施提出，要扩大新能源汽车消费，鼓励旅游客运车、网络预约车、邮政快递车使用新能源汽车，鼓励租赁车辆优先选用新能源汽车，推动党政机关、企事业单位采购绿色交通出行服务。要完善农村电子商务和快递物流配送体系，健全县乡村三级物流配送体系，持续推进农村客货邮融合发展，探索农村客货运、邮政快递、物流、电商等“一网多用、一站多能、多点合一、深度融合”新模式，打通农产品进城“最初一公里”和工业品下乡“最后一公里”。推广农产品产地发展“电子商务 + 产地仓 + 快递物流”仓配融合模式，支持农超对接、农批对接、农企对接、农社对接等农产品产地直供直销模式。

湖南省出台金融支持全面推进乡村振兴实施方案利好邮政快递业

9 月，中国人民银行湖南省分行、国家金融监督管理总局湖南监管局、湖南证监局、省财政厅、省农业农村厅、省地方金融监督管理局联合印发《湖南省金融支持全面推进乡村振兴 加快建设农业强省实施方案》，邮政快递业多项内容迎来发展利好。实施方案提出，要做好县域集采集配中心、县级农村物流中心、乡村运输服务站、村级物流服务点等基础设施建设的融资服务。围绕公路、供水、电网等农村基础设施建设项目和县域供电、供气、电信、邮政等县域城乡融合发展项目，发挥乡村振兴产业基金作用，撬动金融社会资本，建立健全中长期融资保障体系。

中通快递积极助力十八洞村乡村振兴

10 月 20 日，中通快递湖南管理中心副总经理邱金良带队到湘西州花垣县十八洞村开展乡村振兴帮扶行动。湘西局主要负责人参加相关活动并主持召开座谈。会后，中通公司与十八洞山泉有限公司签订了乡村振兴帮扶采购协议。

湖南省在第四届全国邮政行业职业技能竞赛中斩获佳绩

10 月，2023 年全国行业职业技能竞赛暨第四届全国邮政行业职业技能竞赛全国总决赛在重庆圆满落幕。湖南代表队在本次竞赛中荣获团体优胜奖。长沙市天心区友谊小区菜鸟驿站杨景获二等奖，长沙韵虎速递有限公司兴汉门营业部梁叶、中国邮政速递物流有限公司邵阳市分公司杨雷获三等奖，省邮政行业职业技能鉴定中心贺煌获优秀技术指导奖。

湖南局与省烟草专卖局签订联合打击寄递渠道涉烟违法犯罪合作协议

11 月 27 日，全省打击涉烟违法犯罪合作协议签约仪式在长沙举行。省公安厅党委委员、副厅长谭学军，省邮政管理局党组书记、局长韦慧，省市场监督管理局党组成员、副局长丁珍良，长沙海关缉私局党组书记、局长焦德高，省烟草专卖局党组书记、局长孔祥统出席。本次合作协议签订由省公安、市场监管、邮政管理、海关缉私、烟草五部门联合举办，是贯彻落实国务院关于推进跨部门综合监管决策部署的具体举措，是推进部门协同制度化规范化的坚实基础，是纵深推进全省打击涉烟违法犯罪工作的重要抓手，标志着全省深化多部门协作、联合打击涉烟违法犯罪达到一个全新的高度。

湖南省自贸试验区“跨境一锁”改革创新成果获国家推介

12月，湖南自贸试验区打造湘粤港“跨境一锁”快速通关模式创新案例获国务院自由贸易试验区工作部际联席会议简报(2023年第14期)专版刊发，并作为改革创新成果在全国推介。

湖南省县域商业三年行动计划实施方案出台利好邮政快递业

12月，湖南省商务厅、省发改委、省邮政管理局等9部门联合印发《湖南省县域商业三年行动计划实施方案(2023－2025年)》，部署新建或改造升级30个县级物流配送中心、20000个村级寄递物流综合服务站。

湖南省建立固体废物厅际协调机制快递包装治理获支持

12月，湖南省发展改革委、工信、住建、商务、市监、邮政管理等23个厅局建立省固体废物与化学品环境管理厅际协调机制，统筹推进固体废物环境管理、无废城市检视、新污染物治理等工作。

广东省快递发展大事记

广东省出台培育扶持个体工商户若干措施利好邮政快递业

1月12日，经广东省人民政府同意，省政府办公厅印发《广东省培育扶持个体工商户若干措施》(简称为《若干措施》)，邮政快递业获利好支持。《若干措施》提出降低个体工商户经营成本、强化个体工商户金融扶持、减轻个体工商户税费负担、优化个体工商户营商环境、拓展个体工商户发展空间、加大对个体工商户的服务供给等五个方面31项具体举措。

广东省政府工作报告强调完善县乡村三级物流体系

1月12日，广东省第十四届人民代表大会第一次会议召开，省长王伟中作政府工作报告。报告肯定包括邮政快递业在内的现代服务业发展成效，明确要开展县域商业建设行动，要建设国家物流枢纽、国家骨干冷链物流基地，推进供销冷链物流骨干网全面组网投产，完善县乡村三级物流体系。

广东省副省长批示肯定全省邮政管理工作和邮政业发展成效

1月13日，广东省人民政府副省长陈良贤在《广东省邮政管理局关于报送2022年全省邮政管理工作和邮政业发展情况的报告》上作出批示：过去的一年，邮政快递在疫情防控、稳就业、保畅通、促发展等发挥的作用、作出的贡献是看得到、摸得着的，可圈可点的。希望再接再厉，更好服务广东实体经济发展和制造业当家、百县千镇万村工程，为我省经济挑大梁、社会稳定发展作出新贡献！衷心感谢邮政快递行业的同志们！

广州市快递行业党委成立

1月16日，广州市快递行业党委成立大会召开。广东省邮政管理局党组书记、局长周国繁出席并讲话，并和广州市委组织部副部长彭诗升为市快递行业党委揭牌，市快递行业党委委员，市邮政管理局全体党员干部，市邮政快递企业负责人和快递员代表参加揭牌仪式。彭诗升宣读了市委组织部关于同意成立广州市快递行业党委的批复文件，宣布广州市快递行业党委正式成立。

2022年广东省快递业务量突破300亿件

1月18日，国家邮政局发布数据显示，2022

年，广东省快递业务量完成301.4亿件，同比增长2.3%；快递业务收入完成2510.3亿元，同比增长2.3%。广东省成为2022年全国快递业务量率先突破，也是唯一突破300亿件大关的省份。

广东省培育2022年快递服务现代农业金银牌示范项目22个

1月30日，国家邮政局印发《关于授予“2022年快递服务现代农业金牌项目”的通知》，授予广东梅州柚、江门新会陈皮、阳江海鲜及加工品、湛江徐闻菠萝、茂名荔枝、茂名三华李、清远英德红茶、揭阳普宁青梅等8个快递业务量超1000万件的项目为“2022年快递服务现代农业金牌项目”。在此基础上，2月27日，广东省邮政管理局印发《关于2022年全省快递服务现代农业金牌银牌项目的通报》，确定广州增城荔枝、汕头海鲜、韶关翁源兰花、河源连平鹰嘴蜜桃、梅州嘉应茶、梅州盐焗食品、汕尾海鲜、东莞荔枝、中山黄圃腊味、中山花木、湛江海鲜、湛江富贵竹、肇庆德庆贡柑、清远鸡等14个快递业务量超100万件的项目为“2022年广东省快递服务现代农业银牌项目”。

广东省推动进一步提升旅游景区邮政服务水平

2月16日，广东省邮政管理局、省文化和旅游厅联合印发《关于进一步提升旅游景区邮政服务水平的通知》，部署推进广东省旅游景区主题邮局建设。通知提出，鼓励省内国家4A级以上旅游景区利用现有空间为主题邮局设置提供便利，支持有条件的乡村旅游镇村探索“旅游+邮政”融合发展，支持邮政企业发挥遍布城乡的网络平台优势，助力乡村振兴、宣传邮政文化、讲好广东故事。通知要求，各级邮政管理部门和文化和旅游行政部门要立足服务广东社会经济文化高质量发展大局，将主题邮局打造成为传承红色基因、传播中华文化、助力旅游发展、满足用户用邮需求的重要窗口。

广东省提出要推动县乡村电子商务和快递物流协同发展

2月18日，广东省人民政府印发《2023年省〈政府工作报告〉工作任务分工方案》，提出要推动县乡村电子商务和快递物流协调发展。分工方案提出，要申报2023年度国家物流枢纽和国家骨干冷链物流基地，加快推动已获批枢纽和基地建设。争取城乡冷链和国家物流枢纽建设中央预算内投资。商务、邮政管理部门制定完善农村物流网络体系2023年工作要点。全省供销冷链物流骨干网全面组网投产，累计完成投产冷库库容120万吨，推进冷链骨干网县域全覆盖。支持珠海建设粤港澳冷链物流配送中心。

广东省相关决定提出要建设县镇村三级快递物流网络

2月27日，中共广东省委发布《关于实施“百县千镇万村高质量发展工程”促进城乡区域协调发展的决定》，提出要建设县镇村三级快递物流网络。在强化乡镇联城带村的节点功能方面，决定提出，要推进电商物流服务联通，加强乡镇农产品冷链物流配送、加工物流中心建设，促进农货出乡出山出海。在建设宜居宜业和美乡村方面，决定强调，要稳步实施乡村建设行动。以乡村振兴示范带为主抓手，推进农村道路、供水保障、清洁能源、农产品仓储保鲜和冷链物流、防汛抗旱等设施建设，打造一门式办理、一站式服务、线上线下结合的村级综合服务平台，推动农村逐步基本具备现代生活条件。在统筹推进城乡融合发展方面，决定要求，要推动骨干交通网向城镇覆盖，全面实现国道通县城、省道通乡镇，加快“四好农村路”提档升级和村内道路建设，建设县镇村三级快递物流网络。

广东局部署进一步加强邮件快件过度包装治理

2月27日，广东省邮政管理局印发《落实〈国务院办公厅关于进一步加强商品过度包装治理的通知〉工作实施方案》，部署进一步加强邮件快件过度包装治理，促进行业发展绿色转型。实施方案要求，要加强法规标准宣贯，细化实化工作措施。要加强部门协同配合，督促指导电商企业加强上下游协同，投入应用满足快递物流配送需求的电商商品包装，推广电商快件原装直发。要积极推进邮件快件包装升级，鼓励寄递企业使用低克重、高强度的纸箱、免胶纸箱，鼓励寄递企业通过优化包装结构减少填充物使用量，指导各市邮政管理局开展快递包装实地专项抽查。要加强邮政业用品用具市场供给管理，采取抽样检测、通告通报、限期整改、公开曝光、名录调整等方式强化事中事后监管，促进全省邮政业用品用具市场健康有序发展。要进一步督导省内总部企业加强全网统一管理，细化限制过度包装要求，加强对末端一线人员培训，加强协议用户管理。要持续跟进包装减量工作进展，建立实施定期信息报告、通报和年度评价制度，有效监测包装使用情况，强化执法监督检查，做好行政指导与检查执法衔接。

广东省县乡村快递物流配送体系建设添动力

3月1日，广东省委、省政府印发《关于做好2023年全面推进乡村振兴重点工作的实施意见》，明确要聚焦实施“百县千镇万村高质量发展工程”，全面推进乡村振兴，加快建设农业强省。邮政快递业有关发展内容被纳入其中。实施意见》提出，要加快完善县镇村电子商务和快递物流配送体系，建设一批县域集采集配中心，推动镇村客货邮整合发展，大力发展共同配送、即时零售等新模式，支持乡镇农产品冷链物流配送、加工物流中心建设。要实施邮政服务带动小农户工程。

广东省启动邮政快递行业数据安全及个人信息安全保护检查专项行动

3月28日，广东省委网信办副主任许华带队到广东省邮政管理局座谈交流。广东省邮政管理局党组书记、局长周国繁会见许华一行。座谈中，双方就进一步强化部门协作，共同深化邮政快递领域数据安全和个人信息安全治理等交换意见。

广东省推进以县城为重要载体的城镇化建设利好农村寄递物流体系建设

4月6日，中共广东省委办公厅、广东省人民政府办公厅印发《关于推进以县城为重要载体的城镇化建设的若干措施》，农村寄递物流体系建设获支持。若干措施提出，要完善消费和商贸流通设施。推动县城公共仓配中心和冷链配套设施建设，发展县域物流共同配送、集中配送，鼓励社会力量布设智能快件箱。要推动县城基础设施向乡村延伸。健全县乡村物流配送体系，完善县级物流配送中心和镇村快递物流综合服务站点建设。

广东省邮政快递业5个集体、11名个人分获国家、省级表彰

4月至5月，全国、广东省“五一”“五四”表彰结果揭晓，广东省邮政快递业5个集体、11名个人获表彰。其中，深圳顺丰速运有限公司同心社区营业部主管秦文冲荣获第27届中国青年五四奖章。中山市韵达速递有限公司东区城东分部网点站长、快递业务员周小洪荣获2023年全国五一劳动奖章。中国邮政集团有限公司揭阳市分公司、中国邮政集团有限公司东莞市塘厦镇分公司2个集体荣获广东省五一劳动奖状；汕头市鑫中通速递有限公司市场销售部、中国邮政集团有限公司广东省海丰县可塘邮政支局、中外运－敦豪广东分公司作业部等3个集体荣获广东省工人先锋号；广州顺丰速运有限公司服务点收派员周焯辉、深圳顺路物流有限公司华南航空枢纽(深圳)工程组自动化技术工程师蔡继瑞、中国邮政集团有限公司汕头市城区分公司鸥汀营业部主任刘彬潮、汕尾市顺丰速运有限公司收派员苏文雄、中山桐江物流有限公司网点运营部经理唐志人、中国邮政集团有限公司阳江市分公司总经理马志雄、潮州市顺丰速运有限公司收派员余俊丰、云浮市韵

达快递有限公司快递员梁灿贤、中国邮政集团有限公司广东省信宜市分公司白石支局理财经理伍灵恒等9人荣获广东省五一劳动奖章。

国家邮政局副局长调研广东省邮政管理工作

4月25日，国家邮政局党组成员、副局长陈凯到广东省邮政管理局考察调研，并召开座谈会，听取广东省局党组书记、局长周国繁工作汇报，并看望干部职工，要求认真学习贯彻习近平总书记视察广东重要讲话重要指示精神，融入地方经济社会发展大局，积极打造交通强国邮政新篇章建设的示范地。

广东省全面推行清洁生产实施方案利好邮政业绿色发展

4月27日，经广东省人民政府同意，省发展改革委等10部门联合印发《广东省全面推行清洁生产实施方案（2023－2025年）》，邮政业绿色发展有关内容被纳入其中。实施方案提出，要以节约资源、降低能耗、减污降碳、提质增效为目标，以推进技术进步为主线，以清洁生产审核为抓手，系统推进工业、农业、服务业、建筑、交通运输等领域清洁生产，加快实施重点行业、重点领域清洁生产改造，创新清洁生产推行方式，培育壮大清洁生产产业，为推动高质量发展、实现碳达峰碳中和目标提供有力支撑。

广东省印发行动方案促进城乡区域协调发展利好农村寄递物流体系建设

4月28日，广东省"百县千镇万村高质量发展工程"指挥部城镇建设专班印发《广东省圩镇人居环境品质提升行动方案》，明确要强化乡镇联城带村节点作用，提升圩镇人居环境品质，促进城乡区域协调发展。邮政快递业有关内容被纳入其中。行动方案提出，要开展县域商业建设行动，提升圩镇商贸服务功能，推进乡镇农产品市场预冷储藏、保鲜运输和物流加工等冷链物流基础设施建设，完善快递配送投递网络，加强乡镇运输服务站建设。

广东省委书记强调要推出更多关心关爱快递员的暖心举措

5月5日至6日，省委书记黄坤明到揭阳市调研。期间，黄坤明来到揭东区锡场镇军埔电商村，要求当地党委政府加大扶持力度，强化知识产权保护和信用体系建设，推出更多关心关爱快递员的暖心举措，以优质配套服务营造良好电商生态，推动电商经济蓬勃发展。

广东省部署进一步加强全省邮政快递业消防安全工作

5月16日，广东省邮政管理局联合省消防救援总队印发《关于进一步加强全省邮政快递行业消防安全工作的通知》。通知要求，要压紧压实寄递企业省内总部统一管理责任，按照"谁的品牌谁负责""谁的资质谁负责"原则，督促寄递企业省内总部加强本品牌下属企业消防安全管理，定期组织本品牌下属企业开展消防安全检查。要压紧压实寄递企业消防安全主体责任，督促企业严格落实消防安全管理制度和防范措施，定期开展防火巡查检查和消防安全应急演练，及时消除火灾风险隐患，提升企业本质消防安全水平。

广东省3名个人、2个团队入围第五届"最美快递员"全国50强

5月19日下午，由国家邮政局和中华全国总工会指导的"奋进新征程　建功新时代"第五届"中国梦·邮政情 寻找最美快递员"活动在京举行揭晓发布会，来自广东省的朱周胜、周小洪、郑海3名"最美快递员"和跨越速运抢险救灾小组、联邦快递广州西站团队2个"最美快递员"团队入围全国50强。

广东省邮政业绿色发展和农村寄递物流体系建设获支持

5月23日，经广东省人民政府同意，广东省市

场监管局、省委网信办、省发展改革委等18部门联合印发《广东省开展"产品、工程和服务质量提升年(2023)"行动方案》,明确要推进邮政业绿色发展和农村寄递物流体系建设。行动方案提出,要促进服务品质大提升。要引导居民生活服务高品质发展。持续推进绿色快递包装标准化体系建设,推广绿色快递包装认证与应用。提升快递"最后一公里"投递服务能力。要提高生产流通服务专业化融合化水平。推动物流网络化一体化发展,加快城市配送绿色货运、冷链物流发展,完善农村物流服务体系,推广标准化、集装化、单元化物流装载器具和包装基础模数。推动农村物流网络体系建设,加快构建"资源共享、多站合一"的县乡村三级物流网络体系,提升广东省农村物流设施规则建设运营和企业服务水平。指导各地依托因地制宜推进农村客货运输、邮政快递与供销商贸等融合发展,统筹解决农民群众关注的便捷出行、物流配送、邮政寄送等三个"最后一公里"。要提升社会服务效能。加强城乡社区服务体系建设,推进城市一刻钟便民生活圈建设,实施村级综合服务设施提升工程。

广东省召开全省平安寄递专项行动动员部署会

5月24日,广东省邮政管理局等17部门联合召开2023年全省平安寄递专项行动动员部署会,落实国家邮政局等17部门有关加强寄递渠道安全管理工作的部署要求,分析全省寄递渠道安全面临的形势,对全省平安寄递专项行动进行动员部署。

中国青年五四奖章个人百场宣讲活动走进深圳市邮政快递行业

5月25日,在广东省邮政管理局协调指导下,"学习二十大 永远跟党走 奋进新征程"——中国青年五四奖章个人百场宣讲活动走进深圳市邮政快递行业。荣获第27届中国青年五四奖章的深圳顺丰快递员秦文冲结合学习贯彻习近平新时代中国特色社会主义思想,在深圳顺丰福田分部分享了他的奋斗故事。深圳市邮政管理局、深圳市快递行业党委相关负责人出席,来自顺丰集团党委、顺丰深圳区团总支的50余名行业青年在现场参加。

广东省推进碳达峰碳中和利好快递包装绿色治理

5月29日,广东省发展和改革委员会印发《广东省推进碳达峰碳中和2023年工作要点》,明确要推进快递包装绿色转型行动。工作要点提出,要推动运输工具装备低碳转型,鼓励引导城市物流配送企业更多投入新能源和清洁能源车辆。要加快城乡物流配送体系建设,推进国家绿色货运配送示范工程创建。要推进快递包装绿色转型行动,支持符合条件的城市和快递企业开展可循环快递包装规模化应用试点示范建设。

广东省13部门联合发文进一步加强寄递安全管理

5月29日,广东省邮政管理局、省委政法委、省委网信办、省人民检察院、省公安厅、省国家安全厅、省交通运输厅、省应急管理厅、海关总署广东分署、省市场监督管理局、广州铁路监督管理局、民航中南地区管理局、省消防救援总队联合印发《关于进一步加强广东省邮件快件寄递安全管理的若干措施》。若干措施要求,要以高水平安全为基础,保障行业高质量发展,维护全省邮政快递业安全、稳定、畅通运行。要完善联合监管机制,构建齐抓共管、综合治理的工作格局。要强化寄递安全"三项制度"落实,推进省际邮件快件处理场所应用智能安检系统、安检机联网系统,加强邮件快件安检员队伍建设。要深入推进安全生产和消防安全标准化建设,强化落实寄递企业省内总部安全保障统一管理责任。要加强行业道路交通安全管理,推广应用广东省"两客一危一重"车辆智能监管系统,加强从业人员安全宣传和教育培训,督促寄递企业严格落实佩戴安全头盔、使用安全带等要求。要加强寄递信息安全保护,深化邮政快递领域个人信息安全专项治理,督促电商平台、寄递企业加大虚拟安全号码、隐私面单等技术应用,推动实现面单信息隐私保护。

广东省印发实施意见大力推进农村客货邮融合发展

5月29日,经广东省分管交通运输的省领导审定,并报请省“百千万工程”指挥部同意,广东省交通运输厅印发《关于贯彻落实“百县千镇万村高质量发展工程”推进城乡区域交通运输协调发展的实施意见》,旨在打造交通强国先行示范省,为“百县千镇万村高质量发展工程”提供坚实的交通保障。实施意见提出一系列重点任务措施,农村客货邮融合发展获支持。

广东省推进新型城镇化和城乡融合发展利好邮政快递业

5月31日,广东省城镇化工作暨城乡融合发展工作领导小组办公室印发《广东省新型城镇化和城乡融合发展2023年工作要点》,邮政快递业获支持。工作要点提出,要促进城市绿色低碳发展。加强塑料污染全链条治理,推进可循环快递包装规模化应用试点。要推进城镇基础设施向乡村延伸。推动完善县域冷链物流设施。深化邮政、供销、交通等既有设施资源整合,加强农村寄递物流体系建设。

广东省加快推进农村寄递物流体系建设

5月31日,广东省商务厅、省邮政管理局等6部门联合印发《广东省完善农村物流网络体系2023年工作要点》,旨在加快推进农村寄递物流体系建设,进一步恢复和扩大消费,助推全省经济社会高质量发展。工作要点提出,要加强农村物流基础设施建设。科学规划县域快递物流产业园区。依托县域邮件快件处理场地、客运站、货运站、电商仓储场地、供销合作社仓储物流设施等建设县级寄递公共配送中心。整合相关资源,建设村级寄递物流综合服务站。鼓励有条件的村布放智能快件箱、快递自提点。鼓励将“快递进村”建设的线路运输、网点建设和符合条件的项目纳入政府专项资金支持范围,带动社会资本加大投入,推动县级物流配送中心、乡镇服务站点、村级寄递物流综合服务站等数字化信息化改造和综合服务提升。

广东省农村寄递物流体系建设获支持

6月21日,广东省完善促进消费体制机制工作领导小组办公室印发《2023年广东省恢复和提振消费工作八项要点》,农村寄递物流体系建设获支持。要点提出,要挖掘县域消费潜力。持续开展“12221”农产品市场体系建设,深化“邮快”“快快”“交快”“快商”“快电”合作,加快推进县乡村共仓共配网络建设。

广东局出台年度行业生态环境保护工作实施方案

7月14日,广东省邮政管理局印发《2023年广东省邮政行业生态环境保护工作实施方案》,部署全省邮政行业生态环保工作,推进行业绿色低碳转型,促进行业高质量发展。实施方案提出,2023年底前,全省邮政行业实现电商快件不再二次包装比例达到90%,深入推进过度包装和塑料污染两项治理,力争可循环包装的使用比例不低于同城快递业务量的8%,力争回收复用质量完好的瓦楞纸箱1.3亿个。实施方案从四个方面明确了16项重点任务,要求全省邮政管理系统和邮政行业深入打好行业污染防治攻坚战,加快推进快递包装减量化、标准化和循环化。

广东省鼓励快递员参与群防群治

7月19日,广东省人民政府印发《广东省群防群治组织监督管理规定》,明确群防群治组织的工作范围、管理机构、参加人员条件等。规定提出,鼓励公交车和出租车驾驶员、快递员和外卖配送人员等从业人员以个人身份参与群防群治工作。

广东省邮政快递从业人员技能提升获支持

7月22日，广东省人社厅、财政厅印发《广东省职业技能培训补贴管理办法》，邮政快递从业人员技能提升获资金补贴支持。该办法自2023年8月15日起施行。办法明确，补贴项目包括职业技能提升补贴、企业新型学徒制培训补贴、项目制培训补贴、创业培训补贴、职业技能评价补贴、生活费补贴等。其中，职业技能培训补贴适用于劳动者自学或自主参加职业技能培训后，参加由省级人力资源社会保障部门公布的备案社会培训评价组织开展的职业技能等级认定，取得《广东省职业技能提升补贴（指导）标准目录》范围内相应证书。办法列出的《广东省职业技能培训补贴（指导）标准目录（2023年度）》职业技能等级补贴（指导）标准中，邮件分拣员、邮件转运员、邮政投递员、报刊业务员、快递员、快件处理员被列入其中，并均被分为5级，包括初级工、中级工、高级工、技师、高级技师，补贴标准均按等级分别定为1000元、1500元、2000元、2500元、3000元。

广东局健全完善加强邮件快件寄递安全管理工作联席会议制度

8月9日，广东省邮政管理局印发《广东省加强邮件快件寄递安全管理工作联席会议制度》，健全完善联席会议制度，进一步加强广东省邮件快件安全管理工作组织领导。

广东省2023年乡村建设及农村人居环境整治提升工作要点提出加强农村寄递物流体系建设

8月10日，广东省农业农村厅印发《广东省2023年乡村建设及农村人居环境整治提升工作要点》，农村寄递物流体系建设被纳入其中。工作要点提出，要实施农产品仓储保鲜冷链物流设施建设工程，加强农村寄递物流体系建设。加快建设农村寄递物流基础设施，推广县域寄递物流末端共同配送和村级寄递物流综合服务站，加快完善县镇村电子商务和快递物流配送体系，建设一批县域集采集配中心。整合末端寄递资源，全面推进快快合作、邮快合作、快供合作，采取多种模式推进“快递进村”，持续扩大建制村品牌快递企业服务进村覆盖范围，提升“快递进村”服务水平，持续提升农村居民使用寄递服务的便利性。推进农村客货邮融合发展。优化农村邮政普遍服务。在具备条件的地区实现县县有中心、乡乡有网点、村村有服务。

广东省扩大内需战略实施方案利好邮政业发展

8月14日，经广东省政府同意，广东省政府办公厅印发《广东省扩大内需战略实施方案》，邮政业发展获支持。实施方案提出，要完善物流基础设施网络。加快国家物流枢纽、骨干冷链物流基地等建设，加强枢纽间互联互通。完善高铁快运网络布局，力争实现地级市高铁快运业务全覆盖，建设县、镇、村三级快递物流网络。推动骨干快递企业、省属重点交通企业组建国际快递骨干企业。要完善乡村市场体系。全面实施“快递进村”工程，支持智能投递终端“下乡”，推进村邮站建设，健全农产品寄递网络。要发展现代物流体系。完善城市配送设施，加快贯通县乡村电子商务服务体系和快递物流配送体系，畅通农产品进城和工业品下乡双向流通。支持优化海外仓全球布局，培育壮大一批具有国际竞争力的流通企业。

广东省加快发展农村电商支持建设县乡村快递物流配送体系

9月5日，经广东省人民政府同意，广东省商务厅印发《关于加快发展农村电商助力实施“百千万工程”的若干政策措施》，支持建设县乡村快递物流配送体系。若干政策措施提出，要统筹镇村级电商服务站点建设，充分整合利用现有资源丰富站点代购代销、快递收发、信息咨询等便民服务功能。要推动农产品流通骨干网络建设,完善田头快递收货站、农村公路、货运站等物流基础设施建设,鼓励采用统仓共配、集单配送、田头直发等方式降低物流费用。支持建设和改造县级物流配送中心,盘活现有末端网点资源建设快递物流站点,铺设“县—镇—村”三级快递物流配送网络。鼓励邮政、供销、电商、快递、交通运输、商贸流通等各类主体开展市场化合作,在整合县域电商快递基础上,搭载日用消费品、农资下乡和农产品进城双向配送服务。推动冷链物流网络向乡村下沉,提升农产品冷链物流效率。

2023 年广东省邮政行业职业技能竞赛成功举办

9 月 11 日至 13 日,2023 年广东省邮政行业职业技能竞赛在广东邮电职业技术学院江门校区顺利举行。经过激烈比拼,大赛共评选出两个竞赛工种个人一等奖各 1 名、二等奖各 2 名、三等奖各 3 名、优胜奖各 13 名,优秀团体奖共 12 个。两个竞赛工种个人奖第 1 名的选手将获推荐参加广东省五一劳动奖章和广东省技术能手评选表彰活动;获得个人奖前 5 名的选手,由广东省总工会、省人社厅、省工业和信息化厅、省科学技术厅等 4 部门于次年联合发文予以通报表扬。

广东省副省长调研省邮政快递业发展情况

9 月 19 日,广东省人民政府副省长林涛带队,到广东省邮政管理局调研全省邮政快递业发展情况。林涛在听取省邮政管理局局长周国繁所作的专题汇报后,对全省邮政管理工作和邮政快递业发展成绩给予充分肯定。

国家邮政局副局长专程拜会广东省副省长

9 月 20 日,国家邮政局副局长赵民在粤调研期间,专程拜会广东省人民政府副省长林涛,双方就推动全省邮政快递业高质量发展、更好服务广东经济社会发展和进一步深化合作等方面深入交换了意见。

广东省快递行业党委获批成立

9 月 21 日,广东省委组织部、省委两新工委批复,同意依托广东省邮政管理局成立中国共产党广东省快递行业委员会,由省邮政管理局党组直接领导和管理,归口省委两新工委管理,主要负责指导统筹全省快递行业党建工作。

广东局部署加强国际寄递物流体系建设

10 月 11 日,广东省邮政管理局印发《转发国家邮政局关于印发〈国际寄递物流体系建设工作方案〉的通知》,部署加强国际寄递物流体系建设。通知提出,要优化发展环境。发挥广州、深圳区域枢纽辐射能力和广东三个自由贸易试验区政策优势,鼓励邮政快递企业在广东设立区域总部或功能总部,拓展国际业务,提升跨境运输能力,完善国际服务网络,推动邮政快递企业与跨境电商企业相伴出海,打造跨境电商寄递中心。

广东省两个项目入选全国第四批农村物流服务品牌

10 月 12 日,《交通运输部办公厅 国家邮政局办公室关于公布第四批农村物流服务品牌的通知》印发,广东梅州大埔县“电商物流 + 农村客货同载”、韶关翁源县“搭建三级物流体系、力助农品进城”两个项目入选全国第四批农村物流服务品牌。

广东局在第四届全国邮政行业职业技能竞赛总决赛中取得佳绩

10 月 28 日至 29 日,2023 年全国行业职业技能竞赛——第四届全国邮政行业职业技能竞赛总决赛在重庆举行。广东省邮政管理局选派 4 名选手参赛。经过激烈角逐,来自东莞的邵科、肖宁分别获得快递员职业和快件处理员职业二等奖,来自中山的黄晓慧获得快件处理员职业三等奖。同时,广东局一名同志还获评“优秀裁判员”,技术教练洪伟获得“优秀技术指导奖”,广东局代表队获得"优秀组织奖"和"团体优胜奖"2 项荣誉称号。

国家邮政局副局长调研督导广东省第二批主题教育和快递业务旺季服务保障工作

11 月 6 日至 9 日，国家邮政局党组成员、副局长陈凯率队赴广东珠海、东莞等地，调研督导邮政管理系统第二批主题教育和快递业务旺季服务保障工作，并看望慰问邮政管理部门和行业干部职工。国家邮政局市场监管司和广东省邮政管理局主要负责同志参加调研。

国家邮政局局长赵冲久视频调度广东省快递业务旺季服务保障工作

11 月 11 日，国家邮政局党组书记、局长赵冲久视频连线东莞顺丰供应链仓储中心，听取广东省邮政管理局党组书记、局长周国繁有关工作汇报，督导广东省"双 11"快递业务旺季服务保障工作。国家局党组成员、副局长陈凯一同督导。

广东省进一步提振和扩大消费的若干措施利好邮政快递业

11 月 13 日，经广东省政府同意，广东省政府办公厅印发《广东省进一步提振和扩大消费的若干措施》，邮政快递业发展获支持。若干措施提出，要引导邮政快递物流企业降低个人寄送回收二手家电成本，加强废旧家电、电子产品回收再利用。要构建公共快递物流综合服务网络，挖掘农村消费潜力。推动邮政、快递企业和各镇村助农平台（中心）等业务对接，进一步整合物流资源。推进农村电商和农村寄递物流融合发展，在推动县域电商与快递协同的基础上，整合日用消费品、农产品等农村商贸物流资源，加强分拣、包装等农产品商品化处理设施建设，增加农产品上行快递业务量。要加强餐饮、零售、快递、健身美发、养老托育、维修回收等社区服务集聚，打造"一刻钟"便民生活服务圈，提升消费载体空间。

广东局推进农村客货邮融合发展取得实效

2023 年以来，广东省邮政管理局多措并举，强化部门协同、政企联动，扎实推进客货邮融合发展取得实效。截至 2023 年 11 月底，广东局指导全省邮政企业以资源整合、场地共享共用的方式，利用客运站点打造交邮站点 1007 个，其中县级站点 27 个、乡镇站点 179 个、村级站点 801 个，各级邮政企业与当地客货运公司合作开通交邮合作线路 226 条，覆盖 207 个乡镇、801 个建制村，有效提升农村寄递协同发展水平。同时，广东梅州大埔县"电商物流 + 农村客货同载"和韶关翁源县"搭建三级物流体系、力助农品进城"两个项目入选全国第四批农村物流服务品牌。

广东省首个交通强国建设试点任务顺利通过验收

12 月 6 日，交通运输部综合规划司会同部运输服务司、部公路局，国家邮政局以及特邀专家在广州等地组织开展了"交通与旅游等产业融合发展"交通强国建设试点任务验收工作。经现场查看、查验资料和讨论、研究，验收组一致同意"交通与旅游等产业融合发展"试点任务通过验收，评定等级为优秀。"广东邮政跨境电商仓储物流中心"作为"交通与旅游等产业融合发展"交通强国建设试点任务子项目获得专家组好评。

广东省邮政快递业 16 家入选全国"最美工会户外劳动者服务站点"名单

12 月，全国总工会发布 2023 年"最美工会户外劳动者服务站点"名单，确认广东全省 100 个工会驿站为 2023 年最美驿站。其中，中国邮政广州市石牌邮政支局户外劳动者工会爱心驿站、广东省佛山市"快递小哥"工会红色驿站京东物流张槎服务站点等 16 家邮政快递业暖蜂驿站榜上有名。

广东省 3 个项目入选全国第一批快递业与制造业融合发展典型项目

12 月 14 日，国家邮政局、工业和信息化部公布了第一批快递业与制造业融合发展典型项目名单。其中,广东省3个项目成功入选,分别是顺丰速运(东莞)有限公司与OPPO广东移动通信有限公司、中山顺丰速运有限公司与中山市霞湖世家服饰有限公司、天运国际物流(广州)有限公司与松下电器(中国)有限公司融合发展项目。

深圳市快递行业党群服务中心揭牌

12月28日上午,深圳市快递行业党群服务中心揭牌仪式在顺丰前海总部大厦圆满举行。深圳市快递行业党群服务中心设置了党建书吧、展览展示区、多功能会议室、书记工作室等功能区,总占地面积达353平方米。深圳快递行业党群服务中心的成立,标志着深圳市快递行业从此有了宣传行业党建成果的重要窗口、交流党建工作的重要平台和彰显行业特色的重要地标。广东省邮政管理局党组书记、局长周国繁,深圳市委组织部副部长绳万青出席并揭牌。深圳市邮政管理局负责同志,辖区主要品牌快递企业负责人和快递员代表参加。

广西壮族自治区快递发展大事记

自治区4类农特产品年包裹量超2000万件居全国首位

2月,国家邮政局公布授予"2022年快递服务现代农业金牌项目"名单,广西壮族自治区柳州螺蛳粉、南宁沃柑、百色芒果、北海海鸭蛋和南宁蛋黄酥等5个"快递+"服务项目再次入选。在年包裹量超过2000万件的22类农特产品中,自治区占据4个,位居全国第一。其中柳州螺蛳粉年包裹量超亿件。

国际航空客货运享受12项新支持措施利好自治区邮政快递业

2月3日,经自治区人民政府同意,自治区交通运输厅印发《关于加快广西国际(地区)航空客货运发展的若干措施》,明确将通过12项具体措施,加快推进国际航空客货运快速发展。

广西局与南宁市政府召开推进快递企业项目建设专题会

2月21日,广西壮族自治区邮政管理局与南宁市政府在区局联合召开专题会议,研究协商部分快递企业在邕投资项目推进工作。广西邮政管理局党组书记、局长胡凯,南宁市委常委、常务副市长陈竑出席会议。

广西局联合工信厅印发促进快递业与制造业融合发展实施方案

3月,广西壮族自治区邮政管理局与自治区工业和信息化厅联合印发了《促进广西快递业与制造业融合发展实施方案》,引导快递业提升服务制造业的适配性,促进制造业优化升级,推动形成广西快递业与制造业深度融合的发展格局。实施方案提出,到2025年,培育一批深度融合典型项目,创建若干个深度融合发展试点先行区,全区快递业与制造业融合发展的规模和能力水平显著提升。

广西局联合供销社、邮政企业推进农村物流高质量发展

3月,广西壮族自治区邮政管理局联合自治区供销合作联社、中国邮政集团广西分公司共同印发了《关于联合推进全区农村物流高质量发展的通知》,旨在充分发挥和整合各方优势资源,共同推进农村物流高质量发展。文件提出,要按照开放共享原则,以市场需求为导向,通过新建或改造升级县乡村三级农村物流服务网点,共同搭建县

级物流配送中心、中心乡镇寄递物流中转站、村级寄递物流综合服务站，畅通工业品下乡、农产品进城双向流通渠道。通过各级供销社、邮管局、邮政公司上下协调、明确分工，有序推进供邮快递融合发展。

自治区五部门多措并举支持全区邮政快递企业招工稳岗

3月，广西壮族自治区人力资源和社会保障厅、邮政管理局等五部门联合印发《关于支持鼓励全区邮政快递企业招聘用工的通知》，积极推动解决当前邮政快递企业用工难等问题。

崇左市邮政快递业1人获“全国五一巾帼标兵”称号

4月，2023年全国五一巾帼奖表彰大会在北京召开，表彰2021年以来各个领域涌现出的先进女职工。崇左市邮政分公司城区寄递事业部城南营业部揽投员黄春芬荣获“全国五一巾帼标兵”称号。

自治区邮政业安全中心党支部成立

5月，根据《中国共产党章程》和《中国共产党基层组织选举工作条例》有关规定，经广西壮族自治区邮政管理局直属机关党委批准，广西壮族自治区邮政业安全中心党支部召开党支部成立暨全体党员选举大会，选举产生第一届支部委员会。

自治区17部门召开平安寄递专项行动动员部署电视电话会

5月30日，广西壮族自治区邮政管理局、自治区党委政法委等17部门联合召开全区平安寄递专项行动动员部署电视电话会议。会议传达学习了国家邮政局等17部门有关加强寄递渠道安全管理工作的部署要求，分析全区寄递渠道安全面临的形势，对平安寄递专项行动进行动员和部署。

广西局与出入境边防检查总站建立工作协作机制

7月，为加强邮政管理部门和出入境边防检查部门之间的协作配合，广西邮政管理局联合广西出入境边防检查总站印发通知，决定建立联合防范打击利用寄递渠道从事妨害国(边)境管理违法犯罪活动协作机制。联合协作机制主要包括案件通报移交、办案调查合作、联合执法检查、宣传教育引导等工作内容。两部门同时成立联合防范打击利用寄递渠道从事妨害国(边)境管理违法犯罪活动协作机制领导小组，建立联席会议、日常联系、督导检查等制度，强化组织保障。

自治区成立中国—东盟邮政快递职业教育集团

7月9日，中国—东盟邮政快递职业教育集团成立大会在广西交通职业技术学院举行。中国—东盟邮政快递职业教育集团是由相关职业教育院校、科研院所、企业、行业协会及社会有关单位等自愿参加的协作、合作组织，旨在打造国内一流、面向东盟、服务“一带一路”的邮政快递技术技能人才培养高地，实现人才培养与生产效益校企“双赢”，促进邮政快递人才培养和产教融合职业教育特色化、品牌化和国际化。大会全票通过《中国—东盟邮政快递职业教育集团章程》。广西壮族自治区邮政管理局、交通运输厅、教育厅、交通职业技术学院相关负责同志为中国—东盟邮政快递职业教育集团揭牌，并为各成员单位颁授牌匾。

第四届广西邮政快递行业职业技能竞赛圆满闭幕

9月26日至27日，第四届广西邮政快递行业职业技能竞赛在广西交通职业技术学院成功举办。经过紧张激烈的角逐，快递员和快件处理员两个工种分别评出金、银、铜牌各1名、优胜奖若干名，6家快递企业分别获得团体一、二、三等奖，6个市邮政管理局获优秀组织奖。各工种个人总成绩前3名的选手符合条件的,可向自治区人力资源社会保障厅申报“广西技术能手”称号。对竞赛产生的优秀选手,将择优选拔集训代表自治区参加2023年第四届全国邮政行业职业技能竞赛。参赛选手比赛中理论知识和实际操作成绩均合格的,可晋升相应的职业资格(或职业技能等级)。

自治区代表队在第四届全国邮政行业职业技能竞赛中取得好成绩

10月29日,2023年中国技能大赛——第四届全国邮政行业职业技能竞赛全国总决赛在重庆圆满落幕。广西壮族自治区代表团共派出4名选手分别参加快递员、快件处理员两个职业的竞技。自治区代表队共获得四个奖项:中国邮政集团有限公司广西分公司南宁邮区中心何俊辉、柳州申通快递有限公司苏大磊荣获快件处理员职业三等奖,陈慧荣获优秀技术指导奖,广西代表队荣获团体优胜奖。

广西局联合工信厅召开快递业与制造业融合推进视频会

12月,广西壮族自治区邮政管理局与自治区工业和信息化厅联合召开快递业与制造业融合发展工作推进视频会,进一步推动广西快递业与制造业深度融合、创新发展,推进制造业降本增效、转型升级。会议详细解读《促进广西快递业与制造业融合发展实施方案》,通报当前广西快递业服务制造业项目库情况。上汽通用五菱、柳药集团、劲健霸服饰等制造企业代表发言,从快递业服务汽车、3C电子、医药、服装、轻工等5个领域的产前、产中、产后3个环节,分析制造业不同领域特征及需求。邮政、顺丰、中通、极兔等品牌快递企业,针对广西制造业特征,分享一体化供应链快递物流、入厂物流和线边物流、分销物流、备品备件快递物流、跨境快递物流等解决方案。广西局与自治区工业和信息化厅对两业融合发展的保障措施进行总结部署。

海南省快递发展大事记

海南省领导肯定海南局工作成效

1月初,海南省政府副省长倪强同志主持召开省政府专题会议,会上高度肯定海南省邮政管理局工作成效,指出海南局为服务海南自贸港建设、助力地方经济社会发展等做了大量有成效工作,对海南局予以“点赞”。

海南省总工会向海口市快递行业“会站家”一体化站点捐赠图书

1月4日,海南省总工会向海口市快递行业“会站家”一体化项目站点捐赠价值5.3万元的图书1000余册,为“快递小哥”们送上了“精神食粮”。海南省总工会、省邮政管理局及海口市邮政管理局有关领导参加图书捐赠仪式。

海南省出台综合运输春运保障方案助力邮政快递业

1月6日,海南省新冠病毒感染疫情防控工作指挥部春运工作专班印发2023年海南省综合运输春运疫情防控和运输服务保障工作方案,其中强调要全力畅通邮政快递和城乡配送末端“微循环”,切实满足人民群众网购医疗物资和生产生活用品需要,同时要关心关爱春运一线职工,将一线从业人员纳入“白名单”管理,加强对客货车司机、快递员的生活保障,为其提供必要的饮水、用餐、如厕等基本生活服务和基本医疗救助服务。

海南省委领导肯定海南局工作成效

1月12日,海南省委常委、宣传部部长王斌同志在海南省邮政管理局呈报的关于2023年度党报党刊发行工作情况的报告上作出肯定批示，感谢海南省邮政管理局对党报党刊发行工作的大力支持和精心组织，望今后继续合作，共同努力做好相关工作。

海南省邮政快递业相关工作写入省政府工作报告

1月13日，海南省第七届人民代表大会第一次会议在海口开幕，加快农村电商平台建设、加强新就业形态劳动者权益保障等涉及邮政快递业相关工作写入省政府工作报告。

海南省邮政快递业服务自贸港建设和地方经济社会发展工作成效获肯定

1月，海南省省长冯飞同志听取了海南省邮政管理局工作汇报，对近年来海南局推动邮政快递业高质量发展，服务海南自贸港建设和地方经济社会发展工作成效给予了充分肯定。冯飞指出，海南局工作取得亮眼成绩，获得高分答卷，给予充分肯定，特别是在《海南自由贸易港总体方案》实施近几年，海南局推动行业高质量发展，行业运行保持较好较快增长，服务海南自贸港建设大局，行业生态环保建设有特色有亮点，补农村短板服务农民增收和保障地方疫情防控，为支撑社会正常运转、保障群众生活起到了积极作用。

时任省委书记看望慰问工作在一线的快递员

1月20日，时任省委书记沈晓明同志前往海南顺丰海口海垦分公司户外劳动者服务站，看望慰问工作在一线的快递员。

快递绿色包装应用相关工作被纳入海南省“十四五”节能减排综合工作方案

1月20日，海南省印发“十四五”节能减排综合工作方案，将“全面推广快递绿色包装，引导电商企业、邮政快递企业选购使用获得绿色认证的快递包装产品”列入实施节能减排重点工程。

海南省委领导调研行业重点项目建设工作

1月28日，海南省委常委、海口市委书记罗增斌同志带队前往圆通速递海南区域总部及航空物流枢纽基地项目调研，查看了解项目运营情况，与企业负责人深入交流，听取发展计划，勉励企业找准自身发展与海南自贸港政策、海口优势的结合点，谋划开展新型业务，着力拓展国际市场，不断提升发展质效。

海南省邮政快递业新能源汽车推广应用工作成效获通报肯定

2月1日，海南省新能源汽车推广应用工作联席会议办公室通报2022年全省新能源汽车推广应用工作情况，通报中将新增邮政车300辆全部为新能源汽车等内容列为“主要亮点工作”予以肯定。

海南省省长肯定海南局工作成效

2月3日，海南省省长冯飞同志在海南省邮政管理局呈报的关于2023年春节期间全省邮政快递服务保障工作情况的报告上作出肯定批示，希望保持住好势头。

海南省营商环境建设部门向海南局致感谢信

2月14日，海南省营商环境建设部门发来感谢信，对海南省邮政管理局倾力推动优化海南自贸港营商环境建设工作作出的积极贡献表示感谢。

海南省邮政快递业1个集体荣获2022年全国“扫黄打非”先进集体荣誉

2月15日，全国“扫黄打非”工作小组对在2022年“扫黄打非”工作中涌现出来的先进集体、先进个人予以表彰。海南省邮政快递业1个集体——中国邮政集团有限公司海南省分公司海口邮区中心国际邮件车间荣获 2022 年全国“扫黄打非”先进集体荣誉，全国邮政管理系统、行业仅 4 个先进集体获此殊荣。

国家局领导肯定海南局工作成效

2 月 17 日，国家邮政局党组成员、副局长陈凯同志在海南省邮政管理局呈报的《海南局关于 2022 年借助地方媒体开展新闻宣传工作情况的报告》上作出肯定批示，肯定海南局充分利用地方新闻媒体讲好行业故事，宣传了工作、扩大了影响。

海南省委领导肯定海南局新闻宣传工作成效

3 月 2 日，海南省委常委、宣传部部长王斌同志听取海南省邮政管理局有关工作汇报，肯定海南局新闻宣传工作成效，并在海南局关于借助媒体开展新闻宣传工作有关情况报告上作出批示，要求有关部门积极支持指导海南局新闻宣传工作。

海南省委领导肯定海南局“扫黄打非”工作成效

3 月 2 日，海南省委常委、宣传部部长王斌同志在海南省邮政管理局呈报的关于海南省邮政快递业 1 个集体获全国 2022 年“扫黄打非”先进集体荣誉表彰相关情况的报告上作出肯定批示，祝贺海南邮政在全国邮政系统“扫黄打非”工作中取得优异成绩，同时也为海南相关工作做出了重要贡献，望进一步总结经验，保持工作力度，在今后工作中取得更大成效。

海南省印发 2023 年省现代物流业行动计划利好邮政快递业

3 月 3 日，海南省印发 2023 年海南省现代物流业行动计划，推动全省现代物流业高质量发展，更好服务海南自由贸易港建设。其中，多项政策措施直接涉及海南省邮政快递业发展：一是实施县域商业体系建设；二是推动无人驾驶技术在物流行业的应用；三是加快寄递物流体系建设；四是加强物流业财政政策保障；五是加大物流人才培育。

海南省委组织部调研快递行业党建工作

3 月 29 日，海南省委组织部部务委员吴孟胜带队调研指导快递行业党建工作。调研组指出，一要加强党建与业务融合发展，坚持党建引领，充分发挥支部的战斗堡垒作用和党员的先锋模范作用，推动企业做强做优做大。二要强化党员发展，采取有效举措把快递企业党员管理好、组织好，规范发展壮大党员队伍。三要建好用活党建阵地，落实关心关爱措施，保障合法权益，让快递员群体切实感受到党的关怀和温暖。

快递绿色包装应用等工作被纳入 2023 年海南省碳达峰碳中和工作要点

4 月 8 日，海南省碳达峰碳中和工作领导小组办公室印发 2023 年海南省碳达峰工作要点，将推广使用新能源或清洁能源车辆、加快可循环快递包装智能回收设施建设、推进快递绿色包装应用等工作列入 2023 年重点任务。

国家局领导肯定海南局工作成效

4 月 10 日，国家邮政局党组成员、副局长廖进荣同志在海南省邮政管理局呈报的《海南省邮政管理局关于 2023 年博鳌亚洲论坛年会期间寄递渠道安全服务保障工作情况的报告》上作出肯定批示，肯定海南此次寄递渠道安全工作更加重视信息化、自动安检机等使用。

海南省副省长批示肯定省邮政快递业发展工作成效

4 月 26 日，海南省副省长倪强同志在海南省邮政管理局呈报的《关于 2023 年一季度海南省邮政快递业发展情况的报告》上作出肯定批示，希望再接再厉。

海南省快递行业党委获批成立

4月27日，海南省委非公有制经济组织和社会组织工作委员会批复同意成立中共海南省快递行业委员会。海南省快递行业党委负责指导全省快递行业党建工作，主要职责包括加强快递行业党组织建设、快递行业群团组织建设、对快递行业党组织的统筹指导、快递行业党的制度建设等。

海南省邮政快递业1个集体荣获2023年省"工人先锋号"荣誉称号

4月28日，海南省五一劳动奖和工人先锋号表彰大会在省政协会堂举行。海南省邮政快递业1个集体——中国邮政集团有限公司海南省白沙黎族自治县七坊邮政支局被授予了2023年海南省"工人先锋号"荣誉称号。

海南省委书记批示肯定海南邮政快递业发展成效

4月29日，海南省委书记冯飞同志在海南省邮政管理局呈报的相关工作情况专报上作出批示，对海南邮政快递业务快速发展，行业能力提升等各项工作扎实推进，给予充分肯定。

海南省开展全省邮政快递业打击治理"套代购"走私工作集体约谈

5月8日，海南省邮政管理局联合省交通运输厅、海口海关缉私局、省打私办等部门开展全省邮政快递业打击治理"套代购"走私工作集体约谈，就打击海南离岛免税"套代购"走私治理工作集体约谈各主要品牌邮政快递企业负责人。会后，各邮政快递企业负责人签订打击治理离岛免税"套代购"走私工作承诺书。

海南省快递行业党委揭牌成立

5月15日，海南省邮政管理局举行中共海南省快递行业委员会成立揭牌仪式。海南省邮政管理局党组书记丰圣少讲话，省委两新组织工委办公室主任张学来代表省委组织部、省委两新组织工委致辞，局党组成员陈振权主持，局机关、安全中心全体党员干部以及海口地区主要品牌非公快递企业党支部书记代表参加活动。

海南局联合多部门调研推进邮件快件监管中心项目建设

5月16日，为深入开展学习贯彻习近平新时代中国特色社会主义思想主题教育，加快推进海南自由贸易港全岛封关运作涉邮项目建设，海南省邮政管理局联合省发改委、省口岸办、海口海关等相关部门调研了解邮件快件监管中心等封关运作涉邮项目进展情况。

海南局等18部门联合动员部署开展平安寄递专项行动

5月22日，海南省邮政管理局联合省委政法委、省委网信办、省检察院、省公安厅、省国家安全厅、省交通运输厅、省应急管理厅、省农业农村厅、省市场监管局、海口海关、中国人民银行海口中心支行、民航海南监管局、省烟草专卖局、省林业局、省消防救援总队、省药品监督管理局、广州铁路监督管理局共18部门召开全省平安寄递专项行动动员部署会议。会议传达学习国家邮政局等17部门平安寄递专项行动动员部署电视电话会议精神，对全省平安寄递专项行动进行动员部署。

海南省委宣传部调研自贸港封关非法出版物进岛渠道管控工作

5月26日，海南省委宣传部副部长、省"扫黄打非"领导小组副组长蒋建民带队到海口邮区中心国际邮件互换局开展自贸港封关非法出版物进岛渠道管控调研。

海南省委书记等批示肯定海南局工作成效

6月9日，海南省委书记冯飞同志在海南省邮政管理局呈报《中国邮政快递报》报道和宣介海南自贸港建设成效及有关政策制度等工作报告上作出肯定批示："予以肯定，再接再厉。"6 月 20 日，省长刘小明同志在报告上批示："好！再接再厉，更好服务自贸港建设和海南高质量发展。"6 月 13 日，副省长倪强同志在报告上批示："请邮政局认真落实冯飞书记批示要求，持之以恒抓好邮政快递业发展相关工作。"6 月7 日，副省长顾刚同志在报告上批示："谢谢。"

海南局 2 个集体 3 名个人荣获省禁毒三年大会战(2020－2022 年)表彰

6 月 9 日，海南省召开全省禁毒三年大会战(2020－2022 年)表彰大会，隆重表彰在禁毒三年大会战工作中涌现出的担当奉献、成绩突出的先进集体和先进个人，海南省邮政管理局 2 个集体和 3 名个人受到表彰。其中海南局市场监管处、西部邮政管理局受到先进集体表彰，海南局市场监管处、海口局、三亚局 3 人受到先进个人表彰。

国家局领导肯定海南局工作成效

6 月 19 日，国家邮政局党组成员、副局长刘君同志在海南省邮政管理局呈报的《关于推进海南省以下邮政监管体系建设情况的报告》上作出肯定批示，"人事司加强对海南省局机构组建工作指导并推广有益的经验。"6 月 20 日，国家邮政局党组书记、局长赵冲久同志在报告上批示："请主题教育办阅。"

海南局为邮政快递企业颁发现代物流业发展奖补资金 600 余万元

7 月 21 日，海南省邮政管理局举办 2022 年度海南省现代物流业发展奖补资金(邮政快递业方向)兑现仪式暨 2023 年度奖补资金申报解读宣贯会。会议通报了 2022 年度海南省促进经济高质量发展若干财政措施涉及邮政快递企业领域奖补政策落实情况，为海南顺丰速运有限公司、海南京邦达供应链科技有限公司、中国邮政集团有限公司海口邮区中心、海南圆通速递有限公司等 15 家次在推进"快递进村"村级站点建设、购买可降解绿色环保包装袋、购置快递智能分拣设备等方面符合奖补政策条件的企业兑现奖补资金约 630 万元，并举行了奖补政策兑现仪式，相关企业代表和市(地)局代表作交流发言。会议组织开展了"政企面对面 服务心贴心"活动，向与会企业宣介中共中央、国务院关于促进民营经济发展壮大的意见和海南省政府关于支持"两个总部基地"建设核心政策等内容，对 2023 年度海南省现代物流业发展奖补资金申报工作进行深入细致的讲解宣贯。

海南省印发"技能自贸港"三年行动方案利好行业技能人才建设

7 月 29 日，海南省政府办公厅印发"技能自贸港"三年行动方案，将通过三年时间，使"技能自贸港"建设取得阶段性成效，力争全省新增技能人才 15 万人以上。方案印发后，在 2023 年海南省行业职业技能竞赛——邮政行业技能竞赛中个人奖金奖得主，海口邮区中心国际邮件验关员和调度员毛自学，成为首位被地方主流媒体专题报道的自贸港技能人才。

2023 年海南省行业职业技能竞赛—邮政行业技能竞赛成功举办

8 月 2 日，2023 年海南省行业职业技能竞赛—邮政行业技能竞赛在海口市举行。来自全省五个辖区企业组成的联队和主要品牌企业代表队共 17 支队伍 83 名选手参加比赛。经过激烈角逐，大赛最终评选出个人金、银、铜奖，团体一二三等奖以及优秀组织奖等奖项。海南省邮政管理局、省总工会、省人力资源开发局等相关领导出席竞赛闭幕式并为获奖选手、团体颁奖。

国家局领导肯定海南局工作成效

8 月 4 日，国家邮政局党组成员、副局长廖进荣同志在海南省邮政管理局呈报的《关于开展打击治理离岛免税“套代购”走私工作阶段性情况的报告》上作出肯定批示，“请海南局认真总结近期工作经验，不断巩固和加强机制建设。请市场司将成果纳入平安寄递专项行动中。”8月7日，国家邮政局党组书记、局长赵冲久同志在报告上批示：“同意进荣同志意见。请海南省局持续用力，进一步提高工作水平，服务好海南自贸港建设。”

海南省打造海口美兰国际机场面向两洋航空区域门户枢纽行动利好邮政快递业

8月6日，经海南省政府同意，海南省开航航权工作专班办公室印发了打造海口美兰国际机场面向两洋航空区域门户枢纽行动方案（2023－2025年），为行业系统带来政策利好。方案提出，优化完善国际货站“两场合一”监管制度，明确美兰机场国际货站加快开通国际商业快件业务通道，推动国际快件与跨境电商监管场站的“两场合一”，实现国际快件和跨境电商进出口装卸集中查验、转关监管、检疫处理等通关监管服务“一次申报、一次查验、一次放行、一地取货”；依托海口航空邮件快件监管中心和海口国际邮件互换局，加快建设邮件、快件和跨境电商“三关合一”的统一监管公共服务平台，提供二线口岸航空邮件通关监管和寄递一体化便利服务；鼓励引导具备条件的寄递企业开通运营自有邮件快件货物运输航线。

海南局联合多部门开展平安寄递专项行动联合检查

8月22日，海南省邮政管理局联合省公安、国家安全、应急管理、市场监管、林业、烟草、消防等部门到圆通、邮政等企业营业、处理场所开展平安寄递专项行动联合检查。

海南省委书记调研自由贸易港建设邮件快件风险防控工作

9月16日，海南省委书记冯飞同志在海口调研自由贸易港建设邮件快件风险防控工作，并召开座谈会议，专门听取海南省邮政管理局工作汇报，充分肯定了海南局等部门打击治理“套代购”走私、扎实推进自由贸易港建设封关运作涉邮任务以及邮政快递业发展成效，并研究推动下一步工作。

海南省邮政快递企业购买使用新能源汽车可享受政策补贴至2025年

9月21日，海南省工业和信息化厅印发《海南省2023－2025年鼓励新能源汽车推广应用若干措施》，明确对在货运（含邮政快递）、客运、环卫、个人及其他领域购买使用新能源汽车持续给予政策补贴。措施明确：2023年1月1日至2025年12月31日期间，对在海南省购买新能源载货营运汽车（含邮政快递及城市物流配送车辆）新车并在省内注册登记，中重型车辆自车辆注册登记起一年内核算里程达3万公里的，每辆车可申领3万元的一次性运营服务补贴，轻型及以下车辆自车辆注册登记起一年内核算里程达2万公里的，每辆车可申领1万元的一次性运营服务补贴。同时，措施还明确对新能源汽车充电按照相关标准给予一次性充电费用补贴，鼓励各市县、公共机构对新能源货车通行、停靠等给予便利。

国家邮政局党组书记、局长赵冲久同志赴琼督导第二批主题教育并调研行业发展情况

2023年10月24日至25日，国家邮政局党组书记、局长赵冲久赴琼督导第二批主题教育并调研行业发展情况，听取海南局工作情况汇报并给予充分肯定。调研期间，海南省委书记冯飞同志，海南省委副书记、省长刘小明同志会见了赵冲久同志一行，双方围绕邮政快递业更好支撑海南自贸港建设进行深入交流。海南省政府副省长倪强同志、副秘书长国章成同志一同调研。

邮政快递业相关工作被纳入海南省交通运输领域绿色低碳发展实施方案

10月27日，海南省碳达峰碳中和工作领导小

组审议通过交通运输领域绿色低碳发展实施方案，邮政快递业相关内容被纳入其中。方案提出，积极推进城市绿色货运配送发展，统筹优化物流分拨中心、公共配送中心、末端公共取送点的三级城市配送体系等。同时明确，完善农村物流三级网络节点建设，探索交邮合作等农村绿色物流模式，积极打造农村物流服务品牌，并力争到2030年构建形成基本完善的县乡村三级农村物流网络节点体系。

海南省代表队1名选手荣获全国邮政行业职业技能竞赛总决赛三等奖

10月29日，第四届全国邮政行业职业技能竞赛总决赛在重庆落幕。海南省代表队派出4名选手分别参加快递员、快件处理员两个职业的竞技。来自中国邮政集团有限公司海口邮区中心的毛自学荣获快件处理员个人三等奖，为海南省邮政行业参加全国总决赛以来最好成绩，实现历史性突破。

邮政快递业相关工作被纳入海南省加快推进提升政务服务水平实施意见

11月3日，海南省政府办公厅印发《海南省人民政府办公厅关于加快推进“一件事一次办”提升政务服务水平的实施意见》，将邮政快递业相关内容纳入其中。实施意见提出，“一件事一次办”统一实行“综合受理、并联审批、统一出件”服务。根据办事企业和群众需求，优化整合“一件事一次办”涉及的出件环节，提供窗口统一出件、免费邮寄等灵活多样的出件服务。

海南省政府相关领导同志出席第五届中国（杭州）国际快递业大会并作主旨演讲

11月22日，海南省邮政管理局协调保障海南省人民政府应国家邮政局邀请出席第五届中国（杭州）国际快递业大会事宜，海南省政府副秘书长国章成同志出席大会并作主旨演讲。

国家局领导肯定海南局工作成效

12月6日，国家邮政局党组成员、副局长廖进荣同志在海南省邮政管理局呈报的《海南省邮政管理局关于2023年海南省邮政快递业安全和应急工作情况的报告》上作出肯定批示，肯定海南局对国家局部署的各项涉安全工作认真落实，大力加强执法办案，进一步压实了企业主体责任。

海南省开展全省邮政快递业集体合同签约等工作

12月18日，海南省邮政管理局会同省总工会举行全省快递行业集体合同签约仪式，开展送温暖慰问活动，举办2023年全省邮政快递业职业技能培训。签约仪式上，海南省快递行业协会会长作为企业方代表与全省18个市县快递行业工会或联合会职工方代表分别签订了海南省快递行业集体合同。活动现场，海南局联合省总工会在海口主会场和4个分会场同步开展送温暖慰问活动，为快递员们送上安全头盔、雨衣、手套等慰问礼包。还开展职业技能培训，邀请市委党校、相关院校、网信部门等专家讲授职业技能等级认定、个人信息保护、快递从业人员压力管理等课程。

重庆市快递发展大事记

重庆市副市长批示肯定全市邮政快递业发展成效

1月，重庆市副市长郑向东在重庆市邮政管理局呈报的《关于2022年全市邮政管理工作情况的报告》上作出重要批示，对全市邮政管理工作给予充分肯定。郑向东批示：“过去一年，全市邮政管理系统攻坚克难、砥砺前行，在疫情攻坚战中全力保障物资供应，在乡村振兴一线助力联农富农，充分发挥了保通保畅保供保民生的作用，工作成效值得肯定。下一步，要坚持以习近平新时代中国特色社会主义思想为指导，全面贯彻落实党的二十大精神，按照国家邮政局和市委、市政府工作安排，扎实把全国邮政管理工作会议提出的各项任务落实到位，统筹好发展与安全，持续深入推进“两进一出”工程，以高质量发展助推全球性国际邮政快递枢纽集群建设。”

重庆局稳经济政策包更新至第三版汇总70项惠企政策

1月，根据重庆市政府及相关部门对助企纾困政策进行修订更新的情况，重庆市邮政管理局网站更新发布重庆市邮政快递业稳经济政策包（第三版），保障全市邮政快递企业能够及时准确查阅了解和申请享受有关政策。第三版政策包根据市政府稳经济政策包及相关部门新出台助企纾困政策变化情况进行相应增删，最终汇总70项惠企政策。

重庆市政府领导批示肯定全市邮政快递业保通保供工作成效

1月，重庆市市长胡衡华、副市长郑向东在重庆市邮政管理局呈报的《关于做好2022年旺季服务保障和疫情歼灭战期间应急保供工作的报告》上作出重要批示，对全市邮政快递业保通保畅保供民生工作给予充分肯定。

重庆市四家快递企业获保供奖补资金

1月，重庆市商务委公布了2022年商务发展专项资金重点企业保供奖补企业名单，顺丰、京东、苏宁、菜鸟等4家企业获2022年重庆市商务发展专项资金重点企业保供奖补54万元。

重庆市2022年“最美快递小哥”评选结果揭晓

1月，由重庆市邮政管理局和团市委共同举办的重庆市2022年“最美快递小哥”评选结果已揭晓，3名快递员获2022年十大“最美快递小哥”荣誉，40名快递员获2022年“最美快递小哥”荣誉。

重庆市“快递进村”工作成绩被纳入2023年政府工作报告

1月13日，重庆市第六届人民代表大会第一次会议上审议通过的《政府工作报告》中，在回顾过去五年工作成绩时，提出“行政村邮政快递覆盖率达100%”，充分肯定重庆市邮政管理局推动邮政快递“进村”工作成效。

中欧班列（渝新欧）运邮入选商务部最佳实践案例

1月，商务部印发《国家服务业扩大开放综合试点示范最佳实践案例》，系统反映试点示范省市在相关工作领域的好经验好做法，向全国推广知识产权服务、公共服务数字化等8个综合类案例。其中，中欧班列（渝新欧）运邮入选现代物流业创新发展案例。

重庆局引导邮政快递企业申报城乡配送网络工程建设项目

2月，重庆市出台《2023年重庆市商务发展专项资金项目（第一批）申报指南》，将与邮政快递业密切相关的城乡配送网络工程建设项目纳入其中。《申报指南》提出，将从三方面对城乡配送网络工程建设项目给予支持。

重庆市副市长批示肯定全市邮政快递业“两进一出”试点工作成效

2月5日，重庆市副市长郑向东在重庆市邮政管理局呈报的《关于市邮政快递业“两进一出”工程全国试点工作情况的报告》上作出重要批示，对全市邮政快递业“两进一出”试点工作给予充分肯定。

重庆市印发通知进一步加强商品过度包装治理

2月，为贯彻落实《国务院办公厅关于进一步加强商品过度包装治理的通知》要求，经重庆市政府同意，重庆市邮政管理局联合市发展改革委共六部门印发《关于进一步加强商品过度包装治理的通知》。通知从强化商品过度包装全链条治理、加大监管执法力度、支撑保障体系、强化组织实施四个方面进行了部署。

重庆局及行业2集体3人获口岸物流系统先进表彰

2月，根据重庆市人民政府口岸和物流办公室、重庆市人力资源和社会保障局《关于表彰重庆市口岸物流系统先进集体和先进个人的决定》，重庆市邮政管理局及行业2集体获“重庆市口岸物流系统先进集体”称号，3人获“重庆市口岸物流系统先进个人”称号。

重庆市出台美丽农村路建设指南积极推动农村物流体系建设

2月，为深入贯彻习近平总书记关于“四好农村路”重要指示精神，推动全市美丽农村路建设，重庆市交通运输局出台《重庆市美丽农村路建设指南》，提出多项措施健全农村物流体系，促进“交通＋产业”融合，为“土货”进城“网货”下乡提供便利。

重庆市人大常委会副主任调研邮政快递业地方立法工作

2月28日，重庆市人大常委会副主任陈元春率队赴巴南区调研《重庆市邮政条例》修正工作推进情况，陈元春指出，邮政快递业连接千城百业、联系千家万户，事关经济发展和民生需求，修正完善法规是顺应时代发展的需要。要以此次法规修正为契机，深入企业及相关利益群体开展调研，广泛征求社会各界意见建议，在立法中汇聚共识、平衡各方利益，做到科学立法、民主立法、依法立法。要提高立法的前瞻性，积极学习外省市先进经验，从基础设施建设、物流产业布局、绿色发展等方面，探索建立邮政快递行业健康发展体制机制，充分体现行业特色，切实提高立法质量和效率。要及时总结发展经验，不断完善邮政快递行业发展政策体系，进一步规范邮政快递市场管理，推动解决行业突出问题，提升快递服务质效，促进行业高质量发展。

重庆市交通工作会议充分肯定邮政快递业发展成效

3月6日，重庆市人民政府办公厅召开了2023年全市交通工作会议，重庆市邮政管理局分管领导参加。重庆市中通作为邮政快递业代表在会上作交流发言。会上，重庆市政府副市长郑向东充分肯定了重庆局2022年工作成绩和全市邮政快递业的发展成效。

重庆局全面完成快件处理场所分支机构代码申报工作

3月，为进一步提高快递业务经营许可管理水平，在国家邮政局指导下，重庆市邮政管理局高度重视，多措并举推进此项工作。重庆市快件处理场所分支机构已全部完成代码申报工作。

重庆局指导编制的全国首个邮政快递业地方安全标准正式施行

为全面提高邮政快递行业安全管理的实效性，有效防范生产安全事故、促进安全生产形势稳定。由重庆市市场监督管理局发布，重庆市邮政管理局指导编制的《安全生产技术规范》于2月25日正式发布施行，该规范系全国首个邮政快递业地方安全标准。规范明确规定了邮政快递企业安全基础管理、作业环境、生产工艺设备设施、工艺辅助设备设施、特种设备用电、职业卫生、消防、危险化学品、劳动防护用品、安全生产检查安全生产标准化等级评定的相关内容。

重庆局推动邮政企业打造“邮差的小面”

3月，重庆市邮政管理局推动邮政企业积极打造以“重庆小面”为代表多个项目。截至3月，中邮重庆市分公司已在邮乐电商平台上架“井谷元”“辣有引力”等知名小面企业预制产品10余款，并发挥邮政文化创意资源优势创立自主品牌“邮差的小面”，与小面企业联名打造极具山城特色的小面礼盒。

重庆局积极开展快递包装回收数字化试点

3月，重庆市邮政管理局指导菜鸟网络在重庆医科大学校园菜鸟驿站开展重庆菜鸟绿色回收数字化升级首批试点工作。在重庆局的指导下，菜鸟公司联合重庆医科大学校园菜鸟驿站举行IOT启动仪式，推动绿色回收数字化设备。通过在驿站设置绿色回收箱等方式，对质量好的包装箱进行可回收再复用。随着重庆局将第一台设备递送至重庆医科大学站点，重庆数十家菜鸟驿站成为全国第三批试点上线绿色回收IOT扫码设备的站点。快递包装回收数字化试点以“绿色回箱”计划倡导“把纸箱留在驿站，让资源循环利用”。通过上线IOT扫码设备，用户仅需扫描一次快递条形码即可完成回收动作，大大减少时效，同时，菜鸟也建立了中国物流行业第一个绿色互动社区——菜鸟绿色家园，消费者进入菜鸟绿色家园可参与、体验绿色物流行为，并积累个人减碳账单。

重庆局指导寄递企业助力成渝双城经济圈建设

3月，2020年中央作出推动成渝地区双城经济圈建设的重大决策后，重庆市邮政管理局会同四川省邮政管理局积极推动两地邮政快递业服务成渝地区双城经济圈建设，推动国家邮政局印发《成渝地区双城经济圈邮政业发展规划》，明确提出大力发展高铁快递，实现成渝双核城区邮件快件当日达。

重庆局发布全市邮政快递业更贴近民生八件实事

3月，重庆市邮政管理局制定印发《〈2023年重庆市邮政快递业更贴近民生八件实事〉任务落实措施清单》。《〈2023年重庆市邮政快递业更贴近民生八件实事〉任务落实措施清单》包括深化农村寄递物流体系建设、巩固提升农村地区邮政服务水平、持续做好邮政快递业保通保畅工作、强化快递员群体合法权益保障、深入开展寄递安全“三项制度”专项整治、实施绿色发展“9218”工程、着力提高从业人员素质、巩固帮扶成效。

重庆局与市乡村振兴局签订战略合作协议

3月31日，为深入实施成渝地区双城经济圈建设这一市委“一号工程”，加快推动西部陆海新通道建设，重庆市邮政管理局与市乡村振兴局签署《推动邮政快递业服务乡村振兴战略合作协议》，全面推动邮政快递业服务乡村振兴工作。双方主要负责人出席签约仪式并致辞。协议以推动邮政快递业服务乡村振兴为主题，围绕完善农村寄递网络、推动农产品上行、推动农村邮政快递发展等目标，从持续巩固脱贫攻坚成果、推进农村寄递网络建设、打造邮政快递金银铜牌项目、推进邮政快递业冷链运输体系建设、强化政策支持、加强信息数据共享等六个方面开展更广领域、更高水平、更深层次的协作，为推动全市经济社会高质量发展、成渝地区双城经济圈建设提供优质服务和有力支撑。

重庆局推动中通医药全国性总部落户重庆

为加快推进成渝地区双城经济圈等重要战略落实落地，重庆市邮政管理局会同市交通运输局等部门积极推动快递企业功能性总部或区域总部在渝布局，经多次与中通快递总部沟通协调，中通医药全国性总部于3月落户重庆，并注册成立重庆中通医药供应链有限公司。这是重庆局引进的又一个快递企业全国性功能总部。

重庆局推动寄递安全工作连续三年纳入市年度安全生产与自然灾害防治重点工作考核

4月，重庆市安全生产委员会办公室、重庆市减灾委员会办公室印发了《2023年区县安全生产与自然灾害防治重点工作考核评分细则》，将邮政快递领域突发事件应急处置与救援，应急物资寄递运输装备、人员、机构等应急保障，邮政快递业应急管理宣传教育、应急演练和监督检查等三项工作纳入对区县年度重点工作考核，分值为0.9分。该考核以落实属地责任为核心，突出问题导向，分三条梳理责任清单，重点任务推动，考核指标细化，推动各区县属地政府加强工作联动，确保行业安全生产持续平稳运行。

重庆市邮政快递业三集体入选"2022年度全国青年安全生产示范岗"

4月，共青团中央、应急管理部联合公布入选"2022年度全国青年安全生产示范岗"名单，重庆中速物流有限公司监察管理部、中国邮政集团有限公司重庆市分公司巴南片区分公司水轮村邮政所、中国邮政集团有限公司重庆市分公司九龙坡区分公司柳背桥营业部三集体上榜。

重庆市邮政快递业3个相关项目被纳入2023年市级重点建设项目

4月5日，重庆市人民政府办公厅印发了《关于做好2023年市级重点项目实施有关工作的通知》，渝北中通智慧电商物流园、韵达涪陵快递物流基地和涉及"快递进村"工作的县域商业体系建设项目被纳入2023年重庆市级重点建设项目。

重庆市邮政快递业2个人2集体获全国、市级五一劳动奖

4月27日，全国和重庆市召开表彰五一劳动奖表彰大会，重庆京邦达物流有限公司敖小梅荣获"全国五一劳动奖章"；顺丰速运重庆有限公司收派员申广军荣获"重庆五一劳动奖章"；顺丰速运重庆有限公司荣获"重庆五一劳动奖状"；重庆中速物流有限公司监察管理部荣获"重庆市工人先锋号"。

重庆市邮政快递业1集体4个人获2023年两新领域"两红两优"表彰

5月，根据《共青团重庆市非公经济和社会组织工作委员会关于选树2023年"两新领域五四红旗团委(团支部)""两新领域好团员""两新领域好团干部"的通报》，市快递行业团工委荣获"2023年两新领域五四红旗团委"；重庆局戴勤玲、长寿区快递行业团工委书记但璐荣获"2023年两新领域好团干部"、重庆市渝中区光速快递有限公司朝天门分公司业务员代渝、顺丰速运涪陵分公司运作主管刘小华同志荣获"2023年两新领域好团员"。

重庆局签发首张快递业务经营许可证电子证照

5月9日，重庆市邮政管理局向重庆锦申鑫物流有限公司签发重庆市首张快递业务经营许可证电子证照。同时，实体证照按原有流程正常领取，首次实现了电子证照和实体证照协同管理。

重庆市邮政快递业2个项目入选2022年度市级物流重点项目

5月，重庆市公布2022年度市级物流重点项目名单，全市邮政快递业2个项目入选，分别为渝北区中通智慧电商物流园和合川区综合邮政处理中心。截至5月，全市已有9个市级物流重点项目。按照重庆市相关文件规定，市级物流重点项目可享受免征城市基础设施配套费等优惠政策，可为企业减少成本近亿元。

重庆市快递企业入选"一带一路"进出口商品集散中心示范项目

5月，重庆市政府口岸物流办、市商务委公布了第一批重庆市内陆国际物流分拨中心暨"一带一路"进出口商品集散中心示范项目名单，重庆快递许可企业米多奇国际物流有限公司牵头的ebay

跨境电商集散分拨项目成功入选。

农村寄递物流亮相西洽会打造产业融合发展新高地

5月18日至21日，第五届中国西部国际投资贸易洽谈会在重庆举办，区县专业物流、客运站转型发展物流和乡镇综合运输服务站等多种农村物流项目在会上亮相。

重庆局印发2023年度邮政快递业生态环境保护工作要点

5月，重庆市邮政管理局印发《2023年重庆市邮政快递业生态环保工作要点》，积极推动行业绿色低碳发展。要点强调，要大力实施邮政快递业生态环保“9218”工程，深入推进快递包装绿色治理，坚持减污降碳协同增效。2023年底前，全市邮政快递业实现采购使用符合标准的包装材料比例达到90%，持续开展过度包装和塑料污染两项治理，推广使用可循环包装的邮件快件和回收复用瓦楞纸箱。要点明确，2023年度行业生态环保工作有四个方面15项工作任务。

顺丰嘉里重庆—河内专列首发

5月29日，顺丰嘉里专列（中国·重庆—越南·河内）首发仪式在重庆市沙坪坝区团结村铁路场站成功举行。该顺丰嘉里国际铁路班列从重庆市团结村中心站出发，五日后抵达目的地越南河内。该专列的首发，是重庆市邮政管理局深入贯彻落实党的二十大精神，围绕西部陆海新通道国家战略，落实国家邮政局“快递出海”部署，服务RECP成员国经贸发展的新探索、新举措。

《重庆市邮政条例》修正通过

5月31日，《重庆市人民代表大会常务委员会关于修改〈重庆市邮政条例〉的决定（草案）》经重庆市六届人大常委会第二次会议表决通过，自7月1日起施行。此次《重庆市邮政条例》的修正围绕成渝地区双城经济圈建设和西部陆海新通道建设等重大战略，坚持问题导向，着力于优化营商环境、重点强化行业安全管理、增强高质量发展动能等方面，既切合工作实际，又突出重庆特色。

重庆市出台文件支持快递物流发展

6月，重庆市政府办公厅印发了《重庆市支持食品及农产品加工产业高质量发展十条政策》，提出“鼓励各区县结合实际，出台升规入统、快递物流等方面支持政策。”

重庆局积极推动农村寄递物流体系建设

近年来，重庆市邮政管理局积极推动农村寄递物流体系建设，推动秀山县构建农村电商三级物流配送体系、助力小农户对接大市场取得显著成效。6月，该县相关做法作为典型经验被纳入中共中央办公厅、国务院办公厅印发的《关于2022年度巩固拓展脱贫攻坚成果同乡村振兴有效衔接考核评估情况的通报》，并被国家乡村振兴局予以印发推广。

重庆局印发邮政快递业塑料污染治理三年行动方案

为深入推进塑料污染治理工作，进一步完善邮政快递业塑料污染全链条治理体系，压实部门、地方和企业责任，6月，重庆市邮政管理局印发《重庆市邮政快递业塑料污染治理三年行动方案（2023－2025年）》。方案明确了主要目标，在塑料包装治理方面，到2025年全市禁止使用一次性塑料制品，全面使用可循环中转袋，邮政快递业绿色化、可循环、无害化包装普遍使用；在源头减量方面，到2025年全市邮政快递网点降低不可降解的塑料胶带使用量、瘦身胶带、循环中转袋基本实现全覆盖；在回收处置方面，鼓励寄递企业与资源回收企业开展多方合作，到2025年可循环快递包装应用规模力争达到10万个，快递包装基本实现绿色转型。

重庆局与重庆机场集团签署战略合作协议

6月30日，为助推重庆临空经济示范区和重庆空港型国家物流枢纽建设，重庆市邮政管理局与重庆机场集团有限公司签署《推动邮政快递业服务国际航空枢纽战略合作协议》，中邮重庆市分公司宣布投资20亿元打造占地160余亩的重庆邮政综合邮件处理中心。共同推动邮政快递业与航空物流业融合发展。

重庆市出台充换电基础设施财政补贴政策利好邮政快递业

7月，为贯彻国家关于构建高质量充电基础设施体系的有关文件精神，重庆市财政局、市经济信息委印发重庆2023年度充换电基础设施财政补贴政策。文件提出，一是支持充电基础设施建设，对企业利用内部停车位建设并投运的公共慢充桩，按照充电模块功率，给予50元/千瓦的一次性建设补贴。二是支持换电站建设运营。支持公共领域换电站建设，对提供共享换电技术服务，且实际运营兼容多品牌多车型的换电站，按换电设备充电模块额定充电功率，给予350元/千瓦的一次性建设补贴，邮政快递、城配物流换电站最高不超过50万元/站。支持提高换电站服务效率，给予换电站运营奖励，对单站平均每月换电次数达到5000次以上且平均每月换电电量10万度以上的邮政快递、城配物流换电站，给予30万元/站的一次性运营奖励。

重庆局举行快递业职业技能大赛

7月18日，重庆市邮政管理局联合市总工会主办，市国防邮电工会委员会、市邮政行业职业技能鉴定中心、重庆邮电大学举办的2023年“奋进新征程 建功新重庆”重庆市邮政快递业职业技能大赛在重庆邮电大学开幕。经过理论知识竞赛和技能操作竞赛的两项比拼，最终5名选手获得优胜奖，3名选手获得三等奖，2名选手获得二等奖，1名选手获得一等奖。

重庆市农村寄递物流体系建设再添动力

7月，重庆市委办公厅、市政府办公厅印发《重庆市推进以区县城为重要载体的城镇化建设实施方案》为农村寄递物流体系建设再添动力。方案提出，要培育发展特色优势产业，健全商贸流通网络，激发产业发展活力。方案要求，要推进区县域商业体系建设行动，加快县乡村三级物流网络、中心站点建设；要完善冷链物流设施，加快完善县乡村电子商务和快递物流配送体系，推动冷链物流服务网络向乡村下沉；要推进“互联网+”农产品出村进城工程试点，培育壮大农村电子商务主体，打造一批重点网货基地和直播基地。

重庆局积极推动邮政服务助力全市文化旅游发展

8月，重庆市邮政管理局牢牢把握主题教育“学思想、强党性、重实践、建新功”总要求，联合重庆市文化和旅游委员会印发《关于进一步提升全市旅游景区邮政服务水平的通知》，推进旅游景区主题邮局建设，助力全市文化旅游高质量发展，推动主题教育进一步走深走实。通知从支持新建扩容、提升服务水平、拓展服务范围等五个方面作出部署。

重庆市邮政业安全中心印发“十条硬措施”

8月15日，重庆市邮政业安全中心印发了《防范采集终端数据泄露十条措施》，“十条硬措施”由重庆市邮政业安全中心配合重庆市邮政管理局高效联动网信部门，组织专家结合行业实际制定，从专人专机专责、电脑规范使用、定期升级杀毒和妥善监控管理等方面出实招。

重庆局积极推动冷链寄递服务迈出“新步伐”

8月，为贯彻落实重庆市推动冷链物流高质量发展的安排部署，重庆市邮政管理局印发《关于积极发展冷链寄递服务的通知》，积极推动冷链寄递服务迈出“新步伐”。

重庆局印发任务分解清单推动邮政快递业服务乡村振兴等领域发展

2023 年以来，重庆市邮政管理局相继与市乡村振兴局签订了《推动邮政快递业服务乡村振兴战略合作协议》，与重庆机场集团有限公司签订了《推动邮政快递业服务国际航空枢纽建设战略合作协议》。为深入推动工作，重庆市邮政管理局按照两份战略合作协议，对合作内容逐条进行细化、量化、可操作化，严格对标对表明确任务分工和时限节点，形成并印发了任务分解清单，共十五个方面 41 项任务。

重庆市成立降物流成本工作专班助推邮政快递业高质量发展

8 月，为提升物流服务产业发展水平和能力，推动物流降本增效，重庆市政府办公厅印发《关于成立重庆市降物流成本工作专班的通知》，并将重庆局纳入专班成员单位。通知提出，要完善城乡配送体系建设。鼓励和支持使用新能源配送车辆，对纳入城市物流配送体系的配送车辆通行、停靠作业给予便利；推进农村地区客货邮融合发展，完善县乡村三级服务体系；发展集中配送、共同配送，运用信息化手段提高运营组织效率。

重庆局稳经济政策包更新至第四版

8 月下旬以来，重庆市政府网站将全市稳经济政策包更新至第四版，同时相继出台多项助企政策。重庆局及时响应，积极跟进，结合行业实际和企业相关需求，筛选 61 项含金量更高、企业获得感更强的惠企政策，汇总更新发布《重庆市邮政快递业稳经济政策包（第四版）》，保障全市邮政快递企业能够及时准确查阅了解和申请享受有关政策。

重庆市邮政快递业 2 集体获评第 21 届全国青年文明号集体

9 月，第 21 届全国青年文明号集体评选结果揭晓，中国邮政集团有限公司重庆市渝中区打铜街邮政支局、重庆苏宁物流有限公司获评第 21 届全国青年文明号集体，并被认定为首批“二星级全国青年文明号”。

重庆市邮政快递业再获商务发展专项资金补助 1656 万元

10 月，重庆市邮政快递业再获 2023 年商务发展专项资金补助 1656 万元，其中，县域商业建设行动专项资金补助 1436 万元，城乡配送网络工程建设项目专项资金补助 220 万元。2021 年以来，全市邮政快递业已累计获商务发展专项资金补助 3817.72 万元。

2023 年“丝路项目”西部陆海新通道辐射国家跨境电商与邮政快递业合作高级研修班正式开班

为全面落实“一带一路”倡议，推动邮政快递网络互联互通，在国家邮政局的指导下，西部陆海新通道辐射国家跨境电商与邮政快递业合作高级研修班于 10 月 19 日正式开班。本次研修班在课程方面安排了跨境电商、邮政快递、中国文化、企业考察、文化考察等五个板块及相应的企业考察和调研，包括赴重庆国际物流枢纽园区、顺丰速递重庆分拨中心等实地考察，提供中国国情中国文化、中国企业文化课等实践活动。

《重庆市县域商业三年行动计划（2023－2025 年）》发布

10 月，重庆市邮政管理局会同市商务委等十部门印发《重庆市县域商业三年行动计划（2023－2025 年）》。计划提出，一是加强农村物流基础设施建设，支持邮政快递、供销、商贸流通企业建设改造县级物流配送中心和乡镇快递物流站点，加大对配备自动分拣线、立体货架、新能源配送车、智能取件终端等设施设备的支持力度,到2025年县级物流配送中心超80个、覆盖率100%。二是发展农村物流共同配送,鼓励邮政快递、供销、商贸流通等主体开展市场化合作,在整合县域电商快递的基础上,叠加日用品、农资下乡和农产品进城等双向配送服务,探索推进统一仓储、分拣、运输、配送、揽件,提高物流配送效率,降低物流成本,增强服务能力,到2025年县域物流共同配送率达31%以上。三是提升村级商业便民服务水平,加强邮政快递、供销、电商等资源协作,推动村级站点设施共建、服务共享,丰富日用消费品、农资、邮政快递、金融等服务,赋能门店增值经营,实现"一点多能、一网多用",提高农村商业网点便民服务水平和可持续运营能力,满足农民就近便利消费需求,到2025年农村电商服务对具备条件的行政村覆盖率达100%。

重庆局推动邮政快递业纳入全市应急物流体系建设

10月,重庆市邮政管理局会同市口岸物流办等九个部门联合印发了《重庆市推进应急物流体系建设三年行动计划(2023－2025年)》,邮政快递业相关内容被纳入重庆市应急物流体系建设。计划指出,到2025年要基本形成应急物流通道畅行高效、设施功能明确、装备技术智能、队伍响应快速、信息传达及时、运行响应精准的应急物流体系。同时要充分利用铁路、公路、航空、水路、邮政、仓储配送等的社会物流资源,聚焦自然灾害、重大突发事件、重大卫生事件等突发事件下的应急物资保障需要,建立一个政府统筹、企业运营、平战一体、全社会共同参与的应急物流体系。

重庆市邮政快递业项目和个人获通报表扬

10月,重庆市消防安全委员会办公室印发《关于表扬2023年度优秀消防志愿服务项目及最美消防志愿者的通报》,璧山区"火焰蓝+邮政绿"携手进万家消防志愿服务项目被评选为"2023年度优秀消防志愿服务项目",重庆新配盟物流有限公司(丹鸟)公共事务总监付钟颖被评选为"2023年度最美消防志愿者"。

重庆市首届邮政行业职业技能竞赛成功举办

11月8日,由重庆市邮政管理局和市人社局共同主办的"巴渝工匠杯"重庆市首届邮政行业职业技能竞赛在渝圆满落幕,市职业技能鉴定中心、市快递协会、选手及嘉宾共计150余人参加。经过激烈角逐,最终两个项目分别决出一等奖1名、二等奖2名、三等奖3名,成绩合格的参赛选手均可取得高级工证书,决赛前6名的获奖选手可晋升为技师。

重庆局推动邮政快递业纳入《长江经济带污染治理和生态保护攻坚战行动方案(2023－2027年)》

11月,重庆市政府办公厅印发《长江经济带污染治理和生态保护攻坚战行动方案(2023－2027年)》,将邮政快递业相关工作纳入主要目标和重点任务。

"2023年重庆市快递服务现代农业、服务先进制造业"金银铜牌项目发布

11月,为更好发挥典型项目示范作用,重庆市邮政管理局决定授予"火锅食材""涪陵榨菜"等9个项目为"2023年重庆市快递服务现代农业金银铜牌项目",授予"理文纸业""大足五金"等16个项目为"2023年重庆市快递服务先进制造业金银铜牌项目"。2023年,全市邮政快递业持续服务现代农业、先进制造业发展,共培育7个金牌项目、8个银牌项目、10个铜牌项目。

重庆局联合市级各部门赴浙江、湖南开展农村客货邮融合发展调研

11月28日至30日,重庆市交通运输局党委

委员、副局长万雅芬，重庆市邮政管理局党组书记、局长周向东带队赴浙江、湖南两省开展农村客货邮融合发展调研，交通、农业农村、商务、供销、邮政企业等部门相关负责人参加调研。28日，调研组一行前往浙江省绍兴市柯桥区平水、新昌县麻家田村、东茗乡等地，实地察看了柯桥南部区域电商物流共配中心“交邮快销”四位一体模式，调研了东茗乡客货邮综合运输服务站和村级物流服务点的建设及运营情况。

重庆市出台《推进跨境电商高质量发展若干措施》

12月，重庆市人民政府办公厅印发了《重庆市推进跨境电商高质量发展若干措施》，跨境寄递服务获支持。措施明确提出，提升跨境寄递服务能力，推动西部陆海新通道、中欧班列邮件快件寄递运输常态化运行。鼓励寄递企业与跨境电商企业有效协作，建立跨境寄递商业联合体，实现境外资源共享。支持跨境电商海外仓发展，鼓励寄递企业依托寄递物流网络建设海外仓及处理中心，提高跨境电商配送时效。

重庆局打造快递业与制造业融合发展典型项目和试点先行区

2023年，重庆市33个快递业与制造业融合发展项目被纳入国家邮政局项目库管理。重庆市邮政管理局成功打造1个典型项目、1个试点先行区入选全国快递业与制造业深度融合发展示范创建。

四川省快递发展大事记

邮政快递业获四川省乡村建设行动实施方案支持

1月，四川省委办公厅、省政府办公厅印发《四川省乡村建设行动实施方案》，邮政快递基础设施建设被纳入其中。方案提出，改造提升县城物流配送中心和乡镇快递物流站点，打造新型乡镇快递点；深入开展“交商邮”合作，健全县乡村三级物流配送体系，提高农村物流配送效率；加快实施“互联网＋”农产品出村进城工程，推进“川货寄递”。方案要求，加快农产品产地冷藏保鲜设施建设，推进产销冷链集配中心建设，打造高效衔接农产品产销的冷链物流通道网络。

四川省印发碳达峰碳中和分工方案利好邮政快递业绿色发展

1月，四川省印发《贯彻落实〈中共四川省委四川省人民政府关于完整准确全面贯彻新发展理念做好碳达峰碳中和工作的实施意见〉分工方案》，邮政业绿色发展获利好政策。方案提出，加快商贸流通、信息服务等绿色转型，提升服务业低碳水平。方案要求，加快城乡物流配送绿色发展，推进绿色低碳、集约高效的城市物流配送服务模式创新。鼓励建设绿色低碳国际物流集散中心与区域物流平台。

四川省总工会看望慰问快递员

1月，四川省总工会领导专程赴德阳向快递员送去新春祝福。慰问组一行深入快递分拣中心，看望坚守岗位的快递员们，了解他们思想动态、生活健康等情况以及企业经营情况，向他们长期以来为千家万户日常生活提供了便捷服务所付出的辛勤劳动表示感谢，并叮嘱他们在工作中要注重自我保护以及疫情防范，注意安全。慰问活动共向困难快递员发放慰问金。

四川省经济工作要点提出实施服务业赋能融合计划利好邮政快递业

1月，四川省委办公厅、省政府办公厅印发《2023年全省经济工作要点》，提出促进服务业提质增效，促进现代服务业与先进制造业、现代农业深度融合等多项措施，邮政快递业发展迎来新利好。

四川省政府工作报告强调推进“天府交邮通”

1月，四川省第十四届人民代表大会第一次会议召开，省长黄强在政府工作报告中肯定邮政业发展成就，要求推进乡村客运“金通工程”和“天府交邮通”。报告在总结工作中指出，“积极拓展线上消费，完善物流配送网络，扩大农村电商覆盖面”。在2023年工作建议中，明确提出，要开展县域商业建设行动；健全县乡村三级物流体系，推进乡村客运“金通工程”和“天府交邮通”；培育电商直播基地，大力发展跨境电商。

多个邮政快递业项目被纳入2023年四川省重点项目计划

1月，四川省发展改革委公布2023年全省重点项目名单，中通快递西南总部项目等10余个涉及邮政快递业发展的基础设施建设项目纳入名单中。

四川省出台政策措施推动经济运行整体好转利好邮政快递业

1月，四川省人民政府印发《聚焦高质量发展推动经济运行整体好转的若干政策措施》，其中多项政策利好邮政快递业。措施包含强化财税政策支持、推动重点产业加快发展、促进消费回暖升级、加力稳定外贸外资、着力优化营商环境等十个方面，共计36条政策措施。

四川局联合八部门印发工作方案推动户外劳动者服务站点建设

2月，四川省委办公厅、省政府办公厅印发《2023年全省30件民生实事实施方案》，决定省级“计划安排资金0.15亿元”，“建设3000个户外劳动者服务站点，解决户外劳动者吃饭难、喝水难、休息难、如厕难等实际问题”。为将民生实事办实，四川省邮政管理局联合省总工会、发展改革委、财政厅、人社厅、住建厅、交通运输厅、商务厅、市场监管局印发了《四川省工会户外劳动者服务站点建设工作方案》，对户外劳动者服务站点建设作出安排。

四川局与内江市委市政府共商邮政快递业高质量发展

2月，四川省邮政管理局与内江市委市政府召开工作座谈会，就推进内江邮政快递业高质量发展深入交流。内江市委书记邹自景、市政府常务副市长何政、副市长陈万见及四川局党组书记、局长徐文葛，党组成员、副局长覃建伟，省邮政公司副总李业川参加座谈交流。内江市领导介绍了全市经济社会和邮政快递业发展情况，对邮政快递业推动内江经济发展发挥的重要作用表示肯定，强调内江将继续加强与四川局沟通联系，期待更密切的合作。

四川省实施“三品一创”消费提质扩容工程明确推进“川货寄递”

2月，四川省人民政府印发《关于实施“三品一创”消费提质扩容工程　加快培育“蜀里安逸”消费品牌的意见》，推进“川货寄递”纳入重点工作安排。意见提出，实施以品质供给、品尚引领、品味生活及创建国际一流消费环境为靶向的“三品一创”消费提质扩容工程，加快构建高品质、新时尚、多品味、国际化的“蜀里安逸”消费品牌体系。

四川局联合商务厅开展农村商业和快递服务协同发展三年行动

2月，四川省邮政管理局联合省商务厅共同印发《关于开展农村商业和快递服务协同发展三年行动（2023－2025年）的通知》。明确提出，持续扩大村级商业寄递物流综合服务站覆盖面，2025年符合条件的建制村，实现村级商业寄递物流综合服务站应建尽建。

四川局联合商务、农业部门推进快递服务现代农业

3月，四川省邮政管理局联合商务厅、农业农村厅印发《关于授予"2022年快递服务农特产品金银铜牌项目"的通知》，公布了全省培育产生的197个年寄递量超过10万件的快递服务现代农业项目，其中，超千万件项目13个，超100万件项目67个，超10万件项目117个。

四川省2023年一号文件支持"川货寄递"工程实施

3月，四川省委省政府印发《关于做好2023年乡村振兴重点工作加快推进农业强省建设的意见》，邮政快递业发展获利好。意见明确，一要推进县域商业体系建设，支持农村商贸和流通基础设施建设补短板，推进电子商务进农村，打造"交商邮"融合发展试点县。深入实施"川货寄递"工程。二要积极发展乡村新产业新业态，加快发展现代乡村服务业，落实鲜活农产品运输"绿色通道"政策。三要深入实施"四好农村路"建设和乡村运输"金通工程"。四要支持开展农产品供应链体系建设。推进农产品产地冷藏保鲜和集散地冷链物流基础设施建设。

四川省将邮政快递综合服务点（快件箱）纳入一刻钟便民生活圈建设范畴

3月，四川省商务厅、邮政管理局联合等9部门联合印发《四川省城市一刻钟便民生活圈建设试点方案》，把居民的"需求清单"转化为一刻钟便民生活圈的"满意清单"。邮政快递综合服务点（快件箱）纳入一刻钟便民生活圈建设的基本保障类业态中。

四川省清单式推进乡村建设行动利好邮政快递业

3月，四川省印发《〈四川省乡村建设行动任务清单管理操作指南（试行）〉〈四川省乡村建设行动项目库建设操作指南（试行）〉的通知》，清单式推进乡村建设行动，邮政快递业获利好。通知明确，按照乡村建设任务清单，重点围绕普惠性、基础性、兜底性民生建设内容，纳入乡村建设项目库。入库项目主要包括乡村国土空间规划、农村道路、农村水利、农村清洁能源、农产品仓储保鲜冷链物流设施、数字乡村、村级综合服务设施等工程行动相关项目。安排乡村建设项目资金，原则上须从项目库中选择项目。

四川局联合省商务厅等部门高质量推进"川货寄递"工程

4月，四川省邮政管理局联合省商务厅、农业农村厅、交通运输厅及乡村振兴局印发《关于高质量推进"川货寄递"工程的通知》。通知明确，高质量推进"川货寄递"工程的目标是，力争在2023年实现川果、川味、川菜等年寄递量超亿件级品类3个，带动实现产品销售超1000亿元；深挖名特小吃、调料、泡菜、腌腊制品等具有四川特色的产品，打造年寄递量超千万件、百万件项目90个以上，推动形成县域内年寄递量超十万件目160个以上。持续拓展培育特色潜力项目，实现对涉农县优势特色产业寄递服务品类全覆盖。

四川省1单位获"2020－2021年度全国交通运输行业文明单位"称号

4月，交通运输部印发《关于命名2020－2021年度全国交通运输行业精神文明建设先进集体的决定》，攀枝花市邮政管理局获"2020－2021年度全国交通运输行业文明单位"称号。

四川省邮政快递行业多个集体和个人获省、市表彰

"五一""五四"期间，四川省邮政快递行业有4个集体、17名个人受到省市总工会、团委表彰。其中，绵阳中通1快递员荣获第26届四川青年

“五四奖章”，自贡京东 1 快递员获自贡青年“五四奖章”。乐山市邮政分公司、自贡市邮政分公司荣获市“五一劳动奖状”，宣汉县邮政分公司乡村振兴办公室荣获达州市“工人先锋号”；绵阳中通客服部荣获绵阳市“五一巾帼标兵岗”奖章，巴中邮政、巴中京东 2 名从业者荣获巴中市“五一巾帼标兵”；万源邮政、平昌邮政、峨边邮政各 1 名、泸州邮政 2 名从业者荣获市“五一劳动奖章”；达州邮政、达州中通 2 名从业者荣获达州市“巴渠工匠”称号；苍溪中通、昭化圆通、青川中通、利州邮政和广元顺丰 5 名从业者荣获广元市“最美劳动者”称号；自贡中通 1 名从业者获“再造产业自贡”先进个人。

四川局被列为省委一号文件和省委农村工作会议部署重点工作任务责任单位

5 月，中共四川省委农村工作领导小组印发《关于贯彻落实 2023 年中央 1 号文件、中央农村工作会议和 2023 年省委 1 号文件、省委农村工作会议部署重点工作任务责任分工的通知》，就做好 2023 年乡村振兴重点工作加快推进农业强省进行安排部署，四川省邮政管理局被列入相关工作责任单位。

四川局联合 4 部门推进“交商邮供”融合发展

5 月，四川省邮政管理局联合交通运输厅、商务厅、省供销社、省邮政公司印发了《关于加快推进“交商邮供”融合发展的指导意见》，对进一步融合交通运输、商贸、邮政快递、供销资源作出安排。意见明确，到 2025 年全省基本形成经营规范、集约高效的农村物流服务体系，工业品下乡、农产品出村双向物流服务通道实现升级扩容、提质增效。

四川省支持川中丘陵地区四市打造产业发展新高地利好邮政快递业

5 月，四川省委省政府印发《关于支持川中丘陵地区四市打造产业发展新高地加快成渝地区中部崛起的意见》，邮政快递业高质量发展获支持。意见明确，支持川中丘陵地区四市建设先进制造业新兴集聚区、现代高效特色农业示范带和现代商贸物流优势承载区，内江建设成渝发展主轴产业强市和区域物流枢纽。

四川省出台方案推动乡村运输“金通工程”高质量发展

5 月，四川省邮政管理局联合省交通运输厅、财政厅、农业农村厅、乡村振兴局印发《四川省推动“四好农村路”和乡村运输“金通工程”高质量发展支撑乡村振兴行动方案》，就构建完善四川现代化农村交通运输体系，更好支撑乡村全面振兴作出部署。方案明确，到 2025 年，全省“四好农村路”和乡村运输“金通工程”可持续高质量发展格局基本形成，具备条件的建制村物流快递通达率 100%，具备条件的乡村客运站综合服务拓展改造率、交邮合作市(州)覆盖率均达 100%。

四川省 2 名快递员荣获全国“最美快递员”称号

5 月，由国家邮政局和中华全国总工会指导的“奋进新征程 建功新时代”第五届“中国梦·邮政情寻找最美快递员”活动在北京举行揭晓发布会，10 名快递员和 3 个快递团队荣获“最美快递员”称号。其中，四川省 2 名快递员登榜，分别是阿坝州邮政分公司哈弄夺机和凉山州韵达徐峰。

四川省政府副秘书长到四川局调研指导工作

5 月 24 日，受四川省领导委托，四川省政府副秘书长张勇带队到四川省邮政管理局调研邮政快递业发展情况，对四川局近年来在服务全省经济社会发展所取得的成效给予充分肯定。

四川省出台《循环经济发展 2023 年工作要点》利好邮政快递业绿色发展

5 月，四川省发展和改革委员会印发《四川省循环经济发展 2023 年工作要点》，邮政快递业绿色低碳发展被纳入其中。工作要点要求，稳步推进“无废城市”建设，抓好循环经济领域“关键小事”。

四川省邮政快递业高质量发展获支持

6月，四川省质量强省工作领导小组关于印发《四川省进一步提升产品、工程和服务质量行动实施方案（2023－2025年）》，四川省邮政管理局被列为相关工作责任单位。实施方案要求，一是增加优质服务供给；二是推动服务质量专业化；三是深化质量基础设施协同服务。

四川省印发《进一步加强商品过度包装治理2023年工作要点》支持行业包装绿色化发展

6月，四川省发展和改革委员会和省市场监督管理局联合印发《四川省进一步加强商品过度包装治理2023年工作要点》，将邮政、快递包装减量化作为重要内容。

四川局受邀出席第六届中国（四川）国际物流博览会举行

6月，第六届中国（四川）国际物流博览会在四川省遂宁市举行。会议以“建设国家物流枢纽，服务新发展格局”为主题，围绕国家物流枢纽的供应链整合、数字物流体系建构、多式联运等议题，通过特邀报告、圆桌会议等形式交流、探讨。四川省邮政管理局受邀出席。会议指出，要大力发展通道＋枢纽＋网络的现代物流体系，积极推进区域合作、产业合作，提升物流产业发展能级。要以科技赋能、数字赋能促进西部地区物流服务业提质增效。遂宁要把握成渝地区双城经济圈建设战略机遇，加快打造国家物流枢纽经济示范区，建设具有全国影响力的陆港型国家物流枢纽。

四川省出台意见推动快递行业集体协商工作

6月，四川省邮政管理局联合省总工会、人力资源和社会保障厅、省工商业联合会、省企业联合会/企业家协会、省快递协会出台《关于开展快递行业集体协商工作的意见》，推动集体协商，维护快递行业劳动者合法权益。意见提出，至“十四五”末，实现行业集体合同对已建工会快递企业覆盖率达80%以上，行业内劳动者对集体协商工作的参与率达到80%以上、知晓率达到90%以上。

四川省10人获评全省春运工作表现突出个人

6月，四川省政府办公厅印发《关于表扬2023年全省春运工作表现突出的集体和个人的通报》，四川邮政管理系统7名同志、行业3名从业人员获得“表现突出的个人”称号。

四川省大力推动“农村寄递物流体系建设”和“川货寄递”

7月，中共四川省委农村工作领导小组印发《2023年度四川省市（州）党政和省直部门（单位）领导班子领导干部推进乡村振兴战略实绩考核实施方案》，将“农村寄递物流体系建设”和“川货寄递”纳入对市县党政和省直部门领导班子领导干部推进乡村振兴战略实绩考核内容，四川省邮政管理局被列为“推进农村寄递物流体系建设”牵头评分单位。

四川省促进青年就业创业利好邮政快递业

7月，四川省出台《关于进一步促进高校毕业生等青年就业创业的若干措施》，邮政快递行业稳岗扩岗获支持。措施指出，支持发展平台经济，支持高校毕业生等青年以新就业形态实现灵活就业，加强对快递物流、直播电商等新就业形态劳动者的劳动权益保障。

四川省支持成都加快打造国际消费中心城市利好“川货寄递”

7月，四川省委省政府印发《关于支持成都加快打造国际消费中心城市的意见》，“川货寄递”获支持。意见提出，一是开展“蜀里安逸”消费品牌建设，支持建设川货海内外展示展销中心，通过

"直播+带货""展销+直播"等形式,推动本土品牌出川出海,发展"农村+电商"等融合业态。二是加快低空物流网络建设,发展无人机配送。三是探索开展川渝市场一体化建设,推动"川渝造"卖全球。深化县域商业建设,培育建设消费创新发展引领县。四是完善综合交通物流体系,支持成都建设国家物流枢纽和国家骨干冷链物流基地。五是优化营商环境,推进"互联网+"监管执法,推行"首违不罚"事项清单。

川渝联合推动自贸试验区协同开放点利好邮政快递业

7月,重庆市、四川省人民政府办公厅联合印发《川渝自贸试验区协同开放示范区深化改革创新行动方案》,联动推进贸易投资、物流枢纽、产业发展、开放平台、营商环境5大领域协同改革开放,邮政快递业高质量发展获支持。

四川省推进快递包装治理

7月,四川省发展改革委、生态环境厅印发《关于进一步做好塑料污染治理2023—2025年重点工作的通知》,推进快递包装治理等工作纳入其中,四川省邮政管理局被列为责任单位。通知要求,一是持续推进一次性塑料制品使用减量;二是强化快递包装治理;三是建立健全规章制度,完善支撑政策,印发《四川省邮政快递业塑料污染治理工作三年行动方案(2023—2025年)》,争取中央预算内投资支持快递包装回收等重点领域项目建设。

四川省发布网络市场监管促发展保安全专项行动方案

7月,四川省邮政管理局、省市场监管局等十三部门印发《四川2023网络市场监管促发展保安全专项行动方案》,集中整治快递末端服务,严厉打击违法寄递行为。方案强调,一是以暑期、中秋、国庆等重要节假日和"双11"等网络集中促销活动为重点,依法查处快递末端服务违规收费行为;二是依法清理处置网络禁限售商品,严厉打击违法经营和不当宣传行为;三是搭建政企畅通交流渠道,加强信息反馈处置。

四川省加快推进革命老区脱贫地区民族地区盆周山区振兴发展利好邮政快递业

7月,四川省委、省政府印发《关于加快推进革命老区脱贫地区民族地区盆周山区振兴发展的意见》,邮政快递行业高质量均衡发展获支持。意见明确,一是实施现代农业增效行动,擦亮"土特产"品牌,支持秦巴山区肉牛、高原牦牛、会理石榴、安岳柠檬、攀枝花芒果、苍溪红心猕猴桃等特色产业发展;培育壮大新型竹产业,做大做强道地中药材产业;推进农产品产地冷藏保鲜和集散地冷链物流基础设施建设;支持发展直播电商等新业态新模式,持续扩大农村电商覆盖面。二是建设一批服务业高质量发展示范区、县域商业建设行动县、"交商邮"融合发展试点县。三是主动服务和融入成渝地区双城经济圈建设等重大战略,积极推动与"一带一路"共建国家合作;支持申建跨境电商综合试验区和保税物流中心(B型)。四是打造区域就业创业服务品牌,搭建民营企业面向"四类地区"专项招聘、定向招工平台;发挥民营企业优势,促进商贸流通、产业融合。

四川省将寄递物流体系纳入以县城为重要载体的城镇化建设予以推进

8月,四川省委、省政府印发《关于推进以县城为重要载体的城镇化建设的实施意见》,县乡村三级物流体系建设获支持。意见指出,一是支持位于农产品主产区的县城发挥特色农产品产地优势,探索"种养殖在乡村、加工配送在县城"有效模式。实施县城特色优势产业培育行动,做好"土特产"大文章,建设"川字号"农产品加工园区和优势特色产业基地,发展仓储物流等农业生产性服务业,促进农村一二三产业融合发展。二是支持符合条件的县城建设服务业高质量发展示范区。发展县城物流(配送)中心,打造工业品和农产品分拨中转地。深入开展“交商邮”合作,推动交通运输、邮政快递、商贸供销、电商平台等融合发展,推广统仓共配,降低物流成本。支持建设农产品仓储保鲜冷链物流设施以社区为基本单元配建基本公共服务设施、便民商业服务设施。三是推进县城基础设施向乡村延伸。实施村级综合服务设施提升工程和乡村运输“金通工程”,完善县乡村三级商贸物流配送体系,建设重点乡镇商贸流通节点和建制村物流服务点。四是开展省级示范试点,创新政策支撑机制和项目投资运营模式,以“清单制 + 责任制 + 销号制”推动建设任务落实。总结推广示范试点经验,有序推动其他县城建设。

四川省邮政快递业高质量发展获支持

8 月,四川省商务厅印发《四川省“蜀里安逸”消费新场景五年培育方案(2023 － 2027 年)》(以下简称《方案》),四川省邮政管理局被纳入培育“逸趣田园”消费新场景责任单位。《方案》指出,高质量推进县域商业体系建设,促进商贸流通企业向综合性服务转型,打造乡镇商贸中心、乡镇商业集聚区。引导电商主播与乡村特色资源结合,打造直播基地,搭建特色产品(服务)“走得出”、城市游客“进得来”的双向流通平台。因地制宜打造融合商贸流通、文化体验等的乡村“微度假”目的地。打造一刻钟便民生活“幸福圈”。支持建设电商消费新业态集聚区和省级电商新业态基地,打造直播电商人才和企业集聚商地,推进特色产业、产品和企业与直播电商深度融合,培育新型网上消费品牌。

四川省做强“天府乡村”公益品牌行业发展获利好

8 月,四川省印发《“天府乡村”公益品牌产品产供销全链条发展实施方案》。明确要统筹推进“天府乡村”产品产供销全链条发展,四川省邮政管理局被列为相互关工作责任单位。实施方案要求,一要加强“天府乡村”产品供应链建设。依托县域商业体系和农产品供应链体系建设、川货寄递工程实施,建设产地、集散地和销地仓储保鲜、分选包装、冷链物流等产业配套设施,构建完善“天府乡村”产品供应链体系。二要推动“天府乡村”产品“两地仓”建设,提升物流效率,实现产品互通、渠道互用、优势互补,辐射带动更多的“天府乡村”产品进入东部市场。三要加强政策支持。县级可按规定统筹整合使用财政涉农资金、东西部协作资金等,加大向农业产业链加工、仓储、冷链、物流、品牌、营销、宣传、推广等薄弱环节的投入力度。

四川省 5 部门联合开展“交商邮供”融合发展试点工作

9 月,四川省邮政管理局、交通运输厅、商务厅、省供销社、省邮政分公司联合印发《关于加开展“交商邮供”融合发展试点工作的通知》,明确每个市(州)至少有 1 个试点县(市、区),川渝毗邻地区至少每个市有 1 个毗邻县(市、区)试点。

四川省印发通知助推农村流通高质量发展

10 月,四川省委财办印发《关于深入贯彻落实推动农村流通高质量发展指导意见的通知》,进一步明确目标任务和责任分工,加快全省农村现代流通体系建设。通知要求,一是将推动农村流通高质量发展作为加快建设农业强省的一项重要工作,要着力畅通工业品下乡“最后一公里”和农产品出村进城“最先一公里”,强化节点、打通堵点、补上断点。二是要统筹保障农村邮政快递网点等设施用地,打造“节点 + 交通 + 运输组织”的农村交通物流“一张网”。以流通骨干企业为支撑,完善县域为枢纽、乡镇为重点、村级为终端的三级县域流通服务网络。三是邮政管理部门要加快推进农村寄递物流体系建设,促进“快递进村”“川货寄递”。四是持续强化保障措施,着力培育一批机制灵活、管理先进的农产品批发市场、农村消费品和农资流通企业、农家小店。

四川省实施生活垃圾分类提质增效三年行动助推快递包装绿色转型

10月，四川省住房和城乡建设厅等8部门印发《四川省推进生活垃圾分类工作提质增效三年行动方案（2023－2025年）》，四川局被列为相关工作责任单位。行动方案要求，一是开展垃圾分类宣传发动提质增效行动，组织开展垃圾分类先进典型评选，强化基层先进经验做法宣传推广；二是开展监管能力提质增效行动，推进源头减量，在电商、快递外卖等领域严格落实限制商品过度包装的有关规定；三是实行生活垃圾分类工作目标责任制和考核评价制度。

四川省年快递业务量首次破30亿件

11月20日中午，随着南充市蓬安县杨家镇双流村田间一箱红薯被贴上面单并装车，四川省2023年揽收的第30亿件快递产生。这是四川省年快递业务量首次突破30亿件，距离2020年12月四川省快递业务量首次突破20亿件，不足三年。

四川省出台恢复扩大消费举措邮政快递业获利好

11月，四川省政府办公厅转发省发改委《关于恢复和扩大消费若干措施》，四川省邮政管理局被列为多项工作推进责任单位。措施提出，一是扩大新能源汽车消费；二是深挖农村消费，推进县域商业物流体系建设；三是完善县乡村三级快递物流配送体系；四是持续实施“互联网＋”农产品出村进城工程试点；五是拓展新型消费；六是优化消费环境；七是推进放心舒心消费城市创建，支持放心舒心消费示范乡村建设。

四川省省长批示肯定全省快递业务旺季服务保障工作

11月，四川省委副书记、省长黄强在《四川省邮政管理局关于2023年快递业“双11”旺季服务保障工作情况的报告》上作出批示：“感谢省邮政管理局卓有成效的工作”。

四川省邮政业相关内容被纳入推动县域商业体系建设

11月，商务厅、省邮政管理局等9部门联合印发《四川省县域商业建设三年行动实施方案（2023－2025年）》，支持进一步健全县乡村物流配送体系。实施方案明确，围绕176个涉农县（市、区）建设改造一批县级物流配送中心、乡镇快递站点和农村新型便民商店等，具备条件的地区基本实现村村通快递。到2025年，争创不少于30个全国县域商业“领跑县”，评选30个县域商业建设行动激励县。

四川省加快快递业与制造业融合发展

12月，四川省服务业发展领导小组办公室印发《关于建立成都市服务业扩大开放综合试点工作省市协调调度机制的通知》，加快快递业与制造业融合发展，四川省邮政管理局被列为省级对口指导单位。

四川省出台多个意见支持区域中心城市建设利好邮政快递业

12月，四川省委、省政府出台《支持绵阳发挥科技城优势加快建成川北省域经济副中心的意见》《关于支持宜宾泸州组团建设川南省域经济副中心的意见》《关于支持乐山高质量发展加快提升区域中心城市能级的意见》，邮政快递业发展获支持。三份意见提出，支持绵阳建设西部陆海新通道重要枢纽，壮大交通物流枢纽经济，创建中国快递示范城市，加快建设科技城科技物流产业园和国家骨干冷链物流基地，推动跨境电子商务综合试验区建设；支持宜宾—泸州国家现代流通战略支点城市和泸州港口型国家物流枢纽建设，加快长江上游成宜国际物流园、双加铁路物流中心等建设；支持乐山整合城市配送、快递仓储、冷链物流等资源，促进多式联运物流发展，推动嘉州商贸物流园区等建设。

贵州省快递发展大事记

贵州省邮政业多项工作获肯定与支持

1月，贵州省举行第十四届人民代表大会第一次会议，省长李炳军向大会作政府工作报告，“快递进村”、快递员合法权益保障等邮政快递业多项内容被纳入省政府工作报告，贵州省邮政业再获肯定与支持。报告明确提出，2023年要大力实施电商示范园区、电商直播基地、电商示范企业、网销产品“十百千万”工程；引导全社会给予快递小哥更多尊重和关心；加快推进县域商业体系建设，完善城乡配送网络，大力实施“快递进村”工程，更好推动工业品下乡、农产品进城。省政协十三届一次会议，《关于更好发挥农村寄递物流体系作用助力农村市场体系建设的建议》经初审已立案；“关爱‘快递小哥’，对其承担社会责任的法律判定也应实事求是，量力而行。”意见获得认可和支持。

贵州省举办第三届全省邮政快递从业青年培训班

为贯彻落实习近平总书记关于新业态新就业群体有关工作的重要指示批示精神，进一步加强对邮政快递从业青年的思想引领，4月24日，贵州省邮政管理局与共青团贵州省委员会联合举办的“青春闪光·青社学堂”第三届全省邮政快递从业青年培训班在省团校开班。

贵州省邮政快递业2名个人获评“两红两优”

为纪念“五四”青年节，激励各级团组织和广大团员、团干部向先进学习，向优秀看齐，省人社厅、团省委作出决定，授予50个团组织“贵州省五四红旗团委”称号，授予50个团组织“贵州省五四红旗团支部”称号，授予50名同志“贵州省优秀共青团员”称号，授予50名同志“贵州省优秀共青团干部”称号。贵州邮政快递业共有2名个人受到表彰，胡羽（贵州圆通客服组长）、周金艳（贵州极兔安全管理专员）2人获评“贵州省优秀共青团员”称号。

贵州省邮政快递业3个集体5名个人获省“五一”劳动表彰

5月，贵州省“五一”劳动奖表彰大会召开。黔东南州邮政分公司锦屏县三江路支局和黔西南州邮政兴义市邮件处理中心2个集体荣获省“工人先锋号”，贵州京邦达供应链科技有限公司（京东）1个集体荣获省“五一劳动奖状”，孙士坚（凯里中通）、刘松林（松桃圆通）、肖江林（德江圆通）、田桂琴（铜仁邮政德江县中心街支局支局长）、胡吉波（关岭邮政投递部）5人荣获省“五一劳动奖章”。

“邮来已久绿动未来”主题活动入选2023年“贵州生态日”系列活动

5月，在贵州省委、省政府的大力支持下，贵州省生态文明建设领导小组印发《2023年“贵州生态日”系列活动总体方案》，明确2023年“贵州生态日”系列活动主题为“共谋人与自然和谐共生现代化 共享美好绿色新生活”。贵州省邮政管理局报送的“邮来已久 绿动未来”主题活动与省水利厅、省林业局、省发展改革委、省生态环境厅、团省委、省法院、省检察院、省机关事务局和省文化和旅游厅等单位的各主题活动，获省领导同意，共同组成以“巡河＋巡林”活动为主要内容的“2＋8”系列活动在全省范围内组织开展。

贵州省邮政快递行业团工委揭牌成立

5月22日，贵州省团省委、省邮政管理局联合举行中国共产主义青年团贵州省邮政快递行业工作委员会揭牌暨全省行业优秀青年集体及先进个人表彰大会。会上,团省委宣读了《关于团省委派驻贵州省邮政快递行业开展工作的复函》。团省委、贵州局主要负责人为贵州省邮政快递行业团工委揭牌,并为获得全省优秀共青团员的“快递小哥”和青年安全生产示范岗的快递企业颁发证书和奖牌。

贵州省印发农村客货邮融合发展试点工作实施方案

7月,贵州省邮政管理局联合省交通运输厅印发《贵州省农村客货邮融合发展试点工作实施方案》。方案要求,一要推动县乡村三级寄递物流基础设施建设。完善县级寄递物流中心、乡镇寄递物流集散站点、村级寄递物流综合服务站点建设,制作统一客货邮融合服务标识;二要健全县乡村三级物流配送体系。打造规模化集约化配送主体,推动农村班线(公交)车辆发挥补充带货作用,加快推动“黔货出山”;三要强化信息支撑融合发展。推进农村物流信息服务体系建设、县级物流智能化分拣配送和信息终端推广应用;四要全面提高农村物流服务效率。提高快递进村时效和寄递服务效率。

绿色快递参加贵州省首个“全国生态日”

8月15日,贵州省邮政管理局组织全省行业围绕“绿水青山就是金山银山”主题,以多种形式开展宣传活动,通过积极倡导绿色快递,营造“人人有为人人共享”,以实际行动喜迎首个“全国生态日”。

贵州省做好面向快递员群体提供工会驿站服务工作

9月,贵州省邮政管理局联合贵州省总工会印发《关于进一步面向快递员群体提供工会驿站服务的通知》。通知提出,一是夯实工作基础,巩固建设成果。不断推动已建成的工会驿站标准化建设、规范化管理、专业化服务,开展形式多样、喜闻乐见的各项活动,拓展工会驿站功能,确保驿站建得好、管得好、用得好。二是整合行业资源,合力推进建设。充分利用遍布全省、覆盖城乡的邮政、快递网点资源,根据快递员群体的作业范围和作息路线,科学选定网点搭建公益服务平台,实现资源的有效整合、一“站”多用、共建共享共用。三是加强宣传引导,抓好建用结合。采取多种方式和措施让广大快递员群体了解和认识工会驿站的服务宗旨、覆盖区域、服务内容,扩大影响力、提高知晓率,引导更多快递员走进驿站、享用驿站点,发挥驿站服务群众的重要作用。

2023贵州技能大赛——快递行业职业技能竞赛举办

9月21日至22日,“匠心筑梦 技能报国”2023贵州技能大赛——快递行业职业技能竞赛在贵州龙里举办。经过激烈的角逐,京东代表队周怡杞获快递员赛项一等奖,黔西南州代表队邓海军获快件处理员赛项一等奖,韵达代表队周宏获邮件快件安检员赛项一等奖。此外,各赛项还分别评出了二等奖2名,三等奖5名,优胜奖10名。现场向获奖选手颁发了荣誉证书。获各赛项第一名的选手,按程序和条件向省总工会申报授予“贵州省五一劳动奖章”称号,获得各赛项前三名的选手,符合条件的,按程序和条件向省人力资源和社会保障厅申报授予“贵州省技术能手”称号。此外,还在快递员和快件处理员两个单项中各选派两名优秀选手参加10月份举办的全国邮政行业技能竞赛总决赛。

贵州局与商务厅等相关部门联合签订县域商业体系建设战略协议

11月1日上午,贵州省邮政管理局与贵州省商务厅、中国邮政集团有限公司贵州省分公司、中国邮政储蓄银行贵州省分行举行座谈并签订县域商业体系建设战略协议。协议旨在充分发挥四方资源优势,实现资源整合,相互赋能。重点突出完善三级物流配送体系、增强农产品上行动能、便利乡村群众生活、强化金融赋能等四个方面，以渠道下沉和农产品上行为主线，以农村物流配送“三点一线”为重点，开展更广领域、更高水平、更深层次的协作，为推动县域商业体系建设落实和全省经济高质量发展提供有力支撑。

贵州省快递行业优秀员工集中疗休养

11月，贵州省总工会组织100名新业态群体等优秀技术工人赴息烽温泉疗养院参加为期5天疗休养活动，快递行业共分配60个名额，经快递企业内部选拔推荐，共组织中通、申通、极兔、韵达、顺丰等多个快递品牌企业共60名优秀技术工人参加本次活动。

《快递绿色包装使用评价规范》正式实施

为深入贯彻习近平生态文明思想和习近平总书记关于快递包装绿色治理重要指示精神，助力贵州生态文明建设，推动全省快递包装绿色转型，贵州省邮政管理局、贵州省产品质量检验检测院、贵州省材料产业技术研究院、贵州省烟草科学研究院等单位联合起草了《快递绿色包装使用评价规范》（DB52/T 1741—2023），于2023年6月由省市场监督管理局正式发布，12月1日正式实施。

贵州省快递行业工会联合会成立

12月1日，贵州省快递行业工会联合会成立。

云南省快递发展大事记

邮政快递业相关工作被纳入全省综合运输春运疫情防控和服务保障实施方案

1月，云南省应对疫情工作领导小组指挥部春运工作专班印发《2023年云南省综合运输春运疫情防控和运输服务保障实施方案》，邮政快递业相关工作纳入其中。

《云南省邮政快递业职业技能提升工程实施方案（2023－2025年）》发布

2月，为积极推动邮政快递业技能人才建设与“技能云南”行动有效衔接。云南省邮政管理局与省人力资源和社会保障厅联合印发了《云南省邮政快递业职业技能提升工程实施方案（2023－2025年）》，为下一阶段行业职业技能提升工作明确了方向。方案从总体要求、主要措施、工作保障三方面对2023年至2025年邮政快递业职业技能提升工作进行了安排部署，明确了落实行业职业技能提升培训、政府补贴性培训、人才评价体系建设和职业技能竞赛等内容的具体措施，以人才强邮为目标、以能力提升为纽带、以政策福利为保障，形成了多面共促的人才培养体系。

云南省主流媒体高度关注邮政快递业改革发展

3月，《云南日报》《昆明日报》《春城晚报》等多家主流新闻媒体高度关注云南省邮政快递业改革发展情况，分别以头版、专栏等方式进行了深入宣传报道。相关报道重点关注了云南省邮政快递业的发展情况，对云南省邮政管理系统全力融入综合立体交通规划和地方发展规划，推进主要任务和重点工程落地见效，寄递服务能力有效提升，大力强化行业人才培养，积极开展关心关爱快递员等方面工作成效给予了多角度宣传，为行业影响力提升起到了良好的作用。

云南省邮政快递业多项内容被纳入省委一号文件

3月，云南省委省政府正式发布《关于做好2023年全面推进乡村振兴重点工作的实施意见》，邮政快递业多项内容被纳入省委一号文件，云南省邮政管理局作为责任部门认领工作任务。省委一号文件明确提出,“要加快完善县乡村电子商务和快递物流配送体系,推动乡村电商服务站点与农村寄递物流体系建设,推动农村客货邮融合发展。”“要加快推进县域集采集配中心和乡村流通服务体系建设。”对于快递服务建制村通达率,文件提出2023年全省要达到90%的具体指标。

中国(云南)自由贸易试验区深化改革开放方案出台利好邮政快递业

3月,为进一步深化自贸试验区改革开放,云南省人民政府,印发了《中国(云南)自由贸易试验区深化改革开放方案》,邮政业发展获支持,云南省邮政管理局成为责任单位。方案要求,要充分发挥自贸试验区先行先试作用,深入实施多式联运示范工程,构建现代物流运行体系;要发展智能仓储、低空无人机配送等新模式,扩大国际中转集拼业务试点范围;要强化监管体系建设,高标准建设智能化监管基础设施,实现监管信息互联互认共享。

云南局印发2023年行业生态环境保护工作要点

4月,云南省邮政管理局印发了《2023年行业生态环境保护工作要点》,对年度行业生态环保工作进行深入分析、科学谋划、周密安排,加快推进邮件快件包装减量化、标准化、循环化、无害化,全面助力全省邮政业绿色高质量发展。

云南省副省长调研邮政快递业

4月26日上午,云南省副省长郭大进一行莅临省邮政业大数据中心调研,听取云南省邮政管理局工作汇报。郭大进与来昆参加活动的国家邮政局副局长戴应军开展座谈交流。云南省交通运输厅厅长夏俊松陪同调研,省邮政管理局局长魏水旺作工作汇报。郭大进对省邮政管理局工作情况和省邮政业大数据作用发挥给予肯定,并提出四点工作要求。

云南省快递行业党委召开第一届第一次全体委员会

4月,云南省邮政管理局在国家邮政局的指导下,积极与省委组织部、省委“两新”工委沟通汇报,有序开展调研、座谈、征求意见等前期筹备工作,积极组织、有力推进,圆满召开了云南省快递行业党委第一届第一次委员会,全体委员出席会议。会议审议通过了《中国共产党云南省快递行业委员会工作规则(试行)》《中国共产党云南省快递行业委员会2023年工作要点》,听取了云南省快递行业党建工作情况汇报,四家已设立党组织的委员单位汇报了企业党建工作情况。云南省邮政管理局党组书记、局长,省快递行业党委书记魏水旺就做好全省快递行业党建工作做出安排部署。

云南局绿色包装应用推广项目获省级财政节能降耗资金支持

5月,云南省发展改革委下达2023年省级财政节能降耗专项资金投资计划,云南省邮政管理局绿色包装应用推广项目获得专项资金支持。

云南省出台实施意见加强邮件快件寄递安全管理

5月,云南省邮政管理局联合省委政法委、网信办、省检察院、公安厅等13部门印发了《关于进一步加强邮件快件寄递安全管理工作的实施意见》,进一步完善寄递渠道联合监管机制,提升全省寄递安全管理水平。

云南省委办公厅印发客货邮融合发展典型经验

7月,云南省委办公厅印发关于学习借鉴乡村客货邮融合发展典型经验的通知,对昭通市大关县、楚雄州楚雄市等6个探索实践进行了通报。通知强调,客货邮融合发展是通过整合偏远区域客运、快递物流等,统筹解决农村群众幸福出行、物流配送、邮政寄递三个“最后一公里”问题的有效途径。

云南省印发关于加快推进农村客货邮融合发展工作的实施意见

8月，云南省委农办会同云南局、省农业农村厅、省交通运输厅、省商务厅、省供销合作社联合社等6部门印发《关于加快推进农村客货邮融合发展工作的实施意见》。实施意见确定了发展目标，提出到“十四五”末，符合条件的地区农村客货运、邮政快递100%全部通达建制村，农村客货运、快递、电商、供销等行业实现末端资源整合，实现“一网多用、一站多能、多点合一、深度融合”，农产品进城“最初一公里”和工业品下乡“最后一公里”彻底打通，达到乡乡有网点、村村有服务，便民惠民寄递服务基本覆盖。

第四届云南省邮政行业职业技能竞赛举办

9月6日，为更好推动行业高技能人才队伍建设，云南省邮政管理局顺利举办第四届云南省邮政行业职业技能竞赛。此次竞赛以“建功十四五、奋进新征程”为主题，经过激烈的角逐，共有12名优秀选手获得奖项。获奖选手由省人力资源社会保障部门颁发相应职业技能等级证书。此次竞赛是历届云南省邮政行业职业技能竞赛中州市级预赛覆盖面最广、参赛人数最多、首次使用技术支持的一次竞赛。

邮政快递业多项内容被纳入云南省县域商业三年行动计划

10月，云南省商务厅、发展改革委、邮政管理局等10部门联合印发了《云南省县域商业三年行动计划(2023－2025年)》，邮政快递业多项内容被纳入其中。行动计划明确到2025年，在全省基本实现县城有连锁商超和快递物流公共配送中心、乡镇有商贸中心和物流配送站、具备条件的村有连锁便利店并通快递的目标。

邮政快递业被纳入云南省农村流通建设体系

12月，云南省委财办、农办、商务厅、发展改革委、交通运输厅和邮政管理局等10部门联合印发《云南省推动农村流通高质量发展实施意见》。云南省邮政管理局作为重要责任单位，邮政快递业多项内容纳入文件。实施方案提出，到2025年，基本实现邮政、快递、电商、交通、供销、商贸等末端资源整合，农村现代流通体系趋于完善。

西藏自治区快递发展大事记

自治区出台现代流通体系建设实施方案支持邮政快递业发展

1月，为贯彻落实党中央、国务院决策部署，加快建设系统完备、创新引领、协同高效的现代流通体系，着力优化流通网络、完善流通市场，西藏自治区制定了《关于统筹推进现代流通体系建设的实施方案》，促进商贸、交通、邮政等融合联动，补齐设施短板、打通流通堵点，推动西藏经济高质量发展。方案要求，要加快推进铁路、公路、民航、邮政等行业市场化改革，形成统一开放的交通运输市场；要推进冷链、国内邮件快件等专业化联运发展；要发挥邮政网络在农牧区的基础支撑作用，推动西藏末端投递资源整合，完善农村寄递物流体系。

西藏局寄出首张快递业务经营许可证

按照“让信息多跑路、让群众少跑腿”“线上办理、线下寄递”的便民原则，西藏自治区邮政管理局创新工作方式，在快递业务经营许可证制发环节，快递企业可申请许可证寄达服务。2月，西藏局通过寄达服务寄出了首张快递业务经营许可证。

自治区政府副主席看望慰问“快递小哥”

2月19日上午,西藏自治区政府副主席、那曲市市长旦巴,那曲市政府副市长赵亚、李东集中看望慰问一线“快递小哥”,向他们送上诚挚的问候和新春的祝福。

自治区首件分支机构名录由拉萨局成功寄出

为进一步落实行业“放管服”改革要求,持续优化营商环境,拉萨市邮政管理局全面落实邮政管理系统许可便民服务工作,及时在系统开通分支机构名录寄递功能4月,全区首件快递业务分支机构名录邮件从拉萨市邮政管理局顺利寄出,并被申请企业成功签收。这标志着该项业务已实现由线下转为全程网上办理,需要办理的快递企业可以在全国“快递企业经营许可系统”上进行业务申请,并选择邮寄服务,拉萨局工作人员审核通过后打印名录及寄递面单,最后通过邮政政务专递寄递到位,真正实现了从“最多跑一次”向“一次不用跑”的转变。

自治区邮政快递业1名职工荣获2023年“全国五一劳动奖章”

在“五一”国际劳动节来临之际,中央宣传部、全国总工会向全社会公开发布2023年“最美职工”先进事迹。西藏顺丰速运有限公司运作组组长次仁措姆荣获2023年全国“最美职工”荣誉,同时,她也是2023年“全国五一劳动奖章”获得者。

西藏局帮助西藏顺丰成功组织首场民营快递企业“校招”活动

5月,西藏自治区邮政管理局帮助西藏顺丰速运有限公司在西藏大学成功组织首场民营快递企业“校招”活动。

自治区进一步提升旅游景区邮政服务水平

5月,西藏自治区邮政管理局、旅游发展厅、文化厅联合印发《关于进一步提升西藏自治区旅游景区邮政服务水平的通知》,部署推进西藏旅游景区主题邮局建设,推动西藏邮政业、旅游业高质量发展。

自治区邮政与移动签署战略合作协议

7月12日,中国邮政集团有限公司西藏自治区分公司与中国移动通信集团西藏有限公司本着“诚实信用、平等互利、优势互补、资源共享”的原则签署战略合作协议。双方将充分发挥各自优势展开深度合作,聚焦重点领域,发挥各自优势,继续深化务实合作,共同为推动西藏长治久安和高质量发展作出贡献。

西藏局首个地市邮政业安全中心获批成立

8月,为推动邮政快递业高质量发展、高效能治理,助力行业安全监管工作迈上新台阶,中共山南市委员会机构编制委员会印发《关于设立山南市邮政业安全中心的批复》,同意设立山南市邮政业安全中心。

西藏局被纳入自治区跨部门综合监管工作机制

8月,西藏自治区人民政府办公厅下发《关于成立自治区跨部门综合监管工作领导小组的通知》,西藏自治区邮政管理局被纳入自治区跨部门综合监管工作机制。

自治区第三届邮政行业职业技能竞赛举办

8月30日至31日,西藏自治区邮政管理局联合西藏自治区人力资源社会保障厅、西藏自治区总工会、西藏自治区教育厅、共青团西藏自治区委员会在西藏技师学院共同举办2023年中国技能大赛——西藏自治区第三届邮政行业职业技能竞赛暨“建功十四五　奋进新征程”邮政行业劳动和技能大赛。对获得此次竞赛各工种第1名的选手,经自治区人力资源和社会保障厅核准后授予“西藏自治区技术能手”荣誉称号,颁发相应证书,并向自治区总工会优先推荐其为“西藏五一劳动奖章”候选人。对获得此次竞赛各工种前2名的选手，向团区委申报“全区五四青年奖章”等称号。对此次竞赛各工种获奖选手按规定晋升相应技能等级。

林芝市率先在自治区打通快递进村“最后一公里”

林芝市坚持将推动基本公共服务均等化作为乡村振兴的关键环节和有效途径，着重补齐基础设施短板，持续扩大快递站点覆盖范围，9月，在自治区率先打通农牧区快递进村“最后一公里”。

自治区印发责任清单明确邮政快递业生态环保责任

9月25日，中共西藏自治区委员会办公厅、西藏自治区人民政府办公厅下发通知，修订完善《西藏自治区区（中）直有关部门和单位生态环境保护责任清单》，明确全区邮政快递业生态环境保护责任。责任清单明确，西藏自治区邮政管理局负责组织和推动快递行业使用符合标准的包装物，推进快递包装塑料污染防治工作，促进快递包装废弃物回收和综合利用，实现减量化。负责监督邮政业，禁止为野生动物及其制品非法交易提供寄递服务。

西藏局客货邮融合发展获利好政策支持

10月，西藏自治区财政厅、交通运输厅联合印发《西藏自治区农村客运补贴资金、城市交通发展奖励资金管理暂行办法》，客货邮融合发展获利好政策支持。暂行办法明确，鼓励农村客运及站场经营者在有效保障客运服务和满足安全管理要求的基础上，拓展物流服务功能支持邮政、快递等企业入驻站场，支持农村客运代运邮件快件包裹，推动交邮快融合发展，并将代运邮件快件包裹纳入到农村客运补贴资金中。

《西藏自治区全面推行清洁生产工作方案》发布

12月，西藏自治区发展和改革委员会、生态环境厅、交通运输厅等10部门印发《西藏自治区全面推行清洁生产工作方案》，强化快递包装绿色治理。方案明确，积极推动服务业清洁生产。推动服务业节能降碳绿色发展。推动服务业清洁化治理与资源化利用。强化快递包装绿色治理，推动电商与生产商合作，实现重点品类的快件原装直发。重点实施服务业清洁化发展，围绕旅游业、生活性服务业、生产性服务业，全方位推进绿色消费、绿色生活、绿色流通，服务业清洁化发展明显增强，商品零售、电子商务、外卖、快递、住宿等重点领域不合理使用一次性塑料制品大幅减少，电商快件基本实现不再二次包装。

西藏局联合多部门开展“快递小哥面对面”座谈活动

12月22日，西藏自治区邮政管理局联合自治区党委两新工委、人社厅、总工会、团委开展“快递小哥面对面”座谈活动。相关部门围绕帮助“快递小哥”解决急难愁盼问题，倾听了一线“快递小哥”的想法、困惑和诉求，就大家提出的房屋租赁、法律援助、社保缴纳、考证便捷、快递柜进社区、节假日休息等问题进行了深入交流和探讨，决定由自治区快递行业协会牵头，对需要解决的问题进行梳理汇总，报两新工委召集相关部门进行协商解决。

陕西省快递发展大事记

1名快递员荣获陕西省劳动竞赛优秀个人称号

1月，陕西省劳动竞赛委员会印发《关于2022年劳动竞赛优胜集体和优秀个人的通报》，西安顺丰速运有限公司宝鸡分公司快递员张富强荣获2022年陕西省劳动竞赛优秀个人称号。

陕西省副省长肯定全省农村寄递物流体系建设取得阶段性成果

1月6日，陕西省副省长叶牛平专题听取陕西省邮政管理局关于全省农村寄递物流体系建设情况工作汇报，对全省农村寄递物流体系建设工作取得的阶段性成果给予充分肯定。

西安市快递绿色包装技术规范发布

1月6日，西安市发布地方标准，《快递绿色包装技术规范》等4项地方标准发布，自2023年1月15日起实施。由西安市邮政管理局联合西安市溱韵速递有限公司、陕西省标准化研究院等多家单位起草制定的《快递绿色包装技术规范》，从范围、规范性引用文件、术语和定义、通用要求、包装材料要求、包装操作要求、包装再利用、管理等方面对快递绿色包装进行规范，为行业绿色发展提供了可操作参考。

陕西省三集体入选全国邮政快递业青年安全生产示范岗

1月，国家邮政局公布入选2022年度全国邮政快递业青年安全生产示范岗名单。陕西省西安顺丰速运有限公司铜川分公司袁家村营业部、中国邮政集团有限公司延安市宝塔区寄递事业部中心街营业部、中国邮政集团有限公司渭南市分公司轻小件项目组等三个集体榜上有名。

陕西省副省长肯定全省邮政快递业发展成效

1月19日，陕西省副省长叶牛平在省邮政管理局报送的《2022年全省邮政快递业发展情况报告》上作出批示，肯定全省邮政快递业发展成效。

“快递大数据点亮工程”陕西站启动

为充分发挥快递大数据在行业治理中的关键作用，2月9日，国家局邮政业安全中心在陕西省邮政业安全中心启动“快递大数据点亮工程”陕西站工作。

陕西省邮政快递业二人荣获“全国巾帼建功标兵”称号

3月，在北京举行的“三八”国际妇女节纪念暨表彰大会上，宝鸡市快递行业党委副书记、市邮政业安全中心主任赵冬霞，中国邮政集团有限公司陕西镇巴县分公司巴山邮政所投递员王永碧荣获“全国巾帼建功标兵”称号。同时，浙江菜鸟供应链有限公司员工刘缠林荣获西安市西咸新区沣东新城妇联授予的“最美巾帼建设者”荣誉称号。中通快递宝鸡网点负责人马丽娅荣获宝鸡市金台区“三八红旗手”荣誉称号。

陕西省邮政快递业高级职称评审实现零的突破

3月20日，经过评委会评审，陕西省邮政快递行业一人获评高级职称，标志着陕西邮政快递业高级职称评审实现零的突破。

菜鸟“农村医疗”应急西安专仓投用

3月16日，菜鸟物流宣布继续加大对农村基层医疗机构物资运输的投入力度，在西安等六个城市开设“农村医疗”应急专仓，用于协调医疗物资的仓储、分拨、中转和配送，充分利用行业优势提升社会救援效率。菜鸟“农村医疗”应急西安专仓位于菜鸟西安沣东物流园内，是西北地区的物流运输枢纽中心。为保障医疗物资高效处理，每个应急专仓均配备专业的仓配管理团队，建立快速响应机制，当有紧急运输需求时，菜鸟物流发挥自身供应链能力，迅速从周边调集运力，确保医疗物资短时间完成从厂家揽收、仓内分拣、跨省转运、最后一公里配送全流程服务。

陕西省副省长批示肯定邮政快递业安全管理工作

4月，陕西省副省长叶牛平在陕西省邮政管理局专报的《关于防范邮件快件非法运输违禁品情况的报告》上批示，肯定陕西邮政快递行业安全管理工作成效。

陕西省邮政快递业多人获全国及省市五一劳动表彰

在4月27日召开的2023年全国五一劳动奖和全国工人先锋号表彰大会上，西安顺丰速运有限公司宝鸡分公司快递员王鹏被中华全国总工会授予全国五一劳动奖章。陕西邮政快递行业多位个人和集体也荣获省市级五一劳动奖表彰。其中，中国邮政集团有限公司蒲城县分公司荣获陕西省工人先锋号；中国邮政集团有限公司丹凤县分公司投递员张刚荣获陕西省五一劳动奖章；陕西京东信成供应链科技有限公司宝鸡凤翔营业部快递员敬雷荣获宝鸡市五一劳动奖章；铜川市圆通速递快递员李亮亮荣获铜川市五一劳动奖章；西安顺丰速运有限公司榆林分公司快递员贺波荣获榆林市五一劳动奖章；商洛市圆通快递快递员杨明荣获商洛市劳动模范；中国邮政集团有限公司延安市分公司荣获延安市五一劳动奖状；西安顺丰速运有限公司汉中分公司民主街速运营业部荣获汉中市工人先锋号。

陕西省邮政快递行业多人获五四表彰

五四青年节到来之际，共青团宝鸡市委、市团指委授予宝鸡韵达快递服务有限公司快递员闫少敏2022年度“宝鸡市青年突击手”荣誉称号；授予宝鸡市鸣瑞快递有限公司（宝鸡圆通）快递员贺文俊2022年度“宝鸡市优秀共青团员”荣誉称号。共青团铜川市委授予铜川市中通速递物流服务有限责任公司安昭琦“铜川市杰出青年岗位能手”称号；共青团渭南市委等五部门联合发文通报表彰“第五届‘中国梦 青年志’——寻找身边的渭南好青年”，渭南局刘丰华荣获“第五届渭南好青年”称号；渭南市临渭区劳动竞赛委员会授予渭南市韵达快递有限公司操作员张战民“美好临渭建设先进个人”称号。

陕西局联合16部门部署全省平安寄递专项行动

6月8日，陕西省邮政管理局联合省委政法委、省委网信办、省人民检察院等17部门召开全省平安寄递专项行动动员部署电视电话会议，贯彻落实国家邮政局、中央政法委、中央网信办等17部门工作安排部署，分析全省寄递渠道安全面临的形势，动员部署全省平安寄递专项行动。会议解读了《陕西省平安寄递专项行动方案》，对专项行动工作开展背景、总体要求、行动目标、工作任务、方法步骤、工作要求、机制保障进行进一步明确，成立了专项行动协调小组，压实各部门具体工作任务。

陕西省副省长肯定全省邮政快递业发展成效对新发展寄予厚望

6月15日，陕西省副省长钟洪江专题听取了陕西省邮政管理局关于全省邮政快递业发展和邮政管理工作情况汇报，肯定全省邮政快递业发展成效，对行业发展提出要求。

《2012－2023陕西省邮政快递行业先进典型人物事迹选》完成编撰

为深入学习贯彻党的二十大精神，扎实开展学习贯彻习近平新时代中国特色社会主义思想主题教育，大力宣传邮政快递行业先进典型，6月，由陕西省邮政管理局整理的《2012－2023陕西省邮政快递行业先进典型人物事迹选》编辑完成。

陕西省委、省政府将“快递进村”列入全省重点民生实事之一

7月，中共陕西省委办公厅、陕西省人民政府办公厅印发《关于着力抓好全省重点民生实事落实推动学习贯彻习近平新时代中国特色社会主义思想主题教育走深走实的工作方案》，“快递进村”被列入全省12项重点民生实事之一。工作方案指出，要巩固提升“快递进村”服务水平，55%以上的行政村设立寄递物流综合服务点，邮政EMS等4家寄递企业行政村快递服务覆盖率达到100%，其他主要快递企业覆盖率均达到80%以上。

陕西省推进农村寄递物流体系建设再提速

7月21日，陕西省农村寄递物流体系建设工作领导小组印发《关于进一步加快推进我省农村寄递物流体系建设工作的通知》，持续推动农村寄递物流体系建设，推进城乡区域协调发展。通知明确，要巩固提升农村地区邮政普遍服务100%进村的能力水平，以“快递进村”为抓手，补齐农村寄递服务短板，推动农村寄递物流体系实现寄递服务进得去、村级站点建得起、运转经营稳得住、人民群众长受益的工作目标，并分年度、分片区制定了2023－2025年建设任务。

陕西局联合省供销合作总社推进邮政快递与供销融合发展

8月4日，陕西省邮政管理局联合省供销合作总社印发《关于推进全省邮政快递和供销融合发展有关事项的通知》，推进完善农村社会化服务体系和农村寄递物流服务体系。通知提出，要认真学习贯彻习近平总书记关于供销合作社工作、邮政快递业有关重要指示精神，紧紧围绕“为农、务农、兴农”和“人民邮政为人民”的服务宗旨，坚持“优势互补、相互促进、共同发展、服务三农”的原则，发挥供销系统、邮政快递自身服务和基层组织优势，加强在农村电商、寄递物流、市场拓展、冷链物流等领域的合作，更好满足人民群众不断升级的生产生活需求。

第四届陕西省邮政行业职业技能竞赛在西安举办

为深入贯彻习近平总书记关于做好新时代人才工作的重要思想和关心关爱“快递小哥”的重要指示批示精神，加强邮政快递业人才队伍建设，陕西省邮政管理局联合省人力资源和社会保障厅、省总工会、省科技厅、共青团陕西省委主办的2023年陕西省邮政行业职业技能竞赛暨第四届全国邮政行业职业技能竞赛陕西选拔赛9月12日至13日在西安举行。经过紧张激烈的角逐，最终决出一、二、三等奖及优胜奖。对竞赛中各职业总成绩前5名选手，省人社厅将授予“陕西省技术能手”称号并颁发证书和奖章。

中通陕北智能科技电商产业园投产运营

9月26日，中通陕北智能科技电商产业园在延安市甘泉县正式投产运营。中通陕北智能科技电商产业园为中通集团总部在西北地区的中转基地，是延安局招商引资的一个重点项目，经过延安局多方努力，考察选址，协调解决相关问题，最终使项目落地甘泉县。该项目覆盖面包括陕北、山西、甘肃、宁夏和内蒙古地区，总投资5亿元，预计年产值3亿元，可实现税收1000万元，带动就业1000余人。

第四届全国邮政行业职业技能竞赛陕西省成绩斐然

10月28日，2023年全国行业职业技能竞赛——第四届全国邮政行业职业技能竞赛总决赛在重庆举行，来自31个省(区、市)13家品牌快递企业124名参赛选手参加总决赛，陕西省参赛选手成绩斐然。其中陕西省圆通速递有限公司的王双来、商洛市瑞通速递有限公司的杨明荣获快递员职业三等奖；城固县邮政分公司的巨笑旭荣获快件处理员职业三等奖；陕西省邮政业安全中心的王国平荣获优秀技术指导奖。

镇坪县快递服务乡村被列入全国第四批农村物流服务品牌项目

10月，交通运输部、国家邮政局公布第四批农村物流服务品牌项目名单，陕西省镇坪县“邮快合作＋一点多能＋快递进村”项目获评农村物流服务品牌项目。

陕西省交通运输厅厅长调研快递业务旺季服务等工作并慰问一线员工

11月11日，陕西省交通运输厅厅长卫华赴西咸新区空港新城开展快递业务旺季服务保障调研，并走访慰问行业一线员工。

陕西省启动一线优秀邮递员快递员示范疗休养活动

11月28日，陕西省一线优秀邮递员快递员示范疗休养启动仪式在陕西省工人疗养院举行。陕西省邮政管理局党组书记、局长孙海伟，省总工会副主席、党组成员高莉，省国防工会副主席靳海斌出席。来自全省各地区、各品牌寄递企业一线的30名优秀邮递员、快递员代表参加此次疗休养活动。

陕西省全面推进城市一刻钟便民生活圈建设利好邮政快递业

12月，陕西省商务厅、省发展改革委、省邮政管理局等13部门联合印发《全面推进城市一刻钟便民生活圈建设三年行动实施方案（2023—2025）》，提出到2025年，在陕西所有地级以上城市形成“圈圈有特色、市市有经验”的一刻钟便民生活圈新格局，邮政快递业发展获支持。方案明确，要在居民家门口优先配齐购物、餐饮、家政、快递、维修等居民关注度高的基本保障类业态，引进智能零售终端，让消费者更便捷。要发展智慧商店、共享书店、智能快件箱等业态，提升数字化体验。要把智能信报箱（快件箱）纳入社区公共服务设施建设。

陕西省省长批示肯定全省快递业务旺季服务保障工作

12月，陕西省委副书记、省长赵刚在陕西省邮政管理局专报的《关于2023年“双十一”快递业务旺季服务保障工作完成情况的报告》上批示，充分肯定陕西快递业务旺季服务保障工作成效。

甘肃省快递发展大事记

甘肃省5名快递员当选全省新业态领域“创业达人”

1月5日，甘肃省“百千万”创业引领工程——2022年“短视频、电商直播、网络营销、网约配送”新业态“创业达人”选拔赛在兰州闭幕，甘肃省5名快递员当选全省新业态领域“创业达人”。荣获佳绩，其中极兔速递的黄金银获得一等奖，来自极兔速递、兰州顺丰速运的王兴存、李迪、苏文财、梁有礼等4人分获三等奖和优秀奖。

甘肃省实现省市快递行业党委全覆盖

2022年，在甘肃省委和各市州党委的高度重视下，甘肃省实现市级快递行业党委全覆盖，标志着全省快递行业党建工作开启了新征程。

甘肃省委经济工作会议提出促进邮政快递业发展

1月，甘肃省委经济工作会议召开，会议认真贯彻中央经济工作会议精神，落实省第十四次党代会部署，总结2022年全省经济工作，分析当前经济形势，安排部署明年经济工作。会议明确提出促进邮政快递业发展。

甘肃省委领导深入一线看望慰问快递员

新春佳节即将到来之际，甘肃省委常委、兰州市委书记朱天舒，省委常委、省政府常务副省长程晓波，省委常委、省委政法委书记刘长根，省委常委、副省长张锦刚分别赴兰州、陇南、平凉、嘉峪关市看望慰问一线快递员。省委领导在慰问时，详细了解行业复工复产、快递员权益保障、春节期间寄递服务等情况，肯定邮政快递行业防疫抗疫战疫工作，肯定邮政快递行业聚焦主责主业、主动担当作为，在服务民生、保通保畅等方面作出的突出贡献。要求各地各部门做实做细快递员群体合法权益保障工作，加大政策扶持力度，保障春节期间快递末端“微循环”畅通,为广大群众提供便捷寄递服务。

甘肃省委书记肯定全省邮政管理工作和行业发展成效

2月,甘肃省委书记、省人大常委会主任胡昌升专题听取甘肃省邮政管理局工作汇报,肯定全省邮政管理工作和邮政业发展成效,并就做好2023年工作提出明确要求。

甘肃省副省长肯定全省邮政管理工作和行业发展成效

2月,甘肃省副省长陈得信专题听取省邮政管理局关于2022年工作情况和2023年工作计划的汇报,肯定全省邮政管理工作和邮政业发展成效。

甘肃省邮政快递行业1集体1个人上榜全国“两红两优”名单

4月,甘肃省定西市邮政行业团工委、兰州顺丰速运有限公司武威新城营业部快递员刘熙元分别获共青团中央“全国五四红旗团委”“全国优秀共青团员”荣誉称号。

甘肃省邮政快递行业5家企业12名个人荣获“五一”劳动表彰

在2023年“五一”国际劳动节来临之际,甘肃省邮政快递行业1人荣获全国“五一巾帼奖”,2家企业班组荣获甘肃省“工人先锋号”,4人荣获甘肃省“五一劳动奖章”,2家企业班组荣获市级“工人先锋号”,6人荣获市级“五一劳动奖章”,1家企业荣获市级“五一劳动奖状”,1人荣获县级“五一劳动奖章”。

甘肃省副省长肯定邮政快递行业一季度发展成效

5月,甘肃省副省长陈得信在甘肃省邮政管理局呈报的《2023年一季度全省邮政快递行业运行情况报告》上作出批示,对全省邮政快递行业一季度发展成效给予肯定,对下一步工作作出批示要求。

甘肃局联合13部门加强邮件快件寄递安全管理

5月,甘肃省邮政管理局联合省委政法委、省委网信办、省检察院等13部门印发《关于进一步加强邮件快件寄递安全管理工作的实施方案》,进一步加强邮件快件寄递安全管理。方案要求,要以增强寄递安全风险防控能力为关键,织密寄递安全责任体系,完善协同监管机制,有效净化寄递安全环境。

甘肃省1快递从业者入围“最美快递员”50强

5月,嘉峪关市华宏园通快递有限公司副总经理王小强在国家邮政局和中华全国总工会指导的“奋进新征程 建功新时代”第五届“中国梦·邮政情 寻找最美快递员”活动中入围“最美快递员”50强,并在北京参加活动揭晓发布会。

甘肃省邮政快递业基础设施建设获支持

5月,甘肃省人民政府办公厅印发《关于开展推动信息通信业高质量发展赋能产业转型升级行动方案》,邮政快递业基础设施建设被列为重点任务。方案指出:全面提升通信服务供给能力。推动物联网快速发展。加快新型城市基础设施建设,推动交通、能源、市政、卫生健康等传统基础设施的改造升级;推动农村地区水、电、物流等基础设施数字化、智能化改造;因地制宜推进发展农村互联网特色产业。

第二届“陇原最美快递员”评选活动正式启动

6月,由甘肃省人力资源和社会保障厅、甘肃省总工会、甘肃省邮政管理局、中共甘肃省快递行业委员会主办,甘肃省经贸工会、甘肃省快递协会承办的甘肃省第二届“陇原最美快递员”评选选树活动正式启动。

甘肃省级融媒体组团采访报道邮政快递业

6月,正值甘肃各类应季农特产品上市销售旺季，甘肃电视台、《甘肃日报》、中国新闻社甘肃分社、《甘肃经济日报》、甘肃新闻广播等多家省级融媒体组团赴天水采访报道邮政快递业线上线下服务现代农业助推乡村振兴工作。

甘肃省快递业集中建会授牌仪式举行

6月25日上午，由甘肃省总工会和省邮政管理局主办，省经贸工会和省快递协会承办的甘肃省快递业集中建会授牌仪式暨新就业形态劳动者慰问演出在兰州东方红广场举行。全总文工团、省总工会、省邮政管理局、省市场监管局、省人社厅、兰州市总工会相关负责人和来自一线的快递员、外卖骑手等新就业形态劳动者共计300余人参加活动。活动中，参会领导为兰州快递业工会联合会揭牌，为新建省快递协会工会、甘肃圆盛通速递有限公司工会、甘肃京邦达供应链科技有限公司工会授牌，为新入会的快递员代表赠送了随行礼包，还发出了《以“家”为名，情暖职工》的慰问信。

甘肃省副省长对全省农村寄递物流体系建设现场会议作出批示

6月，甘肃省副省长陈得信对全省农村寄递物流体系建设现场会议作出批示，对农村寄递物流体系建设取得阶段性成效给予肯定。

甘肃省八部门联合开展平安寄递行动督导调研

7月，按照甘肃省平安寄递行动协调小组统一部署，由甘肃省邮政管理局牵头，会同省委政法委、省委网信办、省检察院、省公安厅、省国家安全厅、省烟草专卖局、省消防救援总队等省平安寄递行动协调小组成员单位部门组成三个联合督导调研组，分赴兰州、天水、白银、武威、定西、陇南等市，开展以“查隐患补短板、筑牢寄递安全防线，为平安甘肃建设保驾护航”为主题的甘肃省平安寄递行动督导调研，全力推动全省平安寄递行动走深走实。

甘肃省邮政快递行业4个集体3名个人获表彰

7月，共青团甘肃省委等7部门联合发文表彰了第21届甘肃省“青年文明号”“青年岗位能手”。全省邮政快递行业中，金昌雪域圆通速递有限公司操作部、中国邮政集团有限公司甘肃省泾川县安定街邮政支局、中国邮政集团有限公司甘肃省陇西县分公司长安路营业所、平凉金峰速递物流有限公司运营部4个集体荣获“青年文明号”称号，中国邮政集团有限公司甘肃省漳县分公司三岔营业所理财经理李清、中国邮政集团有限公司甘肃省积石山县分公司揽投部经理马小海、酒泉市康茂供应链管理有限公司客服刘鑫3名个人荣获“青年岗位能手”称号。

甘肃局帮扶案例荣获“2022年度全国消费帮扶助力乡村振兴”优秀典型案例

7月，2023年全国消费帮扶工作现场观摩交流活动在甘肃陇南举行。会上颁发了2022年度全国消费帮扶助力乡村振兴优秀典型案例奖项，甘肃省邮政管理局报送的“打通堵点·让农产品上行之路越走越顺”荣获“2022年度消费帮扶助力乡村振兴优秀典型案例”。甘肃省邮政管理局受邀参会并领取奖杯。

甘肃省第四届邮政快递行业职业技能竞赛举办

9月20日至21日，由甘肃省邮政管理局、省总工会、省人力资源和社会保障厅联合主办、甘肃交通职业技术学院承办的甘肃省百万职工劳动和技能竞赛第四届全省邮政快递行业职业技能竞赛顺利完赛。经过两天的激烈角逐，兰州顺丰速运有限公司甘南分公司程威威等4名选手获得一等奖，西和县极兔快递公司冯育平等8名选手获二等奖，兰州邮区中心局鞠一瑄等12名选手获得三等奖，并评出了团体优胜奖和优秀组织单位。获奖选手将根据对应的奖项分别获得“甘肃省技术能手”“甘肃省技术标兵”称号并按照《甘肃省职工职业技能等级比赛奖励办法》晋升职业技能等级。

第二批全省邮政快递行业人才培养基地授牌仪式举行

9月,甘肃省邮政管理局举办了第二批全省邮政快递行业人才培养基地授牌仪式,为酒泉职业技术学院、武威职业学院、庆阳职业技术学院、甘肃工业职业技术学院4所院校授牌。

甘肃省邮政行业2人入选2023年度邮政行业科技英才和技术能手推进计划

10月,国家邮政局公布2023年度邮政行业科技英才和技术能手推进计划入选名单,甘肃省交通职业技术学院张文彦入选2023年度邮政行业科技英才推进计划,嘉峪关申通快递有限公司张楠入选2023年度邮政行业技术能手推进计划。

甘肃省委书记调研省通信管理局和省邮政管理局

10月13日上午,甘肃省委书记、省人大常委会主任胡昌升在甘肃省通信管理局、省邮政管理局调研,并听取中国邮政甘肃分公司工作汇报。他强调,要深入学习贯彻习近平新时代中国特色社会主义思想,对准全省经济社会发展需求,充分发挥自身职能优势,持续提升服务保障能力,为甘肃现代化建设贡献力量。

全国网络客户服务行业产教融合共同体、全国邮政快递行业产教融合共同体成立大会在甘肃交院举行

10月31日,全国网络客户服务行业产教融合共同体、全国邮政快递行业产教融合共同体在甘肃交院举办。甘肃省委教育工委委员、省教育厅党组成员、副厅长白江平,省邮政管理局党组成员、纪检组长、副局长李杰,兰州新区西岔园区党委副书记、管委会主任曾俊萍,兰州新区职教园区服务保障中心党委委员、副主任魏和平,西北民族大学副校长陈永奎,兰州财经大学党委常委、副校长王伟利,江苏京东金科信息技术有限公司校企合作经理万昌昌,兰州顺丰速运有限公司总经理杨光辉,甘肃交通职业技术学院党委书记高峻岭及学院领导班子全体成员,全国30多所院校及相关企业代表出席成立大会。

甘肃省恢复和扩大消费20条措施利好邮政快递业

11月,甘肃省人民政府办公厅转发省发展改革委《关于恢复和扩大消费的若干措施》,邮政快递业发展获政策支持。措施提出,完善县乡村三级寄递物流配送体系,加快提升电商、快递进农村综合水平,积极培育农村物流服务品牌,深入实施快递进村工程,加快农村客货邮融合发展。整合邮政、快递、供销、电商等资源,推行集约化配送。实施“一村一站”工程,建设村级寄递物流综合服务站,在有条件的乡村布设智能快件箱,增加农村零售网点密度,逐步降低物流配送成本。坚持实施“甘味”品牌营销战略,加快提升品牌市场竞争力。大力发展农村电子商务和订单农业,推广“快递+电商/供销社/合作社+农户”发展模式,深化农村寄递企业与农村电商、供销社、专业合作社、农特产品加工企业等市场主体合作,采取驻村设点、集中收集、专线直配等方式,提供定制化寄递服务,助力特色农产品出村进城。

甘肃省实现县级邮政管理全覆盖

11月24日,天水市张家川县邮政业安全服务中心批复成立,至此,甘肃省需要设立县级机构的82个县区实现了县级邮政管理机构全覆盖。

2023年快递工程技术人才中级职称评审启动

12月12日,甘肃省邮政管理局召开全省2023年度快递工程技术人才中级职称评审会议。甘肃省快递工程专业高级职称评审委员会(代评中级职称)专家库内的19名专家参加会议。

甘肃省委书记点赞邮政企业抗震救灾工作

12月，甘肃省委书记胡昌升对中国邮政集团有限公司高度重视甘肃抗震救灾表示感谢，对邮政企业抗震救灾工作给予点赞肯定。胡昌升来到临夏州积石山县大河家镇灾区安置点临时邮局调研检查时了解到，邮政企业搭建帐篷救助安置受灾群众，为灾区群众提供饭菜2000多份，运输配送救灾物资近40余吨；开通9个临时邮局，畅通快递包裹、党报党刊投递，免费办理赈灾汇款，并在援助点设立流动读书角，为灾区儿童提供免费书刊、陪伴阅读、领诵诗词、互动游戏等，帮助灾区孩子减轻震后恐惧情绪和心理创伤。胡昌升当场表示，感谢邮政企业对抗震救灾工作的高度重视和辛勤付出，给你们点赞。并表示将安排有关部门协调解决邮政企业当前处理场地不足的问题，扩大场地，做好灾区服务工作。

青海省快递发展大事记

青海省出台政策措施促进消费持续恢复升级利好邮政快递业

2月，青海省人民政府办公厅印发《青海省促进消费持续恢复升级若干措施》，邮政快递业获多项利好。措施从落实税费优惠政策、支持重点行业恢复发展、强化财政金融政策支持、做好基本消费品保供稳价等方面提出22条举措措施。围绕邮政快递业，要求补齐基础设施短板，完善县乡村三级物流配送体系，对实现统仓共配的县物流仓储分拨中心给予一次性100万元建设运营补贴；完善快递物流配送体系，畅通物资运输通道；引导快递企业建设“一平台、多品牌”快递末端配送综合服务站，共享配送资源；鼓励智能快件箱运营企业在产业园区、住宅小区等投放智能快件箱；引导寄递企业开放共享农村牧区快递物流基础设施和服务网络。

青海省人社厅致信感谢青海局

2月，青海省人力资源和社会保障厅向省邮政管理局发来感谢信，对青海省邮政管理局合力推动快递员工伤保险工作取得积极成效表示充分肯定和衷心感谢！

加快发展绿色快递被纳入《青海省绿色消费实施方案》

3月，青海省商务厅、发展改革委、工信厅等6部门联合印发《青海省绿色消费实施方案》，进一步树立了加快发展绿色快递的鲜明导向，加大了对邮政快递业绿色发展的支持力度。

青海省出台“强村”工程计划支持“快递进村”

3月，《青海省村集体经济“强村”工程2023年度行动计划任务清单》印发，“快递进村”工程被纳入其中。计划明确，落实加快农村寄递物流体系建设意见，以党建引领为“快递进村”赋能，巩固“快递进村”三年行动成果，通过邮快合作、快快合作、交快合作、快商合作等多种模式持续推进“快递进村”。年内争取全省“快递进村”服务覆盖率达到80%以上，努力补齐农村地区服务短板，有效服务乡村振兴。

青海省关于进一步加强全省邮件快件寄递安全管理工作的实施方案发布

4月，青海省邮政管理局、省委政法委等13部门联合印发《关于进一步加强青海省邮快件寄递安全管理工作的实施方案》，就贯彻国家邮政局等部门《关于进一步加强邮件快件寄递安全管理工作的指导意见》作了细化，将进一步完善寄递渠道联合监管机制，有力促进全省邮件快件寄递安全管理工作。

《青海省综合立体交通网规划纲要》赋能邮政快递业

4月，青海省委、省政府印发《青海省综合立体交通网规划纲要》，涵盖邮政快递业多项内容。纲要提出，到2035年，基本建成便捷顺畅、经济高效、绿色集约、智能先进、安全可靠的现代化高质量综合立体交通网。综合立体交通网设施利用更加高效，多式联运占比、换装效率显著提高，运输结构更加优化，物流成本进一步降低，交通枢纽基本具备寄递功能，实现与寄递枢纽的无缝衔接，基本实现"123快货物流圈"。邮政快递设施的技术基本达到全国平均水平。

青海省邮政管理系统1个集体1名个人获表彰

5月，青海省安全生产委员会办公室印发《关于党的二十大期间安全生产大督查大整治和全国"两会"期间安全生产大检查工作突出地区单位和个人的表扬通报》，青海省邮政管理局市场监管处荣获青海省全国"两会"期间安全生产大检查工作成效突出单位（处室）称号，青海省邮政管理局1名个人荣获青海省全国"两会"期间安全生产大检查工作成效突出个人称号。

5月，青海省安全生产委员会印发《关于通报表扬2023年度安全生产工作考核优秀地区、工作表现优秀单位、企业和表现突出个人的通知》，青海省邮政管理局1名同志荣获2023年度安全生产工作表现突出个人称号。

快递从业人员职业技能培训被纳入青海省职业技能提升行动

5月，青海省人力资源和社会保障厅印发《2023年全省职业技能提升行动工作方案》，明确将持续实施职业技能提升行动，大规模开展职业技能培训，快递从业人员职业技能培训被纳入其中。方案明确，职业技能提升行动共分为14个培训项目（类别），快递从业人员职业技能培训为其中之一，由省邮政管理局牵头负责，省人力资源和社会保障厅等部门配合，各市州政府负责实施，确保全年完成培训620人次。同时，省邮政管理局要配合省直有关部门完成补贴性职业技能培训任务。

青海局联合16部门召开全省平安寄递专项行动动员部署会议

5月22日，青海省邮政管理局联合省委政法委、省委网信办、省人民检察院、省公安厅等16部门，召开全省平安寄递专项行动动员部署电视电话会议，贯彻全国平安寄递专项行动决策部署，就开展全省平安寄递专项行动作出安排。省邮政管理局主要领导主持会议并讲话，省人民检察院、省公安厅、省烟草专卖局、省林业和草原局结合各自职责进行工作安排。

青海省快递行业综合党委获批成立

5月，青海省委组织部批复同意成立中共青海省快递行业综合委员会，接受省邮政管理局党组和省委两新组织工委双重指导，负责指导全省各快递行业基层党组织宣传和执行党的路线方针政策，加强政治建设、思想建设、组织建设、作风建设和行业党员队伍建设，进一步夯实巩固快递行业党组织战斗堡垒作用，充分发挥党员先锋模范作用。

青海省"十四五"新型基础设施建设规划利好快递进村

5月，青海省人民政府印发《青海省"十四五"新型基础设施建设规划》，"快递进村"工程获政策支持。规划要求，要全面推进智能快件箱等邮政快递末端基础设施建设，加快推动农村物流末端信息网络建设，实施"邮政在乡""快递下乡进村"工程。

青海局印发省邮政快递业塑料污染治理三年实施方案

5月，青海省邮政管理局制定印发《青海省邮政快递业塑料污染治理三年实施方案（2023－2025）》，部署做好行业塑料污染治理工作，明确了三年分阶段塑料污染治理工作目标。

青海局联合省供销联社加快推进快递进村工作

6月6日，青海省邮政管理局联合省供销联社印发《关于深化邮政快递与供销网点合作进一步推动“快递进村”工作的实施方案》，推动邮政、快递、供销合作，促进农村寄递综合服务站建设，扩大快递进村覆盖范围，推动邮政快递服务更好助力乡村振兴。

青海省快递工会成立

6月6日，青海省总工会印发《关于同意成立青海省快递工会委员会的批复》，明确根据《中华人民共和国工会法》《中国工会章程》及有关法律、法规的规定，5月30日，经2023年省总第6次主席办公会议研究，同意成立青海省快递工会委员会，隶属省财贸工会管理。

“圆梦家园”助力青海省快递行业扶残助残

6月，为深入学习贯彻党的二十大精神，巩固拓展脱贫攻坚成果，认真落实《“十四五”残疾人保障和发展规划》《促进残疾人就业三年行动方案（2022－2024年）》明确的任务目标，青海省邮政管理局积极协调、支持圆通公司在青海省建设“圆梦家园”快递驿站，努力为残疾人提供快递服务就业岗位，帮助残疾人实现高质量稳定就业。青海圆通将新建18家“圆梦家园”快递驿站，最终达到30家“圆梦家园”快递驿站，为更多残疾人提供就业创业机会，让残疾人就业更便捷、创业更简单、生活更幸福。

青海省平安寄递专项行动实施方案发布

6月，青海省邮政管理局、省委政法委等17部门联合印发《青海省平安寄递专项行动实施方案》。方案坚持总体国家安全观，明确了青海省平安寄递专项行动的指导思想和行动目标。提出要注重源头防范，深化部门协作，强化安全监管，集中整治寄递渠道安全隐患，依法查处寄递企业违法违规寄递行为，进一步净化寄递安全环境，深化平安寄递建设，确保寄递渠道安全畅通，为建设更高水平的平安青海和维护社会大局稳定提供坚实寄递安全保障。方案确定了青海省平安寄递专项行动的重点任务。

青海省快递行业综合党委正式成立

6月15日，中共青海省快递行业综合委员会成立大会在西宁举行，省委组织部副部长、省委“两新”组织工委书记刘志德，省邮政管理局党组书记、局长赵群静出席会议并讲话。会议宣读了省委组织部《关于同意成立中共青海省快递行业综合委员会的复函》《中共青海省邮政管理局党组关于成立中共青海省快递行业综合委员会的通知》。青海省快递行业综合党委的成立标志着行业党建工作揭开了新篇章，开启了新征程。

青海省邮政快递业全面开展重点工作专项大检查大整治行动

7月，青海省邮政管理局印发《全省邮政快递业燃气安全使用等重点工作专项大检查大整治行动方案》，从7月3日起开展为期六个月的专项行动，确保全省邮政快递业安全平稳运行。

青海省副省长肯定全省邮政管理工作成效

7月10日，青海省人民政府副省长何录春专题听取了青海省邮政管理局关于上半年全省邮政管理工作的汇报，高度肯定上半年全省邮政管理工作成效，并对下一步工作提出要求。

青海局部署开展邮政快递业打击整治枪爆违法犯罪三年行动

7月，青海省邮政管理局制定印发《青海省邮政快递业打击整治枪爆违法犯罪专项行动工作方案(2023－2025年)》,突出寄递渠道涉枪涉爆涉恐安全隐患整治,结合全省邮政快递业重大事故隐患专项排查整治2023行动和青海省平安寄递专项行动,确定了三年分阶段工作目标和任务措施,确保全省寄递渠道安全畅通。

青海省第四届邮政行业职工职业技能竞赛举办

8月3日至4日,青海省第四届邮政行业职工职业技能竞赛在西宁市成功举办。本届竞赛两个职业工种共决出一等奖2名、二等奖4名、三等奖6名,充分展现出了全省邮政快递业技能人才的高超技能、精湛技艺和过硬素养。

2023年青海省“最美快递员”表彰大会隆重召开

8月4日上午,青海省2023年度“最美快递员”表彰大会在西宁召开。青海省总工会、团省委、省邮政管理局、省交通职业技术学院、省快递协会有关负责同志出席会议,10名“最美快递员”获奖人员、全省邮政管理系统部分干部职工、各寄递企业职工代表等100余人参加大会。

青海局会同省人力资源和社会保障厅联合行文加强企业劳务用工工作

8月,青海省邮政管理局会同省人力资源和社会保障厅印发《关于加强邮政快递企业劳务用工工作的通知》,围绕深入贯彻习近平总书记关心关爱“快递小哥”重要指示批示精神,落实好省政府和国家邮政局“助企暖企”工作安排,采取三项举措帮助邮政快递企业解决用工难问题。

《青海省邮政快递业防汛抗洪应急预案》出台

8月,青海省邮政管理局制定印发了《青海省邮政快递业防汛抗洪应急预案》,就深入贯彻落实习近平总书记关于防灾减灾重要批示指示精神和国家邮政局、省委省政府关于防汛减灾工作各项决策部署,推动工作关口前移,周密做好行业防汛应急处置工作作出了具体安排。

青海省出台工作措施推进农村客货邮融合发展

9月13日,青海省邮政管理局联合省交通运输厅、省乡村振兴局印发《全力推动全省客货邮融合支撑促进农村流通高质量发展工作措施》,通过统筹推动、强基固本、深化合作3个方面共11项内容安排重点任务。农村客货邮融合发展推进“快递进村”工作获政策支持。

青海局部署开展全省农村快递服务违规收费专项整治

为推动学习贯彻习近平新时代中国特色社会主义思想主题教育不断走深走实,切实抓好“农村快递服务违规收费问题损害群众利益”突出问题整改,青海省邮政管理局精心制定方案,并于9月21日召开专题部署会,决定自2023年9月22日至12月20日分三个阶段,从四个方面入手,深入开展全省农村快递服务违规收费专项整治。

青海省邮快件隐私面单应用基本实现全覆盖

截至10月,青海省邮政管理局采取三项措施,持续发力加压,全省各品牌出港邮快件隐私面单应用基本实现全覆盖。

青海局专场新闻发布会举行

12月22日,青海省人民政府新闻办公室在西宁举行“新时代 新青海 新征程”青海省邮政管理局专场新闻发布会。青海局副局长马杰向媒体介绍了2023年青海省邮政管理工作和邮政快递业发展情况。青海局普遍服务处处长段红梅,市场监管处副处长刘磊分别就社会关切问题答记者问。青海省人民政府新闻办公室副主任任芮昀主持发布会。

青海省邮政快递行业积极助力抗震救灾

12月18日,甘肃省临夏回族自治州积石山县6.2级地震发生之后,针对青海震区持续低温、天气寒冷情况，青海省邮政管理局高度重视，加强协调，第一时间协调对接相关部门、动员组织寄递企业为震区群众送去关怀和温暖，为抗震救灾作出了积极贡献。

青海省国安厅致信感谢青海局

12月，青海省国家安全厅向省邮政管理局发来感谢信，对青海省邮政管理局积极配合做好国家安全工作表示充分肯定和衷心感谢！

宁夏回族自治区快递发展大事记

自治区副主席批示肯定全区邮政快递业保通保畅和服务民生工作

1月，宁夏回族自治区政府副主席刘可为作出批示，充分肯定全区邮政快递业在保通保畅、服务民生等方面发挥的重要作用和取得的积极成效，并要求自治区相关部门继续加大对邮政快递业发展的支持。

邮政快递业多项工作被写入自治区政府工作报告

1月16日，宁夏回族自治区十三届人大一次会议审议通过的《政府工作报告》，其中10多项直接涉及邮政快递业发展的政策举措被纳入其中。《政府工作报告》明确，要加快培育新型消费，实施现代服务业扩容提质工程，建设区域性电商快递物流分拨中心，实施开放性经济主体培育壮大计划，实施农产品出村进城工程，开展“创业宁夏”行动，支持城市灵活就业人员从事快递等行业，提高仓储、物流应急保障能力，积极为快递员等群体提供暖心服务。

自治区副主席批示肯定全区邮政管理工作寄望取得更大成绩

2月，宁夏回族自治区党委常委、副主席买彦州在宁夏回族自治区邮政管理局《关于全区邮政快递行业管理发展专报》上作出批示，充分肯定全区邮政管理部门和邮政快递行业发展取得成绩，寄望更好服务宁夏“三区建设”。

共青团宁夏回族自治区邮政快递行业工作委员会揭牌成立

3月7日，共青团宁夏回族自治区邮政快递行业工作委员会揭牌活动在银川举行，自治区团委书记龚雪飞、宁夏回族自治区邮政管理局党组书记、局长孙猛参加活动并为团工委揭牌。

自治区73名快递员荣获自治区首届“塞上江南‘最美骑士’”荣誉称号

3月，宁夏回族自治区人力资源和社会保障厅、自治区党委宣传部、邮政管理局等八个部门联合印发通知，选出100名新就业形态劳动者为全区首届“塞上江南‘最美骑士’”，其中73名快递员荣获“塞上江南‘最美骑士’”荣誉称号。

自治区印发电子商务发展五年行动计划利好邮政快递业

3月，宁夏回族自治区商务厅印发电子商务发展五年行动计划（2023－2027年），明确多项电商与快递协同发展政策。行动计划明确未来五年将围绕自治区“六新六特六优”产业发展需求，打造电子商务“一核五区多点”空间布局，重点提出培优育强市场主体，提档升级农村电商，工业数字化转型、加快发展跨境电商等工作任务。

宁夏局联合自治区人社厅推进邮政快递行业招工稳岗工作

为进一步解决当前全区邮政快递行业招工用

工难题，保障行业服务畅通和提质增效，3月，宁夏回族自治区邮政管理局联合自治区人力资源和社会保障厅印发《关于支持鼓励我区邮政快递企业招工稳岗的通知》，多措并举助力邮政快递企业招工稳岗。通知提出，各地人社、邮政管理部门要提高认识，加强组织领导，强化协作配合，认真贯彻落实自治区党委、人民政府“就业创业促进年”和加快推进服务业复苏工作部署。

宁夏局联合自治区商务厅协同推动电商快件过度包装治理

4月，宁夏回族自治区邮政管理局会同自治区商务厅联合印发《关于进一步加强全区电商快件过度包装治理工作的通知》，就持续深入推进全区电商快件过度包装治理工作进行部署安排。通知提出三个方面7项重点任务，紧扣全区电商快件包装治理工作目标，细化明确了避免销售过度包装商品、推进商品交付环节包装减量化、加强上下游协同、加强消费引导等多项工作措施。

自治区快递行业党委揭牌成立

4月20日，宁夏回族自治区快递行业党委成立大会在宁夏回族自治区邮政管理局举行。会上，自治区党委组织部相关处室负责人会议宣读了《关于同意成立中国共产党宁夏回族自治区快递行业委员会的批复》和《关于成立中国共产党宁夏回族自治区快递行业委员会的通知》。自治区非公有制经济组织和社会组织工委和宁夏邮政管理局共同为行业党委揭牌。

自治区4名邮政快递员分获全国、自治区表彰

5月，全国、宁夏回族自治区“五一”劳动奖表彰大会相继召开。宁夏吴忠市韵达快递有限公司快递员朱静涛荣获全国“五一劳动奖章”，顺丰速运（宁夏）有限公司贺兰县绿地速运营业部快递员常聪善、固原迅至速递有限公司快递员马平、中国邮政集团有限公司固原市分公司三营镇营业所刘海鑫荣获自治区“五一劳动奖章”。

自治区1名快递员当选共青团第十九次全国代表大会代表

6月19日至22日，共青团第十九次全国代表大会在北京召开。由宁夏回族自治区邮政快递行业团工委推选的顺丰速运有限公司新世纪速运业务部负责人李虎同志光荣参会。

自治区副主席批示肯定邮政快递业在地方服务经济社会发展中发挥重要作用

7月，宁夏回族自治区党委常委、副主席买彦州在宁夏回族自治区邮政管理局《关于全区邮政快递业2023年上半年管理发展情况及下半年工作计划的专报》上作出批示，充分肯定全区邮政管理部门和邮政快递行业发展取得成绩，寄望取得更好成绩。

自治区政协主席带队专题调研快递员群体权益保障工作

7月，宁夏回族自治区政协主席陈雍带领部分自治区政协委员、自治区总工会等部门相关负责人，深入银川市专题调研快递员群体权益保障情况，并慰问“快递小哥”等新就业群体。自治区政协副主席马文娟参加调研。在听取宁夏邮政管理局介绍并与一线“快递小哥”深入交流后，调研组一行对宁夏局等部门开展的关爱“快递小哥”各项举措表示充分肯定。

2023年自治区邮政快递行业职业技能大赛举办

为弘扬精益求精的工匠精神，助力宁夏回族自治区邮政快递行业高质量发展，9月，宁夏回族自治区邮政管理局联合自治区总工会、人社厅举办2023年全区邮政快递业职业技能大赛，来自五个市区企业联队和主要品牌企业代表队的49名快递员参赛。经过紧张激烈的角逐，大赛评选产生个人一二三等奖及集体优秀组织奖。赛后，宁

夏局组织两工种第一、二名获奖选手进行为期10天的集中培训，选派参加全国邮政快递行业职业技能大赛。

自治区一名快递员入选2023年度邮政行业技术能手推进计划

10月，国家邮政局公布了2023年度邮政行业科技英才、技术能手推进计划入选名单，其中宁夏回族自治区中通快递员宁鑫入选2023年度邮政行业技术能手推进计划。

自治区两名快递员参加中国工会第十八全国代表大会

10月，中国工会第十八全国代表大会在北京召开，当选代表的宁夏回族自治区吴忠韵达速递快递员朱静涛、固原圆通快递负责人马平两名同志出席本次大会。

自治区主席慰问一线快递员

中秋、国庆假期第一天，宁夏回族自治区党委副书记、自治区主席张雨浦在银川市检查节假日应急值班情况，看望慰问坚守岗位的应急、消防、环卫、快递等一线人员并致以节日问候，强调要牢固树立以人民为中心的发展思想，聚焦节日期间重点区域、重点领域，加强调度部署，严格值班值守，强化安全保障，让群众安心舒心过节。

自治区副主席调研指导全区邮政快递行业监管和发展工作

10月25日，宁夏回族自治区政府副主席徐耀带队深入邮政管理部门、快递企业，调研全区邮政快递行业监管和发展工作，督导2023年快递业务旺季服务保障工作，强调要深入贯彻习近平总书记重要指示批示精神，发挥寄递网络优势，助力自治区重点产业发展，更好保障民生，持续推动全区邮政快递业高质量发展和高效能治理，为服务全区经济高质量发展再立新功。

自治区一名快递从业人员参加中国妇女第十三次全国代表大会

10月，中国妇女第十三次全国代表大会在北京召开，宁夏回族自治区圆通速递的朱慧娟作为全区邮政快递业唯一一名妇女代表，出席并见证这一盛事。

自治区两项目被确定为交通运输部第四批农村物流服务品牌

10月，交通运输部、国家邮政局公布第四批农村物流服务品牌，宁夏青铜峡市“公交+邮政快递+电商服务”、泾源县“商贸流通+物流整合服务”两项目被确定为第四批农村物流服务品牌。

自治区出台恢复和扩大消费若干政策措施利好邮政快递业

10月，宁夏回族自治区人民政府印发《关于恢复和扩大消费的若干政策措施》，支持邮政快递业发展多项措施列入其中，行业发展再添新动力。

自治区推进快递行业集体协商工作

11月，宁夏回族自治区邮政管理局联合自治区人社厅、总工会印发《关于开展全区快递行业集体协商工作的实施意见》，着力建立健全快递行业集体协商制度，聚焦解决快递行业劳动者急难愁盼问题，有效协调快递行业劳动关系双方利益，促进行业健康持续发展。

自治区邮政业消费者申诉中心一话务员获技能比武大赛三等奖

11月，宁夏政务服务中心开展了以“建功新时代，技能大比拼”为主题的全区政务服便民热线岗位练兵技能比武大赛。经过前期层层选拔，最终来自全区15支代表队90余名优秀选手参加决赛。其中宁夏邮政业消费者申诉中心一话务员荣获全区政务便民热线岗位练兵技能比武大赛三等奖。

新疆维吾尔自治区快递发展大事记

自治区快递员群体劳动争议调解工作获国家四部门联合通报表扬

1月,人力资源和社会保障部办公厅、中华全国总工会办公厅、中华全国工商联合会办公厅、中国企业联合会办公厅印发《关于表扬2022年度工作突出基层劳动人事争议调解组织的通报》,通报表扬2022年度工作突出的113家调解组织,新疆快递行业协会劳动争议调解委员会名列其中,是全区3个受到表扬的社会组织之一。

自治区政府副主席批示肯定全区邮政管理工作和行业发展成效

2月,新疆维吾尔自治区政府副主席刘苏社对新疆维吾尔自治区邮政管理工作作出批示,肯定全区邮政管理工作和行业发展成效,对下一步工作提出要求。刘苏社副主席的批示鼓舞了全系统、全行业干部职工的士气和信心。

自治区首个地州市级快递行业党委获批成立

2月,中国共产党巴音郭楞蒙古自治州快递行业委员会获批成立。快递行业党委将在巴州邮政管理局党组的领导下开展工作,接受自治州党委组织部(两新工委)工作指导。

自治区农村客货邮融合发展获自治区党委2023年一号文件支持

2月,《自治区党委、自治区人民政府贯彻〈中共中央 国务院关于做好2023年全面推进乡村振兴重点工作的意见〉的实施意见》印发,农村客货邮融合发展获政策。实施意见提出,持续加强县域商业体系建设,改造提升县乡商业网点和服务设施,推动农村客货邮融合发展,大力发展共同配送、即时零售等新模式,深入实施"数商兴农"和"互联网+"农产品出村进城工程,加快发展冷链物流设施。

自治区顺丰快递员吴建峰获自治区开发建设新疆奖章

5月,新疆维吾尔自治区"八大产业集群"重点工程项目劳动和技能竞赛启动仪式暨表彰大会在乌鲁木齐市召开。大会对获得开发建设自治区奖章的50个集体、获得开发建设自治区奖章的150名个人、获得自治区工人先锋号的100个集体进行了表彰。自治区顺丰速运有限公司快递员吴建峰荣获自治区开发建设新疆奖章。

新疆局部署快递服务质量提升工程实施工作

7月,新疆维吾尔自治区邮政管理局印发《关于进一步做好快递服务质量提升工程实施工作的通知》,要求全系统紧紧围绕推动邮政快递业高质量发展,深入实施快递服务质量提升工程,规范快递企业服务行为,强化突出问题治理,营造公平有序竞争环境,促进提升快递服务供给能力和供给质量。

自治区出台推进现代物流业高质量发展实施意见

7月,新疆维吾尔自治区人民政府办公厅印发《关于自治区推进现代物流业高质量发展的实施意见》,快递物流枢纽、快递物流服务网络体系、"快递进村"工程等获政策支持。实施意见提出,鼓励和支持快递企业在乌鲁木齐市、阿克苏地区建设自治区级快递物流枢纽,在伊宁、哈密、库尔勒、喀什等地布局建设快递物流配送中心,完善邮政快递物流服务网络。持续实施"快递进村"工程,推进县级快递配送中心、乡村物流服务站为重点的快递物流配送设施建设,改善乡村快递物流配送设施条件。支持电商快递企业在疆内布局建设节点设施,优化电商快递服务流程,有效解决新疆“不包邮、不发货”问题,提升新疆人民群众的获得感、幸福感。

自治区印发“十四五”新疆扩大内需实施方案支持邮政快递业

7月,新疆维吾尔自治区人民政府印发《“十四五”新疆扩大内需实施方案》,支持邮政快递业发挥畅通经济循环和促进消费作用。在完善乡村市场体系方面,实施方案提出实施“互联网+”农产品出村进城工程。深化“交邮合作”“交快合作”,推动客货邮融合发展。在构建现代物流体系方面,实施方案提出畅通南北疆物流通道,引导大宗商品、邮政快递、应急储备及兵地融合等功能设施集约布局,打造高效衔接的物流通道网络。在强化物流供应链协同方面,实施意见提出推动跨境电商综试区、电子商务示范基地、电子商务产业园区与快递物流园区融合发展,提高线上线下协同整合能力。健全与周边国家间多边国际道路运输合作机制,支持邮政、快递企业“走出去”,积极发展跨境寄递服务。

自治区邮政快递业服务农特产品上行高质量发展获支持

8月,新疆维吾尔自治区邮政管理局、自治区农业农村厅和自治区商务厅联合印发《关于推进自治区邮政快递业服务农特产品上行高质量发展的实施意见》,协同推进邮政快递与现代农业、电商深度融合,更好服务乡村振兴战略。实施意见提出,强化原产地品牌推广,深入挖掘和培育适网销售的农特产品项目、品牌,建立长期稳定的产、供、销、寄渠道,积极推广农特产品就地加工转化增值,不断增强新疆特产“触网”力度。聚焦“农特产品+电商寄递”的服务模式,培育一批规模大、效益好、示范性强的邮政快递服务现代农业项目,重点打造“乌鲁木齐干果”“阿克苏苹果”“阿克苏核桃”等年寄递量超百万件项目以及“阿克苏红枣”“吐鲁番哈密瓜”“库尔勒香梨”“库车、轮台小白杏”等年寄递量超五十万件项目,持续拓展培育“新梅”“沙棘”等新兴特色潜力项目,实现对涉农县优势特色产业主要寄递服务品牌全覆盖。

(中国)亚欧商品贸易博览会促进跨境电商突破性发展

8月,2023(中国)亚欧商品贸易博览会在乌鲁木齐举行,中国新疆和吉尔吉斯斯坦地方间各领域交流合作进一步深化,签署了一系列合作协议。其中,邮政业获利好政策,双方签订了关于积极推进邮政快速通行,拓展两国邮政合作,促进跨境电子商务发展协定,推进中吉两国邮政事业和跨境电商发展。协定指出,中吉两国进一步发展睦邻友好合作关系,在平等互利的原则下,双方邮政优化通关处理流程,提高监管全流程时效,在条件允许情况下,优先保障双方运输国际邮件、跨境电商商品快速通行。双方支持邮政建设互换局、交换站等基础保障机构,确保国际邮件总包封发、接收开拆、直接交换等顺利开展。

2023年第四届全国邮政行业职业技能竞赛新疆选拔赛开赛

8月30日,2023年第四届全国邮政行业职业技能竞赛新疆维吾尔自治区选拔赛在乌鲁木齐举办,来自8个地州市11家快递品牌的35名快递员参加竞赛。竞赛现场,参赛选手们精神饱满,全神贯注,充分展现出新时代新疆维吾尔自治区邮政快递行业技能人才的精湛技艺和良好风貌。

自治区实现两级快递行业党委全覆盖

9月,在新疆维吾尔自治区邮政管理系统的共同努力下,自治区、地(州市)两级15个快递行业党委全部成立。

自治区出台实施方案推进自治区农村“客货邮”深度融合发展

10月，新疆维吾尔自治区邮政管理局联合自治区交通运输厅、商务厅、农业农村厅以及中国邮政集团有限公司新疆分公司印发《自治区推进农村“客货邮”深度融合发展工作实施方案》。方案提出，到2025年末，在全区范围内，挂牌设立有代表性的“中邮驿站＋乡镇综合服务站”60个，打造常态化运行的农村客运车辆代运邮件快件线路150条。选取伊犁州、昌吉州、巴州、阿克苏地区等条件较好的地州市，先行开展农村“客货邮”融合发展试点，2024年年底前，力争在全区至少打造3个以上农村“客货邮”深度融合发展试点县（市、区）。

国务院印发《中国（新疆）自由贸易试验区总体方案》

10月，国务院印发《中国（新疆）自由贸易试验区总体方案》，邮政快递业多项措施被纳入方案，获政策支持。在提升贸易便利化水平方面，方案提出，加快中国（新疆）国际贸易“单一窗口”建设，丰富跨境电商、物流全程协同等地方特色应用。探索在满足监管条件的基础上，打造国际邮件、国际快件、跨境电商集约化监管模式。在培育外贸新业态新模式方面，方案提出，推动建设边境仓、海外仓，鼓励优势企业在中亚国家建设海外仓，构建多仓联动跨境集运模式。在构建现代综合交通枢纽体系方面，方案提出，加快建设乌鲁木齐陆港型国家物流枢纽，推动建设空港型国家物流枢纽。推动建设国家骨干冷链物流基地。强化国际邮件互换局（交换站）功能，探索建设“中国邮政中亚—中欧海外仓枢纽站”。在创新物流运输服务模式方面，方案提出，加强中欧班列集结中心建设，积极支持乌鲁木齐国际陆港区开行中欧班列，有效对接西部陆海新通道班列。在推动内陆口岸经济创新发展方面，方案提出，研究开展国际邮件和跨境电商商品搭乘中欧班列（乌鲁木齐）出口等业务。积极引进国际物流企业，完善流通加工、包装、信息服务、物流金融等物流服务，构建“通道＋枢纽＋网络”的现代物流运行体系。

“双11”自治区快递日处理量首次突破500万件

在“双11”电商促销和快递业务旺季，监测数据显示，11月11日，自治区快递当日处理量（包括业务量和投递量）首次突破500万件，创历史新高。

第三篇 发展环境

第一章 2023年市(地)邮政管理工作综述

2023年,邮政快递业受到党中央、国务院的亲切关怀,各级党委、政府也对行业发展给予高度重视和充分肯定。各市(地)邮政管理局在国家邮政局、各省(区、市)邮政管理局和当地党委、政府的领导下,充分利用中央和地方双重管理的优势,推动中央和地方行业利好政策落地实施,营造良好发展环境,各项工作持续取得进展。

一、坚持强化党建引领工作

在北京,天竺局党支部组织召开专题学习会,深刻领悟“两个确立”的决定性意义,不断增强“四个意识”、坚定“四个自信”、做到“两个维护”。会议通过深入学习十九届六中全会公报以及多篇评论员解读文章,从历史与现实、理论与实践相结合等多个角度,进一步明确了“两个确立”的深刻内涵、核心要义、历史意义和实践逻辑。通过学习,全体党员干部一致表示,“两个确立”是时代呼唤、历史选择、民心所向,是党的十八大以来最重要的政治成果和最宝贵的历史经验,是深刻总结党的百年奋斗得出来的郑重历史结论和最大政治保证。在今后的学习工作中,要坚定捍卫“两个确立”,坚决做到“两个维护”,坚决听党话、跟党走,不断学思践悟、忠诚履职,奋力拼搏、勇担重任,努力建设与首都城市定位相适应的现代邮政业,不断提高人民群众用邮满意度。会议要求,一是要提高政治站位,深刻领悟“两个确立”的决定性意义,自觉做“两个确立”的坚决拥护者、“两个维护”的坚定践行者。二是要坚持知行合一,切实把党的二十大精神转化为推动行业高质量发展的实际行动和强大动力,紧密联系行业实际,自觉践行“以人民为中心”的发展理念,着力提升服务意识,改进服务质量。三是要推动高质量发展,把“两个确立”精神贯彻落实到快递进村、绿色发展、普遍服务、行业监管、关爱“快递小哥”等各项具体工作中,充分发挥党员先锋模范作用,凝聚干事创业的精气神,实现辖区行业高效能治理和高质量发展。

在天津,滨海局党支部与辖区中通、韵达党支部开展了互帮共建活动,邀请全国“最美快递员”马岚参加活动。全体党员重温入党誓词,对党的二十大报告进行了集中学习,对报告中的新观点、新论断、新思想进行了深刻领悟,共同学习了马岚的先进事迹。会议强调,全体党员要弘扬模范精神,以榜样的力量推动主题教育活动走深走实,真正做到“践行对党忠诚,提升政治定力;践行为民情怀,提升宗旨意识;践行清廉操守,提升纪律作风”。一要坚定理想信念,严守政治纪律和政治规矩,不断增强“四个意识”、坚定“四个自信”、做到“两个维护”,自觉在思想上政治上行动上同以习近平同志为核心的党中央保持高度一致。二要树牢宗旨意识，坚守人民立场，增进同人民群众的感情，自觉同人民群众想在一起、干在一起，增强责任感，提升主人翁意识，面对困难不退缩，勇于担责，敢于作为。三要心怀感恩之心，感恩党和人民的信任，落实到推进辖区邮政快递业改革发展的具体行动上，切实将“人民邮政为人民”的宗旨落到实处，推动辖区邮政快递业高质量发展。

在河北，邢台局组织 20 个市直部门开展“党建引领聚合力，联学共建促发展”主题活动。20 个市直部门成员单位的党员干部参加了活动。活动首先参观了华兴宠物食品有限公司，详细了解华兴企业的基本情况、主要产品、发展历程、生产流程、发展规划等情况。随后，大家到南和顺丰快递分拨中心，实地了解分拨中心概况、各作业区域以及分拣、安检等设备操作流程，了解邮政快递业在服务邢台经济社会发展发挥的重要作用，以及邮政管理部门在促进党建与业务融合发展方面取得的显著成效。

在山西，运城局开展集体谈心交心。会议集体学习了习近平总书记关于青年干部成长成才的系列重要讲话重要指示精神，结合正在开展的主题教育“建言献策”“立足岗位作贡献”等活动收集到的意见建议，真情回应解决机关人员关心关切的实际问题。3 名班子成员结合自身经历畅谈工作经验、分享人生感悟、交流成长阅历，在轻松自然、润物无声的思想碰撞中为机关人员答疑释惑，理顺情绪、凝心聚力、维护利益，以谈心有温度有广度、交心有深度有力度的实际成效有效增强了机关组织力、凝聚力，扎实推动模范机关创建。会议要求，要正确处理关心政治与追求政治进步关系，严守政治规矩，加强政治学习，推动事业进步。要正确处理小我与大我的关系，把小我融入大我，在大我中实现小我。

在内蒙古，鄂尔多斯局党支部组织全体党员干部集中观看《榜样 7》专题节目。《榜样 7》通过典型事迹展示的形式，展现了王亚平、王传喜、艾爱国、张玉滚、武大靖、林占熺等八位党的二十大代表坚定信念、践行宗旨、拼搏奉献、廉洁奉公的高尚品质和精神风范，充分彰显了基层党组织战斗堡垒作用和党员先锋模范作用。

在辽宁，本溪局组织机关全体党员干部职工以及部分快递企业党员代表赴东北抗联史实陈列馆开展主题党日活动，进行党性教育。大家依次参观了史馆各个展厅，珍贵的历史照片、文献资料、革命文物，真实地再现了那段艰苦卓绝的峥嵘岁月，同志们沉浸在抗战时期的烽火岁月中，追忆着革命先烈保家卫国的艰苦历程，切身感受着他们舍生忘死、不懈奋斗的精神。

在吉林，白山局以视频会议的方式以“用党的创新理论凝心铸魂，汲取奋发有为的智慧和力量”为主题组织专题党课。习近平新时代中国特色社会主义思想，立足新时代，从党和国家长治久安、从社会主义前途命运的高度，深刻回答了中国特色社会主义进入新时代中国共产党举什么旗、走什么路、以什么样的精神状态、担负什么样的历史使命、实现什么样的奋斗目标等一系列根本问题，向世界再次昭告中国既不走封闭僵化的老路，也不走改旗易帜的邪路，而是坚定不移走中国特色社会主义道路的鲜明立场，为新时代的中国指明了前进方向。

在黑龙江，鹤岗局党支部组织全体党员，到鹤岗市烟草公司主题邮局参观学习革命历史专题纪特邮票展览，同时参观学习市烟草公司党建品牌展览。在鹤岗市烟草公司主题邮局，鹤岗市集邮协会会长串讲《革命纪念地—韶山》《毛泽东延安讲话发表 70 周年》《毛泽东同志诞生一百二十周年》《遵义会议八十周年》等纪特邮票，全体党员再次深刻学习了毛泽东同志在党的成立、革命、建设等历史时期中作出的重要决定和伟大功绩，坚定了马克思主义思想与共产主义坚定信仰。在烟草公司党史红色长廊，鹤岗局全体党员在讲解员的带领下，再次学习党的历次代表大会主要内容，重温遵义会议等党的重大会议，回顾党和国家发展史上的重大事件，坚守中国共产党人精神谱系。同时与烟草公司党支部交流如何将党建工作与业务工作相融合，打造支部党建品牌等经验做法。参观结束后，鹤岗局党支部组织党员集中学习习近平总书记在纪念毛泽东同志诞辰130周年座谈会上的讲话。

在上海，奉贤局牢牢把握“学思想、强党性、重实践、建新功”总要求，坚持高标准、严要求，认真贯彻落实上海局党组相关部署和要求，及时组织推进主题教育调研项目开展，扎实有序推动主题教育调研工作走深走实。奉贤局围绕行业新业态发展、安全生产等行业热点难点方面拟定调研主题，制定调研计划，深入基层一线开展调研活动。过程中，由局班子带队，市场监管科、普遍服务科、办公室等部门同志参加，通过线上线下走访互动、查阅相关资料等方式，对标以学铸魂、以学增智、以学正风、以学促干要求，深入辖区部分邮政快递企业、相关政府部门沟通了解相关情况，为掌握基层实情和相关政策意见打好基础。一是注重统筹安排，局班子加强对调查研究的组织领导，带头开展调查研究，加强调研计划安排统筹，提高工作效率。二是突出问题导向、需求导向，将全面梳理汇总调研情况，建立调研成果转化运用清单，对调研中反映和发现的问题，逐一列出对策措施、完成时限，加强跟踪问效。三是多方走访互通。采取“四不两直”方式，深入困难多、矛盾多、问题多的辖区部分邮政快递企业一线开展调研，同时加强横向联系，密切与相关政府部门保持沟通。

在江苏，泰州局组成工作组，走进海陵区红旗街道新时代文明实践所，开展党员干部宣传党的理论和路线方针政策的“四下基层”为民“双解”活动。活动中，泰州局紧密围绕“你惑我解”“你难我解”两个工作重点开展工作。“你惑我解”方面，泰州局详细介绍了本部门的职责定位、寄递三项制度、申投诉相关政策、农村地区党群服务中心（综合服务中心）叠加新建村级快递综合服务站的政策，提醒广大群众在用邮时履行法定义务出示身份证件、配合开箱验视。“你难我解”方面，现场群众踊跃提问，泰州局耐心解答，对提出的申投诉、快递进村、“最后一公里”投递等问题进行了政策解读和详细阐述。

在浙江，绍兴局组织召开主题教育专题党课宣讲会。党课围绕“深刻领悟‘两个确立’的决定性意义，加快建设交通强国邮政新篇章”这一主题，从为什么说“两个确立”是重大的政治论断和如何将领悟“两个确立”转化为建设交通强国邮政篇的强大动力两个层面进行分析，由局主要负责同志为全体机关党员干部上党课，党组班子成员分别赴联系企业和单位为基层一线人员上党课。会议强调，“两个确立”的重大政治论断有着坚强的理论基础、丰富的历史经验支撑和坚实的实践基础。要求全体党员不断提升理论修养，学深悟透习近平新时代中国特色社会主义思想，旗帜鲜明讲政治，提高政治能力，坚持知行合一，实干担当促进发展。树立正确的权力观、政绩观、事业观，增强推动邮政快递业高质量发展本领、服务群众本领、防范化解风险本领，敢于斗争、勇于负责，聚焦问题、知难而进，以“时时放心不下”的责任感，以积极担当作为的精气神为党和人民履好职、尽好责。会议指出，要贯彻落实好习近平总书记重要指示精神，扎实推进邮政业高质量发展。一是巩固建制村直接通邮成果，推进与中国式现代化相适应的邮政普遍服务体系建设。二是深入推进“两进一出”工程，培育邮政快递服务现代农业品牌项目，助力乡村振兴。加快实施“快递进厂”，拓展快递服务制造业范围。提升枢纽干线能力，发展冷链快递，积极发展多式联运，推动快递出海，更好地服务“一带一路”建设。三是完善寄递物流体系建设。推广交邮合作、邮快合作等共同配送模式。深化农村客货邮融合发展。四是深化平安寄递建设，加强寄递渠道安全风险预警和防控,强化寄递渠道落实三项制度。加强行业重要数据和个人信息保护,加强网络安全管理。深入排查整治邮件快件处理场地内安全隐患。五是促进绿色低碳发展。做好行业垃圾分类工作,加强邮件快件包装治理,全面提升快递包装标准化、减量化、循环化、无害化水平。六是加强现代治理能力建设,打造一支能干事、会干事的邮政铁军,深入推进简政放权和优化服务,为行业发展营造良好环境。七是保障快递员合法权益,全面加强快递行业和快递员群体党建工作,加强职业技能培训,推动企业与从业人员签订劳动合同、依法参加社会保险。

在安徽,池州市快递行业党委自2023年3月成立以来,坚持以习近平新时代中国特色社会主义思想为指导,全面贯彻落实党的二十大精神,指导快递企业非公党支部不断夯实基础,推动行业党建高质量发展。在池州市快递行业党委的指导支持下,池州市俊华速递物流有限公司(池州圆通)党支部始终坚持以党建促发展、以发展强党建,积极创建“驰骋俊华、速递先锋”党建品牌,切实加强党的思想、政治、组织、作风建设,积极开展关心关爱行动,高度重视公司人才培养工作,为推动企业高质量发展提供强有力的组织支撑。中共池州市委组织部、中共池州市委非公经济和社会组织工委公布了池州市“双强六好”非公企业党组织名单,池州市俊华速递物流有限公司党支部名列其中,是全市首个获此殊荣的快递企业党支部。

在福建,南平局联合闽北日报社、南平市延平区梅山街道办事处、南平市快递行业党委、南平市快递行业协会等单位,赴延平区南山镇开展“到南平去,助乡村兴”主题党日活动。活动中,党员干部来到南山镇吉溪村闽江红色航线教育基地,参观了中共闽浙赣省委闽江地下航线纪念碑和陈列室,观看了红色教育电影《地下航线》,并面对鲜红的党旗重温入党誓词。在南山镇凤池村游定夫祠及游定夫书院内,大家深切感受先哲专志求学的精神,感悟薪火相传的理学文化魅力,汲取优秀传统文化的精神力量。党员干部还来到南山镇省级农业示范企业祖兴果业调研,实地了解果冻橙、橘柚、沃柑等当地农特产品包装、销售等情况,并与企业相关人员开展座谈,听取果农的意见建议。各品牌快递企业负责人表示,将充分发挥快递行业优势,切实为果农提供精准服务、优质服务,助力当地农特产品销售,打造助乡村振兴典型经验案例。

在江西,南昌局组织全体党员干部赴江信花园社区党群服务中心开展“以学正风,践行宗旨为民造福”主题党日活动,社区党支部书记、离退休党员居民等20余名同志参学。在专题党课《深入学习习近平法治思想建设社会主义法治文化》的课堂上,南昌局机关党支部书记以丰富内涵、理论渊源、生动实践为主线,对习近平法治思想进行了深入浅出的解读,并就快递上门取件、社区驿站收寄的服务质量和用邮体验,听取了社区居民的意见、建议,重点对实名收寄、安全验视等问题进行了探讨交流。本次党课宣讲,既有理论高度,又有实践深度,受到社区党员居民的一致好评。活动现场,南昌局全体党员干部参观了江信花园社区党群服务中心,感受了社区在基层管理方面取得的成效。随后,与社区工作人员共同在小区内进行义务巡逻并清扫垃圾。大家热情高涨、干劲十足,进一步坚定了为人民谋幸福的初心使命。

在山东,菏泽局召开全市邮政行业党建工作推进会议,鄄城局、曹县局主要负责人,12个网格小组组长和市区快递企业主要负责人参加会议。会议要求,一是聚焦党建引领,建强组织体系。以党建引领快递员群体队伍建设,确保按时完成基层党组织建设,加快入党积极分子培养,提升党建引领水平。二是以基层网点为依托,发挥党员先锋模范作用,继续发扬快递员艰苦奋斗、为民服务的优良作风,为群众提供优质的寄递服务。三是坚持以民为本,切实保障职工合法权益。突出抓好快递员技能等级评价等工作，强化行业人才队伍建设。推动基层快递网点优先参加工伤保险，持续开展“暖蜂行动”，切实做好快递员群体合法权益保障。

在河南，焦作局积极践行“四下基层”工作要求，联合焦作市总工会、焦作市快递行业工会联合会开展“送法进企业”宣讲活动，切实保障“快递小哥”合法权益。宣讲会上，河南海搏律师事务所律师韩嘉欣围绕与快递从业人员息息相关的劳动合同，主要从劳动争议纠纷案件的受理范围、社保缴纳、违规兼职、劳务派遣和劳务外包二者的区别等多方面进行了详细讲解，切合实际、通俗易懂，为快递行业职工上了一堂形象生动的“劳动权益保障课”。随后，参会人员进行了热烈讨论、交流。

在湖北，荆州局赴辖区中通、圆通分拨中心调研企业发展情况，做好一对一跟踪服务，及时为企业排忧解难，进一步贯彻落实领导干部联系邮政快递企业区域分拨中心工作制度，推进主题教育走深走实。在圆通分拨中心，调研组详细了解公司新场地建设进度及新投资项目筹划情况，与企业负责人就分拨迁入新址后扩大产能和快递电商深度合作进行深入交流。在中通分拨中心，调研组实地察看了员工分拣作业情况，了解企业旺季服务保障及快件进出港情况，与企业负责人就年终岁尾生产安全、消防安全、网点稳定、日常管理等工作进行深入交流。

在湖南，长沙市快递行业党委正式挂牌成立。长沙市快递行业党委全体委员、各快递企业党组织负责人及行业党员代表参加成立大会。湖南省快递行业党委、长沙市委两新工委负责同志到会指导。会议指出，成立市快递行业党委，是贯彻习近平总书记关于非公党建工作重要指示批示精神，是将党的全面领导落实到快递业的重大举措，也是以党建统领长沙快递业高质量发展、高效能治理的重大举措。市快递行业党委的成立标志着全市快递行业党建工作进入了系统推进、全面提升的新阶段。会议强调，一是要提高政治站位，全面准确贯彻落实中央对快递业党建工作的部署要求，完善快递行业党建工作体制机制，凝聚推动快递行业党建工作的思想共识；二是要突出覆盖有形有效，突出队伍建设坚强有力，开展快递企业党建摸排和组织建设“双同步”工作，加快推进“两个覆盖”；三是要发挥行业党组织的凝聚力、向心力，促进快递业努力担当畅通使命，赋能行业高质量发展；四是要从关心关爱、权益保障、精神文明等方面，健全完善快递员群体权益保障工作体系。

在广东，佛山局召开主题教育调研成果交流会，深入学习贯彻习近平总书记关于调查研究重要论述，围绕调研工作开展情况、发现的问题、下一步对策措施以及调研成果转化等方面开展交流研讨。同时，围绕正反面典型案例深入复盘剖析，举一反三推动工作。会议强调，一是要切实增强深化调查研究的政治自觉。要深入学习贯彻习近平总书记关于调查研究重要论述，坚持把调查研究作为坚定拥护“两个确立”、坚决做到“两个维护”的具体实践，坚持到群众中去、到实践中去，听实话、察实情、办实事，不断以调查研究实际成效解决发展难题。二是要扎实推进调研成果转化运用。扎实做好调查研究“后半篇文章”，使调研成果转化的过程成为强化理论武装的过程、成为有效解决改革发展问题的过程，持续完善调查研究长效机制，把调查研究融入日常、抓在经常。三是要充分发挥领导班子在主题教育和深化调查研究中的表率示范作用。班子成员要进一步提高政治站位、转变工作作风，以更高标准、更严要求、更实措施，在以学铸魂、以学增智、以学正风、以学促干上持续用力。要坚持问题导向，把调查研究作为领导干部的看家本领、科学的工作方法，常态化深入开展调查研究，注重调研成果的转化运用，不断推动行业高质量发展。

在广西，中共崇左市委员会市直属机关工作委员会发布

《关于表彰崇左市直属机关优秀共产党员、优秀党务工作者和先进基层党组织的决定》,崇左局党支部荣获“先进基层党组织”称号。近年来,崇左局党支部始终坚持政治引领,落实党建责任,深入开展基层党建“五基三化两创”提升行动,持续推进基层党建“提质聚力”,不断加强和发挥党支部的战斗堡垒作用,为加快推进邮政快递业高质量和高效能治理提供强有力的组织保障。

在海南,东部局党支部组织开展“学习身边榜样”活动。活动中,全体党员干部集体学习了习近平总书记关于弘扬雷锋精神的重要论述,行业先进其美多吉以及当代青年榜样王亚平、武大靖、孟昆玉等的先进事迹,观看了《榜样的力量》第二季中宋学文的先进事迹视频等,并组织党员代表结合工作经历,开展交流发言。通过学习身边榜样,大家备受鼓舞和激励,并纷纷表示,在今后的工作中,要主动对标先进,向先进典型学习,坚定理想信念,牢记“人民邮政为人民”的初心使命,立足本职岗位,认真履职尽责,提升工作能力,主动担当作为,为推进辖区邮政快递业高质量发展高效能治理贡献自己应有的力量。

在重庆,七分局扎实推进“四下基层”优良作风,深入基层了解用户需求,积极协调疏通快递末端各种难点、堵点,帮促解决行业发展困难。在了解到铜梁区蒲吕街道工业园距城区偏远,很多新建厂区员工下班晚、取件难的问题后。分局领导立即带队深入调研,走访寄递企业了解实际情况,联系园区管委会帮促协调厂区和相关物业单位增设智能快递柜和货架,为快递末端投递提供便利条件。经多方努力,在厂区和人才公寓增设30多组智能快递柜,能够满足园区上班期间不方便取件的用户同时暂存快件700余件,园区快件投递难、取件难问题得到有效解决。

在四川,资阳局坚持和运用“四下基层”工作制度和方法,走好新时代党的群众路线。一是深入基层学习宣传党的方针政策。赴乐至县为邮政快递企业负责人及员工讲专题党课,探讨深入学习贯彻习近平总书记来川视察重要指示精神及对邮政业重要指示批示精神举措。二是深入基层开展调查研究。走访各区县乡镇邮政快递末端网点,调研运行管理、邮快合作、交邮融合发展等情况,宣传邮政快递行业法律法规和服务标准,听取收集群众意见建议,现场办公协调解决“快递进村”相关问题。三是运用身边红色资源开展廉政教育。参观陈毅故居,开展重温入党誓词、学习党章党规活动。四是开展“学习身边榜样”活动。组织局党支部及企业党员代表向“时代楷模”其美多吉及2023年资阳市“最美快递员”学习,开展交流研讨,更好地践行“人民邮政为人民”的初心和使命。

在贵州,铜仁局党支部组织全体党员干部赴周逸群烈士陈列馆开展“承诺践诺做先锋、牢记使命勇担当”主题党日活动。活动中,全体党员来到周逸群烈士陈列馆,观看馆内史实资料,了解周逸群烈士奋斗历程,缅怀革命先辈的光荣事迹。通过接受革命教育,使大家深刻感受到革命先烈在艰苦的条件下英勇顽强、坚贞不屈的品格,体会到身为一名共产党员应有的无畏精神和优秀品质。随后,全体党员面向党旗重温入党誓词,并作出庄严承诺,签订共产党员公开承诺书,要求全体党员把承诺书作为行动指南,结合岗位实际,把履行承诺落细落小、落到实处,不断整改自身存在的问题,促进个人在工作作风和服务水平上实现明显提升。

在云南,德宏局邀请德宏州委党校经济与管理教研室主任副教授段春勇给参加全州邮政管理工作会议的全体人员宣讲党的二十大精神。宣讲以《以中国式现代化全面推进中华民族伟大复兴》为题,全面系统地解读了党的二十大精神。会议要求,一是要坚持学深悟透,着力把握精神实质。深刻领悟“两个确立”的决定性意义,增强“四个意识”、坚定“四个自信”、做到“两个维护”，以实际行动践行对党忠诚。二要坚持学用结合，着力抓好行业安全生产。要更好统筹发展与安全，精准落实常态化疫情防控各项措施，筑牢生产安全防线，为行业高质量发展营造和谐稳定的良好环境。三要坚持见行见效，着力推动行业高质量发展。要把党的二十大精神转化为指导实践、推动工作的强大力量，把学习贯彻党的二十大精神同贯彻落实习近平总书记考察云南重要讲话和重要指示批示精神结合起来，主动服务和融入“一带一路”建设，聚焦加快建设邮政强国的重大任务工程，全面落实习近平总书记访缅成果涉及德宏事项，增强机遇意识、发展意识、开放意识，在坚决贯彻中央决策部署中把握发展机遇、用好政策，为德宏经济社会发展注入新动能，切实把党的二十大精神转化为加快建设交通强国邮政新篇章的强大精神力量。

在西藏，林芝局派出调研组前往波密、察隅开展解剖式调研，现场解决邮快合作不畅的问题。主题教育开展以来，林芝局以推动林芝高质量发展、促进改革开放先行的工作要求为动能，充分引导发挥邮政农村网络渠道资源的竞争优势和比较优势，率先在全区突破邮快合作瓶颈，实现快递下乡到村。但快递企业与邮政公司包裹转接过程中发现和暴露的一些问题亟待推进解决。带着问题，调研组前往波密县、察隅县村镇邮政所(站)，深入了解村级党报党刊投递和村级快递包裹投递等情况，了解了邮快合作情况、末端网点是否违规收费等情况。带着推进自治区关于县级快递网点优惠政策的工作任务，调研组分别与察隅县分管副县长、商务局负责人进行了座谈，按照“四下基层”重要要求，进行现场办公，明确了推进落地措施，初步确定了场地，取得了积极进展。

在陕西，商洛局将主题教育同中心工作有效统筹，采用座谈交流、现场指导、随机走访、公开接访等形式下基层现场办公，以“四下基层”的优良作风引领党员干部到行业一线探良策、解难题、促发展。为促进快递市场规范运行，巩固提升快递进村成效，推动企业不断强化风险防患意识，商洛局党组成立三个调研组，深入各县区快递企业、末端网点和乡镇村组，宣贯党的路线方针政策、邮政快递业相关法律法规和标准规范，依法查处企业违法违规行为；聚焦突出问题开展现场办公，听取企业负责人、一线从业人员和群众的意见建议，剖析问题根源，研究整改方案，明确目标任务，细化工作措施，全方位、零距离督导快递末端网点备案、快递进村和安全隐患排查治理等工作，做到政策宣讲在一线、问题发现在一线、难题解决在一线、矛盾化解在一线、工作落实在一线，切实将主题教育成果转化为解难题促发展的强大动力。

在陕西，陇南局党组召开学习贯彻习近平新时代中国特色社会主义思想主题教育调研成果交流会。会议学习了《习近平关于调查研究论述摘编》《习近平新时代中国特色社会主义思想专题摘编》部分内容，传达了蔡奇同志在中央主题教育领导小组第7次会议上的讲话精神和近期主题教育相关文件精神。班子成员围绕“农村寄递物流体系建设”“快递违规收费”“平安寄递建设”等三个调研课题，对照正反面典型案例，交流前期调研情况和取得的阶段性成果，分析存在问题，提出下一步工作建议和改进举措。会议强调，一要着力抓好调查研究工作。大力弘扬理论联系实际的学风，结合所选调研课题，深入基层、深入企业、深入实际，确保调查研究不走偏、不走样。坚持去粗取精、去伪存真，由此及彼、由表及里，找准根源和问题症结，形成高质量的调研报告。二要着力解决行业发展难题。运用好“四下基层”工作制度，以问题为导向，掌握第一手真实材料，全力推动解决县级机构改革、快递违规收费等上下联动问题和行业党建、快递员权益保障、农村寄递物流体系建设、寄递渠道安全等方面遇到的新情况新问题，研究提出新举措，更好统筹发展和安全。三要着力推动问题整改。实行清单式管理、项目化推进、责任制落实工作机制,切实将"问题清单"转化为"效果清单",兼顾"当下改"和"长久立",形成长效机制,持续抓好落实,坚持把调研成果转化与推动我市邮政快递业高质量发展结合起来、与满足人民群众更高寄递服务需求结合起来,与提升行业治理能力和治理体系结合起来,将调研成果转化为推动发展的新思路、好办法、实举措,切实推动邮政快递业高效治理和行业高质量发展。

在青海,玉树局召开主题教育调研成果交流会。会议指出,此次调研聚焦推动行业高质量发展和解决群众急难愁盼的问题,确定"农村寄递物流体系建设""邮快合作"以及"快递员权益保障情况"为调研课题,把"四下基层"工作作为察民情、知民意、解民忧的"民生实事",呈现出站位高、作风实的特点。班子成员大兴务实之风,主动牵头"领题",广开渠道"研题",分类施策"解题",形成了一批具有较强针对性和操作性的调研成果,取得了主题教育阶段性成效。会议强调,一要不断深化认识,始终把调查研究作为谋事之基、成事之道。全面对标习近平总书记重要讲话精神,紧密结合玉树州邮政快递行业发展实际,持续以调查研究开路,在调研基础上分析机遇和挑战、把握方向和重点,更好推动各项工作取得新突破、展示新气象。二要加大力度转化运用,扎实做好调查研究"后半篇文章"。对调研中形成的好思路、好举措,逐项梳理形成成果转化清单,加紧部署、加快推广、加速落地,切实将调研成果转化为助推行业高质量发展好用管用的政策举措。三要常态化组织推进,不断提高调查研究制度化规范化水平。要把调查研究与检视整改、建章立制等重点措施贯通起来,与冲刺全年、谋划明年等具体任务结合起来,以调研助力发展,更好扬优势、补短板、强弱项,努力以高质量发展的实绩彰显主题教育的实效。会议要求,主题教育临近收官,要按照习近平总书记对主题教育工作作出的重要指示要求,坚持标准不降、劲头不松,把主题教育同各方面工作结合起来,做到两手抓、两不误、两促进,持续深化主题教育各项重点措施,推动主题教育善始善终、善作善成。此外,要注重"当下改"和"长久立"相结合,推动形成一批制度成果,把主题教育工作成效转化为推动高质量发展的思路举措和能力水平。

在宁夏,固原局全体党员在原州区彭堡镇姚磨村开展"沿着总书记足迹、感悟思想伟力"主题教育实践活动,重温习近平总书记在姚磨村考察调研时的点滴,汲取奋进力量。2016 年 7 月 18 日,习近平总书记在姚磨村视察冷凉蔬菜产业时强调:"要按照标准化种植生产,经得住检验,努力达到有机食品标准。"这些年来,姚磨村牢记总书记嘱托,把冷凉蔬菜产业作为农民增收的主导产业,优化蔬菜种植结构、完善管理服务措施、开拓产品销售市场、健全利益联结机制,建成了原州区首个万亩冷凉蔬菜基地,走上了集约高效的现代农业之路。如今,走进姚磨村,只见数千亩菜田阡陌纵横,一座座蔬菜大棚整齐排列,绿油油的蔬菜在阳光下长势喜人,到处洋溢着勃勃生机。姚磨村党支部书记程广锦说:"如今,全村 280 多户都参与蔬菜种植,户均增收 2000 元以上,还辐射带动周边 10 个村组发展蔬菜产业,年均解决农村剩余劳动力 1000 余人。"站在姚磨万亩冷凉蔬菜基地,对比今昔发展变化,全体党员直观感悟总书记的为民情怀,牢记总书记的殷殷嘱托,深刻感悟习近平新时代中国特色社会主义思想伟力,进一步树牢宗旨意识,不断推动全市邮政管理工作再上新台阶。

在新疆,和田局以"四下基层"为抓手,实实在在抓好理论学习和调查研究,实实在在办好惠民利民实事,用实干推动主题教育走深走实。和田局把宣传党的理论和路线方针政策作为重大任务。第二批主题教育开展以来,和田局以"每周一国旗下大宣讲""法耀昆仑·直播讲法”“四个一活动”“党员干部三报道”“四下基层”等活动为载体,走进和田地区各乡镇村落,走进农家大院、田间地头,深入开展“宣传党的路线、方针、政策下基层”活动,用普通话、本地话、百姓话,讲深讲透党的创新理论,讲明讲清党的惠民政策,把党的“好声音”传到基层去、传到群众中。和田局主动深入基层,察实情、出实招。和田局主动认领全国邮政管理系统第二批主题教育上下联动 2 个问题和县域快递行业基层组织建设滞后的问题,以“问题导向”指引“调查方向”,将上述 3 个问题确定为调研主题,与邮政管理 2023 年中心工作和本地工作实际相结合,与推进三级物流体系建设相结合、与巩固脱贫攻坚成效与乡村振兴有效衔接相结合,制定调研计划,主动深入到矛盾困难多、群众意见集中的地方,探明情况、摸清底子、探实问题,并根据发现问题,总结推广成效突出“明星村”的经验、做法。和田局把心贴近群众、把矛盾化解在一线。基层的工作不只有行业工作,还有民心工作,根据地区行署工作安排,和田局主要负责同志每周一都会深入各县市入户走访,收集困难诉求。和田局主动服务,找准问题症结、抓住矛盾要害,把问题解决在现场。主题教育开展以来,和田局制定了由局领导带头,定期开展“现场办公”的工作计划。在驻村点伊里其乡托万阿热勒村同企业负责人现场解决“快递进村”通达投递问题;在和田县,解决了快递末端网点违规收费的问题;在于田县,召集邮政、快递企业协调解决了“邮快合作”派费的问题。通过深入基层一线现场办公,提高了领导机关办事效率,把问题解决在源头,把矛盾消弭在萌发状态,改进了党员干部工作作风,也让党的方针政策落到了实处。党员干部在用心、用情、用力解决好人民群众急难愁盼问题的同时,也实现了经风雨、见世面、壮筋骨、长才干的目的。

二、持续优化行业发展环境

在北京,东区局联合朝阳区发展改革、交通运输、商务部门召开朝阳区快递业招商引资项目对接会,德邦、丰巢等品牌企业参会。会上,朝阳区各部门介绍朝阳区招商引资相关政策,各企业分别就涉及项目及需求进行了详细说明,各方进行了深入沟通对接,东区局就企业招商引资项目推进提出具体要求。东区局强调,希望企业以此次对接会为契机,加强与属地各部门的沟通联系,及时报告工作项目进展情况,争取尽快实现项目落地。

在天津,第一分局强化工作部署,加强指挥调度,积极协调有关部门,做好辖区邮政快递业保通保畅工作,实现了“两不”“三保”目标。第一分局通过实地走访、查看视频、电话沟通等方式,全面了解辖区寄递企业存在的从业人员到岗率不足、末端网点投递压力大等突出问题,坚持问题导向,指导辖区寄递企业采取发放稳岗补贴、设立返岗激励基金、提高快件派费等有针对性的措施,切实打通堵点,充分调动一线人员工作积极性,确保辖区企业分拨中心、基层网点应开尽开、从业人员应上岗尽上岗、邮件快件应投递尽投递。积极联系属地政府部门,争取政策资金支持,为企业协调部分药品等紧缺防疫物资。同时,指导辖区企业优先投递生活物资、医疗物资类邮件快件,特别是保障农村地区群众寄递服务需求。顺丰公司已与和平区有关部门、天津医药集团建立工作联系,为该区部分困难人群优先配送药品等医疗物资。

在河北,邯郸市根据《邯郸市人民政府办公室关于修订邯郸市快递业发展专项资金使用细则的通知》和年度快递业发展专项资金项目申报要求,决定对符合条件的邯郸市申通、魏县韵达等 18 家企业就其快递末端网点建设、购置新能源车辆、购置可循环快递中转袋等申报项目给予财政专项补助资金 197.5 万元。

在内蒙古,呼和浩特市发布《推动生活性服务业补短板上水平提高人民生活品质行动方案(2022 − 2025)》(以下简称

《方案》），“快递进村”、智能快件箱等邮政业多项内容被纳入其中。《方案》要求，一是要构建一刻钟便利生活圈，支持与居民日常生活密切相关的快递综合服务进城乡社区，扩大网点规模，完善网点布局、业态结构和服务功能，提升一站式便民服务功能。二是要加大基础公共服务设施建设力度，支持盘活分散、闲置的社区空间资源，因地制宜配齐服务设施，提高智能快件箱、邮政快递末端综合服务站建设比例，坚持发展和服务并重。三是要激活县乡生活服务消费，加快旗（县、区）、乡、村三级寄递物流体系建设，大力推进“快递进村”；打造一批“互联网＋农产品”出村进城试点县，加强农村邮政快递县域物流配送中心建设。

在山西，朔州市建设高标准市场体系工作专班出台《朔州市市场基础设施建设2024年工作计划》，从三个方面支持快递物流现代化基础设施建设。一是推进快递物流智慧化改造。培育建设作业自动化、过程可视化、管理智能化的智慧快递物流示范园区，促进智慧化物流装备及技术应用；推动智能快件箱进小区，鼓励龙头企业发展共享物流、无人配送等新业态。二是持续推进农村寄递物流服务全覆盖提质增效工程。用好农村寄递物流上行、下行快件省级财政补助资金，年内新增1个统仓共配示范县、4个标准化乡镇快递综合服务站、44个规范化村级快递便民服务点。三是推动快递物流场所转型升级。积极开展配建高品质社区快递物流配送站；支持公共性快递分拣处理中心、智能投递设施等建设；建设一批城市绿色快递配送示范工程，积极创建国家农村快递物流服务品牌。

在辽宁，铁岭局加快推进社会诚信建设工作，加强邮政快递业信用体系建设，促进行业健康平稳发展。一是完善邮政快递业信用管理体制。建立政府主导、企业和从业人员自律、社会共建的多位一体的信用管理体制。出台《快递市场法人主体信用评定方案（试行）》，依法履行行业信用管理的职责，充分发挥在法规标准制定、管理信息系统建设、信用信息采集、评定和结果应用等方面的主导作用，确保信用体系建设的公信力和权威性。督促寄递企业履行主体责任，优化企业信用管理流程，加强信用风险管控，在服务运营、内部管理等方面强化诚信自律。二是加强邮政快递业从业人员教育培训。组织召开会议对辖区寄递企业信用体系建设进行了全面培训，重点宣贯《快递暂行条例》《快递市场管理办法》等法律法规，具体讲解《快递业信用管理暂行办法》和信用评定细则。三是完善邮政快递业信用信息采集和公示工作机制。整合行业内的执法检查、消费者申诉、信访举报等信息资源，每月月底进行通报，鼓励寄递企业健全信用信息公开制度，除涉及国家秘密、商业秘密和个人隐私的以外，经营快递业务的企业、从业人员的信用信息原则上应当一律公开。

在吉林，四平市印发《四平市“十四五”城乡社区服务体系建设规划》（以下简称《规划》），邮政业内容被纳入其中。《规划》要求，要强化便民服务功能，实施“城市一刻钟便民生活圈”建设行动，提升邮政、金融、电信等公共事业服务水平，推动物流、快递网点辐射符合条件的村和社区。要优化服务设施布局，促进便民利民服务集聚集群发展，不断推动智能快件箱和邮政末端综合服务站等配套设施建设。

在黑龙江，鹤岗市印发《鹤岗市交通运输和科技领域市以下财政事权和支出责任划分改革方案》（以下简称《方案》），进一步明确鹤岗市邮政行业支出与中央、省、地方财政事权和支出责任划分。《方案》提出，邮政业安全管理和安全监督，市和区共同负责具体事项的执行实施，共同承担中央和省支出以外的支出责任；其他邮政公共服务，市和区共同负责具体事项的执行实施，共同承担中央和省支出以外的支出责任；邮政普遍服务、特殊服务、快递服务末端基础设施和邮政业环境污染治理，市和区共同负责邮政普遍服务、特殊服务、农村邮政服务站点、快递末端网点、智能快件箱等末端基础设施的规划、建设、维护、运营等具体事项的执行实施，共同承担中央和省支出以外的支出责任。

在上海，奉贤局立足“保队伍稳定、保正常运行、保基本民生”，继续大力推动邮政快递行业稳岗补贴政策落地落实，确保政策红利、资金补贴惠及一线从业人员，切实保障辖区行业安全畅通平稳运行，着力满足人民群众寄递服务需求。辖区邮政快递业一线从业人员阶段性财政补贴第一阶段补贴发放工作已完成，惠及辖区 11 个品牌的约 5400 名一线从业人员，补贴金额共计 662.7 万元。第二阶段补贴资金的申报、汇总、审核等工作于 2023 年 1 月 31 日完成。

在江苏，徐州市一次性安排邮政业稳岗补助资金共计 100 万元，由徐州局组织发放到快递员手中。为支持邮政业服务畅通工作，徐州市委主要负责同志深入邮政快递企业调研指导。徐州局第一时间落实相关要求，主动向市政府汇报争取一次性安排行业稳岗补助资金共计 100 万元。按照企业在岗员工每人每天补助 50 元的标准，稳岗补助资金全部发放到快递员手中，有力保障全市寄递渠道安全畅通。

在浙江，丽水市印发《丽水市进一步提振市场信心推动经济运行整体好转工作实施方案》（以下简称《实施方案》）。《实施方案》从 8 方面提出 36 项政策举措，其中降本减负、留工稳岗、稳产保链等政策与邮政、快递企业密切相关。同时，《实施方案》提出的招商引资、扶持制造业、加大土地指标统筹力度、加大基础设施投资等内容，均对邮政业发展具有支撑和促进作用。

在安徽，宣城市出台《数字宣城建设方案》（以下简称《建设方案》），宣城局成为责任单位，负责推动电子商务与快递融合发展等工作。《建设方案》要求，要大力发展数字经济，促进产业数字化，加快长三角智慧物流产业孵化基地建设，推动电子商务与快递融合发展，服务长三角绿色农产品供应链中心建设和区域经济发展。

在福建，宁德市出台《宁德市 2023 年度支持民营经济高质量发展十三条措施》（以下简称《措施》），邮政业内容被纳入其中。《措施》要求，要促进电商园区建设，推动各县市区根据需求建设电商产业园，完善电商生态。对 1 年内发件量达 60 万件、120 万件以上的电商云仓类新型物流园区，由属地财政分别给予运营企业 30 万元、50 万元的一次性奖励。

在江西，萍乡市出台《萍乡市支持务工人员回萍留萍就业创业专项行动方案》（以下简称《方案》）出台，多举措促进务工人员实现稳岗增收，邮政业获利好。《方案》要求，要加强技能培训，提高务工人员就业能力，支持开展快递员、网约配送员、直播销售员、汽车代驾员等新职业新业态培训。落实各类培训补贴，对参加就业创业培训并取得职业资格证书或职业技能等级证书、专项职业证书、培训合格证书的务工人员，按规定给予职业培训补贴和职业技能鉴定补贴。

在山东，滨州市印发《滨州市加快邮政快递业高质量发展三年行动方案（2023 — 2025 年）》（以下简称《方案》），明确 4 类 13 项任务，推动全市邮政快递业高质量发展。《方案》提出，加快推进县域快递产业园区建设要求，到 2025 年末各县（市、区）均建成使用多功能综合性快递园区。完善寄递安全监管机制，2023 年底前各县（市、区）建立县级邮政快递业发展中心，并明确职责。支持邮政快递企业与供销合作社商贸流通企业合作，推进服务网络共建共享，提升农村寄递物流体系建设水平。各县（市、区）及有关部门要加强对邮政快递业的支持指导，抓好推进落实。《方案》明确，一是巩固完善邮政快递基础设施建设。强化行业用地支持，推动快递园区全覆盖建设，提升城市末端配送服务。二是加强城乡寄递物流服务保障。加强寄递运输保障，完善农村寄递物流体系。三是培育壮大快递市场主体。推动总部经济招引，营造良好营商环境，助力企业纾困解难，提升快递服务能力。四是完善行业治理体系。推动行业绿色发展，夯实行业安全基础，加强行业应急管理，加强行业关爱保障。

在河南，鹤壁市印发《鹤壁市"十四五"现代流通体系发展规划》（以下简称《规划》），邮政业多项内容被纳入其中。《规划》要求，要提升快递物流创新发展能级，完善智能快件（信包）箱、推进"绿色物流"体系建设。实施"快递进厂"工程，推进邮政业与制造业深度融合。围绕畅通城乡配送"最后一公里"，发展"快递进村"，提供寄递配送、公交带货等一站式服务。全面落实快递绿色包装标准，推广循环包装，减少过度包装和二次包装，持续推广快递包装绿色化、减量化和可循环。《规划》强调，要推进白寺物流产业园到豫北支线机场的快递运输通道，促进跨境电商业务加快发展。发展"生产基地＋电商＋冷链快递＋智能菜柜"等新兴业态模式，形成"干线运输＋神经末梢"的冷链共同配送网络。依托示范物流园区、邮政快递枢纽等，打造一批快递物流基地。

在湖北，荆门市印发《荆门市打造产业转型升级示范区实施方案》（以下简称《实施方案》），强调支持邮政快递基础设施建设。《实施方案》要求，要积极发展快递物流，依托高铁荆门西站等建设高铁快件物流枢纽和快件分拨中心，加快邮件快件分拨中心、申通快递荆门物流科技产业园、顺丰鄂西快件分拨中心建设，积极引进头部快递企业建设快递分拨中心；培育发展服务业新业态新模式，提升电商产业园能级，推动中心城区"专业市场＋电子商务＋物流"产业集群发展；促进现代服务业和先进制造业、现代农业深度融合，构建现代农业物联网流通体系，支持农产品区域物流中心建设；以数字赋能产业转型，推动现代物流等生产性服务业数字化转型。

在湖南，郴州市印发《郴州市以降成本为核心的优化营商环境若干措施》（以下简称《若干措施》），围绕降低政企沟通、涉企行政决策、制度性交易、用地、用能、用工、融资、税费、物流成本等9个方面，聚焦企业全生命周期降本增效，推出了39条政策措施。《若干措施》提出，进一步降低物流成本，加快构建现代物流体系，推进国家现代流通战略支点城市建设，积极争创生产服务型国家物流枢纽。推进陆港建设畅通物流通道，大力支持"跨境一锁"业务，充分发挥湘粤港"跨境一锁"直通车优势，支持湘粤非铁海联运通道运营，企业通过湘粤非铁海联运发运进出口货物的，给予物流全程费用一定比例支持。大力推进多式联运，鼓励争创国家多式联运示范工程，持续推进公转铁，提高铁路运输比重，鼓励物流运输车辆"油改电"。大力引育物流市场主体，鼓励物流行业领军企业来郴，对首次落户郴州的企业总部、区域总部、采购中心、区域分拨中心，实缴注册资本超过1亿元且营收超过1亿元的，按"一事一议"方式对其在郴企业给予支持；对首次获得国家5A、4A、3A资质的物流企业给予一定奖励；推进干线支线仓储配送业务，建立共同配送中心，构建市县乡村四级配送网络，提升仓储功能，开展集中仓储服务，发展智慧仓储业务，打造粤港澳仓储中心。

在广东，清远市印发《清远市推进多式联运发展优化调整运输结构实施方案》（以下简称《实施方案》），为邮政业优化运输结构添动力。《实施方案》明确，要提升基础设施能级。提升多式联运通道能级，强化规划统筹引领，推动构建"三铁一通一航，六纵四横二联"的综合立体交通网络体系。完善货运枢纽功能布局，推动广清空港新城货运枢纽转运设施建设，全市货运枢纽根据条件逐步完善货物转运、保税监管、邮政快递、冷链物流等综合服务功能，支持邮政快递枢纽与国家、省、市、县物流枢纽、综合货运枢纽共建共用。《实施方案》要求，要加快多式联运发展。创新多式联运组织模式，充分发挥北江航道网络优势，发展生活物资水陆联运。支持有条件的港口和铁路物流基地开展冷链、国内邮件快件等专业化多式联运。壮大多式联运市场主体，鼓励港口航运、铁路货运、航空寄递、货代企业及平台型企业等加快向多式联运经营商转型。推进多式联运"一单制"，支持有关行业协会和综合性物流企业构建多式联运信息共享机制。《实施方案》强调，要提升装备设施水平。推广应用标准化技术装备，积极推动标准化托盘在集装箱运输和多式联运中的应用，推进优化邮件快件"上机上铁"流程。同时，提升装备设施绿色化水平，推动装备设施智慧化发展，加强技术装备应用实施。要优化市场营商环境，健全完善物流保通保畅运行机制，引导货运物流企业、货车司机建立互帮互助机制，推进"司机之家"建设，改善道路货运、邮政快递等从业环境。

在广西，钦州市印发《钦州市促进邮政快递业高质量发展实施方案》（以下简称《实施方案》），大力支持邮政快递业高质量发展。《实施方案》明确，到2025年末，钦州市邮政行业业务总量超10亿元，业务收入超11亿元，寄递业务量达到7700万件。《实施方案》以快递"进村进厂出海"工程为主要抓手，统筹发展和安全，从四大方面16项重点任务出发，着力强化邮政快递基础网络、畅通跨境寄递通道、激发资源要素活力、延伸服务领域链条、促进产业深度协同，推动邮政快递业绿色、健康、高质量发展。

在海南，三亚局组织召开"政企面对面 服务心贴心"共谋三亚邮政快递业高质量发展交流座谈会，该局主要负责人及相关人员与各主要品牌快递海南区域总部及市辖区各企业相关负责人，三亚市交投产业发展有限公司相关负责人等面对面倾听意见和建议，共谋行业高质量发展。座谈会上，各企业代表结合自身发展及下一步发展规划等情况进行介绍，分析当前发展形势和存在问题，与会人员还围绕如何打破发展瓶颈，奋力推进全市邮政业高质量发展进行研讨交流。期间，实地参观了三亚国际邮件快件跨境电商物流监管中心项目场地，并与三亚市属国有企业交投产业发展有限公司就共同关心的邮快件处理场所用地难等有关问题进行了深入探讨。

在重庆，江津区印发《江津区促进内外贸一体化发展工作方案》（以下简称《方案》），县乡村三级物流体系建设等邮政业内容被纳入其中。《方案》明确，一是要加快推进县乡村三级物流体系建设，推动建设邮件快件共配中心，整合资源建设村级寄递物流综合服务站。二是要加强快递末端网点备案管理，指导快递企业逐步提高设置在乡镇（乡镇政府所在地）的快递分支机构、快递末端网点的备案比例，指导快递企业在建制村设置快递末端网点，打通物流配送"最后一公里"。

在四川，内江市印发《2023年全市经济工作要点》（以下简称《要点》），做好重点快递企业引培等工作被纳入其中。《要点》明确，实施招商引资和企业培育计划，内培外引、招大引强，积极引进国内优秀的快递企业在内江新区设立区域总部、运营中心、分拨中心和转运中心。培育壮大高铁快运、快递物流等物流业态，积极促进本土快递企业集群发展。加快建设川南邮政快递物流集散中心项目，同步推动隆昌、资中、威远快递物流产业园区建设取得明显进展。

在贵州，遵义市2023年《政府工作报告》（以下简称《报告》），明确今后五年经济社会发展目标、重点任务和2023年重点工作，邮政行业重点工作被纳入《报告》内容。《报告》明确，一要大力发展现代服务业，提档升级快递物流园区，推动中通快递分拨中心投入运营，推动极兔、顺丰、京东快递项目建设，打造黔北首条民营快递跨省直达线路。二要巩固提升1000个建制村通快递服务，在“遵货出山”上发挥更大作用。

在云南，迪庆州印发《迪庆藏族自治州“十四五”综合交通运输发展规划》(以下简称《规划》)，邮政快递业多项内容纳入其中。《规划》提出，要完善邮政快递设施和提升邮政快递服务水平。一是合理规划迪庆州邮政快递设施布局，推动将快递园区纳入云南省省级重点物流产业园建设项目，县级快递分拨中心纳入云南省县级物流集散中心建设项目；二是推进电子商务与物流快递协同发展，推动邮政、快递与电商、物流、商贸等企业合作实现统仓共配，共建三级快递物流网络；三是合理布局，统筹建设末端设施，实现州内所有乡村享受邮政快递服务；四是推动邮政、快递企业入驻县级客运站，鼓励农村客运班线搭载邮快件，实现“快递进村”运输专线全覆盖；五是支持邮政、快递企业在农产品产地和市场建设预冷、保鲜等初加工冷链设施，建立覆盖农产品生产、加工、运输、储存、销售等环节的全程冷链快递物流体系。

在陕西，西安市印发《西安市现代物流业倍增计划(2023—2026)》(以下简称《计划》)，邮政业发展内容被纳入其中。《计划》明确，到2026年，力争物流上市企业实现零的突破，规模以上物流企业数量突破1900家，4A级以上物流企业数量突破80家，建设改造县域物流配送中心11个，航空货邮吞吐量力争达到85万吨，邮政业务量突破15亿件，初步建成具有全球影响力的国际物流枢纽城市。《计划》要求，一是要加快推进商贸服务型国家物流枢纽建设。加强现代化仓储设施、分拨配送中心等物流基础设施与商品交易市场统筹布局、联动发展，提升物流枢纽交通转换效能，促进快递物流、电子商务物流、城市配送物流集约化发展。二是要深化“四型”枢纽协同联动发展。加强现代物流对区域协调发展、实体经济高质量发展、社会民生服务的引领保障作用，做实做强枢纽经济，厚植现代物流业发展动力，积极创建国家物流枢纽经济示范区。三是要大力发展多式联运。优化国际多式联运组织模式，扩大“多式联运＋开放口岸＋商贸服务”效应，支持生产、仓储、配送等物流环节信息共享、互联互通，促进多种运输方式协同联动。四是要积极推进电商物流。推动电子商务与快递物流协同发展，完善京东物流亚洲一号西安智能产业园、菜鸟网络、唯品会等电商物流园区功能。五是要着力发展冷链物流。推进顺丰西北冷链智慧仓储中心等重点项目建设，完善仓储运输、分拨配送、信息等冷链服务功能，发展城市“最后一公里”低温配送，提高“最先一公里”冷链物流服务能力。六是要加强产业协同发展。推进现代物流与先进制造、现代农业、现代商贸等产业融合发展，探索“城乡货运公交”“客运＋货运两网合一”等新型城乡配送模式。七是要引育物流龙头企业。深度参与全球供应链和国际贸易网络，提升全链条物流服务效能。八是要做大做优物流中小企业。推动生产物流、商贸物流深入发展，深耕运输、仓储、分拨、配送、信息等物流环节，形成广大物流中小企业覆盖城乡、服务全市的发展格局。

在西藏，拉萨局联合拉萨市交警支队开展专题座谈，积极解决邮政运输车辆限行及临时停靠难等问题。拉萨局前期主动对接交警支队，通过发函的方式积极协商并得到重视。在座谈会上，拉萨局指出，邮政快递业事关经济发展和民生需求，在畅通经济循环、兜住民生底线方面发挥着基础性作用，希望交管部门在车辆通行上给予支持。

在甘肃，酒泉市印发《酒泉市推进一刻钟便民生活圈试点城市建设工作方案》(以下简称《方案》)，明确打造“快递服务圈”，邮政快递业高质量发展获利好政策支持。《方案》明确，配齐基本保障类业态。在居民家门口(步行5～10分钟范围内)，优先配齐便利店、综合超市、邮政快递综合服务点、前置仓等基本保障类业态，满足社区居民一日三餐、生活必需品、家庭生活服务等基本需求。同时明确,引导企业和街道社区联合,在便民生活圈配备智能快递柜、智能冷冻柜、自助售货机等设施设备,街道社区对智能快递柜入驻商圈免费提供便利条件。《方案》强调,制定城市便民生活圈建设专项规划,支持把闲置房产改为便民服务设施,规范提供生活服务,将智能快件箱、快递末端综合服务场所等纳入公共服务基础设施。结合实际研究制定房租、财政支持等专项扶持政策,推动降低社区店铺经营成本。

在青海,海西州印发《海西州进一步提高产品、工程和服务质量行动方案(2023－2025年)》(以下简称《方案》),行业“9218”工程及“统仓共配”等被纳入提高产品、工程和服务质量范围。《方案》明确要引导居民生活服务高品质发展,“切实推进‘9218’工程,持续推动快递网点标准化建设,巩固深化全州邮政快递业塑料污染治理成果,基本实现快递包装转型”;要提高生产流通服务水平“支持县域商业体系建设,实现‘多站合一、资源共享’和‘统仓共配’。”

在宁夏,石嘴山首批快递电动三轮车驾驶证考试在平罗县开考,申通、极兔、圆通、韵达等快递企业30余名快递员经过驾校集中培训后参加了专场考试,并获得D证(普通三轮摩托车驾驶证),实现“持证上路”。针对快递员电动三轮车驾驶证考试难问题,石嘴山局主动加强与石嘴山市交警支队和县(区)交警大队协调,分县(区)组织召开寄递企业电动三轮车治理专题会议,邀请县(区)交警大队、驾校负责人与快递企业负责人座谈,争取驾校结合快递行业实际为快递员量身定制集中培训方案,分批在中午和晚上为快递员开展集中专场培训,并在报名费、培训费等方面给予优惠,驾驶人考试中心根据快递员报名情况开设考试专场,确保快递员在最短时间完成考试,取得驾驶证。

在新疆,乌鲁木齐局联合乌鲁木齐市政府部门推荐的中通快递新疆智能科技电商快递产业园、中通快递新疆智能科技电商快递产业园设备购置、乌鲁木齐邮件处理中心分拣机配备二期工程等3个项目被纳入《国家综合货运枢纽补链强链三年实施方案(2023－2025年)》重点项目清单,获得资金支持超亿元。为做好推荐工作,乌鲁木齐局严格按照《实施方案》要求,从发展定位、运输条件、综合发展潜力等方面对全市涉行业预推荐项目进行综合评比。确定推荐项目后,组织专人对企业相关工作人员开展培训,指导编制项目实施方案,制定实施目标,细化工作措施,确保符合申报要求。同时,加强与市属相关部门的沟通协调,及时交流工作进度,掌握推荐申报的新情况、新要求。

三、深入开展重点工程建设

(一)“快递进村”向深向实

在北京,北区局与平谷区交通局积极推进平谷区“交邮合作”试点项目。2023年6月16日,平谷区邮政分公司与鑫通顺、陆峰达公交公司完成项目签约。此次试点项目以助力乡村振兴、建设人民满意交通为宗旨,拟利用3条“村村通”公交线路为1个镇级邮政点、2个村级村邮站的邮件开展上下行带运工作,是公交延伸服务、方便偏远山区居民的一次“尝试”,有效提高了农村邮件运输效率。其中,陆峰达客运有限公司的平11路将代运平谷城区至镇罗营镇的进出口邮件,代运里程54公里;鑫通顺路陆通客运公司的平46路、平61路将分别代运平谷城区至刘家店乡孔城峪村、东高村镇大岭后村的进出口邮件,代运里程50公里。

在天津,天津局第二分局会同宁河区交通运输部门、属地街镇组成验收检查组,对宁河区“快递进村”工程开展联合验收,确保“快递进村”工程落实落细落到位。检查组一行到潘庄、造甲城、七里海、北淮淀等9个乡镇,采取听取汇报、查阅资料、实地检查等方式,共实地抽查村级党群服务中心寄递物流综合服务站12处，重点对场所设置、设施配备、人员配置、服务品牌、收投件量及资金投入等方面进行核实，对下阶段工作提出指导性建议。

在河北，衡水局组建专班，深入一线全覆盖全方面开展快递进村攻坚行动。一是深入一线实地调研，着力化解堵点难点。工作专班先后到快递进村工作进度较缓慢的安平县、景县、阜城县进行实地督导调研，聚焦快递进村工作的堵点、难点，着力化解各品牌合作系统对接不畅、配送时限延误、配送成本增加等问题。采取现场会议、整合资源、强化合作等形式，确保快递进村有量有质。二是“一地一策”精准应对，推广当前成熟经验。对当前快递进村工作进度缓慢的乡镇进行分析研判，制定有效措施，“一地一策”逐个乡镇、逐个片区进行突破。推动县级层面企业共配，乡镇层面网络资源整合，推动快递企业与邮政公司签署代运代投协议，依托农村代投自提网络，提升快递进村质效。三是加大督导检查力度，开展企业集体约谈。实行“每周调度、月底汇报、集中约谈”等措施，要求企业时刻牢记快递进村工作任务，时刻提醒自己“有清单”“有任务”“有进度”“抓落实”。同时加大执法力度，对末端不按址投递等违法行为进行严厉打击，督促企业加快农村末端网点建设，提升末端服务质量。

在山西，大同市下发农村网点运营企业市级补贴资金150万元，有效助力了农村寄递物流体系建设。一直以来，大同局立足行业实际积极争取，将保障农村快递网点稳固运营纳入市级民生实事，按月对全市1271个农村网点给予运营补贴。大同局牵头印发全市农村寄递物流服务巩固提升工程专项补助资金管理办法，指导运营企业整合资源，严格按照“有标识、有监控、有货架、有系统”的标准要求，在4区6县建成1271个村级快递便民服务点，推动农村寄递物流网点建设全覆盖。

在内蒙古，乌兰察布市集宁区寄递业服务中心以建设完善农村快递物流体系为抓手，积极推动各快递企业采取“邮快合作”“快快合作”“快商合作”等模式，持续完善农村快递网点布局，在集宁区25个行政村范围内全部建立农村快递物流综合服务点，真正实现了“快递进村”全覆盖和全部快递品牌进村全覆盖，有效打通了制约农村经济发展和城乡交流的瓶颈和堵点，让农民群众生活更便捷。

在辽宁，抚顺市出台《抚顺市加快推进农村寄递物流体系建设实施方案》（以下简称《方案》）。《方案》明确，到2025年底，实现乡乡有网点、村村有服务，农产品运得出、消费品进得去，农村寄递物流供给能力和服务质量显著提高，便民惠民寄递服务基本覆盖。《方案》从强化农村邮政体系作用、健全末端共同配送体系、优化融合协同发展体系、构建冷链寄递体系、深化寄递领域“放管服”改革等5方面，提出了14项重点任务，包括加快农村电商与邮政寄递服务线上线下融合协同发展，整合县区资源建设县域寄递共配中心，积极打造“一县一品”农特产品进城项目，提升末端冷链配送能力，加快农村从业人员合法权益保护等。

在吉林，延边局深入全州各县市乡村邮政业服务网点，开展“快递进村”情况摸底调研。截至2023年12月，全州8县市共建有县级邮件快件处理中心共20个（汪清县、安图县、龙井市、和龙市为国家乡村振兴重点帮扶县，建有县级邮件快件处理中心5个），县级寄递公共配送中心8个，集散中心3个，乡镇邮政快递网点共181个，村级邮政快递服务站点1093个，覆盖率均为100%。累计建成村级快递综合服务点815个，发放货架1209个。在推进过程中，延边局注重因地制宜，采用多种模式叠加的推进方式，经过近三年的不懈努力，全州1049个行政村全部实现3个以上品牌“快递进村”，抵边行政村已全部实现“快递进村”。

在黑龙江，哈尔滨局赴“快递进村”工作成效较为突出的阿城区、依兰县开展实地调研工作。调研组共走访4处邮政、快递企业邮件快件处理场地，现场详细询问了解交接频次、操作流程、投递时限、问题处理、系统录入、下段扫描、赔偿判责等“邮快合作”方面有关情况。调研组选择两条邮政投递段道与投递员一同跟班作业，深入阿城区杨树街道办事处北蓝旗村、依兰县朝鲜族乡烟囱村等地，了解邮政支局、农村邮政代投服务站和快递综合服务站的邮件快件交接频次、合作品牌数量、结算方式等“邮快合作”推进快递进村工作情况。调研组召开邮政、快递企业经验交流座谈会，对邮政、快递企业双方合作进村工作成绩给予肯定。

在江苏，南通局着力督导邮政企业推进农村寄递物流体系建设，全市累计建成1处县级、65个乡镇共配中心，农村邮路汽车化率持续稳定在80%以上。一是推进政企合作，加快“客货邮快”融合发展。复用交通场站资源建成“交邮合作”综合服务站14处，共享运力，打造“交邮融合”线路24条。在“邮快合作”市级框架协议基础上，发挥邮政“村村通邮”的优势，1272个村邮站全部开办邮快合作功能。二是服务特色产业，全力助推农产品进城。助力打造以“寻味海安”为代表的区域农村电商品牌，实现帮运输、帮推广和帮融资的“三帮”惠农服务体系。三是优化投递作业，缩短农村寄递服务时限。在优先保障普遍服务的基础上，通过资源整合、优化流程，全市319条投递段道，配备投递汽车262辆，农村邮路汽车化率达82.1%。

在浙江，舟山局推动申通普陀分公司牵头打造、快邮携手运营的登步岛快递物流共配中心正式营业。登步岛是舟山市普陀区一座悬水小岛，陆域面积14.46平方公里，岛上有6个行政村、常住人口近2500人。当前，该配送中心已顺利融合了申通、圆通、邮政、中通、顺丰、韵达等区域内所有快递品牌，服务范围辐射全岛，同时在岛上的蛏子港、大岙、竹东、竹山4个偏远村分别设置了村级服务站点，配套开通客货邮线路2条，进一步完善了岛域快递物流服务网络。自运行以来，登步岛快递物流共配中心每天收寄量已稳定在200件以上，切实为岛上居民网购带来了便利。随着下行渠道的打通和稳定运行，结合岛上水产养殖、农产品种植户的服务需求等，舟山局又多次与管委会及地方交通部门联系，并加强对邮政、快递企业的运营指导，通过人力、运力、车渡等各方面网络资源的优化整合，让登步岛的特色黄金瓜、虾皮、水产养殖品能够通过交邮融合更加顺畅、高效地走出去。在沈家门往返于登步岛的渡轮上已为邮快件存放设置了固定点位并张贴标识，在过渡费用上也通过邮快合作与交投集团、客运公司协商，达成了一定比例的优惠，各方携手，为海岛“快递活村”打下了良好基础。

在安徽，蚌埠市印发《关于2023年实施50项民生实事的通知》（以下简称《通知》），“快递进村”被纳入其中。《通知》明确，一是推动寄递企业统筹资源，通过邮快合作、快快合作、客邮货融合等方式加大合作力度，保持“快递进村”站点稳定运行。二是强化“快递进村”运行情况监测，跟踪行政村快递业务量变化情况，督促寄递企业做好村级站点的稳定工作。

在福建，在厦门市交通运输局运输中心、厦门局的指导下、厦门市翔安区建设与交通局的协调下，翔安公交公司与中国邮政翔安分公司在马巷枢纽站设立了客货邮综合运输服务站。同时，704路（马巷公交枢纽站—后田）、707路（马巷公交枢纽站—新垵）、710路（马巷公交枢纽站—莲前）“客货邮”融合发展线路同步开通。至此，厦门已有15条“公交快递”线路。“公交快递”线路的开通将有效解决城乡居民出行、物流配送、邮政快递“最后一公里”问题，构建更加便捷高效的区、乡、村三级寄递物流配送体系，推动“四好农村路”高质量发展，巩固拓展交通运输领域脱贫攻坚成果，扎实推进乡村振兴，为人民群众幸福生活“加码提速”。

在江西，赣州局前往南康区，开展无人机快递进村工作调研。在南康顺丰无人机运营中心，调研组实地考察各类无人机机型，察看使用无人机运送快件的各个环节，详细了解无人机操作的基本原理和工作流程。同时，听取项目组负责人介绍了推进情况和未来规划。调研组肯定南康顺丰无人机运营中心的创新工作，并就深入推进无人机进村工作进行交流。调研组强调，一要加大研发力度，尽快攻克技术难点，降低无人机使用能耗，实现自主路径规划；二要坚持安全第一，优化无人机各部件的防水性能，提升其运行的安全性和稳定性；三要充分认识无人机运送对克服地形限制、补充快递运力的重要意义，以更加主动的姿态融入快递进村。

在山东，枣庄局积极引导行业企业，开通石榴产品寄递绿色通道，助力产品外销、产业致富。一是在保障渠道畅通上下功夫。主动对接地方政府摸清石榴产品销售情况及实际困难，指导寄递企业做好石榴产品寄递方案，切实为农户解决销运难题。同时，积极做好石榴产品寄递的精准数据统计、分析，督促企业相互学习借鉴好的经验做法，切实保障农产品进城主渠道畅通。二是在推动企业合作上下功夫。依托“互联网＋”，整合电商、寄递企业与农户的有效衔接，发展专业化、全链条石榴产品寄递服务，在销售旺季，直接入驻石榴产地园区，提供定制化包装运输服务，打造“枣庄石榴”特色产品品牌，全力促进乡村振兴。全市石榴产品寄递量日均已超 2 万单，较去年同期增幅超 35%，年寄递量预计将达到 130 万件，带动产值超 3500 万元，真正做到推动农村消费升级、农民创收增收、助力乡村振兴。三是在强化寄递服务上下功夫。结合快递市场专项治理等工作，推动企业落实服务质量主体责任，引导企业在服务管理方面更加匹配石榴产品寄递需求，及时妥善处理各类用户投诉、申诉。同时，积极对客服人员进行业务培训指导，全面加强普法教育，持续提升邮政快递业服务能力和水平。

在河南，安阳局联合寄递企业组建“四下基层”调研组赴安阳各县(市)乡村，调研推进“快递进村”工作。调研组重点针对相关行政村，就人口数量、路程路况、村办企业经营、党群服务中心建设等情况进行解剖麻雀式调研，因地制宜、精准施策。安阳局要求，一是各寄递企业要加大力度，建设覆盖全市乡村的寄递网络。二是强强联合加强协作。要主动加强企业间以及与交通、供销、商务、邮政等部门和单位的合作，形成资源互享、合作共赢的良好局面。三是拓展思路共谋发展。要发挥行业优势，针对调研成果，主动对接村两委、村办企业等，开展产品线上营销、线下电商知识普及等服务，切实为群众提供优质服务。

在湖北，孝感局联合大悟县邮政分公司、三里城镇人民政府和乡村振兴驻村工作队开展“村级寄递物流＋电商直播”培训活动，农村电商带头人、村级寄递员和村干部等共计 40 余人参训。培训采取“理论学习＋实操演示”的方式，授课老师结合自身实践经验中的生动案例，就短视频平台选择与变现方式、短视频内容输出、线上推广技巧以及如何销售农产品等内容进行详细讲解。培训课程涵盖乡村振兴下的农村电商发展、品牌塑造、直播氛围营造、短视频拍摄与剪辑等各个方面，语言通俗易懂，内容深入浅出，兼具实用性和可操作性，让学员能学懂、学能用、能用好。

在湖南，娄底市城乡“客货邮”一体化融合发展持续深入。城乡“客货邮”一体化村级服务站签约仪式先后在娄星区蛇形山镇、万宝镇、石井镇、水洞底镇、双江乡、杉山镇政府和大埠桥办事处等地举行。娄底局积极推进农村寄递物流体系建设，深化城乡“客货邮”一体化融合发展。加强与娄底市交通运输局沟通协调，建立联席会议制度，组建工作专班，着力打通工业品下乡和农产品进城双向流通渠道。

在广东，汕尾市印发《关于贯彻落实“百县千镇万村高质量发展工程”推进城乡区域交通运输协调发展的实施方案》（以下简称《实施方案》），农村客货邮融合发展获支持。《实施方案》明确，要大力推进农村客货邮融合发展，积极落实汕尾市物流专项规划明确的“两轴带、三基地、四通道、五中心、多节点”物流布局。协同邮政、商务、供销等领域，共同建设完善县镇村三级寄递物流配送体系，科学引导农村快递、冷链等物流基础设施建设，完善农村物流服务体系。支持农村客运企业与寄递企业加强合作，实现运力和信息资源共享共用。以县级客运站、乡镇交通综合服务站为物流服务节点，结合村邮站建设客货邮服务网点，为农村群众提供便利高效的客运出行、物流寄递等综合服务。大力支持农村客运企业与寄递企业加强合作，实现运力和信息资源共享共用。

在广西，北海局到北海云锐物流有限公司（以下简称“合浦极兔”）开展工作调研。近年来，合浦极兔不断完善农村地区寄递服务产业链，深耕“快递＋”服务，实现了企业的高质量发展。通过参股合浦大月饼相关食品加工厂、为大月饼生产提供全产业链运输服务；通过与合浦网红主播赖家益团队合作，提供原材料采购、运输、包装、仓储、寄递等服务，实现产业间深度捆绑。合浦极兔“快递＋”模式有效带动了农产品的销售，实现了企业业务量的持续增长。当天，北海局调研组一行来到合浦极兔分拨中心，实地察看分拨中心安全生产情况，详细询问旺季业务量增长情况，重点了解企业在推进产业上下游融合，发展仓储寄递一体化服务，助力农特产品外销中取得的成效和存在困难。合浦极兔负责人表示，合浦极兔和合浦申通、合浦中通统仓共配意愿强烈，三方正积极协商相关事宜，努力将服务触角向农村末端延伸。调研组对合浦极兔开展的工作表示充分的肯定，要求企业要继续创新发展、深耕服务，不断推进企业内的服务优化，企业间的抱团降本，产业间的融合发展，努力打造合浦县“快递＋”服务的样板，为合浦县农村寄递物流服务提供“极兔经验”。

在海南，中部局联合五指山市交通运输局组织五指山市邮政分公司、五指山市主要品牌快递企业和海汽集团五指山分公司召开客货邮融合发展推进会。会议听取了各快递企业生产运营情况汇报，总结分析了客货邮融合发展工作情况及存在的问题。各企业就解决行业发展困境、推进农村客货邮融合发展、助力乡村振兴等方面分别进行了交流发言。会议指出，城乡客货邮融合发展是一项为民办实事的民生工程，社会效益高，对降低农村运输成本、促进乡村振兴发展具有重要的意义。会议强调要健全机制，压实责任，各企业要切实履行好主体责任，研究解决交邮融合发展中的具体问题，要试点先行、有序推进，要结合实际，不断完善农村快递物流体系建设。要协调联动、形成合力，交通、邮政等部门要打破系统界限，通力合作，共同推进客货邮融合发展。

在重庆，四分局积极推进县乡村三级寄递物流体系建设，引导辖区企业完善农村寄递物流配送网络，建设改造县级物流配送中心，积极向区商务委申报县域商业体系建设项目。经综合评审，沙坪坝区快递物流站点（土主营业部、歌乐山营业部、青木关营业部）改建项目被纳入2023年沙坪坝区县域商业建设行动专项资金申报项目入库名单，拟获资金补助46万元。

在四川，阿坝局与红原县委、政府就加快农村寄递物流体系建设进行工作座谈。阿坝局就红原县当前农村寄递物流体系建设存在的堵点难点提出工作建议。一是加快建设村级站点，参照省内其他市县经验，依托村委会、商超、电商、供销等融合建设，可将站点人员纳入公益性岗位；二是建议县政府出台补助政策，大力推进红原县快递进村工作；三是建议县级交通运输部门进一步强化对属地邮政快递的管理，加强与州邮政管理局的沟通协作。

在贵州，黔西南局联合黔西南州邮政分公司赴兴义市督导调研“邮快合作”推进情况。调研组先后赴兴义市猪场坪镇、南盘江镇等“邮快合作”试点乡镇邮政支局、村级服务点，现场调研“邮快合作”工作模式、运行机制、业务量收、服务质量、日常运营管理等情况，深入了解当前“邮快合作”存在的难点和堵点问题，共同探讨解决办法。调研组要求邮政企业一是加强合作，主动对接。邮政企业要发挥“国家队”作用，主动换位思考、积极对接快递企业，定期盘点合作情况，牵头会商解决突出问题。二是加强沟通，密切协作。邮政及快递企业要积极协商解决好交接时间、操作流程、费用结算、服务管理等问题，不断深化企业间合作，确保服务质量、服务能力得到进一步提升。三是整合资源，提质增效。邮政、快递企业双方要在分拣、配送等环节上加强合作，降低成本，提高效益，合作共赢。

在云南，曲靖市印发《曲靖市加快推进农村快递业高质量发展三年行动方案（2023－2025年）》（以下简称《方案》），农村寄递物流体系建设获支持。《方案》要求，要结合行业实际，集中力量、集聚资源，构建市场化、专业化、全链条的寄递物流服务体系，完善联农带农利益联结机制，以“快递进村”促进农村生产、消费循环，畅通农产品出村“最初一公里”和消费品下乡“最后一公里”。《方案》明确，到2025年，建成辐射全市范围的7个区域性快递物流电商枢纽园区，引导快递企业配套建立1688个村（社区）级快递物流电商末端服务网点，实现行政村站点覆盖率达100%。

在西藏，林芝局前往巴宜区、工布江达县、米林市、朗县开展农村三级物流体系建设调研，详细了解基层网点运行现状、运力和服务水平等情况。在朗县调研期间，调研组同分管县领导及相关部门，围绕如何充分利用邮政、快递、农村交通客运站、电商服务站点等现有条件，完善农村物流体系，推动“邮快合作”“快快合作”“交邮合作”“快商合作”，促进快递下乡进村等进行了座谈交流。

在陕西，咸阳局多措并举推进快递进村工作。一是落实行业责任制。深入巩固“快递进村”三年行动建设成果，明确寄递企业主体责任，夯实农村快递发展根基，扩大农村商品流通成效。二是凝聚政策牵引力。全面推动《咸阳市加快推进农村寄递物流体系建设实施方案》落实，统筹乡村振兴、县域商业体系建设、电子商务进农村、城乡客运一体化等专项政策和资金渠道，推动农村寄递物流共谋共建。三是提升设施配套率。整合县市资源，高定位谋划、高标准建设符合县市发展特征的寄递物流服务模式，配套建设县镇村三级寄递物流基础服务设施。四是助力振兴产业链。加强寄递物流体系建设对重点帮扶镇和重点帮扶村的支撑能力，推动邮政快递企业合作重点帮扶区域农民合作社、农户等，为农产品上行提供供应链寄递服务，推动农产品出村进城，助力产业振兴。五是实施合作多样化。指引各地结合区位特点、自身实际，因地制宜开展快递与电商、交通、电信、金融等合作共建，提高“快递进村”覆盖范围，提高邮快合作水平，发挥村组织阵地推进快递进村功能。六是强化监管力度。巩固按址投递标准服务意识，加强农村寄递市场监督管理，严厉打击未按约定地址投递、末端网点违规收费等违法行为，保障群众合法权益，提升农村群众用邮满意度。

在甘肃，嘉峪关市印发《嘉峪关市推进数字化发展实施方案》（以下简称《方案》），农村寄递物流体系建设等工作被纳入其中。《方案》指出，要推进农业数字化转型，持续推进农村电商发展。加快农村寄递物流体系建设，分类推进“快递进村”工程，建立完善农村物流共同配送服务规范和运营机制，发展市镇村物流共同配送，实现统一仓储、分拣、运输、揽件。要培育乡村数字经济。拓展农产品网络销售渠道，完善农产品现代流通体系，深入推进“互联网 +”农产品出村进城工程，优化提升产业链供应链。

在青海，海北局积极协调财政、工信等部门，全力争取农村寄递物流体系建设资金。补贴资金主要用于建设县级物流中心、村级物流站点和发放边远乡村快递物流末端上下行补贴。根据《海北州边远乡村快递物流末端上下行补贴落实工作实施方案》及《支持乡县村三级寄递物流体系建设补贴资金分配方案》，2023 年，全州邮政快递业累计获得上下行补贴 28. 39 万元；各县村级物流站点设施设备补助 40 万元；祁连县三级物流县级仓储分拨配送中心的分拣设备补助共计 80 万元。通过市场化机制和政府引导相结合的方式，引导快递、邮政、电商、供销、交通等各类主体开展市场化合作，推动畅通农产品进城和消费品下乡“最后一公里”，有效促进形成农产品进城和工业品下乡畅通、线上线下融合的农产品流通体系和现代农村市场体系。

在宁夏，银川局前往灵武市开展调研农村“客货邮”融合发展情况并召开工作推进会，高位推进农村客货邮融合发展。灵武市交通运输局等相关单位参加。调研组听取了前期灵武市邮快合作工作进展、合作模式、合作效果等情况汇报，针对合作中存在的问题，现场协调各方，提出切实可行的解决办法，并就下一步工作作出要求。一是加快县级分拨中心建设进度。科学规划合理选址，尽快协调相关部门，推进初步确定的灵武市新车站后院一址建设工作。二是持续拓宽邮快合作广度。巩固快递进村工作成果，通过统计汇总各村各品牌快件量，根据实际增加人力物力等方式，推动邮快合作从量变到质变转化，降低运营成本、提升工作效率。

在新疆，伊犁局赴伊宁市开展快递进村专题调研。调研组深入伊宁市潘津镇、达达木图乡、托格拉克乡、英也尔乡等邮政快递便民服务点，实地察看村级邮政快递便民服务点建设运营情况，走访村民听取意见建议，详细了解快递进村的有效方法措施和存在的困难。调研组强调，快递进村是惠民工程，也是服务乡村振兴工作的基础工程，寄递企业要立足长远，加大村级邮政快递便民服务基础网络建设力度，准确定位农村市场需求，畅通农村网络购销渠道，实现农村发展和企业发展互利共赢。

（二）“快递进厂”深入实施

在辽宁，丹东市印发《丹东市快递业与制造业融合发展工作方案》（以下简称《方案》），推进快递业与制造业深度融合发展。《方案》明确，到 2025 年，快递业与制造业融合发展的规模和能力水平显著提升，培育至少 1 个省级快递业与制造业深度融合发展典型项目，建设至少 1 个省级快递业与制造业深度融合发展试点先行区。《方案》强调，一是聚焦重点品类和环节，促进两业融合发展。支持快递企业由服务制造业产品配送逐步向服务机床、汽车、3C 电子、医药、服装、轻工等 6 个领域的产前、产中、产后 3 个环节扩展。二是打造融合发展项目库，实施台账动态管理。支持快递企业与制造企业通过市场化方式开展合作，推动形成更多融合发展项目。三是建设融合发展试点先行区，发挥带动引领作用。结合全市发展实际，优化发展外部环境，推动两业融合发展，建设快递业与制造业融合发展试点先行区。

在上海，宝山局深入上海乐宝日化股份有限公司，调研“快递进厂”工作。调研组现场听取了企业运营和寄递需求情况介绍，详细了解行业与制造业融合发展的具体做法和经验成效，现场观摩了企业生产线，肯定“快递进厂”工作成效，要求寄递企业积极对接客户需求，提供多样化、定制化、个性化的寄递服务，充分发挥行业优势，优化供应链物流路径和作业流程，提升服务质量。

在安徽，淮北市印发《关于促进快递业与制造业深度融合发展的实施方案》（以下简称

《实施方案》)。《实施方案》明确,到2025年,全市快递业服务制造业范围持续拓展,快递业服务相关制造业的能力和水平显著提升,围绕“五群十链”、全市“十四五”重点发展产业规划,深度融入高端装备制造、绿色食品、绿色建材、纺织服装、生物医药等领域,形成覆盖相关制造业采购、生产、销售和售后等环节的供应链服务能力,培育仓配一体化、入厂物流等融合发展的成熟模式。快递服务制造业年业务量超500万件,服务制造业年产值达10亿元,力争形成1个深度融合典型项目。《实施方案》提出了四项重点任务。一是健全快递网络,提高服务能力。二是推进“快递进厂”,强化协作发展。三是聚焦行业需求,推动精准合作。四是支持外贸创新,推进“快递出海”。

在山东,济宁市经济开发区立足地区产业优势,联合快递品牌深度挖掘制造业服务需求,设立“快递进厂”共配中心,为零食产品、纺织服装、机械设备等制造业领域提供全面嵌入式服务取得积极成效。一是巧用惠企政策。主动搭建制造业和快递业融合发展“桥梁”,在制造业企业集聚区成立“快递进厂”共配中心,利用市财政专项资金,升级改造作业场所,安装配置硬件设施。二是引导各大快递品牌入驻共配中心,集中为制造业提供嵌入式服务。充分发挥共配中心仓储管理能力和信息化优势,使产品实现从生产线到共配中心再到客户手中的一体化运转,降低企业的仓储和物流成本。

在河南,南阳局深入开展“快递进厂”调研,充分挖掘邮政快递业寄递服务潜力,更好助力“宛品出豫”。调研组深入邓州宝花日用品公司、护栏、钢架等生产厂家,围绕产品特色、寄递服务需求、进厂服务模式和寄递时效性等方面开展调研,并与厂家负责人交流,重点围绕拓展南阳特色产品线上销售渠道、扩大品牌影响力、提升消费者购物体验等进行探讨,并对寄递企业服务当地特色产品的做法和下一步更好促进“寄递+电商”融合发展,提出了开发个性化产品、提供精细化服务等对策和建议。

在广东,河源局深入皇星婴童、绰琪服装等制造企业调研“快递进厂”工作。调研组与制造企业管理层座谈,听取寄递企业与制造企业融合发展情况介绍,详细了解快递企业服务制造业模式、质量、效率和安全保障等方面情况,就加快邮政快递业与制造业融合发展进行交流研讨。调研组强调,一是要持续深化融合发展。鼓励寄递企业充分利用自身优势,提供多样化、定制化、个性化的寄递服务,进一步优化供应链物流路径和作业流程,提升服务质量。二是寄递企业要落实好主体责任,严格执行寄递安全“三项制度”,做到安全水平与服务能力双提升。三是要大力推广使用可循环、绿色环保包装物料,降低电商快件二次包装率。

在广西,河池局与南丹县人民政府召开快递业服务制造业座谈会,共同探讨快递业如何更好地服务地方制造业,为地方经济发展提供快递引擎。会上,南丹县人民政府分管副县长介绍了南丹县制造业现状及面临的问题;河池局相关负责人表示河池市快递企业在快递服务领域、服务模式、服务质量以及时效方面取得了长足进步,可以为地方制造业产前、产中、产后等环节提供全方位全链条便捷和优质的快递服务,为地方经济高质量发展提供新的增长点。会后,双方表示,今后将更好发挥政府的积极作用,创新协同机制,密切工作联动,加强沟通交流,为快递业与制造业融合发展营造良好的政策环境。

在重庆,四分局结合辖区制造业特点,积极引导邮政、快递企业驻厂设点,用专业化快递服务补齐相关企业物流短板,取得明显成效。沙坪坝区是重庆知名“教育强区”,书籍等产品深受市场欢迎,但企业面临自建配送网络成本高昂等问题。自“快递进厂”工程开展以来,重庆局四分局深入实施“快递进园”行动,积极引导中通、邮政、申通、韵达等寄递企业走进园区，与相关企业开展深入合作，根据厂家产品及订单发货流程特点，因地制宜助力企业构建“仓储＋配送”一体化模式，使包裹从揽收到发出平均只需20分钟，实现降本增效。2022年，全区相关企业寄递业务量约1100万件，支撑销售产值近3亿元。

在四川，南充局联合农业农村、商务局、经信局等部门，召开现代农业、制造业、电子商务、邮政快递协同发展推介对接会。会上，南充局就全市邮政快递业的业务能力、服务水平、寄递物流体系建设、时效等方面优势进行推介。寄递企业作对接交流发言，并与相关电商企业现场达成战略合作协议。

（三）“快递出海”有序推进

在江苏，南京市印发《南京市推进跨境电商高质量发展计划（2023－2025年）》，明确提出推动南京国际货邮核心口岸过渡期项目建设进度，拓展国际物流通道；针对进口快件、邮件、跨境电商进口商品，探索打造“数字清关＋复合监管”模式；鼓励发展“跨境电商＋中欧班列”，加密跨境电商班列班次，开辟新线路，提升辐射范围。“快递出海”迎政策利好。

在浙江，杭州市印发《杭州市“地瓜经济”提能升级“一号开放工程”实施方案》（以下简称《方案》），“快递出海”获政策支持。《方案》要求，要加快推进国际货运站建设，积极争取国际货运航线，保障货运航班24小时顺畅通关。提升跨境电商仓储物流能力，强化公共海外仓布局，支持本土商贸物流企业“走出去”开展全球业务，通过广泛的战略联盟、协作等方式，建立跨境物流分拨配送和营销服务体系。依托大数据技术创新应用，大力培育大型、优质物流货运代理企业，加强国际物流货运保障，提升跨境物流效率与水平。

在山东，潍坊局推动潍坊综合保税区“四位一体”综合运营中心开通运行，提供便捷通关、在线交易、物流分拨、支付结算等全要素、全链条综合服务，全面助力“快递出海”。综合运营中心总投资4亿元，占地112亩，依托海关特殊监管区“境内关外”功能优势，建成全国首个跨境电商1210、9610、国际邮件、国际快件“四位一体”通关场所，提供便捷通关、在线交易、物流分拨、支付结算等全要素、全链条综合服务，转变了传统的分类监管模式，有效填补了潍坊市国际邮件、国际快件等领域空白，为加快全市跨境电商高质量发展开拓了新空间。邮政、圆通、顺丰、DHL等企业已入驻综合保税区。

在河南，许昌市印发《中国（许昌）跨境电子商务综合试验区2023年建设行动方案》（以下简称《方案》），“快递出海”获支持。《方案》明确，要加强与国内外知名跨境物流企业的合作，建设许昌国际快件综合处理中心，引导跨境电商进出口货物在许昌进行集疏分拨。择优引进和培育一批大型物流企业，加快建设一批跨境电子商务仓储物流中心。《方案》强调，要全面落实国家、省、市有关政策，统筹财政资金，专项用于支持跨境电商发展及相关工作经费保障。

在湖北，襄阳市印发《关于促进跨境电商突破性发展的实施意见》（以下简称《意见》），真金白银支持“快递出海”。《意见》强调，要积极申建国家跨境电商综合试验区，吸引跨境电商平台、展示、运营、快递、物流、仓储、支付、金融服务等产业要素集聚，打造汉江流域跨境电商产业集聚区和国家级网络交易监管与服务示范区。一是要加大招商引资力度，大力引进国内外龙头跨境电商平台企业、应用企业及支付、供应链、结售汇、快递物流等配套服务企业；二是要鼓励邮政、快递企业发展跨境电商寄递业务，拓展国际寄递服务网络，加快建设襄阳邮件处理中心，畅通跨境电商国际邮路，支持有条件的企业建设海外仓，为中小企业提供海外仓储、物流配送服务，降低物流成本；三是要保障物流扶持，明确对跨境电商年出口额达到100万元（含本数）以上，通过EMS、邮政小包或其他国际商业快递物流从襄阳实际发运的企业，按物流费用的20%给予补贴，单个企业年度补贴总额不超过50万元，对跨境电商年进口额达到500万元（含本数）以上的企业，按2元/单给予补贴，单个企业年度补贴总额不超过50万元。

在广东，汕尾市印发《关于全面推进新一轮深汕对口合作的工作方案》（以下简称《工作方案》），“快递出海”迎利好。《工作方案》强调，要探索以拓展延伸港口物流产业链为着力点，共建跨境电子商务物流产业园，推动海关、机场、港口功能前置，在跨境电子商务通关、数据核算、物流快递等方面实现汕尾与深圳协同发展。

在四川，德阳市印发《中国（四川）自由贸易试验区德阳协同改革先行区2023年工作要点》（以下简称《要点》），“快递出海”获支持。《要点》要求，要加快跨境电商综合试验区建设，推动邮政、快递企业与跨境电商产业孵化园区合作共建，开展跨境电商规则和标准建设，扩大跨境电商进出口规模。以国家级第四批多式联运示范工程项目为抓手，打好口岸产业生态圈组合拳。指导提升跨境物流基础设施条件，优化多式联运网络。抓好开放通道建设，依托中欧班列打造服务本地、周边产业发展及贸易集聚的“蓉欧+”组货基地。

四、有力维护从业者合法权益

在北京，昌平区首届“小哥节”主会场活动暨“社区伙伴·治理新力量”启动仪式在回龙观街道举办，标志着“小哥”加油站暖心服务升级行动正式启动。北区局、北京市快递协会、昌平区委组织部、区总工会、区商务局及回龙观街道相关负责同志出席活动，邮政快递等行业共计90余人参加。活动中，北区局与回龙观街道负责同志共同为融新共建暖心机制和回龙观街道路客联盟暖心商户标识揭牌；区委两新工委、北京市快递协会负责人分别致辞。与会领导对昌平区新业态新就业群体工作给予高度认可，向新业态新就业群体辛勤工作、服务万家致以诚挚的感谢，对“快递小哥”积极投身社会治理给予充分肯定；同时向“快递小哥”发出倡导，希望他们勇于担当，发挥自身工作优势，继续为社会治理贡献力量。活动现场还为新就业群体代表发放了暖心清凉包。活动的主题是“生活因您更便利”，除回龙观街道外，全区其他21个镇街党（工）委都组织举办了“小哥节”活动，活动设置了政治引领、暖心关爱、趣味活动、表彰激励等四大类活动，通过多种方式让昌平的快递行业等新就业群体感受“家”的温暖。

在天津，第二分局联合武清区烟草专卖局来到中通武清城外网点，为一线邮快递从业人员送上矿泉水、绿豆等防暑慰问品。慰问组一行叮嘱从业人员要合理安排作息时间，增强安全防护意识，切实做好防暑防汛工作。同时，勉励一线从业人员继续发扬“小蜜蜂”精神，努力工作奉献社会，更好助力天津市“十项行动”。

在河北，张家口市宣化区平安医院正式挂牌成立“小哥医院”。这是张家口市首家为“快递外卖小哥”等新就业群体提供专属医疗服务的医院。“小哥医院”坚持以快递“外卖小哥”、出租车司机等新就业群体就医需求为导向，结合医院工作实际，配强了专业团队、安排专人专岗，负责日常就医接待和服务管理，主动谋划适应不同职业、不同群体的最佳服务方案，全面建立“小哥健康档案”管理平台，帮助新就业群体随时掌握自身健康状况，提供个性化的专业指导服务。推出“就医挂号免费”“就医绿色通道”“诊疗费用八折”“深度体检优惠”等5类20项具体服务，满足新就业群体就医需求。以新就业群体就医需求为导向为新业态群体定制专属证件“骑士卡”，方便“小哥”们简化就医流程，享受所有挂号费全部减免的服务优待等系列一站式服务。

在山西，阳泉局组织开展“学习身边榜样 凝聚前行力量”

劳模事迹宣讲活动。一是细化活动安排。联合阳泉市快递行业党委印发活动通知，明确活动时间、活动内容、宣讲人员名单。结合行业旺季工作特点，宣讲活动分为11月、12月两期进行，并采用“线上+线下”的模式开展，宣讲人员在市局实地宣讲，各党支部、企业组织线上观看，着力推动扩大宣讲覆盖面。二是开展事迹宣讲。阳泉中通、盂县圆通各一名劳动模范参加第一期宣讲，两名模范用朴实的语言、真挚的情感，从不同视角讲述了他们的成长经历，分享他们爱岗敬业、为民服务的故事。宣讲报告接地气、鼓士气、扬正气，切实展现了新时代劳动者的风采。三是加强宣传引导。广泛收集行业先进典型事迹素材，加大对行业典型的宣传力度，大力弘扬劳模精神，充分发挥榜样示范效应，以榜样精神带动自身实干力行、建功立业，引导全行业人员争做爱岗敬业的践行者、文明风尚的维护者、美好生活的创造者。

在内蒙古，乌海局聚焦快递员合法权益保障，积极对接乌海市总工会，为434名快递员赠送每人价值100元、共计4.34万元的职工互助保险，保障范围涵盖意外伤害、患病、伤残或交通事故等，进一步丰富了关心关爱快递员的举措，提高了快递员群体保障水平。

在辽宁，大连市印发《大连市贯彻落实党的二十大精神加强新就业形态劳动者权益保障实施方案》（以下简称《方案》），进一步保障快递员等新就业形态劳动者合法权益。《方案》明确，共同开展规范用工指引、权益保障制度优化、劳动安全保障、暖心服务等专项行动，在政策制定、岗位设立、职业培训等各方面完善相关工作。建立跨地区、跨部门、跨行业的综合管理服务平台，进一步完善风险防范、横向联动、纵向协同等机制，优化就业创业指导、社会保险保障、职业技能提升、正向激励关爱、公共设施联动、线上平台信息等六项服务，不断提升新就业形态劳动者权益保障水平。

在吉林，辽源局联合辽源市总工会向全市686名快递员赠送意外伤害互助保障险、重大疾病互助保障险。意外伤害互助保障险、重大疾病互助保障险涵盖了重大疾病、意外伤害、住院津贴共三大类保障范围，包含30余种重大疾病和伤残金、互助金、意外险等保障，理赔金达1万元至6万元。

在黑龙江，齐齐哈尔市出台《关于进一步加强新就业形态劳动者劳动权益保障二十五条措施的通知》（以下简称《通知》），多措并举保障快递员等新就业形态劳动者劳动权益。《通知》从指导企业规范用工、建立健全用工保障制度、优化公共服务措施、完善合法权益保障工作机制等4方面，提出25条具体措施。作为新就业形态劳动者的重要组成部分，快递从业人员享受创业指导、技能培训、职称评审、法律援助、关心关爱等多方面服务。

在上海，青浦局持续推进落实快递员公租房保障工作，积极组织符合租房条件的快递员进行申请，进一步推进从业人员生活品质改善，不断增强快递员荣誉感和归属感。

在江苏，盐城市邮政业100万元“盐聚新城暖心——暖蜂关爱”专项资金正式启动申报。专项关爱资金涵盖4大领域。一是快递员业务量提升奖励。在业务量月增速排名前5的企业中，月揽件量前20名的快递员每人每月给予500元奖励。二是购买保险补贴。对邮政、快递企业为快递员购买职业伤害、人身意外、重大疾病等商业保险的，按不超过保费的30%给予参保单位补贴。三是餐饮保障补贴。对快递企业自办或通过其他方式为员工提供就餐服务的，按照每人100元给予企业一次性餐饮补贴。四是关心关爱补贴。为50名生活困难的快递员和100名在疫情防控期间表现突出的快递员分别发放1000元和500元慰问金。

在浙江，嘉兴市邮政业开展以“凝‘新’聚力 清凉一‘夏’”为主题的“骑士关爱月”系列活动，为奋战在高温一线的“快递小哥”送去炎炎夏日里的清凉与关怀。嘉兴市快递行业党委联合嘉兴市快递行业工会联合会、嘉兴市快递行业协会组织开展“关爱小哥夏日送清凉”活动,为嘉兴市本级30余家寄递网点发放挂脖风扇、清凉油、洗护套装等价值3万余元的防暑降温物资。同时,联合嘉兴爱尔眼科党支部开展邮政业夏季送清凉慰问活动,为快递员送上暖心眼科体检及清凉慰问礼包,感谢“小哥”在夏日的辛勤付出。嘉兴市快递物流行业团工委联合嘉兴金融团工委、南湖区快递物流行业团工委开展“炎炎夏日 清凉入心——邮政业夏日送清凉活动”,向100位参加活动的快递员免费提供每人5万元的意外死亡、伤残保障险以及2000元意外医疗保障险,为快递员人身安全保驾护航。

在安徽,六安职业技术学院2023级邮政业从业人员物流管理专业大专班开学典礼举行。来自12家寄递企业的26名快递员通过成人高考,圆梦大学。邮政业从业人员物流管理专业大专班是六安局联合六安职业技术学院专门针对快递员群体开设的物流管理专班,不仅配备了专业师资力量,还有针对性地安排了线上线下相结合的丰富课程。六安职业技术学院积极向六安市人社局争取了补贴资金,为学员免除学费。快递员完成学业后即可获得大学专科学历。

在福建,龙岩局联合龙岩市总工会举办2023年新就业形态劳动者快递员专场“微心愿”活动。本次活动前,龙岩局与龙岩市快递行业工会联合会通过走访调查、座谈、电话摸底等方式,征集了106名快递员的“微心愿”。活动当天,龙岩局和龙岩市总工会向参加活动的快递员代表发放了“微心愿”礼包,并致以亲切的慰问。龙岩局分管领导还带队前往身患疾病的快递员家中,拉家常、问冷暖,详细了解身体恢复和日常生活等情况,给他送上“微心愿”礼包。

在江西,新余局联合新余市总工会、新余市快递行业工会联合会,向1436名行业从业人员赠送意外团体综合互助保障险,赠送范围覆盖了基层网点。2023年以来,新余局联合市总工会、团市委、市行业党委、市快递协会等部门和单位,开展了系列“暖蜂行动”,多措并举保障快递员合法权益。一是向300余名快递员发放慰问物资,开展星级党员积分兑换、乒乓球联谊赛、退役军人座谈会等活动,向退役军人快递员发放防暑降温礼包;组织“最美快递员”、快递员党员代表、基层快递员代表前往井冈山、庐山,开展主题活动。二是开展全市第五届“最美快递员”评选活动及表彰大会,10名快递员荣获表彰,并择优推荐2人参加全省“最美快递员”评选活动。三是深入企业检查工伤保险开户和快递员参保情况,对企业提供的参保人员数量和人员信息进行核对,要求企业履行用人单位责任,督促基层网点及时为快递员办理工伤保险登记并缴费。

在山东,淄博市出台《关于进一步加强快递员群体劳动权益保障工作的指导意见》(以下简称《意见》),发挥部门合力,不断优化快递员从业环境。《意见》聚焦落实企业主体责任、强化政府责任,从保障快递员在劳动就业、社会保险、医疗卫生、职业培训等方面应享有的合法权益出发,进一步明确了行业工资集体协商制度完善、基层快递网点优先参加工伤保险、快递员劳动合同签订、意外伤害保险补贴等政策落实,着力构建邮政管理、人力资源社会保障协调配合的快递员劳动权益保障协调推进机制,建立案件移交、联合约谈、联合执法常态化机制,形成齐抓共管合力,切实落实好属地责任。

在河南,商丘市印发《关于开展2023年商丘市职工学历与能力提升行动计划——“求学圆梦行动”活动的通知》(以下简称《通知》),快递员群体学历提升培训获政策支持。《通知》强调,一是要针对行业实际,开设国家开放大学本科、专科两个层次,物流管理、市场营销、工商企业管理等专业。二是要结合从业人员现状，利用开放教育远程教学、管理、服务平台，实施线上线下相结合的教学模式。三是要实行学分制，学籍注册后8年内有效，最短学习年限2.5年。在学籍有效期内，学员修满教学计划规定毕业学分后准予毕业，颁发国家开放大学毕业证。

在湖北，恩施州印发《2023年工作要点及责任分工实施方案的通知》（以下简称《通知》），强调向快递员等新就业形态群体发放意外伤害保险补助，保障快递员合法权益。《通知》要求，要深化新就业形态劳动者维权服务，向1000名快递员等新就业形态群体发放意外伤害保险补助；为1000名新就业形态和困难女职工赠送安康保险，开展免费宫颈癌筛查等。

在湖南，怀化局、怀化市快递行业党委依托怀化市委组织部、怀化市委两新工委，开设了全市首个“五溪驿家”。“五溪驿家”内，桌椅、充电器、饮水机、药品箱、微波炉等设备一应俱全，为快递员等新就业群体提供集学习和休憩于一体的暖心港湾，也是怀化市搭建与新业态新就业群体间的“连心桥”，为拓宽党建阵地、延伸党建触角、推动党建实践提供了平台，让党建更有成色，让城市更有温度，让行业更显活力，让新就业群体更有尊严。

在广东，经梅州局、梅州市快递行业工会联合会积极协调，在梅州市总工会大力支持下，梅州市585名“快递小哥”参加了“广东省在职职工医疗互助保障计划”。此项目费用为95元/人/年，其中，市总工会补助75元，单位/个人承担20元，旨在缓解从业人员因病住院治疗或意外事故、烧伤烫伤等导致医疗费用支出增加，从而带来经济负担。

在广西，桂林局联合桂林市总工会、桂林市人社局举办2023年全市邮政快递业劳动权益集体协商会。6名寄递企业代表和6名行业职工代表参加协商。会上，企业代表与职工代表在三部门见证下，秉承相互尊重、平等合作的原则，围绕行业工资增长和调整机制、工资支付办法、最低工资标准、福利待遇及休息休假、女职工特殊权益保护等议题进行了多轮协商讨论，初步达成一致意见。桂林市总工会、桂林市人社局相关负责人分别结合双方实际情况，提出意见和建议。

在海南，西部局联合儋州市总工会，邀请儋州市邮政、快递企业负责人，召开儋州市快递行业集体协商调研座谈会，就推动签订快递行业集体合同开展座谈。会议强调，快递行业集体合同涉及劳动报酬、工作时间和休息休假、劳动安全与卫生、劳动保险和福利、女职工特殊权益保护和职业培训等职工切身利益。签订集体合同标志着快递行业职工在劳动报酬、工作时间、保险福利、安全卫生、权益保障等方面有了法律依据。

在重庆，巴南区发布新就业群体学历（技能）提升政策，快递员等新就业群体学历提升培训获政策支持和资金补贴。为满足新就业群体学历提升的需求，巴南区对在重庆开放大学巴南分校、重庆理工大学参加高起专（高起本）、专升本继续教育的快递员等新就业形态劳动者学员给予政策支持，对获得毕业证书的前100名新就业群体从业人员给予学费补助。按照获得毕业证书的先后顺序，对前10名给予全额一次性补助，对第11～20名给予学费50%的一次性补助，对第21～100名给予学费30%的一次性补助。学校开设包括大数据与会计、工商企业管理、法律事务、学前教育、现代物业管理等在内的14个专业，学制为2.5～5年。

在四川，宜宾局聚焦“三力”实施权益保障，快递从业人员获得感、幸福感和安全感不断增强。一是推进暖蜂行动体现关爱力。联合人社、工会等部门开展形式多样的专项慰问。累计慰问2238人次，发放慰问品和慰问金额折合共计22.01万元。二是完善五险一金增强保障力。联合宜宾市人社局开展快递员专题工伤预防培训，在实现网点“全覆盖”基础上，新增参保828人，全市一线快递员购买工伤保险覆盖率达99.96%。协调宜宾市住房公积金管理中心出台快递员缴存使用公积金支持政策。三是着眼行业群体提升竞争力。以党建引领促进快递行业服务效能优化，组织开展职业技能竞赛，提升快递员职业技术水平，选树行业道德模范，抓好行业队伍整体能力素质提升。南溪区快递服务中心获评“2022年度全国邮政快递业青年安全生产示范岗”称号；邮政宜宾分公司1人获评“全国技术能手”。

在贵州，黔东南局联合州相关部门，结合当前夏季炎热高温的实际，开展黔东南州“夏季送清凉、防暑保安康”关爱快递员群体慰问活动。活动现场，黔东南局和相关部门为凯里市寄递企业员工代表们送来防暑降温药品、矿泉水、毛巾、西瓜等物资，并组织召开户外劳动者防暑降温座谈培训。

在云南，昆明局、昆明市快递行业工会联合会为111名35岁以上一线女性从业者开展“两癌”免费筛查活动。昆明局、昆明市快递行业工会联合会多措并举。一是广泛宣传“两癌”筛查的重要意义，认真做好前期调查摸底工作。二是积极对接医院，按照方便女职工的原则，设置体检专场绿色通道，为女职工提供优质服务。三是结合行业工作特点，组织女快递员错峰、分批筛查，并在筛查结束后及时反馈结果，由专业医护人员根据检查提出针对性指导意见，为女职工建立健康筛查档案，有效提升了行业女职工的幸福感、安全感和归属感。

在西藏，山南局以党建带工建为契机，联合山南市总工会开展快递员子女“六一儿童节”慰问活动。在走访慰问过程中，山南局、市总工会负责人与孩子们进行了亲切交谈，询问了孩子们的学习和生活情况，为他们送去了牛奶、学习用品等爱心物资，送去节日的祝福。

在陕西，延安局联合延安市人力资源和社会保障局印发《关于促进邮政快递业规范发展加强从业人员权益保障的通知》（以下简称《通知》）。《通知》要求，一是人社、邮政管理部门要高度重视，切实负起责任，通过完善政策措施、加强事中事后监管、创新监管方式手段，进一步营造温暖、规范的职业发展环境，促进邮政快递业构建和谐劳动关系，推动邮政快递业实现健康、规范、有序发展，更好地为延安经济发展和提高人民生活水平服务。二是人社部门应简化邮政快递从业人员参保流程，积极推动邮政快递业优先参加工伤保险工作，开通邮政快递从业人员工伤认定绿色通道。三是劳动监察机构定期检查基层寄递企业、网点为一线从业人员参加社保缴纳和劳动合同签订情况，并及时将情况反馈至邮政管理部门。邮政管理部门和人社部门要加强相关数据信息共享对接，建立健全部门间沟通协作机制。

在甘肃，兰州市印发《关于兰州市公共就业服务能力提升示范项目“强技提能”三大计划实施方案》（以下简称《方案》），明确将快递员技能培训纳入新就业形态“行业能手”培训工程。《方案》提出，实施新就业形态“行业能手”培训工程，依托快递、外卖等新就业形态平台企业，开展相关项目培训，提升新就业形态劳动者技能水平，培育一批“服务能手”，为乡村振兴、乡村产业发展提供有力的人才支撑和活力源泉。邮政快递业作为新就业形态，技能培训纳入“行业能手”培训工程。实施过程中，机构和企业可围绕产业升级、技术创新、生产需求等内容制定培训计划和培训内容。培训完成后，由培训主体根据考核方向通过社评或自评机构进行技能人才评价。

在青海，黄南局举办快递从业人员职业技能提升培训班。全州邮政快递企业40名从业人员参加培训。本次培训班邀请了青海省应急与安全管理专家、黄南州委党校高级讲师和社保局工伤经办人员参与授课，着重围绕行业安全生产技能与理念、从业人员服务礼仪、快递员优先参加工伤保险等内容进行讲解，同时对《青海省邮政条例（修正案）》《中华人民共和国安全生产法》《中华人民共和国邮政法》等法律法规进行了详细解读，有效提高了参培从业人员的职业技能、服务能力和法治意识。

在宁夏，固原局联合固原市快递行业工会、固原市快递协会开展2023年“双11”慰问快递员活动，为他们送去“温暖”。慰问组一行先后前往圆通、中通、顺丰、申通等市级分拨中心和营业网点，详细了解“双11”期间各企业生产运行、快件业务量和收派等情况，看望奋战在运输、分拣、投递一线的邮政快递从业人员，慰问忙碌在一线的快递员，感谢他们为社会发展作出的贡献，叮嘱他们在工作的同时也要保障自身健康安全，还为他们送上慰问品。

在新疆，博尔塔拉蒙古自治州局多措并举，强化快递员合法权益保障工作，推动行业健康有序发展。一是摸清底数，压实责任。通过走访、座谈等形式，详细了解快递从业人员签订劳动合同、缴纳社会保险等情况。采取送法入企，政策宣讲等形式，向从业人员宣贯劳动合同签订、社会保险缴纳等相关法律法规。组织寄递企业开展法律法规知识培训，高度重视快递员合法权益保障工作。二是部门协同，汇聚暖心。联合博乐市总工会、快递行业联合工会与顺丰、京东等8家快递企业签订集体合同书、工资集体协商合同书；与州、市总工会联合开展关心关爱“快递小哥”、夏日“送清凉”等慰问活动，向从业人员宣传行业利好政策，送去暖心慰问。三是加强培训，提升技能。扎实开展快递从业人员职业技能培训和快递工程专业技术职称评审。联合州总工会开展职业技能大赛，组织快递人员参赛，从业人员职业认同感进一步提升。

五、全面推广可持续发展理念

在北京，东区局就快递包装减量及包装回收复用工作与东城区城管委开展座谈交流。会上，东区局介绍了东城区行业绿色发展情况，针对东城核心区行业包装减量和回收利用工作提出工作建议，东城区城管委对东区局积极对接做好垃圾分类及减量工作表示充分的认可，双方就如何共同开展工作进行了深入交流座谈，针对快递绿色包装示范化网点选址以及回收试点工作达成共识，将积极在东城区寻找快递回收示范化网点开展示范宣传。

在天津，滨海局组织开展“邮来已久 绿动未来”主题宣传活动。滨海局工作人员来到天津科技大学物流服务中心，通过发放“邮来已久 绿动未来”、垃圾分类、“无废城市”建设等宣传资料，以及印有“绿色发展”字样的手提袋、便签本等小礼品的形式，向学校师生普及快递绿色包装、胶带减量及回收知识，倡导消费者适度包装，拒绝过度包装和二次包装，回收和使用未破损的包装材料，引导消费者践行绿色低碳的用邮生活方式，营造绿色发展的良好氛围。

在河北，承德市印发《承德市生态环境保护委员会2023年工作要点》（以下简称《工作要点》），邮政业生态环保内容被纳入其中。《工作要点》要求，要大力推广新能源汽车，加大邮政、轻型物流配送车辆等公共领域新能源车替代力度；加快绿色交通基础设施建设，完善充电桩、换电站、加氢站等配套设施。

在山西，太原市印发《太原市邮政业塑料污染治理工作三年行动实施方案》（以下简称《方案》）。《方案》明确，到2025年底，全市邮政快递网点禁止使用不可降解的塑料包装袋、塑料胶带、一次性塑料编织袋等。邮政业绿色化、可循环包装使用比例明显提升，废弃物回收利用效率显著提高，普通塑料包装废弃物污染得到有效控制。《方案》要求，全市邮政业要强化塑料包装源头治理，着力提升替代产品应用比例，积极推动增加绿色包装产品供给，加快推广应用可循环包装，规范塑料废弃物回收利用和处置。鼓励邮政、快递企业开展多方合作，持续推进包装废弃物回收装置设置工作。

在内蒙古，兴安盟印发《兴安盟循环经济助力降碳行动暨循环经济发展2023年工作要点》（以下简称《工作要点》），邮政业生态环保内容被纳入其中。《工作要点》强调，要推进邮政业绿色低碳转型，推行绿色低碳运输方式，推广甩挂运输和新能源或清洁能源动力车辆使用。大力推进快递包装回收复用，督促寄递企业在邮政快递营业网点配置邮件快件包装废弃物回收装置，开展快递包装纸箱集中回收，适度提升复用比例。鼓励发展“互联网+回收”新业态，推进快递包装废弃物中可回收物的规范化、洁净化回收。积极推动可循环快递包装规模化应用，扩大应用场景、培育循环模式。引导寄递企业优先选购使用获得绿色认证的包装产品，提升绿色认证包装产品在行业的应用比例。鼓励寄递企业优先采购使用通过快递包装绿色认证的产品。

在辽宁，盘锦市印发《盘锦城市绿色货运配送示范工程实施方案》（以下简称《方案》），邮政业发展获多项政策支持。《方案》明确，到2025年9月，初步建成便捷、高效、集约、绿色的城市货运配送服务体系，市场主体培育有序推进，基础设施集约化程度逐步提升，绿色低碳转型升级取得新进展，实现降本增效。《方案》要求，要依托邮政网点、快递分支机构和末端网点，推进共同配送中心和末端配送网点建设。鼓励邮政、快递企业完善城乡配送网点布局，依托公交中转场、镇村级公路客运站点、乡镇中心商店建设客货综合服务中心及站点。鼓励引导快递企业通过智能快件箱、智能提货柜等绿色智能设施设备，完善末端配送服务建设。提高新能源和清洁能源汽车购置和更新比例，推动快递包装减量化、标准化和循环化。规范寄递企业电动三轮车管理。推进邮政业安全监管“绿盾”工程建设，建设智慧化邮政业安全监控中心。整合客运公交、邮政快递、电子商务资源，鼓励快递物流企业开展投递服务合作，鼓励各类农业经营主体和货运配送、邮政快递、冷链物流等企业加强合作。加快实施“两进一出”工程。推动邮政、快递企业积极参与“一带一路”国际货运。

在吉林，长春市印发《长春市邮政快递业塑料污染治理工作三年实施方案》（以下简称《方案》），部署进一步推动全市行业绿色发展。《方案》明确，到2023年底，全市邮政快递网点使用45毫米以下“瘦身胶带”封装比例达到全覆盖，不可降解塑料包装袋、胶带使用率低于40%；到2024年底，全市邮政快递网点不可降解塑料包装袋、胶带使用率低于20%，一次性编织袋基本不再使用；到2025年底，全市邮政快递网点禁止使用不可降解塑料包装袋、胶带、一次性编织袋，废弃物回收利用效率显著提高，普通塑料包装废弃物污染得到有效控制。《方案》明确了全市行业塑料污染治理工作的4项主要任务。一是要强化塑料包装源头治理。加强包装规范化和标准化建设，推动减少二次包装，推行简约包装，有效降低邮件快件包装平均用量。二是要推进企业建立绿色采购制度。加大可降解塑料在行业内的推广应用，推广使用可降解替代包装材料，进一步降低塑料包装使用量。三是要推广应用可循环包装材料。完善可循环包装应用的机制和模式，大力推广可循环包装，有效提高可循环快递箱（盒）使用效率和回收率。四是要推进快递包装塑料废弃物回收利用。鼓励邮政、快递企业开展多方合作，持续推进包装废弃物回收装置设置应用工作。

在黑龙江，大兴安岭局持续聚焦邮政快递业包装减量化、标准化、循环化要求，积极推进行业绿色环保工作，着手打造“绿色旺季”，开展邮政快递业务旺季“绿色快递宣传周”活动。一是开展送法进企业。大兴安岭地区邮政管理局工作人员前往各企业网点发放《邮件快件包装管理办法》及《电商快件绿色包装通用要求》等法律法规，向从业人员讲解绿色包装相关要求，加强从业人员绿色包装意识。二是发出“绿色快递”倡议。通过局网站向全区邮政快递企业及广大市民发出快递业务旺季“绿色快递”倡议，倡议各企业、广大市民要坚定推进绿色发展，规范邮件快件包装，推进快递包装循环应用，推动制造、电商、快递产业链绿色、协同发展，树立绿色发展意识。三是要求各企业加强内部培训，特别是加强新招录人员的学习培训，熟练掌握绿色包装各项操作规范，切实落实快递包装减量化、标准化和循环化要求。

在上海，松江局联合松江区生态环境局召开座谈会。座谈会上，松江局介绍了松江局基本概况、邮政管理部门的职责范围、松江区邮政快递业情况和快递企业类型等。会议双方就“无废快递网点”建设评估细则、“无废快递网点”申报标准，以及申报过程中可能存在的问题等工作达成共识。此外，松江局建议，为进一步提高企业的申报积极性，对于申报成功的寄递企业可在政策、财政补贴、奖励等方面给予一定倾斜。

在江苏，镇江市印发《镇江市“落实‘双碳’行动使用绿色快递”实施方案》（以下简称《方案》），持续推动行业绿色发展。《方案》明确，一是要启动实施市邮政业生态环保“98232”工程，即到2023年底前，实现电商快件不再二次包装比例达到95%，快递绿色包装使用率达到80%，深入推进过度包装和塑料污染2项治理，使用可循环快递包装的邮件快件达到300万件，回收复用质量完好的瓦楞纸箱240万个。二是要创新开展“四个一”活动，即组织一次“‘减’单生活、摆脱‘塑’缚”主题宣传活动，发起一次低碳环保倡议，举办一次绿色快递应知应会知识竞赛，开展一次联合执法行动，引导社会公众积极参与行业生态环保工作。三是要加强部门间沟通协调，督促指导各级邮政管理和生态环境部门制定落实方案，完善协作机制，加快推进邮件快件包装标准化、循环化、无害化，确保圆满完成全年目标任务。

在浙江，温州局成立工作检查小组，参加温州市10部门在全市范围开展的塑料污染治理部门联合指导帮扶专项行动。此次行动涵盖塑料产品的销售、使用、回收等各环节，重点抽查了邮政快递网点、农贸市场、酒店、超市、药店等塑料使用的重点区域。其中，在邮政快递网点，重点检查了使用不可降解快递塑料包装袋、一次性快递编织袋、塑料胶带使用量、快递包装废弃物回收箱设置等情况。

在安徽，亳州市印发《亳州市进一步加强商品过度包装治理工作方案》（以下简称《方案》），邮政业绿色发展被纳入其中，并获政策支持。《方案》明确，推广使用国家统一规格尺寸、物理和安全环保性能的快递封套、纸箱、包装袋等，推动快递包装产品实现标准化、系列化和模组化，提高与寄递物的匹配度，防止大箱小用，减少随意包装。大幅提升循环中转袋（箱）、标准化托盘、集装单元器具的应用比例。鼓励使用低克重高强度快递包装纸箱、免胶纸箱，推行简约包装。贯彻落实快递包装材料无害化强制性国家标准，推动实施快递包装绿色产品认证和可降解包装产品标识制度。推动电商和快递企业与商品生产企业上下游协同，鼓励设计并应用满足快递物流配送需求的电商商品包装。

在福建，泉州局联合泉州市生态环境局、泉州市城市管理局开展“绿色快递，‘邮’你我做起”主题宣传活动。邮政、顺丰、京东、中通、圆通、申通、韵达、菜鸟等企业参加活动。活动现场，企业代表宣读“行业绿色发展”承诺书，签订“绿色快递共创共享”倡议书，呼吁以实际行动引领“绿色化”、推动“减量化”、践行“可循环”。活动还采取快递垃圾分类“你问我答”游戏、赠送“返箱行动”快递纸箱换抵用券、主题明信片体验、线上有奖问答和参观垃圾分类宣教基地等方式，宣传引导企业和广大市民积极践行“绿色快递、人人有为”的理念，共同营造绿色环保消费环境。

在江西，鹰潭市印发《整体

提升全市城乡生活垃圾分类工作实施方案》(以下简称《方案》),邮政业生态环保内容被纳入其中。《方案》要求,要深入推动生活垃圾源头减量,推广快递包装绿色化,依据《快递封装用品》系列国家标准、《邮件快件绿色包装规范》《鹰潭市“绿色邮政”行动实施方案》和市邮政管理局出台的《2023年快递包装绿色化行动实施方案》,加快推进快递绿色包装产品应用,推动邮政、快递企业采购符合标准的绿色包装,加大减量可循环包装、可降解胶带、绿色可循环中转袋的推广应用力度。

在山东,泰安局结合开展主题教育全面推进绿色邮政建设,取得了显著成效。一是切实加强组织领导。创新实行“四个一”工作机制,即印发一项创建方案,明确目标要求、创建流程、29项指标体系;成立一个领导小组,由分管领导任组长,寄递企业网格长任成员,形成政企合力;召开一次培训会议,具体讲解“无废快递站”创建要求,强化对创建网点的工作指导;开展一个试点示范,在不同寄递单位、不同县市区各开展一家试点示范,围绕基础能力、绿色包装、节能减排等方面开展“无废快递站”试点建设,以精心实施保障创建实效。二是持续完善制度建设。协调地方政府部门印发《泰安市“无废城市建设”实施方案》《泰安市2023年“无废城市”建设工作要点》《泰安市塑料污染治理2023年工作要点》《泰安市加强商品过度包装治理2023年重点工作清单》等文件,将邮政业生态环保工作纳入其中,建立健全条块结合、各司其职、权责明确、保障有力、权威高效的邮政快递业生态环保体制机制。三是加强部门协同共治。联合市无废办开展专题调研,深入行业了解快递包装源头减量、回收利用、循环使用等情况,对“无废快递站”创建工作给予支持,并在加强“包材回收赠券活动”宣传力度、强化对快递包装的再利用等方面进行了指导,通过发挥部门合力助力碳中和目标实现。

在河南,鹤壁市出台《鹤壁市落实生活垃圾分类全覆盖打造收运处理体系全链条三年行动方案(2023—2025年)》(以下简称《方案》),邮政业绿色发展内容被纳入其中。《方案》要求,推进快递包装减量。邮政、快递企业要落实《快递业绿色包装指南(试行)》,促进快递包装物的减量化和循环利用,避免过度包装,加强邮件快件包装回收处置,推进邮件快件包装减量化、循环化。鹤壁局指导在本市开展经营活动的快递企业网点设置标准包装废弃物回收装置。

在湖北,黄冈市印发《2023年黄冈市深入打好污染防治攻坚战重点工作任务清单》,邮政业生态环保内容被纳入其中。《任务清单》要求,要加快推进快递包装绿色转型,做好可循环、可折叠包装产品应用试点工作,推动3家大型寄递企业与电商平台、包装生产企业强化上下游协同,推进产品包装、销售包装和快递包装一体化,推广原厂直发,持续减少二次包装;要开展塑料污染治理部门联合专项行动,加快推进塑料废弃物规范回收利用和处置,加大执法力度,建立健全塑料污染全链条防治长效机制,推进市级“无废城市”建设。

在湖南,益阳局对标邮政快递业更贴近民生七件实事,加快推动快递包装绿色低碳转型。一是压实工作职责。结合行业实际,细化工作任务,明确分工职责,确保圆满完成年度工作任务,加快推进行业绿色转型。二是加强行业培训。定期组织邮政快递从业人员学习生态环保工作要点,强化《快递封装用品》《邮件快件包装管理办法》等包装操作规范培训,规范行业包装标准。三是加大宣传力度。通过线上线下相结合的宣传方式,扩大行业绿色环保宣传覆盖面,线上通过在微信群、朋友圈等社交平台分享绿色环保有关推文,线下通过印发行业生态环保相关法规政策宣传手册、宣传单等形式,不断提升行业从业人员生态环保意识。四是开展执法检查。深入基层网点开展垃圾分类、生态环保专项检查，督促做好塑料污染和过度包装治理工作。

在广东，湛江市印发《湛江市“十四五”节能减排实施方案》（以下简称《实施方案》），邮政业绿色发展获支持。《实施方案》要求，要实施交通物流节能减排工程。大力推广新能源汽车，新增、更新的公交车全部使用电动汽车或氢燃料电池车，新增或更新的城市物流配送、轻型邮政快递、轻型环卫车辆使用新能源汽车比例达到 80% 以上，推进城市绿色货运配送，加大新能源城市配送车辆推广应用力度。

在广西，柳州局深入企业开展邮政快递业绿色发展调研。调研组先后深入顺丰、申通、中通、圆通、韵达、邮政等快递企业，调研企业收寄、分拣、运输、投递、业务量、资金投入、采购包装材料、人员培训等方面情况，并与企业负责人进行深入交流。通过调研了解到中通、顺丰、京东分拨中心安装自动化、智能化分拣设备，降低快件破损率，标准化水平和效率大幅提升，助推邮政快递业加速向绿色化、智能化迈进；邮政、顺丰、京东直营企业柳州分公司绿色发展方向紧跟总部政策。调研后柳州局针对快递绿色发展中存在的问题，如缺乏绿色发展动力、企业绿色发展转型成本高、行业监管力量不足等问题进行了探讨，并提出了相应的措施和建议。

在海南，中部局召开辖区邮政快递业生态环保推进会，辖区邮政、快递企业负责人参加会议。会上，通报了 2023 年中部辖区生态环保工作情况，分享了行业内生态环保执法案例，学习了《邮件快件包装废弃物回收箱应用参考》《邮件快件包装管理办法》《邮件快件包装基本要求》《邮件快件绿色包装规范》等行业生态环保相关法规及标准，了解了辖区企业环保包装物采购、可循环中转袋使用、快递包装纸箱回收复用、员工规范包装培训、新能源车辆使用规模等情况。中部局要求各邮政、快递企业：一是提高政治站位，强化责任意识，按照 2023 年生态环保工作要点和目标分解安排的要求，贯彻落实快递包装绿色治理、节能减排等工作。二是加强教育培训，定期组织从业人员快递绿色包装操作业务培训，不断提升从业人员绿色包装的法律意识和规范绿色包装操作技能。三是开展自查自纠，结合工作任务与行业要求对包装使用情况建立管理制度和台账，形成长效机制，促进行业绿色发展。

在重庆，永川区联合印发《重庆市永川区塑料污染治理 2023 年工作要点》（以下简称《要点》），“绿色快递”获支持。《要点》强调，指导邮政企业开展可循环快递包装模块化应用试点，持续推广标准化物流周转箱、托盘周转箱循环共用。积极推动塑料制品和快递包装绿色产品认证，加强宣传引导，推广使用通过绿色认证的快递包装产品，助力快递包装绿色转型。引导邮政、快递企业在营业网点设置包装废弃物回收装置，推进可回收物的规范化、洁净化回收。持续加大邮政快递业塑料污染治理、可循环快递包装应用的宣传力度，及时总结推广典型经验，营造良好社会氛围。

在四川，成都市制定《成都市生活垃圾分类邮政快递业治理工作导则》（以下简称《导则》）。《导则》要求，由邮政管理部门负责制定相关制度规范，加强行业监督检查。寄递企业要落实主体责任，落实包装管理责任，加强从业人员培训，严格执行包装物管理制度，采购符合国家规定的包装物并积极回收利用包装物，按照规定使用环保材料对邮件快件进行包装，禁止使用不可降解塑料袋等一次性塑料制品。《导则》还对快递包装分类、材料、标识和垃圾回收方式等方面作出具体规范。

在贵州，贵阳局组织辖区邮政快递企业开展生态环保暨垃圾分类专题培训。培训围绕今年邮政快递业生态环保工作要点及全市以绿色经济为引领推动经济社会高质量发展相关目标任务、垃圾分类、“无废城市”建设、塑料污染治理等各项工作，重点学习了《中华人民共和国固体废物污染环境防治法》《邮件快件限制过度包装要求》《邮件快件绿色包装规范》《邮件快件包装管理办法》《贵阳市城镇生活垃圾分类管理条例》等规章规范，进一步向邮政快递企业明确包装规范化操作要求及垃圾分类投放标准、行业垃圾分类工作主要职责，并对涉及行业生态环保的重点条款进行了解读。培训要求各企业，一是要践行绿色发展理念，按照全市以绿色经济为引领推动经济社会高质量发展相关工作要求，围绕绿色经济发展目标任务，做好行业绿色经济发展工作；二是按照《贵阳市城镇生活垃圾分类管理条例》及行业垃圾分类主要职责，避免过度包装，切实履行源头减量职责；三是紧紧围绕"9218"工程，着力提升行业生态环保操作规范水平，持续推进快递包装减量化、标准化和循环化；四是按照行业塑料污染治理相关工作方案，以及"无废城市"建设工作要求，加快推进快递包装绿色化。

在云南，临沧局组织召开绿色邮政工作培训会，邮政快递企业负责人、管理员等20余人参加培训。培训解读了习近平生态文明思想，概述了绿色邮政工程的主要内容以及重要性，并重点宣贯《邮件快件包装管理办法》《邮件快件绿色包装规范》等法律法规中快递包装规范化的操作要求，要求企业提高思想认识，树立绿色发展理念，加强内部管理，强化自查自纠，主动推进本企业生态环保各项工作。会后，临沧局随机抽查两县部分快递网点，围绕包装胶带、包装材料以及包装操作规范等重点内容做检查，对不符合标准的网点进行现场指导整改，并再次向网点从业人员普及生态环保法律法规及封装操作规范知识。

在西藏，昌都局联合昌都市环保局开展邮政快递业生态环保工作联合执法检查。此次检查主要内容为各企业是否存在过度包装、瓦楞纸箱回收复用情况、生态环保法律法规掌握程度以及是否开展生态环保业务培训等。

在陕西，宝鸡局组织召开全市寄递企业邮件快件包装操作线上培训会。培训围绕《邮件快件包装管理办法》等行业生态环保法律法规，对各寄递企业负责人和县级邮政业发展服务中心人员进行培训，要求各寄递企业要落实绿色化、标准化、减量化、可循环，明确快递包装主体责任，强化源头治理，将邮件快件包装操作规范纳入快递从业人员岗前培训内容，加强日常工作宣贯培训；要优先采用可重复使用、易回收利用的包装物和封装物品，主动向协议客户以书面形式告知绿色包装要求，或在协议中拟定绿色包装条款，切实落实绿色包装主体责任。

在甘肃，武威局联合武威市环保局、市场监管局就行业塑料污染治理情况开展联合检查。检查组深入寄递企业开展摸底调查，全面掌握不可降解的塑料包装袋、一次性塑料编织袋、塑料胶带的实际使用情况，包括塑料包装使用数量、可降解包装袋、胶带的使用占比、来源、单价、供应商以及废弃物收集处理等情况。同时督促各寄递企业建立快递包装绿色采购工作台账，建立包装物统计制度，逐步减少不可降解的塑料包装袋、塑料胶带和一次性编织袋采购量。检查组对个别网点快递包装填充物过多、包装不符合规范的企业下发了责令整改通知书，督促各企业限期整改。

在青海，海南州局党支部前往共和县光伏产业园区开展"学习贯彻二十大，生态环保齐行动"主题党日活动。机关全体党员干部职工、州属邮政快递企业负责人及行业从业青年代表共计20余人参加了活动。在水光互补光伏电站展厅，讲解员介绍了黄河公司加快黄河上游水电资源和光伏、风电等新能源开发建设，如何运用科学技术大力发展绿色清洁能源，有效降低二氧化碳的排放量及回收电池组件进行再利用等情况，组织大家收看了关于介绍水光互补光伏电站以及光伏产业发展带动生态文明建设的宣传片。

在宁夏，吴忠局召开加快推进全市绿色邮件快件包装应用工作部署会。吴忠局强调，要深入学习贯彻习近平生态文明思想，认真落实国家邮政局和自治区邮政管理局、市委、市政府重点工作部署，扛牢绿色发展的政治责任，紧盯绿色快递包装应用重点目标，多措并举推动工作高效落实。要以“9218”工程为重点，确保年度工作目标如期完成。全市电商快件已不再二次包装、塑料污染、可循环快递包装推广应用、回收复用瓦楞纸箱等工作指标正在有序完成，第四季度要坚持标准，持续推进。

在新疆，克拉玛依局派出检查组，赴辖区寄递企业分拨处理场所和营业网点，开展邮政业生态环保专项检查。检查组实地察看了各分支机构、末端网点落实包装减量化、电商快件二次包装比例、可循环快递包装和回收复用瓦楞纸箱等情况；向网点工作人员及用邮群众发放《邮件快件包装管理办法》《中华人民共和国固体废物污染环境防治法》等宣传材料，并现场宣讲有关法律知识。要求寄递企业进一步提高思想认识，认真学习行业有关绿色发展和过度包装治理规范标准，严格落实企业生态环保主体责任，定期开展绿色环保和过度包装自检自查，减少过度包装和二次包装，为行业绿色高质量发展贡献力量。2023年以来，克拉玛依局先后印发《2023年克拉玛依市邮政快递业生态环保工作要点》《克拉玛依市邮政快递业塑料污染治理三年行动方案(2023－2025)》，为行业绿色发展工作明确重点、指明方向。同时，与生态环境、发改委等多部门建立协作机制，互通相关信息、联合开展检查，行业生态环保工作取得一定成效。

六、全力保障寄递渠道安全

在北京，天竺局会同顺义区公安支局治安支队召开“一带一路”高峰论坛期间寄递行业反恐和安全监管工作会，辖区主要快递品牌负责人、各分拨中心负责人参会。会上，天竺局传达了北京局会议精神，重点部署了“一带一路”高峰论坛期间安全服务保障工作。顺义区公安支局治安支队传达了近期公安督查小组对邮政、快递场所的检查情况并就检查发现的问题进行重点提示。天竺局强调，各企业要切实做好行业反恐和安全工作：一是要提高思想认识、切实提高政治站位，牢固树立政治意识，大局意识，严格落实各部门重大活动期间相关规定。二是要严防死守，严防不法分子利用寄递渠道实施违法犯罪行为，严防发生重大安全责任事故，确保寄递渠道安全畅通和行业平稳运行。三是要严格落实实名收寄、收寄验视、过机安检“三项制度”，严防禁寄物品流入寄递渠道。

在天津，第三分局联合西青区消防支队、公安分局召开邮政快递业消防安全工作推动会，各寄递企业天津总部及西青区负责人共40余人参加会议。会议传达了天津局《关于做好冬季行业消防隐患排查的通知》要求，结合辖区消防案例，就下一步切实做好西青区冬季行业消防隐患排查工作提出具体要求，并对“三项制度”落实、烟花爆竹禁寄等事项作了强调。会议指出，各寄递企业要深刻汲取火灾事故教训，落实主体责任，开展消防隐患自查自纠。一是全面排查火灾风险隐患，结合冬季和业务旺季安全生产工作要求，以营业场所、办公场所、员工宿舍等人员密集场所为重点，认真做好隐患整改台账。二是聚焦行业现状，对经营场所内电线拉接混乱、“三合一”“多合一”场所以及充电区域等消防隐患进行自查整改，强化消防设施配备保障，坚决防范电动车室内充电、疏散避险路线不通、现场安全应急负责人缺位等问题，严防发生火灾事故。三是强化消防安全教育培训，制定企业消防应急制度，提升从业人员安全防范意识。

在河北，秦皇岛局以“四到位”工作措施为行业旺季生产保驾护航。一是安全监督到位，深入企业分拨中心、营业网点开展督导检查，重点督促企业加强“四不”整治和传送带堵缝、人车分流等安全生产工作，确保人员、车辆、邮件快件安全，严格落实“三项制度”，确保把好寄递入口关，强化寄往重点地区邮件快件安全管控，严防各类违禁品流入寄递渠道。二是基础保障到位，落实人力、运力、场地储备工作，确保企业应急物资、人员劳保物资准备到位，持续发挥“错峰发货、均衡推进”的核心机制作用，有效保障业务旺季稳定运行。三是用户服务到位，督导企业落实《快递服务》邮政行业标准，积极与用户沟通对接，做好投诉、申诉处置工作，确保服务质量稳定，维护消费者合法权益。四是关心关爱到位，联合市总工会等部门开展旺季暖蜂行动，为快递从业人员送去保温水壶等慰问品，引导企业进一步落实从业人员关爱措施，优化旺季期间人员工作环境，加大专项保障投入力度，维护快递员合法权益。

在山西，晋城市印发《晋城市平安寄递专项行动方案》，在全市范围内开展平安寄递专项行动。《方案》明确了平安寄递专项行动的总体要求、行动目标、主要任务、工作措施等内容，要求各县（市、区）各部门开展平安寄递专项行动，以寄递渠道安全隐患排查治理为重点，以强化落实寄递安全“三项制度”为基础，以信息化大数据分析研判为支撑，压紧压实企业安全生产主体责任，筑牢行业安全防线。《方案》还细化明确了相关部门职责，要求落实属地管理责任，推进寄递安全网格化管理，强化风险评估及综合研判，推动跨部门联合执法，保障寄递渠道安全畅通。

在内蒙古，阿拉善局以全国消防日为契机，结合业务旺季期间安全服务保障工作，联合孪井滩公安分局对嘉镇以及腾格里经济技术开发区寄递企业进行全覆盖式安全生产检查。本次检查主要针对快递企业及末端网点消防器材配备是否合格，灭火器是否存在过检、失压等情况开展。在检查期间发现个别末端排线杂乱、物料储备区域未配备烟感报警器等安全隐患，并于现场对发现问题提出整改意见，责令经营者限期整改。

在辽宁，辽阳局联合辽阳市消防救援支队等单位，组织开展了全市邮政业安全生产应急演练。来自24家寄递企业的从业人员代表参加演练。此次演练由顺丰速运辽阳分公司承办。演练内容涵盖模拟突发火情、应急逃生、规范使用灭火器等方面。参演人员严格按照预案流程，迅速响应、密切配合。演练组织策划精密得当，防护措施严格到位，提高了各企业应对突发事件的实战能力，达到了预期的演练效果。

在吉林，松原局持续开展亚运会寄递安全服务保障工作督导检查。检查组深入扶余市市区及五家站、新站、增盛、永平等乡镇，重点检查分拨中心和营业网点是否落实过机安检制度、是否执行收寄验视制度、是否张贴“三部门”通告、是否清楚活动举办的时间地点、是否了解临时管控措施等等。检查组强调，一是要严格执行“三项制度”，杜绝走过场、搞形式的现象；二是要贴牢贴实安检标识，企业严格做到管理力量到位、安保投入到位、员工培训到位；三是要落实“扫黄打非”工作要求，熟知画像法、签订责任书等。

在黑龙江，绥化局联合绥化市消防救援支队召开全市邮政快递业消防安全培训会。培训会上，结合当前消防工作的实际和近年来全国各地发生的典型火灾案例，通过播放火灾案例警示片等方式深入浅出地介绍了相关消防法律法规、防火灭火、高层建筑逃生自救、如何扑救火灾等知识。针对邮政快递业行业特点，重点讲解了仓储物流场所日常消防安全管理安全隐患自查、如何正确使用灭火器及灭火毯等消防知识，纠正了大家对防火、灭火的一些错误认识和方式方法。

在上海，黄浦局联合黄浦区“扫黄打非”工作小组暨文化市场管理工作领导小组办公室、平安黄浦建设协调小组办公室建立平安寄递工作联动协同机制。联动协同机制坚持以习近平新时代中国特色社会主义思想精神为指导，通过建立工作架构、属地排查、培训教育、联动宣传、信息上报、奖励平台等工作机制，督促企业落实主体责任，开创平安寄递和“扫黄打非”工作新局面。

在江苏，苏州局联合公安、应急、消防等部门开展行业安全生产大检查。检查组对申通、韵达、德邦等全市主要品牌企业分拨中心开展了全覆盖检查，并对企业网点进行了随机抽查。重点对企业火灾事故风险防范、建筑安全重大风险隐患、行车安全重大隐患、作业场地机械伤害事故隐患、“三项制度”落实等情况进行检查。现场对“四不”问题、厂房建筑结构、特种设备、消防用电、危险禁寄物品寄递等方面存在的安全风险隐患进行督导。检查组向各企业指出，要严格落实安全生产十五条硬措施，切实加强隐患自查整改，加大责任落实，提升员工安全意识，全力以赴保障亚运会期间各项安全措施落实到位。

在浙江，台州局联合台州市快递行业协会、台州市公共安全教育馆，组织开展全市邮政业交通安全教育培训活动。活动组织集中学习了《道路运输车辆技术管理规定》和道路交通安全相关法律法规，并通过交通事故典型案例分析，向快递员们讲解了交通安全的重要性，提醒时刻紧绷交通安全弦，遵守交通安全法规，保障安全文明配送。参训快递员一致表示，通过此次交通安全教育培训活动，进一步增强了交通安全意识。

在安徽，宿州局联合宿州市消防支队在淮海快递物流园开展安全应急培训和演练，园区各企业负责人及一线快递员共计100余人参加培训、演练。此次活动采取现场培训和模拟演练相结合的方式进行。在培训环节，消防支队教员详细介绍了火灾预防、火灾应急处置、安全逃生等知识，并结合快递员日常工作特性，对可能遇到的火灾类型及相应的处理技能进行了生动细致的讲解；在演练环节，现场模拟快递企业突发火灾的场景，消防员就应急处置、应急设备使用、紧急疏散等方面要领进行简要说明及现场演示，并引导快递员进行灭火和疏散逃生等应急演练。

在福建，莆田局组织召开全市邮政快递业消防安全“明白人”培训班，进一步深化“全生命周期”消防安全宣传教育，各县（区、管委会）邮政业安全中心消防安全负责人、各邮政快递企业安全员参加培训。培训班上，消防专家以“增强全民安全意识 提高自防自救能力”为主题，结合真实案例剖析，详细介绍了常见火灾隐患、火灾预防知识、突发状况紧急预案等方面的内容，深入讲解了发生火灾后的自防、自救、逃生等技能，同时，重点介绍了火灾中常见的知识误区，并向参培人员讲解各类灭火器、防烟面罩、多功能救援器等消防用具的功能及使用方法。

在江西，宜春局多措并举做好低温雨雪冰冻天气行业安全生产防范应对工作。一是加强宣传引导。指导邮政快递企业密切关注气象预警信息，针对低温雨雪冰冻天气行业生产活动特点，加大教育培训力度，做好人员、车辆的安全出行工作，提醒从业人员做好安全防护。二是深入排查隐患。要求企业落实安全主体责任，加强对重点部位和关键环节隐患排查治理，及时消除各类安全隐患。三是落实关心关爱。督促配备必要的劳动防护用品用具，做好从业人员劳动保障工作。积极对接市总工会，联合开展走访慰问。四是开展执法检查，对企业邮件快件处理投递、安检台账、安全生产设备设施配备、消防安全制度落实等情况进行全面细致的检查，筑牢行业安全生产防线。五是严格落实值班值守，建立紧急联络机制，如遇突发事件及时上报。

在山东，威海局组织各快递企业积极参与“网络安全进万家”活动。活动中，邮政、圆通、顺丰、中通等快递企业广泛动员快递员，组建“威海网络安全宣传快递员”志愿队伍，发挥快递员“走街串巷”的优势，在收派快递时把网络安全宣传科普知识手册、折页送到市民手中，让广大市民群众充分了解到网络安全知识。同时,依托快递驿站、快递超市等快递终端为载体,扩大网络安全知识宣传覆盖面,进一步筑牢网络安全屏障。

在河南,周口市印发《周口市平安寄递专项行动方案》(以下简称《方案》),部署在全市范围内开展平安寄递专项行动。《方案》明确了平安寄递专项行动的总体要求、行动目标、主要任务、工作措施等内容,要求各县(市、区)各部门通过开展平安寄递专项行动,以寄递渠道安全隐患排查治理为重点,以强化落实寄递安全"三项制度"为基础,以信息化大数据分析研判为支撑,压紧压实企业安全主体责任,构筑寄递渠道安全屏障。《方案》还细化明确了相关部门的管理职责,要求落实属地管理责任,推进寄递安全网格化管理,强化风险评估及综合研判,推动跨部门联合执法,保障寄递渠道安全畅通。

在湖北,宜昌局组织召开全市冬季火灾防控暨安全生产视频调度会,各县市区邮政管理工作部门、各寄递企业负责人参会。传达党中央、国务院和省委、省政府有关领导重要指示批示精神,组织观看安全生产警示教育片。会议强调,各地各部门要认真贯彻落实习近平总书记重要指示精神,以钉钉子精神持续抓好安全生产各项工作,牢牢掌握风险管控的主动权;深入开展重大事故隐患专项排查整治2023行动,认真梳理排查出的安全隐患,建好台账,明确责任时限,分类施策,强力推进整改,对重大隐患,制定整改方案,做到治理责任、措施、资金、期限和应急预案"五落实",确保彻底整改,打好主动仗;督导企业依法建立并落实逐级消防安全责任制,开展常态化安全培训和应急演练,严格落实寄递安全"三项制度",坚决将禁寄物品堵截在寄递渠道之外;各县市区邮政管理工作部门要研判当前安全生产风险,针对性部署安全防范措施,确保管控措施落实到基层一线,做到对企业检查全覆盖、网点检查全覆盖,各企业负责人(安全员)对本企业分支机构、末端网点安全检查做到全覆盖。

在湖南,永州局召开"扫黄打非"工作专题培训会。各县市区邮政快递企业"扫黄打非"相关负责人共90余人参加培训。培训主要围绕当前"扫黄打非"的工作形势、"扫黄打非"工作的重要意义及当前重点任务、非法出版物的鉴别技巧及处置方法、"画像法"等内容进行了详细讲解,并就邮政快递业如何做好"扫黄打非"工作提出了具体要求。会议强调,各寄递企业一要提高思想认识,充分认识新形势下做好"扫黄打非"工作的重要性和紧迫性,不断压实企业主体责任,完善"扫黄打非"管理体系建设;二要提升技防水平,强化对基层一线从业人员的日常培训,利用好收寄验视制度、"画像法"、邮政报刊亭安全责任制等手段,做到应知尽知、应会尽会;三要强化典型引领,积极、主动、高标准开展"扫黄打非"示范点创建,通过基层示范点的引导、带动和辐射作用,不断提高邮政快递业"扫黄打非"整体工作水平。

在广东,深圳局联合深圳市公安局机场分局、深圳市机场公司举办全市邮政快递业X光机安检员培训班。来自全市各品牌寄递企业的近40名安检员参加培训。培训班要求参训人员珍惜学习机会,端正学习态度,变要我学为我要学;认真听课,熟练掌握安检机各项操作技能。同时,希望各寄递企业安检员将此次培训成果同日常工作实践结合起来,做到学有所获、学以致用,全力做好邮件快件安检工作,为行业安全贡献力量。此次培训以"理论+实操"形式进行,重点讲解了X射线仪基础知识、违禁物品图像识别技巧等专业知识,指导对常见违禁品开展应急处置,并组织到违禁品陈列室进行现场观摩,开展违禁品安检识别实际操作培训,进一步丰富寄递企业安检员理论知识,强化实际操作能力。

在广西,百色局与百色市右江区消防、商务、交通等部门组成2个检查小组深入辖区邮件快件处理场所开展行业消防安全联合检查。两个检查小组分别深入右江城区顺丰、圆通、申通和邮政、中通、丹鸟(菜鸟)等寄递企业邮件快件处理场所，重点查看企业消防器材配备情况、电动车充电，消防安全管理制度落实及日常开展应急演练等情况，对检查发现的部分灭火器材设备不符合标准、电动车停放在经营场所内、配电房的相关制度缺失等问题，责令相关寄递企业限期整改。同时检查组对于丹鸟(菜鸟)快递为每辆电动三轮车配备灭火器的做法给予充分肯定。检查组要求各寄递企业要深刻汲取相关火灾事故教训，进一步增强责任感，全面排查火灾风险隐患，对存在的问题要立即进行整改，同时加强员工的安全教育培训，防止火灾事故发生。

在海南，海口局联合海口市消防救援支队开展“消防宣传进万家”活动，将消防安全宣传贴纸黏贴在邮件快件外包装上，让消防安全知识随邮件快件一起送进千家万户。此次活动紧扣“预防为主 生命至上”主题，消防部门印制18000张消防安全宣传贴纸，海口局组织邮政快递企业快递员“兼职”消防宣传员，把邮件快件变成流动宣传载体，将消防安全常识送上门、送入户，提醒广大群众时刻关注消防安全。

在重庆，五分局组织召开2023年度辖区主要品牌快递企业安全生产负责人述职会议。会议上，辖区主要品牌快递企业安全生产分管负责人依次进行述职发言，对2023年度本人安全生产履职情况、存在问题和2024年度工作计划进行述职。会议强调，各企业一要聚焦领导班子履职尽责，严格落实企业安全生产主体责任，把安全生产工作真正做到实处。二要聚焦全员安全素质提高，落实全员安全生产责任制，明确各部门各岗位人员的职责，坚决守住安全这条红线、底线。三要聚焦安全隐患排查，强化系统管理，统筹企业发展和生产安全，深刻认识安全生产的潜在效益和长远红利，做到安全生产目标同向、责任同心、工作同行。

在四川，甘孜局组织召开全州寄递安全管理工作培训会，邀请相关专家开展授课，邮政、快递企业负责人及安全工作管理人员参加培训。本次培训重点对火灾隐患排查、消防器材使用、做好日常防火，行业禁毒工作、缉枪治爆、扫黄打非、“三项制度”，维护国家安全，提升行业安全管理水平和服务质量等方面做了详细讲解。甘孜局对国家邮政局10月13日安全生产电视电话会议精神进行传达贯彻，就下一步安全生产、森林草原防灭火、行业统计、川货寄递和农村快递服务违规收费问题专项整治、快递进村等工作进行安排部署。

在贵州，安顺局联合公安、国安部门开展平安寄递专项行动检查，进一步强化寄递渠道安全管理，集中整治寄递渠道安全隐患，严厉打击寄递违法行为。此次专项行动中，检查组深入市区中通、韵达、申通和顺丰等快递企业和末端网点，以寄递渠道安全隐患排查治理为重点，针对各网点落实实名收寄、收寄验视制度、落实平安寄递防范措施等方面开展了监督检查。针对检查中发现的安全问题，下发责令改正通知书，督促企业尽快整改到位，做到闭环销号管理。

在云南，玉溪局联合玉溪市公安局红塔分局和红塔区消防救援部门组织开展全市邮政快递业反恐防暴和消防安全应急演练。邮政、快递企业代表共60余人参加演练。此次演练采用“教学培训＋实战演练”方式开展。邀请公安部门反恐专家对寄递安保反恐防暴措施和应急处置工作进行要点式培训讲解，模拟快件处理场所突发暴恐事件，演练模拟快递员在操作过程中发现并受到“不法分子”持刀威胁和伤害等流程。公安部门专业人员结合现场演练情况对企业有序地开展先期处置、应急响应启动、人员撤离等工作进行了分析指导。消防部门专业人员结合邮政、快递业特点，对消防器材检查、使用和火场自救等事项进行了详细讲解，模拟火灾事故场景，指导企业人员现场操作手提式灭火器等各类消防器材及进行火源扑灭实操。玉溪局结合反恐防暴和消防安全应急演练内容对落实企业主体责任，完善应急预案，做好应急演练，强化员工安全意识教育培训等方面工作进行了再安排、再部署。

在西藏，拉萨局联合西藏自治区邮政安全监督管理办公室、拉萨市公安局，开展成都大运会期间寄递安全服务保障专项督导。督导组深入全市主要寄递企业总部和基层网点，采取实地查看、现场询问和检查台账等方式，详细检查企业寄递安全“三项制度”落实、重大风险隐患排查整治、平安寄递专项行动开展和从业人员管理等情况。

在陕西，榆林市出台《关于进一步加强邮件快件寄递安全管理工作的实施意见》(以下简称《意见》)，进一步强化寄递安全联合监管工作。《意见》提出：一是强化寄递安全监管，严格落实实名收寄、收寄验视、过机安检“三项制度”。二是加强生产安全管控，强化落实《邮政业安全生产设备配置规范》《寄递企业安防要求》等规范、标准，制作“邮政快递业生产作业场所安全公示牌”，不断提升安全生产本质水平。三是强化消防安全管理，扎实落实《榆林邮政快递业消防安全八条措施》要求，确保行业企业消防安全水平全面提升。四是夯实信息安全基础，规范邮政快递与电子商务数据互联共享，加强寄递领域个人信息安全治理。五是注重行业稳定发展，贯彻落实《关于做好快递员群体合法权益保障工作实施方案》精神，确保不发生重大群体性事件。六是加强应急能力建设，将寄递安全和应急管理工作纳入地方安全生产和应急管理体系，加强应急预案的统一规划、衔接协调和分类分级管理。七是压实企业主体责任，坚持谁的资质谁负责、谁的品牌谁负责，按照《榆林快递企业法人主体责任清单(试行)》精神，强化安全保障统一管理责任。八是严厉打击涉邮犯罪，加强寄递安全行政执法与刑事司法衔接，完善与检察公益诉讼的协作机制，强化寄递安全违法线索通报、涉嫌犯罪案件移送与协查处理。

在甘肃，张掖市邮政业安全中心结合第十二个全国交通安全日，以“文明交通 · 你我同行”为主题，联合张掖市公安局甘州区交警大队举办了邮政快递业从业人员交通安全教育培训。中国邮政张掖市分公司、各品牌快递企业负责人、安全管理人员及车辆管理人员50余人参加培训。培训会上，交警大队警官针对快递员在邮件快件揽派过程中存在的闯红灯、不按规定车道行驶、疲劳驾驶、无证驾驶、未按规定佩戴头盔、车辆保养不当等问题，结合身边的交通安全事故案例开展了深入系统培训。培训要求，一是各寄递企业要定期开展车辆驾驶员安全内部培训，认真学习道路交通安全法律法规，自觉遵法守规、安全文明出行。驾驶员应具备相应的驾驶资质，驾驶派件车辆不打电话、不刷微信，不分心驾驶。坚决抵制闯红灯、逆行、超速、酒驾等交通违法行为。停放派件车辆，要选择施划停车位，不乱停乱放，影响过往车辆和行人通行。二是干线车辆行驶过程中，应关注车厢封闭有效性，防止车厢门异常开启，车辆定位系统和监控系统应处于正常开启状态。三是运输车辆驾驶室应配备2公斤以上的干粉灭火器和远程视频监控设备，货箱宜配备阻燃箱，往来寒冷地区冬季可配备三脚木、防滑链条等防护装置，以便应对突发事件和极端特殊天气。

在青海，海东局在积石山地震发生后立即响应、快速行动，开展全行业灾情风险排查和应急处置工作。海东局连夜对辖区行业受灾情况进行全面摸排，重点对临近震源的民和县、循化县、化隆县的各邮政和快递企业进行电话了解，第一时间掌握情况、第一时间调度处置、第一时间核实上报，并采取有力措施：一是现场摸排应对处置，主要负责同志带队赴民和县、循化县、化隆县摸排邮政快递企业房屋受损情况，现场调度处置，采取相应避险措施确保次生灾害受损情况发生，确保行业人员财产安全。二是畅通信息报送机制，各县区指定邮政公司主管、快递企业工会主席负责，畅通上下联动信息反馈渠道，实时收集企业受损、邮快件积压、邮路通行等情况，指导企业积极采取应对措施，在确保自身安全的前提下，保障邮快件正常配送。三是开展安全隐患排查，结合地震灾害影响和今冬明春防火用电安全相关工作，要求各寄递企业立即开展震后风险排查和安全隐患排查，确保行业安全稳定运行，并积极配合各县区政府及相关部门做好地震灾害影响的相关善后工作。同时，海东局积极引导行业发挥作用助力辖区灾后生活物资配送保障，民和县快递行业工会积极响应政府号召，紧急成立物资运输小队，从民和县城往官亭镇运输方便面、矿泉水、牛奶等应急物资。

在宁夏，中卫局分层分类、多措并举，开展安全生产警示教育活动。一是机关干部集中学。依托局机关集中学习平台，开设安全生产警示教育专栏，学习自治区党委十三届四次全会及安全生产“1 +37 +8”系列文件精神、安全生产警示教育案例等，引导全体干部职工准确把握核心内容，深刻吸取事故教训，牢固树立安全生产底线思维和红线意识，扎实开展行业领域安全生产工作，提高履职尽责能力。二是行业企业集体学。在全市邮政快递行业安全生产季度例会上，组织邮政快递企业负责人和安全员集中观看《生命重于泰山》电视专题片、行业事故案例等视频资料，传达学习国务院、自治区、中卫市安委会、消安委会关于重特大、典型安全生产事故案例的通报及吸取教训、加强防范的通知要求等文件精神，引导企业增强安全生产意识，扛牢安全生产责任，筑牢安全生产防线。三是企业内部全员学。印发《中卫市邮政快递业全员安全培训工作方案》，督促各邮政快递企业落实安全培训主体责任，健全完善符合本企业实际的安全培训制度机制，紧扣自治区党委第十三届四次全会精神及“1 +37 +8”文件要求、安全生产法律法规、行业安全规章制度和操作规程、寄递安全“三项制度”、消防、交通等必备的安全生产知识、岗位安全操作技能、事故应急处理措施等内容，结合处理场所、营业场所特征，对从业人员进行全面安全培训，做到从业人员应学尽学、应训尽训。

在新疆，昌吉局联合昌吉州物流及邮政业安全中心、石河子市物流业安全中心和各县市监管力量开展寄递安全监督检查。检查组深入寄递企业现场，通过查阅台账资料、现场检查、提问等方式，聚焦消防安全、生产安全、寄递安全、交通安全等重点工作，对企业安全生产各项工作进行了细致检查。针对检查中发现的问题，检查组逐一提出整改意见，对于能够立行立改的，要求立即整改到位；对于不能立即整改到位的，要求限期完成整改。检查组强调，一是突出排查火灾隐患，确保消防安全。要严格落实消防安全主体责任，严格执行消防安全相关规定，强化日常消防安全巡查检查，消除火灾隐患，确保办公、作业场所安全。二是坚决防范作业事故，确保生产安全。要严格执行作业场地“四个全覆盖、五个必须、六个严禁”要求，对整治成果进行全面“回头看”，坚决防范发生作业场地机械伤害事故。三是深入整治违规收寄，确保寄递安全。要严格落实寄递安全“三项制度”。加强从业人员职业教育，坚决把住收寄验视关口，切实防范烟花爆竹、涉枪涉爆、危险化学品等易燃易爆危险物品流入寄递渠道。四是集中整治车辆问题，保障交通安全。要严格落实场地人车分流要求，严格执行交通法规规定和交通交管部门要求，开展冬季车辆交通安全自查，有效管控冬季恶劣天气引发的交通安全风险。

第二章 快递法律规章及规范性文件（2023年颁布施行）

快递市场管理办法

交通运输部令2023年第22号

《快递市场管理办法》已于2023年12月8日经第28次部务会议通过，现予公布，自2024年3月1日起施行。

部长 李小鹏

2023年12月17日

第一章 总 则

第一条 为了加强快递市场监督管理，保障快递服务质量和安全，维护用户、快递从业人员和经营快递业务的企业的合法权益，促进快递业健康发展，根据《中华人民共和国邮政法》《快递暂行条例》等法律、行政法规，制定本办法。

第二条 在中华人民共和国境内从事快递业务经营、使用快递服务以及对快递市场实施监督管理，适用本办法。

第三条 经营快递业务的企业应当遵守法律法规和公序良俗，依法节约资源、保护生态环境，为用户提供迅速、准确、安全、方便的快递服务。

第四条 两个以上经营快递业务的企业使用统一的商标、字号、快递运单及其配套的信息系统的，应当签订书面协议，明确各自的权利义务，遵守共同的服务约定，在服务质量、安全保障、业务流程、生态环保、从业人员权益保障等方面实行统一管理。

商标、字号、快递运单及其配套的信息系统的归属企业，简称为总部快递企业。

第五条 用户使用快递服务应当遵守法律、行政法规以及国务院和国务院有关部门关于禁止寄递或者限制寄递物品的规定，真实、准确地向经营快递业务的企业提供使用快递服务所必需的信息。

第六条 国务院邮政管理部门负责对全国快递市场实施监督管理。

省、自治区、直辖市邮政管理机构负责对本行政区域的快递市场实施监督管理。

按照国务院规定设立的省级以下邮政管理机构负责对本辖区的快递市场实施监督管理。

国务院邮政管理部门和省、自治区、直辖市邮政管理机构及省级以下邮政管理机构，统称为邮政管理部门。

第七条 邮政管理部门对快递市场实施监督管理应当公开、公正，鼓励公平竞争，支持高质量发展，加强线上线下一体化监督管理。

第八条 依法成立的快递行业组织应当维护经营快递业务的企业、快递末端网点和快递从业人员的合法权益，依照法律、法规以及组织章程规定，制定快递行业规范公约，加强行业自律，倡导企业守法、诚信、安全、绿色经营。

第九条 经营快递业务的企业应当坚持绿色低碳发展，落实生态环境保护责任。

经营快递业务的企业应当按照国家规定，推进快递包装标准化、循环化、减量化、无害化，避免过度包装。

第二章 发展保障

第十条 国务院邮政管理部门制定快递业发展规划，促进快递业高质量发展。

省、自治区、直辖市邮政管理机构可以结合地方实际制定本行政区域的快递业发展规划。

第十一条 邮政管理部门会同有关部门支持、引导经营快递业务的企业在城乡设置快件收投服务场所和智能收投设施。

邮政管理部门支持在公共服务设施布局中统筹建设具有公共服务属性的收投服务场所和智能收投设施。

邮政管理部门对快递服务类型和快递服务设施实施分类代码管理。

第十二条 国务院邮政管理部门会同国家有关部门支持建设进出境快件处理中心，在交通枢纽配套建设快件运输通道和接驳场所，优化快递服务网络布局。

第十三条 邮政管理部门支持创新快递商业模式和服务方式，引导快递市场新业态数字化、智能化、规范化发展，加强服务质量监督管理。

第三章 绿色低碳发展

第十四条 邮政管理部门应当引导用户使用绿色包装和减量包装，鼓励经营快递业务的企业开展绿色设计、选择绿色材料、实施绿色运输、使用绿色能源。

第十五条 经营快递业务的企业应当加强包装操作规范，运用信息技术，优化包装结构，优先使用产品原包装，在设计、生产、销售、使用等环节全链条推进快递包装绿色化。

第十六条 经营快递业务的企业应当优先采购有利于保护环境的产品，使用符合国家强制性标准的包装产品，不得使用国家禁止使用的塑料制品。

第十七条 经营快递业务的企业应当积极回收利用包装物，不断提高快递包装复用比例，推广应用可循环、易回收、可降解的快递包装。

第四章 市场秩序

第十八条 经营快递业务的企业应当在快递业务经营许可范围内依法经营快递业务，不得超越许可的业务范围和地域范围。

经营快递业务的企业设立分支机构，应当向邮政管理部门备案，报告分支机构的营业执照信息。

第十九条 经营快递业务的企业不得以任何方式委托未取得快递业务经营许可的企业经营快递业务。

经营快递业务的企业不得以任何方式超越许可范围委托、受托经营快递业务。

第二十条 总部快递企业依照法律、行政法规规定，对使用其商标、字号、快递运单及其配套的信息系统经营快递业务的企业实施统一管理，履行统一管理责任。

总部快递企业应当建立规范化标准化管理制度和机制，对使用其商标、字号、快递运单及其配套的信息系统经营快递业务的企业实施合理的管理措施，保障向用户正常提供快递服务。

第二十一条 经营快递业务的企业不得实施下列行为：

（一）明知他人从事危害国家安全、社会公共利益或者他人合法权益活动仍配合提供快递服务；

（二）违法虚构快递服务信息；

（三）出售、泄露或者非法提供快递服务过程中知悉的用户信息；

（四）法律、法规以及国家规定禁止的其他行为。

第五章 快 递 服 务

第二十二条 经营快递业务的企业应当按照法律、行政法规的规定，在门户网站、营业场所公示或者以其他明显方式向社会公布其服务种类、服务地域、服务时限、营业时间、资费标准、快件查询、损失赔偿、投诉处理等服务事项。

经营快递业务的企业公示或者公布的服务地域，应当以建制村、社区为基本单元，明确服务地域范围。鼓励经营快递业务的企业以县级行政区域为基本单元公布资费标准，明确重量误差范围。

除不可抗力外，前两款规定的事项发生变更的，经营快递业务的企业应当提前10日向社会发布服务提示公告。

第二十三条 经营快递业务的企业为电子商务经营者交付商品提供快递服务的，应当书面告知电子商务经营者在其销售商品的网页上明示快递服务品牌，保障用户对快递服务的知情权。

第二十四条 经营快递业务的企业提供快递服务，应当与寄件人订立服务合同，明确权利和义务。经营快递业务的企业对不能提供服务的建制村、社区等区域，应当以醒目的方式提前告知寄件人。

第二十五条 经营快递业务的企业应当采取有效技术手段，保证用户、邮政管理部门能够通过快递运单码号或者信息系统查知下列内容：

（一）订立、履行快递服务合同所必需的用户个人信息范围以及处理个人信息前应当依法告知的事项；

（二）快递服务承诺事项以及投递方式和完成标准；

（三）快递物品的名称、数量、重量；

（四）该快件的快递服务费金额；

（五）服务纠纷的解决方式。

用户查询前款规定的信息的，经营快递业务的企业应当按照《中华人民共和国个人信息保护法》的要求采取措施防止未经授权的查询以及个人信息泄露。

第二十六条 经营快递业务的企业应当建立服务质量管理制度和业务操作规范，保障服务质量，并符合下列要求：

（一）提供快递服务时，恪守社会公德，诚信经营，保障用户的合法权益，不得设定不公平、不合理的交易条件，不得强制交易；

（二）提醒寄件人在提供快递运单信息前，认真阅读快递服务合同条款、遵守禁止寄递和限制寄递物品的有关规定，告知相关保价规则和保险服务项目；

（三）依法对寄件人身份进行查验，登记身份信息，寄件人拒绝提供身份信息或者提供身份信息不实的，不得收寄；

（四）对寄件人交寄的信件以外的物品进行查验，登记内件品名等信息，寄件人拒绝提供内件信息或者提供的内件信息与查验情况不符的，不得收寄；

（五）在快递运单上如实标注快件重量；

（六）寄件人提供的收寄地址与快件实际收寄地址不一致的，在快递运单上一并如实记录；

（七）按照快件的种类和时限分别处理、分区作业、规范操作，并按规定录入、上传处理信息；

（八）保障快件安全，防止快件丢失、损毁、内件短少，不得抛扔、踩踏快件；

（九）除因不可抗力因素外，按照约定在承诺的时限内将快件投递到收件地址、收件人；

（十）向用户提供快件寄递跟踪查询服务，不得将快件进行不合理绕行，不得隐瞒、虚构寄递流程信息，保证用户知悉其使用快递服务的真实情况；

（十一）法律、行政法规规定的其他要求。

第二十七条 经营快递业务的企业投递快件，应当告知收件人有权当面验收快件，查看内件物品与快递运单记载是否一致。快递包装出现明显破损或者内件物品为易碎品的，应当告知收件人可以查看内件物品或者拒收快件。

经营快递业务的企业与寄件人事先书面约定收件人查看内件物品具体方式的，经营快递业务的企业应当在快递运单上以醒目方式注明。

除法律、行政法规另有规定外，收件人收到来源不明的快件，要求经营快递业务的企业提供寄件人姓名（名称）、地址、联系电话等必要信息的，经营快递业务的企业应当提供其掌握的信息。

第二十八条 收件人可以签字或者其他易于辨认、保存的明示方式确认收到快件，也可指定代收人验收快件和确认收到快件。

收件人或者收件人指定的代收人不能当面验收快件的，经营快递业务的企业应当与用户另行约定快件投递服务方式和确认收到快件方式。

经营快递业务的企业未经用户同意，不得代为确认收到快件，不得擅自将快件投递到智能快件箱、快递服务站等快递末端服务设施。

第二十九条 经营快递业务的企业应当按照法律、行政法规处理无法投递又无法退回的快件（以下称无着快件），并建立无着快件的核实、保管和处理制度，将处理情况纳入快递业务经营许可年度报告。

经营快递业务的企业处理无着快件，不得有下列行为：

（一）在保管期限内停止查询服务；

（二）保管期限未届满擅自处置；

（三）牟取不正当利益；

（四）非法扣留应当予以没收或者销毁的物品；

（五）法律、行政法规禁止的其他行为。

第三十条 经营快递业务的企业应当建立健全用户投诉申诉处理制度，依法处理用户提出的快递服务质量异议。

用户对投诉处理结果不满意或者投诉没有得到及时处理的，可以提出快递服务质量申诉。

邮政管理部门对用户提出的快递服务质量申诉实施调解。经营快递业务的企业应当依法处理邮政管理部门转告的申诉事项并反馈结果。

第六章 安全发展

第三十一条 经营快递业务的企业应当建立健全安全生产责任制，加强从业人员安全生产教育和培训，履行法律、法规、规章规定的有关安全生产义务。

经营快递业务的企业的主要负责人是安全生产的第一责任人，对本单位的安全生产工作全面负责。其他负责人对职责范围内的安全生产工作负责。

总部快递企业应当督促其他使用与其统一的商标、字号、快递运单及其配套的信息系统经营快递业务的企业及其从业人员遵守安全自查、安全教育、安全培训等安全制度。

第三十二条 经营快递业务的企业应当遵守收寄验视、实名收寄、安全检查和禁止寄递物品管理制度。任何单位或者个人不得利用快递服务从事危害国家安全、社会公共利益、他人合法权益的活动。

第三十三条 新建快件处理场所投入使用的，经营快递业务的企业应当按照邮政管理部门的规定报告。

第三十四条 经营快递业务的企业使用快件处理场所，应当遵守下列规定：

（一）在有较大危险因素的快件处理场所和有关设施、设备上设置明显的安全警示标志，以及通信、报警、紧急制动等安全设备，并保证其处于适用状态；

（二）配备栅栏或者隔离桩等安全设备，并设置明显的人车分流安全警示标志；

（三）对场所设备、设施进行经常性维护、保养和定期检测，并将检查及处理情况形成书面记录；

（四）及时发现和整改安全隐患。

第三十五条 经营快递业务的企业在生产经营过程中，获取用户个人信息的范围，应当限于履行快递服务合同所必需，不得过度收集用户个人信息。

经营快递业务的企业应当依法建立用户个人信息安全管理制度和操作规程，不得实施下列行为：

(一)除法律、行政法规另有规定或者因向用户履行快递服务合同需要外，未经用户同意，收集、存储、使用、加工、传输、提供、公开用户信息；

(二)以概括授权、默认授权、拒绝服务等方式，强迫或者变相强迫用户同意，收集、使用与经营活动无关的用户信息；

(三)以非正当目的，向他人提供与用户关联的分析信息；

(四)法律、行政法规禁止的其他行为。

第三十六条 经营快递业务的企业应当建立快递运单(含电子运单)制作、使用、保管、销毁等管理制度和操作规程，采取加密、去标识化等安全技术措施保护快递运单信息安全。

经营快递业务的企业应当建立快递运单码号使用、销毁等管理制度，实行码号使用信息、用户信息、快递物品信息关联管理，保证快件可以跟踪查询。

任何单位和个人不得非法使用、倒卖快递运单。

第三十七条 经营快递业务的企业委托其他企业处理用户个人信息的，应当事前进行用户个人信息保护影响评估，并对受托企业处理个人信息的活动进行监督，不免除自身对用户个人信息安全承担的责任。

第三十八条 经营快递业务的企业应当及时向邮政管理部门报送生产经营过程中产生的与安全运营有关的数据信息。

经营快递业务的企业按照前款规定报送数据信息的，应当保证数据真实、准确、完整，报送方式符合国务院邮政管理部门的要求，不得漏报、错报、瞒报、谎报。

第三十九条 总部快递企业应当建立维护服务网络稳定工作制度，维护同网快递企业的服务网络稳定，并符合下列要求：

(一)实施服务网络运行监测预警和风险研判制度；

(二)建立健全应急预案；

(三)制定经营异常网点清单；

(四)及时有效排查化解企业内部矛盾纠纷，有效应对处置影响企业服务网络稳定的突发事件。

经营快递业务的企业发生服务网络阻断的，应当在24小时内向邮政管理部门报告，并向社会公告。

第四十条 总部快递企业按照《快递暂行条例》的规定，在安全保障方面实施统一管理，督促使用与其统一的商标、字号、快递运单及其配套信息系统经营快递业务的企业及其从业人员遵守反恐、禁毒、安全生产、寄递安全、网络与信息安全以及应急管理等方面的规定，符合国务院邮政管理部门关于安全保障方面统一管理的要求。

第七章 监督管理

第四十一条 邮政管理部门依法履行快递市场监督管理职责，可以采取下列监督检查措施：

(一)进入被检查单位或者涉嫌发生违法活动的其他场所实施现场检查；

(二)向有关单位和个人了解情况；

(三)查阅、复制有关文件、资料、凭证、电子数据；

(四)经邮政管理部门负责人批准，依法查封与违法活动有关的场所，扣押用于违法活动的运输工具以及相关物品，对信件以外的涉嫌夹带禁止寄递或者限制寄递物品的快件开拆检查。

第四十二条 邮政管理部门以随机抽查的方式实施日常监督检查，可以依据经营快递业务的企业的信用情况，在抽查比例和频次等方面采取差异化措施。

用户申诉反映的快递服务问题涉嫌违反邮政管理的法律、行政法规、规章的，邮政管理部门应当依法调查和处理。

第四十三条 邮政管理部门工作人员对监督检查过程中知悉的商业秘密或者个人隐私，应当依法予以保密。

第四十四条 国务院邮政管理部门建立快递服务质量评价体系，组织开展快递服务质量评价工作。

邮政管理部门可以依法要求经营快递业务的企业报告从业人员、业务量、服务质量保障等经营情况。

第四十五条 邮政管理部门可以依法采取风险提示、约谈告诫、公示公告等方式指导和督促快递企业合法合规经营。

第四十六条 国务院邮政管理部门或者省、自治区、直辖市邮政管理机构对存在重大经营风险或者安全隐患的经营快递业务的企业实施重点检查，提出整改要求。

第四十七条 经营快递业务的企业快递服务行为发生异常、可能在特定地域范围内不具备提供正常服务的能力和条件的，应当向邮政管理部门报告，并向社会公告。

第八章　法律责任

第四十八条 经营快递业务的企业将快递业务委托给未取得快递业务经营许可的企业经营的，由邮政管理部门责令改正，处5000元以上1万元以下的罚款；情节严重的，处1万元以上3万元以下的罚款。

第四十九条 总部快递企业采取不合理的管理措施，导致使用其商标、字号、快递运单及其配套信息系统经营快递业务的企业不能向用户正常提供快递服务的，由邮政管理部门责令改正，予以警告或者通报批评，可以并处3000元以上1万元以下的罚款；情节严重的，处1万元以上3万元以下的罚款；涉嫌不正当竞争或者价格违法的，将线索移送有关部门。

第五十条 经营快递业务的企业未按规定公示、公布服务地域、服务时限，或者变更服务地域、服务时限未按规定提前向社会发布公告的，由邮政管理部门责令改正，予以警告或者通报批评，可以并处3000元以上1万元以下的罚款；情节严重的，处1万元以上3万元以下的罚款；涉嫌价格违法的，将线索移送有关部门。

第五十一条 经营快递业务的企业不按照公示、公布的服务地域投递快件的，由邮政管理部门责令改正，予以警告或者通报批评，可以并处快递服务费金额1倍至10倍的罚款。

第五十二条 经营快递业务的企业未采取有效技术手段保证用户、邮政管理部门通过快递运单码号或者信息系统查知本办法第二十五条规定的内容的，由邮政管理部门责令改正，予以警告或者通报批评，可以并处3000元以上1万元以下的罚款。

第五十三条 经营快递业务的企业有下列情形之一的，由邮政管理部门责令改正，处1万元以下的罚款；情节严重的，处1万元以上3万元以下的罚款；涉嫌进行非法活动的，将线索移送有关部门：

（一）隐瞒、虚构寄递流程信息的；

（二）虚构快递物品的名称、数量、重量信息的；

（三）虚构快递服务费金额信息的；

（四）寄件人提供的收寄地址与快件实际收寄地址不一致，未在快递运单上一并如实记录的；

（五）未按本办法第二十七条规定向收件人提供寄件人信息的。

第五十四条 经营快递业务的企业有下列情形之一的，由邮政管理部门责令改正，予以警告或者通报批评，可以并处1万元以下的罚款；情节严重的，处1万元以上3万元以下的罚款：

（一）未经用户同意代为确认收到快件的；

（二）未经用户同意擅自使用智能快件箱、快递服务站等方式投递快件的；

（三）抛扔快件、踩踏快件的。

第五十五条 经营快递业务的企业未按规定

配合邮政管理部门处理用户申诉的，由邮政管理部门责令改正，予以警告或者通报批评；情节严重的，并处3000元以下的罚款。

第五十六条 经营快递业务的企业有下列情形之一的，由邮政管理部门责令改正；逾期未改正的，处3000元以下的罚款。法律、行政法规有规定的，从其规定：

（一）未按规定向邮政管理部门报送数据信息或者漏报、错报、瞒报、谎报的；

（二）可能在特定地域范围内不具备提供正常服务的能力和条件，未按规定报告、公告的。

第九章 附 则

第五十七条 本办法自2024年3月1日起施行。交通运输部于2013年1月11日以交通运输部令2013年第1号公布的《快递市场管理办法》同时废止。

国家邮政局关于印发《邮政业标准化管理办法》的通知

各省、自治区、直辖市邮政管理局，国家局直属各单位、机关各司室，全国邮政业标准化技术委员会，中国快递协会，中国邮政集团有限公司，各主要快递企业：

为加强邮政业标准化工作，提高产品和服务质量，促进邮政业高效能治理和高质量发展，根据《中华人民共和国标准化法》等法律、行政法规和部门规章，国家邮政局组织制定了《邮政业标准化管理办法》，现予印发，请遵照执行。

国家邮政局

2023年12月26日

邮政业标准化管理办法

第一章 总 则

第一条 为了加强邮政业标准化工作，提高产品和服务质量，促进邮政业高效能治理和高质量发展，根据《中华人民共和国标准化法》《中华人民共和国邮政法》《快递暂行条例》等法律、行政法规及《交通运输标准化管理办法》，制定本办法。

第二条 邮政业标准的制定、实施、监督、管理及相关活动，适用本办法。

第三条 国务院邮政管理部门依法管理邮政业标准化工作，并受国务院标准化行政主管部门委托对邮政业的标准化技术委员会进行管理和业务指导；按照交通运输标准化管理有关规定衔接综合交通运输标准化工作。

国务院邮政管理部门标准化管理机构负责统筹组织管理邮政业标准化工作，国务院邮政管理部门相关业务机构按照本办法规定分工负责相关业务领域的标准化工作。

省级及以下邮政管理机构依法管理本辖区邮政业标准化相关工作。

全国邮政业的标准化技术委员会等专业标准化技术委员会（以下统称标委会）依法从事邮政业国家标准、行业标准起草和技术审查等标准化工作。

第四条　邮政业标准包括国家标准、行业标准、地方标准、团体标准和企业标准。国家标准分为强制性标准、推荐性标准，行业标准、地方标准是推荐性标准。

法律、行政法规和国务院决定对强制性标准的制定另有规定的，从其规定。

第五条　邮政业标准之间应当协调配套，并衔接综合交通运输标准及铁路、公路、水路、民航标准。推荐性国家标准、行业标准、地方标准、团体标准、企业标准的技术要求不得低于强制性国家标准的相关技术要求。

鼓励制定高于推荐性标准相关技术要求的团体标准、企业标准。鼓励制定具有国际领先水平的团体标准、企业标准。

第六条　符合下列情况之一的，可以制定邮政业标准化指导性技术文件：

（一）技术尚在发展中，需要引导其发展或者具有标准化价值，暂时不能制定为标准的项目；

（二）采用国际标准化组织、万国邮政联盟及其他国际组织技术报告的项目。

邮政业标准化指导性技术文件在相应的国家标准实施后，自行废止。

本办法所称指导性技术文件，是为仍处于技术发展过程中（如变化快的技术领域）的标准化工作提供指南或者信息，供科研、设计、生产、使用和管理等有关人员参考使用而制定的标准文件。

第七条　国务院邮政管理部门积极推动邮政业国际标准化活动，加强标准化对外合作与交流。组织国内利益相关方积极参与邮政领域国际标准制定，结合国情采用国际标准，开展中国邮政业标准的外文翻译和出版工作，推进中国标准与国外标准之间的转化运用。

第八条　鼓励企业、社会团体和教育、科研机构等开展或者参与邮政业标准化工作。

第九条　对在邮政业标准化工作中做出显著成绩的单位和个人，可以按照相关规定申报奖励。

第十条　邮政业标准化工作应当纳入邮政业发展规划和年度计划。

第二章　标准化工作的管理

第十一条　国务院邮政管理部门标准化管理机构承担下列工作：

（一）组织拟定邮政业标准体系、标准化发展规划、年度计划和管理制度；

（二）评估论证邮政业国家标准立项建议，组织评审邮政业行业标准立项申请；

（三）依法开展邮政业国家标准和行业标准复审工作，组织评估标准实施情况；

（四）具体管理标委会，指导其业务工作；

（五）指导国务院邮政管理部门相关业务机构、下级邮政管理部门和邮政业相关单位的标准化工作；

（六）代表邮政行业，组织、参与相应国际、国内标准化活动；

（七）履行国务院邮政管理部门赋予的其他标准化工作职责。

第十二条　国务院邮政管理部门相关业务机构承担下列工作：

（一）配合拟定本业务领域的标准化发展规划和年度计划；

（二）根据本业务领域需要，提出标准立项建议和初审意见；

（三）组织起草、复审本业务领域的国家标准和行业标准；

（四）负责本业务领域国家标准和行业标准的宣传、培训、实施、监督检查和试点示范工作；

（五）负责本业务领域的国际标准和国外先进标准的信息收集与跟踪研究工作；

（六）履行国务院邮政管理部门赋予的其他标准化工作职责。

第十三条　省级及以下邮政管理机构承担下列工作：

（一）在本辖区邮政业发展规划中列入标准化发展相关内容，拟定标准化年度计划，并组织实施；

（二）参与邮政业国家标准、行业标准的起草工作，并负责组织国家标准、行业标准在本辖区的宣传、培训、实施和监督检查工作；

（三）根据需要向同级标准化行政主管部门提出地方标准立项申请，参与拟定邮政业地方标准，并按职责组织本辖区地方标准的宣传、培训、实施和监督检查工作；

（四）依法对本辖区团体标准、企业标准的制定进行规范、引导和监督；

（五）履行国务院邮政管理部门赋予的其他标准化工作职责。

第十四条 标委会承担下列工作：

（一）提出邮政业标准化工作的政策和措施建议；

（二）编制邮政业标准体系，根据社会各方的需求，提出邮政业制修订国家标准项目建议；

（三）受理邮政业国家标准和行业标准的立项申请，并对标准立项申请、征求意见稿、送审稿、报批稿进行形式审查；

（四）受国务院邮政管理部门委托，开展强制性标准起草、技术审查工作；

（五）开展邮政业推荐性国家标准和行业标准的起草、征求意见、技术审查和复审工作，以及国家标准外文版的组织翻译和审查工作；

（六）开展标准起草人员的培训，协助开展邮政业国家标准和行业标准的宣传、培训、试点示范等实施工作；

（七）受国务院标准化行政主管部门委托承担归口国家标准的解释工作，受国务院邮政管理部门委托承担邮政行业标准的解释工作；

（八）开展邮政业国家标准和行业标准实施情况的评估、研究分析工作；

（九）开展邮政业国内外标准一致性比对分析，跟踪、研究邮政业国际标准化的发展趋势和工作动态；

（十）承担国务院邮政管理部门委托的其他标准化技术工作。

第三章 国家标准和行业标准的制定

第十五条 下列邮政业技术要求应当制定标准：

（一）基础通用标准：标准化导则、术语、分类与代码、编码、其他（符号、代号、标识、封面书写规范等）；

（二）服务保障标准：设施设备（含工程技术规范、设计指南等）、用品用具、职业能力等；

（三）服务运行标准：产业协同作业、绿色作业、安全作业、智能技术应用等；

（四）服务提供标准：服务质量、服务评价等；

（五）信息化标准：基础数据元、信息安全、监管信息化、产业协同信息化、信息化系统平台等。

第十六条 邮政业国家标准和行业标准实行立项公开征集制度。单位和个人均可以提出标准立项建议和标准草案。立项建议包括标准名称、标准研制的目的和意义、主要研究内容、经费预算、制修订周期等内容。

邮政业国家标准和行业标准立项建议由国务院邮政管理部门相关业务机构提出初审意见，国务院邮政管理部门标准化管理机构结合初审意见组织专家评审。

对拟立项的行业标准，由国务院邮政管理部门审议批准后予以立项。对拟立项的国家标准，由国务院邮政管理部门审议同意后，报国务院标准化行政主管部门申请立项。

第十七条 邮政业标准起草应当组建具有专业性和广泛性的起草工作组，开展广泛调研、深入研讨、实验论证。

标准制修订从计划下达到报送标准报批稿的期限一般不超过18个月。

第十八条 标准征求意见稿经国务院邮政管理部门相关业务机构对技术内容和关键指标审核后，标委会开展形式审查，组织标委会全体委员研提意见，并发送相关单位广泛征求意见。

强制性标准、重大推荐性标准由国务院邮政管理部门相关业务机构向有关行政主管部门征求意见，并通过国务院邮政管理部门门户网站向社会公开征求意见。

省级及以下邮政管理机构做好本辖区的意见征集工作。

邮政业国家标准征求意见的期限按照国务院标准化行政主管部门的有关规定执行。邮政业行业标准征求意见的期限一般不少于30日。

第十九条 标准起草工作组应当根据意见征集情况对标准征求意见稿及时进行修改完善，形成标准送审稿，报国务院邮政管理部门相关业务机构对技术内容和关键指标进行审核后，由标委会进行形式审查、技术审查。

技术审查可以采用会议审查或者函审的方式。国家标准和重大、涉及专利、分歧意见较多的行业标准，应当采用会议审查的方式。

第二十条 标准起草工作组应当根据审查意见对标准送审稿及时进行修改完善，形成标准报批稿，报国务院邮政管理部门相关业务机构审核后，标委会进行形式审查，由国务院邮政管理部门相关业务机构提交国务院邮政管理部门标准化管理机构进行复核。复核通过后，按照国务院邮政管理部门的规定进行审议。

根据标准化工作需要，可以设立审查组具体承担标准报批前的复核工作。

第二十一条 邮政业国家标准报国务院标准化行政主管部门按照《中华人民共和国标准化法》等有关规定批准发布；行业标准由国务院邮政管理部门编号、发布，报国务院标准化行政主管部门备案。

第二十二条 邮政业标准化指导性技术文件的制定程序，参照邮政业国家标准的制定程序执行。

第二十三条 对邮政业发展急需制修订的国家标准和行业标准，可以按照国务院标准化行政主管部门、国务院邮政管理部门规定的快速程序开展。

第四章 地方标准、团体标准和企业标准的制定

第二十四条 邮政业地方标准发布后相关地方邮政管理部门应当将有关工作情况报送国务院邮政管理部门。

第二十五条 邮政业团体标准制定或者发布后，相关地方邮政管理部门应当将有关工作情况报送国务院邮政管理部门。

第二十六条 鼓励邮政企业、快递企业建立企业标准体系，制定企业标准化发展规划，开展企业标准制定工作。企业标准制定应当按照国务院标准化行政主管部门的相关规定执行。

第二十七条 支持实施效果良好且符合国家标准、行业标准制定要求的地方标准、团体标准和企业标准依据相关规定转化为邮政业国家标准或者行业标准。

第五章 标准的实施与监督

第二十八条 标准发布后，国务院邮政管理部门相关业务机构、省级及以下邮政管理机构、邮政企业、快递企业、相关社会团体等应当以多种方式，及时开展邮政业标准宣传和培训工作。

第二十九条 邮政业强制性标准一经批准发布，必须执行，不符合强制性标准的产品和服务，不得生产、销售、进口和提供。

第三十条 邮政企业、快递企业、邮政业用品用具生产企业应当公开其执行的强制性标准、推荐性标准、团体标准或者企业标准的编号和名称。鼓励在标准信息公共服务平台公开的同时，通过企业官网、服务承诺等方式，或者在产品说明书、包装物上向社会公开。

企业执行自行制定的企业标准的，还应当公开产品、服务的功能指标和产品的性能指标。

企业应当按照标准组织生产经营活动，其生产的产品、提供的服务应当符合企业公开标准的技术要求。

第三十一条 鼓励邮政业产品、服务的提供者，向经国务院认证认可监督管理部门批准的认证机构申请产品、服务认证，证明其产品、服务符合邮政业标准要求。

第三十二条 国务院邮政管理部门相关业务机构、省级及以下邮政管理机构、行业组织应当按规定组织开展邮政业标准化试点示范工作，传播标准化理念，推广标准化经验，推动全行业运用标准化方式组织生产、经营、管理和服务。

第三十三条 国务院邮政管理部门标准化管理机构应当建立邮政业国家标准和行业标准实施信息反馈和评估机制，根据技术进步情况和行业发展需要适时进行实施效果评估，并组织对标准进行复审。复审结果应当作为修订、废止相关标准的依据。复审周期一般不超过5年。

鼓励通过全国标准信息公共服务平台反馈邮政业国家标准在实施中产生的问题和修改建议。

第三十四条 各级邮政管理部门应当对邮政企业、快递企业执行标准化相关管理规定的下列事项开展监督检查，并定期予以通报：

（一）企业标准制定的情况；

（二）企业执行强制性标准的情况；

（三）企业自愿采用推荐性标准的情况；

（四）企业自我声明公开执行标准的情况。

第三十五条 各级邮政管理部门依据法定职责，对邮政业相关团体标准的制定进行指导和监督，对团体标准的实施进行监督检查。对于举报、投诉的问题，督促相关社会团体妥善解决；如需社会团体限期改正的，移交同级标准化行政主管部门。

第三十六条 企业未依法公开其执行的标准的，各级邮政管理部门可以向同级标准化行政主管部门提出处理意见和建议。

第六章 附 则

第三十七条 本办法自2023年12月26日起施行。

第三章　快递标准（索引）

寄递服务用户个人信息保护要求

https://www.spb.gov.cn/gjyzj/c100009/c100012/202201/a9ce0525855b4c13a743b5de42813233/files/%E5%AF%84%E9%80%92%E6%9C%8D%E5%8A%A1%E7%94%A8%E6%88%B7%E4%B8%AA%E4%BA%BA%E4%BF%A1%E6%81%AF%E4%BF%9D%E6%8A%A4%E8%A6%81%E6%B1%82+YZT+0189%E2%80%942023%EF%BC%88%E5%8D%B0%E5%88%B7%E7%89%88%EF%BC%89.pdf

邮政业交叉带式自动分拣系统技术规范

https://www.spb.gov.cn/gjyzj/c100009/c100012/202201/a9ce0525855b4c13a743b5de42813233/files/%E9%82%AE%E6%94%BF%E4%B8%9A%E4%BA%A4%E5%8F%89%E5%B8%A6%E5%BC%8F%E8%87%AA%E5%8A%A8%E5%88%86%E6%8B%A3%E7%B3%BB%E7%BB%9F%E6%8A%80%E6%9C%AF%E8%A7%84%E8%8C%83%EF%BC%88YZ+0191%E2%80%942023%EF%BC%89-%E5%8F%91%E5%B8%83%E7%A8%BF.pdf

邮件快件农村客运车辆搭载作业要求

https://www.spb.gov.cn/gjyzj/c100009/c100012/202201/a9ce0525855b4c13a743b5de42813233/files/%E9%82%AE%E4%BB%B6%E5%BF%AB%E4%BB%B6%E5%86%9C%E6%9D%91%E5%AE%A2%E8%BF%90%E8%BD%A6%E8%BE%86%E6%90%AD%E8%BD%BD%E4%BD%9C%E4%B8%9A%E8%A6%81%E6%B1%82YZT+0192%E2%80%942023%EF%BC%88%E5%8F%91%E8%A1%8C%E7%89%88%EF%BC%89.pdf

快递包装分类与代码

http://c.gb688.cn/bzgk/gb/showGb?type=online&hcno=09BC262D1B57C49CDC0006564FB1EB8B

快件高铁运输信息交换规范

http://c.gb688.cn/bzgk/gb/showGb?type=online&hcno=97B776E40CA30D2C59B825954775CD21

快递循环包装箱

http://c.gb688.cn/bzgk/gb/showGb?type=online&hcno=0462D4E2FC2B34DAA53031C0FF8BBED1

快递包装重金属与特定物质限量

http://c.gb688.cn/bzgk/gb/showGb?type=online&hcno=621C6A598075F758FB3583BAB61B4167

快递服务　第1部分：基本术语

http://c.gb688.cn/bzgk/gb/showGb?type=online&hcno=0FCD9E8FC051C9DE65BE493E27ED91A7

快递服务　第 2 部分:组织要求

http://c.gb688.cn/bzgk/gb/showGb?type=online&hcno=11F1CFBE52090EEDA5DC79E98EC3CEF1

快递服务　第 3 部分:服务环节

http://c.gb688.cn/bzgk/gb/showGb?type=online&hcno=A47355CEF08AFBF7CBDB2E5C8C590532

第四章　快递政策

中央财办等部门关于推动农村流通高质量发展的指导意见

中财办发〔2023〕7号

各省、自治区、直辖市和新疆生产建设兵团党委财办、农办、商务主管部门、农业农村（农牧）厅（局、委）、发展改革委、财政厅（局）、交通运输厅（局、委）、市场监管局（厅、委）、邮政管理局：

乡村既是巨大的消费市场，又是巨大的要素市场，农村流通是现代流通体系的重要组成部分。为加快建设高效顺畅的农村现代流通体系，推进农村流通设施和业态全面融入现代流通体系，促进农村流通高质量发展，提出如下指导意见。

一、重大意义

农村流通体系连接城乡生产和消费，加快农村流通高质量发展，是构建以国内大循环为主体、国内国际双循环相互促进的新发展格局、建设全国统一大市场的必然要求，是畅通国民经济循环、促进商品和资源要素有序流动的迫切需要，是建设高效顺畅现代流通体系、推动城乡融合发展、扩大国内消费需求的有力举措，是促进农业发展、农村繁荣、农民增收和满足人民群众对美好生活向往的重要支撑，对巩固拓展脱贫攻坚成果、全面推进乡村振兴、加快农业农村现代化具有重大意义。

二、总体要求

（一）工作原则

——坚持因地制宜，精准把握农业农村特点。农村地域辽阔、运营成本高、流通规模效益不均衡，要分类施策、突出重点、多措并举，尽力而为、量力而行、久久为功。产业发达地区重在提质增效、打造品牌，产业发展潜力大的地区重在创造条件、打好基础，产业薄弱地区重在兜底服务、保障基本流通能力。

——坚持问题导向，着力畅通两个“一公里”。围绕工业品下乡“最后一公里”和农产品出村进城“最先一公里”两个突出问题，加快补齐农村流通设施短板，强化节点、打通堵点、补上断点。

——坚持系统观念，加快城乡融合发展。加强顶层设计，统筹推进城乡流通主体融合、渠道融合、要素融合、信息融合，促进资源共享、集约高效。

——坚持守正创新，强化数字赋能。顺应数字经济发展趋势，推动农村流通业态和模式创新，加快农村流通数字化转型、智能化发展，促进生产、流通、消费精准对接、高效交互。

——坚持双轮驱动，提升农村流通效能。充分发挥市场配置资源的决定性作用，鼓励各类流通经营主体按照市场化原则，积极参与农村流通设施建设和运营。更好发挥政府在基础设施建设、公共服务等方面的保障作用。

（二）发展目标

到2025年，农村现代流通体系建设取得阶段性成效，基本建成设施完善、集约共享、安全高效、双向顺畅的农村现代商贸网络、物流网络、产地冷链网络，流通企业数字化转型稳步推进，新业态新模式加快发展，农村消费环境明显改善。到2035

年，建成双向协同、高效顺畅的农村现代流通体系，商贸、物流、交通、农业、供销深度融合，农村流通设施和业态深度融入现代流通体系，城乡市场紧密衔接、商品和资源要素流动更加顺畅，工业品“下行”和农产品“上行”形成良性循环。

三、重点任务

（一）加强农产品仓储保鲜冷链设施建设。统筹规划、分级布局农产品冷链物流设施，着力完善农村冷链仓储、冷链运输、冷链配送网络，积极构建高效顺畅、贯通城乡、安全有序的农产品冷链物流体系。在重点乡镇和中心村，支持农村集体经济组织、家庭农场、农民合作社适度集中建设农产品产地冷藏保鲜设施，促进鲜活农产品降低损耗、错峰销售。在县域重要流通节点，稳步发展农产品产地冷链集配中心，提升分级分拣、加工包装、仓储保鲜、电商直播、市场集散等综合服务能力。鼓励鲜活农产品大县和特色农产品优势区整县推进农产品冷链物流设施建设，全域谋划布局、成网配套设计、整体系统推进建设。支持流通企业建设农产品骨干冷链物流基地，促进农产品供应链转型升级，强化农产品产销对接。推动冷链物流与现代农业、农产品加工、商贸流通融合发展，推广共建共享、合作联营模式。

（二）加快补齐县乡村物流设施短板。坚持集约高效、多站合一、资源共享，科学谋划县域交通物流设施布局，加快推进县、乡、村三级物流节点建设。鼓励各类流通经营主体加强市场化合作，健全完善县域公共配送中心，实现统一采购、仓储、分拣、运输、配送。因地制宜分类分级补齐乡镇物流场站短板，优化提升现有场站，不断提高运营效能。突出抓好村级物流站点布局建设，逐步实现具备条件行政村寄递物流综合服务站全面覆盖。发挥邮政普遍服务网络在中西部边远地区的基础支撑作用，满足当地基本寄递需求。科学布局建设化肥等重要农资骨干仓储设施，推进重要节点和粮食主产区农资仓储设施建设，完善县乡村三级农资经营服务网络。健全农村粮食物流服务网络。深入推进“四好农村路”高质量发展，提高农村公路“建管养运”水平。加强农村新能源汽车充换电基础设施建设，推动农村交通绿色低碳转型，降低流通成本。

（三）合理优化商贸流通设施布局。实施县域商业建设三年行动，着力构建以县城为中心、乡镇为重点、村为基础、分工合理、布局完善的城乡一体现代商贸流通设施网络。加强县乡商贸中心、超市升级改造，支持邮政快递、供销社、电商平台、连锁商贸企业通过多种方式改造传统农村商贸网点，推动农村商贸流通设施提档升级，实现具备条件地区县城有综合商贸服务中心、乡镇有商贸中心、村庄有商业服务。改造提升农产品产地市场、传统集贸市场，拓展包装、加工、数字化等服务，增强商品流通和便民、惠民服务功能。打破行政区划界限规划建设农产品批发市场，打造交易规模大、管理规范、辐射面广、公益性强的骨干农产品批发市场网络。引导县城综合商贸服务中心、购物中心、大型商超通过连锁加盟等方式向乡村延伸营销服务，促进城乡商贸流通企业协同化、网络化经营。

（四）推动城乡流通深度融合。统筹城乡商贸流通、交通运输、物流配送、邮政快递设施建设营运，促进城乡商业连锁经营、交通设施互联互通、城乡物流有机衔接，着力构建高效顺畅的城乡流通网络，逐步把农村流通设施融入现代流通体系。推动流通主体深度融合，鼓励邮政快递、供销社、运输、物流、电商、商贸流通企业在县级以下合作经营，创造规模效益。开展信息消费助力乡村振兴，鼓励平台企业等经营主体参与农村流通设施建设。推动流通渠道深度融合，充分利用农村邮政快递、商贸、客运资源，深化邮快合作、快快合作、商快合作和客货邮融合发展，鼓励有条件的地区构建乡村末端物流线路共享系统，大力发展共同配送。加强农超对接、产地销地对接，打通工业品下乡和农产品出村进城双向渠道。实施供销社县域流通服务网络提升行动，增强农资、日用品下乡和农产品出村进城“一网多用、双向流通”综合服务功能。推动流通要素深度融合，整合平台、场地、车辆、人员等资源，有效降低流通成本。在确保安全前提下发展农村客运车辆代运邮件快件，推广农村物流“货运班线”和农村客货邮融合车型。推动流通信息深度融合，鼓励有条件的地方建设县域智慧流通综合平台，推动县域商流、物流、资金流、信息流一体化，促进生产、分配、流通、消费各环节精准对接。

（五）强化农村流通数字赋能。加快推进数字乡村建设，实施农村电商高质量发展工程，推进“数商兴农”和“互联网＋”农产品出村进城工程，逐步“让手机成为新农具、让数据成为新农资、让直播成为新农活”。规范发展农村直播电商，打造一批县域电商直播基地、“村播”学院，发展网订店送、即时零售等线下和线上融合新业态。推广农产品电商直采、定制生产等模式，发展农副产品直播电商。综合运用5G、大数据、人工智能等技术改造升级农村流通企业，推动企业数字化转型。定期举办多种形式农村直播电商大赛，提高农村电商创业技能。

（六）培育农村流通龙头企业。引导农村流通企业跨域跨界合作、重组，培育一批辐射面广、带动力强的综合性龙头企业。鼓励平台企业创新商业模式，积极建设面向乡村零售店的共享数字服务系统，助力乡村传统商店升级迭代。发挥县域大型经销商、代理商渠道优势，支持进行市场化整合协作。培育农村新型流通服务企业，为农产品提供包装设计、宣传推广、电商营销等服务，培育优质特色农产品品牌，带动农产品上行。充分发挥供销社系统作用，推进全系统集采集配、联采联销，统筹开展农产品、农资、消费品跨区域流通业务。推动有条件的农资企业向现代农业综合服务商转型。

（七）完善农村流通标准体系。加快农村流通标准制修订，健全基础通用和产业共性技术标准体系，推动农村商贸、交通、物流领域基础设施、装载工具、票证单据、作业规范等相互衔接和应用，推进标准互认和服务互补，促进各运输方式、各物流环节有机衔接。抓紧修订快递服务标准，更好匹配农村快递服务需求。进一步完善农产品生产、采收、分等分级、初加工、包装、标识、储藏保鲜等标准体系，大力发展订单农业，促进农产品生产流通协同发展。完善农村流通企业信用分级分类监管体系。

（八）加强农村流通领域市场监管。探索开展交通、商务、市场监管、邮政管理、税务等综合监管执法，加强部门之间、上下游之间、条块之间的协同监管。依法加强农村快递市场监管，督促快递企业按照法规标准和承诺提供服务，依法整治影响服务质量和市场秩序的突出问题。坚持对各类流通企业一视同仁、平等对待，清理废除妨碍统一市场建设和公平竞争的限制措施，不得给流通企业跨区域经营或迁移设置显性隐性障碍。持续开展产品质量安全监管“护农”行动，强化平台企业商品质量责任，持续整治农村假冒伪劣商品，严守产品质量安全底线。依法打击滥用市场支配地位、低于成本恶意竞争等行为。

四、强化政策支撑

（一）完善财税金融支持政策。各地要用好服务业发展资金支持县域商业体系建设，用好衔接推进乡村振兴补助资金支持农产品产地冷藏保鲜设施建设，并整合地方财政相关补贴和政府专项债券等工具，支持符合条件的农村流通设施建设。各地不得干预连锁企业依法登记和享受总分机构汇总纳税政策，引导流通企业在业务上以盈补亏、在区域上以城补乡，稳妥有序拓展农村流通业务。落实农产品批发市场、农贸市场免征房产税和城镇土地使用税优惠政策。对企业采购农户自产自销农产品增值税抵扣进一步提供便利化服务。加快推动供销社系统改革，坚持为农服务和政事分开、社企分开，推进各级企业公司制改革。鼓励商业银行等金融机构适当增加农村流通领域信贷投放,积极开发适合农产品流通特点的金融产品,支持金融租赁公司、融资租赁公司依法依规向农村商贸流通、冷链物流项目提供融资融物服务,引导社会资本参与农村现代流通体系建设投资。完善农村电子支付环境。鼓励保险公司为农产品流通领域提供更全面、更充分的保险保障。严格落实整车合法装载运输《鲜活农产品品种目录》内产品车辆免收车辆通行费政策。

(二)强化土地、人才支持。在国土空间规划中统筹考虑农产品批发市场、农贸市场、农产品冷链仓储、县级公共配送中心等设施用地,将农村产地冷藏保鲜设施、商贸流通网点、邮政快递网点建设纳入相应层级国土空间规划。鼓励地方政府多渠道解决农产品批发市场用地问题,支持利用农村闲置房屋、废弃厂房或经营性建设用地等开展流通设施建设。强化扶智扶技,加强农村流通领域人员培训,打造大批精通流通专业知识、善用数字技术的农村流通人才。适应农业现代化和农村流通智慧化发展趋势,加大农民生产、加工等技能培训,大力培养农村电商人才,培育掌握专业化生产、数字化经营技术的"新农人"。

五、做好组织实施

(一)加强组织领导。要把农村现代流通体系建设作为五级书记抓乡村振兴的重要内容,纳入各地经济社会发展规划,在现代流通体系建设中统筹谋划推进。发展改革、财政、交通运输、农业农村、商务、市场监管、邮政管理、供销社等部门要加强协调配合,完善工作推进机制,形成工作合力。

(二)压实责任。要强化抓农村流通发展的主体责任,结合各地实际科学制定实施方案,细化实化工作重点和政策措施,扎实有序推进农村流通高质量发展,确保各项任务落到实处。充分发挥现有部门间协调机制作用,及时解决农村流通发展中遇到的问题。

(三)加强宣传引导。深入宣传农村流通发展取得的新进展新成效,总结推广各地农村流通高质量发展的有效模式和好经验好做法,大力宣传引领农村流通业态和模式创新的典型案例,强化典型示范引领。加强农村流通领域政策法规标准宣传,提高农村消费者维权意识。

中央财办
中央农办
商务部
农业农村部
国家发展改革委
财政部
交通运输部
市场监管总局
国家邮政局
2023 年 8 月 3 日

国家邮政局办公室等七部门办公厅(室)关于印发《农村寄递物流体系建设三年行动方案(2023－2025 年)》的通知

国邮办发〔2023〕29 号

各省、自治区、直辖市邮政管理局、财政厅、交通运输厅(局、委)、农业农村(农牧)厅(局、委)、商务主管部门,市场监管局(厅、委),新疆生产建设兵团财政局、交通运输局、农业农村局、商务主管部门、市场监管局,计划单列市财政厅(局),各省、自治区、直辖市及计划单列市、新疆生产建设兵团供销合作社:

为全面贯彻落实党的二十大和中央农村工作会议精神，深入落实《国务院办公厅关于加快农村寄递物流体系建设的意见》（国办发〔2021〕29号）和《中央财办等部门关于推动农村流通高质量发展的指导意见》（中财办发〔2023〕7号）等文件要求，全面完成至2025年农村寄递物流体系建设的任务目标，国家邮政局等7部门研究制定了《农村寄递物流体系建设三年行动方案（2023－2025年）》。现印发给你们，请结合实际，认真贯彻落实。

国家邮政局办公室 财政部办公厅
交通运输部办公厅 农业农村部办公厅
商务部办公厅 国家市场监管总局办公厅
中华全国供销合作总社办公厅
2023年11月29日

农村寄递物流体系建设三年行动方案（2023－2025年）

为全面贯彻落实党的二十大和中央农村工作会议精神，深入落实《国务院办公厅关于加快农村寄递物流体系建设的意见》（国办发〔2021〕29号）和《中央财办等部门关于推动农村流通高质量发展的指导意见》（中财办发〔2023〕7号）等文件要求，全面完成至2025年农村寄递物流体系建设的任务目标，制定本行动方案。

一、总体要求

以习近平新时代中国特色社会主义思想为指导，坚持以人民为中心的发展思想，坚持城乡融合发展，坚持创新驱动发展，对标农村基本具备现代化生活条件，加快补齐农村寄递物流基础设施短板，加快构建更高质量的农村寄递物流体系，为持续巩固拓展脱贫攻坚成果、全面推进乡村振兴、加快农业农村现代化提供强大助力。

到2025年，开放惠民、集约共享、安全高效、双向畅通的农村寄递物流体系基本形成，网络规模、创新能力、服务水平、治理效能等方面实现新跃升，实现县县有中心、乡乡有网点、村村有服务，基本实现建制村直接收投邮件快件，使农产品运得出、消费品进得去，更好满足乡村产业振兴和农村居民生产生活需求。

二、加快健全县乡村寄递服务网络

（一）建强县级寄递配送中心。县级邮件快件处理场所是县乡村三级寄递物流体系的关键基础设施。根据寄递物流需求和发展条件，各企业要因地制宜升级改造、建强用好县级邮件快件处理场所，有条件的地区可以建设县级寄递公共配送中心。引导企业将邮件快件处理场所、供销合作社仓储物流设施等升级改造成县级寄递配送中心。引导各地结合实际，在交通便利、有利各流通主体融合发展的位置建设县级寄递公共配送中心、物流配送中心，拓展分拣、仓储、冷链、电商直播等功能，提供多样化综合服务。支持县级寄递公共配送中心配备自动化分拣系统，实现直接分拣到村。

（二）完善乡镇寄递服务设施。乡镇寄递服务设施是乡镇寄递服务的重要节点。鼓励有条件的快递企业自设乡镇快递网点，引导快递企业在业务量较少且不能实现县级直接分拣投递到村的地区，共建共用乡镇综合服务场站。可以规划建设或者利用邮政营业处理场所、汽车客运站、农村电商、供销社等场地改造建设成乡镇综合服务场站，承接进村快件的分拣、运输、投递等服务，提升辐射到村服务能力。

（三）全面建设村级寄递物流综合服务站。村级寄递物流综合服务站（村邮站）是打通快递下乡进村“最后一公里”和农产品出村进城“最先一公里”的重要依托。鼓励村级寄递物流综合服务站（村邮站）提供邮政、快递、供销社、电商、便民服务、公益服务等综合服务，实现“多站合一、一点多能、一网多用”。村级寄递物流综合服务站（村邮站）建设要因地制宜、分类施策，可以利用便利店、益农信息社、电商服务点、闲置房屋等改造一批；快递服务需求尚不足的地区可以先由村委会、党群服务中心等代办兜底一批。至 2025 年要基本实现“一村一站”目标，有条件的可以“一村多站”，并逐步向较大人口规模自然村（组）延伸。

三、不断深化创新驱动科技赋能

（四）支持新技术创新应用。鼓励邮政、快递企业和社会资本加大研发投入，加强服务农村寄递高质量发展的技术研发，提升支撑农村寄递需求的技术创新能力。加快研发推广更好满足县级分拣需要的高性价比自动化分拣设备。鼓励邮政、快递企业对县级分拣处理设备实施信息化、自动化、智能化升级改造。鼓励探索发展末端无人机、无人车、智能快件箱（信包箱）投递。推广通用寄递地址编码。

（五）强化信息化支撑。鼓励有条件的地区建设寄递共同配送数据信息交换平台，在保障数据安全的前提下，打通接口，实现快件信息全流程跟踪追溯。开展共同配送的，合作委托方依法向受托方提供投递快件所必需的名址和电话号码，合作各方应做好用户个人信息保护。

四、切实发挥市场主体作用

（六）压实快递企业主体责任。快递企业应坚持守法经营、诚信服务，按约定将快件投递至建制村。快递企业应落实农村地区按址投递服务承诺制度，根据对用户承诺加强农村地区服务管理，实现前端接单地址与后端投递服务能力相匹配。快递企业要严格落实行业安全制度，保障寄递安全。

（七）发挥邮政企业基础支撑作用。邮政企业要做强寄递主业，巩固提升建制村直接通邮成果，优化邮政服务供给，确保邮政普遍服务包裹和快递包裹投递到村。邮政企业要加大投入，加快实现农村邮路汽车化，增强末端投递能力，同时要完善邮政企业与快递企业服务标准衔接，提升邮快合作质效。在中西部、边远地区要注重发挥邮政普遍服务网络基础支撑作用，以邮快合作方式助推快递进村，满足用户基本寄递需求。

（八）鼓励多元主体协同发展。支持邮政、快递企业因地制宜选择农村寄递末端合作模式，支持邮政、快递、交通运输、供销社、电商等各类资源整合，实现设施共建、资源共享，降低县域寄递成本。充分发挥农村客运网络覆盖广、通达深的优势，加强资源统筹利用，深入推动农村客货邮融合发展。鼓励具备条件的地区将县级汽车客运站改造为寄递公共配送中心，在确保安全、保障农村居民乘车需求的前提下发展农村客运车辆代运邮件快件。政府投资发展共同配送的，应体现企业自愿的原则，公平选拔具备相应能力的牵头主体，确保规范、有序运行。

（九）助力农村市场主体发展。鼓励邮政、快递企业加强与农村集体经济主体、合作社、大农户合作，在需求较大的村直接设立服务网点，或者为寄递业务量较大的客户提供上门收寄服务，对寄递业务量大的地区开通专线服务。支持企业通过保温箱、冷藏车等提供生鲜、冷链寄递服务；对易损耗的农特产品，提供定制化绿色化包装，缩短寄递时效。组织开展农村电商快递协同发展示范创建工作。

五、保障措施

（十）丰富政策供给。在国土空间规划中统筹考虑和依法保障县级寄递配送中心、邮件快件处理场所、物流配送中心建设用地。落实中央与地方财政事权和支出责任划分有关要求，县级政府可以通过现有资金渠道，鼓励多元投入，支持农村寄递物流基础设施建设。及时将符合条件的农村寄递物流基础设施项目纳入乡村建设项目库和乡村建设任务清单，有序安排实施。鼓励设立农村寄递物流公益性岗位，优先解决脱贫家庭（防止返贫监测对象）、老弱病残群体等就业问题。

（十一）强化农村快递市场监管。优化快递业务经营许可管理，组织开展快递业务经营许可合规集中治理。强化邮政管理与市场监管等部门协同监管、联合监管，依法打击快递市场存在的不正当竞争行为，共同维护农村快递市场秩序。严肃查处不按约定方式投递和农村地区快递违规收费问题。加强政策法规标准宣传，提高农村消费者维权意识，完善消费者申诉处理机制。切实发挥市（地）级邮政管理部门等作用，把问题发现在基层、解决在基层。

（十二）完善工作机制。要积极与地方政府协调，把农村寄递物流体系建设作为乡村建设的重要内容，纳入本地区经济社会发展规划，在现代流通体系建设中统筹谋划推进。财政、交通运输、农业农村、商务、市场监管、邮政管理、供销社等部门要密切配合，完善工作机制，形成工作合力。支持将农村寄递物流体系建设纳入地方各级政府民生实事，确保各项任务落到实处。建立完善农村寄递物流基础台账，省、市级邮政管理部门要对农村寄递物流体系建设情况、快递进村情况实施挂图作战、销号管理。积极开展跨部门联合指导，共同推动工作开展。

国家邮政局办公室　人力资源社会保障部办公厅关于加快推进邮政快递业职业技能等级认定的实施意见

国邮办发〔2023〕30 号

各省、自治区、直辖市邮政管理局、人力资源社会保障厅（局），新疆生产建设兵团人力资源社会保障局，中国快递协会，中国邮政集团有限公司综合部、各主要快递企业：

为加快推进邮政快递业职业技能等级认定工作，根据《中共中央办公厅 国务院办公厅关于加强新时代高技能人才队伍建设的意见》、《人力资源社会保障部关于健全完善新时代技能人才职业技能等级制度的意见（试行）》（人社部发〔2022〕14 号）等有关文件精神和要求，制定本实施意见。

一、总体要求

（一）指导思想。坚持以习近平新时代中国特色社会主义思想为指导，全面贯彻党的二十大精神，认真落实人才强国战略，把职业技能等级认定作为邮政快递业高质量发展的重要支撑，健全邮政快递业技能人才评价制度，拓展技能人才职业发展通道，优化技能人才结构，提升技能人才素质，壮大高技能人才规模，切实保障快递员群体合法权益，助力建设知识型、技能型、创新型劳动者大军，为推动邮政快递业高质量发展和交通强国邮政篇建设提供有力人才支撑。

（二）目标任务。深化职业资格制度改革，建立健全邮政快递业职业技能等级认定工作体系和工作机制，推动职业技能等级制度落实，促进邮政快递业技能人才队伍提质增量，到“十四五”期末，累计新增取得职业技能等级证书不少于 50 万人次，其中新增高技能人才（取得高级工及以上职业技能等级证书）10 万人次。

二、重点工作

（一）全面推行职业技能等级制度。对邮政快递业技能类职业（工种，见附件1），实行技能人才职业技能等级制度，由用人单位和社会培训评价组织按照有关规定组织实施职业技能等级认定，并颁发职业技能等级证书。对邮政快递业设有高级技师的职业（工种），可在其上增设特级技师和首席技师技术职务（岗位），在初级工之下补设学徒工，形成由学徒工、初级工、中级工、高级工、技师、高级技师、特级技师、首席技师构成的“八级工”职业技能等级（岗位）序列（见附件2）。

（二）建立健全职业技能等级评价机构。邮政管理部门要积极对接人力资源社会保障部门，严格按照国家相关要求，充分发挥邮政管理部门人才工作机构、快递协会、邮政快递业人才培养基地、普通高校、职业院校（含技工院校）、职业技能培训机构等资源作用，遴选推荐一批符合相关资质的单位机构，报经人力资源社会保障部门备案成为邮政快递业职业技能等级认定社会培训评价组织，尽快实现省级全覆盖。同时，支持具备条件的邮政、快递企业按照有关规定备案为职业技能等级认定用人单位，面向本单位员工自主开展技能人才评价工作。

（三）规范组织实施和证书颁发。社会培训评价组织和用人单位要严格按照国家职业标准及相关规定，开展备案范围内的职业（工种）的评价认定工作，将邮政快递业职业技能等级认定培训教材及试题库作为培训、评价的主要依据，通过理论知识考试、技能考核、综合评审和竞赛选拔等方式开展评价。对考核合格人员按照人力资源社会保障部统一规定的编码规则和证书样式要求，制作并颁发相应的职业技能等级证书，实现全国范围内查询验证。

（四）建立常态化考核认定机制。社会培训评价组织要根据市场需求和邮政快递业从业人员需要，依据有关规定，按照客观、公正、科学、规范的原则，面向邮政快递业从业人员等开展职业技能等级认定。符合条件的邮政、快递企业等用人单位结合生产经营特点和实际需要，按照有关规定自主开展技能人才评价。鼓励邮政、快递企业在职业技能等级认定工作初期，广泛开展定级考评，根据岗位条件、职工日常表现、工作业绩等，按照有关规定认定职工相应职业技能等级。支持邮政、快递企业将职业技能等级认定与岗位练兵、技术比武、技术攻关、揭榜领题等相结合。鼓励以赛促评，依据国家职业标准举办的职业技能竞赛，按照有关规定对获得优秀等次的选手晋升相应职业技能等级。引导邮政、快递企业定期组织已经完成认定的从业人员开展业务知识和实操技能培训。被派遣劳动者可在用工单位进行职业技能等级认定。

（五）加强职业研究和标准教材建设。邮政管理部门、人力资源社会保障部门要主动适应邮政快递业职业结构变化，指导研究申报邮政快递业新职业新工种，组织相关国家职业标准开发，指导邮政、快递企业制定评价规范。加快邮政快递业职业技能等级认定培训教材及试题库建设，为邮政快递业职业技能等级认定提供服务支持。

（六）强化考评考务人员培养和储备。邮政管理部门、人力资源社会保障部门要督促指导社会培训评价组织和用人单位，持续加强考评考务人员队伍建设，优化完善能力提升机制，做好岗前培训和技术提升学习，不断加强职业道德教育，将职业道德作为评价考评考务人员素质的首要标准。要积极推动行业企业、快递协会、相关院校等共同参与考评考务人员培养，不断充实考评考务人员力量，培养储备一批理论与实践一体、专职与兼职结合的高质量考评考务人员队伍。

（七）促进认定结果与培养使用待遇相结合。邮政管理部门、人力资源社会保障部门要将职业技能等级认定作为引导职业技能培训方向、检验培训质量的重要手段，推动建立评价与使用相结合的机制，评以适用、以用促评。鼓励邮政、快递企业结合用人需求，根据职业技能等级认定结果合理安排使用技能人才，实现职业技能等级认定结果与技能人才使用相衔接。推动邮政、快递企业建立与职业技能等级序列相匹配的岗位绩效工资制，将职业技能等级作为技能人才工资分配的重要参考，突出技能人才实际贡献，合理确定技能人才工资水平，实现多劳者多得、技高者多得。

（八）加强高技能人才队伍建设。邮政管理部门、人力资源社会保障部门要积极拓宽邮政快递业技能人才职业发展通道，支持高技能人才参加职称评审和职业资格考试，鼓励专业技术人才参加职业技能评价，搭建两类人才成长立交桥。鼓励邮政、快递企业打破学历、资历、年龄、比例等限制，对技能高超、业绩突出的一线职工，可直接认定高级工及以上职业技能等级；对解决重大工艺技术难题和重大质量问题、技术创新成果获得省部级以上奖项、“师带徒”业绩突出的高技能人才，可破格晋升职业技能等级。健全行业高技能人才激励机制，引导用人单位工资分配向高技能人才倾斜，高技能人才人均工资增幅不低于本单位相应层级专业技术人员和管理人员人均工资增幅。加强对技能人才的政治引领和政治吸纳，积极推荐高技能人才作为各级“两代表一委员”人选，选拔推荐高技能人才参加各级各类评选，增强高技能人才的职业认同感、成就感、获得感和荣誉感。

三、组织实施

（一）加强组织领导。各级邮政管理部门、人力资源社会保障部门要充分认识加快推进职业技能等级认定对于加强邮政快递业技能人才队伍建设、支撑邮政快递业高质量发展的重要意义，切实加强组织领导，健全工作机制，明确目标任务，加强督促指导，切实抓细抓实。快递协会要积极参与职业技能等级认定，共同做好考评考务人员培养。具备条件的邮政、快递企业要按照有关规定自主开展技能人才评价工作，根据职业技能等级认定结果合理安排使用技能人才。

（二）分步有序推进。各地邮政管理部门、人力资源社会保障部门要按照全覆盖、可及性、便利性的要求，制定完善符合本地区实际的推进实施方案，加快建立健全邮政快递业技能人才评价服务体系。同时，建立常态化认定工作机制，每年定期召开职业技能等级认定专题会议，大力推进职业技能等级认定工作有序、稳步开展。

（三）强化宣传引导。各级邮政管理部门、人力资源社会保障部门要通过各类媒体、网站、报刊等宣传渠道，加强对邮政快递业职业技能等级认定工作的宣传，大力宣传在邮政快递业职业技能等级认定和技能培训工作中成绩突出、效果明显的单位和个人，进一步增强邮政快递业从业人员的职业认同感和归属感。要大力宣传邮政快递业技能人才特别是高技能人才优秀典型，树立职业楷模，弘扬劳模精神、劳动精神、工匠精神和“小蜜蜂”精神，营造尊重劳动、崇尚技能、鼓励创造的浓厚氛围。

（四）及时报送情况。各省级邮政管理部门、人力资源社会保障部门要加强对本地邮政快递业职业技能等级认定工作情况汇总和统计分析，特别是社会培训评价组织和用人单位工作开展情况、新增持证技能人才情况等，于每年12月20日前书面报至国家邮政局人事司。职业技能等级认定工作中的典型经验做法以及遇到的困难问题随时报送人力资源社会保障部职业能力建设司。

附件：

1. 邮政快递业技能类职业（工种）目录

2. 职业技能等级（岗位）要求

国家邮政局办公室

人力资源社会保障部办公厅

2023年12月2日

附件1

邮政快递业技能类职业(工种)目录

<table>
<tr><th>大类</th><th>中类</th><th>小类</th><th>细类(职业)</th><th>工种</th></tr>
<tr><td>第三大类
办事人员和有关人员</td><td>3－01
办事人员</td><td>3－01－02
行政事务处理人员</td><td>3－01－02－01 机要员</td><td>机要通信业务员</td></tr>
<tr><td rowspan="20">第四大类
社会生产服务和
生活服务人员</td><td rowspan="18">4－02
交通运输、仓储物流和
邮政业服务人员</td><td rowspan="18">4－02－07
邮政和快递服务人员</td><td>4－02－07－01 邮政营业员</td><td></td></tr>
<tr><td rowspan="2">4－02－70－02 邮件分拣员</td><td>国内邮件分拣员</td></tr>
<tr><td>国际邮件分拣员</td></tr>
<tr><td rowspan="4">4－02－07－03 邮件转运员</td><td>国内邮件接发员</td></tr>
<tr><td>国际邮件接发员</td></tr>
<tr><td>大车邮件押运员</td></tr>
<tr><td>汽车邮件驾押员</td></tr>
<tr><td>4－02－07－04 邮政投递员</td><td></td></tr>
<tr><td>4－02－07－05 报刊业务员</td><td></td></tr>
<tr><td>4－02－07－06 集邮业务员</td><td></td></tr>
<tr><td>4－02－07－07 邮政市场业务员</td><td></td></tr>
<tr><td rowspan="2">4－02－07－08 快递员</td><td>快件揽收员</td></tr>
<tr><td>快件派送员</td></tr>
<tr><td rowspan="3">4－02－07－09 快件处理员</td><td>快递信息处理员</td></tr>
<tr><td>国内快件处理员</td></tr>
<tr><td>国际快件处理员</td></tr>
<tr><td>4－02－07－10 国际快递业务师</td><td></td></tr>
<tr><td>4－02－07－11 快递站点管理师</td><td></td></tr>
<tr><td>4－05
金融服务人员</td><td>4－05－01
银行服务人员</td><td>4－05－01－01 银行综合柜员</td><td>邮政储汇业务员</td></tr>
<tr><td>4－07
租赁和商务服务人员</td><td>4－07－05
安全保护服务人员</td><td>4－07－05－02 安检员</td><td>邮件快件安检员</td></tr>
<tr><td>第六大类
生产制造及有关人员</td><td>6－31
生产辅助人员</td><td>6－31－01
机械设备修理人员</td><td>6－31－01－10 机电设备维修工</td><td>快递设备运维师</td></tr>
<tr><td>共计</td><td>5</td><td>5</td><td>15</td><td>15</td></tr>
</table>

附件2

职业技能等级(岗位)要求

<table>
<tr><th>序号</th><th>级别名称</th><th>基本要求</th><th>实施机构</th></tr>
<tr><td>1</td><td>学徒工</td><td>能够基本完成本职业某一方面的主要工作</td><td>用人单位</td></tr>
<tr><td>2</td><td>初级工</td><td>能够运用基本技能独立完成本职业的常规工作</td><td rowspan="4">用人单位和社评组织</td></tr>
<tr><td>3</td><td>中级工</td><td>能够熟练运用基本技能独立完成本职业的常规工作;在特定情况下,能够运用专门技能完成技术较为复杂的工作;能够与他人合作</td></tr>
<tr><td>4</td><td>高级工</td><td>能够熟练运用基本技能和专门技能完成本职业较为复杂的工作,包括完成部分非常规性的工作;能够独立处理工作中出现的问题;能够指导和培训初、中级工</td></tr>
<tr><td>5</td><td>技师</td><td>能够熟练运用专门技能和特殊技能完成本职业复杂的、非常规性的工作;掌握本职业的关键技术技能,能够独立处理和解决技术或工艺难题;在技术技能方面有创新;能够指导和培训初、中、高级工;具有一定的技术管理能力</td></tr>
</table>

续上表

序号	级别名称	基本要求	实施机构
6	高级技师	能够熟练运用专门技能和特殊技能在本职业的各个领域完成复杂的、非常规性工作；熟练掌握本职业的关键技术技能，能够独立处理和解决高难度的技术问题或工艺难题；在技术攻关和工艺革新方面有创新；能够组织开展技术改造、技术革新活动；能够组织开展系统的专业技术培训；具有技术管理能力	用人单位和社评组织
7	特级技师	在生产科研一线从事技术技能工作、业绩贡献突出的“企业高技能领军人才”。能够熟练运用专门技能和特殊技能在本职业的各个领域完成复杂的、非常规性工作；精通本职业及相关职业的重要理论原理及关键技术技能，能够独立处理和解决高难度的技术问题或工艺难题；承担传授技艺的任务，在技能人才梯队培养上作出突出贡献	省级及以上人力资源社会保障部门指导用人单位实施
8	首席技师	在技术技能领域作出重大贡献，或在本地区、本行业企业具有公认的高超技能、精湛技的“地方或行业企业高技能领军人才”。为地方、行业企业高技能人才队伍建设作出突出贡献；为国家重大技术攻关、成果转化、技术创新、发明等作出突出贡献，在地方、行业企业的技术进步与发展中发挥关键作用，专业水平在地方、行业企业具有很高认可度和影响力	省级及以上人力资源社会保障部门、国务院有关行业主管部门指导用人单位实施

注：1. 行业企业可结合实际对上述要求进行修订完善。

2. 上述职业技能等级证书样式和编码按照有关规定确定。证书编码第16位为大写英文字母或阿拉伯数字，其中“X”表示“学徒工”，“T”表示“特级技师”，“S”表示“首席技师”，“5、4、3、2、1”分别表示“初级工、中级工、高级工、技师、高级技师”。

关于推动邮政快递业绿色低碳发展的实施意见

国邮发〔2023〕12号

各省、自治区、直辖市邮政管理局，中国邮政集团有限公司，各快递企业总部：

为深入贯彻落实党中央、国务院关于碳达峰碳中和重大决策部署，加快推进邮政快递业绿色低碳发展，现提出如下实施意见：

一、充分认识推动邮政快递业绿色低碳发展的重要意义

邮政快递业是国家重要的社会公用事业，邮政快递基础设施是国家重要的战略资源，具有巩固执政基础、保护通信自由和服务生产消费、畅通经济循环的基础性、战略性、先导性作用。近年来，尤其是党的十八大以来，邮政快递业快速发展，快递业务规模超过千亿件，网络覆盖城乡，在服务乡村振兴、扩大内需战略，支撑线上新型消费、稳固产业链供应链中发挥了重要作用。加快邮政快递业绿色低碳发展，是行业全面贯彻落实碳达峰碳中和决策部署的重要任务和根本路径，对于促进行业高质量发展、加快邮政强国建设具有十分重要的意义。邮政快递业要按照党中央、国务院决策部署，积极稳妥推进行业碳达峰碳中和，切实推动形成绿色生产方式和生活方式，推进行业高质量发展。

二、总体要求

（一）指导思想

以习近平新时代中国特色社会主义思想为指导，深入贯彻习近平生态文明思想，全面贯彻党的二十大精神，立足新发展阶段，完整、准确、全面贯彻新发展理念，服务加快构建新发展格局，落实国家碳达峰碳中和决策部署，站在人与自然和谐共生的高度谋划行业发展，坚持以人民为中心的发展思想，坚持系统观念，坚持资源节约集约利用，

坚持减污降碳协同增效。加强统筹协调，持续推进寄递运输、基础设施绿色低碳建设，深化邮件快件包装绿色治理，创新绿色低碳科技研发应用，强化政策法规和标准保障，加快推进邮政快递业绿色低碳发展，支撑碳达峰碳中和目标如期实现。

（二）基本原则

坚持系统谋划。强化顶层设计，围绕碳达峰碳中和目标系统谋划部署行业绿色低碳发展路径，处理好行业发展和减排的关系，科学有序推进行业绿色低碳发展，确保安全降碳。

坚持节约高效。推进资源节约集约利用，完善网络空间布局，调整寄递运输用能结构，优化组织作业方式，提高资源利用效率。提升邮件快件包装减量化、标准化、循环化、无害化。

坚持统筹协同。注重减污降碳协同增效，统筹推进行业生态环境保护和节能减排。注重法规、标准、政策、监管、监测、统计有效衔接，强化与交通、建筑等领域绿色低碳发展目标任务统筹协调。

坚持创新引领。注重制度创新和科技创新，完善管理制度、基础能力和市场机制，加快绿色低碳创新技术和设备应用，以高水平的治理体系和高效率的服务体系支撑行业绿色低碳发展。

三、加快建设低碳高效寄递运输体系

（三）推广节能低碳运输方式和设备

鼓励寄递企业选用节约高效低碳运输方式，注重不同寄递运输方式有效衔接。大力发展高铁快递，开展高铁多样式、大批量邮件快件运输试点，发展国内快速专线和国际班列。加快淘汰高能耗、高排放老旧运输设备，选用高能效标准运输工具，提升能源利用水平。推动新能源和清洁能源车辆应用，参加公共领域车辆全面电动化先行区试点工作。邮件快件航空运输积极推广应用可持续航空燃料。

（四）优化寄递运输组织模式

推广邮件快件干线甩挂运输，降低干线运输能耗强度和排放强度。推进智慧寄递运输模式，鼓励寄递企业依托智能传感和大数据技术，强化信息衔接和共享，通过优化调度、科学配载、优化线路有效减少邮件快件运输盘驳过程能耗。鼓励共同配送、集中配送、分时配送等集约高效运输组织模式发展，创新末端投递方式，推广应用无人机、无人车、智能信包箱等新型智能设施设备。

四、推进行业基础设施绿色建设运营

（五）强化设施布局规划引领

将碳达峰碳中和目标要求全面融入邮政快递业发展规划、空间布局规划，完善基础设施网络布局。坚持资源节约集约循环利用，将绿色理念贯穿于寄递基础设施规划、建设、管理、运营和维护全过程。强化与交通基础设施集中布局，充分依托航空、铁路、公路、水运等综合交通枢纽，统筹推进分拣中心、集散枢纽和快递专业类物流园区等节点建设。

（六）推进基础设施绿色化改造

实施快递分拣仓储中心节能降碳改造升级，分不同区域、不同建筑类型应用节能低碳技术，提升建筑整体能源资源利用效率。开展快递枢纽分拣中心屋顶光伏行动，新建场所按照“能设尽设”原则铺设光伏设施，推进绿色分拣中心、绿色网点建设，推动能源梯级利用，促进用能电气化和低碳化，打造一批达到国际先进水平的节能低碳快递物流园区。有序推进在快件处理场所一体化、规范化建设安全性、可靠性、适用性强的充电设施，具备条件的寄递企业推动智能微电网、“光储直柔”等技术应用。

（七）引导基础设施资源集约共享

鼓励寄递企业加强运输、仓储、分拣、配送等基础设施和服务网络合作共享。引导寄递企业入驻工业园区、商贸园区、电商园区、物流园区、保税园区等，促进产业集聚发展。坚持公共化、平台化、集约化发展方向，推进城市公共末端收投服务和智能终端服务体系建设。统筹农村地区寄递物流资源，鼓励邮政、快递与交通、商贸、供销等合作共用末端配送网络，促进设施整合、集约利用。

五、推进邮件快件包装减量化标准化循环化

（八）持续推进邮件快件包装减量化

坚持节约优先，持续推进邮件快件包装减量化，推动电子运单、可循环集装袋、瘦身胶带使用全覆盖。强化过度包装治理，推进商品交付环节包装减量化。鼓励寄递企业加强上下游协同，设计并应用满足快递物流配送需求的电商商品包装，推广电商快件原装直发。鼓励企业综合分析邮件快件数量、体积和包装箱尺寸等基础数据，智能推荐包装方案，通过优化包装结构减少填充物使用，实现科学简约包装。

（九）提升邮件快件包装标准化水平

进一步完善邮件快件包装治理标准体系，建立健全可循环包装、快件限制过度包装、包装回收与循环等标准。实施包装绿色产品认证，提升绿色包装供给水平，引导寄递企业优先选购使用获得绿色认证的包装产品。加强寄递企业包装操作规范备案管理，严格落实包装操作规范化要求，提升包装标准化水平。研究建立邮件快件包装统计指标，动态跟踪包装变化情况。

（十）加快构建邮件快件包装循环利用体系

大力推进邮件快件包装末端回收设施建设，不断提高质量完好邮件快件包装复用比例。探索发展“互联网＋回收”新业态，对包装废弃物中可回收物实现规范化、洁净化回收。大力推广可循环包装，在同城、生鲜、仓配等业务领域优先推广使用可循环、易回收的包装箱（盒），配合推广物流周转箱循环共用，提升可循环邮件快件包装应用比例。推进可循环快递包装规模化应用试点，探索可复制、可推广的包装循环利用模式，提升应用规模。

（十一）深化邮件快件包装塑料污染治理

落实《中华人民共和国固体废物污染环境防治法》及国家相关规定，实施一次性塑料制品使用、回收情况报告制度。鼓励寄递企业提高低克重高强度快递包装箱和免胶纸箱的使用比例，降低快递包装塑料使用强度，逐步停用不可降解的一次性塑料包装制品。全面禁止寄递企业使用重金属含量、溶剂残留等超标的劣质塑料包装袋。推进产学研有机衔接，开展生态环保产品、技术、模式公开征集，加强塑料替代品供需对接。

（十二）推动健全邮件快件包装协同共治体系

强化部门协同，完善与绿色理念相适应、覆盖全链条的邮件快件包装法规标准政策体系。加大执法力度，实施“双随机、一公开”检查，依法查处涉及邮件快件包装的违法违规行为。加强与相关部门、地方工作协同，形成治理合力。加强宣传引导，构建人人有责、人人尽责的邮件快件包装社会治理体系，推动形成绿色低碳生产生活方式。鼓励寄递企业开展绿色消费活动，提供绿色包装物选择，建立积极反馈机制、绿色信用机制，引导用户使用绿色包装。

六、完善寄递绿色低碳发展支撑保障体系

（十三）强化节能低碳技术创新应用

推进智能寄递建设，扩大云计算、大数据、物联网、人工智能等技术应用，推动仓储、运输、分拣、收投等环节低碳高效运营。降低邮件快件运载工具的空驶率、空载率，减少运输能耗。推行简约化、复用化和智能化包装设计技术，提升邮件快件包装减量化、标准化和循环化水平。跟踪节能降碳新技术、新设备发展态势，鼓励寄递企业联合生产企业、科研单位等，聚焦行业绿色发展的基础性、关键性问题开展科研攻关。推动建立健全邮政快递业绿色低碳产品检测、评估、认证体系。

（十四）健全行业碳排放法规标准

完善行业现行法规标准中与碳达峰碳中和工作不相适应的内容，增加有利于行业绿色低碳发展的相关内容。指导各地积极参与地方性法规、地方政府快递包装相关配套规章制修订工作，反

映行业生态环保立法诉求，做好与相关标准的衔接。建立健全行业、企业碳排放核查核算报告标准。推动建立行业绿色低碳评价制度。

（十五）完善行业碳排放政策体系

推动中央和有关部门关于碳达峰碳中和有关支持政策在行业落地，统筹投资、财政资金、税费优惠等政策，对业内新建改造绿色低碳、包装循环回收利用基础设施，应用节能环保、新能源、低碳交通运输设备和组织方式等加大支持力度。落实交通运输领域中央与地方财政事权和支出责任划分改革方案，推动地方政府落实邮政业污染防治属地责任，营造良好发展环境。引导绿色社会资本投入，鼓励金融机构为符合条件的寄递企业绿色低碳发展项目提供支持。推动有条件的企业参与碳排放交易。

（十六）建立健全行业碳排放核算监测体系

开展邮政快递业碳排放核算方法学研究，与国家及相关行业碳排放核算方法充分衔接，出台邮政快递业碳排放核算方法或指南。建立完善与行业碳排放核算要求相适应的数据统计体系。推动企业开展碳排放核算，加强核算能力建设，开展碳减排量评估与绩效评价。推进碳排放核查等市场机制在行业的应用。加强绿色邮政国际交流与合作。

七、加强组织实施

（十七）加强组织领导

坚持党中央对碳达峰碳中和工作的集中统一领导，充分发挥邮政快递业碳达峰碳中和领导小组工作机制作用，加强统筹谋划、组织协调和督促指导，推进意见落地实施。深入学习习近平生态文明思想，全面学习、全面把握、全面落实党的二十大关于碳达峰碳中和决策部署，将其作为干部教育培训体系重要内容，不断提高干部工作能力和水平。

（十八）强化责任落实

各级邮政管理部门要坚决扛起绿色发展工作责任，细化绿色低碳发展目标和重点任务，加强对寄递企业的督促指导，引导行业协会加强行业自律，加大生态环保监督执法力度。寄递企业要积极响应全面实施节约战略，制定碳达峰碳中和实施方案，深入推进邮件快件包装“四化”，积极参加公共领域车辆全面电动化先行区等试点，有条件的企业优先选用节能低碳运输方式和设备，加强基础设施绿色建设运营。

（十九）推进试点示范

鼓励有条件的地区、企业先行先试，积极参与国家碳达峰碳中和相关试点示范，如园区碳达峰碳中和、交通运输领域减污降碳等绿色低碳试点示范，探索邮政快递业绿色低碳发展有效模式和有益经验。

（二十）注重经验推广

及时总结推广各地方和企业推进绿色发展的好经验好做法，总结先进典型和成功实践，讲好行业绿色发展故事。鼓励行业媒体、科研单位、企业组织举办绿色主题论坛、展览等活动，研讨行业绿色低碳发展政策和路径，促进节能低碳产品在业内推广使用。

（二十一）严格监督评估

综合运用法律、经济、技术和行政等多种手段，健全行业绿色低碳发展约束机制，建立邮政快递业绿色低碳发展任务落实情况督导和第三方评价制度。强化跟踪分析和督导检查，适时开展效果评估。根据新情况新变化和实际执行效果，动态调整有关工作目标。

国家邮政局
2023 年 3 月 13 日

国家邮政局关于全面加强新时代邮政快递业精神文明建设的指导意见

国邮发〔2023〕40号

各省、自治区、直辖市邮政管理局，国家邮政局直属各单位，中国快递协会，中国邮政集团有限公司，各主要快递企业：

党的十八大以来，邮政快递业深入贯彻习近平总书记关于社会主义精神文明建设的重要论述，认真落实国家邮政局加强行业精神文明建设工作要求，持续推进行业精神文明建设，行业文明形象、职工道德素养显著提升，行业先进典型大量涌现，为推动行业高质量发展和高效能治理、奋力谱写加快建设交通强国邮政篇章夯实了精神基础。为深入贯彻党的二十大对社会主义精神文明建设作出的重要部署，更好满足新时代广大人民群众对美好生活用邮的新需求新期待，现就全面加强新时代邮政快递业精神文明建设提出如下意见。

一、总体要求

社会主义精神文明是中国特色社会主义的重要特征，是全面建成社会主义现代化强国、实现第二个百年奋斗目标，以中国式现代化全面推进中华民族伟大复兴的重要内容和重要保证。中国式现代化是物质文明和精神文明相协调的现代化。物质富足、精神富有是社会主义现代化的根本要求，邮政快递业必须坚持物质文明和精神文明“两手抓、两手都要硬”，把精神文明建设贯穿行业改革发展和管理服务全过程、各方面。

（一）指导思想

高举中国特色社会主义伟大旗帜，坚持以习近平新时代中国特色社会主义思想为指导，深刻领悟“两个确立”的决定性意义，切实增强“四个意识”、坚定“四个自信”、做到“两个维护”，深入落实习近平总书记关于社会主义精神文明建设的重要论述，坚持以人民为中心的发展思想，积极培育和践行社会主义核心价值观和邮政快递业“诚信、服务、规范、共享”的核心价值理念，传承和弘扬“人民邮政为人民”的初心使命，着力凝聚全行业的共同理想和价值追求，不断提升行业职工道德水准和文明素养，积极主动履行社会责任，在强国建设、民族复兴新征程上不断增强邮政快递业精神力量，为行业高质量发展提供坚强思想保证、强大精神动力、丰润道德滋养和良好文化条件。

（二）基本原则

——坚持政治引领把牢方向。加强党对精神文明建设工作的统一领导，巩固马克思主义在意识形态领域的指导地位，巩固全行业干部职工团结奋斗的共同思想基础，强化党组织的政治功能和组织功能，不断增强政治领导力、思想引领力、群众组织力、社会号召力。

——坚持以民为本服务群众。坚持党的群众路线，牢固树立依靠人民、为了人民的理念，动员全行业干部职工人人参与，全心全意服务群众，促进共建共治共享，不断提升服务水平，更好满足人民群众日益增长的美好生活用邮需要。

——坚持围绕中心服务大局。突出务实笃行，锚定新时代新征程党的使命任务，瞄准交通强国邮政篇建设目标，坚持以党的创新理论和最新成果指引前进方向，推动行业精神文明建设和行业改革发展各项工作深入融合。

——坚持丰富载体创新方法。坚持守正创新，积极探索新时代行业精神文明建设工作的新思路、新途径、新方法，丰富创建内涵、精心设计载体，拓宽创建范围、创新工作机制，不断为行业高质量发展凝聚精神力量。

二、重点工作

1. 加强理想信念教育。在全行业持续深入学习贯彻习近平新时代中国特色社会主义思想，大力弘扬马克思主义学风，坚持读原著学原文悟原理，全面学习领会习近平新时代中国特色社会主义思想的科学体系、核心要义、实践要求。引导行业干部职工在深学细照笃行中提高理论素养、坚定理想信念、升华党悟境界、增强能力本领，自觉用党的创新理论武装头脑、指导实践、推动工作，不断夯实坚定拥护“两个确立”、坚决做到“两个维护”的思想根基。

2. 践行社会主义核心价值观。持续深化社会主义核心价值观和行业核心价值理念宣传教育，将社会主义核心价值观主题实践教育月活动作为行业精神文明建设的重要载体，坚持贯穿结合融入、落细落小落实，将社会主义核心价值观融入行业改革发展实践、渗入干部职工生产生活。充分发挥红色资源教育作用，打造精神文明阵地，组织广大干部职工开展党性教育、主题党日活动，增强干部职工的国家意识和爱国情感。深入开展行业学雷锋主题实践活动和社会志愿服务活动，积极参与各级学雷锋活动示范点和岗位学雷锋标兵评选活动，推动学雷锋活动常态化、机制化。

3. 丰富邮政行业精神。大力传承和弘扬“传邮万里、国脉所系”“战邮精神”“雪线邮路”精神等行业独特精神，大力宣传和丰富以“忠诚为本、勤劳为基、创造为荣、守护为责”为内涵的“小蜜蜂”精神，大力拓展和深化邮政快递业“诚信、服务、规范、共享”的核心价值理念。弘扬和丰富以伟大建党精神为源头、以邮政快递业独特精神为补充的行业精神，引导全行业干部职工传承红色基因，赓续红色血脉，以坚守使命、传递美好的责任感做好本职工作，不断凝聚行业发展正能量，不断增强行业社会影响力。

4. 开展群众性文明创建。主动融入各地精神文明创建工作，广泛动员和积极参加各级各类文明单位、文明窗口、文明企业和青年文明号、巾帼文明岗等创建活动，拓展创建领域，规范创建流程，提升创建层次。精心设计精神文明创建载体，丰富创建内容，鼓励各企业结合生产经营和发展实际开展文明班组、文明员工、星级服务等创建活动，增强内生动力，树立文明形象。着力培养干部职工生态文明、绿色环保、节俭节约、社会责任意识，反对奢侈浪费和不合理消费，常态化开展“光盘行动”。探索健全行业群众性文明创建长效机制，不断提高行业文明创建科学化制度化规范化水平。

5. 提升行业道德水平。深入贯彻《新时代公民道德建设实施纲要》，在全行业大力传承弘扬中华传统美德，引导干部职工持续深化社会公德、家庭美德、个人品德建设，提高全行业干部职工道德水准和文明素养。不断提升干部职工爱岗敬业职业道德水平，积极争创优秀共产党员、劳动模范、岗位技术能手和青年五四奖章等荣誉称号。制定推广行业职业道德规范，深入弘扬劳动精神、奋斗精神、奉献精神、创造精神、勤俭节约精神，倡导“幸福源自奋斗”“成功在于奉献”“平凡孕育伟大”的理念，培育行业时代新风新貌。

6. 加强行业诚信建设。弘扬诚信文化，健全诚信建设长效机制，引导行业企业和广大干部职工坚持把诚实守信作为立业之本、成事之源。继续深入推进行业征信体系建设，完善政务诚信、企业诚信、员工诚信等制度，推动行业内信用信息的共建共享，增加守信红利、提高失信代价。加强诚信守信企业及个人宣传教育，坚决遏制企业不正当竞争行为，探索完善行业诚信激励和失信惩戒机制，推动形成不愿失信、不能失信、不敢失信的行业良好诚信环境。鼓励快递协会等社会组织开展诚信企业、诚信职工等主题实践活动，倡导制定并深入践行诚信公约，积极培育文明健康、向上向善的行业诚信文化。

7.推进行业法治建设。发挥法律法规对维护良好的行业发展秩序、树立行业文明风尚、培养和谐人际关系的保障作用，主动将行业精神文明建设相关要求融入行业法律法规和规范性文件制修订工作。加强普法宣传，提升行业企业和干部职工法律意识，自觉守法、遇事找法、解决问题靠法，主动履行法定义务、依法维护自身权益，在全行业大力倡导养成良好法治氛围和法治习惯，为行业高质量发展营造和谐稳定的良好法治环境。加强公正文明执法，引导执法人员强化执法为民理念，规范行政执法行为，完善执法程序，细化量化执法裁量标准，严格落实行政执法责任制。

8.积极开展岗位练兵。在全行业深入弘扬和践行劳模精神、劳动精神、工匠精神，着力提升职工能力素质，涵养职业操守、培育职业精神，加强职业技能和服务能力培训，大力开展行业各级各类职业技能竞赛活动。引导广大职工树立“小包裹服务大民生”的理念，自觉维护良好形象，努力提升服务水平，为广大人民群众提供优质便捷高效的邮政快递服务。鼓励职工多种方式提升学历水平，大力开展行业职称评定。提升行业安全意识，深入开展安全生产月活动，加强行业安全宣传教育，落实寄递渠道安全要求，严格执行实名收寄、收寄验视、过机安检“三项制度”，切实维护寄递服务用户信息安全。建立健全安全预警机制，常态化组织开展安全应急演练和培训，深化行业青年安全生产示范岗创建活动。

9.强化典型示范引领。不断探索提升先进典型的示范辐射带动作用，在全行业选树为民务实清廉、爱岗敬业奉献、社会美誉度高的先进典型，使全行业学有榜样、做有标杆、赶有目标。按规定开展行业先进集体、劳动模范和先进工作者等评选表彰，持续开展“寻找最美快递员”等典型选树活动，积极拓展“寻找好心快递小哥”等公益活动。不断完善先进典型发现、培育、推荐、宣扬、激励等机制，广泛开展形式多样的学习宣传活动，激发全行业职工的思想认同、情感共鸣和效仿意愿。鼓励行业企业加大对获得荣誉职工的激励保障和关心关爱，优先拓展职业空间，营造崇德向善、见贤思齐的浓厚氛围。

10.深化行业文化建设。加强爱国主义教育，用好行业红色资源，发挥邮票独特文化阵地作用，在方寸之间展示中华优秀传统文化和民族精神、时代精神。不断挖掘集邮文化内涵，积极发展新时代集邮文化，推动开展群众性集邮文化活动。加强对行业文化新业态的引导，鼓励创作出更多思想性艺术性观赏性相统一的优秀作品，让行业各类文化产品成为弘扬社会主流价值的生动载体，助力繁荣发展社会主义文化事业和文化产业。结合各地旅游文化特点，发挥主题邮局重要载体作用，打造具有地方和景区特色的邮品和文化创意产品，更好发挥邮政服务促进地方旅游发展作用。

11.大力激发责任意识。广泛宣传发动，提升全行业干部职工主动参与精神文明建设的积极性、主动性、自觉性，凝聚共建共治共享强大合力。结合行业职工特别是快递员群体岗位特点和工作实际，发挥党员骨干作用，引导广大快递员在参与基层治理和行业治理中贡献力量，激发服务社会热情，提升社会融入感。推动各地完善快递员到所服务街道社区报到和参与基层治理激励机制，鼓励担任社区兼职网格员，参与做好平安创建、文明宣传、社区服务等工作。积极总结宣传推广快递员群体在抢险救灾、疫情防控等工作中发挥的重要作用，结合实际探索行业和快递员群体参与基层治理“平急转换”机制，在重大突发事件中有效发挥作用。

三、强化组织领导

（一）坚持党的领导。充分发挥党组织在邮政快递业精神文明建设中的领导作用，强化党组织政治功能，突出党员先锋模范作用，确保行业精神文明建设始终保持正确政治方向。深入推进快递行业和快递员群体党建工作，不断提升基层党建水平，建立健全“党建带动文明创建”的工作格局，推动精神文明建设与党建工作融合发展，形成党建工作引领精神文明建设、精神文明建设促进党建工作的良好局面。邮政管理部门党组要加强对本地行业精神文明建设和文明创建活动、先进典型选树活动的统筹谋划和协调指导。快递行业党委要主动发挥统筹协调作用，把握民营快递企业经营性质特点，注重普遍性和特殊性相结合、原则性和针对性相统一，引导民营快递企业更积极主动参与精神文明建设工作。企业党组织要积极有效发挥作用，做好企业精神文明建设有关工作，团结凝聚职工群众，促进企业健康发展。

（二）完善组织体系。国家邮政局精神文明建设委员会及其办公室积极履行对全行业精神文明建设的工作指导职责，加强群众性精神文明创建和先进典型选树等活动的组织协调。各单位各企业要健全完善精神文明建设领导和工作机构，将精神文明建设工作纳入总体发展规划和工作布局，与中心工作一起部署、一同推进。要准确把握新时代邮政快递业精神文明建设工作的特点和规律，及时研究新情况、适应新要求、满足新期待。注重发挥企业工会、共青团等群团组织的桥梁纽带作用，分别做好相应群体的精神文明建设工作。要创新工作方式，倡导以“沉浸式”体验和干部职工喜闻乐见的方式开展活动，提升职工参与度和活动美誉度。快递协会要积极发挥行业自律作用，加强同政府部门、会员单位的沟通协调，促进形成合力，进一步提升行业精神文明建设水平。

（三）健全工作机制。不断巩固深化行业精神文明建设工作长效机制。各级邮政管理部门要主动加大同当地文明办、组织、财政、人力资源社会保障、民政、退役军人事务等部门以及工会、共青团、妇联、残联等群团组织的工作协调，积极参与配合地方精神文明建设相关工作，发挥各自优势、加强协同配合，争取精神文明创建各项活动对邮政快递业的倾斜支持，形成行业精神文明建设同心同向、共建共享的强大效应。完善企业投入为主、社会多方支持的企业精神文明创建经费保障机制，各企业要加大对党组织和群团组织开展活动的支持，保证有人员、有经费、有阵地。各单位各企业要将精神文明建设工作纳入相关考核内容，对工作突出单位和个人给予表彰和一定的奖励，对获得各类文明称号的个人在评优晋级中给予优先考虑。

（四）加强宣传推广。不断总结行业精神文明建设好经验好做法，尊重基层和群众的首创精神，注重发现和挖掘一线的鲜活素材、成功做法并及时总结推广。充分发挥新闻舆论作用，坚持正面宣传为主，广泛运用行业媒体阵地和各类报纸、杂志、网络及新兴媒体，开展多形式、分层次、广覆盖的宣传推介，大力宣传行业精神文明建设的最新成果和先进典型事迹。推动相关部门和社会各界推出更多与行业相关的优秀文化艺术作品，积极展示邮政快递业在促进经济发展、服务保障民生、融入生产生活等方面发挥的重要作用，充分展现行业干部职工昂扬向上的精神面貌，不断激发广大干部职工在奋力实现中国式现代化的新征程上贡献力量的使命担当。

国家邮政局
2023 年 9 月 1 日

第五章　重要政策解读

《快递市场管理办法》解读

交通运输部公布新修订的《快递市场管理办法》(2023 年第 22 号令,以下简称《办法》),自 2024 年 3 月 1 日起施行。为便于有关单位和个人更好地理解《办法》内容,切实做好贯彻实施工作,解读如下:

一、修订背景

近年来,我国快递业保持良好发展态势,有效服务居民生产生活和经济社会发展,截至 2023 年 12 月,我国快递年业务量已突破 1200 亿件。原《办法》作为实施快递业监督管理的重要制度之一,于 2008 年 7 月公布施行,2012 年进行了修改,其对促进快递业健康发展发挥了重要作用。但随着快递业发展,新情况、新问题不断出现,快递市场规模逐步壮大,需要加强市场经营秩序规范;促进快递业绿色发展,需要健全相关制度体系;加强快递业安全管理特别是保护用户个人信息安全,需要强化有关制度约束。以上现实问题,对进一步完善《快递市场管理办法》制度设计提出了迫切要求。

二、制度架构

新修订的《办法》坚持以习近平新时代中国特色社会主义思想为指导,认真贯彻落实党中央、国务院决策部署,在有关上位法规定框架下,以促进快递业高质量发展为主线,坚持问题导向,聚焦近年来快递业在服务质量、运行安全、市场秩序、生态环保等方面反映出来的突出问题,有针对性地健全相关制度安排,以更好适应快递市场监督管理工作实际需要。《办法》共计九章五十七条,架构内容主要为:一是在总则部分,阐明立法目的和立法依据,明确了适用范围、对象以及有关原则性要求;二是在发展保障章节,根据上位法精神,对促进快递业发展相关要求作出规定;三是在绿色低碳发展章节,对快递企业践行绿色发展要求,落实环境保护义务作出规定;四是在市场秩序章节,进一步明确快递市场准入管理要求,强化了市场主体合规经营义务;五是在快递服务章节,就规范服务作业,提升服务质量等对快递企业作出规定;六是在安全发展章节,强化快递安全管理要求,重点就加强用户个人信息安全保护作出规定;七是在监督管理章节,规定了有关执法检查措施;八是在法律责任章节,规定了违法行为的罚则;九是附则部分,明确了《办法》施行日期。

三、主要内容

对比原《办法》,修订后《办法》重点在七个方面作出调整:

(一)完善发展保障制度安排。根据上位法要求和党中央、国务院有关文件精神,在快递业发展规划制定、快件进出境设施建设、城乡快递服务基础设施建设等方面,进一步作出有关制度安排。

(二)强调绿色发展原则。规定经营快递业务的企业应当坚持绿色低碳发展,落实生态环境保护责任制度,有效节约资源,避免过度包装。

(三)夯实总部企业统一管理责任。遵循上位法规定要求,细化总部快递企业对所属快递服务网络的统一管理责任内容,重点规定了总部快递企业实施安全保障统一管理的有关责任义务。

（四）加强快递服务行为规制。提出诚信经营原则，规定经营快递业务的企业应当按照法律、行政法规的规定，在门户网站、营业场所公示或者以其他明显方式向社会公布其服务事项，明确了服务地域事项公示或者公布要求，细化了企业服务质量管理和作业规范要求。

（五）健全完善安全生产和应急管理规定。对企业落实安全生产责任制、保障生产作业场地安全、强化从业人员安全培训、建立维护服务网络稳定工作机制等，作出制度安排。

（六）强化市场秩序管理要求。就加强快递市场秩序规范治理，对超越许可范围经营、违法委托经营、虚构快递服务信息等扰乱市场秩序等问题，进行制度规范。

（七）严格快递运单及码号管理规定。规定经营快递业务的企业应当建立快递运单（含电子运单）制作、使用、保管、销毁等管理制度和操作规程，采取加密、去标识化等安全技术措施保护快递运单信息安全，并规定企业应当建立快递运单码号使用、销毁等管理制度，实行码号使用信息、用户信息、快递物品信息关联管理，强化快件查询管理，维护用户合法权益。

《关于推动邮政快递业绿色低碳发展的实施意见》解读

国家邮政局印发《关于推动邮政快递业绿色低碳发展的实施意见》（国邮发〔2023〕12 号）（以下简称《意见》），加快推进邮政快递业绿色低碳发展，深入贯彻落实党中央、国务院关于碳达峰碳中和重大决策部署。

一、关于《意见》出台的背景和意义

实现碳达峰碳中和，是以习近平同志为核心的党中央统筹国内国际两个大局作出的重大战略决策，是贯彻新发展理念、构建新发展格局、推动高质量发展的内在要求。党的二十大提出推进实现中国式现代化，其内涵之一就是人与自然和谐共生。加快邮政快递业绿色低碳发展，是行业全面贯彻落实碳达峰碳中和决策部署的重要任务和根本路径，是推进行业高质量发展的应有之义。《意见》全面贯彻党中央、国务院决策部署，坚持“全国一盘棋”，明确了行业绿色低碳发展方向和基本路径，有利于指导各级邮政管理部门找准行业绿色低碳发展工作着力点，有利于引导寄递企业明确绿色低碳发展重点方向，加快探索绿色低碳发展方式，助力实现碳达峰碳中和目标。

二、关于《意见》的总体要求

党中央、国务院谋划建立碳达峰碳中和“1 + N”政策体系，党的二十大对推动绿色发展作出了战略部署，提出“协同推进降碳、减污、扩绿、增长，推进生态优先、节约集约、绿色低碳发展”，为邮政快递业绿色发展提供了根本遵循，指明了方向。《意见》以习近平新时代中国特色社会主义思想为指导，深入贯彻习近平生态文明思想，完整准确全面贯彻“三新一高”，强调站在人与自然和谐共生的高度谋划行业发展，明确“四个坚持、五个工作方向”的总体要求，“四个坚持”即：坚持以人民为中心的发展思想，坚持系统观念，坚持资源节约集约利用，坚持减污降碳协同增效。“五个工作方向”即：持续推进寄递运输、基础设施绿色低碳建设，深化邮件快件包装绿色治理，创新绿色低碳科技研发应用，强化政策法规和标准保障。

三、关于《意见》的重点任务

《意见》坚持系统谋划、节约高效、统筹协同、创新引领的基本原则，聚焦寄递运输体系、基础设施建设、邮件快件包装治理、发展支撑保障等四个

方面，提出了14项工作任务和措施。一是加快建设低碳高效寄递运输体系。包括推广节能低碳运输方式和设备，优化寄递运输组织模式。二是推进行业基础设施绿色建设运营。包括强化设施布局规划引领，推进基础设施绿色化改造，引导基础设施资源集约共享。三是推进邮件快件包装减量化标准化循环化。包括持续推进邮件快件包装减量化，提升邮件快件包装标准化水平，加快构建邮件快件包装循环利用体系，深化邮件快件包装塑料污染治理，推动健全邮件快件包装协同共治体系。四是完善寄递绿色低碳发展支撑保障体系。包括强化节能低碳技术创新应用，健全行业碳排放法规标准，完善行业碳排放政策体系，建立健全行业碳排放核算监测体系。

四、关于《意见》的组织实施

《意见》提出五项措施保障重点任务落实落地。一是加强组织领导，坚持集中统一领导，加强统筹谋划、组织协调和督促指导，推进意见落地实施；二是强化责任落实，充分落实政府监管责任和企业主体责任；三是推进试点示范，探索符合行业实际的绿色低碳发展有效模式和有益经验；四是注重经验推广，总结先进典型和成功实践，推动行业绿色低碳发展实现新的突破；五是严格监督评估，健全行业绿色低碳发展约束机制，加强动态跟踪，推动《意见》实施。

国家邮政局市场监管司

2023年4月18日

《中央财办等九部门关于推动农村流通高质量发展的指导意见》解读

https://www.spb.gov.cn/gjyzj/c100009/c100013/202308/e5e6f172132f4f0a973f168bb0b491e5.shtml

《关于加快推进邮政快递业职业技能等级认定的实施意见》解读

国家邮政局办公室、人力资源社会保障部办公厅印发《关于加快推进邮政快递业职业技能等级认定的实施意见》（国邮办发〔2023〕30号）（以下简称《实施意见》）。解读如下。

一、关于起草背景

建立科学的技能人才评价制度，对于加强职业技能培训，提高劳动者素质，促进劳动者就业创业，激励引导技能人才成长成才具有重要作用。近年来，国家不断深化职业资格制度改革，全面推行职业技能等级制度，持续拓宽技能人才职业发展通道。邮政快递业技能类职业按规定实行职业技能等级制度，由用人单位和社会培训评价组织按照有关规定组织实施。为加强针对性指导，充分发挥人才评价的“指挥棒”作用，切实保障快递员群体合法权益，持续畅通快递小哥职业发展通道，加强高技能人才队伍建设，有效支撑邮政快递业高质量发展，结合实际，制定《实施意见》。

二、关于总体要求

一是指导思想。《实施意见》提出，坚持以习近平新时代中国特色社会主义思想为指导，全面贯彻党的二十大精神，认真落实人才强国战略，把职业技能等级认定作为邮政快递业高质量发展的重要支撑,健全邮政快递业技能人才评价制度,拓展技能人才职业发展通道,优化技能人才结构,提升技能人才素质,壮大高技能人才规模,切实保障快递员群体合法权益,助力建设知识型、技能型、创新型劳动者大军,为推动邮政快递业高质量发展和交通强国邮政篇建设提供有力人才支撑。

二是目标任务。《实施意见》提出,深化职业资格制度改革,建立健全邮政快递业职业技能等级认定工作体系和工作机制,推动职业技能等级制度落实,促进邮政快递业技能人才队伍提质增量,到“十四五”期末,累计新增取得职业技能等级证书不少于 50 万人次,其中新增高技能人才(取得高级工及以上职业技能等级证书)10 万人次。

三、关于重点工作

《实施意见》提出八项重点工作,分别明确了全面推进行业职业技能等级制度、建立健全职业技能等级认定机构、规范实施和证书颁发、建立常态化考核认定机制、加强职业研究和标准教材建设、强化考评考务人员培养和储备、促进认定结果与培养使用待遇相结合、加强高技能人才队伍建设等方面的具体工作举措。

一是全面推行职业技能等级制度。《实施意见》提出,对邮政快递业技能类职业(工种),实行技能人才职业技能等级制度,由用人单位和社会培训评价组织按照有关规定组织实施职业技能等级认定,并颁发职业技能等级证书。《实施意见》在附件中,列出了邮政快递业技能类职业(工种)目录、职业技能等级(岗位)要求。

二是建立健全职业技能等级评价机构。《实施意见》提出,遴选推荐一批符合相关资质的单位机构,报经人力资源社会保障部门备案成为邮政快递业职业技能等级认定社会培训评价组织,尽快实现省级全覆盖。同时,支持具备条件的邮政、快递企业按照有关规定备案为职业技能等级认定用人单位,面向本单位员工自主开展技能人才评价工作。

三是规范组织实施和证书颁发。《实施意见》提出,社会培训评价组织和用人单位要严格按照国家职业标准及相关规定,开展备案范围内的职业(工种)的评价认定工作。对考核合格人员按照人力资源社会保障部统一规定的编码规则和证书样式要求,制作并颁发相应的职业技能等级证书,实现全国范围内查询验证。

四是建立常态化考核认定机制。《实施意见》分别对社会培训评价组织和符合条件的邮政、快递企业等用人单位开展职业技能等级常态化认定工作提出要求。鼓励以赛促评,支持邮政、快递企业将职业技能等级认定与岗位练兵、技术比武、技术攻关、揭榜领题等相结合。明确被派遣劳动者可在用工单位进行职业技能等级认定。

五是加强职业研究和标准教材建设。《实施意见》提出,主动适应邮政快递业职业结构变化,指导研究申报邮政快递业新职业新工种,组织相关国家职业标准开发,指导邮政、快递企业制定评价规范。加快邮政快递业职业技能等级认定培训教材及试题库建设,为邮政快递业职业技能等级认定提供服务支持。

六是强化考评考务人员培养和储备。《实施意见》提出,督促指导社会培训评价组织和用人单位,持续加强考评考务人员队伍建设,优化完善能力提升机制,做好岗前培训和技术提升学习。积极推动行业企业、快递协会、相关院校等共同参与考评考务人员培养,不断充实考评考务人员力量。

七是促进认定结果与培养使用待遇相结合。《实施意见》提出,鼓励邮政、快递企业结合用人需求,根据职业技能等级认定结果合理安排使用技能人才。推动邮政、快递企业建立与职业技能等级相匹配的岗位绩效工资制,将职业技能等级作为技能人才工资分配的重要参考,实现多劳者多得、技高者多得,促进人力资源优化配置。

八是加强高技能人才队伍建设。《实施意见》提出,积极拓宽邮政快递业技能人才职业发展通道,支持高技能人才参加职称评审和职业资格考试，鼓励专业技术人才参加职业技能评价，搭建两类人才成长立交桥。对直接认定高级工以上职业技能等级、破格晋升职业技能等级作出规定。同时，要求健全行业高技能人才激励机制，加强对技能人才的政治引领和政治吸纳。

四、关于组织实施

加快推进邮政快递业职业技能等级制度关系行业广大技能人才的切身利益，涉及面广，政治性、政策性和技术性都非常强。为抓好贯彻落实，《实施意见》提出四项措施。

一是加强组织领导。《实施意见》要求，充分认识加快推进职业技能等级认定对于加强邮政快递业技能人才队伍建设、支撑邮政快递业高质量发展的重要意义，切实加强组织领导，健全工作机制，明确目标任务，加强督促指导，切实抓细抓实。

二是分步有序推进。《实施意见》提出，要制定完善符合本地区实际的推进实施方案，加快建立健全邮政快递业技能人才评价服务体系。同时，要建立常态化认定工作机制，推进职业技能等级认定工作有序、稳步开展。

三是强化宣传引导。《实施意见》提出，要通过各类媒体、网站、报刊等宣传渠道，加强政策解读和舆论引导，树立职业楷模，积极营造尊重劳动、崇尚技能、鼓励创造的浓厚氛围。

四是及时报送情况。为及时掌握各地邮政快递业职业技能等级认定工作情况、典型经验做法以及遇到的困难问题，《实施意见》对报送情况提出了明确具体要求。

第六章 部分省(区、市)、市(地)关于快递服务的政策法规

广州市快递条例

(2023年3月31日广州市第十六届人民代表大会常务委员会第十二次会议通过 2023年5月31日广东省第十四届人民代表大会常务委员会第三次会议批准)

第一章 总 则

第一条 为了加强快递业的规范管理,促进快递业高质量发展,保护快递用户、快递企业和从业人员合法权益,保障快递安全,根据《中华人民共和国邮政法》《快递暂行条例》等法律、法规,结合本市实际,制定本条例。

第二条 本条例适用于本市行政区域内从事快递业务相关活动,以及对快递业的发展保障、监督管理。

本条例所称快递,是指依法取得快递业务经营许可的企业,在承诺的时限内快速完成物品收寄、分拣、运输、投递等环节的寄递活动。外卖配送等点到点直接送达物品的活动不适用本条例。

第三条 市、区人民政府应当创造良好的快递业营商环境,建立健全快递业促进政策,推动快递业与本市经济社会协调发展。

第四条 邮政管理部门是本市快递业的行政主管部门,负责本市行政区域内快递业的监督管理工作。

发展改革、公安、人力资源社会保障、规划和自然资源、生态环境、住房城乡建设、交通运输、商务等部门在各自职责范围内做好对快递业的监督管理工作。

第五条 邮政管理部门应当与公安、国家安全、海关、市场监督管理、卫生健康等相关部门加强配合,建立健全快递安全监管与保障机制,确保快递业安全运行。

第六条 快递企业应当加强服务质量管理,健全规章制度,完善安全保障措施,按照承诺的业务范围和服务标准,为用户提供迅速、准确、安全、方便的寄递服务。

第七条 快递行业协会应当加强行业自律,维护快递企业合法权益,促进快递企业守法、诚信、安全经营,推进快递业的公平竞争和健康发展。

第二章 保障促进

第八条 市、区人民政府应当将快递业的发展纳入本级国民经济和社会发展规划,与国土空间总体规划相衔接,并在本市交通专项规划中统筹快件大型集散、分拣等快递基础设施用地的需要。

交通枢纽建设应当推动交通运输业与快递业融合发展,构建高质量快递服务网络。

第九条 市、区人民政府应当支持快递物流园区、快件处理中心、快递企业总部建设,项目建设用地按照规定享受相关优惠政策。

规划和自然资源部门应当统筹安排、合理布局,对符合条件的快递基础设施用地申请,纳入全

市年度土地利用计划和建设用地供应计划。

第十条 快递末端服务设施应当纳入公共服务配套设施，规划和自然资源部门在国土空间详细规划中保障其空间需求。建设单位应当按照规划许可的设置要求和建设时序进行建设，并按照规定予以移交。邮政管理部门对快递末端服务设施的使用和管理予以监督指导。

第十一条 新建住宅小区、商业楼宇、高等院校等应当同步设置快递末端服务设施，或者预留设置快递末端服务设施的场地。已建成的住宅小区、商业楼宇、高等院校等未设置快递末端服务设施的，可以利用现有闲置物业或者场所增设快递末端服务设施。

市、区人民政府在开展老旧小区改造工程中，应当对小区内快递末端服务设施的建设和改造给予场地等支持，与城镇老旧小区改造同步推进实施。

快递企业、快递末端服务设施运营企业在住宅小区、商业楼宇、高等院校、产业园区、交通枢纽等人口密集区域设置快递末端服务设施的，业主、业主委员会、物业管理委员会、物业服务人以及相关管理单位应当予以配合。

第十二条 机关、团体、企业事业单位和住宅小区、商业楼宇等的物业服务人应当为快递企业上门服务提供车辆通行、临时停靠等便利，不得对快递服务收取不合理费用。

快递从业人员和车辆在进入上述区域为用户提供快递服务时，应当遵守相关单位对作业时间、通行路线、停靠区域等管理规定。

第十三条 公安、交通运输等部门和邮政管理部门应当建立健全快递运输保障机制，在保障道路交通安全畅通的前提下为快递服务车辆提供通行和停靠的便利。

快递服务车辆在收寄、运输快件途中发生道路交通违法行为，或者发生道路交通事故，依法予以扣留车辆的，公安机关交通管理部门不得扣留快件，应当按照规定核实快件重量、体积和损失后，通知驾驶员或者快递企业自行处理。

第十四条 邮政管理部门应当会同公安机关交通管理等部门，对快递专用电动三轮车的行驶时速、装载质量、车厢规格、车身标识、行驶区域、禁行路段等作出规定，实行统一编号和标识管理，建立健全快递专用电动三轮车交通违法信息通报机制。

第十五条 市、区人民政府应当推动粤港澳大湾区快递业协同发展，支持快递企业开展国际快递业务，培育国际快递骨干企业，加强与港澳企业、其他国家和地区企业的交流合作。

邮政管理部门应当会同发展改革、商务、交通运输、海关等部门，建立快件跨境协作机制，在空港经济区、自由贸易试验区建设进出境快件集中作业设施。

邮政管理部门应当支持和引导快递企业在境外依法开办快递服务机构并设置快件处理场所，扩大跨境快递服务网络。

第十六条 市、区人民政府应当建立健全快递业服务乡村振兴的工作机制，完善区、镇、村三级农村配送网络，加强农产品冷链快递物流设施建设，建立覆盖农产品生产、加工、运输、储存、销售等环节的全程冷链快递物流体系。

第三章　经营主体和快递服务

第十七条 经营快递业务，应当依法取得快递业务经营许可；未经许可，任何单位和个人不得经营快递业务。

任何单位和个人不得伪造、涂改、冒用、租借、倒卖快递业务经营许可证或者邮政管理部门提供的备案文件。

第十八条 快递末端网点应当在经营场所的显著位置公示邮政管理部门制发的备案回执、开办者的企业名称、所属快递品牌的专用标识。

第十九条 快递企业应当在经营场所的显著位置或者网络订单应用程序中，向用户公布快递服务的收费项目、收费标准、服务时限。上门揽收快件的,应当在寄件人填写快递运单前向其出示。

快递企业进行分拣作业时,应当使用专门的场地和设备,按照快件的种类和时限分别处理、分区作业、规范操作,不得占道分拣。禁止抛扔、踩踏或者以其他方式造成快件损毁。

快递从业人员为用户提供快递服务时,应当穿着印有所属企业专用标识的工作服、佩戴工号牌。快递服务车辆应当喷涂所属企业名称和快递品牌的专用标识。

第二十条 快递企业在寄件人填写快递运单前,应当提醒其阅读快递服务合同条款,遵守禁止寄递和限制寄递物品的相关规定。快递企业应当在快递服务合同上以醒目方式列出相关保价规则、保险服务项目和赔偿标准,并按照寄件人的要求予以说明。

快递企业应当在快递运单或者网络订单应用程序中为寄件人提供投递时间、投递方式等个性化、差异化的快递服务选择。

第二十一条 快递企业应当将快件及时投递到约定的收件地址、收件人或者收件人指定的代收人,并告知收件人或者代收人当面验收。不能按时、按址投递的,快递企业应当与收件人协商确定投递事项;无法协商一致或者经两次免费投递仍无法联系收件人的,快递企业在征得寄件人同意后,可以作改投其他地址或者退件处理。

快递企业使用智能快件箱、快递服务站等方式投递快件的,应当事先征得收件人的同意,并告知快件投放的地址、免费保管期限以及超时保管收费标准等信息。

快递企业不得向收件人收取合同约定以外的投递费用,快递企业与收件人或者寄件人重新约定的情形除外。

快递从业人员投递快件后,应当及时录入投递信息并上传网络,不得在完成投递前录入或者上传虚假的投递信息。

第二十二条 快递企业应当加强对分公司、加盟企业和末端网点的监督管理,在业务流程、服务质量、安全保障等方面实行统一管理,为用户提供统一的快件跟踪查询和投诉处理服务。

快递企业应当按照规定及时向邮政管理部门报送统计资料,并保证统计资料真实、准确、完整。

第二十三条 快递企业应当建立信息化管理系统,接受用户查询、投诉和意见建议。快递企业为用户提供国内快件查询信息有效期为一年,提供国际出境快件查询信息有效期为六个月,查询内容应当包括快件当前所处服务环节和所在位置。

用户对快递企业提供快递服务不满意的,可以向该快递企业投诉,快递企业应当在七日内作出处理并答复。期满未答复或者用户对答复不满意的,用户可以拨打12305邮政业消费者申诉专用电话或者12345政务服务便民热线申诉,邮政管理部门应当及时依法处理,并自接到申诉之日起三十日内作出答复。

第四章 快递安全

第二十四条 快递企业应当落实安全生产主体责任,加强安全生产管理,依法建立并执行收寄验视、实名收寄、安全检查制度,确保寄递安全。

第二十五条 快递企业应当落实个人信息安全主体责任,建立用户个人信息安全保障制度,合理确定从业人员对用户个人信息操作处理权限,签订保密协议,并确保从业人员离职时清除所掌握的用户个人信息。

快递企业及其从业人员不得利用职务之便,出售、泄露或者非法使用在服务过程中获得的用户个人信息。

第二十六条 快递企业在为用户提供快递服务前,应当向用户明确告知收集用户个人信息的目的、种类和依据,以及对用户个人信息的处理方式、保存期限等事项。

快递企业在处理用户个人信息时,应当对快递运单中个人敏感信息采取去标识化等保护措施,定期对快递运单实物进行集中销毁,并在停止经营时主动删除用户个人信息。

第二十七条 快递企业应当按照国家网络安全等级保护和数据分类分级保护制度的要求，制定内部安全管理制度和操作规程，确定网络安全负责人，采取防范危害网络数据安全行为的技术措施，加强风险监测。发现网络数据安全缺陷、漏洞等风险时，应当立即采取补救措施；发生用户信息泄露等网络数据安全事件时，应当立即采取处置措施，按照规定的时限告知用户并向邮政管理、互联网信息管理部门以及公安机关报告。

第二十八条 快递企业应当建立健全快递服务车辆安全管理制度，建立快递服务车辆管理档案。加强快递专用电动三轮车安全管理，依法购买第三者责任险，鼓励购买驾驶员人身意外伤害险。

快递企业应当加强快递服务车辆驾驶员管理，采取措施监督驾驶员安全行驶，对有道路交通安全违法行为的驾驶员予以教育、督促整改，并纳入员工考核。

快递企业委托第三方运输企业提供运输服务的，应当签订书面协议明确第三方运输企业保障快件在途安全的相关措施和责任。第三方运输企业应当遵守保障快件安全的相关规定。

第二十九条 快递专用电动三轮车驾驶员应当依法取得驾驶资格证，遵守道路交通安全法律法规，按照操作规范安全、文明驾驶车辆。

快递专用电动三轮车驾驶员在行驶时应当佩戴安全头盔，不得搭载他人，不得在厢体外部装载货物。禁止驾驶未经统一编号和标识或者拼装、加装、改装的快递专用电动三轮车上道路行驶。

第三十条 快递企业应当依法制定突发事件应急预案，有条件的企业建立应急救援队伍，及时预防和处置突发事件。

发生重大突发传染病、动植物疫情时，快递企业应当按照相关部门的防控要求，依法采取安全保障措施，对涉疫快件实施分类管理，加强快件消毒和从业人员个人卫生防护。

第五章　数字快递和绿色发展

第三十一条 市、区人民政府应当支持快递企业科技创新，研发具有自主知识产权的基础性、关键性技术，在快件收寄、分拣、运输、投递等环节应用数字化技术，推广使用智能安检设备、自动化分拣设备、机械化装卸设备和快递电子运单。

第三十二条 市、区人民政府应当支持快递企业进驻电子商务园区，配套建设集约化快件集散中心，与电子商务经营者加强系统互联和业务联动，推动作业流程、数据交换有效衔接。

邮政管理部门应当支持和引导快递企业共享快递末端服务设施和配送服务网络。邮政企业在确保邮政普遍服务达标的前提下，可以与其他快递企业共享邮政营业网点、邮政运输网络、智能信包箱等设施资源。

第三十三条 快递企业应当使用可循环、易回收、可降解的包装材料，按照相关规定停止使用不可降解塑料袋等一次性塑料制品，并向邮政管理部门报告塑料袋等一次性塑料制品的使用、回收情况。

电子商务企业、商品生产企业与快递企业应当加强上下游协同，使用满足快递配送需求的商品包装，减少商品的二次包装，推进商品与快递包装一体化。

第三十四条 鼓励快递企业在社区、校园等场所的快递末端网点配备标志清晰的快递包装物回收容器，开展快递包装物集中回收，建立绿色快递激励机制，采取有效措施引导用户重复利用包装物。

鼓励快递企业使用新能源汽车，探索使用无人机、无人车等运载工具，加大智能传感器、工业机器人等智能产品在快递作业场景的应用。

第三十五条 邮政管理、生态环境、科技等部门应当制定和完善相关政策，推动快递企业与科研机构、高等院校加强合作，研发、生产和推广绿色快递相关材料和产品，增加绿色产品有效供给。

第六章 从业人员权益保障

第三十六条 建立劳动关系的，快递企业应当依法与从业人员订立书面劳动合同，不得以签订承包合同、承揽合同等形式规避用人单位依法应当履行的义务。

第三十七条 建立劳动关系的，快递企业应当依法为从业人员参加社会保险，不得以企业已购买意外保险、雇主责任险等其他商业保险为由拒绝履行参加社会保险的义务。

快递企业在快递业务量高峰时段临时聘用人员的，应当按照国家、省、市的相关规定参加工伤保险。

第三十八条 快递企业应当建立合理的薪酬制度和考核奖惩制度，结合道路交通通行情况、劳动强度等因素，在不少于正常派件所需劳动时间的前提下，科学确定派件数量和时间。

快递企业在制定、修改或者决定有关劳动报酬等直接涉及从业人员切身利益的规章制度或者重大事项时，应当经职工代表大会或者全体职工讨论，提出方案和意见，与工会或者职工代表平等协商确定；发现可能引发社会安全事件问题的，应当及时处理，防止矛盾激化和事态扩大，并按照规定向邮政管理部门报告。

快递企业被用户投诉、申诉或者提起民事诉讼时，应当对相关从业人员是否存在过错进行调查。从业人员无故意或者重大过失的，快递企业不得以罚款或者其他克扣工资的形式要求从业人员承担赔偿责任。

第三十九条 快递企业应当建立休息休假制度，保障从业人员休息休假的权利。

快递企业应当依法建立针对高温、雷雨大风等恶劣天气的快件延迟收派等作业制度，及时发放高温津贴，强化劳动保护，保护从业人员身体健康和生命安全。

第四十条 快递企业应当对从业人员在法律法规、职业道德、服务规范、业务技能、安全生产、信息安全、安全驾驶等方面加强教育和培训，建立教育和培训信息档案，确保从业人员掌握岗位所需的操作技能和知识，具备必要的事故预防和应急处理能力。

第四十一条 快递企业工会组织应当依法履行维权和服务职责，强化工会在开展集体协商、协调劳资关系、参与企业民主管理、职业技能培训、企业文化建设等方面的作用，维护从业人员合法权益。

第四十二条 人力资源社会保障部门应当加大劳动保障监察力度，督促快递企业落实从业人员权益保障责任，依法维护从业人员权益。

第七章 法律责任

第四十三条 快递企业违反本条例第十九条第一款规定，未向用户公布或者出示收费项目、收费标准、服务时限的，由邮政管理部门责令改正，予以警告或者通报批评，并可处三千元以上一万元以下罚款；情节严重的，处一万元以上三万元以下罚款；构成价格违法行为的，由市场监督管理部门依照《中华人民共和国价格法》予以处罚。

第四十四条 快递企业违反本条例第二十一条第三款、第四款规定，向收件人收取合同约定以外的投递费用，在完成投递前录入或者上传虚假的投递信息的，由邮政管理部门责令改正，予以通报批评，并可处五千元以上一万元以下罚款；情节严重的，处一万元以上三万元以下罚款。

第四十五条 快递企业违反本条例第二十二条第一款规定，对分公司、加盟企业和末端网点在业务流程、服务质量、安全保障等方面未实行统一管理，或者未向用户提供统一的快件跟踪查询和投诉处理服务的，由邮政管理部门责令改正，处一万元以上五万元以下罚款；情节严重的，处五万元以上十万元以下罚款，并可以责令停业整顿。

快递企业违反本条例第二十二条第二款规定，未按照规定及时报送统计资料，或者统计资料不真实、不准确、不完整的，由邮政管理部门责令改正。

第四十六条 快递企业违反本条例第二十四条规定，未依法建立并执行收寄验视、实名收寄、安全检查制度的，由邮政管理部门依照《中华人民共和国邮政法》《中华人民共和国反恐怖主义法》予以处罚。

第四十七条 快递企业及其从业人员违反本条例第二十五条第二款、第二十六条规定，出售、泄露或者非法使用在服务过程中获得的用户个人信息的，在为用户提供快递服务前未尽告知义务的，或者在处理用户个人信息时未采取相关保护措施的，由履行个人信息保护职责的部门依照《中华人民共和国个人信息保护法》予以处罚。

快递企业违反本条例第二十七条规定，发现网络数据安全缺陷、漏洞等风险未立即采取补救措施的，发生用户信息泄露等网络数据安全事件未立即采取处置措施的，或者未按照规定的时限告知用户并向邮政管理、互联网信息管理部门以及公安机关报告的，由相关部门依照《中华人民共和国网络安全法》《中华人民共和国个人信息保护法》《中华人民共和国数据安全法》予以处罚。

第四十八条 快递专用电动三轮车驾驶员违反本条例第二十九条第二款规定，在行驶时未佩戴安全头盔、搭载他人或者驾驶未经统一编号和标识的快递专用电动三轮车上道路行驶的，由公安机关交通管理部门责令改正，处警告或者二百元罚款；在箱体外部装载货物的，由公安机关交通管理部门责令改正，处警告或者一百五十元罚款。

第四十九条 快递企业违反本条例第三十三条第一款规定，未按照相关规定停止使用不可降解塑料袋等一次性塑料制品，或者未向邮政管理部门报告塑料袋等一次性塑料制品的使用、回收情况的，由邮政管理部门依照《中华人民共和国固体废物污染环境防治法》予以处罚。

第五十条 邮政管理部门和其他相关部门的工作人员在监督管理工作中滥用职权、玩忽职守、徇私舞弊的，依法给予处分；构成犯罪的，依法追究刑事责任。

第八章　附　　则

第五十一条 本条例自2023年7月1日起施行。

重庆市邮政条例

重庆市人民代表大会常务委员会公告〔六届〕第8号

《重庆市人民代表大会常务委员会关于修改〈重庆市邮政条例〉的决定》已于2023年5月31日经重庆市第六届人民代表大会常务委员会第二次会议通过，现予公布，自2023年7月1日起施行。

重庆市人民代表大会常务委员会

2023年5月31日

重庆市人民代表大会常务委员会
关于修改《重庆市邮政条例》的决定

（2023年5月31日重庆市第六届人民代表大会常务委员会第二次会议通过）

重庆市第六届人民代表大会常务委员会第二次会议决定对《重庆市邮政条例》作如下修改：

一、将第一条修改为：“为了保障邮政普遍服务，规范邮政市场秩序，维护通信与信息安全，保护用户通信自由和通信秘密及其他合法权益，促进邮政业健康发展，根据《中华人民共和国邮政法》《快递暂行条例》等法律、行政法规，结合本市实际，制定本条例。”

二、将第三条修改为：“市、区县（自治县）人民政府应当将邮政业发展纳入国民经济和社会发展规划，承担邮政领域地方财政事权和支出责任，加强邮政监管体系建设，支持邮政企业提供邮政普遍服务，对邮政企业提供邮政普遍服务、特殊服务给予补贴，持续优化快递服务营商环境，保障邮政业与经济社会发展相适应。”

三、将第四条修改为：“市邮政管理部门负责本市行政区域内邮政普遍服务和邮政市场监督管理工作，制定和实施本市邮政业发展专项规划，完善市场机制，保障邮政服务实施和通信安全、畅通。

“市邮政管理部门按照国务院规定设立的邮政监管派出机构，在市邮政管理部门的领导下，负责其所辖区域的邮政普遍服务和邮政市场监督管理工作。

“发展改革、教育、公安、国家安全、民政、财政、人力社保、规划自然资源、生态环境、住房城乡建设、城市管理、交通、商务、卫生健康、应急、市场监管、口岸物流、税务、海关等部门在各自职责范围内，协助做好邮政市场监督管理工作，并采取措施支持邮政企业提供邮政普遍服务。”

四、增加一条，作为第六条：“市、区县（自治县）人民政府、邮政管理部门应当加快培育邮政业新业态和新模式，支持邮政企业、快递企业按照规定探索无人机、无人车等运载工具的场景应用，推动邮政业数字化发展。

鼓励邮政企业、快递企业加大科技研发投入，推广应用先进技术和设备，提高智能化水平。”

五、增加一条，作为第七条：“邮政管理、商务、发展改革、交通、口岸物流、海关等部门应当建立邮件快件进出境协作机制，推动进出境邮件快件便捷通关。

“鼓励经营快递业务的企业开拓跨境寄递领域业务，拓展国际网络建设，在中欧班列、西部陆海新通道、国际航线沿线重点市场布局海外仓，促进跨境寄递服务高质量发展。”

六、增加一条，作为第八条：“市、区县（自治县）人民政府及商务、邮政管理等部门应当采取措施，加强邮政业环境污染治理，促进邮政业绿色发展。

“邮政企业、快递企业应当按照规定使用环保包装材料，优先采用可重复使用、易回收利用的包装物，优化邮件快件包装，减少包装物的使用，并积极回收利用包装物。支持邮政企业、快递企业优先使用新能源交通工具。”

七、将第十六条改为第十九条，第三款修改为：“邮政企业应当对村邮站或者其他接收邮件的场所提供业务支持和指导，可以与村民委员会协商一致后签订邮件接收、转投协议。”

八、将第二十一条改为第二十四条，将第一款中“在交通不便的边远地区，按照国务院邮政管理部门制定的标准执行”删除。

第二款修改为：“在乡、镇人民政府所在地及农村地区赶集日应当进行邮政普遍服务营业。”

九、将第二十二条改为第二十五条，第一款修改为：“邮政企业停止办理或者限制办理邮政普遍服务和特殊服务业务的，应当事先向邮政管理部门提出书面申请。邮政管理部门应当在收到申请之日起二十日内作出批准或者不予批准的决定。经邮政管理部门负责人审批同意，可以延长十日作出决定。作出批准决定的，应当自作出批准决定之日起十日内向社会公告。”

十、将第二十五条改为第二十八条，第一款修改为：“邮政企业应当依法建立并执行邮件收寄验视、实名收寄和安全检查制度，确保寄递安全。”

合并第二款、第三款、第四款为一款，作为第二款。

增加两款，作为第三款、第四款：“除信件和已签订安全协议用户交寄的邮件外，邮政企业收寄邮件，应当按照规定查验寄件人身份，并对寄件人身份信息和交寄物品进行登记。寄件人拒绝提供身份信息或者提供身份信息不实的，邮政企业不得收寄。

“邮政企业应当按照规定对邮件进行安全检查。对禁止寄递、存在重大安全隐患或者寄件人拒绝安全检查的物品，不得寄递。”

十一、将第三十一条改为第三十四条，删除第三款。

十二、将第三十二条改为第三十五条，修改为：“邮政企业及其工作人员不得有下列侵犯用户合法权益的行为：

（一）无故拒绝、拖延、中断业务；

（二）擅自降低邮政普遍服务标准或者增加收费项目，强迫、误导用户使用高资费业务；

（三）冒领、扣留用户汇款或者强迫、误导用户将汇款转为储蓄；

（四）强行搭售邮品及其他商品或者强迫订阅报纸杂志；

（五）出售、泄露或者非法提供用户信息；

（六）法律、法规禁止的其他行为。”

十三、将第三十三条改为第三十六条，修改为：“邮政企业应当向社会公布用户投诉电话，配备受理用户投诉的人员；对用户的投诉，应当在接到投诉之日起七日内答复用户办理情况，十五日内将处理结果告知用户。

“用户向邮政企业投诉后七日内未得到答复，或者对邮政企业投诉处理和答复不满意的，或者邮政企业投诉渠道不畅通、无人受理的，可以向邮政管理部门申诉。”

十四、将第三十四条、第四十六条改为一条，作为第五十条：“邮政管理部门应当制定邮政业生产安全事故应急救援预案。市、区县（自治县）人民政府应当将其纳入地方生产安全事故应急救援体系。

“邮政企业、快递企业应当建立健全安全生产责任制度，制定生产安全事故应急预案，并按照有关规定向邮政管理部门备案。”

十五、将第三十六条改为第三十八条，修改为：“快递企业设立分支机构或者合并、分立的，应当依法向邮政管理部门备案。”

十六、将第三十九条改为第四十一条，增加一款，作为第二款：“电子商务平台经营者应当为平台内经营者平等推荐经营快递业务的企业，不得利用服务协议、交易规则以及技术等手段进行不合理限制或者附加不合理条件，无正当理由不得禁止或者限制平台内经营者自主选择快递服务提供者。”

十七、将第四十条改为第四十二条，修改为：“经营快递业务的企业应当提示用户如实、完整填写快递运单的各项内容；快递运单填写内容不完整的，不得收寄。

“经营快递业务的企业应当建立快递运单及电子数据管理制度，采取有效技术手段保证用户信息安全。快递运单及电子数据的留存期限应当符合国家有关规定。”

十八、增加一条，作为第四十三条：“市、区县（自治县）人民政府可以通过购买服务或者给予财政补贴等方式，引导经营快递业务的企业建设公益性末端服务设施，为住宅小区、村（社区）等提供快递末端服务。

“企业事业单位、住宅小区管理单位应当根据实际情况，采取与经营快递业务的企业签订合同、设置快件收寄投递专门场所和智能快件箱等方式，为开展快递服务提供必要的便利。鼓励多个经营快递业务的企业共享末端服务设施，为用户提供便捷的快递末端服务。

“鼓励经营快递业务的企业与交通、供销、商贸流通等企事业单位采取多种方式合作共用农村寄递物流综合服务平台，积极推进农村寄递物流共同配送模式，提升农村寄递物流服务能力。”

十九、将第四十一条改为第四十四条，修改

为:“经营快递业务的企业应当将快件投递到约定的收件地址、收件人或者收件人指定的代收人,并告知收件人或者代收人当面验收。经营快递业务的企业改变快件投递服务约定,应当征得收件人同意。

“经营快递业务的企业不得违反国家有关服务规定以增加资费为条件投递快件。”

二十、将第四十二条改为第四十五条,增加一款,作为第三款:“喷涂企业统一标志的专用车辆系非机动车的,应当在非机动车道内行驶;在没有非机动车道的道路上,应当靠车行道的右侧行驶。”

二十一、增加一条,作为第四十六条:“经营快递业务的企业应当依法保障从业人员的合法权益,按时足额支付劳动报酬,依法缴纳社会保险费,提供符合国家标准的劳动防护用品,并按照有关规定为灵活用工人员优先缴纳工伤保险费。支持快递灵活用工人员以个人身份自愿缴存住房公积金。

“鼓励经营快递业务的企业为从业人员投保人身意外保险、重大疾病保险、专属商业养老保险以及其他专项商业保险。”

二十二、将第四十三条改为第四十七条,修改为:“经营快递业务的企业应当建立服务投诉制度,及时、妥善处理用户对服务质量提出的异议。用户对快递服务质量不满意的,可以向经营快递业务的企业投诉,经营快递业务的企业应当自接到投诉之日起七日内予以处理并告知用户。用户对于逾期不处理的投诉或者处理结果不满的投诉可以向邮政管理部门申诉。”

二十三、将第四十五条改为第四十九条,修改为:“本条例第九条、第二十三条第二款、第二十八条、第三十条第一款、第三十一条第一款、第三十二条、第三十五条第一项和第五项关于邮政企业及其从业人员的规定,适用于快递企业及其从业人员;第三十一条第三款关于邮件损失赔偿的规定,适用于快件的损失赔偿;第二十七条第二款关于邮政服务用户的规定,适用于快递用户。”

二十四、将第五十一条改为第五十五条,修改为:“邮政管理部门应当加强邮政业诚信体系建设,对邮政企业、快递企业依法实施信用监管,提高邮政业信用水平。”

二十五、将第五十四条改为第五十八条,修改为:“违反本条例第四十二条的规定,经营快递业务的企业有下列行为之一的,由邮政管理部门给予警告;情节严重的,处一千元以上五千元以下罚款:

(一)未履行提示义务的;

(二)收寄快递运单填写内容不完整的快件的;

(三)未按照规定期限留存快递运单及电子数据的。”

二十六、将第五十五条、第五十七条改为一条,作为第五十九条,修改为:“违反本条例第四十四条规定,经营快递业务的企业有下列行为之一的,由邮政管理部门责令改正;拒不改正的,处一千元以上五千元以下罚款;情节严重的,处五千元以上三万元以下罚款:

(一)未征得收件人同意而擅自改变快件投递服务约定的;

(二)违反国家有关服务规定以增加资费为条件投递快件的。”

二十七、增加一条,作为第六十四条:“本条例以下用语的含义:

邮政普遍服务,是指邮政企业按照国家规定的业务范围、服务标准和资费标准,为中华人民共和国境内所有用户持续提供的邮政服务。

邮政特殊服务,是指邮政企业按照国家规定办理机要通信、国家规定报刊的发行,以及义务兵平常信函、盲人读物和革命烈士遗物的免费寄递等特殊服务业务。

快递业务,是指在承诺的时限内经过收寄、分拣、运输、投递等环节快速完成的寄递服务。外卖配送等点到点直接送达物品的活动,不属于本条例所称的快递业务。

邮政企业，是指中国邮政集团公司及其提供邮政服务的全资企业、控股企业。

经营快递业务的企业，是指经营快递业务的邮政企业和快递企业。

快递企业，是指邮政企业以外经营快递业务的企业。”

二十八、对部分条文中的有关表述作以下修改：

（一）将第八条第二款、第九条第二款、第十三条第一款、第十七条第二款中的“城乡规划”和第十二条第一款中的“土地利用总体规划”修改为“国土空间规划”。

（二）将第十条、第四十七条第一款中的“贫困地区”修改为“脱贫地区”。

（三）将第十七条第一款中的“未作出妥善安排前”修改为“未作出妥善安排的”。

（四）将第三十五条第二款中的“工商行政管理”修改为“市场监管”。

（五）将第四十二条第二款中的“市政”修改为“城市”。

（六）将第四十四条第二款中的“资格鉴定”、第四十九条中的“鉴定”修改为“等级认定”。

（七）在第五十八条中的“普遍服务”前增加“邮政”。

本决定自2023年7月1日起施行。

《重庆市邮政条例》根据本决定作相应修改并对条文顺序作相应调整，重新公布。

重庆市邮政条例

（2012年11月29日重庆市第三届人民代表大会常务委员会第三十八次会议通过　根据2023年5月31日重庆市第六届人民代表大会常务委员会第二次会议《关于修改〈重庆市邮政条例〉的决定》修正）

目录

第一章　总　　则

第一条　为了保障邮政普遍服务，规范邮政市场秩序，维护通信与信息安全，保护用户通信自由和通信秘密及其他合法权益，促进邮政业健康发展，根据《中华人民共和国邮政法》《快递暂行条例》等法律、行政法规，结合本市实际，制定本条例。

第二条　本市行政区域内邮政设施的规划和建设，邮政服务、快递业务以及相关监督管理活动，适用本条例。

第三条　市、区县（自治县）人民政府应当将邮政业发展纳入国民经济和社会发展规划，承担邮政领域地方财政事权和支出责任，加强邮政监管体系建设，支持邮政企业提供邮政普遍服务，对邮政企业提供邮政普遍服务、特殊服务给予补贴，持续优化快递服务营商环境，保障邮政业与经济社会发展相适应。

第四条　市邮政管理部门负责本市行政区域内邮政普遍服务和邮政市场监督管理工作，制定和实施本市邮政业发展专项规划，完善市场机制，保障邮政服务实施和通信安全、畅通。

市邮政管理部门按照国务院规定设立的邮政监管派出机构，在市邮政管理部门的领导下，负责其所辖区域的邮政普遍服务和邮政市场监督管理工作。

发展改革、教育、公安、国家安全、民政、财政、人力社保、规划自然资源、生态环境、住房城乡建设、城市管理、交通、商务、卫生健康、应急、市场监管、口岸物流、税务、海关等部门在各自职责范围内,协助做好邮政市场监督管理工作,并采取措施支持邮政企业提供邮政普遍服务。

第五条 市邮政管理部门和本条例第四条第二款规定的邮政监管派出机构(以下统称邮政管理部门)对邮政市场实施监督管理,应当遵循公开、公平、公正以及鼓励竞争、促进发展的原则。

第六条 市、区县(自治县)人民政府、邮政管理部门应当加快培育邮政业新业态和新模式,支持邮政企业、快递企业按照规定探索无人机、无人车等运载工具的场景应用,推动邮政业数字化发展。

鼓励邮政企业、快递企业加大科技研发投入,推广应用先进技术和设备,提高智能化水平。

第七条 邮政管理、商务、发展改革、交通、口岸物流、海关等部门应当建立邮件快件进出境协作机制,推动进出境邮件快件便捷通关。

鼓励经营快递业务的企业开拓跨境寄递领域业务,拓展国际网络建设,在中欧班列、西部陆海新通道、国际航线沿线重点市场布局海外仓,促进跨境寄递服务高质量发展。

第八条 市、区县(自治县)人民政府及商务、邮政管理等部门应当采取措施,加强邮政业环境污染治理,促进邮政业绿色发展。

邮政企业、快递企业应当按照规定使用环保包装材料,优先采用可重复使用、易回收利用的包装物,优化邮件快件包装,减少包装物的使用,并积极回收利用包装物。支持邮政企业、快递企业优先使用新能源交通工具。

第九条 邮政企业应当加强服务质量管理,完善安全保障措施,按照国家规定的业务范围、服务标准,为用户提供迅速、准确、安全、方便的服务。

第十条 任何单位和个人都有权制止、举报破坏邮政设施、危害邮政通信安全的行为。

任何单位和个人不得损毁邮政设施或者影响邮政设施的正常使用。

第二章 邮政设施

第十一条 提供邮政普遍服务的邮政设施等组成的邮政网络是国家重要的通信基础设施。

市、区县(自治县)人民政府应当将邮政设施的布局和建设纳入国土空间规划,保证邮政设施的布局和建设满足保障邮政普遍服务的需要。

农村地区提供邮政普遍服务的设施建设应当纳入当地镇、乡和村规划。

第十二条 邮政设施应当按照国家规定的标准设置。

建设城市新区、独立工矿区、开发区、商业区、住宅区或者对旧城区进行改建,应当按照国土空间规划同时建设配套的提供邮政普遍服务的邮政设施。

较大的车站、机场、港口、高等院校和宾馆应当设置提供邮政普遍服务的邮政营业场所。

第十三条 市、区县(自治县)人民政府应当按照基本公共服务均等化的要求,重点扶持农村边远地区、三峡库区、脱贫地区和少数民族地区邮政设施的建设。

第十四条 邮政企业设置、撤销、变更邮政营业场所,应当提前书面告知邮政管理部门。

邮政企业撤销提供邮政普遍服务的邮政营业场所,应当事前向邮政管理部门提出书面申请,邮政管理部门应当在收到申请之日起二十日内作出批准或者不予批准的决定,经邮政管理部门负责人批准,可以延长十日作出决定;作出撤销决定的,邮政企业应当在收到批准决定之日起十日内向社会公告。

第十五条 邮政设施建设用地应当符合国土空间规划。符合划拨条件的,按照国家有关规定予以划拨。未经批准不得改变土地用途。

按照第十二条第二款规定配套建设的提供邮

政普遍服务的邮政设施用房由建设单位按照房屋综合成本造价出售给邮政企业。

建设提供邮政普遍服务的邮政营业场所、邮件处理场所，按照规定程序审批后，免缴城市建设配套费。

第十六条 邮政企业应当按照国土空间规划在城市街道、广场、公园、旅游景区景点等公共场所设置邮筒（箱）等邮政设施。

设置邮筒（箱）免缴城市道路占用费。

第十七条 机关、企业事业单位应当设置收发（传达）室等接收邮件的场所；建设城镇居民楼应当设置接收邮件的信报箱；农村地区应当逐步设置村邮站或者其他接收邮件的场所。

第十八条 城镇居民楼设置信报箱应当符合国家标准。建设单位应当将信报箱工程纳入建设工程统一规划、设计、施工和验收，并与建设工程同时投入使用。设置信报箱所需费用纳入建设成本。

建设单位未按照国家规定的标准设置信报箱的，由邮政管理部门责令限期改正；逾期未改正的，由邮政管理部门指定其他单位设置信报箱，所需费用由该居民楼的建设单位承担。

既有城镇居民楼未配置信报箱或者配置的信报箱不符合国家标准的，在进行住宅综合改造时，应当配置或者改造。

第十九条 乡、镇人民政府（街道办事处）应当指导村民委员会设立村邮站或者其他接收邮件的场所。村邮站或者其他接收邮件的场所及其工作人员由村民委员会确定。

市、区县（自治县）人民政府应当根据当地实际，对村邮站或者其他接收邮件的场所的设置和营运给予适当补助，符合公益性岗位要求的人员纳入公益性岗位管理。

邮政企业应当对村邮站或者其他接收邮件的场所提供业务支持和指导，可以与村民委员会协商一致后签订邮件接收、转投协议。

第二十条 征收邮政营业场所或者邮件处理场所的，市、区县（自治县）人民政府在作出征收决定前，应当根据保障邮政普遍服务的要求，就地或者就近对邮政营业场所或者邮件处理场所的重新设置作出妥善安排。未作出妥善安排的，不得征收。

征收邮政营业场所或者邮件处理场所，按照国土空间规划要求无需在该区域继续设置的，邮政企业可以选择房屋产权调换或者货币补偿的方式。

邮政营业场所或者邮件处理场所重新设置前，邮政企业应当采取措施，保证邮政普遍服务的正常进行。

第二十一条 按照地名标志国家标准设置大门地名标志牌应当附注邮政编码；大门地名标志牌上未附注邮政编码的应当由设置部门及时更换。

第三章 邮政服务

第二十二条 邮政企业按照国家规定承担提供邮政普遍服务和特殊服务的义务。

邮政企业的邮政普遍服务与竞争性业务应当分业经营。

第二十三条 邮政企业应当通过网络、报刊等方式向社会公布所属邮政营业场所布局、地址及联系方式。

邮政企业应当在其营业场所公示或者以其他方式公布其服务种类、业务范围、营业时间、资费标准、禁止寄递或者限制寄递物品规定、邮件和汇款的查询及损失赔偿办法以及用户对其服务质量的投诉办法等。

邮政企业应当在营业场所设置用户书写服务台，提供邮政编码查询便利，张贴业务单据书写式样，并在明显位置悬挂邮政营业场所名称、地址、联系方式等信息。

第二十四条 提供邮政普遍服务的邮政营业场所在城市每周的营业时间应当不少于六天，投递邮件每天至少一次；在乡、镇人民政府所在地每周的营业时间应当不少于五天，投递邮件每周至少五次；在农村地区每周营业时间应当不少于三天，投递邮件每周至少三次。

在乡、镇人民政府所在地及农村地区赶集日应当进行邮政普遍服务营业。

第二十五条 邮政企业停止办理或者限制办理邮政普遍服务和特殊服务业务的，应当事先向邮政管理部门提出书面申请。邮政管理部门应当在收到申请之日起二十日内作出批准或者不予批准的决定。经邮政管理部门负责人审批同意，可以延长十日作出决定。作出批准决定的，应当自作出批准决定之日起十日内向社会公告。

因不可抗力或者其他特殊原因暂时停止办理或者限制办理的，邮政企业应当及时公告，采取相应的补救措施，并向邮政管理部门报告。不可抗力或者其他特殊原因消除后，应当立即恢复办理。

第二十六条 机关、企业事业单位和城镇居民楼物业服务单位，应当到当地邮政企业或者分支机构办理邮件按址投递登记手续。地址或门牌变更的，应当及时通知邮政企业。

符合按址投递条件的，邮政企业应当自办理邮件投递登记手续之日起七日内安排投递；不符合按址投递条件的，可以与邮政企业协商，投递到双方商定的接收邮件的场所。

第二十七条 用户交寄邮件应当清楚、准确地填写收件人姓名、地址和邮政编码，使用标准信封、邮件包装箱和符合规定的邮资凭证。

用户交寄邮件应当遵守禁止或者限制寄递物品的规定，不得交寄、夹寄带爆炸性、易燃性、腐蚀性、放射性、毒害性、传染病病原体等危险有害物品以及毒品、非法出版物等国家规定禁止寄递的物品。

第二十八条 邮政企业应当依法建立并执行邮件收寄验视、实名收寄和安全检查制度，确保寄递安全。

对用户交寄的信件，必要时邮政企业可以要求用户开拆，进行验视，但不得检查信件内容。用户拒绝开拆的，邮政企业不予收寄。对信件以外的邮件，邮政企业收寄时应当当场验视内件。用户拒绝验视的，邮政企业不予收寄。邮政企业发现邮件内夹带禁止或者限制寄递物品的，应当按照国家有关规定处理。

除信件和已签订安全协议用户交寄的邮件外，邮政企业收寄邮件，应当按照规定查验寄件人身份，并对寄件人身份信息和交寄物品进行登记。寄件人拒绝提供身份信息或者提供身份信息不实的，邮政企业不得收寄。

邮政企业应当按照规定对邮件进行安全检查。对禁止寄递、存在重大安全隐患或者寄件人拒绝安全检查的物品，不得寄递。

第二十九条 邮政企业应当按照国家规定的投递频次和深度，采取按址投递、用户领取或者与用户协商的其他方式投递邮件。

收件地址为单位的，应当投递到收发（传达）室或者其他接收邮件的场所。收件地址为住宅，设有信报箱的，应当投递到信报箱；没有信报箱的，在用户与物业服务单位协商一致后，可以投递到物业服务单位；没有信报箱和物业服务单位的，应当投递到与用户协商的指定位置。收件地址为农村地区的，应当投递到村邮站或者其他接收邮件的场所。

给据邮件应当投递给用户或者用户委托的专人、专门机构。

第三十条 机关、企业事业单位、物业服务单位、村民委员会等应当为邮政企业投递邮件提供便利。准许统一着装并佩戴标志的邮政企业从业人员及其车辆进入服务区域，并不得收取任何费用。

收发（传达）室、物业服务单位、村邮站或者其他接收邮件的场所对所接收的邮件应当妥善保管并安排人员及时正确转投。对无法转交或者误收的邮件，应当及时通知邮政企业，由邮政企业依法处理。

给据邮件应当由用户或者用户委托的专人、

专门机构签收。

第三十一条 邮政企业应当采取有效措施，防止邮件丢失、损毁或者内件短少。

邮政普遍服务业务范围内的邮件和汇款的损失赔偿，按照《中华人民共和国邮政法》的规定办理。

邮政普遍服务业务范围以外的邮件的损失赔偿，适用有关民事法律的规定。

第三十二条 邮政企业应当保障本企业寄递渠道的畅通。因特殊原因造成或者可能造成邮件积压的，应当及时组织和调配运力，进行有效疏运，并接受邮政管理部门的监督。

第三十三条 邮政企业对无法投递的邮件，应当退回寄件人。

无法投递又无法退回的信件，自邮政企业确认无法退回之日起超过六个月无人认领的，由邮政企业在邮政管理部门的监督下销毁。

无法投递又无法退回的其他邮件，按照国家有关规定处理；其中进境国际邮递物品，由海关依照《中华人民共和国海关法》的规定处理。

第三十四条 邮政专用车辆应当按照规定喷涂邮政专用标志色和“中国邮政”标志，其他车辆不得喷涂。

邮政专用车辆应当在国家规定的范围内使用，不得出租、出借或者用于从事邮件运递以外的其他活动。

第三十五条 邮政企业及其工作人员不得有下列侵犯用户合法权益的行为：

（一）无故拒绝、拖延、中断业务；

（二）擅自降低邮政普遍服务标准或者增加收费项目，强迫、误导用户使用高资费业务；

（三）冒领、扣留用户汇款或者强迫、误导用户将汇款转为储蓄；

（四）强行搭售邮品及其他商品或者强迫订阅报纸杂志；

（五）出售、泄露或者非法提供用户信息；

（六）法律、法规禁止的其他行为。

第三十六条 邮政企业应当向社会公布用户投诉电话，配备受理用户投诉的人员；对用户的投诉，应当在接到投诉之日起七日内答复用户办理情况，十五日内将处理结果告知用户。

用户向邮政企业投诉后七日内未得到答复，或者对邮政企业投诉处理和答复不满意的，或者邮政企业投诉渠道不畅通、无人受理的，可以向邮政管理部门申诉。

第四章 快递业务

第三十七条 经营快递业务应当按照《中华人民共和国邮政法》的规定，取得快递业务经营许可。

申请人凭快递业务经营许可证向市场监管部门依法办理登记后，方可经营快递业务；未经许可和登记，任何单位和个人不得经营快递业务。

第三十八条 快递企业设立分支机构或者合并、分立的，应当依法向邮政管理部门备案。

第三十九条 快递企业停止经营快递业务的，应当书面告知市邮政管理机构，交回快递业务经营许可证，并对尚未投递的快件按照国务院邮政管理部门的规定妥善处理。

第四十条 加盟经营快递业务的企业，应当具有企业法人资格并取得快递业务经营许可证。

经营快递业务的企业应当对加盟企业实行统一管理；双方应当以书面形式订立加盟协议，明确双方的权利和义务，并报邮政管理部门备案。

第四十一条 经营快递业务的企业提供快递服务，应当遵循快递服务国家标准。鼓励经营快递业务的企业制定和采用高于国家标准的企业标准。

电子商务平台经营者应当为平台内经营者平等推荐经营快递业务的企业，不得利用服务协议、交易规则以及技术等手段进行不合理限制或者附加不合理条件，无正当理由不得禁止或者限制平台内经营者自主选择快递服务提供者。

第四十二条 经营快递业务的企业应当提示

用户如实、完整填写快递运单的各项内容;快递运单填写内容不完整的,不得收寄。

经营快递业务的企业应当建立快递运单及电子数据管理制度,采取有效技术手段保证用户信息安全。快递运单及电子数据的留存期限应当符合国家有关规定。

第四十三条 市、区县(自治县)人民政府可以通过购买服务或者给予财政补贴等方式,引导经营快递业务的企业建设公益性末端服务设施,为住宅小区、村(社区)等提供快递末端服务。

企业事业单位、住宅小区管理单位应当根据实际情况,采取与经营快递业务的企业签订合同、设置快件收寄投递专门场所和智能快件箱等方式,为开展快递服务提供必要的便利。鼓励多个经营快递业务的企业共享末端服务设施,为用户提供便捷的快递末端服务。

鼓励经营快递业务的企业与交通、供销、商贸流通等企事业单位采取多种方式合作共用农村寄递物流综合服务平台,积极推进农村寄递物流共同配送模式,提升农村寄递物流服务能力。

第四十四条 经营快递业务的企业应当将快件投递到约定的收件地址、收件人或者收件人指定的代收人,并告知收件人或者代收人当面验收。经营快递业务的企业改变快件投递服务约定,应当征得收件人同意。

经营快递业务的企业不得违反国家有关服务规定以增加资费为条件投递快件。

第四十五条 经营快递业务的企业寄递快件的专用车辆经邮政管理部门核定后,应当喷涂企业统一标志。

喷涂企业统一标志的专用车辆,确需通过公安交通管理部门划定的禁行路段或者确需在禁止停车的路段临时停车的,经公安交通管理部门和城市管理部门同意,在确保安全的前提下,可以通行或者临时停车。

喷涂企业统一标志的专用车辆系非机动车的,应当在非机动车道内行驶;在没有非机动车道的道路上,应当靠车行道的右侧行驶。

第四十六条 经营快递业务的企业应当依法保障从业人员的合法权益,按时足额支付劳动报酬,依法缴纳社会保险费,提供符合国家标准的劳动防护用品,并按照有关规定为灵活用工人员优先缴纳工伤保险费。支持快递灵活用工人员以个人身份自愿缴存住房公积金。

鼓励经营快递业务的企业为从业人员投保人身意外保险、重大疾病保险、专属商业养老保险以及其他专项商业保险。

第四十七条 经营快递业务的企业应当建立服务投诉制度,及时、妥善处理用户对服务质量提出的异议。用户对快递服务质量不满意的,可以向经营快递业务的企业投诉,经营快递业务的企业应当自接到投诉之日起七日内予以处理并告知用户。用户对于逾期不处理的投诉或者处理结果不满的投诉可以向邮政管理部门申诉。

第四十八条 经营快递业务的企业依法成立的行业协会,依照法律、行政法规及其章程规定,制定快递行业规范,加强行业自律,为企业提供信息、培训等方面的服务,引导企业依法、诚信经营,维护企业的合法利益,促进快递行业的健康发展。

经营快递业务的企业应当按照国家规定对从业人员加强法制教育、职业道德教育和业务技能培训;组织快递业务员取得国家职业技能等级认定证书,提高服务水平和质量。

第四十九条 本条例第九条、第二十三条第二款、第二十八条、第三十条第一款、第三十一条第一款、第三十二条、第三十五条第一项和第五项关于邮政企业及其从业人员的规定,适用于快递企业及其从业人员;第三十一条第三款关于邮件损失赔偿的规定,适用于快件的损失赔偿;第二十七条第二款关于邮政服务用户的规定,适用于快递用户。

第五章 监督管理

第五十条 邮政管理部门应当制定邮政业生

产安全事故应急救援预案。市、区县（自治县）人民政府应当将其纳入地方生产安全事故应急救援体系。

邮政企业、快递企业应当建立健全安全生产责任制度，制定生产安全事故应急预案，并按照有关规定向邮政管理部门备案。

第五十一条 邮政企业使用邮政普遍服务、特殊服务补贴资金应当专款专用，并重点用于农村边远地区、三峡库区、脱贫地区和少数民族地区。

邮政管理部门根据履行监督管理职责的需要，可以要求邮政企业报告有关补贴资金使用计划和使用情况。

市财政、审计、邮政等部门应当依法加强对补贴资金使用的监督。

第五十二条 邮政管理部门根据履行监督管理职责的需要，可以要求邮政企业、快递企业通过定期报送相关经营数据、报表等方式报告经营情况。

第五十三条 邮政管理部门按照国家规定，指导职业技能等级认定机构开展邮政行业特有工种职业技能等级认定工作，提高从业人员素质和技能。

第五十四条 邮政管理部门应当及时依法处理用户对邮政企业、快递企业的申诉，并自接到申诉之日起三十日内作出答复。

邮政企业、快递企业应当配合邮政管理部门处理好用户申诉。

第五十五条 邮政管理部门应当加强邮政业诚信体系建设，对邮政企业、快递企业依法实施信用监管，提高邮政业信用水平。

第六章 法律责任

第五十六条 违反本条例第三十一条的规定，邮政企业、快递企业未采取有效措施，造成邮件、快件丢失、损毁或者内件短少的，除依法承担赔偿责任外，由邮政管理部门给予警告；情节严重的，处五千元以上三万元以下罚款。

第五十七条 违反本条例第三十二条的规定，邮政企业、快递企业未及时组织和调配运力，造成邮件、快件积压的，由邮政管理部门给予警告；情节严重的，处五千元以上三万元以下罚款。

第五十八条 违反本条例第四十二条的规定，经营快递业务的企业有下列行为之一的，由邮政管理部门给予警告；情节严重的，处一千元以上五千元以下罚款：

（一）未履行提示义务的；

（二）收寄快递运单填写内容不完整的快件的；

（三）未按照规定期限留存快递运单及电子数据的。

第五十九条 违反本条例第四十四条规定，经营快递业务的企业有下列行为之一的，由邮政管理部门责令改正；拒不改正的，处一千元以上五千元以下罚款；情节严重的，处五千元以上三万元以下罚款：

（一）未征得收件人同意而擅自改变快件投递服务约定的；

（二）违反国家有关服务规定以增加资费为条件投递快件的。

第六十条 违反本条例第五十四条的规定，邮政企业、快递企业不配合邮政管理部门处理用户申诉的，由邮政管理部门给予警告；情节严重的，处一千元以上五千元以下罚款。

第六十一条 邮政企业将用于邮政普遍服务的补贴资金用于竞争性业务的，对直接负责的主管人员和其他直接责任人员给予处分。构成犯罪的，依法追究刑事责任。

第六十二条 邮政企业、快递企业违反邮政服务、快递业务管理其他规定的，由邮政管理部门依照邮政管理法律、法规、规章的规定予以处罚。

第六十三条 邮政管理部门工作人员在监督管理工作中滥用职权、玩忽职守、徇私舞弊的，对直接负责的主管人员和其他直接责任人员依法给予处分;构成犯罪的,依法追究刑事责任。

第七章 附 则

第六十四条 本条例以下用语的含义:

邮政普遍服务,是指邮政企业按照国家规定的业务范围、服务标准和资费标准,为中华人民共和国境内所有用户持续提供的邮政服务。

邮政特殊服务,是指邮政企业按照国家规定办理机要通信、国家规定报刊的发行,以及义务兵平常信函、盲人读物和革命烈士遗物的免费寄递等特殊服务业务。

快递业务,是指在承诺的时限内经过收寄、分拣、运输、投递等环节快速完成的寄递服务。外卖配送等点到点直接送达物品的活动,不属于本条例所称的快递业务。

邮政企业,是指中国邮政集团公司及其提供邮政服务的全资企业、控股企业。

经营快递业务的企业,是指经营快递业务的邮政企业和快递企业。

快递企业,是指邮政企业以外经营快递业务的企业。

第六十五条 本条例自2013年3月1日起施行。

辽宁省邮政条例

(2010年9月29日辽宁省第十一届人民代表大会常务委员会第十九次会议通过 根据2023年7月27日辽宁省第十四届人民代表大会常务委员会第四次会议《关于修改〈辽宁省节约能源条例〉等七部地方性法规的决定》修正)

目录

第一章 总 则

第一条 为了保障邮政普遍服务,加强邮政市场监管,维护邮政通信与信息安全,保护通信自由和通信秘密,保护用户合法权益,促进我省邮政业健康发展,适应经济社会发展和人民生活需要,根据《中华人民共和国邮政法》及有关法律、法规的规定,结合本省实际,制定本条例。

第二条 本省行政区域内邮政业的管理、建设、服务和保障,适用本条例。

第三条 邮政企业按照国家规定承担提供邮政普遍服务的义务。

各级人民政府应当支持邮政企业提供邮政普遍服务,并给予政策和资金支持;鼓励、支持快递企业发展,推进快递服务体系建设。

第四条 省邮政管理部门在国务院邮政管理部门的领导下,负责本省行政区域内邮政普遍服务和邮政市场的监督管理工作。

按照国家有关规定设立的市、县邮政管理部门负责对本辖区的邮政普遍服务和邮政市场实施监督管理。

第五条 发展改革、公安、国家安全、财政、自然资源、住房和城乡建设、交通运输、民航、铁路、海关、市场监督管理等部门依照各自职责,做好促进邮政业发展的相关工作。

第二章 设施建设

第六条 各级人民政府应当将邮政设施的布

局和建设纳入本地区城乡规划。编制城市、镇的控制性详细规划，应当依据国家有关规定，明确邮件处理场所、邮政营业场所的位置和规模。

各级人民政府应当将农村地区提供邮政服务的设施建设纳入新农村建设规划。

第七条 非营利性邮政设施建设用地，按照国家有关土地管理的法律、法规予以划拨。

第八条 邮政企业应当按照国务院邮政管理部门制定的邮政普遍服务标准（以下简称邮政普遍服务标准）和城乡规划要求设置邮政营业场所、邮政信筒（箱）、邮政报刊亭等服务设施，有关单位和个人应当给予支持和配合。

各级人民政府应当支持邮政企业在乡镇设立邮政服务场所。

第九条 各级人民政府应当按照城乡公共服务均等化的要求，加强对村邮站的投入和建设，重点扶持农村边远地区邮政设施建设。

乡（镇）人民政府应当组织村民委员会设立村邮站或者其他接收邮件的场所，承担本辖区内邮件接收和投递。倡导和鼓励村集体经济适当投入村邮站建设。邮政企业应当按照有关规定加大对村邮站建设的投入，并对村邮站提供业务指导。

第十条 新建城镇住宅小区、居民楼房应当在便于投递的位置设置接收邮件的信报箱（间、群）（以下简称信报箱）。设计单位应当按照国家规定的标准进行设计，所需费用纳入项目总投资。建设单位应当按照国家规定的标准设置信报箱，并与主体工程同时施工。住房和城乡建设部门对信报箱设置实施分户验收。未按照规定设置信报箱的，由邮政管理部门责令建设单位限期设置，所需费用由建设单位承担。

邮政信报箱的日常维修和更换，由住宅小区、居民楼房的产权单位或者物业服务单位负责，所需费用由产权单位或者产权人承担。

在旧城区改造时，应当对邮政信报箱集中安排设置或者维修。

第十一条 任何单位和个人不得损毁邮政设施或者影响邮政设施的正常使用。

因城市建设需要拆迁邮政营业场所或者邮件处理场所的，拆迁人应当事先与其产权单位及邮政企业协商，在对邮政营业场所或者邮件处理场所的重新设置作出妥善安排前，不得拆迁。

邮政营业场所或者邮件处理场所重新设置前，邮政企业应当保证邮政普遍服务的正常进行。

第三章 邮政服务

第十二条 邮政企业应当采用现代科学技术和管理手段，增强普遍服务能力，按照邮政普遍服务标准的规定，为用户提供迅速、准确、安全、方便的邮政服务。

第十三条 邮政企业应当在其营业场所或者以其他方式公示其服务种类、营业时间、资费标准、邮件和汇款的查询及损失赔偿办法、关于禁止寄递或者限制寄递物品的规定，以及用户对其服务质量的投诉办法。

第十四条 邮政企业应当按照国务院邮政管理部门的规定，保障对交通不便的边远地区每周的营业时间以及投递邮件的频次。

第十五条 新建的企业、事业单位办公楼或者居民住宅，应当由单位或者住宅小区管理单位到当地邮政企业或者分支机构办理邮件投递登记手续；单位更改名称、收件人变更地址，应当事先通知当地邮政企业或者分支机构，也可以办理邮件改寄新址手续。邮政企业应当公布登记地点和电话号码。

具备下列条件的，邮政企业应当自用户办理通邮手续之日起七日内实现通邮：

（一）有地名管理部门统一编制的门牌号码；

（二）有确定的用户名称和固定地址；

（三）已设置接收邮件的信报箱或者接收邮件的场所；

（四）具备邮政车辆和邮政从业人员的通行条件；

（五）按规定需要办理中外文名称登记的，已办妥手续。

第十六条 邮政企业对用户交寄的邮件，应当按照邮政管理部门规定的时限标准予以投递。

省邮政管理部门应当按照国家有关规定，根据经济社会发展的需要，对省内邮件全程时限标准适时调整。

第十七条 邮政企业及其从业人员在提供邮政服务时，不得有下列行为：

(一)故意延误投递邮件；

(二)冒领、私自开拆、隐匿、毁弃邮件或者非法检查他人邮件；

(三)限定用户支付信件、印刷品和包裹等邮件资费的方式；

(四)限定或者指定用户使用高资费业务或者搭售其他商品；

(五)从事邮政法律、法规禁止的其他行为。

第十八条 邮政企业应当向社会公布服务监督电话号码，采取设置监督信箱、电子邮箱、受理用户来信来访等方式，接受社会和用户对其服务质量和服务工作的监督和投诉。邮政企业应当自接到投诉之日起三十日内将投诉的处理结果答复投诉人。

用户对邮政企业的处理结果不满意，或者邮政企业在规定时限内未作答复的，可以向邮政管理部门提出申诉。邮政管理部门应当自接到申诉之日起三十日内予以答复。

第四章 市 场 管 理

第十九条 在本省范围内经营快递业务，应当依据《中华人民共和国邮政法》取得邮政管理部门颁发的《快递业务经营许可证》。未经许可，任何单位和个人不得经营快递业务。

第二十条 经营快递业务应当符合国务院邮政管理部门制定的快递服务标准(以下简称快递服务标准)，并接受邮政管理部门及有关部门的监督管理。

邮政管理部门应当加强快递市场管理，规范快递企业行为，促进快递服务健康发展。

本条例第十三条、第十七条、第十八条关于邮政企业及其从业人员的规定，适用于快递企业及其从业人员。

第二十一条 任何单位和个人不得通过普通邮政或者快递渠道寄递国家秘密载体，不得邮寄国家秘密载体出境。

邮政企业、快递企业不得违反国家规定收寄禁止寄递或者限制寄递的物品，不得擅自扣留用户邮件、快件。

第二十二条 邮政企业、快递企业的从业人员投递或者派送除信件外的邮件、快件时，收件人或者代收人应当先验视、后签收。

收件人或者代收人发现外包装破损，有权要求开拆验视，发现内件短少、损毁或者与运单不符时，可以拒绝签收，并在运单上注明原因、时间，签署姓名。

第二十三条 邮政企业应当建立和完善邮政普遍服务质量自查机制，并定期将邮政普遍服务质量自查结果报送省邮政管理部门。

邮政企业、快递企业应当按照国家有关规定，及时、准确、真实地向邮政管理部门上报统计资料；配合邮政管理部门进行检查或者调查，如实提供有关资料。

第二十四条 开办集邮交易市场，应当在办理工商登记后二十日内到市邮政管理部门办理备案手续。

第二十五条 任何单位和个人不得有下列行为：

(一)非法印制、倒卖伪造变造的邮资凭证；

(二)经营国家禁止流通的集邮票品；

(三)先于发行日期出售邮资凭证；

(四)擅自从事集邮票品的进出口业务。

第二十六条 采用加盟方式建立经营网络的快递企业，加盟双方应当以书面形式订立合法的加盟协议。协议文本及其变更、终止等情况，协议双方应当事先报省邮政管理部门备案。

被加盟企业在运营安全、服务标准、服务流程、企业形象、用户投诉等方面，对加盟企业实行统一管理，对加盟企业给用户造成的损失承担连带责任。

第二十七条 邮政管理部门的执法人员有权依法进入邮政企业、快递企业、集邮市场以及生产和销售纳入邮政业生产监制范围的用品用具的企业及场所进行检查。

邮政执法人员执行职务时，不得少于两人，并应当出示执法证件；对涉及当事人隐私、商业秘密的，应当予以保密。

第五章 保障措施

第二十八条 用户交寄邮件、快件，应当清楚、准确地填写收件人姓名、地址和邮政编码，使用符合国家标准或者行业标准的信封、包装箱等封装用品。

邮政企业、快递企业销售或者免费为用户提供的信封、包装箱等封装用品应当符合国家标准或者行业标准。

第二十九条 邮政企业、快递企业对不能确认安全的可疑物品，应当要求用户出具相关部门的安全证明。用户不能出具安全证明的，不予收寄。收寄已出具安全证明的物品时，应当翔实记录收寄物品的名称、规格、数量、重量、收寄时间、寄件人和收件人名址等内容。记录保存期限不少于一年。

第三十条 住宅小区的物业服务单位应当为邮政企业投递邮件提供便利，协助邮政从业人员完成邮件投递任务，不得收取任何费用。

未能给邮政企业投递邮件提供便利条件的住宅小区，由其物业服务单位负责邮件的接收和传递。

第三十一条 机关、企业事业单位应当在楼房地面层或者院落的主要出入口设置接收邮件的设施或者场所。

用邮单位接收邮件的人员应当及时、准确传递邮件，并对邮件负有保管和保密的责任。对发现错投、误投或者无法投递的邮件，应当注明原因，及时通知邮政企业收回。

第三十二条 带有邮政专用标志的车船进出港口、通过渡口时，应当优先放行。

带有邮政专用标志的服务车辆运递邮件，确需通过公安机关交通管理部门划定的禁行路段或者确需在禁止停车的地点临时停车的，经公安交通管理部门同意，在确保安全的前提下，可以通行或者停车。

第三十三条 快递企业车辆取得道路运输证件后，可以申请办理快递服务车辆统一的专用标识。具体管理办法由省邮政管理部门和省交通运输管理部门制定。

第三十四条 邮政企业、快递企业应当建立突发事件应急工作机制，制定邮路安全应急预案。

发生重大服务阻断时，邮政企业、快递企业应当立即启动应急预案，采取必要的应急措施，确保邮件、快件安全，及时告知用户，并将重大服务阻断信息在一小时内向当地人民政府和省邮政管理部门报告。在事故处理过程中，邮政企业、快递企业应当对所有与事故有关的资料进行记录和保存，保存期限至少一年。

第六章 法律责任

第三十五条 邮政企业未按照邮政普遍服务标准的规定提供邮政普遍服务的，由邮政管理部门责令改正，可以处1万元以下的罚款；情节严重的，处1万元以上5万元以下的罚款。

第三十六条 邮政企业从业人员故意延误投递邮件的，由邮政企业给予处分。

冒领、私自开拆、隐匿、毁弃邮件或者非法检查他人邮件，尚不构成犯罪的，依法给予治安管理处罚。

限定用户支付信件、印刷品和包裹等邮件资费的方式的，限定或者指定用户使用高资费业务或者搭售其他商品的，由邮政管理部门责令改正，可以处1万元以下的罚款；情节严重的，处1万元以上5万元以下的罚款。

第三十七条 未取得《快递业务经营许可证》经营快递业务的，由邮政管理部门责令改正，没收违法所得，并处5万元以上10万元以下的罚款；情节严重的，并处10万元以上20万元以下的罚款。

第三十八条 快递企业经营快递业务不符合快递服务标准，严重损害用户利益的，由邮政管理部门责令改正，并处5000元以上3万元以下的罚款。

第三十九条 邮政企业、快递企业未按照国家有关规定上报或者提供有关资料的，由邮政管理部门责令改正；逾期不改的，予以通报。

第四十条 开办集邮交易市场未按规定办理备案手续的，由邮政管理部门给予警告，责令限期改正；逾期不改正的，处3000元以上1万元以下的罚款。

第四十一条 非法印制、倒卖伪造变造的邮资凭证，尚不构成犯罪的，依法给予治安管理处罚。

经营国家禁止流通的集邮票品的，由邮政管理部门依法处罚。

先于发行日期出售邮资凭证的，擅自从事集邮票品的进出口业务的，由邮政管理部门给予警告或者处以3万元以下的罚款。

第四十二条 邮政管理部门工作人员在监督管理工作中滥用职权、玩忽职守、徇私舞弊，构成犯罪的，依法追究刑事责任；尚不构成犯罪的，依法给予处分。

第四十三条 违反本条例规定的其他行为，在《中华人民共和国邮政法》及其他法律、法规中已有处罚规定的，从其规定；构成治安管理处罚的，按照《中华人民共和国治安管理处罚法》予以处罚；构成犯罪的，依法追究刑事责任。

第七章 附 则

第四十四条 本条例自2011年1月1日起施行。2001年11月30日辽宁省第九届人民代表大会常务委员会第二十七次会议通过，2004年6月30日辽宁省第十届人民代表大会常务委员会第十二次会议修正的《辽宁省邮政条例》同时废止。

阜阳市快递业促进办法

（2023年12月31日阜阳市人民政府令第5号公布 自2024年3月1日起施行）

第一条 为了规范快递业经营活动，保护快递用户、快递企业和从业人员合法权益，促进快递业高质量发展，根据《中华人民共和国邮政法》和国务院《快递暂行条例》等有关法律、法规，结合本市实际，制定本办法。

第二条 本办法适用于本市行政区域内快递业经营、发展及其监督管理等活动。

本办法所称快递，是指依法取得快递业务经营许可的企业，在承诺的时限内快速完成物品收寄、分拣、运输、投递等环节的寄递活动。

第三条 市、县（市、区）人民政府应当将快递业发展纳入本级国民经济和社会发展规划，加强快递服务网络建设，为快递业发展创造良好的营商环境，引导、扶持快递业发展。

第四条 市邮政管理部门负责本市行政区域内快递业的监督管理工作。

县（市）履行邮政管理职责的部门负责本行政区域内快递业的监督管理工作；未设置邮政管理机构的市辖区，由同级承担交通运输职责的部门协助市邮政管理部门做好快递业管理工作。

交通运输部门负责统筹协调快递业规划与交

通运输规划的衔接，促进快递与交通运输领域资源整合。

发展改革、财政、公安、自然资源和规划、人力资源社会保障、农业农村、房屋管理、城乡建设、城管执法、生态环境、市场监管、经信、商务、数据资源等部门按照各自职责分工，做好相关工作。

第五条 市、县（市、区）人民政府应当支持快递企业入驻各类园区，推动快递业与现代农业、先进制造业、电子商务等产业融合发展。

市、县（市、区）人民政府应当在国土空间规划中统筹安排快件大型集散、分拣中心、县级寄递公共配送中心等设施用地；鼓励快递企业总部、区域总部、区域分拨中心、仓储中心等落户；保障入驻电子商务园区、商贸物流园区、工业园区的快递企业依法享受园区企业同等政策。

第六条 市、县（市、区）人民政府及其有关部门、邮政管理部门应当加快培育数字快递新业态和新模式，支持快递企业应用数字化技术推动快件收寄、分拣、运输、投递等作业链的标准化、网络化、智能化，鼓励快递企业按照规定探索无人机、无人车等运载工具在快递作业场景的应用，推动快递业数字化发展。

第七条 新建、改建、扩建国家机关、公办院校、公办医疗机构等，应当按照邮政快递设施专项规划和建设管理标准将快递末端服务设施纳入配套设施范围。

鼓励既有住宅小区、商业楼宇等场所建设快递末端服务设施。

市、县（市、区）人民政府应当在老旧小区改造中为设置智能快件箱提供用电、场地等便利。

第八条 市、县（市、区）人民政府应当将农村寄递物流体系建设纳入公共服务设施建设范围，落实财政支出责任，依托县（市、区）邮件快件处理场地、客运站、货运站、电子商务仓储场地、供销合作社仓储物流设施等建设县（市、区）级寄递公共配送中心，鼓励快递企业在县级将快件直接分拣到村。

支持有条件的乡镇建设综合运输服务站，为快递企业入驻提供便利和条件。引导快递企业和智能快件箱运营企业在有条件的乡镇、村设置智能快件箱。

支持快递企业利用村邮站、党群服务中心、商超便利店、农民合作社、供销服务点等场所设置村级寄递物流综合服务站。

第九条 支持快递企业和运输企业共享既有网络、运力资源，共建运输服务网络，实现客货邮融合发展。

鼓励快递企业开展投递服务合作，共建快递末端服务设施，开展联合收件、分拣、投递。

第十条 建设和管理快递设施应当依法符合邮政业国家标准；没有国家标准的，鼓励快递企业执行行业标准。

邮政管理部门负责邮政业标准的宣传、培训、实施和监督检查。

第十一条 国家机关、企业事业单位以及商业楼宇、住宅小区的管理单位，应当为快递从业人员进入管理场所收派快件以及使用快递设施提供通行和临时停靠等便利。

前款规定的单位不同意快递从业人员进入管理场所收派快件的，应当在管理场所入口处或者就近设置快件存放区，提供免费存放、代收服务。

第十二条 公安机关交通管理、城管执法和邮政管理等部门应当加强协调配合，依法规范快递末端投递车辆的管理和使用，保障快递末端投递车辆通行和临时停靠便利，不得禁止快递末端投递车辆依法通行。

第十三条 快递末端投递车辆应当按照规定实行统一编号和标识管理。鼓励快递企业使用新能源或者清洁能源车辆。

第十四条 快递企业应当依法建立并执行收寄验视制度，遵守国家有关禁止寄递或者限制寄递物品的规定。对用户交寄的物品，在包装物内侧加盖收寄验视戳记或者黏贴验视标识。受用户委托长期、批量提供快递服务的,应当与用户书面明确安全保障义务,采取抽检方式验视快件的内件。在收寄、分拣、储存、装卸、运输、投递过程中发现国家禁止寄递的物品的,应当立即向公安、国家安全、邮政管理等部门报告,并配合相关部门进行处理。

第十五条 快递企业应当将快件投递到约定的收件地址、收件人或者收件人指定的代收人,并告知收件人或者代收人当面验收。收件人或者代收人有权当面验收。

因收件人或者代收人原因,需要变更投递地址,或者经两次免费投递后尚未投交的快件,收件人仍然需要投递的,快递企业可以收取额外费用,但应当事先告知收件人收费标准。

快递从业人员不得将快件放置在无人保管的场所。

第十六条 快递企业使用快递驿站、智能快件箱等快递末端服务设施投递快件的,应当征得收件人同意;收件人不同意使用快递驿站、智能快件箱等快递末端服务设施投递快件的,快递企业应当按照快递服务合同约定的名址提供投递服务。

第十七条 快递企业应当落实用户信息安全主体责任,建立用户信息安全保障制度,合理确定从业人员对用户信息操作处理权限,签订保密协议,并确保从业人员离职时清除所掌握的用户信息。

快递企业在处理用户信息时,应当对快递运单中用户敏感信息采取去标识化等保护措施。快递运单实物和电子档案保存期限应当符合国家规定。保存期满后,按照规定销毁或者删除。

快递企业及其从业人员不得出售、泄露、非法提供或者使用快递服务过程中知悉的用户信息。发生或者可能发生用户信息泄露的,快递企业应当立即采取补救措施,并向所在地邮政管理部门报告。

第十八条 快递企业应当根据相关法律、法规以及强制性标准制修订本单位包装操作规范,并按照规定向邮政管理部门备案。

快递企业应当优先采用可重复使用、易回收利用的包装物,优化物品包装,减少包装物的使用,并积极回收利用包装物。禁止使用不符合法律、法规以及国家有关规定的材料包装快件。

鼓励快递企业建立绿色行动激励机制,通过积分奖励、寄件优惠等方式,引导寄件人重复使用快件包装箱、包装袋。

第十九条 快递企业应当按照规定对从业人员开展有关法律法规、职业操守、服务规范、职业技能、作业规范、安全生产、车辆安全驾驶等方面的教育和培训。未经安全生产教育和培训合格的从业人员,依法不得安排其上岗作业。

鼓励快递从业人员参加职业技能培训、竞赛和专业技术资格评审,对符合条件的快递企业及其从业人员按照规定发放补贴和奖励。

第二十条 人力资源社会保障部门应当加大劳动保障监察力度,邮政管理等部门应当按照职责分工,督促快递企业落实从业人员权益保障责任,做好快递从业人员权益保障工作。

鼓励国家机关、企业事业单位、社会团体通过共建和自建方式设立户外劳动者服务站点,为快递从业人员就餐、饮水、休息、如厕等提供便利。

第二十一条 住宅小区物业管理单位违反本办法第十一条第二款规定,不同意快递从业人员进入住宅小区收派快件又不提供免费存放、代收服务的,由物业管理主管部门责令改正。

第二十二条 本办法自 2024 年 3 月 1 日起施行。

潍坊市快递条例

潍坊市人民代表大会常务委员会公告

（第13号）

《潍坊市快递条例》已于2022年12月22日经潍坊市第十八届人民代表大会常务委员会第六次会议通过，于2023年1月10日经山东省第十三届人民代表大会常务委员会第四十一次会议批准，现予公布，自2023年3月15日起施行。

潍坊市人民代表大会常务委员会

2023年1月10日

潍坊市快递条例

（2022年12月22日潍坊市第十八届人民代表大会常务委员会第六次会议通过　2023年1月10日山东省第十三届人民代表大会常务委员会第四十一次会议批准）

第一条　为了规范快递业经营服务行为，保护快递用户、快递从业人员和经营快递业务的企业等各方主体合法权益，促进快递业高质量发展，根据《中华人民共和国邮政法》《快递暂行条例》等相关法律法规，结合本市实际，制定本条例。

第二条　本市行政区域内从事快递经营活动、接受快递服务以及对快递业实施监督管理，适用本条例。

本条例所称快递经营活动，是指依法取得快递业务经营许可的企业，在承诺的期限内快速完成物品收寄、分拣、运输、投递等环节的寄递活动。

第三条　市、县（市、区）人民政府应当将快递业发展纳入本级国民经济和社会发展规划，编制快递业专项规划应当充分衔接国土空间总体规划，合理安排快递基础设施的布局和建设。

大型商贸中心、相关产业园区等项目的规划与建设，应当统筹考虑快件集散、分拣场所等基础设施的用地和建设需求。

支持依法利用旧厂房、仓库和存量土地等资源建设快递产业园，发展快递业。

第四条　市邮政管理部门负责本市行政区域内快递业监督管理工作。

县（市、区）邮政管理部门负责本辖区内快递业监督管理工作；未设立邮政管理部门的，由市邮政管理部门与县（市、区）人民政府协商确定的部门负责本县（市、区）内快递业相关监督管理工作。

本条第一、二款规定的邮政管理部门、市邮政管理部门与县（市、区）人民政府协商确定的部门统称为快递业主管部门。

发展改革、工业和信息化、财政、人力资源社会保障、自然资源和规划、生态环境、住房和城乡建设、城市管理、交通运输、农业农村、商务、市场监督管理、公安、国家安全、海关、税务等部门，应当按照各自职责分工做好相关工作。

第五条　本市快递行业协会应当依法制定和组织实施行业规范，加强行业自律，引导企业守法、诚信、安全经营,维护企业合法权益,促进快递业健康发展。

第六条 市、县(市、区)人民政府应当按照有关规定,承担快递服务末端基础设施的规划、建设、维护、运营等具体事项相应支出责任,组织推进本行政区域内住宅区、商业区、办公场所、学校、医院、村庄等区域的快递末端服务设施的配套建设。

新建住宅区或者旧住宅区改造时,应当配套建设快递末端服务设施。

鼓励经营快递业务的企业、社会资本参与快递末端服务设施的建设和运营管理。

快递末端服务设施,包括智能快递柜,以及快递驿站、村邮站、便民服务中心、商店超市等提供快递末端服务的站点。

鼓励和引导经营快递业务的企业推广应用先进技术,推进智能化建设。

第七条 业主委员会、城市居民委员会、村民委员会应当支持经营快递业务的企业在住宅区、村庄设置智能快递柜等公益性快递末端服务设施,物业服务人应当予以配合。

县(市、区)人民政府可以通过购买服务或者给予财政补贴等方式,引导经营快递业务的企业建设智能快递柜等公益性快递末端服务设施。

第八条 机关、学校和企事业单位的办公场所,以及商业区、住宅区、工业区等封闭管理场所的物业服务人,应当根据实际情况为快递从业人员提供通行、临时停车、派送等必要便利。

第九条 鼓励快递业与先进制造业、商贸业、现代农业、电子商务等关联产业和业态建立协同发展机制,支持经营快递业务的企业入驻各类园区,推动融合发展。

第十条 市、县(市、区)人民政府应当将乡村寄递物流体系建设纳入公共基础设施建设范围,落实相应支出责任,优先推进乡村寄递物流综合服务站建设。

鼓励经营快递业务的企业开发农特产品线上销售寄递服务,建设、租用冷链仓储设施,提升末端冷链配送能力。

鼓励经营快递业务的企业采取合作共用末端配送网络等方式,开展共同配送、集中配送,降低乡村末端寄递成本。

推进城乡客运、邮政快递、乡村物流等既有网络、运力资源共享,实现客货邮深度融合发展,打造多站合一的基础设施体系,共享共建运输服务网络,为乡村群众提供便捷高效的快递服务。

鼓励经营快递业务的企业、仓储物流配送中心、商贸流通、供销等乡村物流服务网络和设施共享共用、信息互联互通,提升乡村寄递物流体系服务能力。

第十一条 快递业主管部门应当与商务、交通运输、海关、税务等部门建立快件跨境协作机制,推动国际快件进出境通关一体化,为国际快件通关提供便捷服务。

第十二条 鼓励经营快递业务的企业使用新能源或者清洁能源车辆,加快新能源汽车的推广运用,推进快递服务车辆的标准化、厢式化。

第十三条 经营快递业务的企业应当规范用工,建立快递从业人员实名管理制度,按照规定管理从业人员档案,依法与快递从业人员签订劳动合同,按时足额支付劳动报酬,缴纳社会保险费,规范使用劳务派遣。

经营快递业务的企业在快递业务量高峰时段临时聘用人员的,应当与其订立非全日制用工劳动合同,明确双方权利义务,履行劳动安全保护责任。经营快递业务的企业应当依法为临时聘用的非全日制用工参加工伤保险。

市、县(市、区)人民政府及其有关部门应当支持经营快递业务的企业加强对快递从业人员的教育培训,组织开展技能人才评价,对符合条件的经营快递业务的企业和快递从业人员按照规定给予职业培训补贴。

第十四条 经营快递业务的企业分拣作业时,应当按照快件的种类、时限分别处理,分区作业，规范操作，并及时录入处理信息，上传网络，不得在露天场地堆放快件，不得直接着地处理快件，不得占用道路分拣和投递快件。

第十五条 经营快递业务的企业应当将快件投递到约定的收件地址、收件人或者收件人指定的代收人，并告知收件人或者代收人当面验收。

快递运单上已注明上门投递要求的，经营快递业务的企业不得将快件投递到快递末端服务设施；收件人需要上门投递快件的，可以要求寄件人在快递运单上注明。快递运单上未注明上门投递要求的，经营快递业务的企业应当在投递前征求收件人意见；未征求收件人意见直接将快件投递到快递末端服务设施的，收件人在接到电话或者收到信息后有权要求其重新上门投递。

已标注为保价、生鲜产品、贵重物品、易碎品、代收货款或者外包装出现破损的，不得投递到快递末端服务设施，与收件人另有约定的除外。

经营快递业务的企业对于不能上门投递或者上门投递需要另行加收费用的，应当在揽收快件时事先告知寄件人或者与寄件人达成加收费用协议。

第十六条 经营快递业务的企业无正当理由不得低于成本价格提供快递服务。

第十七条 在重要节日前后或者电商平台大型促销活动等快递业务高峰期，经营快递业务的企业应当做好业务量监测分析和信息沟通，加强服务网络统筹调度，合理配置人员、资源，提高寄递效率，并及时向社会发布服务提示。

在快递业务高峰期，快递业主管部门应当与人力资源社会保障等部门建立健全经营快递业务的企业用工需求预测和信息发布机制，为经营快递业务的企业用工提供支持。

第十八条 经营快递业务的企业应当建立健全突发事件应急工作机制，制定突发事件应急预案，每年开展应急演练。发生重大服务阻断、安全事故等情形，应当及时开展应急处置工作，并向所在地人民政府和快递业主管部门报告。

经营快递业务的企业应当建立健全传染病疫情防控工作制度，结合当地传染病疫情防控形势和政策要求，制定疫情防控应急预案，接受培训、督导、检查，积极采取措施妥善处置，做好疫情防控期间快递从业人员必需防护用品保障。

第十九条 快递业主管部门应当建立和完善以随机抽查为重点的日常监督检查制度。

快递业主管部门应当充分利用计算机网络等先进技术手段，加强对快递业务活动的日常监督检查，提高快递业管理水平。

第二十条 快递业主管部门应当与商务、市场监督管理、公安、国家安全、海关等部门相互配合，建立健全快递业安全保障机制，加强对快递服务与信息安全、寄递渠道安全的监督管理。

第二十一条 快递业主管部门应当向社会公布联系方式，接受申诉和举报，及时核实处理，并在规定时限内给予答复。

第二十二条 违反本条例规定的行为，法律法规已经规定法律责任的，适用其规定。

第二十三条 经营快递业务的企业违反本条例第十四条规定，在露天场地堆放快件或者直接着地处理快件的，由快递业主管部门责令改正，予以通报批评，并可处二百元以上二千元以下的罚款；情节严重的，处二千元以上五千元以下的罚款。

第二十四条 行政执法人员和其他工作人员在快递监督管理中有滥用职权、玩忽职守、徇私舞弊行为的，依法给予处分；构成犯罪的，依法追究刑事责任。

第二十五条 本条例自 2023 年 3 月 15 日起施行。

2023 年全国部分市(地)关于快递服务发展的政策文件

市(地)	政策文件名称
石家庄	关于支持现代商贸物流产业做大做强的若干措施(石政办函〔2023〕32 号)
	关于推进现代商贸物流产业实现突破性增长的若干措施(石政办函〔2023〕14 号)
	关于推进现代商贸物流业高质量发展的实施方案(石政办函〔2023〕44 号)
	关于在邮政快递行业实施惠企纾困政策的通知(石邮管〔2023〕2 号)
	关于推动邮政快递业绿色低碳转型发展的落实措施(石邮管〔2023〕9 号)
保定	中共保定市委农村工作领导小组关于印发《贯彻落实〈2023 年河北省乡村建设行动工作方案〉分工方案》的通知(保农办〔2023〕6 号)
	保定市加快建设交通强国工作领导小组关于印发《关于精心打造中国式现代化交通强市保定场景的行动方案》的通知(保交强国〔2023〕1 号)
	保定市交通强国工作领导小组办公室关于印发《保定市加快建设交通强国 2023 年工作要点落实方案》的通知(保交强国办〔2023〕1 号)
	关于印发保定市贯彻《河北省加快现代物流发展十五条政策措施》实施细则的通知(保政办规〔2023〕2 号)
	保定市支持电子商务高质量发展十条政策
	关于印发《保定市 2023 年农村人居环境整治提升工作方案》的通知(保农居办〔2023〕2 号)
	关于印发《保定市新型城镇化和城乡融合发展工作考核办法(试行)》和《2023 年度各县(市、区)、开发区新型城镇化和城乡融合发展工作考核评分表》的通知(保城镇化办〔2023〕2 号)
	关于印发《保定市推进交邮融合发展实施方案(2022－2025 年)》的通知(保交发〔2023〕9 号)
衡水	关于印发现代交通物流强市建设行动方案(2023－2027 年)的通知(衡政办〔2023〕20 号)
	质量强市衡水篇章建设行动方案(2023－2027 年)(衡质强发〔2023〕1 号)
	2023 年衡水市农村人居环境整治提升工作方案(衡农居办〔2023〕5 号)
	2023 年衡水市乡村建设行动工作方案(衡农组办〔2023〕7 号)
	衡水市推进交邮融合发展实施方案(2023－2025 年)(衡交综运〔2023〕65 号)
	衡水市推动邮政快递业高质量发展的八条激励措施(衡邮办发〔2023〕2 号)
邯郸	邯郸市推进新型城镇化与城乡统筹建设 2023 年工作要点(邯城镇化办〔2023〕2 号)
	关于印发《邯郸市快递业发展专项资金申报指南(2023 年)》的通知(邯邮管〔2023〕7 号)
秦皇岛	关于完善县级邮政监管体制工作的通知
沧州	关于印发《沧州市推进交邮融合发展实施方案(2023－2025 年)》的通知(沧交〔2023〕33 号)
张家口	关于加快推进“快递进村”工作的通知(张政办函〔2023〕57 号)
	印发关于加快推进农村寄递物流体系建设的实施方案的通知(张政办函〔2023〕92 号)
	印发关于促进全市邮政快递业高质量发展的实施方案的通知(张政办函〔2023〕155 号)
邢台	关于利用交通运输场站促进交邮融合发展的通知(邢邮管〔2023〕8 号)
	关于印发《邢台市进一步推进交邮融合发展工作实施方案》的通知(邢邮管〔2023〕13 号)
承德	关于进一步推动住宅小区物业管理区域邮政快递投递服务的通知(承邮管〔2023〕10 号)
	关于加强县级快递园区和快递共配中心建设的通知(承邮基建办〔2023〕1 号)
	关于印发《承德市邮政快递业高质量发展推进方案》的通知(承邮基建办〔2023〕4 号)
廊坊	廊坊市人民政府办公室印发廊坊市 2023 年现代商贸物流产业发展工作要点的通知
	廊坊市人民政府关于印发廊坊市现代商贸物流产业发展规划(2023－2030 年)的通知(廊政字〔2023〕6 号)
	关于印发《廊坊市提升现代商贸物流产业发展水平十条措施》相关实施细则的通知
	关于印发《廊坊市推进“物流＋”产业协同创新发展的指导意见》的通知
	关于印发《廊坊市全面推进城市一刻钟便民生活圈建设三年行动实施方案(2023－2025 年)》的通知(廊商函字〔2023〕89 号)
	关于印发《廊坊市减污降碳协同增效实施方案》的通知(廊环〔2023〕96 号)

续上表

市(地)	政策文件名称
唐山	唐山市加快建设开放强市行动方案(2023－2027年)(唐政办字〔2023〕43号)
	关于推进国家物流枢纽承载城市建设的意见(唐政办字〔2023〕93号)
	关于推进现代商贸物流业高质量发展的实施方案(唐政办字〔2023〕98号)
	唐山市促消费稳增长十一条支持措施(2023－2025年)(唐政办字〔2023〕99号)
	唐山市加快推进现代物流业发展的支持政策(唐政办字〔2023〕102号)
	唐山市2023年"无废城市"建设工作要点(唐无废领办〔2023〕3号)
	唐山市减污降碳协同增效实施方案(唐环发〔2023〕22号)
太原	太原市加快建设高标准市场体系总体方案
	太原市2023年新型城镇化和城乡融合重点任务的通知
朔州	关于印发朔州市深入推进质量强市建设实施方案的通知(朔政发〔2023〕47号)
临汾	关于印发临汾市市场基础设施建设2023年行动计划的通知
阳泉	阳泉市加快建设高标准市场体系实施方案(阳办发〔2023〕8号)
	阳泉市加快电子商务体系和快递物流配送体系贯通发展行动方案(阳政办发〔2023〕49号)
	阳泉市推进服务业提质增效2023年行动计划(阳政办发〔2023〕52号)
	阳泉市数智新城建设行动方案(2023－2025年)(阳政办发〔2023〕66号)
	阳泉市2023年数字乡村发展工作要点
忻州	忻州市关于加快电子商务体系和快递物流配送体系贯通发展行动计划(忻政办发〔2023〕16号)
运城	关于印发运城市推进服务业提质增效2023年行动计划的通知
	关于印发运城市支持快递物流业发展若干政策的通知(运发改财金发〔2023〕49号)
晋城	晋城市乡村建设行动实施方案
	2023年新型城镇化和城乡融合重点任务的通知
	关于印发晋城市推进服务业提质增效2023年行动计划的通知
长治	长治市建设生产服务型国家物流枢纽实施方案(长政办发〔2023〕10号)
	长治市推进服务业提质增效2023年行动计划(长政办发〔2023〕22号)
呼和浩特	呼和浩特市人民政府办公室关于印发《呼和浩特市加快农村寄递物流体系建设工作方案》的通知(呼政办发〔2023〕23号)
	中共呼和浩特委员会编制委员会办公室　市交通运输局　市邮政管理局关于理顺旗县区交通运输管理部门邮政管理职能体系的通知(呼机编办发〔2023〕23号)
包头	包头市人民政府办公室关于印发包头市加快农村牧区寄递物流体系建设工作方案的通知(包府办发〔2023〕102号)
	包头市人民政府办公室关于印发包头市交通运输领域市本级与旗县区财政事权和支出责任划分改革实施方案的通知(包府办发〔2023〕154号)
乌海	乌海市人民政府办公室关于印发乌海市加快推进农村寄递物流体系建设实施方案的通知(乌海政办发〔2023〕20号)
赤峰	赤峰市人民政府办公室关于印发《赤峰市"快递进村"补贴工作实施细则》的通知(赤政办发〔2023〕62号)
	赤峰市人民政府办公室关于印发《赤峰市加快推进农村牧区寄递物流体系建设实施方案》的通知(赤政办发〔2022〕77号)
	赤峰市交通运输局　赤峰市邮政管理局　中共邮政集团有限公司赤峰分公司关于印发《赤峰市农村客货邮融合发展工作实施方案》的通知(赤交发〔2023〕244号)
通辽	通辽市人民政府办公室关于印发2022年度通辽市"快递进村"补贴指南的通知(通政办发〔2023〕6号)
	关于印发《通辽市加快农村牧区寄递物流体系建设工作方案》的通知(通邮管联〔2023〕3号)
呼伦贝尔	呼伦贝尔市人民政府办公室关于印发《呼伦贝尔市交通运输领域市与旗市区财政事权和支出责任划分改革实施方案》的通知(呼政办发〔2023〕25号)
	呼伦贝尔市人民政府办公室关于印发《呼伦贝尔市加快农村牧区寄递物流体系建设工作方案》的通知(呼政办发〔2023〕78号)

续上表

市(地)	政策文件名称
鄂尔多斯	鄂尔多斯市人民政府办公室关于印发加快农村牧区寄递物流体系建设工作实施方案的通知(鄂府办发〔2023〕108号)
乌兰察布	关于印发《乌兰察布市农村牧区客货邮融合发展实施方案》的通知(乌交发〔2023〕265号)
	关于印发《乌兰察布市一刻钟便民生活圈建设实施方案》的通知(乌政商流通字〔2023〕44号)
巴彦淖尔	巴彦淖尔市2023年坚持稳中快进稳中优进推动产业高质量发展政策清单(巴政发〔2023〕4号)
	巴彦淖尔市人民政府办公室关于印发巴彦淖尔市加快农村牧区寄递物流体系建设工作方案的通知(巴政办发〔2023〕32号)
兴安盟	中共兴安盟委员会兴安盟行政公署关于印发《关于深入打好污染防治攻坚战的工作方案》的通知(兴党发〔2023〕2号)
	中共兴安盟委员会兴安盟行政公署关于做好落实内蒙古自治区碳达峰碳中和工作的实施意见(兴党发〔2023〕3号)
	兴安盟行政公署关于印发《兴安盟推动特色商贸物流业高质量发展实施方案》的通知(兴署发〔2023〕41号)
	兴安盟行政公署办公室关于印发《兴安盟加快推进农村牧区寄递物流体系建设实施方案》的通知(兴署办发〔2023〕51号)
	兴安盟行政公署办公室关于印发《兴安盟邮政业突发事件应急预案》的通知(兴署办发〔2023〕52号)
	关于印发《兴安盟生活领域碳达峰实施方案》的通知(兴市监办字〔2023〕65号)
锡林郭勒	锡林郭勒盟行政公署办公室关于印发《锡林郭勒盟贯彻落实自治区推动产业优化升级促进经济高质量发展工作要点任务分工台账》的通知(锡署办发〔2023〕38号)
	锡林郭勒盟行政公署办公室关于印发《锡林郭勒盟加快农村牧区寄递物流体系建设工作方案》的通知(锡署办发〔2023〕125号)
阿拉善	关于印发阿拉善盟加快农村牧区寄递物流体系建设实施方案的通知(阿署办发〔2023〕26号)
	关于印发《阿拉善盟农村客货邮融合发展工作实施方案》的通知(阿交发〔2023〕517号)
沈阳	关于沈阳市恢复和扩大消费政策措施(沈政办发〔2023〕14号)
	积极开展全面振兴新突破三年行动
	沈阳市现代物流业高质量发展三年行动计划
	沈阳市推进乡村建设三年行动实施方案(2023－2025年)(沈委农领发〔2023〕2号)
	沈阳市2023年新型城镇化和城乡融合发展重点任务(沈发改规划字〔2023〕1号)
	开展农村电商骨干“十百千”培育行动的实施方案(沈委农领办发〔2023〕45号)
	沈阳市培育壮大市场主体三年行动方案(2023－2025年)(沈商改办发〔2023〕4号)
	沈阳市一刻钟便民生活圈建设专项规划(沈商务发〔2023〕11号)
	沈阳市“无废城市”建设三年行动计划(2023－2025年)(沈无废办发〔2023〕1号)
大连	大连市贯彻落实党的二十大精神加强新就业形态劳动者权益保障实施方案(大人社发〔2023〕138号)
	大连市平安寄递专项行动方案(大连邮管〔2023〕36号)
	大连市关于进一步加强邮件快件寄递安全管理工作的指导意见(大连邮管〔2023〕37号)
鞍山	鞍山市人民政府办公室关于印发鞍山市加快推进农村寄递物流体系建设实施方案的通知(鞍政办发〔2023〕9号)
	关于印发《鞍山市互联网销售危险化学品专项治理行动实施方案》的通知(鞍市监联〔2023〕4号)
	关于加强商品过度包装治理的实施意见(鞍市监联〔2023〕2号)
	鞍山市关于进一步加强邮件快件寄递安全管理工作的实施方案(鞍邮管〔2023〕11号)
	关于印发《鞍山市平安寄递专项行动方案》的通知(鞍邮管〔2023〕12号)
抚顺	抚顺市人民政府关于印发抚顺市加快推进农村寄递物流体系建设实施方案的通知(抚政办发〔2023〕10号)
	关于印发《抚顺市“十四五”时期“无废城市”建设推进工作方案》的通知(抚环发〔2023〕12号)
	关于加强商品过度包装治理的实施意见(抚市监〔2023〕14号)
	关于加强抚顺市生活垃圾分类工作内容考核的通知(抚垃圾分类办〔2023〕1号)

续上表

市(地)	政策文件名称
本溪	关于印发《本溪市塑料污染治理2023－2025年工作要点》的函(本发改发〔2023〕391号)
	关于推动落实县(区)级邮政管理责任的通知(本交发〔2023〕79号)
	关于促进本溪市邮政快递业与制造业融合发展的实施意见(本邮管〔2023〕8号)
	关于印发《本溪市平安寄递专项行动方案》的通知(本邮管〔2023〕22号)
	关于进一步加强邮件快件寄递安全管理工作的指导意见(本邮管〔2023〕23号)
丹东	关于印发《丹东市2023－2024年村级物流服务网点建设项目奖补工作方案》的通知(丹交通办发〔2023〕178号)
	关于印发《丹东市农村客运补贴和城市交通发展奖励项目及资金管理(暂行)办法》的通知(丹交通办发〔2023〕150号)
	关于印发《丹东市互联网销售危险化学品专项治理行动实施方案》的通知(丹市监发〔2023〕22号)
	关于印发丹东市2023网络市场监管促发展保安全专项行动实施方案的通知(丹市监发〔2023〕37号)
锦州口	关于印发锦州市加快建立健全绿色低碳循环发展经济体系的若干措施的通知(锦政办发〔2022〕5号)
	关于进一步做好塑料污染治理2023－2025年重点工作的通知(锦发改发〔2023〕312号)
	关于印发锦州市进一步提高产品、工程和服务质量行动方案(2023－2025年)的通知(锦质强办发〔2023〕15号)
阜新	关于印发《阜新市加快推进农村寄递物流体系建设实施方案》的通知(阜政办发〔2023〕1号)
	关于印发《阜新市塑料污染治理2023－2025年重点工作》的通知(阜发改发〔2023〕20号)
	关于印发《阜新市推进乡村建设行动实施方案(2023－2025年)》的通知(阜农领〔2023〕3号)
	关于印发《阜新市关于推动城乡建设绿色发展的实施方案》的通知(阜住建〔2023〕167号)
	关于印发《阜新市2023年新型城镇化和城乡融合发展重点任务》的通知(阜城办发〔2023〕2号)
	关于印发《阜新市2023年生活垃圾分类工作推进方案》的通知(阜分类办〔2023〕1号)
辽阳	关于印发辽阳市“十四五”服务业发展规划的通知(辽市政办发〔2023〕1号)
	关于印发《辽阳市推进乡村建设行动实施方案》的通知(辽市农领发〔2023〕8号)
	辽阳市关于进一步加强邮件快件寄递安全管理工作的指导意见(辽市邮管〔2023〕14号)
	关于印发《辽阳市平安寄递专项行动方案》的通知(辽市邮管〔2023〕18号)
铁岭	关于印发铁岭市“十四五”节能减排综合工作方案的通知(铁政发〔2023〕7号)
	关于印发铁岭市现代流通体系建设方案(2023－2025年)的通知(铁发改经贸〔2023〕247号)
	关于加强商品过度包装治理的实施意见(铁市监〔2023〕7号)
	关于印发铁岭市进一步提高产品、工程和服务质量行动方案(2023－2025年)的通知(铁市质强办发〔2023〕6号)
朝阳	关于印发《全市推进城市一刻钟便民生活圈建设三年行动工作方案(2023－2025年)》的通知(朝商发〔2023〕59号)
	关于加强商品过度包装治理的实施意见(朝市监联〔2023〕7号)
盘锦	关于印发盘锦市“十四五”节能减排综合工作方案的通知(盘政发〔2023〕3号)
	关于印发盘锦市碳达峰实施方案的通知(盘政发〔2023〕6号)
	关于印发盘锦城市绿色货运配送示范工程实施方案的通知(盘政办发〔2023〕8号)
	关于印发盘锦市冷链物流高质量发展三年行动方案(2023－2025年)的通知(盘政办发〔2023〕13号)
葫芦岛	关于印发葫芦岛市“十四五”服务业发展规划的通知(葫政办发〔2023〕4号)
长春	关于印发《2023年建设幸福长春行动计划》的通知(长发〔2023〕6号)
	关于印发“六城联动”——产业功能网络与产业功能单元布局规划的通知(长府办函〔2023〕5号)
	关于印发创建全国网络市场监管与服务示范区活动实施方案的通知(长府办函〔2023〕9号)
	关于印发《长春市推进生态强市建设重点工作任务2023年度施工图》的通知(长强领办〔2023〕1号)
	关于印发《长春市2023年巩固拓展脱贫攻坚成果同乡村振兴有效衔接工作要点》的通知(长农组〔2023〕3号)
	关于印发《2023年长春市乡村建设行动实施方案》的通知(长农组〔2023〕4号)
	关于印发《关于健全完善村级综合服务功能的实施方案》的通知(长民营联发〔2023〕16号)

续上表

市(地)	政策文件名称
吉林	中共吉林市委　吉林市人民政府关于2023年全市民生实事安排意见(吉市发〔2023〕5号)
	中共吉林市委　吉林市人民政府关于印发《吉林市推进高水平开放支持政策》的通知(吉市办发〔2023〕14号)
	关于印发经济运行高质量发展指标体系责任分工方案(试行)的通知(吉市政函〔2023〕65号)
	吉林市"十四五"节能减排综合实施方案(吉市政发〔2023〕8号)
	关于印发2023年吉林市乡村建设行动工作方案的通知(吉市农组〔2023〕7号)
辽源	关于建设高质量交通强市的实施意见(辽发〔2023〕7号)
	关于印发辽源市服务业发展"十四五"规划的通知(辽府办发〔2023〕2号)
	关于印发辽源市交通运输发展"十四五"规划的通知(辽府办发〔2023〕6号)
	关于印发《辽源市现代物流业发展"十四五"规划》的通知(辽发改〔2023〕52号)
	关于印发《辽源市"十四五"生态文明建设实施方案》的通知(辽发改〔2023〕166号)
	关于印发《2023年辽源市乡村建设行动工作方案》的通知(辽农组〔2023〕3号)
	关于推进智慧社区建设的事实意见(辽民联发〔2023〕11号)
松原	松原市人民政府办公室关于印发松原市乡村建设"百村提升"工作方案的通知(松政办发〔2023〕9号)
	松原市2023年巩固拓展脱贫攻坚成果同乡村振兴有效衔接工作要点
	2023年松原市乡村建设行动方案
哈尔滨	关于印发2023年哈尔滨市现代服务业"双百"工作任务的通知(哈发改服经〔2023〕56号)
大庆	关于印发《大庆市一刻钟便民生活圈建设实施方案》的通知(庆商联发〔2023〕3号)
双鸭山	双鸭山市贯彻落实《中共黑龙江省委黑龙江省人民政府关于做好2023年全面推进乡村振兴重点工作的实施意见》责任分工方案(双发〔2023〕1号)
鹤岗	关于印发鹤岗市交通运输和科技领域市以下财政事权和支出责任划分改革方案的通知(鹤政办发〔2023〕23号)
	关于协同推进农村快递物流服务体系建设的通知(鹤交发〔2023〕27号)
	关于维护新就业形态劳动者劳动保障权益实施意见(鹤人社联发〔2023〕7号)
大兴安岭	关于印发《大兴安岭地区2023年新型城镇化建设行动方案》的通知(大署发改函〔2023〕32号)
	关于印发《大兴安岭地区关于继续大力实施消费帮扶巩固拓展脱贫攻坚成果的工作方案》的通知(大署发改函〔2023〕63号)
	关于印发大兴安岭地区产业振兴行动计划(2022－2026年)责任清单台账的通知(大产业振兴办〔2023〕1号)
	关于印发《大兴安岭地区落实〈黑龙江省"十四五"巩固拓展脱贫攻坚成果同乡村振兴有效衔接规划责任分工任务清单〉任务书》的通知(大乡振发〔2023〕1号)
	关于印发《大兴安岭地区进一步提高产品、工程和服务质量行动实施方案(2023－2025年)》的通知(大质强办发〔2023〕4号)
南京	关于印发《南京市公共设施配套标准》的通知(宁政发〔2023〕44号)
	关于下达南京市提升农村寄递服务水平民生实事项目补贴资金的通知(宁邮管〔2023〕13号)
无锡	中共无锡市委办公室无锡市人民政府办公室关于印发无锡市宜居宜业和美乡村建设行动实施方案的通知(锡委办发〔2023〕14号)
	无锡市政府办公室关于印发无锡市推进跨境电商高质量发展实施意见的通知(锡政办发〔2023〕59号)
	无锡市商务局等10部门关于印发《无锡市县域商业体系建设方案》的通知(锡商建〔2023〕174号)
徐州	关于印发落实省推动经济运行率先整体好转若干政策措施实施细则的通知(徐政规〔2023〕5号)
	关于印发新形势下稳经济促发展若干政策措施的通知(徐政办发〔2023〕2号)
	关于印发《徐州市2023年乡村建设行动工作要点》的通知(徐委农办〔2023〕28号)

续上表

市(地)	政策文件名称
常州	关于做好2023年全面推进乡村振兴重点工作的实施意见(常发〔2023〕1号)
	关于学习运用“千万工程”经验高质量提升农村人居环境水平的行动方案(常办发〔2023〕19号)
	常州市节能减排三年行动计划(2023—2025年)(常政传发〔2023〕132号)
苏州	市政府办公室关于印发苏州市深化“中国快递示范城市”建设实施方案(2023—2025年)的通知(苏府办〔2023〕139号)
	关于推动经济运行率先整体好转的若干政策措施的通知(苏府规字〔2023〕1号)
	苏州市邮政快递业职业技能提升三年行动计划(2023—2025年)(苏州邮管〔2023〕24号)
南通	关于印发《南通市交通运输领域绿色低碳发展实施方案》的通知(通交环〔2023〕8号)
	关于印发南通市进一步加强商品过度包装治理工作方案的通知(通发改资环〔2023〕138号)
	关于持续扩大消费的若干措施的通知(通消费联办〔2023〕4号)
连云港	关于推动经济运行率先整体好转若干政策措施的通知(连政办发〔2023〕1号)
	关于印发连云港市建设中国快递示范城市三年行动方案(2023—2025年)的通知(连政办发〔2023〕45号)
	关于印发连云港市推进城市一刻钟便民生活圈建设工作方案的通知(连政办传〔2023〕6号)
盐城	关于推动平台经济规范健康持续发展的实施意见(盐政办发〔2023〕6号)
	盐城市推进多式联运发展优化调整运输结构实施方案(2023—2025年)(盐政办发〔2023〕20号)
淮安	关于深入推进乡村振兴重点工作加快建设农业强市的实施意见(淮发〔2023〕1号)
	淮安市纵深推进“放管服”改革加快建设一流营商环境若干措施(淮发〔2023〕10号)
	淮安市乡村建设行动实施方案(淮办发〔2023〕4号)
扬州	中共扬州市委　扬州市人民政府关于做好2023年民生幸福工程的通知(扬发〔2023〕1号)
	关于促进经济持续回升向好实施意见的通知(扬府发〔2023〕96号)
镇江	关于印发《镇江市“落实‘双碳’行动使用绿色快递”实施方案》的通知(镇邮管〔2023〕20号)
	关于印发《进一步加强全市邮件快件寄递安全管理工作实施方案》的通知(镇邮管〔2023〕27号)
泰州	市政府办公室关于印发泰州市2023年春节期间惠企稳岗十条措施的通知(泰政办发〔2023〕3号)
	关于推进邮政快递业职业技能提升工程的通知(泰邮管〔2023〕5号)
	市财政局　市商务局关于拨付2022年度中央服务业和省级商务发展专项切块资金(县域商业建设行动)的通知(泰财工贸〔2023〕11号)
宿迁	关于2022年全市高质量发展综合考核的奖励决定(宿委发〔2023〕11号)
	关于贯彻落实省政府推动经济运行率先整体好转若干政策措施工作方案(宿政传发〔2023〕8号)
	宿迁市邮政快递业从业人员职业技能提升工程实施方案(宿邮管〔2023〕3号)
湖州	关于印发加快打造“六个新湖州”高水平建设生态文明典范城市2023年工作计划的通知(湖委办〔2023〕14号)
	关于印发湖州市绿色货运配送示范工程创建实施方案的通知(湖政办函〔2023〕8号)
	2023年共同富裕绿色样本建设工作要点(湖共富办〔2023〕1号)
	关于促进平台经济高质量发展的实施意见(湖平台经济〔2023〕1号)
丽水	丽水市进一步提振市场信心推动经济运行整体好转工作实施方案(丽政发〔2023〕6号)
	关于进一步扩大消费的若干举措的通知(丽政办发〔2023〕55号)
	丽水市经济稳进提质专班关于印发春节期间支持企业留工稳岗政策的通知(丽稳提发〔2023〕1号)
福州	关于印发《福州市“无废城市”建设实施方案》的通知(榕政办〔2023〕23号)
泉州	关于印发《泉州市“十四五”节能减排综合工作方案》的通知(泉政文〔2023〕1号)
	关于印发《泉州市第三轮创建“中国快递示范城市”实施方案(2023—2025年)》的通知(泉政办〔2023〕22号)
	泉州市“泉心泉意”服务企业若干举措(第一批)(泉政办规〔2023〕3号)
	关于印发《泉州市巩固拓展经济向好势头一揽子政策措施》的通知(泉政办规〔2023〕4号)

续上表

市(地)	政策文件名称
泉州	关于开展“两巩固一提升”专项行动 提升非公企业党建工作水平的工作方案(泉委两新〔2023〕7号)
	关于印发《泉州市激励“干部敢为、企业敢干”打造一流营商环境专项行动方案》的通知(泉委办〔2023〕26号)
	关于印发《泉州市“一县一溪一特色”田园风光建设指导意见》的通知(泉委振兴组〔2023〕5号)
	关于印发《2023年泉州市实施乡村振兴战略十三大行动重点任务》的通知(泉委振兴组〔2023〕4号)
	关于印发《泉州市贯彻落实“十四五”推进农业农村现代化工作方案》的通知(泉农综〔2023〕60号)
	关于印发泉州市乡镇综合运输服务站建设运营市级补助政策的通知(泉交规〔2023〕1号)
	关于印发“泉XIN护‘蜂’”快递员群体劳动权益联动保障实施方案的通知(泉人社文〔2023〕65号)
漳州	关于印发漳州市加快农村寄递物流体系建设实施方案的通知(漳政办规〔2023〕1号)
	关于做好2023年推动邮政快递业高质量发展专项资金申报工作的通知(漳交综〔2023〕4号)
厦门	关于印发恢复和扩大消费若干措施的通知(厦府办规〔2023〕8号)
	关于印发《深入推动城乡建设绿色发展的工作方案》的通知(厦建科〔2023〕15号)
	关于印发快递员和外卖骑手权益保障专项工作方案的通知(〔2023〕1号)
宁德	关于完整准确全面贯彻新发展理念 做好碳达峰碳中和工作的实施方案(宁委发〔2023〕3号)
	关于印发《宁德市“十四五”节能减排综合工作实施方案》的通知(宁政规〔2023〕1号)
	关于印发宁德市2023年度支持民营经济高质量发展十三条措施的通知(宁政办规〔2023〕1号)
	关于印发《宁德市“十四五”城乡社区服务体系建设规划》的通知(宁政办〔2023〕9号)
	关于印发《城市品质提升年活动提升实施方案》的通知(宁政办〔2023〕13号)
	关于印发《宁德市现代服务业突破年活动实施方案》的通知(宁政办〔2023〕23号)
南平	关于印发巩固拓展经济向好的若干政策措施的通知(南政规〔2023〕3号)
莆田	关于印发《莆田市推进绿色经济发展行动计划(2022—2025年)》的通知(莆政办规〔2023〕1号)
	关于印发《莆田市“十四五”时期“无废城市”建设实施方案》的通知(莆政办〔2023〕3号)
	关于贯彻落实省城乡社区服务体系建设规划的实施意见(莆政办规〔2023〕4号)
	关于印发《莆田市数字战略行动方案(2023—2025年)》的通知(莆政办〔2023〕18号)
	关于印发《推进新型基础设施建设行动方案(2023—2025年)》的通知(莆政办〔2023〕29号)
	关于印发《莆田市“十四五”节能减排综合工作实施方案》的通知(莆政综〔2023〕5号)
	关于印发《莆田市实施乡村振兴战略十大行动2023年重点任务》的通知(莆委振兴组〔2023〕4号)
	关于印发《2023年莆田市鞋服产业高质量发展行动计划》的通知(莆市鞋服〔2023〕1号)
	关于印发《莆田市推进多式联运发展优化调整运输结构实施方案(2021–2025年)》的通知(莆交运〔2023〕19号)
三明	关于印发《三明市进一步促进交通物流业加快发展若干措施》的通知(明政办发明电〔2023〕27号)
	关于印发《三明市促进绿色消费实施方案》的通知(明发改服务〔2023〕102号)
	关于印发《三明市推进多式联运发展优化调整运输结构实施方案(2021—2025年)》的通知(明交运〔2023〕12号)
	关于印发《三明市农村客货邮融合发展工作实施方案》的通知(明交运〔2023〕30号文)
龙岩	关于印发《龙岩市推进乡村建设行动实施方案(2023—2025年)》的通知(岩委农组〔2023〕1号)
晋江	晋江市人民政府办公室关于印发晋江市建设“中国快递示范城市”实施方案(2023—2025)的通知(晋政办〔2023〕22号)
福清	关于下达2023年农村邮政快递网点建设改造计划的通知(融政交联〔2023〕1号)
漳浦	关于做好2022年度县本级电子商务专项资金申报工作的通知(浦工信〔2023〕41号)
平和	关于做好2022年度县级促进电子商务专项资金申报工作的通知(平工信〔2023〕17号)
上杭	关于印发《上杭县创建农村客货邮融合发展省级试点县实施方案》的通知(杭交〔2023〕96号)
连城	关于印发《连城县创建省级农村客货邮融合发展试点县实施方案》的通知(连政办〔2023〕69号)
武平	关于印发《武平县客货邮融合发展试点县实施方案》的通知(武交〔2023〕50号)

续上表

市(地)	政策文件名称
永安	关于印发《永安市壮大发展服务业“四大经济”实施意见(2023－2025年)》的通知(永政办发明电〔2023〕14号)
南昌	关于全力做好2023年全面推进乡村振兴重点工作的实施意见(2023年3月1日)(洪发〔2023〕1号)
	关于建设全国性综合交通枢纽推动经济高质量发展的实施方案(洪发〔2023〕11号)
	关于建设高品质服务业集聚发展中心　推动经济高质量发展的实施方案(洪发〔2023〕13号)
	关于印发南昌市促进商务经济高质量发展的若干政策措施(试行)的通知(洪府发〔2023〕28号)
	关于印发南昌市新一轮创建“中国快递示范城市”实施方案(2023－2025年)的通知(洪府办发〔2023〕68号)
	关于印发《推进南昌市交通强市建设2023年工作要点》的通知(洪交通强市办发〔2023〕5号)
	关于印发《南昌市推进江西内陆开放型经济试验区建设2023年工作要点》的通知(洪内陆开放办〔2023〕2号)
	关于印发《南昌市服务业高质量发展2023年工作要点》的通知(洪服办字〔2023〕3号)
	关于印发《2023年南昌市新一代宽带无线移动通信网国家科技重大专项成果转移转化试点示范工作要点》的通知(洪新网办〔2023〕1号)
	关于印发《南昌市2023年数字乡村建设重点工作安排》的通知(洪网办发〔2023〕3号)
	关于印发《南昌市商贸物流产业链链长制工作要点(2023－2024年)》的通知
九江	关于印发《九江市高标准建设长江经济带消费节点城市2023年度工作方案》的通知〔2023年(第1号)〕
	关于转发促进旅客联程运输高质量发展进一步提升旅客联程运输服务水平的通知(九交字〔2023〕12号)
	关于推动农村客运高质量发展的实施意见(九网办字〔2023〕6号)
	关于印发《金融支持快递行业三年行动实施方案》的通知(浔邮银企〔2023〕4号)
	九江市城市居住区配套设施管理条例
景德镇	关于做好2023年全面推进乡村振兴重点工作的实施意见(景党发〔2023〕1号)
	关于印发乐平市县域物流配送体系建设试点实施方案的通知(乐府办字〔2023〕46号)
	关于印发《进一步提升景德镇市旅游景区邮政服务水平的实施方案》的通知(景邮管〔2023〕9号)
鹰潭	关于印发《鹰潭市关于进一步巩固提升经济回稳向好态势的若干政策措施》的通知(鹰办发〔2023〕4号)
	关于印发贵溪市电商产业扶持办法(试行)的通知(贵府办发〔2023〕10号)
	关于印发《鹰潭市见义勇为即时奖励实施办法(试行)》的通知(鹰平安办〔2023〕5号)
新余	关于印发《新余市推进治理强基三年行动计划(2024－2026年)》的通知(余办发〔2023〕9号)
	关于印发《关于加强党建引领关心关爱新业态新就业群体的若干措施》的通知(余非社工字〔2023〕4号)
	关于做好快递员群体合法权益保障工作的实施意见(余交字〔2023〕7号)
	关于依托村级党群服务中心建设邮政快递电商服务站助力乡村振兴的实施方案(余邮管〔2023〕19号)
萍乡	关于全力做好2023年全面推进乡村振兴重点工作的实施意见(萍发〔2023〕1号)
	关于印发萍乡市现代农业产业高质量发展三年行动方案(2023－2025年)的通知(萍府发〔2023〕8号)
	关于印发萍乡市动能培育提速行动方案(修订)的通知(萍府发〔2023〕19号)
	关于印发萍乡市支持务工人员回萍留萍就业创业专项行动方案的通知(萍府办字〔2023〕4号)
	关于进一步巩固提升经济回稳向好态势的若干措施(萍办发电〔2023〕7号)
	关于印发萍乡市加快农村寄递物流体系建设实施方案的通知(萍府办字〔2022〕86号)
	关于强化县区交通运输管理部门邮政管理职能体系的通知(萍交字〔2023〕27号)
	关于印发《市委农村工作(市实施乡村振兴战略工作)领导小组2023年工作要点》的通知(萍农组字〔2023〕3号)
	关于印发《2023年萍乡市数字乡村工作要点》的通知(萍网办字〔2023〕28号)
	关于印发《萍乡市建设湘赣边仓储物流基地工作方案》的通知(市湘赣物流专班字〔2023〕1号)
	关于印发《2023年萍乡市消费帮扶重点推进工作事项》的通知(萍发改鄱湖字〔2023〕240号)
	关于印发《进一步提升萍乡市旅游景区邮政服务水平的实施方案》的通知(萍邮管〔2023〕7号)

续上表

市(地)	政策文件名称
赣州	关于印发《赣州市进一步推进"四好农村路"高质量发展三年行动实施方案(2023－2025年)》的通知(赣市府办〔2023〕37号)
	关于印发《2023年赣州市城市能级提升行动工作方案》的通知(赣市城提字〔2023〕1号)
	关于印发赣州市交通运输领域绿色低碳发展实施方案的通知(赣市交字〔2023〕42号)
	关于印发2023年赣州市碳达峰碳中和工作要点的通知(赣市生态字〔2023〕2号)
	关于新就业形态从业人员参加补充工伤保险的通知(赣市人社字〔2023〕128号)
	关于印发《赣州市农村客货邮融合发展工作实施方案》的通知
上饶	关于印发《上饶市新业态新就业群体毗邻党建工作实施方案》的通知(饶党建字〔2023〕4号)
	关于全面融入长三角一体化发展、充分彰显江西东大门的生机活力的实施意见(饶发〔2023〕4号)
	关于进一步提振市场信心持续稳定经济增长的若干措施(饶办发〔2023〕1号)
	关于印发上饶市制造业重点产业链现代化建设"1269"行动计划(2023－2026年)的通知(饶府发〔2023〕7号)
	关于印发加强数字赋能优化营商环境若干措施的通知(饶府办发〔2023〕10号)
	关于印发优化调整稳就业政策全力促发展惠民生二十条措施的通知(饶府办发〔2023〕11号)
	关于印发上饶市数字政府建设实施方案的通知(饶府办字〔2023〕50号)
	关于印发《深化质量强市建设工作方案》的通知(饶质强市〔2023〕1号)
	关于下达2021年度市级物流业发展引导资金的通知(饶财建指〔2023〕43号)
	关于加强新业态新就业群体党建工作的实施方案(饶非社工字〔2023〕3号)
	关于印发《上饶市委非公有制经济组织和社会组织工委2023年工作重点》的通知(饶非社工字〔2023〕5号)
	关于印发《上饶市城乡高效配送专项行动实施企业验收工作方案》的通知(饶商务字〔2023〕3号)
	关于印发《上饶市减污降碳协同增效实施方案》的通知(饶环大气字〔2023〕8号)
	关于印发《关于进一步赋能新时代文明实践中心(所、站)的实施方案》的通知(饶文明办字〔2023〕5号)
	关于印发上饶市2023年绿色发展工作要点的通知(饶绿专委办字〔2023〕1号)
抚州	关于全面推进乡村振兴加快建设农业强市的实施意见(抚发〔2023〕1号)
	关于印发抚州市碳达峰实施方案的通知(抚府字〔2023〕2号)
	抚州市关于进一步巩固提升经济回稳向好态势的若干政策措施(抚办发〔2023〕2号)
	关于印发抚州市农村客货邮融合发展实施方案的通知(抚府办字〔2023〕26号)
	关于印发抚州市加快消费提质扩容打造区域性消费中心城市实施方案(2023－2025年)的通知(抚府办字〔2023〕42号)
	关于进一步做好交通物流领域金融支持与服务的通知(抚银发〔2023〕15号)
	关于印发《2023年抚州市数字乡村发展工作要点》的通知(抚网办明电〔2023〕2号)
	关于理顺县级交通运输管理部门邮政管理职能体系的通知(抚交字〔2023〕45号)
	关于印发《全面建设富裕江西抚州2023年工作计划及工作台账》的通知(抚财经办〔2023〕1号)
宜春	关于印发《宜春市现代物流高质量发展2023年工作要点》的通知(宜服领办〔2023〕3号)
	关于印发市委农村工作(实施乡村振兴战略工作)领导小组2023年工作要点的通知(宜农组字〔2023〕6号)
吉安	关于推动2023年全市开放型经济高质量发展的意见(吉办发〔2023〕3号)
	关于印发《吉安市现代物流业高质量发展2023年工作要点》的通知
青岛	青岛市人民政府关于印发青岛市2023年"稳中向好、进中提质"政策清单(第一批)的通知(青政发〔2023〕2号)
潍坊	关于印发潍坊市贯彻落实扩大内需战略实施方案的通知(潍政办字〔2023〕104号)
	关于印发《加强灵活就业劳动者社会保障工作的二十二条措施》的通知(潍人社字〔2023〕58号)
	潍坊市邮政快递业服务特色农业高质量发展实施方案(潍邮管〔2023〕29号)
威海	关于印发威海市加快推进电商产业高质量发展工作方案的通知(威政办字〔2023〕27号)

续上表

市(地)	政策文件名称
东营	中共东营市委　东营市人民政府关于做好2023年全面推进乡村振兴重点工作的实施意见(东发〔2023〕1号)
	东营市人民政府关于印发2023年“稳中向好、进中提质”政策清单(第一批)的通知(东政发〔2023〕1号)
	东营市人民政府关于印发东营市2023年国民经济和社会发展计划的通知(东政发〔2023〕2号)
	东营市人力资源和社会保障局等十三部门关于进一步加强新就业形态劳动者劳动权益保障若干措施的通知(东人社字〔2023〕5号)
泰安	关于加快现代物流业高质量发展的实施意见(泰发〔2023〕3号)
	关于印发泰安市促进经济稳进提质政策措施的通知(泰政办发〔2023〕1号)
济宁	济宁市人民政府印发关于进一步扩大消费的若干政策措施的通知(济政发〔2023〕7号)
聊城	聊城市人民政府关于加快服务业高质量发展的实施意见(聊政字〔2023〕23号)
德州	关于抓好2023年度18件民生实事落实工作的通知(德政发〔2023〕2号)
	关于印发德州市加快直播电商发展若干措施的通知(德政办字〔2023〕12号)
	关于印发关于《德州市巩固提升“中国快递示范城市”三年行动方案(2023－2025年)》的通知(德政办字〔2023〕27号)
	关于印发德州市加快邮政快递业高质量发展三年行动方案(2024－2026年)的通知(德政办字〔2023〕36号)
	关于印发《德州市加快建设交通强国山东示范区2023年工作要点》的通知(德交示范机制发〔2023〕1号)
临沂	关于印发《临沂商城转型升级扶持政策》的通知(临政字〔2023〕7号)
枣庄	关于印发枣庄市加快邮政快递业高质量发展三年行动方案(2023－2025年)的通知(枣政办字〔2023〕46号)
	枣庄市加快建设交通强国山东示范区2023年工作要点(枣交示范机制发〔2023〕3号)
滨州	滨州市人民政府办公室关于印发滨州市加快邮政快递业高质量发展三年行动方案(2023－2025年)的通知(滨政办字〔2023〕56号)
	滨州市2023年乡村建设行动工作要点(滨农委办发〔2023〕12号)
	滨州市2023年新型城镇化和城乡融合发展重点任务(滨城乡融组办字〔2023〕2号)
郑州	郑州市人民政府办公厅关于印发促进现代物流业高质量发展若干措施的通知(郑政办〔2023〕12号)
洛阳	洛阳市商贸物流高质量发展专项行动工作方案
南阳	南阳市人民政府办公室关于印发南阳市加快邮政快递物流体系建设实施方案的通知(宛政办〔2023〕29号)
信阳	信阳市人民政府关于印发信阳市邮政快递业高质量发展支持政策的通知(信政文〔2023〕98号)
武汉	武汉市委、市人民政府关于做好2023年全面推进乡村振兴重点工作的实施意见(武发〔2023〕1号)
	市人民政府关于印发武汉市加快推进物流业高质量发展若干政策措施的通知(武政规〔2023〕9号)
	市人民政府办公厅关于印发武汉市碳普惠体系建设实施方案(2023－2025年)的通知(武政办〔2023〕26号)
	武汉市商务局　市财政局　市乡村振兴局关于印发县域商业建设行动工作方案的通知(武商务〔2023〕8号)
黄石	黄石市流域综合治理和统筹发展规划(黄石政办发〔2023〕2号)
	黄石市县域经济发展示范区建设工作专班办公室关于印发2023年全市县域经济发展工作要点的通知
	黄石市商务局关于做好2023年县域商业建设行动项目储备和项目申报工作的通知(黄商办〔2023〕2号)
	市乡村振兴局、市发改委、市邮政管理局等8部门关于印发黄石市打通农村寄递物流“最后一公里”和“最初一公里”实施方案的通知(黄乡振发〔2023〕4号)
十堰	十堰市委、市人民政府关于做好2023年全面推进乡村振兴重点工作的实施意见(十发〔2023〕1号)
襄阳	襄阳市人民政府办公室关于印发以控制成本为核心优化营商环境的若干措施的通知(襄政办发〔2023〕4号)
	市商务局关于印发2023年襄阳市县域商业体系建设工作方案的通知
	关于印发《襄阳市农村寄递物流体系建设考核办法(试行)》的通知
	市服务业工作领导小组关于印发《襄阳市培育有效市场主体和支持服务业发展补贴办法》的通知(襄服务〔2023〕1号)

续上表

市(地)	政策文件名称
宜昌	市人民政府办公室关于印发2023年宜昌市“稳预期、扩内需、促消费”工作方案的通知(宜府办文〔2023〕4号)
	市人民政府办公室关于印发宜昌市推进电子商务与快递物流协同发展实施方案的通知(宜府办发〔2023〕11号)
	宜昌市人民政府办公室印发关于进一步推动农村寄递物流体系建设实施方案的通知(宜府办发〔2023〕32号)
	宜昌市委办市政府办关于建立“四个重大”推进落实机制的通知(宜办发〔2023〕9号)
	市人民政府办公室关于印发宜昌市促进消费恢复和扩大的若干措施的通知(宜府办发〔2023〕20号)
	市人民政府办公室关于印发宜昌市更好服务市场主体推动经济稳健发展接续政策的通知(宜府办发〔2023〕25号)
	市人民政府办公室关于印发宜昌市共同缔造新时代和谐劳动关系实施方案的通知(宜府办发〔2023〕29号)
	市服务业发展领导小组关于印发《宜昌市服务业发展奖励补贴办法(修订)》及实施细则(修订)的通知(宜服务〔2023〕5号)
	宜昌市邮政管理局联合市商务局印发《“农村电商快递协同发展示范户”创建工作方案》
荆州	中共荆州市委　荆州市人民政府关于印发《荆州市流域综合治理和统筹发展规划纲要》的通知(荆发〔2023〕7号)
	荆州市委　市政府印发关于做好2023年全面推进乡村振兴重点工作的实施意见的通知(荆州发〔2023〕1号)
	荆州市人民政府办公室关于印发荆州市创建“中国快递示范城市”三年行动方案(2023－2025年)的通知(荆政办发〔2023〕14号)
	荆州市交通运输局办公室市邮政管理局办公室关于印发《荆州市县级邮政管理机构业务工作指导意见》的通知(荆交办发〔2023〕7号)
	荆州市生态环境保护委员会办公室关于印发《荆州市减污降碳协同增效实施方案》的通知(荆环委办文〔2023〕24号)
荆门	荆门市人民政府办公室关于印发市政府2023年工作要点的通知(荆政办发〔2023〕8号)
	荆门市委办公室　市政府办公室印发《关于实施人才强市战略　推进产业转型升级示范区建设的若干意见》和《荆门市人才引进培养使用一揽子支持措施(试行)》的通知(荆办发〔2023〕1号)
	市委办公室、市政府办公室关于印发《荆门市流域综合治理和统筹发展规划任务分工方案》和《2023年荆门市流域综合治理和统筹发展工作要点和重点项目清单》的通知
	荆门市老旧小区改造工作领导小组办公室关于印发荆门市2023年度城镇老旧小区改造提升工作实施方案的通知
	市物流业高质量发展领导小组办公室关于印发2023年荆门市加快推动交通物流枢纽建设实施方案的通知
鄂州	市农村寄递物流体系建设工作领导小组办公室关于印发鄂州市打通农村寄递物流“最后一公里”和“最初一公里”工作方案的通知(鄂州农寄办〔2023〕2号)
孝感	中共孝感市委机构编制委员会办公室、市交通运输局和市邮政管理局联合印发关于完善县级邮政监管职责的指导意见(孝编办发〔2023〕1号)
	孝感市委　市政府印发关于做好2023年全面推进乡村振兴重点工作的实施意见的通知(孝感发〔2023〕1号)
	关于印发《孝感市寄递物流进村高质量全覆盖建设工作方案》的通知(孝办发〔2023〕7号)
	孝感市人民政府办公室关于印发2023年全市“稳预期、扩内需、促消费”工作方案的通知(孝感政办函〔2023〕18号)
	孝感市寄递物流进村高质量全覆盖建设指挥部关于印发《孝感市寄递物流进村高质量全覆盖建设指引(试行)》的通知(孝农寄递指发〔2023〕2号)
黄冈	黄冈市委　市政府印发关于做好2023年全面推进乡村振兴重点工作的实施意见的通知(黄冈发〔2023〕1号)
	市人民政府办公室关于印发黄冈市“稳预期、扩内需、促消费”工作方案的通知(黄政办发〔2023〕2号)
	市政府办公室关于印发黄冈市农村寄递物流体系建设工作方案的通知(黄政办函〔2023〕24号)
	市生态环境保护委员会关于印发《黄冈市减污降碳协同增效实施方案》的通知(黄环委办〔2023〕4号)
	黄冈市服务业工作领导小组关于印发《2023年黄冈市服务业发展工作要点》的通知(黄服务〔2023〕1号)
随州	随州市委　市人民政府印发关于做好2023年全面推进乡村振兴重点工作的实施意见的通知(随发〔2023〕1号)
	市人民政府办公室关于印发随州市完整社区建设工作实施方案的通知(随政办函〔2023〕5号)

续上表

市(地)	政策文件名称
随州	市人民政府办公室关于印发随州市打通农村寄递物流“最后一公里”和“最初一公里”工作方案的通知(随政办发〔2023〕15 号)
	关于印发随州市减污降碳协同增效实施方案的通知(随环字〔2023〕4 号)
恩施	恩施州委　州人民政府印发关于做好 2023 年全面推进乡村振兴重点工作的实施意见的通知(恩施州发〔2023〕1 号)
	恩施州委办公室　州政府办公室关于印发恩施州乡村建设行动实施方案的通知(恩施州办发〔2023〕2 号)
	恩施州人民政府关于印发恩施州机动车停车场管理暂行办法的通知(恩施州政规〔2023〕3 号)
	恩施州创文创卫工作领导小组办公室关于印发恩施州城塑料污染治理工作方案的通知(恩施州双创办发〔2023〕4 号)
长沙	关于全面做好 2023 年“三农”重点工作加快推进乡村振兴示范市建设的实施意见(长发〔2023〕1 号)
	关于印发《长沙市快递安全生产工作联动机制》的通知(长安办发〔2023〕149 号)
	关于印发《长沙市实施县域商业三年行动计划 2023 －2025 年)方案》的通知(长商务发〔2023〕64 号)
	关于开展农村地区快递末端服务违法经营相关问题专项整治行动的通知(长邮管联〔2023〕1 号)
	长沙市保障快递员群体合法权益十条措施(长邮管联〔2023〕3 号)
常德	常德市创新突破产业突围三年攻坚行动方案(常发〔2023〕5 号)
	常德市保障快递员群体合法权益十条措施(常邮管联〔2023〕7 号)
衡阳	衡阳市县域商业三年行动方案(2023 －2025 年)(衡商办联〔2023〕220 号)
	衡阳市创建城市绿色货运配送示范工程 2023 年工作计划(衡创绿配办〔2023〕4 号)
	衡阳市快递塑料污染治理工作三年实施方(2023 －2025 年)(衡阳邮管联〔2023〕5 号)
怀化	关于印发《怀化市加快农村寄递物流体系建设实施方案》的通知(怀政办函〔2023〕32 号)
	关于加强邮政快递业安全管理工作的指导意见(怀安委发〔2023〕18 号)
	印发《关于做好快递员群体合法权益保障工作的实施方案》的通知(怀邮管联〔2023〕6 号)
	印发《怀化市加快推进快递包装绿色转型工作方案》的通知(怀邮管联〔2023〕14 号)
	关于进一步加强邮件快件寄递安全管理工作的实施意见(怀邮管联〔2023〕15 号)
益阳	关于做好快递员群体合法权益保障工作的实施方案(益邮管联〔2023〕8 号)
	实施强中心城区战略 2024 年度任务分解方案(益办〔2023〕20 号)
娄底	关于印发《做好快递员群体合法权益保障工作的实施方案》的通知(娄邮管〔2023〕7 号)
湘潭	湘潭市加快推动农村寄递物流体系建设的若干措施(潭政办发〔2023〕1 号)
	湘潭市农村客货邮融合发展“十百千万”拓链工程三年行动方案(潭交发〔2023〕51 号)
永州	印发《关于做好快递员群体合法权益保障工作的实施方案》的通知(永邮管联〔2023〕2 号)
张家界	关于印发《张家界市加快农村寄递物流体系建设实施方案》的通知(张政办发〔2023〕19 号)
邵阳	关于印发《邵阳市快递员群体合法权益保障工作实施方案》的通知(邵邮管联〔2023〕2 号)
株洲	关于做好快递员群体合法权益保障工作的实施方案(株邮管联〔2023〕2 号)
	关于印发《株洲市邮政快递业打好安全生产翻身仗实施方案》的通知(株邮管发〔2023〕3 号)
	株洲市邮政快递业生态环保 2023 年工作要点(株邮管发〔2023〕21 号)
	关于印发《株洲邮政行业塑料污染治理工作三年实施方案》的通知(株邮管发〔20)23〕24 号
	关于印发《株洲市邮政快递业加快建设交通强国邮政篇实施方案(2023 －2027 年)》的通知(株邮管发〔2023〕34 号)
岳阳	关于锚定建设农业强市目标做好 2023 年全面推进乡村振兴重点工作的意见(岳发〔2023〕1 号)
	关于印发《岳阳市全域实施客货邮融合发展工作方案的通知》(岳交函〔2023〕22 号)
	印发《关于做好快递员群体合法权益保障工作的实施方案》的通知(岳邮管联〔2023〕6 号)
	关于支持全市农村寄递物流体系建设的若干措施(岳邮管联〔2023〕8 号)
广州	关于印发《广州市邮政业进一步加强商品过度包装治理若干措施》的通知(穗邮管联〔2023〕1 号)

续上表

市(地)	政策文件名称
深圳	关于印发《深圳市优化国际化营商环境工作方案(2023－2025年)》的通知
	关于印发深圳市新就业形态劳动者综合保障实施方案的通知(深府办函〔2023〕37号)
	关于印发《深圳市进一步优化营商环境降低市场主体制度性交易成本的工作方案》的通知(深营商办〔2023〕2号)
	关于印发《深圳市建设跨境电商国际枢纽城市工作方案》的通知
	关于印发《深圳市促进内外贸一体化发展实施方案》的通知(深商务建设字〔2023〕29号)
	关于印发《深圳市一刻钟便民生活圈试点城市建设实施方案》的通知(深商务建设字〔2023〕240号)
	关于印发《深圳市交通运输领域碳达峰行动计划》的通知(深交〔2023〕458号)
汕头	关于印发《汕头经济特区乡村振兴实施条例》的通知(汕市常〔2023〕32号)
	关于印发《汕头市加快培育建设区域消费中心城市实施方案》的通知(汕商务〔2023〕16号)
	关于印发《汕头市一刻钟便民生活圈建设实施方案》的通知(汕商务〔2023〕116号)
	关于印发《汕头市乡村建设行动实施方案》的通知(汕乡振组〔2023〕5号)
佛山	关于加快推进快递包装绿色转型实施方案的通知(佛府办函〔2023〕19号)
	关于印发佛山市建设中国快递示范城市实施方案的通知(佛府办函〔2023〕93号)
	关于印发《佛山市促进快递业与制造业深度融合发展实施方案》的通知(佛邮联〔2023〕9号)
	关于印发《关于推进我市客货邮深度融合发展的实施意见》的通知(佛邮联〔2023〕11号)
韶关	关于印发《韶关市乡村建设行动实施方案》的通知(韶办字〔2023〕38号)
	关于全面推进“百县千镇万村高质量发展工程”促进城乡区域协调发展的行动方案的通知(韶委字〔2023〕9号)
	关于印发《市委全面深化改革委员会2023年重点改革工作安排》的通知(韶改委发〔2023〕1号)
	关于推进农村客货邮融合发展工作实施方案的通知(韶交运函〔2023〕308号)
	关于做好强镇富村公司邮政快递专项优惠资费实施工作的通知(韶邮管联〔2023〕3号)
河源	关于做好2023年全面推进乡村振兴重点工作的实施方案的通知(河委发电〔2023〕6号)
	关于印发《河源市加快建立健全绿色低碳循环发展经济体系实施方案》的通知(河府〔2023〕4号)
	关于印发《河源市加快农村邮政快递配送体系建设工作实施方案》的通知(河府办〔2023〕7号)
	关于印发《河源市推进多式联运发展优化调整运输结构实施方案》的通知(河府办〔2023〕20号)
	关于印发《河源市综合立体交通网规划》的通知(河府〔2023〕59号)
	河源市贯彻落实县域经济高质量发展体制机制改革方案分工方案(河改办〔2023〕10号)
	关于印发《河源市贯彻落实〈广东高质量发展2023年重点工作实施方案〉的若干措施》的通知(河办字〔2023〕42号)
	关于印发《河源市新型城镇化和城乡融合发展2023年工作要点》的通知(河发改综合函〔2023〕203号)
	关于印发《河源市乡村建设行动实施方案》的通知(河乡振组〔2023〕6号)
梅州	关于印发梅州市推进多式联运发展优化调整运输结构实施方案的通知(梅市府办〔2023〕1号)
	关于印发梅州市推进冷链物流高质量发展实施方案的通知(梅市府办〔2023〕2号)
	关于印发梅州市保障快递员群体合法权益十条措施的通知(梅邮管联〔2023〕5号)
惠州	关于印发《惠州市制造业高质量发展三年行动方案(2023－2025年)》的通知(惠市委发〔2023〕2号)
	惠州市关于全面推进“百县千镇万村高质量发展工程”促进城乡区域协调发展的实施方案(惠市委发〔2023〕6号)
	关于印发《惠州市新型城镇化三年行动方案(2023－2025年)》的通知(惠府办〔2023〕16号)
	关于做好2023年全面推进乡村振兴重点工作的实施方案(惠市委字〔2023〕5号)
汕尾	关于全面推进“百县千镇万村高质量发展工程”促进城乡区域协调发展的实施意见(汕尾办发〔2023〕2号)
	关于印发《汕尾市县域经济高质量发展体制机制改革工作方案》的通知(汕尾办发〔2023〕5号)
	关于印发《关于全面推进新一轮深汕对口合作的工作方案》的通知(汕尾委办字〔2023〕63号)

续上表

市(地)	政策文件名称
汕尾	关于印发《汕尾市新型城镇化和城乡融合发展2023年工作要点》的通知(汕发改规划〔2023〕275号)
	关于印发《汕尾市加强县域商业体系建设促进农村经济消费实施方案》及任务清单的通知(汕商务字〔2023〕40号)
	关于印发《汕尾市推进美丽圩镇城镇建设工作方案》的通知(汕建城〔2023〕3号)
	关于印发《汕尾市2023年乡村建设及农村人居环境整治提升工作要点》的函(汕农农函〔2023〕254号)
	关于印发《汕尾市"百千万工程"和美乡村考核评价办法》的通知
	关于印发汕尾市开展"产品、工程和服务质量提升年(2023年)"行动方案的通知(汕市监〔2023〕154号)
	关于贯彻落实"百县千镇万村高质量发展工程"推进城乡区域交通运输协调发展的实施方案
东莞	关于印发《东莞市加快电动汽车充(换)电基础设施建设三年行动方案》的通知(东发改〔2023〕10号)
	关于印发《东莞市2023年空气质量持续改善行动方案》的通知(东大气办〔2023〕2号)
中山	关于支持新时代供销合作社高质量发展的工作方案(中府办函〔2023〕53号)
	关于印发《中山市创建新一轮"中国快递示范城市"(2023－2025年)实施方案》的通知(中府函〔2023〕185号)
江门	关于全面推进"百县千镇万村高质量发展工程"促进城乡区域协调发展的行动方案(江发〔2023〕5号)
	关于印发《江门市新型城镇化和城乡融合发展2023年工作要点》的通知(江发改综合函〔2023〕0027号)
	关于落实县域经济高质量发展体制机制改革工作的通知(江改办〔2023〕17号)
	关于印发《江门市2023年深入打好污染防治攻坚战重点工作任务清单》的通知(江环委〔2023〕1号)
	关于印发《2023年江门市推进国家骨干冷链物流基地建设及运营工作清单》的通知
	关于印发《江门市维护新就业形态劳动者劳动保障权益实施方案》的通知
阳江	关于印发《阳江市促进邮政快递业高质量发展实施方案》的通知(阳府〔2023〕17号)
湛江	关于印发《湛江市推进多式联运发展优化调整运输结构实施方案》的通知(湛府办〔2023〕6号)
	关于湛江市推进以县城为重要载体的城镇化建设的实施方案(湛办字〔2023〕62号)
	湛江市关于加强县域商业体系建设促进农村消费的实施方案(湛商务函〔2023〕5号)
	关于印发《湛江市"十四五"节能减排实施方案》的通知(湛发改能〔2023〕474号)
	关于印发《湛江市加快推进县镇村三级寄递物流体系建设实施方案》的通知(湛发改贸易函〔2023〕264号)
	关于印发《湛江市乡村建设行动实施方案》的通知(湛乡村振兴组〔2023〕7号)
	关于印发《湛江市交通运输局关于贯彻落实"百县千镇万村高质量发展工程"促进城乡区域交通运输协调发展的实施方案》的通知(湛交规〔2023〕22号)
茂名	关于印发茂名市进一步提振和扩大消费若干措施的通知(茂府办函〔2023〕120号)
	关于印发《茂名市推进乡村振兴"一四五"工作法三年行动方案(2023－2025年)》的通知(茂乡振组〔2023〕7号)
肇庆	关于印发《肇庆市推进多式联运发展优化调整运输结构实施方案》的通知(肇府办函〔2023〕24号)
	关于印发《肇庆市关于全面强化实施"强链行动"推动实现"制造业当家"的实施方案》的通知(肇工信〔2023〕1号)
	关于印发《肇庆市促进跨境电商高质量发展若干措施》的通知(肇商务函〔2023〕87号)
	关于印发《肇庆市贯彻省促进就业"十四五"规划的实施方案》的通知
	关于印发《肇庆市进一步促进个体工商户转型升级工作方案》的通知(肇市监注〔2023〕120号)
清远	关于印发《清远市贯彻落实〈广东省激发企业活力推动高质量发展的若干政策措施〉实施方案》的通知(清府〔2023〕25号)
	关于印发《清远市"十四五"节能减排实施方案》的通知(清府〔2023〕31号)
	关于印发《清远市新时代支持革命老区振兴发展实施方案》的通知(清府〔2023〕44号)
	关于印发《清远市构建推动高质量发展的标准体系的实施方案》的通知
	关于印发《清远市加强县域商业体系建设促进农村消费的实施方案》的通知(清商务〔2023〕23号)
	关于印发《清远市城市生活垃圾分类提档增效三年行动方案(2023－2025年)》的通知(清分类办〔2023〕17号)

续上表

市(地)	政策文件名称
潮州	关于印发《潮州市综合立体交通网规划(2021－2035年)》的通知(潮府〔2023〕1号)
	关于加快汽车客运站转型发展的通知(潮交运函〔2023〕153号)
	关于规范快递末端服务禁止违规收费的通告(潮邮管联〔2023〕5号)
揭阳	关于印发揭阳市促进邮政快递业高质量发展实施方案的通知(揭府办〔2023〕1号)
	关于印发揭阳市创建中国快递示范城市工作方案(2023－2025年)的通知(揭府办〔2023〕27号)
	关于印发推进我是城乡快递服务一体化发展工作实施意见的通知(创快〔2023〕6号)
	关于印发《揭阳市快递企业粤东总部统一管理责任制实施办法(试行)》的通知(揭邮管〔2023〕16号)
南宁	关于印发南宁市2023年支持服务业提信心稳增长促发展的若干措施的通知(南府规〔2023〕15号)
	关于印发南宁市创建"中国快递示范城市"三年行动方案的通知(南府办函〔2023〕111号)
	关于印发南宁市服务业高质量发展实施方案(2023－2025年)的通知(南府办函〔2023〕160号)
	关于印发南宁市统筹推进农村物流高质量发展2023年工作要点的通知(南发改经贸开放〔2023〕6号)
柳州	柳州市建设全国性综合交通枢纽城市实施方案(柳政办〔2023〕67号)
	柳州市统筹推进农村物流高质量发展工作联席会议制度(柳发改服贸〔2023〕6号)
	关于印发做好快递员群体合法权益保障工作实施方案的通知(柳交综〔2023〕50号)
	关于联合推进柳州市农村物流高质量发展的通知(柳供销〔2023〕30号)
	关于成立柳州寄递渠道安全管理领导小组的通知(柳邮管〔2023〕13号)
	关于成立柳州市平安寄递专项行动工作专班的通知(柳邮管〔2023〕25号)
桂林	关于印发桂林市促进邮政快递业高质量发展实施方案的通知(市政办函〔2023〕46号)
梧州	关于印发我市促进邮政快递业高质量发展实施方案的通知(梧政办发〔2023〕6号)
玉林	关于印发玉林市服务业发展"十四五"专项规划的通知(玉政发〔2023〕6号)
	关于印发玉林市物流业发展"十四五"规划的通知(玉政办发〔2023〕6号)
	关于印发玉林国家骨干冷链物流基地建设实施方案(2023－2025年)的通知(玉政办函〔2023〕3号)
	关于印发《西部陆海新通道玉林物流业发展空间布局规划(2020－2025年)》的通知(玉发改经贸〔2023〕2号)
	关于印发《玉林市交通物流发展规划(2021－2035年)》的通知
钦州	关于印发钦州市促进邮政快递业高质量发展实施方案的通知(钦政办〔2023〕14号)
北海	关于印发《北海市新就业群体参与社会基层治理积分管理办法(试行)》的通知(北组通〔2023〕67号)
	关于印发《北海市统筹推进农村物流高质量发展2023年工作要点》的通知(北发改〔2023〕320号)
防城港	关于修订《防城港市推动现代物流业高质量发展若干扶持政策的实施细则》的通知(防湾办发〔2023〕2号)
崇左	关于印发崇左市碳达峰实施方案的通知(崇政发〔2023〕16号)
	关于印发崇左市快递末端网点建设方案的通知(崇政办函〔2023〕7号)
	关于印发崇左市"村村有电商"助力乡村振兴三年行动方案(2023－2025年)的通知(崇政办发〔2022〕25号)
	2023年崇左市促进服务业提升发展工作方案(崇三产发〔2023〕3号)
	2023年崇左市工伤预防项目实施方案(崇人社发〔2023〕19号)
	关于强化县交通运输管理局邮政管理职能体系的通知(扶编办发〔2023〕42号)
百色	关于印发百色市统筹推进农村物流高质量发展工作方案(2023－2025年)的通知(百发改产业〔2023〕19号)
	关于支持鼓励全市邮政快递企业招聘用工的通知(百人社发〔2023〕18号)
	关于联合推进全市农村物流高质量发展建设的整合方案(百供发〔2023〕28号)
河池	关于印发《2023年提速推进"经济繁荣新河池"建设实施方案》的通知(河办发〔2023〕35号)
	关于印发《2023年提速推进"宜居宜业新河池"建设实施方案》的通知(河办发〔2023〕41号)
	关于印发《学思想强党性重实践建新功,切实巩固拓展脱贫攻坚成果扎实推进乡村振兴专项行动方案》和《学思想强党性重实践建新功,大力推进以县城为重要载体新型城镇化建设专项行动方案》的通知(河办发〔2023〕48号)

续上表

市(地)	政策文件名称
河池	关于印发河池市“十四五”节能减排综合实施方案的通知(河政发〔2023〕13 号)
	关于印发河池市“坚定信心稳增长更好统筹开新局”实施方案的通知(河政办发〔2023〕5 号)
	关于印发河池市进一步促进充分就业增强市场活力工作实施方案的通知(河政办发〔2023〕9 号)
	关于印发河池市进一步加强商品过度包装治理工作方案的通知(河政办函〔2023〕14 号)
	关于印发河池市促进残疾人就业三年行动实施方案(2022－2024 年)的通知(河政办发〔2023〕25 号)
	关于印发河池市绿色发展先行试验区建设 2023 年工作要点的通知(河政办发〔2023〕22 号)
	关于印发河池市促进邮政快递业高质量发展实施方案的通知(河政办发〔2023〕27 号)
	关于印发《河池市学思想拼经济稳增长惠民生“六个攻坚行动”总体方案》及系列子方案的通知(河政办发〔2023〕56 号)
	关于印发《河池市 2023 年服务业发展工作要点》的通知(河发改经贸〔2023〕94 号)
	关于印发《河池农村客货邮融合发展示范创建工作方案》的通知(河交综运〔2023〕1 号)
	关于开展“党旗领航·关心关爱新业态新就业群体”系列行动的通知(河非社工发〔2023〕7 号)
	关于指导快递行业推进劳动合同制度的通知(河邮管〔2023〕29 号)
来宾	关于印发《来宾市 2023 年全面推进乡村振兴重点工作实施方案》的通知(来发〔2023〕4 号)
	关于印发来宾市统筹推进农村物流高质量发展 2023 年工作方案的通知(来政办函〔2023〕8 号)
贺州	关于印发贺州市统筹推进农村物流高质量发展 2023 年工作要点的通知(贺发改服务发〔2023〕67 号)
海口	关于做好 2023 年全面推进乡村振兴重点工作的实施意见(海发〔2023〕1 号)
	关于印发海口市“无废城市”建设实施方案(2022－2025 年)的通知(海府办〔2023〕2 号)
	关于印发海口市农产品区域公用品牌建设三年行动方案(2023－2025 年)的通知(海府办函〔2023〕69 号)
	关于印发《海口市乡村建设行动实施方案(2022－2025 年)》的通知(海委乡村振兴〔2023〕1 号)
三亚	关于印发《三亚市推进一刻钟便民生活圈建设工作方案》的通知(三府办函〔2023〕64 号)
	关于印发《三亚市县域商业体系建设三年行动方案》的通知(三府办函〔2023〕533 号)
	关于开展 2023 年三亚市快递从业青年“暖蜂行动”的通知(团市联字〔2023〕4 号)
	关于印发《三亚市 2023 年“无废城市”建设工作要点》的通知(三环发〔2023〕156 号)
	关于印发《三亚市“无废细胞”创建实施方案(试行)》《三亚市“无废细胞”创建指南》的通知(三环发〔2023〕457 号)
	关于印发《三亚市乡村建设行动实施方案》的通知(三农组〔2023〕9 号)
奉节	关于印发奉节县“县乡村”三级寄递物流体系建设改革项目实施方案的通知(奉委经改组发〔2023〕4 号)
巫山	关于印发 2023 年巫山脆李线上销售奖补方案的通知(巫山商务委发〔2023〕33 号)
黔江	关于印发《黔江区“十四五”时期“无废城市”建设实施方案》的通知
涪陵	涪陵区加快农村寄递物流体系建设实施方案(涪陵府办发〔2023〕15 号)
	关于印发重庆市涪陵区 2023 年深入推动长江经济带发展加快建设山清水秀美丽之地工作要点的通知(涪推长办发〔2023〕3 号)
武隆	重庆市武隆区电子商务提质增效扶持政策(武隆商务发〔2023〕11 号)
	武隆区加快推动食品及农产品加工产业高质量发展实施方案
垫江	关于印发垫江县电子商务发展壮大行动方案的通知(垫江府办发〔2023〕22 号)
	关于印发垫江县促进电子商务产业发展扶持办法(试行)的通知(垫江府办发〔2023〕24 号)
渝北	促进重庆空港型国家物流枢纽发展扶持政策(试行)
合川	关于印发合川区“十四五”期间“无废城市”建设实施方案的通知(合川府办发〔2023〕37 号)
江津	关于印发 2022 年度促进交通运输业高质量发展激励政策实施细则的通知(津交局发〔2022〕186 号)
大足	关于印发重庆市大足区支持农村寄递物流体系建设实施方案的通知(大足府办发〔2023〕1 号)
	关于印发《大足区“无废城市”建设工作实施方案》的通知(足无废组发〔2023〕1 号)

续上表

市(地)	政策文件名称
大足	关于印发《大足区客货邮融合发展试点工作实施方案》的通知(大足交通发〔2023〕190 号)
铜生	关于印发《重庆市铜梁区“无废城市”建设实施方案》的通知(铜生环委办〔2023〕2 号)
永川	关于印发“四大行动”实施方案的通知(永委农组办发〔2023〕3 号)
	关于印发《中共重庆市永川区委农村工作暨实施乡村振兴领导小组 2023 年工作要点》的通知(永委农组发〔2023〕4 号)
	关于印发《永川区 2023 年生态环境工作要点》的通知(永生环委〔2023〕2 号)
	关于印发《重庆市永川区农村寄递物流体系建设实施方案》的通知(永商务发〔2023〕79 号)
荣昌	关于印发重庆市荣昌区“无废城市”建设实施方案的通知(荣昌府办发〔2023〕60 号)
成都	转发关于进一步做好交通物流领域金融支持和服务的通知(成银发〔2023〕22 号)
贵阳	关于印发《贵阳贵安以绿色经济为引领推动经济社会高质量发展的实施方案》的通知(筑党办发〔2023〕1 号)
	关于印发《贵阳贵安乡村建设行动实施方案(2023－2025 年)》的通知(筑乡振领办通〔2023〕1 号)
	关于开展“交邮供”融合协同发展促进农村快递物流体系建设工作的通知(筑交通〔2023〕45 号)
毕节	关于做好 2023 年全面推进乡村振兴重点工作的实施方案(毕党发〔2023〕1 号)
	关于印发毕节市加快推动快递业高质量发展实施方案的通知(毕府办发〔2023〕22 号)
	关于印发毕节市支持直播电商经济发展的若干措施(暂行)的通知(毕府办发〔2023〕29 号)
黔西南	关于印发《黔西南州“交邮融合＋”工作推进方案》的通知(州交运〔2023〕4 号)
铜仁	关于印发铜仁市贯彻落实《国家标准化发展纲要》实施方案的通知(铜府办发〔2023〕14 号)
曲靖	曲靖市电商高质量发展三年行动计划(2023－2025 年)(曲政办发〔2023〕55 号)
	曲靖市加快推进农村快递业高质量发展三年行动方案(2023－2025 年)(曲政办发〔2023〕65 号)
德宏	支持跨境电商海外仓发展措施(德商发〔2023〕146 号)
	关于开展寄递行业治理工作异地协作机制(西检会〔2023〕9 号)
文山	关于做好 2023 年全面推进乡村振兴重点工作的实施方案(文发〔2023〕7 号)
	文山州平远片区“三区”发展总体规划(2023－2030 年)(文政发〔2023〕16 号)
	文山州 2023 年县域商业建设行动实施方案(文商联发〔2023〕19 号)
	“机器人＋”应用行动实施方案(文工信〔2023〕83 号)
临沧	关于加快推进农村客货邮融合发展工作(临农组办发〔2023〕16 号)
西安	关于实施西安、银川国家综合货运枢纽强链补链的意见(财建〔2023〕219 号)
	西安市现代物流业倍增计划(2023－2026 年)(市发改发〔2023〕32 号)
	西安市人力资源和社会保障局、西安市总工会、西安市工商业联合会关于公布全市第二批金牌劳动人事争议调解组织和金牌调解员名单的通知
	西安市协调劳动关系三方委员会办公室关于认定“西安市金牌劳动关系协调员”和“西安市金牌协调劳动关系社会组织”的通知(市人社函〔2023〕330 号)
	西安市关于做好快递员群体合法权益保障工作实施方案(市交发〔2023〕43 号)
咸阳	关于印发《咸阳市扎实推进 2023 年特色现代农业高质量发展的实施方案》《咸阳市加快 2023 年宜居宜业和美乡村建设的实施方案》的通知(咸办字〔2023〕24 号)
	关于印发《咸阳市“十四五”时期“无废城市”建设实施方案》的通知(咸政发〔2023〕7 号)
	关于进一步加强商品过度包装治理的通知(咸政办发〔2023〕23 号)
宝鸡	关于印发《宝鸡市农产品仓储保鲜冷链物流设施建设工程推进方案》的通知(宝农工办发〔2023〕2 号)
	关于转发《关于印发〈2023－2025 年农村客货邮融合发展样板县创建工作实施方案〉的通知》的通知(宝交运函〔2023〕122 号)

续上表

市(地)	政策文件名称
铜川	关于印发创建"四好农村路"省级示范市实施方案的通知(铜政函〔2023〕32 号)
	关于推动多式联运发展优化调整运输结构实施方案(2023－2025 年)的通知(铜政办发〔2023〕5 号)
	关于印发《2023－2025 年农村客货邮融合发展样板县创建工作实施方案》的通知(铜交发〔2023〕96 号)
	关于印发《铜川市农产品仓储保鲜冷链物流设施建设工程推进方案(2022－2025 年)》的通知(铜农工办发〔2023〕5 号)
	关于印发《铜川市进一步提高产品、工程和服务质量行动工作方案(2023－2025 年)》的通知(铜质委发〔2023〕4 号)
	关于进一步加强邮件快件寄递安全管理工作的实施意见(铜邮管〔2023〕18 号)
	关于明确区县交通运输局承担辖区内邮政快递行业监管职责的通知(铜邮管〔2023〕33 号)
渭南	关于印发《市进一步加强商品过度包装治理若干措施》的通知(渭发改发〔2023〕164 号)
	关于印发《渭南市快递行业开展集体协商签订集体合同实施方案》的通知(渭工发〔2023〕17 号)
	关于印发《2023 年度渭南市农村寄递物流体系考核方案》的通知(渭交发〔2023〕25 号)
	关于印发《渭南市学习运用"千万工程"经验推动公路高质量发展服务乡村振兴战略的意见》的通知(渭交发〔2023〕199 号)
	关于印发《渭南市生活垃圾分类收集、贮存、运输、处理的设施场所运行管理规范》的通知(渭分类办发〔2023〕9 号)
	关于推进全市邮政快递和供销融合发展有关事项的通知(渭邮管〔2023〕36 号)
延安	关于印发《延安市恢复和扩大消费的 16 条措施》的通知(延政办函〔2023〕96 号)
	关于印发《延安市支持跨境电子商务发展的 14 条措施》的通知(延政办函〔2023〕97 号)
	关于进一步加强涉企信用信息共享应用促进中小微企业融资发展的函
	关于印发《延安市推进社会信用体系建设高质量发展促进形成新发展格局工作举措》的通知(延市办字〔2023〕66 号)
	关于印发《延安市高质量项目推进年工作方案》《延安市营商环境突破年工作方案》《延安市干部作风能力提升年工作方案》的通知(延市发〔2023〕2 号)
	关于印发《延安市互联网销售危险化学品专项治理行动实施方案》的通知(延市监发〔2023〕121 号)
	关于印发《延安市 2023 年乡村建设任务清单》的通知(延市乡振发〔2023〕21 号)
	关于印发《延安市 2023 年乡村建设行动工作要点》的通知(延市巩衔办发〔2023〕3 号)
	关于印发《2023 年消费者权益保护暨放心消费创建工作要点》的通知(延消联办发〔2023〕1 号)
	关于印发《全市打击整治枪爆违法犯罪专项行动工作方案(2023－2025 年)》的通知(延公通字〔2023〕12 号)
	关于印发《2023 年延安市推动新型城镇化高质量发展重点任务》的通知(延发改发〔2023〕112 号)
	关于进一步加快推进我市农村寄递物流体系建设工作的通知(延寄递物流发〔2023〕1 号)
	关于印发《延安市加强重点领域信用监管工作的若干措施》的通知(延网信发〔2023〕5 号)
	关于印发《延安市加强电动自行车全链条安全监管重点工作任务及分工实施方案》的通知(延市安发〔2023〕5 号)
	关于印发《延安市进一步提高产品、工程和服务质量行动工作方案(2023－2025 年)》的通知(延质委〔2023〕2 号)
	关于加强全市信用信息归集共享应用相关工作的通知(延网信发〔2023〕27 号)
	关于印发《延安市车辆优化工程专项行动工作方案(2023－2027 年)》的通知(延市交发〔2023〕262 号)
榆林	关于印发《加强道路旅客运输安全管理实施意见》的通知(榆政办发〔2023〕8 号)
	关于印发《榆林市道路交通安全全链条监管工作实施意见(试行)》的通知(榆政办发〔2023〕21 号)
	关于印发《榆林市激励商贸服务业高质量发展若干措施》的通知(榆政办发〔2023〕57 号)
	榆林市关于加快电子商务发展若干措施(榆政办发〔2023〕58 号)
	关于印发《榆林市推进全国性综合交通枢纽城市建设实施方案》的通知(榆政办函〔2023〕160 号)
	关于印发《榆林市申报国家综合货运枢纽补链强链工作方案》的通知(榆政办函〔2023〕117 号)
	关于印发《榆林市推进全国性综合交通枢纽城市建设实施方案》(榆政办函〔2023〕160 号)
	关于印发《榆林市进一步优化营商环境五十条措施》的通知(榆办字〔2023〕37 号)

续上表

市(地)	政策文件名称
榆林	关于将榆林市邮政管理局纳为榆林市市级社会组织助力乡村振兴三年行动成员单位的通知(榆组函〔2023〕41号)
	榆林市2023乡村建设行动工作要点(榆巩衔办发〔2023〕20号)
	深化快递进村助力乡村振兴实施方案(榆邮管〔2023〕16号)
汉中	关于印发加快推进汉中市农村寄递物流体系建设实施方案的通知(汉政办函〔2023〕16号)
	关于开展全市快递从业人员职业技能培训工作的通知(汉邮管〔2023〕5号)
安康	关于印发《支持返乡创业推动乡村振兴的若干措施》的通知(安巩固衔接发〔2023〕8号)
	关于印发《全市现代物流产业链链长制工作推进会任务清单》的通知
	关于依托村(社区)组织活动阵地推进开展"快递进村"工作的通知(安物口办〔2023〕8号)
	关于印发《安康市支持城市绿色货运配送示范工程创建政策措施》的通知(安绿配办发〔2023〕1号)
商洛	关于印发加快推进农村寄递物流体系建设实施方案的通知(商政办发〔2023〕2号)
	关于印发《商洛市村级综合服务设施提升工程推进方案》的通知(商民发〔2023〕151号)
	关于印发《商洛市农产品仓储保鲜冷链物流设施建设工程推进方案(2022—2025年)》的通知(商农办发〔2023〕5号)
兰州	兰州—西宁综合货运枢纽补链强链三年实施方案(2023—2025年)
西宁	关于印发《西宁市2023年重点民生实事项目》的通知(宁办字〔2023〕12号)
	西宁市人民政府办公室关于依托县(区)交通运输部门承担邮政快递业有关监管工作的通知(宁政办函〔2023〕165号)
	关于下达邮政快递业安全监管及环境污染治理经费预算的通知(宁财建字〔2023〕981号)
	关于印发《在全市脱贫村设立村级寄递物流综合服务站公益性岗位实施方案》的通知(宁乡振〔2023〕57号)
	关于印发深化农村客运与邮政快递融合发展联合工作机制的通知(宁邮管〔2023〕33号)
海东	关于进一步明确市县两级邮政监管责任的通知(东政办〔2023〕109号)
	关于在全市脱贫村设立村级寄递物流综合服务站公益性岗位的实施方案(东乡振局〔2023〕98号)
	关于印发《海东市快递业优先参加工伤保险联席制度》的通知(东人社局函〔2023〕456号)
	关于印发《海东市寄递渠道安全管理联席会议制度(修订稿)》的通知(东邮安〔2023〕1号)
	关于印发《海东市平安寄递专项行动实施方案》的通知(东邮管〔2023〕25号)
	关于印发《关于深化邮政快递与供销网点合作进一步推动"快递进村"工作的实施方案》的通知(东邮管〔2023〕33号)
	关于印发《进一步加强海东市邮件快件寄递安全管理工作实施方案》的通知(东邮管〔2023〕34号)
海西	关于印发《海西州进一步提高产品、工程和服务质量行动方案(2023—2025年)》的通知(西质强办〔2023〕23号)
	关于印发《2023年全州职业技能提升行动工作方案》的通知(西人社局〔2023〕157号)
	关于印发《海西州寄递渠道安全管理联席会议制度工作规则》的通知(西寄递联席办〔2023〕1号)
海南	海南州人民政府办公室关于印发海南州人民政府2023年立法工作的通知(南政办〔2023〕30号)
	海南州人民政府关于全州邮政快递企业运行及管理情况审议意见整改方案的报告(南政函〔2023〕50号)
	关于印发《全州推动全州客货邮融合支撑促进农村流通高质量发展工作措施》的通知(南交〔2023〕212号)
	关于深化邮政快递与供销网点合作进一步推动"快递进村"工作实施方案(南邮管〔2023〕14号)
海北	关于印发《海北藏族自治州快递服务"红/黄牌警示"管理暂行办法》的通知(北邮管〔2023〕26号)
果洛	关于进一步明确全州邮政快递业安全监管职责的通知(果政办〔2023〕106号)
	关于全面落实县级邮政管理责任的通知(果平安办〔2023〕225号)
玉树	关于转发州邮政管理局《玉树州推动落实县级邮政管理责任工作实施方案》的通知(玉政办函〔2023〕128号)
阿勒泰	关于命名2022年度阿勒泰地区邮政业绿色网点和绿色分拨中心的通知
吐鲁番	关于印发《吐鲁番市2023年乡村建设行动工作要点》的函
	关于推进吐鲁番市邮政快递业服务农特产品上行高质量发展的实施意见

续上表

市(地)	政策文件名称
昌吉	关于印发《石河子市农村客货邮融合发展示范创建工作方案》的通知
	昌吉州推进农村“客货邮”深度融合发展工作实施方案
克拉玛依	克拉玛依市“十四五”城乡社区服务体系建设方案(克政办发〔2023〕23号)
哈密	关于印发哈密市“十四五”城乡社区服务体系建设方案的通知
	伊吾县县域商业体系建设行动工作方案
博尔塔拉蒙古	关于印发《2023年自治州数字乡村发展工作实施方案》的通知(博党网信字〔2023〕7号)
	关于印发《推进自治州2023年民生实事工作方案》的通知(博州政办发〔2023〕15号)
	关于印发《自治州加快推动邮政快递事业高质量发展实施方案》的通知(博州政办发〔2023〕46号)
	关于加快推进快递进村工作的通知(州政督函〔2023〕69号)
	关于印发《自治州优化村级邮快电商便民服务站实施方案》的通知(博邮管〔2023〕24号)
	关于进一步加强电商快件过度包装治理工作(博邮管〔2023〕28号)
	邮政快递业塑料污染治理工作三年行动方案(2023－2025年)(博邮管〔2023〕35号)
	关于印发《博乐市加快推动邮政快递业高质量发展实施方案》的通知(博市政办发〔2023〕54号)
巴音郭楞蒙古	关于申报2023年中央财政县域商业体系建设项目的通知
克孜勒苏	关于拨付2023年农牧区投递员专项补贴资金的通知
	关于进一步加强自治州邮件快件寄递安全管理工作的实施方案
	关于加强快递包装废弃物回收工作的通知
	中华人民共和国克孜勒苏自治州　吉尔吉斯斯坦共和国关于恢复吐尔尕特国际邮件交换站、开通伊尔克什坦国际邮件交换站协议
塔城	关于转发《关于转发〈工业和信息化部等八部门关于组织开展公共领域车辆全面电动化先行试点工作的通知〉的通知》的通知
	关于拨付2023年农牧区投递员专项补贴资金的通知(塔地财建〔2023〕48号)
	关于印发《2023年塔城地区乡村建设行动方案工作要点》的函
	关于印发《塔城地区2024－2025年乡村建设任务清单》的函
	关于印发《塔城地区2023年数字乡村发展工作实施方案》的通知(塔地网信字〔2023〕9号)
阿克苏	关于印发《阿克苏地区加快农村寄递物流体系建设实施方案》的通知
	关于开展阿克苏地区2023年快递从业青年服务月活动的通知
	关于进一步加强寄递企业协议用户管理工作的通知
	关于印发《阿克苏地区2023网络市场监管促发展保安全专项行动方案》的通知
	关于协同推进阿克苏地区快递包装循环回收工作的通知
	阿克苏地区推进农村“客货邮”深度融合发展工作实施方案
喀什	喀什地区加快农村寄递物流体系建设实施方案
伊犁	第四师农村客货邮融合发展示范创建实施方案(师市交发〔2023〕35号文)
	关于印发《依托村级组织活动阵地深入推进“快递进村”工作实施方案》的通知(伊邮管〔2023〕8号)
	关于进一步加强伊犁电商快件过度包装治理工作的通知(伊邮管〔2023〕9号)

第四篇　发 展 数 据

第一章　行业发展数据

2023 年邮政行业运行情况

2023 年，邮政行业寄递业务量累计完成 1624.8 亿件，同比增长 16.8%（图 4-1）。其中，快递业务量（不包含邮政集团包裹业务）累计完成 1320.7 亿件，同比增长 19.4%。

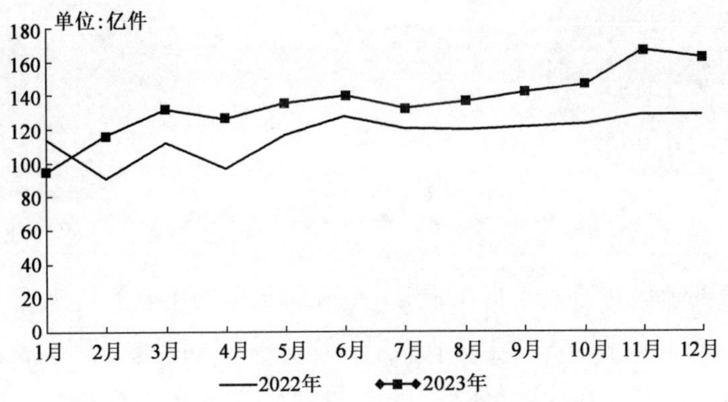

图 4-1　2022 年与 2023 年邮政行业寄递业务量情况比较

2023 年，同城快递业务量累计完成 136.4 亿件，同比增长 6.6%；异地快递业务量累计完成 1153.6 亿件，同比增长 20.5%；国际/港澳台快递业务量累计完成 30.7 亿件，同比增长 52.0%（图 4-2）。

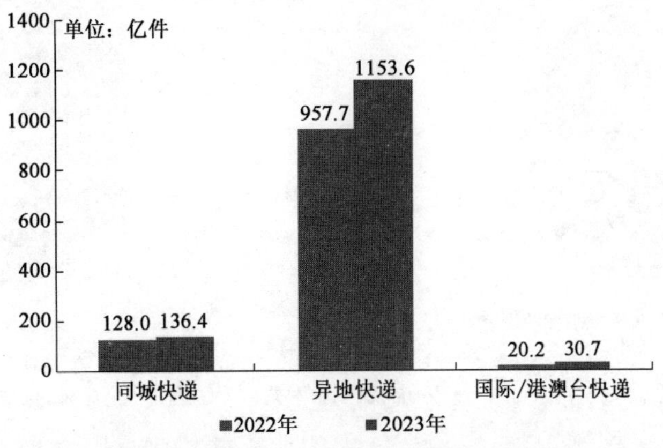

图 4-2　2022 年与 2023 年分专业快递业务量比较

2023 年，邮政函件业务累计完成 9.7 亿件，同比增长 2.7%；包裹业务累计完成 2470.2 万件，同比增长 40.6%；报纸业务累计完成 167.0 亿份，同比增长 0.8%；杂志业务累计完成 6.5 亿份，同比下降 5.7%；汇兑业务累计完成 349.0 万笔，同比下降 19.5%。

2023 年，邮政行业业务收入（不包括邮政储蓄银行直接营业收入）累计完成 15293.0 亿元，同比增长 13.2%。其中，快递业务收入累计完成 12074.0 亿元，同比增长 14.3%。

12 月份，邮政行业寄递业务量完成 161.7 亿件，同比增长 26.5%。其中，快递业务量完成 132.6 亿件，同比增长 27.9%。

12 月份，邮政行业业务收入完成 1448.7 亿元，同比增长 17.7%。其中，快递业务收入完成 1188.8 亿元，同比增长 19.2%。

2023 年，同城、异地、国际/港澳台快递业务量分别占全部快递业务量的 10.3%、87.4% 和 2.3%（图 4-3）；业务收入分别占全部快递业务收入的 5.9%、49.7% 和 11.6%（图 4-4）。与去年同期相比，同城快递业务量的比重下降 1.3 个百分点，异地快递业务量的比重上升 0.8 个百分点，国际/港澳台业务量的比重上升 0.5 个百分点。

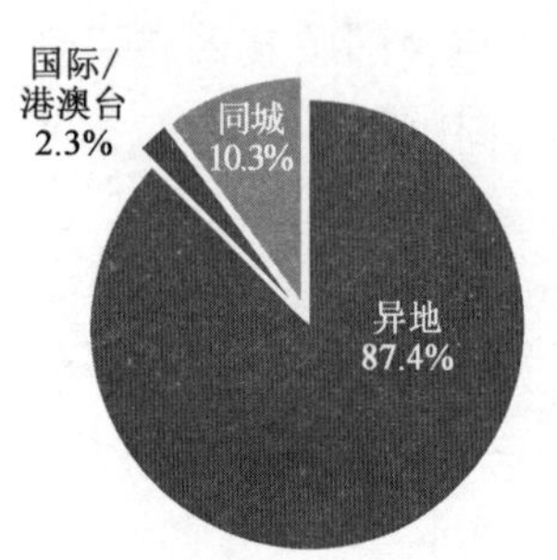

图 4-3　快递业务量结构情况

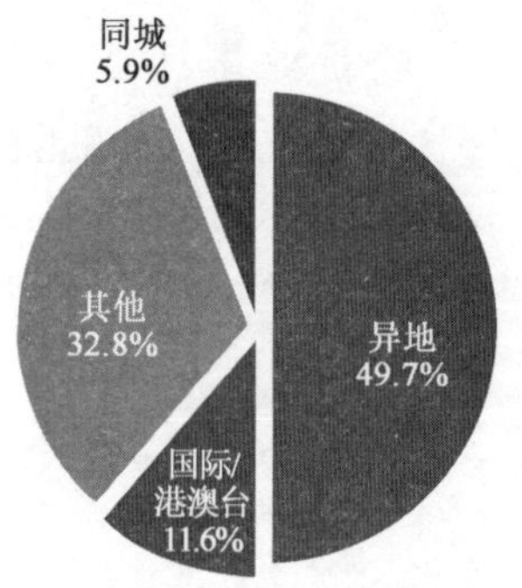

图 4-4　快递业务收入结构情况

2023 年，东、中、西部地区快递业务量比重分别为 75.2%、16.7% 和 8.1%（图 4-5），业务收入比重分别为 76.2%、14.1% 和 9.7%（图 4-6）。与去年同期相比，东部地区快递业务量比重下降 1.6 个百分点，快递业务收入比重下降 1.4 个百分点；中部地区快递业务量比重上升 1.0 个百分点，快递业务收入比重上升 0.7 个百分点；西部地区快递业务量比重上升 0.6 个百分点，快递业务收入比重上升 0.7 个百分点。

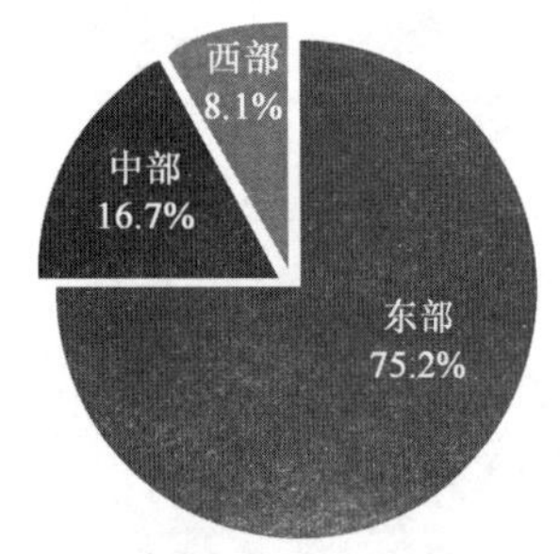

图 4-5　地区快递业务量结构情况

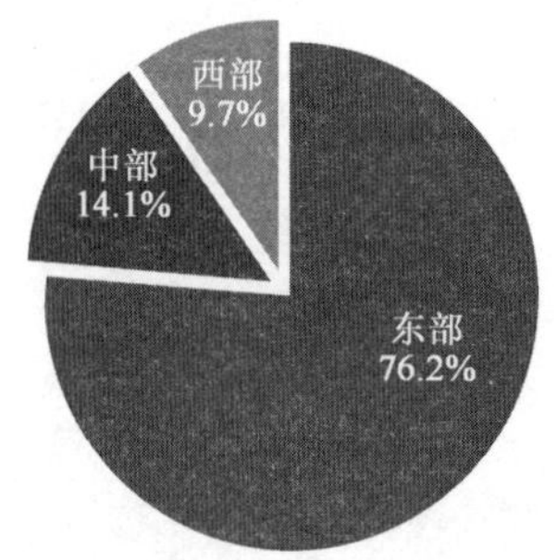

图 4-6　地区快递业务收入结构情况

2023 年，快递与包裹服务品牌集中度指数 CR8 为 84.0，较 1－11 月持平。

2023 年，全国邮政行业发展情况见表 4-1；分省快递业务量和业务收入情况见表 4-2；快递业务量和业务收入前 50 位城市分别见表 4-3、表4-4。

表 4-1 全国邮政行业发展情况

指标名称	单位	2023 年		比去年同期增长(%)	
		全年累计	12 月	全年累计	12 月
一、邮政行业寄递业务量	万件	16248212.9	1617370.0	16.8	26.5
1、快递业务	万件	13207193.6	1325671.8	19.4	27.9
其中:同城	万件	1364420.8	140852.0	6.6	25.6
异地	万件	11536042.5	1153044.2	20.5	28.0
国际/港澳台	万件	306730.4	31775.6	52.0	35.7
2、邮政寄递业务	万件	3041019.3	291698.2	6.6	20.4
其中:函件	万件	96642.1	9405.8	2.7	5.3
包裹	万件	2470.2	346.4	40.6	61.7
订销报纸累计数	万份	1669901.4	146302.1	0.8	1.0
订销杂志累计数	万份	65148.3	5386.9	-5.7	-3.8
汇兑	万笔	349.0	32.1	-19.5	-11.0
二、邮政行业业务收入	亿元	15293.0	1448.7	13.2	17.7
1、快递业务	亿元	12074.0	1188.8	14.3	19.2
2、邮政寄递业务	亿元	379.7	34.4	-1.0	13.8

注:1.邮政行业业务收入中未包括邮政储蓄银行直接营业收入。

2.快递业务中不包含邮政集团包裹业务。

表 4-2 分省快递业务量和业务收入情况

单位	快递业务量累计(万件)	同比增长(%)	快递业务收入累计(万元)	同比增长(%)
全国	13207193.6	19.4	120739583.9	14.3
北京	227115.2	16.1	3110046.2	6.7
天津	145024.6	19.3	1574105.6	14.5
河北	660073.0	25.3	4640536.3	22.0
山西	110445.8	56.5	1102995.0	38.8
内蒙古	36570.5	51.0	633503.8	31.0
辽宁	218251.4	27.5	2002710.9	18.6
吉林	76909.0	32.2	831265.1	16.5
黑龙江	94611.7	30.3	1059756.0	18.4
上海	370311.3	29.6	20893619.4	13.2
江苏	994563.8	14.2	8947869.0	8.9
浙江	2631955.2	14.9	13058532.1	8.4
安徽	410386.5	16.2	2663482.9	12.2
福建	498673.2	17.0	3886669.4	9.5
江西	227930.8	25.1	1868015.4	15.5
山东	706967.5	22.5	5265683.5	16.5
河南	604600.4	35.8	4252916.8	28.4
湖北	376892.1	17.3	3073467.4	14.9
湖南	310053.4	33.8	2171791.8	21.5
广东	3456729.0	14.7	28265755.0	12.6
广西	129972.5	23.3	1308869.2	12.0
海南	21434.9	29.4	375450.8	25.3

续上表

单位	快递业务量累计（万件）	同比增长（%）	快递业务收入累计（万元）	同比增长（%）
重庆	140857.6	29.0	1357974.7	21.8
四川	349483.7	21.8	3243577.4	16.6
贵州	66135.7	34.4	895716.1	23.3
云南	109034.5	22.8	1140203.6	15.4
西藏	2192.0	79.8	60880.7	35.8
陕西	152267.6	35.0	1590640.3	27.1
甘肃	29225.0	49.2	522921.2	37.0
青海	4922.9	58.6	127070.1	53.0
宁夏	13098.8	32.2	193202.4	23.7
新疆	30504.0	88.1	620356.1	77.9

表 4-3　快递业务量前 50 位城市

排名	城市	快递业务量累计（万件）	排名	城市	快递业务量累计（万件）
1	金华(义乌)市	1369413.7	26	合肥市	133727.5
2	广州市	1145019.1	27	绍兴市	132630.0
3	深圳市	636835.6	28	廊坊市	116370.4
4	揭阳市	407226.9	29	南通市	115852.1
5	杭州市	401163.0	30	中山市	110307.3
6	上海市	370311.3	31	青岛市	102204.0
7	东莞市	343032.6	32	南京市	97890.9
8	汕头市	297773.4	33	西安市	96412.8
9	苏州市	279315.2	34	沈阳市	95373.5
10	泉州市	247848.1	35	商丘市	87546.0
11	北京市	227115.2	36	潮州市	85842.2
12	成都市	215254.4	37	济南市	84551.8
13	温州市	195587.4	38	无锡市	81818.3
14	长沙市	188704.2	39	邢台市	81791.6
15	武汉市	188101.7	40	南昌市	79453.8
16	郑州市	182917.4	41	宿迁市	72925.9
17	佛山市	182708.3	42	惠州市	69156.0
18	临沂市	176770.5	43	徐州市	69096.7
19	保定市	157670.8	44	昆明市	67069.2
20	石家庄市	153800.9	45	湖州市	64755.3
21	台州市	148285.6	46	厦门市	64119.8
22	天津市	145024.6	47	哈尔滨市	62469.8
23	宁波市	143955.3	48	福州市	61652.5
24	重庆市	140857.6	49	漳州市	57883.8
25	嘉兴市	135629.9	50	潍坊市	57728.9

表 4-4 快递业务收入前 50 位城市

排名	城市	快递业务收入累计（万元）	排名	城市	快递业务收入累计（万元）
1	上海市	20893619.4	26	合肥市	954372.9
2	广州市	8921508.7	27	青岛市	943284.5
3	深圳市	6684097.5	28	石家庄市	939385.3
4	金华（义乌）市	3723169.1	29	济南市	923242.7
5	杭州市	3667164.6	30	中山市	890959.4
6	东莞市	3527809.6	31	沈阳市	887554.8
7	北京市	3110046.2	32	廊坊市	870778.3
8	苏州市	2778173.6	33	厦门市	838110.5
9	佛山市	2016872.3	34	临沂市	789784.8
10	揭阳市	2005611.0	35	南昌市	765432.5
11	成都市	1929324.4	36	南通市	755710.1
12	武汉市	1733370.4	37	福州市	741675.4
13	郑州市	1613038.1	38	台州市	732516.0
14	天津市	1574105.6	39	常州市	651928.3
15	汕头市	1500206.0	40	哈尔滨市	641587.1
16	泉州市	1403416.8	41	惠州市	608190.4
17	重庆市	1357974.7	42	昆明市	604687.5
18	宁波市	1312561.3	43	绍兴市	598346.3
19	长沙市	1245520.3	44	南宁市	573563.4
20	温州市	1188939.4	45	徐州市	503446.3
21	嘉兴市	1148526.8	46	长春市	498705.3
22	南京市	1047022.5	47	太原市	434280.6
23	无锡市	1036690.2	48	沧州市	431295.3
24	西安市	1015505.3	49	商丘市	429415.6
25	保定市	976301.1	50	潍坊市	415456.3

2023 年邮政行业发展统计公报

2023 年，在以习近平同志为核心的党中央坚强领导下，全系统全行业认真学习习近平新时代中国特色社会主义思想，坚决贯彻落实党中央、国务院决策部署，坚持稳中求进工作总基调，完整、准确、全面贯彻新发展理念，在服务加快构建新发展格局、更好统筹发展和安全、推动行业高质量发展等方面取得显著成效，加快建设交通强国邮政篇章迈出坚实步伐，为全面建设社会主义现代化国家开好局起好步作出了积极贡献。

一、业务发展情况

（一）业务规模

2023 年邮政行业寄递业务量完成 1624.8 亿件，同比增长 16.8%。其中，快递业务量完成 1320.7 亿件，同比增长 19.4%。

2023 年邮政集团函件业务量完成 9.7 亿件，

同比增长2.7%；包裹业务量完成2472.6万件，同比增长40.7%；订销报纸业务完成167.0亿份，同比增长0.8%；订销杂志业务完成6.5亿份，同比下降5.9%；汇兑业务完成348.9万笔，同比下降19.5%。

2023年邮政行业业务收入（不包括邮政储蓄银行直接营业收入）完成15293.0亿元，同比增长13.2%。其中：快递业务收入完成12074.0亿元，同比增长14.3%。快递业务收入占行业总收入的比重为79.0%，比上年提高了0.8个百分点。

快递与包裹服务品牌集中度指数CR8为84.0。

2019－2023年邮政行业发展情况及快递业发展情况分别见图4-7、图4-8。

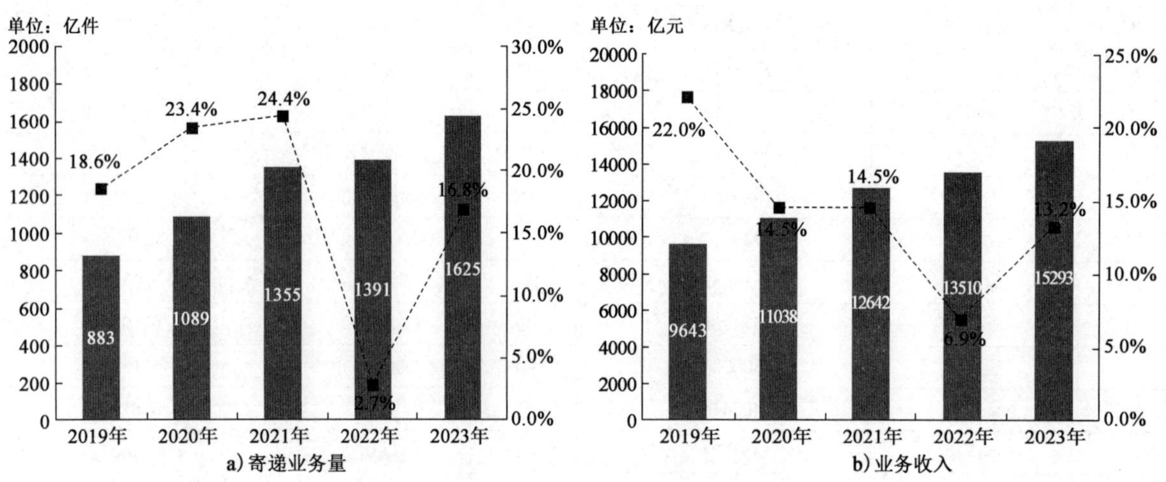

图4-7　2019－2023年邮政行业发展情况

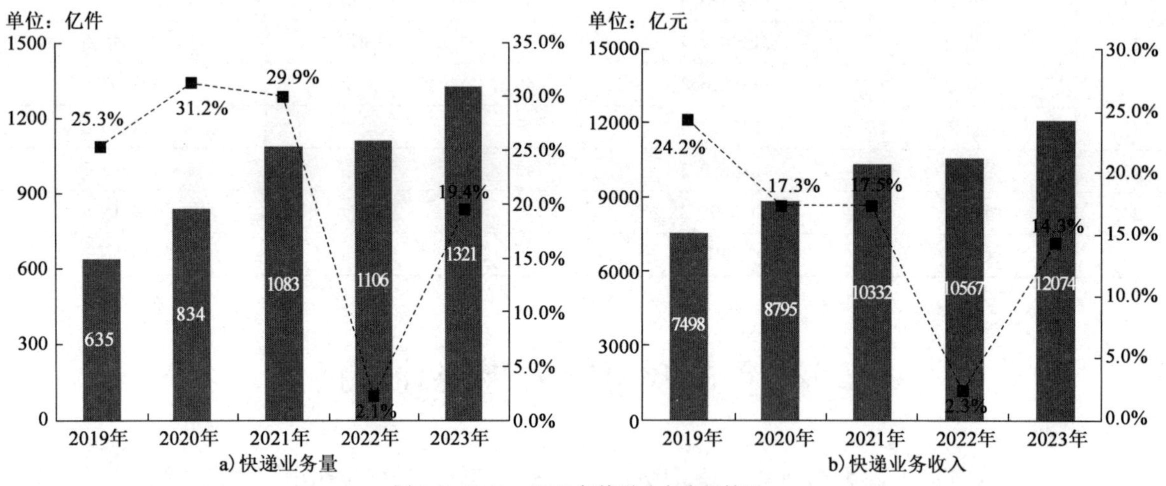

图4-8　2019－2023年快递业务发展情况

（二）业务结构

2023年同城快递业务量完成136.4亿件，同比增长6.6%；异地快递业务量完成1153.6亿件，同比增长20.5%；国际/港澳台快递业务量完成30.7亿件，同比增长52.0%。同城、异地、国际/港澳台快递业务量占全部比例分别为10.3%、87.4%和2.3%。

（三）区域结构

东、中、西部地区快递业务量比重分别为75.2%、16.7%和8.1%，快递业务收入比重分别为76.2%、14.1%和9.7%。东部地区完成快递业务量993.1亿件，同比增长16.9%；完成业务收入9202.1亿元，同比增长12.3%。中部地区完成快递业务量221.2亿件，同比增长27.5%；完成业务收入1702.4亿元,同比增长20.1%。西部地区完成快递业务量106.4亿件,同比增长28.8%;完成业务收入1169.5亿元,同比增长22.7%。

快递业务量排名前5位的省(区、市)依次是广东、浙江、江苏、山东和河北,其快递业务量合计占全部快递业务量的比重达到64.0%,较上年前5位占比下降1.8个百分点。快递业务收入排名前5位的省(区、市)依次是广东、上海、浙江、江苏和山东,其快递业务收入合计占全部快递业务收入的比重达到63.3%,较上年前5位占比下降1.4个百分点。

快递业务量排名前15位的城市依次是金华(义乌)、广州、深圳、揭阳、杭州、上海、东莞、汕头、苏州、泉州、北京、成都、温州、长沙和武汉(图4-9),其快递业务量合计占全部快递业务量的比重达到49.3%。

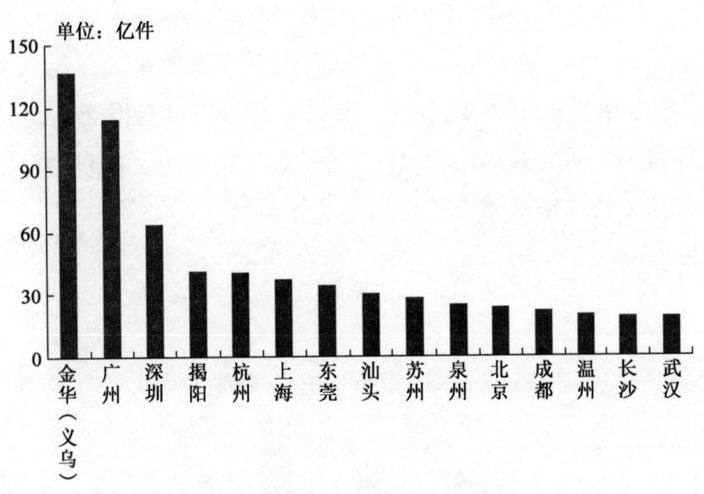

图4-9 快递业务量前15位的城市情况

快递业务收入排名前15位的城市依次是上海、广州、深圳、金华(义乌)、杭州、东莞、北京、苏州、佛山、揭阳、成都、武汉、郑州、天津和汕头(图4-10),其快递业务收入合计占全部快递业务收入的比重达到54.4%。

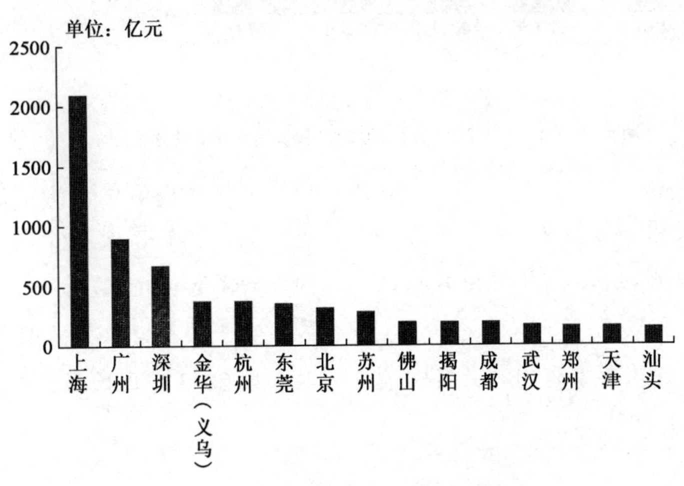

图4-10 快递业务收入前15位城市情况

二、服务能力和服务水平

(一)机构设备

全行业共设立各类营业网点46.8万处，比上年末增加3.4万处。其中，邮政普遍服务营业网点5.5万处，快递企业营业网点23.4万处，服务站等其他类型营业网点17.9万处。

全国设立村级寄递物流综合服务站(村邮站)36.5万处。邮政信筒信箱9.1万个，比上年末减少0.1万个。邮政报刊亭总数0.7万处，比上年末减少0.1万处。

全行业拥有国内快递专用货机188架，比上年末增加27架。全行业拥有汽车37.8万辆，比上年末同比增长2.6%，其中快递服务汽车27.0万辆，比上年末同比增长1.6%。

(二)服务网路

全国邮政普遍服务网路条数4.0万条，快递服务网路条数22.8万条。

全国邮政普遍服务农村投递路线10.0万条，比上年末减少0.4万条，城市投递路线12.4万条，比上年末增加0.5万条。

(三)服务能力

全行业平均每一营业网点服务面积为20.5平方公里，平均每一营业网点服务人口为0.3万人。邮政普遍服务城区每日平均投递2次，农村每周平均投递6次。年人均快递使用量为93.7件。每百人订有报刊量为7.6份。其中年人均用邮支出1084.9元，其中年人均快递支出856.5元(图4-11)。

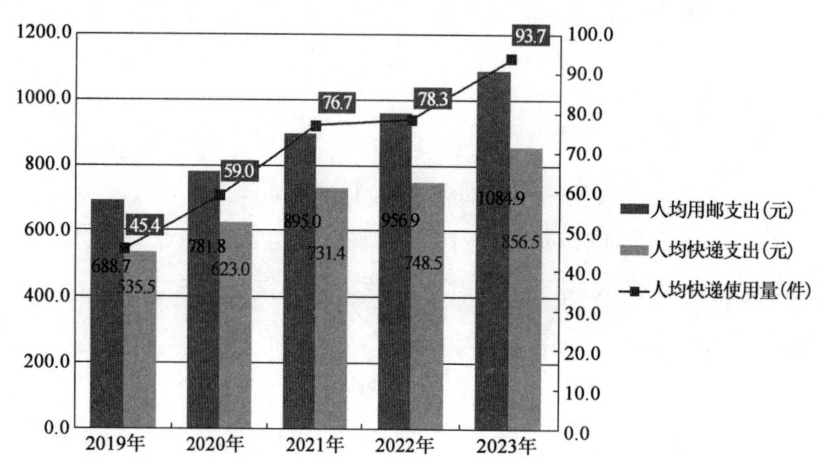

图4-11　2019－2023年人均用邮支出、快递支出和快递使用量情况

备注：

1.本公报中邮政集团普遍服务、服务能力和服务水平有关数据来自年报，其他数据为月报统计数据。

2.各项统计数据未包括香港特别行政区和澳门特别行政区及台湾省。

3.部分数据因四舍五入的原因，存在着与分项合计不等的情况。

4.全国人口数据来自国家统计局《中华人民共和国2023年国民经济和社会发展统计公报》。

第二章 快递服务满意度及时限准时率数据

国家邮政局关于2023年第一季度快递服务满意度调查和时限准时率测试结果的通告

为加强快递服务质量监测,客观反映企业服务水平,促进快递业提升发展质效,国家邮政局组织第三方机构分别对2023年第一季度快递服务满意度、全国重点地区时限准时率进行了调查和测试。现将有关情况通告如下:

一、基本情况

2023年监测对象包括9家快递服务品牌,具体为:邮政速递、顺丰速运、中通快递、圆通速递、韵达速递、申通快递、京东快递、德邦快递和极兔速递。

调查范围覆盖50个城市,包括各直辖市、省会城市和19个快递业务量较大的城市。

满意度调查采用在线调查方式,由2023年使用快递服务的用户对受理、揽收、投递、售后和信息5个方面进行满意度评价,共获得有效样本约1万个。时限测试采用系统数据抽样方式,业务范围为国内异地快件,共获得有效样本214万个。

二、调查结果

(一)快递服务满意度

调查显示,2023年第一季度用户快递服务公众满意度得分为81.6分,同比上升1.6分。

在品牌公众满意度方面,得分较高的品牌为顺丰速运、京东快递、邮政速递。

在区域公众满意度得分方面,青海、北京、天津、海南、新疆得分高于84.5分,满意度较高;贵州、浙江、陕西、四川得分低于79分,有进一步提升空间。

调查显示,2023年第一季度,在投递服务方面,快件安全、送达范围感知、投递知情、快递服务站投递、智能快件箱投递的用户满意度得分为85.4分、84.2分、80.7分、80.6分、84.9分,同比分别上升5.1分、0.1分、5.4分、2.9分、6.1分。

(二)重点地区快递服务时限

测试发现,2023年第一季度快递服务全程时限为60.48小时,同比缩短4.09小时。72小时准时率为75.39%,同比提升6.02个百分点。

从分环节看,寄出地处理环节平均时限为8.61小时,同比缩短0.37小时;运输环节平均时限为36.80小时,同比缩短2.92小时;寄达地处理环节平均时限为11.53小时,同比缩短0.67小时;投递环节平均时限为3.54小时,同比缩短0.13小时。

从72小时准时率看,准时率较高的品牌为顺丰速运、中通快递、极兔速递。

国家邮政局

2023年5月19日

国家邮政局关于2023年第二季度快递服务满意度调查和时限准时率测试结果的通告

为加强快递服务质量监测，客观反映企业服务水平，促进快递业提升发展质效，国家邮政局组织第三方机构分别对2023年第二季度快递服务满意度、全国重点地区时限准时率进行了调查和测试。现将有关情况通告如下：

一、基本情况

2023年监测对象包括9家快递服务品牌，具体为：邮政速递、顺丰速运、中通快递、圆通速递、韵达速递、申通快递、京东快递、德邦快递和极兔速递。

调查范围覆盖50个城市，包括各直辖市、省会城市和19个快递业务量较大的城市。

满意度调查采用在线调查方式，由2023年使用快递服务的用户对受理、揽收、投递、售后和信息5个方面进行满意度评价，共获得有效样本9221个。时限测试采用系统数据抽样方式，业务范围为国内异地快件，共获得有效样本216万个。

二、调查结果

（一）快递服务满意度

调查显示，2023年第二季度用户快递服务公众满意度得分为81.8分，同比上升3.3分。

在品牌公众满意度方面，得分较高的品牌为顺丰速运、京东快递、邮政速递。

在区域公众满意度得分方面，青海、海南、甘肃、湖南、北京得分高于84.5分，满意度较高。西藏、浙江、黑龙江、山西、内蒙古得分低于79分，有进一步提升空间。

调查显示，2023年第二季度，在投递服务方面，快件安全、送达范围感知、派件员服务、住宅投递、投递知情、快递服务站投递、智能快件箱投递的用户满意度得分分别为82.5分、86.9分、84.9分、83.8分、80.1分、80.5分、84.7分，同比分别上升1.9分、7.7分、6.5分、8.3分、1.5分、0.2分、5.4分。在售后服务方面，问题件处理、投诉处理的用户满意度得分分别为73.6分、72.9分，同比分别上升0.1分、5.9分。在信息服务方面，个人信息安全保护用户满意度得分为84.1分，同比上升2.0分。

（二）重点地区快递服务时限

测试发现，2023年第二季度快递服务全程时限为53.99小时，同比缩短8.98小时。72小时准时率为84.22%，同比提升10.65个百分点。

从分环节来看，寄出地处理环节平均时限为7.83小时，同比缩短0.61小时；运输环节平均时限为33.61小时，同比缩短5.95小时；寄达地处理环节平均时限为9.60小时，同比缩短1.70小时；投递环节平均时限为2.95小时，同比缩短0.72小时。

从72小时准时率看，准时率较高的品牌为顺丰速运、邮政速递、中通快递。

国家邮政局

2023年7月27日

国家邮政局关于2023年第三季度快递服务满意度调查和时限准时率测试结果的通告

为加强快递服务质量监测，客观反映企业服务水平，促进快递业提升发展质效，国家邮政局组织第三方机构分别对2023年第三季度快递服务满意度、全国重点地区时限准时率进行了调查和测试。现将有关情况通告如下：

一、基本情况

2023年监测对象包括9家快递服务品牌，具体为：邮政速递、顺丰速运、中通快递、圆通速递、韵达速递、申通快递、京东快递、德邦快递和极兔速递。

调查范围覆盖50个城市，包括各直辖市、省会城市和19个快递业务量较大的城市。

满意度调查采用在线调查方式，由2023年使用快递服务的用户对受理、揽收、投递、售后和信息5个方面进行满意度评价，共获得有效样本9383个。时限测试采用系统数据抽样方式，业务范围为国内异地快件，共获得有效样本200万个。

二、调查结果

（一）快递服务满意度

调查显示，2023年第三季度用户快递服务公众满意度得分为82.9分，同比上升0.7分。

在品牌公众满意度方面，得分较高的品牌为顺丰速运、京东快递、邮政速递。

在区域公众满意度得分方面，江苏、吉林、黑龙江、山西、山东、北京得分高于84.5分，满意度较高。

调查显示，2023年第三季度，在揽收服务方面，上门时限、封装质量、揽收员服务、环保包装的用户满意度得分分别为84.2分、85.0分、84.5分、82.6分，同比分别上升0.7分、2.4分、0.1分、0.5分。在投递服务方面，快件安全、送达范围感知、住宅投递、投递知情的用户满意度得分分别为83.9分、86.0分、82.3分、81.5分，同比分别上升2.1分、2.4分、2.7分、3.3分。在售后服务方面，问题件处理、投诉处理、损失赔偿的用户满意度得分分别为77.0分、76.6分、79.7分，同比分别上升3.4分、5.8分、5.0分。在信息服务方面，全程信息推送、物流信息及时准确性、个人信息安全保护的用户满意度得分分别为85.3分、84.9分、84.6分，同比分别上升0.6分、0.3分、2.5分。

（二）重点地区快递服务时限

测试发现，2023年第三季度快递服务全程时限为54.24小时，同比缩短2.50小时。72小时准时率为83.75%，同比提升3.36个百分点。

从分环节来看，寄出地处理环节平均时限为8.05小时，同比延长0.12小时；运输环节平均时限为33.54小时，同比缩短1.08小时；寄达地处理环节平均时限为9.74小时，同比缩短0.78小时；投递环节平均时限为2.91小时，同比缩短0.75小时。

从72小时准时率看，准时率较高的品牌为顺丰速运、中通快递、韵达速递。

国家邮政局

2023年11月3日

国家邮政局关于2023年快递服务满意度调查和时限妥投率测试结果的通告

为加强快递服务质量监测，客观反映快递服务水平，促进快递业提升发展质效，国家邮政局组织第三方机构对2023年快递服务满意度进行了调查，对全国重点地区时限妥投率进行了测试。现将有关情况通告如下：

一、基本情况

2023年监测对象包括9家快递服务品牌，具体为：邮政速递、顺丰速运、中通快递、圆通速递、韵达速递、申通快递、京东快递、德邦快递和极兔速递。

调查范围覆盖50个城市，包括各直辖市、省会城市和19个快递业务量较大的城市。

满意度调查采用在线调查等方式，由2023年使用快递服务的用户对受理、揽收、投递、售后和信息5个方面进行满意度评价，共获得有效样本17.5万个。时限测试采用系统数据抽样方式，业务范围为国内异地快件，共获得有效样本782万个。

二、监测结果

（一）快递服务满意度调查

调查显示，2023年快递服务公众满意度得分为84.3分，较2022年上升0.9分。

涉及评价的5项二级指标满意度较2022年均有上升。其中，受理、揽收、投递、售后、信息环节满意度得分分别为89.5分、88.7分、85.3分、76.3分、84.5分，同比分别上升0.4分、0.4分、0.9分、1.8分、0.8分。

在三级指标中，19项得分都有上升，仅6项得分有小幅波动。其中，得分同比上升幅度较大的指标主要有：派件员服务上升3.3分、统一客服热线下单上升3.8分、投诉处理上升4.0分、损失赔偿上升4.2分。

在9家品牌中，快递服务公众满意度得分排名前两位的为：顺丰速运、京东快递。

在50个城市中，快递服务公众满意度得分居前15位的城市为：北京、青岛、沈阳、济南、天津、漯河、郑州、鄂州、太原、东莞、苏州、温州、石家庄、厦门、银川。

从服务区域看，2023年东、中、西部地区满意度同比均有较大幅度提升。其中，东部地区服务表现最好，中部地区提升最多。

（二）重点地区快递服务时限测试

2023年全国重点地区快递服务全程时限为56.42小时，同比缩短2.40小时。72小时妥投率为80.97%，同比提升3.15个百分点。

从分环节来看，寄出地处理环节平均时限为7.60小时，同比延长0.04小时；运输环节平均时限为35.51小时，同比缩短1.32小时；寄达地处理环节平均时限为10.08小时，同比缩短0.68小时；投递环节平均时限为3.24小时，同比缩短0.43小时（其中，部分数据进行了四舍五入处理）。

从快递企业72小时妥投率来看，顺丰速运、中通快递、韵达速递、极兔速递在80%～90%之间。

国家邮政局

2024年4月9日

小哥
中通22爱你
辽宁大连旅顺网点 孙丽丽
家的力量
让快递之路更宽广
最美小哥特别奖
用我们的产品 造就更多人的幸福

小哥
中通22爱你
天津红桥大胡同网点 万海波
有事找小万
随叫随到
最美小哥特别奖
用我们的产品 造就更多人的幸福

小哥
中通22爱你
广东深圳华南城网点 韩长海
风雨无阻
坚持才能长情
最美小哥特别奖
用我们的产品 造就更多人的幸福

小哥
中通22爱你
浙江湖州八里店网点 吴孝磊
用心沟通
每一个快递
中通好快
最美小哥特别奖
用我们的产品 造就更多人的幸福

小哥
中通22爱你
安徽合肥高新三部 王敏
客户的信任
就是最珍贵的礼物
最美小哥特别奖
用我们的产品 造就更多人的幸福

小哥
中通22爱你
江西宜春网点 李小明
微笑对待
每一个人
兔喜生活
最美小哥特别奖
用我们的产品 造就更多人的幸福

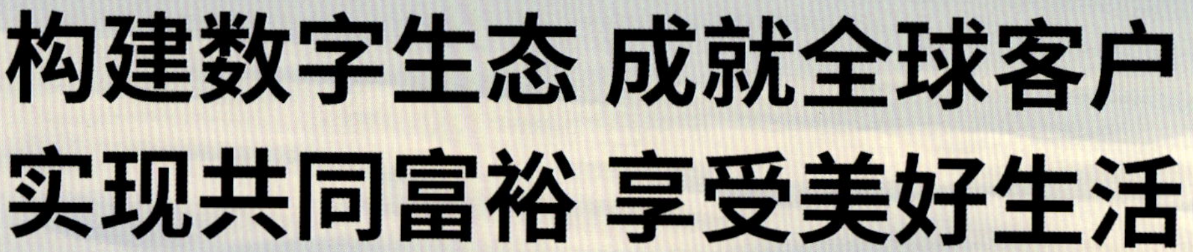

构建数字生态 成就全球客户
实现共同富裕 享受美好生活

顺丰构建数字时代的智慧供应链生态，成为重塑全球商业文明和生产方式的底盘，助力全球企业实现卓越！

为消费者提供更便捷、更可靠、更贴心的服务，做幸福生活的传递者！

SF
AIRLINES
顺丰航空

用心服务

营业收入创历史新高

409.24亿元

同比增长 21.54%

归母净利润

3.41亿元

同比增长

18.41%

打造中国体验钅

微信公众号:申通之声

抖音:申通快递

勤劳的“小蜜蜂”

双手守护美好，双脚奔向幸福。
肩膀扛起责任，汗水书写人生。

《中国邮政快递报》官方微信

《快递》杂志 官方微信

中国邮政快递报社 官方抖音

风雪真的很大，
慢一点，安全最重要。
中国邮政快递报社
China Post and Express News
《快递》杂志 官方微信
中国邮政快递报社 官方抖音
暖蜂行动
You Deliver We Care

快递
国内首家快递类专业期刊
EXPRESS
邮发代号：2-589
国际标准连续出版物号：ISSN 1674-7208
国内统一连续出版物号：CN 11-5831/C
走过人山人海
穿过山川湖海
遇到对的行业
一起做美好的事
中国邮政快递报
China Post and Express New
每月20日出版
全国邮局均可订阅
全年订阅价216元
订阅热线 010-65801105
商务合作 010-65801106
内容热线 010-65801101-8038
转载申请 010-65801101-8042

第三章 邮政业消费者申诉情况通告

国家邮政局关于2023年一季度邮政业用户申诉情况的通告

一、总体情况

2023年一季度，国家邮政局以及各省（区、市）邮政管理局通过“12305”邮政业用户申诉电话和申诉网站共受理申诉168890件，与业务量相比申诉率为百万分之5.09。其中，有效申诉（企业负有服务质量责任的，下同）共计29452件，与业务量相比有效申诉率为百万分之0.89。用户对邮政管理部门处理有效申诉的满意率为97.8%，对中国邮政集团有限公司（普遍服务业务）有效申诉处理满意率为95.6%，对快递企业有效申诉处理满意率为96.9%。

二、邮政普遍服务申诉情况

1. 邮政普遍服务申诉问题数量与类别情况

用户对邮政普遍服务问题申诉6071件，其中有效申诉747件，涉及的主要问题是邮件延误、邮件丢失短少和投递服务，分别占有效申诉总量的47.7%、28.6%和16.2%（表4-5）。

表4-5 邮政普遍服务申诉情况统计

序号	申诉问题	申诉件数	有效申诉件数	有效占比（%）	有效申诉业务类型分布				
					包件	函件	报刊	集邮	其他
1	延误	3257	356	47.7	256	82	0	1	17
2	投递服务	1521	121	16.2	63	50	1	0	7
3	丢失短少	888	214	28.6	161	40	1	1	11
4	损毁	184	43	5.8	36	5	0	0	2
5	收寄服务	80	8	1.1	5	3	0	0	0
6	违规收费	11	0	0	0	0	0	0	0
7	其他	130	5	0.6	3	2	0	0	0
合计		6071	747	100	524	182	2	2	37

注：有效占比=有效申诉问题件数/有效申诉总件数。

2. 邮政普遍服务申诉主要问题二级原因情况

邮件延误申诉中占比较多的是中转或运输延误，投递服务申诉中占比较多的是虚假签收，邮件丢失短少申诉中占比较多的是企业未按照规定赔偿（图4-12）。

三、快递服务申诉情况

1. 快递服务申诉问题数量与类别情况

用户对快递服务问题申诉162819件，其中有效申诉28705件，涉及的主要问题是快件延误、快件丢失短少和投递服务，分别占有效申诉总量的35.7%、32.5%和19.2%（表4-6）。

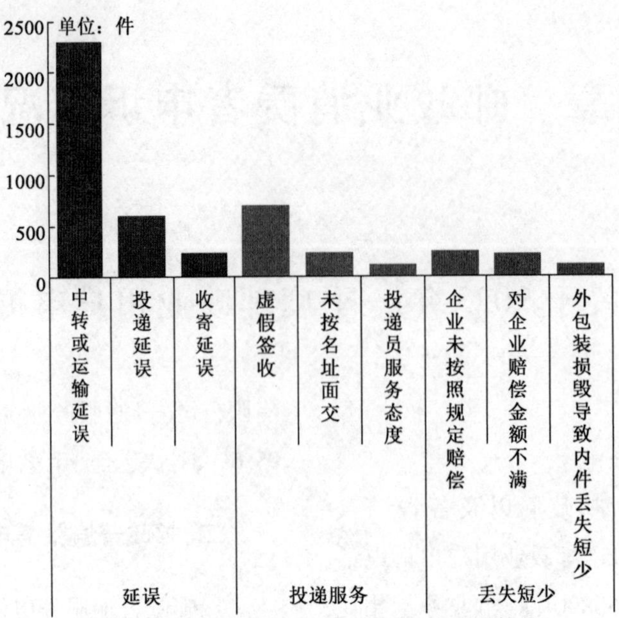

图 4-12　邮政普遍服务申诉主要问题二级原因情况

表 4-6　快递服务申诉情况统计

序号	申诉问题	申诉件数	有效申诉件数	有效占比(%)
1	延误	63172	10237	35.7
2	丢失短少	48762	9342	32.5
3	投递服务	23242	5499	19.2
4	损毁	20426	2730	9.5
5	收寄服务	3156	466	1.6
6	违规收费	1466	209	0.7
7	其他	2595	222	0.8
合计		162819	28705	100

注:有效占比 = 有效申诉问题件数/有效申诉总件数。

2. 快递服务申诉主要问题二级原因情况

快件延误申诉中占比较多的是中转或运输延误,快件丢失短少申诉中占比较多的是对企业赔偿金额不满,投递服务申诉中占比较多的是虚假签收(图 4-13)。

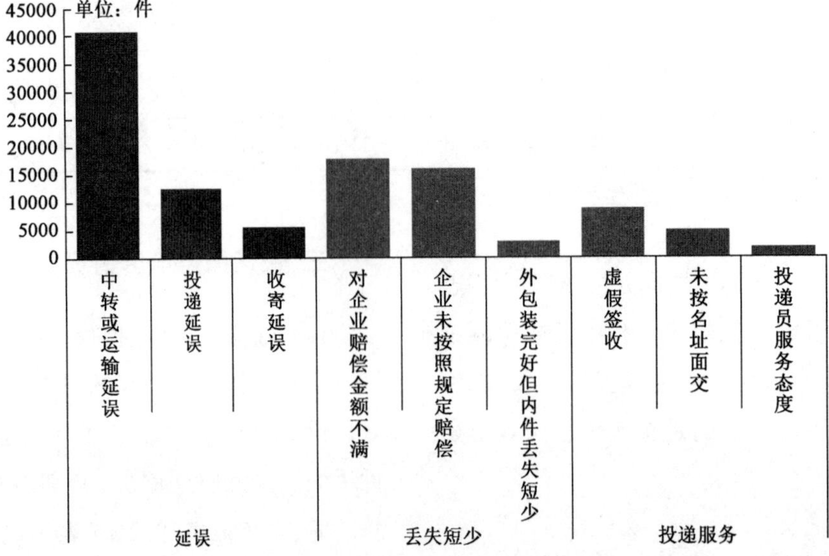

图 4-13　快递服务申诉主要问题二级原因情况

3. 主要快递企业申诉率情况

主要快递企业申诉率(百万件快件业务量)平均为10.29,有效申诉率平均为3.16。用户对快递服务申诉主要问题中,快件延误申诉率平均为3.71,快件丢失短少申诉率平均为2.88,快件损毁申诉率平均为1.83,投递服务申诉率平均为1.37(表4-7)。

表4-7 主要快递企业申诉情况统计(单位:申诉件数/百万件快件业务量)

序号	企业名称	有效申诉率	申诉率	主要问题申诉率分布			
				延误	丢失短少	损毁	投递服务
1	德邦快递	20.25	47.14	15.82	11.33	10.3808	6.76
2	邮政速递	4.91	18.76	9.70	4.93	1.25	2.42
3	京东快递	3.05	11.34	3.24	4.30	2.10	1.17
4	圆通速递	0.10	3.80	1.41	1.24	0.42	0.58
5	顺丰速运	0.07	4.67	1.31	1.15	1.66	0.30
6	极兔速递	0.02	0.78	0.22	0.32	0.07	0.13
7	申通快递	0.01	3.24	0.84	1.45	0.28	0.46
8	韵达快递	0.01	1.95	0.52	0.89	0.18	0.31
9	中通快递	0.003	0.95	0.32	0.30	0.11	0.19
主要快递企业平均		3.16	10.29	3.71	2.88	1.83	1.37

注:按主要快递企业有效申诉率降序排列。

四、主要快递企业申诉处理工作综合指数情况

主要快递企业申诉处理工作综合指数平均为96.45,高于平均值的有7家,低于平均值的有2家(表4-8)。

表4-8 主要快递企业申诉处理工作综合指数

序号	企业名称	申诉处理工作综合指数
1	极兔速递	99.95
2	中通快递	99.82
3	韵达快递	99.00
4	京东快递	97.98
5	申通快递	97.92

续上表

序号	企业名称	申诉处理工作综合指数
6	圆通速递	97.09
7	顺丰速运	96.70
8	德邦快递	93.42
9	邮政速递	86.14
主要快递企业平均		96.45

注:1. 申诉处理工作综合指数,是对企业申诉处理工作质量的综合评价,根据企业申诉处理工作水平由高到低排序。综合指数相同时,按企业名称拼音首字母升序排列。

2. 综合指数考核参数包含一次结案率、逾期率、企业答复不规范率、企业答复不属实率、工作满意率等五个指标(数据由系统自动生成)。

国家邮政局关于2023年二季度邮政业用户申诉情况的通告

一、总体情况

2023年二季度,国家邮政局以及各省(区、市)邮政管理局通过“12305”邮政业用户申诉电话和申诉网站共受理申诉66997件,与业务量相比申诉率为百万分之1.67。其中,有效申诉(企业负有服务质量责任的,下同)共计6228件,与业务量相比有效申诉率为百万分之0.16。用户对邮政管理部门处理有效申诉的满意率为97.4%,对中国邮政集团有限公司(普遍服务业务)有效申诉处理满意率为96.3%,对快递企业有效申诉处理满意率为96.5%。

二、邮政普遍服务申诉情况

1. 邮政普遍服务申诉问题数量与类别情况

用户对邮政普遍服务问题申诉2079件，其中有效申诉163件，占比7.84%。有效申诉涉及的主要问题是投递服务、邮件丢失短少和邮件延误，分别占有效申诉总量的31.9%、30.67%和24.54%（表4-9）。

表4-9　邮政普遍服务申诉情况统计

序号	申诉问题	申诉情况		有效申诉情况		有效申诉业务类型分布				
		数量	占比(%)	数量	占比(%)	包件	函件	报刊	集邮	其他
1	投递服务	1014	48.77	52	31.90	16	32	1	0	3
2	延误	501	24.10	40	24.54	30	8	0	0	2
3	丢失短少	328	15.78	50	30.67	34	11	0	0	5
4	损毁	104	5	14	8.59	11	3	0	0	0
5	收寄服务	63	3.03	5	3.07	3	2	0	0	0
6	违规收费	12	0.58	0	0	0	0	0	0	0
7	其他	57	2.74	2	1.23	0	1	0	1	0
合计		2079	100	163	100	94	57	1	1	10

注：1. 申诉数量占比（%）= 申诉问题数量/申诉总量。

2. 有效申诉数量占比（%）= 有效申诉问题数量/有效申诉总量。

2. 邮政普遍服务申诉主要问题二级原因情况

投递服务申诉中占比较多的是虚假签收，邮件延误申诉中占比较多的是中转或运输延误，邮件丢失短少申诉中占比较多的是对企业赔偿金额不满（图4-14）。

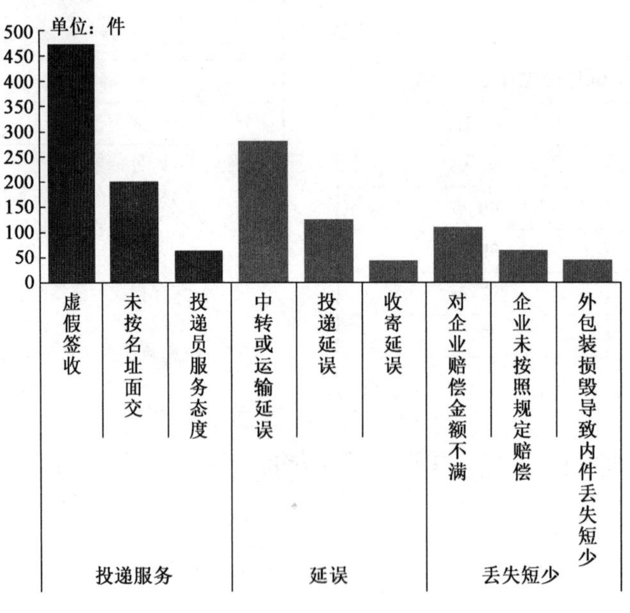

图4-14　政普遍服务申诉主要问题二级原因情况

三、快递服务申诉情况

1. 快递服务申诉问题数量与类别情况

用户对快递服务问题申诉64918件，其中有效申诉6065件，占比9.34%。有效申诉涉及的主要问题是快件丢失短少、投递服务和快件延误，分别占有效申诉总量的33.85%、28.36%和16.09%（表4-10）。

表 4-10 快递服务申诉情况统计

序号	申诉问题	申诉情况		有效申诉情况	
		数量	占比(%)	数量	占比(%)
1	丢失短少	21440	33.03	2053	33.85
2	损毁	16166	24.90	915	15.09
3	投递服务	13160	20.27	1720	28.36
4	延误	9297	14.32	976	16.09
5	收寄服务	2301	3.54	205	3.38
6	违规收费	1194	1.84	107	1.76
7	其他	1360	2.10	89	1.47
合计		64918	100	6065	100

注:1. 申诉数量占比(%)= 申诉问题数量/申诉总量。
2. 有效申诉数量占比(%)= 有效申诉问题数量/有效申诉总量。

2. 快递服务申诉主要问题二级原因情况

快件丢失短少申诉中占比较多的是对企业赔偿金额不满,快件损毁申诉中占比较多的是对企业赔偿金额不满,投递服务申诉中占比较多的是虚假签收(图 4-15)。

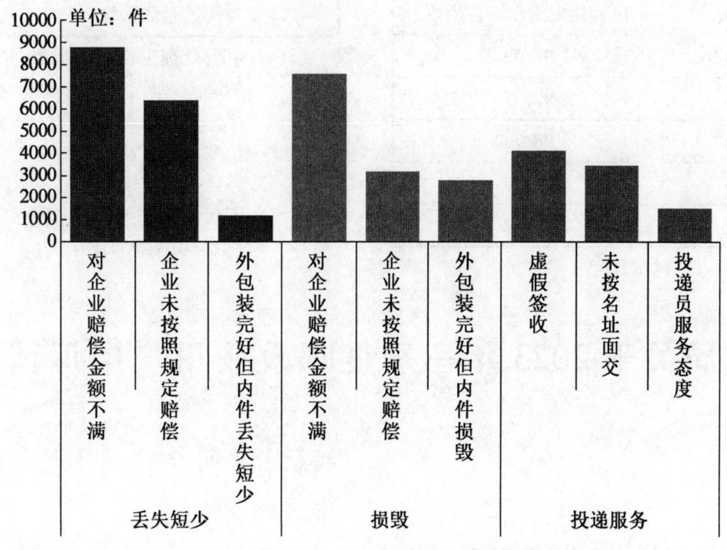

图 4-15 快递服务申诉主要问题二级原因情况

3. 主要快递企业申诉率情况

主要快递企业申诉率(百万件快件业务量)平均为 3.06,有效申诉率平均为 0.49。用户对快递服务申诉主要问题中,快件损毁申诉率平均为 1.15,快件丢失短少申诉率平均为 0.92,投递服务申诉率平均为 0.43,快件延误申诉率平均为 0.34(表 4-11)。

表 4-11 主要快递企业申诉情况统计(单位:申诉件数/百万件快件业务量)

序号	企业名称	有效申诉率	申诉率	主要问题申诉率分布			
				损毁	丢失短少	投递服务	延误
1	德邦快递	3.20	13.37	6.56	3.30	1.41	0.95
2	邮政速递	0.91	5.41	0.62	2.44	1.04	1.12
3	京东快递	0.26	2.22	0.89	0.63	0.26	0.28
4	圆通速递	0.02	0.88	0.17	0.30	0.22	0.10
5	顺丰速运	0.02	2.66	1.69	0.50	0.16	0.16

续上表

序号	企业名称	有效申诉率	申诉率	主要问题申诉率分布			
				损毁	丢失短少	投递服务	延误
6	申通快递	0.01	1.14	0.17	0.41	0.27	0.16
7	极兔速递	0.01	0.38	0.05	0.13	0.13	0.05
8	中通快递	0.004	0.64	0.10	0.22	0.20	0.08
9	韵达快递	0.004	0.88	0.12	0.38	0.19	0.13
主要快递企业平均		0.49	3.06	1.15	0.92	0.43	0.34

注:按主要快递企业有效申诉率降序排列。

四、主要快递企业申诉处理工作综合指数情况

主要快递企业申诉处理工作综合指数平均为97.62(表4-12),高于平均值的有6家,低于平均值的有3家。

表4-12 主要快递企业申诉处理工作综合指数

序号	企业名称	申诉处理工作综合指数
1	极兔速递	99.59
2	德邦快递	99.37
3	韵达快递	98.74
4	中通快递	98.74
5	京东快递	98.32

续上表

序号	企业名称	申诉处理工作综合指数
6	顺丰速运	98.07
7	申通快递	97.31
8	圆通速递	96.19
9	邮政速递	92.23
主要快递企业平均		97.62

注:1.申诉处理工作综合指数,是对企业申诉处理工作质量的综合评价,根据企业申诉处理工作水平由高到低排序。综合指数相同时,按企业名称拼音首字母升序排列。
2.综合指数考核参数包含一次结案率、逾期率、企业答复不规范率、企业答复不属实率、工作满意率等五个指标(数据由系统自动生成)。

国家邮政局关于2023年三季度邮政业用户申诉情况的通告

一、总体情况

2023年三季度,国家邮政局以及各省(区、市)邮政管理局通过“12305”邮政业用户申诉电话和申诉网站共受理申诉66913件,与业务量相比申诉率为百万分之1.64。其中,有效申诉(企业负有服务质量责任的,下同)共计4475件,与业务量相比有效申诉率为百万分之0.11。用户对邮政管理部门处理有效申诉的满意率为96.6%,对中国邮政集团有限公司(普遍服务业务)有效申诉处理满意率为94.7%,对快递企业有效申诉处理满意率为94.8%。

二、邮政普遍服务申诉情况

1.邮政普遍服务申诉问题数量与类别情况

用户对邮政普遍服务问题申诉2155件,其中有效申诉171件,占比7.94%。有效申诉涉及的主要问题是邮件丢失短少、邮件延误和投递服务,分别占有效申诉总量的36.84%、28.07%和19.88%(表4-13)。

表4-13 邮政普遍服务申诉情况统计

序号	申诉问题	申诉情况		有效申诉情况		有效申诉业务类型分布			
		数量	占比(%)	数量	占比(%)	包件	函件	集邮	其他
1	投递服务	803	37.26	34	19.88	12	19	1	2
2	延误	551	25.57	48	28.07	30	11	1	6

续上表

序号	申诉问题	申诉情况		有效申诉情况		有效申诉业务类型分布			
		数量	占比(%)	数量	占比(%)	包件	函件	集邮	其他
3	丢失短少	425	19.72	63	36.84	46	15	0	2
4	损毁	152	7.05	14	8.19	13	0	0	1
5	收寄服务	93	4.32	8	4.68	3	3	0	2
6	违规收费	7	0.33	0	0	0	0	0	0
7	其他	124	5.75	4	2.34	0	4	0	0
合计		2155	100	171	100	104	52	2	13

注:1. 申诉数量占比(%) = 申诉问题数量/申诉总量。

2. 有效申诉数量占比(%) = 有效申诉问题数量/有效申诉总量。

2. 邮政普遍服务申诉主要问题二级原因情况

投递服务申诉中占比较多的是虚假签收,邮件延误申诉中占比较多的是中转或运输延误,邮件丢失短少申诉中占比较多的是对企业赔偿金额不满(图4-16)。

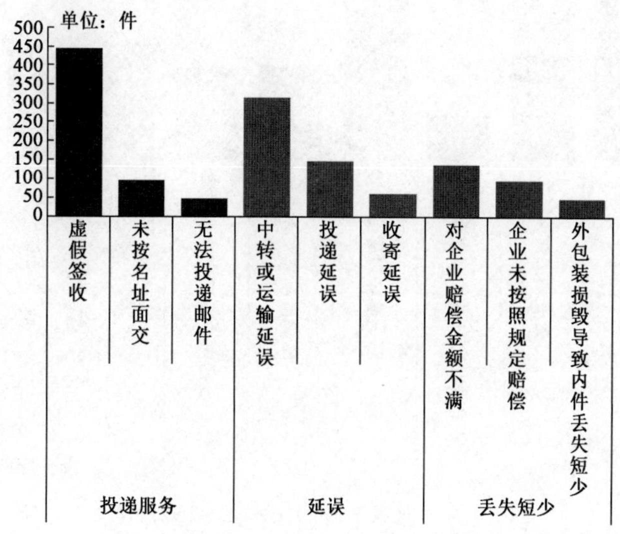

图4-16 邮政普遍服务申诉主要问题二级原因情况

三、快递服务申诉情况

1. 快递服务申诉问题数量与类别情况

用户对快递服务问题申诉64758件,其中有效申诉4304件,占比6.65%。有效申诉涉及的主要问题是快件丢失短少、投递服务和快件损毁,分别占有效申诉总量的31.83%、30.74%和16.38%(表4-14)。

表4-14 快递服务申诉情况统计

序号	申诉问题	申诉情况		有效申诉情况	
		数量	占比(%)	数量	占比(%)
1	丢失短少	19427	30	1370	31.83
2	损毁	16335	25.22	705	16.38
3	投递服务	14244	22	1323	30.74
4	延误	9250	14.28	684	15.89
5	收寄服务	2828	4.37	156	3.62

续上表

序号	申诉问题	申诉情况		有效申诉情况	
		数量	占比(%)	数量	占比(%)
6	违规收费	1201	1.85	30	0.7
7	其他	1473	2.28	36	0.84
合计		64758	100	4304	100

注:1. 申诉数量占比(%)=申诉问题数量/申诉总量。

2. 有效申诉数量占比(%)=有效申诉问题数量/有效申诉总量。

2. 快递服务申诉主要问题二级原因情况

快件丢失短少申诉中占比较多的是对企业赔偿金额不满,快件损毁申诉中占比较多的是对企业赔偿金额不满,投递服务申诉中占比较多的是虚假签收(图4-17)。

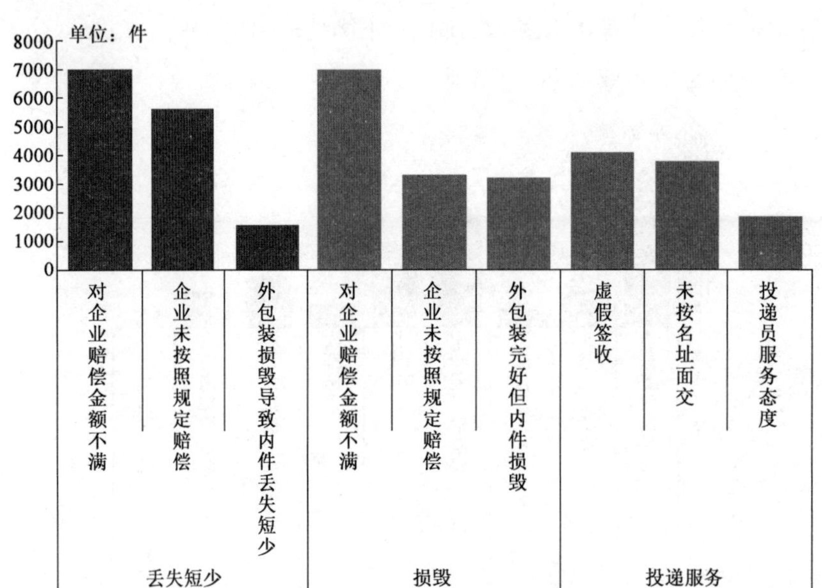

图4-17 快递服务申诉主要问题二级原因情况

3. 主要快递企业申诉情况

主要快递企业申诉率(百万件快件业务量)平均为2.28,有效申诉率平均为0.12。用户对快递服务申诉主要问题中,快件损毁申诉率平均为0.79,快件丢失短少申诉率平均为0.66,投递服务申诉率平均为0.40,快件延误申诉率平均为0.26;主要快递企业申诉处理综合指数平均为97.72,高于平均值的有6家,低于平均值的有3家(表4-15)。

表4-15 主要快递企业申诉情况统计(单位:申诉件数/百万件快件业务量)

企业名称	有效申诉率	申诉率	主要问题申诉率分布				申诉处理综合指数
			损毁	丢失短少	投递服务	延误	
邮政速递	0.61	5.98	0.81	2.65	1.29	0.98	95.93
顺丰速运	0.07	2.74	1.81	0.48	0.15	0.15	97.81
京东快递	0.25	2.03	0.95	0.46	0.27	0.21	98.11
申通快递	0.004	0.83	0.14	0.26	0.21	0.12	98.04
中通快递	0.01	0.52	0.09	0.14	0.19	0.08	94.17
韵达快递	0.01	0.78	0.12	0.26	0.21	0.14	99.46
极兔速递	0.03	0.58	0.08	0.16	0.19	0.10	99.16

续上表

企业名称	有效申诉率	申诉率	主要问题申诉率分布				申诉处理综合指数
			损毁	丢失短少	投递服务	延误	
圆通速递	0.03	0.90	0.20	0.27	0.25	0.10	96.81
德邦快递	0.03	6.20	2.94	1.26	0.83	0.44	99.95
主要快递企业平均	0.12	2.28	0.79	0.66	0.40	0.26	97.72

注:申诉处理综合指数,是对企业申诉处理工作质量的综合评价。综合指数考核参数包含一次结案率、逾期率、企业答复不规范率、企业答复不属实率、工作满意率等五个指标。(数据来源于系统自动生成)

国家邮政局关于2023年四季度邮政业用户申诉情况的通告

一、总体情况

2023年四季度,国家邮政局以及各省(区、市)邮政管理局通过"12305"邮政业用户申诉电话和申诉网站共受理申诉71380件,与业务量相比申诉率为百万分之1.51。其中,有效申诉(企业负有服务质量责任的,下同)共计11502件,与业务量相比有效申诉率为百万分之0.24。用户对邮政管理部门处理有效申诉的满意率为97.6%,对中国邮政集团有限公司(普遍服务业务)有效申诉处理满意率为95.3%,对快递企业有效申诉处理满意率为97%。

二、邮政普遍服务申诉情况

1.邮政普遍服务申诉问题数量与类别情况

用户对邮政普遍服务问题申诉2424件,其中有效申诉421件,占比17.37%。有效申诉涉及的主要问题是邮件延误、邮件丢失短少和投递服务,分别占有效申诉总量的36.1%、31.83%和20.9%(表4-16)。

表4-16 邮政普遍服务申诉情况统计

序号	申诉问题	申诉情况		有效申诉情况		有效申诉业务类型分布				
		数量	占比(%)	数量	占比(%)	包件	函件	报刊	集邮	其他
1	延误	816	33.66	152	36.10	108	35	0	0	9
2	投递服务	711	29.33	88	20.90	35	45	1	2	5
3	丢失短少	467	19.27	134	31.83	112	17	0	2	3
4	损毁	184	7.59	30	7.13	26	4	0	0	0
5	收寄服务	111	4.58	11	2.61	3	7	0	1	0
6	违规收费	26	1.07	0	0	0	0	0	0	0
7	其他	109	4.50	6	1.43	2	3	0	1	0
合计		2424	100	421	100	286	111	1	6	17

注:1.申诉数量占比(%)=申诉问题数量/申诉总量。
2.有效申诉数量占比(%)=有效申诉问题数量/有效申诉总量。

2.邮政普遍服务申诉主要问题二级原因情况

邮件延误申诉中占比较多的是中转或运输延误,投递服务申诉中占比较多的是虚假签收,邮件丢失短少申诉中占比较多的是企业未按照规定赔偿(图4-18)。

三、快递服务申诉情况

1.快递服务申诉问题数量与类别情况

用户对快递服务问题申诉68956件,其中有效申诉11081件,占比16.07%。有效申诉涉及的主要问题是快件丢失短少、投递服务和快件损毁，分别占有效申诉总量的36.39%、27.49%和18.64%（表4-17）。

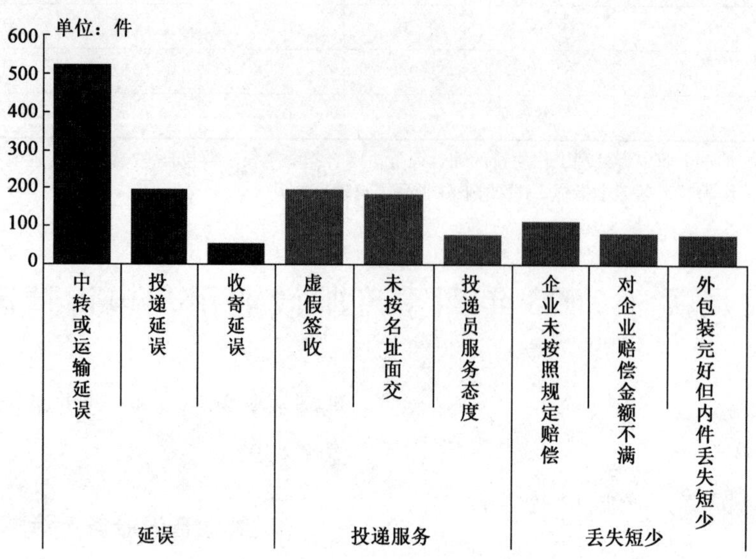

图4-18　邮政普遍服务申诉主要问题二级原因情况

表4-17　快递服务申诉情况统计

序号	申诉问题	申诉情况		有效申诉情况	
		数量	占比(%)	数量	占比(%)
1	丢失短少	17529	25.42	4032	36.39
2	投递服务	16419	23.81	3046	27.49
3	损毁	16105	23.36	2065	18.64
4	延误	10986	15.93	1655	14.94
5	收寄服务	3815	5.53	194	1.75
6	违规收费	1168	1.69	36	0.32
7	其他	2934	4.26	53	0.47
合计		68956	100	11081	100

注:1.申诉数量占比(%)=申诉问题数量/申诉总量。
2.有效申诉数量占比(%)=有效申诉问题数量/有效申诉总量。

2.快递服务申诉主要问题二级原因情况

快件丢失短少申诉中占比较多的是企业未按照规定赔偿,投递服务申诉中占比较多的是未按名址面交,快件损毁申诉中占比较多的是对企业赔偿金额不满(图4-19)。

3.主要快递企业申诉情况

主要快递企业申诉率(百万件快件业务量)平均为2.16,有效申诉率平均为0.30。用户对快递服务申诉主要问题中,快件损毁申诉率平均为0.95,快件丢失短少申诉率平均为0.50,投递服务申诉率平均为0.34,快件延误申诉率平均为0.22;主要快递企业申诉处理综合指数平均为96.59(表4-18),高于平均值的有7家,低于平均值的有2家。

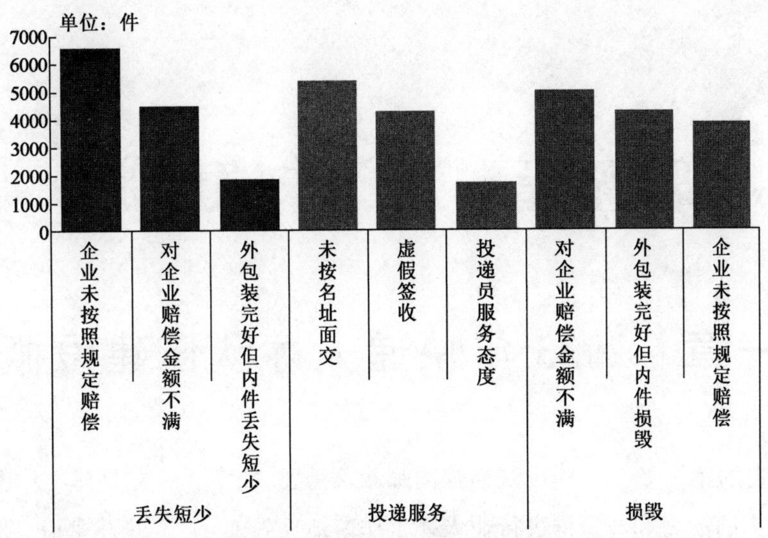

图 4-19 快递服务申诉主要问题二级原因情况

表 4-18 主要快递企业申诉情况统计(单位:申诉件数/百万件快件业务量)

企业名称	有效申诉率	申诉率	主要问题申诉率分布				申诉处理综合指数
			损毁	丢失短少	投递服务	延误	
京东快递	0.48	1.61	0.66	0.38	0.25	0.18	97.87
顺丰速运	0.58	2.96	1.87	0.57	0.19	0.18	97.12
邮政速递	1.25	3.55	0.35	1.38	0.97	0.70	86.36
中通快递	0.005	0.38	0.05	0.10	0.15	0.06	98.51
申通快递	0.02	0.68	0.09	0.16	0.21	0.10	97.31
韵达快递	0.02	0.69	0.09	0.22	0.20	0.13	98.68
极兔速递	0.04	0.41	0.05	0.12	0.14	0.08	99.01
圆通速递	0.05	0.86	0.16	0.25	0.26	0.10	94.75
德邦快递	0.22	8.30	5.20	1.32	0.71	0.46	99.67
主要快递企业平均	0.30	2.16	0.95	0.50	0.34	0.22	96.59

注:申诉处理综合指数,是对企业申诉处理工作质量的综合评价。综合指数考核参数包含一次结案率、逾期率、企业答复不规范率、企业答复不属实率、工作满意率等五个指标(数据由系统自动生成)。

第五篇 人 才 建 设

第一章 2023年快递人才队伍建设概述

人是企业最宝贵的第一资源,最大限度地激发人的活力和动力,是推动行业高质量发展的关键所在。

在行业层面,国家邮政局坚持以习近平新时代中国特色社会主义思想为指导,深入学习贯彻党的二十大精神,认真落实全国组织工作会议部署,紧紧围绕加快建设交通强国邮政篇的使命任务,深入实施"人才强邮"战略,着力集聚各方面优秀人才,为推动邮政业高质量发展提供有力人才支撑。

在企业层面,以人为本的理念已深深扎根于企业文化之中。从保障员工权益、注重员工关怀,到赋能员工发展、成就人才队伍,不断增强从业者的获得感、幸福感、安全感,一幅幅人才与企业双向奔赴的画卷正徐徐展开。

一、强化同频共振,汇聚行业人才队伍建设新合力

2023年,国家邮政局紧扣邮政快递业高质量发展和加快建设交通强国邮政篇需要,扎实推进行业人才工作落地见效。

在加强人才工作组织领导方面,始终把党管人才原则贯穿于人才工作的全过程各方面,确保人才工作的正确政治方向。在具体工作中,组织召开2023年度全国邮政行业人才工作领导小组会议。印发《国家邮政局2023年人才工作要点》,量化人才工作目标,明确分工、压实责任。将行业人才重点工作开展情况纳入省(区、市)邮政管理局领导班子年度考核指标,强化工作调度,推广交流经验,加强督促指导。加强新型智库建设,支持交通运输部专家委员会邮政组开展调查研究,充分发挥国邮智库专家作用,积极建言献策。

在锻造过硬干部队伍方面,国家邮政局始终把政治标准放在首位,加强统筹谋划和调研分析,以正确的选人用人导向引领干事创业导向,突出事业为上、实干担当,全系统党员干部工作积极性、主动性有了明显提升。在具体工作中,进一步加强领导班子建设,班子结构进一步优化、整体功能进一步增强。用好基层挂职和一线历练机会,8名年轻干部赴西藏、新疆等艰苦边远地区接受历练,29名年轻干部参与乡村振兴驻村帮扶、"西老革"挂职等。从严管理监督,严格执行领导干部个人有关事项报告制度,组织开展选人用人专项检查,强化"一报告两评议"结果运用。用好职务与职级并行政策,落实精准考核和及时奖励,推动市(地)局纳入财政部定员定额管理,不断强化正向激励。扎实开展干部教育培训,全系统1051名处级以上领导干部参加学习贯彻党的二十大精神集中轮训,编制系统2023－2027年干部教育培训规划。

在打造高素质人才队伍方面,持续开展职业技能提升行动,把"着力提高从业人员素质"纳入2023年邮政快递业更贴近民生七件实事,组织完成从业人员职业技能培训46万人

次。会同人社部印发报刊业务员、集邮业务员、邮政市场业务员3项国家职业标准,组织编制国家职业分类大典交通运输分册(邮政快递)。联合人社部制定出台加快推进邮政快递业职业技能等级认定实施意见,全面推行职业技能等级制度,新增10.8万人取得职业技能等级证书,持续拓宽技能人才职业发展通道。联合举办第四届全国邮政行业职业技能竞赛、第八届全国“互联网+”快递业创新创业大赛。152人入选邮政行业科技英才、技术能手推进计划,25人获得全国交通技术能手称号。

在深化校企合作产教融合方面,强化共建合作机制,推动共建学院发展。支持北京邮电大学举办第五届“强邮论坛”,联合西安邮电大学举办“数字邮政发展与治理现代化培训班”,支持重庆邮电大学举办“西部陆海新通道辐射国家跨境电商与邮政快递业合作高级研修班”。注重职业教育指导,充分发挥邮政快递职业教育教学指导委员会作用。邮政快递领域3门课程入选国家在线精品课程,1个成果入选国家级教学成果奖,4本教材入选“十四五”职业教育国家规划教材。

二、加强权益保障,构筑人才聚集强磁场

在强化合法权益保障,优化人才发展环境方面,国家邮政局联合人社部制订印发《快递从业人员劳动合同(示范文本)》,为推进从业人员劳动合同签订和社会保险缴纳提供制度保障。会同全国总工会推动主要品牌快递企业总部签订全网集体合同。

在积极选树和宣传先进典型方面,深入挖掘和宣传行业先进典型,积极参加各类荣誉推荐和宣传。2023年全行业1人荣获“中国青年五四奖章”、28人荣获“全国五一劳动奖章(状)”、9个集体荣获“全国工人先锋号”、37个集体荣获“第21届全国青年文明号”、9人(集体)荣获全国“两红两优”等荣誉称号。与共青团中央联合举办全国邮政快递业青年职工微视频征集大赛,开展第五届“寻找最美快递员”、业务旺季快递从业人员随手拍摄影等活动。

值得关注的是,在扎实开展关心关爱快递员活动方面也取得了积极成效。比如,联合团中央开展“快递从业青年服务月”活动,推动各地邮政管理部门会同当地党委政府、工会、共青团等深入快递企业、网点宣讲党的二十大精神和开展“夏送清凉”“冬送温暖”等慰问活动。再比如,推动各地为快递员解决公租房、廉租房等保障房2000余套,协调组织快递员免费体检和义诊覆盖14.8万余人次。

在企业层面,加强权益保障也成为重中之重。依法依规用工、确保机会平等、禁止雇用童工、反歧视与差别对待、禁止强迫劳动、福利保障、民主管理……这些都是各企业开展权益保障中的高频词。在严格遵守相关法律法规的前提下,各企业通过制定完善的劳工管理制度,构建和谐的劳动关系,积极履行新就业形态劳动者权益维护的社会责任。

2023年3月以来,圆通、中通、韵达、极兔、申通、德邦、顺丰等7家头部快递企业相继召开(全网)职工代表大会(扩大)会议,签订同时覆盖直营网点和加盟网点职工的全网集体合同。这不仅是各企业维护职工合法权益、促进高质量发展的重大举措,也是快递业在签订覆盖全国的集体合同方面的重要探索。

权益保障不仅体现在制度条文,更要有温度地落地执行。从招聘到用工,从硬件到软件,权益保障涉及员工工作和生活的方方面面。就拿公平平等来说,尊重不同国籍、种族、年龄、性别和身体条件的员工,保障女性员工的合法权益,积极为符合条件的残障人士提供就业机会,努力打造多元、包容的工作环境,各企业都在积极行动。

各企业严格遵守《中华人民共和国社会保险法》《中华人民共和国工会法》《中华人民共和国劳动法》等相关法律法规,在确保实现所有法定劳动福利

的前提下,也在不断探索和完善多维度的、便捷的员工福利保障措施。

比如,中通快递为员工提供有竞争力的薪酬福利。依据员工职级、经验、能力等制定薪酬政策,激发员工动力,并通过每年开展多维度绩效评估、基于团队的绩效评估、敏捷谈话等方式进行绩效评估。同时,公司为员工提供全面的福利保障,包括法定社会保险和住房公积金等。

以申通快递的多元福利体系为例,其涉及保险、假期、福利、住行、健康等多个方面。为员工缴纳社保金,保障员工在养老、医疗、生育、工伤、失业等方面的相关权益;在假期方面,公司设有病假、婚假、产假、年休假等带薪假期;在员工福利方面,提供食堂餐食、高温津贴、部门聚餐、外出旅游,在节假日发放实物礼品等福利;在员工住行方面,为员工提供公寓楼标准间,配套全部日常生活设施,还为员工提供免费通勤班车;关注员工健康,为员工提供优质的体检资源,供员工按需选择。

值得一提的是,为了让员工在工作之余能够得到充分的放松和休息,各企业积极开展多元化的活动,丰富员工的业余生活。有的企业定期组织开展各类文体比赛,如篮球、徒步、乒乓球等,让员工在竞技中释放压力,增强团队凝聚力。有的企业组织团队建设活动,如户外拓展、团队旅行等,让员工在轻松愉快的氛围中增进同事间的感情,形成良好的团队协作精神。

三、坚持赋能员工,优化人才服务软环境

如果把企业比作一个有机体,那么人才无疑是最基本的细胞。只有细胞充满活力,企业才能身强体健。如何赋能员工?畅通的晋升通道,多元化的培训体系……这些都是各企业给出的良方。

比如,顺丰高度关注员工的成长和发展,通过建立科学、全面的人才培养体系,提升员工专业素养和综合能力,为员工提供畅通的职业发展路径,助力员工实现长期职业发展。顺丰建立了覆盖所有从业人员的人才培养体系,涵盖领导力培训、专业能力培训等多种培训。2023年顺丰对培训体系进行升级优化,迭代课程及讲师管理机制,鼓励优质内容创造,激发讲师授课意愿;围绕关键人才队伍的实际业务需求场景匹配课程资源,打造全流程的培养机制;同时通过数字化平台改造,支撑人才培养工作闭环管理。此外,以“场景化”“分层化”“专业化”为方向,持续迭代人才队伍培训。

中通快递围绕“全面赋能、开拓创新”的人才培养理念,在《培训管理制度》《管理培训生培养方案》等内部管理制度的指引下,面向全体员工搭建内容多元、形式多样的培训体系,以提高员工的专业技能和综合能力。中通培训文化部构建了“三大人才 + 三大赋能 + 一大平台”人才培养体系(“331人才培养体系”),根据员工所需要的知识和技能开展多元化培训,通过共同努力,提高员工业务素养,推动员工全方位成长。中通持续开展的“百优”培训,为全网不同层级、不同岗位、不同职业发展阶段的员工提供内容多元、形式多样的培训课程。

再来看看圆通,2023年开办的致远学堂开创了业内人才培养创新模式先河——2023年5月圆通在上海总部举行“致远学堂开学典礼暨快递业高质量发展高峰论坛”。致远学堂第一期“圆菁班”人才培养项目共开设2个班次,招收包含省区总经理、省区副总经理及总部一级职能部门负责人等在内的60名学员,进行为期24天的培训学习,同时聘请内外部专家讲授营销管理、人力资源管理、企业战略管理、精益管理、财务管理等方面的相关课程。整体教学满意度达95.5%,考核通过率达98%。2023年,致远学堂共举办了致远大讲堂、致远读书会、圆通论坛3大专项赋能项目,面向公司全体员工,鼓励员工自愿参与,2023年总赋能超600人,打造圆通爱学习、会学习、能学习的人才队伍。

申通快递为员工提供良好的成长环境和广阔的发展平台,

助力员工实现职业梦想,创造职业价值。同时,注重员工培训和发展,实现员工个人目标与企业发展的和谐统一,为企业培养了更多高素质的人才,增强了企业的核心竞争力。以管理人才培养为例,申通首次开展“同舟项目”,提升中层管理者的战略分解和高效执行能力。2023 年是“同舟计划”启动并实施的第一年,分为春夏秋冬四期。总部管理人员奔赴全国 16 个省区❶,通过为期近一周的省区网点一线实操活动,总部管理人员在一线“真听、真看、真感受”,在实践中累积经验、发现问题,并将在实践中发现的问题带回总部,针对部分核心问题由总部带领省区和网点出台解决方案,赋能加盟网络健康运行。

在“一超多强”发展战略指引下,韵达持续搭建覆盖快递核心主业及科技、供应链、国际等业务的、面向未来的多层次人才梯队,持续开展经营岗位人才、职能岗位人才、专业岗位人才、一线技能提升、加盟商质效提升等 5 类人才蓄水池项目,不断满足公司对各类人才的需求,打造“良将如云”“高韧性”“高效流程型”组织。以网点层面为例,2023 年韵达开展了 100 多场加盟商培训,培训内容包括服务质量提升、数字化经营和业务量拓展等。此外,公司还举办了 61 场新加盟网点赋能培训。针对一线人员,2023 年韵达构建了“网者荣光”能力提升项目,通过以赛带训、创塑岗位网红、短视频点赞学习等方式推进技能提升、服务提升。针对操作员,韵达在全网范围内举办“单兵作战”技能比武项目。“网者荣光”和“单兵作战”比赛共覆盖 11.3 万人。

❶申通快递包含总部、省区、网格仓三层管理体系。

第二章　2023 年企业人才培养特色举措

2023 年是全面贯彻党的二十大精神的开局之年，是三年新冠疫情防控转段后经济恢复发展的一年。一年来，在以习近平同志为核心的党中央坚强领导下，全系统全行业认真学习习近平新时代中国特色社会主义思想，坚决贯彻落实党中央、国务院决策部署，坚持稳中求进工作总基调，完整、准确、全面贯彻新发展理念，在服务加快构建新发展格局、更好统筹发展和安全、推动行业高质量发展等方面取得显著成效，加快建设交通强国邮政篇章迈出坚实步伐，为全面建设社会主义现代化国家开好局起好步作出了积极贡献。这一年，各主要快递企业也结合自身特点，通过特色举措，全面推进快递人才培养。

一、顺丰速运：打造“健康 + 可持续”的人才供应链

顺丰坚持以人才驱动业务，持续建设“自我造血”的人才机制和精英化的人才队伍，形成健康、可持续的人才供应链，支撑公司的快速成长和未来竞争优势。公司不断加大对人才队伍建设的投入，助力员工与公司的共同成长，高度重视员工权益保护，全面实施员工关怀与福利，致力于打造一支高素质、高凝聚力的人才队伍。

一是员工权益保护。顺丰通过制订完善的劳工管理制度、建立多元化员工沟通渠道和培养创新包容、平等尊重的团队，构建和谐的劳动关系，始终尊重和保护员工权益。

顺丰始终坚守在全球化商业活动中保护人权的承诺，尊重业务运营相关的所有群体的人权。公司严格遵守业务运营所在地人权相关的法律法规，承诺遵循《同工同酬公约》《最低就业年龄公约》《禁止童工劳动公约》《就业和职业歧视公约》《强迫劳动公约》《废除强迫劳动公约》《职业安全与卫生公约》等国际劳工组织核心公约与联合国的全球契约等相关公约。

顺丰对任何强迫劳动、雇佣童工、歧视与骚扰等行为零容忍。公司在《员工手册》《招聘管理制度》中明文规定禁止雇佣童工和强制劳动、反对歧视和不平等待遇、确保男女同工同酬、工作时长限制、保障女性员工权益、促进残障人士就业等相关内容。此外，顺丰在《奖励与处罚管理规定》中明确了关于骚扰行为的违规违纪处分细则。公司要求所有员工线上查阅并签署《奖励与处罚管理规定》，同时还在线下推动各地区组织进行宣导，覆盖所有从业人员。2023 年，顺丰未发生歧视事件。

在员工招聘方面，顺丰要求所有应聘者在应聘阶段线上登记个人信息，并通过系统自动识别身份证年龄，对于未满 18 岁人员，一律禁止面试。应聘者在办理入职阶段还需通过系统进行人脸识别认证，确保人证合一。在选聘第三方合作伙伴方面，顺丰要求合作伙伴提交文件，以证明其劳工管理符合顺丰的用工标准，并且没有出现雇佣童工、强迫劳工等侵犯人权的情况。顺丰在《员工手册》《考勤管理规定》《劳动合同》中均对工作时间进行规定，并制定了《弹性工作制》，为有特殊工作时间需求的员工提供便利。在节假日及业务高峰期间通过聘用灵活就业人员等方式，在部分临时性、辅助性工作岗位上补充用工人数，降低在岗员工的工作强度，保障员工休息时间。公司对各类从业人员均一视同仁，在员工管理和权益保障方面采取同样的标准。顺丰或第三方公司与所有临时性员工均依法签订合同或协议，按规定支付劳动报酬，为临时性员工购买雇主责

任险(含意外)或工伤保险。2023年顺丰未涉及重大劳动争议事件,未收到有关人权问题的投诉。若发生重大重组或变革的情况,公司会提前30日向工会或者全体员工说明情况,并在充分听取工会或者员工的意见后,与员工妥善解除或终止劳动合同。

顺丰在人才招聘中坚持平等雇佣原则,绝不因性别、区域、民族、宗教信仰、经济能力等因素限制员工招聘与录用。随着公司海外业务规模的持续扩张,建设多元化且包容的人才团队能够帮助公司更好地适应复杂多变的市场环境,更深入理解不同地区与国家的客户需求,并为公司面临的业务挑战提供全新的视角和解决方案。以多元化招聘为例,2023年顺丰女性从业人员占比15.8%,较2022年增长1.1%;少数民族员工占比6.1%,较2022年增加3200人。此外,顺丰的海外分(子)公司还积极聘用运营地当地人员,截至2023年底,共有2510名在岗外籍员工,较2022年增长近2倍。

此外,顺丰重视员工的声音和建议,设立多种公开透明、响应迅速的渠道,鼓励员工高效、大胆发声。对于提出有益于经营的声音及建议的员工,给予更大的激励和更多的成长机会;对于积极听取发声及建议,并推动问题改善和解决的组织,给予肯定和表扬。除常规的电话渠道(工会热线:4006883783)、网络渠道(回声平台、我要举报)、邮箱外,公司结合不同场景搭建了能够快速解决员工问题的发声渠道,包括智能答复"回声帮帮忙"、工会代表走访、可连线全网的"云端师父"等,快速解决员工问题和诉求。

二是人才吸引与保留。顺丰通过丰富多元的人才战略和培养计划,广泛吸纳优秀人才,建立科学且有效的绩效管理体系,规范员工绩效管理全流程,优化薪酬与激励体系,提供具有竞争力的薪酬,全力保障人才队伍的稳定与活力。

在人才引进方面,顺丰通过校园招聘、内部推荐、网络招聘等线上线下结合的多元招聘渠道,推进实习生项目及校企合作,吸纳优秀人才,强化公司人才储备。在人才激励方面,顺丰秉承"高绩效高回报"的薪酬理念,建立以价值创造为导向、以绩效考核为基础的薪酬管理体系。对于高价值贡献的员工,公司提供有市场竞争力的薪酬回报体系,确保公司可持续发展的内在动力。公司以岗定薪,员工奖金与公司业绩相关联。通过差异化、多元化长短期激励机制,吸引和保留公司核心人才,使核心人员更紧密地与股东、公司的利益保持一致,驱动公司长期经营业绩持续增长。公司设有完善的薪酬沟通渠道,通过提供线上薪酬查询工具和线下面谈相结合的方式,让员工充分了解薪酬结构。此外,公司定期开展薪酬激励机制回顾,分析薪酬竞争力,监测薪酬平等,确保薪酬水平公平合理且具有竞争力。

三是人才培训与发展。顺丰高度关注员工的成长和发展,通过建立科学、全面的人才培养体系,提升员工专业素养和综合能力,为员工提供畅通的职业发展路径,助力员工实现长期职业发展。

在人才培养方面,顺丰建立了覆盖所有从业人员的人才培养体系,涵盖领导力培训、专业能力培训等多种培训。2023年,公司对培训体系进行升级优化,迭代课程及讲师管理机制,鼓励优质内容创造、激发讲师授课意愿;围绕关键人才队伍的实际业务需求场景匹配课程资源,打造全流程的培养机制;同时通过数字化平台改造,支撑人才培养工作闭环管理。实现培训需求"更精准"、培训内容"有供给"、培训资源"被找到"、人才队伍培养"有依据"。此外,以"场景化""分层化""专业化"为方向,持续迭代人才队伍培训。

在职业发展方面,顺丰重视员工的职业发展,致力于为员工打造畅通的晋升渠道、提供全方位的职业发展支持以及多元开放的职业发展机会。以晋升管理为例,顺丰持续完善管理和专业发展双通道成长机制,为员工提供良好的发展平台：通过管理发展通道，让具备一定管理能力的员工参与企业运营管理；通过专业发展通道，让技术类员工通过不断提升个人技能，积累专业经验，成为各领域专家。以学历提升为例，顺丰鼓励所有从业人员参加学历教育与技能认证，并为其提供费用报销等支持，帮助员工实现自我发展。同时，公司积极开展“顺丰送你上大学”项目，为基层员工搭建学历、技能和综合素质全面提升的成长平台。

四是员工福利关怀。顺丰建立了全面多元的福利关怀体系，覆盖员工及家属的方方面面，以工作保障、医食住行、重要节日、重要时刻等场景作为切入点，建立多维度、下沉式的保障和关爱机制，了解员工真实需求，帮助员工解决实际问题，提升员工归属感和幸福感，增强员工凝聚力和认同感。

除法定福利外，顺丰还为员工提供全面多样的生活福利保障，包括提供食堂、宿舍等生活福利设施，允许员工选择远程办公和弹性工作时间，以满足员工个性化办公需求。此外，公司根据员工从事岗位兑现伙食补贴、通讯补贴、交通补贴、防寒防暑补贴等多项关怀举措，将关爱员工行动落到实处，提高员工生活质量和幸福感。

顺丰始终将员工的健康安全放在第一位，坚持“以人为本”的发展理念，为员工提供全方位的身体和心理健康支持，全力守护员工身心健康。顺丰关心员工身体健康，为全体员工提供年度健康体检，并根据员工年龄与工作岗位划分提供不同的体检套餐，帮助员工识别健康隐患并获得及时的就医提醒。顺丰十分重视员工的心理健康，通过设立心理关爱服务热线、搭建心理辅导平台、提供心理疏导服务、举办心理健康讲座等活动，帮助员工建立正确的心理健康理念，掌握心理健康知识，疏导情绪和压力。

此外，顺丰深入了解员工需求，关心员工及家属的生活及工作状态，帮助解决实际困难问题，并开展丰富的员工活动，促进工作与生活平衡，让员工关怀更有温度。以家庭关怀为例，顺丰积极开展员工家属关爱活动，为员工家属提供福利，提升员工归属感。此外，顺丰开展健康向上、形式多样的员工活动，让员工在工作之余放松身心，激发员工活力与凝聚力，增加员工的幸福感和归属感，同时平衡员工工作与生活。2023 年，公司举办生日会、座谈会、趣味运动会等精彩纷呈的文体类活动共计 14164 次，覆盖 48.4 万人次。

二、中通快递：同心协力，聚温情暖人心

中通快递始终秉持“人才就是硬实力”的理念，将人才放在发展首位，依法保障员工合法权益、赋能员工发展、支持员工成长，致力于打造平等、包容、健康的职场环境，推动实现员工与企业共同发展。

一是保障员工权益。中通快递重视员工的权益保障，为员工提供平等、多元的发展机会，增强与员工的沟通交流，不断提升员工满意度，传递以人为本的管理理念。在打造多元职场上，中通从人权、招聘与雇佣、多元化人才培养等各方面着手，通过政策制度规范行为和流程，致力于为员工打造一个多元、包容、健康的职场环境，促进企业和员工共同发展。

在人权承诺上，中通快递将保障人权贯穿在公司运营管理各环节中，严格遵守《国际劳工组织公约》，以提倡平等、民主协商等为基本原则，制定适用于自身运营管理、供应商及其他合作伙伴的相关制度，严令禁止反对人口贩卖、禁止强迫性用工、禁止使用童工、禁止暴力与骚扰，反对歧视，确保员工不因性别、年龄、国籍、种族、宗教信仰、家庭与健康状况等因素受到区别对待，并保障员工的结社自由及集体谈判等权利。对各类侵犯人权的相关事件，公司设立全天候、多语言匿名举报邮箱和电话热线，并对举报人采取保护政策，鼓励员工对相关事项进行举报投诉。

在招聘与雇佣上，中通快递

遵守《中华人民共和国劳动法》《中华人民共和国劳动合同法》等法律法规,并不断修订完善《招聘管理制度》《培训管理办法》《员工晋升管理办法》《福利管理制度》等内部规章制度。在招聘中,秉持“人才就是硬实力”的理念。报告期内,公司完善招聘流程、提升招聘质量,为公司吸纳人才;通过校园招聘、社会招聘、内部晋升等方式搭建人才队伍;公司整体招聘满意度较2022年有所提高,员工整体学历水平上升,开发和测试等高技术员工占比提高。在招聘中,秉持“人才就是硬实力”的理念。报告期内,公司完善招聘流程、提升招聘质量,为公司吸纳人才;通过校园招聘、社会招聘、内部晋升等方式搭建人才队伍;公司整体招聘满意度较2022年有所提高,员工整体学历水平上升,开发和测试等高技术员工占比提高。

在员工薪酬福利上,中通快递为员工提供有竞争力的薪酬福利。依据员工职级、经验、能力等制定薪酬政策,激发员工动力,并通过每年开展多维度绩效评估、基于团队的绩效评估、敏捷谈话等方式进行绩效评估。同时,公司为员工提供全面的福利保障体系,包括法定社会保险和住房公积金等。此外,公司也积极维护女性员工权益,引导各地设立“爱心妈咪小屋”、员工子女托管班,设立产检假、产假、陪产假、哺乳假等福利政策,各地管理中心在每年妇女节当天还会开展各类关心关爱女性员工活动。报告期内,公司员工五险一金缴纳比例达到100%。

在多元化人才发展上,中通快递注重多元化人才发展,积极保障少数群体的权益,设立女性员工专项保护合同,并为残障人士和少数民族人士提供定向招聘,以期打造包容、开放的工作环境,培养多元、上进的人才队伍。报告期内,公司员工共23554人,其中少数民族员工占比为5.88%,女性员工占比为36.01%,女性管理者(包括初级、中级、高级)占比为31.00%。

在保障员工健康上,中通快递始终坚持“安全就是效益”理念,以安全发展为核心,坚持在保障安全的基础上谋求发展。公司成立了安全管理中心,积极构建完善的安全管理体系,明确职业安全管理目标,准确识别各类安全风险,确保员工的人身安全和健康,为企业的可持续发展奠定了稳定、可靠、安全的扎实基础。

二是赋能员工发展。中通快递秉持“人才就是硬实力”的人才理念,将员工发展放在首位,建立全面完善的培训体系,提升员工职场技能。提供有竞争力的福利待遇,持续改善员工生活,全方位赋能员工发展。

在建立多元培训体系上,中通快递围绕“全面赋能、开拓创新”的人才培养理念,在《培训管理制度》《管理培训生培养方案》等内部管理制度的指引下,面向全体员工搭建内容多元、形式多样的培训体系,以提高员工的专业技能和综合能力。报告期内,公司培训文化部构建了“三大人才+三大赋能+一大平台”人才培养体系(“331人才培养体系”),该体系根据不同员工所需要的知识和技能,开展多元化培训,期望通过共同努力,提高员工业务素养,推动员工实现全方位成长,为中通打造一个充满活力、创造力和凝聚力的人才团队,为公司长远发展奠定坚实基础。

在关爱员工生活上,中通快递为提升员工归属感、获得感、成就感和幸福感,积极开展员工关爱管理工作,搭建更为全面的福利保障体系,关注员工生活,加强员工沟通,使员工切实感受到公司的温暖。比如,2023年5月8日,中通快递正式设立“中通小哥日”,发布《关于全面推进中通小哥权益保障工作的实施方案》,并按照“四大保障”和“六个一”的具体工作要求,在中通全网全面执行,进一步推动中通“幸福文化”建设。此外,中通快递为增强员工的归属感和凝聚力,积极举办各类企业文化活动,以期通过参加活动,使员工更好地了解企业的核心价值观和使命,提升员工团队协作能力。

在员工沟通上,中通快递为构建新员工与公司层面的有效沟通渠道,帮助新员工解决工作和生活中的实际问题,提升新员工的入职体验感,公司每季度举办一次新员工座谈会。活动包含自我介绍、“破冰”小游戏、公司介绍、答疑解惑、领导总结致辞等环节,为营造轻松开放的氛围,公司会准备各类丰富小点心,活动结束后,公司会将座谈会形成书面文字,将大家关心的问题一一记录,并形成指导手册。报告期内,邀请每一季度新入职员工以及各职能部门负责人参与。活动举办热度逐渐提升,每年参与人数约160人。

三、圆通速递:开办致远学堂,探索“人才强企”

2023年5月圆通在上海总部举行“致远学堂开学典礼暨快递业高质量发展高峰论坛”,开业内人才培养创新模式先河。

致远学堂第一期“圆菁班”人才培养项目共开设2个班次,招收包含省区总经理、省区副总经理及总部一级职能部门负责人等在内的60名学员,进行为期24天的培训学习,同时聘请内外部专家讲授营销管理、人力资源管理、企业战略管理、精益管理、财务管理等方面的相关课程。整体教学满意度达95.5%,考核通过率达98%。

2023年致远学堂共举办了致远大讲堂、致远读书会、圆通论坛3大专项赋能项目,面向公司全体员工,鼓励员工自愿参与,2023年总赋能人数超600人,致力于打造圆通爱学习、会学习、能学习的人才队伍。

2023年培训工作紧跟公司战略发展及业务需求,全年开展中基层领导力、员工能力建设、业务赋能等各类线上、线下培训3000余场,累计参训10万余人次,平均满意度9.7分。2023年公司自研的圆课堂平台正式上线,全年累计开发、上线新课程328门。2023年全网共盘点兼职讲师651人,其中活跃讲师451人,讲师活跃度69%。

2023年公司自行研发的新版圆课堂平台正式上线,全年累计开发、上线328门新课程,以营运、网管、客服、财务条线课程为主,全网学习人数约24.87万人,累计学习时长超59万小时,且不限制用户在线并发数,满足用户学习需要。

四、申通快递:以人为本,筑就新业态行业高地

申通快递一直秉持“以人为本”的人才理念,充分发挥人才在推进事业发展中的主导作用,积极引进和培育行业顶尖人才,不断扩大高层次人才队伍,为企业的高品质发展注入强大动力。公司通过搭建知识分享平台、定期组织各种培训以及多元化的文化娱乐活动,提升员工知识和技能,丰富员工业余生活。同时,公司加速推进人才队伍年轻化建设,打造多轨道人才培养和晋升机制,公司总部职能人员中“90后”“00后”占比已经达到74%。

1.加强人才激励和培养,凝聚团队战斗力

为凝聚核心骨干、增强员工信心、加强公司目标与个人目标绑定以及推动公司长远可持续发展,申通于2022年推出了第一期员工持股计划,重点激励优秀人才,调动其积极性,促进公司业绩考核目标的达成,增强公司核心竞争力,该激励计划的推出取得了积极的成效。

在人才激励的同时,申通也高度重视核心人才的培养,在2023年培训体系基础之上,持续深化核心岗位人才储备机制;持续开展“申二代”培训,通过经营、管理、网络等全方位课程,培养申通网点经营管理的职业化经理人;持续开展一线人才梯队的培养、选拔与任用;建设全网培训平台,针对性地提升员工专业知识、职业技能及职业素养,培养说到做到、能上能下的申通人,在关键岗位上持续输出高质量人才,在公司层面上凝聚一群充满战斗力的职业化队伍。

2.开展多项培训,打造人才梯队

为支持公司的高速发展和战略达成,持续打造人才梯队,

构建企业人才库,不断提升企业核心竞争力,2023 年申通主要围绕“正道经营”理念传播、“人才梯队培养”“业务能力提升”“新申力量培养”等方面开展相关培训工作,持续提升公司人才竞争力,夯实人才厚度。

(1)“正道经营”理念传播

2023 年在“信之所向,质胜未来”申通快递首届生态伙伴大会上,公司以“构建阳光平台”为主题,倡议合作伙伴与公司携手正道经营,共建健康、阳光的商业环境。此外,公司廉洁文化宣教基地于 2023 年落成,公司以廉洁文化宣教基地为依托,以“《申通快递商业行为准则》系列制度的升级迭代”“廉洁宣传服务专号宣传”“廉洁培训全面覆盖”等行动为抓手,全面营造尊廉崇廉尚廉的浓厚氛围,向全体员工、合作伙伴传播“正道经营”的理念。

(2)人才梯队培养

头部人才培养:一是持续开展“申通三板斧”培训项目,为高层管理团队提供了深度的战略思考和领导力培训。通过专业领导力课程讲授、沙盘实操等方式,使公司头部管理者更加聚焦公司的战略、业务及管理理念,多维提升关键领导力和行业视野,2023 年累计培训 45 人次;二是首次开展“储备省总”培养项目,为公司业务扩张储备优秀的区域管理者。通过领导力培训、战略规划、沙盘实操、实战考核等方式,全面提升学员的管理能力和决策能力,为总部和省区业务发展提供了有力的支持。

管理人才培养:首次开展“同舟项目”,提升中层管理者的战略分解和高效执行能力。2023 年是“同舟计划”启动并实施的第一年,分为春夏秋冬四期,总部管理人员奔赴全国 16 个省区,通过为期近一周的省区网点一线实操活动,总部管理人员在一线“真听、真看、真感受”在实践中累积经验、发现问题,并将在实践中发现的问题带回总部,针对部分核心问题由总部带领省区和网点出台解决方案,赋能加盟网络健康运行。

一线人才培养:聚焦一线管理人员培养,通过专业技能培训和管理技能培训,提升一线管理人员的管理水平。为满足转运中心系统化运营、数智化管理方面的人才需求,公司持续开展一线转运中心管理者培养项目,2023 年在原培养方式的基础上进行迭代升级,引入业务课题研究与汇报模式。全国分四个区域开展,开展 4 期大型培训,培训覆盖率 100%,考试通过率 99%,学员满意度 95% 以上,培训结束后相关业务数据得到显著提升。

(3)业务能力提升

申通不仅重视人才梯队的培养,还关注全员的业务能力提升。2023 年,公司通过开展“武备堂”项目,围绕各项业务的重要节点和管理重心开展线上与线下相结合的培训,普及公司的管理理念、业务知识,夯实方法论,全年共计开展 10 场分享,覆盖 2 万余人次。

(4)校招生培训

新申力量校招培养:校招生作为公司人才建设的关键组成部分,公司给予了高度的重视,在价值融入、职业素养、专业体系、心智心力、思维模式、管理基因等方面多元化培养校招生。此外,2023 年公司总部和各省区还开展了高管圆桌会、读书会、趣味运动会、业务知识比拼、述职复盘等多种培养方式,全年共开展线下培训 8 场培训人数 2000 余人,持续助力申通自有人才梯队建设。

五、韵达速递:用一贤人,则群贤毕至

“用一贤人,则群贤毕至”。在“一超多强”发展战略指引下,公司持续搭建覆盖快递核心主业及科技、供应链、国际等业务的、面向未来的多层次人才梯队,持续开展经营岗位人才、职能岗位人才、专业岗位人才、一线技能提升、加盟商质效提升等 5 类人才蓄水池项目,不断满足公司各类人才池需求,打造“良将如云”“高韧性”“高效流程型”组织。

总部层面:公司与有关院校合作开办理论与实践相结合的

“迷你MBA班”，为管理层开展“TechMark商战模拟”培训，通过对战略、决策、领导力、创新、变革、企业数字化等内容的研习，提升中高层团队的经营能力、视野格局和管理思维；公司建立各职能部门职级序列，为不同层级员工提供立体的职业规划和晋升通道，并根据学习地图、人才画像逐级培养，层层储备。

网点层面：为提升网点经营能力、管理能力、服务能力，促进韵达全网量质双升，更好地满足商家、客户和消费者的服务需求，韵达开展了100多场加盟商培训，培训内容包括服务质量提升、数字化经营等。

员工层面：针对一线人员，2023年韵达构建了“网者荣光”能力提升项目，通过以赛带训、创塑岗位网红、短视频点赞学习等方式推进技能提升、服务提升；针对操作员，韵达在全网范围内举办“单兵作战”技能比武项目；“网者荣光”和“单兵作战”比赛共覆盖快递员十余万人。

科技层面：韵达旗下东普科技作为“国家高新技术企业”和“上海市科技小巨人企业”，以IT能力、自动化、智能化等基础科技创新为核心，探索应用人工智能、大数据等前沿技术，重点引进各类高端人才，建设“事业中心—工作团—项目组”创新体系，打造荣誉激发活力、全员知识产权化的敏捷组织。

第六篇　市 场 主 体

第一章　2023 年快递市场主体发展情况综述

2023 年在以习近平同志为核心的党中央坚强领导下，全系统全行业认真学习习近平新时代中国特色社会主义思想，坚决贯彻落实党中央、国务院决策部署，坚持稳中求进工作总基调，完整、准确、全面贯彻新发展理念，在服务加快构建新发展格局、更好统筹发展和安全、推动行业高质量发展等方面取得显著成效，加快建设交通强国邮政篇章迈出坚实步伐，为全面建设社会主义现代化国家开好局起好步作出了积极贡献。2023 年邮政行业寄递业务量完成 1624.8 亿件，同比增长 16.8%。其中，快递业务量完成 1320.7 亿件，同比增长 19.4%。2023 年邮政行业业务收入完成 15293.0 亿元，同比增长 13.2%。其中，快递业务收入完成 12074.0 亿元，同比增长 14.3%。

一、上市公司财报

顺丰控股发布的年度报告显示，2023 年上半年全球经济承压，但顺丰控股依然实现了上市以来最好的利润水平，上半年实现营业收入 1243.66 亿元；归属于上市公司股东的净利润 41.76 亿元，同比增加66.23%；扣非后净利润 37.05 亿元，同比增加 72.51%；实现每股收益0.86 元，同比增加 68.63%；资产负债率 53.58%，较上年末 54.67% 下降 1.09 个百分点。

中通快递发布的 2023 年财报显示，2023 年中通快递实现了业务量增量 58 亿件，全年包裹量达 302 亿件，同比增长 23.8%；市场份额扩大 0.8 个百分点至 22.9%，同时也保持了优质的服务及客户满意度。2023 年调整后净利润同比增长 32.3% 至人民币 90 亿元。

圆通速递发布的 2023 年年度报告显示，公司 2023 年业务完成量 212.04 亿件，同比增长 21.31%，超出行业平均增速 1.9 个百分点；实现营业收入 576.84 亿元，同比增长 7.74%；归母净利润 37.23 亿元，其中快递业务实现归属于母公司股东净利润 38.40 亿元，同比增长 5.15%。

申通快递披露的 2023 年年报显示，2023 年完成快递业务量 175.07 亿件，同比增长 35.23%；市场占有率为 13.26%，同比上升 1.55 个百分点；实现营业收入 409.24 亿元，较上年同期增长 21.54%；实现归属于上市公司股东的净利润 3.41 亿元，较上年同期增长 18.41%；归属于上市公司股东的扣除非经常性损益的净利润 3.39 亿元，较上年同期增长 9.86%。

韵达股份披露的 2023 年年报显示，韵达 2023 年营收 449.83 亿元，同比减少 5.17%；归属于上市公司股东的净利润约 16.25 亿元，同比增加 9.58%，快递业务量 188.54 亿票，同比增长 7.07%。财报显示，截至报告期末，韵达总资产 380.78 亿元，同比增长 0.02%；归属于上市公司股东的净资产

191.65亿元,同比增长12.89%;快递服务毛利率为8.52%,同比上升0.13个百分点。

二、基础设施建设

2023年各主要寄递企业继续加大资金投入,在服务网络完善、运输能力提升、自动化分拣设备更新等方面取得了一系列突破。

2023年中国邮政集团有限公司寄递事业部不断加大能力投入,能力支撑实现突破。机队能力得到增强,入列2架777宽体货机,引进9架738货机,邮航机队规模达42架。核心节点能力得到增强,省际中心处理能力增长22%,运营仓储面积新增25万平方米。数字化能力得到增强,上线CRM“五客”管理功能、新一代物流平台、量收管理报表系统等;推进数字化处理中心在90个省际中心109个场地应用,“四改一扩”“够量直达”模型助力800余条邮路“单改双”调整;完成揽投部和中心局机构主数据专项治理,不断提升数治化能力。

从服务网络覆盖情况来看,2023年顺丰服务网络覆盖中国地级行政区339个,地级覆盖率100%,覆盖中国县级行政区2789个,县级覆盖率98.1%。国际方面,国际快递、货代及供应链业务覆盖国家及地区97个,国际小包业务覆盖国家及地区202个。截至2023年底顺丰自有及租赁共103架全货机,执飞共152条国内及国际航线,连通65个国际机场。

2023年中通快递全网服务网点31000余个,国内分拣中心99个,自动化分拣设备464套,直接网络合作伙伴约为6000个,自有干线运输车辆10000余辆,其中约9200辆为高运力甩挂车,干线运输线路3900余条,网络通达99%以上的区县,乡镇覆盖率超过96%。

截至2023年底,圆通快递服务网络覆盖全国31个省(区、市),地级以上城市已基本实现全覆盖,县级以上城市覆盖率达99.89%;公司加盟商数量5071家,终端门店超82000个;在全国范围拥有自营枢纽转运中心73个,全网干线运输车辆近7500辆,其中自有干线运输车辆5354辆,基础设施建设不断完善,全网综合实力进一步增强。截至2023年底圆通自有航空机队数量达13架,累计开通130多条覆盖亚洲全域、东欧核心区域的优质航线。

2023年申通继续推进3年百亿产能提升项目,全年共实施37个产能提升项目和18个改造优化项目,主要涉及南宁、泰州、贵阳、西安、南昌、兰州等城市,推动公司常态吞吐产能突破日均6000万单。2023年申通持续增加在自动化分拣设备方面的投入,提高数字化分拣能力。2023年公司累计拥有240套交叉带自动化分拣设备。

2023年韵达以“两进一出”工程为抓手,进一步提升公司快递网络服务能力。截至2023年底,韵达在全国设立76个自营枢纽转运中心,枢纽转运中心的自营比例为100%;韵达在全国拥有4851个加盟商,加盟比例为100%;服务网络已覆盖全国31个省(区、市),地级以上城市除青海的果洛州和海南的三沙市外已实现100%全覆盖。此外,2023年韵达加大对加盟商及一线快递员的帮扶力度,加快构筑韵达快递超市、共配门店等多元化末端服务设施,加强网络延伸性,提升末端客户服务能力。截至2023年底,韵达拥有门店驿站等基础设施93000个。

三、业务发展概况

从次日达、次晨达到半日达,从进村、入厂到出海,从上车、乘机到搭高铁……寄递服务速度不断刷新,触角持续延展,运力加快壮大,为消费市场营造出更多新体验、打造出更多新场景、创造出更多新需求,加快向高质量发展迈进。2023年主要寄递企业围绕快递主业,继续向产业链上下游拓展延伸,业务结构日趋多元化,向综合物流服务供应商转型的步伐加快。

2023年中国邮政集团有限公司寄递事业部围绕服务国家战略,深入推进“三差三力”竞争策略，全面落实“五客”工作法，持续扩大客户规模，竞争能力明显提升。比如，在完善国内产品体系方面，推出“3＋2”产品，初步形成了成本分区、服务分层、产品分类体系。再比如，在形成新增长点方面，退换货订单增长18倍，极速鲜业务、制造业“出海”业务翻番增长。

2023年，在复杂多变的市场环境中，顺丰持续创新变革，夯实服务能力，构建产品体系更完善、覆盖链条更完整、服务场景更多元的综合物流服务版图，覆盖客户从采购生产到销售服务、从国内到国际的端到端供应链。在时效快递业务上，2023年顺丰实现不含税营业收入1154.6亿元，同比增长9.2%。伴随国内经济平稳复苏，公司凭借直营网络的资源优势及调度能力，为客户及消费者提供稳定、高效的交付服务，促进时效快递业务保持良好增长。2023年顺丰快运业务实现不含税营业收入330.8亿元，同比增长18.5%。2023年顺丰冷运及医药业务实现不含税营业收入103.1亿元，同比增长19.7%。2023年顺丰供应链及国际业务实现不含税营业收入599.8亿元。

2023年中通快递持续优化产品结构，不断完善和升级多元化产品矩阵，加速实现产品的分层及生态体系建设，同时，公司继续深入拓展“两进一出”，加速推进最后一公里的末端建设。报告期内，公司先后推出和升级多款高附加值产品，更好地满足多样化的客户需求。比如，中通快递主动嵌入多个行业上下游产业链，为客户量身定制个性化服务，提供集运输、包装、出入库、嵌入供应链、售后等于一体的一揽子解决方案。

2023年圆通完成业务量212.04亿件，营业收入576.84亿元。从2021年至2023年相关数据可以看出，圆通业务规模和经营业绩实现稳健提升。此外，圆通荣获“2023年《财富》中国500强”“2023中国企业500强”“2023中国民营企业500强”“2023中国服务业民营企业100强”“2023长三角服务业企业100强”“2023上海企业100强”等多种奖项，荣列新能源物流车应用推广贡献企业。

申通秉承“正道经营、长期主义”的发展理念，坚定“打造中国体验领先的经济型快递”的战略目标，坚持“业务规模、服务体验及利润”三驾马车并驾齐驱、均衡发展的经营策略，通过持续投入基础设施建设，全面落实精细化管理，深化数智运营体系，构建多元化服务能力等战略举措的落地实施，公司顺利实现了在市场份额、快递时效以及服务质量方面的稳步提升。2023年申通完成快递业务量175.07亿件，同比增长35.23%；实现营业收入409.24亿元，较上年同期增长21.54%。

韵达深入贯彻“全网一体、共建共享”的发展理念，以科技创新、精细管理为驱动，实施“聚焦主航道”的发展战略，多维赋能加盟商，全网聚焦、聚力、聚势。2023年韵达完成快递业务量188.54亿件，同比增长7.07%。同时，公司积极实施快递业务“客户分群、产品分层”策略，大力发展韵达特快、散单等高附加值时效产品。此外，陆续布局韵达供应链、韵达国际、韵达末端服务等周边产业链。

四、技术创新应用

科技是快递业发展的强大动力。在数智时代，邮政快递业通过数据归集、数据协同、数据驱动取得一定成效，人均日处理快件量提高2.3倍，快递全程时限平均压缩10%，快递价格降低一半。集数用数、科技创新已成为拓展业务、优化服务、提高质效的关键。

2023年中国邮政集团有限公司寄递事业部不断加快科技创新与应用步伐，推动人工智能、大数据等科技成果应用，智能收寄终端、无人机、无人车、人工智能机器人等邮政服务新场景相继落地，有效提升了网络组织、邮件跟踪、流程优化、客户服务的信息化能力。比如，开展邮政无人机寄递服务应用试点工作，研究邮政无人机寄递服务，在不同机型、飞行模式、运行环境下，拓展各类运行场景，制订风险评估、技术应用等可行性方案。再比如，推出了“室外无人车+室内机器人”纵横结合的智能化寄递解决方案，并在中国邮政速递物流总部开启试点。

顺丰始终致力于以科技创新赋能物流与供应链服务，通过对业务的数智化改造，实现“数据支持决策”“数据驱动业务”“数据赋能客户”。基于运筹规划、区块链等技术能力，综合顺丰领先的行业经验，将数智化能力嵌入客户价值链条，为客户提供产销全场景、全可视、一站式、可溯源的智慧供应链服务。同时，通过生产物流一体化、营销物流一体化服务，助力各行各业打造高效响应、柔性智能、可持续发展的供应链体系，推动产业升级、实现降本增效。以物流数字孪生技术应用为例，顺丰将数智与业务深度融合，推动物流行业的创新变革。比如，在中转分拣场景，相同件量下，数字孪生新分拣计划可缩短实际分拣时长超10%。固定分拣时长下，数字孪生新分拣计划可提升实际平均产能超8%。

中通快递持续深化科技创新，借助自身先进的研发管理机制，积极开展自主研发，将数字化技术融入快递业务全场景，以技术创新提高全链条运营效率，满足客户多样化的需求。比如，在研发创新管理方面，中通快递专注于为消费者和客户提供转型升级的物流解决方案，持续加大研发投入力度，完善研发创新机制，加速成果转化，助力创新成果在业务端实现高质量快速交付。中通快递搭建了由各部门分散建设向企业统一建设的一站式产研工作平台（DevOps），集合需求管理、缺陷管理、任务管理、版本迭代管理、项目管理、测试管理、目标管理、应用与集群管理、发布管理等产研全流程功能，畅通各环节信息沟通，实现开放、高效的协作，提升研发能效。

2023年圆通在数字化升级战略推进下，面向业务员的收派件管理工具“行者”，利用大模型等人工智能技术，为业务员提供基于送货点和地理位置的智能分堆和智能派件服务，让其在分拣、分堆、装车、派件各个环节更加高效地完成当天的收派工作，可以有效降低业务员的上手门槛，减少因错分导致的意识破损风险，提升派件时效，优化客户体验；基于工单的信息处理系统开心果，巧妙地利用IM工具和人工智能、大数据分析技术，把工单和快递员进行智能匹配，彻底解放客服，实现工单的实时高效处理，显著提高了响应速度和客户服务质量。

2023年申通快递通过数智化运营向技术要红利。申通主要从以下几个方面发力科技应用：一是优化超级商家平台，提供一站式快递服务方案。超级商家平台可以为商家提供从打单发货到售后服务的快递全链路服务，包括主动预警、智能客服极速理赔、秒级响应等，还支持多平台、多家快递公司的订单管理，具备一键合并订单、爆款订单一键筛选等特色功能。二是升级网点管家，赋能网点精细化运营。网点管家2.0集成了实操、质控、财务、数据分析等功能于一体，让网点管理者可以便捷查看网点的经营状况和日常实操情况，实时跟进揽收、签收及上门考核情况，全面提升网点的服务质量和实操效率。三是开发时效控制塔，改善客户服务体验。时效控制塔是面向现场管理者设计开发的一款实时监控包裹全链路时效的产品。四是开发班组计件，实现班组数据可视化。班组计件是面向转运中心核心管理人员开发的班组管理工具。

韵达致力于成为“以快递服务为主业的数据科技公司”“将公司装进计算机的物流公司”。公司聚焦全网核心资源、核心模块，在分拨中心、干线运输、大数据决策、智慧服务、网络末端、客户开发等核心功能区深入进行信息化、数字化、自动化、智慧化建设和升级，在全网全链路实现一体式、数智化管理管控。比如“客户管家”是韵达为商家打造“客户管家”数字化管理工具，帮助商家从“已揽收”“运输中”“派件中”“已签收”等多个维度对包裹进行跟踪，助力商家对发货全流程实现可视化监控和管控，提高发货和售后响应速度。再比如，韵达建立的数据中台，不仅可以轻松处理海量数据，而且通过数字化运营提升了服务品质。凭借数据中台的支持，韵达实现了运输管理全流程的数字化、可视化和智能化，大幅提升了工作效率。

五、绿色快递

绿色发展是行业高质量发展的题中之义。绿色发展的理念逐渐渗入各家快递企业，作为重要职责加入企业的中长期发展规划中。在行动上，各企业纷纷出台温室气体排放目标、减排措施、资源节约及循环利用等方案，不仅实现自身的绿色运营，还协同上下游生态合作伙伴，共同推进“双碳”目标的实现，让绿色物流通达“全链路”。

中国邮政速递物流寄递事业部积极推动绿色邮政建设，2023 年主要开展以下几方面工作，推进国家“双碳”目标和国家邮政局“9218”工程落地见效，强化顶层设计，制定行动方案，推进电商快件不再二次包装，采购使用符合标准的包装材料、规范包装操作、高质量完成包装绿色化减量化、包装可循环、瓦楞纸箱回收等各项行业重点指标，新能源车辆保有量达 9526 辆。

面对全球气候变化带来的影响，顺丰坚持以科技创新持续提升自身资源能源利用效率，通过在人工智能、大数据、机器人、物联网、物流地图、智慧包装等前沿科技领域进行前瞻性布局，结合新能源应用，将科技力量注入每个快件的全生命周期，助力“收转运派”全流程的提质增效和低碳减排。比如，在减量化包装方面，2023 年顺丰继续以“丰景计划”为核心，针对胶带、胶纸、贴纸、封条等 8 大类物料进行减量化、标准化、场景化创新研发，通过轻量化、减量化等手段减少塑料的消耗。通过采取包装减量化措施，2023 年累计减少原纸使用约 4.3 万吨，减少塑料使用约 16.2 万吨，共计减少碳排放约 16.4 万吨。

中通快递致力于构建绿色、循环、低碳的快递物流体系，以科技创新为驱动，以绿色低碳为路径，以引领物流行业可持续发展为航标，聚焦运输环节低碳转型、中转环节清洁智能、网络运营提质增效，实现 2028 年自身运营单票碳排放下降 20% 的减排目标，携手价值链合作伙伴，在绿色低碳高质量发展之路上行稳致远。比如，在包装材料选择及循环利用方面持续投入，探索诸如高效冷媒开发、高保温袋开发、废弃瓦楞纸板二次利用、循环折叠周转筐开发等一系列绿色、循环包装材料研发及应用场景，以最大限度地减少包装和包装废弃物的环境影响。电商快件不再二次包装比例为 93.34%，采购使用符合标准的包装材料应用比例为 91.83%，按照规范封装操作比例为 95.15%，使用可循环包装材料的邮件快件达 2522 万件以上，回收复用质量完好的瓦楞纸箱达 14652 万个以上。

圆通速递从战略上高度重视生态环保及绿色发展工作，按期召开绿色工作碰头会，根据《国家邮政局 2023 年行业生态环境保护工作要点》要求，对公司生态环保工作进行研讨与部署，将生态环保工作分解至各业务部门，实现责任到人，确保各项工作有目标、能落实、出结果。比如，在全网络开展绿色生态环保法规政策学习宣贯，督促全体员工加强法规政策的持续学习，提升全网绿色生态环保法治意识与责任意识。再比如，公司要求各管省区定期组织开展塑料污染及过度包装治理的自查自纠，及时纠正存在的胶带缠绕过多、填充物使用过多、大箱小用等过度包装和随意包装行为。

申通快递在“双循环”中积极彰显责任与担当，不断完善绿色快递管理体系，积极创新和应用先进技术，持续提高能源利用效率，减少资源消耗，降低污染物排放，在创造持续向好的经营业绩的同时，不断降低对环境影响。践行绿色发展理念，为行业高质量发展及建设美丽中国贡献申通力量。比如，在光伏建设方面，2023年在浙江杭州、浙江金华、湖北荆门及湖北孝感等地，申通建设了多个大型光伏发电项目，全年降低二氧化碳排放约496吨。其中，杭州转运中心光伏项目作为申通快递首个兆瓦级光伏发电项目，使申通快递直属转运中心光伏项目实现了从“0”到“1”的突破。

韵达积极贯彻实施绿色发展“9218”工程，在国家“双碳”目标的指引下，始终将可持续发展作为公司发展战略的重要组成部分，通过制定可持续发展战略，推进体系化、高效化的可持续发展工作，从绿色包装、塑料污染和过度包装的治理、光伏发电、节约能源、大力推行新能源和清洁能源车配送等维度施策，推动企业高质量、可持续发展。比如，在绿色运输方面，2023年韵达逐步对全网范围内排放不达标、车辆老旧、车龄较长的机动车进行淘汰，并采购符合国家排放标准的车型，减少车辆二氧化碳排放；根据车辆大小规格、距离等业务实际制定合理的耗油量管控标准，并开展驾驶员培训，培养驾驶员良好驾驶习惯，减少油料浪费和二氧化碳等气体排放；推行省内和区域内甩挂，减少车头使用数和总车辆使用数，提升车辆利用率，实现提效减排。此外，公司积极鼓励全网加盟商、末端网点，加大力度采购、使用新能源车辆和电动三轮车，减少碳排放，努力实现快件绿色运输、绿色派送。

六、社会责任担当

2023年，主要寄递企业积极履行社会责任，通过兴教助学、应急救灾、扶弱济困等形式的慈善公益活动，助力维护稳定、和谐的社会秩序。

中国邮政集团有限公司寄递事业部积极服务乡村振兴。中国邮政充分发挥邮政企业遍布城乡的网络优势，促进产品销售、包装、储存、运输、配送等环节有序衔接，依托系统加大运营质量监控，确保农产品寄递服务质量。一省一图、一城一表、一县一品、一项一策，为257个农产品基地提供服务。2023年邮政寄递生鲜农品同比增长47%，助农销售额超1610亿元。此外，中国邮政积极服务“一带一路”及RCEP。2023年出口“一带一路”合作国家及RCEP区域业务量同比增长41.7%，服务中国制造业出海、中国品牌出海客户3.3万个。

顺丰深知企业与社会一脉相系，始终不忘初心，持续投身公益事业，积极履行社会责任。2012年顺丰成立公益基金会，在医疗、教育、环保等多领域开展了丰富多样的社会公益项目和志愿服务活动，以点滴行动积极回馈社会。2023年，顺丰公益基金会全年总支出约1.06亿元。21个志愿者协会共计开展公益活动155场次，累计8861人次参与，志愿服务总时长34948小时。以教育公益为例，顺丰莲花助学项目启动于2012年，通过集中申请、家庭走访、持续资助及陪伴等方式，助力困境学生顺利完成学业，成长为具有优秀品格及丰富内心世界、能够适应社会发展并愿意回馈社会和反哺家乡的美好青年。2023年顺丰莲花助学项目在资助学生13718人，共计发放奖助学金3119万元。截至2023年12月底，项目累计发放奖助学金2.28亿元，累计资助困境学生38067人。

中通快递始终坚持“用我们的产品造就更多人的幸福”，并用爱回馈社会，以实际行动传递温暖和爱心。中通联合员工、合作伙伴一起开展多项公益活动。比如，围绕提供优质教育、支持社区发展等方面，打造“圆梦1+1”、科普进校园、寻亲胶带等公益项目。“圆梦1+1”爱心助学，播撒希望的种子。2023年中通快递内部支持公益行动的地域范围不断扩大，号召山西、天津、新疆、浙江、贵州、湖北、湖南、辽宁、上海等9个管理中心，推动中心与当地网点联合开展“圆梦1+1”爱心助学公益活动，募集爱心物资，汇聚更多爱心力量，帮助更多偏远山区的孩子筑造希望。再比如，小小胶带，传递回家的希望。中通快递为帮助更多失踪儿童回家，将公安部网站上失踪儿童的照片和寻亲联系方式印在胶带上,用来打包快递。尽管一卷印有失踪儿童信息的胶带比普通胶带成本多出一倍,但可以随快递包裹将希望带向天南海北,为失踪儿童早日回家贡献自己的绵薄之力。

圆通凭借覆盖全国的物流网络优势,用安全快捷的服务助力社会公益事业,主动作为、回报社会,彰显"服务社会、强企为国"的责任担当。同时,圆通长期通过资金及物资捐赠,在抗震救灾、捐资助学、助残共富等方面践行"德善圆通"理念。2023 年圆通在助残、助困、助学等方面共实施 50 多个公益项目,对外捐赠支出超 1000 万元。比如,为贯彻落实国家"十四五"城乡社区服务体系建设规划,推动桐庐县现代社区建设工作,公司捐资 200 万元成立桐庐县圆通速递社区发展基金会,发挥聚集社区资源、解决社区问题、创新社会治理等作用。同时,圆通再次向上海长三角商创科技基金会捐赠 300 万元,助力优秀科研项目和科技人才的孵化与培育,推动长三角科技创新事业的发展。

申通快递积极承担企业社会责任,始终秉持回馈社会的初心。2023 年申通发布"311"社会责任体系,确定了应急、绿色、农村三大公益方向,两个"1"分别代表员工责任与客户责任。在不断创造企业价值的同时,将公益精神融入企业文化,倡导员工积极参与志愿活动,以实际行动践行企业社会责任。申通全年在医疗、教育、扶贫领域的社区贡献时间为 172 小时,总计贡献金额 104.83 万元。申通以支援灾情、公益献血、爱心捐赠等实际行动,展现了企业的社会责任感,为构建美好家园、实现可持续发展目标共同努力。比如,在应急救援方面,申通快递在全国范围内启动针对突发事件、自然灾害的应急配送机制,有效保障民生物资寄递运输需求。2023 年申通累计公益运输超 100 吨的应急救援物资,行驶里程累计超 5000 公里。同时在全国完成了 72 个申通 110 应急救援站的建设,并在 12 月发布了中心建设应急救援点的通知,启动申通 110 应急救援点的建设,目前已经建成 20 个应急救援点。

韵达积极参与公益,坚守初心,回馈社会。为助力乡村振兴,韵达深耕细耕农村市场,积极寻求与农业基地、农村电商、果园场及农户的合作,赋能新产业,激发产业活力,共创美好生活;韵达积极响应国家"双碳"目标,将绿色环保、循环经济的理念融入寄递、运输、包装、办公等各个业务场景,并从收、转、运、派各环节部署绿色解决方案,通过用能结构调整、升级运输及业务模式、深入应用科技手段等途径持续推进节能减排,助力美丽中国建设。

(本文相关内容来自上海证券交易所和深圳证券交易所网站公开信息,以及企业提供的资料信息。)

第二章　2023 年各市场主体发展情况

中国邮政集团有限公司寄递事业部

2023 年，中国邮政集团有限公司寄递事业部以习近平新时代中国特色社会主义思想为指导，深入贯彻落实党的二十大和中央经济工作会议精神，完整、准确、全面贯彻新发展理念，以推动高质量发展为主题，服务国家战略，聚焦目标任务，着力强化市场拓展，着力提升时限质量，着力深化“六大改革”，着力推进降本增效，着力加强规范化管理，不断提高效率、提升效能、提增效益，实现质的有效提升和量的合理增长。

一、基础建设

（一）加大能力投入，能力支撑实现突破

一是机队能力得到增强，入列 2 架 777 宽体货机，引进 9 架 738 货机，邮航机队规模达 42 架。二是核心节点能力得到增强，省际中心处理能力增长 22%，运营仓储面积新增 25 万平方米。三是数字化能力得到增强，上线 CRM“五客”管理功能、新一代物流平台、量收管理报表系统等；推进数字化处理中心在 90 个省际中心 109 个场地应用，“四改一扩”“够量直达”模型助力 800 余条邮路“单改双”调整；完成揽投部和中心局机构主数据专项治理，不断提升数字化能力。

（二）“六大改革”实现突破

一是“两集中”改革全面推进。认真落实主题教育要求，明确了寄递网络“两集中”管理模式、管理架构、管理职责及管理关系，强化省公司运营管理力量，成立“四组三中心”，完善了“责任到人、考核到人”的时限管控机制；对全网省际中心进行了功能调整，进一步优化了网络层级。优化了处理中心功能定位及组网模式。

二是陆运网改革有力推进。优化两级节点网络架构，实施跨区域组网，实现 950 个地市、区县跨区顺向集散、就近入网，省际直达比例 90%，提升 6 个百分点；推动本地中心向集包中心转型；初步构建了快包够量直发、集中处理，特快快进快出的组网格局。

三是邮区中心规范化改革成效明显。90 个省际中心人均处理效率提升 32.5%；强化设备运行管控，不断改进设备性能，全网设备平均效能提升 8.8 个百分点，初步建立了设备集中维保机制。

四是干线运输改革持续发力。对 1148 条一干邮路实施小改大、单改双，省际邮路往返班次占比提升 10.1 个百分点；大车发班占比提升 8.4 个百分点；自有车辆日均行驶里程提升 18%。

五是市趟改革成效初显。加强市趟与揽投、处理两端的紧密衔接，持续优化市趟网络，市趟日均行驶里程提升 10.3%；装载率提升 13.4 个百分点；运输单位成本压降 17.3%。

六是揽投网改革步伐加快。邮政自提点达 51 万个，新增 4.6 万个；推行快包甩点直投作业，建成 517 个自提直投中心，城市甩点直投率提升 19.2 个百分点。

（三）时限提升实现突破

全面落实路长制，建立时限管控角色体系，落实时限管理责任;持续开展够量市场提速,持续优化时限库,推进长三角提速,调整优化长三角干线邮路,优化市趟线路,实现长三角区域网一干、二干、市趟、揽投网有效衔接,区域互寄特快次日上午递和次日递率分别提升21个和5个百分点。强化旺季运营保障,“双11”期间,在业务量增长43%、峰值突破7300万件的情况下,收分运投各环节运行平稳,实现了“四强四提”目标。

(四)服务质量实现突破

开展服务质量提升专项行动,信息丢失率、国家局有效申诉率、全程时限达成率、国内普邮时限达标率“四确保”目标全面达成;抛投邮件、批量积压、虚假妥投、违规投递等突出问题明显改善;国家局公众满意度86.2分,保持行业前三。

二、业务发展

围绕服务国家战略,深入推进“三差三力”竞争策略,全面落实“五客”工作法,持续扩大客户规模,竞争能力明显提升。2023年寄递业务量迈上150亿件新台阶,增幅18.3%;收入762亿元,增幅9.1%;获得万国邮联亚太区“地区领袖”、全国先进物流企业、福布斯(中国)客户服务百强企业等荣誉。

一是完善国内产品体系。对标行业,推出“3+2”产品,初步形成了成本分区、服务分层、产品分类体系,完成20多个系统、400多个功能点的改造,与各大电商平台成功对接,在电子渠道、揽投营业网点成功上线。

二是客户结构优化。活跃客户数增幅15.6%,增量和增速创5年来新高;快包腰尾客户业务量占比同比提升2个百分点。

三是形成新增长点。退换货订单增长18倍,极速鲜业务、制造业“出海”业务翻番增长。

四是行业影响力提升。拓展隆基绿能、君乐宝等一批标杆客户,华为、博世、沃尔沃等9个物流项目入选国家局快递物流业与制造业融合发展典型案例,占入选总数近半数,“平安汽融智能仓”项目入选服贸会业态创新服务示范案例。

三、科技应用

(一)无人机

开展邮政无人机寄递服务应用试点工作,研究邮政无人机寄递服务,在不同机型、飞行模式、运行环境下,拓展各类运行场景,制定风险评估、技术应用等可行性方案。在实际运作中积累运行数据和运行经验,探索邮政投递服务新模式。开展先试先行,在具备条件的地区开展不同场景下的技术验证和验证飞行,总结海岛、高山、高原特定场景的安全运行规范,探索运行机制,优化服务保障模式。为解决偏远山区、乡村地区用邮难题,缩短党报党刊、救灾救援、血液药品投递时限,在浙江安吉、贵州贵阳、四川凉山州等地试点使用无人机进行末端投递,充分发挥无人机空中直线运输,跨越地形地貌阻隔的优势,将邮件更快送达用户手中。

(二)无人车

推出了“室外无人车+室内机器人”纵横结合的智能化寄递解决方案,并在中国邮政速递物流总部开启试点。依托“室外无人车的超级底盘+超级大脑”,连接不同室内机器人进行集约共享、规模协作和实时调度,构建室内外一体化无人配送模式,打造“1+X”末端AI共享运力物流网络,可应用于商业楼宇、高端社区、大型园区等物流到家、到户服务,最大化提高无人车和机器人等智能设备利用率,相比传统末端配送效率提升50%以上,相比同类型智慧物流效率提升30%以上。试点共上线4个应用场景:机器人上门送件、机器人上门取件、无人车及机器人室内外衔接配送上楼、机器人配送咖啡上楼。在目前试点中,单个机器人每日可配送快递约30单,每单配送时长约5分钟。

四、社会责任

积极服务乡村振兴。中国邮政充分发挥邮政企业遍布城乡的网络优势,促进产品销售、包装、储存、运输、配送等环节有序衔接,依托系统加大运营质量监控，确保农产品寄递服务质量。一省一图、一城一表、一县一品、一项一策，为257个农产品基地提供服务。2023年邮政寄递生鲜农品同比增长47%，助农销售额超1610亿元。

积极服务“一带一路”及RCEP。积极响应党中央和集团公司的重大决策部署，发挥邮政业在“一带一路”共建国家及RCEP区域国家互联互通的桥梁和纽带作用，履行好行业“国家队”的责任与担当，不断深化与“一带一路”共建国家（地区）和RCEP区域邮政快递领域的合作，邮政产品已覆盖全部“一带一路”共建国家及RCEP区域，开通17条重点辐射日韩、东南亚等国家和地区的自主航线，开通15条中欧班列铁路运邮线路，开拓对俄、蒙、中亚、东南亚的陆运通道，搭建20条海运专线，在12个国家和地区建设15个海外仓，拓宽了中国快递物流“出海”的通道，为共建“一带一路”及RCEP区域经济贡献邮政力量。2023年出口“一带一路”合作国家及RCEP区域业务量同比增长41.7%，服务中国制造业出海、中国品牌出海客户3.3万个。

积极推动绿色邮政建设。推进国家“双碳”目标和国家邮政局“9218”工程落地见效，强化顶层设计，制定行动方案，推进电商快件不再二次包装，采购使用符合标准的包装材料、规范包装操作、高质量完成包装绿色化减量化、包装可循环、瓦楞纸箱回收等各项行业重点指标，新能源车辆保有量达9526辆。

助力抗震救灾，提供甘肃、青海捐赠物资免费寄递服务。2023年12月18日甘肃省积石山县发生6.2级地震，甘肃、青海部分地区灾损严重。中国邮政认真落实党中央重要指示精神，在抗震救灾首要关头，发挥行业优势，第一时间制订抗震救灾捐赠保障应急方案，紧急在2023年12月22日开通救灾捐赠物资免费寄递通道，全国收寄捐赠救援物资寄递邮件24.16万件（不含整车直达发运捐赠物资），将全国捐赠人士的爱心通过邮政渠道源源不断地汇集到灾区。

五、企业大事记

2月11日，中国邮政速递物流与厦门航空全面开展战略合作。通过战略合作，双方将充分发挥在资源、市场、技术等方面的优势，在航空运力、飞机处置、产品体系、数字化赋能、机务维修、飞行员培养、航材保障等方面进一步拓宽合作领域，提升战略协同和合作价值，实现优势互补、互利共赢。

4月，与平安银行携手共推智能档案服务。中国邮政与平安银行汽车消费金融中心将在汽车金融、仓配物流、产品创新、数字化赋能等方面，开展全方位、宽领域、多层次的创新合作。双方将以“智能化管理”为主题，聚焦客户全业务周期的需求，利用融合机器人控制、机械精准定位等技术，结合数字孪生相关技术，创新推出“汽车金融智能档案”一揽子仓储物流解决方案，实现档案“自动入库、集中仓储、一键盘库、自动出库、智能分拣、统一配送”的全线上可视化闭环管理，为汽车金融客户带来安全、便捷的贷后服务体验。

6月，中国邮政启动全国首个“机器人+”AI寄递解决方案。中国邮政推出的“室外无人车+室内机器人”纵横结合的智能化寄递解决方案，依托室外无人车的“超级底盘+超级大脑”，连接不同室内机器人进行集约共享、规模协作和实时调度，构建室内外一体化无人配送模式，打造“1+X”末端AI共享运力物流网络，可应用于商业楼宇、大型园区等物流到家、到户服务，能大幅提高无人车、机器人等智能设备的利用率，比传统末端配送效率提升50%以上，比同类型智慧物流效率提升30%以上。3月15日至5月9日调试期，每日配送快递约30单，每单配送时长约5分钟，累计节约配送时间约3910分钟。

7月，邮政强化成都大运会邮政安全服务保障。邮政从五个方面对邮政安全服务保障工作进行部署。收寄方面，严格落实实名收寄、收寄验视、过机安检“三项制度”；邮件投递方面，对落地成都的邮件实行投递前“二次安检”，对进入安保核心区的邮件进行投递前“三次安检”；生产安全方面，加强用电用气、消防安全、交通安全、作业安全、金融安全、信息安全等重点领域风险防范；服务标准方面，向社会公众发布消费提示，做好客户咨询和投诉处理工作；运行监测方面，完善应急预案，做好风险防范，强化应急准备，及时妥善应对处置各类突发事件。

9月，2023服贸会邮政展出多项成果。邮政速递物流已连续8年参加服贸会，本次以“打造行业领先的智慧快递物流品牌”为主题在首钢园设置展台，展示智慧供应链与物流行业等解决方案以及国内新产品体系，国际寄递新产品、新通道和新布局，还有邮政无人机、收寄配送机器人、数智化可循环快递包装箱、“会说话”的明信片制作设备等数智化、绿色化科技创新产品。同时，在国家会议中心举办的服贸会成果发布活动中，邮政速递物流联手平安银行汽车消费金融中心举行“智能档案服务中心”成果发布仪式。

11月，中国邮政航空亮相首届CATA大会。11月3日至5日，中国航空运输协会（CATA）首届CATA航空大会举行，中国邮政航空公司从“传邮万里国脉所系”“把白天留给客户把夜晚留给自己”“数字邮航智慧服务”“加强品控多维度提升服务‘硬实力’”和“打造绿色生产链条实现绿色低碳转型”五个方面进行布展亮相，全面介绍党的十八大以来邮政航空在服务国家“双循环”战略，构建自主可控、安全可靠的产业链、供应链和国际航空物流网络等方面取得的发展成绩。邮航飞行员于毅获中国航协授予的首届“优秀机长”称号。

11月，“双11”旺季生产圆满收官，中国邮政实现“四强四提”。2023年“双11”旺季，中国邮政寄递时限稳定性大幅提升，客户投诉量率双降，发展质效明显改善，竞争实力显著增强，成功实现了“四强四提”工作目标。11月1日至18日，中国邮政收寄量创出历史新高，国内包裹快递日均收寄同比增长43%，持续保持高位。在处理环节，地市级以上处理中心日均处理量同比上升33%，处理量连续16天超过历史峰值。在投递环节，全网日均投递量同比上升42%，投递量连续13天超过历史峰值。

11月，葛军荣获2023年度“最美退役军人”称号。11月27日，中央宣传部、退役军人事务部、中央军委政治工作部联合发布2023年度“最美退役军人”先进事迹，1个集体和19名个人上榜，青海省格尔木市邮政分公司投递员葛军获得2023年度“最美退役军人”称号。

12月，中国邮政开通南京—兰州航空专线保障抗震救灾物资运输。积石山地震发生后，中国邮政认真贯彻落实习近平总书记重要指示精神，开通震后救灾捐赠物资免费寄递绿色通道。通道开启后，中国邮政充分发挥自主航空集散网作用和能效，将免费收寄的救灾物资快速集结到中国邮政速递物流南京集散中心，在这里完成陆转航作业，通过航空专线运抵兰州，再通过甘肃邮政陆运网在当天运抵灾区。

顺丰控股股份有限公司

顺丰是中国及亚洲最大、全球第四大综合物流服务提供商，公司围绕物流生态圈持续完善服务能力与产品体系，业务拓展至时效快递、经济快递、快运、冷运及医药、同城即时配送、国际快递、国际货运及代理、供应链等物流板块，为客户提供国内及国际端到端一站式供应链服务；同时，依托领先的科技研发能力，公司致力于构建数字化供应链生态，在全球智慧供应链方面处于领先地位。

一、2023年成绩单

顺丰坚持可持续健康发展和前瞻长远的战略部署，在过去31年的发展历程中准确抓住机遇，不断扩大规模，持续领跑行业，成为中国及亚洲物流行业中的领军企业，并跻身世界500强，排名第377位。顺丰的旗舰产品时效快递占据国内绝对领先的市场份额，并依托时效快递网络的资源与能力，快速高效地拓展至更多物流服务细分领域，从轻小包裹到大型重货，从标准快递到定制化供应链服务，从中国市场拓展到亚洲乃至全球市场。顺丰于国内的快递、快运、冷运、同城即时配送及供应链业务五个细分领域，以及于亚洲的快递、快运、同城即时配送及国际业务四个领域均处于细分市场第一的领先地位。

顺丰控股2023年营业收入达2584亿元，是中国及亚洲最大、也是全球第四大综合物流服务提供商。公司坚持长期可持续健康发展和前瞻长远的战略部署，在瞬息万变的市场环境中，能够快速把握机遇，持续创新变革，夯实服务能力，携手客户穿越经济周期：

1. 打造多元化物流网络，连接亚洲与世界

通过内生发展和外延并购，顺丰持续构建产品体系更完善、覆盖链条更完整、服务场景更多元的一站式综合物流服务版图，覆盖客户从生产到销售、从国内到国际的端到端供应链条。高效可靠的物流基础设施网络，不断筑高公司竞争壁垒。公司服务覆盖中国100%的城市及全球202个国家和地区，是中国最大的航空货运承运商，并拥有中国最大规模的货运机队，截至2023年底自有及租赁共103架全货机，执飞共152条国内及国际航线，连通65个国际机场；已建成并投运亚洲最大的鄂州航空货运枢纽，将助力公司逐步构建“轴辐式”网络，连接中国与全球，进一步提高公司服务时效竞争力；同时，公司运营丰富的陆运、铁运、海运资源和线路，能够为客户提供国内及跨境的零担及大宗货物多式联运服务，并在全球运营管理1900个仓储资源、396个转运中心、超4.4万个自营及代理服务点，尤其在收购整合嘉里物流后，增强公司在东南亚本土市场覆盖及连接亚洲与世界的国际货运能力。凭借多元的物流网络和优质的服务，顺丰能够携手各行各业客户共同打造高效的国内国际供应链体系。

2. 在物流多个细分领域处于中国及亚洲领先地位

依托高时效高密度的网络基础，顺丰通过“1到N”的扩张战略，从中国领先的时效快递服务商，快速转型为全球领先的综合物流服务商。凭借“快速、准时、安全”的门到门服务能力，公司时效快递业务在国内市场占据绝对领先份额，其他业务如零担快运、冷运物流、第三方同城即时配送和民营独立第三方供应链解决方案等绝大多数物流细分领域在中国市场均处于领先地位。顺丰快运连续4年（2020－2023年）位居运联智库发布的中国零担企业收入排行榜第一，顺丰冷运连续5年（2019－2023年）位居中物联冷链委发布的中国冷链物流百强企业榜第一，据艾瑞咨询数据统计，顺丰同城为中国规模最大的独立第三方即时配送服务平台。此外，根据弗若斯特沙利文报告，公司亦是亚洲最大的快递、零担快运和同城即时配送物流提供商，国际业务也是亚洲综合物流服务提供商中最大的。

3. 拥有成功的业务模式：直营、综合物流、独立第三方

公司直接经营从“最初一公里”收件到“最后一公里”派送的整个端到端物流链条，直营模式确保公司战略自上而下高度统一和快速推动经营策略落地，迅速适应市场变化，在短时间内成功孵化更多新业态，同时使得公司拥有强大的运营掌控能力、动态的资源调度能力和全

环节标准化打造能力,保障公司多年蝉联快递行业服务时效与公众满意度第一。其次,综合物流服务能力使得公司能够提供全方位的标准化和定制化服务,以满足客户在广度和深度上不断演进的物流需求,扩大公司在客户供应链服务中的份额,不断培育深度合作的关键客户群体,并实现比整体更快的增长。最后,公司是国内唯一的独立于主要电商平台的规模化综合物流服务提供商,能够中立地服务所有客户群,截至2023年底拥有超195万月结客户及超6.63亿散单客户,在新零售平台及新业态此起彼伏的市场环境中能更快速地把握新机遇并与客户建立长期可持续的合作关系。

4.利用先进科学技术打造高效智慧供应链

在"物流快递化"及越来越多客户追求实现快速响应、弹性灵活的供应链体系的趋势下,科学技术成为打造数字化、自动化、智能化供应链能力的不可或缺的一环。公司始终坚持不断提升科技能力并持续研发创新,以提高物流服务的数字化及智能化水平,持续推动内外部数字化供应链变革。截至2023年底,顺丰拥有约4600名研发人员,生效中及申报中的专利4093项。在自研技术的支持下,公司能够准确预测需求、优化资源分配、实现最优决策,持续提升网络运营效率;同时,借助多年沉淀的科技能力和数字化解决方案,公司能够携手更多行业客户开展深度合作,助力客户最优供应链战略决策及降本增效。顺丰科技能力源自于对技术及创新的持续追求,公司于2022年及2023年均分别荣获世界物联网大会组办的"世界物联网排行榜"及《财富》杂志组办的"《财富》最具影响力物联创新榜"等国际奖项。

5.优质的服务塑造无可比拟的品牌价值

在消费者心智中,顺丰品牌与优质服务等同,对企业客户而言,使用顺丰服务可以为其品牌加持,增强消费者对其产品优质的印象和信任。在中国国家邮政局发布的排名中,顺丰连续14年(2009－2022年)及2023年前三季度(年度结果尚未发布)均位列快递服务公众满意度第一。基于领先同行的高品质服务与口碑,公司在各个细分行业中均积累了高忠诚度及强黏性的广泛客户群,成为客户高度可靠的物流合作伙伴。

总体来说,中国乃至亚洲物流市场规模庞大,顺丰在各细分赛道虽已取得一定领先地位,但相对整个庞大且分散的潜在物流市场,未来可拓展和整合空间仍然巨大。长远的战略眼光、前瞻的业务布局、优质的服务质量、强大的科技底盘能力,将助力顺丰在竞争中突围,实现基业长青。

二、基础建设

2023年末,顺丰控股服务已覆盖中国339个地级行政区,2789个县级行政区,地级覆盖率达100%,县级覆盖率达98.1%。国际快递、货代及供应链业务已覆盖97个海外国家,国际小包业务已覆盖202个国家及地区。

截至2023年底,顺丰运营全货机103架,其中自营86架。执飞共152条国内及国际航线,连通65个国际机场;全球航空总货量达210万吨,国内货量占全国航空货邮运输量的33.8%。

陆运方面,顺丰全球运营管理干支线货车超过100000辆,其中国内运输线路超过170000条,末端收派车辆超过100000辆。铁运方面,高铁产品线路1325条,国际班列线路416条。海运方面,海运线路超过18000条。此外,顺丰的国内自营及代理网点或面客点超过36000个。在中转场方面,快递场站运营中转场239个,快运场站运营中转场157个。此外,运营管理仓库1900座,面积超过1000万平方米。

三、业务发展

1.时效快递

2023年顺丰时效快递业务实现不含税营业收入1154.6亿元,同比增长9.2%。伴随国内经济平稳复苏，公司凭借直营网络的资源优势及调度能力，为客户及消费者提供稳定、高效的交付服务，促进时效快递业务保持良好增长。公司持续拓展极致服务时效，完善产品能力，覆盖更多服务场景：

（1）持续提高顺丰特快产品的竞争力：以“时效能力升级、客户体验升级、理赔服务升级”为三个核心，持续提升顺丰特快产品能力及服务品质，精进产品时效标准，牵引多种资源模式组合优化，2023 年实现产品票均时长同比进一步缩短。

（2）搭建极速履约的大同城服务网络：基于本地生活趋势下的城市服务场景，依托顺丰高频中转、多班次配送能力，通过内部优质资源整合，推出更具竞争力的大同城半日达产品，实现下午寄当天达，2023 年底服务已覆盖 200 多个城市；并推出“上仓下中转”的“前置仓 + 配送”系列产品，2023 年底服务已覆盖 100 多个城市。公司构建了一张围绕大同城生活圈的独立第三方的开放物流服务网络，切入即时配送和经济圈跨市配送之间 6 ~ 12 小时履约时效需求的大同城业务场景，优化顺丰时效产品结构，获取新的市场增量。

（3）优化模式大力拓展航空大件业务：以“资源融通、模式独立”为原则，在收派两端构建客户——机场间的大件直收直派模式，打造少中转、即时配的独立转运模式，持续提升航空大件产品能力及服务品质；2023 年实现直收直派服务的核心城市提升至 73 城，次日时效达成率同比提升 18 个百分点，同时业务端通过不断拓展突破特大特重、特色时令生鲜等业务场景，实现货量规模较快增长。

（4）差异化服务扩大电商退货业务规模：基于公司上门揽收能力优势，通过不断打造差异化服务体验，并持续拓展与各新兴电商平台的合作，2023 年电商退货业务量同比增长迅猛，助力公司提高消费者网购退换货场景的市场份额。

（5）鄂州枢纽投运拉动时效提升及业务增长：截至 2023 年底鄂州枢纽累计开通 45 条国内航线及 10 条国际航线。依托专业航空货运枢纽及先进自动化转运中心的优势，鄂州枢纽航班准点率平均超 92%，货物进出港、分拣转运、国际件清关的效率均大幅提升，所覆盖的快件流向的时效性、稳定性、服务质量均得到明显提升。同时，部分 3C 高科技、智能制造、生物医药领域的头部企业已陆续入驻顺丰枢纽转运中心，公司依托“枢纽仓储 + 自动化分拣 + 空运能力”，为客户提供触达全国的高效 2B2C 仓配一体化服务。伴随未来更多产业入驻枢纽周边，有望带动顺丰国内国际航空货运业务发展，做大时效业务规模。

2. 经济快递

2023 年度顺丰经济快递业务实现不含税营业收入 250.5 亿元，同比下降 2.0%。公司坚持业务健康发展，于 2023 年 6 月份完成对加盟模式丰网的出售交割，若不含丰网业务，公司经济快递业务收入同比增长 8.6%。公司战略聚焦于中高端电商市场，为电商平台及商家提供差异化和高品质的履约服务。

（1）择优做大电商标快业务，提升产品效益：2023 年公司电商快递服务围绕“聚焦核心市场做大规模”的经营策略，通过优选业务区域、择优开发客户、精细化管理、全环节降本等措施推动电商标快产品保持稳健增长并实现良好效益。公司加强与各大电商平台合作并积极拓展新业务场景，2023 年分别与多家头部平台达成新场景合作，为平台提供高时效、高稳定履约服务，助力平台拓展电商版图，实现流量变现；此外，公司充分发挥独立第三方的市场定位，锚定中高端电商商家、私域平台，为客户提供“全方位仓储 + 配送”的优质服务，助力客户业务发展，稳固提升公司电商标快业务规模。在产品效益方面，通过加强内部精细化管理、推动全环节降本等措施，提升产品竞争力，实现良好效益，电商标快产品单位运营成本下降，盈利能力亦有所提升。

（2）夯实仓网底盘，助力仓

配一体业务拓展：公司凭借覆盖全国的仓网资源、仓配标准化产品及解决方案、专业运营团队及全流程系统服务能力，为客户提供高性价比的仓配一体化服务。2023年公司持续增强运营标准化、精益化、数字化管理，不断优化底盘能力，促进品质和效率提升，助力业务拓展。

①能力覆盖：公司仓配一体服务能力覆盖生产供应链、消费供应链、跨境供应链全场景，运营的仓网由自营仓、加盟仓、托管仓组成，根据生产端、流通端、消费端定位差异，形成"轻重结合"的全国仓网资源布局，构成高效、弹性、互为补充的仓储网络。

②提升效益：结合业务场景进行仓储智能设备投入与精益运营，实现库内拣选效率提升20%、包装效率提升30%、退货处理效率提升16%；持续推进降本增效策略，深化"仓网融通+库存"整合，提高库内利用率，空仓面积减少62%。

③保障品质：聚焦增强客户服务能力，助力提升客户体验，促进重点大客户履约指标达成率大幅提升，客诉率同比下降71%，客户满意度评分稳步提升，进一步增强客户黏性。

3. 快运

2023年顺丰快运业务实现不含税营业收入330.8亿元，同比增长18.5%。2023年国内经济回升向好，传统制造业增速相对趋缓，但以智能家居、医疗设备、新能源汽车、电子通信设备为代表的科技创新产业链增长潜力大，对快运服务的时效、品质、性价比提出了更高的要求，加速带动物流产业转型升级，带来行业增长新动能。公司快运业务秉承以客户为中心，以市场为导向，坚持稳健发展与专业精进的基调下追求可持续发展。通过时效领先、品质保障、专业服务、性价比优质等产品理念驱动市场竞争力提升，促进业务规模、效益、客户口碑与推荐度保持健康增长，快运直营网络单日零担货量峰值超5.9万吨，加盟网络单日零担货量峰值超2.6万吨，业务整体规模保持行业领先；且业务增速高于行业水平。

（1）高价值服务领先：以时效领先作为核心竞争力，进一步提升时效履约交付稳定性。通过省内/经济圈短途线路提速、加强投入长途线路与优化动态时效承诺等举措，保障直营网络平均服务时效稳定领先于行业。同时，充分利用线路空仓资源以针对性定价引入货量填仓，提升业务规模及边际效益。此外，通过操作难度分层及投放辅助工具等举措，实现快运业务收派人效提升11%，中转人效提升10%，场地自动化比例提升至45%，推动规模利润双双快速增长。

（2）行业创新突破：在家具行业通过使用循环包材解决客户破损多、成本高的痛点，损坏率下降14%；在家电行业通过仓配模式增效提质，损坏率下降13%，并形成解决家电行业货品损坏问题的标杆方案。在生产场景中的工业制造领域，通过结合外部资源的灵活运营模式创新降本，新模式下成本更优，满足偏好性价比的生产类客户需求，并在细分行业沉淀优秀的快运综合解决方案。

（3）强化融通降本：持续推进快递与快运网络、直营与加盟网络在中转、运输、网点、人员、货量配载等各环节全方位融通，实现网络布局、线路排布、场地协同、资源投入的统一规划，提升快运网络能力覆盖并实现降本增效。

加盟模式的快运子品牌顺心捷达底盘能力与业务规模持续提升，2023年加盟网点数已超17000个，货量规模同比增速超30%，连续6年保持加盟赛道增速第一。顺心捷达坚持以用户为中心，围绕用户体验，通过场站、线路等资源投入，持续提升产品竞争力，与盟商共生共建，与用户共享共赢，赢得盟商和用户的广泛认可和选择。

4. 冷运及医药

2023年顺丰冷运及医药业务实现不含税营业收入103.1亿元，同比增长19.7%。据中国物流与采购联合会数据，2023年中国冷链物流市场规模达5170亿元，同比增长约5.2%。

在供给侧,国家加强骨干冷链物流基础设施建设力度,资源集约化促进冷链渠道扁平化;在消费侧,直播电商高速发展,生鲜食品消费多元化、近场化在加速渗透,商超精品化、餐饮连锁化、渠道下沉成为行业趋势,促使市场对一体化冷链物流服务需求凸显,推动冷链行业向网络化、标准化方向发展。

(1)生鲜寄递公司助力农产品产销的服务网络覆盖全国2700多个县区级城市,囊括全国226类累计6000多种特色农产品。2023年主要围绕以下方面拓展业务:①精细化服务:结合自有专机、冷运、仓储及其他外部合作资源,匹配不同价值层次与时效需求的农产品,采用差异化的营运模式与精细化的分层分流向定价,提高业务效益;②创新运营模式:打破地域间隔,围绕产业集群建设更大规模的跨区域农产品集散中心,减少中转节点提高运输效益,以更优的成本模式服务农产品下沉市场;③助力产销:积极拓展直播营销与细分场景,通过助力产地直播,进行产销撮合,凭借多年沉淀的丰富农产品资源及经验,为直播平台选品,带动农产品电商销售,促进快递业务增收。在预制菜、荔枝、樱桃、杨梅等细分场景与地方政府、协会、头部品牌紧密合作,联动召开行业发布会,并打通"顺丰航空+仓储+冷链+科技能力",制定行业供应链解决方案,助推行业发展;④品牌打造:公司投入专项资金补贴,联动产地政府,携手共建28个农产品区域品牌,助力地方品牌走向全国;⑤生鲜出海:凭借公司国际快递网络能力,结合专业包装、冷链运输、全程可视化监控,助力鲜花、水果等品类实现快速出口至东南亚及欧洲等地,并在国内首次实现个人寄递生鲜水果出境业务,助力中国生鲜品牌出海,满足海外用户对中国特色农产品需求。

(2)食品冷运 2023年公司食品冷运业务增速高于行业,盈利能力改善,客户体验持续提升。①提升端到端时效:响应本地生活的近场电商趋势,利用智能分仓、多仓协同方案,仓储端聚焦作业能力提升,优化库内生产运作时长,运输端实现生产班次匹配最优运输班次,并融通末端多班次派送能力,打造小时达、半日达、次晨达等高时效冷链履约服务能力。②加强行业解决方案能力:在冰淇淋领域,通过压缩出入库时长、严控存储温度、定制个性化包材及派送要求等夯实冰淇淋冷链运营体系,实现服务体验差异化;在低温奶领域,依托全国冷仓布局,搭建JIT(准时制生产方式)生产模式,大幅降低库存积压,延长客户商品销售时长;在商超领域,根据商超门店严格温控、定时送货的服务要求,制定个性化SOP(标准作业程序),搭建专业商超履约团队,目前服务范围已覆盖核心城市。③创新运营模式:在干线运输方面,研发投运同时具备"冷冻+冷藏+常温"三温功能的大型冷运车辆,促进运力资源最大化使用,助力冷链网络快速拓展。④打造高品质标杆:顺丰冷运连续五年荣登中国冷链物流百强企业榜首并通过ISO22000食品安全管理体系国际标准认证,获国标《食品冷链物流交接规范》(GB/T40956)试点企业资质,公司将持续完善服务标准,建立高品质的冷链服务标杆。

(3)医药物流:2023年医药物流聚焦"产品升级、网络升级、质量合规",以客户为中心提供多场景服务。①拓展多场景业务:二类疫苗领域,拓展国内HPV(人乳头瘤病毒)业务入仓及疫苗逆向回收场景服务;IVD(体外诊断)试剂领域,持续拓展行业头部客户业务,规模化复制成效显现;聚焦医药电商F2B服务和温控药B2C业务,通过模式调优实现综合服务能力及质量提升;孵化生物样本专业服务能力,拓宽客户群。②升级产品:通过细化产品、细分场景、固化标准,完善温控箱及零担服务标准,逐步夯实运营底盘能力并孵化散收散派服务能力。③升级网络:从提升时效、拓展网络覆盖、班期提频及提升承载能力等方面,强化医药冷链网络运营能力;加大保温箱投入、引入恒温方舱等温控容器,并结合多种运力资源灵活运作，以更优的运营模式满足小批量零担运输需求。2023 年医药零担时效缩短 17 个小时，吨公里成本下降，网络覆盖城市达到 300 多个。④研制行业标准：深度参与《网络零售药品配送服务规范》《医药冷链寄递服务规范》等 6 个行业标准研制；为落实和响应国家标准及行业标准管理要求，安排员工学习并获取危险品操作和生物安全相关资质，强化合规运作标准；2023 年申请成为《医学检验生物样本冷链物流运作规范》和《药品冷链物流运作规范》国家标准试点单位。

5. 同城即时配送

2023 年顺丰同城即时配送业务实现不含税营业收入 72.5 亿元，同比增长 12.6%。报告期内，公司收入实现健康增长的同时，盈利能力持续大幅改善，首次实现全年盈利，凸显了强大的业务质量和经营韧性。

(1)业务结构持续优化，驱动高质量增长面向商家，顺丰同城以具有开放包容特性的即时配送网络以及专业、高效与全场景的配送解决方案为商家赋能，保持广泛合作：①深化与现有 KA 品牌合作，拓宽引入优质商家的渠道，持续加强覆盖、快速承接新门店，满足商家覆盖需求，报告期内，年度活跃商家规模达到了 47 万家；②基于重点行业、节假日和新场景打磨产品，提升差异化的服务能力，医药、美妆、母婴、宠物与珠宝等零售品类收入同比实现高双位数增长；③强化下沉市场网络建设，为县域差异化的本地生活场景提供更便捷的即配服务，2023 年县域收入同比增长 147%；④积极把握流量多极化趋势作为接入平台最为广泛和深入的第三方即时配送服务商之一，推动与各大本地生活服务平台共建生态；⑤与公司各业务板块紧密协同，为客户打造一体化物流解决方案，发挥顺丰同城极速履约优势，助力集团创收及增强客户黏度。面向消费者，顺丰同城致力于打造行业一流的专业即时履约服务，“帮送、帮取、帮买、帮办”服务覆盖了生活帮忙、医疗健康、商务代办等个人生活和工作场景。2023 年公司通过加强骑手管理，重点搭建城市商业区和写字楼区域的服务能力，打造高价值货品的全链条履约能力；通过渠道合作，增加对同城快递用户的触达，满足提速需求；通过提升服务质量、优化会员体系，有效实现获客效率和新用户转化率的双重增长，带动了核心个人用户的留存和复购提升，持续强化了“重要物品急送首选顺丰同城”的消费者心智。年度活跃消费者规模持续扩大，截至 2023 年底超过 2050 万人。

(2)综合物流底盘能力，提供全场景服务。顺丰同城已形成了覆盖全国的小时级、分钟级弹性运力网络布局，有效支撑不同类型客户在扩张门店数量、扩大门店配送范围、增加营业时长等方面的需求。2023 年，顺丰同城优化创新运营模式，围绕头部客户门店来加强其所在商圈的运营效率，推出店长工具，让商家第一时间联系公司闭环解决问题。在电商节大促活动期间、节假日等高峰期及恶劣天气等特殊情况下均能践行对服务质量和稳定性的承诺，节假日和恶劣天气下时效达成率波动分别收窄至不超过 2 个百分点和 3 个百分点。同时，公司的弹性运力网络能多维度契合客户供应链能力提升的趋势，有效助力同城物流、同城快递提速，在快件揽收、半日达、小时达等场景下，能够发挥出独有的时效和成本优势，为物流各环节的提速和个性化服务创造可能。

(3)科技系统智能升级，支撑精细化运营顺丰同城的城市物流系统(CLS)涵盖智能业务规划及营销管理、骑手融合调度及智能订单分发、智能运营优化等三大核心功能。CLS 基于数据分析和智能算法有效预测订单波动情况，综合统筹骑手分布和调度、路线规划、到店时间等因素，有效实现不同行业、场景和复杂配送网络中的最优匹配。对骑手而言，系统能够充分考虑骑手接单限能，优化调度路线合理性，帮助骑手有效提升效率和收入。系统亦会结合骑手的权益体系进行骑手体验升级，考虑骑手跑单经验、恶劣天气、夜间和高峰等特殊情况，提供人性化调度支持，以技术加持企业关怀。

公司也积极尝试探索智慧物流和无人配送技术应用，希望能成为现有骑手网络的有效补充，给用户带来不一样的交互体验。2023 年，公司在城市商业区、校园及产业园等区域，对无人化的配送方案和运营模式进行测试且取得阶段性的成果。

6. 供应链及国际

2023 年顺丰供应链及国际业务实现不含税营业收入 599.8 亿元，同比下降 31.7%。主要因国际空海运需求及运价从 2022 上半年的历史高位大幅回落至 2019 年市场常态化下的水平，从而影响 2023 年公司国际货运及代理业务的收入增速，但伴随需求与运价逐季企稳，收入降幅持续收窄。

随着中国制造的产业升级和品牌竞争力增强，中国制造业企业的出海需求日益增长，同时国内新兴电商平台的跨境电商业务在国际市场亦实现加速扩张，驱动中国跨境电商物流、国际快递及供应链业务快速发展；此外，伴随全球企业供应链重塑的趋势，亚洲作为全球供应链中心的战略地位在不断增强，促使亚洲成为全球增速最快的物流市场。公司通过不断拓展与布局国际网络，及整合嘉里物流国际服务尤其是在亚洲区域的优势能力，搭建了包括国际快递、国际供应链、跨境电商物流、国际货运代理及东南亚本土快递的多元丰富的业务组合，所服务的客群结构亦更加全球化，亚太地区非中国的客户群体比重增加。相较于国内快递物流商，顺丰拥有布局国际网络的先发优势，具备全链路的综合服务能力、覆盖更广泛的全球化客户群体、及掌握核心节点的物流设施资源，而相较于国际快递物流商，顺丰具备相对成本优势并提供更高性价比的服务；公司通过持续增强的端到端跨境服务能力，未来将更有条件和能力全方位满足国内和海外客户持续升级的物流需求，把握中国跨境及亚洲物流市场快速发展的机遇。

（1）国际快递。

①聚焦亚洲板块：积极响应国家“一带一路”倡议，重点布局亚洲网络。改造升级亚洲核心国家本土快递网络，提高海外自营网点及合作服务点覆盖，不断优化迭代从下单到派送的各类信息化系统，持续增加多集多散班次，稳步提升服务能力和质量。同时加强航空网络规划和重点国家地区的空侧场地获取及口岸清关能力建设，在新加坡、马来西亚、泰国、日本等多个亚洲国家已实现每周 6 ~ 7 班航班往返覆盖，中国与东南亚国家间互寄时效提升至 1 ~ 3 天内完成派送。

②拓展跨境电商：为服务新兴跨境电商平台快速发展的业务需求，持续夯实欧美航线覆盖，新增开通多个欧美主要城市口岸，自营全货机航班加密至 4 ~ 5 班/周，时效提升 1 ~ 2 个工作日，助力跨境电商物流业务快速增长。

③夯实网络能力：围绕鄂州枢纽构建国内国际空空联运网络，联通欧洲、南亚、美国、中东等地域，扩大产品覆盖范围；结合采购优质时刻的国际货航仓位资源，实现中国出口的多口岸直飞海外，提升产品时效；持续增强清关服务能力，截至报告期末全球自营及代理清关口岸约 70 个，投入资源提高东南亚及欧美主要口岸场地及清关服务能力，国内 AEO 高级认证资质牌照增加至 9 个，提升进出口清关及端到端服务能力。通过深入研究国际件全生命周期的业务场景，加强精细化运营，优化跨境物流关键环节模式，推动国际快递产品履约能力进入第一梯队。

（2）国际货运及代理。

环球市场去存货、需求疲弱致使 2023 年国际物流市场增长承压，而运力恢复常态化供给后，空、海运运费自 2022 上半年的高位大幅回落，影响公司国际货运及代理业务 2023 年的收入增速。但随着市场逐渐恢复正常，运费及货量均实现轻微回升，公司整体国际货运及代理业务收入逐季回稳。2023 年公司持续推动业务融通,依托国内网络优势,挖掘各行业客户的国际货运业务商机,助力业务销售;同时开展国内物流产品与国际货运服务的组合销售,为客户提供中国进出口跨境解决方案。同时,鄂州枢纽的投运及国际航线的加密,提升公司国际空运能力,将有助于为客户提供更可靠高效的国际货运方案。

(3)供应链。

丰豪供应链:2023 年聚焦高科技工业、汽车和快消零售三大行业,持续控制成本、提高性价比,巩固现有客户关系并积极开拓新客户。①业务拓展:高科技工业行业,扩大外资客户份额并与集团各组织合力开发国内客户,稳固生产端供应链服务优势并为消费端提供支持;汽车行业,除巩固传统燃油车市场的服务份额外,积极参与电气化领域,并专注于新能源汽车产业以抓住高增长机会,同时大力拓展一级供应商和商用车客户群;快消零售行业,通过与速运大网紧密合作,打通生产端供应链向消费端供应链的渗透,新增开发如巧克力、糖果、洋酒、宠物食品等优势品类的客户。②科技赋能:坚持以科技赋能智慧供应链,凭借丰富的智能软硬件产品,根据行业客户的差异化需求为其定制专属的部署方案。2023 年成功为某行业头部客户量身定制了全自动智能旗舰仓,完成了整体仓库的高度智能化建设,帮助客户降本增效。

新夏晖:坚持多元化发展战略,以优质服务持续获得市场份额,通过科技赋能、资源盘活等举措降本增效,2023 年实现收入利润双线健康增长。①业务拓展:存量业务方面,通过多维度拓展运营能力,支持客户业务模式发展及转型,如下沉市场门店拓展、转向品牌加盟模式、数智化升级等,匹配客户业务发展需求;增量开发方面,针对不同客户的痛点,应用多元化的服务模式,如服务品类拓宽、"出海"落地支持、优质客户赋能等,新业务规模快速扩大。②能力建设:配合业务发展,继续加密下沉全国物流网络,截至报告期末,已在全国 30 多个核心城市建立了 62 座高周转的物流中心,运输网络深入四、五线城市。③科技赋能:不断迭代升级核心系统及融合软硬件技术,实现全面系统化管理和运营效率提升;对外服务方面,围绕优势行业,不断拓展上下游科技能力,为头部客户提供供应链中台、智慧门店、供应链信息化规划等系统交付及增值服务。通过科技产品化,为内外部的餐饮、高科技、制造等领域业务提供独立的科技解决方案。

嘉里物流:综合物流业务在中国大陆及亚洲其他地区业务均实现良好增长。公司持续加强内部供应链组织的能力融通,实现优势互补,其中借助嘉里物流在国内拥有众多化工仓库以及丰富的危品运输能力,公司成立新能源板块专项小组,合力拓展新能源锂电池行业,实现多个供应链场景的物流服务突破,使服务能力延展到新能源行业上下游。此外,嘉里物流在国内有效落实一系列针对业务精益运营的成本管控措施,并通过应用物流机器人和智能化技术,提高运营效率和降低成本。

四、科技应用

顺丰致力于构建数字时代的智慧供应链生态,成为智慧供应链的领导者。顺丰科技基于多年业务实践和服务内外部行业客户,沉淀了覆盖供应链全场景、全要素和全能力的科技产品和解决方案,推动供应链全环节技术创新、助力各行业客户打造高效响应的现代化供应链体系。

顺丰生效中及申报中的专利 4093 项,软件著作权 2490 个,其中发明专利数量占专利总量的 59.3%。公司积极面向物流与供应链行业、高校等社会机构展开合作,提升顺丰科技社会影响力。荣获 2023CCF 大数据与计算智能大赛最佳商业价值奖、第三届邮政行业科学技术奖、2023 年度"SSCL 金链奖——优秀供应链创新奖"等荣誉奖项,入选国际组织榜单《世界物联网排行榜》、知名媒体榜单《财富最具影响力物联创新榜》等。

1. 坚实的数智化基础：建设公用数据底盘

数据中台：以战略为指引、以业务为基础、以数据为驱动，不断强化共享、可信、及时、全域、高效的数据中台，助力业务健康经营。一方面，完成数据中台技术架构、数据架构、应用架构、运营体系和安全体系的重构及优化，有效提升科技资源效能、产研效能，减少重复建设，保障数据安全；另一方面，持续紧密联合业务，拓宽数据支持的深度与广度，助力业务提高基于数据的决策速度及精准度。

2. 物流网络数智化升级，打造顺丰智慧大脑

整体提升顺丰物流网络的数字化、智能化水平，通过收派、中转、运输全链路运营数字化，结合数据预测、可视化的监控与预警，实现全域智能规划调度、资源动态匹配、扁平化的高效管理；再结合物联网技术、自动化、无人化投入，提高网络运营效率，保障寄递安全，助力公司降本增效。

在规划与调度数智化方面，基于数据、运筹以及智能化，构建"预测→预警→调度→反馈"的全域智慧决策体系。

①前置预测：公司的货量流向预测已实现从总量、省到省、城市到城市等多种流向维度，进行包含长期、短期、动态等多种时间维度下的预测，营运基于预测结果同步刷新事前、事中等资源的排布规划，对各类资源进行动态调整，进一步提升资源排布与调度的合理性与精确性。

②网络规划：通过打造、聚合智能网络规划系统工具，不断提高空网、陆网网络规划质量。利用数字化空间能力，将客户需求导向和市场热力数据可视化呈现，指导多网融通下各类场地的投入和调整。综合不同产品标准，结合生鲜时令产品等货量动态变化，精准匹配航空资源。构建多网融通的陆运干支线网络模型，利用算法动态调整策略与方案，支撑陆运新模式、陆－空资源联动、航空大件灵活路由配载等多种场景，实现资源效益最大化，提升空运和陆运产品时效和竞争力。

③实时调度：基于全环节运营监控体系，通过对天气异常、航班延误、交通管制等异常信息的自动化抓取、智能化告警升级，及时掌握运营状况，智能推荐调整方案，并实时推送干预任务至全网基层操作岗位，及时挽救时效，优化产品的稳定交付和主动服务。

在中转环节数智化方面，致力于建设自动化、可视化、智能化中转场，打造高效率智慧物流场地。

①自动化：2023 年完成 100 多个场地自动化新建投入或改造升级项目，全网中转分拣产能和效率进一步提升。

②智能化：搭建场地各大工序的数智化生产管理能力。系统可提供 10 分钟级别的件量预测信息和场地产能估算，提前对场地超产能环节进行预警并提供建议的解决方案。场地管理者可通过系统提前预知各工序的异常风险并采纳解决方案，对设备、人员、车辆等资源进行更精细化的调配，提升快件的时效达成，保障场地高峰时段的顺畅有序运营。

③可视化：以图像识别及视频识别技术为基础，技防与人防相结合，保障快件在生产过程中的运输安全以及人员在业务过程中的人身安全，为快件和人员提供生产安全保障，解决中转场地的质量管理和安全风控难题。

在运输环节数智化方面，持续完善航空、陆运、铁运等多种运输模式全链路端到端数字化、智能化管理。

①空运方面：全货机方面，基于鄂州枢纽，搭建全货机转飞转运等枢纽场景的异常动态调度能力，保障时效；散航方面，通过精细化数智管理工具实现散航舱位采需、采用分离，提升招采效率和资源与需求匹配度，提升风险管控和降低成本，保障资源稳定、满足客户时效需求。

②汽运方面：通过智能线路组合、资源结构设计，指导资源储备，达成更优的成本结构。在运力资源匹配方面，顺丰基于机器学习技术，预测各线路流向的成本、任务、货量等维度的数据，

输出预期的不同运力资源结构(可控和弹性的占比);同时通过智能算法将线路按照多种策略进行“打包”组合并匹配最合适的运力资源,以有效控制成本。在事中执行阶段,顺丰通过数智化系统,由人工派单转为系统派单,若出现临时新增运输需求,系统将优先指派空闲可控运力资源承接,最大化降低临时资源依赖。在运力资源采购与定价方面,顺丰搭建了线路价格底盘,会根据行业的市场均价、里程等因素,由智能算法计算出对应线路的价格;在此基础上进一步打造数智化运力资源采购系统,招标、签约、结算等一系列流程通过线上化平台一站式完成。同时,该系统可基于智能线路价格底盘与运力资源的前置规划数据,输出采购策略,并智能判断合同或交易的合理性,保障运力资源采购的合理、透明、健康。

③铁运方面:通过数智化升级,提升铁路端到端运营标准化,支撑基于高铁货动、高铁图定车、特快班列、普列行李车等多样化资源接入应用,为客户提供差异化运输服务,提升运输履约时效及客户满意度。

在末端管理数智化方面,持续精进末端收派的全面数字化运营、线上化管理。

①收派服务能力:结合预测件量、作业难度、快递员专业能力、快递员休息意愿等因素提供智能化的末端资源规划与动态调度建议,合理分配收派任务,提升快递员服务能力,从而保障客户体验。依据收派难度、作业模式、场景特殊性和区域相似性进行动态差异化定价和补贴,使快递员获得更合理的报酬。优化收派线上 SOP,根据客户偏好、托寄物品特性等情况快速制定个性化作业要求及操作指引,动态下发至快递员手机或手持终端设备上,提升快递员作业操作规范性。同时,上线智能机器人“快递员服务中心”,支持快递员随问随答,为快递员快速提供智能、精准、易理解的综合资讯问答服务,目前该系统回答准确率达 90%。搭建包装推荐工具,根据不同的托寄物品精准推荐对应的环保包装方案和材料,提升包装质量,保障客户快件安全,避免过度包装和浪费。

②末端网络建设:整合升级末端运力调度系统及作业工具,实现大小件收派员的融通,有效加强末端收派能力的灵活性。与此同时,通过系统能力升级进一步提升营业点、丰巢柜、驿站等多种末端渠道的协同能力,满足差异化的客户收寄件需求,在提升客户体验的同时提升整个末端网络的资源利用率。

③末端运输应用:末端收派作业模式与无人化运载、智能机器人结合运用,增强配送效率。在工业园区等办公场景下,通过无人收派车运输、楼宇机器人上门运输派送,提高收派效率,分担快递员压力,目前已在北京、上海、深圳、苏州、无锡、合肥等多地进行投入推广。

在寄递安全数智化方面,应用算法技术,智能化捕捉安全风险因素,提升寄递安全性。

①运用物联网、算法及异常件数据表现,识别如违规抛扔、异常跌落、违规拆箱等异常节点,构建风险因子特征库,搭建“场景+岗位+风险人员等级”数据体系。构建预警看板,实现场地 SOP 管控,对高风险快件差异化保障,形成“3 级防火墙”管控体系,从而降低快件安全类风险。

②以物联网智能硬件为载体,实现快件收转运派的全流程跟踪监控,保障快递安全抵达目的地。在中转环节,自研智慧安检平台可与自动化设备结合,实现在分拣时完成安检,智能算法可研判 99% 的包裹。此外,引入云安检模式,通过慧眼神瞳云端系统,安检员即可在远程同时集中研判多个场地的疑似违禁 X 光图片,保障安检的准确性并提升人员效能。收派环节,自研一体化高拍仪具备视频追溯快递状态等功能,支持快速定位黑点环节,进一步强化安全保障。

在成本管控数智化方面,通过“全链路集成”的数字化解决方案,打通系统底盘,搭建基于“事前投测-事中监控-事后挖掘”的数智化经营分析体系。事前通过智能算法打造投产测算等数智化工具，为集团决策提供前置依据；事中基于多重视角生成多维深度分析看板，满足各组织高频多样的监控分析需求；事后智能定位潜在降本、增利、提效场景，挖掘多个提效模型及潜在效益点并反馈业务，推动业务优化运营举措。同时，基于大语言模型，整合闭环优秀举措及员工经验，当系统再次监控到类似潜在效益场景，系统可实现人机对话，为业务智能推荐解决方案及提效课程。通过数智化系统，实现投入分配精细化、过程分析可视化、事后挖掘闭环化的目标，为公司可持续健康经营保驾护航。

此外，在国际业务数字化方面，顺丰也在不断积极推进。

①跨境快递网络：围绕快递产品、客户体验、跨境运输等环节，建设数字化的跨境快递网路。通过海外支付能力建设、海外客服工具升级等方式，为海外客户提供更便捷、更友好的下单体验。通过海外增值服务系统能力建设，为客户提供更多个性需求场景服务。增设海外审单中心，为海外正式报关预审及个人件排货提供支持，加强报关时效性。另外，基于大语言模型技术，搭建收寄标准及清关智能咨询系统，自动整理、解读、转译、分析和提炼最新关务规则，助力快递员及清关人员能够快速获得最新、最全面的国际寄递与关务规则，提高国际业务效率与质量。通过数字化技术，提供实时快件追踪、快速揽收和通关服务，并基于与国内网络融通形成的“全球一张网”路由体系，实现高效的跨境运输，保障信息流及时通畅、代理服务有序协同。

②海外本地快递网络：以成熟先进的国内大网系统为模板，灵活适配不同地区的本地化场景，提供端到端的网络规划、揽收派送、陆空运输、灵活调度等系统支持，支持海外各国快递网络的快速建立、拓展及整合，提升海外本土快递服务质量。

五、绿色快递

顺丰致力于实现企业价值与社会价值的融合统一。作为一家肩负社会责任感的企业，顺丰始终坚持可持续健康发展，希望能以身作则，通过企业运营的优化与升级，对全行业乃至全社会带来积极影响。公司以践行国家双碳战略为导向，以保护环境、节能减排为目标，将应对气候变化融入公司的经营管理实践，不断完善环境管理体系，通过推进低碳运输、打造绿色产业园、研发可持续包装以及绿色科技应用等举措，实现覆盖物流全生命周期的绿色管理，积极打造绿色可持续物流。

基于过去的减碳成果，公司发布了业内首份《碳目标白皮书》，承诺在2030年实现自身碳效率相较于2021年提升55%，每个快件包裹的碳足迹相较于2021年降低70%。2023年，顺丰加入“科学碳目标倡议”（SBTi），并承诺在2050年前实现价值链温室气体“净零排放”。基于顺丰标准化碳管理底盘能力，公司自主研发了行业首个运单级碳计算模型，深度赋能产业链上下游合作伙伴。

公司连续两年获得CDP（全球环境信息研究中心）“B”级评定，显示了顺丰在环境可持续发展治理方面已达到管理级别水平，在打造可持续发展的绿色物流供应链服务上处于国际先进水平。凭借着在改善环境、关怀员工、公益慈善等方面做出的卓越努力，顺丰连续两年荣膺《财富》中国ESG影响力榜单，也是国内唯一上榜的民营快递企业。

1. 推进低碳运输

顺丰持续扩大绿色车队规模，通过加大新能源车辆的投入、对燃油车辆进行选型优化、搭建系统平台监控车辆用能情况、采用科技手段优化运输线路等多种举措，推进运输环节的节能减排工作。

公司采用多种途径加大新能源车辆的投入和使用，与合作伙伴共同探索新能源物流车高效化运营机制，提升运输能源使用效率，降低对环境的影响。新能源车辆的运输场景主要覆盖城市内短途支线、接驳和末端收派，以及跨省区市的一二级干线运输。截至报告期末，顺丰累计投放新能源车辆超过31000辆，已覆盖243个城市。对于长距离运输及北方寒冷地区运输，公司进行氢燃料、天然气（LNG）车辆的试点引入。

2. 打造绿色产业园

顺丰致力于打造绿色产业园，通过建设光伏发电站、优化仓库空间布局等多种方式，促进中转效率与节能效益的提高，降低物流中转环节对环境的影响。公司不断加强清洁能源的使用，积极布局可再生能源发电计划。截至报告期末，已完成14个产业园区的屋面光伏电站建设，总体装机容量超过60兆瓦，全年可再生能源发电量超过1800万千瓦时。2023年，顺丰在长沙和佛山的产业园获得中国仓储与配送协会的“一级绿色仓库”认证，贵州产业园获得“贵州省绿色物流园区”认证。

3. 研发可持续包装

快递包装是物流全链路减排的重要一环。顺丰积极响应绿色包装趋势，贯彻邮政业绿色发展“9917”工程指导，以可持续和智能化为引领，全面推行包装减量化、循环化、无害化、标准化。同时持续打造快递包装循环生态圈，积极与上下游产业链合作，共同推进可持续包装发展进程。

减量化包装：顺丰持续推进绿色包装计划，针对不同种类的托寄物细化包装操作要领，落实绿色包装要求，同时对胶袋、胶纸、贴纸、封条等8大类物料进行减量化、标准化、场景化的创新研发。2023年累计减少原纸使用约4.3万吨，减少塑料使用约16.2万吨。

可循环包装：顺丰积极推进循环包装容器的创新研发，为行业内外客户提供整体循环包装解决方案。根据不同行业及场景，研发并投用了医药精准温控箱、冷运循环保温箱、大件标准循环围板箱、循环蜂窝板等可循环包装容器，在提升内部运营底盘效率的同时，更为客户提供了更优质、便捷的循环包装解决方案。2021年7月，顺丰推出碳中和循环包装箱“丰多宝π-BOX”，截至2023年12月，已累计投放129万余个，覆盖119个城市，累计循环使用2064万余次。

全生物降解包装：顺丰积极开展生物降解包装材料的研发工作，与外部科研机构、高校展开一系列的合作研究，不断扩充和深化自身在生物降解包装前沿技术方面的知识储备。截至2023年底，顺丰已在北京、海南、广州、浙北等地区累计投放超过数亿个“丰小袋”。

4. 发展绿色科技

顺丰通过收派、中转、运输全链路运营数字化，结合数据预测、可视化的监控与预警，实现全域智能规划调度、资源动态匹配、扁平化的高效管理；再结合物联网技术、自动化、无人化投入，提高网络运营效率，将科技力量注入每个快件的全生命周期，助力“收转运派”全流程的提质增效和低碳减排。

在末端收派环节，顺丰通过智能技术的应用，扩大业务投送范围，提供高效率、高经济性且低碳的物流运输服务；在中转环节，顺丰基于数据最优配置仓储资源，引进全自动化分拣和场地管理系统，实现仓储和转运的效率提升，提高能源使用效率；在运输环节，顺丰应用智能地图进行运输路线规划，结合快件时效、距离等因素，通过智能算法提供路径最优解。同时亦依托数据分析和深度学习技术，整合货运路线与运力资源，实现车辆与货物的精准匹配，提升运输效率。

此外，顺丰通过构建标准的碳管理体系、自研数智碳管理平台“丰和可持续发展平台”，整合碳排放与碳减排数据，覆盖包装、运输、中转、派送等多个环节。基于顺丰标准化碳管理底盘能力，2023年，顺丰打造了行业首个运单级碳计算模型。不仅能够模拟货物运输场景计算多种运输方式产生的温室气体排放量，还支持计算每一票快件在“收转运派”各环节产生的真实温室气体排放量和减排量，实现海量运单碳数据的精细化、自动化计算，持续夯实绿色科技底盘能力。

顺丰用科技力量推动绿色

低碳变革,同时亦希望将绿色价值延伸至供应链,倡导并携手上下游合作伙伴加速低碳转型,共同承担保护地球家园的责任,实现绿色发展,共建零碳未来。

六、社会责任

顺丰深知企业与社会一脉相系,始终不忘初心,持续投身公益事业,积极履行社会责任。2012 年顺丰成立公益基金会,在医疗、教育、环保等多领域开展了丰富多样的社会公益项目和志愿服务活动,以点滴行动积极回馈社会。

2023 年顺丰公益基金会全年总支出约 1.06 亿元。21 个志愿者协会共计开展公益活动 155 场次,累计 8861 人次参与,志愿服务总时长 34948 小时。

1. 教育公益

顺丰莲花助学项目启动于 2012 年,通过集中申请、家庭走访、持续资助及陪伴等方式,助力困境学生顺利完成学业,成长为具有优秀品格及丰富内心世界、能够适应社会发展并愿意回馈社会和反哺家乡的美好青年。

2023 年,顺丰莲花助学项目在资助学生 13718 人,共计发放奖助学金 3119 万元。截至 2023 年 12 月底,项目累计发放奖助学金 2.28 亿元,累计资助困境学生 38067 人。2023 年全年在资助高中生 11762 人,共计发放高中助学金 2509 万元;奖励大学生 1956 人,共计发放奖学金 610 万元。

2023 年,顺丰公益基金会共计组织志愿者公益行走访活动 40 场,来自顺丰员工、莲花助学大学生、社会爱心志愿者 1200 余人次参与,先后奔赴贵州、甘肃、广西等地,上门走访学生家庭 4094 户,最终确认新增资助困境学生 3973 人。项目全年资助学生 13718 人,共计发放奖助学金 3119.28 万元。

在心理健康方面,莲花助学项目关注学子身心健康,全年累计开展主题班会 367 节次;面向 16800 名高中及大学生开展心理测评活动。2023 年,顺丰莲花助学项目为在校学子们开展了 40 场形式多样的梦想分享会,邀请优秀反哺计划大学生、顺丰管理层、志愿者等分享人生道路上的梦想、奋斗、蜕变及感恩,并通过现场互动提问、励志歌曲演唱、舞蹈表演等趣味方式,鼓励学子们畅想未来、努力拼搏,勇敢追梦。2023 年,顺丰莲花助学项目共计在 35 个县开展梦想分享会,参与学生达 3807 人。

2. 医疗救助

顺丰暖心——儿童医疗救助项目(简称顺丰暖心)致力于为 0 ~ 18 岁患有相关疾病患儿提供支持,让患儿早发现、早治疗、早康复,在医疗救助和人文关怀两方面助力患儿身心健康成长,同时助推“大病不出省”和儿童医疗行业发展。截至 2023 年末,顺丰暖心项目累计投入约 4.33 亿元,救助困境大病患儿及孤儿 21379 人,并为 35803 人次的患儿、家人以及医护人员提供人文关怀服务。

2023 年提供成长陪伴等人文关怀服务,覆盖患儿、家长及医护人员共计 10765 人次开展暖心志愿服务活动 20 场,累计志愿服务时长达 1010 小时,覆盖患儿、家长及医护人员 1232 名发放暖心能量包 1151 份。

3. 灾害驰援

灾难无情,顺丰有爱。面对各类自然灾害,顺丰始终将服务社会、保障民生视为己任,密切关注灾害地受灾情况,第一时间调动全网应急资源支援救灾。依托自身资源优势和高效的组织调配能力,持续贡献应有之力,与灾区人民守望相助,共渡难关。2023 年,顺丰积极援助云南保山地震救灾、京津冀防汛救灾以及甘肃积石山地震救灾行动,依托运力资源优势紧急将救灾物资公益运往灾区,为灾区重建捐献物资及资金。公司持续关注灾情态势,动态调度救援力量,为灾后重建提供帮扶和支持。

4. 助力乡村振兴

顺丰作为国内领先的综合性物流服务提供商,积极响应国家战略,深耕农产品寄递领域,持续巩固及扩大脱贫攻坚成果,助力乡村振兴。无数顺丰“小哥”驻扎在原产地最初一公里,助力实现农产品从“田间”到“舌尖”的商业模式，赢得了广大消费者的信赖和好评。

响应推动“三农”工作进程中，顺丰聚焦农产品流通领域的难题。产地大量优质农产品因易损、难包装、环节多、规模化困难等问题，难以实现市场推广。好的农产品被困在“田间”，农户收益甚微。尽管市场需求旺盛，农产品走出大山仍面临重重困难。顺丰助农思路明确：不仅要将好的农产品运出去，更要将好的农产品品牌“运”出去。顺丰坚持在田间地头建设农产品集收点，投入适应小批量分拨的移动分拣车，建设贴近产地的生鲜预处理中心。针对众多生鲜品类，通过设计专属包装，确保产品新鲜、安全。在特色农产品丰收季，公司整合航空、高铁、冷链等多种运力资源，确保农产品高效、高速送达全国各地。为了保障整个流程的服务质量，在“生鲜季”成立专门的项目组，借助科技数字化和可视化系统，对收、转、运、派、售后等各个环节进行实时监控和预警。顺丰强大的物流网络、先进包装技术和快速配送能力，攻克了一个又一个高难度运输的生鲜品类，助力大闸蟹、活鱼、海产品、牛羊肉、荔枝、樱桃、杨梅、草莓、松茸等快递运输，实现全国范围内的农产品直送、直达模式。

顺丰持续推动农业产业链上下游的协同发展，通过合理的运输定价和优质的服务，促进农民增收，助力实现共同富裕。公司积极与地方政府、农村合作社等机构合作，打造区域性农产品品牌，推动品牌化建设，制定区域品牌包材定制专项资金补贴机制。2023 年，公司联动地方政府，获取品牌授权，设计品牌包装，助力共建 28 个农产品区域品牌。此外，顺丰始终坚守企业社会责任担当，响应绿色物流理念，试点使用农产品绿色环保包装材料，为用户带来优质体验。随着“互联网 + 经济发展”，公司依托自有平台对农产品进行有节奏、有声量的传播，并借助外部资源，共建农产品品牌及销售生态链，通过与政府、客户主播及当地果农合作开展直播带货活动，运用公司品牌营销力与网红大 V 助力产地直播。在农业数字化升级变革中，公司提供产品溯源、一店一码等一系列科技服务。目前，顺丰助力农产品产销的服务网络覆盖全国 2700 多个县区级城市，囊括全国 226 类累计 6000 多种特色农产品，2023 年实现特色农产品运送约 458 万吨。顺丰以实际行动为乡村振兴贡献顺丰力量，让更多地方品牌的特色农产品被国人所知晓、品尝、认可。

此外，公司积极探索“快递进村”模式，通过建立五级行政区划地址库，支持乡镇村资源投放决策，精准识别乡村件，保障快递进村的时效承诺达成，打造“精准进村”的优质服务。截至 2023 年 12 月，顺丰村级驿站合作点超 10 万个，逐步形成了一张较为完备的乡村快递网络，服务网络的乡镇覆盖率超 93%，日处理乡镇包裹量 226 万件。在高质量物流服务的基础上，延伸至产业链的前端到全流程的服务让农户在村内就能享受到更加便利、便捷的快递服务。

中通快递股份有限公司

中通快递创建于 2002 年 5 月 8 日，是一家以快递为核心业务，集跨境、快运、云仓、冷链、金融、商业（兔喜生活）等生态板块于一体的综合物流服务企业。2016 年 10 月 27 日，中通快递登陆美国纽约证券交易所，2020 年 9 月 29 日，中通快递根据《香港上市规则》第 19C 章的规定在香港联合交易所主板挂牌上市，成为第一家在美国和中国香港两地上市的中国快递企业。

2023年5月1日,公司自愿将其在香港交易所主板的二级上市身份转换为主要上市身份正式转换为香港联交所及美国纽交所双重主要上市公司。

一、基础建设

2023年中通快递完成包裹量302亿件,同比增长23.8%,市场占比达22.9%,连续8年稳居行业第一。中通快递拥有国内广、深、密的民营快递网络。2023年中通快递全网服务网点31000余个,国内分拣中心99个,自动化分拣设备464套,直接网络合作伙伴约为6000个,自有干线运输车辆10000余辆,其中约9200辆为高运力甩挂车,干线运输线路3900余条,网络通达99%以上的区县,乡镇覆盖率超过96%。

二、业务发展

中通快递持续优化产品结构,不断完善和升级多元化产品矩阵,加速实现产品的分层及生态体系建设,同时继续深入拓展“两进一出”,加速推进“最后一公里”的末端建设。报告期内,公司先后推出和升级多款高附加值产品,更好地满足多样化的客户需求。

1. 产品赋能多行业发展

中通快递主动嵌入多个行业上下游产业链,为客户量身定制个性化服务,提供集运输、包装、出入库、嵌入供应链、售后等于一体的一揽子解决方案。

开拓备件物流供应链,为客户安上融合发展“风火轮”。如何高效、准确地管理大量不同类型的汽车备件,并确保它们能够及时送达全国各地的服务中心是汽车行业在备件供应链管理中一个典型挑战。中通快递依托快递和快运两张大网的资源优势,提升客户备件物流网络的灵活性和响应速度,通过快递和快运网络之间的无缝衔接,确保了订单在最合适的网络中得到处理,以提高整个备件供应链的运输效率。该合作模式为客户降低约10%的物流成本,同时配送时效达到预期服务水平,高效服务满足了终端4S门店及经销商的经营需求。

聚合优势资源,协力打造酒类物流及供应链新格局。中通快递依托自身资源优势,与茅台物流进一步合作,共同打造标准化的智能白酒供应链服务体系,探索出酒类供应链系统模型,助力白酒产业链向智慧化、精细化转型升级,提升效率和服务体验。

拓展农产品全链路,探索预制菜物流新赛道。预制菜配送有着新鲜、时效等最关键诉求。中通快递充分依托全国仓配网络,强化数字化城市配送平台和自研预制菜加工管理系统赋能,高效完成农产品原材料“采、加、仓、配、销”一体化管理,保障每一份预制菜新鲜、安全送达,助力预制菜行业新发展。

2. 快递出海让世界无界

基于共商共建共享理念的“一带一路”倡议与各国发展战略无缝对接,物流领域的对接与合作正快速发展,中通快递依托强大的地面服务网络与全球资源整合能力,打造以快递为核心的综合物流体系,加快构筑全球可达、自主可控的国际物流网络。

三、科技应用

中通快递持续深化科技创新,借助自身先进的研发管理机制,积极开展自主研发,将数字化技术融入快递业务全场景,以技术创新提高全链条运营效率,满足客户多样化的需求。

1. 研发创新管理

中通快递专注于为消费者和客户提供转型升级的物流解决方案,持续加大研发投入力度,完善研发创新机制,加速成果转化,助力创新成果在业务端实现高质量快速交付。中通快递搭建了由各部门分散建设向企业统一建设的一站式产研工作平台(DevOps),集合需求管理、缺陷管理、任务管理、版本迭代管理、项目管理、测试管理、目标管理、应用与集群管理、发布管理等产研全流程功能,畅通各环节信息沟通,实现开放、高效的协作,提升研发能效。

2. 技术创新提升运营效率

中通快递积极践行“互联

网+物流”的理念,以数字化赋能业务,实现数据服务业务流程,驱动业务决策,通过自主研发的科技产品和技术创新,促进数字化转型在“收、转、运、派”快递全周期的应用,实现物流全环节的数字闭环。

全网数据跟踪报表和快件跟踪,为商家提供快递可视化信息。中通快递通过数据整合、场景聚合、闭环操作,为客户提供进出港跟单服务,实现实时运单跟单状态查询及操作。同时,还面向客服(总部、管区、网点)、网点各级职能人员、业务员、各级网管等几十种角色提供快件跟踪,围绕着运单维度的基础信息及异常数据,作为用户去处理问题及处理问题的决策依据。

揽派AOI分组,智能化措施优化工作效率。揽件AOI分组:基于系统订单分配给取件员后混在一个列表导致揽收取件效率低的问题,中通快递研发并推广使用揽件AOI分组,AOI可理解为“最小揽派区域”,业务员不仅可以按分组规划合理路线取件,还可以移动矫正分组,提升订单搜索与取件效率,间接提升了网点业务量。派件AOI分组:为解决包裹在分拣、派送到签收环节效率低的问题,中通快递设计AOI四段码围栏,将业务员送货上门包裹按地址做精细化分组,提升分拣、派送、签收效率,现已覆盖7个管区,“100+”网点。

“快递管家系统”为不同类型商家提供便利服务。为提升中小商家和大商家客服体验,中通快递持续升级并优化“快递管家系统”功能。对于中小商家,快递管家系统可实现智能AI群聊售后和退款自动拦截功能,更及时、更自动化地处理商家店铺售后服务需求。此外,快递管家面向中小商家还上线了面单自助充值功能,支持商家随时随地进行面单充值,极大地方便了商家使用体验。

对于大商家群体,快递管家提供了订单自主对接接口能力,支持商家通过接口加密形式将订单对接,通过快递管家系统回传单号,不仅全程保证了商家客户数据的安全,更辅助商家在自研系统内完成了订单管理、打单发货的闭环处理,极大地提升了商家订单管理及打单发货效率。在售后服务方面,快递管家面向大商家对外拦截退改接口,支持大商家通过接口对接的形式在自研商城内发起拦截、退改等售后工单,极大地提高了自研大商家的服务体验。

3. 知识产权保护

中通快递严格遵守《中华人民共和国商标法》《中华人民共和国著作权法》《中华人民共和国专利法》《中华人民共和国反不正当竞争法》等法律法规要求,修订《知识产权管理制度》,激励员工积极参与知识产权的创造和应用,确保专利申请质量,促进公司的技术创新和核心竞争力提升。报告期末,公司获得专利192件,软件著作权260件,商标712件,本年度知识产权投入总计超270万元。

四、绿色快递

当前,气候变化不仅对企业乃至社会的可持续发展构成了严峻挑战,亦已成为人类亟须解决的全球性问题。中通快递致力于构建绿色物流体系,努力践行运输、仓储、办公等各场景的绿色运营,持续优化包装选择,助力国家“碳达峰、碳中和”目标达成,努力应对和缓释气候变化影响。

中通快递致力于构建绿色、循环、低碳的快递物流体系。我们以科技创新为驱动,以绿色低碳为路径,以引领物流行业可持续发展为航标,聚焦运输环节低碳转型、中转环节清洁智能、网络运营提质增效,实现2028年自身运营单票碳排放下降20%的减排目标,携手价值链合作伙伴,在绿色低碳高质量发展之路上行稳致远。

1. 节能减碳

中通快递严格遵守《中华人民共和国环境保护法》《中华人民共和国节约能源法》等运营所在地的相关法律法规,通过建立健全内部能源管理制度及流程要求,制定并持续追踪能源目标达成情况,为员工进行能源效率相关的培训和宣传教育，提升节能意识。对于外包物流供应商，公司致力于改善其环境绩效，将仓库资源是否具备光伏设施，车辆排放标准是否是国五及国五以上，配送是否有新能源车辆资源作为筛选要求，共同打造绿色运营体系。

优化能源使用是减少运营产生的温室气体排放的重要途径之一。通过管理提升和技术革新，不断探索节能降耗空间，并通过分析能源管理目标落实情况，持续跟踪并全面提升能源使用效率。此外，大力推行能源结构优化，积极采用清洁能源，着力提高清洁能源使用比例。其中，在光伏发电方面，2023 年公司光伏铺设面积约 37 万平方米，实际发电量 40150 兆瓦时，发电量同比增加 34%，其中自用部分 26010 兆瓦时。

2. 包装材料使用

中通快递致力于从源头减少资源消耗及废弃物，制订了《增值服务监督管理条例》《中通快递快件包装操作规范》，明确了包装原则、工具和包装材料的选择标准，要求在满足市场需求的前提下，尽可能减少包装材料的使用。同时，在包装材料选择及循环利用方面持续投入，探索诸如高效制冷剂开发、高保温袋开发、废弃瓦楞纸板二次利用、循环折叠周转筐开发等一系列绿色、循环包装材料研发及应用场景，以最大限度地减少包装和包装废弃物的环境影响。电商快件不再二次包装比例为 93.34%，采购使用符合标准的包装材料应用比例 91.83%，按照规范封装操作比例 95.15%，使用可循环包装的邮件快件达 2522 万件以上，回收复用质量完好的瓦楞纸箱达 14652 万个以上。

此外，为了持续加强内部绿色包装知识的普及，中通设计并上线了关于绿色包装的一系列专项培训课程，宣传绿色规范包装方式，避免过度包装，实现节约资源，防止污染环境。同时，通过网点包装抽检、调研等形式，对相关培训结果开展闭环验收，致力于将绿色包装治理工作落到实处。

五、社会责任

中通快递始终坚持“用我们的产品造就更多人的幸福”，并用爱回馈社会，以实际行动传递温暖和爱心。中通联合员工、合作伙伴一起开展多项公益活动。围绕提供优质教育、支持社区发展等方面，打造“圆梦 1 + 1”、科普进校园、寻亲胶带等公益项目。

“圆梦 1 + 1”爱心助学，播撒希望的种子。2023 年中通快递内部支持公益行动的地域范围不断扩大，号召山西、天津、新疆、浙江、贵州、湖北、湖南、辽宁、上海等 9 个管理中心，推动中心与当地网点联合开展“圆梦 1 + 1”爱心助学公益活动，募集爱心物资，汇聚更多爱心力量，帮助更多偏远山区的孩子筑造希望。活动启动一个月以来，中通快递联手华新镇相关部门以及社会爱心力量累计捐献生活用品、学习用品、清凉用品、体育用品等爱心物资超 160 箱，预估价值超 13 万元。同时，还通过职工公益运动会以及中通网络互助基金，筹集了 5 万元的公益资金，通过云南省青少年发展基金会指定捐助给云南省云龙县民建乡中通希望学校，用于改善学校的用水设备，解决师生的用水困难。

关爱城市守护者，让冬天不再寒冷。2023 年 12 月期间，中通快递在全国多地举办“有你的冬天不太冷”2023 年冬季送温暖活动，活动覆盖黑龙江、吉林、辽宁、内蒙古、宁夏、新疆、河北、山东、甘肃、陕西、天津、上海等多个地区，为快递员、外卖员、环卫工人、建筑工人、交警等一线户外工作者免费提供围脖、帽子、手套、护膝、暖贴、护手霜等保暖物资。

小小胶带，传递回家的希望。中通快递为帮助更多失踪儿童回家，将公安部网站上失踪儿童的照片和寻亲联系方式印在胶带上，用来打包快递。尽管一卷印有失踪儿童信息的胶带比普通胶带成本多出一倍，但可以随快递包裹将希望带向天南海北，为失踪儿童早日回家贡献自己的绵薄之力。

圆通速递有限公司

圆通速递有限公司(以下简称“圆通”)于2000年5月28日在上海创立。近年来,圆通围绕国家战略部署、坚守快递物流主业、加大产业生态投资布局,已发展成为一家集快递物流、科技、航空、金融、商贸等为一体的综合性国际供应链集成商。

一、基础建设

截至2023年底,圆通服务网络覆盖全国31个省(区、市),地级以上城市已基本实现全覆盖,县级以上城市覆盖率达99.89%;公司加盟商数量5071家,终端门店超82000个;在全国范围拥有自营枢纽转运中心73个,全网干线运输车辆近7500辆,其中自有干线运输车辆5354辆,基础设施建设不断完善,全网综合实力进一步增强。

截至2023年底,圆通自有航空机数量达13架,其中波音767-300共2架,波音757-200共10架,ARJ21-700共1架;累计开通130多条覆盖亚洲全域、东欧核心区域的优质航线,并通过自建自营、战略合作等逐步拓展国际网络覆盖和市场,国际业务服务网络已覆盖6个大洲、150多个国家和地区,并在国内主要口岸和国际部分重点口岸已完成关务能力建设,清关网络已基本覆盖全国主要口岸,清关体系日趋成熟,可为多业态客户提供精准高效的通关服务。同时,公司以承办国际综合性赛事物流服务为契机,进一步沉淀了“仓干线配关”一体化的国际供应链物流服务能力。

截至2023年底,圆通在职员工人数为17804人,实现了劳动合同100%签订,社会保险100%缴纳。

二、业务发展

2021—2023年,公司业务完成量分别为165.43亿件、174.79亿件、212.04亿件,营业收入分别为451.55亿元、535.39亿元、576.84亿元,业务规模和经营业绩稳健提升。

圆通荣获“2023年《财富》中国500强”“2023中国企业500强”“2023中国民营企业500强”“2023中国服务业民营企业100强”“2023长三角服务业企业100强”“2023上海企业100强”等多种奖项,荣列新能源物流车应用推广贡献企业。

三、科技应用

2023年,圆通在数字化升级战略推进下,面向业务员的收派件管理工具“行者”,利用大模型等人工智能技术,为业务员提供基于送货点和地理位置的智能分堆和智能派件服务,让其在分拣、分堆、装车、派件各个环节更加高效地完成当天的收派工作,可以有效降低业务员的上手门槛,减少因错分导致的意识破损风险,提升派件时效,优化客户体验;基于工单的信息处理系统开心果,巧妙地利用IM(即时通信)工具和人工智能、大数据分析技术,把工单和快递员进行智能匹配,彻底解放客服,实现工单的实时高效处理,显著提高了响应速度和客户服务质量。

一切以市场客户体验为中心,为客户创造价值,圆通融合人工智能与数字化能力,使客户体验得到大幅提升,进而提高了客户的满意度和公司的品牌信誉度。

四、绿色快递

圆通从战略上高度重视生态环保及绿色发展工作,按期召开绿色工作碰头会,根据《国家邮政局2023年行业生态环境保护工作要点》要求,对公司生态环保工作进行研讨与部署,将生态环保工作分解至各业务部门,实现责任到人，确保各项工作有目标、能落实、出结果。

根据国家邮政局印发的关于《落实 < 国务院办公厅关于进一步加强商品过度包装治理的通知 > 工作措施和任务分工》的通知要求，制定并向国家邮政局报送了《圆通进一步加强过度包装治理方案》，同时印发了《关于明确绿色包装内部申购的通知》，加强绿色包装统一采购管理。

圆通围绕《中华人民共和国固体废物污染环境防治法》《邮件快件包装管理办法》《国务院办公厅关于进一步加强商品过度包装治理的通知》等法规政策，通过培训（线上线下相结合）、问卷调研及设计张贴海报等多种形式，在全网络开展绿色生态环保法规政策学习宣贯，督促全体员工加强法规政策的持续学习，提升全网绿色生态环保法治意识与责任意识。

圆通严格落实国家邮政局生态环保工作的安排部署，提在网络管理部门下设绿色包装推进组，并印发了《关于全网加盟公司做好塑料污染和过度包装治理的通知》《圆通进一步加强过度包装治理方案》，明确过度包装检查及奖惩制度，统筹管理，有效推进塑料污染与过度包装治理工作。

同时，圆通要求各管省区定期组织开展塑料污染及过度包装治理的自查自纠，及时纠正存在的胶带缠绕过多、填充物使用过多、大箱小用等过度包装和随意包装行为。规范作业流程，要求一线揽派人员按照《邮件快件限制过度包装要求》及公司《快件包装操作规范》，根据寄递物品材质，合理选择包装箱（袋）规格及填充物品，胶带封装使用“一”字形、“十”字形或“卄”形封装方式，切实减少填充物和胶带使用，坚持适度包装，严禁野蛮分拣、抛扔、踩踏或者以其他方式造成包装破损。

圆通严格执行国家标准和行业标准关于快递包装的相关要求，加强总部采购管控，把好入口关，在供应商比选、物料采购入口对重金属和特定物质含量超标包装袋进行严格管控。同时印发《关于明确绿色包装内部申购的通知》，加强绿色包装统一采购管理，要求网点采购经绿色产品认证的快递包装。

2023 年，圆通积极学习宣贯国家邮政局提出的 2023 年邮政快递业绿色发展目标，制作了“9218”工程宣传海报，要求以会议学习、网点张贴等方式进行全员宣传培训。督促全体员工加强法规政策的持续学习，坚决树牢全网绿色生态环保法治意识及责任意识。圆通也持续向全网及公众发出倡议，对“过度包装”说不，杜绝“粽子式”胶带过度缠绕，杜绝使用一次性塑料编织袋，杜绝大箱套小箱，杜绝层层套塑料袋。

2023 年，圆通亦积极开展《中华人民共和国固体废物污染环境防治法》《邮件快件包装管理办法》等快递包装法律法规标准、操作培训及节能驾驶培训，2023 年累计培训驾驶员超 3000 人，累计培训一线快递员超 5.3 万人。

五、社会责任

近年来，圆通凭借覆盖全国的物流网络优势，用安全快捷的服务助力社会公益事业，主动作为、回报社会，彰显“服务社会、强企为国”的责任担当。同时，公司长期通过资金及物资捐赠，在抗震救灾、捐资助学、助残共富等方面践行“德善圆通”理念。2023 年，圆通在助残、助困、助学等方面共实施 50 多个公益项目，对外捐赠支出超 1000 万元。

为贯彻落实国家“十四五”城乡社区服务体系建设规划，推动桐庐县现代社区建设工作，公司捐资 200 万元成立桐庐县圆通社区发展基金会，发挥聚集社区资源、解决社区问题、创新社会治理等作用。同时，公司再次向上海长三角商创科技基金会捐赠 300 万元，助力优秀科研项目和科技人才的孵化与培育，推动长三角科技创新事业的发展。

2023 年 12 月，甘肃临夏回族自治州积石山县发生 6.2 级地震，公司积极响应抗震救灾工作，向积石山县红十字会捐赠现金200万元，用于支援灾区抢险救援、物资采购、受灾群众生活安置及灾后重建等工作，多批次采购并运送防寒衣物、照明用品、食品等救灾物资，积极传递温暖力量。

2023年10月，上海青浦区企业向青海玉树、四川甘孜、吉林舒兰、新疆伊宁等地捐赠价值近百万元的爱心物资，该批物资总数近200箱、超2万件，主要包括冬季御寒的手套、帽子、围巾等。圆通在得知该项善举后，主动提出免费承担该批爱心物资的运输任务，并安排上海市区、上海转运中心以及属地网点指派专人、专车，同时提供打包、装车、运输等一条龙服务，确保爱心物资安全、及时抵达。

2023年5月，圆通与同济大学共同签署《同济大学圆通教育奖励金捐赠协议》，通过基金会捐赠36万元并设立同济大学圆通教育奖励基金，以奖励品学兼优、创新进取、具有高度社会责任感的优秀人才，表彰和激励为人才培养和学科发展作出突出贡献的优秀教师和辅导员。同时，双方签署合作备忘录，正式开启合作新篇章。未来，双方将在产教融合、人才培养、成果转化等方面携手并进，共同推动智慧物流发展，大力构建现代物流体系。

河北省平泉县四合园村芽青沟五组因地理位置偏僻，农户居住相对分散，海拔落差较大等原因，一直未能建成自来水工程，农户多靠自家打井或传统手压井，甚至自行取水才能解决基本用水问题。为解决这一难题，协助国家邮政局做好河北省平泉县定点帮扶工作，公司捐资35万元开展平泉县四合园村安全饮水入户工程，帮助43户家庭、128人实现自来水入户，解决其饮水难题。

圆通还通过基金会捐赠50万元用于芒市通达华新爱心助教金项目，对云南省芒市的脱贫家庭及三类监测对象家庭的高中生和大学生进行资助，使得贫困家庭适龄儿童有学可上，目前已累计帮扶120名困难学子。

为贯彻落实习近平总书记关于残疾人事业的重要指示精神，圆通于2021年5月和中国残联签署合作协议，启动帮助残疾人实现高质量就业创业的"圆梦行动"公益助残项目。圆通成立了"圆梦行动"专项小组，建立并实施包括残疾人招聘、培训、考核及员工关怀等在内的制度体系，开放100余个适合残疾人就业的岗位，涵盖全网圆梦家园驿站、客服、业务类、操作类、办公后勤类等5大工种，拓宽残疾人就业渠道。

截至2023年底，"圆梦行动"取得阶段性进展，圆通与25个省市级残联签署圆梦助残行动战略合作协议，建设圆梦家园驿站近8000家，并在北京和杭州建成了两个百人规模助残基地，累计帮助12000余名残疾人及其家属就业创业。

六、大事记

1. 圆通召开全国快递行业首个(全网)职代会

3月30日，圆通召开全国快递行业首个(全网)职代会，诞生首份全网集体合同，切实将集体协商、职代会制度作为圆通速递健全完善现代公司治理体系的重要组成部分，进一步保障全网员工的知情权、参与权、表达权和监督权。

2. 圆通在嘉兴投资开发的全球航空物流枢纽项目——"东方天地港"正式开工

4月14日，圆通在嘉兴投资开发的全球航空物流枢纽项目——"东方天地港"正式开工。浙江省省长王浩、嘉兴市委书记陈伟，嘉兴市委副书记、市长李军出席开工仪式。

3. 圆通正式开办致远学堂，开创快递行业内人才培养创新模式先河

5月28日，在公司成立23周年之际，圆通正式开办致远学堂，开创快递行业内人才培养创新模式先河，聘请行业专家、知名学者、管理精英、业务骨干等组成专家委员会和师资力量，携手知名高校构建产学研一体化机制，通过理论培训、业务实践、学术交流等多种形式，聚焦行业未来发展，培养"年轻化、专业化、数字化、国际化"的"四化"

人才，打造“有创新、有担当、有格局、有信念”的“四有”团队，推进“人才强企”战略，为圆通和全行业培养具有宏观视野、国际眼光、综合能力的高素质精英，为快递物流业高质量发展贡献更大力量。目前，学堂已被上海市总工会授予快递行业在沪的首个“职工学堂”称号。

4. 圆通速递亮相2023年服贸会，全方位展现跨境供应链物流服务能力

圆通在此次服贸会上以“新亚运、新圆通、新服务”为主题，全方位彰显国际综合性物流供应链服务能力，重点展示了杭州亚运会物流中心——“国际一号仓”运营和圆通嘉兴全球航空物流枢纽“东方天地港”建设情况，以及国际物流清关服务等方案。

5. 7名圆通人成为杭州亚运会火炬手

9月8日起，圆通7名亚运火炬手陆续沿着火炬传递路线，在杭州、湖州、温州、绍兴、嘉兴等地完成了亚运圣火的传递。他们来自快递员、分公司负责人、货机机长、IT（互联网技术）工程师等各个岗位。7位圆通人也作为一线快递人代表传递亚运圣火，向全世界展现放心、可靠的中国快递人形象。

6. 圆满完成第19届杭州亚运会物流运输工作

9月23日到10月8日，杭州第19届亚运会举行。在这届规模最大、项目最多、覆盖面最广的亚运会上，作为官方物流服务赞助商，圆通国际化服务能力的呈现，全新信息系统的研发，智能化、无人化设备的应用等，无疑交出了一份令人满意的答卷。短短的15天内，6座办赛城市，45支国家和地区代表团，56座竞赛场馆，近百座训练场馆和接待酒店，超万名参赛选手和技术官员，逾十万吨体育器材、办赛设备、后勤保障等办赛及参赛物资，都需要圆通织就一张庞大的物流网络串行并联，并随时响应。从寄送亚运邀请函起，到亚运物资回收完成为止，圆通几乎参与了亚运物流的每一个环节，在每一处物流细节中，圆通人都展示出了安全、快速、便捷、可靠、科技的用心服务与随机应变、紧急调度的能力。

7. 哈萨克斯坦总统托卡耶夫在北京会见喻渭蛟董事长，并见证圆通与哈萨克斯坦国家邮政（Kazpost）签署战略合作协议

10月17日，在第三届“一带一路”国际合作高峰论坛期间，哈萨克斯坦总统托卡耶夫在北京会见喻渭蛟董事长，并见证圆通与哈萨克斯坦国家邮政（Kazpost）签署战略合作协议，双方就未来在电子商务、交通物流等领域开展互利互惠的合作展开讨论。

8. 圆通国际亮相第六届进博会，三大亮点展现跨境全链路物流服务能力

11月5日，第六届中国国际进口博览会在上海国家会展中心拉开帷幕。圆通国际快递供应链科技有限公司作为圆通推进“快递出海”及国际化发展战略的平台和业务主体，再次亮相进博会服务贸易展区，全方位展示“仓干线配关”一体化的全链路物流服务能力。

9. 第五届中国（杭州）国际快递业大会举行，喻渭蛟董事长发表主旨演讲

11月21至22日，由浙江省人民政府、中国快递协会主办，国家邮政局指导，杭州市人民政府承办的第五届中国（杭州）国际快递业大会在“中国民营快递之乡”桐庐召开。大会上，圆通速递董事长喻渭蛟以《服务社会　强企为国》为题发表主旨演讲。

10. 圆通参展首届中国国际供应链促进博览会，助力行业“链”接世界

中国国际供应链博览会于11月28日起在北京举行。这是全球首个以供应链为主题的国家级展会。圆通是唯一一家参展的民营快递物流企业。圆通董事长喻渭蛟出席链博会开幕式，并参加11月30日举行的链博会“供应链管理的可持续发展”论坛，发表《服务社会　强企为国》的主题演讲。

11. 浙江省委书记易炼红调研圆通“东方天地港”

12月25日下午，浙江省委

书记易炼红来到秀洲区调研位于嘉兴临空经济示范区的东方天地港项目,圆通董事长喻渭蛟接待了易炼红一行。易炼红深入考察了嘉兴全球航空物流枢纽、东方天地港建设现场,了解项目推进情况,强调要锚定目标、抢抓机遇,以更加务实的举措全力以赴确保项目更加高效推进。易炼红强调,秀洲区要发挥优势、乘势而上,不断巩固扩大发展成果,注重打基础利长远,培育更多具有战略意义的重大产业项目,为浙江省高质量发展作出更大贡献。

申通快递有限公司

申通快递初创于1993年,是中国第一家民营快递企业,开创了快递加盟制模式,同时也是国家5A级物流企业、全国工商联2023中国民营企业500强、《财富》中国500强,A股上市企业。

公司秉承“正道经营、长期主义”的发展理念,坚定“打造中国体验领先的经济型快递”战略目标,持续引领中国快递物流业改革、创新、发展。2023年,公司持续推进“三年百亿”产能提升计划,加强基础设施建设。作为全站上云的快递企业,公司将进一步深化数智化运营,精细化管理,改善时效及服务质量,推动全链路降本增效,以科技和人才为推动力,全力提升中国快递业特别是经济型快递的服务能力和水平。

一、夯实基础建设,产能再上新台阶

1. 中心建设再发力,构建强大运营地盘

2023年申通继续推进3年百亿产能提升项目,通过转运中心升级改造和标准化建设,在关键节点上进行扩容调优,进一步扩充全网吞吐产能,做大做强枢纽转运能力。

申通全年共实施37个产能提升项目和18个改造优化项目,主要涉及南宁、泰州、贵阳、西安、南昌、兰州等城市,推动公司常态吞吐产能突破日均6000万单。随着单量快速增长以及产能利用率居于高位,公司继续投入基础设施建设,进一步加强重要中心节点的产能供给,推动公司产能再上新台阶,预计2024年内公司常态吞吐产能有望提升至日均7500万单以上。

2. 持续投放智能设备,提高数智化分拣能力

2023年申通持续增加在自动化分拣设备方面的投入,一是不断优化设备及工艺,全面保障新交付项目的设备质量,同时对老场地的设备进行升级改造,随着矩阵区柔性滑槽改造以及旧设备接口的改造升级,有效降低了分拣破损率;二是引进侧滑式分拣机以提升小件及异形件处理效率,降低分拣成本;三是在原有自研的高速交叉带基础上,全新开发了多层超高速交叉带,可满足转运中心不同的产能需求,供件效率较全网均值提升13%以上,飘格率下降78%;四是针对自研设备开发管理系统,并不断扩大自研设备的接入范围,逐渐形成覆盖全网的动态、实时业务数据系统,进一步提升转运中心的数智化管理能力与精细化运营水平。2023年公司累计拥有240套交叉带自动化分拣设备。此外,公司持续加强转运中心的标准化建设、精细化管理,促进转运中心的人效、时效、坪效进一步提升。

二、增速领跑行业,卫冕快递增长王

2023年申通秉承“正道经营、长期主义”的发展理念,坚定“打造中国体验领先的经济型快递”的战略目标,坚持“业务规模、服务体验及利润”三驾马车并驾齐驱、均衡发展的经营

策略，通过持续投入基础设施建设，全面落实精细化管理，深化数智运营体系，构建多元化服务能力等战略举措的落地实施，公司顺利实现了在市场份额、快递时效以及服务质量方面的稳步提升。

2023年申通完成快递业务量175.07亿件，同比增长35.23%；市场占有率为13.26%，同比上升1.55个百分点；实现营业收入409.24亿元，较上年同期增长21.54%；实现归属于上市公司股东的净利润3.41亿元，较上年同期增长18.41%；归属于上市公司股东的扣除非经常性损益的净利润3.39亿元，较上年同期增长9.86%。

在大客户服务方面，申通坚持"和客户共成长、同发展"的合作理念，2023年公司继续打造与战略客户的良性合作关系，通过商务、运营、产技、售后等全方位协同保障，为品牌客户打造高体验、高品质、高性价比的个性化快递综合解决方案。目前，公司品牌大客户业务服务规模同比增长400%，服务覆盖范围包含洗护、图书、美妆、小家电、母婴、医药等行业。

按需配送服务方面，2023年申通推出"申咚咚"产品服务。该产品是一款稳定、多样化派送的升级服务产品，能够有效改善消费者的服务体验。受"申咚咚"服务保障的包裹在物流全流程享受优先操作和时效保障，同时，在末端派送环节，"申咚咚"承诺100%按需派送，满足消费者的个性化派送需求。在售后保障方面，公司全程智能检测履约情况，配套专属客服团队秒级响应，并承诺爽约100%退赔。目前，"申咚咚"按需配送服务范围已覆盖113城。

三、数智化运营，向技术要红利

1.优化超级商家平台，提供一站式快递服务方案

超级商家平台是公司围绕客户视角打造的一款为商家提供高效优质、简单易用的一站式快递服务解决方案的产品，可以为商家提供从打单发货到售后服务的快递全链路服务，包括主动预警、智能客服极速理赔、秒级响应等，还支持多平台、多家快递公司的订单管理，具备一键合并订单、爆款订单一键筛选等特色功能。

2.升级"网点管家"，赋能网点精细化运营

"网点管家2.0"集成了实操、质控、财务、数据分析等功能于一体，让网点管理者可以便捷查看网点的经营状况和日常实操情况，实时跟进揽收、签收及上门考核情况，全面提升网点的服务质量和实操效率。

3.开发时效控制塔，改善客户服务体验

时效控制塔是面向现场管理者设计开发的一款实时监控包裹全链路时效的产品，通过先进的数据控制塔技术以及领先的先知引擎算法，实现对客户订单全方位的数据监控以及重点异常的预警。凭借控制塔技术强大的数据支撑能力，现场管理者可通过实时数据快速定位问题件，及时干预，及时处理，保证每一个包裹的时效与质量，改善客户服务体验。

4.开发班组计件，实现班组数据可视化

班组计件是面向转运中心核心管理人员开发的班组管理工具。该产品的上线将实操员工的工作数据从中心维度下沉至班组维度并将业务量精准到人，采用大数据流处理框架构建实时计算链路，全面实现人岗绑定，为基层管理人员提供更全面、更细致的现场数据，让管理者能够快速了解一线实操员工的工作成果，对每一个岗位做到精细化管理。此外，在一线实操员工计薪时，该产品的操作分结算评价体系能够为管理者提供更及时、更透明的数据支撑，同时还可做到操作成本预测、规划和控制，有利于提升一线实操员工的留存率与工作效率。

四、坚持技术引领，打造绿色新质生产力

"绿水青山就是金山银山"。申通快递在"双循环"中积极彰显责任与担当，不断完善绿色快递管理体系，积极创新和

应用先进技术,持续提高能源利用效率,减少资源消耗,降低污染物排放,在创造持续向好的经营业绩的同时,不断降低对环境影响。践行绿色发展理念,为行业高质量发展及建设美丽中国贡献申通力量。

1. 绿色包装

申通快递始终坚持低碳环保、绿色发展的理念,走绿色快递、智能物流之路。截至2023年底,申通快递共计使用可降解塑料袋112万个,加盟商电子面单使用率为100%。节约的胶带数量约为41100卷,通过降低原料消耗,间接降低生产胶带所产生的二氧化碳排放约23吨,全网可循环中转袋单年投入量1160万只,累计投入量3288万只。设置绿色包装回收装置的网点数量3398个。

2. 光伏建设

2023年在浙江杭州、浙江金华、湖北荆门及湖北孝感等地,申通建设了多个大型光伏发电项目,全年降低二氧化碳排放约496吨。其中,杭州转运中心光伏项目作为申通快递首个兆瓦级光伏发电项目,使申通快递直属转运中心光伏项目实现了从“0”到“1”的突破,标志着公司在快递行业新能源领域迈出了坚定步伐,对公司走绿色环保、可持续发展道路的实现具有示范意义。

3. 油耗管理

油耗管理系统作为现代车辆管理的重要组成部分,旨在通过对车辆油耗数据的收集、分析和处理,实现对能源消耗的合理控制。申通引入油耗竞标项目,对新承包及承包到期续包的车辆按照线路规定油耗标准。2023年,已有1009条线路完成油耗竞标,油耗竞标项目共节约57万升柴油,折合约降低二氧化碳排放1505吨。油耗竞标项目的实施,显著提升了运输效率,优化了能源结构,树立了行业节能减排的典范。

4. 污染物管理

申通快递积极应用太阳能、液化天然气等清洁能源,减少废气产生。同时,通过合理规划运输干线,推广高运力车型,减少污染排放。2023年,申通快递投入天然气汽车数量共计20辆,申瑞车队纯电牵引车比例已达到16%。目前,公司内国六标准车共计2179台,占比达到36.4%。作为申通快递的全资子公司,杭州申瑞也持续在废气减排方面落实具体举措,2023年国六标准车用尿素用量达到1726万升。对于重型柴油车,氮氧化物和颗粒物的排放比国五阶段降低60%以上;车队的排放总量对比国五车减少24%左右。

五、回馈社会,切实践行“311”社会责任体系

申通快递积极承担企业社会责任,始终秉持回馈社会的初心。2023年,申通发布“311”社会责任体系,确定了应急、绿色、农村三大公益方向,两个“1”分别代表员工责任与客户责任。在不断创造企业价值的同时,将公益精神融入企业文化,倡导员工积极参与志愿活动,以实际行动践行企业社会责任。公司全年在医疗、教育、扶贫领域的社区贡献时间为172小时,总计贡献金额104.83万元。公司以支援灾情、公益献血、爱心捐赠等实际行动,展现了企业的社会责任感,为构建美好家园、实现可持续发展目标共同努力。

1. 应急救援

在应急救援方面,申通快递在全国范围内启动针对突发事件、自然灾害的应急配送机制,有效保障民生物资寄递运输需求。2023年,申通累计公益运输超100吨的应急救援物资,行驶里程累计超5000公里。同时在全国完成了72个申通110应急救援站的建设,并在12月发布了中心建设应急救援点的通知,启动申通110应急救援点的建设,目前已经建成20个应急救援点,均已进入试用阶段,下一步会在全国进行推广。

2. 助困

申通快递始终秉承“有爱申通”公益理念,积极融合社会力量,践行社会责任,坚持向社会传递正能量。公司设立了爱心救助基金,对发生重大交通事

故、自然灾害的申通网点，患重大疾病的申通快递员工进行困难补助，帮助他们渡过经济难关。2023年共发放超过252700元的补助金。

3. 助力乡村振兴

申通快递始终秉持“用心服务，成就你我”的企业理念，积极响应国家号召，投身乡村振兴战略，为实现农村全面进步、农民全面发展贡献自己的力量。公司全面推进“快递进村”工程，进一步畅通农产品出村进城渠道，通过打造“共富驿站”，搭建助农直播间，拓展“线上销售+线下寄递”模式，开展团购同城配送、就近城市配送等活动，带动农民增收、农业增效，为全面推进乡村振兴，加快农业农村现代化注入新动能，带动村民驶向致富“快车道”。

六、企业大事记

1. 三十而新

喜迎创业30周年，举办30周年庆典暨全国网络大会，发布“打造中国体验领先的经济型快递”的三年目标和“申咚咚”“申二代”“申意金”等三大项目。

2. 时效质量

全力投入“用心服务年”，打造“发申通，好快省”品牌心智，经过持续治理改善，全链路时效创历史最优，主要物流指数多次霸榜，获得更多品牌、商家、消费者青睐。

3. 品牌

启用全新商标，新VI体系全面落地车辆、中心、门店、工服等业务场景。

4. 生态伙伴

举办首次面向品牌商家的“客户开放日”和面向供应商的首届生态伙伴大会，产业生态圈枝繁叶茂，“真朋友”越来越多了。

5. 平台

京东与申通重启合作，全平台服务能力强化公司竞争力。

6. 产技

打造“先知引擎”，推出“超级商家”，升级网点管家、移动昆仑等产品，发布《快递数智化：移动、实时、自动化+》报告布道申通技术理念，明确“向技术要红利”为顶层战略。

7. 质量提升

联合菜鸟推出“经济圈次日达”、联动淘天集团推出西北集货仓等新业务新模式，为全社会提供更加集约、高效、优质的产品服务。

8. 产能单量

“三年百亿”计划继续推进，全网产能推高至6000万单/日，业务量同步强劲增长，全年业务量超过170亿件，增幅35%，远超大盘，网点信心度继续攀升。

9. 人资

实施首届“同舟计划”，98名总部管理者春、夏、秋、冬四季分赴16个省（区、市），深入中心、网点和客服一线实操，“拒绝吹着空调做决策”，在实践中发现并解决真问题。

10. 重返500强

时隔两年，再度闯入由全国工商联权威发布的中国民营企业500强榜单，排名创新高。

韵达控股股份有限公司

上海韵达货运有限公司（以下简称“韵达”）创建于1999年8月8日，总部位于上海，致力于成为领先的综合快递物流服务商，是5A级物流企业。韵达于2016年12月23日上市，以“传爱心，送温暖，更便利”为企业使命，努力实现“成为受人尊敬、值得信赖、服务更好的一流快递公司”的企业愿景。

韵达的经营以快递业务为主业，同时还包括供应链、国际物流、冷链和门店驿站等延伸业务，持续打造综合快递物流服务提供商。截至2023年末，韵达服务网络覆盖全国31个省(区、市)及港澳台地区,通达全球41个国家和地区的270余个城市,努力为国内外客户提供优质的服务。

2023年,韵达递送包裹超188亿件。在规模快递企业中,韵达在快件时效、客户满意度等方面名列前茅。

韵达是入选上海首批44家民营企业总部名单的企业之一,公司先后获得“2014－2015年度全国交通运输行业文明单位”等荣誉。韵达荣登“2018年中联百强”排行榜前三甲。2020－2023年,公司连续四年入围中华全国工商业联合会发布的“中国服务业民营企业100强”和“中国民营企业500强”榜单。

韵达在发展的过程中,始终坚持“以客户为中心”,始终坚持提升以快递为核心的综合供应链服务能力,打造“城市供应链、乡村供应链、国际供应链”三位一体的全球供应链体系,不断为国际国内的商家、客户和消费者提供更专业、更周到、更便利的综合服务。

一直以来,韵达积极履行企业社会责任,推进数字化管理与运营,确保企业安全、稳健发展;聚焦绿色低碳与ESG(环境、社会、公司治理),推进绿色包装和节能减排,努力降低社会物流成本;关心关爱一线快递员,促进员工成长与发展;力所能及开展公益慈善活动传递企业温暖。

一、基础建设

1.深入推进“两进一出”工程

2023年韵达以“两进一出”工程为抓手,进一步提升公司快递网络服务能力。截至2023年末,韵达在全国设立76个自营枢纽转运中心,枢纽转运中心的自营比例为100%;公司在全国拥有4851个加盟商,加盟比例为100%;服务网络已覆盖全国31个省(区、市不包含港澳台地区),地级以上城市除青海的果洛州和海南的三沙市外已实现100%全覆盖。公司全网快递员数量约19.8万人。

2023年韵达持续推动“向西向下向外”工程,县级区域覆盖率达99.4%,乡镇服务网络覆盖率达99.7%,新增乡镇网点1503家,开通国际业务的城市272个,国际业务覆盖的国家和地区已达到41个。2023年,公司网络覆盖面特别是在乡镇农村地区的服务范围得到了极大拓展,进一步夯实了国内业务发展的根基。

2.构建多元化末端服务设施

2023年韵达加大对加盟商及一线快递员的帮扶力度,加快构筑韵达快递超市、共配门店等多元化末端服务设施,加强网络延伸性,提升末端客户服务能力。截至2023年底,韵达拥有门店驿站等基础设施93000个。

二、业务发展

韵达深入贯彻“全网一体、共建共享”的发展理念,以科技创新、精细管理为驱动,实施“聚焦主航道”的发展战略,多维赋能加盟商,全网聚焦、聚力、聚势,共同将快递主业从市场规模、运营质量、服务水平、全程时效等维度做到行业明显领先。2023年,公司完成快递业务量188.54亿票,同比增长7.07%,市场份额达14.28%。同时,韵达积极实施快递业务“客户分群、产品分层”策略,大力发展韵达特快、散单等高附加值时效产品。此外,陆续布局韵达供应链、韵达国际、韵达末端服务等周边产业链。

(1)快递产品:标准快递、服务分层产品(韵达特快、电商平台增值服务产品)、散单业务等。

(2)增值服务:代收货款、保价业务、门店调拨、签单返还、逆向物流、隐私面单、预约配送等。

(3)韵达供应链:仓配一体、仓店调拨、数据和软件服务、整体解决方案等,为上下游客户提供全方位的仓配一体化解决方案。

(4)韵达国际:标准进口与出口服务[国际专线、国际特惠、国际小包、国际重货、FBA(亚马逊物流服务)等]、仓储

（保税仓储、海外仓储）、转运等相关业务。

三、科技应用

一直以来，韵达致力于成为“以快递服务为主业的数据科技公司”“将公司装进计算机的物流公司”。公司聚焦全网核心资源、核心模块，在分拨中心、干线运输、大数据决策、智慧服务、网络末端、客户开发等核心功能区深入进行信息化、数字化、自动化、智慧化建设和升级，在全网全链路实现一体式、数智化管理管控。

1.“客户管家”

韵达为商家打造“客户管家”数字化管理工具，帮助商家从“已揽收”“运输中”“派件中”“已签收”等多个维度对包裹进行跟踪，助力商家对发货全流程实现可视化监控和管控，提高发货和售后响应速度。

2. 数据中台

韵达建立的数据中台，不仅可以轻松处理海量数据，而且通过数字化运营提升了服务品质。数据中台所构建的数字化能力，已成为韵达满足日常业务需求的基石。凭借数据中台的支持，韵达实现了运输管理全流程的数字化、可视化和智能化，大幅提升了工作效率。中台所汇聚的海量数据，使韵达能更加精确地预测需求、规划路线，实时监控车辆状况，以最优方案完成每一个包裹。同时，为客户提供实时的物流跟踪服务，大幅提升了用户体验。

3. 客服机器人

韵达自主研发的小韵智能客服机器人，用于催件、下单、咨询、查件等多场景服务。小韵机器人具备多方言重口音语音识别、多领域场景对话交互、场景化多风格人声合成、复杂场景上下文语义识别等能力，可实现7×24小时工单在线服务。

4. 智能重卡

韵达引入测试运营的智能驾驶重型货车搭载了智能驾驶系统，配备激光雷达、毫米波雷达、高清摄像头、自动驾驶计算平台等智能驾驶硬件套装，并拥有针对重卡智能驾驶的独特算法，可精确感知周围环境并做出相应判断，降低因驾驶员疏忽或疲劳等因素引发事故的风险，让驾驶员在安全驾驶的前提下，更加轻松舒适。

5. 全自动分拣系统

韵达自主研发集成了“全自动分拣系统”。该系统通过自主计算出分拣信息，系统对分拣数据进行处理后，推送至智能分拣系统，智能分拣系统根据前置数据进行快件分拣，并将快件准确、高效地输送至对应的分拣区域。在此基础上，韵达持续对系统进行升级迭代，分拨中心先后历经了单层自动分拣线、双层自动分拣线和四层自动分拣线阶段。其中，单层交叉带自动分拣线已实现在分拣、中转、运输的全程中一次扫码、无需落地，大大提升了分拣效率。

四、绿色快递

韵达积极贯彻实施绿色发展“9218”工程，在国家“双碳”目标的指引下，始终将可持续发展作为公司发展战略的重要组成部分，通过制定可持续发展战略，推进体系化、高效化的可持续发展工作，从绿色包装、塑料污染和过度包装的治理、光伏发电、节约能源、大力推行新能源和清洁能源车配送等维度施策，推动企业高质量、可持续发展。

1. 绿色分拨

韵达积极倡导绿色低碳理念，着力打造环保型物流分拨园区。公司以绿色基础设施建设和减碳技术创新为支持，积极推动全网有条件新建分拨中心在屋顶安装光伏发电。

2. 绿色运输

2023年，韵达逐步对全网范围内排放不达标、车辆老旧、车龄较长的机动车进行淘汰，并采购符合国家排放标准的车型，减少车辆二氧化碳排放；根据车辆大小规格、距离等业务实际制定合理的耗油量管控标准，并开展驾驶员培训，培养驾驶员良好驾驶习惯，减少油料浪费和二氧化碳等气体排放；推行省内和区域内甩挂，减少车头使用数和总车辆使用数，提升车辆利用率，实现提效减排。此外，公司积极鼓励全网加盟商、末端网点，加大力度采购、使用新能源车辆和电动三轮车,减少碳排放,努力实现快件绿色运输、绿色派送。

3.绿色办公

韵达采取多种形式将绿色低碳、节约能源的理念贯穿到日常工作和生活中:持续推进数字化转型,充分利用线上办公系统进行日常业务管理工作,逐步实现合同文件电子化、公司流程线上化,公司文印设备产生的能耗(纸张、墨盒、硒鼓、电能等)有效降低;公司在办公区域标示温馨小贴士,提示员工节约用水用电,关注办公场所的电器使用情况,及时对无人区域的电器、灯源和设备进行断电处理;在新建分拨中心公共区域,通过推广应用雷达感应照明等措施,节能降耗。

4.可循环中转袋

韵达大力推广使用射频识别(RFID)可循环中转袋,截至2023年底已累计投放超2000万条,累计循环使用达16亿次,相当于减少不可降解编织袋13.7万吨。韵达RFID可循环中转袋采用可降解PE(聚乙烯)材质,具有循环利用、耐磨性好、材质环保、统一规范、定位追踪、安全可靠等众多优点。为继续深化环保袋的环保属性,2023年环保袋印刷油墨全面改为环保油墨,油墨使用量可降低50%,重金属、溶剂、有机挥发物等污染物下降95%。

5.可循环智能文件袋

韵达可循环智能文件袋具备防水、防火、防脏污的特性,袋子可重复使用1000次,无须使用胶带,既省去了耗材,又符合环保理念。其智能"R"锁设计允许通过扫码开袋,并进行身份加密,只有指定用户才能解锁。

6.快递回收箱

在快递末端环节,韵达推广使用快递绿色回收箱,鼓励加盟网点引导客户对可循环使用的纸箱、气泡膜进行回收再利用,减少包装废弃物对环境的污染。截至目前,韵达已在全国网点设置20000余个快递回收装置。

7.瘦身胶带

韵达积极响应"胶带瘦身"计划,优先采购符合国家标准、行业标准及国家有关规定的45毫米以下"瘦身胶带",逐步在全网范围内推广使用,并多次举办瘦身胶带操作培训课程,宣传胶带缠绕规范流程,进一步减少在快递包装过程中胶带的消耗。2023年公司使用瘦身胶带35.08万卷,一卷展开长度大约50米,减少胶带投放量17.54万平方米。

五、社会责任

韵达作为快递物流综合服务商,始终秉承"以客户为中心,以价值为目标,以奋斗者为本"的经营理念和"搭建平台,协同资源,服务社会"的发展理念,坚持为社会创造价值,为员工创造价值,为客户创造价值,以实际行动履行社会责任。

韵达始终以客户为中心,为客户提供优质、专业、贴心的服务,为客户创造价值;公司与客户、供应商、社区等利益相关方构建共赢的生态圈,实现共同发展;合规经营,回馈股东;积极参与公益,坚守初心,回馈社会。

2023年7月底,京津冀地区暴雨洪涝灾害发生后,公司第一时间调动全网资源,开展防汛救灾和困难群众救助工作;12月,甘肃临夏回族自治州积石山地震发生后,公司调配人力、物力、运力,向灾区持续运送救灾物资,助力灾区救援和重建工作。

为助力乡村振兴,公司深耕细耕农村市场,积极寻求与农业基地、农村电商、果园场及农户的合作,赋能新产业,激发产业活力,共创美好生活;公司积极响应国家"双碳"目标,将绿色环保、循环经济的理念融入寄递、运输、包装、办公等各个业务场景,并从收、转、运、派各环节部署绿色解决方案,通过用能结构调整、升级运输及业务模式、深入应用科技手段等途径持续推进节能减排,助力美丽中国建设。

六、大事记

1月,韵达获得2022年中国物流杰出企业、2022中国物流保畅稳链贡献奖、等奖项。

2月,韵达荣获"2022年度

青浦区服务业十强企业”。

2月，韵达荣获中国快递协会“2022年保通保畅贡献奖”“2022年助力乡村振兴贡献奖”“2022年服贸会快递行业特别贡献奖”。

4月，中国物流与采购联合会授予韵达“5A级物流企业”称号。

4月，韵达广东中山城东分部网点负责人周小洪、韵达上海公司派送员陈登龙等四名“韵达小哥”荣获“全国五一劳动奖章”。

5月，韵达（全网）一届一次职工代表大会（扩大）会议召开，大会在上海设立总会场，在全国各省区设立分会场，来自韵达总部、各省区及网点的180余名职工代表，通过线上、线下相结合的形式参加了会议。

6月，2023年中国·廊坊国际经济贸易洽谈会在廊坊开幕，韵达代表应邀出席大会开幕式、主论坛，同时参加了2023年中国·廊坊国际经济贸易洽谈会政企见面会并在大会上做了主题发言。

8月，由上海市经济和信息化委员会指导，上海产业互联网有限公司主办的“2023第四届中国（上海）工业品在线交易节”公布了“2023供应链管理服务与制造业深度融合发展典型案例”入选名单，“韵达助力一汽大众打造一体化备件供应链”位列其中。

8月，由上海韵达货运有限公司申报的“智慧物流韵达先行快递进村行业标兵”在“第二届乡村振兴品牌节·荣誉盛典”上喜获“乡村振兴赋能计划供应链强农典型案例”殊荣。

10月，韵达2023年单兵作战全国挑战赛操作岗位总决赛在上海举行，各大区、各工种冠军共计63人参赛。本次总决赛旨在通过岗位大练兵活动提升操作水平和服务质量。

11月，韵达国际连续第五次参加中国国际进口博览会，全方位展现韵达“全球、全链路”物流服务能力。

12月，甘肃临夏回族自治州积石山县发生6.2级地震后，韵达甘宁青省公司、协发委网点迅速启动应急预案，紧急采购大衣、棉服等灾区急需物资驰援积石山；韵达西宁分拨中心抽调货车、调配人力物力，为青海省红十字会向受灾地区输送救灾物资提供公益运输服务；韵达福建省公司派出专人专车，公益助力8吨救灾物资运往积石山。

第七篇 各地纵览

北京市快递市场发展及管理情况

一、快递市场总体发展情况

2023年,北京市邮政行业寄递业务量完成31.9亿件,同比增长11.2%;业务收入(不包括邮政储蓄银行直接营业收入)累计完成391.7亿元,同比增长7.3%。其中,快递业务量(不包含邮政公司包裹业务)完成22.7亿件,同比增长16.1%;快递业务收入完成311.0亿元,同比增长6.6%(表7-1)。快递揽投量完成63.7亿件,同比增长22.3%。行业支撑北京产品网售额约3016亿元,服务北京市民网购额约3381亿元,共支撑北京市电子商务交易额接近6400亿元。北京市民年人均交寄接收快件量292件,同比增长22.6%,是全国平均数的1.6倍。

表7-1 2023年北京市快递服务企业发展情况

指标	单位	2023年		比上年同期增长(%)		占全部比例(%)	
		累计	12月	累计	12月	累计	12月
快递业务量	万件	227115.22	21706.84	16.10	23.62	100.00	100.00
同城	万件	61690.27	5552.93	2.97	12.09	27.16	25.58
异地	万件	161336.43	15758.74	20.93	26.55	71.04	72.60
国际及港澳台	万件	4088.52	395.17	77.65	158.08	1.80	1.82
快递业务收入	亿元	311.00	27.43	6.67	9.02	100.00	100.00
同城	亿元	48.03	4.13	-1.29	1.36	15.44	15.04
异地	亿元	144.30	12.68	4.79	-0.82	46.40	46.24
国际及港澳台	亿元	28.66	2.53	19.37	55.40	9.22	9.22
其他	亿元	90.02	8.09	10.87	21.26	28.94	29.50
快递业务投递量	万件	410273.57	35769.34	15.94	17.52	100.00	100.00

二、行业管理工作及主要成效

强党建聚合力,扎实推动主题教育。“三个加强”推动主题教育走深走实。加强理论学习。持续强化“五学联动”,制定理论学习计划,举行处级以上干部读书班,北京市邮政管理局局党组成员带头开展专题学习研讨8次、讲专题党课5次,各支部开展集体学习70余次。加强调查研究。北京市邮政管理局确定13个重点调研课题,开展调研184次,解决问题28个,推动新建市级跨部门协调机制2个,出台重要制度文件9个。加强检视整改。全面开展问题大排查、难题大治理,针对推动发展的问题、群众反映强烈的问题,北京市邮政管理局局党组带头查摆问题3个、开展专项治理1项,均按期完成整改销号,切实做到以查促改、以改促进。

"三个突出"推动党建工作全面提升。突出主责主业，北京市邮政管理局局党组带头履行主体责任，党组会研究全面从严治党议题25项。坚持把学习宣贯党的二十大精神作为重要政治任务，持续开展"五学五讲五题"活动。突出组织建设，抓实模范机关建设，完成7个支部换届选举和届中调整，对各支部落实民主生活会和组织生活会制度开展全覆盖督导，其中局党组成员督导12次。建立领导干部接待日制度，进一步加强党员干部关爱。突出正风肃纪，强化日常监督，开展警示教育月活动，组织节前集体廉政谈话，紧盯安全生产、"扫黄打非"等重点工作和财务等关键岗位进行监督检查。开展纪检干部队伍教育整顿，转作风、提能力。

"三个引领"推动行业党建迈上新台阶。以政治引领得人心。部署"政治引领思想铸魂"等十大行动，北京市邮政管理局局党组书记为全行业讲授主题教育专题党课，举办党的二十大精神培训班，在全行业深入开展主题教育，覆盖职工群众超万人。以党建引领稳人心。在市委组织部有力领导和支持下，制定《党建引领快递行业治理若干措施》，指导企业党组织常态化参与行业治理和社会治理，将行业发展重点问题列入党建实事，组织党员开展诉求反馈、联系群众活动，助力各类隐患早排查、早解决。行业协会深度融入行业党建，持续加强行业自律。以组织引领暖人心。开展第二届北京"最美快递员"评选表彰，评出10名最美快递员。持续加强快递员关心关爱，联合团市委开展"快递从业青年服务月"活动，发放"新春温暖大礼包"9786个，在全市建设54个快递行业驿港湾，为1000名女快递员免费办理"爱她保"专属保险，为3000名快递员免费体检。

讲政治顾大局，切实融入新发展格局。围绕中心、服务大局，扎实推进市政府重点工作任务落实。攻坚克难，完成行业电动三轮车治理年度任务。联合市公安局、市交通委等七部门出台《关于加强行业使用电动三轮车通行管理的通告》，在省级层面率先实现政策创新，明确了邮政快递的民生服务业属性，明晰了邮政快递电动三轮车的机动车类型，规定了为行业电动三轮车核发"京C"号段摩托车号牌，保障了行业电动三轮车的全市通行路权。会同市公安交管局、市交通委建立行业电动三轮车综合治理协调机制，理顺工作流程，开通培训考证绿色通道。北京市邮政管理局局内组建行业车辆更换登记和从业人员驾培考证2个工作专班，抽调区局、企业骨干建立5个驻驾校工作组和5个驻检测场工作组，高效推进人员驾培考证和车辆检测登记。积极争取国家邮政局支持，推动中通、圆通、韵达等全国总部为北京企业安排专项资金用于购买车辆及保险，解决资金问题。截至2023年11月25日，经过99天的奋战，全行业完成"车上牌+人持证"年度任务。同时研究制定行业电动三轮车管理办法、文明驾驶规范等配套管理制度，深入推进综合治理，保障行业车辆安全有序通行。

主动投入防汛救灾。抽调20余名党员干部驰援门头沟、房山等救灾一线，组织邮政、顺丰、京东、申通、圆通、韵达、极兔、德邦、丹鸟等行业企业调配车辆78辆，累计运送222车次、140余吨救灾物资，得到属地政府部门及群众的赞扬，国家邮政局主题教育简报专题刊载。

加快推进快递基础设施规划编制。与市规自委深入交换意见，联合向市政府报送工作请示，得到市领导批示同意，市财政给予专项资金支持。联合市规自委建立规划编制工作协调机制，组织开题研讨会，开展专项调研17次，推动各部门协同联动、形成合力。按照政府采购程序选定规划编制委托单位，深入开展规划编制研究工作。推动顺丰华北智慧物流总部基地建成并投入使用。

积极助力优化营商环境。在市发展改革委总管家指导支持下，积极履行行业管家职责，为地方经济作贡献。落实北京市打造营商环境首善之区工作要求，推动"6+4"综合监管，发布《北京市快递业"6+4"一体化综合监管合规手册》，着力构建覆盖事前、事中、事后全环节的一体化综合监管体系。促进交邮融合发展。依托综合交通运输体系，联合交通运输部门开通地铁非高峰时段运输快件试点合作线路 2 条，农村公交客车代运邮件班线 7 条，探索行业运输结构调整，助力运输生产环节节能降碳。

防风险保安全，持续助力平安北京建设。持续强化监管，保持执法高压态势。2023 年共检查企业 2097 家次，出动检查人员 6248 人次，立案调查处理 110 起。圆满完成全国两会、“一带一路”国际合作高峰论坛等主场重大活动期间的寄递渠道安全和服务保障工作。联合市委政法委、市公安局、市交通委等 16 部门印发《北京地区平安寄递专项行动方案》，有效发挥寄递安全管理协调机制作用，聚焦九项主要任务，深入开展平安寄递专项行动，坚决防范涉枪涉爆、涉毒涉危等违禁品流入寄递渠道。切实加强安全生产监管，深刻汲取大兴行邮中心安全生产事故教训，开展全市邮政快递行业安全生产和火灾隐患大排查大整治等九个专项治理，编制完成《北京市邮政快递业生产安全事故隐患目录》《北京市邮政快递业生产安全事故检查清单》，对 2517 个营业场所落实安全生产二十条情况进行全面排查，整治问题隐患 378 处。大力推动“企安安”小程序应用，提高安全治理信息化水平。推进行业基层网点平安员队伍建设，平安员人数达 3600 人。

惠民生促发展，稳步提升行业服务能力。助力乡村振兴。推动完善农村寄递物流体系，新增村级快递服务点 409 个。开展农村快递服务质量监督检查，整治农村快递服务突出问题。引导企业服务平谷大桃等农产品销售，带动农产品销售 4 亿余元。提升快递服务质量。开展快递市场服务质量专项整顿，依法整治快递服务不规范、经营不合规等问题，立案查处 14 起，切实维护消费者合法权益。加大接诉即办工作力度，开通“接诉即办”快速和解通道，进一步提高办理效率，促进服务水平提升。

推进绿色发展。实施“9228”工程，实现电商快件不再二次包装比例达到 94%；开展过度包装和塑料污染 2 项执法行动，严肃查处违法行为；指导邮政快递企业开展可循环快递包装规模化应用试点，全市已利用可循环快递包装寄递邮件快件 4750 万件，回收复用瓦楞纸箱 4267 万个；推动快递企业新增和更新自有轻型物流配送车辆全部使用纯电动车，自有新能源车数量达到 1930 辆。

加强行业人才队伍建设。举办第三届北京市邮政行业职业技能竞赛，选拔 4 名优秀选手参加全国总决赛，全部获得国赛一等奖，北京代表队荣获团体优胜奖和优秀技术指导奖，创国赛举办以来最好成绩。在市人社局的支持下，推动基层快递从业人员优先参加工伤保险覆盖率达到 99%。开展职业技能等级认定，完成技能等级认定 4183 人。持续开展快递行业职业技能提升培训，全年累计完成培训 8550 人。

固根本求突破，有效提升基础保障能力。加强干部队伍建设。组织完成领导干部选拔任用 8 人次，处级干部职级晋升 10 人次，进一步选优配齐市区两级领导岗位，充分发挥职务职级并行政策正向激励作用。开展“树清廉家风 创最美家庭”家风作品征集活动，进一步强化作风建设。加强支撑保障能力。着力破解办公用房难题，推动东区局、天竺局在属地解决办公用房。贯彻落实过“紧日子”要求，制定六项工作措施，切实降低机关运行成本。向国家邮政局争取新增“大中修”等预算，北京市财政给予项目经费、行业党建经费超 600 万元，为北京市邮政管理局重点工作任务提供有力财务支撑。巩固新闻宣传成效，组织媒体采访，及时回应社会关切，传播行业正能量。提升公文运转效率，全年流转文件 4300 余件，保障会议 650 次，有效保障机关运转。提升信息化建设水平。加快推进首都寄递安全信息化建设项目，推动项目建设内容纳入《北京市智慧交通建设行动计划(2023－2025 年)》，项目建设方案列入年度政府投资信息化项目清单库。强化机关信息化运行保障能力，加强网络安全防护和运行支撑，做好重大活动期间网络安全应急值守。

三、快递市场存在的突出问题

行业安全基础比较薄弱，还不能适应首都安全和行业快速发展的形势要求；行业服务质量相对较低，还不能满足首都人民群众的现实期盼；行业治理能力水平有待提升，还不能顺应高质量发展的迫切要求；行业服务首都经济社会发展能力有待加强，还不能匹配首都“四个中心”的城市战略定位。

天津市快递市场发展及管理情况

一、快递市场总体发展情况

2023 年，天津市邮政行业寄递业务量完成 16.8 亿件，同比增长 18.5%；业务收入（不包括邮政储蓄银行直接营业收入）累计完成 186.4 亿元，同比增长 14.4%。其中，快递业务量（不包含邮政公司包裹业务）完成 14.5 亿件，同比增长 19.3%；快递业务收入完成 157.4 亿元，同比增长 14.5%（表 7-2）。

表 7-2　2023 年天津市快递服务企业发展情况

指标名称	单位	2023 年		比去年同期增长（%）		占全部比例（%）	
		累计	12 月	累计	12 月	累计	12 月
快递业务量	万件	145024.60	14509.03	19.31	27.57	100.00	100.00
同城	万件	18259.62	1672.06	5.27	22.90	12.59	11.52
异地	万件	126641.92	12824.63	21.69	28.22	87.32	88.39
国际及港澳台	万件	123.06	12.34	-12.87	8.28	0.08	0.09
快递业务收入	亿元	157.41	15.30	14.50	22.32	100.00	100.00
同城	亿元	13.00	1.16	4.62	12.44	8.26	7.57
异地	亿元	98.79	9.73	17.86	20.59	62.76	63.61
国际及港澳台	亿元	4.18	0.38	-10.57	6.39	2.66	2.47
其他	亿元	41.44	4.03	13.38	32.10	26.32	26.34
快递业务投递量	万件	161454.40	15829.03	23.25	49.00	100.00	100.00

二、行业管理工作及主要成效

坚持政治统领。学习贯彻习近平新时代中国特色社会主义思想主题教育深入开展。全系统坚持把抓好主题教育作为首要政治任务，紧紧围绕“学思想、强党性、重实践、建新功”的总要求，一体推进理论学习、调查研究、推动发展、建章立制、整改整治，保障主题教育扎实有效开展。强化理论学习。坚持把“学思想”作为主题教育第一要务，主题教育期间组织党组会集中学习 21 次，中心组专题学习 9 次，深入学习领会习近平新时代中国特色社会主义思想和贯穿其中的立场、观点、方法。坚持读原著、学原文、悟原理，举办两期主题教育读书班，认真研读《习近平著作选读》等指定书目，邀请市委党校和南开大学专家进行专题授课，局党组书记先后 2 次讲授专题党课，系统内领导干部跟进讲主题教育党课 15 次。坚持学思践悟、入心见行，围绕主题教育 4 个专题开展“准”组织生活会式学习研讨，组织召开青年党员干部学习研讨会，参观大沽口炮台遗址博物馆、周邓纪念馆，观看《邓小平小道》《浴血誓言》等 4 部革命历史题材影片，开展 3 次闭卷知识测试。通过潜心自学、专家讲学、集体研学和参观见学等方式，推动全系统党员干部思想认识再深化、理论武装再强化、党性修养再锤炼、能力本领再提升。

加强调查研究。深化运用“四下基层”工作方法，紧扣影响和制约天津市邮政快递业高质量发展的重点难点问题，全系统共确定12个调研课题。党员领导干部带头开展调查研究，通过实地调研、召开座谈会等多种形式摸清社情民意、解决实际问题。广大党员干部在基层调研过程中增强了宗旨意识、磨砺了工作本领，在加快农村寄递物流体系建设、推进基层快递网点优先参加工伤保险等方面取得了一批有价值的调研成果。

聚焦推动发展。注重把主题教育与行业高质量发展高效能治理相结合，积极推进交通强国天津邮政篇建设，更好服务乡村振兴、京津冀协同发展等国家战略和国家邮政局重点工作，推动解决制约行业发展的难点堵点问题，在提升寄递服务质量、保障快递员群体合法权益、促进行业安全发展等方面取得了实效，建立健全了相关工作机制，解决了一批群众急难愁盼问题。

全面检视整改。坚持边学习、边对照、边检视、边整改，对照主题教育6个方面，对标贯彻习近平总书记关于邮政快递业重要指示批示精神成效查找不足，系统梳理形成的局党组《问题清单》中3个问题和1个专项整治均已完成整改销号并向全系统进行通报。聚焦基层治理不良现象，深入开展统计造假搞虚假政绩、大肆举债搞“半拉子工程”“形象工程”、基层治理乱象专项整治。聚焦“关键少数”，党员领导干部率先垂范，处级及以上领导干部专题民主生活会和组织生活会查摆出的问题，均已完成整改并长期坚持。聚焦上下联动深化整改，在违规收费、县级管理责任两个方面均取得了新进展，并持续深化推进中。

抓实整改落实“回头看”。及时传达学习中央主题教育领导小组、中央第17巡回指导组最新要求，制订工作方案，分层级召开现场部署会、推动会，做到再细化、再部署、明目标、抓推进。全系统对照四类自查内容、15个自查重点逐项梳理自查，确保问题改彻底、不反弹。印发《持续巩固深化学习贯彻习近平新时代中国特色社会主义思想主题教育成果 推动理论学习常态化长效化的工作方案》，着力深化主题教育成果，推动理论学习常学常新、入脑入心。

坚持物畅其流，服务畅通循环能力不断提升。扎实推进农村寄递物流体系建设。发挥乡村振兴战略实绩考核指挥棒作用，推动各涉农区政府履行属地财政支出责任，加快标准化农村寄递物流综合服务站建设。各涉农区政府累计投入资金1523.8万元，已建成综合服务站2775个。邮快合作取得新成效，邮政企业累计代投快件达86.68万件。会同市交通运输委等部门推进农村客货邮融合发展，推动武清河西务、蓟州上仓等7处综合服务站(线)正式运营。增强服务产业链供应链能力。落实国家邮政局、工信部开展的快递与制造业融合发展“5312”工程，大力发展线边物流、仓配一体和供应链管理等业务。加快推进冷链基础设施基础能力建设，试点推广可循环保温箱。联合市商务局、市财政局开展2023年度县域商业体系建设，申通、中通、跨越分拨中心提升改造项目获得支持资金1286.81万元。全年行业减税降费达3327.14万元。

积极融入大交通体系。联合市交通运输委、市发展改革委、红桥区政府及中铁快运总部，推进高铁货运动车组在津开行。积极联系韵达总部来津调研，促成分管市领导与韵达董事长会面，联动属地选址并达成初步合作意向。京东、圆通、中通等企业新增投资超20亿元，用于建设5G智能产业园、分拨中心升级改造等项目。积极推进“快递出海”。邮政企业实现天津国际邮件互换局国际邮件、商业快件、跨境电商三类业务同场监管一站式通关模式开通运行，开通天津至加拿大海运直封邮路，恢复“天津—日本”直封空运邮路。国际邮件互换局设备提升改造项目纳入国家综合货运枢纽补链强链范畴，获得补贴42.6万元。组织申报"天津国际邮件互换局(交换站)功能提升项目"为交通强国邮政专项试点任务。妥善做好行业保通保畅工作。全面落实疫情防控"乙类乙管"要求,及时优化调整行业疫情防控措施,推动分拨中心和基层网点应开尽开,全力满足群众生产生活和医疗保障物资寄递需求。2023年春节期间全行业2.6万余名快递员坚守岗位,保障快递服务"不中断、不打烊"。

坚持以人为本,快递员合法权益保障不断深化。持续开展"暖蜂行动"。会同相关部门持续开展"快递从业青年服务月"活动,举办"凝聚温暖力量 致敬快递先进"和关爱快递员"夏送清凉 冬送温暖"系列主题活动,为快递员配发3500件防暑降温环保马甲,送去20余万元慰问物资,全市社会各界累计建设快递爱心驿站3500余个。夯实关心关爱具体举措。联合市商务局、市财政局向市政府争取2023年"两节"期间支持一线快递配送人员留工保供补贴,共拨付10家寄递企业资金1327.5万元。会同人社局、社保中心等部门开展全市基层快递网点工伤保险工作,参加人数2.64万人,参保率达97.64%。增强员工职业成就感。成功举办2023年度天津市邮政行业职业技能竞赛,组织选手参加第四届全国邮政行业职业技能竞赛全国总决赛,获得三等奖2个。在第三届"海河工匠杯"技能大赛中,9人晋升技师职业技能等级,1人晋升高级技师职业技能等级。1家企业获评2023年度全国邮政快递业青年安全生产示范岗。全年开展快递职业技能培训3839人次,为推动行业高质量发展提供坚强人才保障。发挥行业党委作用。印发快递行业党委工作制度和年度工作要点,健全行业党委运行制度机制。举办快递行业争做"先锋快递员"活动。组织10家寄递企业向静海区抗洪抢险一线捐赠价值36万元的物资,体现行业责任担当。天津申通、圆通建立快递企业妇联组织。

坚持绿色发展,夯实邮政快递业生态环保工作。大力实施"9211"工程。按照"禁、限、减、循、降"治理路径,加快推进快递包装标准化、循环化、减量化、无害化。全行业实现电商快件不再二次包装比例达99.49%、使用可循环包装的邮件快件达1310万件、回收复用瓦楞纸箱达1006万个。部署开展行业塑料污染治理行动。制定印发《天津市邮政快递业塑料污染治理三年行动实施方案(2023—2025)》,组织召开动员部署和快递包装绿色产品供需对接会,大力推动塑料包装产品使用源头减量和环保替代产品推广应用工作。邮政、菜鸟、京东共采购使用16.2万个生物降解快递包装塑料袋,寄递企业采购绿色认证的包装2400余万个。开展快递包装袋产品质量专项抽检工作。积极推广绿色运输。参加天津公共领域车辆全面电动化先行区试点申报。全市邮政快递企业新能源汽车保有量2136辆。

坚持统筹兼顾,行业治理效能明显提升。加强法治邮政建设。组织开展"十四五"邮政业发展规划中期评估,向市有关部门报送评估报告13份,向地方政府反馈国土空间规划修改意见9个,积极争取行业用地保障。办理行政诉讼、行政复议案件5件。开展"完善邮政行政执法程序、提升行政执法效能"专题调研。实施邮政领域执法突出问题专项整治行动和规范性文件清理。落实政府法律顾问和公职律师制度,开展行政执法监督。组织网上学法用法和邮政行政执法资格考试。开展全民国家安全教育日、宪法宣传周等"八五"普法活动。加强邮政市场监管。深入开展快递市场秩序整顿,聚焦农村快递服务违规收费和电商快件寄递服务质量问题开展专项整治。实施快递服务质量提升工程,重点查处末端网点未备案、未及时处理用户投诉、未经用户同意代签收快件等违法问题。共查处快递企业违法行为197起,罚款190.3万元。开展快递许可合规治理,实施许可实地核查"验真"工程。印发《天津市寄递企业市级管理机构主体责任清单(试行)》《天津市寄递企业处理用户申诉工作考核办法》,明确寄递企业天津总部主体责任,强化考核问效。

优化服务质量。完成17家企业快递电子证照申领。实施“互联网+政务服务”,累计为92家企业办理快递许可证线上预约和寄达服务。进一步规范优化快递业务经营许可、末端网点备案办理流程。建立完善“四位一体”寄递服务质量监测处理机制,切实保障群众用邮权益。累计办理申诉事项超4.8万件、网上舆情300余条,为消费者挽回经济损失约1200万元。提升信息化监管水平。强化安全中心职能作用,持续推进企业安全中心建设,深化企业协议客户备案、从业人员管理及视频监控、车辆(含电动三轮车)定位、智能安检机联网等工作。

坚持安全为基,行业本质安全水平进一步提升。重拳出击保障寄递安全。联合11部门印发《关于进一步做好我市邮件快件寄递安全管理工作的通知》,会同16部门出台《天津市平安寄递专项行动方案》,深化部门协同,强化安全监管。持续深化“三项制度”落实,联合市有关部门开展互联网销售危险化学品、药品寄递专项治理行动。全年共办理安全类案件99件,罚款107.2万元。对武清中通、滨海韵达收寄涉诈资料等问题,按照反恐法予以立案查处。持续狠抓行业生产安全。通过季度安委会、安全生产部署会、视频调度会等形式,深入开展邮政快递业重大隐患排查整治2023行动和处理场所“四不”问题专项整治,严格落实《邮件快件处理场所、营业场所安全管理规范化二十条细则》。委托第三方完成对全市9家寄递企业分拨中心和60家网点的安全评估,督导各企业完成问题隐患整改“销号”。开展寄递行业突发事件应急演练和应急处置能力评估,扎实做好行业防汛工作。

抓好网络数据和信息安全。落实《寄递服务用户个人信息安全管理规定》,持续开展个人信息安全治理。强化行业虚拟安全号码、隐私运单等应用。督促寄递企业严格落实等级保护和数据安全保护等制度。维护行业稳定运行。圆满完成天津夏季达沃斯论坛、成都大运会、杭州亚运会等重大活动寄递安保任务及业务旺季服务保障工作。健全行业监测预警机制,密切关注基层网点运营情况,行业保持总体运行平稳,未发生较大及以上安全事故。

坚持全面从严治党,党对行业的领导更加有力。深入学习贯彻党的二十大精神。严格执行党组会第一议题制度,党组中心组充分发挥领学促学作用,全年共组织党组会集中学习25次,中心组集中学习13次,开展学习研讨9次,及时跟进学习习近平总书记重要讲话和中央重要会议精神,持续以党的创新理论武装头脑、推动工作。各基层党组织充分发挥党的二十大精神宣传“主力军”作用,全年共开展宣讲71场次,推动全系统全行业广大干部职工真正把思想和行动统一到党的二十大精神上来。加强干部队伍建设。强化对干部全方位管理和经常性监督,把全的要求、严的基调、治的理念贯穿干部队伍教育整顿工作全过程。用好职务与职级并行政策,落实精准考核和及时奖励,全年共选任、调整领导干部36人次,职级晋升20人次。选派1名干部援疆挂职。组织开展2023年度领导干部个人有关事项集中填报工作。加强干部教育培训,全系统领导干部培训工作被纳入天津市领导干部教育培训体系,共培训领导干部11人次。加强干部日常监督,共开展干部谈话提醒5人次、函询3人次。

持续抓好正风肃纪。扎实开展纪检干部队伍教育整顿。修订印发局党组落实中央八项规定精神具体举措,不断纠治形式主义、官僚主义。开展整治“五不问题”、创建“五型机关”专项行动。组织开展案件质量问题和违规办案行为两个专项整治。严格监督执纪问责,规范运用第一、二种形态,开展批评教育1人次,党纪处理1人次。召开全系统警示教育电视电话会议,开展服务保障“十项行动”主题警示教育月,印发《警示教育专刊》5期。印发《廉政风险防控点手册》,加强对重点领域和关键环节的监督。推进行业精神文明建设。大力开展社会主义核心价值观主题实践教育月活动，积极选树行业先进典型。举办首届“津门最美快递员”表彰发布会，评选表彰10名个人和2个团体，全行业荣获“全国最美快递员”称号1人，天津市五一劳动奖章3人。积极参加全国邮政快递业青年职工微视频征集大赛，《青春的颜色》等两部作品获一等奖。

三、快递市场存在的突出问题

在发展质效方面，行业服务质量的宏观数据与人民群众微观感受的差异问题尚待破解，农村寄递物流体系的服务水平有待提升，国际寄递服务能力和国际服务网络覆盖有待提升，服务产业链供应链能力有待提升。在治理能力方面，行业法规规划标准政策需进一步完善，行政执法还存在不规范问题，信息化监管和信用监管还有待加强，企业总部统一管理责任还需强化，企业还存在软弱小，未形成蜕变。在防范化解风险方面，行业安全和应急管理基础较薄弱，数据网络安全制度有待完善，影响寄递网络稳定和快递员合法权益保障问题仍然存在。在全面从严治党方面，系统党的建设存在不到位、不平衡的现象，基层减负工作仍需深化拓展，形式主义、官僚主义问题仍有发生，系统内一些工作人员的能力素质还不能完全适应新形势新任务需要。

河北省快递市场发展及管理情况

一、快递市场总体发展情况

2023年，河北省邮政行业寄递业务量完成79.7亿件，同比增长22.2%；业务收入（不包括邮政储蓄银行直接营业收入）累计完成570.1亿元，同比增长20.2%。其中，快递业务量（不包含邮政公司包裹业务）完成66.0亿件，同比增长25.3%；快递业务收入完成464.1亿元，同比增长22.0%。支持网上实物商品零售额4214.6亿元（表7-3）。

表7-3　2023年河北省快递服务企业发展情况

指标	单位	2023年		比上年同期增长（%）		占全部比例（%）	
		累计	12月	累计	12月	累计	12月
快递业务量	万件	660073.0	69925.9	25.3	63.8	100.0	100.0
同城	万件	54608.0	5256.9	6.1	39.2	8.3	7.5
异地	万件	605296.9	64655.0	27.4	66.2	91.7	92.5
国际及港澳台	万件	168.1	14.1	-4.3	6.9	0.0	0.0
快递业务收入	亿元	464.1	46.5	22.0	44.8	100.0	100.0
同城	亿元	26.4	2.4	8.9	42.7	5.7	5.2
异地	亿元	332.8	33.5	26.4	47.5	71.7	72.0
国际及港澳台	亿元	4.0	0.4	-4.0	29.8	0.9	0.9
其他	亿元	100.9	10.2	13.9	37.5	21.7	21.8
快递业务投递量	万件	578336.4	58311.3	33.4	72.9	100.0	100.0

二、行业管理工作及主要成效

增强责任感使命感。学习贯彻习近平新时代中国特色社会主义思想主题教育扎实开展。始终把抓好主题教育作为重大政治任务，牢牢把握“学思想、强党性、重实践、建新功”总要求，一体推进理论学习、调查研究、推动发展、检视整改和建章立制，推动全省系统主题教育走深走实。切实把“学思想”作为首要任务贯穿始终，河北省邮政管理局举办读书班20期，开展党组理论中心组（扩大）学习 14 次，党组落实“第一议题”制度学习 32 次，党组书记讲党课 3 次。坚持“四下基层”，以调查研究察实情、解难题，明确 27 项调研课题，取得高质量调研成果。全面认真检视问题，高质量召开专题民主生活会和组织生活会。狠抓上下联动 2 项问题整改，深入开展农村快递服务违规收费专项整治，积极推动地方落实县级邮政管理责任，全省组建了 136 个县级安全中心，7 个地市实现全覆盖。狠抓“表现在基层、根子在上面”的问题专项整治。严督实导加强对市邮政管理局开展主题教育的领导把关，河北省邮政管理局班子成员包片指导，每 2 周定期听取汇报、督导调度，先后 3 次召开全省第二批主题教育推进调度会。严抓干部队伍教育整顿。强化政治忠诚，坚持问题导向，突出严管严治，以严肃教育纯洁思想，以严格整顿纯洁组织，加强对干部全方位管理和经常性监督。把推动发展作为主题教育的落脚点，用建章立制巩固主题教育成果，积极推进解决制约行业发展的瓶颈问题，形成了一批政策文件，推动解决了一批急难愁盼问题。强化整改情况“回头看”，抓好与第二批主题教育衔接联动，推动思想大解放、能力大提升、作风大转变、工作大落实。

积极服务国家战略。行业高质量发展迈上新台阶。强化交通强国战略引领。印发《中国式现代化河北邮政快递业场景行动方案（2023－2027 年）》《河北省邮政快递业高质量发展实施方案》《关于落实〈加快建设交通强国邮政篇实施方案（2023－2027 年）〉的通知》，明确重点任务，构建指标体系，申报了 3 个试点项目，先行先试，逐步推开。组织开展“十四五”邮政业发展规划中期评估。优化政策法规供给，执行国家邮政局邮政管理权责清单，加快法规规章及文件的立改废释工作，不断破除妨碍统一市场和公平竞争的机制障碍。

深入落实京津冀协同发展战略。持续推进大型邮政快递业基础设施建设，24 个项目总投资超 150 亿元，6 个项目已建成投产，形成了“运营一批、在建一批、待建一批、落地一批、谋划一批”的项目梯次推进格局。三通一达均在廊坊设立了北方总部，廊坊成为京津冀地区首个“中国快递示范城市”。河北快递业务量占京津冀地区比重达到 64%。

积极服务保障高标准高质量推进雄安新区建设。深入贯彻落实习近平总书记在雄安新区考察并主持召开高标准高质量推进雄安新区建设座谈会重要讲话精神，制定高标准高质量推进雄安新区邮政业发展 7 个方面 52 项工作措施，持续推进外围快递物流园区、普遍服务局所、快递共配驿站建设。引导邮政快递企业提供雄安通达京津即时达、当日达、次晨达同城化快速寄递服务。引导企业在雄安新区推广应用行业无人车、无人机等前沿科技。

更好助力畅通循环。行业发展动能不断增强。持续推进农村寄递物流体系建设。全省建成 119 个县级共配中心、4.65 万个村级快递服务站，行政村覆盖率达到 95.7%。深入实施“百千万”工程，培育邮政快递服务地方产业项目 194 个，扶持农村中小微企业 1327 个、农村新经济体 1.26 万个。打造全国邮政快递业服务现代农业金牌项目 8 个、银牌项目 1 个、铜牌项目 1 个，申报 7 个农村电商快递协同发展示范区和 8 个快递服务现代农业示范项目。全省农村地区快递业务量 12.1 亿件，同比增长 59.5%，平均每天带动河北农村产品外销 1.6 亿元。

着力增强服务产业链供应链能力。以快递进厂为抓手，将行业深度融入食品、服装、汽车、医药等生产制造领域，深度嵌入产业链供应链价值链，助力制造业企业提升物流效率、降低经营成本，实现邮政快递业与先进制造业等关联产业协同融合发展。成功打造 124 个快递业与制造业融合发展项目，顺丰服务以岭药业项目被评选为全国第一批快递业与制造业融合发展典型项目。大力推进国际寄递发展。石家庄国际邮件互换局投产运营，新开通石家庄—首尔、石家庄—东京国际全货机航线，服务进出口企业4600余家，快递与跨境电商相伴出海，正定机场航空邮件快件集散支点作用逐步显现。

深入推进行业绿色化智能化发展。大力推进快递包装标准化、循环化、减量化、无害化，开展快递包装实地抽查。大力推广应用新能源车辆，联合工信部门举办4次新能源汽车产需对接会，全面完成“9338”工程各项目标任务。制定印发《关于推进全省邮政快递业科技创新成果应用的指导意见（2023－2026年）》，鼓励企业加快智能运输、分拣、安检、收投等自动化装备应用，快件从卸车到分拣再到装车最快只需10分钟。

打造高素质人才队伍。持续加强行业人才队伍建设，全省开展行业从业人员职业技能培训14870人次，其中政府补贴性培训3405人次；新增取得职业资格证书3538人次；新增获得快递工程系列专业技术职务任职资格231人次。

深化行业治理。寄递渠道安全平稳畅通。常态化开展风险隐患排查整治。坚持企业自查整改、市局检查整改、省局全面督导检查整改，一体推进。严格落实专项整治检查制度，组织全省系统对安全、服务、许可等问题严重的品牌企业专项检查，全面督促整改。严格落实“双随机、一公开”日常检查，规范检查内容、统筹检查事项，争取少给企业增加负担。组织17部门联合开展平安寄递专项行动，持续开展个人信息安全治理专项行动，以部门监管责任落实倒逼企业主体责任落实，以末端落实守牢安全底线，确保寄递安全、生产安全、信息安全和行业稳定。系统性推进寄递渠道安全护城河建设。印发《河北省寄递渠道安全“护城河”建设三年行动方案（2023－2025年）》，着力推进“建网”“强基”“攻坚”“固坝”工程，全方位夯实筑牢行业安全稳定基石，获国家邮政局副局长廖进荣批示肯定。圆满完成全国两会、秦皇岛暑期、杭州亚运会等重要节点和全国重大活动安保任务，“双11”业务旺季行业安全服务保障工作获河北省副省长胡启生批示肯定。系统性提升行业监管质效。加强法治邮政建设，落实领导干部学法、主要负责人年度述法制度，河北省邮政管理局依法行政工作连续7年被省政府评为优秀等次。

积极妥善应对突发事件。服务社会民生的行业担当持续彰显。修订《河北省邮政业突发事件应急预案》及人员密集场所事故灾难应急预案等4个专项预案，印发《2023年全省邮政快递业安全和应急工作要点》，明确18项工作任务。组织开展应急演练，练在平时、用在急时。在特大洪涝危急时刻，行业闻“汛”而动，向险前行，安全转移2186名受灾员工和160万件邮件快件、193辆汽车、312辆电动三轮车，全省行业无人员伤亡，最大限度保障了邮件快件安全和财产安全，涿州中通京南转运中心迅速调整路由和作业组织，全力保障北京寄递服务；在紧要时刻，企业挺身而出、紧急驰援；我们水退人进、一刻不停，企业全面做好复工前的安全检测、评估、维修、更新，第一时间复苏的邮政快递服务，就像洪灾后橄榄枝的新绿，带给人们希望和信心。面对低温雨雪冰冻天气，提前预警，联动防范，上下一心，全体出动，应急响应，保证了全网干线运输畅通，保障了快递员行车安全，让人们在冰天雪地依然享受到行业服务。面对城市单双号限行，石家庄等市局迅速向市政府反映、迅速联系交管部门，保障有标识的快递车辆通行，让行业运行少受影响。

党对行业的全面领导更加有力。全面推进巡视问题闭环整改。坚决贯彻习近平总书记关于巡视工作重要论述，把巡视整改责任压实到岗、传导到人，拧紧责任链条、强化问题整改。对照国家邮政局巡视河北问题、第一轮巡视共性问题、第一轮巡视上下联动问题，一个一个过筛子，一条一条定措施，一项一项抓落实，实行清单销号式管理。深入推进全面从严治党。召开全省系统落实管党治党责任集体谈话会议，进一步夯实各级党组织和党员领导干部管党治党责任。持续深化纠“四风”树新风，严格遵守中央八项规定及其实施细则精神，紧盯元旦春节、五一端午、中秋国庆等节点加强提醒警示。扎实开展纪检干部队伍教育整顿。强化政治监督,完成对4个市局政治巡察和5名干部离任审计。严肃查处违规违纪案件。着力锻造过硬干部队伍。以正确的选人用人导向引领干事创业导向,突出事业为上、实干担当,持续营造政治生态好、用人导向正、干部作风实、服务环境优的良好氛围。提任河北省邮政管理局内设机构正、副职领导各1名,提任市局正职领导3名、副职领导2名、党组成员2名,完成12名河北省邮政管理局党组管理干部的职级晋升。全面加强行业党的建设。推动成立25个快递行业党委,实现省、市两级全覆盖,成立企业党组织25个,全省快递企业921名党员有了主心骨。5市成立行业团组织,11市、6县成立行业工会组织。加强快递员群体合法权益保障,把签订劳动合同、缴纳社会保险作为维护权益最基础、最重要的内容,推动11个地市均签订集体劳动合同,基层快递网点47905名快递员参加工伤保险(参保率达到93.4%)。积极开展快递末端派费调查,保障快递员合理劳动报酬。持续开展“暖蜂行动”。联合省总工会等5部门选树宣传10名最美快递员。

三、快递市场存在的突出问题

在提高发展质效方面,行业服务产业链供应链能力仍需提高,为先进制造业提供定制化、个性化服务的水平还需提升。行业服务质量的宏观数据与人民群众微观感受存在差异,因服务质量引发的信访持续攀升。在治理体系能力方面,信息化监管和信用监管还有待加强,压实品牌快递企业总部统一管理责任还不到位,良性竞争秩序尚未完全形成。在防范化解风险方面,安全和应急管理基础仍需持续夯实,网络和数据安全制度体系仍有待完善,影响末端网络稳定和快递员群体合法权益问题仍然存在。

山西省快递市场发展及管理情况

一、快递市场总体发展情况

2023年,山西省邮政行业寄递业务量完成18.0亿件,同比增长30.1%;业务收入(不包括邮政储蓄银行直接营业收入)累计完成167.4亿元,同比增长29.8%。其中,快递业务量(不包含邮政公司包裹业务)完成11.0亿件,同比增长56.5%;快递业务收入完成110.3亿元,同比增长38.8%。行业寄递业务量增速历史性居全国第一(表7-4)。

表7-4 2023年山西省快递服务企业发展情况

指标	单位	2023年		比上年同期增长(%)		占全部比例(%)	
		累计	12月	累计	12月	累计	12月
快递业务量	万件	110445.76	10779.88	56.47	72.48	100.00	100.00
同城	万件	9599.46	912.56	70.82	107.45	8.69	8.47
异地	万件	100656.69	9837.23	55.33	70.03	91.14	91.26
国际及港澳台	万件	189.62	30.09	15.95	23.20	0.17	0.28
快递业务收入	亿元	110.30	10.54	38.79	49.40	100.00	100.00
同城	亿元	5.93	0.54	44.75	49.92	5.37	5.17
异地	亿元	62.06	5.93	43.15	45.80	56.26	56.25
国际及港澳台	亿元	1.11	0.16	-2.34	19.58	1.00	1.56
其他	亿元	41.21	3.90	33.40	56.86	37.36	37.03
快递业务投递量	万件	253158.68	24370.86	34.96	56.19	100.00	100.00

二、行业管理工作及主要成效

学习贯彻习近平新时代中国特色社会主义思想主题教育扎实开展。强化理论武装。坚持四级联学、"六式学习"，举办全省系统学习贯彻党的二十大精神研讨班暨主题教育读书班，读原著、学原文、悟原理。严格落实"第一议题"制度，及时跟进学习习近平总书记重要讲话、重要文章、重要指示批示精神，全省系统共开展学习158场次。党组书记带头，领导干部讲党课32次，邀请专家讲授理论，在全面学习、全面把握、全面落实上下狠功夫。

深入调查研究。发扬"四下基层"优良作风，省市局党组紧扣制约行业高质量发展的突出问题，班子带头深入一线调研92次，现场解决问题45个，形成高质量调研报告38篇。及时召开调研成果交流会，抓好成果转化。

聚力推动发展。注重把主题教育与行业高质量发展相结合，积极推进交通强国邮政篇建设，服务全省经济社会发展，在畅通循环、服务乡村振兴、服务先进制造业等方面发挥了重要作用。积极推进解决制约行业发展的关键问题，在服务质量提升、行业安全管理、绿色发展、快递车辆通行、快递员合法权益保障等方面取得了实效。

全面检视整改。注重上下联动、务求实效，认真梳理行业发展遇到的问题、群众反映强烈的问题，山西省邮政管理局班子成员按照分片包保对各市局主题教育开展情况进行点评，指出问题不足。全省系统共梳理问题45项，制定整改措施111条。领导干部带头认领，认真检视分析，明确责任主体和整改期限，按月推进、销号管理，已全部完成整改。山西省邮政管理局联合省交通运输厅印发《关于推动落实县级邮政管理责任的通知》，有效推进了国家邮政局上下联动的问题整改。

强化宣传引导。深入行业开展党的二十大精神和主题教育系列宣讲活动，号召干部群众学习身边榜样、立足岗位做贡献。在山西省邮政管理局微信公众号开辟专栏，及时更新主题教育实时动态，开展"党员干部谈感悟""弘扬五一劳动精神""讴歌行业青春赞歌"等系列活动，推进主题教育深入人心。

第二批主题教育期间，山西省邮政管理局党组认真履行指导责任，强化与国家邮政局督导组沟通，督导市局聚焦主题主线，扎实做好"规定动作"。中央第十七巡回指导组下沉调研山西时，充分肯定山西省系统主题教育工作。

聚焦民生实事行业顽疾有效破解。坚持民生导向，以山西省邮政管理局"一号工程"和专项治理为抓手，举全省系统之力集中攻坚农村地区"快递进村"和城市地区"快递入户"两项难题，成效明显。农村寄递物流服务全覆盖提质工程扎实推进。坚持全省域推进、县乡村协同、多模式并行，在省级财政政策牵引下，稳步提升农村寄递物流体系建设质量。省政府连续两年将其列入民生实事，并保持财政补贴0.5元不退坡。全省系统紧抓机遇，一县一策、因地制宜深化邮快合作、快快合作、客货邮融合等模式，继2022年全省快递实现村村设点后，2023年又提前四个月完成提质工程任务，两年共有1.76亿件农村下行快件享受补贴，累计7095.3万元。太原、大同、忻州、晋中、吕梁5市分别获市级专项补贴。8月，省乡村振兴局组建4.13万个入户核验小组，反馈全省通快递的建制村（社区）占比87.4%；12月，省邮政业安全中心反馈当月有快件的建制村占比92%，农产品进城、工业品下乡双向流通渠道有效打通。省市党委、政府领导多次批示肯定，各级党媒高度关注，密集进行正面报道，社会反响良好。12月5日，金湘军省长在晋中调研时充分肯定此项工作，强调要加强政策支持，强化部门协同，创新合作机制和服务模式，不断提升服务能级，让农产品更加便捷地进入市场，让广大农民更好享受"互联网+"红利。

城市地区"快递入户"工作取得实效。主动亮剑，针对信访举报、部门移交、投诉申诉、热线转办等反映的热点问题，在全省行业开展规范快递市场服务专项治理行动，重点整治城市快件不入户、农村快件不进村以及虚假签收、违规收费等问题，坚决捍卫法律尊严，维护群众合法权益。省市局联动，集中约谈邮政快递企业305次，责令整改403次，查处违法行为101起，形成了有力震慑、扭转了不良风气，城市地区快件不入户现象明显好转，主要快递品牌主动开展电话抽查，末端网点服务承诺公示率达到100%，全省快递服务满意度由79分提高至84.5分，全国排名前列。

行业发展质效稳步提升。贯彻落实国家邮政局关于加快建设交通强国邮政篇决策部署，山西省邮政快递业“十四五”规划中期任务全面完成。政策牵引行业基础设施加速升级。紧抓国家综合货运枢纽补链强链行动和全省打造中西部地区数字经济创新发展新高地战略契机，主动向地方党委政府领导汇报工作，积极对接交通、财政、行政审批等部门，推进行业基础设施提质升级。2023年，圆通山西智慧物流暨大数据运营中心项目被列入省级重点项目，总投资10亿元，进展顺利。山西中通电商快递产业园、山西顺丰速运有限公司太原小店集散中心被确定为2023年度山西省重点物流基地。太原国际邮件互换局(交换站)获综合货运枢纽项目、设备更新、信息化建设等补贴3654万元；太原德邦中鼎园区智能分拣线设备购置与改造项目获补贴资金915万元；太原市快递行业配送体系安全调度系统项目获信息化建设补贴637万元。

快递电商协同发展稳步推进。山西省政府办公厅印发《关于加快电子商务体系和快递物流配送体系贯通发展行动计划》，按照“一年强基础、两年上台阶、三年大提升”总体部署，全面优化快递物流配送服务能力。明确完善快递枢纽网络、末端网络建设、末端网点升级、数智赋能等38项具体涉邮支持举措。山西省邮政管理局成立工作专班，编制《山西省支持电子商务发展的快递末端建设方案》《电商与快递协同发展示范区评定标准》，推动政策落地。特别是紧抓机遇，加快推进省级智慧快递监管平台等重大项目，进展有序。

服务乡村振兴有力有效。农村邮路汽车化率达80.05%。继续做强做大“快递+运城苹果、吕梁杂粮、太原老陈醋”等“金牌项目”，重点打造“快递+大同黄花、平遥牛肉、吉县苹果”等10个省级“银牌项目”，带动农产品上行超6000万件，拉动产值23亿元。推动山西顺丰投资2.3亿元建设晋南水果产业园，有力支撑山西省“南果”战略。大力推动农村地区客货邮融合发展，11个县(区)开通客货邮融合线路，其中沁水、阳城、泽州3县运营企业晋城汽运公司，打造“晋韵”快递本地品牌，依托提质工程代运快件量达855万件，覆盖建制村959个。

快递进厂、出海推进扎实有效。主动服务省级重点产业链、特色专业镇，推动主要品牌快递企业与富士康科技集团、中国重汽集团、振东制药等建立合作关系，培育了以“快递+杏花村汾酒、朔州陶瓷”为龙头的典型合作项目43个，拉动产值超41亿元，行业服务向价值链中高端不断迈进。积极参与“一带一路”倡议，加快推进太原国际邮件互换局(交换站)扩容升级项目，打造全省行业对外开放新高地，全年累计处理进出口邮件276.5万件。

行业治理效能不断深化。营商环境持续优化。制定《快递业务经营许可办事指南》，开展2023年许可系统网上巡查，核实处理48家许可企业相关问题，认真开展快件处理场所分支机构代码申报工作。有序推进德邦、京东、韵达等省级公司许可地域实现全覆盖。动态掌握极兔、丰网并网情况，确保行业平稳运行。全省共有许可企业402家，设立分支机构1557家，备案末端网点1.73万家，设立智能快件箱2649组。全年全省行业减税降费达5301万元。

行业管理“工具箱”更加精准有效。出台《全省邮政行业管理制度创新提升工作方案》，对2013年以来58个涉及行业治理的制度、办法及规范性文件进行条目筛查，及时废改立，堵漏洞、防风险、优服务。汇编全省邮政管理部门监管责任清单，邮政快递企业主体责任清单，厘清监管责任和主体责任。研究制定邮政企业、快递企业省级管理机构落实主体责任清单，压实企业省级总部管理责任，山西省邮政管理局开出首张“省级管理机构统一管理责任不落实”罚单。印发《山西省邮政管理局问题线索交办处置管理办法（试行）》，规范处理流程，全年向市局移交问题线索346条，全部完成闭环管理。

行业管理工作扎实推进。有序推进“9218”工程，印发全省行业塑料污染治理三年行动实施方案，落实《山西省进一步加强商品过度包装治理若干措施》要求，持续开展重金属和特定物质超标准包装袋及过度包装随意包装专项治理，全省电商快件不再二次包装率达96.1%。发挥省市快递行业协会自律作用，在倡导绿色低碳、引导诚信经营、保障市场稳定、促进健康发展等方面取得了积极成效。

行业本质安全水平持续提高。安全管理基础进一步夯实。坚持全省“一盘棋”，连续6年以山西省邮政管理局一号文件部署行业安全生产工作，分阶段、分步骤压实主体责任和监管责任。7月29日，省人大常委会颁布《山西省平安建设条例》，以省内法规明确将寄递安全列为平安建设内容。山西省邮政管理局联合公安等17部门在全省开展平安寄递专项行动，印发方案、召开动员会，各市局积极行动，加强部门协同，统筹线上线下两个战场，声势浩大开展专项整治，严防各类禁寄物品流入寄递渠道。联合省委政法委等11部门印发《邮件快件寄递安全管理工作实施方案》，联合省公安厅等5部门印发《关于开展山西省麻精药品管控专项行动的通知》，推动省禁毒办修订《山西省寄递渠道禁毒专项行动方案》，协同监管机制持续优化。强化风险隐患排查，深入贯彻国家邮政局《邮快件处理场所、营业场所安全管理二十条细则》，统筹开展处理场所“四不”问题“回头看”、行业交通安全隐患等专项整治，对申通、邮政、极兔等开展专项检查，安全管理模式不断向事前预防转变。

重大活动邮路安保责任有效落实。坚持提前部署、提早行动，山西省邮政管理局领导带队明察暗访、开展线上抽查，定期通报问题、移交线索，闭环管理、动态清零。市局对照山西省邮政管理局部署和移交的线索，按照品牌全覆盖、县域全覆盖、许可全覆盖要求开展执法检查，从严从快查处违法行为。加强值班值守，每日汇总报告，圆满完成全国两会、成都大运会、杭州亚运会等重大活动期间寄递渠道安全服务保障工作，得到国家邮政局领导的充分肯定。

应急管理体系不断完善。举办全省行业突发事件应急处置及安全事故事件信息报告培训班，组织各级企业开展突发事件应急演练，完成行业应急预案体系建设和应急预案备案工作。建立行业安全应急专家库，吸纳专家38名。开展安检机作业人员培训，新增153名安检员持证上岗，累计达到681名。加快平安员队伍建设，全省快递法人企业和省市级分拨中心平安员设立实现全覆盖，开展首期平安员安全生产培训，78名平安员经培训考核合格后上岗。“绿盾”工程视频在线率达到81.53%，安检机联网项目实现省级品牌全覆盖，行业动态监管、风险预警能力显著提升。

关心关爱快递员工作扎实推进。关心关爱快递员工作常态化开展。联合工会、共青团等开展“暖蜂行动”“青年服务月”活动，推动3.3万名快递员优先参加工伤保险，占比91.8%。联合省医保局召开快递员参加社会保险工作座谈会，逐步解决快递员急难愁盼问题。大力弘扬“小蜜蜂”精神，推选一批快递员当选各级党代表、人大代表、政协委员、劳动模范，1人获“全国五一劳动奖章”、9人获省市“五一劳动奖章”，4人获评省市“新时代最美劳动者”；开展第二届“三晋最美快递员”评选，16名快递员获奖。

行业人才队伍素质稳步提升。加强与人社部

门沟通,全年新增快递员职业技能提升培训 5758 人,3613 人获得等级证书。四年来累计培训达 3.38 万人,等级评价 6001 人。联合省人社厅、省总工会、共青团省委等举办山西省第二届邮政快递业职业技能大赛。1 名快递员荣获第四届全国邮政职业技能竞赛总决赛三等奖。快递员荣誉感、获得感、幸福感不断增强。

基础管理效能明显提升。内部管理再上台阶。继省市邮政业安全中心组建全覆盖,市局办公业务用房解决全覆盖之后,2023 年全省系统坚持目标导向、结果导向,主动担当、积极作为,推进"同城同待遇"实现省市全覆盖,极大地提振了士气、稳定了队伍,党员干部凝聚力、向心力进一步增强。印发《关于进一步加强和改进全省系统办公室工作的指导意见》,以强化"三服务"为牵引,统筹系统党建、行政运行、纪检监察、财务管理各项职能。突出问题导向,定期对照定置管理规定开展自查,推动机关效能和精神面貌持续向好。不断扩大新闻宣传格局,全年中央媒体报道山西省行业 92 次,国家邮政局网站和《中国邮政快递报》分别刊登稿件 266 篇和 64 篇,山西省邮政管理局荣获全国系统通联工作先进集体,社会关注度不断提升。

干部队伍结构不断优化。坚持党管干部原则,注重优化队伍结构、增强整体功能,持续建强班子、带好队伍。突出政治标准,坚持有为有位,印发全省系统领导干部政治素质考察办法,注重在重点工作推进、关键事项突破等急难险重任务中考察识别干部,提任领导干部 9 名,职级晋升 8 名。用好考核指挥棒,印发全省系统领导班子和领导干部考核实施办法,完善"管理杯"指标设置,优化考核权重,强化结果运用。修订干部交流任职管理办法,14 名干部交流锻炼。印发《关于进一步加强年轻干部培养选拔工作实施办法》,继续推进年轻干部进班子工程。全省系统干部队伍梯次合理、后继有人、充满活力,得到国家邮政局领导充分肯定。

党的全面领导更加坚强有力。坚持政治建设统领。坚持党要管党,全面从严治党。严格落实党组主体责任,认真贯彻党中央和国家邮政局党组决策部署,执行"三重一大"集体决策制度和民主集中制,增强"四个意识"、坚定"四个自信"、做到"两个维护"。坚持党建和意识形态工作与中心工作同谋划、同部署、同落实。加强政治机关建设,以红旗部门评比为抓手,持续纠治理想信念淡化、政治机关意识淡漠、政治敏锐性不强、纪律松弛等问题。强化精神文明建设,山西省邮政管理局连续 16 年荣获"省直文明单位标兵""省级文明单位"称号。

行业非公党建工作取得新进展。联合省委组织部等 9 部门印发《全省快递物流行业党建"五个一"示范建设行动实施方案》,将行业党建工作列入全省系统年度考核重要内容。省快递行业党委实现优化单设,于 11 月正式获批。10 个市建立了快递行业联合工会,5 个市建立了行业团委,2 个市建立了行业妇联组织,形成了党建带群团工作的生动格局。

驰而不息正风肃纪。坚持把纪律和规矩挺在前面,进一步修订山西省邮政管理局党组深入贯彻落实中央八项规定精神实施细则,组织党员干部观看《永远吹冲锋号》《一严到底》《零容忍》等警示教育片,绷紧纪律红线。开展纪检干部队伍教育整顿,印发通知规范纪检组机构设置,与省纪委监委建立"组地联建"机制,与 14 名干部开展任前廉政谈话,进一步纯洁了思想和组织,营造了良好的政治生态。

三、快递市场存在的突出问题

从行业看,在提高发展质效方面,行业服务质量的宏观数据与人民群众微观感受的差异问题尚待破解,发展不平衡不充分的问题依然存在,寄递网络通达性、安全性亟待加强,服务产业链供应链能力仍需提高。在治理体系能力方面,行业法规制度需进一步完善,行政执法还存在不规范不平衡的问题，信息化监管和信用监管还有待加强，快递企业省级总部统一管理责任还需强化，市场化、法治化的一流营商环境还未形成。在防范化解风险方面，安全和应急管理基础仍较薄弱，网络和数据安全制度体系仍有待完善，影响末端网络稳定因素和快递员群体合法权益保障问题仍然存在。在全面从严治党方面，党的建设存在不到位、不平衡现象，基层减负工作仍需深化拓展，形式主义、官僚主义问题仍有发生。

从山西省来看，行业党建引领作用发挥还不够充分；农村寄递物流体系长效化、市场化运营机制尚未建成，城市地区快递入户难的问题还未根治；行业安全生产基础依然薄弱，标准化、规范化、智能化水平还不高；部分市级邮政业安全中心作用发挥不够，县级邮政地方管理责任落实才刚起步；干部队伍干事创业激情有所消减，畏难情绪有所反弹，推脱绕现象有所显现。

内蒙古自治区快递市场发展及管理情况

一、快递市场总体发展情况

2023 年，内蒙古自治区邮政行业寄递业务量完成 7.1 亿件，同比增长 15.8%；业务收入（不包括邮政储蓄银行直接营业收入）累计完成 93.8 亿元，同比增长 25.8%。其中，快递业务量（不包含邮政公司包裹业务）完成 3.7 亿件，同比增长 51.0%；快递业务收入完成 63.4 亿元，同比增长 31.0%（表 7-5）。

表 7-5　2023 年内蒙古自治区快递服务企业发展情况

指标	单位	2023 年		比上年同期增长（%）		占全部比例（%）	
		累计	12 月	累计	12 月	累计	12 月
快递业务量	万件	36570.51	4162.00	51.03	107.26	100.00	100.00
同城	万件	4962.31	673.85	52.71	161.95	13.57	16.19
异地	万件	31388.95	3459.95	49.89	97.79	85.83	83.13
国际及港澳台	万件	219.25	28.19	865.75	1635.15	0.60	0.68
快递业务收入	亿元	63.35	6.58	31.04	48.56	100.00	100.00
同城	亿元	3.97	0.52	31.94	119.04	6.26	7.89
异地	亿元	33.33	3.56	35.04	40.62	52.61	54.14
国际及港澳台	亿元	0.96	0.13	120.68	722.50	1.52	1.92
其他	亿元	25.09	2.37	24.08	44.34	39.61	36.06
快递业务投递量	万件	167052.29	15823.51	33.02	61.45	100.00	100.00

二、行业管理工作及主要成效

学习贯彻习近平新时代中国特色社会主义思想主题教育扎实有序开展。全区系统始终把抓好主题教育作为首要政治任务，紧紧围绕“学思想、强党性、重实践、建新功”总要求，把理论学习、调查研究、推动发展、检视整改、建章立制贯通起来，按照“1+4+21+27”工作安排整体推进，在以学铸魂、以学增智、以学正风、以学促干上下实功，实现了凝心铸魂筑牢根本、锤炼品格强化忠诚、实干担当促进发展、践行宗旨为民造福、廉洁奉公树立新风的目标。强化理论武装。认真学习习近平新时代中国特色社会主义思想和贯穿其中的立场、观点、方法，落实“六学联动”学习机制，开展领导领学、集中述学、授课讲学、个人自学、支部共学、参观研学，把学思想贯穿主题教育始终。主题教育期间共举办读书班27次、累计104天，各级党组中心组确定80个研讨主题，开展专题学习研讨80次，党组书记和班子成员共39人讲党课48次，持续提升用党的创新理论推动发展的能力水平，强化党员干部对习近平新时代中国特色社会主义思想的政治认同、思想认同、理论认同、情感认同。

深入调查研究。各级党组聚焦行业最突出最迫切的问题，研究确定了60个重点调研课题，认真落实"四下基层"要求，以"四不两直"方式，深入邮政快递企业、基层一线直接听取收集市场经营主体、一线快递员、用邮群众和干部职工意见建议，开展实地蹲点调研129次、体验式调研23次、其他方式调研146次，深入调查了解农村寄递物流体系建设、服务质量、快递员权益保障、行业党建、监管队伍建设等群众最关心的急难愁盼问题，确保把情况摸清、把问题找准、把对策提实。

聚力推动发展。注重强化成果转化，把主题教育与行业高质量发展高效能治理相结合，全区系统共形成调研报告61篇，出台文件84个，采取措施52条，解决问题104个，建立调研成果转化运用清单94项，成果转化率100%。积极推进交通强国邮政篇建设，更好落实习近平总书记交给内蒙古的"五大任务"，解决制约行业发展的关键问题，在提升服务质量、推进邮政领域中央和地方财政事权和支出责任落实、农村寄递物流体系建设、快递员群体合法权益保障、行业安全生产、绿色发展等方面取得了实效，推动解决了一批急难愁盼问题。

全面检视整改。注重上下联动合力抓好两批主题教育问题整改，把检视整改作为检验主题教育成效最直接、最有力体现，区局、盟市局分别形成问题清单32个、55个，区局整改完成率达100%，修订出台政策制度机制62个。严抓干部队伍教育整顿。开展干部队伍教育整顿突出问题自查，强化政治忠诚，坚持问题导向，突出严管严治，以严肃教育纯洁思想，以严格整顿纯洁组织，提出的20项整改措施已全部完成，把全的要求、严的基调、治的理念贯穿干部队伍教育整顿工作全过程，进一步纯洁了思想和组织，营造了良好的政治生态。

助力畅通循环能力不断提升。强化战略规划政策引领。邮政快递业发展作为重要篇章纳入自治区综合立体交通网规划和加快建设交通强国五年行动计划，联合交通运输厅印发《关于进一步推进农村客货邮融合发展的通知》，印发加快推进全区现代快递物流服务网络体系建设和新时代农村寄递物流体系建设两个实施意见，制定落实习近平总书记对邮政快递业重要指示批示精神和交给内蒙古"五大任务"两个工作方案，统筹一体推进，有序开展"十四五"邮政业发展规划实施中期评估等工作。优化政策环境增强发展动能。多次向自治区领导汇报、加强与各厅局沟通争取支持，在自治区坚持稳中求进推动产业高质量发展政策清单中明确三项行业补贴，协调自治区政府印发通报推进政策在盟市落地实施，全区邮政领域财政事权和支出责任、农村寄递物流体系建设及快递进村财政补贴政策得到全面落实，已落实进村专项补贴2061.48万元，全区系统获得地方补助资金2026.51万元。加快骨干网络枢纽建设。全区已建盟市级园区33处，旗县级园区26处，各类分拨处理中心359个，全区"一国际、一核心、十一枢纽、二口岸"的现代快递物流骨干网和以旗县集散共配中心为核心的县乡村三级寄递物流体系基本形成。

加快农村寄递物流体系建设。实施快递进村"3N36"系统解决方案，举办农村寄递物流体系提质增效培训班，历时8个月开展自治区、盟市两级双线分片包干督导，成立省级政企工作组先后赴7个盟市57个旗县开展驻点督导攻坚，召开农村寄递物流体系建设总结表彰大会。联合五部门印发《全区设立村级寄递物流综合服务公益性岗位助力乡村产业发展实施方案》。开发农村寄递物流信息化管理平台，录入全区县乡村三级寄递物流体系各类基础信息1.3万余条，全区80个旗县市中建有县级集散分拨中心45个，县级集散共配中心83个,778个苏木乡镇实现快递服务全覆盖,面向4个及以上快递品牌提供服务的村级寄递物流综合服务点达10748个,占全部建制村的比例达97.14%。务实推动邮快合作和农村"客货邮"融合发展,复用全区县乡村交邮站点达204个,"客货邮"融合邮路达58条。增强服务产业链供应链能力。实施快递与制造业融合发展"5312"工程,全区服务制造业项目业务量达5051万件,总产值达80.19亿元。内蒙古京东一体化仓储配送项目成功入选全国第一批"快递业与制造业深度融合典型项目"。加快推进冷链基础设施能力建设,冷链寄递物流体系建设纳入自治区冷链物流发展实施方案,行业冷库达44个,配置制冷保鲜设备网点600余家,航空运输航线40余条,全区冷链寄递业务量全年达770余万件,重量达4.59万吨,产值近20亿元。提升跨境寄递服务能力。以"二个中心,三个互换局"为核心的跨境寄递通道基本建成,新增赤峰国际快件监管中心,满洲里和二连浩特国际邮件互换局恢复运营,呼和浩特中欧班列跨境电商成功发运。

行业治理效能持续深化。增强行业监管质效。持续优化"放管服"改革,开展统计专项治理行动,修订完善行业统计制度。开展全区电商快件寄递服务专项整治和违规收费专项治理,组织整治"以罚代管"专项调研检查,向5家企业全国总部制发监管提示函督促整改。组织开展快递企业末端派费结果核算复核工作,对接品牌总部调整提升自治区末端派费指标32个。做好旺季寄递服务保障工作,有效应对"618""双11"等快递业务高峰,打造畅通旺季、安全旺季、暖心旺季。年内全区系统查处整改违法行为90次,约谈告诫28次,下达责令整改通知书62件,办理邮政市场行政处罚案件261件。提高行业绿色治理水平。制定过度包装治理工作措施和任务分工,出台邮政业塑料污染治理三年行动方案,联合发改、交通、生态环境等部门强化协同治理,持续推进邮政快递业塑料污染治理和资源节约集约,组织全区四级行政区域派件包裹包装实地抽查。大力实施"9218"工程,全区电商快件不再二次包装比例达97.87%,使用可循环包装的邮件快件达586万件,回收复用质量完好的瓦楞纸箱达2071万个,建成35个绿色分拨中心,90个绿色网点,新能源车辆保有量达883辆。扎实做好消费者申诉处理工作。下大力气集中攻坚整治用户对疫情防控期间快件积压申投诉问题,与政务服务局建立工作衔接机制,压实寄递企业投诉处理主体责任。

维护快递员合法权益。全区基层快递网点快递员优先参加工伤保险(含同时参加养老保险等社会保险)参保率持续保持在95%以上。实现快递行业联合工会组织盟市全覆盖,推动建立行业集体协商机制,实现签订集体合同盟市全覆盖。开展关爱慰问活动101次,慰问金额达290万元。设立快递员爱心驿站840处,组织快递员免费体检525人次,为快递员提供法律和心理咨询服务覆盖980人次,推动企业为快递员购买社会保险或商业保险等覆盖23282人次。打造高素质人才队伍。联合人社厅印发《内蒙古自治区邮政快递业职业技能提升工程实施方案》,职业技能培训9875人次,通过快递员职业技能等级认定1613人,超额完成既定目标。组织开展快递工程职称评审,3人取得初级工程师资格,1人取得副高级工程师资格。将快递员、快件处理员职业技能比赛打造为自治区职业技能精品赛事,争取总工会办赛资金18.6万元。在全国技能大赛中再创佳绩,内蒙古代表队荣获团体优胜奖、优秀组织奖、优秀技术指导奖、优秀裁判员奖,3名参赛选手获个人三等奖。

行业安全和应急保障水平显著提高。夯实安全管理和安全监管基础。制定印发邮政快递企业区域总部管理办法和安全生产管理体系、安全监管体系、平安员管理体系建设三个指导意见,不断强化企业区域总部主体责任落实。全区构建起8906人的五级平安员管理体系。开发平安员信息管理平台,强化对平安员履职监督。实现安全监管"一办五站"盟市园区全覆盖、县级寄递渠道安全管理领导小组旗县全覆盖。全区举办安全生产、重大隐患排查整治等宣讲培训 282 场次,1.2 万人次。系统强化安全生产工作。组织行业隐患排查整治、"四不"问题"回头看"专项检查、跨区域交叉执法检查,深化巩固行业安全生产专项整治三年行动成效,在自治区安委会组织的重大事故隐患专项排查整治行动中帮扶指导寄递企业 396 家次,抽查 426 家,得到安委会 2 次通报表扬。合力抓好寄递渠道安全。联合 17 部门印发平安寄递专项行动方案,联合 14 个部门出台加强邮件快件寄递安全管理实施意见,升级寄递渠道安全联合监管机制。组织 11 个平安寄递专项行动协调小组成员单位联合督导检查,深入推进寄递渠道反恐、禁毒、扫黄打非等专项行动,联合烟草部门查获假私烟 1016 万支,烟叶烟丝 10.23 吨,配合禁毒部门查获毒品 1313 粒。全力保障全国两会、杭州亚运会等重大活动期间寄递渠道"零事故"。向 4 家品牌快递企业全国总部致函,落实安全生产全区全网统一管理责任。

夯实网络数据和信息安全基础。开展邮政快递业网络安全风险排查,组织重点寄递企业采取沙盘推演等方式进行网络安全演练。持续开展个人信息安全治理专项行动,加强对寄递企业数据安全保护工作监督检查、联合检查。强化应急处置保障。持续推进邮政业应急管理体系和能力建设,全区"1+12"邮政业突发事件应急预案纳入地方政府总体应急管理体系,区市两级企业组建应急救援队伍 21 支,组织应急演练 140 余次,全区行业总体运行平稳,未发生较大及以上安全事故。推进"绿盾"工程建设应用。加强视频巡查监管等"绿盾"工程相关信息系统应用,全区已接入"绿盾"系统的寄递企业分拨处理场所及营业场所达 1692 处,接入摄像头 4733 个,其中新增接入 191 个旗县级分拨处理场所。

党对行业的全面领导更加有力。坚持三位一体,统筹推进机关、系统、行业党建。实施"1146"党建工作法,打造党建+寄递安全、集约发展、乡村振兴、人才培养、助企纾困、权益保障六个特色品牌,促进党建与业务深度融合,以高质量党建引领高质量发展高效能治理。构建"1+12+N"的多层级、立体型行业党建组织模式,盟市行业党委全部实体化运行,民营快递企业党支部从年初的 13 个发展到 30 个。全区争取到行业党建补助资金 79.88 万元,活动阵地 1242 平方米。行业党委 10 件实事和 40 项重点任务全面完成。区局机关荣获"第十届自治区文明单位"称号。锻造过硬干部队伍。始终把政治标准放在首位,以正确的选人用人导向引领干事创业,完善发现培养选拔管理年轻干部机制,选拔任用区局党组管理干部 18 人、职级晋升 19 人,全区系统党员干部工作积极性、主动性有了明显提升。配齐盟市局领导班子,班子结构进一步优化、整体功能进一步增强。委派一名干部任驻村第一书记,开展乡村振兴驻村帮扶。从严管理监督,严格贯彻执行领导干部个人有关事项报告制度,强化"一报告两评议"结果运用。

加强行业监管支撑保障。自上而下推动落实县级邮政地方管理责任,联合交通运输厅印发《关于进一步推动落实县级邮政管理责任的通知》,推动 46 个旗县落实县级邮政管理责任,呼和浩特、通辽、兴安、鄂尔多斯、乌海等 5 个盟市实现旗县市区责任落实全覆盖。12 个盟市邮政业安全中心进一步规范运行,不断强化履职能力,有效发挥支撑服务保障作用。持之以恒正风肃纪。印发党建和党风廉政建设要点、党组全面从严治党重点任务清单,制定严格落实中央八项规定及其实施细则精神具体措施,出台严肃会风会纪等制度。召开党建和党风廉政建设工作会、落实管党治党责任集体谈话会议、警示教育会议,驰而不息纠"四风"树新风,不断纠治形式主义、官僚主义。综合运用"四种形态",严肃执纪问责,一体推进"三不腐",开展严防"四风"反弹专项整治、纪检干部队伍教育整顿、政治机关意识教育、光荣传统和优良作风教育、反面典型警示教育。对照国家邮政局党组第一轮巡视发现共性问题和上下联动整改问题，检视问题 29 项，制定整改措施 77 项，定期研究持续推动整改落实。持续推进精神文明建设。加大对行业先进典型的选树和宣传力度，全区从业人员“两代表一委员”达 35 人，全区行业 98 人荣获市级以上荣誉，面向全区系统行业开展“两优一先”评优选树和“北疆先锋邮路”“北疆先锋邮路示范岗”创建、第二届“寻找草原最美快递员”评选活动。

三、快递市场存在的突出问题

在提高发展质效方面。行业存在被追超赶越、快递业务外流、产业协同不够等突出问题。行业发展面临“标兵越来越远，追兵越来越近”的窘境。快递业务持续外流。由于行业基础设施布局缺少云仓、共享仓库等仓配一体化枢纽建设及政策资金支持，导致行业发展未能形成较强的物流集聚效应。与此同时，临近省份物流枢纽的快速建设及受“价格洼地”影响，加速蚕食内蒙古自治区特色产品优势，致使内蒙古自治区快递业务逐年流失。产业协同能力不足。政策的落地衔接缺乏统筹安排，导致相关政策资源、互补优势未有效发挥。全区 60 个电子商务进农村综合示范县，只有 16 个旗县的邮政快递企业获得过财政补贴；获批的 26 个县域商业体系示范县中，邮政快递企业承接项目的仅有 8 个。县域电商集约化、规模化以及农村特色产品流通效能受到制约，行业助力农村电商、直播电商、冷链寄递的能力大打折扣，产业协同效应未能充分发挥。

在治理体系能力方面。治理质效还需巩固提升，治理能力与行业高质量发展的需要还存在差距。县级邮政管理责任落实仍有差距。部分旗县市区尚未明确县级邮政管理责任承担主体，县级寄递渠道安全管理机制亟待加强，旗县层面信息化监管能力不足，处理场所视频接入覆盖率不够。“一办五站”作用发挥不显著。专业设备设施和人员力量配备不足，实体化运行不到位，距离“四到位”的工作要求还有较大差距，多部门联合监管作用发挥不够明显。区域总部企业统一管理责任落实不到位。九项统一管理责任落实情况参差不齐，安全内控管理时紧时松，重经营轻安全的侥幸心理依然存在，对本企业重大风险隐患摸得不透、吃得不准、管得不严，统一管理责任“挂空挡”，缺乏科学规范的评价标准。安全监管执法仍需持续加强。存在只检查不执法或以罚代管代改、罚而不管不改的现象，执法检查抓不住重点、改不动难点、触不到痛点。对重大事故隐患判定标准宣贯落实“打折扣”“搞变通”，致使较多问题隐患久而不治、久拖不改，隐患排查和执法检查蜻蜓点水“走过场”，问题整改和“回头看”走马观花，敷衍了事，安全防范意识不强，未能树牢红线意识和底线思维。制度落实问题突出。安全管理规范化二十条细则、平安员架构与职责范围公示未实现场所全覆盖，部分企业未按照要求建立重大事故隐患台账，安全风险分级管控和隐患排查治理双重预防机制停留在纸面，风险防范机制未有效发挥。

在防范化解风险方面。安全和应急管理基础仍较薄弱，网络和数据安全制度体系有待完善。企业安全生产基础仍较薄弱。安全生产管理体系建设不到位，隐患排查整治质量不高，责任措施没有真正落实到一线岗位、基层员工，外包员工安全管理严重缺失。寄递安全关键核心制度落实不力。部分企业实名收寄、收寄验视、过机安检“三项制度”执行不到位，存在收寄验视走过场、虚假实名、安检流于形式等违规行为，极易被不法分子利用实施违法犯罪活动。信息安全面临较大风险隐患。行业网络与信息安全工作起步晚、底子薄。近年来发生的多起“空包刷单”和贩卖快递数据案件凸显行业信息安全保护整体能力还比较薄弱，系统性风险隐患较大。行业应急维稳能力亟待增强。当前，行业市场主体发展不均衡，特别是末端网点基础不牢，队伍不稳，防风险、抗冲击能力不强，容易发生倒闭、讨薪等异常事件。企业在并购、上市等资本活动中易衍生债务、融资纠纷,也容易成为社会热点,破坏行业发展良好局面。

在全面从严治党方面。系统党的建设还存在全面从严治党压力传导不够,以党的政治建设统领党的各项建设的措施还不够具体,党建对业务的引领和保障作用发挥不明显,党建与业务深度融合上还有一定差距,存在基层基础薄弱、组织功能弱化等问题。

辽宁省快递市场发展及管理情况

一、快递市场总体发展情况

2023 年,辽宁省邮政行业寄递业务量完成 28.9 亿件,同比增长 19.2%;业务收入(不包括邮政储蓄银行直接营业收入)累计完成 272.5 亿元,同比增长 15.5%。其中,快递业务量(不包含邮政公司包裹业务)完成 21.8 亿件,同比增长 27.5%;快递业务收入完成 200.3 亿元,同比增长 18.6%(表 7-6)。

表 7-6 2023 年辽宁省快递服务企业发展情况

指标	单位	2023 年		比上年同期增长(%)		占全部比例(%)	
		累计	12 月	累计	12 月	累计	12 月
快递业务量	万件	218251.39	24189.54	27.47	53.40	100.00	100.00
同城	万件	33612.29	3721.70	13.61	52.86	15.40	15.39
异地	万件	184452.86	20431.78	30.42	53.41	84.51	84.47
国际及港澳台	万件	186.24	36.06	-5.44	136.35	0.09	0.15
快递业务收入	亿元	200.27	20.66	18.56	30.92	100.00	100.00
同城	亿元	17.26	2.38	7.51	76.10	8.62	11.52
异地	亿元	117.22	11.96	23.07	27.47	58.53	57.88
国际及港澳台	亿元	5.60	0.54	-10.50	-2.49	2.80	2.63
其他	亿元	60.19	5.78	17.19	28.68	30.05	27.97
快递业务投递量	万件	379703.92	36030.71	21.73	37.15	100.00	100.00

二、行业管理工作及主要成效

学习贯彻习近平新时代中国特色社会主义思想主题教育扎实开展。聚焦主线抓理论学习。各级党组会坚决落实“第一议题”制度。共举办读书班 39 次和专题研讨 134 次,50 名干部讲授党课 77 次。辽宁省邮政管理局举办了学习贯彻党的二十大精神集中轮训班和青年干部主题教育座谈会。开展了各具特色的红色教育和“年轻干部下基层”实践活动。注重实效抓调查研究。围绕 43 个课题开展调研,其中蹲点式调研 90 次,发现问题 101 个。解剖正面典型案例 14 个,解剖反面典型案例 15 个,提出对策措施 80 条。辽宁省邮政管理局确定重点调研课题 8 项,重点调研报告在《中国邮政快递报》一版刊登。刀刃向内抓整改整治。全系统对标对表主题教育要求,梳理出清单问题 46 个,制定整改措施 100 条,清单问题已销号 38 个。专项整治清单问题 19 个,制定整改措施 56 条,专项整治清单问题已销号 18 个。两批联动整改列入清单问题数 26 个,已整改完成 20 个,制定联动整改措施 48 条。开展了干部队伍教育整顿,对照国家邮政局党组明确的 9 个方面突出问题开展自查自纠,解决系统内公务员异地分居问题 2 件。

健全机制抓常态长效。辽宁省邮政管理局建立了三级寄递物流体系建设情况通报、党组工作规则、辽宁省邮政管理局党组管理干部交流任职、进一步提升快递服务质量和建立健全防治“小金库”长效机制等5项制度。严督实导确保第二批主题教育取得实效。加强与国家邮政局巡回督导组联系，及时通报反馈意见。结合督导组工作要求，对市局的材料审核把关。赴营口局实地督导落实国家邮政局通报要求，督促做好整改落实。六是开展第一批主题教育整改落实“回头看”。围绕“14个是否”，逐项开展自查，督促推进主题教育整改落实工作。

推动建设交通强国邮政篇和辽宁振兴成效初显。加快交通强国辽宁邮政篇建设步伐。制定了《落实〈加快建设交通强国邮政篇实施方案（2023－2027年）〉工作方案》，推进交通强国辽宁邮政篇各项重点工作。沈阳市制定了支持国家综合货运枢纽补链强链政策，激发快递示范城市潜能。鞍山、抚顺、阜新、盘锦市局因地制宜，推动属地政府制定行业支持政策，促进全省形成政策集群效应。积极向国家邮政局申报了第一批3个交通强国邮政专项试点项目。开展辽宁省“十四五”邮政业发展规划中期评估，落实邮政强国建设行动纲要和实施方案，根据中期评估结果，联合省发改委对指标和重大工程项目进行了调整。行业发展政策深度融入辽宁振兴大局。制定《邮政快递业助推辽宁全面振兴新突破三年行动实施方案》。细化省委《深入贯彻落实习近平总书记在新时代推动东北全面振兴座谈会上重要讲话精神 奋力谱写中国式现代化辽宁新篇章的意见》精神，锚定行业助力打造辽宁新时代“六地”目标。配合省人大修订了《辽宁省邮政条例》。

持续巩固优化营商环境成果。完成省市局《办事不找关系指南》编制和公开工作，提升了邮政快递企业办事便利度和公正性。积极推进落实减税降费政策，全省行业企业享受税费减免共计3658.75万元。助力政务服务便民化，联合多家省直部门下发11项“一件事一次办”工作方案，指导邮政企业办理具体事项邮寄业务92.1万件，警邮合作覆盖94个县区。全力以赴推动重点项目建设。总投资13亿元的沈阳顺丰丰泰产业园、中通沈阳和辽阳智慧物流园、本溪辽东快递产业园开工建设。总投资15亿元的中国邮政大连分拨中心、圆通速递东北管理区（二期）、申通盘锦电商物流分拣中心等项目建设进入前期准备。

坚持服务扩大内需战略，为畅通循环做出了贡献。农村寄递物流体系在乡村振兴中发挥了积极作用。辽宁省邮政快递企业共建设有县级处理中心210处，乡镇处理中心2386处，村级站点13435处。邮快合作步伐加快，组织省级邮、快双方签订战略框架协议，邮快合作覆盖率达到84.26%。全省已有187个快递服务现代农业示范项目，其中超百万件项目达到18个，支持农村地区上行农产品数量达到7700万件，支撑农业产值90亿元。大连樱桃、丹东草莓新入围全国快递服务现代农业金牌项目，铁岭榛子入围银牌项目，丹东板栗入围铜牌项目。沈阳市法库县“交邮携手同网 助力‘鱼梁’通达”入选交通运输部、国家邮政局第四批农村物流服务品牌名单；沈阳、鞍山参加全国农村电商快递协同发展示范区建设。辽宁省邮政管理局召开推广“喀左客货邮融合发展模式”现场会，指导各市局因地制宜学习推广，全省累计开通线路64条，月均运输快件370余万件。

服务制造业产业链能力增强。辽宁省邮政管理局会同工信部门共同实施快递与制造业融合发展“6312”工程，全省49个重点项目进入国家邮政局快递业与制造业融合发展项目库，年支撑制造业产值近70亿元。在全省建设了16个省级快递业与制造业深度融合发展试点先行区，培育22个省级典型项目，本溪、丹东申报国家级快递与制造业融合发展先行示范区。加强寄递物流国际供应链建设。精心培育国际寄递市场主体，省内20家企业具有国际快递业务经营资质。沈阳邮政实现“三关合一”监管模式，菜鸟跨境电商项目辐射东北三省及内蒙古东部地区。跨境航空运输能力恢复提升，保有“大连—大阪”“大连—首尔”跨境电商邮航全货机专线。

行业发展动能持续增强，绿色治理深入人心。加强科技创新工作。贯彻落实国家邮政局科技创新工作会议精神，推进“三智一码”应用。盘锦局与烟草部门合作研发了国内首创、具有自主知识产权的“快眼”大数据分析平台。打造行业高素质人才队伍。统筹推进“151”邮政快递从业人员职业技能提升行动，充分发挥企业培训主体作用。组织开展职业技能培训12758人次，取得职业技能等级证书1524人次。36人通过初级职称评审，1人通过中级职称评审。辽宁共有3人获评全国邮政行业科技英才和技术能手荣誉称号。绿色发展底色更加鲜明。着力推进“9218”工程，会同省生态环境厅等部门共同开展邮政业塑料污染治理检查，实现14个地市全覆盖。组织开展快递包装实地抽查，全省共抽查派件包裹1560件。电商快件不再二次包装的业务量96%，使用可循环包装的邮件快件4583.24万件，回收复用质量完好的瓦楞纸箱3919.08万个。新能源车保有量1719辆。

加强监督管理，确保企业依法合规经营。高度重视电商快件寄递服务专项整治。将专项整治工作与主题教育有机结合起来，打通“丝绸邮路”最初一公里。召开专题会议强化部署，采用工作专班形式对电商企业进行监测，上下合力摸排线索、抽查协议、整改问题，下发全国首例责令整改书。强化宣传，指导市局联合电商协会共同发出倡议书，印发电商快件寄递服务宣传挂图。开展了全省快递企业合规经营专项整治。建立专项整治台账，跟踪督导整改，40余家企业取得许可手续。辽宁省邮政管理局对沈阳市1家许可到期未换证的企业给予罚款5万元处罚。注销了省内293家许可有效期届满未延续的企业，对35家许可有效期内停止经营超过6个月的企业予以公告作废。

统筹行业发展和安全，寄递渠道保持平稳畅通。狠抓生产安全。深入推进重点生产作业场所规范化建设，聚焦重点场所、重点环节、重要时间节点，开展重大事故隐患专项排查整治。利用信息化手段加强监测，全省“绿盾”工程系统考核指标在全国排名取得优异成绩。圆满完成两会、成都大运会、杭州亚运会和快递业务旺季寄递安全服务保障任务，快递业务旺季保障工作得到省政府领导的高度肯定。开展平安寄递专项行动。联合17个部门制定《进一步加强邮件快件寄递安全管理工作的指导意见》《平安寄递专项行动方案》，共同做好寄递渠道反恐禁毒、危险化学品禁寄管理等多项工作。平安寄递工作成果突出，纳入国家邮政局专项工作简报。辽宁省邮政管理局1名同志获省委省政府2017－2023年度平安建设先进个人荣誉称号。夯实信息安全基础。建立健全邮政管理、公安、网信部门常态化协作机制，会同省公安厅联合印发《关于全面推进辽宁省邮件快件隐私面单应用工作的通知》，组织11家辽宁总部企业签订隐私面单应用承诺书，持续开展邮政快递领域个人信息安全治理专项行动，全省隐私面单应用率达96.5%。强化应急处置保障。持续推进邮政业应急管理体系和能力建设，制定《辽宁省加强邮政快递企业应急救援队伍建设的指导意见(试行)》。做好行业运行监测预警，完善信息报告制度。持续推进应急预案建设，组织开展全省邮政快递业应急演练。

坚守行业初心使命，切实强化民生保障。切实维护消费者合法用邮权益。召开3次全省服务质量提升工作会议，综合运用月度通报、责令改正、约谈及行政处罚等措施，对服务质量下滑明显的企业进行调度，一对一帮扶指导企业提升服务质量。全年申诉量同比下降25.3%，申诉率下降1.83个百分点，消费者满意度达到100%。及时回应“互联网＋督查”平台、人民网等渠道网民留言反映诉求，信访“万件化访”工作成效受到省委分管领导肯定。深入推进快递员群体合法权益保障。持续开展关爱快递员“暖蜂行动”，会同共青团、工会等部门组织开展“快递从业青年服务月”活动。加强与共青团合作，畅通12355在线咨询服务渠道。举办“学习二十大 永远跟党走 奋进新征程”全省邮政快递业青年职工微视频征集大赛，向国家邮政局推选5个作品参加全国大赛，抚顺局作品获二等奖，辽阳、铁岭局作品获三等奖。持续推动基层快递网点从业人员优先参加工伤保险，参保率达94.21%。联合省人社厅共同制定了《辽宁省快递行业推进劳动合同制度专项行动方案》，带动10个市总工会、协会签订快递行业工资专项集体合同，提高一线快递员基本工资水平。

深化行业党建，加强党风廉政建设。全面加强党的建设，统筹推进快递行业党建工作。组织开展了行业党建攻坚行动，设立组建行业党委问题台账，逐项解决成立党委面临的困难，推动5个市局和省局成立行业党委，实现省市快递行业党委全覆盖，推进组建省级行业团委和妇委会。强化正风肃纪，加强政治监督。对市场监管等岗位进行重点监督，加强对行政许可审批流程监督。及时修订辽宁省邮政管理局党组贯彻落实中央八项规定精神的实施细则，调研、检查全面落实中央八项规定要求。节假日期间落实谈心谈话制度，严明纪律要求。深入整治形式主义、官僚主义问题，为基层减负松绑，大连局1名同志获得国家邮政局相关表彰。认真组织开展了“小金库”专项治理和纪检干部教育整顿。

全面加强执纪监督。全年收到问题线索4件，立案1件，委托谈话2人次，批评教育1人。加强对问题线索的分析研判，多次向驻部纪检监察组、国家邮政局廉政办请示汇报相关工作。对1件市局干部问题线索提级审查，完成立案审查审理。组织开展全省系统案件质量问题和违规办案行为专项整治。做好巡察工作。动态调整了巡视干部人才库、巡察干部人才库，制定印发《省局党组巡察组工作规则》，编发《巡察工作手册》。组建2个巡察组，对营口、盘锦2个市局开展巡察。高质量召开了民主生活会。全省系统召开了2022年度党员领导干部民主生活会暨反思违纪案件教训民主生活会。召开主题教育专题民主生活会，巩固提高了主题教育成效。

自身能力建设成效显著。贯彻落实习近平文化思想，为行业发展营造良好舆论氛围。辽宁省邮政管理局再获年度通联工作先进集体荣誉。省局局长接受国家邮政局网《以邮政业高质量发展助推辽宁全面振兴》在线访谈。举办新闻宣传培训班，明确宣传重点，加强舆情监测引导。财政事权改革进一步落实。省、市级改革文件全部制定完成。争取地方政策资金2379.34万元，其中涉企经费1666万元，邮政管理部门工作经费等713.34万元，初步建立了多元化预算保障机制。抚顺、辽阳市局获得地方绩效奖金支持。加强与各级交通运输部门的协调，合力完善邮政管理工作体系，全省已有57个县区落实县级邮政管理责任，本溪、营口、阜新、铁岭、葫芦岛市实现县（区）全覆盖，丹东市实现城区全覆盖。铁岭、葫芦岛局落实了市级邮政业安全中心机构、编制和职能。依法治邮工作不断取得新成效。落实省、市邮政管理部门主要负责同志年度述法工作并被国家邮政局通报表扬。推进法治政府建设等工作在全国政策法规工作会议做经验交流。配合国家邮政局开展相关法律法规标准制修订调研，开展“完善邮政行政执法程序 提升行政执法效能”书面调研。举办依法行政培训班，对全省2021－2022年130本行政执法案卷开展评查，规范邮政行政执法，提高执法能力。修订完善辽宁省邮政管理局合同管理办法。扎实开展“八五”普法中期评估工作。切实加强统计管理工作。举办了全省邮政行业统计培训班，贯彻修订后的行业统计调查制度，落实数据质量控制机制，按时限开展报表审核。组织市局开展了第五次全国经济普查邮政行业统计调查单位名录信息核实。强化干部及公务员队伍建设。落实国家邮政局部署，选派1名市局副职援藏。完成补缴全系统公务员职业年金139万元，切实保障大家的权益。稳定干部队伍，全省公务员配备率达到92.4%。及时奖励1个集体、2名个人，激励干部奋发作为。完成了全省公务员规范津贴补贴工作。加强干部因私出国(境)管理和领导干部个人有关事项申报工作。

三、快递市场存在的突出问题

服务能力与辽宁振兴要求还有差距。农村地区邮政业基础设施建设和服务质效相对偏低。"进村"快递品牌仍然较少。相当多的农产品寄递项目没有形成规模。行业与辽宁产业经济结构匹配度不够紧密,在服务先进制造业上对接广度和深度不够、保障能力不强。行业安全水平有待进一步强化。寄递渠道面临的安全风险形势依然严峻。寄递企业安全生产软硬件水平参差不齐,部分从业人员安全防范意识淡薄,安全管理制度缺乏有效落实。企业和末端网点出现停业的可能性客观存在,易导致快件积压、工资拖欠并带来群体性信访问题。行业需要加强信息安全管理和监督。治理体系建设与支撑需求尚待匹配。邮政领域财政事权与支出责任改革划分方案在一些地市没有得到有效落地。系统干部年龄结构不够合理,尚未形成老中青三类人员合理梯队。邮政监管还没有充分发挥中央和地方双重管理优势,特别是县级监管力量薄弱,监管主体责任仍未充分明确。地方政府支持力度有待加强。

吉林省快递市场发展及管理情况

一、快递市场总体发展情况

2023 年,吉林省邮政行业寄递业务量完成 11.0 亿件,同比增长 20.3%;业务收入(不包括邮政储蓄银行直接营业收入)累计完成 133.5 亿元,同比增长 15.8%。其中,快递业务量(不包含邮政公司包裹业务)完成 7.7 亿件,同比增长 32.2%;快递业务收入完成 83.1 亿元,同比增长 16.5%(表 7-7)。

表 7-7　2023 年吉林省快递服务企业发展情况

指标	单位	2023 年		比上年同期增长(%)		占全部比例(%)	
		累计	12 月	累计	12 月	累计	12 月
快递业务量	万件	76909.05	8486.68	32.16	53.32	100.00	100.00
同城	万件	9020.57	1244.00	18.16	96.99	11.73	14.66
异地	万件	67847.46	7236.51	34.24	47.61	88.22	85.27
国际及港澳台	万件	41.02	6.16	133.43	376.17	0.05	0.07
快递业务收入	亿元	83.13	8.40	16.46	25.29	100.00	100.00
同城	亿元	5.27	0.67	10.64	72.46	6.34	8.00
异地	亿元	48.30	4.94	22.12	22.34	58.10	58.87
国际及港澳台	亿元	0.82	0.09	15.04	65.90	0.99	1.04
其他	亿元	28.74	2.69	9.06	21.43	34.58	32.09
快递业务投递量	万件	188165.08	17378.26	27.50	46.28	100.00	100.00

二、行业管理工作及主要成效

主题教育扎实有序开展。始终把抓好主题教育作为重大政治任务,紧紧围绕 12 字总要求,牢牢把握主题主线和根本任务,一体推进理论学习、调查研究、推动发展、检视整改、建章立制和干部队伍教育整顿。强化理论武装。认真学习习近平新时代中国特色社会主义思想和贯穿其中的立场、观点、方法,确定 35 项重点任务和"十个一"活动清单。打好主题教育"37N1"理论学习组合拳,在两批主题教育中，全系统举办读书班10期，组织中心组学习74次，领导干部讲党课52次。深入调查研究。紧扣影响和制约行业高质量发展的重大问题精心制定方案，确定“8+1+N”课题框架，全省系统明确32项调研课题，各级党组认真贯彻落实“四下基层”要求，主要负责人带头、党组成员领题深入基层一线开展调研186次，组织座谈60余场，解决行业发展问题123个。聚力推动发展。注重把主题教育与行业高质量发展高效能治理相结合，积极推进交通强国邮政篇建设，着力解决制约行业发展的关键问题，在提升服务质量、打击农村快递服务违规收费、快递员群体合法权益保障、行业安全发展、绿色发展等方面取得了实效。全面检视整改。注重上下联动抓好问题整改，结合巡视巡察、审计监督发现的问题，综合形成了包含36个问题的两批主题教育问题清单和20个专项整治方案，明确整改措施、整改时限和责任单位，开门整改、定期销号。严抓教育整顿。强化政治忠诚，坚持问题导向，突出严管严治，以严肃教育纯洁思想，以严格整顿纯洁组织。完善从严管理监督干部制度体系，制修订干部交流、考核管理等制度7项，进一步营造良好的政治生态。

服务经济社会发展大局有力有效。落实交通强国战略。按照加快建设交通强国邮政篇战略部署，开展专题调研，印发措施清单，完善指标体系，部署10方面任务，完成第一批专项试点申报。结合综合交通运输、现代流通等34部专项规划涉邮任务实施情况，有序推进“十四五”邮政业发展规划实施中期评估等工作。积极服务地方经济发展。支持引导邮政快递企业分拨中心、仓储设施和运输网络的合理布局，与国家综合货运枢纽、国家物流枢纽城市建设紧密结合，以长春为核心的全国性邮政快递枢纽集群建设稳步推进。行业发展成效服务地方经济作用更加凸显，省领导4次深入行业调研，邮政快递业发展、地方立法、农村寄递物流体系建设、旺季服务保障等工作得到省委省政府领导批示肯定。优化政策法规供给。印发省规划《纲要》和相关专项规划涉邮任务清单，推进76项涉邮任务实施。组织落实行业减税降费工作，全省邮政快递业减免税费2604.89万元。加快落实中央与地方财政事权和支出责任划分改革，省本级纳入省财政一级预算编制单位，“快递进村”和“提升履职能力建设”2个项目拨付资金260万元，协调解决农村寄递物流体系建设2024—2027年项目预算，截至12月末，全省争取地方财政和其他横向部门补助资金累计1592.83万元。加强法治政府建设，完成《吉林省邮政条例》修订草案并提交审查。做好12部邮政业标准意见征集及宣贯。组织开展全省邮政业“八五”普法中期评估。开展涉邮行政规范性文件、行政裁量权基准等专项清理。组织执法人员岗前培训、资格考试、证件申领68人次。

助力畅通循环能力不断提升。加快农村寄递物流体系建设。加快健全完善县乡村寄递服务网络，全省42个县（市、区）全部建成县级寄递公共配送中心，实施“一村一站”工程，农村寄递物流综合服务站存续数量达到7279个。加快“邮快合作”工作进程，全省建制村开展邮快合作7401个，覆盖率80%。联合交通运输、农业农村、商务部门印发指导意见，深入县（区）开展联合调研，开通74条交邮合作路线，覆盖113个乡镇、924个建制村，持续提升邮政快递网络资源效用，促进农村客货邮融合发展。增强服务产业链供应链能力。推动农村电商快递协同发展，快递服务现代农业业务量6285万件，实现收入3.2亿元，服务产值28亿元。打造市级项目13个，县级项目9个。其中，吉林大米和长白山人参入选金牌项目，长春大米和延边泡菜入选银牌项目，长春玉米和吉林鲜食玉米入选铜牌项目，7个项目销售额破亿。实施快递与制造业融合发展“5312”工程，快递服务制造业业务量8792万件，业务收入1.54亿元，支撑产值28.82亿元。打造“顺丰服务一汽”第一批全国快递业与制造业深度融合典型项目，并在全国会议交流。

加快完善行业基础设施体系。建成、在建、规建快递园区总数达到60个，已建成园区规模达到273.1万平方米，累计投资达到101亿元。推动长春市列入《邮政快递枢纽布局建设指导意见》全国性建设项目，提升基础设施整体效能。优化国际邮件互换局（交换站）布局，协调恢复珲春互换局（交换站）运营。落实寄递渠道保通保畅工作。全面落实“乙类乙管”要求，及时优化调整行业疫情防控措施，推动分拨中心和营业网点应开尽开、积压邮件快件快速疏解，全力满足生产生活和医疗保障物资寄递需求，对接1455家医疗物资企业，寄递医疗物资133.4万件。2023年春节期间全行业2万余名快递员坚守服务岗位，保障基本服务“不打烊”、不中断。

行业发展动能加速释放。加快推进科技创新应用。推动行业数智化转型，加快普及智能视频监控、智能语音申诉系统。完成“吉林省快递进村数据综合平台”的开发建设和上线运行，试运行“吉林省邮政快递企业平安员管理平台”。提升行业绿色治理水平。联合生态环境厅等16部门开展综合检查，组织生态环保培训和主题宣传活动。印发年度工作要点、过度包装治理实施方案、塑料污染治理三年实施方案等文件。推动“9218”工程各项措施落实，全省电商快件不再二次包装比例达到97%。采购使用符合标准的包装材料比例达到93.43%，按照规范封装操作比例达到96.2%，新增符合标准包装废弃物回收装置的邮政快递网点1373个，累计达到3369个。更新使用新能源车辆179辆。打造高素质人才队伍。深入实施职业技能提升行动，联合省人社厅印发邮政快递业职业技能提升工程实施方案，与省人力资源技师学院合作开展快递行业等级认定首批试点，组织开展职业技能培训6984人次，全省开展补贴性培训4370人次，争取补贴85.27万元。全省取得职业资格证书或职业技能等级证书共1256人。联合省人社、省总工会、团省委等部门举办第四届吉林省邮政行业职业技能竞赛，选派选手4人参加全国赛，1人荣获三等奖，吉林省邮政管理局荣获优秀组织奖。新增入选全国邮政行业技术能手推进计划2人，全国邮政行业科技英才推进计划1人，2名选手完成“吉林省技术能手”申报。

行业治理效能持续深化。规范市场秩序。压实快递企业总部统一管理责任，就许可专项整治突出问题约谈11家企业总部。实施许可实地核查“验真”工程，全省8家主要品牌企业全部完成许可地域覆盖，乡镇农村末端网点备案1608家。优化末端网点备案流程，实现电子证照线上申领及法人企业和分支机构处理场所代码管理。受理许可事项1240件，核准1041件。建立服务价格抽查监测机制，聚焦农村快递服务违规收费和电商快件寄递服务质量问题开展专项整治，整改违规收费问题3个，及时开展整治效果复查。集中纠治“不发货”行为，共检查企业365家次。优化服务质量。顺利完成高校录取通知书和巡视信箱邮政服务任务。吉林省邮政管理局纳入省国防安全工作领导小组暨省军民融合发展委员会，联合召开座谈、督导、培训，推进邮政快递服务进军营。加大建制村投递服务信息化监管力度实地打卡率95.34%，周投递5次建制村比例达到77.47%。开展“抵边自然村通邮”工作专项调研督导。全省警邮、政邮合作累计业务量316.81万件。联合省文旅厅提升旅游景区邮政服务水平，新增嫩江湾主题邮局、稻香主题邮局2个。印发《吉林省快递服务质量提升工程实施清单》，以集中答疑、按周调度、规范检查内容和方式等措施强化整治效果。扎实做好消费者申诉处理工作，全省快递服务有效申诉率为百万分之0.23，有效申诉量同比下降42.74%，为消费者挽回经济损失142.5万元。维护合法权益。印发保障快递员群体合法权益工作系统内分工表，推动各项工作部署落实到位。加快推进从业人员劳动合同签订和社会保险缴纳。会同省总工会推动主要品牌快递企业签订集体合同。巩固基层快递网点优先参加工伤保险工作成果，全省新增参保工伤保险2979人，参保比例达到94.9%。开展末端派费及罚款事项线上调查,组织“快递员从业幸福感受和权益保障”调查。开展“冬季送温暖”“夏季送清凉”“平时送关怀”等系列活动25次,新建爱心驿站89处,“暖蜂行动”品牌越擦越亮。

行业本质安全水平显著提高。着力维护行业安全稳定。开展重大事故隐患专项排查整治,聚焦用电消防等重点领域,累计帮扶指导企业220家次,立案处罚59起。扎实开展“安全生产月”“白山松水安全行”、处理场所“四不”整治回头看等专项行动。联合省委政法委等12部门印发加强邮件快件寄递安全管理实施意见,召开联席会议和协调领导小组会议,联合开展平安寄递专项行动。各成员单位累计查获毒品11.24千克、枪支爆炸物品及零部件503件、反宣品1648件、侵权假冒商品89件、违规寄递的卷烟3362条。夯实网络数据和信息安全,落实《寄递服务用户个人信息安全管理规定》,加强隐私运单推广应用,持续开展个人信息安全治理专项行动。强化应急处置保障。持续推进邮政业应急管理体系和能力建设,全省市级安全中心已到位人员34人。建立“三管三必须”分工机制,积极推进县级邮政管理监管责任落实。完成“成都大运会”“杭州亚运会”等重要节日重大活动寄递渠道安保任务,加强应急指挥和安全预警等“绿盾”工程相关信息系统应用。视频联网在线率84.41%,安检机联网开机率80.13%,均有大幅提升。联合公安、应急管理、国家安全、消防等部门举办邮政快递业综合应急演练,开展安检员培训班12场。荣获省安委会年度考核“优秀等次”。

党对行业的全面领导更加有力。坚持政治建设统领。深入学习宣传贯彻习近平新时代中国特色社会主义思想,推动党的二十大精神在行业落地见效,推进“五型”机关建设。推动各级党组织认真履行主体责任,开展专题议党45次,定期议党20次。落实“第一议题”制度,组织党组理论学习中心组学习110次。落实国家邮政局巡视整改上下联动要求,36项整改任务全部完成销号。各级党组织召开民主生活会10次、组织生活会23次,支部学习459次、主题党日活动159次,讲授专题党课83次。印发快递行业党委工作规则和2023年工作要点,出台10件实事。启动“火种计划”。开展县级快递物流集散共配中心“职工之家”建设,成立快递企业党组织63个,形成“1+9+N+X”组织体系。争取行业党工团支持经费104万元。锻造过硬干部队伍。始终把政治标准放在首位,进一步加强领导班子建设。从严管理监督,严格贯彻执行领导干部个人有关事项报告制度,强化“一报告两评议”结果运用。用好职务与职级并行政策,持续优化系统公务员队伍年龄、专业等结构。干部交流4人,选派援疆干部1人,完成3个岗位公务员招录工作。扎实开展干部教育培训,26名处级以上领导干部参加党的二十大精神集中轮训。

持之以恒正风肃纪。严格落实中央八项规定及其实施细则精神,驰而不息纠“四风”树新风。印发年度工作要点、党组贯彻落实中央八项规定精神实施细则的通知。党组书记深入市(州)局开展“一把手”廉政风险提示谈话9次。党组书记、党组成员召开分管领域(部门)集体廉政谈话2场,开展任前廉政谈话15人次。对1名领导干部开展任中经济责任审计,对3个市(州)局进行财务监督专项整治复查。综合运用“四种形态”,妥善处置信访举报。扎实开展纪检干部队伍教育整顿。持续推进精神文明建设。开展“社会主义核心价值观主题实践教育月”活动,行业内1人受全国好人表彰,1人荣获省级“劳动模范”称号,15个集体和个人获省内“五一”表彰。向国家邮政局推荐快递业青年职工微视频征集大赛作品2件并获奖。在吉林省农村寄递物流体系建设、行业高质量发展等方面多次获地方和行业媒体赞誉,吉林省邮政管理局获全国通联工作先进集体。

三、快递市场存在的突出问题

发展质效提升压力。行业快速发展的规模效益与人民群众用邮感受的质量效益还存在差异，城乡间、地域间发展不平衡不充分的问题依然存在，服务产业链供应链能力仍需提高。治理体系能力压力。行业法规制度标准需进一步完善，行政执法质量还要进一步提升，营商环境还要进一步优化，信息化监管和信用监管还有待加强，压实品牌快递企业总部统一管理责任还需强化。防范化解风险压力。安全和应急管理基础比较薄弱，网络和数据安全制度体系仍有待完善，末端经营收益和安全投入需要进一步保障，防风险、保稳定任务艰巨。行业监督管理压力。管理体制还要进一步理顺，县级邮政管理责任落实需要全面推进。系统党的建设存在短板弱项，形式主义、官僚主义问题仍有发生，基层减负工作仍需深化。

黑龙江省快递市场发展及管理情况

一、快递市场总体发展情况

2023年，黑龙江省邮政行业寄递业务量完成13.8亿件，同比增长21.2%；业务收入(不包括邮政储蓄银行直接营业收入)累计完成177.4亿元，同比增长15.4%。其中，快递业务量(不包含邮政公司包裹业务)完成9.5亿件，同比增长30.3%；快递业务收入完成106.0亿元，同比增长18.4%(表7-8)。

表7-8 2023年黑龙江省快递服务企业发展情况

指标名称	单位	2023年		比去年同期增长(%)		占全部比例(%)	
		累计	12月	累计	12月	累计	12月
快递业务量	万件	94611.7	10459.9	30.3	46.2	100.0	100.0
同城	万件	11165.9	1565.2	10.9	77.3	11.8	15.0
异地	万件	81922.6	8737.9	32.7	41.9	86.6	83.5
国际及港澳台	万件	1523.3	156.9	78.8	38.5	1.6	1.5
快递业务收入	亿元	106.0	10.8	18.4	24.2	100.0	100.0
同城	亿元	6.5	0.7	3.3	20.2	6.2	6.4
异地	亿元	54.8	5.5	24.4	22.0	51.7	50.7
国际及港澳台	亿元	3.9	0.4	32.2	32.2	3.7	3.7
其他	亿元	40.7	4.2	12.5	27.0	38.4	39.1
快递业务投递量	万件	239031.8	21971.9	22.1	37.6	100.0	100.0

二、行业管理工作及主要成效

高标准高质量推动主题教育走深走实。黑龙江省邮政管理局始终把抓好主题教育作为重大政治任务，紧紧围绕“学思想、强党性、重实践、建新功”总要求，牢牢把握主题主线和根本任务，一体推进理论学习、调查研究、推动发展、检视整改和干部队伍教育整顿，在以学铸魂、以学增智、以学正风、以学促干上取得实实在在成效。强化理论武装。认真学习习近平新时代中国特色社会主义思想和贯穿其中的立场、观点、方法，全省系统各级领导班子举办不少于7天的读书班，组织党组理论学习中心组学习80余次，领导干部讲党课30余场次，强化了党员、干部对习近平新时代中国特色社会主义思想的政治认同、思想认同、理论认同、情感认同。深入调查研究。紧扣影响和制约行业高质量发展的重大课题精心制定实施方案，全省系统各级各部门明确50余项调研课题，各级党组认真贯彻落实“四下基层”要求，主要负责人带头开展专题调研，深入基层一线听取各方面的意见建议，广大党员干部更进一步地学习掌握了调查研究、梳理问题的方法，工作作风有了很大提高，工作能力本领得到了锻炼提高，取得了很多有价值的调研成果。聚力推动发展。注重把主题教育与行业高质量发展高效能治理相结合，积极推进交通强国邮政篇建设，更好服务国家战略，在畅通国内国际物流、促进物流业降本增效、服务乡村振兴等重大国家战略中发挥了重要作用。积极推进解决制约行业发展的关键问题，促进行业高质量发展，在提升服务质量、打击农村快递服务违规收费、推进邮政领域地方财政事权和支出责任履行、网络与信息安全、快递员群体合法权益保障、行业安全发展、绿色发展等方面取得了实效，推动解决了一批急难愁盼问题。

全面检视整改。注重上下联动、以下看上抓好问题整改，结合巡视发现的问题，梳理推动发展遇到的问题、群众反映强烈的问题，综合形成了包含67个问题的两批主题教育问题清单和23个专项整治方案，明确整改措施、整改时限、牵头负责人及责任单位，开门整改、定期销号。严抓干部队伍教育整顿。强化政治忠诚，坚持问题导向，突出严管严治，以严肃教育纯洁思想，以严格整顿纯洁组织。加强对干部全方位管理和经常性监督，把全的要求、严的基调、治的理念贯穿干部队伍教育整顿工作全过程。通过干部队伍教育整顿，进一步纯洁了思想和组织，营造了良好的政治生态。

胸怀“国之大者”服务党和国家大局有力有效。强化交通强国战略引领。加快建设交通强国是以习近平同志为核心的党中央立足国情、着眼全局、面向未来作出的重大决策，是全面建设社会主义现代化国家的先行领域和战略支撑。党的十九大报告提出“建设交通强国”，党的二十大报告进一步提出“加快建设交通强国”，党中央、国务院先后印发《交通强国建设纲要》《国家综合立体交通网规划纲要》，充分体现了以习近平同志为核心的党中央对交通强国建设的高度重视和殷切期望。黑龙江省邮政管理局认真贯彻落实党中央关于加快建设交通强国战略部署，落实《黑龙江省贯彻落实〈交通强国建设纲要〉和〈国家综合立体交通网规划纲要〉实施方案》，制定《黑龙江省加快建设交通强国邮政篇实施方案（2023－2027年）》，完成本年度2个交通强国邮政专项试点申报。有序推进“十四五”黑龙江省邮政业发展规划各项任务并高质量完成中期评估工作。积极服务龙江全面振兴。黑龙江省邮政管理局将行业发展深度融入龙江社会经济发展大局，与一二三产业融合发展不断深入，促消费畅流通作用愈加明显，产业辐射和带动效应持续增强，行业发展成效服务地方经济作用更加凸显，助力龙江更好融入全国统一大市场。主管副省长专门批示，充分肯定2023年全省邮政管理系统工作和邮政快递业服务地方经济发展成效。

优化政策法规供给。贯彻党中央国务院关于县乡村三级寄递物流体系建设的决策部署，联合省交通运输厅、供销合作社印发协同推进农村快递物流服务体系建设的实施意见。联合省商务厅共同提出并归口制定全国首部电商快件绿色包装地方标准——《黑龙江省电商快件绿色包装通用要求》。加快行业现代化基础设施体系建设。持续加强枢纽建设，按照“一核两带三区多点”的发展空间布局，在基础设施好、业务量大的重要节点城市合理布局快递物流园区和快递物流集聚区，全省累计建成省级分拨中心16处、市级分拨中心90处、县级分拨中心112处。

助力畅通循环能力不断提升。加快农村寄递物流体系建设。积极服务乡村振兴战略，贯彻实施农村寄递物流体系建设三年行动方案，加快健全县乡村寄递服务网络。实施“一村一站”工程，印发专项通知规范村级综合服务站点建设，全省累计建成33个县级寄递配送中心、8050个村级寄递物流综合服务站。务实推动邮快合作和农村“客货邮”融合发展，联合省交通运输厅开展“客货邮”融合发展现场调研，建立“交邮供”协同发展工作机制，推动省交通运输、邮政管理、供销、邮政公司签署战略合作协议。邮快合作建制村全面覆盖，已建成“交邮供”合作站点810个，新增交邮联运邮路115条，新增农村投递车辆90辆，农村邮路汽车化率达65.7%。增强服务产业链供应链能力。开展4个农村电商快递协同发展示范区和9个快递服务现代农业示范项目创建工作，打造“哈尔滨大米”金牌项目、“哈尔滨玉米”银牌项目、“佳木斯大米”铜牌项目3个国家邮政局评定项目。积极推进快递业与制造业融合发展，形成快递服务制造业发展项目56个（超百万件项目12个），带动产生寄递业务量4139.67万件，产生业务收入1.46亿元。邮政公司依托国家扶持资金建设2处冷库，助力畅通城乡冷链寄递产品便捷高效双向流动通道。

推进国际寄递体系建设。黑河国际邮件互换局（交换站）功能恢复运行，哈尔滨分别经黑河、绥芬河、东宁至叶卡捷琳堡邮件陆运通道形成联动，保障对俄寄递通道畅通，共发运对俄陆运349班，运送邮件4200吨（960万件），形成出口贸易额5000万美元。推动黑龙江省万木国际货运代理有限公司跨境电商海关监管中心获批运营，该中心2023年通过“9710”模式出口货物198吨，9610小包出口62吨。妥善做好疫情防控转段以来保通保畅工作。全面落实“乙类乙管”要求，及时优化调整行业疫情防控措施，全力满足生产生活和医疗保障物资寄递需求。2023年春节期间全省行业快递员坚守服务岗位，保障基本服务“不打烊”不中断。“双11”暴雪期间，哈尔滨局联合有关部门和地方政府合力应对交通拥堵，全力保障快递物流通畅。

行业发展动能加速释放。加快推进科技创新应用。全省快递企业共获降本提质增效奖励1235.27万元。全省重点品牌省级快递企业分拨中心基本实现自动化分拣，9个省级处理场所配备智能安检机32台，6个市级处理场所配备智能安检机6台，邮件快件处理能力大幅度提升，智能化水平快速进步。提升行业绿色治理水平。成立全省邮政快递业碳达峰碳中和工作领导小组。举办全省邮政快递业生态环保工作培训班。印发推动邮政快递业绿色低碳发展的实施意见、全省行业塑料污染治理工作三年实施方案等系列文件，全力抓好抓实行业生态环保工作。大力实施“9218”工程，加大塑料污染和过度包装治理力度，对企业违规行为作出行政处罚13起。打造高素质人才队伍。印发《2023年人事人才工作要点》，组织开展“五一劳动节”邮政行业优秀人才走访宣传活动，举办第四届全省邮政行业职业技能大赛，组织参加第四届全国邮政行业职业技能竞赛总决赛，参赛选手首次荣获快递员职业个人三等奖。组织开展职业技能培训7229人次，新增取得职业技能等级证书2108人次，3人入选2023年度邮政行业技术能手。

行业治理效能持续深化。规范快递市场秩序。压实快递企业总部统一管理责任，试点推动品牌快递企业落实统一管理责任和安全生产主体责任，就突出问题对个别企业实施行政约谈。开展许可合规治理，实施许可实地核查“验真”工程，实现主要快递服务品牌地域范围全覆盖。许可申请平均办结时限缩短为12个工作日，按时完成率达100%。深入开展快递市场秩序整顿，聚焦农村快递服务违规收费和电商快件寄递服务质量问题开展专项整治。全面完成年度全省企业信用评定工作。全省共计作出行政处罚221件，罚款153.2万元，停业整顿18家，下达责令改正151件。优化寄递服务质量。强化快递许可电子证照签发应用，优化末端网点备案流程，全省快件处理场所实施代码管理并开通电子证照签发功能。扎实做好消费者申诉处理工作，有效申诉率保持在百万分之三以下。维护快递员合法权益。联合省关工委印发《关于加快市（地）邮政管理系统关工组织建设推进关爱“快递小哥”工作的通知》，联合6部门印发《关于做好快递员群体合法权益保障工作的实施意见》，推动关爱举措落实。联合省协会开展“暖蜂行动”送清凉和送温暖活动。联合团省委、省总工会发布旺季关心关爱“快递小哥”倡议书。开展末端派费复核确认工作，推动企业建立合理劳动报酬机制。深入开展“快递从业青年服务月”活动。发挥党建带团建的组织优势，实现行业党委和团工委有机联动。积极落实基层快递网点优先参加工伤保险政策，参保率超90%。

行业本质安全水平显著提高。立足行业维护政治安全，着力维护行业安全稳定。开展重大事故隐患专项排查整治2023行动，聚焦用电消防等重点领域，累计检查企业390家次，责令停业整顿18家。联合公安、国安等16部门开展平安寄递专项行动。全省实现市级安全中心设立全覆盖。全省13个市（地）局寄递安全属地管理责任全部纳入平安寄递建设考核。全省65个县明确县级邮政管理责任承担主体，125个县（市、区）全部建立行业安全监管机制。与省公安厅进行现场座谈，构建打击寄递渠道违法犯罪行为专门工作机制。与省烟草专卖局成立联合监管办公室。夯实网络数据和信息安全。联合公安、网信等部门开展信息安全联合检查。“绿盾”工程各子系统不断完善，视频巡查和安检机联网发挥实效，全年发现涉嫌违规事件32起；舆情监测系统全年累计监测25万余条，全年未发生重大舆情事件。黑龙江省邮政业智慧监管综合信息系统完成开发并在企业开展试运行，黑龙江省寄递企业安全生产评估及等级评定项目已具备推广应用条件。强化应急处置保障。保障两会、成都大运会、杭州亚运会等重要时间节点全省寄递渠道安全平稳运行。杭州亚运会期间，各市（地）针对未按规定加贴安检贴和违规收寄禁寄物品的行为累计立案14起，下达责令改正43份，停业整顿10起。按国家邮政局要求做好丰网速运收购后品牌稳定运营监测及许可管理相关工作。

党对行业的全面领导更加有力。全面深化党建引领。抓实党支部标准化规范化建设、党员干部队伍建设，机关党建工作进一步加强。全面推进行业党建工作。13个市（地）全覆盖成立快递行业党委、关工委。行业党组织覆盖率达42.17%，市级行业党委专职书记、党务干部配备率达65%。行业党建工作领导体系进一步健全。创建全省快递行业“龙江蜂采”党建品牌。培育2个企业示范党组织。推动快递员深度参与社区基层治理，涌现了哈尔滨“四随”等一批典型经验。锻造过硬干部队伍。始终把政治标准放在首位，加强统筹谋划和调研分析，进一步加强领导班子建设。市（地）局班子配备率46.15%。全省系统累计开展公务员职级晋升29人次。开展干部轮岗借调19人次。指导市（地）局提拔内设机构领导12人，转任公务员1名。各市（地）安全中心全部完成法人登记工作，12个市（地）完成财政账户设立，6个市（地）得到预算批复共计252.6万元，人员目前已到岗50人。

持之以恒正风肃纪。严格落实中央八项规定及其实施细则精神，驰而不息纠“四风”树新风，不断纠治形式主义、官僚主义。严格落实1号纪检监察建议，开展快递协会脱钩工作“回头看”和对外委托项目专项清理，进一步规范与快递协会关系，加强干部队伍和编外聘用人员管理。综合运用“四种形态”，严肃执纪问责，一体推进“三不腐”，召开13个市（地）局班子落实管党治党责任集体谈话会议。坚持扎实开展纪检干部队伍教育整顿。持续推进精神文明建设。印发《黑龙江省邮政行业精神文明建设工作实施方案》，开展社会主义核心价值观主题教育实践月活动。全省行业1人荣获全国五一劳动奖章，3人荣获省级五一劳动奖章，1个集体荣获省“工人先锋号”称号，1人入选全国最美快递员，1个集体荣获省模范职工小家称号。3个作品获评全国邮政快递业青年职工微视频征集大赛一等奖，二等奖和纪念奖，黑龙江省邮政管理局荣获“优秀组织奖”。

三、快递市场存在的突出问题

一是安全形势复杂，全省消防安全、建筑安全类事故频现，行业的县区属地安全责任体系还需进一步健全，企业安全生产主体责任落实距离实现本质安全还有较大差距；二是行业服务质量问题仍然较多，未经同意改变约定投递方式现象普遍存在，尚未得到有效治理；三是落实“放管服”改革还需再下功夫，在高效统筹行业发展和安全、服务和监管、活力和秩序上还要提升系统思维；四是影响行业稳定因素依然存在，品牌加盟纠纷、企业劳资纠纷呈上升化趋势并不断外溢，在一定程度上增加了监管的难度和压力；五是行业信息化、智能化监管广泛应用，网络安全、信息安全、数据安全、个人信息安全面临的形势复杂严峻，管局、企业在这方面的能力需全面提升；六是农村寄递物流体系建设由全覆盖到成体系稳定运转还需攻坚，邮政、快递农村站点建设还需要加强统筹，要防止末端成为监管空白；七是申诉、12345 政务服务热线、来信来电来访以及各种渠道转办件数量快速增加，在事件分类、流转和依法依规处理上还存在短板，在面对群众的时候还存在怕和躲的心态；八是市(地)局在提升安全中心人员到位率、发挥作用和建立健全管理体制机制上还要进一步加强。

上海市快递市场发展及管理情况

一、快递市场总体发展情况

2023 年，上海市邮政行业寄递业务量完成 47.0 亿件，同比增长 23.1%；业务收入(不包括邮政储蓄银行直接营业收入)累计完成 2225.1 亿元，同比增长 13.1%。其中，快递业务量(不包含邮政公司包裹业务)完成 37.0 亿件，同比增长 29.6%；快递业务收入完成 2089.4 亿元，同比增长 13.2%(表 7-9)。

表 7-9　2023 年上海市快递服务企业发展情况

指标	单位	2023 年		比上年同期增长(%)		占全部比例(%)	
		累计	12 月	累计	12 月	累计	12 月
快递业务量	万件	370311.3	37246.7	29.6	30.4	100.0	100.0
同城	万件	70078.1	6555.5	17.0	10.3	18.9	17.6
异地	万件	273239.7	27715.1	30.5	34.2	73.8	74.4
国际及港澳台	万件	26993.5	2976.2	63.1	50.9	7.3	8.0
快递业务收入	亿元	2089.4	207.8	13.2	24.0	100.0	100.0
同城	亿元	42.7	4.1	3.6	-1.6	2.0	2.0
异地	亿元	176.1	16.4	12.9	4.4	8.4	7.9
国际及港澳台	亿元	189.6	20.0	40.3	38.1	9.1	9.6
其他	亿元	1681.0	167.4	11.1	25.5	80.5	80.6
快递业务投递量	万件	436346.7	45166.1	31.6	26.3	100.0	100.0

二、行业管理工作及主要成效

深入开展学习贯彻习近平新时代中国特色社会主义思想主题教育。上海市邮政管理局党组按照“学思想、强党性、重实践、建新功”总要求，深入开展学习贯彻习近平新时代中国特色社会主义思想主题教育，切实推进主题教育走深走实。加强组织领导。成立主题教育领导小组，细化措施方案，召开主题教育动员部署会1次、推进会6次，总结会1次，上下贯通、有机融合、一体推进理论学习、调查研究、推动发展、检视整改、建章立制。部署落实“回头看”工作，推进整改落实成效持续深化。主动对接国家邮政局指导组、联络组3次到上海指导工作，接受中央第十七巡回指导组的督导检查。强化理论学习。组织主题教育集中理论学习读书班1期、邀请专家进行专题辅导，开展中心组集体学习7次，党组会“第一议题”专题学习59项内容，组织领导干部读原著学原文、交流体会。局党组书记、党组成员、各党支部书记讲主题教育专题党课19次。各党支部依托“三会一课”、主题党日开展集中学习、交流研讨、红色教育等160余次。在上海市邮政管理局公众号、《上海市快递行业党建文明创建简报》开辟主题教育专栏，深入开展理论宣传教育。

深入调查研究。结合影响和制约行业发展存在的重要课题，制定调研方案，确定调研课题20个，认真贯彻落实“四下基层”要求，深入生产一线和基层单位开展调查研究。召开调研成果交流会，强化结果运用，在与制造业深度融合发展、绿色发展、全网民主协商机制、上海邮政快递国际枢纽中心建设、安全生产工作等工作中取得一批有价值的成果。全面检视整改。开展班子成员、领导干部、党员自查整改，深入查摆不足，列出问题清单22条，制订整改措施42项，按期完成阶段性整改。开展整改落实“回头看”工作，动态更新问题清单，跟进落实问题清单整改措施，落实“4+3”问题整治、形式主义、统计造假等专项整治，做好两项上下联动专项整治。严抓干部教育整顿。把全的要求、严的基调、治的理念贯穿干部队伍教育整顿工作全过程，逐个落实21项重点任务，组织全体党员干部和各级党组织开展全覆盖自查，涉及党员干部共计86人。进一步强化政治忠诚，纯洁了思想和组织。

不断提升行业助力畅通循环能力。深入推进上海邮政快递国际枢纽中心建设。充分发挥上海市促进邮政业发展联席会议机制作用，制订上海邮政快递国际枢纽中心建设的实施意见及分工方案，推动上海邮政快递国际枢纽中心建设纳入上海国际航运中心建设2023年重点任务安排。组织申报交通强国邮政试点项目。支持极兔公司上市。加快农村寄递物流体系建设。组织建立邮快合作区级联系机制，因地制宜建设快递综合服务站，推广便民服务站。建制村邮件、快件直投到户实现全覆盖。农村投递汽车化道段占比达到69%。推动农村电商+邮政寄递服务模式，实现农产品进城1.72亿元。推动上海客货邮场站复用21个。推动邮政综合服务平台建设。宝山局推动崇明区邮政分公司与50家便民服务站签订代投协议，与40家菜鸟驿站开展末端投递合作。青浦局与区交通委共建水上“快递驿站”，解决船员用邮难题。

增强服务产业链供应链能力。积极贯彻落实国家邮政局快递服务先进制造业“5312”工程，探索实施本市“9421”快递业与制造业深度融合发展升级工程。完成11个快递业与制造业深度融合典型项目的申报入库。行业8个案例入选市两业融合发展典型案例。提升跨境寄递服务能力。与海关、邮政企业三方联动，推动9610等模式在上海邮政落地见效。指导邮政企业做好海运快船、国际航线运行，开辟俄罗斯和印尼海运进口航线邮路。参与临港新片区特保区产业规划制定，对接上海创建“丝路电商”合作先行区，优化服务供应链和专业服务供给。国际及港澳台快递业务量（包含EMS）累计完成2.7亿件，同比增长63.1%。完善末端服务体系建设。智能末端配送设施（智能快件箱）建设“1+1+1+N”文件政策体系落地见效。智能快件箱、快递公共服务站建设相关内容纳入《上海市城市管理精细化“十四五”规划》和《上海交通强市建设2023年重点任务清单》。全年完成智能快件箱服务用房项目行政审核449个，其中住宅和商务楼宇建设项目177个，94个新建小区已设立智能快件箱服务用房。全市新建智能快件箱3222组，累计超3.8万组。《关于持续推动落实上海快递基础设施基本公共服务属性情况的专题报告》获国家邮政局局长赵冲久肯定并批示。

持续增强行业高质量发展新动能。加强政策规划引领。深入落实加快建设交通强国邮政篇实施方案和重点任务分工方案。开展“十四五”邮政业规划实施中期评估工作。组织落实国家、地方和行业一揽子稳经济稳增长政策，推进助企纾困政策红利落地。上海全行业全年共获各项税费减免11.53亿元。组织完成疫情转段期间本市快递一线员工稳岗补贴发放工作，共涉及216.7万人次、1.7亿元，惠及8万余名一线从业人员。行业获得青浦区现代服务业发展专项资金1186万元。不断推进创新应用。邮政快递业纳入《上海市数字经济发展“十四五”规划》。配合国家邮政局开展“三智一码”科研成果试点及推广应用。推动邮政行业技术研发中心建设，全市现有物流领域国家工程实验室1家，邮政行业技术研发中心2家。持续发布上海快递发展指数。探索交邮融合创新发展，开启上海地铁运快递试行模式。强化行业绿色治理。全面实施绿色发展“9254”工程，推动《快递包装循环共用指南》地方标准立项。积极参与“无废城市”建设，创建无废邮政快递网点。开展快递包装实地抽查工作，提升行业可循环快递包装应用比例。积极推广应用新能源车辆，推进行业设施绿色改造。深化人才队伍建设。持续推进行业职业技能培训，全年共培训快递从业人员20695人次，争取补贴113万元；开展职业技能等级认定3945人次，其中高级工及以上1006人次。举办上海市“韵律杯”第五届快递行业职业技能竞赛，组织参加全国行业职业技能竞赛并获得快递员职业二等奖、快件处理员职业三等奖。组织推荐本行业7人分别入选2023年度邮政行业科技英才推进计划、技术能手推进计划。

切实强化防范化解重大风险能力。夯实企业主体责任。指导总部企业落实网络统一管理责任，依法设置安全管理机构，落实法定代表人、实际控制人第一责任人责任。稳步推进“四员、两队”网格化管理队伍建设，推动安全工作重心下移、安全管理力量向基层下沉，安全生产治理模式向事前预防转型。配合国家邮政局市场司做好行业安全生产规范化管理现场会，提升总部全网安全规范化水平。奉贤局实施寄递安全重点督导企业“灰名单”制度。深化寄递渠道安全综合治理。联合市委政法委等17部门开展平安寄递专项行动，得到国家邮政局领导批示肯定。联合市13部门共同推进加强邮件快件寄递安全管理，构筑多部门跨领域寄递渠道联合监管安全屏障，形成寄递安全信息共享共用、违法线索通报、涉嫌犯罪案件移送协查、责任倒查的共商共建共治共享长效机制。开展“安全生产月”活动，持续推进“三项制度”落地。开展行业安全生产重大隐患排查整治工作，深化推进厂房仓库安全专项整治。加强信用监管，组织各派出机构完成企业信用评定和评级。黄浦局与区扫黄办、平安黄浦建设协调小组办公室建立“平安寄递”工作联动协同机制。

提升行业规范化管理水平。制定行业安全生产举报奖励实施细则，实行安全生产交流会制度。制定行业道路交通安全主体责任工作规范，健全多部门电动自行车全链条监管工作机制，修订执法检查标准并纳入相关内容，推动企业规范用车、文明行车，行业道路交通安全整治取得明显成效。深入抓好网络和个人信息安全管理，健全邮政管理、公安、网信等部门常态化协作机制，加强用户个人信息防护宣传，开展本市邮政快递业个人信息安全专项执法检查。集中开展寄递信息汇聚平台网络数据安全风险排查治理，推动源头治理、综合治理、系统治理。强化应急处置保障。完善应急管理机制，指导企业组建应急救援队伍，及时更新、完善应急预案，组织开展应急演练。稳妥应对台风、低温等自然灾害影响，与市公安、国安、应急等多部门联合开展重要节假日、业务旺季等重要时期和进博会等重大活动期间寄递安全服务保障工作。应用绿盾系统开展日常监测预警，加强舆情监测，指导极兔公司妥善处置收购丰网事件。全年未发生亡人事故和重大安全责任事故。

着力提升行业治理效能。增强行业监管质效。加强事中事后监管，及时组织开展行政指导和专项督导，对8家寄递企业开展集中行政指导，规范市场秩序。运用行政处罚简易程序处罚16起，提高处置效率。依法开展快递市场监管，全年共开展行政执法检查1056次，查处违法违规行为359次，下达整改通知278件，立案调查87起，开展行政警示和行政提示19次。受理12345市民热线转办工单11.4万余件，受理申诉9421件，为消费者挽回经济损失205.2万余元，消费者满意度为95.5%。发挥社会监督员、网格化监督员作用，巡查企业网点2098家。推进法治邮政建设。《上海市促进快递业健康发展若干规定》纳入《上海市十六届人大常委会立法规划（2023－2027年）》预备项目。参与《上海市危险化学品安全管理办法》《上海市野生动物保护条例（草案）》等制订工作。开展"八五"普法的中期评估。提交年度法治政府建设报告和年度行政执法年度报告。定期编写经济运行分析报告。联合上海高院、青浦区法院等部门强化快递物流行业司法治理。做好重大行政执法案件、局重要文件法制审核等工作。

优化市场环境。持续落实快递业务经营许可优化审批服务，完成快递业务经营许可证、分支机构名录寄递服务49件。将拼多多驿站纳入行业监管。开展经营快递业务"多型合一"试点工作，国际业务许可委托下放工作稳步推进，5家企业取得经营资质。完成处理场所代码申报工作。开展快递业务经营情况清理整顿、快递业务经营许可合规集中治理和电商快件寄递服务专项整治工作。指导快递协会制定本市快递行业合规指引。维护快递员合法权益。会同市总工会指导圆通等5家快递总部企业召开全网职代会，签订全网集体合同，指导快递企业总部在全网集体合同中突破加入社会保险和优先参加工伤保险等内容，惠及全网220万劳动者。推动一线快递员工伤保险参保率达94%。深化"暖蜂行动"，全年开展快递员各级慰问活动700余次，免费体检和义诊6366人次。快递员群体制度性纳入"新时代城市建设者管理者之家"服务对象，获得首批项目床位439张，新增公租房床位211张。组织开展行业优秀人才走访宣传活动。浦东局联合区相关部门成立本市第一家新就业形态劳动者劳动权益保障中心。

坚持全面加强党的领导。强化党的政治建设。修订局党组工作规则，组织召开18次党组会议决定重要事项。按时上报党组工作报告、落实全面从严治党主体责任情况报告和纪检组监督责任报告。组织上报意识形态工作责任报告。巩固政治机关意识教育成果，组织创建"让党中央放心、让人民群众满意的模范文明处局"评选。夯实基层党组织建设。抓好党支部规范化标准化建设，开展党支部年度考核、党支部书记述职、组织生活会和民主评议。严格党支部"三会一课"制度，强化党员教育管理，落实2019－2023年党员教育培训工作规划。创建1个"建设先锋"党支部示范点，评选表彰局内"两优一先"。与金山夹漏村签署落实新一轮城乡党组织结对共建帮扶协议。慰问12名困难党员，发展1名党员。关心退休党员、统战对象。锻造过硬干部队伍。全年提任处级领导2人，转任处级领导1人，提任科级领导4人。持续开展公务员平时考核。开展年轻干部培养，3名干部在系统内外交流锻炼，选拔3名派出机构年轻骨干至局机关关键岗位。强化教育培训，办好处级领导干部党的二十大精神专题培训。持之以恒正风肃纪。召开党风廉政建设工作会议，印发局全面从严治党和党风廉政工作要点。紧盯重要节日、重要节点，开展节日期间典型案例警示教育，严肃纠正"四风"。组织开展局纪检干部队伍教育整顿，开展理论学习、交流座谈、警示教育、自查自纠、党性剖析，召开专题组织生活会。纪检组长讲廉洁党课，逐级进行廉洁家访和廉洁谈话，开展廉政集体谈话4次51人次，出具廉政意见34份。依规依纪处理8起纪检信访件，诫勉谈话1人次、提醒谈话1人次。组织开展国家邮政局党组第一轮巡视发现共性问题查纠整改。制定新一轮巡察五年工作计划。选派2名干部参加国家邮政局巡视工作。

创新推进行业党建。成立中共上海市快递行业委员会，制定《上海市快递行业党委工作规则》《2024年上海市快递行业党建工作要点》。探索在快递网点建设行业党群服务阵地“暖蜂爱心之家”，推进打造圆通镇宁路网点党群服务示范点、全市顺丰网点“聚蜂驿”。行业党建工作2个案例入选2022年度“党建领航 · 加强新业态、新就业群体党建工作”十大优秀案例，1个案例入选2022年度民营上市公司党建优秀案例。交通运输部来沪调研对上海快递行业党建、关心关爱“快递小哥”工作表示肯定。浦东局健全首家快递行业综合党委组织机构、运行机制，举办首个聚蜂驿红色加油站启用仪式，签署新就业群体党建联建协议。深化行业精神文明建设。组织开展“社会主义核心价值观主题实践教育月”活动。推进文明单位自查、评选和城市文明指数测评，安全中心申诉部获评全国交通运输行业文明示范窗口。大力弘扬“小蜜蜂”精神，9个先进集体和个人获评全国和上海市“五一劳动奖章”“工人先锋号”等荣誉称号。申通快递驾驶员关立平当选中国工会第十八次全国代表大会上海代表。见义勇为“快递小哥”王江北获评市社会主义精神文明十大好人好事，3名“快递小哥”入选“人民城市 温暖瞬间”案例。快递企业3个志愿服务团队品牌项目入选上海市学习宣传贯彻党的二十大精神文明实践主题活动一百个重点项目。

三、快递市场存在的突出问题

行业发展与城市资源矛盾日益突出。近年来，上海邮政快递业保持良好发展态势，规模扩增底盘稳固，国际服务能力不断提升，旺季保障安全有序，为上海消费市场持续恢复发挥重要作用，为推动上海加快建成具有世界影响力的社会主义现代化国际大都市提供积极助力。但随着行业市场规模的加速拓展，行业发展与城市资源限制之间的矛盾也日益突出。快递园区、快递网点及快递末端服务设施建设存在规划、土地等方面的制约因素，尤其在主要城区，仍然面临用地难、成本高等问题，还需进一步优化网络布局、加强末端建设，共同提高整个网络的利用效率。

产品结构有待进一步调整优化。制约行业发展的体制性瓶颈依然存在，竞争层次不高、发展基础不牢、社会资源集聚度不够，企业差异化层次化特色化不足、系统性整体性协调性不够、核心竞争力不足，制约发展的结构性矛盾依然存在，在发展品质和服务品质上还有较大可以提升的空间。走好行业高质量发展步伐还需进一步引导企业坚持创新驱动差异发展，发展新质生产力，加快调整产品结构，优化要素配置，强化与现代农业、现代制造业和跨境贸易间的联动发展，鼓励优势企业在汽车、3C电子、医药、服装、轻工等领域加强高端服务能力建设。

江苏省快递市场发展及管理情况

一、快递市场总体发展情况

2023年，江苏省邮政行业寄递业务量完成133.6亿件，同比增长13.4%；业务收入（不包括邮政储蓄银行直接营业收入）累计完成1165.1亿元，同比增长10.0%。其中，快递业务量（不包含邮政公司包裹业务）完成99.5亿件，同比增长14.2%；快递业务收入完成894.8亿元，同比增长

8.9%（表7-10）。

表7-10　2023年江苏省快递服务企业发展情况

指标	单位	2023年		比上年同期增长(%)		占全部比例(%)	
		累计	12月	累计	12月	累计	12月
快递业务量	万件	994563.8	102487.6	14.2	22.5	100.0	100.0
同城	万件	100523.7	12096.3	0.8	43.5	10.1	11.8
异地	万件	891015.0	90091.8	16.0	20.2	89.6	87.9
国际及港澳台	万件	3025.0	299.4	-5.5	14.7	0.3	0.3
快递业务收入	亿元	894.8	86.7	8.9	7.5	100.0	100.0
同城	亿元	56.3	6.6	-0.9	27.6	6.3	7.6
异地	亿元	544.9	51.3	10.0	1.0	60.9	59.2
国际及港澳台	亿元	69.7	7.1	-6.6	12.3	7.8	8.2
其他	亿元	223.8	21.6	15.1	18.2	25.0	25.0
快递业务投递量	万件	962691.3	98365.3	18.7	31.8	100.0	100.0

二、行业管理工作及主要成效

聚焦思想政治建设，扎实开展主题教育。把扎实开展主题教育作为重大政治任务，按照“学思想、强党性、重实践、建新功”的总要求，抓好第一批、第二批主题教育的衔接联动，统筹推进理论学习、调查研究、推动发展、检视整改和建章立制，推动以学铸魂、以学增智、以学正风、以学促干。强化理论武装。围绕习近平总书记最新重要指示批示，通过党组会第一议题、中心组学习、读书班、培训班、专题党课等多种形式，引领党员干部读原著学原文悟原理。第一时间组织学习习近平总书记考察江苏时发表的重要讲话精神，组织“牢记嘱托、感恩奋进、走在前列”大讨论，并结合工作实际抓好贯彻落实。深入调查研究。围绕事关行业发展的全局性、战略性、前瞻性问题，针对基层群众最关心的急难愁盼问题，制定调查研究工作方案，按照五个“必须”、六个“围绕”、八个“突出”的要求，省市两级开展85个课题调研，推动调研成果转化运用72项，着力“解发展之难、解企业之需、解群众之盼”。聚力推动发展。推动主题教育与中心工作深度融合，举办行业高质量发展专题研讨班，重点关注事关行业改革发展稳定的重点事项，研究细化加快交通强国邮政篇建设专题方案，全省实施推动发展项目39个、民生项目33个。扎实检视整改。研究制定《主题教育问题清单》，建立问题清单14份共69个问题，开展专项整治15个、已全部整改销号。将“搞形象工程”等4个方面纳入检视整改范围，对“持续开展统计造假搞虚假政绩”等3个问题开展专项整治，确保主题教育走深走实、见行见效。坚持把“当下改”与“长久立”结合起来，累计建章立制50个。

聚焦推动高质发展，巩固稳中向好态势。锚定推动行业高质量发展的目标，持续加强政策供给和行政推动。加大政策引领力度。推动省政府出台邮政快递业促消费扩内需实施意见、邮政业服务乡村振兴工作要点，明确寄递物流体系建设、发展共同配送等政策措施，引领寄递企业创新服务模式、拓展服务场景。组织交通强国邮政篇建设试点工作，申报“快递无人配送示范区创建”等5个项目。研究制定全省农村寄递共配服务安全规范，促进寄递共配效率、效益提升。联合省公安厅加强邮政、快递专用电动三轮摩托车管理，保障快递服务车辆规范通行。推动落实行业减税降费工作，全省行业税费减免总额1.44亿元。加强人才科技支撑。深入实施邮政快递职业技能提升工程，推动快递员、快件处理员纳入地方政府补贴性职业技能培训目录，启动实施百名快递工程师培养工程,全年实施职业技能培训超4万人次、取得职业资格证书超1万人次、402人取得快递工程专业职称资格,超额完成人才工作年度目标任务,其中技能培训人次和获得中高级工程师人数位列全国第二,技能等级认定人次和获得快递工程专业职称资格人数位列全国第三。成功举办第五届江苏省邮政行业职业技能竞赛,江苏代表队在全国大赛中取得优异成绩。组织合作院校参加第八届全国"互联网+"快递业创新创业大赛,获得金奖2个、银奖4个。加快行业监管信息化系统建设,省邮政业安全监管与服务云平台项目获省政府批复立项,总投资额728万元。加大新技术新装备推广力度,支持快递园区绿色化、智能化升级,自动化分拣"机械臂"、配送机器人、无人接驳车、智能快递车等逐步得到应用。

推动行业绿色转型。推进快递包装绿色认证工作,全省行业使用绿色包装数量达12.9亿个。推广使用新能源车辆,全省行业新能源汽车使用量超过9100辆。持续推进绿色分拨中心、绿色网点建设,建成绿色分拨中心30个、绿色网点292个。组织实施"9218"工程,电商快件不再二次包装比例96.77%,过度包装和塑料污染两项治理深入推进,使用可循环快递包装1.49亿件,回收瓦楞纸箱近9000万个。加强生态环保执法,查处环保类案件34起。提高本质安全水平。召开寄递渠道安全管理领导小组会议,专题研究部署寄递安全联防联控工作。组织平安寄递和隐患排查整治专项行动,制定企业安全生产管理责任清单,推动落实《安全管理规范化二十条细则》。开展邮快件处理场所安全管理规范化提升行动,集中整治"四不"问题。组织全省网络信息安全专项培训。发挥绿盾工程作用,加强信息化、实时化监管和预警。开展智能安监设备调研工作。圆满完成全国两会、成都大运会、杭州亚运会等重要会议、重大活动期间寄递安保任务,妥善处置哪吒速运起网、吴江共配停运、丰网并购转让等涉稳事件。

聚焦畅通经济循环,优化行业服务供给。把推动行业发展与畅通经济循环有机结合,助力构建新发展格局。畅通农村寄递物流。推动农村寄递物流体系建设纳入省政府民生实事。推广"交邮社"农村寄递服务模式,全面深化交邮合作、邮快合作,在农村社区党群服务中心(综合服务中心)新建寄递物流服务站580个,超额完成年度民生实事任务,全省建成村级寄递综合服务站8486个,7个主要品牌快递服务行政村覆盖率95.4%。贯彻落实县域商业体系建设实施方案,邮政快递40个项目获得奖补资金3000万元。培育"快递+现代农业"项目163个,形成业务量6.12亿件,8家寄递企业入选省级"互联网+"助农典型企业,9个项目获评全国快递服务现代农业金牌项目,形成了以沭阳花木、连云港海鲜、苏州大闸蟹等为代表的典型项目。提升融合发展水平。联合工信部门推进快递业与制造业融合发展,开展"两业"深度融合发展典型项目遴选,"快递+先进制造业"入库项目145个,全年形成业务量3.14亿件、实现业务收入25.39亿元、支撑制造业产值1741亿元,形成了以常州汽车零配件、泰州和连云港医药、无锡和苏州服装化妆品等为代表的一批产业融合典型项目,其中3个项目入选全国快递与制造业融合发展典型项目,无锡空港经济开发区获评全国第一批"快递业与制造业融合发展先行区"。

丰富国际寄递渠道。徐州国际邮件互换局建成投运,无锡国际邮件互换局建设加快推进,苏州国际邮件互换局叠加交换站功能获得海关总署、国家邮政局批复同意。发挥中欧班列"江苏号"邮政班列作用,探索海运拼柜发运等新模式,发往海外邮快件专柜超过300个。畅通邮快件空运通道,南京到大阪航线全年发运113架次973吨,盐城到首尔航线正式复航、出港快件近20万件,无锡国际货运航线保持每周6班、全年货邮吞吐量超过1.25万吨,其中国际快件量4500吨,南京集散国际邮件处理中心一期项目加快实施,面向欧美、东南亚、日韩等地区的货运航空通道进一步拓宽。

聚焦法治邮政建设，健全行业治理体系。围绕健全现代化治理体系、提升现代化治理能力，不断推进行业监管法治化、高效化。提升依法行政水平。组织“一把手”述法。推进许可管理标准化、制度化，加强实地核查能力建设和安全准入审查。开展处理场所代码申报、优速物流许可清理、快递业务经营许可合规集中治理工作。推进邮政业用品用具“双名录”监管方式改革。举办行政执法培训班，组织执法案卷评审。完成46起行政复议的受理和审查工作。持续推进地方立法，徐州市出台快递条例，扬州市正式施行快递服务监督管理办法。加强快递市场监管。实施“清风·快递市场秩序整顿”专项行动，整治违反市场准入制度、安全管理制度及快递无序竞争、作业不规范等突出问题。组织跨区域违规经营专项整治，重点整治南通叠石桥、苏州常熟等地黄牛揽件行为，立案查处56起。开展农村快递末端服务问题专项治理，依法打击未按承诺提供投递服务、未按址投递、末端违规收费等行为，立案查处18起。积极推进柔性执法，依据《全省快递市场监管领域轻微违法行为不予处罚和从轻减轻处罚暂行规定》，对5起轻微违法行为免予处罚。推广“简案快办”执法模式，适用简易程序85起。推动落实信用承诺制度，开展执法信用承诺5起。推行行政处罚决定书与信用修复主动告知书“双书同达”，开展企业信用修复10次。组织集邮市场备案管理、快递企业合规经营专项检查和快递市场服务价格定期抽查。全年累计实施快递市场行政处罚767起，其中罚款744起、停产停业20起，罚没金额483.3万元。

维护快递员合法权益。深入落实快递员合法权益保障工作意见，推动快递员参加工伤保险，全省快递员工伤保险参保率超过90%。深化“暖蜂行动”，出台关爱快递员政策文件47份，累计建成“小蜜蜂驿站”1.56万个。组织8400名快递员免费体检，开展慰问活动480余次，盐城市发放“暖蜂关爱”专项资金100万元，无锡市成立2个行业关爱基金。做好快递员群体评先荐优工作，评选表彰11名省级“最美快递员”和1个“最美快递员团队”，300人次获评各类荣誉称号。

聚焦为民惠民服务，提升群众用邮体验。始终坚持以人民为中心的发展理念，推动提升寄递服务质量。完善基础设施。深入推进农村邮递汽车化，全省农村邮递汽车保有量达2345辆，农村道段汽车化率89.6%。持续完善快递末端服务设施，南京将邮快件服务用房、智能信包箱纳入新修订的《南京市公共设施配套标准》，苏州组织实施快递门店标准化建设，无锡不断完善社区快递公共服务平台。强化服务监督。出台《总部企业在苏统一管理责任清单》，强化总部和区域总部统一管理责任。加强农村地区快递服务质量监督，组织主要品牌快递企业省公司公开农村地区服务承诺。深入实施《江苏省快递服务警示制度》，对相关企业总部给予警示，并约谈总部负责人。按季度通报行政处罚典型案例，以案释法，以案示警。加强申诉处理。畅通申投诉渠道，加强申诉中心规范化建设，建立与12345政务平台实时联动机制，及时受理和处置用户投诉，维护消费者合法利益和合理诉求，全年处理消费者申诉3.82万件，为消费者挽回经济损失1481万元，消费者对申诉处理工作的满意度达98%。

聚焦全面从严治党，打造忠诚政治机关。制定落实全面从严治党、纪检监察工作要点，进一步细化管党治党举措。提升党建工作实效。坚持党组会“第一议题”制度，强化意识形态阵地和队伍建设。开展全省邮政业学习贯彻党的二十大精神专题培训，推进“十个一”和“学说做”活动。修订机关党支部量化考核办法，组织党支部书记抓党建述职评议。制定行业党建工作任务清单，落实党建“工具箱”制度，累计成立49个县级行业党委、3个企业党委和110个基层支部，扬州、盐城、镇江挂牌成立“市快递业党群服务中心”。发挥先进典型引领作用，组织全省系统和行业“两优一先”评选表彰和“擦亮党建品牌,选树最美小哥”活动,开展党建品牌成果展示和综合评价工作。强化干部队伍建设。加强干部队伍综合分析研判和系统谋划,坚持正确导向选人用人,实施市局领导班子配备专项行动,全省市局班子成员配备到位率达82%。顺利完成2023年度公务员和事业编制人员招考相关工作。统筹开展干部政治能力和业务能力培训,全年举办各类培训班19个、培训969人次。坚持严管厚爱,强化干部监督管理,持续落实加强对“一把手”和领导班子监督有关规定,修订市局领导班子和领导干部考核实施办法,出台领导干部易地交流任职管理办法,组织开展选人用人“一报告两评议”,贯彻落实新修订的《领导干部报告个人有关事项规定》。开展干部队伍教育整顿,制定落实重点任务清单,围绕9个方面问题开展自查自纠、推动检视整改,局党组自查3个问题全部完成整改、销号。及时表彰奖励党的二十大寄递安保先进个人和集体。省局在省级机关2022年度综合考核中获得优秀等次。

严格纪律规矩约束。推进“廉洁苏邮”文化品牌建设,举办青年演讲比赛,组织廉政主题日活动,开设廉政专题课堂。开展纪检干部队伍教育整顿。健全作风建设长效机制,持续纠治“四风”,抓好节前廉政提醒,组织廉政回访,及时发现苗头性、倾向性问题。提升巡察工作质效,制定巡察工作规划、规则,认真督查巡察整改情况,做实巡察“后半篇文章”。健全市局纪检机构设置,明确市局内设纪检机构职责。加强基层基础管理。落实县级邮政管理责任,出台专项整改工作方案,举办县级机构负责人综合能力提升培训班,推动落实相关责任、完善5项机制。组织评选县级机构服务地方贡献奖、邮政管理标兵,激励基层工作人员担当作为,提升县域邮政管理效能。加强行业统计和运行研判工作,按季度召开行业运行分析会。坚决落实中央“过紧日子”要求,修订贯彻落实中央八项规定精神实施意见,坚持开源节流,落实厉行节约,加强财务统筹,强化财会监督,从严控制支出。紧盯重点事项,加强督查通报。加强新闻宣传和舆论引导工作,组织“新时代新征程新伟业”主题采访活动,国家级、省级主流媒体采访报道116次,国家邮政局一报一网一刊及新媒体采用量继续保持前列。

三、快递市场存在的突出问题

新质发展方面,寄递运营质态有待进一步提升。从国家邮政局公布的数据看,近年来江苏省快递业务增幅一直低于全国平均水平,特别是低于广东、浙江、山东、河南等地区增幅,业务总量在全国的占比逐年下降(由2019年的9%降至2023年的7.5%左右),“标兵”愈来愈远、“追兵”愈来愈近。从总部经济看,企业总部对江苏省的项目投入有所减弱,江苏省企业对上争取政策、项目的力度不够,在管局与总部之间搭建沟通平台、发挥桥梁作用不够明显。从寄递市场运营态势看,电商平台依存度偏高,以“更低价格”为主要特征的市场竞争更趋激烈,企业盈利空间持续收窄,“增量不增收”的现象尚未缓解。从推进“两出一进”情况看,“快递进村”中企业合作意识、不同合作模式的可持续运行、农村快递服务站点稳定运营等还有待加强;“快递进厂”中入厂物流、仓配一体化、区域性供应链服务、嵌入式电子商务等项目应用场景还偏少;“快递出海”方面寄递企业参与国际竞争能力不足、海外布局进度不快、国际寄递物流关键环节还不可控,推动行业高质量发展的任务还很艰巨。

行业治理方面,现代治理体系有待进一步完善。市场秩序方面,寄递市场无序竞争、跨区揽收、快递“黄牛”和超范围经营、违反快递服务标准等违法违规行为时有发生。基层网点稳定方面,面对企业总部考核指标的压力和微利甚至亏损经营的现状,部分基层网点运营积极性不高,还存在“欠薪”“逃债”“低价转让”等不稳定因素。本质安全方面,少数企业安全生产投入不足、安全管控力度不大,针对一线操作人员、外包人员的安全教育培训不够，涉枪涉爆、涉黄涉非、危险化学品等违法违规行为“禁而不止”。快递员权益保护方面，劳动合同签订率偏低，快递企业规范用工问题还没有彻底解决。行业党建方面，虽然实现了党组织建设全覆盖，但“口袋”党员现象仍然存在，“三会一课”等制度还未有效落实，党组织的战斗堡垒作用有待进一步发挥。寄递服务质量方面，满足用户个性化、定制化需求的能力还不够强，标准化、标杆化快递网点还不多，未按址投送、丢失短少、损毁和延误等现象还很突出，少数企业对投诉处理不及时、不得力，造成申诉量大幅攀升，去年全省消费者申诉量同比增长11.89%，其中反映丢失短少、损毁和延误的占比高达76.7%，寄递服务质量有待进一步提升。

作风建设方面，争先创优激情有待进一步迸发。在思想认识方面，虽然全省系统总体上保持了积极向上、团结拼搏、纪律优良的好传统，但不可否认，少数同志规矩意识、纪律意识有所淡化，坚决落实、立即落实的作风仍需加强，个别同志面对难题“能推则推”“能拖则拖”、遇到困难“抱怨上级”“满腹牢骚”，缺乏上下联动、共克时艰的勇气和担当。在工作落实方面，少数同志干事创业的激情有所衰退，个别同志还存在躺平躺赢的现象，特别是在推进重点工作过程中统筹谋划不够、过硬举措不多、落实责任不力，有的习惯于“旧思维”“老办法”，有的沉迷于“晃虚招”“等靠要”，抓工作不细、不实、不“闭环”。工作成效方面，虽然江苏省绝大多数工作走在全国前列，但个别专项工作在全国的排名还不理想，少数地区、个别单位还存在发展理念不新、工作思路不宽、特色亮点不多等问题，特别是对交通强国邮政篇建设研究偏少，对运用大数据分析研判形势、科学指导发展思考不深，在创新监管执法举措、维护寄递末端稳定、推动行业融合发展等领域还需进一步打磨“江苏做法”。

浙江省快递市场发展及管理情况

一、快递市场总体发展情况

2023年，浙江省邮政行业寄递业务量完成305.0亿件，同比增长15.3%；业务收入(不包括邮政储蓄银行直接营业收入)累计完成1558.9亿元，同比增长7.9%。其中，快递业务量(不包含邮政公司包裹业务)完成263.2亿件，同比增长14.9%；快递业务收入完成1305.9亿元，同比增长8.4%(表7-11)。全省全年完成企业建设项目和在建重大基础设施项目42个，总投资511.36亿元。

表7-11　2023年浙江省快递服务企业发展情况

指标	单位	2023年		比上年同期增长(%)		占全部比例(%)	
		累计	12月	累计	12月	累计	12月
快递业务量	万件	2631955.23	271770.59	14.91	12.96	100.00	100.00
同城	万件	187297.86	18765.31	6.03	2.41	7.12	6.90
异地	万件	2352963.72	245087.83	13.78	13.79	89.40	90.18
国际及港澳台	万件	91693.65	7917.46	100.39	15.01	3.48	2.91
快递业务收入	亿元	1305.85	130.19	8.38	4.02	100.00	100.00
同城	亿元	69.11	6.81	8.24	8.88	5.29	5.23
异地	亿元	777.16	77.75	7.40	4.09	59.51	59.72

续上表

指标	单位	2023 年		比上年同期增长(%)		占全部比例(%)	
		累计	12 月	累计	12 月	累计	12 月
国际及港澳台	亿元	254.87	24.04	12.36	-6.95	19.52	18.47
其他	亿元	204.71	21.59	7.39	17.55	15.68	16.58
快递业务投递量	万件	1020948.42	109062.67	15.80	25.98	100.00	100.00

二、行业管理工作及主要成效

以主题教育为载体,全面提升系统党建工作水平。全省系统始终把抓好主题教育作为首要政治任务,紧紧围绕“学思想、强党性、重实践、建新功”的总要求,牢牢把握主题主线和根本任务,一体推进理论学习、调查研究、推动发展、检视整改、建章立制,认真抓好干部队伍教育整顿。相关工作成效获得中央巡回指导组和国家邮政局领导肯定。强化理论武装。认真学习习近平新时代中国特色社会主义思想和贯穿其中的立场、观点、方法,用活“五学联动”方法,构建“七学提升”格局,督促指导全省系统领导班子举办不少于 7 天的读书班,组织主题教育专题周例学 520 次,党组理论中心组学习 99 次,领导干部讲党课 55 场次,运用红色教育资源和党性教育基地开展学习 21 次,强化了党员、干部对习近平新时代中国特色社会主义思想的政治认同、思想认同、理论认同、情感认同。

深入调查研究。紧扣影响和制约行业高质量发展的重大课题制定实施方案,全省系统共明确 52 项调研课题,各级党组认真贯彻落实“四下基层”要求,主要负责人带头开展专题调研,深入基层一线听取各方面的意见建议,广大党员干部更进一步地学习掌握了“解剖麻雀”式开展调研的工作方法,工作作风有了很大改善,工作能力本领得到了锻炼提高,积极推行“五帮”举措,在交通强省邮政篇、打通边疆少数民族地区电商快件寄递服务难题、完成亚运寄递安保任务、市场秩序治理等方面取得了一批有价值的调研成果,并在国家邮政局主题教育推进会上作经验交流。

聚力推动发展。注重把主题教育与行业高质量发展高效能治理相结合,在畅通国内国际物流、促进物流业降本增效、服务先进制造业发展、区域协调发展、乡村振兴等重大国家战略中发挥了重要作用。积极推进解决制约行业发展的关键问题,促进全省邮政业高质量发展,在提升服务质量、快递员群体合法权益保障、农村寄递物流体系建设、行业安全发展、数字化改革、绿色发展等方面取得了实效,形成制度性文件 70 个,推动解决群众急难愁盼问题 152 个。绍兴局主题教育成果得到中央巡回指导组、国家邮政局、省委组织部领导肯定。金华局深化主题教育调研成果转化,有效破解市场秩序管理难题。

全面检视整改。注重上下联动、以下看上抓好问题整改,结合巡视巡察、审计监督发现的问题,梳理推动发展遇到的问题、群众反映强烈的问题,上下联动抓好两批主题教育 47 个问题清单和 22 个专项整治整改,均已完成整改销号任务。严抓干部队伍教育整顿。把全的要求、严的基调、治的理念贯穿干部队伍教育整顿工作全过程,加强对干部全方位管理和经常性监督,完善从严管理监督干部制度体系,自查形成的 8 个问题清单完成整改并销号,通过干部队伍教育整顿,进一步纯洁了思想和组织,营造了良好的政治生态。

以党建赋能为抓手,全面加强党对快递行业的领导。持续强化对快递行业和快递员群体的政治引领,行业党建工作水平不断提升,有关工作经验在全省两新工委书记会议作交流发言,并由国家邮政局刊印全国交流。全年开展“三个先进”、党建示范点、优秀案例评审工作,认定先进集体和个人 30 个,省级党建示范点 25 个,党建优秀案例

20个。

纵深推进行业基层组织建设。坚持“产业发展到哪里，党的组织和工作就覆盖到哪里”，规范重要数据统计规则，动态准确掌握行业底数，形成“一方隶属、双重管理、多元提升”的行业党建管理格局。全省共有行业党组织273个，党员3869人，全年新建党组织93家，团组织28家。行业党委、工会、共青团实现省市全覆盖，80个县（市、区）成立行业党委；75个县（市、区）成立行业团工委，56个县（市、区）成立行业工会，48个县（市、区）成立行业妇联。

扎实推进行业思想政治引领。聚焦行业党员、团员和青年主题教育，指导加强政治理论学习、督促强化学习成果转化运用，累计开展学习活动102场，编发简报专刊通报共计23期，相关专报专刊先后被国家邮政局领导批示并印发全国交流，被团省委团员和青年主题领导小组肯定印发全省交流。组织行业党团员及时跟进学习习近平总书记考察浙江重要讲话精神，累计开展学习活动98场，行业党委书记带头，机关支部书记跟进，讲授专题党课20余场。团中央常委、行业宣讲员阮海良等优秀行业人才开展主题宣讲，覆盖从业人员近万人。全省各地党团组织开展红色根脉实践研学累计121次。举办全省快递行业党建业务培训班，开展政企书记面对面交流活动。团工委有关经验做法被团中央肯定并被中国共青团杂志专刊印发全国交流。

统筹推进行业党建质效升级。研究出台流动党员教育管理制度、快递企业省级总部重大事项报告制度，建立健全诉求表达直通机制，制定印发加强快递企业清廉规范发展指导意见，持续锻造坚强有力、运行顺畅的行业基层党组织。深化加强行业党委直接联系指导制度，省市委员单位累计开展走访637次。持续推进政企支部结对共建，全省联建机关支部累计走访企业152余次。深化农村共配中心党建联建以及“共富工坊”建设，推动快递行业党组织与24个乡镇（街道）、建制村党组织党建联建，韵达驻点的“塔莎园艺直播共富工坊”获第一批省级示范“共富工坊”名单。聚焦加强跨领域党建联建，推动17家省级快递企业与3家经信领域行业协会签署党建联建倡议书，开展绿色包装治理等业务联动活动8场。会同省直机关工委、省农业农村厅等多部门先后调研、推动富文乡、金华水晶产业园及西藏那曲等地“物流+电商”产业链链接，助力乡村振兴。

全力推进行业精神文明建设。研究制定行业精神文明建设指导意见，召开工作推进会，高位推进行业精神文明建设。联合省总工会等部门出台关于支持和推进新业态行业工会建设的若干意见；联合共青团、应急管理部门推进行业青年安全生产示范岗创建工作，5个集体获评全国邮政快递行业青安岗，4个集体入围团中央青安岗评选；46家集体成功创建行业巾帼文明岗；推选3个优秀作品获全国邮政快递业青年职工微视频大赛二三等奖。持续引导党员在行业治理和基层治理中发挥作用，涌现出一批危难时刻敢于担当、关键时刻冲锋在前的“英勇小哥”，2023年度最美快递员网络投票获网民点赞突破55万次，“菜鸟橙心助医项目”获省青年志愿服务项目大赛三等奖。全年成功推选1人参加团十九大并当选常委，推选5人参加工会十八大，1人参加妇女十三大。推选20人担任杭州亚（残）运会火炬手，推荐省级青马工程导师1人。12个集体、10名个人获国家级荣誉。

以亚运安保为重点，聚力增强行业安全监管效能。围绕亚运寄递安全和服务保障这一主线，扎实推进全省行业除险保安、市场秩序规范、服务质量提升，加大执法检查力度，全年共实施行政处罚914件，成功护航杭州亚（残）运会等重大活动期间寄递安全和服务保障，得到了国家邮政局、省政府和省委政法委领导的批示肯定。

全力以赴完成亚运安保任务。成立了由省局主要负责人担任总指挥的寄递渠道安全和服务保障领导小组，制定全省寄递渠道安全和服务工作总体方案、子方案，修订应急预案，编制安检指南指引，建立省、市、企业三线联络和周通报、月例会、季考核的工作推进机制，形成了政企联动、部门协同、分工负责的行业安保和服务作战指挥体系；协调成立集中安检工作专班，明确运行机制，组织开展誓师大会、专项培训、压力测试、实战演练等活动，统一印发三部门通告2.1万张，亚运期间共组织实施“一次安检”2.26亿件，“二次安检”4.12亿件，查堵问题件664件，“三次安检”邮件快件7488件，查堵负面清单件38件，临时管控快件物品5件。抽调人员、安排专项经费支援杭州局，在决战阶段实行“日常值班+安保专班”的双线值班，发动企业积极参与派员驻点支撑亚组委工作。不断优化“二次安检”工作，创新试点“二次安检”电子标签的应用，通过精准安检范围、完善判别标准、明确处置措施，确保了亚运期间寄递服务无感安保和平稳通畅，展现了重大活动寄递安保“浙江智慧”。指导做好赛会管控区的邮件投递服务，赛会期间累计办理货车通行证6283张，投递核心区报刊、邮件7450件。指导企业升级改造二次安检分拨中心105个、重点区域快递网点473个，新增安检机487台（其中智能安检机298台）。指导邮政、圆通在核心区域设置临时邮局等营业网点20处，服务赛会人员超16万人次，收寄国际国内邮件快件6.9万件、亚运门票4.72万张；圆通杭州亚运会物流中心共处理赛事物资超22万件。杭州亚运邮政快递寄递服务得到了赛会工作人员、运动员的一致称赞，共收到感谢信表扬信130余份，也得到了浙江省委主要领导的口头表扬。

扎实推进平安寄递工作。在全国率先出台进一步加强邮件快件寄递安全管理工作实施意见，联合17部门印发全省平安寄递行动方案，成立省级协调小组，统筹推进工作。组织开展寄递安全清源攻坚行动，配合相关部门做好禁毒反恐、反诈双打和野生动植物保护等综合治理，建立深化烟草打假打私工作机制，持续开展实名自寄件整治，每百万件实名问题件量始终位居全国最低。加大安全事件查处力度，以反恐法处罚13起，停业整顿86家次，向外省移送案件线索4起，查处实名违法案件125起、约谈159家次、责令整改9家次。浙江省工作做法得到了国家邮政局领导的肯定，并在全国作经验交流。

全面夯实安全工作基础。举办安全生产专题培训、开展应急演练，各地组织观看安全生产警示教育专题片473场次计3.8万人次，扎实推进安全生产月宣贯活动。组织开展重大事故隐患排查整治、生产安全除险、液压尾板货车隐患排查等专项行动，提前做好极端天气防范应对，督促企业排查作业场所安全隐患，配合国家邮政局做好邮政、申通等品牌“四不”问题“回头看”执法检查。上线“浙里快递·督导检查”应用，服务市县局检查7809家次，下发电子整改通知书3555份，督促企业线上整改问题隐患6545个，闭环率99.38%，查处安全类案件513起，构建起全省行业隐患排查治理全链条闭环管控机制。妥善处置丰网事件退网事件。杭州局设立快递行业安全基金，及时化解行业纠纷。

切实筑牢网络安全屏障。编制网络安全管理制度汇编，举办网络安全培训。组织开展网络安全扫雷专项行动和基础信息大排查，积极推广隐私运单应用，督促企业加强在设备终端木马防范和安全管理。开展“两高一弱”治理，弱化对外包服务技术依赖。做好运单、实名数据安全优化接口改造，优化数据安全策略。会同公安、网信等部门开展寄递信息汇聚平台企业专项调研，对邮政省公司、菜鸟总部开展联合检查，首次全面梳理上游云商客户供相关部门研判监测。迅速妥善处置木马病毒浙政钉攻击事件，有效阻断病毒传播，圆满完成杭州亚运会网络安全保障工作。

以共同富裕为主线，持续激发行业改革发展活力。规划政策更趋完善。全面落实《国家邮政局支持浙江邮政快递业高质量发展助力建设共同富裕示范区实施意见》，积极探索政策创新并努力放大政策集成效应，推动邮政快递业事项纳入省委三个“一号工程”。开展《浙江省快递业促进条例》调研，协调省人大组织召开座谈会，研究解决实施过程中遇到的问题。推动《浙江邮政助力共同富裕和政务服务实施意见》出台。开展《浙江省邮政业“十四五”规划》中期评估，完成中期报告。协调省委改革办、省发展改革委、省交通运输厅等多部门修订出台《浙江省邮政快递公共服务标准（2023版）》《浙江省现代流通体系建设方案》《关于进一步利用乡镇客运站做好农村客货邮融合发展工作》《加快山区海岛县交通基础设施建设的若干举措》等支持政策措施。积极参与浙江省服务业领军企业评定标准制定，菜鸟供应链、浙江邮政分公司获评2023年浙江省服务业领军企业的服务型龙头企业称号，中通、顺丰、圆通等4家单位获评服务业领跑企业称号。开展行业统计工作监督，压实行业数据质量责任，定期发布快递物流指数分析报告。

发展质效更为优良。持续推进8部门关于《进一步推进浙江省邮政快递公共服务均等化的通知》落实落地，湖州公共服务均等化全省试点成果初显。进一步梳理减税降费政策，建立动态工作机制，全省邮政业全年落实减税降费金额达3.3亿元，全省各地共争取用于邮政快递基础设施建设和快递进村等地方财政补助资金达8134.58万元。湖州、嘉兴入选第三批中国快递示范城市名单，全省中国快递示范城市数增至7个。落实《建筑工程智能信包末端设施配建技术标准》，全年共验收智能信包箱552组，格口数27055个，邮件、快递包裹“最后100米”服务能力进一步增强。衢州实现市区快递10分钟服务圈全覆盖。

“两进一出”工程深入实施。进一步优化快递业“两进一出”工程指标体系，协调争取地方党委政府政策支持，持续推进“客货邮”融合发展，组织各地积极申报交通强国邮政专项试点，探索创新行业发展新路径。各地新建或升级改造县级快递物流分拣中心18个，快递“共富驿站”1413个，农村寄递物流综合服务站建设比例达70%。全省新开通客货邮融合运输线路54条，累计开通250条，覆盖乡镇145个，建制村1045个。丽水局争取“共富驿站”建设运维地方财政资金5816万元，舟山局推动“快递进村”工程融入“小岛你好”行动计划；落实国家邮政局“5312”工程，全省累计培育“快递进厂”协作企业2224家，培育深度融合典型项目13个，支撑制造业产值1189.43亿元，台州温岭汇富春天项目入选国家邮政局和工信部首批深度融合典型项目，推荐宁波海曙区获评首批融合发展试点先行区；持续探索“快递出海”路径，增强基础保障能力，嘉兴全球航空物流枢纽建设进展顺利，邮政华东物流枢纽一期项目正式投入运营，义乌国际邮件互换局打通了全省俄罗斯陆运（满洲里）直发通道，菜鸟杭州航空货运中心投入使用，温州局助推顺丰长三角南翼临海空港创新供应链总部基地项目建设，中通宁波航空货运枢纽项目签约落地，全省新开通巴黎和墨西哥城两条国际货运航线，持续巩固和拓展国际货运航线29条，全省全年国际寄递业务量完成9.2亿件，同比增长100.4%。

人才培育和关心关爱工作更显底气。加强与省财政厅、省人社厅等各相关部门的沟通协调，积极争取培训补贴政策落地落实，全省共组织开展职业技能培训26804人次，安检员（应急救护员）培训5期共1509人次。组织开展技能等级认定和职称评审工作，全省行业取得职业资格证书和职业技能等级证书10598人，其中高技能人才3462人；全省行业高级工程师人数达到56人，中级工程师人数达到214人。推动多地“小哥学堂”“小哥学院”投入运营，学历和职业技能提升补贴政策得到有效落实，近百名“小哥”加入学历提升计划。推动全省行业技能竞赛列入省总工会重点竞赛项目，争取荣誉奖励和大赛补助经费22.4万元。选拔4名选手参加第四届全国邮政行业职业技能竞赛总决赛，荣获一等奖2名、二等奖2名的好成绩，省局获得团体优胜奖、优秀组织奖、优秀技术指导奖等荣誉。开展"快递从业青年服务月""社会主义核心价值观主题实践教育月"活动,开展"夏送清凉""冬送温暖"等慰问活动799场,开展法治专题宣讲咨询活动10余场,升级新增"小哥"驿站302个,累计服务"小哥"近8万人次。重点推进基层网点优先参加工伤保险工作,全省共有13.95万快递员参加社保(含工伤保险),5.36万快递员参保单一工伤保险,工伤保险参保率保持在99.2%。省局与浙报集团联合开展"小哥节"活动,共同营造全社会关心关爱快递员群体的良好氛围。

以高质量发展为目标,不断加强行业综合治理能力。全面推进法治邮政建设。认真落实邮政管理系统领导干部学法制度,全省各级邮政管理部门党组理论学习中心组开展习近平法治思想专题学习。完善领导干部任前法律考试制度,组织全体公务员参加宪法知识考试。严格遵守重大行政决策法定程序。督促推动各级邮政管理部门善于运用法治思维和法治方式破解难题、推动工作。认真组织实施《浙江省邮政业法治宣传教育第八个五年实施方案(2021－2025年)》。执行行政执法工作情况年度报告制度。加强行政执法监督,出台重大行政处罚备案规定等制度,严格执行重大决策、规范性文件、合同等合法性审查。健全执法工作机制,开展年度邮政执法案卷评审和全省系统行政执法业务培训。加强行政执法行为规范化建设,强化诉源治理,减少行政诉讼行政复议案件。全年依申请政府信息公开5件,行政诉讼6件,行政复议18件,本年无行政败诉案件。

切实履行绿色发展职责。稳步实施国家邮政局绿色发展"9218"工程,落实快递包装"四化"要求,在源头推动寄递企业与上游电商、生产商合作,电商快件不再二次包装率达到93.5%,在快递中转环节全面推广应用可循环中转袋和笼车,全年使用可循环包装的邮件快件量14017.62万件,在末端鼓励寄递企业采取网点自主、积分兑换、与第三方合作等方式建立健全包装回收机制,回收复用瓦楞纸箱达8182.84万个。对邮政用品用具生产企业落实"双名录"监管,督促相关企业生产标准化包装用品,督促邮政快递网点全面使用符合《快递封装用品》系列国家标准的包装箱(袋)。全省行业电子面单使用率、省内循环中转袋应用以及网点快件包装回收箱设立基本实现三个100%全覆盖,快递网点使用45毫米以上的胶带情况全年抽检"零发现"。

不断规范市场经营秩序。开展许可合规治理和许可审批,有效实施许可实地核查"验真"工程,全年召开许可专题会22次,审核许可申请1489份,其中核准新证145家次、变更233家次、换证52家、注销174家次、作废65家次。全省共有法人企业1174家(其中服务站类企业12家、智能快递柜企业8家),分支机构4423家,快递末端网点49232家(其中快递柜数33996个)。修订《浙江省邮政管理部门申诉工作指南》,举办申诉工作培训班,扎实做好消费者申诉处理工作,全年受理服务申诉28.8万件,为消费者挽回经济损失1037.2万余元,消费者对邮政管理部门、企业申诉处理满意率达到98%以上。

以全面从严治党为准则,有效提升干部队伍建设成效。压紧压实管党治党责任。提高思想认识和政治站位,积极配合国家邮政局党组第四巡视组的巡视工作,严格落实巡视整改工作要求,对巡视反馈的47个问题,研究制定104条整改措施,上下联动全面完成整改闭环。开展全省系统新一轮巡察和离任经济责任审计工作,全年完成对5个市局的巡察和4位市局领导的离任审计工作。落实全面从严治党和"一岗双责"要求,层层传导压力,压实各方责任。研究制定机关纪检工作要点、全省系统党风廉政工作要点以及公职人员政商交往关系"十二不准"清单等制度。召开全省系统党风廉政建设会议和警示教育会议,部署全年党风廉政工作任务,明确工作要求,特别是针对形式主义、官僚主义做出重点布置。组织党员干部参观红色教育基地、反腐倡廉教育基地,深入开展革命传统教育、形势政策教育、先进典型教育,通过正面引导与反面教育相结合、“线上线下”双阵地齐推进，持续构建廉政教育立体化全覆盖格局。

持之以恒正风肃纪。严格落实中央八项规定及其实施细则精神，驰而不息纠“四风”树新风。严格落实1号纪检监察建议，开展快递协会脱钩工作“回头看”和对外委托项目专项清理，进一步规范了与快递协会关系，综合运用“四种形态”，严肃执纪问责，一体推进“三不腐”。严格落实常态化廉政谈话机制，针对苗头性、倾向性问题坚持抓早抓小，切实体现“严管厚爱”“治病救人”，全年诫勉3人，对2人进行批评教育，3人提醒谈话，日常廉政谈话1283人次。

切实加强干部队伍建设。从严从实调整市局领导班子6个，提任局管干部7名，市局班子结构进一步优化、整体功能进一步增强。推动落实县级邮政地方管理责任，宁波、衢州、舟山三个市局联合市交通局出台文件，明确责任边界。根据国家邮政局党组巡视选人用人专项检查反馈的28个问题，研究制定整改措施55条，完善修订党组工作规则、选拔任用、干部监督等方面人事制度14项。扎实开展纪检干部教育整顿，先后召开动员部署会、廉政教育报告会、纪检干部教育整顿暨警示教育学习会议、警示教育会议等专题会议，聚焦学习教育、检视整改、巩固提升三个关键环节，开展全省系统专项自查2轮，专项整治3个，全面清仓起底涉及纪检干部问题线索，以高质量纪检干部教育整顿推动全省系统全面从严治党工作向纵深发展。以正确的选人用人导向引领干事创业导向，突出事业为上、实干担当。

2023年，配合国家邮政局协办了第五届中国（杭州）国际快递业大会和第八届全国“互联网+”快递业创新创业大赛，新闻宣传工作连续四个季度位列全国第一，全省信访、保密、财务、内控以及老干部工作等稳步开展。

三、快递市场存在的突出问题

在提高发展质效方面，落实“质的有效提升和量的合理增长”要求不到位，发展不平衡不充分的问题依然存在，省内山区、海岛等偏远地区的网络覆盖和服务水平有待提升，国内国际物流链韧性保障不足，服务产业链供应链能力仍需提高。在治理体系能力方面，依法行政能力水平有待进一步提升，有效市场和有为政府的定位和辩证关系有待进一步明晰和深化，信息化监管和信用监管还有待加强。在防范化解风险方面，安全和应急管理基础比较薄弱，网络和数据安全制度体系仍有待完善，影响末端网络稳定和快递员群体合法权益问题仍然存在。

安徽省快递市场发展及管理情况

一、快递市场总体发展情况

2023年，安徽省邮政行业寄递业务量完成55.0亿件，同比增长12.0%；业务收入（不包括邮政储蓄银行直接营业收入）累计完成392.0亿元，同比增长9.0%。其中，快递业务量（不包含邮政公司包裹业务）完成41.0亿件，同比增长16.2%；快递业务收入完成266.4亿元，同比增长12.2%（表7-12）。

表7-12　2023年安徽省快递服务企业发展情况

指标	单位	2023年		比上年同期增长（%）		占全部比例（%）	
		累计	12月	累计	12月	累计	12月
快递业务量	万件	410386.47	42905.15	16.18	26.36	100.00	100.00
同城	万件	29662.79	3434.84	8.80	28.39	7.23	8.01

续上表

指标	单位	2023 年		比上年同期增长(%)		占全部比例(%)	
		累计	12 月	累计	12 月	累计	12 月
异地	万件	380107.71	39411.75	16.84	26.26	92.62	91.86
国际及港澳台	万件	615.97	58.56	-6.76	-8.68	0.15	0.14
快递业务收入	亿元	266.35	27.27	12.16	22.38	100.00	100.00
同城	亿元	17.10	1.96	12.80	18.82	6.42	7.19
异地	亿元	162.24	16.29	11.84	13.78	60.91	59.74
国际及港澳台	亿元	8.73	0.98	7.23	31.56	3.28	3.59
其他	亿元	78.28	8.04	13.28	44.30	29.39	29.48
快递业务投递量	万件	458837.97	46409.12	19.45	35.20	100.00	100.00

二、行业管理工作及主要成效

强化政治引领，深入推进党的建设。抓实指示批示落实，扎实开展主题教育。深入贯彻落实习近平总书记关于邮政快递业重要指示批示精神，对 6 方面 23 项具体工作建立台账并跟踪问效。始终将抓好学习贯彻习近平新时代中国特色社会主义思想主题教育作为首要政治任务，统筹推进第一批和第二批主题教育工作，认真抓好干部队伍教育整顿。省局党组以上率下、示范带动，围绕快递进村、安全监管等 5 个方面，明确 11 项“小切口”调研课题，集中精力解决实际问题。安徽省低毒农药寄递情况调研报告获国家邮政局领导批示肯定。加强建章立制，印发各类制度文件 10 份。扎实开展第一批主题教育整改落实情况“回头看”工作。抓住“关键少数”，加强领导指导、督促检查，深入开展第二批主题教育。各市局共开展领导干部讲党课 57 场次，举办理论学习中心组学习 99 次，专题研讨 77 次。全省系统坚持问题导向，制定专题调研课题 49 个，深化检视整改，梳理出问题 50 个，完成整改 49 个。

坚决履行主体责任，强化党的政治建设。深化理论武装。认真学习习近平新时代中国特色社会主义思想和贯穿其中的立场、观点、方法，制订党组理论学习中心组学习计划，系统开展专题学习，及时跟进学习习近平总书记最新重要讲话重要指示批示精神，抓实青年理论学习小组理论学习，坚决用党的创新理论武装头脑。强化组织领导。印发党建工作要点，推动履行全面从严治党主体责任，切实落实“一岗双责”。省局党组定期专题听取党建和全面从严治党工作汇报，全年研究党建工作 11 次。抓实机关党建，党组主要负责同志专题听取支部书记履职情况汇报。用心用情抓好泗县定点帮扶工作。省局在 2022 年度中央驻皖单位抓基层党建工作综合评价中获评“好”等次。加强支部建设。制定党建工作重点任务清单，实施党支部党建工作“月提示、季督查、半年推进、年终考评”工作机制，以支部规范化标准化推进模范机关建设，着力提升机关支部组织力。修订机关党支部党建活动经费使用管理办法。机关党委研究支部委员增补、党员发展等工作 4 次。省邮政业安全中心党支部“优服务 保安全”党建品牌入选省直机关党建工作典型案例。加强党员教育培训。开展纪法教育月活动。全省系统 24 名处级领导干部参加省直机关工委学习贯彻党的二十大精神集中轮训班。组织优秀党员、支部书记、党务干部参加省直机关工委举办的专题培训和各类辅导报告会。1 人荣获省直机关道德模范称号。严肃党内政治生活。严格落实“三会一课”、民主生活会、组织生活会、民主评议党员、请示报告、个人重大事项报告以及领导干部双重组织生活等制度，切实增强党内政治生活的政治性、时代性、原则性和战斗性。

严肃执纪监督问责，深化党风廉政建设。组

织召开2023年全省系统党风廉政建设工作会议，印发年度工作要点，持之以恒正风肃纪。推进政治监督具体化、精准化、常态化。出台贯彻落实中央八项规定精神的实施办法，力戒形式主义、官僚主义。强化案例通报警示教育，常态化开展廉政提醒，加强对重要时间节点的监督检查。组织开展全省系统纪检干部业务培训，不断增强监督执纪能力。开展纪检干部队伍教育整顿，认真落实学习教育、检视整治、巩固提升各环节工作，按月线上组织开展全省系统纪检干部集中学习、交流研讨。在驻部纪检组指导下，深入查办违规违纪问题，及时调整不适合纪检岗位工作的干部1人。通过深化党风廉政建设和干部队伍教育整顿，进一步纯洁了思想和组织，营造了良好的政治生态。

加强行业党建工作，推动精神文明建设。做好行业新闻宣传工作，讲述行业好故事。抓实局网站管理，主动宣传全省行业改革发展成效。2023年，共编发各类新闻稿件1290篇，国家邮政局媒体采用量排名位居全国第三。持续推进行业党的组织和党的工作有效覆盖，举办全省快递行业学习贯彻党的二十大精神宣讲报告会，省局党组班子成员赴16个地市快递企业生产一线，开展实地宣讲。完善行业党委制度建设，出台省快递行业党委工作规则等规章制度，16个市级行业党委实现全覆盖。开展全省快递行业党建业务培训。落实非公党建重点联系县工作要求，实地调研走访望江县非公党建工作。积极选树行业先进典型。会同省委组织部等部门评选30名首批安徽“最美快递员”，组织全行业学习全国“最美快递员”檀世旺同志先进事迹。阜阳中通等4集体荣获国家邮政局表彰，羊杰等2人获评第七届安徽省技能大奖，易洪湖等3人获安徽省五一劳动奖章。

靶向精准施策，稳步推进高质量发展。以点带面强化示范引领。深化交通强国专项试点，认真组织开展交通强国邮政专项试点申报，六安局“支撑乡村振兴发展”试点通过中期评估。深入推进“六区同创”，全省五大快递枢纽行业首位度不断提升，安庆、阜阳获评“中国快递示范城市”，合肥、芜湖出台方案推进新一轮示范城市建设。有序开展安徽省邮政业“十四五”发展规划中期评估。行业改革发展成效得到省委、省政府的充分肯定，省委一号文件、省政府工作报告明确支持行业发展，省领导多次实地调研、指导行业工作。

持续推进基础设施建设。积极争取投资项目落地，完善行业现代化基础设施体系。滁州中通智慧物流产业园、安庆圆通（皖南）分拨中心等投入运行，马鞍山韵达产业园项目、淮北京东物流园完成主体建设。马鞍山市邮件处理中心投资项目签约落地。2023年，全省签约、建设12个亿元以上行业基础设施投资项目，总投资额达83.54亿元。持续拓展跨境寄递渠道，积极支持合肥国际航空货运集散中心、芜湖专业航空货运枢纽港建设。建设“皖南航空快递转运中心”，运行芜湖到国内33个城市，41条航线的航空快递业务。合肥、芜湖、阜阳等市加快推动高铁运快递。

加快推进科技创新应用。承办全国邮政业科技创新工作会议。指导成立“长三角快递物流智能装备产业联盟”，助推芜湖南陵“全国邮政业科技创新试验基地”百亿级产业发展。已累计落户行业龙头、关联企业150家，完成投资近250亿元。加快推动行业数智化转型，智能地图、无人配送、路径计算等新技术应用场景持续拓展，推进快递服务提质增效。芜湖在全国率先出台邮政快递无人车场景应用及技术规范指导意见。利用本地科创优势资源，推广智能语音申投诉处理系统。积极申报“数字安徽”项目，创新邮政快递领域数字化场景应用，加快“皖美寄递”建设。

推动行业绿色低碳发展。强化部门协同，提升行业绿色治理水平。联合省住建厅推动全省2万多个邮快件处理及营业场所配备邮件快件包装废弃物回收箱。联合省商务厅积极探索快递包装回收体系建设，指导阜阳市开展快递包装回收项目试点。联合省发展改革委、经信厅、商务厅、生态环境厅等部门召开快递包装全链条治理调研座谈会。深化新能源车辆推广应用,加快绿色分拣中心(绿色网点)建设。全行业新能源车辆保有量达2745辆,光伏面板铺设面积达6.7万平方米、年发电量约640万度。开展快递绿色包装网络问卷调查,组织行业生态环保法规文件专题宣传活动。国家发改委网站专题推广安徽省邮政快递业生态环保工作典型经验。省局在国家邮政局专题会交流快递包装全链条治理工作经验。

强基固本抓实快递进村。巩固"快递进村"基本全覆盖成效,全省累计完成13629个村级站点建设,稳定运行5576个村级寄递物流综合服务站。深化"客货邮"融合发展,联合省交通运输厅出台实施方案。全省67个县(市、区)开展农村客货邮融合业务,农村客货邮合作线路372条,全省邮快合作代投代收快件业务量始终稳居全国前列。先后打造广德、舒城、天长、青阳、歙县5个省级客货邮样板县,指导创建国家级农村物流服务品牌8个。《人民日报》刊载安徽省青阳县交邮融合快递共配案例。中央电视台《焦点访谈》栏目专题报道金寨县寄递公共配送中心高标准建设成效。省局在交通运输部客货邮融合发展会上作经验交流。

同频共振深化产业协同。推进快递业与现代农业深度融合发展,打造8个全国快递服务现代农业金牌项目,其中亳州花草茶、芜湖坚果、亳州养生膏3个项目业务量位居全国前十。阜阳、六安、铜陵市局为金寨县、阜南县和枞阳县申报农村电商快递协同发展示范区。推进快递业与制造业深度融合发展,实施"5325"工程。芜湖邮政服务马瑞利、滁州德邦服务韩上电器两个项目获评国家邮政局、工业和信息化部"快递业与制造业深度融合典型项目",芜湖市鸠江区获评"快递业与制造业融合发展试点先行区"。马鞍山局打造和县马商、当涂植护两个年发件量千万级的"快递+"项目,促进产业融合发展。

聚焦主责主业,加快建设法治政府。深入推进依法行政。出台全省系统法治政府建设的实施方案。持续推进《安徽省邮政条例》修订,列入省十四届人大常委会任期立法规划。《阜阳市快递业促进办法》颁布。举办全省系统依法行政、市场监管培训,首次将县级机构纳入培训范围。研究适用简易程序实施行政处罚具体办法,探索跨区域联合执法。组织开展行政执法案卷评议,通报存在问题,进一步提升行政执法能力。建立典型案例指导制度,累计通报各类典型案例6批24起。切实履行"谁执法谁普法"责任制,结合世界邮政日等重要时点开展普法,为行业高质量发展营造良好法治环境。

强监管规范市场秩序。坚持问题导向,建立工作机制,加强督促指导,压实快递企业安徽区域总部统一管理责任。严把市场准入关,全年核发许可企业49个,准予变更企业68个,许可延续11个,清理、注销39家。继续巩固"亮证经营"成果,开展许可备案专项检查。签发全国首张快递业务经营许可电子证照,已签发数量居全国第一。组织开展农村违规收费、快递服务质量提升、电商快件寄递服务等专项整治行动,全年共办理各类行政处罚162起,共处罚金106.5万元,其中快递服务质量监管类案件数量、罚款比重较上年分别增加2个和3个百分点。试点开展加盟企业经营情况监测。组织开展城市快递服务满意度调查和邮件全程寄递时限及服务质量测试。扎实做好用户申诉处理工作,强化申诉处理与市场监管衔接联动。2023年,共处理20多万件,为用户挽回经济损失近277万元,全省用户申诉处理综合指数保持全国前列。

加强快递员权益保护。指导推动合肥、淮南等13个市签订快递行业集体合同。继续推进基层快递网点优先参加工伤保险工作,参保率约98%。联合省人社厅推进补充工伤保险覆盖,扩大基层快递网点从业人员保障范围。常态化组织暖心慰问活动,全年资金达184万元。组织行业从业人员体检5909人次,争取从业人员参加地方组织的疗休养205人次。扎实有序推进行业工会驿站建设，建成工会驿站516家，累计服务快递业等户外劳动者40多万人次。滁州凤阳申通驿站、宿州泗县邮政驿站获评全国总工会2023年“最美工会户外劳动者服务站点”称号。

建强行业人才队伍。会同省教育厅、省人社厅、省总工会、团省委、省妇联成功举办2023年全省邮政行业职业技能大赛，带动2万余名快递从业人员练技能提水平。在第四届全国邮政行业职业技能竞赛获团体优胜奖等4项佳绩。全省推荐行业职业技能竞赛优胜选手为省、市“五一劳动奖章”17人次、技术能手31人次，推荐各类荣誉称号106人次。组织开展快递工程专业职称评审标准修订，更新快递工程专业高级职称评审委员会专家库。行业专业技术人才队伍建设迈上新台阶，新增快递高级工程师1名，全省快递工程技术人才队伍达1892人。

维护行业稳定，夯实安全发展基础。抓好安全宣传教育。加强全行业安全生产宣贯培训，指导企业落实安全生产管理体系建设要求，落实主体责任。督促企业抓实抓细包括各类灵活用工、外包人员在内的从业人员安全生产教育培训，提升从业人员安全素质和技能。举办全省首期邮件快件安检员培训，11个品牌寄递企业49名学员参加。开展安全文化建设，加强行业安全宣传教育，深入开展“安全生产月”“全国消防月”“国际禁毒日”“青年安全生产示范岗”创建等主题活动，安徽省两集体获得“全国青年安全生产示范岗”荣誉称号。制作寄递安全“三项制度”情景短剧和消防安全宣传动画。

守牢寄递安全红线。联合省委政法委、省人民检察院、省公安厅等17部门深入开展全省“平安寄递专项行动”，会同省应急厅、省市场监管局等部门深入开展“互联网销售危险化学品专项治理行动”，统筹做好寄递渠道涉枪涉爆、涉毒涉危、涉黄涉非及打击侵权假冒、野生动植物保护等工作，加强部门协同监管，强化安全执法检查。全省寄递渠道安全环境持续净化。发挥“绿盾”工程作用，常态化开展视频巡查，及时发现和纠治安全违规行为。扎实推进实名收寄专项整治，散件实名率始终保持99%以上。今年以来，全省相关部门共出动执法人员1.5万人次，排查整治各类安全隐患996个，整改违法违规问题406个，查获各类禁寄物品1792件。全系统依法查处寄递安全、安全生产等违法行为102起，罚款76.75万元。

夯实安全生产底线。深入开展“重大事故隐患专项排查整治2023行动”。对作业场地“四五六”完成情况和处理场所“四不”问题“回头看”，深入排查整治传送带堵缝、人车分流等问题隐患。推进《寄递企业安全生产风险管控基本规范》行业标准研制。配合应急管理、消防救援等部门，督促企业认真开展风险自评、自查安全和自改隐患，并邀请专家赴企业一线把脉问诊，严防重大火灾事故发生。顺利完成全国两会、成都大运会、杭州亚运会等重大活动安保工作。妥善处置极兔速递收购丰网公司涉皖事项，切实维护快递末端网络稳定。圆满完成2023年度全省邮政快递业危化品泄漏暨服务阻断突发事件应急处置桌面推演，在省安委会应急预案体系和应急救援力量建设考核中获得满分。

共筑信息安全防线。强化与公安、网信等部门协作，深入开展“网络和信息安全风险排查整治行动”，制定寄递信息汇聚平台网络数据安全风险排查工作方案。对省内平台企业（安徽兵尚）组织开展联合检查，严防平台企业违规使用数据，严厉打击不法分子侵犯用户个人信息违法违规行为。

加强部门自身建设，提升行业治理能力。推动机构职责规范优化。修订省局党组、省局工作规则，规范全省系统纪检机构设置。开展落实县级邮政管理责任专项整改，指导和督促各市局对接地方政府及有关部门，推动落实县级邮政管理责任。

加强全系统干部队伍建设。扎实开展干部选任，优化市局班子配备，增强系统队伍战斗力。常态化开展干部监督，依规组织开展领导干部个人有关事项报告。进一步规范因私出国(境)管理,修订完善因私出国(境)管理文件,规范审批流程,强化出境前保密教育。落实干部队伍教育整顿要求,开展干部队伍教育整顿9个方面突出问题专项自查,建立问题清单,狠抓整改落实。做好警示教育通报,组织省局机关和安全中心干部开展实地廉政教育。扎实推进市局津补贴规范工作,组织开展市局津贴补贴执行情况专项自查。做好援疆干部推荐和委托考察等工作。

强化行业监管支撑保障。落实财会监督要求,对财经纪律重点问题开展专项整治。全面实施预算绩效管理,加强预算执行监控,依法推进预算公开。完善财务制度强化机关内部控制,出台对外委托项目管理办法等制度文件。依法依规开展资产清查。推进财政事权划分改革落地见效,省局纳入省财政预算管理。2023年全省邮政管理系统共争取地方拨款超4500万元,其中收到省、市级行政资金补助达1600万元。稳步推进离任审计,完成6位同志任期经济责任审计任务。省局获评国家邮政局系统财务管理先进单位。全面落实政务公开要求,及时回应群众关心、社会关切。加强机关效能建设,认真处理效能督办事项,省局荣获2022年度省直效能建设考核先进单位。认真做好保密、信访以及人大建议、政协提案办理等工作。

三、快递市场存在的突出问题

邮政快递网络布局还不够均衡,特别是偏远农村地区的短板还比较明显;服务地方产业发展,特别是与现代农业、先进制造业等产业协同度还不够;行业安全基础仍不牢固,企业主体责任落实不到位;一些干部精神状态亟须提振等。

福建省快递市场发展及管理情况

一、快递市场总体发展情况

2023年,福建省邮政行业寄递业务量完成61.3亿件,同比增长13.4%;业务收入(不包括邮政储蓄银行直接营业收入)累计完成497.2亿元,同比增长9.0%。其中,快递业务量(不包含邮政公司包裹业务)完成49.9亿件,同比增长17.0%;快递业务收入完成388.7亿元,同比增长9.5%(表7-13)。

表7-13 2023年福建省快递服务企业发展情况

指标	单位	2023年		比上年同期增长(%)		占全部比例(%)	
		累计	12月	累计	12月	累计	12月
快递业务量	万件	498673.18	50643.62	16.96	22.86	100.00	100.00
同城	万件	51759.18	5609.39	11.25	43.91	10.38	11.08
异地	万件	431065.62	43360.81	16.94	19.76	86.44	85.62
国际及港澳台	万件	15848.38	1673.42	41.22	50.07	3.18	3.30
快递业务收入	亿元	388.67	38.99	9.53	13.98	100.00	100.00
同城	亿元	22.82	2.31	4.60	23.23	5.87	5.93
异地	亿元	217.48	21.09	12.15	7.47	55.96	54.09
国际及港澳台	亿元	62.64	7.19	9.56	38.84	16.12	18.43
其他	亿元	85.73	8.40	4.63	11.57	22.06	21.55
快递业务投递量	万件	477042.46	49108.39	9.58	17.58	100.00	100.00

二、行业管理工作及主要成效

聚焦全面从严要求，持之以恒推动党的建设迈向纵深。认真学习贯彻党的二十大精神。全面学习、全面把握、全面贯彻党的二十大精神，先后组织党员干部参加全国系统党的二十大精神辅导报告会和省直机关培训班，举办全省系统党的二十大精神培训班，开展“贯彻二十大、岗位建新功”主题实践活动，将学习宣传贯彻党的二十大精神引向深入。严格落实党组会议第一议题制度和中心组学习制度，围绕习近平总书记重要讲话、重要指示批示精神，福建省邮政管理局党组先后开展集中学习 12 次、集中研讨 5 次、青年干部理论学习交流 2 次，坚持每周一常态化开展党员集中学习活动，深化对习近平新时代中国特色社会主义思想的政治认同、思想认同、理论认同和情感认同。

扎实推进主题教育走深走实。把抓好主题教育作为一项重大的政治任务，围绕“学思想、强党性、重实践、建新功”的总要求，将理论学习、调查研究、推动发展、检视整改一体贯通。在理论学习方面，先后举办读书班 4 期、收看专题讲座 4 场、开展集中学习活动 38 场次，持续强化政治理论武装。在调查研究方面，3 名班子成员深入基层开展调研 46 次，围绕重点课题撰写形成调研报告 7 份，注重加强调研成果的转化运用，为工作开展提供有力指引。在推动发展方面，着力推进邮政快递末端基础设施建设、农村寄递物流体系建设、快递进厂、快递出海等重点工作取得良好成效，相关工作得到国家邮政局的充分肯定。在检视整改方面，查摆问题 12 个，制定整改措施 30 项，推动一批突出问题整治到位。坚持以上率下，加强对市局开展第二批主题教育的跟踪督导，福建省邮政管理局班子成员带队深入 8 个市局开展专项督查，督促市局对检视出的 58 个问题进行整改销号，推动主题教育取得实实在在的成效。

狠抓巡视反馈问题整改。把落实国家邮政局党组巡视反馈问题整改作为履行管党治党责任、推动高质量发展的重要抓手，建立周汇报、月总结工作机制，从严从实推进巡视整改工作。截至 12 月底，国家邮政局党组巡视反馈的 90 个问题 168 项整改任务，已完成整改 165 项，剩余的 3 项任务也将在规定期限内整改到位。同时，将巡视整改与全省系统政治巡察工作紧密结合起来，组织编制《巡察工作操作手册》，制定 2024 年全省系统内部巡察工作方案，调整充实巡察干部人才库，科学谋划开展全省系统第二轮巡察工作。

持续强化监督执纪问责。加强政治监督，落实全面从严要求，深入 9 个市局开展全面从严治党主体责任落实情况督查，与市局班子成员开展“一对一”谈话 27 人次，督促市局党组抓稳扛牢主体责任。紧盯元旦春节、中秋国庆等重要节点，强化警示教育和监督提醒，巩固“四风”问题整治成果。构建多形式立体化的廉政教育机制，先后开展廉政谈话 40 人次，组织观看廉政教育片 6 次，通报违纪违法典型案例百余起，进一步筑牢廉洁从政的思想防线。坚持以制度管权管事管人，全省系统先后修订廉政风险防控手册等制度 17 个，制定廉政工作制度 25 个，为深化廉洁机关建设提供有力保障。

切实做好系统和行业党建工作。牢固树立大抓基层的鲜明导向，深化党支部达标创星活动，提升机关党建工作水平。组织开展“一支部一品牌”创建工作，推进党建与业务的有机融合。先后制定省快递行业党委工作规则，指导成立省快递行业协会党支部，完善行业党建领导体制。举办全省非公快递行业党组织学习贯彻党的二十大精神培训班，福建省邮政管理局班子成员带队深入挂钩企业宣讲党的二十大精神，努力营造浓厚的氛围。联合省委两新工委慰问行业困难党员 15 名，发放慰问金 1.5 万元。持续提升“两个覆盖”，全省非公快递行业共有党组织 57 个、在册党员 200 余人、党员总数 800 余人。做好建宁县枫源村挂钩帮扶工作，支持福建省邮政管理局派驻屏南县寿山村第一书记开展工作。

着力打造高素质干部队伍。始终坚持党管干部的原则，选优配强直属单位和市局领导班子。先后选拔任用福建省邮政管理局党组管理干部10人、晋升职级11人，省邮政业安全中心和7个市局的领导班子得到调整充实，市局班子配备率达100%。进一步优化机构设置，完成福建省邮政管理局党建办公室（纪检办公室）、市局办公室（纪检办公室）更名及职责调整。组织3名福建省邮政管理局领导参加国家邮政局轮训，举办全省系统处级领导干部任职培训班，开展干部队伍教育整顿，打造高素质、专业化干部队伍。围绕干部选拔、干部考核、“一把手”监督等方面，出台《关于进一步加强全省邮政管理系统领导班子和干部队伍建设的若干措施》等文件，干部队伍建设制度化水平显著提升。

聚焦高质量发展目标，以进促稳推动行业发展高位运行。行业发展态势持续向好。抓住省政府出台建设交通强国福建先行区、扶持民营经济发展、打造海峡两岸融合发展示范区等利好政策的契机，联合省工信厅等部门出台《福建省现代物流业高质量发展实施方案》等政策文件，助推行业保持健康的发展态势。在快递服务农村电商发展方面，支持快递企业助力农特产品销售，助力乡村振兴，成功培育邮政快递业服务现代农业金牌项目6个（业务量超1000万件）、银牌项目1个（业务量超800万件）、铜牌项目5个（业务量超500万件）。在快递服务先进制造业方面，“泉州顺丰速运服务安踏集团项目”入选国家邮政局“快递业与制造业深度融合典型项目”，泉州晋江市入选国家邮政局“快递业与制造业融合发展试点先行区”。在快递出海方面，鼓励企业积极发展海运、空运快件，厦门启用“对台海运快件综合航运信息平台”，强化对台海运快件业务的信息化管理；福建省国际、港澳台快递业务量呈现出较快的增长态势。全行业在国民经济社会中的地位和作用更加凸显。

行业重大项目加快落地。充分发挥行业重大项目的支撑引领作用，重点抓好省级快递电商产业园区、快递企业区域总部项目建设，提升基础设施整体效能。福建省7个总投资达到60亿元的重点项目进展顺利。其中，中国邮政福建智慧物流园、中国邮政泉州智慧物流园项目签订用地投资合同，进入征地报批阶段；中通快递集团福州区域总部、京东福州智能供应链运营中心项目建设进展顺利；泉州顺丰创新产业园建成投入使用，德邦厦门智慧物流园全面竣工，进入验收环节；圆通智慧供应链创新中心暨福建总部完成主体结构建设。通过深入实施邮政快递枢纽提升工程，指导企业开展设备设施改造，邮件快件处理能力大幅提升，智能化水平快速进步。

邮政快递末端基础设施建设试点有序推进。进一步巩固拓展福州市新建住宅小区配建邮政快递用房试点工作成果。持续完善试点机制，围绕产权归属、建设管理、运营使用等方面实现新的突破：在产权归属方面，指导地方邮政管理部门接收邮政局所6个，分别由国资企业、乡镇街道、全体业主接收快递服务用房共63个，强化邮政快递用房的公共服务属性；在建设管理方面，推动福州市政府出台《中心城区邮政设施布局专项规划》《邮政快递基础设施管理办法》，形成邮政快递基础设施规划、建设、管理的有效途径；在运营使用方面，推动全品牌快递入驻邮政快递用房，鼓励搭载社区便利、烟草、电信等功能，助力建设城市“一刻钟”便民生活圈。组织开展专项课题研究，为进一步明确邮政快递末端基础设施的公共服务属性，提供工作指引。

聚焦为民服务宗旨，精准发力推动民生项目落地见效。农村寄递物流体系不断完善。进一步整合资源、创新模式、健全机制，提升“6113”快递进村试点的覆盖面和深广度，服务乡村振兴战略。在工作机制方面，按照“政府引导、企业主导、协会推进”的原则，指导省快递行业协会成立“快递进村”专班，推进邮政、快递企业加强对接合作；在经费保障方面，引导快递企业省区部加大对农村末端派费的补助力度，实现“当月补贴、次月发放”；在覆盖范围方面，全省新增试点县23个，覆盖48个，试点县数量占全省县（市）总数的90%。预计全省试点县通过“6113”模式，实现邮快合作代投进村快件1100万件，达到2022年代投件量的6.4倍，福建省快递进村工作成效显著，得到了国家邮政局的充分肯定。联合省交通运输厅建立客货邮融合试点工作机制，采取乡邮员“一人多职”、农村客车“一车多用”、乡镇综合运输服务站“一点多能”、农村运输线路“一线多运”的“四个融合”模式，创新开展客货邮融合试点，成功打造三明市建宁县、漳州市长泰区、龙岩市武平县等多个客货邮融合示范县（区）。

快递员群体合法权益保障有力。落深落细落实关心关爱快递员群体工作举措，提升快递从业人员的获得感和幸福感。省长赵龙深入行业一线看望慰问快递员，充分肯定快递员群体为促进经济社会发展和服务保障民生作出的积极贡献。联合团省委开展“情暖八闽 · 关爱小蜜蜂”“快递从业青年服务月”系列活动，构建“行业党委＋行业团工委”协同发力的关爱格局。全省累计设立快递员爱心驿站等服务阵地2519个，新出台关心关爱快递员的政策文件19份，争取关爱资金及物资超过150万元，开展各类慰问活动176次、免费体检和义诊1037人次。推动快递行业集体协商议定事项的有效落实。挖掘选树行业先进典型，厦门“鼓浪屿好小哥”获得第五届全国最美快递员团队奖，漳州邮政网络运营中心获评“全国青年安全生产示范岗”，全行业获得全国“五一劳动奖章”2人、全国“五一巾帼标兵”2人。全省基层快递网点快递员参加社会保险5.5万人，其中，单独参加工伤保险1.8万人，参保率92%，全面完成年度任务指标。

快递绿色包装治理成效凸显。充分发挥全省塑料污染治理、生活垃圾分类、无废城市建设等领导小组成员单位的机制作用，推动出台涉及行业绿色治理的文件6份，进一步形成绿色包装治理工作合力。开展快递包装集中抽查，结合消费者权益保障日、世界环境日、安全生产月等契机，举办各类宣传活动，绿色发展氛围愈发浓厚。大力实施“9218”工程，全省电商快件不再二次包装比例98.09%，全行业不再使用不可降解的塑料包装袋和一次性塑料编织袋，使用可循环包装的邮件快件数达到3917.3万个，回收复用质量完好瓦楞纸箱数3560.35万个，快递包装循环化、减量化、无害化取得较好的成效。

行业人才培养任务圆满完成。深入实施职业技能提升行动，开展快递从业人员快递收派专项鉴定考核，全省通过考核4631人次，超额完成年度目标。省人社厅将快递安检专项工作纳入职业能力培训考核目录，福建省邮政管理局积极推进邮件快件安检培训基地建设。抓好快递工程职称评审工作，全省共有129名快递员获得快递工程技术人员中初级职务任职资格。顺利举办全省第四届邮政行业职业技能竞赛，组队参加全国邮政行业职业技能总决赛，福建省邮政管理局获评优秀组织奖，福建省1名选手获得快递员赛项三等奖。

聚焦安全监管主责，严守底线推动安全形势稳定向好。深入开展寄递安全专项整治。以开展专项整治为抓手，推动行业本质安全水平显著提升。开展重大安全事故隐患排查整治2023行动，立案查处安全生产类案件130起，罚款159.24万元，曝光、约谈、联合惩戒企业14家。开展邮件快件处理场所“四不”问题“回头看”，重点对邮政、申通、极兔、顺丰四家品牌快递企业的省、市级处理场所“四不”问题整治“开小灶”，立案查处安全生产类案件12起，实现“回头看”执法检查全覆盖。严密做好全国两会、成都大运会、杭州亚运会等重大活动寄递安保工作，维护重大活动期间寄递渠道安全畅通。

持续构建“联管共治”格局。与省委政法委等15个部门出台《关于进一步加强邮件快件寄递安全管理工作的实施方案》，推动构建上下联动、共治共管的工作格局。联合省公安厅等18个部门开展平安寄递专项行动，多项战果位居全国前列，福建省平安寄递工作成果得到李建成副省长的批示肯定。先后联合省国安厅、烟草专卖局、市场监管局、林业局等部门，开展寄递物流联合督导检查、涉烟违法寄递行为集中整治、互联网销售危险化学品专项治理、打击野生动植物非法贩卖“2023清风行动”等，持续彰显寄递安全联合监管效能。全省系统出动执法12129人次，检查寄递企业5912家次，其中，与公安等部门联合执法228次，出动1157人次，检查寄递企业424家次。检查发现安全问题隐患718个，立案查处企业违法案件458起，罚款501.9万元。2023年，全行业未发生较大以上安全事故。

努力提升信息化监管水平。突出抓好“绿盾”系统的管理应用，加强“四率”指标考核。福建省视频监控联网数量5553台，平均在线率85%以上；安检机联网293台，数量排在全国第1位，平均在线率75%以上；寄递综合实名率99.9%，排在全国第2位。常态化开展“绿盾”系统巡查，通过视频监控系统巡查点位6425个、发现问题502起，依据问题线索立案处罚27起、责令改正46起、约谈3起。通过安检机视频联网系统巡查发现问题507起，依据问题线索立案处罚27起、责令改正13起、约谈25起。进一步升级改造“福建省寄递业实名收寄验视综合监管平台”和安检机联网平台，联合省烟草局研发查缉数据模型，增强自建系统实战应用能力。进一步规范数据管理，配合公安、纪委等部门合规调取个人实名寄递数据19次，推动数据资源发挥效用。联合网信、公安等部门对快递猫、蓝电等2家寄递信息汇聚平台，开展数据信息安全风险排查，切实维护消费者个人信息安全。

聚焦依法治邮任务，科学施治推动监管效能不断提升。充分发挥法治保障作用。坚持运用法治思维和法治方式深化行业治理，制定实施《福建省邮政条例行政处罚裁量基准》，开展行政执法集中评议，建立法律顾问、公职律师制度，进一步规范邮政管理部门行政执法行为。完成《“十四五”福建省邮政业发展规划》中期评估工作。印发《福建省邮政管理局加快建设交通强国邮政篇实施方案》，选取“福州市邮政快递基础设施规划建设”“三明市多模式推进快递进村”作为第一轮专项试点任务，采取有力措施推进专项试点工作落地。福建省邮政管理局在2024年国家邮政局工作会议上，围绕交通强国邮政篇建设主题作了典型经验交流发言。

全面深化政务服务改革。大力推广快递许可电子证照签发应用，优化末端网点备案流程。全年审核许可申请247次、许可变更179次、延续换领15次。全省共有快递许可法人企业328家、分支机构783家、备案末端网点12818个。组织快递企业完成快件处理场所代码申报工作，福建省成为全国首批完成申报工作的两个省份之一。加强快递企业合规经营专项执法检查，全省9个地市的顺丰、京东、申通、中通、圆通、韵达、极兔、德邦等8家品牌快递企业，全部实现许可证地域覆盖范围与实际经营活动相一致。加强“国家邮政局政务平台和互联网+监管系统”的运行使用，及时对福建省网上办事大厅中行政许可事项清单进行动态调整，更新“五级十五同”目录中对应行政许可事项的颗粒度和具体办理标准，提升政务服务标准化、规范化、便利化水平。

大力整顿快递市场秩序。深入开展国际快递业务市场秩序整顿，先后检查国际快递许可企业36家、分支机构236个，针对企业违法违规行为立案查处7起，罚款15.2万元，对2家停止经营国际快递业务的企业进行注销，公告作废2家分支机构。深化农村快递服务违规收费问题治理，南平建瓯市等地的农村快递服务违规收费问题得到明显遏制。推进电商快件寄递服务专项整治，配合新疆局、内蒙古局调查核实电商快件寄递服务问题，督促企业按照协议约定提供寄递服务。

全力推进模范机关建设。持续加强政府建设,围绕创建新一届省级文明单位任务目标,大力传播文明风尚,掀起文明机关建设热潮。省邮政业安全中心荣获"福建省直机关五一先锋号"称号。扎实推进群团工作,营造行业系统良好氛围。加大新闻宣传力度,加强党对意识形态领域工作的绝对领导,全省行业系统报、刊、网及视频稿件采纳总分排名全国第二位,福建省邮政管理局办公室被中国邮政快递报社评为"先进记者站"称号。深入开展财会监督专项行动和财经纪律重点问题专项整治,提升系统财务管理工作规范化水平。

三、快递市场存在的突出问题

从外部环境来看,经济发展整体下行压力加大,给邮政快递业长期稳定增长带来严峻的挑战;从内部环境来看,社会消费格局的变化、消费者对寄递服务质量的新期盼,对行业发展和服务能力提出更高的要求;从治理效能来看,福建省邮政管理系统的干部队伍建设、监管能力建设,还不能完全适应行业发展需要,体制机制还需进一步完善,基层治理能力还需进一步增强。

江西省快递市场发展及管理情况

一、快递市场总体发展情况

2023 年,江西省邮政行业寄递业务量完成 31.5 亿件,同比增长 21.0%;业务收入(不包括邮政储蓄银行直接营业收入)累计完成 262.6 亿元,同比增长 15.5%。其中,快递业务量(不包含邮政公司包裹业务)完成 22.8 亿件,同比增长 25.1%;快递业务收入完成 186.8 亿元,同比增长 15.5%(表 7-14)。

表 7-14 2023 年江西省快递服务企业发展情况

指标	单位	2023 年		比上年同期增长(%)		占全部比例(%)	
		累计	12 月	累计	12 月	累计	12 月
快递业务量	万件	227930.82	24890.51	25.05	27.62	100.00	100.00
同城	万件	15881.75	1555.12	7.75	20.30	6.97	6.25
异地	万件	210444.35	23281.03	26.68	28.51	92.33	93.53
国际及港澳台	万件	1604.72	54.36	14.77	-42.72	0.70	0.22
快递业务收入	亿元	186.80	19.96	15.52	21.03	100.00	100.00
同城	亿元	8.76	0.91	10.36	22.42	4.69	4.56
异地	亿元	115.52	13.08	17.64	12.81	61.84	65.54
国际及港澳台	亿元	2.67	0.26	-16.19	-135.81	1.43	1.32
其他	亿元	59.85	5.70	14.26	16.67	32.04	28.57
快递业务投递量	万件	307074.86	32295.34	14.49	26.89	100.00	100.00

二、行业管理工作及主要成效

学习贯彻习近平新时代中国特色社会主义思想主题教育深入开展。强化理论武装。以"九学联动"为载体,各级领导班子举办专题读书班,组织中心组学习,领导干部讲党课,编印主题教育知识读本,进一步夯实坚定拥护"两个确立"、坚决做到"两个维护"的思想根基。深入调查研究。开展全省系统"大兴调查研究,推进行业高质量发展"主题活动,紧扣影响行业高质量发展的问题瓶颈,确定调研课题 50 项。各级党组认真贯彻落实"四下基层"要求,主要负责人带头开展专题调研,深入基层一线听取各方面的意见建议。共开展调研286次,形成调研成果51项,实现调研成果转化运用84项,工作作风有了很大改善,工作能力本领得到了锻炼提高。聚力推动发展。把主题教育与行业高质量发展高效能治理相结合,积极推进交通强国邮政篇建设,更好服务国家战略。树立正确政绩观,在提升服务质量、整治农村快递服务违规收费、推进邮政领域中央和地方财政事权和支出责任落实、保障快递员群体合法权益、完善农村寄递物流体系建设、夯实行业安全发展和绿色发展等方面取得一定成效,解决一批急难愁盼问题。全面检视整改。两批主题教育共检视问题79个,234条整改措施全部整改到位并完成销号。共制修制度、完善规则43项,切实巩固主题教育成果,提升行业监管效能。

行业发展基础持续夯实。基础设施建设持续扩大。全力推进南昌、赣州全国性邮政快递枢纽项目建设,一体推动赣东北、赣西等区域性快递物流节点建设。顺丰南昌丰泰产业园、京东"亚洲一号"二期、申通全国安全监控中心和客服中心投入运营,昌北机场空侧综合邮件处理中心项目主体完成,圆通南昌和赣州智慧物流产业园开工建设。政策支持力度持续加大。在2024年省委经济工作会上,"完善城乡配送网络,大力实施'快递进村'工程,更好推动工业品下乡、农产品进城,持续释放农村消费需求"等内容,作为重点工作措施写入工作报告。会同省交通运输厅代省政府拟定《江西省"快递进村"三年行动计划(2024－2026年)》,为推进更高质量的"快递进村"提供了路径设计和政策支持。着力解决民营快递企业融资难问题。联合交通、商务等部门建立交通物流领域融资对接工作机制,联合省邮储银行制定《政银携手 助力快递行业发展三年行动方案》,省邮储银行将向全省快递行业提供不低于5亿元的融资支持,跟踪服务1000家快递市场主体。2023年各商业银行发放贷款120笔,放款金额超4000万元。

"两进一出"工程成效明显。"快递进村"质量提升。着力打造赣州革命老区样板,推进全省革命老区"快递进村",有效提升全省农村快递服务品质。发挥邮政服务网络优势,全省农村邮路汽车化投递率提升到90%,引导县乡村三级多品牌共配,有效增强快递下沉能力,实现了乡乡有网点、村村有服务。协同交通运输部门推进"客货邮"融合发展,实现设区市全覆盖。联合省文明办、省邮政分公司印发文件,在14个县240个行政村试点推进"便民快递进文明实践站",工作成效在中宣部《每日要情》刊登报道。全省3个项目入选全国第四批农村物流服务品牌,3个项目获评全国快递服务现代农业金牌项目,5个农村寄递物流体系建设项目获评"全省数字乡村创新发展优秀案例"。"快递进厂"服务升级。引导寄递企业积极发展供应链管理、快运等业务,推动快递功能进园区、入厂区,不断提高服务制造业个性化、定制化的能力,寄递服务与上下游融合、产业链拓展延伸呈现良好发展势头。全省打造南康家居等14个快递服务制造业千万级项目,南康区入选国家邮政局和工信部联合评选的全国首批"快递业与制造业融合发展"试点先行区,48个项目入选全国"快递业与制造业融合发展"项目库。深入挖掘"新余快递+万商红鞋业"项目潜力,推动快递企业在万商红新履小镇投资布局,提升快递服务规模和质效,打造行业品牌。开展冷链寄递服务调研,推动寄递企业冷链运输设施建设,提升末端冷链收派能力。"快递出海"有序拓展。推动邮政快递企业深度融入南昌、赣州、九江等跨境电商综合试验区建设,充分发挥南昌国际邮件互换局和南昌国际快件监管中心的核心作用与辐射效应,培育壮大本土经营跨境寄递业务的市场主体。2023年,全省国际快递业务量完成1604.7万件,同比增长14.8%。

行业绿色转型持续推进。制定行业生态环保工作要点,统筹推进绿色低碳发展。深入实施"9218"工程,强化过度包装和塑料污染两项治理,全年未二次包装的电商件比率超92%,使用可循环包装的邮件快件数量2500余万件,回收复用质量完好的瓦楞纸箱数量超2200万个。2023年2月,经国家发展改革委推荐,江西邮政快递业塑料污染治理工作以典型经验在全国交流推广。对接江西省检验检测认证总院,依托其全国邮政业用品用具检验检测机构资质,开展快递包装送检工作,重点整治包装物重金属超标等问题。持续加强部门协作,与省发展改革委、生态环境厅等部门联合开展塑料污染治理专项检查,积极配合推动全省"无废城市"建设,助力城乡环境综合治理。

快递员群体合法权益得到有效保障。劳动定额试点经验得到国家邮政局肯定,快递企业末端派费核算指引持续推广。大力推进基层快递网点快递员优先参加工伤保险,参保率达到92.9%。邮政快递业职业技能提升工程持续深入,1.23万人次参加职业技能培训,1948人获得职业资格证书或职业技能等级证书,57人通过全省快递工程技术人员职称评审。组织参加全国邮政行业技能竞赛,江西省邮政管理局荣获优秀组织奖,2名队员获三等奖。常态化开展"寻找最美快递员""暖蜂行动"等活动,联合总工会、团委等部门提供送温暖、平安返乡、健康体检等服务保障。全省设立爱心驿站、关爱站、职工之家等快递员服务阵地700余个,开展各类慰问活动130余次。

安全生产保障持续增强。狠抓"三项制度"。强化寄递渠道安全监管,组织开展实名收寄"两规范、两治理"专项整治行动,有力保障了全国两会、大运会、亚运会、快递旺季等重大活动期间行业平稳运行,牢牢守住行业意识形态阵地。健全联合机制。联合12部门持续加强邮件快件寄递安全管理,联合16部门开展平安寄递专项行动。统筹做好寄递渠道涉枪涉爆、涉毒涉危等工作,深入落实"七号检察建议",寄递渠道禁毒工作获国家邮政局肯定,反恐工作在全省专项会上作交流发言。定期召开行业安全生产协调领导小组会议,压实区域总部企业落实快递服务网络统一管理责任。推进全省邮政快递基层网点平安员队伍建设,现有专职平安员1014人,兼职平安员5112人。强化风险防范。部署开展重大事故隐患专项排查整治,加强涉稳网络风险治理。开展"安全生产月"活动,召开安全生产警示教育会议,开展快递处理场所"四不"问题整治"回头看"。制定年度行业安全和应急工作要点,强化应急处置保障。江西省3个寄递企业团队获评2023年度全国邮政快递业青年安全生产示范岗集体,3个集体、2名个人在省"扫黄打非"年度表彰中获得先进称号。

行业监管质效明显增强。强化邮政市场监管。深化"放管服"改革,依法实施快递业务经营许可管理,实现许可全流程"一网通办",在全省开通快递经营许可证等寄递服务,许可审批由"最多跑一次"向"一次不跑"转变。全面开展快递市场秩序整顿,企业合法合规经营持续改善。深入实施快递服务质量提升工程,重点整治农村快递违规收费和电商快件服务问题,用户用邮环境更加优化。检查执法力度持续加大,全年共办理各类行政处罚案件388件。加强信息化应用。发挥省市两级邮政业安全中心的支撑保障作用,深入实施互联网监管,推进绿盾工程视频联网、安检机联网等应用,常态化开展系统培训、日常安全预警和线上远程监测。

治理能力建设持续深入。江西省邮政管理获2022年度省委综合考核"第一等次",连续多年获"平安建设"先进单位。高位推动行业治理体系建设,目前已有9个设区市印发文件,明确了县级邮政管理责任主体单位,建立了工作机制,此项工作走在全国前列。开展财会监督和财经纪律重点问题专项整治,4个市局争取到政策性办公业务用房,全省系统获地方财政补助资金同比增长33%。新闻宣传工作保持在全国"第一方阵",获评全国邮政管理系统通联工作先进集体,4名同志获先进个人。1名同志获全省统计工作先进个人。将法治建设纳入年度市局考核内容,举办1期专题培训,开办3期"周末学法班",开展行政执法突出问题专项整治和行政执法案卷评审，提升法治化监管水平。严格机要、保密和网络安全管理。制定全省系统信访工作规则，妥善处理信访事项150余件，信访工作平稳有序。“12305”热线实现“7x24小时”服务，全年受理咨询服务8万余次，办结申诉6100余件，挽回用户经济损失200余万元。深化行业精神文明建设，积极培树先进典型，3家集体获全国青年文明号，1家集体入选“全国五一巾帼标兵岗”，2名快递员荣获全国“五一劳动奖章”，1名快递员入选“全国岗位学雷锋标兵”。

党的全面领导更加有力。学习贯彻习近平总书记考察江西重要讲话精神。注重结合行业定位，深入开展服务打造“三大高地”实施“五大战略”专项行动。凝聚共识加强系统党建。制定年度党建工作要点，推进机关党建“三化”建设，完成机关党委委员和纪委委员补选，规范执行“三会一课”。积极开展“四强”党支部创建活动。创新引领快递行业党建。聚焦“两个覆盖”目标，指导11个设区市成立快递行业党委。引导快递企业基层党组织“应建尽建”“单建联建”，现有快递企业基层党组织72个。依托省委党校开办党务知识培训班，提升快递企业基层党组织工作能力。制定行业党委工作规则和委员一对一联系省级企业党建机制，持续加强党的领导。结合业务工作，谋定行业党建重点任务，有力破解党建和业务“两张皮”。落实省委“书记领航”工程，行业党建工作成效在省委专项调度会上作经验交流。持续抓好干部队伍建设。制定领导干部政治素质考察办法，动态调整年轻干部人才信息库，持续配齐配强市局领导班子。深入开展系统干部队伍教育整顿。

全面从严治党持续深入。压紧压实管党治党政治责任。制定年度党风廉政建设工作要点，党组书记和班子成员认真履行“第一责任人”责任和“一岗双责”，保持严的主基调强化正风肃纪，深化运用“四种形态”，严肃执纪问责。制定年度巡察工作要点和工作规划，推进政治监督具体化、精准化、常态化，严密筑牢廉洁从政思想防线。开展“3.23”警示教育活动，召开专题警示教育会议，着力抓好廉政监督，把好廉洁履职第一关。修订党组贯彻落实中央八项规定精神实施细则，驰而不息纠治“四风”。扎实开展纪检干部教育整顿。加强组织领导，开展集中学习，组织纪检干部谈心谈话，对党的十八大以来涉及纪检干部的问题线索清仓起底，认真做好检视整改，确保教育整顿实效。

三、快递市场存在的突出问题

邮政快递网络布局不够均衡，农村地区服务存在短板，城乡群众用邮急难愁盼问题亟待解决；安全生产领域风险隐患依然突出，快递末端服务网络尚不稳定；行业治理体系还不健全、治理能力有待加强，营商环境需进一步优化等。

山东省快递市场发展及管理情况

一、快递市场总体发展情况

2023年，山东省邮政行业寄递业务量完成88.0亿件，同比增长19.80%；业务收入（不包括邮政储蓄银行直接营业收入）累计完成745.5亿元，同比增长17.2%。其中，快递业务量（不包含邮政公司包裹业务）完成70.7亿件，同比增长22.5%；快递业务收入完成526.6亿元，同比增长16.5%（表7-15）。支撑实物商品网络零售额首次突破5000亿关口。

表 7-15　2023 年山东省快递服务企业发展情况

指标	单位	2023 年		比上年同期增长(%)		占全部比例(%)	
		累计	12 月	累计	12 月	累计	12 月
快递业务量	万件	706967.48	69717.41	22.49	38.59	100.00	100.00
同城	万件	56751.71	5785.61	6.17	20.32	8.03	8.30
异地	万件	643449.86	63024.64	23.13	38.92	91.02	90.40
国际及港澳台	万件	6765.91	907.16	479.52	610.59	0.96	1.30
快递业务收入	亿元	526.57	49.53	16.54	19.61	100.00	100.00
同城	亿元	29.27	2.90	4.01	11.82	5.56	5.86
异地	亿元	337.35	31.37	17.36	19.13	64.07	63.33
国际及港澳台	亿元	28.78	2.75	5.59	29.32	5.47	5.56
其他	亿元	131.17	12.51	20.35	20.78	24.91	25.25
快递业务投递量	万件	758650.16	71889.76	22.71	46.63	100.00	100.00

二、行业管理工作及主要成效

学习贯彻习近平新时代中国特色社会主义思想主题教育走深走实。全省系统把抓好主题教育作为首要政治任务，深刻把握主题主线，山东省邮政管理局班子靠上指导、分片督导，一体推进理论学习、调查研究、推动发展、检视整改等各项工作，第一批主题教育成效显著，第二批主题教育扎实推进，得到了中央第十七巡回指导组和国家邮政局巡回督导组肯定。理论学习重在运用，把运用习近平新时代中国特色社会主义思想指导行业改革发展实践作为理论学习落脚点，通过专题读书班“领着学”、理论学习中心组“带头学”、支部活动“常态学”等方式，全省系统组织专题读书班 16 期，党员干部撰写研讨心得 200 余篇，党员干部在学思践悟中有新提升。同时，注重抓好青年教育，获评省直机关“青年理论学习标兵集体”。调查研究精准把脉，坚持“四下基层”，把解决用邮群众所盼、行业安全所要、产业发展所需作为重点，立足小切口、解决大问题。全省系统各级领导班子领题答题，形成调研报告 51 篇，推动调研成果转化政策制度 9 项，全省邮政快递业高质量发展调研报告获省人大常委会专题研究并转发，通过精准调研推动从解决“一件事”向办好“一类事”延伸。推动发展实干实效，把解难题、促发展作为检验主题教育的“试金石”，持续深化行业党建，建成党群活动服务中心 46 个，配备专兼职党建指导员 199 名；切实加强快递员群体关爱，基层快递网点优先参加工伤保险基本实现“应保尽保”；落实省政府民生实事项目，12305 申诉热线下放各市局后接通率提高 2.7 倍，在实干中践行使命担当。问题整改靶向施治，把问题整改贯穿主题教育始终，动真碰硬，建立问题清单，实行动态销号，山东省邮政管理局问题清单全面销号，淄博局等 13 个市局问题已全部销号，切实做到问题不解决不松劲。源头治理，牢固树立“一盘棋”思想，上下联动、协同发力，通过深化双重预防体系建设着力解决行业安全管理低效问题。标本兼治，高质量开好了专题民主生活会，深入开展党性分析，持续抓好了建章立制、巩固成效。

服务现代化强省建设展现担当。坚持发展第一要务，围绕服务现代化强省建设，积极争取政策扶持、融入交通强国大局、把握新兴消费趋势，为全省经济持续回升、巩固向好做出积极贡献。强化政策供给。着力优化行业发展政策环境，提请省政府出台《山东省加快推进邮政快递业高质量发展三年行动方案》（鲁政办字〔2023〕143 号），提出了土地容缺审批、享受工业用地政策、金融信贷支持、招商引资奖补等真金白银的扶持措施；省政府 2023 年“稳中向好 进中提质”政策清单延续执行农村寄递物流体系建设补贴和快递物流仓储用地税收优惠;省财政拨付“客货邮”融合样板县创建奖补资金500万元。此外,临沂2个项目通过国家综合货运枢纽强链补链新一轮审核,获奖补资金2000万元,济宁、枣庄、烟台协调财政向企业兑现补贴资金分别为600万元、576万元、305万元。市、县一系列政策落地落实,有效提振了行业信心。落实交通强国战略引领,按照省委、省政府交通强国山东示范区建设部署,推动快递物流与制造业协同发展、智能安检技术应用、绿色分拨中心建设等纳入国家邮政局试点任务,德州农村寄递物流体系建设、微山县农村客货邮融合发展等4个省级试点项目推进顺利,宁阳、平邑、兰山、莱芜等4个区县项目入选第四批全国农村物流服务品牌,数量居全国第二位,交通强国战略引领作用凸显。服务新兴消费壮大,立足高效连接生产和消费的行业优势,加快推广直播带货、仓配一体化、定制寄递解决方案等模式,为“惠享山东消费年”和“山东好品”走出去提供有力支撑。2023年,全省快递业务量70.7亿件、同比增长22.5%,支撑全省实物商品网络零售额同比增长27.4%,双双大幅领跑全省GDP增速,快递服务“双11”线上消费成效获宋军继副省长肯定。

助力畅通循环能力有新提升。立足行业优势,以“两进一出”为牵引,加快完善农村寄递体系,着力塑造快递进厂优势,全力拓展跨境快递通道,为畅通经济双循环贡献了寄递力量。完善农村寄递见成效。持续巩固提升农村寄递物流体系建设成效,立足山东农业大省、农产品众多的实际,在“强网络”上下功夫,鼓励支持联合共建、叠加融合发展模式,持续加快县、乡、村三级快递物流节点建设,全省县级快递园区和乡镇共配中心建成率分别达到94.1%、74.6%,农村快递服务网络有效拓展,农村网点运营水平持续改善;在“促流通”上出新招,发挥双向流通优势,在服务消费品下乡进村的同时,着力为农产品出村进城提供支撑,继续打造农产品寄递创金银铜牌工程,2023年全省农村快件寄递量同比增长32.81%,支撑全省农产品网络零售额同比增长30%以上。快递进厂培育显优势。发挥寄递体系在稳定产业链供应链上的禀赋,聚焦山东省“十强”重点产业和轻工、纺织、食品等传统优势产业,坚持分类服务、集约高效原则,着力培育快递业与制造业融合典型项目,中邮海信项目可为20余万种材料提供精准投放、实时配送,京东服务青岛啤酒项目年快递业务量增速超100%,“快递进厂”成为了拉动全省快递增长的重要引擎之一。2023年,全省快递服务制造业典型示范项目突破100个,服务制造业产值超1200亿元。国家邮政局与工信部在青岛举办了全国快递业与制造业融合发展现场会,评选出10个融合发展试点先行区,胶州、淄川入选,数量全国最多,获周立伟副省长肯定。跨境寄递跑出加速度。以山东全域跨境电商综试区建设为契机,重点打造日韩、欧美、“一带一路”沿线等寄递通道,引导菜鸟、顺丰等丰富全省“出海”线路,多渠道建设海外仓。据不完全统计,山东省电商快递企业共建设海外仓201个,分布在62个国家和地区。同时,加快推动快递进驻跨境电商产业园,菜鸟西海岸跨境快递进口保税仓,日均快递量突破2万单,有力支持天猫国际、京东、抖音等跨境电商发展。2023年,全省跨境快递出口业务量6765.9万件、同比翻了一番多。

行业治理效能持续增强。胸怀“国之大者”,找准行业治理的切入点,坚持依法治理、高效治理,着力解决行业发展的新情况新问题,推进行业治理制度化、程序化、规范化。快递市场秩序持续优化。实施许可实地核查“验真”工程,组织快递市场秩序整治专项行动,重点打击未经许可经营、超范围经营、违规委托经营、快递“刷单”等违法违规行为。着力化解网络运行风险隐患,积极应对丰网纠纷等问题,严厉查处群众、新闻媒体反映的热点快递服务问题,不断优化市场竞争生态。强化电商快件寄递服务整治,协同治理“不发货、不包邮”,检查企业897家,核查协议5138份。快递员群体权益更有保障。深入实施“151”邮政快递从业人员职业技能提升行动，济宁、东营等局加快落实职业技能等级评价，各地组织职业技能培训21553人次，举办省、市技能竞赛7场次。2023年，全省新增获得职称从业人员871人、数量全国第一。基层快递网点快递员优先参加工伤保险参保率达99.55%。行业绿色治理成果显现。聚焦绿色低碳高质量发展先行区战略，推动快递包装绿色治理行动纳入《山东省生活垃圾分类三年行动计划(2023－2025年)》。快递包装减量化、循环化进展顺利，2023年，全省实现电商快件不再二次包装比例达到96.2%，持续开展过度包装和塑料污染两项治理，全省使用可循环快递包装的邮件快件达到7191万件，回收复用质量完好的瓦楞纸箱5903万个，超额完成“9218工程”目标。行业立法和规划评估稳步推进，《山东省快递业促进条例》立法进程加快，《潍坊市快递条例》正式实施，“十四五”规划中期评估进展顺利。

安全水平和服务质量稳步提高。更好统筹发展和安全，坚持总体国家安全观，树牢以人民为中心发展理念，全力抓好防风险、保安全、惠民生工作，行业安全形势持续稳固，寄递服务水平持续提升。坚决维护政治安全。重点抓好成都大运会、杭州亚运会、第三届“一带一路”国际合作高峰论坛等重大活动期间寄递安全和服务保障任务，杭州亚运会期间全省“二次安检”问题件数量占全国总量的1.14%，位于全国低位。强化平安寄递专项行动，联合省内17部门印发行动方案、建立工作机制，守住收寄验视、过机安检关口，全省累计检查企业3674家次，查处违法违规行为553个，整治安全隐患4001项，实施行政处罚案件236起，累计罚款274万元；联合公安、烟草查办各类涉寄递渠道案件1123起，行动战果位居前列。深化双重预防体系建设，印发建设方案，打造46个双重预防体系建设的标杆型单位，全省配备平安员2.34万名；围绕寄递安全、生产安全、数据安全三项重点，实行风险隐患市局、企业“双查双报双推送”制度，抓好涉及网点运行风险化解，进一步压实属地监管责任和企业主体责任，依托“绿盾”工程推送、整改问题隐患117条；加强应急能力建设，组织开展省级综合演练2次，市级演练16次，各企业应急演练144场。强化寄递信息数据安全防范，潍坊局等联合公安部门组织“保护个人信息安全人人有责”走进快递业主题宣传。提升寄递服务质量。提高服务能力，加强“三智一码”等科技化推广应用，加快引导快递综合服务站布局建设，推动快递融入城市一刻钟便民生活圈建设试点，滨州、东营等将快递基础设施纳入公共服务建设体系。强化放心消费，推动申诉热线与12345政务服务热线联动，日照、聊城等16市局全部完成归并，热线接通率提高到90%以上，热线工单可直接分流至区、县处理，进一步畅通申诉服务渠道，提升用户维权质效；引导企业积极创建全省放心消费示范单位，推荐20个集体申报山东省放心消费示范单位。

党的建设引领作用更加突出。全面落实新时代党的建设总要求，把政治建设摆在首位，持续深化机关党建，纵深推进全面从严治党，突出抓好新业态党建，全力锻造高素质队伍。机关党的建设抓在实处。落实党组意识形态责任制、第一议题制度，加强国家安全人民防线建设，以贯彻落实习近平总书记关于邮政快递业重要指示批示精神为“第一要件”，把拥护“两个确立”、做到“两个维护”转化为思想自觉、政治自觉、行动自觉；加强基层党建指导，严格落实“三会一课”制度；扎实推进机关精神文明创建和行业精神文明创建，山东省邮政管理局被授予全国邮政快递业青年安全生产示范岗优秀组织奖，4家集体被授予全国青年安全生产示范岗。全面从严治党纵深推进。聚焦“关键少数”，着力压实各级“一把手”主体责任和纪检组长监督责任，加强领导班子自身建设，严格遵守中央八项规定精神，力戒形式主义、官僚主义。抓好纪检干部教育整顿工作，推动各项整改工作落到实处。持之以恒正风肃纪，组织党员干部到党风廉政教育中心接受现场教育。加强政治监督，完成对两个市局的新一轮政治巡察，做好巡察整改“后半篇”文章。行业党建成效显著。联合省委组织部召开了全省快递行业党建工作现场会，实施“1＋16”行业党建品牌争创活动，启动全省快递行业党建示范点建设，打造28个省级快递行业党建基层示范点，向各市局拨付快递行业党建经费60万元，8个主要省总部快递企业和110个基层快递企业党支部先后成立，引领1.26万名“快递小哥”担任兼职网格员，1个集体获评省级新兴领域优秀党组织书记工作室。队伍素质锻造持续加强。树立重实干重实绩重担当的鲜明用人导向，按照成熟一个使用一个的原则，稳步调整使用干部，积极营造团结一致、干事创业的新风正气，把真干事、干实事的干部选出来，涵养风清气正政治生态。注重抓好年轻干部培养，让年轻干部担重任、经风雨、壮筋骨，尽快补齐梯队建设短板。同时，强化监管支撑，省级机关绩效纳入常态化预算保障落地落实，14市局与地方待遇进一步看齐，德州、菏泽等13市局落实县级邮政管理责任取得阶段性成果。

三、快递市场存在的突出问题

从行业内部看，重大项目布局不足，落实项目招引的力度还不够大。供给结构还不够优化，高附加值服务模式拓展不足，细分领域服务供大于求的局面加剧，在冷链快递、高铁快递、跨境快递等投入不足。农村寄递市场培育滞后，山东是全国较早布局快递进村，但是由于缺乏造血功能，如何市场化运营需要智慧更需要创新、协作。政府的作用还未完全发挥，《山东省快递业促进条例》亟待出台。

河南省快递市场发展及管理情况

一、快递市场总体发展情况

2023年，河南省邮政行业寄递业务量完成76.6亿件，同比增长25.2%；业务收入（不包括邮政储蓄银行直接营业收入）累计完成626.6亿元，同比增长23.5%。其中，快递业务量（不包含邮政公司包裹业务）完成60.5亿件，同比增长35.8%；快递业务收入完成425.3亿元，同比增长28.4%（表7-16）。

表7-16　2023年河南省快递服务企业发展情况

指标	单位	2023年		比上年同期增长(%)		占全部比例(%)	
		累计	12月	累计	12月	累计	12月
快递业务量	万件	604600.39	65570.45	35.78	66.17	100.00	100.00
同城	万件	58297.40	5629.57	22.44	54.33	9.64	8.59
异地	万件	543979.97	59794.13	37.43	67.52	89.97	91.19
国际及港澳台	万件	2323.02	146.75	26.01	24.48	0.38	0.22
快递业务收入	亿元	425.29	43.08	28.35	39.29	100.00	100.00
同城	亿元	28.19	2.68	7.85	28.54	6.63	6.21
异地	亿元	274.55	28.19	34.82	36.86	64.55	65.44
国际及港澳台	亿元	13.60	1.28	10.66	15.61	3.20	2.98
其他	亿元	108.96	10.93	22.03	53.11	25.62	25.37
快递业务投递量	万件	641300.58	63055.25	31.99	53.87	100.00	100.00

二、行业管理工作及主要成效

服务重大战略和全省发展大局有力有效。强化交通强国邮政篇工作落实。制定《落实加快建设交通强国邮政篇工作方案(2023－2027年)》，有力推进交通强国邮政篇河南省各项任务全面实施。积极参与交通强国邮政专项试点工作，向国家邮政局申报鹤壁市浚县“客货邮融合发展”寄递物流体系建设试点、周口市县域邮政快递行业监管试点。推动邮政业发展“十四五”规划落地。高质量完成河南省《邮政业发展“十四五”规划实施中期评估报告》《“十四五”规划102项重大工程实施情况中期评估工作报告》。组织开展省级七个专项规划涉邮任务中期评估工作。协调推进“十四五”规划重点项目建设，累计完成投资74亿元，占计划总投资的61%。积极服务河南区域协调发展。推动省政府与国家邮政局签订加快邮政快递业高质量发展战略合作协议，组织快递企业赴商丘、信阳等地开展现场考察调研，与地方党委政府深入交流，促成多家企业达成投资意向，完善豫东、豫南区域枢纽建设，推动邮政快递区域枢纽能级提升。行业政策供给进一步优化。省政府出台《加快实施物流拉动打造枢纽经济优势三年行动计划(2023－2025年)》《全面推进城市一刻钟便民生活圈建设三年行动实施方案(2023－2025年)》《农村道路畅通工程更好服务乡村振兴战略实施方案(2023－2025年)》，邮政快递业发展获多重政策利好，行业发展环境持续优化。落实行业减税降费、助企纾困政策，全省行业减税降费合计1.39亿元。

助力畅通循环能力不断提升。加快农村寄递物流体系建设。累计建成29个县级公共寄递配送中心、35849个村级寄递物流综合服务站。扎实开展“快递进村”提升行动，加强省市县三级协同，政、企、协会三方联动，积极推进邮快、交邮合作，各市局因地制宜、多措并举推动“快递进村”取得明显成效。全省全年驻村设点覆盖率达81%。邮快合作累计代投4190.57万件、代投收入1976.57万元，代收1.63万件、代收收入13万元，邮快合作覆盖率达到86.16%。开通交邮联运合作线路215条，复用交邮站点达到1838个。推进邮政快递业服务现代农业。发挥行业优势积极服务乡村振兴，鹤壁浚县客货邮融合发展模式被列为全国交通运输领域服务乡村振兴创新案例，中央电视台给予多次报道，河南省邮政管理局联合省交通运输厅召开现场会推广经验。全省创建国家级金牌项目13个、银牌项目2个、铜牌项目7个，金银铜牌项目业务量共达2.84亿件，业务收入13.62亿元，带动农业总产值超70.11亿元。其中，商丘局持续巩固优势，创建金牌项目4个。高效开展快递业与制造业融合发展“5352”工程。联合工信部门加快推进河南省快递业与制造业融合发展，焦作市武陟县入选全国首批“快递业与制造业融合发展试点先行区”。全省打造金牌项目37个、银牌项目14个、铜牌项目23个，金银铜牌项目业务量共达7.05亿件，业务收入21.72亿元，支撑总产值176.79亿元。

行业创新发展迈出坚实步伐。加快推动行业数智化转型。推进科技成果转化，加大智能安检、智能监控、智能分拣设施在行业推广应用。郑州打造菜鸟驿站示范区，多项智能化系统投入运用，提升用户取件便捷度体验感。提高行业绿色治理水平。组织召开全省快递包装绿色转型联席会议，参加全省塑料污染治理联合行动，指导举办“2023第十届郑州物流展暨第二届河南邮政快递包装、设备展览会”及系列专题论坛，促进行业上下游、关联产业沟通交流和产学研衔接。高标准实施行业生态环保“9254”工程，全省电商快件不再二次包装比例达98.10%，过度包装和塑料污染两项治理有序推进，使用可循环快递包装的邮件快件达6101.86万件，回收复用瓦楞纸箱5979.46万个，循环中转袋基本实现使用全覆盖，行业绿色发展成效明显。打造高素质行业人才队伍。连续两年超额完成国家邮政局确定的年度培训目标以及“人人持证、技能河南”建设工作计划目标。全省共开展邮政快递行业职业技能培训25759人次，新增技能人才5022人、高技能人才2323人，通过快递工程技术人员中高级职称评审127人。举办第四届全国邮政行业职业技能大赛河南省选拔赛，组织优胜选手参加国赛。河南交通职业技术学院顺利通过国家邮政局“全国邮政行业人才培养基地”评审。

行业治理效能持续增强。不断提升行业监管质效。加大行政执法和处罚力度，开展提升行政执法质量三年行动。全省实施行政处罚630件，责令改正568件，行政约谈117件。深入开展快递市场秩序整顿，聚焦农村快递服务违规收费和电商快件寄递服务质量问题开展专项整治。开展许可合规治理，做好许可进驻“省级行政审批服务大厅”工作，处理快递业务经营许可相关事项1251件，在省政务服务中心绩效考核中获得优秀等次。深入推进法治政府建设。河南省邮政管理局荣获2022年度法治河南(法治政府)建设考核优秀等次。健全完善全省邮政管理部门法治政府建设工作考核机制，印发法治政府建设考核工作方案，夯实法治政府建设责任。出台试行开展邮政行政执法委托工作指导意见，壮大邮政行政执法力量，周口局率先实现县级邮政执法中队和执法委托全覆盖。推动行政执法监督常态化，评查邮政行政处罚案卷34卷，办理行政复议案件25宗，办理行政诉讼案件3起，全部胜诉。稳步提高寄递服务质量。在全省开展“诚信快递、你我同行”“3·15”主题宣传活动，维护消费者合法权益，倡导企业提升品质诚信服务。“三化建设”暨快递企业末端网点标准化建设累计完成率100%，全省快递服务能力和服务品质得到进一步提升。开展快递服务质量提升工程，优化整合现有资源，将申诉工作调整至省邮政安全发展中心承担，企业服务质量意识持续增强，服务消费环境有效改善。用户对邮政管理部门有效申诉处理工作满意率为97.4%，对快递企业有效申诉处理满意度为96.3%。加强行业监管支撑保障。推动设立市级邮政业安全中心和县级邮政监管责任落实，已成立市级邮政业安全中心5个，明确县级邮政管理责任承担主体31个，地方党委政府批复设立的其他县级机构36个。积极落实财政事权改革，全省系统争取各类资金1112.47万元，同比增长105.05%。维护快递员群体合法权益。全省新增快递员关爱站550个，出台相关政策文件23个，开展慰问快递员活动195次，协调保障房57套，解决快递员拖欠工资金额22.68万元，基层快递网点优先参加工伤保险率达93.11%。濮阳局协调市总工会、市快递协会分别代表职工和企业签订工资集体合同。

行业安全和应急保障水平显著提高。立足行业维护政治安全。着力维护行业安全稳定。开展安全生产解剖式专题调研，推进双重预防机制建设，进一步压实邮政快递业省总部统一管理和主要责任人责任，全面提升安全生产管理水平。开展邮政快递业重大隐患专项排查整治2023行动，组织开展2023年“安全生产月”活动，举办“平安寄递大讲堂”6期，全省邮政快递行业未发生一般以上安全事故。扎实开展平安建设工作，河南省邮政管理局获得中央驻豫单位平安建设优秀等次。加强寄递渠道安全协同治理。健全寄递渠道联合监管机制，将省应急厅等8部门纳入寄递安全管理领导小组成员单位，进一步完善联合监管机制依法落实各部门职责。联合省委政法委等12部门印发《关于进一步加强邮件快件寄递安全管理工作的指导意见》，联合省委网信办等16部门开展平安寄递专项行动，联合省公安厅等开展河南省互联网销售危险化学品专项治理行动，联合省委网信办等11部门开展“2023清风行动”，全力做好2023年春运、全国两会、“6·18电商节”、成都大运会、杭州亚运会、“双11”等重要时段、重大活动期间寄递安全和服务保障工作。夯实网络数据和信息安全。持续开展个人信息安全治理专项行动，认真落实《寄递服务用户个人信息安全管理规定》，省邮政业安全监控中心功能持续完善，

"绿盾"信息系统应用培训、管理全面加强，"两联"项目登录率等指标位居全国前列，寄递服务用户个人信息安全保障机制进一步健全。强化应急处置保障。持续推进应急管理体系和能力建设，安全舆情监测持续强化，恶劣天气和突发事件应对及时有力。联合省公安、应急、医疗救护等多家单位，举办全省邮政快递业突发事件应急处置综合演练。开展全省邮政快递业应急救援队伍"大练兵大比武"活动，被省安委会评为"大练兵大比武成效显著单位"，切实提升应急救援队伍专业水平和救援能力。

党的建设工作不断加强。有力有序推进主题教育。全省系统始终把抓好主题教育作为首要政治任务，紧紧围绕"学思想、强党性、重实践、建新功"总要求，理论学习更加深入，构建"五学"体系，坚持"第一议题"制度，将主题教育与学习贯彻党的二十大精神和习近平总书记重要指示批示精神结合起来，深刻领会"两个确立"的决定性意义，增强"四个意识"、坚定"四个自信"、做到"两个维护"，不断提高政治判断力、政治领悟力、政治执行力。调查研究全面展开，认真贯彻落实"四下基层"要求，主要负责人带头开展专题调研，河南省邮政管理局领导班子成员调研 39 次覆盖 17 个省辖市，各市局确定调研课题 39 个、开展调研 109 次，形成了一批有价值的调研成果。推动发展扎实有力，积极推进解决制约行业发展的关键问题，在农村寄递物流体系建设、事权改革落实、行业安全发展等方面取得了实效，推动解决了一批急难愁盼问题。检视整改有序推进，全省 61 个问题清单、22 个专项整治问题全部整改销号。中央第十七巡回指导组对河南省系统主题教育相关工作给予充分肯定。菜鸟河南公司"党建助力企业发展"被省委主题教育办选为典型案例。干部教育整顿有力实施。开展"能力作风提升行动"和谈心谈话活动，加强全省系统党员干部思想淬炼、政治历练和实践锻炼，促进干部之间思想交流、工作沟通，推动作风大转变、能力大提升，营造干事创业的良好氛围和风清气正的政治生态。

持之以恒正风肃纪。印发《关于贯彻落实中央八项规定精神的实施办法》，坚决纠治形式主义官僚主义。进一步优化调整日常考核机制办法，制定加强河南省邮政管理局与郑州局联动机制措施，减少会议文件，切实为基层减负，为干部"松绑"。在省直机关工委专题会上，河南省邮政管理局代表中央驻豫单位就落实中央八项规定精神、为基层减负作经验交流。在元旦春节、中秋国庆等重要时间节点进行廉政教育提醒，防止"节日病"发生。注重与主题教育贯通融合，扎实开展纪检干部队伍教育整顿。完成郑州、洛阳等 9 个市局主要负责同志经济责任审计，对鹤壁、洛阳 2 个市局党组开展现场巡察，督促 9 个市局完成巡察整改。锻造过硬干部队伍。加强领导班子自身建设，严格执行民主集中制和重大事项议事规则，维护班子团结。以正确的选人用人导向引领干事创业导向，突出事业为上、实干担当，全省系统党员干部工作积极性、主动性有了明显提升。加强意识形态和行业精神文明建设。落实意识形态工作责任制，强化舆情监测引导，加强行业新闻宣传，印发工作要点，修订考核办法，举办专题培训班，连续九年荣获国家邮政局全部表彰奖项。加强精神文明建设，河南省邮政管理局成功创建市级文明单位。出台定点帮扶工作方案，为浚县张寨村协调到位公路建设资金 60 万元，解决就业 200 余人，人均增收 2000 元。全面推进行业党建工作。新增 8 个快递行业党委，实现全省 17 个市全覆盖。召开省快递行业党委第一次全体会议暨快递行业党建推进会，明确行业党委工作职责和委员单位职责分工，为行业党建凝聚工作合力。建成顺丰省总部、菜鸟河南总部、新乡圆通 3 个非公党建示范点，省委组织部现场调研并予以充分肯定，相关工作在全省"三新"党建工作示范培训班上进行经验交流。

三、快递市场存在的突出问题

在全面从严治党方面，形式主义、官僚主义问题仍时有发生，干部队伍作风能力建设还需持续加强，强监管、优服务的能力水平与行业发展还不能完全适应。在提高发展质效方面，行业服务质量问题依然较多，发展不平衡不充分的问题依然存在，城乡差距、区域差距较大，高端服务能力不强，供需匹配度不高。在治理体系方面，市级支撑机构建设、县域监管责任落实推进滞后，信息化监管、信用监管和行业自律还有待加强，品牌快递企业总部履行统一管理还没有到位，良性竞争秩序尚未完全形成。在防范化解风险方面，安全和应急管理基础仍然薄弱，网络和数据安全亟待加强，影响末端网络稳定和快递员群体合法权益问题时有发生。

湖北省快递市场发展及管理情况

一、快递市场总体发展情况

2023 年，湖北省邮政行业寄递业务量完成 50.1 亿件，同比增长 14.3%；业务收入（不包括邮政储蓄银行直接营业收入）累计完成 477.0 亿元，同比增长 14.6%。其中，快递业务量（不包含邮政公司包裹业务）完成 37.7 亿件，同比增长 17.3%；快递业务收入完成 307.4 亿元，同比增长 15.0%（表 7-17）。

表 7-17　2023 年湖北省快递服务企业发展情况

指标	单位	2023 年		比上年同期增长(%)		占全部比例(%)	
		累计	12 月	累计	12 月	累计	12 月
快递业务量	万件	376892.07	38567.68	17.32	30.97	100.00	100.00
同城	万件	40052.70	4142.08	14.19	59.53	10.63	10.74
异地	万件	335866.05	34365.72	17.67	28.26	89.11	89.10
国际及港澳台	万件	973.32	59.88	30.09	4.15	0.26	0.16
快递业务收入	亿元	307.35	30.38	14.95	25.33	100.00	100.00
同城	亿元	21.30	2.07	9.20	34.58	6.93	6.82
异地	亿元	182.90	18.12	12.63	15.98	59.51	59.64
国际及港澳台	亿元	8.01	0.53	12.13	22.73	2.61	1.74
其他	亿元	95.14	9.66	21.43	45.30	30.96	31.80
快递业务投递量	万件	440049.31	44794.86	24.98	52.86	100.00	100.00

二、行业管理工作及主要成效

扎实开展主题教育，坚持和加强党的全面领导。深入开展学习贯彻习近平新时代中国特色社会主义思想主题教育。全省系统始终把抓好主题教育作为重大政治任务，紧紧围绕“学思想、强党性、重实践、建新功”的总要求，牢牢把握主题主线和根本任务，在以学铸魂、以学增智、以学正风、以学促干上取得实实在在成效。强化理论武装，督促指导全省系统举办专题读书班 44 次，组织中心组学习 71 次，领导干部讲党课 43 场次，开展专题研讨 67 次。深入调查研究，紧扣影响和制约行业高质量发展的重大课题精心制定实施方案，全省系统明确 50 余项调研课题，各级党组认真贯彻落实“四下基层”要求，主要负责人带头开展专题调研，深入基层一线听取各方面的意见建议。聚力推动发展，注重把主题教育与行业高质量发展高效能治理相结合，积极推进解决制约行业发展的关键问题，促进行业高质量发展，在农村寄递物流体系建设、推进邮政领域地方财政事权和支出责任履行、行业安全发展等方面取得了实效。全面检视整改，注重上下联动抓好问题整改，结合国家邮政局党组巡视发现的问题，梳理推动发展遇到的问题、群众反映强烈的问题，综合形成了两批主题教育问题清单和专项整治方案，明确整改措施、整改时限和牵头负责人及责任单位，开门整改、定期销号。严抓干部队伍教育整顿，强化政治忠诚，坚持问题导向，突出严管严治，加强对干部全方位管理和经常性监督，出台干部交流、出国（境）管理等制度，进一步完善从严管理监督干部制度体系。

坚持政治建设统领。坚决维护党中央集中统一领导，持续推进模范机关建设。把落实国家邮政局党组巡视反馈问题整改作为履行管党治党责任、推动高质量发展的重要抓手，130 项整改任务有序推进，已完成整改任务 119 项。推动各级党组织认真履行主体责任，突出政治监督、做实日常监督，聚焦重点任务开展常态化监督，开展全省系统财会监督。全面推进行业党建工作，全省邮政业共建立党组织 125 个、流动党员党支部 44 个，实现省市两级快递行业党委全覆盖，建立起委员单位横向联系、省市行业党委纵向贯通、市级行业党委与快递企业高效联动的工作机制。用心用情用力做好乡村振兴定点帮扶工作，湖北省邮政管理局在省直定点帮扶工作考评中被评为“好”等次，湖北省邮政管理局驻村工作队被当地政府评为“先进工作队”。

强化正风肃纪。严格落实中央八项规定及其实施细则精神，驰而不息纠“四风”树新风，重点纠治形式主义、官僚主义。对 6 起涉及党员干部作风信访件进行了核实复审和处理，出具廉政意见 13 人次。扎实开展纪检干部队伍教育整顿，综合运用“四种形态”，严肃执纪问责，一体推进不敢腐、不能腐、不想腐。

锻造过硬干部队伍。始终坚持把政治标准放在首位，加强统筹谋划和调研分析，以正确的选人用人导向引领干事创业导向。进一步加强领导班子建设，调整湖北省邮政管理局管领导班子 3 个，提任湖北省邮政管理局管干部 6 名，班子结构进一步优化、整体功能进一步增强。从严管理监督，严格贯彻执行领导干部个人有关事项报告制度，强化“一报告两评议”结果运用。用好职务与职级并行政策，落实精准考核和及时奖励，推动市（州）局纳入财政部定员定额管理，不断强化正向激励。扎实开展干部教育培训，集中轮训全省系统 22 名处级以上领导干部。

持续推进精神文明建设。组织开展“社会主义核心价值观主题实践教育月”活动，湖北省邮政管理局获评“交通运输部文明单位”。加大对行业先进典型的选树和宣传力度，多名个人、多个集体获全国、全省“五一”“五四”表彰，2 名快递员获评第五届全国“最美快递员”，5 人获评省、市劳模，全省快递员获省级荣誉累计达 300 余人次，行业产生 95 名全国、省、市、县党代表、人大代表和政协委员。

强化政策规划引领，推动提升畅通循环能力。统筹推进“十四五”规划实施。扎实开展“十四五”规划中期评估，全省邮政业“十四五”规划实施情况良好，主要目标指标高于预期，重点任务、重大工程项目进展顺利。制定落实《加快推进交通强国邮政篇实施方案（2023 － 2027 年）》工作措施，积极组织申报交通强国邮政专项试点。

积极争取利好政策落地实施。围绕行业高质量发展，积极向省政府及相关部门反映行业发展情况和诉求，争取政策。推动省委、省政府将农村寄递物流村级服务网点全覆盖作为今年主题教育的一件实事予以推进，省委书记王蒙徽、省长王忠林等省领导多次专题研究、调研督导，高位推进，全省各级政府共投入专项资金 9.49 亿元。争取省财政对 54 个普遍服务末端设施项目及 965 个行政村代投社会快递服务补助 1000 万元。持续推进助企纾困，全省邮政快递企业享受减税降费金额 5705 万元。

加强行业现代化基础设施建设。鄂州花湖机场开通国际国内货运航线超 50 条，顺丰航空公司完成货运航线转场工作，转运中心高效运行，高峰每小时可处理包裹 28 万件。中通快递华中（武汉）总部基地、湖北极兔武汉转运中心、申通（孝感）智慧物流电商产业园等项目建成投产，圆通湖北总部暨智慧供应链科创园、顺丰华中区数智供应链产业基地项目落户湖北，邮政行业助力湖北省打造新时代国内国际双循环重要枢纽的能力进一步增强。

全省农村寄递物流体系全面建成。积极服务乡村振兴战略，协调省人民政府办公厅印发《关于进一步推动农村寄递物流村级服务网点全覆盖的工作方案》，全省累计建成县级公共配送中心 105 个、乡镇服务站点 3475 个，已设置村级快递服务网点且能正常运营的行政村达 20744 个，实现全省行政村 100% 全覆盖，农村寄递物流体系建设工作纳入全省十大民生实事项目，得到了省委、省政府主要领导的多次表扬和肯定。推动“邮快合作”和农村“客货邮”融合发展，新增交邮联运邮路 60 条，农村段道汽车化率达 75.4%，高于全国平均水平。全省成功创建 7 个农村电商快递协同发展示范区、7 个服务现代农业示范项目，打造邮政快递业服务现代农业金牌项目 8 个、银牌项目 1 个、铜牌项目 2 个。

增强服务制造业和提升国际寄递服务能力。立足服务湖北省工业等实体经济，会同省经信等部门实施快递与制造业融合发展“5312”工程，推动快递服务进园区、入厂区，大力发展仓配一体和供应链管理等业务，武汉京东服务 TCL 项目入选全国快递业与制造业深度融合发展典型项目，荆州市沙市区入选全国快递业与制造业融合发展试点先行区。推进国际寄递体系建设，持续推动中欧班列运邮保持常态化，2023 年全省中欧班列运邮共发运 26 柜、累计发运邮件 194 吨，同比增加 52%，湖北省国际港澳台邮件快件业务量增速超过 28%。

推动行业改革创新，持续增强发展动能。加强行业科技创新应用工作。贯彻落实全行业科技创新工作会议精神，推广应用“三智一码”等先进适用科技。加快推进全省快递末端网点视频监控联网，总体视频覆盖率逾 80%。强化北斗导航系统等新技术应用，邮政干线车辆实现单北斗系统设备安装全覆盖。加快推进科技成果转化，智能车辆、智能分拣设施、智能仓库和云仓在行业广泛应用。

提升行业绿色发展水平。深化快递包装绿色治理，大力实施“9218”工程，坚持资源节约集约利用，坚持减污降碳协同增效，鼓励集约高效组织模式和基础设施共享，坚决打好行业塑料污染防治攻坚战，实现电商快件不再二次包装比例达到 96%，持续开展过度包装和塑料污染两项治理，完成可循环快递包装的邮件快件 4500 万件，回收复用质量完好的瓦楞纸箱 5300 万个。

打造行业高素质人才队伍。深入实施职业技能提升行动，组织开展职业技能培训 1.8 万人次，新增 3412 人取得职业技能等级证书，110 人取得快递工程专业技术职称。成功举办 2023 年全省快递职业技能竞赛，12 人获得“湖北省快递技术能手”称号。

深入践行为民服务宗旨，有效提升行业治理效能。规范快递市场秩序。围绕“高效办成一件事”目标，加强快递业务经营许可等审批工作，开展许可合规治理，实施许可实地核查“验真”工程。深入开展快递市场秩序整顿，开展服务价格抽查监测，及时回应“互联网 + 督查”平台、人民网、中国政府网等渠道网民留言反映诉求，重点整治农村地区快递服务违规收费等违法违规行为，开展电商快件寄递服务质量问题专项整治。压实快递企业湖北总部统一管理责任，就规范快递市场秩序对约谈 4 家问题突出企业。加强全省快递市场监管，实施行政处罚 199 件，责令改正 759 件。

提升寄递服务质量。开展快递许可电子证照签发应用，优化末端网点备案流程，湖北省处理场所代码集中申报完成率达 97.1%，高于全国平均水平。全年共处理消费者申诉 5792 件，为用户挽回经济损失163.7万元,湖北省邮政业用户有效申诉率保持在百万分之0.02左右,远低于全国平均水平。

维护快递员合法权益。会同工会、共青团等多部门持续开展关爱快递员“暖蜂行动”,联合省总工会为从业人员赠送4万份快递员意外伤害保险。组织快递员免费体检、义诊1万余人次,购买失业保险、商业险8万余人次,为快递员提供法律和心理咨询服务覆盖2.8万余人次,协调公租房、廉租房等保障房500多个。积极推进快递企业集体协商,指导推动签订集体合同。推动基层快递网点优先参加工伤保险,截至目前参保率达94.46%,高于全国平均水平,相关工作被《人民日报》《焦点访谈》《中国组织人事报》专题报道。

加强行业监管支撑保障。积极推动省直管市、林区邮政体制改革,天门、潜江、仙桃、神农架林区均成立了邮政业发展中心,湖北省邮政管理局下放部分职权,举办了有县级机构参加的全省系统执法能力提升培训班,探索开展委托执法,监管效能进一步提升。自上而下推动落实县级邮政地方管理责任,全省已有83个县市区(含省直管市、林区)设立了邮政监管机构,充实了基层监管力量。

坚守安全底线,提高行业安全和应急保障水平。着力维护行业安全稳定。联合16个厅局开展平安寄递专项行动,集中整治寄递渠道安全隐患,联合打击各类违法寄递行为。扎实开展“寄递安全企业主体责任落实年”活动,开展重大事故隐患专项排查整治,湖北省邮政管理局领导多次带队赴一线实地督查。做好旺季寄递服务保障工作,有效应对“618”“双11”等快递业务高峰,打造畅通旺季、安全旺季、暖心旺季。

夯实网络数据和信息安全基础。会同公安部门开展全省行业关键基础信息系统保护和网络安全排查工作。贯彻落实《寄递服务用户个人信息安全管理规定》,持续开展个人信息安全治理专项行动。加强隐私运单推广应用,全省日均使用量超900万单,居全国前列。

强化应急处置保障。强化“绿盾”工程等寄递安全监管信息系统应用,不断提升监管信息化水平。湖北省邮政管理局印发《关于进一步做好行业突发事件信息报告的通知》,持续推进全省邮政业应急管理体系和能力建设。妥善处置个别网点因经营不稳定造成的突发事件。圆满完成成都大运会、杭州亚运会等重大活动期间全省寄递安保任务,行业总体运行平稳。

三、快递市场存在的突出问题

在治理体系能力方面,行政执法还存在不规范不平衡的问题,信息化监管和信用监管还有待加强,压实品牌快递企业省级总部统一管理责任还需强化,市场化、法治化的一流营商环境尚未完全形成。在防范化解风险方面,寄递安全管理和行业应急管理基础仍较薄弱,网络和数据安全存在短板弱项,影响末端网络稳定因素和快递员群体合法权益保障问题仍然存在。在全面从严治党方面,系统党的建设存在不到位、不平衡的现象,基层减负工作仍需深化拓展,形式主义、官僚主义问题仍有发生。

湖南省快递市场发展及管理情况

一、快递市场总体发展情况

2023年,湖南省邮政行业寄递业务量完成43.0亿件,同比增长23.0%;业务收入(不包括邮政储蓄银行直接营业收入)累计完成343.0亿元,同比增长17.0%。其中,快递业务量(不包含邮政公司包裹业务)完成31.0亿件,同比增长33.8%;快递业务收入完成217.0亿元,同比增长21.6%(表7-18)。

表 7-18 2023 年湖南省快递服务企业发展情况

指标	单位	2023 年		比上年同期增长(%)		占全部比例(%)	
		累计	12 月	累计	12 月	累计	12 月
快递业务量	万件	310053.45	32095.94	33.81	36.39	100.00	100.00
同城	万件	34051.42	3644.50	42.60	41.70	10.98	11.36
异地	万件	274843.86	28373.61	32.82	35.85	88.64	88.40
国际及港澳台	万件	1158.17	77.83	28.15	4.18	0.37	0.24
快递业务收入	亿元	217.18	21.40	21.55	18.40	100.00	100.00
同城	亿元	15.21	1.48	17.28	10.65	7.00	6.94
异地	亿元	124.25	12.37	19.68	13.60	57.21	57.81
国际及港澳台	亿元	7.41	0.55	33.27	0.17	3.41	2.58
其他	亿元	70.31	6.99	24.80	32.12	32.38	32.68
快递业务投递量	万件	435447.94	44744.37	21.62	27.24	100.00	100.00

二、行业管理工作及主要成效

学习贯彻习近平新时代中国特色社会主义思想主题教育开展扎实有力。全省系统把抓好主题教育作为首要政治任务，紧紧围绕“学思想、强党性、重实践、建新功”的总要求和“凝心铸魂筑牢根本、锤炼品格强化忠诚、实干担当促进发展、践行宗旨为民造福、廉洁奉公树立新风”的任务目标，牢牢把握主题主线，一体推进理论学习、调查研究、推动发展、检视整改、建章立制，认真抓好干部队伍教育整顿，努力在以学铸魂、以学增智、以学正风、以学促干上取得积极成效。强化理论武装。全省系统各级党组织坚持读原著学原文悟原理，把理论学习作为首要任务并贯穿始终，紧扣职能职责和工作实际，推动习近平总书记系列重要论述、主题教育最新重要讲话精神以及对邮政快递业重要指示批示精神一体学习、一体贯彻，坚持常学常新、常悟常进。全省系统 15 个单位 102 人参加不少于 7 天的读书班，组织中心组学习 68 次，专题研讨 109 次，领导干部讲专题党课 43 次。基层党支部依托“三会一课”、主题党日活动等开展多载体学习，有效保障学习全覆盖，强化了党员、干部对习近平新时代中国特色社会主义思想的政治认同、思想认同、理论认同、情感认同。深入调查研究。全省系统认真落实大兴调查研究工作部署，各级党组认真贯彻落实“四下基层”工作要求，领导干部带头扑下身子、沉到一线，深入邮政快递企业、网点局所把脉问诊、解剖麻雀，开展问题梳理和难题排查，运用党的创新理论研究新情况、解决新问题。全省系统结合实际确定调研课题 48 个，调研参加人数 137 人，开展各式调研 242 次，发现问题 119 个，解剖典型案例 29 个，收集意见建议 175 条，解决各类问题 56 个。在落实交通强国邮政篇建设、全省农村客货邮融合发展等方面取得了一批有价值的调研成果。

聚力推动发展。将学思用贯通、知信行统一作为开展好主题教育的基本要求，将实干实绩作为评判主题教育成效的重要标尺，注重把主题教育与行业高质量发展高效能治理相结合，推动落实措施 94 条，为民办实事 47 件，加强党建引领基层治理措施 16 条，为基层减负 8 项。积极推进交通强国湖南邮政篇建设，着力解决制约行业发展的关键问题，促进行业高质量发展，在提升服务质量、整治农村快递服务违规收费、推进邮政领域中央和地方财政事权和支出责任落实、纵深推进农村寄递物流体系建设、巩固提升行业安全发展底板、推进行业绿色低碳转型发展、健全保障快递员群体合法权益等方面取得了实效，形成了一批政策文件，推动解决了一批急难愁盼问题。全面检视整改。紧扣发展所需、基层所盼、民心所向，主动查摆问题，健全责任机制，形成同频共振、系统推进的强大合力。全省系统检视问题92个，制定整改措施192条，问题销号67个；列入专项整治清单问题29个，制定整改措施数98条，完成销号17个，建立健全长效机制41个。注重上下联动，针对“农村快递末端违规收费问题”，协调省政府建立起“省统筹、市督导、县主抓”的专项整治工作机制；针对“推动落实县级邮政管理职责问题”，出台《全省系统关于推动落实县级邮政管理责任专项整改工作方案》，指导推动建立健全县级邮政管理体系运行机制。湖南省邮政管理局党组扎实履行主体责任，上下联动抓好两批主题教育纵深推进获国家邮政局党组书记赵冲久同志在全系统主题教育推进会点评肯定。严抓干部队伍教育整顿。强化政治忠诚，坚持问题导向，突出严管严治，以严肃教育纯洁思想，以严格整顿纯洁组织。把全的要求、严的基调、治的理念贯穿干部队伍教育整顿工作全过程，加强对干部全方位管理和经常性监督，进一步完善从严管理监督干部制度体系，出台干部交流、考核管理、出国（境）管理等制度6项。通过干部队伍教育整顿，进一步纯洁了思想和组织，营造了良好的政治生态。

围绕中心服务大局有为有效。加快落实交通强国战略部署。加快建设交通强国是以习近平同志为核心的党中央立足国情、着眼全局、面向未来作出的重大决策，是全面建设社会主义现代化国家的先行领域和战略支撑。认真贯彻落实党中央决策部署，开展加快建设交通强国邮政篇专题调研，印发《湖南省邮政快递业加快建设交通强国邮政篇实施方案（2023－2027年）》，推进《〈邮政强国建设行动纲要〉重点任务分工方案》落地落细。制定《湖南省交通强国邮政专项试点方案》，积极组织推进“湖南省邮政业信息化技术协同平台”和“湘潭市城乡快递共配体系建设”申报交通强国邮政专项试点，为全面推进交通强国建设当好先行。积极推动落实长江经济带区域邮政业工作，推进长沙枢纽型邮件快件分拨中心建设，加快建设全球性枢纽。有序开展“十四五”湖南邮政业发展规划实施中期评估等工作。加快建设农村寄递物流体系。全省建成县域共配中心62个，村级寄递物流综合服务站9685个，覆盖41%的建制村。23540个建制村覆盖“邮快合作”，18191个建制村设有快递服务站点，覆盖率达76%，畅通循环能力稳步提升。岳阳汨罗“客货邮”项目获评全国第四批农村物流服务品牌。把推进农村寄递物流体系建设作为践行主题教育成效的重要抓手，先后3次召开推进调度会，印发督查通报5份，向省政协全会作主题书面发言。主动对接乡村振兴部门，积极推动将村级寄递物流综合服务站纳入乡村振兴示范创建验收标准。扎实推进“数字快递农村行动”，研发全省一体化寄递信息平台，推动在湘潭县等10个县市落地。

多举措助力乡村振兴重大战略。全省打造年快递服务现代农业业务量超50万件的“一县一品”项目7个，业务量超100万件的“一地一品”项目14个，怀化冰糖橙项目连续2年获评全国快递服务现代农业“金牌项目”。着力搭建助农惠企桥梁，湘西十八洞村建起寄递物流综合服务站、主题邮局，上线销售当地矿泉水、茶油、猕猴桃等农特产品。引导企业进村设点，开通产地直封专线寄递，怀化麻阳建成“冰糖橙”村组临时收寄点211个，年度揽收“冰糖橙”1100万件。助力炎陵黄桃销售1.42万吨，带动农产品销售额超2亿元，服务农户、合作社、电商520户（家）。全省农村地区快递业务量1.82亿件，同比增长40.88%；投递量4.86亿件，同比增长15.4%。积极落实自贸区建设涉邮任务。主动对接做好国际快递业务经营许可审批权限下放准备工作。联合省商务厅、长沙海关推动湘粤港“跨境一锁”快速通关改革在湖南落地实施，为“湘品出境”提供了新通道，有效降低企业通关物流成本，促进跨境贸易便利化，极大助力湖南深度融入“一带一路”和“粤港澳”大湾区建设。该案例获国务院自由贸易试验区工作部际联席会议简报专版刊发。持续发挥好“三关合一”

集约通关优势，湖南国际邮件快件跨境电商监管中心处理进出口件239万件，实现进出口贸易额9278万美元，开通直封国际邮路19条。启动《"邮快跨"业务一站式服务规范》地方标准编制工作。积极推动中通货运航司及相关建设项目落地湖南。

行业高质量发展进程加速推进。政策供给持续丰富拓展。强化沟通汇报，"推动农村客货邮融合发展""推动县域邮政等普遍服务类设施城乡统筹建设和管护"等内容被纳入省委一号文件部署。《湖南省恢复和扩大消费的若干政策措施》《2023年湖南省新型城镇化工作要点》《湖南省金融支持全面推进乡村振兴加快建设农业强省实施方案》《湖南省县域商业三年行动工作方案》等政策文件将邮政快递业纳入政策支持范围。会同省发展改革委、省交通运输厅、省商务厅出台《2023年湖南省促进现代物流业发展工作要点》，加快构建"通道+枢纽+网络+平台"的现代快递物流体系。行业绿色发展稳步提升。印发行业生态环保年度工作要点，扎实推进"9213"工程，多形式开展宣传教育培训，深入开展重金属和特定物质超标包装袋、邮件快件过度包装2个专项治理。全省行业使用符合标准的包装材料和规范包装操作比例达95%，电商快件不再二次包装率达98.95%，使用可循环包装的邮快件1622万件，回收复用质量完好的瓦楞纸箱3710万个。推广使用新能源和清洁能源汽车3042辆，设置包装废弃物回收装置网点累计8379个。参与省垃圾分类、固体废物厅际协调机制，考评推动县市落实行业绿色治理属地责任。组织寄递企业申报2023循环经济发展先进经验和典型案例。人才队伍建设加速推进。印发人才工作要点，扎实组织开展行业等级认定工作，完成认定超6000人次。联合省人社厅等四部门出台支持鼓励全省邮政快递企业招聘用工政策，促进邮政快递业高质量充分就业。联合举办2023年全国邮政行业职业技能竞赛湖南省初赛。选派快递员代表在第四届全国邮政行业职业技能竞赛全国总决赛中取得较好成绩。

行业现代化治理效能持续深化。推进法治政府建设。积极开展"八五"学法、考法等系列普法活动，推动落实述法工作要求，依法依规做好行政复议和行政诉讼应诉工作。全年办理行政复议申请13起，行政应诉3起，均以胜诉结案。推动长沙市中级人民法院对"不以保护合法权益为诉讼目的"的行为裁定为"滥申请、滥复议、滥诉讼"上取得突破性成效。组织开展行政执法案卷评审和行政执法专题培训，全面提高基层单位及执法工作人员的法治素养，加强对基层执法和法治政府建设的检查指导，将全省系统各项工作全面纳入法治化轨道。大力规范快递市场秩序。依法整治市场无序竞争行为，组织开展对哪吒等企业合规经营情况专项执法检查，严肃查处违法问题，积极营造公平有序市场环境。深入开展特殊地区"不包邮""不发货"专项整治，积极助力构建全国统一大市场。成立工作专班，深化违规收费纠治，落实省政府违规收费专项整治行动电视电话会议及李建中副省长讲话精神，对20多个县市点题督办。联合省政府督查室、省交通运输厅、省市场监督管理局等部门进行持续整治。妥善处理申诉热线、政府热线、国务院"互联网+督查"平台等违规收费线索357条，办结率达100%。全省违规收费申诉投诉同比下降超70%。加强全省快递市场监管，实施行政处罚213件，责令改正498件。用心用情保障快递员权益。联合多部门常态化开展快递从业人员关心关爱活动。组织开展末端派费及罚款事项线上调查，协助开展"快递员从业幸福感受和权益保障"调查。与省人社厅联合开展基层快递网点优先参加工伤保险情况调研，全省基层快递网点参加全险种或工伤保险人数达48448人。全力争取到将快递员纳入全省紧缺急需职业(工种)。长沙222户快递员获住房补贴199.8万元。推动建立健全快递行业工会组织，全省建立快递企业工会组织128个，入会人数近4万人。

行业安全和应急能力稳步提升。着力维护行业安全稳定。大力开展邮政快递业重大隐患排查治理2023专项行动，集中开展“四不”问题和“传送带堵缝、人车分流”整治回头看，坚决遏制重特大事故发生。联合公安、国家安全等16部门开展平安寄递专项行动，累计共出动检查3518人次，检查企业1714家。推动建立平安寄递责任体系，压紧压实各方责任，坚决遏制非法寄递毒品、枪支危爆物品等违法违规行为，切实维护国家安全、社会稳定。扎实做好全国两会、成都大运会、杭州亚运会等重大活动和节假日期间寄递安全服务保障工作。夯实网络数据和信息安全基础。积极开展《快递电子运单》国家标准、《寄递服务用户个人信息安全管理规定》实施宣贯，持续加强隐私运单推广应用，全省行业日均使用量超700万单。持续开展个人信息安全治理专项行动，联合中国网络安全审查技术与认证中心开展全省快递从业人员个人信息安全保护专项培训。邀请省委网信办专家开展“寄递用户个人信息安全系统防护”专题讲座。参加全省信息系统网络攻防演练并取得较好成绩。强化应急处置保障。持续推进全省邮政快递业应急管理体系和能力建设，深入推进“绿盾”工程“两联”工程的建设和应用，有效发挥“互联网+监管”的支撑作用。关注网络稳定风险防控，加强行业运行监测预警，积极妥善处理快递网络调整、末端网点维权等应急事件。加大应急演练指导力度，指导各主要品牌寄递企业开展消防、危化品泄漏、反恐、寄递安全等应急演练20余次，督促企业熟练掌握应急知识和处置流程，切实提升应急能力和水平。全省行业总体运行平稳，未发生责任失守重大案事件。

党对行业的全面领导坚定有力。坚持政治建设统领。持续开展对党忠诚教育和党性教育，落实意识形态工作责任制，深化“三表率一模范”机关创建。把落实国家邮政局党组巡视整改作为履行管党治党责任、推动高质量发展的重要抓手，制定巡视整改工作方案，梳理81个细分问题，建立任务清单、责任清单，制定168条具体举措，扎实做好巡视整改“后半篇文章”。推动各级党组织认真履行主体责任，突出政治监督、做实日常监督，聚焦重点任务开展常态化监督，推动审计监督、财会监督、巡视监督相互贯通，制定党组巡察组工作规则、全省系统五年巡察工作规划，组织开展首轮对湘西局、永州局党组常规政治巡察。全面推进行业党建工作，积极推动省快递行业党委组建运行。锻造过硬干部队伍。积极配合国家邮政局做好系统干部队伍建设情况调研。组织干部选任、职级晋升29人次，有序完成公务员招录，积极推进全省系统编配比例，加快配齐配强市州局班子。坚持面向基层、面向一线开展考核表彰，激励干部担当作为。强化干部年度考核、平时考核，落实选人用人“一报告两评议”，落实新修订《领导干部报告个人有关事项规定》，严格执行领导干部因私出国（境）有关人员登记备案制度。加强干部教育培训，积极争取纳入地方领导干部培训计划，开展“五四青年节”系列活动，组织全省系统青年干部座谈。举办全省系统处级以上领导干部学习贯彻党的二十大精神集中轮训班暨处级领导干部任职培训班。加强行业监管支撑保障。积极请示汇报，全省争取地方财政资金1395万元。出台全省系统推动落实县级邮政管理责任专项整改工作方案。全省24个县市区明确县级邮政管理责任承担主体，68个县市区建立行业安全监管机制，44个县市区初步建立农村寄递物流体系建设机制，31个县市区建立行业规划衔接落地机制，23个县市区建立快递行业党建工作机制，34个县市区建立了邮政业环境污染治理工作机制。

持之以恒正风肃纪。压实湖南省邮政管理局党组机关党建主体责任，配齐配强专兼职党务纪检干部队伍，举办全省系统党务纪检干部培训班。严格落实中央八项规定及其实施细则精神，驰而不息纠“四风”树新风，不断纠治形式主义、官僚主义。深入落实关于加强新时代廉洁文化建设的意见,通过邀请专家辅导、讲授廉政党课、参观廉政教育基地、开展警示专题教育等形式,不断夯实党员干部清正廉洁思想根基。综合运用"四种形态",严肃执纪问责,一体推进"三不腐"。扎实开展纪检干部队伍教育整顿。积极选树行业先进典型。出台加强新时代邮政业精神文明建设的实施方案,加大对行业先进典型的选树和宣传力度,全省快递员获各项荣誉称号74人次。积极推荐快递员参评"两代表一委员""青年五四奖章""五一劳动奖章""工人先锋号"。推选快递员黄波当选中国工会十八大代表。长沙市邮政分公司董卫红获2023年度国务院政府特殊津贴。圆通速递长沙高桥分公司马石光荣获2023年度全国五一劳动奖章。行业社会关注度有效提升,岳阳汨罗和郴州苏仙、资兴等地加快实施客货邮融合推进快递进村、郴州快递包装绿色治理等典型做法被央视多次点赞推介。

三、快递市场存在的突出问题

在提高发展质效方面,行业服务质量的宏观数据与人民群众微观感受的差异问题尚待破解,发展不平衡不充分的问题依然存在,全省边远农村地区的网络覆盖和服务水平有待提升,国内国际物流链韧性保障不足,国际寄递网络的通达性、安全性亟待加强,服务产业链供应链能力仍需提高。在治理体系能力方面,行政执法还存在不规范不平衡的问题,信息化监管和信用监管还有待加强,压实品牌快递企业省级总部统一管理责任还需强化,市场化、法治化的一流营商环境尚未完全形成。在防范化解风险方面,安全和应急管理基础仍较薄弱,网络和数据安全制度体系仍有待完善,影响末端网络稳定因素和快递员群体合法权益保障问题仍然存在。在全面从严治党方面,系统党的建设存在不到位、不平衡的现象,基层减负工作仍需深化拓展,形式主义、官僚主义问题仍有发生。

广东省快递市场发展及管理情况

一、快递市场总体发展情况

2023年,广东省邮政行业寄递业务量完成364.7亿件,同比增长14.8%;业务收入(不包括邮政储蓄银行直接营业收入)累计完成3254.5亿元,同比增长9.6%。其中,快递业务量(不包含邮政公司包裹业务)完成345.7亿件,同比增长14.7%;快递业务收入完成2826.6亿元,同比增长12.6%(表7-19)。

表7-19　2023年广东省快递服务企业发展情况

指标	单位	2023年		比上年同期增长(%)		占全部比例(%)	
		累计	12月	累计	12月	累计	12月
快递业务量	万件	3456728.98	315313.36	14.70	21.70	100.00	100.00
同城	万件	312401.13	30553.29	-7.34	14.57	9.04	9.69
异地	万件	2998697.43	268418.48	16.99	21.89	86.75	85.13
国际及港澳台	万件	145630.42	16341.59	28.55	33.67	4.21	5.18
快递业务收入	亿元	2826.58	274.52	12.60	18.02	100.00	100.00
同城	亿元	157.00	14.60	-4.36	6.35	5.55	5.32
异地	亿元	1600.28	142.75	9.93	8.94	56.62	52.00

续上表

指标	单位	2023 年		比上年同期增长(%)		占全部比例(%)	
		累计	12 月	累计	12 月	累计	12 月
国际及港澳台	亿元	681.79	79.57	26.78	42.89	24.12	28.99
其他	亿元	387.51	37.60	9.87	16.90	13.71	13.70
快递业务投递量	万件	1877339.74	193822.99	12.57	21.42	100.00	100.00

二、行业管理工作及主要成效

学习贯彻习近平新时代中国特色社会主义思想主题教育取得积极成效。全省系统按照“学思想、强党性、重实践、建新功”的总要求，统一部署、分工协作，将理论学习、调查研究、推动发展、检视整改、建章立制等贯通起来，高质量开展主题教育。通过开展主题教育，全省系统党员干部进一步增强了坚决拥护“两个确立”、坚决做到“两个维护”的思想自觉政治自觉行动自觉。强化理论学习。大力弘扬马克思主义学风，构建“四学联动”机制，省、市局领导班子均举办不少于 7 天的读书班，全省系统组织中心组学习 107 次，领导干部讲党课 70 场次，引导党员干部切实用习近平新时代中国特色社会主义思想凝心铸魂。广东省邮政管理局举办 8 期青年讲坛，有关经验做法受到了国家邮政局的充分肯定。

深化调查研究。大兴调查研究之风，聚焦影响和制约行业高质量发展的重大课题和关键问题，制定调研工作方案。全省系统共明确 76 项调研课题，认真践行“四下基层”，主要负责同志带头开展专题调研，深入基层一线听取人大代表、政协委员、企业、职工、群众等各方面的意见建议，既形成了一批有价值的调研成果，又使广大党员干部在“解剖麻雀”式的调研中，改善了工作作风，锻炼和提高了工作能力本领。

大力推动发展。聚焦中心工作和行业党建、农村寄递物流体系建设、安全稳定、绿色发展等重点领域，以主题教育为契机，采取切实有效措施，筑牢行业高质量发展基础。推进解决制约行业发展的关键问题，印发文件部署加强国际寄递物流体系建设，推动地方出台专项文件加快推进完善农村寄递物流体系，快递员合法权益保障、行业安全绿色发展、快递物流提质降本增效等方面取得了实效，有力保障广东省在交通强国邮政篇建设中走在前列。

抓实检视整改。发扬“钉钉子精神”，坚持边学边查边改，注重上下联动，梳理推动发展遇到的问题、群众反映强烈的问题等，上下合力抓好两批主题教育 125 个问题清单和 37 个专项整治问题整改。同时，认真开好专题民主生活会，抓好整改落实。严抓干部队伍教育整顿。围绕强化政治忠诚、整顿突出问题、健全严管体系、建设模范机关的目标制定重点任务，压茬推进并主动查找有关问题，由党组成员牵头整改，带动全省系统各级党组织和党员、干部自查自纠，出台《广东省邮政管理系统干部任免有关事项备案规定》，进一步完善管理监督干部制度体系，推动成果转化。广东省系统第一、二批主题教育工作均在国家邮政局有关会议上作了交流。

行业发展改革工作取得积极成效。强化政策引导。印发《推进落实交通强国邮政篇广东任务实施方案（2023 －2027 年）》，组织开展交通强国邮政专项试点，“广东邮政跨境电商仓储物流中心”作为广东省“交通与旅游等产业融合发展”交通强国建设试点子项目，获交通运输部验收通过，评定等级为优秀。推动农村寄递物流体系建设等纳入省委“百县千镇万村高质量发展工程”重点任务，行业生态环保、冷链寄递发展等工作获多部门协同支持。阳江市政府印发《阳江市促进邮政快递业高质量发展实施方案》；河源市政府印发《河源市综合立体交通网规划》，推动构建便捷普惠的邮政快递网；汕尾市委办公室印发《关于全面推进新一轮深汕对口合作的工作方案》，推动在物流快递等方面实现汕尾与深圳协同发展。中国快递示范城市创建工作会议在佛山召开，佛山、中山成功获评中国快递示范城市，广州、揭阳通过复评。推动行业减税降费政策“应享尽享”，全省邮政业获减免税费达4.39亿元。

强化基础支撑。开展“十四五”规划中期评估，协调推进重大项目建设，全省新建投产重点转运中心7个，总投资超过22亿元，华南邮政航空枢纽中心、顺丰华南（广州）航空快件转运中心等标志性项目落成投产，粤西（湛江）邮件处理中心开工建设。推进多式联运发展，揭阳—深圳高铁货运（快递）专列开通，深圳探索地铁运快件。落实全国邮政行业科技工作会议精神，加快推进科技创新应用，发展智慧物流，无人车、无人机在行业的应用场景进一步丰富。全省邮政业现有自动化分拣设备767套，智能快件箱投放超6.4万组。印发《2023年广东省邮政行业生态环境保护工作实施方案》，持续加强行业绿色治理，大力推进落实行业绿色发展“9218”工程，稳妥实施可循环快递包装规模化应用试点，办理生态环保类案件24件，佛山局还推动发布实施《快递网点绿色运营指南》地方标准。全省电商快件不再二次包装率97%，使用可循环包装的邮件快件2.5亿件，回收复用瓦楞纸箱1.3亿个。

强化服务提升。扎实做好行业保通保畅工作，2023年初，广东省邮政管理局全面落实新冠病毒感染“乙类乙管”政策，及时调整行业有关疫情防控措施，保障广州、深圳等重点地区寄递服务畅通，特别是2023年春节期间，多个市局积极争取地方政府支持，按人按天为坚守岗位的一线快递员发放稳岗补贴等累计4000余万元，有效保障寄递服务不中断，全力满足生产生活和医疗物资寄递需求。推进电商快递融合发展，联合办好网上年货节，做好快递业务旺季服务保障，“双11”当天全省揽投快递包裹达2.05亿件，再创历史新高。做好消费者申诉处理工作，有效申诉率在百万分之0.19以下。办好更贴近民生七件实事，增强人民群众用邮获得感。

行业畅通循环能力建设取得积极成效。加快农村寄递物流体系建设。会同商务等部门印发《广东省完善农村物流网络体系2023年工作要点》，安排专项资金875万元用于农村地区邮政快递基础设施建设和改造提升，全省邮件100%投递到村，建制村邮快合作覆盖率达100%。联合省交通运输厅完善“客货邮”融合发展制度机制，全省累计打造交邮站点1007个、开通交邮合作线路226条，覆盖207个乡镇、801个建制村，有效提升农村寄递协同发展水平。梅州市大埔县“电商物流+农村客货同载”、韶关市翁源县“搭建三级物流体系、力助农品进城”成功创建全国第四批农村物流服务品牌。巩固培育茂名荔枝、湛江菠萝等8个年业务量超千万件的快递服务现代农业金牌项目。

加快产业链供应链服务能力建设。会同工信部门推动落实快递与制造业融合发展“5312”工程，培育仓配一体、全流程供应链等融合发展模式，培育年收入超5000万元的快递服务先进制造业项目7个，超千万元的44个，支撑制造业年产值超千亿元。东莞顺丰服务OPPO、中山顺丰服务霞湖世家服饰、广州天运服务松下电器等3个融合发展项目获评全国第一批快递业与制造业融合发展典型项目。推动行业与预制菜产业开展全链条合作，加快推进行业冷链基础设施建设，全省主要寄递企业建设冷链转运中心4个、冷链仓9个，投入冷链车辆113辆。

加快推进国际寄递物流体系建设。完善跨境寄递基础设施，推动广州—深圳打造成为全球性国际邮政快递枢纽集群。支持企业加强海外仓建设，全省快递企业海外仓面积累计达220万平方米。联合广州海关落实促进邮政业发展合作备忘录，研究制定《进境邮件税款征收联系配合管理办法》，提升跨境寄递网络安全性、便捷性、稳定性、通达性。全年国际港澳台快递业务量完成14.6亿件，同比增长28.6%，占全国47%。广东省邮政管理局还按照国家邮政局部署，深化国际港澳台交流合作，承办香港邮政湾区学习代表团在粤考察活动，参加第五届内地与港澳邮政高峰会，促进三地加强合作，推动建设与国际一流湾区和世界级城市群相匹配的寄递服务体系。

行业治理效能建设取得积极成效。提高依法行政水平。配合开展《中华人民共和国邮政法》修法调研，推动《广州市快递条例》出台，破解行业发展难题。强化行业法律法规和标准宣贯，举办全省系统法治培训和民法典培训，增强干部法治意识。阳江局“一路邮法 安全随行”普法项目获评省优秀普法项目。做好重大事项和规范性文件合法性审查、公平竞争审查、政府信息公开等工作。开展邮政行政执法规范性测评分析，建立执法委托管理制度。办理行政复议案件34件、行政诉讼案件23起，广东省邮政管理局已办结的16起行政诉讼案件均获法院支持胜诉。加强统计监测和数据分析，召开行业运行调度会，推动重点任务落地。积极推进邮政领域财政事权和支出责任划分改革政策落地，争取地方各类资金超6000万元，推进县级邮政管理责任落实，韶关、梅州、惠州等市局依托地方政府部门力量，实现县级寄递渠道安全监管机制全覆盖。广东省邮政管理局办理5件人大代表建议和4件政协委员提案，促进行业管理工作质效提升。

切实维护快递员群体合法权益。推动落实《广东省保障快递员群体合法权益若干措施》，深圳市政府办公厅印发《深圳市新就业形态劳动者综合保障实施方案》，全面构建快递员等新就业形态劳动者综合保障体系；经梅州市政府同意，梅州局联合8部门印发《梅州市保障快递员群体合法权益十条措施》。推动《快递从业人员劳动合同（示范文本）》落地，广东省邮政管理局指导顺丰速运与员工签订集体劳动合同，汕头局组织22家快递企业2429名从业人员签署《汕头市快递行业集体合同》。推进基层快递网点优先参加工伤保险工作，参保率达97.72%。推广《快递企业末端派费核算指引（试行）》，完成末端派费复核。推进“暖蜂驿站”建设，广东省邮政业16家“暖蜂驿站”获评全国最美驿站。开展“暖蜂行动”和快递从业青年服务月活动，慰问百余场次，为快递员免费体检和义诊9000余人次。暑假期间，多地组织行业职工子女参加夏令营活动，让快递员既安心又暖心。

平安寄递建设取得积极成效。夯实安全基础。推动落实最高检“七号检察建议”，省级加强邮件快件寄递安全管理工作联席会议成员增加网信、检察、应急管理等部门。协同12部门出台《关于进一步加强广东省邮件快件寄递安全管理的若干措施》，完善行业安全联合监管机制。印发部门安全生产权力和责任清单。组织主要品牌寄递企业签订安全生产责任状，压实企业主体责任。组织观看安全生产警示教育片，结合“安全生产月”开展安全生产和应急管理宣传培训，推动牢固树立安全发展理念。国家邮政局邮政业安全中心安全教育培训广州基地依托广东邮电职业技术学院设立，并举办3期邮件快件安检员培训班。

做实安全管理。联合省消防救援总队进一步加强行业消防安全工作，突出开展消防安全风险隐患排查，肇庆局联合市消防救援支队开展行业消防安全标准化示范点创建，潮州局联合市消防救援支队召开行业消防安全工作会议暨集中约谈会，珠海、清远、云浮等市局开展消防安全应急演练。严格落实寄递安全“三项制度”，做好全国两会、杭州亚运会等期间寄递安全服务保障工作。与省委政法委开展寄递安全调研，组织公安、交通运输、市场监管等部门座谈交流，推动形成网售管制刀具等禁寄物品全链条监管格局。与省委网信办强化工作协同，制定数据安全及个人信息保护检查工作方案，组织对14家主要品牌快递企业开展数据安全漏洞排查，并督促企业整改。推广实施《快递电子运单》国家标准，隐私运单使用率超

2/3。配合中央网信办、国家邮政局组织对寄递信息汇聚平台开展专项调研，研判化解寄递信息安全风险。加强绿盾工程和省级信息化平台系统应用，推动安全生产治理模式向事前预防转型，提高突发事件应对处置效能。妥善应对“苏拉”“海葵”等强台风恶劣天气和清远等地暴雨洪涝灾害，及时稳妥处置深圳极兔收购丰网等事件，做好涉稳涉访风险防控。全省邮政行业未发生安全生产亡人责任事故和重大信息安全事件。

全面从严治党取得积极成效。压紧压实管党治党政治责任。坚持党组会第一议题和理论学习中心组学习制度，深入学习贯彻习近平总书记重要讲话和重要指示批示精神。贯彻落实党的二十大、二十届中央纪委二次全会和全国邮政管理系统党风廉政建设工作会议精神，加强党建和党风廉政建设工作研究部署。印发全省系统党建工作、党风廉政建设工作要点，推动工作按计划有力有序落实。建强“领头雁”队伍，推进机关“四强”党支部建设。持续加强快递行业党建，东莞、中山、阳江、佛山、江门、韶关、茂名等市快递行业党委先后揭牌，全省已成立省级快递行业党委 1 个、市级行业党委 20 个、区级行业党委 1 个，党的组织覆盖和工作覆盖进一步扩大。落实驻镇帮扶政治责任，推动信宜市北界镇乡村振兴驻镇帮镇扶村工作取得实效。

持续加强干部队伍和行业人才队伍建设。贯彻党政领导干部选拔任用工作条例，落实好干部标准，持续优化领导干部队伍结构。加强干部教育培训、管理考核和关心关爱，组织处级以上领导干部参加各级学习贯彻党的二十大精神专题培训班，开展领导干部个人有关事项报告工作。按照国家邮政局统一部署，推动规范地市局津补贴工作取得实效。完成考试录用公务员工作，指导制定《广东省邮政业安全中心管理岗位竞聘和技术岗位晋级管理办法》，加强直属事业单位干部管理。推动完善退休人员服务和管理工作，召开退休干部慰问座谈会。加强行业人才培养，《广东省职业技能培训补贴管理办法》明确规定对邮政快递从业人员职业培训按技能等级发放补贴，联合省人社厅发文，进一步推进全省邮政快递职业技能提升工程实施，完成职业技能培训 7.15 万人次，590 人通过职称评审，联合省人社厅、总工会高质量举办全省邮政业职业技能竞赛，并在全国邮政行业职业技能竞赛中取得佳绩。

持续加强党风廉政建设。强化政治监督，加强对习近平总书记重要指示批示精神和党中央重大决策部署落实情况监督检查。严格落实中央八项规定及其实施细则精神，紧盯重要节假日，坚决防止“四风”反弹回潮。突出整治形式主义，重点从严控制重复多头要数据报情况，编制广东省邮政管理局发文、会议和督检考计划，加强统筹，切实为基层减负。开展财会监督专项行动，建立健全防治“小金库”长效机制。开展快递协会脱钩工作“回头看”和对外委托项目专项清理。加强对“一把手”和领导班子监督，扎实做好内部审计监督。连年开展纪律教育学习月活动。开展纪检干部队伍教育整顿，举办纪检干部培训，努力打造一支忠诚干净担当、敢于善于斗争的纪检铁军。

持续深化精神文明建设。坚持党管宣传、党管意识形态，修订印发新闻宣传工作考核细则，加强行业新闻宣传力度，《人民日报》等中央媒体，以及《南方日报》、广东电视台等地方主流媒体和行业媒体持续关注报道广东省邮政业发展成效，特别是行业非公党建、快递进村服务现代农业、快递进厂服务先进制造业、行业科技创新应用成果等，广东省邮政管理局连年获评行业新闻宣传通联工作先进集体。深化行业精神文明建设，省邮政业安全中心荣获省直机关文明单位称号，行业 3 名个人、2 个团队入围第五届“最美快递员”全国 50 强，5 个集体、11 名个人分获国家、省级“五一”“五四”表彰。做好工会、共青团代表等的推荐工作，6 人入选中国工会十八大代表、1 人入选共青团十九大代表。

三、快递市场存在的突出问题

行业发展不平衡不充分问题依然存在，农村寄递服务水平有待提升，国际供应链物流保障能力不足，推进高质量发展仍然任务艰巨；行业制度体系还需要进一步完善，信息化监管和信用监管还有待加强，品牌快递企业区域总部统一管理责任落实还不到位，市场化、法治化、国际化的一流营商环境尚未完全形成；安全和应急管理基础比较薄弱，特别是广东地处两个前沿、面对内外部"三重压力"，既得发展先机，安全风险也首当其冲，传统安全和非传统安全要素相互交织，平安寄递建设任务艰巨，同时影响末端网络稳定和快递员群体合法权益问题仍然存在；系统党的建设还有不足之处，整治形式主义为基层减负还需久久为功。

广西壮族自治区快递市场发展及管理情况

一、快递市场总体发展情况

2023 年，广西壮族自治区邮政行业寄递业务量完成 18.3 亿件，同比增长 16.8%；业务收入（不包括邮政储蓄银行直接营业收入）累计完成 196.5 亿元，同比增长 11.7%。其中，快递业务量（不包含邮政公司包裹业务）完成 13.0 亿件，同比增长 23.3%；快递业务收入完成 130.9 亿元，同比增长 12.0%（表 7-20）。

表 7-20　2023 年广西壮族自治区快递服务企业发展情况

指标	单位	2023 年		比上年同期增长（%）		占全部比例（%）	
		累计	12 月	累计	12 月	累计	12 月
快递业务量	万件	129972.51	13777.48	23.25	29.04	100.00	100.00
同城	万件	17082.00	1759.82	3.60	9.23	13.14	12.77
异地	万件	110737.44	11581.17	24.54	27.79	85.20	84.06
国际及港澳台	万件	2153.08	436.49	4695.14	13842.67	1.66	3.17
快递业务收入	亿元	130.89	13.01	11.97	13.54	100.00	100.00
同城	亿元	10.89	1.04	-0.73	-5.05	8.32	7.97
异地	亿元	65.20	6.41	16.45	13.75	49.82	49.28
国际及港澳台	亿元	3.20	0.55	131.98	500.07	2.45	4.24
其他	亿元	51.59	5.01	6.26	8.02	39.41	38.51
快递业务投递量	万件	313452.41	31759.19	12.22	17.08	100.00	100.00

二、行业管理工作及主要成效

推进主题教育走深走实，"四个以学"见实效。把主题教育作为首要政治任务，聚焦"学思想、强党性、重实践、建新功"总要求。以学铸魂，强化理论武装。认真制定执行学习计划，精心举办读书班，围绕规定书目静下心读原著、学原文、悟原理。通过班子成员讲党课、中心组学习、专题辅导会、"三会一课"、主题党日、交流研讨、参观红色教育基地等形式拓展学习深度广度，举办为期 10 天的年轻干部理想信念培训班。党员干部进一步增强了坚定拥护"两个确立"，坚决做到"两个维护"的思想自觉、政治自觉、行动自觉和对习近平新时代中国特色社会主义思想的政治认同、思想认同、理论认同、情感认同。二以学增智，大兴调查研究。召开调研选题会、开题会，加强课题统筹把关，聚焦行业发展新定位、管理新问题深入一线察实情、谋实招，形成高质量调研报告 46 篇，举办 3 场成果交流会。工作思路进一步厘清,抓手进一步明确,梳理一批典型经验、典型案例,多项成果转化得到国家邮政局、自治区领导批示肯定。

以学正风,将问题检视整改贯穿始终。梳理调研发现问题、发展堵点问题和群众反映强烈问题,全面检视自身履职短板,制定整改措施214条。第一批主题教育检视问题已全部销号,第二批正在稳步推进。严抓干部队伍、纪检干部队伍教育整顿,营造良好政治生态。以学促干,全年任务圆满完成。紧紧围绕贯彻落实习近平总书记重要指示批示精神建立年度重大任务和重点工作“两张清单”,组建4个重点工作专班,配套领导牵头、定期调度、调查研究、比学通报、考核单列5项抓落实机制,推动责任压力传导到位。圆满完成全年目标任务,服务实体经济降本增效、助力乡村振兴、跨境业务纳统、市级安全中心建设、县级邮政管理责任落实、末端违规收费治理、争取地方支持等方面取得重要突破,工作合力、助力进一步汇聚。

系统行业党的全面领导更加坚强有力。严肃认真抓好巡视整改。坚决扛起政治责任,配合保障国家邮政局党组对广西巡视和干部离任审计有序推进。建立问题台账,明确任务措施,落实责任分工,定期调度督导,逐一动态销号。189项整改措施已完成86%,深化政治机关建设。修订党组工作规则,优化决策机制。开展“四强”党支部创建,组织生活更加规范。柳州、梧州、玉林、来宾、崇左局支部获评先进党组织。开展“主题实践教育月”“学雷锋志愿服务”“全体党员上讲台”等活动,2名党员获自治区表彰。抓实行业党建。推进行业基层党组织建设,新成立党支部5个,市级行业党委全覆盖。积极推进“党建+”创新,钦州局与平陆运河建设单位开展党建共建,推动解决沿线项目部和产业工人用快递难问题。玉林、贺州等局引导快递员参与社区治理,发挥职业优势做好党的“民情前哨”和“宣传喇叭”。

践行新时代党的组织路线。坚持正确选人用人导向,提拔局管干部4人,晋升职级10人,补充公务员3人,市局领导仅缺配1名,公务员到位率98.01%。推进干部交流,改善队伍结构,开展年轻干部无任用推荐,通过跟班、挂职等方式加强干部培养,选派14人到国家邮政局、广西壮族自治区邮政管理局跟班学习,选送20人参加地方培训。开展重大专项工作及时奖励。用心用情做好老干部工作。持之以恒正风肃纪。认真贯彻落实中央八项规定精神,持续纠治“四风”树新风。加强党风廉政建设,关键节点及时做好廉政提醒,加强对党员干部特别是“一把手”的监督,制定完善请假报备制度、“八小时外”行为准则,开展“廉政家访”。做好领导干部个人有关事项报告和抽查。完成全系统津补贴规范工作。抓好行业精神文明建设。加强先进典型选树宣传,4个集体获全国邮政快递业青年安全生产示范岗,2人获全国荣誉,1人获省级荣誉,成立全国最美快递员“朱有敏工作组”。注重讲好行业故事,行业关注度进一步提升,《广西新闻》头条、《广西日报》头版及《人民日报》关注行业发展,快递进村、出海专题片在广西卫视播出,新华社等15家主流媒体采访东兴“快递+跨境电商”成效。

立足发展新定位,积极服务融入广西发展大局。营造良好发展环境。主动对接西部陆海新通道、平陆运河经济带、边境产业合作等战略规划,多个行业发展目标纳入地方重大任务和协作机制高位推进。区域性国际寄递枢纽建设、农村快递物流体系建设、快递员权益保障等列入区政府工作报告,快递收投量纳入全区经济运行先行指标。出台深化交通运输与邮政快递业立体融合发展指导意见等7份政策文件。与南宁、来宾、崇左市举办快递服务实体经济供需对接活动。6个地市出台促进邮政快递业高质量发展实施方案或责任清单。

面向东盟的区域性国际寄递物流枢纽建设进展明显。推动落实国家邮政局和广西战略协议,新投产运营省际分拨中心6个,总数达24个,邮件快件日处理能力从2000万件提升至3000万件，省际直达陆运路由覆盖全国95%的人口和GDP，面向东盟的枢纽作用进一步凸显。通道建设稳步推进，形成以南宁为中心，多口岸通道的“1+N”跨境寄递模式。参与制定广西货运航空政策，行业在南宁开通国际货运航线10条，占南宁机场国际货物航线66%。协调解决邮政车辆口岸备案难问题，破解难点堵点实现圆通国际在桂业务纳统，全区跨境寄递业务量2100多万件，增速全国第1、总量全国第9。

“快递进村”有力服务乡村振兴。积极参与广西统筹农村物流高质量发展行动，依托厅际联席机制为村级寄递物流综合服务站、农村物流高质量发展标准县制定标准规范，推动地方落实末端基础设施建设责任，纳入乡村振兴考核。联合多部门建设农村电商快递协同发展示范区。推进邮政快递与交通、农业、电商、供销等领域末端资源整合。农村快件揽收9031万件，同比增长25.16%，投递5.3亿件，同比增长9.28%。崇左局推动地方出台末端网点建设方案，北海局联合供销社共建三级物流体系示范县，贵港、防城港实现全市多个快递品牌入村服务。做好定点帮扶工作，协调设立村级快递服务站，争取资金支持帮扶村发展特色项目，解决帮扶对象实际问题6个。助力“桂字号”农特产畅销上行。依托厅际联席办组织寄递物流服务农业金银铜牌项目创建活动，扩大示范引领效应。寄递农特产品近3亿件，带动产值超210亿。年内沃柑寄递3000多万件，芒果3700万件，海鸭蛋1800多万件，月柿及其制品1000多万件。荔枝、海鲜等高价值产品通过冷链快递实现重要流向城市当日达或次日达。

快递服务制造业见成效。推动快递业融入制造业产业链供应链，助力降本增效。联合工信厅出台促进快递业与制造业融合发展方案，组织快递企业、制造企业及多地政府召开推进会，搭建供需对接平台，共建两业融合发展项目库、示范区，入库项目29个。螺蛳粉连续3年寄递超亿件，服饰3600多万件，纸制品1400多万件。木制品、工艺品、香料、小家电等产业寄递规模大幅增长。落实绿色发展“9218”工程。快递业纳入全区商品过度包装治理范畴，包装回收项目纳入财税支持对象。全区电商快件不再二次包装率95%，回收复用瓦楞纸箱2660万个，超额完成任务指标。行业塑料污染治理成效获国家发展改革委通报肯定。

筑牢责任链条，保障行业安全平稳运行。抓实统一管理责任。推动监管重心从“管具体行为”向“管企业责任”转变，聚焦责任清单、责任考核、责任追究、责任帮扶4个着力点，配套建立制度、评价评估、执法、培训4个体系，打造环环相扣责任链条，定期通报企业统一管理责任落实情况、听取年度述责，查处相关违法违规案件43起。落实安全生产责任制。制定实施领导干部安全生产责任、企业问题隐患和制度措施“两个清单”。推进企业安全生产管理体系建设，对10个主要品牌安全能力进行评估“体检”，摸清安全底数，提出指导意见，建立安全管理“一企一档”。开展专家现场服务活动，加强薄弱企业指导帮扶。组织《生命重于泰山》专题片、安全生产十五条硬措施和广西二十条细化措施“三个再学习”。组织系列隐患排查治理专项行动。做好安全监测和应急管理。加强安全宣传教育，制作发布系列宣传视频，发放海报2万份。

深入开展平安寄递专项行动。协调成立自治区17个部门组成的专项行动专班、13个部门组成的寄递安全管理领导小组，加强执法监督、教育培训、信息线索通报等方面协作，推进综合治理。开展实物寄递暗访测试，及时整改漏洞隐患。整治收寄信息异常问题，提升实名收寄制度刚性。建立平安员、国家安全联络员队伍，强化政企安防协同。推广智能安检设备，提升安防技术水平。圆满完成全国两会、中国—东盟“两会”、杭州亚运会等重大寄递安保任务。推进安全监管信息化。视频联网系统新增204个点位1575个摄像头，在线率超80%，全区日处理5000件以上分拨处理场所监控接入全覆盖。建设应急指挥和智能监测平台,提升政企指挥调度和日常联动效能,开发行业教育培训系统,4.3万名从业人员纳入培训。加强网络和信息安全管理。推进网络安全等级保护及安全体系建设,完善网络与信息安全应急预案体系,常态化开展网络安全防护巡察,顺利通过自治区年度网络安全攻防演练。

加强治理能力建设,进一步规范市场秩序。 依法做好行政审批。全面铺开许可电子证照申领,平均审批时限12.2天,开展许可合规集中治理。有效遏制末端违规收费问题。系统治理,疏堵结合,持续开展明察暗访,加大通报、约谈力度,向5个问题突出品牌全国总部发出监管函。督导各品牌区内总部以建制村为单位按季度公示服务范围、资费标准,抓好快递服务标准宣贯。南宁、百色等局建立举报机制,广泛发动群众参与监督。实行初犯处罚、屡犯停业、追究统一管理责任、注销许可证"四步监管法",推进全链条治理,查处相关违法案件147起,向有关部门移送线索189条。形成北海涠洲岛全岛免费投递、河池坡月村全品牌驻村、南宁马山周鹿镇快商结合规范投递等善治善管案例。扎实做好快递员权益保障。基层网点快递员参加工伤险比率超95%。桂林、柳州、贺州、贵港、来宾等市推广劳动合同集体协商机制。组织快递员参加职业技能培训6631人次,获等级证书2284人,组织全区职业技能竞赛,2人在全国赛获奖,广西壮族自治区邮政管理局获团体奖,为历年来最好成绩。中国－东盟邮政快递职业教育集团挂牌成立。开展"快递青年服务月""夏日送清凉"等系列慰问活动。

维护消费者合法权益。处理消费申诉6554件,为消费者挽回经济损失194万元,部门申诉处理满意率99.8%。升级12305服务热线,接通率提升至98%。加强自身能力建设。推进邮政领域地方财政事权和支出责任落实,联合交通运输厅出台推动落实县级邮政管理责任指导意见,争取区政府办公厅下文督促落实。防城港市邮政业安全中心挂牌成立,北海、玉林、柳州、贵港、来宾等市组建工作取得突破。推进法治邮政建设,开展"一把手"述法活动,完成"八五"普法中期评估,做好行政复议、诉讼应诉等工作。开展行政执法案卷评查,提升队伍执法能力。加强行业统计和运行分析,做好"十四五"规划中期评估。

三、快递市场存在的突出问题

在发展质效方面,末端服务质量不高、体验差,发展水平不均衡等问题仍然存在,高端功能不足、产业支撑引领作用不充分问题比较突出。在治理能力方面,队伍执法水平、监督管理闭环意识还有待提高。在防范化解重大风险方面,行业安全和应急管理基础薄弱,快递员合法权益保障不到位,影响网络稳定运行事件仍时有发生。在加强党的全面领导方面,系统行业党建工作与先进省份比还有差距,缺乏党建品牌引领。

海南省快递市场发展及管理情况

一、快递市场总体发展情况

2023年,海南省邮政行业寄递业务量完成3.9亿件,同比增长16.3%;业务收入(不包括邮政储蓄银行直接营业收入)累计完成52.4亿元,同比增长19.8%。其中,快递业务量(不包含邮政公司包裹业务)完成2.1亿件,同比增长29.4%;快递业务收入完成37.6亿元,同比增长25.4%(表7-21)。

表 7-21　2023 年海南省快递服务企业发展情况

指标	单位	2023 年		比上年同期增长(%)		占全部比例(%)	
		累计	12 月	累计	12 月	累计	12 月
快递业务量	万件	21434.85	1891.43	29.43	14.34	100.00	100.00
同城	万件	2191.48	221.41	18.68	11.88	10.22	11.71
异地	万件	19237.01	1669.55	30.77	14.68	89.75	88.27
国际及港澳台	万件	6.36	0.46	51.05	20.28	0.03	0.02
快递业务收入	亿元	37.55	3.43	25.35	11.32	100.00	100.00
同城	亿元	1.85	0.17	5.81	-6.66	4.93	4.98
异地	亿元	22.26	1.81	28.42	6.73	59.29	52.73
国际及港澳台	亿元	0.12	0.01	25.66	148.39	0.31	0.34
其他	亿元	13.32	1.44	23.58	20.01	35.47	41.95
快递业务投递量	万件	84007.77	9184.01	20.47	16.42	100.00	100.00

二、行业管理工作及主要成效

坚持从严从实,高质有序开展主题教育。海南省邮政管理局党组始终把抓好主题教育作为首要政治任务,牢牢把握“学思想、强党性、重实践、建新功”总要求,统筹落实“一部署一督导一沟通”等“21 个一”一体推进理论学习、调查研究、推动发展、检视整改和建章立制,每月听取汇报、研究部署、检查督导,召开党组会、小组会、部署会、推进会 20 余次,班子成员分别带队督导市地局党组织主题教育动员部署会和开展情况全覆盖,高标准高质量推动主题教育走深走实。强化理论学习武装。始终把加强理论学习作为首要任务,认真学习习近平新时代中国特色社会主义思想和贯穿其中的立场、观点、方法。海南省邮政管理局党组坚持先学一步、深学一层,开展中心组学习 15 次、集中学习超 10 天。局主要负责同志围绕学习贯彻习近平总书记关于办公室工作的重要讲话,以“悟透原理 守正创新 细照笃行”为主题,为全省系统党员干部讲授第二批主题教育专题党课,局党组成员累计讲党课 9 次。将主题教育读书班、党的二十大精神培训班、领导干部任职示范班“三班融合”举办,每月开展警示教育、参观红色基地,每季度组织青年干部专题交流。5 个市地局均举办读书班 7 天,共组织学习研讨 27 场、班子成员讲党课 20 次。全省系统党员干部强化了对习近平新时代中国特色社会主义思想的政治认同、思想认同、理论认同、情感认同。深入开展调查研究。认真贯彻落实“四下基层”要求,聚焦快递进村、“绿盾”工程应用、自贸港建设涉邮任务等明确 36 项重点调研课题,全省系统深入乡镇邮政局所、快递末端网点、村级寄递物流综合服务站等基层一线开展现场调研超 80 次,组织“青年干部下基层”“体验当分拣员”等调研实践,形成调研报告 30 余篇。全省系统党员干部更进一步学习掌握了“解剖麻雀”式开展调研的工作方法,工作作风有了新的改善,工作本领得到锻炼提高。聚力推动行业发展。将主题教育与行业高质量发展高效能治理相结合,以强化理论学习指导发展实践,以深化调查研究推动解决发展难题,扎实推进农村寄递物流体系建设、持续提升城乡邮政快递服务质量、不断推动行业绿色低碳发展、积极沟通地方财政事权和支出责任履行、着力强化安全监管和自贸港建设涉邮风险防控等,推动行业发展态势持续高位运行、稳中向好。全面检视整改整治。集中发力抓好上下联动问题清单整改整治,深挖典型案例进行剖析,严抓干部队伍教育整顿,进一步纯洁了思想和组织。海南省邮政管理局党组层面班子成员牵头整改整治问题 4 个,台账化清单式完成销号整改,建章立制出台通知 16 项,国家邮政局党组巡回指导组评估后给予高度评价。地市局层面班子成员综合形成检视问题 15 个、专项整治 5 个、正反面案例 10 个,开门整改、定期销号。同时会同推动非公快递企业党组织开展主题教育。

突出政治引领,坚定不移全面从严治党。全面加强党的建设。坚持政治机关定位,落实意识形态、网络管理责任,落实“第一议题”制度,用习近平新时代中国特色社会主义思想凝心铸魂,把党的领导贯穿于全省行业改革发展稳定和邮政管理工作的全过程各方面。召开“回顾新时代奋斗历程 坚定做好自己的事”“以严实硬作风提升监管质效推进高质量发展”等交流会,开展党组织书记抓党建述职评议和党建工作互查互评考核,提炼“五点”工作法推动模范机关创建和“一支部一品牌”建设,荣获省直机关“争创模范机关示范点”,新增东部局并已累计 4 个单位获评省直机关“文明单位示范点”,连续 2 年获评省直机关年度党建考评“优秀”等次、党建信息报送先进单位。持之以恒正风肃纪。召开党建暨党风廉政工作会议,认真落实“三会一课”、民主生活会、党员领导干部参加双重组织生活等制度,修订局党组工作规则、局工作规则和巡察组工作规定等,制定巡察工作五年规划,持续抓好巡视巡察问题整改。多种形式组织开展警示教育 17 次,集中观看《镜鉴Ⅵ》等警示片,编制正反面典型案例警示汇编,组织到海瑞廉洁文化基地、琼崖红军改编旧址和冯白驹故居等红色基地接受廉洁、革命教育,局主要负责同志购赠《给年轻干部的 21 封信》等廉洁教育书籍,全省系统处级、新任职干部和驻村干部廉政谈话全覆盖,督促党员干部知敬畏、存戒惧、守底线。驰而不息纠“四风”树新风,修订贯彻落实中央八项规定精神实施细则,组织规范市地局津贴补贴、政府购买服务等专项治理。扎实开展纪检干部队伍教育整顿,一体推进“三不腐”。将海南省邮政管理局“纪检监察室”更名为“纪检办公室”,同时规范市地局纪检机构设置。锻造过硬干部队伍。坚持党管干部,始终把政治标准放在首位,加强统筹谋划分析,组织干部选任、晋升、交流等超 40 人次,有序做好公务员招录,全省系统编配率提高至 97%,市地局班子均配齐。制修订领导班子和领导干部考核办法、领导干部易地交流任职管理办法等,加强对“一把手”和领导班子的监督,强化考核运用,开展干部思想状况分析研判,落实选人用人“一报告两评议”和领导干部个人有关事项报告。用心尽力关心关爱干部,完成 2014 年以来养老待遇清算,补发 2022 年以来海南自贸港津贴、艰边补贴,连续第 4 年争取省级财政经费发放地方绩效、高温津贴等,持续解决全省系统干部属地待遇差距问题。举办综合业务、政策法规、行业监管等全省系统培训班 10 多期,促进干部能力提升。选派轮换驻村干部 1 名,年初获评定点帮扶考核“好”等次,驻村干部同时获考核“优秀”等次、海南省乡村振兴工作队先进个人。抓好精神文明建设。坚持党建带群建,开展“社会主义核心价值观主题实践教育月”和学雷锋系列活动,组织全省系统春节、五四等全民健身活动,连续第 4 次获评省直机关全民健身活动“优秀”。加强行业典型选树引领,海口邮政分公司滨江揽投部、顺丰三亚迎宾分公司获评 2023 年度全国行业青年安全生产示范岗,白沙邮政分公司七坊支局被授予 2023 年海南省“工人先锋号”荣誉称号,行业 2 人荣获海南省工会先进个人,海口局 1 人荣获省直机关摄影一等奖,东部局制作微视频获全国邮政快递业青年职工微视频征集大赛三等奖。

强化政策供给,持续优化行业发展环境。政策保障持续拓展。推动农村寄递物流体系建设、快递绿色包装应用等多项涉邮重点工作纳入省委 1 号文件、省政府工作报告、省碳达峰工作要点、现代物流业行动计划等海南省 20 余项省级政策文件,多维度完善行业高质量发展政策体系。落实交通强国战略,申报三亚局关于村级寄递物流综合服务站试点作为交通强国邮政专项试点任务。

有序推进“十四五”规划实施和中期评估等工作。争取红利助企纾困。持续推进《海南省促进经济高质量发展若干财政措施》涉邮政策效应释放，指导15家次企业获推进快递进村、绿色包装、购置智能设备等资金补贴近630万元。接续推进助企纾困、减税降费等政策措施落实，指导邮政、顺丰申领航空货运补贴1141万元，11家企业获县域商业建设行动扶持资金1037万元，并助企享受减税降费1839万元，同时争取将行业企业购买使用新能源车辆继续纳入省级财政补贴，等等。深化升级便民寄递。实施快递服务质量提升工程，新增347组智能快件箱，京东等优化仓配一体化供应链，为消费者提供次日达、半日达等优质便捷快递服务。由地方政府出资购买邮政便民免费寄递服务被纳入海南加快推进“一件事一次办”实施意见，指导政邮、警邮、税邮、法邮、医邮合作不断深化，累计代办业务量超195万件。主动联合省高院推动在全国率先实现司法专递电子面单全省市县全覆盖试点，并率先在全国完成司法专递面单电子化改革全流程数字化试点，有效助力海南自贸港政务服务“零跑动”。促进优化营商环境。深化“放管服”改革，列入省优化营商环境工作专班、省政府数字化转型工作专班等成员单位，对接省政务服务一体化平台实现许可事项“一网通办”，完成分支机构名录寄递和电子证照签发应用试点工作。强化新业态监管，核准菜鸟乡村、兔喜服务站许可，核准快递许可、变更申请152件。开展“政企面对面 服务心贴心”“厅局长走流程”“我陪群众走流程”等系列活动，相关工作得到省营商环境建设厅、某驻地部队、圆通全国总部等致信感谢，顺丰等送来锦旗表示感谢。

聚焦重点监管，不断提升行业发展质效。压茬推进农村寄递。持续推进农村寄递物流体系建设若干措施落地落实，实施“一村一站”工程，通过定期调度、季度推进、实地调研、政企商榷等方式，综合运用资金奖补、行政约谈、执法检查等手段，推进邮快合作、快快合作、交邮合作等多种模式进村，全省建制村快递服务基本覆盖，“1+4”以上“快递进村”覆盖率超95%，村级快递服务站点覆盖率超95%，具备3个以上服务品牌的村级寄递物流综合服务站覆盖率近50%，建成县级寄递公共配送中心覆盖80%县域。各市地局因地制宜探索进村路径，如西部局推动辖区村邮站叠加综合服务站点优化公益岗、中部局指导邮政等加快推进电子商务进农村三级物流体系建设等。推广“寄递+电商+农特产品+农户”模式，鼓励企业在农产品田头市场建设冷藏仓储等设施，通过引导企业持续运营琼州海峡全货船冷链运输专线、加大冷链车辆投入、新增冷链直发线路、开通水果旺季货运专机等发展“生鲜电商+冷链宅配”寄递服务，融入海南热带农业“产业链”。农村地区快递业务揽收量超2200万件、投递量超1亿件，分别同比增长52%和44%，累计培育收寄量超1000万件的芒果和超100万件的菠萝蜜、富贵竹等快递服务现代农业示范项目9个。扎实推进绿色转型。贯彻落实国家邮政局推动行业绿色低碳发展实施意见等，在落实“9218”工程基础上加压实施“11116”工程，督促主要品牌企业在全国率先推广应用全生物降解包装袋，全省行业规范包装操作、符合标准包装材料、电商件不再二次包装、循环集装袋应用比例均达99%，累计使用可循环快递箱（盒）超400万件次，回收复用瓦楞纸箱超900万个，指导邮政业务应用定制化可循环包装，推动丰巢联合顺丰在海口市约200组智能快递柜试点开通可循环快递包装智能回收功能。推进快递包装标准化、循环化、减量化、无害化，开展2轮快递包装大抽查，组织2次邮政业用品用具抽检。加大过度包装治理力度，三亚局、海口局等累计查处生态环保类案件15起。开展禁塑攻坚固本百日行动，与省生态环境厅等6部门联合印发《海南省快递绿色包装全链条示范工作方案》，指导推动将中科信晖全生物降解包装袋纳入邮政业用品用具合格供应商名录，拓宽绿色包装产品供给。推动行业节能降碳，建成绿色分拨中心7个、绿色网点62个，投入使用新能源车辆超800辆，中通绿色分拨中心使用太阳能发电量超150万千瓦时，邮政在相关市县处理场所启动建设光伏发电设施。生态环保相关工作成效被国家发改委作为全国塑料污染治理典型经验推广，在国家邮政局组织的2022年度行业生态环保评价中再次列全国第一。加强市场监督管理。推进新时代快递业高质量发展，做好更贴近民生八件实事，开展末端服务和市场秩序、电商快件寄递、农村快递服务违规收费等专项整治和快递业务经营许可合规集中治理，在全省乡镇末端网点张贴“服务承诺公告”。中部局、西部局等依法查处服务质量类案件31起。开展提升行政执法质量三年行动，组织4轮跨区域“双随机”联动执法检查，覆盖全省3/4市县。全省累计对邮政、快递企业分别立案查处8起、120起，其中海口局运用反恐法处罚2起。法人企业、分支机构场所代码集中申报完成率100%，获国家邮政局2次通报表扬。持续优化12345、12305热线“7×24小时”服务，累计接转咨询和处理申投诉7.4万件，有效申诉处理满意率超99%。

服务区域战略，积极融入自贸港建设。落实封关涉邮任务。会同推动海南综合型寄递物流监管中心、海口航空邮件快件监管中心、三亚邮件快件跨境电商物流监管中心等3个项目加快建设并已基本完成土建工程。牵头修订完善《海口邮件快件监管中心运行测试方案》，经省领导审签同意已由省政府办公厅报相关部委征求意见。推动邮件快件“二线监管”纳入自贸港“二线口岸”工作布局，制定测试演练细化方案并组织压力测试沙盘演练、桌面推演。国家邮政局将助力海南自贸港建设连续列入2022年度、2023年度重点工作，国家邮政局相关领导同志先后批示指导海南局服务自贸港建设工作21人次，副局长廖进荣同志主持召开会议专题研究海南自贸港封关运作涉邮工作。协调保障省政府应国家邮政局邀请出席第五届中国（杭州）国际快递业大会事宜并作主旨演讲。

推进基础设施建设。引导企业加快建设园区和枢纽设施，圆通海南总部及航空枢纽中心投产运营，中通海南总部及航空枢纽中心、新海陆岛物流园起步区、邮政国际仓储物流中心等项目开工建设，京东儋州智能电商运营中心加快落地。指导邮政投入1578万元对66个邮政普遍服务营业网点进行修缮改造。服务离岛免税购物。引导京东与免税经营主体共建线上线下免税店铺，指导菜鸟等打造一体化进口供应链服务。服务海南离岛免税品寄递。累计收寄各类免税品包裹超1200万件，日均服务购物旅客超3万人次，支撑免税品销售额估值约120亿元，其中离岛免税购物“邮寄送达”包裹367万件、同比增长149%，为助力海南经济社会发展作出了积极贡献。产业协同能力增强。引导“快递进厂”与特产食品、医药、首饰工艺品等加工制造业融合发展，培育业务收入超百万元的快递服务制造业项目11个，带动产值近10亿元。持续推动国际寄递物流体系建设，强化航空寄递运能，指导邮政、顺丰持续运行“海口—南京”等4条国内全货机航线，菜鸟、顺丰、民航持续运行“海口—新加坡—雅加达”“武汉—列日—海口—武汉”等4条国际货运航线，全省国际/港澳台快递业务量同比增长超50%。以全环节走流程方式调研进出境邮件快件作业和监管工作，推动获批同意海口国际邮件互换局叠加交换站功能，协同海关等部门开通海口国际快件进口业务，并推动海口拟列为区域性国际邮政快递枢纽承载城市。

统筹发展安全，保障寄递渠道平稳畅通。夯实安全生产基础。深入开展重大事故隐患专项排查整治2023行动，巩固安全生产专项整治三年行动成效，充分运用视频巡查、“四不两直”等方式狠抓执法检查，集中整治“四不”问题，督导检查主要品牌企业区域总部全覆盖及超70%市县部分末端网点。开展“安全生产月”“禁毒宣传月”等主题活动，深入企业一线开展安全生产宣讲并督促落实安全管理规范化二十条细则等，编制安全生产规范化指引，开展全省邮政快递场所安全生产管理规范化建设。强化平安寄递建设。18部门联合召开动员部署会议、印发工作方案、强化联动共治，协同推进平安寄递专项行动。12部门联合印发进一步加强全省邮件快件寄递安全管理工作实施意见，完善寄递渠道安全联合监管机制。开展寄递安全“三项制度”专项整治，督导企业对重点路向进岛邮件快件二次安检量超2亿件，探索拍照验视，推广隐私运单，持续做好涉枪涉爆、涉毒涉危、房屋消防、信息网络等专项治理工作，西部局、市场处2个集体和海口局、三亚局、市场处3名同志荣获全省禁毒三年大会战先进表彰。推进设立1300余名平安员队伍和“扫黄打非”基层站点建设，“扫黄打非”工作获省委宣传部部长王斌同志2次批示肯定。落实涉邮风险防控。研究印发自贸港涉邮任务和邮件快件风险防控体系建设实施方案等，持续探索推进“六个一”安全监管。开展打击治理离岛免税“套代购”走私“靖海”专项行动，7部门联合印发加强邮件快件走私风险防控工作措施，4部门联合印发加强离岛免税“邮寄送达”寄递企业管理措施。开展反走私宣传月活动，培训企业负责人、安全管理人员超1000人次，制作发放警示横幅、海报等23万份。会同相关部门对全省寄递企业开展集中约谈、联合检查，推动京东、邮政2家企业信息系统经优化基本支撑末端收件人取件验核，探索拟在《海南自由贸易港反走私条例》中增加邮寄送达取件验核要求。全力配合推进海南寄递数据共享，已分16批次向省打私办报送寄递线索近2000条，助推打击“套代购”走私取得阶段实效。推进安全应急保障。强化“绿盾”工程信息系统应用，视频联网项目新增接入分拨中心70个、网点345个，安检机联网项目新增接入安检机11台，实名制监管、视频巡查监管等9个主要系统登录率100%，自寄件数量同比下降约80%，实现有效的远程巡查、动态跟踪、监测预警，“绿盾”工程应用工作获国家邮政局绿盾办简报连续6次表扬肯定。加强应急管理体系和能力建设，稳妥做好防风防汛等工作，圆满完成全国两会、博鳌年会、大运会、亚运会等重大活动及旺季期间寄递安全服务保障。扎实做好疫情转段以来保通保畅工作，全面落实“乙类乙管”要求，春节疫情防控和保通保畅关键期间深入5个市地局辖区，督导企业全力保障生产生活和医疗物资寄递。市场处被评为2023年全国综合运输春运成绩突出集体，寄递安保与应急工作成效获国家邮政局副局长廖进荣3次批示肯定。

深化治理效能，增强监管支撑保障能力。完善监管治理体系。落实财政事权和支出责任，结合省直管市县和系统行业实际，攻坚克难推动省委编委再次批复为省安全中心新增编制15名，以“上统下派”创新模式实现市地局所在地邮政监管机构支撑体系全覆盖，获国家邮政局领导同志赵冲久、刘君、廖进荣等批示肯定。经省委编办同意，与省交通运输厅联合印发《关于进一步推动落实市县邮政管理责任的通知》，持续推动地方邮政管理责任工作，三亚、琼海相关工作取得积极进展。争取地方支持行业监管和发展工作的资金经费超1000万元，其中省级财政安排的管理部门经费460万元，达历史之最。科技赋能强化监管。加快“数字邮政”综合试点建设，主要品牌企业省级处理中心全部投入使用自动化分拣设备和智能安检设备，菜鸟等建成智慧中心仓并投入AGV自动化设备，顺丰、菜鸟、京东等先后投入超20辆无人车常态化运营投递，顺丰配送机器人“小丰”在海南商超/CBD首次投入使用，智能语音申投诉项目投入建设。全国邮政业科技创新工作会议点赞“海南局积极开展数字邮政综合试点，在智能安检、智能视频监控、无人车、无人仓等方面成效明显”。持续落实关心关爱。推动成立省快递行业党委，省委八届三次全会报告中给予肯定，并争取到省委组织部选派1名专职党建指导员常驻，全省快递党支部新增至13个，市县快递行业均签订集体合同并全覆盖成立快递行业工会或联合会，顺丰海垦分公司工会服务站、屯昌快递行业工会联合会服务站获评2023年全国“最美驿站”。持续巩固基层快递网点优先参加工伤保险等工作成果，参保率超95%。联合工会、团委等开展“暖蜂”慰问活动50次，覆盖2600多人次，时任省人大常委会副主任陆志远同志出席海口“会站家”一体化项目揭牌。推进职业技能提升行动融入“技能自贸港”三年行动方案，新增海南职业技术学院获批全国邮政行业人才培养基地。组织职业技能培训约8500人次，选送行业2人分别列入全国行业技术能手、科技英才人选。各市地局均举办辖区市县行业竞赛，海南省邮政管理局举办全省行业职业技能竞赛，并选派选手参加全国行业大赛荣获三等奖、实现获奖历史“零突破”。不断夯实基础管理。推进预算绩效管理，开展财会监督专项检查，强化非中央财政资金和非税收入规范管理等。推进法治政府、法治邮政建设，开展主要负责人年度述法，组织“八五”普法和“宪法宣传周”“世界邮政日”等系列宣传活动。强化统计和标准工作，在国家邮政局统计工作考核中排名全国前列，海口局典型直报工作获国家邮政局通报表扬。按照“一季度一主题”开展基础管理工作自查自纠，研究制定年度工作要点责任目标分解并完善“季通报年考核”督查督办机制，值班值守工作被国家邮政局通报表扬3次，加强国家安全人民防线建设，推进做好统战、保密、信访、提案、档案、老干部等工作。

三、快递市场存在的突出问题

在发展质效方面，行业发展服务质量的宏观数据与人民群众微观感受的差异问题尚待破解，发展不平衡不充分的问题依然存在，农村地区网络覆盖和服务水平有待提升，服务产业链供应链能力仍需提高。在风险防控方面，稳固持续发展态势任务和海南自贸港建设涉邮风险防控压力、交通强国邮政专项试点和海南自贸港建设涉邮工作共同推进落地、国际国内本省形势和社会行业系统需求叠加等多重压力与挑战，推进做好行业风险防控工作需要进一步深化，企业主体责任有待进一步落实，风险协同处置机制有待健全。在治理效能方面，行业法规制度需进一步完善，信息化监管、信用监管等还有待加强，压实品牌快递企业区域总部统一管理责任还不够到位，行业服务质效、安全管理规范化水平等需要进一步提升，与海南自贸港建设相适应的行业安全管理体系需要加快构建。在自身建设方面，还存在不能很好地适应新时代行业高质量发展高效能治理需要的问题，特别是主动适应海南自贸港建设涉邮任务的认识、作风、能力还有待增强，研判推动海南自贸港建设涉邮风险防控思路措施还不够精准有效，党的建设、全面从严治党还存在不到位不平衡，干部队伍整体工作作风、能力素质需要加快提升，基础管理工作还需要持续加强。

重庆市快递市场发展及管理情况

一、快递市场总体发展情况

2023年，重庆市邮政行业寄递业务量完成18.6亿件，同比增长20.0%；业务收入（不包括邮政储蓄银行直接营业收入）累计完成222.7亿元，同比增长19.1%。其中，快递业务量（不包含邮政公司包裹业务）完成14.1亿件，同比增长29.0%；快递业务收入完成135.8亿元，同比增长21.8%（表7-22）。

表 7-22　2023 年重庆市快递服务企业发展情况

指标	单位	2023 年		比上年同期增长(%)		占全部比例(%)	
		累计	12 月	累计	12 月	累计	12 月
快递业务量	万件	140857.60	15674.71	29.02	47.53	100	100
同城	万件	30480.70	3693.07	14.15	32.03	21.64	23.56
异地	万件	109767.37	11945.37	33.37	52.88	77.93	76.21
国际及港澳台	万件	609.54	36.27	258.23	153.23	0.43	0.23
快递业务收入	亿元	135.80	13.54	21.78	26.74	100	100
同城	亿元	19.01	2.03	5.29	2.49	14.00	14.98
异地	亿元	60.07	6.26	26.56	32.63	44.23	46.22
国际及港澳台	亿元	4.83	0.60	4.26	5.08	3.56	4.46
其他	亿元	51.89	4.65	25.45	36.30	38.21	34.34
快递业务投递量	万件	259206.41	26200.85	23.73	40.78	100	100

二、行业管理工作及主要成效

学习贯彻习近平新时代中国特色社会主义思想，党的全面领导持续加强“三个深入”推动主题教育走实。深入开展理论学习，创新“五项学习机制”，用心上好“四堂课”，重庆市邮政管理局开展理论学习 89 次，交流研讨 67 次，讲专题党课 37 次，编发简报 18 期，掀起理论学习热潮。深入推进干部队伍建设，落实检视整改，梳理整改问题 26 个并全部销号。用好“四下基层”重要抓手，局党组成员带队深入调研形成成果 7 项。深入落实全面从严治党，制定模范机关创建实施方案，将其纳入党建考核，相关工作在市直机关创建工作会上作经验交流。印发通知加强对“一把手”和领导班子的监督。上下联动抓实主题教育“回头看”及整改。

“两个坚持”抓实思想政治建设。坚持把学习宣传贯彻党的二十大精神作为首要政治任务，召开全系统全行业宣讲报告会，创新开展市级部门党建联学活动，开展专题学习研讨 24 次。坚持落实意识形态工作责任制，制定思想政治工作责任清单，开展全系统全行业意识形态专项清理。推动肃清流毒影响工作走深走实，严格落实市委《持续修复净化政治生态十项举措》，深化细化“十破十立”，把持续修复净化政治生态摆在党的政治建设重要位置，坚决防止和纠正一切偏离“两个维护”的错误认识和言行。

在“四项机制”下坚持选人用人“一盘棋”。制定干部任职交流办法，加大年轻干部培养力度，所属分局班子配备率 100%。做好青年工作，组织青年干部“六查六问”教育活动，召开座谈会 2 次。扎实开展干部教育整顿，梳理问题 15 项并完成整改。

“五个一”强化廉政建设。扎实开展纪检干部教育整顿，持续开展纪检干部廉洁家访，逐级开展廉洁谈话、组织廉洁知识竞赛，结合岗位廉政风险点运用“1 句话”提醒。梳理形成“一办法两方案两清单”。印发贯彻落实中央八项规定精神办法、机关纪委监督工作方案、巡察工作方案、构建亲清政商关系行为清单、党员干部“八小时”以外行为清单，做实做细日常监督。五是“六项措施”深化行业党建。配齐配强党委班子，召开党员大会完成换届选举；建立健全组织体系，推动成立快递行业党组织 25 个；发挥组织功能优势，开展“双找”活动，落实“两个工程”，接收积极分子 101 名；抓好党务教育培训，开展党组织书记培训、党务干部培训等多形式培训 42 人次；拓展党建阵地建设，指导企业通过线上建立党员学习群 + 线下打造党建活动室、文化长廊的方式开展党建宣传工作；发挥示范引领作用，系统及行业 48 人任各级“两代

表一委员”,行业52集体107个人获市厅级以上表彰。

立足责任使命,落实上级重大决策部署扎实有力。积极主动融入交通运输体系有新成效。市交通局统筹联合市级相关部门开展农村客货邮融合发展调研,拟定实施方案,加快打造“邮运通”品牌。全市12个区县成功入选重庆市农村物流三级服务体系融合发展示范区(县)。行业多项重点工作纳入《重庆市美丽农村路建设指南》。巫溪县“农村物流统仓共配+客货兼容”入选交通运输部第四批农村物流服务品牌。积极服务双城经济圈建设。会同四川省邮政管理局建立“122”工作机制(一机制、两制度、两清单),召开落实《成渝地区双城经济圈邮政业发展规划》工作座谈会2次。市快递协会与13家商贸物流商会、协会签订双圈建设战略合作协议。成渝地区邮政快递业相关发展指标均超过年均目标增速。优化政策法规供给。向东副市长率队赴国家邮政局就加快重庆邮政快递业高质量发展与国家邮政局主要领导会谈,取得系列成果。市交通运输局统筹起草了《加快建设西部国际邮政快递枢纽行动方案(2023—2027年)》。推动《重庆市邮政条例》修正施行。今年以来全市累计出台行业利好政策100余个。全市邮政快递企业争取减税降费和相关补贴政策金额共计8395万元。完善行业服务网络。全市共有取得快递业务经营许可的法人企业324家,备案分支机构855个、备案快递末端网点22054个,新增从业人员2300余名。中通医药冷链全国总部落户重庆。全市已建成19个、在建1个具有辐射效应的区域分拨中心,累计完成投资近百亿元。行业5个项目纳入2023年市级重点建设项目及市级物流重点项目,行业“一区两群”布局进一步优化。

抓实产业联动,推动畅通循环能力不断加强。扎实推进农村寄递物流体系建设。“快递进村”纳入2023年市政府工作报告。农村寄递物流综合服务站行政村覆盖率达55.16%。1~12月,邮快合作覆盖率达66.7%,代投量同比增长235.69%。全市农村快递业务量、业务收入、投递量同比分别增长36.93%、24.62%、27.06%。积极打造“5+4+X”金银铜牌项目。2023年度,全市培育快递服务现代农业重点项目14个,培育快递服务先进制造业项目22个,其中寄递业务量超千万件项目7个,寄递业与制造业融合发展实现西部地区两个唯一,即重庆中邮物流有限责任公司服务惠普(重庆)有限公司项目入选全国“快递业与制造业深度融合典型项目”,大足区入选全国“快递业与制造业融合发展试点先行区”。创新推动“快递出海”。中国(重庆)自由贸易试验区国际快递业务经营许可审批事项下放稳步推进。跨境寄递监管智能化有关内容纳入《重庆市2023年优化营商环境激发市场活力重点任务清单》。中欧班列(渝新欧)运邮入选《国家服务业扩大开放综合试点示范最佳实践案例》,运输跨境电商商品和一般贸易商品实现规模化。顺丰嘉里专列(重庆—越南河内)于5月实现西部陆海新通道班列运行。西部陆海新通道高级研修班在重庆邮电大学成功开班。已推动完成重庆市第二条欧向铁路运邮“渝满俄班列”首次运邮。

强化科技创新,助推行业高质量发展。深化行业科技创新赋能。主要品牌寄递企业分拣中心基本实现自动化、智能化。重庆交通大学等四所高校实现无人车投递。推进行业绿色转型。全面完成国家邮政局绿色发展“9218”工程。会同六部门印发《关于进一步加强商品过度包装治理的通知》。推动重庆市计量质量检测研究院纳入国家邮政局公布的《邮政业用品用具检验检测机构名录(试点第二批)》。全市共有绿色分拨中心4个、绿色示范网点148个、新能源车辆1492辆。加强快递员合法权益保障。推动基层快递员优先参加工伤保险参保率达94.1%。联合市人社局实施邮政快递业职业技能提升工程,职业技能培训、职业技能等级认定分别完成任务指标的109%、129%。协助举办第四届全国邮政行业职业技能竞赛总决赛，重庆市邮政管理局获突出贡献奖、团体优胜奖和优秀组织奖。

增强服务意识，提高行业监管治理效能。健全监管体系。多渠道保障机制持续完善。采取单独设置派出机构、依托县级交通运输部门、成立邮政业安全工作组等3种模式推动落实县级邮政管理责任。强化市场监管质效。开展全市快递末端服务质量专项整治、农村快递服务违规收费问题专项整治等行动，完成末端网点“应备尽备”工作。积极畅通政民互通渠道，提高申诉处理能力。有效推进法治型政府建设。深入学习贯彻习近平法治思想并纳入中心组学习计划。全面梳理编制行政执法事项清单，累计梳理141项行政处罚事项。起草《〈重庆市邮政条例〉行政处罚裁量基准适用办法》。汇总重庆市稳经济政策包第四版及其他相关政策，制作《重庆市邮政快递业稳经济政策包》第四版，并通过官网等网络渠道向企业推送。前三季度信访事项及时受理和按期办结率均为100%。加强新闻宣传力度。3次参加《周五面对面》《民生热线》《国家邮政局网在线访谈》等节目回应群众关切。与人民日报、重庆日报、华龙网等新闻媒体建立联系机制，累计报道行业发展、先进事迹等150篇。

维护行业稳定，提高行业安全水平。提升防范化解重大风险能力。以“重大事故隐患排查整治”“平安寄递专项行动”等系列专项行动为主线，持续完善“政府监管＋专家会诊”安全监管机制，编制的地方安全标准《安全生产技术规范》正式施行。累计检查寄递企业2238家次，办理安全类行政处罚案件92件。邮政快递领域突发事件应急处置与救援等三项寄递安全工作纳入对区县年度重点工作考核。连续七年获评全市安全生产和自然灾害防治工作先进部门。加强联合监管力度。健全完善寄递渠道安全联动监管机制，联合市级各部门印发寄递渠道安全综合治理相关文件10份。联合国家安全部门组织开展“万名快递小哥争做国家安全义务宣传员”主题宣传活动，获中央国安办肯定。圆满完成全国两会、亚运会等重点时段寄递渠道安保任务。全年行业安全稳定，未发生安全生产亡人事故，未发生影响平安稳定的群体性案事件。

三、快递市场存在的突出问题

在提高发展质效方面，行业服务质量的宏观数据与人民群众微观感受的差异问题尚待破解，发展不平衡不充分的问题依然存在，国内国际物流链韧性保障不足，国际寄递网络的通达性、安全性亟待加强，服务产业链供应链能力仍需提高。在治理体系能力方面，行政执法还存在不规范不平衡的问题，信息化监管和信用监管还有待加强，压实品牌快递企业总部统一管理责任还需强化。在防范化解风险方面，安全和应急管理的能力水平还需进一步提升，网络和数据安全制度体系仍有待完善，影响末端网络稳定因素和快递员群体合法权益保障问题仍然存在。在全面从严治党方面，系统党的建设存在不到位、不平衡的现象，基层减负工作仍需深化拓展，形式主义、官僚主义问题仍有发生。

四川省快递市场发展及管理情况

一、快递市场总体发展情况

2023年，四川省邮政行业寄递业务量完成469.6亿件，同比增长16.5%；业务收入（不包括邮政储蓄银行直接营业收入）累计完成479.6亿元，同比增长16.1%。其中，快递业务量（不包含邮政公司包裹业务)完成34.9亿件,同比增长21.8%;快递业务收入完成324.4亿元,同比增长16.6%(表7-23)。

表7-23 2023年四川省快递服务企业发展情况

指标	单位	2023年		比上年同期增长(%)		占全部比例(%)	
		累计	12月	累计	12月	累计	12月
快递业务量	万件	349483.66	37173.44	21.81	36.24	100	100
同城	万件	90634.31	10201.00	25.33	46.92	25.93	27.44
异地	万件	258341.15	26884.91	20.72	32.41	73.92	72.32
国际及港澳台	万件	508.21	87.53	-16.59	126.72	0.15	0.24
快递业务收入	亿元	324.36	31.66	16.59	17.97	100	100
同城	亿元	44.12	4.76	16.91	29.46	13.60	15.02
异地	亿元	171.19	16.14	18.30	13.79	52.78	50.99
国际及港澳台	亿元	7.51	1.00	-9.91	23.32	2.32	3.15
其他	亿元	101.54	9.76	16.14	19.53	31.30	30.83
快递业务投递量	万件	641931.21	64023.77	14.97	24.67	—	—

二、行业管理工作及主要成效

以深入学习贯彻习近平新时代中国特色社会主义思想为引领,上下联动前后贯通,推进主题教育走深走实。全系统始终把抓好主题教育作为首要政治任务,紧紧围绕"学思想、强党性、重实践、建新功"总要求,牢牢把握主题主线和根本任务,一体推进理论学习、调查研究、推动发展、检视整改、建章立制,认真抓好干部队伍教育整顿,强化了系统干部理论武装,实现了凝心铸魂、聚力发展。层层压实责任。四川省邮政管理局党组坚决扛起抓好全省系统主题教育的政治责任,紧扣目标要求,紧盯根本任务,紧把关键环节,紧抓规定动作,紧跟程序督导,及时编发任务清单、工作提示、工作简报、知识手册摘编,召开部署推进会、点评通报会,开展分片区督导指导,主题教育取得了实实在在效果。

坚持理论学习贯穿始终。紧紧围绕深学细悟习近平新时代中国特色社会主义思想,采取"集中学习、专题辅导、交流研讨、个人自学"等方式,组织党员干部紧扣必读书目,学原文读原著悟原理,持续强化创新理论武装。举办县处级干部读书班2期,省市局党组书记讲党课25次,组织专题研讨75次。坚持开门搞教育,实行上下联学、川渝同学、政企互学,参学党员干部集中学习交流时间均超过60学时。

紧盯关键问题调查研究。践行"四下基层",四川省邮政管理局班子成员专题调研涵盖15个市(州)27个区(县),走访企业39家次,形成调研报告3篇并完成成果转化;市(州)局围绕57个课题开展现场调研126次;协调交通运输厅等4部门开展"交商邮"融合发展联合调研。结合调研,做好典型案例解剖,省市两级确定正反案例42个,通过剖析,深挖了根源,增添了化解矛盾问题的新办法新举措。在中央第17巡回指导组调研推动下,与省气象局联合部署进一步做好快递行业气象灾害防御工作;德阳、眉山等局依托主题教育,在推进"客货邮融合""快递进村""维护快递员合法权益"等方面取得积极成效,受到中央第17巡回指导组肯定。

抓实检视整改。坚持边学习、边对照、边检视、边整改,四川省邮政管理局党组查摆问题8个,制定整改措施19条,已于2023年8月底前完成整改;明确2个专项整治,按时保质完成销号。第二批单位查摆问题113个,均已完成销号。四川省邮政管理局党组高质量召开专题民主生活会，得到国家邮政局第3巡回指导组肯定。

以服务扩大内需战略为中心，着力添动能补短板，行业高质量发展活力持续释放。推动政策落地，赋能行业发展。加强政策争取，“交商邮供融合发展”“川货寄递”“快递进村”“关爱快递员”等工作纳入省委省政府相关决策部署，纳入对市（州）党政和省直部门领导班子领导干部推进乡村振兴战略实绩、平安建设、生态环保等考核，邮政管理工作融入地方经济社会发展大局更加深入，全省系统获地方经费支持2937万元，企业享受减税降费逾亿元。认真落实加快建设交通强国邮政篇部署，推荐成都等5个市局申报3项试点任务。开展“十四五”邮政业发展规划及相关涉邮规划中期评估，与重庆局协同推进《成渝地区双城经济圈邮政业发展规划》落地，规划引领作用有效发挥。持续推进成都都市圈邮政业一体化发展，成都市获批“中国快递示范市”。协调推动高铁快递发展，成都昆明间成功开通全国首趟快件全货动车。组织快递企业总部市（州）行活动，首站走入内江市，与内江市政府签订战略合作协议，行业发展治理与地方经济社会结合更加紧密。

加快完善农村寄递物流体系，快递进村更有保障。充分调动邮政快递企业积极性，加大资源整合、平台网络共享力度，重点加强农村寄递物流三级节点建设，建成县域寄递物流共配中心109个、村级服务站点2万余个。推动农村邮路汽车化，汽车化段道占比71%。协同交通运输、商务、供销等部门，升级“金通工程·天府交邮通”品牌，推进“交商邮供”融合发展，开通“交邮合作”线路628条，评定第二批乡村运输“金通工程”样板县17个，2个项目入选交通运输部第四届“农村物流服务品牌”，探索出具有四川特色的“客货邮”融合发展路子，四川省邮政管理局代表四川在交通运输部组织的全国推进会上作交流发言。持续深化“邮快合作”，孵化邮快合作示范县10个，全年邮快合作代投快件1.3亿件，同比增长90%。支持鼓励“快快合作”，中通等6家品牌快递企业牵头，在一县或部分乡镇整体推进快递进村，取得初步经验。多方位合作和三级物流体系建设成效，为“快递进村”提供了有力支撑，全省全品牌综合进村率超过50%，进村品牌平均4.5个。

高质量推进“川货寄递”工程，行业服务地方经济发展成效瞩目。实施“川货寄递”工程写入省委1号文件。联合商务、农业农村、交通运输、乡村振兴等部门，共同梳理培育“川货寄递”项目628个，实现全省183个县（市、区）全覆盖。评选表扬“川货寄递”先进县和优秀企业，向市（州）政府和省级相关部门通报、向社会公布“快递服务现代农业”超百万件项目情况，强化了地方党委政府的重视支持，扩大了社会影响力。利用全省快递业务量超10亿、20亿、30亿等节点，衔接省内主要媒体开展主题宣传，推广“自贡冷吃兔”“苍溪猕猴桃”“乐山柑橘”“南充红薯”等寄递服务品牌和典型案例，示范效应得以彰显。据统计，全年完成培育项目内“川货寄递”6.4亿件，其中，川果、川味、川菜分别超过2.3亿件、1.3亿件、1.1亿件；完成超千万件项目21个，比上年增加6个；超百万件项目90个，比上年增加23个；超十万件项目215个，比上年增加98个。据了解，在国家邮政局拟公布的2023年度“快递服务现代农业金牌项目”中，四川省以15个居全国第二位。省委省政府将四川省邮政管理局考评为2022年度中央驻川机构服务地方经济发展“优秀”等次。

聚焦快递包装治理，行业绿色发展进程加快。坚持目标引导，加强协同共治，行业绿色低碳发展纳入全省循环经济发展工作要点，纳入市县党政生态环保绩效考核。协同发展改革、生态环保等部门开展联合整治，两次组织快递包装实地调研督导。全面推进快递包装减量瘦身，督促企业做好快递包装回收和塑料污染治理工作，全省电商件不再二次包装比例达92%，使用可循环包装的邮件快件7153万件，回收复用瓦楞纸箱5236万个，全面完成“9218”工程。

以维护安全稳定为基础，严格筑防线固底板，防范化解风险能力得到加强。行业安全生产基础更加牢固。实施"安全强基"工程，督促企业健全安全生产管理体系，推进安全生产清单制管理，建立"一图两清单"，分片区开展安全生产规范化建设培训，企业安全生产主体责任进一步压实。深入开展重大事故隐患专项排查整治行动，对危险化学品寄递管理、消防安全、交通安全、作业场地安全等进行集中排查整治，对问题隐患治理和风险管控列单操作、闭环管理，杜绝了亡人事故，被省安委考评为安全生产优秀单位。

寄递渠道安全综合治理持续深化。调整充实省寄递渠道安全管理领导小组，健全联合监管机制，联合开展平安寄递专项行动取得积极成果，在全国平安寄递专项行动推进会上作交流发言。以落实"三项制度"为重点，深入推进寄递渠道反恐禁毒、打击侵权假冒、信息安全等联合整治，四川省邮政管理局市场处获知识产权工作和打击侵权假冒先进集体。

圆满完成成都大运会等重大活动寄递安保任务。建立上下联动、政企互动工作体系，组织现场督导组和巡查组，对处理中心、网点进行全天候检查督导，大运会寄递安保工作获公安部、国家邮政局督导组和省大运会组委会充分肯定，国家邮政局主要领导批示将四川省大运会寄递安保工作总结印发全系统借鉴。全省系统获党的二十大安保工作先进集体1个、先进个人2名，获大运安保先进集体1个、先进个人6名。

应急处置与保供保畅妥善有序。加强行业运行监测预警，定期开展行业稳定风险形势分析和隐患排查，及时妥善处置涉稳苗头，做好突发事件防范应对和信息报告工作，全省行业运行总体平稳。全面落实"乙类乙管"要求，妥善做好疫情转段以来保供保畅工作，全力保障生产生活和医疗物资运转。全省系统10名同志荣获省春运保畅先进个人。

以严格监管依法行政为根本，抓规范提质效，行业高效能治理水平不断提升。依法行政水平持续提升。持续实施法治能力提升行动，深入开展"八五"普法"送法进企业"等活动，强化了市场主体的法治思维和依法经营能力。集合全省系统力量，充实法律专家团队，分片区开展研讨指导、案卷评议、执法监督、参与行政诉讼复议等，依法行政能力不断提升。加强行业统计和数据分析运用，坚持"月分析""季调度"，行业运行更加平稳。严格程序要求，加强行业基础信息库核实，"五经普"工作受到省领导小组通报表扬。

市场运行秩序进一步规范。主动承担规范县以下快递末端投递服务试点，得到国家邮政局领导肯定性批示。加强许可核查验真，强化事中事后监管，建立详细台账，摸清了农村地区快递服务情况。督促企业依法签订、公示并落实服务承诺，开展专项督查，严厉打击快递末端服务违规收费行为，立案查处15件。指导市(州)局规范许可核查，积极推动"一件事一次办"试点。建立12305与12315消费热线、12345政务热线协调转办机制，每月分析申诉数据，实施台账闭环管理，消费者对申诉处理满意率100%。加强"绿盾"工程信息系统应用，优化视频巡查规则，开展常态化视频巡查，定期通报在线监测情况，视频联网、安检机联网在线率等多项指标位居全国前列。

服务型政府效能更加彰显。进一步强化机关自身建设，严格落实中央八项规定及实施细则精神，整治形式主义官僚主义，规范基层材料、数据传报，综合性文件数量稳中有降，保密、政务公开、信访、值班、档案等工作进一步加强。推动工作开展项目化、清单化、程序化，对重点工作推进周梳理、月通报，组织政务综合督查，保证了重大决策部署落地见效。严格预算绩效管理，建立财务工作片区协作机制，严控公车使用、公务接待，人员经费管理和津补贴发放进一步规范。强化新闻宣传，选准切口，讲好行业故事，《中国邮政快递报》《快递》杂志以及川报、川台等主流媒体刊(播)300余篇(条)，行业社会影响力持续提升。

快递员群体合法权益保障有力有效。推动省政府将包括快递员在内的户外劳动者服务站点建设纳入为民办实事内容，完成建站600个。协调争取资金400余万元，多频次开展夏送清凉、冬送温暖、节日慰问等系列“暖蜂行动”。与人社厅、省总工会完善技能人才培养、使用、评价、激励等制度机制，快递员职业技能竞赛纳入人社厅一类竞赛目录，开展职业技能培训12614人次。强化从业人员劳动薪酬等保障，联合省总工会出台“集体协商合同示范性文本”，16个市（州）开展了行业集体协商，从业人员参加工伤及养老保险覆盖率98%，居全国前列。

以纵深推进全面从严治党为总揽，抓班子带队伍，党对邮政业全面领导更加坚强。坚持政治建设统领。深入推进模范政治机关建设，始终将学习习近平新时代中国特色社会主义思想和总书记对邮政业重要指示批示精神作为第一主题，通过中心组、党组专题会等及时学、深刻悟，强化理论武装，实现凝心聚魂。深入学习宣传党的二十大精神，常态化开展政治理论、党史、党规党纪、法律法规学习，做到学思用贯通、知信行统一。强化政治纪律，坚守政治规矩，更新《局党组讨论和决定的重大问题清单》，做到主责更明，责任压实。

建强班子铸造队伍，干部队伍精气神进一步提升。深入调研、统筹谋划市（州）局班子，精准合理制定配备方案，基本配齐市（州）局领导班子，班子年龄、知识结构更加优化，活力进一步增强。加强干部队伍教育管理和关心关爱，选送31名优秀年轻干部参加国家邮政局和省直机关党校专题培训进修。用好职级并行政策，激励干部工作热情。及时办理养老金缴纳、艰边补贴发放，做好退休干部工作，将党的关怀、国家邮政局的工作安排落实落细。

持续推进正风肃纪实现风清气正。全面落实党中央加强党风廉政建设要求，支持纪检监察部门切实履行监督责任，紧盯重要节点、关键时段，提醒党员干部遵规守纪。以“党课辅导+警示教育+集体谈话”方式，扎实推进纪检干部队伍教育整顿。开展财会监督专项整治，严格经济责任审计和发现问题整改，严守法纪“红线”。全省系统未发生违纪违法案件。

机关和行业党建深入推进。建立机关党建“三级五岗”责任清单，落实领导干部双重组织生活制度，推动“五好支部”创建，党的基层组织功能更强。真心真情开展驻村帮扶，帮扶工作连续被省委评为“好”档次。坚持“管行业必须管党建、抓业务必须抓党建”，推动建成非公基层党组织96个，实现市级快递行业党委、行业工会组建两个全覆盖，15个市（州）设立快递行业共青团指导（工作）委员会，内江市快递员“线上入会有礼”活动，被全国总工会评为新就业形态劳动者建会入会十佳创新案例。强化非公党组织功能发挥，全省快递行业党委工作成效在省委《四川党的建设》刊载，四川省邮政管理局在省委两新工委全体会议上作交流发言。

行业文明建设再结硕果。积极推进快递员群体参与社会治理，涌现出成都“丰行侠”、宜宾“轻骑兵”等9支优秀快递员队伍。阿坝邮政哈弄夺机、凉山韵达徐峰获评第五届“最美快递员”，3名快递员分别当选全国共青团十九大、全国工会十八大代表，4名优秀快递员成为“大运会”“亚运会”火炬手。全省行业78个集体、113名个人受到省市总工会、团委等部门表彰。

三、快递市场存在的突出问题

一些地方和部分同志在工作谋划上的全局性、系统性、前瞻性依然不够，工作推进中创造性、敏感性不强。习惯于等上面安排，习惯于按套路出牌，不能或不善于指导市场主体创新创造，对老问题也拿不出更有效的解决办法，甚至对已有的典型案例也不能及时发现、总结、推广。诸多制约行业发展治理的难题亟待破解。对全省行业发展不平衡、不充分这一突出矛盾的研究还需深入，邮政快递业与电子商务、现代农业、制造业等关联产业的融合、衔接依然不够紧密、不够顺畅，在推进城乡公共服务均等化、推动寄递服务网络覆盖、提升农村寄递服务水平以及快递进厂出海等方面，“实招”还不够多，“实效”不能充分显现。市场基础不牢、动能不足、效率不高、创新不够等现实问题，反映出以有为政府促进有效市场作为方面还有很大空间，还需要更加努力。行业监管质效还有待进一步提升。监管队伍依法治邮的素质能力还有一定差距，监督企业依法落实安全生产主体责任的办法招数不多，机制性成果不多；农村快递末端服务违规收费、不按址投递等违规违法行为禁而不绝；创新监管方式、健全联合监管机制等方面仍待进一步加强；全面落实县域邮政监管责任任务依然艰巨。

贵州省快递市场发展及管理情况

一、快递市场总体发展情况

2023 年，贵州省邮政行业寄递业务量完成 11.1 亿件，同比增长 19.1%；业务收入（不包括邮政储蓄银行直接营业收入）累计完成 134.1 亿元，同比增长 19.7%。其中，快递业务量（不包含邮政公司包裹业务）完成 6.6 亿件，同比增长 34.4%；快递业务收入完成 89.6 亿元，同比增长 23.3%（表 7-24）。

表 7-24　2023 年贵州省快递服务企业发展情况

指标	单位	2023 年		比上年同期增长（%）		占全部比例（%）	
		累计	12 月	累计	12 月	累计	12 月
快递业务量	万件	66135.74	7022.60	34.41	30.99	100.00	100.00
同城	万件	12296.63	1225.42	29.71	2.93	18.59	17.45
异地	万件	53804.34	5796.73	35.77	39.46	81.35	82.54
国际及港澳台	万件	34.77	0.45	-63.82	-96.79	0.05	0.01
快递业务收入	亿元	89.57	9.19	23.26	23.26	100.00	100.00
同城	亿元	7.09	0.65	15.70	-13.47	7.91	7.10
异地	亿元	41.67	4.28	22.72	20.94	46.52	46.53
国际及港澳台	亿元	0.24	0.02	-35.37	-56.64	0.26	0.17
其他	亿元	40.58	4.24	25.92	35.66	45.30	46.20
快递业务投递量	万件	223311.38	21738.49	18.02	15.58	100.00	100.00

二、行业管理工作及主要成效

学习贯彻习近平新时代中国特色社会主义思想主题教育取得扎实成效。贵州省邮政管理局紧紧围绕“学思想、强党性、重实践、建新功”的总要求，坚持以高度的政治责任感做好主题教育各项工作。深入开展学习调研。通过主题教育读书班、党组理论学习中心组、党支部“三会一课”学习、集中宣讲等方式，全系统认真学习习近平新时代中国特色社会主义思想和贯穿其中的立场、观点、方法，全面强化对习近平新时代中国特色社会主义思想的政治认同、思想认同、理论认同、情感认同。各级党组认真贯彻落实“四下基层”要求，瞄准行业短板，聚焦群众需求，开展调研 107 次，完成调研报告 33 篇。

集中力量破解难题谋发展。通过主题教育开展，全省系统共推动解决行业热点难点问题 45 个，在交邮融合县级处理中心场地建设、贵阳国际邮件互换局新场址建设、县乡村三级快递物流体系建设、农村客货邮融合发展、关心关爱快递员等方面取得实质性突破。

统筹安排协调推进。坚决扛起贵州省邮政管理局政治责任，督导各市（州）局严格落实中央和国家邮政局主题教育办工作要求。聚焦上下联动整改的两个方面问题，坚持上下协同发力，取得显著成效。遵义局实现1+15邮安中心全覆盖；铜仁局推动县区落实行业党建工作责任；黔南局推动4个县区政府下文明确县域内邮政快递业管理部门；黔西南局通过年度考评进一步强化县级邮政管理责任落实。

推动党建工作走深走实。强化学习贯彻。以《贵州省邮政管理局传达贯彻习近平总书记重要指示批示闭环式管理台账》为抓手，坚持季度调度、动态更新，紧盯各项重点工作落实，形成工作闭环。强化思想引领。认真落实意识形态工作责任制，从严管好网络阵地、干部言行。通过党课、座谈会、现场教育活动、观看红色题材电影等方式，做好党员干部理想信念和对党忠诚教育。强化基层基础。深入开展模范机关创建工作，突出抓好基层党组织建设，巩固党支部标准化规范化建设成果，持续加强“五型党支部”建设。强化联系帮扶。完成驻村第一书记轮换工作，深入开展党支部联村、领导干部联户“双联双促”活动，帮助驻村帮扶点天柱县上花村销售大米6万余斤，驻村帮扶工作收到州、县两级政府的感谢信。强化行业党建和群团工作。加强对行业党建工作的领导，毕节、遵义、黔西南等地成立市级行业党委，省快递物流园区党建工作亮点纷呈。六盘水成立全省第一家市级快递行业工会联合会，贵州省成立全国首家省级快递行业工会联合会，1.9万余名快递员工加入工会组织。组建省邮政快递行业团工委，组织开展系列活动。

助力地方发展成效显著。用好国家邮政局支持政策。深入落实《国家邮政局关于支持贵州邮政快递业高质量发展助力贵州在新时代西部大开发上闯新路的实施意见》，成立专项领导小组，印发实施意见，明确6项任务、87项具体工作，持续调度推动。推动产业提质升级。推进省快递企业扩容升级，中通、京东、圆通、申通共投入2.33亿元用于场地建设、设备设施智能化升级改造。中通快递投资2.5亿元的黔北分拨中心顺利投产。极兔获评4A级物流企业。菜鸟科技赋能县域共配体系建设，12条自动分拣线完成新建，50万支智能灯条实现末端应用，无人临托站点试运营。快递搭上20条高铁线路，乘上28条航空线路。促进产业融合发展。深入推进“快递进厂”，行业服务贵州茅台、比亚迪汽车2个项目年业务量超100万件。持续开展“快递+酱酒”项目，全年运销白酒2002.12万件。支持贵州省国际邮件互换局建设。积极协调解决贵阳国际邮件互换局建设中存在问题，推动新场地建设并入驻运营。全年累计进出口邮件43.5万件，成为贵州省内陆开放新通道。

服务农业农村、助力乡村振兴能力显著提升。巩固“快递进村”成果。在交快合作、邮快合作、快快合作、快商合作等多种模式基础上，采取驻村设点、大村带小村、流动覆盖等方式，统筹推进贵州革命老区、民族地区、边远山区快递进村，行政村快递服务进村覆盖率达到99.66%。邮快合作代投2248.42万件，代收8.24万件。推进农村寄递物流体系建设。贵州省邮政管理局与省商务厅、省邮政分公司、省邮储分行签订县域商业体系建设战略协议，推进县域电商快递协同发展。省邮政公司投入2000万元，累计建设三级物流体系示范县29个，乡镇中心1531个，村级站点13236个，新增农村车辆119辆，有力提升促进农村消费和农民增收的寄递渠道保障能力。客货邮融合发展进入新阶段。联合省交通运输厅印发《贵州省农村客货邮融合发展试点工作实施方案》，在原有9个“交邮融合+”发展示范县基础上，争取1000万资金支持台江等10个县开展农村客货邮融合发展工作。遵义市凤冈县“交邮融合”典型经验做法入选中办、国办《关于2022年度巩固拓展脱贫攻坚成果同乡村振兴有效衔接评估情况的通报》。贵阳市息烽县、花果园直投中心有效发挥“交邮融合”示范作用。助力“黔货出山”。全省已培育出猕猴桃、刺梨汁、辣椒、茶叶等超100万件规模的快递服务现代农业项目5个、超50万件项目6个,在纳雍樱桃园、修文猕猴桃园、镇宁六马蜂糖李园区等农特产品聚集地,快递企业加大服务农产品“最初一公里”力度。全省通过寄递渠道运销农产品超6300万件,带动农产品外销估值120亿元。

快递市场规范化治理成效明显。开展许可合规治理。聚焦主要品牌企业,逐家摸清底数,督促企业全面完成超地域经营问题整改,实现全省问题清零。实施许可“验真”工程,许可监管作用进一步增强。开展违规收费专项整治。坚持有案必查,组建工作专班,明确步骤流程,实行省市管局联动、企业总部与基层网点联动。开展电商快件寄递服务专项整治。印发《关于开展贵州省电商快件寄递服务专项整治工作的通知》,重点抽查50家电商平台和业务量排名靠前的20家快递企业,坚决整治“不包邮”“不发货”等拒绝收寄和限制收寄问题。持续开展快递市场秩序整顿工作。围绕快递服务“刷单”、无序竞争、作业不规范等问题对重点企业进行约谈。深化未经许可经营、非法寄递国家机关公文等问题整治,坚决维护快递市场秩序。加强依法监管,全省快递市场秩序总体稳定,未发生重大服务阻断事件,无重大服务质量问题。

行业高质量发展基础更牢、动力更足。绿色发展稳步推进。大力实施“9218”工程,全省电商快件不再二次包装比例达95.21%,使用可循环包装的邮件快件数量达1305万件,回收复用瓦楞纸箱数量达1766万个。推动地方标准《快递绿色包装使用评价规范》正式发布实施。组织开展执法检查,下发行政处罚决定书1起、责令整改通知书33份。与发改等部门协同开展塑料污染治理联合行动。组织开展生态环保培训3场。获得国家《塑料污染治理工作月报(总第12期)》绿色治理工作实践地方动态板块宣介。“推动快递包装绿色转型”写入《2023年贵州省碳达峰碳中和进展报告》“十大行动”篇。对接省发改委推动“邮来已久 绿动未来”主题活动入选2023年“贵州生态日”系列活动。全省邮政业新能源或清洁能源车辆保有量达1106辆。全年新建成绿色网点14个,绿色分拨中心6个。安顺局绿色办公信息化初见成效。

安全发展基石更加牢固。严把全国两会、成都大运会、杭州亚运会等重要时间节点,开展寄递安全“三项制度”专项整治,开展行业“打非治违”、重大事故隐患专项排查整治、快递处理场所“四不”问题“回头看”专项检查等工作,检查邮政、快递公司及网点4212家,排查整治安全隐患1985项,整改违法违规问题1413个,作出行政处罚29起,推动企业落实安全生产主体责任。组织开展安全生产主题宣教、警示教育和应急演练。

关心关爱“快递小哥”成效明显。持续推进《贵州省推进基层快递网点优先参加工伤保险工作方案》落实,全省新增优先参加工伤保险快递从业人员8580人,基层快递网点快递员参保率达94.80%。组织开展快递从业人员职业技能培训,取得资格证书或等级证书199人次。组织2023贵州快递行业职业技能竞赛,20余名选手申报“技术能手”称号,2名选手申报“省五一劳动奖章”称号,11名选手获得职业技能等级晋升。积极对接工会、共青团等部门对行业先进集体或优秀青年进行表彰鼓励,行业3个集体5名个人荣获省“五一”劳动表彰,2名个人获评“省优秀共青团员”。组织60名优秀快递员参加疗休养活动。联合协会、工会、团委大力开展慰问活动,覆盖从业人员5000余人,有效激发行业活力、凝聚队伍合力。

各事业单位支撑保障持续发力。省邮政业安全中心认真履行园区企业安全管理和绿盾系统推广应用等工作职责;省地方邮政事业服务中心积极配合做好行业许可审批、绿色发展、安全保障和评先选优等重点工作;贵安新区邮政办人员经费、工作经费全口径纳入地方财政预算,主动承担执法职责有力做好辖区内行业监督管理工作。

从严管党治党措施更加有力。持续加强纪律作风建设。扎实开展纪检干部队伍教育整顿，组织开展党风廉政知识在线答题，对窗口部门服务情况开展多维度监督，通过警示教育、廉政谈话等方式，督促全系统党员干部绷紧纪律规矩这根弦。依规做好规范市（州）局津贴补贴工作。扎实开展政治巡察。制定《中共贵州省邮政管理局党组巡察工作规划（2023－2027）》，启动新一轮政治巡察，对2个市（州）局开展巡察。成立专项小组前往农村基层实地调查快递末端网点违规收费等问题，进一步促进巡察工作走深走实。贯彻落实新时代党的组织路线。深入开展干部队伍教育整顿，对照9个方面问题深查细改。加大干部培养和交流力度，坚持德才兼备、以德为先原则，在重点工作、急难险重工作中锻炼培养干部。持续加强干部管理监督，严格个人有关事项报告，开展领导干部在社会团体违规兼职取酬专项清理，维护风清气正干事氛围。

三、快递市场存在的突出问题

派费收入占快递企业总体收入比重仍然较高，企业综合实力不强、创新能力不高、科技投入不足、管理方式不优等问题仍普遍存在，邮政行业业务总量占全省地区生产总值的比重还比较低。城乡服务还不够均衡，农村寄递服务在网络覆盖、产品包装、寄递时效、运输成本等方面还不能完全满足农产品寄销需求，快递与各产业间的融合还不够充分。特别是贵州山区的特殊地形、特殊省情，给快递进村带来诸多困难。

云南省快递市场发展及管理情况

一、快递市场总体发展情况

2023年，云南省邮政行业寄递业务量完成15.95亿件，同比增长13.11%；业务收入（不包括邮政储蓄银行直接营业收入）累计完成155.17亿元，同比增长13.82%。其中，快递业务量（不包含邮政公司包裹业务）完成10.9亿件，同比增长22.81%；快递业务收入完成114.02亿元，同比增长15.43%（表7-25）。

表7-25　2023年云南省快递服务企业发展情况

指标	单位	2023年		比上年同期增长（%）		占全部比例（%）	
		累计	12月	累计	12月	累计	12月
快递业务量	万件	109034.54	10368.62	22.81	24.87	100.00	100.00
同城	万件	12857.08	1352.08	-2.34	35.83	11.79	13.04
异地	万件	96157.60	9014.80	27.19	23.37	88.19	86.94
国际及港澳台	万件	19.85	1.73	47.00	44.43	0.02	0.02
快递业务收入	亿元	114.02	10.50	15.43	16.10	100.00	100.00
同城	亿元	8.26	0.79	-6.73	15.26	7.24	7.50
异地	亿元	64.64	5.69	21.93	14.85	56.69	54.22
国际及港澳台	亿元	1.02	0.23	11.66	85.27	0.89	2.18
其他	亿元	40.11	3.79	11.41	15.56	35.18	36.10
快递业务投递量	万件	253768.34	24473.24	18.62	22.77	100.00	100.00

二、行业管理工作及主要成效

坚持和加强党的领导，推动党的二十大精神落地落实。学习贯彻习近平新时代中国特色社会主义思想主题教育扎实有序开展。始终把抓好主题教育作为首要政治任务，紧紧围绕“学思想、强党性、重实践、建新功”工作总要求，牢牢把握主题主线和根本任务，一体推进理论学习、调查研究、推动发展、检视整改、建章立制,认真抓好干部队伍教育整顿。坚持把主题教育与重点工作贯通起来,有效统筹、稳步推进。深入学习宣传贯彻党的二十大精神,全系统处级以上领导干部培训实现全覆盖。第一批主题教育中,云南省邮政管理局党组举办主题教育读书班、青年党员座谈会,开展专题辅导4次、集中学习5次、学习研讨2次。开展调研16次、召开座谈会26场,覆盖13市18县,召开调研成果交流会,农村寄递物流体系、抵边自然村通邮、防范化解重大风险等方面成果转化效果明显。持续抓好问题检视整改,云南省邮政管理局党组牵头查找的3个问题均已完成整改,干部队伍教育整顿查摆的57个问题现已全部完成整改销号。第二批主题教育中,云南省邮政管理局党组扛牢主体责任,主题教育领导小组发挥功能作用,不断强化对全系统主题教育的领导和指导,积极配合做好中央第十七巡回指导组下沉督导调研,承担贵州、海南巡回督导任务。坚持把理论学习贯穿始终,始终紧盯不放,州市局读书班实现全覆盖,学习不到位的督促及时补课,确保"不落一人、不缺一课",广大党员干部深刻领悟"两个确立"的决定性意义,进一步增强"四个意识",坚定"四个自信",坚决做到"两个维护"。

坚决扛起管党治党政治责任。坚持把党的政治建设摆在首位,注重加强组织建设,印发实施党建工作要点、党风廉政建设工作要点、党建工作领导小组工作要点、理论学习中心组学习计划等。全力配合国家邮政局党组对云南省邮政管理局党组的巡视工作,认真开展巡视整改,制定整改方案,明确工作责任、整改时限,建立整改台账,实行销号管理,163项整改措施中137项已经完成整改。扎实开展作风革命效能革命、群众评议机关作风活动,持续转变工作作风。落实党建工作责任制,坚持党建与业务工作双促双融,完善云南省邮政管理局机关党委、机关纪委组织架构。坚持开展廉政教育及廉政谈话,组织重要节点监督检查和提醒监督,深入实践运用"四种形态",持续加强对监督执纪"四种形态"的运用,纠正苗头性、倾向性问题,妥善办理处置信访问题线索。开展快递协会脱钩"回头看"。

强化快递员群体合法权益保障。认真落实加强新业态新就业群体党的建设工作意见,持续推进和加强行业党建工作,实现省市两级行业党委全覆盖,省市县快递行业党委累计达29个。制定印发《中国共产党云南省快递行业委员会工作规则(试行)》。扎实推进行业工会组织建设,全省已累计成立31个快递行业联合工会。深入实施职业技能提升行动,职业技能培训完成11129人次,职业技能等级认定完成1402人次,顺利完成职称评审工作。举办全省第四届邮政行业职业技能竞赛。维护快递员合法权益,全省一线快递从业人员参加工伤保险覆盖率超过94%,参保人数达到31087人。协调指导企业争取并落实派费补贴政策,保障快递员合法收入。

服务三个经济发展,提升寄递服务能力和水平。扎实推进农村寄递物流体系建设。省市两级全面落实《云南省加快农村寄递物流体系建设实施意见》,加强同交通运输、农业农村、商务等部门的协作配合,探索推进客货邮融合发展。省委办公厅印发关于学习借鉴乡村客货邮融合发展典型经验的通知,对昭通市大关县、楚雄州楚雄市等6个探索实践典型进行了通报。与省委农办、省农业农村厅、省交通运输厅、省商务厅、省供销社等部门联合印发《关于加快推进农村客货邮融合发展工作的实施意见》,在昭通召开全省客货邮融合发展现场推进会。云南电视台、《云南日报》等主流媒体对全省客货邮融合发展经验进行专题报道。与省委财办等十部门联合印发《云南省推动农村流通高质量发展实施方案》。持续推进"快递进村"工程,巩固"快递进村"三年行动成果,快递服务进村覆盖率提升至99%。稳步推进"一村一站"工程,累计建设村级快递服务站点5041个,村级寄递物流综合服务站2415个。支持推动邮政快递业与相关产业融合发展,培育打造邮政快递服务现代农业金银铜牌项目37个，其中昆明花卉入选全国金牌示范项目。

在园区经济建设中发挥好畅通作用。积极服务大物流大通道建设，因地制宜推进快递物流园区建设，全省规划、运营、在建的快递物流园区已达24个。持续落实《云南省快递业与制造业深度融合发展实施方案》，推进“5312”工程实施，联合工信部门打造11个快递服务制造业深度融合发展项目，年产生寄递业务量1589万件，服务产值707.47亿元。

全力服务面向南亚、东南亚辐射中心建设。参与制定《云南省加快建设交通强省五年行动方案（2023－2027年）》。国家邮政局支持出台的助力云南加快建设我国面向南亚、东南亚辐射中心政策文件将于近期印发。积极融入云南自贸试验区建设，组织相关快递企业赴中铁联集昆明中心站调研，会同交通运输、商务、自贸办等部门共同协商推进跨境海外仓建设、“澜湄快线”国际邮件快件集拼出海等工作。邮政快递企业共开通24条国际货运航线，在东南亚各国建设海外仓4个，全年邮件快件进出境1407.02万件。

坚持依法治邮，有效加强行业监管工作。加强快递市场监管。持续深化“放管服”改革，开展快递业务经营许可合规治理，扎实推进许可实地核查“验真”工程，强化安全准入审查，开展公共服务站、智能快件箱等新业态资质审批，经营许可服务监管作用进一步增强。狠抓快递市场整治，开展快递市场秩序整顿“回头看”，深化对用户多次申诉、群众举报强烈问题和区域治理，运用典型引路、召开现场会、调度会等形式，重点整治末端违规收费、跨区揽件、“第三方”违规揽投快件、快递“刷单”等扰乱快递市场秩序行为。通过整治，违规收费投诉比2022年同期下降30%。加大执法监督力度，全面清查整顿快递市场各类违法违规行为，组织开展执法检查14081人次，检查市场主体5584家次，查处整改违法违规问题682个，约谈告诫147次，下达整改通知书493份，办理邮政市场行政处罚案件330件，罚款451.8万元。做好申诉处理工作，全年共计处理申诉4.12万件，为用户挽回经济损失83.3万元，消费者申诉满意率达95.9%。

持续推进绿色邮政建设。实施“9218”工程，推动部门协同共治，协调落实省环保专项资金466.2万元、省级财政节能降耗专项资金80万元，全省电商快件不再二次包装率达92.66%，使用可循环包装的邮件快件数量达212.65万件，回收复用瓦楞纸箱1626.74万个。深入开展“过度包装、塑料污染”两个专项治理，组织快递包装实地抽查。加强行业生态环保领域执法，共立案处罚47起，相关工作获国家邮政局认可，在全系统生态环保工作会上作经验交流。

筑牢行业安全底线，确保寄递渠道安全平稳畅通。健全联合监管机制。联合省委政法委等13部门印发《关于进一步加强邮件快件寄递安全管理工作的实施意见》，进一步优化完善寄递安全管理领导工作机制。落实最高检“七号检察建议”，联合省级检察、公安、海关等部门开展寄递安全专项联合督导检查，推动州市层面寄递安全综合治理走深走实。牵头17家省级单位开展“平安寄递”专项行动，积极履行寄递渠道枪爆、毒品、反恐等打击职责，配合开展缉枪制爆、禁毒督导检查，协同开展打击整治危害药品安全违法犯罪工作，协助公安部门查证销售假药嫌疑人寄递信息170余条、走私毒品嫌疑人寄递信息50余条，查处寄递渠道违法寄递野生动植物及其制品、烟草、假劣药品等违禁物品案件414起。配合公安部门查获利用寄递渠道贩运毒品案件51起，缴获毒品1.03吨。

开展重大事故隐患专项排查整治。制发行动方案，以会议调度、实地检查、定期通报、现场推进等形式，全力督促各州市、各企业扎实深入开展重大事故隐患排查整治工作。2批次对全省700余家许可法人企业开展安全生产专题培训，基本实现辖区市场经营主体培训全覆盖。开展“安全生产月”活动，编撰行业安全监管法规政策汇编，加强行业安全生产监管常态化宣传和安全文化建设。

全力做好行业应急管理工作。贯彻落实《邮

政企业、快递企业安全生产管理体系建设指南》，进一步健全完善全省邮政业应急管理工作机制，组织开展2023年消防应急演练培训，督促企业做好年度常态化应急演练。指导督促全行业认真做好防汛救灾工作，妥善协调处置保山市隆阳区地震应急工作，保障当地寄递服务稳定畅通。落实国家邮政局"乙类乙管"常态化疫情防控工作要求，做好行业保通保畅。

加强"互联网+监管"。推进绿盾工程"视频联网"项目重点处理场所监控点位调整，8个品牌省级分拨中心已全部接入网络，新增点位近500个。强化"绿盾"系统运用，做好全系统培训及运维工作，常态化开展巡查抽查，发现问题及时督促整改，形成闭环管理，不断提高"互联网+监管"效能。继续推进"人证核验"系统优化和在西双版纳的运用试点工作。继续优化升级云南"数字邮管"平台建设，通过大数据加强行业运行监测预警。

加强能力建设，提升行业治理水平。推动邮政业大数据建设应用。完成云南邮政业大数据平台优化升级，对"数字邮管""智能核验"、大数据可视化、经济运行分析、跨境大数据分析等5个平台及信息统计系统进行升级完善。加强同公安、交通运输、农业农村等部门的沟通协作，推动实现数据互联互通，更好挖掘数据价值。加强大数据分析，提升经济运行分析质量，服务地方经济社会发展。贯彻修订后行业统计调查制度，健全完善数据质量控制机制。国家邮政局和省政府、省政协及相关部门领导多次调研指导省邮政业大数据工作并给予充分肯定。

加强履职能力建设。拓展邮政领域财政事权和支出责任划分改革成果，全系统共争取地方财政补助资金2722.54万元。发挥双重管理优势，依托交通运输部门，积极推动行业安全支撑体系建设和地方政府属地邮政管理责任落实，省市两级邮政业安全中心增至7个，县级机构增至24个，部分州市安全中心体系建设和属地邮政管理责任落实也取得积极进展。开展省以下邮政业安全支撑机构业务培训，稳妥推进委托执法工作。

做好规划落实和依法治邮。全力融入综合立体交通规划和地方发展规划，推进主要任务和重点工程落地见效。组织开展全省"1+16"行业规划中期评估。开展《云南省邮政条例》修订前期课题预研工作。开展系统执法效能提升培训，完成行政执法案卷评查，组织开展"八五"普法中期评估，落实行业普法工作责任。

加强干部队伍建设。加强分析研判，选优配强州市局领导班子，对昆明、西双版纳、红河哈尼族彝族自治州等州市局领导班子进行调整和补充，州市局班子配齐率提升至75%。拓宽选人用人渠道，从外系统转任2名公务员。加强优秀年轻干部培养，指导州市局选拔6名干部到内设机构正职领导岗位，推选1名年轻干部到国家邮政局学习锻炼。圆满完成2023年度公务员招录，全系统编制使用率达97.44%。用好职务与职级并行政策，激励干部担当作为。开展年度考核和及时奖励，20人获嘉奖，3人获三等功，2人获及时奖励。加强对"一把手"和领导班子监督，开展集体谈话32人次。加强干部日常监督管理，开展领导干部提醒谈话11人次，函询1人，诫勉1人。组织做好领导干部个人有关事项报告工作，开展随机抽查和重点查核，查核一致率达100%。

三、快递市场存在的突出问题

寄递服务能力存在短板。农村寄递基础设施和服务网络仍然薄弱，还不能完全满足农村地区居民寄递需求，"快递进村"质量还不够高，进村品牌数量、站点进村占比需要持续提升。国际寄递服务能力建设滞后，在服务面向南亚、东南亚辐射中心建设方面还有很多工作要做。寄递渠道安全形势依然严峻复杂。云南地处祖国西南边陲，国境线漫长，毗邻东南亚三国，疫情防控转段后，口岸恢复开放，跨境寄递需求上升。再加之去年以来，国家严打电诈犯罪，需警惕"金三角"地区毒品问题反弹，寄递渠道禁毒面临更大压力。同时，云南还是打击相关犯罪的前沿战场，特殊区位决定了云南行业在反恐、缉枪治爆、扫黄打非等方面同样任重道远。行业治理能力亟待提升。治理体系还不健全，法规制度建设还需加强。邮政业安全支撑体系建设和县级邮政管理责任落实任务还十分艰巨。行政执法不规范情况不同程度存在，宽松软的问题没有完全杜绝，在压实快递企业总部统一管理责任上还存在不足。末端违规收费问题长期存在，低价不正当竞争情况还没有彻底改变。自身建设还有差距。系统党的建设存在不到位、不平衡的情况，快递行业党委作用发挥不明显、不充分。邮政领域财政事权和支出责任划分改革实施还不均衡。作风建设任重道远，基层减负工作仍需深化拓展，形式主义、官僚主义问题仍有发生。系统干部队伍建设需要加强，干部干事创业精气神需要进一步提振。

西藏自治区快递市场发展及管理情况

一、快递市场总体发展情况

2023 年，西藏自治区邮政行业寄递业务量完成 1.9 亿件，同比增长 7.2%；业务收入（不包括邮政储蓄银行直接营业收入）累计完成 10.1 亿元，同比增长 36.3%。其中，快递业务量（不包含邮政公司包裹业务）完成 0.2 亿件，同比增长 79.8%；快递业务收入完成 6.1 亿元，同比增长 35.9%。投递业务量完成 1.2 亿件，同比增长 147.1%（表 7-26）。

表 7-26　2023 年西藏自治区快递服务企业发展情况

指标	单位	2023 年		比上年同期增长（%）		占全部比例（%）	
		累计	12 月	累计	12 月	累计	12 月
快递业务量	万件	2192.03	245.25	79.78	91.04	100.00	100.00
同城	万件	765.08	105.25	114.63	173.33	34.90	42.91
异地	万件	1426.80	139.99	65.37	55.77	65.09	57.08
国际及港澳台	万件	0.16	0.01	99.13	255.56	0.01	0.00
快递业务收入	亿元	6.09	0.64	35.85	44.88	100.00	100.00
同城	亿元	0.64	0.09	-4.74	123.28	10.59	14.38
异地	亿元	3.24	0.31	50.85	32.21	53.26	47.56
国际及港澳台	亿元	0.01	0.00	68.94	34.04	0.11	0.15
其他	亿元	2.19	0.24	32.87	43.07	36.03	37.91
快递业务投递量	万件	8666.80	849.43	81.58	69.59	100.00	100.00

二、行业管理工作及主要成效

扎实开展学习贯彻习近平新时代中国特色社会主义思想主题教育。严格落实“学思想、强党性、重实践、建新功”总要求，突出谋划部署，落实落细方案安排，各项工作扎实稳步推进，在以学铸魂、以学增智、以学正风、以学促干方面取得较好成效。在理论学习方面，严格落实“第一议题”制度，开展多形式、分层次、全覆盖的学习教育，确保学习好、领会好习近平新时代中国特色社会主义思想和习近平总书记重要讲话精神，进一步强化对习近平新时代中国特色社会主义思想的政治认同、思想认同、情感认同。在调查研究方面，以“深、实、细、准、效”统筹推进调查研究工作。围绕全年重点工作和邮政快递业更贴近民生七件实事，确定 8 个调研主题，领导班子成员主动领题，深入 7 个市（地）、41 个县（区）、50 个乡（镇）、101 个邮政快递网点开展调研，形成 8 份调研报告，解决实际问题28个。在推动发展方面,加强与市(地)各级领导沟通协调,共同推进农村寄递物流体系、寄递安全保障等重点工作,在快递进村、支持乡村振兴为农牧民群众增收上出实招、谋实效,推动行业高质量发展。在检视整改方面,局党组针对"党建与业务融合上措施不多,效果不明显""满足人民群众用邮需求能力有待提升"2个问题和干部队伍教育整顿自查的3个问题开展了专项整治,现已全部整改到位。在主题教育成果交流会上,国家邮政局第三指导组对西藏自治区邮政管理局主题教育成果给予了充分肯定。局党组认真履行主体责任,以高度的政治责任感加强对七市(地)局的指导和对四川省10市(州)局的督导,确保第二批主题教育高起点、高标准、高质量完成。

狠抓行业安全责任落实,服务自治区稳定大局。压实各方安全生产责任。强化政府监管责任、落实属地监管责任、夯实企业主体责任,建立健全"党政同责、一岗双责、齐抓共管、失职追责"的安全生产责任体系。建立联动机制,形成监管合力。联合有关部门印发《关于进一步加强邮件快件寄递安全管理工作的实施意见》《西藏自治区平安寄递专项行动实施方案》,并开展联合执法检查。严抓寄递安全"三项制度"落实。严查"三项制度"落实情况,建立责任倒查机制,严把收寄关口,将禁止寄递物品拒之在寄递渠道之外。突出安全重点,狠抓监管责任落实。聚焦消防、交通运输、危险禁寄物品等重点领域开展重大事故隐患专项排查整治;扎实推进行业"扫黄打非"工作,确保寄递渠道意识形态阵地安全;持续开展个人信息安全治理专项行动;全力以赴完成了重大活动和旺季期间寄递服务安保工作。提高安全管理能力和应急管理水平。成立首个市(地)级邮政业安全中心:山南市邮政业安全中心;加强"绿盾"工程应用,提升信息化监管水平;积极争取资金支持,举办西藏邮政快递业安检机技能培训,272人取得安检员合格证书,进一步夯实寄递渠道"人防、物防、技防"基础;通过"培训+演练"形式,提升应急管理水平;进一步加大执法力度,全年累计出动执法检查2479人次,开展联合检查61次,约谈告诫12次,出具执法建议书1份,行政处罚11起,累计处罚金额22.2万元,全行业未发生安全生产事故。

发挥行业职能作用,服务民族团结进步模范区创建。增强寄递干线和末端服务能力,助力民族团结。加大寄递干线和末端服务能力建设。全区已有快递服务网点657个,已实现邮政快递服务全覆盖。建制村投递频次周五班的1425个,较2022年新增706个,为全区各族群众提供服务和消费支撑,搭建起覆盖全区、传递团结与幸福的寄递网络。优化营商环境,提升用户服务体验。开展快递市场秩序整顿,优化营商环境,寄递服务水平进一步提高。重点开展快递服务质量提升专项行动,治理未按约定方式投递、农村快递服务违规收费等突出问题,各族群众用邮体验有效提升。积极与电商、快递企业总部沟通,解决西藏不包邮、不发货问题。提高投申诉处理水平,切实做到保障消费者合法权益。全年积极协调解决用户申诉570件,为用户挽回经济损失70.28万元。

紧盯重点任务,服务高原经济高质量发展先行区创建。持续推进农村寄递物流体系建设,服务乡村振兴。积极争取政策支持,与交通、财政共同推动《西藏自治区农村客运补贴和城市交通发展奖励资金实施细则》落地,为快递进村、农村客货邮融合发展提供良好政策支撑。各市(地)局创新工作思路,深入推进快递进村。林芝局争取政府政策支持,实现快递全品牌村村通;拉萨局推动林周县成为快递自主下乡试点。昌都局积极争取类乌齐县政府资金支持,用于县乡共配中心、村级站点建设及投递车辆配备;山南隆子县、日喀则定日县等8个县(区)开展"客货邮"试点,推动农村"客货邮"融合发展。农村寄递物流体系助力"藏货出藏"取得成效,全年邮快合作投递205.21万件,产生收入1612.70万元。全区依托邮政快递网络寄递农特产品价值21.77亿元,有效服务乡村振兴和农牧民群众增收。积极开展驻村工作,强化产业帮扶，提升群众经济收入。

强化权益保障，服务新就业群体。督促民营快递企业落实基层从业人员参加社保及商业保险，参保率达98.81%。推广快递企业末端派费核算指引，督促企业落实派费调整承诺，保障从业人员合理收入。积极开展从业人员职业技能提升行动。从业人员职业技能培训1807人次，264人取得人社部门颁发的快件处理员初级等级证书；积极开展快递工程技术人员职称评审，10人获得初级职称资格；成功举办全区职业技能大赛；持续开展"暖蜂"行动，组织快递员参加区内疗(休)养，开展快递员"面对面"和多形式慰问活动，慰问资金累计65万元，进一步提升从业人员的归属感。

落实地方支持，服务地方发展。积极推动西藏邮政普遍服务基础设施建设项目立项，邮政公司推进8个重点县的仓配中心建设(企业自筹)和全区291处邮政网点升级改造。积极争取农牧区邮政基层网点运营补贴资金5800万元和全区邮政监管专项经费174.28万元，进一步畅通农产品进城和工业品下乡双向流通通道，强化监管能力和水平，服务西藏经济高质量发展。

推进行业绿色发展，服务国家生态文明高地创建。坚持标准化、循环化、减量化和无害化，实施国家邮政局绿色发展"9218"工程。自治区邮政分公司市场营销部积极落实绿色发展要求，获"全区生态文明建设先进集体"称号。全行业按照"禁、限、减、循、降"治理路径，持续开展过度包装和塑料污染治理，电商快件不再二次包装率为90.24%，持续可循环包装总数约13.6万个，循环使用160余万次，回收复用质量完好的瓦楞纸箱数量450万个，邮件快件包装"四化"水平稳步提升。

发挥行业优势，服务国家固边兴边富民行动示范区创建。鼓励民营快递抵边发展，提前完成抵边自然村通邮工作，积极开展军民融合，支撑固边兴边富民行动。

加强法律法规宣贯，推进法治政府建设。积极落实法治政府建设"第一责任人"责任，加快推进依法治邮。多样化持续开展规划法规宣贯，开展专题普法培训，强化法规体系建设，利用重要时间节点，用好"精准普法菜单"多形式推进"法律进企业进村居"。全年开展主题宣传活动和法律知识宣讲11场次，受众2000余人。严格执行国家邮政局制定的邮政行政处罚裁量基准，落实行政处罚简易程序相关规则，为市场主体成长和发展营造健康宽松的法治环境。突出重点，积极推进并全面梳理"1+9+31"个"十四五"规划涉邮任务中期评估工作，深入推进交通强国建设试点邮政专项工作，积极参与自治区综合立体交通网规划纲要(2023－2035年)编制工作。严格执行统计调查制度，严防统计造假，完成全国第五次经济普查邮政统计调查相关工作。加强法治政府建设保障，聘请法律顾问1名，落实10余万元普法经费。完成1起政协提案办理。

坚持以政治建设为统领，坚定不移推进全面从严治党。全面加强党的建设。坚决维护党中央权威和集中统一领导，把党的政治建设摆在首位，开展政治机关意识教育和对党忠诚教育，严明政治纪律和政治规矩，严肃党内政治生活，认真执行民主集中制原则，自觉做好重大事项请示报告工作。严格落实党建和党风廉政建设工作责任制，定期专题研究全面从严治党工作，从严落实管党治党主体责任和"一岗双责"要求。扎实抓好意识形态工作，积极开展党员学习教育培训，定期认真开展党员思想动态分析工作，加强意识形态阵地建设和风险防控。不断建强基层党组织，常态化开展"四强"党支部创建工作，统筹抓好行业党建工作，发挥党建引领作用。严肃党内组织生活，严格落实党员领导干部双重组织生活会制度，提升"三会一课"、民主评议党员、主题党日等组织生活质量。持续深化党员干部"三包"，积极开展党员进社区志愿服务活动，参与街道"大工委"党建工作。

锻造过硬干部队伍。突出政治标准，加强选人用人统筹谋划，抓好年轻干部选拔培养。严格贯彻执行领导干部个人有关事项报告制度,组织开展领导班子建设专项行动。加强干部队伍建设,2023 年提拔干部 10 人次,职级晋升 3 人次,干部交流 4 人次。

强化正风肃纪。制定党组巡察工作领导小组及其办公室工作规则和巡察工作规划(2023－2027 年),进一步规范局党组巡察工作。严格贯彻落实中央八项规定精神及其实施细则,严防“四风”反弹。建立纪检工作季度提示工作机制,进一步落实监督责任。坚持加强对“一把手”和领导班子的监督,2023 年召开廉政警示教育大会 1 次,开展集体谈话 2 次,个别谈话 22 人次。严管党员干部“八小时以外”行为,紧盯重要节点,加强警示教育活动,坚定党员干部的理想信念。结合主题教育专题开展纪检干部队伍整顿,结合巡视巡察、专项整治、进一步改进作风狠抓落实工作一体推进,确保教育整顿取得实效。常态化推进改进作风狠抓落实工作,不断把作风建设成效转化为推进“四个创建”的强大动力。

加强行业典型选树引领。持续弘扬“两路”精神、“老西藏精神”和“小蜜蜂”精神,讲好新时代行业故事。弘扬主旋律,传播正能量。2023 年西藏顺丰次仁措姆被评为 2023 全国“最美职工”,同时被中华全国总工会授予“全国五一劳动奖章”。扎囊县邮政分公司被命名为第 21 届全国青年文明号;西藏顺丰 1 名从业人员当选自治区政协委员;林芝圆通负责人当选自治区人大代表。社会各界对行业认同不断提高。

三、快递市场存在的突出问题

行业发展不平衡,发展质量与速度不匹配、进出口业务量不平衡、城市间和城乡发展不协调;治理资源与规模任务不匹配,治理能力与发展形势不适应,监管力量不足、监管信息化技术应用需进一步加强;行业安全生产形势依然严峻,企业安全生产主体责任落实不够、应急管理机制还不够健全、末端网点风险日益凸显;农村寄递物流体系建设仍需持续推进,农村寄递物流体系已初步建成,但公共配送中心及乡村站点规范化、统一化还存在不足,按址投递,特别是农村地区投递到村还需要持续推进。

陕西省快递市场发展及管理情况

一、快递市场总体发展情况

2023 年,陕西省邮政行业寄递业务量完成 22.0 亿件,同比增长 22.6%;邮政行业业务收入(不包括邮政储蓄银行直接营业收入)累计完成 273.1 亿元,同比增长 21.9%。其中,快递业务量(不包含邮政公司包裹业务)完成 15.2 亿件,同比增长 35.0%;快递业务收入完成 159.1 亿元,同比增长 27.1%(表 7-27)。

表 7-27　2023 年陕西省快递服务企业发展情况

指标	单位	2023 年		比上年同期增长(%)		占全部比例(%)	
		累计	12 月	累计	12 月	累计	12 月
快递业务量	万件	152267.61	15774.73	34.96	54.93	100.00	100.00
同城	万件	26668.82	2494.52	7.96	26.68	17.51	15.81
异地	万件	125398.49	13261.39	42.55	61.76	82.35	84.07
国际及港澳台	万件	200.31	18.83	30.50	29.64	0.13	0.12
快递业务收入	亿元	159.06	15.81	27.13	36.97	100.00	100.00

续上表

指标	单位	2023年		比上年同期增长(%)		占全部比例(%)	
		累计	12月	累计	12月	累计	12月
同城	亿元	15.43	1.43	-2.84	19.79	9.70	9.03
异地	亿元	85.07	8.27	31.16	28.89	53.48	52.28
国际及港澳台	亿元	4.24	0.36	-14.87	-37.26	2.66	2.29
其他	亿元	54.32	5.76	37.87	71.22	34.15	36.40
快递业务投递量	万件	335179.19	34120.31	33.88	58.04	100.00	100.00

二、行业管理工作及主要成效

学习贯彻习近平新时代中国特色社会主义思想主题教育取得实效。全省系统牢牢把握主题教育总要求，切实履行首位首抓、大事大抓、主责主抓的政治责任，始终坚持将理论学习、调查研究、推动发展、检视整改贯彻始终，实现高起点开局、高标准落实、高质量转化，让人民群众切实感受到主题教育的实际成效。理论学习入脑入心。坚持读原著学原文悟原理，通过党组示范领学带动各级党组织精准深学、党员干部勤奋自学，深学细悟习近平新时代中国特色社会主义思想，及时跟进学习习近平总书记最新重要讲话重要指示。注重用好陕西丰富红色资源，开展形式多样的学习，不断深化认识、凝心铸魂。省、市两级开展中心组学习103次，支部集中学习134次，研讨交流69次，讲授专题党课44次，编发主题教育简报123期。

调查研究务求实效。立足制约行业发展面临的短板不足，突出问题导向精准选题，共确定调研课题44个。各级领导班子成员带头认领调研课题，深化落实“四下基层”工作制度，不断创新调研形式、丰富调研手段，深入群众和企业一线听民意、访民情，提高调研的科学性精准性，调研239次，撰写调研报告45篇，对调研发现的问题建立台账并推动解决，形成一系列理论成果和实践成果。行业发展行稳致远。聚焦年度重点工作，把主题教育的落脚点放在履职尽责推动发展上，着力推动邮政普遍服务能力、农村寄递物流体系建设、末端服务质量提升、行业安全、绿色发展、快递员群体合法权益保障等民生实事、重点工作成效更足。发挥区位优势，有效解决新疆地区快件不包邮难题，得到国家邮政局肯定。

检视整改落地见效。坚持把整治整改摆在重要位置来抓，对调查研究和深层次检视中查摆出的36个问题、11个反面典型案例以及上下联动需要解决的2个普遍性问题，逐一制定工作方案，细化工作措施，压实工作责任，定期分析研判整改进度，及时研究解决整治整改中遇到的问题，推动全面完成整改。扎实开展干部教育整顿，对照9个方面突出问题完成整改。联合省交通运输厅从省级层面健全完善体系机制，合力推动县级邮政管理责任落实；对违规收费问题完成整改销号。形成机制长效巩固。坚持将“当下改”与“长久立”相结合，对主题教育中的好做法好经验，及时以制度形式固定下来，制定出台落实县级邮政管理责任、违规收费整治、从严监督管理干部等规章制度80个，为行业高质量发展打下坚实基础。

党的全面领导进一步加强。不断提升党的政治建设。严格落实党组全面从严治党主体责任，牢固树立政治机关意识，强化责任担当，不断推动“两个责任”落细落实。制定党风廉政建设和党建工作要点，持续推进责任落实。严格贯彻执行民主集中制，认真落实党组议事相关程序和规定。推动各级党组认真履行主体责任，突出政治监督，做实日常监督。制定印发系统《巡察工作五年规划》，组织开展新一轮对3家单位党组织的常规巡察和2个市局主要负责人的审计监督。严格落实重大事项请示报告、民主生活会、党员领导干部参加双重组织生活等制度，践行“两个维护”的自觉性、坚定性进一步增强。不断深化党的纪律作风建设。修订完善陕西省邮政管理局党组贯彻落实中央八项规定精神实施办法，持之以恒加固中央八项规定精神堤坝。开展纪检干部队伍教育整顿，注重运用监督执纪“四种形态”，强化经常性纪律教育，抓早抓小、防微杜渐。开展纪律教育学习宣传月活动，学法纪、常警示，使铁的纪律转化为日常习惯和自觉遵循。紧盯重要节点和重点人员，驰而不息纠治“四风”。建立纪检干部到陕西省邮政管理局交流帮带机制，以干代训培养锻炼干部。严肃监督执纪问责，一体推进“三不腐”，依规依纪处置问题线索3起、开展提醒谈话3人次。

不断加强领导班子和干部队伍建设。持续强化领导班子建设，市局班子配齐率达80%；加强教育培训，提升干部素质、能力，组织参加国家邮政局的调训、轮训和各类业务培训，累计培训290人次。健全各项制度，加强对领导干部的监督提醒，增强纪律意识、规矩意识。重视年轻干部培养，加任务压担子，促进年轻干部成长。开展系统领导班子和领导干部综合分析研判，全面掌握各单位领导班子和干部队伍情况，为陕西省邮政管理局党组加强市级领导班子和干部队伍建设提供依据。完成4名公务员招录、1名公务员转任以及2024年公务员报考审核工作。选派1名干部开展援藏工作。不断拓展精神文明建设。以机关文明单位、模范机关创建为载体，不断强化机关精神文明建设，系统6个单位获评省、市级文明单位。大力弘扬“小蜜蜂”精神，加大行业精神文明建设力度，积极推荐优秀寄递企业和从业人员参加各级评选表彰，1名从业人员获全国五一劳动奖章，3个集体和33名个人获得省、市级表彰。讲好邮政故事，全方位、多角度宣传行业发展成果，陕西省邮政管理局网站和新媒体发布信息650篇，国家邮政局一报一刊一网发表201篇，中央及省级主流媒体发表81篇，《人民日报》等媒体报道陕西省“快递进村”工作取得实效。不断加强基层党组织建设和行业党团建设。深入推进机关党建规范化科学化水平，巩固提升基层党组织标准化规范化建设水平，认真落实“三会一课”、组织生活会等制度。系统内3个支部获评“五星级党支部”。持续抓实行业党建，召开快递行业党委全委会，制定委员单位主要职责和委员会工作规则。省级和9个地市成立快递行业党委，9家主要快递品牌企业在陕总部实现党组织全覆盖。2个行业党建阵地被省委组织部授予“红色驿站”称号。

行业发展质效进一步提升。加快提升农村地区投递服务能力，全省农村邮路汽车化率达到56.4%，同比提升26.6个百分点。邮快合作覆盖9944个建制村，覆盖率60.3%，累计代投代收快件1200万件，同比增长58%。累计收投高校录取通知书63.4万件，无一延误、丢失。加快推进农村寄递物流体系建设。积极协调将“快递进村”工作纳入省委省政府推动主题教育走深走实全省12项重点民生实事之一。推动领导小组出台进一步加快推进陕西省农村寄递物流体系建设工作措施，指导各地市深化落实。因地制宜采取邮快合作、快快合作、客货邮、快销合作等多种模式加快推进快递进村服务，提升农村寄递服务质量和能力水平。邮政EMS、顺丰、京东、德邦4家品牌企业实现建制村快递服务全覆盖，较上年增加1个品牌；其他主要品牌建制村服务覆盖率达到85%以上，较上年末提高12个百分点；设立村级寄递物流综合服务站1.1万个，覆盖57%的建制村，较上年提高30个百分点。巩固提升“快递进厂”和“快递出海”工程。持续推进快递服务制造业“5312”工程，搭建秦创原与寄递企业合作平台，提升快递服务制造业能力，建立快递服务制造业项目库并实施动态管理。全省培育快递服务制造业业务收入超10万元项目22个，业务收入2千万元，支撑制造业产值7.5亿元。促进西安国际邮政快递枢纽集群建设；着力推进邮件快件上中欧班列长安号，通过中欧班列（长安号）累计发运2738柜组集装箱，3.6万吨货物。支持、鼓励寄递企业增开国际航线。召开邮政快递国际业务发展座谈会，汇聚力量、解决问题，共同推进“快递出海”。积极争取将中国（陕西）自贸区内国际快递经营许可权限下放陕西。

行业发展动能进一步优化。强化行业绿色发展。加强统筹安排，对行业生态环保工作进行全面部署安排。大力实施“9218”工程，全省电商快件不再二次包装比例达到98.6%，使用可循环包装的邮件快件2100万件，回收复用瓦楞纸箱2200万个，组织开展过度包装和塑料污染两项专项治理，全省设置包装废弃物回收装置的网点达到1.3万个。落实陕西省大气污染治理工作部署，推动行业新能源和符合国六排放标准货车应用，行业新能源和符合国六排放标准配送车辆3480辆，占车辆总数54.28%。落实工作通报和自评机制，总结推广先进经验，督促整改存在问题；组织省级寄递企业开展生态环保自评，进一步压实企业生态环保主体责任。陕西省夯实责任加强监管扎实推进邮政快递业塑料污染治理作为地方塑料污染治理典型经验被国家发改委推广。加大科技成果推广应用。加快推广应用邮政业智能安检设备，新增智能安检机21台，改造升级7台，配合国家邮政局组织召开“华山论检”邮政业智能安检系统成果交流会。充分利用“绿盾”信息化应用助力行业监管效能，定期通报问题线索，指导市局督促企业完成整改。全省视频联网、安检机联网系统登录率分别为98.92%和99.05%，均超过国家邮政局的年度指标。开展“快递进村”打卡系统试点应用，咸阳、铜川两市有序开展打卡系统试运行。打造高素质人才队伍。研究制定全省行业人才工作要点，联合西安邮电大学做好行业人才培养基地建设。完成快递从业人员技能培训1.5万人次。新增取得职业资格证书或职业技能等级证书4452人次；快递工程专业技术人员初、中级任职资格评审认定160人，1名从业人员获评高级职称。开展全省快递行业技能竞赛；组织参加全国快递行业技能竞赛，3名从业人员荣获三等奖，1名工作人员荣获优秀技术指导奖。搭建西安邮电大学与邮政快递企业政学研合作平台，举办首届邮政快递专场招聘会。

行业治理体系进一步健全。持续加强依法治理能力。启动《陕西省邮政条例》修订工作，结合行业发展形势任务提出立法工作建议，推动条例修订列入省十四届人大常委会立法规划，联合省人大财经委开展立法调研。深化“放管服”改革，配合省职转办编制发布行政许可事项清单，公示5项行政许可事项及办理流程。坚持依法行政，深化“双随机、一公开”监管，不断提升监管能力和方式。开展行政执法突出问题专项清理。加快推进履职能力建设。委托省邮政业安全中心实施邮政业安全监管相关工作，厘清工作职责，压实工作责任。制定《全省邮政业安全中心业务工作指导办法》，进一步明确省市安全中心职能职责。将落实县级邮政管理责任纳入市局党组主题教育问题清单，督促指导各地市开展工作。8个市级邮政业安全中心获批成立；榆林、宝鸡、铜川、渭南4市已基本落实县级邮政管理责任，行业管理力量进一步充实。

加强快递市场监管。开展快递企业合规经营情况专项检查和快递业务经营许可合规集中治理，严厉打击未经许可经营或超范围经营快递业务的行为。持续加强快递市场秩序整顿，指导省快递行业协会制定《陕西省快递行业自律公约》，约束低价竞争等不正当行为。开展“四不”治理“回头看”专项检查，办理行政执法案件14起。开展快递服务质量提升工程，对企业服务价格运行情况进行抽查监测。组织电商快件寄递服务专项整治，检查品牌企业556家，办理外省协查案件3起。扎实推进农村地区快递违规收费治理，发现问题线索18条，立案50起。制定行政执法简易程序，指导抓好落实，全省共开展执法检查1768人次，检查市场主体780家次，办理快递市场行政违法案件419件。保障快递员群体和消费者合法权益。推动快递企业建立合理的利益分配机制，督促企业统筹安排好生产经营和休息休假，按时足额支付工资报酬。组织开展“快递青年服务月”活动，持续开展关爱快递员“暖蜂行动”。6个地市完成集体合同协商和签订，基层快递从业人员工伤保险参保率达到99.51%。解决欠薪事件5起，为25名从业人员追发工资及赔偿金41.1万元。组织30名一线快递员劳模、先进以及人大代表、政协委员开展疗养休养。落实“四下基层”工作要求，领导干部深入基层调研信访问题，开展公开接访，面对面解决群众反映诉求。依法依规妥善处理消费者关于邮政快递服务的投诉申诉，提升办理质量，提高群众的满意度。及时处理各类平台的群众申诉，妥善处理群众诉求10.72万件，帮助消费者挽回经济损失676.54万元。

行业安全屏障进一步筑牢。防范化解行业重大风险。深入梳理、查找行业风险隐患，专题研究行业重大风险防范工作，制定做好新形势下防范化解全省邮政快递业重大风险工作方案，制定工作举措，压实责任、明确分工，有力抓好行业风险防范各项工作。切实抓好寄递安全。统筹抓好寄递安全隐患排查整治、三项制度落实、加强寄递信息安全保护等重点任务。加强寄递物品禁限寄管理，坚决防止禁寄物品流入寄递渠道。深化部门协作，加强源头防范，联合12部门进一步加强邮件快件寄递安全管理，抽查并下发实名异常线索通报，核查30条，立案处罚6起。联合16部门开展平安寄递专项行动，建立完善安全管理长效机制10个，排查整治安全隐患545个，查处违规违法问题245个，办理行政执法案件233起。开展重大事故隐患专项排查整治行动，加强对消防、交通、寄递安全等开展排查整治。加强安全生产管理标准化建设，积极开展安全生产管理体系建设。提升应急处置能力。举办全省邮政快递业安全应急演练，完善应对处置突发事件机制，开展行业应急队伍建设。妥善处置陕西韵达派费纠纷问题，及时化解风险隐患。高标准完成全国两会、中国-中亚峰会、杭州亚运会等重大活动期间全省寄递渠道安全服务保障工作。常态化抓好行业疫情防控和保通保畅工作。

机关保障能力进一步提升。持续推动落实过“紧日子”要求，进一步加强新形势下厉行节约反对浪费工作，加强财务预决算管理，加强内控管理。推动省市两级财政事权支出责任改革方案全部出台。全省争取各类非中央财政资金补助888万元(其中，省本级133万元)，争取各级安全中心、县级机构补助资金1311万元，极大缓解了经费压力，保障邮政管理工作有效开展。高质量做好统计工作，全省统计工作在国家邮政局季度考核通报中两次位列全国第一名。积极申请办公用房维修专项资金，完成陕西省邮政管理局、安康局和商洛局办公楼维修，显著提升了机关办公环境。扎实做好信访，保密，档案管理，值班值守，政务信息公开，人大、政协建议提案办理，后勤管理等工作。

三、快递市场存在的突出问题

在行业发展方面，农村寄递物流体系建设还存在不少困难、问题，与农村群众的需要有差距；快递与制造业融合发展的深度还不够。安全及应急管理方面，寄递安全基础不牢，信息安全管理能力不足，行业防范和化解重大安全稳定风险、应急处置能力还有短板。行业治理方面，低价竞争、跨区域揽收、不按址投递、农村快递违规收费等问题仍有发生，加盟纠纷的不稳定隐患仍然存在。生态环境方面，行业发展绿色转型任务艰巨，属地协同治理工作机制效用仍未得到有效发挥。科技化应用方面，行业科技创新应用还不够深入，“绿盾”工程在日常监管中的使用还有待加强。

甘肃省快递市场发展及管理情况

一、快递市场总体发展情况

2023年，甘肃省邮政行业寄递业务量完成7.03亿件，同比增长14.49%；业务收入（不包括邮政储蓄银行直接营业收入）累计完成80.57亿元，同比增长28.03%。其中，快递业务量（不包含邮政公司包裹业务）完成2.9亿件，同比增长49.2%；快递业务收入完成52.3亿元，同比增长37.0%（表7-28）。全省邮政快递业单日快递业务量首次突破百万件，收派比例优化至1∶5。

表7-28　2023年甘肃省快递服务企业发展情况

指标	单位	2023年		比上年同期增长(%)		占全部比例(%)	
		累计	12月	累计	12月	累计	12月
快递业务量	万件	29225.03	3204.71	49.20	98.29	100.00	100.00
同城	万件	3844.83	555.08	44.88	135.06	13.16	17.32
异地	万件	25377.89	2649.44	49.88	92.01	86.84	82.67
国际及港澳台	万件	2.31	0.20	24.27	0.45	0.01	0.01
快递业务收入	亿元	52.29	5.24	37.04	48.07	100.00	100.00
同城	亿元	3.04	0.35	11.64	18.36	5.82	6.66
异地	亿元	29.38	2.96	43.20	46.56	56.18	56.48
国际及港澳台	亿元	0.09	0.01	11.67	-30.86	0.17	0.16
其他	亿元	19.79	1.92	33.32	58.57	37.84	36.70
快递业务投递量	万件	143680.29	13849.00	30.54	55.74	100.00	100.00

二、行业管理工作及主要成效

凝心铸魂固根本，主题教育走深走实。高标准、高质量完成省市局两批主题教育。坚持第一议题制度，组织中心组专题学习研讨73次，举办读书班15期，讲授专题党课52次，开展实践活动47次，理论学习有形有效。以“6+6+3+N”形式选定调研课题57个，省市局领导班子成员蹲点开展“解剖麻雀”式调研122次，收集建议234条，69份调研报告全部开展成果交流并结题，调查研究走深走实。动态检视查摆问题50个，上下联动整改问题2个，推动解决群众用邮急难愁盼问题53件，检视问题整改深入。同步开展建章立制工作，制定修改各类制度规范88项，废止4项。全省系统以学铸魂、以学增智、以学正风、以学促干取得实实在在的成效。

协同联动聚合力，政策环境不断优化。甘肃省邮政管理局始终把行业发展放在全省发展大局中思考谋划，同省委组织部开展“党建筑蜂巢，快递暖人心”快递行业党建品牌创建；同省直相关部门共同推动农村寄递物流体系、“快递进村”工程、农村客货邮融合发展等工作，主动参与全省乡村振兴、和美乡村建设、县域商业三年行动、恢复和扩大消费、城市一刻钟便民生活圈建设等重点工作；同省交通运输厅赴外省学习考察“客货邮”融合发展；同10家农村寄递物流体系协调机制成员单位联合调研座谈、召开现场推进会议；同17家平安寄递行动领导小组成员单位赴市州开展调研督导；同省总工会、省人社厅开展快递员群体关心关爱和合法权益维护；同省总工会举办全省快递业集中建会授牌仪式暨新就业形态劳动者慰问演出；同文旅厅推动建设旅游景区主题邮局41个；同烟草部门建立打假打私省市联动长效协作机制。全年联合省直相关部门出台政策性文件17

份,省市局均纳入属地党委政府实绩考核,13个市州局纳入地方预算。各市州党委政府领导年内对行业作出批示40次,专题调研44次。政策供给、政府重视、部门协同、支撑保障均为历年之最,行业发展政策环境迎来最好时期。

紧盯重点抓整治,本质安全水平持续提高。牢固树立安全发展理念,主动创稳、主动创安,将寄递渠道安全融入平安甘肃建设一体部署推动,健全完善省市县寄递渠道安全管理领导小组工作机制。扎实开展安全生产专项整治行动,认真开展"四不"问题整治和"传送带堵缝、人车分流"整治"回头看",开展"双随机"检查,整改各类风险隐患607个。"绿盾"系统覆盖面和应用效能持续提升,对关键场所环节巡查3.5万点次。全省邮政机要通信连续33年保持质量全红。"扫黄打非"工作站基本实现邮政快递网点全覆盖。高效保障中央巡视、督察等专用邮政信箱寄递服务,中央第四生态环境保护督察组致信感谢。联合17部门开展平安寄递专项行动,严厉打击寄递渠道涉枪、涉爆、涉毒等违法犯罪活动,全年办理各类案件200余起,查、堵、截各类违禁物品331件,有效保障了杭州亚运会、成都大运会、敦煌文博会等省内外重大活动期间寄递渠道安全畅通,甘肃省邮政管理局被表彰为平安甘肃建设优秀单位、省禁毒委员会先进成员单位。

聚焦堵点出实招,农村寄递物流体系日趋完善。组织召开省级协调机制联席会议、开展联合督导调研,以实地观摩和现场会+视频会的方式在庆阳环县召开全省推进会议,11个省级成员单位进行工作安排,各市州和县区政府相关领导参会。组织寄递企业、快递协会相关负责人在应季果蔬销售旺季深入田间地头考察座谈。组织市州局主要负责同志赴宕昌县考察交流。开展"百日攻坚"行动,推动快递进村扩面提质。向品牌快递企业总部致信争取对甘政策倾斜。推动农村寄递物流体系建设纳入乡村振兴战略考核,有效压实市县党委政府责任,争取市州政府各类资金2204.4万元,建成县级寄递公共配送中心86个,村级寄递物流综合服务站15944个,四个及以上快递品牌进村率达到84.49%。全省抵边自然村全部实现每周3次投递。联合交通运输部门累计打造"客货邮"融合发展样板县9个、示范线路291条、示范点918个。培育申报农村电商快递协同发展示范区5个,快递服务现代农业示范项目17个,寄递"甘味"农特产品5180万件,行业在畅通经济循环、推动消费升级、助力乡村振兴等方面作用更加凸显。

旗帜鲜明讲政治,党的建设全面从严。深入开展模范机关创建,持续强化政治机关建设。积极开展共驻共建工作,甘肃省邮政管理局机关党委获属地互联共建"优秀党组织"。举办党的二十大精神学习培训班2期,全省系统干部全面纳入省委组织部干部培训序列,16名优秀干部参加培训。配齐配强市州局领导班子,注重提任实绩突出、敢于担当的优秀干部。坚持严的基调狠抓党风廉政建设,扎实开展纪检干部队伍教育整顿工作,全省系统风清气正的政治生态持续涵养。蹄疾步稳推动行业党建,在省委组织部支持下,建成17个行业基层党建示范阵地。接收入党申请书586份,确定入党积极分子346名。举办行业党组织书记、党务人员培训班2期。培训快递员1.6万人次,1424名快递员取得职业技能等级证书,587人通过职称评审。同省总工会、人社厅联合举办2023年甘肃省百万职工劳动和技能竞赛第四届全省邮政快递行业职业技能竞赛。推动出台关心关爱快递员政策文件协议6份,快递员优先参加工伤保险参保率达99.69%,开展慰问活动201次,累计建成"快递员之家""劳动者驿站"950家。全面加强新时代邮政快递业精神文明建设,10人7集体荣获国省"五一劳动奖章""五四红旗团委"等荣誉称号。开展第二届"陇原最美快递员"评选表彰活动,征集发布原创歌曲《陇原快递歌》。中国邮政快递报、快递杂志,甘肃日报、甘肃新闻等各类融媒体集中报道行业高质量发展成效486篇次。在全国邮政快递业青年职工微视频征集大赛中甘肃省2件作品获奖。

抗震救灾勇担当，行业力量充分彰显。积石山发生地震后，省邮政管理局党组迅速启动应急预案、科学调度应对灾情，局领导第一时间带队赶赴灾区指导开展安置保障、互助自救及保通工作。绿盾系统“千里眼”作用充分发挥，发生地震后3小时内完成了对积石山县邮政快递企业的逐一线上巡查。立足行业优势主动参与抗震救灾、灾后过渡性安置服务保障工作，积极承运应急救灾和生活保障物资、协助属地政府开展群众安置安抚以及寄递服务保障等工作，受到省委领导点赞肯定。系统党员干部和寄递企业为灾区捐赠130余万元物资、200余万元资金。在灾区4个乡镇18个安置点全部设立了临时邮局和快递服务点，每天投递包裹近400件，畅通了灾民自救和亲人关怀帮助渠道。

三、快递市场存在的突出问题

在发展质效方面，快件收派比例、区域发展、城市农村等行业发展不平衡不充分的问题仍然突出。市县基础设施仍较薄弱，改造升级动能不足。农村寄递物流体系建设仍有短板，统仓共配难度较大，村级站点服务水平较低，快递进村质效有待提升。行业与现代农业、先进制造业、电子商务等产业协同融合深度不够，潜能尚未充分激发。国际寄递需持续攻坚，努力破冰。

在安全稳定方面，快递处理量激增带来的风险隐患同步增加，企业内控机制仍不完善，重大安全风险防控任务依然艰巨。“四不”问题依然突出，机械伤害风险仍未有效排除。不法分子利用寄递渠道从事危害国家安全、涉恐涉暴、涉毒涉私、涉黄涉非等违法犯罪活动带来的挑战复杂严峻。行业海量信息采集、使用、管理、存储等方面还不规范，信息安全风险隐患日益突出。企业应急队伍处突能力不足，作用发挥有限。

在服务质量方面，行业服务质量的宏观数据与人民群众微观感受的差异较大。邮政普遍服务个性化、多样化、差异化供给能力还有不足。城乡快递不按址投递问题依然突出，末端违规收费问题仍未根除。快递网点形象整体欠佳，从业人员综合素养亟待提升。投申诉处理质量需持续改进。劳动合同签订、收入分配机制等影响快递员群体合法权益问题仍然存在。

在治理能力方面，领导干部思考谋划工作政治高度、大局视角、系统思维仍有不足。财政事权支出责任改革落实还不到位不充分，省市县邮政业安全(发展)中心规范建设、履职尽责还不够有力。行政执法存在不规范不平衡的问题，信息化监管和信用监管还有待加强，品牌快递企业省级总部统一管理责任落实还不到位。

在党的建设方面，全面从严治党还存在不到位、不平衡的现象，压力传导不够、责任落实层层递减。常态化运用监督执纪“四种形态”强化干部教育监督管理不够到位，形式主义、官僚主义问题仍有发生。行业党委缺乏常态长效保障，在破除行政壁垒、明确工作职责、理顺体制机制上仍较缓慢，在组织建设、日常管理、作用发挥、内容载体等方面亟待探索突破。

青海省快递市场发展及管理情况

一、快递市场总体发展情况

2023年，青海省邮政行业寄递业务量完成1.7亿件，同比增长10.8%；业务收入(不包括邮政储蓄银行直接营业收入)累计完成18.8亿元，同比增长39.5%。其中，快递业务量(不包含邮政公司包裹业务)完成0.5亿件,同比增长58.6%;快递业务收入完成12.7亿元,同比增长53.0%(表7-29)。

表7-29　2023年青海省快递服务企业发展情况

指标	单位	2023年		比上年同期增长(%)		占全部比例(%)	
		累计	12月	累计	12月	累计	12月
快递业务量	万件	4922.92	538.50	58.62	93.65	100.00	100.00
同城	万件	692.45	104.32	36.07	128.35	14.07	19.37
异地	万件	4230.38	434.17	63.04	86.82	85.93	80.63
国际及港澳台	万件	0.08	0.01	32.23	140.63	0.00	0.00
快递业务收入	亿元	12.71	1.29	53.00	51.23	100.00	100.00
同城	亿元	0.54	0.07	18.24	86.28	4.27	5.57
异地	亿元	6.79	0.70	55.31	31.09	53.47	53.85
国际及港澳台	亿元	0.00	0.00	56.62	449.56	0.03	0.05
其他	亿元	5.36	0.52	54.68	83.84	42.22	40.53
快递业务投递量	万件	35440.74	3447.26	56.51	85.78	100.00	100.00

二、行业管理工作及主要成效

以开展主题教育为切入点,助推党的建设持续加强。主题教育走深走实。全省系统各级党组织紧扣学思想、强党性、重实践、建新功总要求,聚焦主题主线和根本任务,贯通推进理论学习、调查研究、推动发展、检视整改、建章立制,两批主题教育有力有序推进,收到了较好效果,达到了预期目标。坚持在强化理论学习中锤炼党性修养,构建"十二学联动"格局,全省系统开展中心组学习57次、研讨交流54次,讲专题党课27次,均举办不少于7天的读书班,"十二学联动"得到国家邮政局党组高度肯定,列为全国邮政管理系统典型经验做法。坚持在深化调查研究中破解发展难题,全省系统认真落实"四下基层"要求,明确调研选题31项,解剖正反面典型案例各9个,领导干部深入基层调研105次,发现问题65个,形成调研报告31份。坚持在全力推动发展中践行为民初心,助推在办实事解民忧、稳生态促转型、牢底线保安全、严监管优服务、强担当维权益等方面取得明显成效,人民群众用邮方面的急难愁盼问题得到进一步解决。坚持在做实检视整改中提升工作质效,全省系统领导班子29个问题清单和10个专项整治全部完成整改、实现销号;合力推进上下联动问题整改整治,市州明确邮政快递业监管职责文件出台率达100%,其中果洛、海东、海南、黄南、海北5个市州实现县级文件全覆盖,黄南州争取到县级邮政管理工作经费,全省45个县级行政区均明确由县级交通运输部门承担邮政管理责任,在较短的时间内取得了殊为不易的成绩;组织开展第一批主题教育整改落实"回头看";抓实干部队伍教育整顿。坚持在抓好建章立制中增强治理效能,全省系统健全完善制度机制45个,形成巩固主题教育成果、从严管党治党的长效机制。通过两批主题教育扎实开展,全省系统党员、干部的政治更强、思路更活、工作更实、纪律更严、作风更硬,汇聚起推动全省邮政快递业高质量发展、高效能治理的强大正能量,达到了以学铸魂、以学增智、以学正风、以学促干的目的。

政治建设坚定坚决。围绕贯彻习近平总书记关于邮政快递业重要指示批示精神,全省系统先后召开40余次党组会研究部署;扎实推进政治监督具体化精准化常态化,组织开展落实全面从严治党"两个责任"督导检查,以强有力的政治监督保障习近平总书记重要指示批示落地见效。开展巡视整改"回头看",完成全省系统第二轮巡察。

认真贯彻执行民主集中制和“三重一大”集体决策制度，各项决策科学民主、合理合规、务实有效。严格落实意识形态工作责任制，持续规范第一议题制度、中心组学习制度，落实中心组学习列席旁听机制，抓实寄递渠道“扫黄打非”工作，切实维护意识形态领域安全。

组织建设提质增效。牢固树立大抓基层鲜明导向，组织开展“贯彻落实‘六个一’要求推进机关党建提质增效”行动。选派3名优秀干部担任新一轮驻村第一书记和工作队员，常态化开展“一联双帮”，1名驻村干部期满考核获评优秀等次。快递行业党建纳入《青海省深化城市基层党建引领基层治理重点任务分工方案》，新成立省快递行业综合党委和3个快递行业党支部，快递行业党组织制度机制不断完善、组织生活不断规范，“有形覆盖”和“有效覆盖”更加深入。编制全省系统干部教育培训五年规划，出台市州局领导班子和领导干部考核实施办法等3项干部人事制度，印发党的二十大期间寄递安保专项工作及时奖励决定，认真开展公务员平时考核；市州局领导班子配齐率达到88%，较2022年提高25个百分点；调整、提拔、晋升干部36人次，接收2名援青干部，新招录4名公务员，全省系统干部队伍建设蹄疾步稳，干事创业精气神更加饱满。

正风肃纪常抓常严。加强对“一把手”和领导班子的监督，青海省邮政管理局党组书记同下级“一把手”进行集体谈心谈话2次，开展“党组书记谈廉政”微视频征集展播活动。完成1名领导干部离任经济责任审计。深化运用监督执纪“四种形态”，做实日常监督，抓好警示教育、廉政提醒，“三不腐”机制更加完善。印发《落实中央八项规定及其实施细则精神办法》，深入开展以案促改专项教育整治和作风突出问题专项整治，驰而不息纠“四风”树新风。扎实推进纪检干部队伍教育整顿。一年来，全省系统未发现违纪违规违法行为，清清爽爽的同志关系、规规矩矩的上下级关系、亲清统一的新型政商关系持续向上向好。

以增强政策供给为支撑点，助推发展环境持续优化。政策保障力度加大。完成《青海省邮政业发展“十四五”规划》中期评估。举办交通强国邮政篇建设专题培训，印发《贯彻落实〈加快建设交通强国邮政篇实施方案（2023－2027年）〉重点任务清单》。开展邮政业标准工作培训，抓好标准宣贯实施。行业发展内容纳入年度青海省民生实事工程和10余份省级政策文件，全省各级邮政管理部门协调地方党委政府出台政策文件40余份，牵头联合相关部门出台政策文件20余份。深入推进财政事权和支出责任划分改革方案落地，新增1个州出台改革方案，争取地方财政资金支持近4000万元，其中省级财政事权改革资金280万元。指导帮助企业享受各类税费减免和助企纾困补助1000余万元。政务服务便捷高效。持续深化寄递领域“放管服”改革，全面推广快递业务经营许可证电子证照签发应用，有序推进“证照分离”改革、社会信用体系建设、政务服务数据共享交换、政务服务“好差评”、跨部门综合监管等工作，在全省“证照分离”改革工作第三方评估中取得优异成绩。

以补齐发展短板为发力点，助推服务民生持续升级。农村寄递物流体系更趋完善。巩固提升建制村直接通邮成果，全省4147个建制村邮件周投递3频次基本全覆盖；建制村投递汽车化率达100%，较2022年提高24个百分点。协调落实县级公共寄递配送中心建设资金2928万元、上下行补贴资金470万元。分别会同省交通运输厅、乡村振兴局、供销联社出台推进农村寄递物流体系建设文件3份，持续通过整合邮政快递、交通运输、乡村振兴、商贸流通、供销、基层党组织等农村末端资源推进“快递进村”。加强与省乡村振兴局沟通对接，通过在全省1625个脱贫村设立4875个村级寄递物流综合服务站公益性岗位的方式推动“一村一站”建设，争取每年4700万元的岗位人员长期性保障资金。引导寄递企业入驻乡镇客运站15个，开通客货邮融合线路22条。截至目前，全省共建成县级公共寄递配送中心29个、村级寄递物流综合服务站2275个;“快递进村”覆盖率达到85%,较2022年提高7个百分点;全年带动农村快递业务量和投递量分别同比增长38%和49%,带动“青字号”特色农畜产品销售额10余亿元,有效服务打造绿色有机农畜产品输出地,有力支撑全面乡村振兴。

快递员合法权益保障更加有力。联合省社保局、税务局举办优先参加工伤保险培训班,落实常态化动态参保机制,快递员参加工伤保险稳定保持基本全覆盖。会同省人社厅召开快递员劳动权益保障工作推进会,联合印发《关于加强邮政快递企业劳务用工工作的通知》,有序开展规范劳动合同签订工作。推动将快递从业人员职业技能培训纳入全省职业技能提升行动,组织开展培训1267人次,成功举办全省行业第四届职业技能竞赛和2023年“最美快递员”评选活动。积极开展职业技能等级认定,全省行业取得职业技能等级证书700人,其中取得高级以上职业技能等级证书82人。推动成立省快递工会。深入开展关爱快递员“暖蜂行动”,组织慰问快递员50余场次。2人荣获2023年青海省五一劳动奖章,1人荣获青海省职工职业道德建设十佳标兵,快递员获得感、幸福感和安全感更加充实、更有保障。

以拧紧责任链条为关键点,助推安全基础持续夯实。安全监管机制不断健全。深入落实平安青海建设“十个一”工作要求,建立党政领导干部安全生产“十个一”责任清单和企业主要负责人安全生产“十个一”工作制度。新增4个寄递渠道安全管理联席会议成员单位,联合12部门印发《关于进一步加强青海省邮件快件寄递安全管理工作的实施方案》。采取“品牌攻坚、全省联动、以点提面、压实主体”工作法,督导企业省、市、县区域总部建立安全保障统一管理制度。全省9个省级分拨中心和其他处理场所均设置专兼职安全员,基层网点均设置平安员。

安全专项整治不断强化。会同16部门开展平安寄递专项行动。深入推进重大事故隐患专项排查整治,问题隐患整改率达100%。认真开展邮件快件处理场所安全生产专项整治行动,“四不”突出问题得到有效解决。持续开展个人信息安全治理专项行动,隐私面单应用基本实现各品牌全覆盖。认真落实消防安全责任制,抓实抓细行业消防安全管理。会同相关部门扎实开展涉枪涉爆隐患集中整治、禁毒、反恐等专项行动。

应急保障水平不断提高。加强行业应急体系建设,扎实做好疫情防控转段以来行业保通保畅工作,圆满完成全国两会、杭州亚运会等重大活动和业务旺季寄递安保任务,有力有序做好抗震减灾寄递服务保障工作,荣获“青海省全国两会期间安全生产大检查工作成效突出单位”表彰。一年来,全省行业未发生群体性聚集事件、较大影响不良舆情、亡人安全责任事故,行业总体运行平稳。

以强化监管刚性为着眼点,助推治理效能持续提升。行业绿色治理成效明显。成立全省行业碳达峰碳中和工作领导小组,开展行业塑料污染治理三年行动。强化绿色寄递宣传引导和教育培训,开展快递包装实地抽查,完善行业生态环保举报机制,依法查处行业生态环保类案件4起。可循环中转袋流转使用基本实现省内全覆盖,快递非标塑料包装物基本淘汰,“9218”工程年度指标任务提前超额完成,行业生态环保意识和绿色经营、绿色治理能力稳步提高。青海省快递包装绿色治理入选国家发展改革委地方塑料污染治理典型经验。邮政市场监管从严从实。快递业务经营许可合规集中整治工作圆满完成,分支机构代码备案实现全覆盖。深入开展快递市场秩序整顿,聚焦农村快递服务违规收费、电商快件寄递服务质量问题开展专项整治,开展对京东、极兔等快递品牌专项督导检查,在全省系统内组织开展2轮交叉检查。建立快递企业省级总部问题通报和整改反馈评价机制。举办全省行业监管业务培训班3期。认真受理消费者申诉,全省邮政业消费者申诉处理满意率达99.6%。

法治邮政建设持续深化。加强党对法治建设的集中统一领导,落实中心组学法要求。扎实推进“八五”普法,完成“八五”普法中期评估,抓好新修订的《行政复议法》《青海省邮政条例》宣贯实施。组织开展依法治邮专题调研,举办法治培训班2期,编印《全省邮政行政执法指南》。开展邮政行政执法领域突出问题自查,全省系统行政复议行政应诉案件继续保持“零发生”。依托“双随机、一公开”监管、重点监管、联合监管、信息化监管等方式开展各类执法检查1804次,查处违法行为937个,下发责令改正通知书451份,行政约谈68次,行政处罚79起,以强监管严执法保障行业发展规范有序。监管支撑保障坚强有力。加强“绿盾”工程信息系统运用,推行“巡查+反馈+通报”工作闭环管理机制,信息系统综合应用情况居全国前列,行业信息化监管能力不断增强,省邮政业安全监测中心服务支撑保障作用更加显现。以“机制先行”方式推动成立玉树州邮政业安全中心,实现省内市级邮政业安全中心“零突破”。举行“新时代 新青海 新征程”青海省邮政管理局专场新闻发布会,全力讲好行业故事。财务集中报账、统计分析、信访、工青妇、统战和民族等工作扎实推进,有力有效服务全省邮政管理工作大局。

三、快递市场存在的突出问题

对标形势所需、群众所盼,青海省邮政快递业高质量发展、高效能治理仍处于承压阶段,还存在不少问题短板,集中体现在“三个方面”。一是发展质效有短板。行业发展城乡不平衡、服务水平不均衡,农村地区网络覆盖和服务水平有待提升,保持农村末端服务的稳定性、可持续性还需下大气力。行业发展不充分,与电子商务、交通运输、乡村振兴、供销、文旅等行业资源协同融合还不深入,助力畅通循环能力依然不足,服务产业链供应链能力仍需提高。行业科技创新能力不足,以创新驱动赋能行业转型升级尚有较大差距。行业服务质量问题依然不少,“内卷”问题依旧严重,良性竞争秩序尚未完全形成。快递员群体合法权益保障制度机制不够健全,从业人员职业技能和综合素质有待提升,劳动者组织化程度仍需增强。二是治理体系有短板。随着邮政快递在农村的快速发展,邮政管理工作重心不断下沉,推动落实县级邮政管理责任、协调落实地方财政支出责任仍需久久为功,确保责任落实真正从“纸面”到“地面”。寄递安全监管能力建设滞后于行业快速发展形势,行业安全生产和应急管理基础不牢,企业主体、部门监管、属地管理相互衔接、贯通协同、同向发力的风险防控责任体系还不够严密,统筹发展和安全的能力亟待增强。政府引导、社会监督、行业自律、全网推动的多元绿色治理机制还不够完善,增强绿色环保意识、提高绿色治理能力尤为迫切。现代企业管理制度还不健全,压实品牌区域总部统一管理责任仍需发力。信息化监管能力有待加强,协同监管效能还需增强,行业治理现代化水平亟待提升。三是自身建设有短板。落实全面从严治党“两个责任”和“一岗双责”仍有差距,形式主义、官僚主义问题尚未杜绝。调查研究发现问题、分析问题和解决问题的能力有待提高,调研成果转化运用亟须加强。快递行业党组织“有形覆盖”存在盲区,“有效覆盖”不够深入,在促进行业发展、保障快递员权益、助力乡村振兴、参与基层治理等方面的作用需更好发挥。领导班子和干部队伍建设依然任重道远。

宁夏回族自治区快递市场发展及管理情况

一、快递市场总体发展情况

2023 年，宁夏回族自治区邮政行业寄递业务量完成 2.2 亿件，同比增长 16.0%；业务收入（不包括邮政储蓄银行直接营业收入）累计完成 29.8 亿元，同比增长 18.0%。其中，快递业务量（不包含邮政公司包裹业务）完成 1.3 亿件，同比增长 32.2%；快递业务收入完成 19.3 亿元，同比增长 23.7%（表 7-30）。

表 7-30　2023 年宁夏回族自治区快递服务企业发展情况

指标	单位	2023 年		比上年同期增长（%）		占全部比例（%）	
		累计	12 月	累计	12 月	累计	12 月
快递业务量	万件	13098.81	1360.94	32.23	67.44	100.00	100.00
同城	万件	2070.83	217.40	23.07	99.99	15.81	15.97
异地	万件	11023.17	1142.88	34.23	62.48	84.15	83.98
国际及港澳台	万件	4.82	0.67	-57.45	-1.71	0.04	0.05
快递业务收入	亿元	19.32	1.90	23.66	18.54	100.00	100.00
同城	亿元	1.21	0.11	6.02	10.30	6.25	5.79
异地	亿元	10.34	1.07	24.29	10.89	53.53	56.15
国际及港澳台	亿元	0.07	0.01	-10.52	-2.31	0.39	0.37
其他	亿元	7.70	0.72	26.57	34.13	39.84	37.69
快递业务投递量	万件	51921.66	4704.58	28.53	45.72	100.00	100.00

二、行业管理工作及主要成效

扎实开展学习贯彻习近平新时代中国特色社会主义思想主题教育。全区邮政管理系统坚持把抓好主题教育作为首要政治任务，紧紧围绕“学思想、强党性、重实践、建新功”的总要求，聚焦重点任务目标，统筹两个批次，一体推进理论学习、调查研究、推动发展、检视整改、建章立制，认真抓好干部队伍教育整顿。深化理论武装。落实“第一议题”制度，深学细悟习近平新时代中国特色社会主义思想，全区系统 6 个领导班子全部举办了不少于 7 天的读书班，组织中心组学习 32 次，领导干部讲党课 20 场次，引导党员、干部全面掌握习近平新时代中国特色社会主义思想的基本观点、科学体系和世界观、方法论。深入调查研究。紧扣行业监管和发展实际，制定调查研究方案，全区系统各级各部门确定调研课题 20 项，落实“四下基层”重要要求，坚持小切口、深研究、解难题的原则，班子成员带头开展“解剖式”调研和现场办公等，广泛听取意见建议，形成了一批高质量的调研成果，推动解决了末端违规收费、寄递服务质量不优等群众寄递用邮急难愁盼问题。着力推动发展。坚持把主题教育与推动行业高质量发展相结合，积极推动解决制约行业发展的关键问题，促进行业高质量发展，用心办好宁夏邮政快递业更贴近民生九件实事，纵深推进快递进村，扎实开展行业安全集中排查整治行动，推动县级邮政管理责任落实，全区邮政快递业持续保持安全平稳发展态势。深入检视整改。注重上下联动抓整改，结合国家邮政局明确的 2 项问题、巡视反馈共性问题、干部离任审计发现的问题和检视剖析的问题，合力抓好两批主题教育 6 个问题台账和 2 个专项整治整改，全区系统 23 个问题全部按期完成销号。严抓干部队伍教育整顿。强化政治忠诚，坚持问题导向，突出严管严治，以严肃教育纯洁思想，以严格整顿纯洁组织。制定宁夏回族自治区邮政管理局干部队伍教育整顿实施方案，细化干部队伍教育整顿工作重点任务24项，建立台账清单，明确责任部门和完成时限。通过干部队伍教育整顿，进一步纯洁了思想和组织，营造了良好的政治生态。

认真贯彻落实习近平总书记关于邮政快递业重要指示批示精神和视察宁夏重要讲话精神。按照国家邮政局、自治区党委政府部署要求，推进各项任务在宁夏邮政快递行业落地见效。农村寄递物流体系不断健全。深入落实《加快全区农村寄递物流体系建设实施方案》，加强与自治区商务厅、交通运输厅协同，在同心县召开全区农村寄递物流体系建设现场会，引导农村客货邮商融合发展，推动快递服务网络向农村延伸。全区建立县域共配中心17个，192个乡镇全部设立寄递物流服务站点，农村快递服务覆盖率95%以上。行业生产安全平稳有序。认真贯彻自治区党委十三届四次全会精神，落实“1+37+8”系列文件要求，吸取银川“6·21”富阳燃气爆炸事故教训，履行部门监管责任，压实企业主体责任，自治区十七部门联合印发《宁夏平安寄递专项行动方案》，印发《全区邮政快递业重大事故隐患排查整治2023行动方案》，扎实开展行业安全生产专项整治三年行动和安全隐患排查治理，推动行业安全隐患消灭在萌芽状态。圆满完成世界大运会、亚运会、中阿博览会等重大活动期间寄递安保任务，全力保障重要节日和业务旺季寄递安全。

快递员群体权益保障持续推进。加强部门协同，多措并举推动开展关爱快递员“暖蜂行动”。联合自治区十部门印发《关于为快递小哥等户外劳动者提供暖心服务的指导意见》。圆满举办首届宁夏邮政快递行业职业技能大赛，2名快递员入选2023年全国邮政行业技术能手推进计划。全区累计建成“暖蜂驿站”262个，从业人员技能培训1135人次。率先在全国邮政快递行业开通快递员心理咨询和法律服务2条热线。联合自治区人社厅、总工会印发《关于开展快递行业集体协商工作的实施意见》。基层快递员优先缴纳基本社保（含优先缴纳工伤保险）覆盖率90.2%。行业绿色发展成效明显。贯彻落实自治区党委十三届五次全会精神，对标国家邮政局绿色环保“9218”工程，深入实施宁夏邮政快递行业绿色发展“9211”工程，压实企业主体责任，推动落实属地责任，促进邮件快件包装减量化标准化循环化。全区电商快件不再二次包装比例95.2%，使用可循环包装的快件69万件，回收复用瓦楞纸箱1036万个，建成绿色分拨中心10个，绿色网点66个。

行业发展环境持续优化。聚焦自治区党委政府涉邮重点任务分工和国家邮政局确定的重点任务目标，推动行业发展环境优化。自治区和国家邮政局深切关怀。2023年，张雨浦、陈雍、买彦州、徐耀等自治区党政领导先后到邮政快递行业和宁夏回族自治区邮政管理局机关调研指导工作和慰问干部职工，对行业监管发展作出批示5次。国家邮政局党组书记、局长赵冲久听取宁夏局工作汇报，党组成员、副局长陈凯专程带队深入全区2个市4个县（区）开展调研并看望系统干部。强化政策保障。积极争取将邮政快递业发展纳入了自治区《关于促进乡镇产业高质量发展的指导意见》《推进城市一刻钟便民生活圈建设三年行动工作方案》《消费需求促进年活动实施方案》《冷链物流高质量发展实施方案（2023－2027年）》等政策体系。全区邮政快递业累计享受减税降费839.8万元。开展宁夏邮政业“十四五”规划实施情况中期评估。大力推进邮政快递重点工程。深入推进“快递进村”工程，推动深化“邮快合作”补短板，全区开展邮快合作的建制村1447个，覆盖率65.5%。指导企业培育超千万件的农产品寄递销售项目1个，超800万件项目1个，超100万件项目5个。积极推动“快递进厂”，实施快递服务先进制造业“5312”工程。支持宁夏邮政-中医研究院汤药配送、银川韵达-金河乳液配送项目创建国家邮政局和工信部快递业与制造业融合发展项目。

行业治理能力和安全建设有效增强。认真履行行业监管职责，强化法律法规和制度约束的刚性，保障全区邮政快递行业安全、健康、平稳运行。持续强化市场监管。抓好《快递业务操作指导规范》落实，督导快递企业进一步提升寄递服务质量。做好集邮市场监管工作。开展快递市场秩序清理整顿。全区邮政管理部门累计检查邮政、快递企业网点1591家次，出动执法人员3200人次，查处整治违法违规问题144个，立案处罚39起。推行“最多跑一次”和证照办理邮寄送达模式。用心用情做好12305申诉工作，落实服务热线7×24小时工作模式，受理有效申诉200余件，申诉处理满意率95%以上。切实维护行业安全。扎实开展邮件快件处理场所“四不”问题整治“回头看”、寄递领域个人信息安全治理行动。开展邮件快件分拨中心人车分流整治，巩固传送带堵缝整治成果。落实寄递安全“三项制度”，坚决杜绝禁寄物品流入寄递渠道。发挥寄递安全联合监管机制作用，开展寄递渠道涉枪涉爆整治、禁毒、扫黄打非等专项行动。加强与自治区科技厅、商务厅协调，累计争取项目资金137万元，研发智慧安检管理平台，安装安检机智能分析仪30台，实现禁寄物品全天候智能甄别，促进行业安全监管智能化转型，此项做法被国家邮政局邮政业安全中心在全国推广。完成自治区邮政业安全中心办公场所维修改造工作。联合自治区交通运输厅印发《关于进一步推动落实县级邮政管理责任的通知》，推动10个县(区)明确落实县级邮政管理责任。高标准举办2023年宁夏邮政快递行业突发事故综合应急救援演练。行业多年未发生生产安全较大事故。加强“绿盾”工程建设和“两联”系统应用，实现安检机联网设备省级分拨中心全覆盖。

党的建设和全面从严治党纵深推进。紧紧围绕国家邮政局党组、自治区党委部署，全面落实管党治党政治责任，着力打造风清气正干事创业环境。着力强化党的建设。把学习贯彻党的二十大精神作为重要政治任务，确保党的二十大提出的目标任务落到实处。坚持机关党建、系统党建和行业党建一体统筹推进。宁夏回族自治区邮政管理局机关党支部获评“四星级党支部”，1名干部荣获区直机关“最美党务工作者”称号，3个市局成功创建模范机关，3个市局机关党支部获评“四星级党支部”。着力强化日常监督。牢固树立邮政管理部门首先是政治机关的意识，推动政治监督常态化。落实中央八项规定精神和自治区“八条禁令”，持之以恒纠治“四风”，一体推进“三不腐”。选派2名干部参加全国系统巡视工作，以干代训提升实战能力。扎实开展全区系统纪检干部队伍教育整顿。综合运用“四种形态”，紧盯重要岗位、重点人员强化监督，全区系统政治生态持续净化。加强干部队伍建设。坚持正确选人用人导向，进一步加强和改进干部选拔任用工作，宁夏回族自治区邮政管理局管理的干部提拔、晋升13人次。强化干部监督管理，组织开展全区系统干部职工违规承揽本单位对外委托项目、行业协会脱钩“回头看”等专项整治。推进行业群团及精神文明建设。推动快递行业党组织、党建工作“两个覆盖”和创优建强。自治区和五市快递行业党委全部挂牌成立。强化行业党建带群团，加强与自治区团委协调，挂牌成立了自治区邮政快递行业团工委。全区15名快递从业人员当选市、县“两代表一委员”，荣获全国、自治区级五一劳动奖章4人，当选全国总工会十八大代表2名，共青团十九大代表1名，十三次全国妇代会代表1名，创建行业青年安全生产示范岗2个，选树首届“百名塞上江南最美骑士”70人。

三、快递市场存在的突出问题

在提高发展质效方面，行业服务质量的宏观数据与人民群众微观感受的差异问题尚待破解，发展不平衡不充分的问题依然存在，全区城乡之间、山区和川区之间寄递服务设施建设和服务水平还不均衡，跨境寄递服务网络通道建设还比较滞后，服务支撑地方重点产业发展的保障能力仍需提高。在治理体系能力方面，行政执法还存在不规范不平衡的问题，执法监管还存在“宽松软”现象，信息化智能化监管还有待加强，压实品牌快递企业区域总部统一管理责任还需强化。在防范化解风险方面，行业安全和应急管理基础比较薄弱，网络和数据安全制度还不健全，影响末端网络稳定因素和快递员群体合法权益保障问题仍然存在。在全面从严治党方面，全区系统党的建设存在不到位、不平衡的现象，党建、纪检工作机构还不够健全，干部业务能力还有待进一步提升。

新疆维吾尔自治区快递市场发展及管理情况

一、快递市场总体发展情况

2023 年，新疆维吾尔自治区邮政行业寄递业务量完成 8.6 亿件，同比增长 24.1%；业务收入（不包括邮政储蓄银行直接营业收入）累计完成 92.4 亿元，同比增长 56.1%。其中，快递业务量（不包含邮政公司包裹业务）完成 3.1 亿件，同比增长 88.1%；快递业务收入完成 62.0 亿元，同比增长 77.9%（表 7-31）。

表 7-31　2023 年新疆维吾尔自治区快递服务企业发展情况

指标	单位	2023 年		比上年同期增长(%)		占全部比例(%)	
		累计	12 月	累计	12 月	累计	12 月
快递业务量	万件	30503.96	3210.58	88.10	57.52	100.00	100.00
同城	万件	5160.41	552.00	85.71	44.32	16.92	17.19
异地	万件	25323.82	2657.22	89.65	61.18	83.02	82.76
国际及港澳台	万件	19.72	1.37	-76.75	-80.97	0.06	0.04
快递业务收入	亿元	62.04	6.52	77.89	53.49	100.00	100.00
同城	亿元	4.41	0.42	57.72	28.38	7.11	6.37
异地	亿元	35.78	3.87	82.98	43.78	57.68	59.38
国际及港澳台	亿元	0.73	0.06	-8.27	276.71	1.18	0.99
其他	亿元	21.11	2.17	80.08	78.54	34.02	33.26
快递业务投递量	万件	93037.56	8954.20	108.53	76.93	100.00	100.00

二、行业管理工作及主要成效

推动学习贯彻习近平新时代中国特色社会主义思想主题教育走深走实。牢牢把握“学思想、强党性、重实践、建新功”总要求，一体推进理论学习、调查研究、推动发展、检视整改、建章立制，锚定目标任务，在“以学铸魂、以学增智、以学正风、以学促干”上取得扎实成效。突出示范带头深化理论学习。坚持读原著学原文悟原理，各级党组班子先学一步、深学一层、精学一筹，发挥示范表率作用，落实“第一议题”、党组理论学习中心组学习研讨 607 次；分层分类指导党员干部参加读书班、集中学习、个人自学全覆盖；各级班子成员和党支部书记讲主题教育专题党课或专题辅导 48 场次、覆盖党员 700 余人次。党员干部坚持学习、善于学习的意识进一步提升，对习近平新时代中国特色社会主义思想的政治认同、思想认同、理论认同、情感认同进一步深化。

突出问题导向大兴调查研究。全系统认真落实“深、实、细、准、效”五字诀，紧扣影响和制约行业高质量发展的重大课题精心制定实施方案，选定 52 个小切口调研课题和 29 个正反面典型案例,践行“四下基层”制度,实地调研14个地州市、96个县市区、500余家基层企业,发现问题154个,形成措施139条、转化形成调研成果30项。运用党的创新理论指导实践、推动工作的能力得到了锻炼提高,取得了一批很有价值的成果,新疆“不包邮、不发货”问题持续好转,两级快递行业党委组建全覆盖目标提前1年完成。

突出凝心聚力更好推动发展。坚持把主题教育与行业高质量发展高效能治理相结合,积极推进交通强国邮政篇建设,在服务先进制造业发展、“一带一路”建设、区域协调发展、乡村振兴等重大国家战略中发挥了重要作用。积极推进解决制约行业发展的关键问题,促进行业高质量发展,在提升服务质量、治理农村快递服务违规收费、推进落实地方财政事权和支出责任、网络与信息安全、快递员群体合法权益保障、安全发展、绿色发展等方面取得了实效。

突出标本兼治抓实整改整治。坚持刀刃向内、自我革命,全系统两级党组全面对标党中央、国家邮政局党组指出的典型问题,认真梳理推动发展和群众反映强烈的问题,形成包含53个问题的两批问题清单和25个专项整治方案。深入开展农村末端违规收费等2项上下联动专项整治,取得良好成效,农村末端违规收费问题得到有效遏制,56个县市区明确县级邮政管理责任承担主体。各族群众对邮政快递获得感、幸福感、安全感更加充实、更有保障、更可持续。

突出严管严治抓实干部队伍教育整顿。坚持问题导向,党组整改销号问题7项,出台干部交流、考核管理、政治素质考察等制度8项。坚持把全的要求、严的基调、治的理念贯穿干部队伍教育整顿全过程,加强对干部全方位管理和经常性监督,进一步纯洁了干部队伍思想,营造了良好政治生态。

服务党和国家大局有力有效。始终把加快交通强国建设邮政篇摆在突出位置,全面落实国家邮政局党组、自治区党委政府工作部署,聚力攻坚、埋头苦干。强化交通强国战略引领。认真贯彻落实《加快建设交通强国邮政篇实施方案》,印发细化措施和任务分工方案,申报交通强国邮政专项试点1项。积极参与交通强国新疆试点,会同邮政企业推进涉邮试点项目1项。抓好交通强国邮政篇重大工程、重点任务落地实施,完成“十四五”规划中期评估。积极服务地方经济发展。引导邮政快递枢纽、仓储设施和运输网络合理布局,稳步推进乌鲁木齐、阿克苏省级快递“双枢纽”建设。持续推进“两进一出”工程,更好服务自治区以“八大产业集群”为支撑的现代产业体系建设,行业发展服务地方经济作用更加凸显,地方党委政府关注度持续提升,全年作出批示35次、深入行业调研43次。优化政策供给。深入贯彻国家邮政局关于进一步做好新疆邮政快递工作的实施方案,制定落实方案,细化工作措施。区、地两级政府出台促进农村寄递物流体系建设实施方案实现全覆盖。联合交通运输、农业农村、文化旅游等部门印发邮政快递业服务农产品上行、客货邮融合发展、主题邮局建设等政策性文件,持续优化行业营商环境。加快行业现代化基础设施体系建设。贯彻落实邮政快递枢纽布局建设指导意见,推动基础设施整体效能提升,建成省级分拨中心14个、地州市级分拨中心85个,总面积53.3万平方米,投用智能分拣线127条,设计最大处理量1.1亿件/日,处理能力、智能化水平大幅提升。

邮政快递助力畅通循环的能力不断提升。坚持以“物畅其流”为指引,不断提升邮政快递发展的均衡性、公平性、包容性,提供人民群众满意的邮政快递服务。加速推进农村寄递物流体系建设。深入实施“快递进村”工程,更好服务乡村振兴战略,加快完善县乡村三级寄递服务网络,建制村快递服务通达率达96%以上,建成26个县级共配中心、8574个村级邮政快递服务站。不断提升农村邮政服务能力,2244个建制村实现每周5次投递,农村投递汽车化率同比提升5个百分点。支持拼多多—极兔自主进村模式,取得明显成效。

深化“客货邮”融合发展，联合自治区交通厅等多部门印发方案，启动农村“客货邮”融合发展试点，联合兵团交通运输部门在石河子、可克达拉先行试点，全区已挂牌131处交邮合作站点，开通118条交邮联运邮路。

加速提升服务产业链供应链能力。培育邮政快递服务现代农业项目36个，其中，国家级铜牌项目1个；2023年度项目快递业务量同比增长57.68%，带动农业总产值同比增长65.6%。会同工信部门实施“5312”工程，鼓励发展仓配一体和供应链管理等业务，培育生物医药、纺织服装等34个快递业与制造业深度融合典型项目，支撑制造业产值13.16亿元。

加速推进国际寄递物流体系建设。自治区人民政府与吉尔吉斯共和国签订邮政领域合作协议，深化国际交流合作。新疆维吾尔自治区邮政管理局全力推进自贸区涉邮任务落实，优化完善国际邮件互换局（交换站）功能，协调喀什国际邮件互换局恢复运营、霍尔果斯国际邮件交换站迁址扩建，新增乌鲁木齐至阿拉木图等6条国际航空邮路，推动中欧班列运邮常态化。2023年全区通关跨境电商包裹144.52万件，支撑贸易额6210.18万美元，开行中欧班列运邮5列。

积极推进解决新疆“不包邮、不发货”问题。联合多部门深入调研，形成调研报告，国家邮政局和自治区政府主要领导4次作出批示，在国家邮政局支持下，推动全国、全行业联动解决。与浙江、陕西等局建立沟通联系机制，协调快递总部出台支持措施。支持淘宝、天猫、拼多多等平台发新疆件中转集运和西安、杭州集运仓建设。开展为期5个月的电商商品监测、3轮线上问卷调查和2轮成效复查，“不包邮、不发货”商品比例明显降低，全区日均快递投递量增长近百万件。

妥善做好疫情转段以来保通保畅工作。全面落实“乙类乙管”要求，及时优化调整行业疫情防控措施，努力推动分拨中心和营业网点复工复产，全力满足生产生活和医疗保障物资寄递需求，妥善疏解滚存积压邮件快件，有效保障邮政快递服务不中断、不降质。

行业发展动能加速释放。坚持以数字化、智能化、绿色化、融合化转型为抓手，不断增强发展活力、拓展发展空间。行业科技创新更好推广应用。加快推动行业数智化转型，召开科技创新应用推进会，鼓励企业加大科技投入，提升科技应用水平。组织开展智能安检技术应用调研，调研成果被邮政快递报采编。加大智能视频监控、智能安检等先进科技在行业普及。联合公安部门推动人证核验技术试点应用，有效提升实名收寄质量，全区实名率达99.91%，位列全国第四。加快智慧物流技术应用，邮政干线车辆单北斗系统设备安装全覆盖。邮政快递绿色低碳转型有序推进。坚持标准化、循环化、减量化、无害化发展，大力实施“9218”工程。强化部门协同共治和全链条治理，开展邮件快件包装抽查，加大塑料污染和过度包装治理力度，查办涉绿色环保案件8起。电商件不再二次包装比例达90.62%，使用可循环包装181.57万件，回收复用瓦楞纸箱312.04万个。行业绿色发展共识不断凝聚，绿色发展成果不断凸显。行业人才队伍建设不断加强。深入实施职业技能提升行动，3177名从业人员接受职业技能培训，2328名从业人员取得职业等级资格，38名从业人员取得快递工程专业职称，从业人员职业发展体系进一步健全。成功举办第四届全国邮政行业职业技能竞赛新疆赛区选拔赛，向全国大赛推荐4名参赛选手；哈密、昌吉、巴州、克州等7个地州市举办职业技能大赛，900余名从业人员通过以赛代训，提升职业技能水平，有效形成示范带动效应。

推动行业治理效能持续深化。深入学习贯彻习近平法治思想，落实依法治疆要求，坚持在法治轨道上推进行业治理体系和治理能力现代化。坚持全过程强化法治引领。认真学习领会习近平法治思想，深入履行推进法治建设第一责任人职责，党组理论学习中心组集体学法2次，党组会议专题研究法治工作1次,为全局干部职工讲法治课1次,带头参加自治区“法治讲堂·逢九必讲”和旁听庭审活动。落实述法工作要求,将述法与主要负责人年终述职考核深度融合,深入推进主要负责人带头尊法学法守法用法。聘请系统内2名公职律师担任新疆维吾尔自治区邮政管理局法律顾问,推进行政决策规范化、法治化。加强行政执法监督和培训,提升依法行政能力。深入落实“八五”普法规划,多渠道、多形式广泛宣传行业法律法规。坚持全链条增强监管质效。压实快递企业区域总部统一管理责任,约谈快递企业新疆总部2家次。督促区域总部主要负责人定期赴下级企业开展内部巡查自查,处置问题隐患300余个。

坚持全方位规范市场秩序。开展许可合规治理,实现主要快递服务品牌地域范围全覆盖。加速推广快递许可电子证照签发应用,持续优化末端网点备案流程,新增法人企业、分支机构、末端网点3095家。深入开展快递市场秩序整顿,扎实做好服务价格抽查监测,聚焦农村快递服务违规收费和电商快件寄递服务质量问题开展专项整治,出动检查2040人次、检查企业2392家次,立案处罚121起,保持快递市场秩序整顿高压态势。扎实做好消费者申诉处理工作,申诉满意率保持在98%以上。坚持全覆盖维护合法权益。加快推进从业人员劳动合同签订和社会保险缴纳,巩固基层快递网点优先参加工伤保险工作成果,快递员劳动合同签订率提升至84.98%,参保率提升至96.4%。新建爱心驿站224处,争取廉租房、公租房159套。全区各级党委政府、社会团体、领导干部等深入基层一线慰问快递员160余次。快递员合法权益保障范围不断拓展,机制不断健全,快递员群体的获得感、幸福感不断提升。

邮政快递本质安全不断夯实。更好统筹高质量发展和高水平安全,把防风险保安全贯穿到邮政快递业高质量发展各领域、全过程。防范化解重大风险。牢牢扭住新疆工作总目标,扎实做好邮政快递领域国家安全工作,强化政治、经济、意识形态、安全生产等多方面风险研判,制定34项具体措施,坚持底线思维,强化源头管控,加强系统治理,筑牢寄递渠道安全防线。夯实行业安全基础。扎实开展平安寄递专项行动和重大事故隐患专项排查整治,加强平安员队伍建设,强化“四不”问题整治。分层分级联合兵地相关部门牵头成立平安寄递专项行动协调小组,检查寄递企业3163家次,排查整治安全隐患828个,查处非法寄递假烟、涉枪涉爆物品等违法违规行为35起,协调相关省局溯源倒查寄递违法违规行为7次。深化个人信息安全治理,夯实网络和信息安全基础,基本实现隐私面单全覆盖。强化应急处置保障。持续推进应急管理体系和能力建设,全系统组织自然灾害、消防、维稳等应急演练122场次,稳妥应对极端天气、地震等自然灾害,有效在“实战”中检验和提升行业应急处突能力与水平。加强“绿盾”信息化系统应用,全年发现、处置企业问题隐患160个。全力做好重大活动期间寄递渠道安全和服务保障工作。全年未发生安全生产责任事故。

以高质量党建引领保障邮政快递业高质量发展。深入推进新时代党的建设新的伟大工程,坚决扛起全面从严治党政治责任,系统党的建设全面加强。坚持政治建设统领。各级党组织认真履行主体责任,积极创建模范政治机关,持续深入学习宣传贯彻党的二十大精神,严格执行各项制度,不断规范党内政治生活,强化理论武装,举办专题培训班,引导党员干部深化学习研讨。更好发挥基层组织战斗堡垒作用,全系统评选出“五个好”党支部10个、县级以上优秀党员13名,有效推动党建与业务高效融合。全面推进行业党建工作,实现两级行业党委全覆盖,新建基层党工团妇组织39个。锻造过硬干部队伍。始终把政治标准放在首位,扎紧制度“笼子”,树立良好选人用人风气,提升干部选育管用水平。持续优化干部队伍结构,选拔、晋升局管干部18人次,交流干部6人,接收援疆干部3人,招录公务员5人,新增5名

40岁以下年轻干部进入领导班子，实现14个地州市局领导班子全部调整配齐，推动形成梯次配置、优势互补的干部队伍格局。坚持从严监督管理，严格执行领导干部个人有关事项报告制度，扎实开展处级以上领导干部轮训和干部人事档案专项核查。

持之以恒正风肃纪。严格落实中央八项规定及其实施细则精神，驰而不息纠"四风"、树新风。深入开展快递协会脱钩工作"回头看"和对外委托项目专项清理。深化纪检干部队伍教育整顿，开展警示教育82场次，各级纪检组长与纪检干部谈心谈话41人次，党组书记与下级"一把手"集体廉政谈话2次、任前谈话18人次，初核上级交办问题线索2件，运用"第一种形态"教育提醒党员干部8人次，系统内党风、政风持续向好。持续推进精神文明建设。加大行业先进典型选树宣传力度，1人荣获"全国五一劳动奖章"、1个集体荣获"全国青年安全生产示范岗"称号、6个集体分获"全国邮政业青年文明号和青年安全生产示范岗"称号。组织"自治区劳动模范"倪宏亮、"抗洪护邮卫士"夏勇、马宏钧等行业先进典型事迹宣讲，行业内学典型、做典型热潮涌动。社会关注度有效提高，全年行业发展成效在《新疆日报》、国家邮政局"网报刊"等省部级以上媒体刊载198篇。

三、快递市场存在的突出问题

在夯实行业发展基础方面，网络布局还不够完善，三级寄递物流体系与国际寄递物流体系建设仍有短板弱项，国内国际寄递物流链韧性不足。在提升行业发展质效方面，行业发展的内生动力和可靠性不足，业务种类和区域发展不平衡，科技化、现代化水平不高，行业规模偏小，服务能力与质量水平还不够优，对畅通消费循环的吸引力、推动力和保障能力仍需提高。在提升行业治理效能方面，行业法规制度还需完善，行业安全和应急管理能力不强，信息化监管和信用监管还有待加强，品牌快递企业区域总部统一管理责任压得不实，业内良性竞争秩序还没有完全形成，末端网络稳定和快递员群体合法权益保障还需持续巩固。在全面从严治党方面，系统党的建设仍存在不到位、不平衡现象，基层减负工作仍需深化拓展，形式主义、官僚主义问题仍有发生。

第八篇 协会活动

锚定目标 坚持创新 持续推动中国快递业高质量发展

2023年是深入实施“十四五”规划的承上启下之年，是坚定不移落实党的二十大重大决策部署的关键之年。2023年我国快递业务量完成1320亿件，业务收入完成1.2万亿元，同比分别增长19.5%和14.5%，支撑实物商品网上零售额达13万亿元。一年来，中国快递协会坚决贯彻习近平总书记关于邮政快递业重要指示批示精神，按照国家邮政局推动行业向高质量发展的工作思路，充分发挥桥梁纽带作用，努力为会员单位提供形式多样的服务，积极反映行业诉求，持续加强行业自律，全力推动我国快递业加快高质量发展。

（一）坚持开放与合作，推动行业加快高质量发展

一是切实推动快递业区域高质量发展。4月初，高宏峰会长一行与福建省副省长林文斌会见，并调研快递业五年来在闽发展成果，持续推进福建快递业高质量发展。自2018年以来，福建省政府与中国快递协会在推动交通运输服务业发展方面达成共识，并指定福建省交通运输厅负责推动快递企业在闽加大投资建设力度，解决企业“用地难”问题。在省交通运输厅的大力协调推动下，福建快递业营商环境不断优化，直接推动顺丰、中通等一大批快递区域总部和大型转运中心的重点建设项目落地，推进了福建快递业集群的提档升级，实现了区域总部经济集聚效应。其中，厦门中通、德邦、京东（福州）被列入首批国家综合货运枢纽补链强链项目名单，争取国家补助资金约9000万元。在廊坊“经洽会”期间，举办河北快递业项目建设推进会。河北省副省长胡启生、高宏峰会长出席会议，河北省发改、商务、自然资源、邮政等相关部门及石家庄等多个地方政府部门相关负责人参加会议，与快递行业企业家代表共同研究推进河北快递业高质量发展布局与投资建设等情况。

二是加入万国邮联参与国际合作。协会在国家邮政局的指导和支持下，于4月加入万国邮联咨询委员会（CC），并在首次参加的咨询委员会全体会议上发言交流，介绍中国快递业发展情况。10月赴沙特参加第四届万国邮联特别大会，重点关注万国邮联向更广泛的邮政行业参与者开放、全球邮政业碳减排目标等议题，同时应咨询委员会成员单位的需求，推动其与国内邮政、快递企业洽谈合作，推动我国快递业加快海外布局、助力通关便利化。协调解决国内企业在拓展国际网络过程中遇到的问题，加强沟通，消除误解，增强互信。积极参加CC月度研讨会，以及相关主题报告组的日常会议和活动，参与邮政繁荣区

试点项目。加强与CC秘书处的联络，跟进其工作动态，向国内企业介绍CC相关情况。邀请CC主席参加第五届中国(杭州)国际快递业大会并做主旨演讲。

三是组织召开第五届中国(杭州)国际快递业大会。成功举办第五届中国(杭州)国际快递业大会。会议由国家邮政局作为指导单位，中国快递协会和浙江省人民政府共同主办，大会以“递联全球 智创未来”为主题，来自政府相关部门的领导与行业专家学者企业家们共同建言献策，通过主旨演讲、成果发布、项目签约、专题交流等形式，共谋行业高质量发展之路。大会发布了《全球快递发展报告》等一系列重要发展成果。组织两场平行分论坛进行专题交流探讨，以“服务全球互联互通，助力‘一带一路’新征程”为主题，邀请业内专家就快递企业如何高效落地新兴市场、加速全球化布局等问题分享经验与思考。“高质发展，标准先行”分论坛则从政策解读、国际标准对接、团标应用等方面进行探讨，分享标准工作助力企业发展的体会，引导行业加快标准化体系建设。

四是推动行业科技创新与绿色转型发展。根据国家科学技术奖励工作办公室和国家邮政局的指导意见，进一步修订邮政行业科技奖奖励办法。召开快递绿色科技发展大会，举行第三届邮政行业科学技术奖颁奖活动，14个项目分获一、二、三等奖。与国家邮政局发展研究中心联合举办邮政业智能安检系统成果交流会，助推成果转化应用以及提升快递业安检能力和水平。绿色环保专业委员会组织召开快递包装全链条治理研讨暨法规政策宣贯会、快递业绿色包装发展论坛等，邀请有关专家详细解读塑料污染与过度包装治理，相关企业代表分享实践经验，共同助推电子商务与快递业绿色发展迈上新台阶。组织快递企业、包装企业签订《快递业限制快递过度包装自律公约》。

五是持续推进行业标准化工作。积极参与国家标准和行业标准的制定、修订，特别是参与全国邮政业标准化技术委员会的工作，对《邮政快递业术语》等20个标准提出修改建议。深入研究国家标准《快递服务(征求意见稿)》并代表企业提出数十条建议，部分建议被采纳。持续推进协会的团体标准制定与发布，对外发布《贵重物品寄递服务规范》等7项团体标准，立项6个团标项目，持续开展团标预审、征求意见、技术审查等工作。

(二)坚持协调与自律，维护行业稳定发展

一是代表企业反映诉求助力政府决策。积极参与行业立法工作。就《中华人民共和国邮政法(修订草案)》《邮政普遍服务》《邮政行政处罚程序规定(修订草案)》等法律及行政法规提出修改建议，并组织开展相关研讨活动。组织快递企业参与意见征集与反馈工作，代表行业反映诉求，在政府相关部门决策过程中，就30余项相关规范性文件提出意见建议。

二是深入开展行业问题调查研究工作。协会在上海、深圳组织开展快递业高质量发展企业调研，深入企业总部走访座谈，了解其在推进高质量发展实践中遇到的问题困难，积极协调推动行业加快发展。协会组织快递业反垄断与数据安全研讨会，围绕市场公平竞争、数据安全等行业热点问题进行讨论研究，进一步推动行业信息数据安全保障。在新疆组织交流研讨会，研究探索地广人稀地区的快递服务集约模式。在广东深入调研一线快递网点，了解业务旺季的保障情况和发展需求，为会员提供精准服务。实地走访相关部门和快递企业，调研快递揽投车辆包容性政策等情况，形成快递揽投车辆包容性政策、行业发展的需求及建议调研报告。

三是维护快递网络平稳有序运行。组织召开旺季服务保障工作协调动员会，“双11”期间赴四川、山西等多地，联合省级快递协会共同开展慰问调研活动，走访各地分拨中心和末端网点,将慰问品送达一线快递员手中,并深入了解基层现状,帮助协调解决相关问题。配合国家市场监管总局持续推进《快递末端派费核算指引(试行)》推广实施,听取企业对全国各地核算结果的核定工作汇报。联合国际野生物贸易研究组织(TRAFFIC)在广西和云南边境地区分别举办“快递行业预防和打击非法寄递野生动物及其制品培训会”,推动一线网点和从业人员严格执行收寄验视制度,严防受保护的野生动物及其制品非法流入寄递渠道。

四是持续推进快递员权益保障工作。贯彻落实快递员群体合法权益保障工作,积极配合国家邮政局在陕西、吉林等省开展《快递员劳动定额》标准试点工作,与试点省局保持沟通、解答问题,会同中标院完善试点数据采集方法,汇总试点情况和数据。收集汇总快递企业及其基层网点优先参加工伤保险相关数据。与国家邮政局、中国国防邮电工会形成联席工作会议机制,加强邮政快递业工会工作,在构建和谐劳动关系、维护职工合法权益等方面形成工作合力。持续开展“寻找好心快递小哥”公益活动,不仅对其中49名“好心小哥”进行专题宣传报道,还在理事会上予以隆重表彰,由快递企业负责人为本单位获奖“好心小哥”颁奖。研究制定邮政快递业职业道德规范,并就规范广泛听取各方意见。联合全总职工书屋,为100个便利型职工阅读站点和50个劳模书架进行添置图书活动,配置精美图书共9000余册。该活动开展三年以来,已为22家会员单位的600个快递网点和350名优秀个人共配发42400余册书籍,引导基层从业者通过阅读学习,成长成才。

(三)坚持创新与发展,不断提升服务水平

一是积极搭建会员企业交流合作平台。加强会员间供需对接,促成一系列合作。在安徽合肥举办“数智ETC助力快递业降本增效”专题活动,通过提供ETC卡种优化服务,为快递企业降低高速公路通行费,助力企业实现精细化管控和降本增效。经过近半年运行,累计为快递企业节省高速公路通行费数千万元,受到快递企业一致好评。召开外资企业座谈会,听取企业在经营中遇到的困难,协助其向相关部门予以反映,并为企业开具环保车辆使用等相关证明。协会智能配送专业委员会组织召开“AI赋能 聚势前行”实践创享会,邀请相关科研机构、前沿技术研发企业的专家学者,解读政策、分享技术研发成果,探讨行业发展趋势,为智能装备企业与快递企业的合作搭建平台。

二是持续做强会展服务品牌。组织邮政速递、顺丰、中通、圆通、韵达、申通、菜鸟等会员单位组成中国快递服务展区参加2023届服贸会。企业展示发布最新发展成果,并参与服贸会服务案例遴选等活动,5家企业的服务案例分别获选示范案例奖,为快递行业赢得荣誉。服贸会期间,展区亮点纷呈引人关注,协会组织主流媒体记者进行采访报道,行业形象和影响力进一步提升。组织会员企业参加“廊洽会”,参与“国际跨境电商平台推介会”等主题活动。组织10余家会员单位参加第二十三届“投洽会”,展会期间,顺丰、圆通等快递企业与来自波兰、爱尔兰、德国等国家的相关部门和客商进行了业务对接。

三是努力打造公益服务平台。配合国家局定点帮扶工作,严格把控项目资金的拨付使用,组织捐资企业实地考察项目建设情况,确保帮扶资金落实到位。参与人社部门“2023年春风行动暨就业援助月”活动,为会员企业免费提供入驻“就业在线”招聘平台,为春节后有用工需求的企业提供支持;同时为求职者提供2000余个工作岗位。参与2023年网络招聘专项行动,为快递企业集中开展特色专场招聘服务,为劳动者求职和快递企业招聘提供高效对接通道。2023年夏季多地快递网点因洪涝受灾,部分区域用户对快件的查询、延误、投诉等需求量暴增,为缓解网点集中客服压力，科专委联合企业开展“免费智能客服支持”公益项目，为多家末端网点解了燃眉之急。

四是多渠道宣传发声。持续加大宣传力度，围绕行业发展、协会动态等重点主题，通过协会公众号、抖音号、视频号和网站等自媒体渠道对外发声和宣传。围绕服贸会、快递业务旺季协调动员会、第五届国际快递大会等重点会议活动，邀请《人民日报》《经济日报》等央媒和《北京日报》《新京报》《澎湃新闻》《深圳特区报》等地方媒体记者采访报道，取得良好宣传效果，进一步提升行业形象和影响力。

（四）党建引领，完善制度加强自身体系建设

一是扎实推进党建工作。深入开展学习贯彻习近平新时代中国特色社会主义思想主题教育。组织党员紧密联系岗位职责和工作要求开展集中理论学习研讨，深刻领悟习近平新时代中国特色社会主义思想的真理力量和实践伟力。开展一系列专题调研，开展“立足岗位作贡献”活动。开展检视整改，从协会、党支部和党员自身深刻检视剖析，认真落实整改工作。持续开展党建工作质量攻坚三年行动，完善协会党支部建设制度，规范运行机制，开展创建“合格党支部”活动。严格落实“三会一课”、组织生活会等制度。召开组织生活会及支部书记、党员述职评议会，完成党支部换届选举工作。联合上海和浙江快递协会党支部开展主题党日活动，沿着早期共产党人的足迹，重温党的光辉历史，汲取奋进力量。

二是稳步推进自身建设。组织召开三届四次理事会，国家邮政局赵冲久局长出席会议并做重要讲话。会议审议通过2022年度协会工作报告，组织新会员证书颁发仪式，发布首批团体标准，表彰2022年度在保通保畅、助力乡村振兴、省级协会工作开展和参与服贸会取得显著成效的单位。顺利通过民政部门年检。完善会员管理制度和入会审核流程，制定《入会管理办法》。以通信形式召开三届九次、十次常务理事会，审议通过21家企业的入会申请。加强与省级协会的工作联动，支持各省协会开展论坛、会展等活动。组织全国省级快递协会工作座谈会，加强相互交流学习借鉴，促进职能作用的发挥，得到各省协会好评。征集省级协会优秀工作案例，并形成工作经验交流材料汇编。

一年来，协会工作取得了一定成效，这些工作的开展离不开全体会员的团结一心共同参与，更离不开民政部、中央社会工作部和国家邮政局以及社会各界的悉心指导和大力支持帮助。在此，向始终关心支持中国快递协会建设与发展的各位领导、政府部门、社会各界及全体会员们，表示衷心的感谢和致以崇高的敬意！

快递业是现代流通体系的重要组成部分，是畅通经济大动脉、保障民生微循环的基础性战略性先导性产业，其公共属性日益明显。但同时，我国快递业的发展正进入战略机遇和风险挑战并存、不确定难预料因素增多的时期，从行业来看，快递业高质量发展的趋势没有改变，发展机遇大于挑战，行业运行将继续呈现稳中向好、量质双升的态势。我们还要清醒地认识到工作中还有许多不足，当前发展的任务更加繁重。区域发展不平衡不充分的问题依然存在，服务的行业也不平衡，尤其体现在服务电商和制造业，速度与效率的不平衡、前端与末端的不平衡等，表明快递业的服务、产品、模式还不能充分满足经济社会发展和人民群众的需求。另外，从业人员合法权益保障有待进一步落实，绿色低碳发展还不充分，安全生产面临挑战，快递业对现代物流的带动引领作用有待进一步增强等，这些都是行业迈向高质量发展的路上需要攻克的难题和挑战。

中央经济工作会议指出，我国发展面临的有利条件强于不利因素，经济回升向好、长期向好的基本趋势没有改变，要增强

信心和底气。目前，我国快递业正在加速迈向高质量发展阶段，行业必须聚焦问题攻坚克难，集中力量锻长链、补短板，以务实举措推动快递业质的有效提升和量的合理增长。2024年，中国快递协会将继续按照国家邮政局的工作部署，锚定交通强国邮政篇建设目标，坚持创新、协调、绿色、开放、共享的新发展理念，协同会员企业持续推动我国快递业高质量发展。

第九篇　人　物　志

2023年5月19日下午，由国家邮政局和中华全国总工会指导的“奋进新征程建功新时代”第五届“中国梦·邮政情寻找最美快递员”活动揭晓发布会在京举行，哈弄夺机、张裕等10名“最美快递员”和鼓浪屿“好小哥”团队、北京顺丰党员抗疫突击队、京东物流冬季国际顶级赛事服务团队等3个“最美快递员”团队受到表彰。

哈弄夺机：“长征邮路”的奔跑者

评审委员会授予哈弄夺机的推荐词：

16年，44余万公里，500多万件邮件，一个人一辆车一颗心一条路，你筑起牧民与外界沟通之路。这条“长征邮路”，你传送党的声音、传递温暖信任、传导幸福力量；这条离家之路，你留下三声喇叭，一声回，一声走，一声很想念。

“能不能现场给我们来一段产品直播？”

“直播间的朋友们大家好！我是来自阿坝州若尔盖县的哈弄夺机！今天我给大家带来的好物推荐，是来自‘熊猫家园净土阿坝’的甜樱桃和牦牛肉干……”

在发布会现场，主持人的话音刚落，哈弄夺机便熟练地开始“带货”。从投递员到“带货主播”，身份叠加的背后，他也开启了在“长征邮路”上的新长征。

“最美快递员”“四川好人”、四川省劳动模范、全国邮政行业劳动模范、五一劳动奖章获得者……入行16年，中国邮政集团有限公司四川省若尔盖县分公司网运投递组组长兼乡邮投递员哈弄夺机获得的荣誉无数。而作为“长征邮路美好信者”，他的故事自然要从“长征邮路”说起。

位于川西北，青藏高原东北边缘的四川省阿坝藏族羌族自治州若尔盖县，在游客眼中风景绝美，若诗若画。但对坚守这里16年的80后投递员哈弄夺机来说，他更专注于一条平均海拔3500米，全程往返216公里，穿越牧区、林区的危机四伏的投递之路。在这条串联红色圣地和精神家园的“长征邮路”上，哈弄夺机开着邮车走村入户，累计行程44万多公里，投递邮件500多万件，邮件无一丢失，准确率达100%。

地广人稀，交通不便，偏远高原山区的投递工作很是繁重。若尔盖县面积有1万多平方公里，共有7个镇、6个乡、1个牧场，设立了3条邮路，往返超1000公里。2007年哈弄夺机进入邮政工作，2014年至2019年，这3条邮路都交到了他的手上。最远的一条邮路往返要600公里，正常跑下来要12个小时，遇到极端天气要十六七个小时。

就是这样的环境下,哈弄夺机从不喊苦,从不说累。因为在他心里,这条邮路为农牧民架起了与外界沟通联系的桥梁。“每趟投递基本上都要装满一车,有时还装不完。”哈弄夺机说,从书本文具、衣服鞋帽等日用品到吉他、化妆品、宠物食品,应有尽有。乡下的青壮年平时外出打工,老人不会用手机上网,哈弄夺机经常会帮着下单,还帮老乡带药。

一直在邮路上送信、送包裹,哈弄夺机发现,他能做的事儿也越来越多。“2021 年,我尝试通过直播带货帮助牧区老乡将自己的好东西卖出去。”哈弄夺机说。依托在邮路上对各款产品的了解,他总能挖掘到物美价廉的佳品。2021 年 3 月,他开始了第一场直播带货,出售牦牛肉干、奶粉和当地百姓做的酸菜、干菌子、苦荞面、糌粑、沙棘、雪梨膏等。

也就是在那时,哈弄夺机电商工作室成立,“直播带货主播”成为哈弄夺机的一个新身份。现在,他还是阿坝邮政服务乡村振兴宣传大使。用他的话说,“从脱贫到致富,就是要帮乡亲们富起来”。哈弄夺机说:“我现在主要负责全县邮政网运投递和邮快合作。通过邮快合作,今年我们已将 13 万件合作企业的快件投递到了乡亲们手中。”

脚下有力量,源自心中有信仰。曾是乡邮员的父亲对哈弄夺机影响至深,“自我从阿爸手里接过邮包起,就经常被王顺友的故事所激励。成为一名乡邮员后,我更是在其美多吉大哥‘雪线邮路’精神的鼓舞下,坚持做好每一份信件包裹的投递。”哈弄夺机说。

时代在不断变化,哈弄夺机的“长征路”也不断加入更丰富的内涵。“新的‘长征邮路’上,我会继续钉在岗位上,埋头实干,努力为家乡人民、家乡企业贡献更多力量。”哈弄夺机坚定地说。”

赵大荣:应急救援的志愿者

评审委员会授予赵大荣的推荐词:

疾驰、奔走、争分夺秒、竭尽所能……你是快递人,服务乡村振兴助力共同富裕;你是急救人,关键时刻冲锋义无反顾前行。历经400多次险境,你扬急救之帆为生命护航。快递,是一颗种子,在你这里开出不一样的繁茂之花。

18 岁时,赵大荣离开故乡陕西的黄土地,随同乡到上海闯荡,第一份职业就是快递员。2020 年 3 月,赵大荣接手中通陕西省咸阳市乾县分公司,在抓好产品和服务的同时,他与电商企业合作,助力当地各类农产品销往全国。

回忆起刚接手时的情景,赵大荣说:“老场地很旧,工作环境也不好,我接手的第一件事就是投资新场地。因为我也当过快递员,所以很能理解大家的不容易,一定要给他们一个好的工作环境。”除更换场地外,赵大荣还为员工提供了宿舍和食堂,让大家工作起来更放心。

结合本地实际和公司发展,赵大荣积极推进快递进村。2021 年,他在 2 个月内铺设了 18 个乡镇末端网点,并对原有的乡镇和农村网点进行升级改造。到了农产品成熟的季节,赵大荣就让公司的货车直接开到田间地头。农户摘到果子后就地打包,赵大荣带领快递员直接贴单发货。“这样的揽收方式让我们当晚就能把农产品转运走,农户们节省了运到县城发货的人力物力,消费者也能买到最新鲜的农产品。”

工作外，赵大荣的另一个身份是汉中市曙光应急救援队秘书长。近年来，他共参加救援类、服务保障类任务400余次，志愿服务时长约2800小时。他说："我想在有限的生命里做更多有意义的事。"

赵大荣公益之路的开启来源于亲身经历。2008年5月12日汶川大地震时，赵大荣所在的汉中市广坪镇距离震中仅百余公里，被定为严重灾区。赵大荣的妻子当时临产，一家人在政府建设的安置区居住了4个月。同年8月，赵大荣的女儿在临时医院里出生。"很多人受伤，很多都是我认识的人。"赵大荣回忆道，当时他就有参与抗震救灾的念头，可是为了照顾妻子，只能放弃。这也成了他的遗憾。

2015年，汉中市曙光应急救援队招募志愿者。赵大荣得知消息后第一时间报名。随后几年，他遇事总是冲在最前，并不断学习专业技能，以帮助更多的人。

"救援不是口号，而是要用科学规范的技术去施救，这样才能有效帮助更多人。"通过相关培训，赵大荣陆续拿到了国际水域和高空绳索救援技术认证，并在2018年被认证为应急救援员国家职业技能鉴定考评员。

谈及印象最深的一次救援任务，赵大荣说是2021年7月在河南郑州。当时郑州突降特大暴雨，赵大荣和队友们连夜赶到现场参与救援工作。当他们驾驶冲锋舟经过某处厂房时听见有人呼救，靠近才发现是几名准备撤离的被困群众扶着一位老太太在等待救援。询问后，救援队得知老太太因病行动不便。赵大荣立即跳进水中，游过去将老太太抱起，通过救援船将其转移到安全的地方。后来，老太太的家属专门给他发来感谢视频，"看到这段视频，我非常高兴，感觉我们做的事更有意义和价值了，也更有信心继续做下去了"。

现在，赵大荣的救援车就停在公司，随时待命，"如果遇到紧急事件需要救援，我会把工作安排好，第一时间开着救援车出发"。

谈到这次被评为"最美快递员"，赵大荣说："太激动、太高兴了，也太不容易了。我是一名快递从业者，也是一名专业应急救援员。我希望通过自己的努力帮到更多的人。快递员走街串巷，大多年富力强，能够成为国家应急救援的重要力量。这次获奖是对我这几年工作的肯定，我还要继续努力，做好事，带好头，继续前行！"

徐峰：乡村振兴的深耕者

评审委员会授予徐峰的推荐词：

大有决心，大有信心，20年，你把两人小店做成100多人的综合服务平台；线上线下、电商快递，1+1，你创建新模式开启乡村振兴加速度。一个人说好是成长，一群人说高兴是幸福，你在每个起点蓄力，带领农民兄弟一路前行。

"今天站在领奖台上，收获的这份殊荣不只属于我个人，它还属于20年来和我一起披荆斩棘、并肩前行的每一个人。它是对过去已有成绩的最佳肯定，更是激励未来奋进的生动鞭策，对我而言意义重大。"从四川省凉山彝族自治州赶来参加第五届"中国梦·邮政情寻找最美快递员"活动揭晓发布会的徐峰在喜悦激动之余，更多了份对未来的憧憬，那便是在实现乡村振兴的实践中继续发光发热。

作为韵达四川德昌网点的负责人，徐峰扎根少数民族贫困地区20年，在与其他地区相差甚远的快递电商发展环境中，付出了更多的辛勤与汗水,并成功推动快递与电商融合发展,打造出助力脱贫增收的新模式。

“当初来到凉山,是一个青年心怀梦想,白手起家的奔赴。如今更多了一份不忘初心、踔厉奋发的坚定。”徐峰始终认为,企业是社会的企业。所以,他一直强调社会责任,坚持做一名社会真情的回报者。他积极响应政府“聚力农村,电商扶贫”的号召,提出采取“快递 + 电商”融合发展的模式,解决农村电商及快递物流的瓶颈问题。与此同时,结合亚峰公司优势,以快递物流为依托、以电子商务创业为助力点,以德昌县优质农特产品为支撑,在全县建立了 100 多个电子商务服务站,其中重点帮扶 32 个贫困村的电子商务服务站点,组建覆盖德昌县 90% 乡镇的农村快递网络,打通快递“最后一公里”,并在此基础上将当地百姓的优质土特产销售到全国各地。

“光靠一个人一家公司通过电商快递帮助百姓销售优质农特产品,很难解决全县、全州的农特产品出山问题。必须提高百姓的技术水平,让百姓能够通过电商销售自己的农产品,这样才能更有效地帮助全县、全州百姓脱贫增收。”徐峰本着“授人以鱼不如授人以渔”的理念,建设培训中心,定期举行创业及技能培训,帮助村民提高技术水平。不仅如此,深知创业艰难的他于 2016 年投入 140 余万元创办德昌县创新创业孵化中心,为创新创业者营造良好的发展环境。

“说实话,快递这份工作,若非真的热爱,想要数十年如一日地坚持并非易事。”徐峰感慨,尽管现在“最后一公里”越来越顺畅,但德昌县一些偏僻的地方,他们依然送不进去,而这也是他要继续努力的方向——将快递末端的触角向更深处延展,让更多山里的百姓用得上、用得好快递服务。

徐峰说:“接下来,我将以助力乡村振兴为总体目标,依托现有村镇电子商务服务站点和快递服务网络,深挖当地有特色、有优势的产业,逐步形成‘互联网 + 物流’‘互联网 + 人文’‘互联网 + 旅游’的发展模式,以新发展理念为引领,切实提高农民收入水平,让乡村振兴的成果惠及更多百姓。”

马岚:以梦为马的奋斗者

评审委员会授予马岚的推荐词:

从无声中突围,闯出无畏天地,榜样奖、最佳服务奖,你跨越层层台阶,向上冲锋;在静默中绽放,星辰守护大海,一碗碗姜汤、一次次陪伴,你捧出浓浓心意,温暖大白身心。遥遥微光,照耀黎明,平凡如你,不凡如此。

“我梦想得到一个金闪闪的佩章,看我努力实际的行动,相信我肯定能行,加油吧!”5 月 9 日,在参观天津市弘扬劳模精神、劳动精神、工匠精神教育展后,马岚认真地发了一条微信朋友圈。

在第五届“最美快递员”获奖者中,马岚的故事是最平凡的,也是最不平凡的。马岚幼年因故失聪失语,这让他的父亲马青山和母亲介建惠加倍关心这个无法用语言表达自我的男孩。在父母眼中,马岚活泼外向、善解人意。“别人对他有一分好,他就报以十分。”

从学校步入社会后,马岚曾在滨海新区工作了一段时间。后来,在父母支持下,马岚和妻子开了一家社区超市。虽然不能和顾客用语言交流,但马岚用真诚和热心赢得了信任。大家开始把快递包裹暂时寄存在马岚的超市。渐渐地,每天需要寄存的包裹越来越多，马岚和妻子花在包裹管理上的时间也越来越多。这时，菜鸟驿站得知了马岚的情况，便邀请他加盟经营。考虑到菜鸟驿站可以为超市增加客流量，马岚决定试一试。

从超市代管到驿站专管，马岚凭借一股好学的劲头，很快就掌握了驿站经营的门道。他每天雷打不动地早起，先到超市整理之前没有人取走的包裹，然后七点半准时开门。入库、理货、出库……这样的循环劳动要持续到晚上九点关门。除春节外，马岚和妻子一年四季几乎没有休息的时间，用周而复始的坚韧和辛勤守护着自己的生活。

有时，马岚也会因太过劳累而抱怨几句。父母心疼孩子。马青山和介建惠看到儿子和儿媳实在太累了，便主动提出“代班”，让小两口休息一天。

介建惠说：“毕竟我俩岁数大了，干一天，我俩就腰酸背疼，眼睛也看不清楚，确实有困难。都是仗着他们小两口。他们有时候也说不干了。话是这么说，但早晨手机一响，该怎么干还怎么干。”

在马青山看来，马岚在快递员这份工作中最大的收获就是责任感和成就感。“干一行爱一行。对快递员的工作，马岚是有责任感和成就感的。这份工作让他对生活有追求、有动力。对年轻人来说，谋生是工作的一方面，另一方面是能带来责任感和成就感。”

凭借认真负责的工作，马岚和妻子融入了社区大家庭。大家都喜欢这对勤劳认真、踏实负责的夫妻。很多来驿站取件的人都与马岚相熟，加上通过微信已经提前联系，所以取件时基本都是彼此看一眼就能达成默契。同时，马岚也可以读懂唇语，还能通过手机将别人说的话实时转录成文字进行沟通。

介建惠告诉记者，马岚和妻子都失聪失语，很难用语言和人沟通，而快递员这份工作恰恰需要每天和不同的人交流。出于责任心，小两口想尽办法和客户交流沟通，性格也变得更加开朗外向。

在女儿眼中，马岚是一位了不起的父亲。身教胜于言传。他用辛勤的劳动，付出比一般人更多的努力，为女儿创造了良好的成长环境。只要一有时间，马岚就会陪女儿跳绳或者打羽毛球。为培养女儿的社会责任感，每逢周末，马岚都鼓励女儿积极参加社区志愿者活动。“我孙女经常说，她的爸爸妈妈不容易，他们都在努力工作，挣钱养活她。”介建惠说。

胸前挂满劳模奖章的前辈王秀红让马岚十分钦佩。被评为第五届“最美快递员”，让马岚迈出了追赶心中榜样的第一步。谈及获奖感受，马岚说：“我和王大姐是同行。她能做到的，我通过努力也一定能做到。”

张裕：攀楼救人的勇毅者

评审委员会授予张裕、唐基木的推荐词：

浓烟滚滚火焰噬人，徒手爬上二楼救下一家三口，你被居民拉下口罩，都要看一看英雄的模样。火苗已“舔”向被熏晕的孩子脚丫，三次冲进火海救出五人，你英勇逆行成为“救火英雄哥”。你不是一个人，你是一群人，跳水救人的罗天友、四次冲进火场的又一个汪勇、车祸现场救人的张允林……你们坚定而无畏，让大家看到这个世界人与人之间最质朴的情感与关怀。你们跑出盎然生机，无论走出多远，都有应有答。行业塑造了你们，你们也点亮了行业，你们成就了那句流行语：“您的快递送慢了请别着急，或许快递小哥正在路上救人。”

“非常荣幸能获得‘最美快递员’这份荣誉，这是对我的肯定和信任，更是激励我向前向上的沉甸甸的责任。”颁奖典礼现场，张裕激动地说。

2019年张裕入职湖北顺丰，在武汉唐家墩网点负责日常的快件收派。回想起2021年12月10日上午11时左右的那场营救，张裕历历在目，那种紧张和焦急依然触动他的神经。那天，张裕在武汉市江汉区万科汉口传奇唐樾小区派件，发现小区15栋3楼居民家中失火，火势已蔓延至窗外。一家三口位于阳台，两岁的小女孩站在窗外的屋檐上，父母紧紧抱住她，不停向外探身，试图寻求帮助。

张裕回忆道，“当时的场景真的是火烧屁股了，屋内冒出浓浓的黑烟。简单观察一下环境，我觉得爬上去营救是最好方式。”张裕曾在江西南昌武警某部服役2年，其间训练过徒手攀爬。

身着工服的张裕没有犹豫，大步冲向一楼住户的阳台，轻轻一跃，一只手撑着窗户的上缘，另一只手便够到了二楼底部的屋檐。爬到二楼时，张裕发现阳台的窗户没有锁，他便借力窗户边框爬上二楼的窗檐，随后死死蹬住不到2厘米的窗沿，身体朝右上方倾斜近30度，并坚定地向三楼阳台伸出了右手。“来，把孩子交给我！”张裕向三楼的大人喊话，两人立马将女孩向楼下递去。张裕左手勾着窗檐，右臂一把将孩子接住，送进二楼屋内。救下小孩后，张裕松了一大口气，随后再次伸出手臂为三楼的两位大人当起了“人体台阶”，帮他们顺利脱险。

救人之后张裕低调离开，被现场围观群众拦下。他们想摘下他的口罩看清他的脸，知道他的姓名，拍下他的照片和视频，称他为英雄。张裕说记住是“顺丰小哥”就行了，人平安无事他就放心了。

“我当时上去5分钟，嗓子被呛得特别疼，情况很紧急。换位思考，如果被困的是我的家人，我也一定非常渴望在那时能有人站出来。”张裕表示，作为一名有着18年党龄的党员、一名光荣的退伍军人，他一定要在危难时刻站出来。

“送快递也是为人民服务。”张裕笑着说道。“救人英雄”张裕在工作中兢兢业业，任劳任怨，给每一份饱含期待的包裹赋予了温度。他以坚韧不拔的毅力和一以贯之的精神服务于收派作业要求高、难度大的纯住宅小区，将曾经让大家头痛的区域的服务质量很快稳定下来，并保持多月零客诉零操作失误。

今年3月初，张裕当起了班主任，负责新员工培训工作。晚上一小时的上课时间，张裕除了安排随堂考试、点评白天上课情况、督促学员做好课堂笔记外，还会和学员们分享收派岗位的经验和技巧。面对新的工作任务，张裕说：“革命战士是块砖，哪里需要哪里搬。我会给新员工上好入职顺丰的第一堂课，对每一位学员负责任，确保他们实实在在学到知识，为今后工作打下坚实基础，为公司培养优秀员工。”面对一个个年轻面孔，张裕正传递着榜样的力量。

唐基木：三闯火场的逆行者

评审委员会授予张裕、唐基木的推荐词：

浓烟滚滚火焰噬人，徒手爬上二楼救下一家三口，你被居民拉下口罩，都要看一看英雄的模样。火苗已“舔”向被熏晕的孩子脚丫，三次冲进火海救出五人，你英勇逆行成为“救火英雄哥”。你不是一个人，你是一群人，跳水救人的罗天友、四次冲进火场的又一个汪勇、车祸现场救人的张允林……你们坚定而无畏，让大家看到这个世界人与人之间最质朴的情感与关怀。你们跑出盎然生机，无论走出多远，都有应有答。行业塑造了你们，你们也点亮了行业，你们成就了那句流行语："您的快递送慢了请别着急，或许快递小哥正在路上救人。"

"非常激动此时此刻能站在这里，我只是做了一件很平常的事情却得到了这么高的荣誉。今后，我会继续帮助更多的人，更好地服务客户、服务社会。"站在领奖台上，顺丰速运广西梧州藤县分部收派员唐基木内敛而羞涩的脸上难掩激动。

和时间赛跑，与火焰抗争。唐基木面对熊熊烈焰，没有丝毫犹豫和退缩，临危不惧、义无反顾三进火场成功救出5人，成为最美逆行者，被称为"救火英雄哥"。

那是2018年5月26日20时左右，唐基木还在金鸡镇街区快递分拣站忙着当晚的工作。街道越来越嘈杂，唐基木隐约听到"着火了！着火了！"的呼喊声。他赶紧跑到失火的五金店，店主年仅3岁的儿子被大火围困在内。"当时店主哭得撕心裂肺，抓着我的手呼喊着救救她的孩子。"唐基木回忆道。

唐基木面对哭得撕心裂肺的邻居，只有一个念头，一定要把人成功救出来。唐基木在镇上做收派员将近十年，对附近环境非常熟悉，他果断翻过五金店旁边幼儿园两米高的围墙，冲破五金店的后门。火焰攻得他脸发烫，噼里啪啦的声音充斥着他的耳朵。他不顾个人安危摸索到被困孩子的房间时，孩子已昏迷不醒。唐基木心里重重地咯噔了一下。当他轻轻拍拍孩子后背，孩子动了，他迅速抱起孩子向外冲。但是如何抱着小孩爬下两米多高的石头围墙，时间就是生命！唐基木来不及多想，一手护住小孩，一手贴着石头墙壁滑下，手脚也因此被摩擦出一条条伤痕。随后，他又和现场群众合力救出被困在五楼顶层的其他4人，其中一名是刚出生几个月的婴儿，在确认没有遗漏被困人员后才默默离开。

镇上很少发生这样的大火，唐基木没想到自己有一天也会闯进只有在电视上才见到的火灾现场。"那时天黑看不清屋子被烧毁的程度，也看不到爬了多高，白天再回到现场，想想还是有些后怕。但如果不救这个孩子，将成为我一生的遗憾。"唐基木又笑起来说，"现在这个孩子每天放学后都跟我打招呼，我感觉很幸福。"

当问他之前是否进行过一些训练，唐基木说道："快递员有时扛着几十斤的包裹爬几层楼都没问题，每天在外奔波送件也算一种训练吧，我们体力很好的。但面对当时的场景，更多还是靠信念支撑。"

"我只是做了件很平常的事，遇到这样的事相信很多人都会勇往直前。"唐基木对于外界的赞誉十分淡然，也始终打心眼认为只是件平常小事。这与他"热心肠"的性格分不开，送件途中看到街边汽车出现故障，总会上前帮一把。新冠疫情防控期间，唐基木主动请缨，坚守一线，再次"逆行"于街头巷尾，义务为居民发放疫情防控宣传资料和配送生活物资，传递点滴温暖。

镇上空巢老人和留守儿童居多，快递成为链接温暖的纽带。唐基木很乐意和他们打交道，他认为快递让老人接触到了镇外的新鲜玩意儿，父母网购回家的玩具陪伴了孩子的童年。有一次一个小女孩偷偷把糖放在他的车头，让他感到很温暖。

唐基木说，会继续将村民们服务好，将温暖一直传递下去。

张俊明:脱下军装的冲锋者

评审委员会授予张俊明的推荐词:

“有排头就站,有第一就争,有红旗就扛,有先进就学”,13年,服务7镇8乡109个行政村49万人,你彰显军人本色,倔强而执着。连接千城百业,走进千家万户,没有什么天生的奇迹,每一公里,都是亲自走出的足迹。

“脱下军装,我成为一名快递员。‘最美’对于我来说,是荣誉,更是责任。”在颁奖现场,手捧“最美快递员”证书的张俊明激动不已。他说:“在今后的工作中我将不负期望,继续做好本职工作,用实际行动为客户、为社会作贡献。”

退伍军人,圆通黑龙江望奎分公司负责人,两个身份勾勒出张俊明的人生轨迹。两年的军旅生涯他吃苦耐劳、坚韧不拔,工作中他兢兢业业、无私奉献,更烙上了军人本色。离开部队走入社会,面对陌生的环境,创业举步维艰,他凭着军人不甘示弱的性格在邮政快递业闯出了一片属于自己的天地。

时间回拨到2010年5月,退伍后的张俊明入职圆通速递,开启了另一段旅程。当时,快递在望奎这个小县城还属于新兴行业,真正踏入后才知道其中的辛酸与不易。但张俊明并没有退缩,他说:“人民解放军的宗旨是为人民服务,做快递员也一样,我们的工作就是为人民服务。”

同样,为人民服务也成为张俊明做好快递事业的宗旨。以推进“快递进村”来说,2016年他在望奎县辖区15个乡镇建立了18个乡镇妈妈驿站。2020年以来,张俊明联合当地其他快递品牌,通过快快合作、邮快合作的方式推进“快递进村”。截至2023年2月,望奎县下属所有109个村都可以收到圆通的快递,其中有80多个村可以在2天内收到快递,距离远的十几个村最晚3天之内也能收到。

“有排头就站,有第一就争,有红旗就扛,有先进就学”,张俊明所服役的部队有着“三猛部队、头等主力”的称号,在部队时培养的争先意识也深深地烙在他的心里。多年打拼后,他交出了一张亮丽的成绩单——截至2022年底,在他的带领下,望奎圆通已成为集速递服务、物流零担服务、仓储配送、电商孵化于一体的综合性速递公司,服务全县7镇8乡109个行政村49万居民,为104人提供就业岗位,其中快递从业人员48人,电商从业人员56人。望奎圆通先后荣获省级标准化营业厅、标准化营业厅样板、绥化市三星级窗口服务单位等荣誉。张俊明也被评为圆通速递“最美圆通人”,并当选望奎县第十八届人民代表大会建设委员会委员。

在发展快递事业的同时,张俊明视国家利益、人民利益为一切。2018年7月,黑龙江持续多日大雨暴雨天气,望奎县多地发生洪涝,张俊明换上迷彩服投身抗洪抢险一线。2019年6月,他组建快递员民兵应急小队,被望奎县人武部任命为民兵应急连防汛抗洪排排长。2021年疫情防控期间,在他的带领下,一支由20名圆通快递员组成的抗疫突击队,完成防疫物资转运、分发、搭建帐篷等任务。

“做人要懂得感恩。”说起所做的一切,张俊明觉得都是应该的,“感谢部队的培养,让我学会不畏困苦勇于担当;感谢行业给予我奋斗创业、服务社会的平台;感谢客户对我服务的信任与支持,让我在快递工作中履行全心全意为人民服务的宗旨。”

檀世旺:城乡“心桥”的牵线者

评审委员会授予檀世旺的推荐词:

“路口第二户”“银色铁门”“家有老父提醒吃药”……你的通讯录里,备注的信息流淌着暖意;8 个乡镇,200 公里,每天上百件快递,唯一收件人写的是你。你是一个人,却也是三百人,你连接父母与儿女,你道尽牵念与深情。

“前不久我给一位 98 岁的老奶奶送快递,寄件人是她的孙媳妇。拿到快递后,老人一言不发,端详、抚摸着手中的快递。那一刻,我感到时光停滞,亲情涌动,更感受到自己送的不仅是一件件快递,更是一份份远在异乡的游子对家乡、亲人的思念,这也是我这么多年来坚持‘给自己送快件’的意义所在。”在第五届“中国梦·邮政情寻找最美快递员”活动揭晓发布会现场,手捧沉甸甸的荣誉,檀世旺既意外又激动:意外的是,一直觉得自己所做都是一些小事,却能获此殊荣;激动的是,这份荣誉是对他十余年来从事快递工作的最大肯定。

檀世旺口中的小事其实一点也不小,他每天“给自己”送几百个包裹,成为村民集体收件人的事迹先后受到新华社、《人民日报》、中央广播电视总台等媒体的关注,中央广播电视总台更是在今年“五一”期间播放了以他为原型创作的劳动节宣传片。

一个人、一辆车、一路风尘,从蜿蜒曲折的盘山公路,到泥泞崎岖的乡间小道,檀世旺驾驶着红色的配送车,日复一日地行驶在这片他所热爱的土地上。今年 53 岁的檀世旺,已是一名有着 17 年从业经历的快递员。家境贫寒的他自高中毕业后便外出务工谋生,做过墓地管理员,当过建筑工人,开过饭店。2007 年他放弃了外地的生意,回到家乡当起了快递员,坚守着与石台县 8 个乡镇 8 万人的快递约定。

从业 17 年,檀世旺说压力最大的还是刚回乡的那几年。那时山区百姓居住分散,交通不便,跑快递既辛苦收入又微薄,最艰难时连续几天都接不到一单业务。“最初我更多的是把这份工作作为谋生的手段,后来我渐渐发现,干好这份工作真心不易,不仅需要扎实的职业素养、吃苦耐劳的精神、不畏责难的品质,更需要耐心和爱心。”檀世旺说。

慢慢地,在送快递之余,檀世旺经常给乡亲们搭把手:替村民上房补瓦、帮患病老人买药、为老人买衣服……久而久之,有事找檀师傅便成了乡亲们的默契。问及缘由,檀世旺直言自己长年在外打工的经历让他更加理解农村留守家庭的难处。如今回来了,能帮大家做些力所能及的事就帮一点,就算给家乡父老出份力了。

在檀世旺眼里做快递这行是辛苦的,但也是幸福的。因为职业的原因,一线快递员和基层百姓接触频繁,在老人和孩子留守情况居多的地区,快递员在做好本职工作的同时给予这类群体更多的帮助和关怀,相当于担当起了一份社会责任。

“我觉得自己就像一只勤劳的小蜜蜂,每天辛苦奔波,都是为了这份‘甜蜜的事业’。”檀世旺说,对于未来,他希望自己不忘来时路,走好脚下路,坚定未来路,把“一个人的事业”进行到底,用爱守护这片山美水美的土地,用心将外出务工子女与家乡亲人之间的“心桥”建设好、守护好。

马善民:乡村邮路的坚守者

评审委员会授予马善民的推荐词:

26年乡村邮路跋涉,200万件邮件无差错投递,1万余人次群众帮扶,1200余人次助学扶贫,你发挥行业"国家队"力量,向下扎根迎枝繁叶茂,深耕基层助乡村振兴。"小马兄弟"的称呼背后,是你蹚出的10万公里"乡村爱心邮路"。

"我们一直致力于志愿服务,驿路邮爱,主要就是电商惠民……"当发布会现场的大屏幕上播放起马善民的故事时,这位坚守邮路26年,踏出一条10万余公里"乡村爱心邮路"的"小马哥"得了台下阵阵掌声。

马善民,中国邮政集团有限公司连云港分公司锦屏支局长兼投递员。提起他,很多人并不陌生。中国好人、江苏省道德模范、全国邮政优秀共产党员、全国五一劳动奖章获得者、第八届全国道德模范提名奖……一张张荣誉证书的背后,是他不变的"人民邮政为人民"的初心。

他的故事,要从二十六年如一日的坚守说起。1976年生的马善民,于1996年进入中国邮政集团有限公司连云港分公司锦屏支局成为一名投递员。一身绿色的邮政服,一张热情洋溢的脸,乐于助人,在乡村邮路上传递党的富民政策、民生信息,助力脱贫致富、乡村振兴……清晰地勾勒出这些年他坚守的模样。

对于投递工作,不管遇到多大困难,他都坚持当天的邮件当天投递完毕。每天工作下来,经常是汗水湿透了脊背,泥水浸湿了裤腿,但他从不抱怨。"多学习、多担当、多交流、多总结,能干、肯干、实干、巧干",是他在工作中总结提炼出的"四多四干"工作法。他坚信,可以把工作做到极致、做到完美。努力的付出也让他交出了亮丽的成绩单—这些年,马善民无差错投递各类邮件近200万件。

除了投递中周到热忱的服务外,马善民更是把乡亲们当作自己的亲人。正如他的名字善民一样,只要是能帮上忙的,他都尽力去帮。为了提高服务质量,他创新服务窗口,将电话费、水费等十多项代办业务一站式办理;炎热天气老人昏倒,他及时协助将老人送上救护车;新冠疫情刚出现时,除交纳特殊党费外,他还为社区工作者送去消毒液、口罩及方便面……一桩桩一件件,温暖人心。据了解,这些年,他帮扶群众1万余人次,对1200余人次进行助学扶贫。

多年一线平凡岗位的坚守,也更加坚定了马善民服务群众的信心和决心。这不,他还是助力乡村振兴的形象大使。2018年,马善民劳模创新工作室成立,这也是连云港市分公司成立的首个以劳模领衔、员工广泛参与,以"围绕中心、服务社会"为目标,根据企业与社会需要开展服务创新,为地方经济发展、百姓生活便利提供优质服务的组织。值得一提的是,随着直播带货的兴起,马善民也开始为地方农产品做直播带货,他想通过这种方式开辟出新的扶贫助农之路。

为解决农民专业合作社葡萄销售难题,马善民带领团队不断探索,以"邮政+农民合作社+渠道"为主要合作模式,将陶湾葡萄引入邮政和市总工会销售渠道,推进"邮政品牌+电商惠民"新业态协同发展,累计帮助农户销售农产品120余万元,为两家合作社和三名合作社成员解决了200万元的融资难问题。2020年至2022年,马善民累计帮助农民销售葡萄30余万元。

饱含“爱民”情怀，牢记“为民”初心，践行“助民”行动，这就是马善民在爱心邮路上坚守的故事。正如他所说：“‘人民邮政为人民’是邮政的服务宗旨，更是我们的社会责任。”未来，他将在“创新、传承、服务、发展”的道上继续前行。

董朝蓉：快递员的暖心者

评审委员会授予董朝蓉的推荐词：

与军人丈夫共赴南北，你在基层快递岗位踏踏实实兢兢业业；与快递兄弟彼此相望，你成为工会“知心大姐”以澄澈之心换坦诚信赖。认真做，在每个过程全力以赴；用心做，与伙伴情谊历久弥新。你说，万千大美，属于所有人。

今年47岁的董朝蓉是湖北省荆门市京山市宋河镇人，曾在宋河镇财管所工作，婚后成为一名军嫂，跟随丈夫到秦皇岛某部队从事文职工作。后来，董朝蓉随丈夫转业回到京山，成为申通京山分公司的快件分拣员，并担任公司首届工会主席。

从军嫂转行快递分拣员，董朝蓉用心干业务，用爱传递价值，成了所有快递员的“娘家人”。

2012年初入快递行业时，董朝蓉每天都要扫描数千票快件。由于之前一直从事文职工作，她对这种工作强度有点吃不消，扫描效率低于其他同事。但是，多年在部队工作形成了业务过硬、纪律严明的作风，这让董朝蓉燃起了斗志。她每天第一个来到公司，花更多的时间追上同事的工作量，并且向同事学习技巧，工作效率逐渐追了上来。

勤奋刻苦的董朝蓉很快就熟练掌握了扫描分拣系统，可以快速完成快件扫描、分拣、信息录入、问题件处理等各项工作。在公司购入安检机后，董朝蓉结合网络资料和实际操练成为安检员。在部队工作的经历也让她对安检工作格外用心，“任何时候，安全都是第一位的，所有快件必须合法合规”。

2016年，由于成绩突出，董朝蓉被荆门市邮政管理局评为全市“优秀快递员”，成为当年京山唯一获此荣誉的快递从业者。工作能力受到认可，让董朝蓉初入行业时忐忑的心安定了下来，也有了更多的精力来帮助身边的人。

在工作上，董朝蓉每天帮助快递员装卸快件。新员工入职时，她毫不保留地将操作经验倾囊相授。对于每一位同事，她都在生活中给予关心照顾。很快，董朝蓉成为所有同事的“知心大姐”。

2018年7月，京山义工联合会发起“爱心早餐”众筹项目，为城区环卫工人免费提供早餐。收到消息后，董朝蓉不仅捐款购买食材，还带领几名快递员来到“爱心早餐”场地为100多名环卫工人做早餐。

2019年6月，申通京山分公司成为荆门第一家成立工会的民营快递企业，拥有会员20多人，董朝蓉被一致推选为工会主席。她就职时庄严承诺：让乡镇快递员加入工会，将其薪酬待遇纳入工资集体协商范围，切实维护快递员群体合法权益，满怀热情关爱快递员，当好快递员的“娘家人”。

在董朝蓉倡议下，每年“双11”，京山申通都开展关爱快递员活动，为京山所有快递从业者提供开水、即食食品、充电等多项暖心服务。在董朝蓉的带动和影响下，2021年“双11”期间，京山爱心企业为京山快递从业者捐赠爱心物资近万元。

董朝蓉透露，近期她正在和京山市总工会沟通，计划建设快递员爱心驿站，向所有快递从业者开放。谈及获奖感受,董朝蓉说:“在工作岗位上获得认可,对我来说是极大的动力。希望继续当好所有快递员的‘娘家人’,让他们感受到更多的关爱。”

京东物流冬季国际顶级赛事服务团队:赛事物流的开拓者

评审委员会授予京东物流冬季国际顶级赛事服务团队的推荐词:

两地三赛区40余个场馆、55个业务领域、28个类别,你们用精准与速度,诠释着全面、安全和高效;冒着风雪、挂着冰碴,与比赛竞进,你们用变化与可能,共奏“一起向未来”的乐章。有幸相逢,更愿同辉,我们共享这个团队的凝聚与荣耀。

“能够参与到国际顶级赛事的物流服务保障工作,并因此获得今天这份肯定,我和团队的兄弟姐妹都倍感荣耀。服务期间的点点滴滴就像在昨天,历历在目。”代表团队、参加第五届“中国梦·邮政情寻找最美快递员”活动揭晓发布会的孙学斌,动情地表达了作为一名快递物流从业者的骄傲与自豪。

京东物流打破了持续26年的历史格局,成为中国第一家、全球第七家服务国际顶级赛事的物流服务商,并充分利用自身的绿色供应链产品和智能供应链技术,与组委会共同搭建了绿色集约的一体化供应链体系,在疫情防控和寒冬节气的双重压力下,向赛事提供了全面、安全、高效、绿色的物流服务。

“我们忘不了,在闭环刚刚开始阶段,与组委会、场馆运营团队和志愿者齐心协力,克服延庆、张家口赛区极寒天气带来的影响,24小时保障赛事物资到位,那种拼搏和战胜一切的干劲;也忘不了各国运动员和工作人员,对我们满意的微笑,为我们点赞的大拇指,还有那些充满感谢和鼓励的便签。”作为京东物流项目组负责人,孙学斌几乎记得每一帧团队在赛事服务期间全力以赴的画面。

对于首次服务冬季国际顶级赛事的中国快递物流业来说,这是一次最好的“试金石”。在国家高山滑雪中心,海拔2000米的高山上雪厚风大。项目团队工作人员每天要把300至500件物资搬运到指定位置,包括赛事物资、境外媒体物资、防疫物资等。这些物品与日常的快递小件比起来,体积更大、重量更大、搬运难度更高。“每次搬运时,兄弟们都需要穿越雪道,即使穿最厚的防滑鞋双脚也会被雪浸湿。”孙学斌说,“办好这场体育盛会,需要无数工作人员在背后默默付出,但能参与这样的世界级赛事,对我们来说珍贵且难忘。”

孙学斌告诉记者,完成赛事服务保障工作并不意味着项目的结束,团队及时总结经验、沉淀能力、提升服务,以便将赛事活动的服务经验和保障模式应用到会展、赛事、民生保供、重大活动的物流服务中。“重大赛事的物流保障不仅需要完善的一体化供应链物流模式和现代化的物流科技手段,更需要科学的项目团队配置和管理。”项目团队的核心骨干都是熟悉物流服务的熟练手,对参与项目具有极高的责任感和自豪感。“让每一位成员从内心驱动自己做好本职工作,充分发挥自身能动性,更有利于保障项目总体目标的实现。”孙学斌说。

“如今,团队成员都奋斗在各自的工作岗位上,但大家还是按照服务顶级赛事的标准严格要求自己,做好每项工作,送好每单快递,服务好每位客户,将赛事物流的精神发扬光大。因为大家知道,我们的工作虽然普通,但是我们代表着新时代快递物流的精神。”孙学斌说。

北京顺丰党员抗疫突击队:万家灯火的守护者

评审委员会授予北京顺丰党员抗疫突击队的推荐词:

党员、预备党员、入党积极分子,你们组成临时突击队,齐刷刷站出来说,我愿意;送达生活必需、送去人间烟火,你们冒疫前行,鲜艳的党旗红叫作不负重托不辱使命。你们选择,你们奔跑,你们所迸发的能量,将给予我们无尽的精神燃料。

“得知获奖之后,抗疫突击队的小伙伴们以及我们的快递小哥都特别激动,纷纷表示荣誉对我们是肯定也是鼓舞。未来大家一定会努力做好服务,承担更多的社会责任。”揭晓发布会现场,获得“最美快递员”称号的北京顺丰党员抗疫突击队代表在接受记者采访时说。

面对首都疫情的反复以及疫情防控形势的复杂性,为充分保障首都市民的“菜篮子”“米袋子”等生活物资以及防疫用品、药品及时送到居民手中,北京顺丰党委发起号召,采取自愿报名的方式组织党员深入一线,到疫情最严峻的区域。收到通知后,大家不畏风险积极报名,最终组建了以党员、预备党员、积极分子以及普通“快递小哥”为代表的抗疫突击队,并时刻准备投身应急防疫工作中。北京顺丰党员抗疫突击队总队长由公司一把手担任,党员管理者担任抗疫突击分队队长,近万名“快递小哥”加入抗疫突击队。

为了居民及自身的安全,快递员严格落实疫情防控要求,完成全程疫苗接种,每日进行核酸检测。身着隔离服,佩戴一次性手套和 N95 口罩,及时将消杀后的物资进行配送。疫情管控时,抗疫突击队就地转化为志愿者,积极投入到社区疫情防控工作中。他们迅速集结,共筑老年群体服务保障壁垒;他们抗疫保供,做万家灯火背后的坚守者;他们化身抗疫“大白”,“暖新”服务助力封控区疫情防控。

2022 年 10 月 25 日,北京顺丰党员抗疫突击队代表、中关村经营分部快递员李光月等人听说芙蓉里小区缺少志愿者,便毫不犹豫地报名,从穿梭在小区、写字楼间的快递员,变身为志愿服务封控小区的志愿者,协助居民进行核酸检测。李光月说:“看到老人公寓的部分失能老人双手合十向我们表达感谢,我们非常感动。”

北京某学校突发疫情,张国安等五名快递员主动到学校为师生运送物资,更换床单被罩,给隔离区消毒,每天忙到夜里十一二点,帮助师生度过疫情高发期。来年开学后,他们受学校委托又用了两天时间将近 2 万箱水及其他所有剩余物资全部分发到各个宿舍楼下。

怎样打造这样一支凝聚力强的队伍?北京顺丰党建工作负责人表示,党建做实了就是生产力,做强了就是竞争力,做细了就是凝聚力。将“三力融入式党建 + ”理念融入企业文化,以文化凝聚人心。

尽管来到现场的只有张国安、李光月两位代表,但荣誉背后还闪耀着金亮、张坤、柏林涛、曲小松党员代表以及数以万计北京“顺丰小哥”的名字。北京顺丰全员一心,贯彻党建引领,在筑牢疫情防控屏障的道路上展现了这支抗疫突击队不畏艰险、不惧困难、勇挑重担的社会责任感,彰显了快递人的使命感。

鼓浪屿“好小哥”团队：步丈岛屿的筑爱者

评审委员会授予鼓浪屿“好小哥”团队的推荐词：

你们冬似一团火，夏如清凉风，冬来夏往，用双腿丈量着海岛，练就一双双“铁脚”；你们开展志愿服务，帮助孤寡老人，用爱心温暖着人心；你们服务南北游客，用赤橙黄绿青蓝紫，拼成了鼓浪屿的“七彩图”。

在几乎每个游客都会迷路的鼓浪屿，他们是主动指路的“活地图”。

无论寒暑冬夏，不分企业品牌，他们全步班投递，练就一双双“铁脚”。

爱心接力常年帮助岛上居民，他们说“内心充实又快乐，我们得到的更多。”

这支来自福建厦门鼓浪屿的“好小哥”团队，用“铁脚”和“爱心”赢得了岛上居民、商户和游客的一致认可，也捧回了实至名归的“最美快递员”奖杯。

每天6时，“好小哥”们就已早早地在鼓浪屿钢琴码头等待第一班邮件、快件的到来。从早班的交接、转趟，到开拆、分拣、下段，他们有条不紊地忙碌着。街巷渐渐喧嚣，他们拉着小拖车爬坡上坎的背影来去匆匆。这个面积约为1.9平方千米的小岛地势起伏，道路纵横交错。由于全面禁行机动车、非机动车，所有的投递、派送工作均靠“快递小哥”两条腿走出来，每位“小哥”日均行走服务里程15公里，全年行走5000多公里，走得最多的邮政投递员林国鹏已经相当于绕地球近3圈了。

每天爬坡过坎走路投递，辛苦程度可想而知。但在“顺丰小哥”高政国看来，“辛苦不值一提。每天都在这么美的风景里投递，是一件让人开心的事”。在“最美快递员”颁奖现场，高政国说：“有时候我们举手之劳的一件小事，都让岛上的叔叔阿姨记在心上。他们来到网点感谢我们，还拿出亲手做的小吃给我们品尝。他们大多讲闽南语，我虽然听不太懂，但能感受到他们的开心。我和他们一样开心。”

一同来京代表团队领奖的鼓浪屿“好小哥”联合支部委员会党支部书记、厦门市邮政分公司鼓浪屿寄递营业部部门经理肖梅滨也坦言，帮助老人让他们内心既充实又快乐，“我们得到的更多”。他帮双目失明行动不便的薛老先生送餐，还带动同事一起加入。“我不知道这些孩子的年龄大小、高矮胖瘦，但我只要一听到脚步声，就能辨别今天是小肖还是大刘或者是其他人来给我送餐了！”薛老先生感慨道，“他们真是好人呐！”

薛老先生并不是鼓浪屿“好小哥”们帮扶的第一位老人，而是“数不清的第几位”。2020年7月1日，“鼓浪屿好小哥”团队正式组建，由厦门市邮政分公司鼓浪屿邮政支局牵头，顺丰、京东、德邦、圆通、申通等多家企业快递员代表共同参与。这支“好小哥”团队经常利用业余时间开展志愿服务，为岛上的孤寡老人、儿童、游客提供爱心服务，用实际行动践行社会主义核心价值观，成为鼓浪屿对外服务的新名片。

正如厦门市邮政管理局局长庄骁所说：“‘聚是一团火，散如满天星’，这句话用来形容我们可爱的快递小哥再贴切不过了。平常，他们走街串巷，为百姓送去简单的小幸福；下了班，他们聚在一起，贡献爱心，也能焕发出巨大的正能量。我们一起努力，就能让‘鼓浪屿好小哥’精神薪火相传、生生不息。”

第十篇 行业展望

2024年中国快递市场发展趋势

一、预测2024年我国快递业增长在10%至15%区间

快递业是现代服务业的重要组成部分,成为"电商+快递"拉动内需零售业的重要组成部分,"电商+快递"已经成为我国消费者的刚需之一。在我国的快递业务结构中,电商快递占80%以上,占我国社会消费品零售总额的1/3以上。这是我国快递业连续10年成为全球快递业务量第一大国的最重要的基础。

据统计和推测,2023年我国快递业务量1320亿件,比2022年增长19.5%,而2022年比2021年增长了18.6%。如果以14亿人为基数,人均快件量为94件;2022年人均消费快件量79件,比2021年增加了18件,增长了22.8%。按照数学模型,当电商网购商品的"价格+快递费+购物时间"成本高于实体店的价格时,网购会受到制约。这也是欧美日网购发达程度低于我国的主要原因,因为这与他们的快递成本高有关。相反,当"网购+快递"价格低于实体店的时候,网购就会发展得非常迅猛。这是我国快递业务量多年来支撑和保持两位数增长的底层逻辑。

2023年我国快递业务收入1.2万亿元左右,同比增长14.5%左右。件均收入9.2元左右,呈持续下降的趋势。在多重因素影响下,预计2024年快递业务收入增长率在10%至15%之间,快递业务量增长率在15%以上。

二、快递业由"进村工程"向助推农民致富工程转型升级

国家邮政局在《"十四五"邮政业发展规划》中提出,建设一批农村电商快递协同发展示范区,打造300个快递服务现代农业示范项目,大力支撑农业转型、农品出村、农民增收。据了解,快递企业通过与地方政府合作、与农村电商快递产业园合作,通过培训、辅导让农户通过电商平台销售本地的农产品。很多快递企业采取集采的方式包销农户的农产品。

2023年,在整个快递业务量增长结构中,农村快递的业务量占30%以上,"快递+电商+农特产品+农户+农产品快递园区"模式已经形成,全国乡镇快递网点覆盖率在95%以上,农村土特产品通过分层、分级、分类快递进城到户,减少了中间环节,实现了保质保鲜。其经济实惠的价格助推了农村电商快递的迅猛发展,增加了农户的收入。

预计2024年农村电商快递增长率高于城市电商快递增长率,快递企业通过"快递进村"工程,采取"电商+快递产业园"模式,通过农产品的分类分级、优质优价,鼓励农民种植高附加值绿色农副产品,向助推农民致富工程转型升级。

三、快递业的绿色包装工程向源头供应链电商延伸

2023年11月23日,国家发展改革委、国家邮

政局、工业和信息化部、财政部、住房和城乡建设部、商务部、市场监管总局、最高人民检察院在《深入推进快递包装绿色转型行动方案》中提出，到2025年底，快递绿色包装标准体系全面建立，禁止使用有毒有害快递包装要求全面落实，快递行业规范化管理制度有效运行，电商、快递行业经营者快递包装减量化意识显著提升，大型品牌电商企业快递过度包装现象明显改善，在电商行业培育遴选一批电商快递减量化典型，同城快递使用可循环快递包装比例达到10%，旧纸箱重复利用规模进一步扩大，快递包装基本实现绿色转型。发挥电商平台企业引领作用。指导电商平台企业就其自营业务完善快递包装减量化规则，并制定快递包装减量化目标任务。

快递循环包装箱的使用需要具备四个条件：一是一般使用半径不超过300公里；二是回收成本低于使用现行包装箱的成本；三是特定的应用场景(如鸡蛋等易碎品、容易变形的产品、体积标准的商品等)；四是使用快递循环包装箱由一家快递公司完成“取、派、运”的全过程，并由特定的电商客户使用，消费者协同配合，形成快递循环包装箱周转循环的闭环。快递循环包装箱应用推广难在回收成本高，运输占用车厢空间，从能量守恒定律的角度来看，相当于把纸质等包装箱的污染转换成运输的燃油污染，并且增加了人工回收成本。

现实是，消费者不在家的时候，会产生专程上门去循环包装箱的问题；如果共享快递循环包装箱，则存在商品体积小循环包装箱大浪费空间的问题。这是一个电商和快递的系统工程的问题，也是社会环境污染治理的系统工程问题，单靠快递行业和某一家快递企业是不够的，需要消费者按照规则参与其中。

据了解，我国快递企业提供的包装箱占全部快件包装的5%左右，95%的包装箱是由电商提供的。因此，这是一个跨行业的系统工程，快递绿色包装和减量化包装的重点在源头电商企业，而不是快递企业。这是我国快递绿色包装认知和政策导向上的重大转折。

四、快递业人工智能等新技术应用的范围和比例进一步扩大

新技术的广泛普及应用是快递业向数字化、自动化、智能化、标准化、品牌化、绿色化、国际化转型的关键。随着智能安检系统、智能视频监控系统、智能语音申投诉系统、通用寄递地址编码等产品的推广应用，以及重大项目攻关与试点的推动，推进互联网、大数据、人工智能、云计算、区块链、第五代移动通信、物联网、数字地图、北斗导航等先进技术开始与快递产业深度融合。

预计2024年快递无人接驳车、快递末端配送无人车、新能源城配接驳车、快递小型无人机、快递网点小型自动化分拣机、智能快递柜、装卸伸缩机、机器人码垛机械手等会广泛普及和使用。

五、快递业与制造业深度融合助推其供应链模式转型升级

国家邮政局在《“十四五”邮政业发展规划》中提出促进快递业与制造业深度融合，实施“快递进厂”工程。

其实，早在2005年快递业就与制造业很多工厂进行了合作，主要是在工厂销售端的合作，提供“快递+代收货款”服务。如今，按照国家邮政局《“十四五”邮政业发展规划》的要求对快递业提出了与制造业提供一站式解决方案的目标，主要是用“快递化”的方式让快递业融入制造业供应链的采购端、生产环节的运输端、产品的销售端和售后服务端，以及提供产业链之间的“快递化”服务。

预计2024年我国部分快递企业将与制造业企业在产业链和供应链方面进行深度融合，包括提供“一站式JIT”快递物流解决方案，大大提升所服务制造业企业供应链的运营效率，降低运营成本。

六、快递业的提质增效进入攻坚阶段

快递业的提质增效“难”体现在三个方面。

一是快递末端配送不能满足客户的个性化需求，不能全部送上门；二是电商快件的作业全程还做不到快件不接触地面，快件表面存在灰尘附着的现象；三是目前电商快递的价格支撑不了快递员上门服务的成本。深层次原因是快递行业的同质化竞争和电商利用“包邮”垄断的快递价格，也就是电商快递的快递品牌选择权和快递定价权掌握在电商手里。

希望国家有关部委建立快递服务的协调联动机制，通过建立电商快递服务的“规则”，由电商选择快递公司服务转变为消费者选择快递服务。如所有的快递公司在电商平台上进行报价：送上门多少钱？送到快递柜自取多少钱？送到驿站自取是多少？让消费者选择。通过立法或者业委会委托物业把快递的末端服务纳入小区物业服务的范围，由物业按照业主的要求提供送上门或者送到快递柜服务。

七、跨境电商快递将呈暴发态势

2018 年到 2023 年中国跨境电商规模增长 10 倍。“Made in China”和“跨境电商”最大的区别是什么？“Made in China”只生产商品，用 ODM 和 OEM 的方式为全球供应链服务。而“跨境电商”则是建构国内品牌，构建自有品牌的海外仓和国内的供应链系统。如今，我们有自己的品牌、自有供应链，有国际陆海和铁路干线运输和末端快递渠道的能力，这是跨境电商快递的基础实力。

跨境快递其实就是跨境电商快递，其方式一是从国内直接发货到国外收件人目的地，这种方式快递成本较高；二是把国内快件进行集包发到国外收件人的目的地，这种方式快递成本较低；三是在海外建仓，根据大数据选择购买频率高的商品，使用集装箱出口到海外仓，然后进行快递配送，也就是把国际快递转化为所在国的国内快递。

我国的商品性价比高，如果采用“集包快递”和“海外建仓 + 快递”模式，在国外同行中具有较强的竞争力。目前，我国已在东南亚、东北亚和俄罗斯以及欧美日等国家和地区采用这两种方式，效果很好。

从跨境电商快递的角度看，我国自主品牌的国际化程度较低，国内快递的盈利能力不足以支撑快递国际业务的扩张。从国际三大快递品牌扩张的路径和时间看，自主快递品牌的国际化是一个 20 年以上的过程。但是，利用“一带一路”和跨境电商快递的模式可以加快我国快递企业的出海速度。预计 2024 年将是我国跨境电商快递集中爆发的元年，许多快递企业都会加大投资力度与电商企业合作，加强跨境电商快递的建网布局，包括海陆空的运输，否则就会失去跨境电商快递布局的机遇。

八、冷链快递的市场规模进一步扩大

冷链快递所占比重是一个国家消费文明的重要标志之一。近几年我国冷链快递发展迅猛，适用范围不断扩大，特别是分布式冷库的建立不仅做到了节能减排，而且大大降低了食品变质和药品失效的风险。

近几年，冷藏和冷冻的快递物品每年以 30% 以上的速度增长。现行快递模式是，“干冰 + 商品 + 泡沫包装箱”与普通快递一并运输和配送，缺陷是一旦超时延误，存在冷藏和冷冻物品变质的风险。

据了解，冷藏车和冷冻车在干线运输中普遍使用，而在城配末端使用较少，主要受到配送成本较高的制约。预计 2024 年冷链快递会以 30% 以上的幅度增长。

九、“快递化”开始向物流供应链综合服务商转型升级

“快递化”就是提供门到门服务、限时服务和增值服务，衍化出外卖、同城应急快递服务、高铁

快递服务、快运等。目前,公路运输快递化、铁路运输快递化、海运集装箱运输快递化、航空货运快递化已经开始。

根据欧美日快递公司的发展路径,专业的快递公司向综合物流服务商转型升级,进而向物流供应链服务商转型升级。

从2024年开始,我国大型快递公司在快递细分市场布局的基础上,开始向物流供应链综合服务商转型升级,其主要特征之一就是"利用现有AI、数字化技术等为企业提供一站式快递物流供应链解决方案"。如果没有在快递物流的主要细分市场布局,或者拥有供应链集成商的综合实力,向物流供应链综合服务商转型升级只是口号而已。

十、提升快递业的产业集中度即将进入转折点

与欧美日国家相比,我国快递产业集中度较低。如欧美日前三家快递市场份额占到90%左右,竞争以服务为主。而我国前8家快递市场份额在90%以上,突出特点就是单一的电商经济型快递服务供大于求引发的同质化竞争。快递的服务产品单一和快递市场单一,即电商市场(日常消费)的快递占80%以上。

快递"价格战"持续多长时间?只要快递的产业集中度不高,快递的定价权分散,电商控制快递的定价权,快递的市场份额必然处于分散的状态。与此同时,快递市场定位单一,快递产品单一,必然存在同质化竞争的现象,那么快递"价格战"就会一直持续下去。当然,不排除"水涨船高"的现象,即所有竞争对手"锁定"成本同时提高,从而把"价格战"的基础价格推高,但这依然是"价格战"的衍生模式。

预计从2024年开始,我国快递企业会深入探讨行业产业集中度低给快递企业带来的各种负面影响。从国内外各行业的经验和案例看,兼并重组、合并重组和优胜劣汰是提升我国快递产业集中度的主要模式。一是强弱重组、优势互补重组、差异化重组;二是通过自然竞争,即持续的"价格战"和规模收益持续下降而产生的优胜劣汰。可以借鉴的案例有,我国家电行业、钢铁行业、海运行业、高铁制造行业、水泥行业等都经历了兼并重组、合并重组和优胜劣汰,从而提升了产业集中度和国内外市场的竞争力。

附　　录

相关文件(索引)

•中共中央 国务院印发《质量强国建设纲要》

https://www.gov.cn/zhengce/2023-02/06/content_5740407.htm

•《新时代的中国绿色发展》白皮书(全文)

http://www.scio.gov.cn/zfbps/zfbps_2279/202303/t20230320_707649.html

•国务院关于在上海市创建“丝路电商”合作先行区方案的批复

https://www.gov.cn/zhengce/zhengceku/202310/content_6911061.htm

•人力资源社会保障部 中华全国总工会 中国企业联合会/中国企业家协会 中华全国工商业联合会关于推进新时代和谐劳动关系创建活动的意见

https://www.gov.cn/zhengce/zhengceku/2023-01/03/content_5734907.htm

•国家发展改革委办公厅 国家统计局办公室关于加强物流统计监测工作的通知

https://www.gov.cn/zhengce/zhengceku/2023-02/21/content_5742495.htm

•工业和信息化部等八部门关于组织开展公共领域车辆全面电动化先行区试点工作的通知

https://www.gov.cn/zhengce/zhengceku/2023-02/03/content_5739955.htm? ivk_sa=1023197a

•财政部 海关总署 税务总局关于跨境电子商务出口退运商品税收政策的公告

https://www.chinatax.gov.cn/chinatax/n377/c5184003/content.html

•关于继续实施物流企业大宗商品仓储设施用地城镇土地使用税优惠政策的公告

https://www.gov.cn/zhengce/zhengceku/2023-03/28/content_5748753.htm

•商务部等17部门关于服务构建新发展格局推动边(跨)境经济合作区高质量发展若干措施的通知

https://www.gov.cn/zhengce/zhengceku/2023-03/17/content_5747124.htm

• 交通运输部印发《2023 年推动交通运输新业态平台企业降低过高抽成工作方案》

https://xxgk.mot.gov.cn/2020/jigou/ysfws/202304/t20230417_3802192.html

• 商务部、发展改革委发布《商务领域经营者使用、报告一次性塑料制品管理办法》

http://www.mofcom.gov.cn/article/zwgk/gkzcfb/202305/20230503409830.shtml

• 国家发展改革委　国家能源局关于加快推进充电基础设施建设 更好支持新能源汽车下乡和乡村振兴的实施意见

https://www.gov.cn/zhengce/zhengceku/202305/content_6874368.htm? eqid = fcf3bb8a000a8ad30000000264874345

• 商务部办公厅、国家发展改革委办公厅和国家邮政局办公室等 13 部门办公厅(室)印发《全面推进城市一刻钟便民生活圈建设三年行动计划(2023 －2025)》

http://www.mofcom.gov.cn/article/ghjh/202307/20230703421227.shtml

• 国家发展改革委会同自然资源部、交通运输部、商务部、国家市场监管总局印发《关于布局建设现代流通战略支点城市的通知》

http://fgw.guizhou.gov.cn/fggz/ywdt/202308/t20230830_82122511.html

• 交通运输部　商务部　海关总署　国家金融监督管理总局　国家铁路局　中国民用航空局　国家邮政局　中国国家铁路集团有限公司关于加快推进多式联运"一单制""一箱制"发展的意见

https://www.gov.cn/zhengce/zhengceku/202308/content_6899866.htm

• 交通运输部　国家邮政局关于开展交通强国邮政专项试点工作的通知

https://www.spb.gov.cn/gjyzj/c100009/c100010/202309/de0e5f5b7b714aaea46b44709494e19e.shtml

• 交通运输部关于推进公路数字化转型加快智慧公路建设发展的意见

https://xxgk.mot.gov.cn/2020/jigou/glj/202309/t20230920_3922478.html

• 工业和信息化部等四部门关于印发绿色航空制造业发展纲要(2023 －2035 年)的通知

https://www.gov.cn/zhengce/zhengceku/202310/content_6908243.htm

• 中国人民银行　金融监管总局　中国证监会　国家外汇局　国家发展改革委　工业和信息化部　财政部　全国工商联关于强化金融支持举措　助力民营经济发展壮大的通知

https://www.gov.cn/zhengce/zhengceku/202311/content_6917272.htm

• 城乡冷链和国家物流枢纽建设中央预算内投资专项管理办法

https://www.ndrc.gov.cn/xwdt/tzgg/202106/P020210616347500408467.pdf

• 商务部等12部门关于加快生活服务数字化赋能的指导意见

https://www.gov.cn/zhengce/zhengceku/202312/content_6921525.htm